U0735358

—◇敬 启◇—

尊敬的各位老师：

感谢您多年来对中国政法大学出版社的支持与厚爱，我们将定期举办答谢教师回馈活动，详情请登录我社网站或拨打咨询热线：

www. cuplpress. com（教师专区）

010 –58908302

我们期待各位老师与我们联系。

·普通高等教育“十一五”国家级规划教材·

当代刑法学

主　编　赵秉志

副主编　李希慧　卢建平

撰稿人　（以撰写章节先后为序）

赵秉志　李希慧　王秀梅

左坚卫　阴建峰　王志祥

卢建平　刘志伟　王俊平

李汉军

中国政法大学出版社

出版说明

中国政法大学出版社是国家教育部主管的、我国高校中唯一的法律专业出版机构。多年来,中国政法大学出版社始终把法学教材建设放在首位,出版了研究生、本科、专科、高职高专、中专等不同层次、多种系列的法学教材,曾多次荣获新闻出版总署"良好出版社"、国家教育部"先进高校出版社"等荣誉称号。

自2007年起,我社有幸承担了教育部普通高等教育"十一五"国家级规划教材的出版任务,本套教材将在今后陆续与读者见面。

本套普通高等教育"十一五"国家级规划教材的出版,凝结了我社二十年法学教材出版经验和众多知名学者的理论成果。在江平、张晋藩、陈光中、应松年等法学界泰斗级教授的鼎力支持下,在许多中青年法学家的积极参与下,我们相信,本套教材一定会给读者带来惊喜。我们的出版思路是坚持教材内容必须与教学大纲紧密结合的原则。各学科以教育部规定的教学大纲为蓝本,紧贴课堂教学实际,力求达到以"基本概念、基本原理、基础知识"为主要内容,并体现最新的学术动向和研究成果。在形式的设置上,坚持形式服务于内容、教材服务于学生的理念。采取灵活多样的体例形式,根据不同学科的特点,通过学习目的与要求、思考题、资料链接、案例精选等多种形式阐释教材内容,争取使教材功能在最大程度上得到优化,便于在校生掌握理论知识。概括而言,本套教材是中国政法大学出版社多年来对法学教材深入研究与探索的集中体现。

中国政法大学出版社始终秉承锐意进取、勇于实践的精神,积极探索打造精品教材之路,相信倾注全社之力的普通高等教育"十一五"国家级规划教材定能以独具特色的品质满足广大师生的教材需求,成为当代中国法学教材品质保证的指向标。

中国政法大学出版社

2007年7月

前言

刑法学以刑法为研究对象，是普通高等法学教育中的一门重要的主干课程，在中国特色社会主义法学体系中居于重要的地位。

本教材是中国政法大学出版社邀约中国法学会刑法学研究会会长、北京师范大学刑事法律科学研究院暨法学院院长赵秉志教授主持申报并获准立项的国家"十一五"规划重点教材。本教材由赵秉志教授担任主编，副主编为李希慧和卢建平教授，由北京师范大学刑事法律科学研究院刑法学术团队的骨干教师通力合作编著。

刑法学教材的编撰是人才培养和学科建设的基础环节。长期以来，北京师范大学刑事法律科学研究院的主要成员一直十分关注我国的刑法学学科建设，并在刑法学教材的编写方面颇有经验和心得。在本教材编写过程中，我们努力在体系和教材内容的组织编排等方面寻求突破，取得创新。本教材主要供本科生适用，也可以供研究生参阅，并具有如下特点：一是创新体例，深化层次。对于教材中的每个知识单元或者知识点，我们一般都区分了基本法理和疑难问题两个层次（确实无法划分这两个层次的章节除外）。基本法理层次研究的是该知识单元或者知识点的基本原理和基础知识；疑难问题层次研究的是该知识单元或者知识点的重大理论争议问题和司法实践中适用刑法时需要注意的疑难问题。本教材在全面精当地阐述基本法理的基础上，选取并研究了300多个涉及刑法理论和司法实务的重大争议疑难问题。这种体例编排是目前已出版的各级各类刑法教材所没有的。二是有详有略，繁简得当。在本科生的刑法学教学中，许多老师和学生都深切地体会到，刑法学体系庞大、内容繁多。由于受教学大纲、院校教学计划和时间的局限，如果刑法学教材编写不注意内容的合理选择，就不大可能在有限的教学时间内完成教材的讲授。我们在编写本教材时注意到了这一问题，在分工编写之前，事先就对需要重点研究的内容作了合理选择和统筹安排。例如，截至目前，我国刑法分则共有罪名435个，罪名如此之多，在编写教材时如果不加合理的选择，则势必会使教材内容过于庞杂，不利于课堂教授，不便于学生使用，加重课堂教学和学生学习的负担。因此，经过认真研究和反复斟酌，我们决定选取85种常见多发的重点犯罪进行重点阐述，余下的350种非常见犯罪仅介绍其罪名和法定刑。这样做的好处是，既不过分加重学生的学习负担，便于其学习使用，也为教师进行课堂讲授留下了余地。三是阐述精当，与时俱进。为了增强本教材的可读性，在叙述和解释过程中，我们力求语言通畅易懂，言简意赅。同时，本教材全面准确地反映了迄今为止我国的刑法立法、司法解释的内容，这有利于读者充分地了解和把握我国刑法立法和司法的现状。

本教材在编著程序上先由主编拟定编写大纲和写作要求并经集体讨论确定，再由各撰稿人分工撰写，继而由主编、副主编分工统稿，王俊平和阴建峰副教授协助参与统稿工作，最后由主编定稿。教材的写作分工如下（以撰写章节先后为序）：

赵秉志（北京师范大学刑事法律科学研究院暨法学院院长、长江学者特聘教授，法学博士，博士生导师，中国法学会刑法学研究会会长，国际刑法学协会中国分会常务副主席）：撰写第一、二、三、四、八、十二章；

李希慧（北京师范大学刑事法律科学研究院中国刑法研究所所长、教授，法学博士，博士生导师，中国法学会刑法学研究会秘书长）：撰写第五、十四、三十二章；

王秀梅（北京师范大学刑事法律科学研究院院长助理暨国际刑法研究所副所长、教授，法学博士，博士生导师，中国法学会刑法学研究会副秘书长）：撰写第六、二十六章；

左坚卫（北京师范大学刑事法律科学研究院中国刑法研究所副所长、副教授，法学博士）：撰写第七、九、十、十一章；

阴建峰（北京师范大学刑事法律科学研究院院长助理暨中国刑法研究所副所长、副教授，法学博士）：撰写第十三、二十八章；

王志祥（北京师范大学刑事法律科学研究院外国刑法和比较刑法研究所副所长、教授，法学博士，博士生导师）：撰写第十五、十六、十七、二十五、三十三章；

卢建平（北京师范大学刑事法律科学研究院常务副院长、教授，法国法学博士，博士生导师，中国法学会刑法学研究会常务理事，中国法学会犯罪学研究会副会长）：撰写第十八、十九、二十、二十二、二十三、二十四章；

刘志伟（北京师范大学刑事法律科学研究院院长助理暨中国刑法研究所副所长、教授，法学博士，博士生导师，中国法学会刑法学研究会副秘书长）：撰写第二十一、二十九章；

王俊平(北京师范大学刑事法律科学研究院副教授,法学博士,博士后):撰写第二十七章;

李汉军(北京师范大学刑事法律科学研究院外国刑法和比较刑法研究所副所长、教授,法学博士,博士生导师):撰写第三十、三十一、三十四章。

本教材的编写与出版得到了中国政法大学出版社领导的大力支持,责任编辑在编辑本教材的过程中付出了辛勤的汗水,在此谨致深深的谢忱!

赵秉志

2008年9月28日于

北京师范大学

目 录

上篇 刑法总论

下 篇 刑法各论

上篇　刑法总论

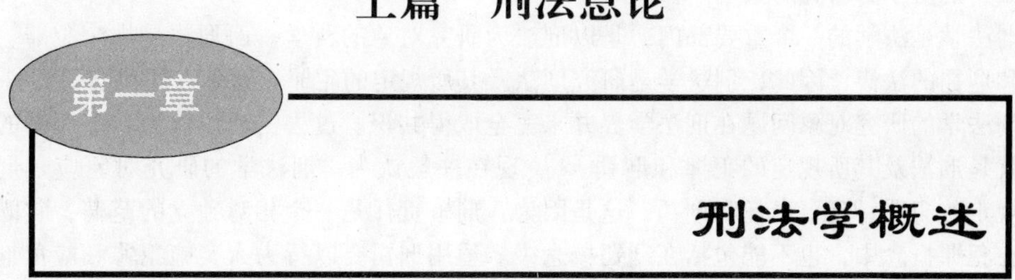

第一章　刑法学概述

【导语】刑法学是研究刑法及其所规定的犯罪、刑事责任和刑罚的科学。刑法学的研究对象是刑法及其所规定的犯罪、刑事责任和刑罚。刑法学的体系是刑法学的内容按照一定的逻辑排列组合成的理论结构形式。刑法学是法学的一个重要部门，也是法学教育的一门核心课程，具有指导刑事立法，促进刑事司法，繁荣法学教育，丰富法学研究的作用。辩证唯物主义和历史唯物主义方法论是刑法学的根本研究方法。刑法学的具体研究方法有分析的方法、比较的方法、历史的方法、理论联系实际的方法以及综合研究的方法等。新中国刑法学研究的发展历程大致可以分为创立与初步发展时期、萧条与停滞时期和复苏与繁荣时期三个时期。21世纪的中国刑法学研究应当着重解决好转换理论观念、调整研究方向、改革研究方法和拓展研究视野四个方面的问题，以实现中国刑事法治的科学化、现代化和国际化。

第一节　刑法学的研究对象

一、刑法学的定义与分类

刑法学是研究刑法及其所规定的犯罪、刑事责任和刑罚的科学。它属于部门法学的范畴，是部门法学中最重要的学科之一。

对于刑法学，从不同的角度，用不同的标准，可以作出不同的分类。

首先，从阶级本质上划分，可以分为资本主义刑法学和社会主义刑法学。

其次，从研究范围上划分，可以分为广义的刑法学和狭义的刑法学。广义的刑法学除了研究犯罪与刑罚规范本身之外，还要研究犯罪学、监狱学、犯罪心理学、外国刑法学、国际刑法学、刑法史学等一切与犯罪、刑罚有关的学科。狭义的刑法学则主要研究现行刑法规定的犯罪与刑罚规范及其运用方面的问题。

再次，从适用地域上划分，可以分为国内刑法学、外国刑法学和国际刑法学。国内刑法学是以本国刑法为研究对象的科学。外国刑法学是以本国之外的他国刑法为研究对象的科学。国际刑法学是以国际条约、公约规定的国际犯罪和刑罚为研究对象的科学。

最后，从研究方法上划分，还可以分为理论刑法学、注释刑法学、沿革刑法学和比较刑法学。理论刑法学是从学理上对犯罪与刑罚的基本问题进行理论探讨的科学。注释刑法学是对刑法规范进行逐条解释说明的科学。沿革刑法学，亦称刑法史学，是从历史的角度研究历代刑法思想和制度产生、发展、演变规律的科学。比较刑法学是对世界各国的刑事立法、刑法理论和司法实践进行比较研究的科学。

此外，随着刑法学研究的不断深入和发展，还产生了一些从不同角度研究刑法学的分支学科，如经济刑法学、行政刑法学、军事刑法学等。

二、刑法学的研究对象

刑法学是法学的一个重要部门，是以刑法为研究对象的科学。而刑法是规定犯罪、刑事责任和刑罚的法律，因此，刑法学是研究刑法及其所规定的犯罪、刑事责任和刑罚的科学。

刑法学的研究对象问题在刑法学界并未完全取得共识。过去的通说认为，刑法学的研究对象就是刑法及其所规定的犯罪和刑罚。[1] 现在一般认为，刑法学的研究对象应是刑法及其所规定的犯罪、刑事责任和刑罚。这是因为，刑事责任是一个相对独立的范畴，它既不能包括在犯罪概念中，也不能包括在刑罚概念中。适用刑罚要以行为人实施犯罪和应负刑事责任为前提条件；但负刑事责任又以犯罪为前提条件。因此，刑事责任是联结犯罪与刑罚的一个必不可缺的环节或称其为纽带，三者之间不能互相代替。刑事责任在刑法体系中是一个独立而重要的组成部分。因此，简单地说刑法就是规定犯罪与刑罚的法律是不够全面的。刑法学的研究对象应当是"刑法及其所规定的犯罪、刑事责任和刑罚"，而不能仅仅是"刑法及其所规定的犯罪和刑罚"。

"对于某一现象的领域所特有的某一种矛盾的研究，就构成某一门科学的对象。"[2] 刑法学就是研究刑法及其所规定的犯罪、刑事责任和刑罚的科学。这样，从研究对象上就把刑法学与其他法学学科，特别是犯罪学、犯罪心理学、监狱法学、刑事诉讼法学、刑事证据学、犯罪侦查学等学科区分开来。因为列举的这些学科，尽管它们研究的内容与犯罪、刑事责任和刑罚也有密切关系，但它们都不是专门研究刑法规范的学科，即它们都不是从刑事实体法的角度来研究犯罪、刑事责任和刑罚的。质言之，犯罪学是研究犯罪现象、犯罪原因和犯罪预防的科学；犯罪心理学是研究犯罪人的心理活动及其规律的科学；监狱法学是研究监狱立法和对罪犯的管理、教育和改造实践的科学；刑事诉讼法学是研究对犯罪如何侦查、起诉、审理、判决、执行等整个刑事诉讼程序的科学；刑事证据学是研究有关刑事证据的基本理论、立法规定和司法实践的科学；犯罪侦查学是研究侦查的技术手段和策略方法的科学。所以，这些学科在研究对象上与刑法学是不相同的，从而它们与刑法学之间的界限也是分明的。

在了解刑法学特定的研究对象的同时，还必须注意到：中国刑法学不同于外国刑法学或比较刑法学，它属于国别刑法学，所以它只能以研究中国的刑法及其所规定的犯罪、刑事责任和刑罚为主，适当借鉴外国或历史上刑法的有关经验与内容。具体而言，中国刑法学要以我国现行刑法和司法实践为基本依托，以社会主义法学的基本原理为指导，以外国和中国历史上有关刑法的有益经验为比较和借鉴；研究关于犯罪、刑事责任和刑罚的原理、原则与共性制度，研究具体犯罪的罪责刑规范，从而阐明概念、讲清原理、分析和解决刑法的立法与司法实际问题，以形成具有本国特色和部门法特点的刑法学，贡献于我国的刑事法治事业与整个社会的进步。

■第二节　刑法学体系

一、刑法学体系的概念

学科体系是学科理论内容按照一定的内在逻辑排列组合而形成的整体系统。学科体系的

---

〔1〕 参见高铭暄主编：《刑法学》，法律出版社 1982 年版，第 1 页；周振想：《刑法学教程》，中国人民公安大学出版社 1997 年版，第 2 页；李文燕主编：《中国刑法学》，中国人民公安大学出版社 1998 年版，第 1 页。

〔2〕《毛泽东选集》（第 1 卷），人民出版社 1991 年版，第 309 页。

科学化是学科成熟与发达的标志。刑法学体系是刑法学的内容按照一定的逻辑排列组合成的理论结构形式。刑法学理论体系的完整和科学，对于刑法学研究广度与深度的开拓，对于从整体上认识和把握刑法学，均至关重要。

我国刑法学的理论体系，经历了半个多世纪的创建、发展和完善的历程。在建国之初的20世纪50年代，我国刑法学界在学习乃至模仿前苏联刑法学理论体系的基础上，初步构建了我国刑法学理论体系的雏形；20世纪80年代初期，在开始全面建设我国社会主义法制与法学的进程中，由我国一批老一辈刑法学者参加编写的第一部全国性的刑法学教材——高等学校法学教材《刑法学》,[1] 基本确立了我国当代刑法学的理论体系；以后经过刑法学界的不断探索与研究，我国刑法学的理论体系又得到进一步的发展与完善，从而臻于成熟。

一般认为，目前我国刑法学的理论体系包含刑法学总论和刑法学各论两大部分：刑法学总论研究刑法的原则、原理与共性制度问题，主要包括刑法的概念和性质、刑法的创制和发展、刑法的目的和任务、刑法的体系、刑法的解释、刑法的基本原则、刑法的效力范围等刑法通则、通论性的问题，以及犯罪概念、犯罪构成、正当行为、犯罪特殊形态、刑事责任、刑罚原则、刑罚种类、刑罚制度等有关罪、责、刑的刑法总论性问题；刑法学各论则研究刑法分则规定的各类各种具体犯罪的罪、责、刑问题。

二、刑法学体系与刑法体系的关系

刑法学体系与刑法体系是两个不同的概念，它们之间存在着既相联系又相区别的关系，不能加以混淆。二者的联系表现在：刑法学是以刑法为研究对象的科学，因而刑法学的理论体系不能完全脱离或者基本脱离刑法的体系，而是应当以刑法的体系为基本依托和主要内容。正因如此，刑法学总论所研究的问题大体上是刑法典总则编规定的内容，刑法学各论所研究的问题基本上属于刑法典分则编规定的范围。二者的区别表现在：刑法的体系是刑法典法律规范的体系，它是根据编、章、节、条的内容及其相互关系，按照一定的逻辑关系，并考虑到立法技术的要求排列起来的。刑法的体系既不可能将一切关于罪、责、刑的原理均予以法条化而纳入其中，也不可能像刑法学理论那样阐述罪、责、刑规范。而刑法学体系是理论的体系，它是参照刑法的规定，按照理论的内在逻辑关系的要求，并考虑到研究论述的方便而排列起来的。这样，刑法学的理论体系在内容上便要超越刑法的体系和条文规定而作必要的增删与调整，在论述上要结合法条、司法实务与有关的知识和情况，因而显得更加丰富，更具有逻辑性和说服力。

■第三节　刑法学的地位和作用

一、刑法学的地位

刑法学是法学的一个重要部门，是社会科学的一个重要分支，也是法学教育的一门核心课程。由刑法学所研究的对象之一——刑法的基本法律性质所决定，刑法学是一门重要的部门法学。刑法学研究刑法及其所规定的犯罪、刑事责任和刑罚这些人类社会所特有的、也是最为复杂的现象，探索和总结这些现象发生、发展的规律，形成人类关于刑法学的知识及学科体系，因而刑法学是一门重要的人文社会科学。刑法学是法学科学体系中的一门基础学科，是教育部高等学校法学教育指导委员会确定的法学专业本科生16门核心课程之一，是

---

[1] 即高铭暄主编：《刑法学》，法律出版社1982年版，其后于1984年修订再版。

各法学专业本科和专科阶段必修的基本法学课程。刑法学教学在培养学生法学专业素质方面起着重要作用，在整个法学专业教育中占有重要地位。

二、刑法学的作用

刑法学来源于刑事立法和司法实践，反过来又为刑事立法和司法实践服务。概而言之，我国刑法学的基本作用主要有以下几点：

（一）指导刑事立法

刑事立法，包括制定、修订刑法典和单行刑法、附属刑法，除了总结实践经验外，很重要的是必须有理论的指导。当然首先要有马克思列宁主义、毛泽东思想、邓小平理论、“三个代表”重要思想、科学发展观的指导，但是也要有刑法科学理论的指导。我国立法机关在起草、修订刑法的时候，是很注重研究刑法理论上的一些问题的。例如，怎样确定刑法的基本原则，怎样制定犯罪的概念，怎样给犯罪故意、犯罪过失、正当防卫、紧急避险、犯罪预备、犯罪未遂、犯罪中止以及共同犯罪、单位犯罪、量刑原则、数罪并罚等作出规定，等等，都运用了刑法理论来作指导。研究刑法学就必然会提出一定的刑事立法观点并形成系统而科学的刑法理论来指导刑事立法，或者就刑事立法上某些缺陷或失误提出改进或完善的建议。我国的刑法也正是在有中国特色的马克思主义刑法理论的指导下，认真总结了历史上和现实中正、反方面的经验，有比较、有鉴别地吸收世界各国的刑法理论和刑事立法的合理成分，并结合我国社会主义建设的具体经验和实际情况而制定和修订出来的。立法如果脱离正确理论的指导，规定的内容就难免不妥当，就可能经不起检验和推敲。

（二）促进刑事司法

刑事司法工作中，最重要的就是弄清犯罪事实，正确适用法律来认定罪名、确定责任和量定刑罚。为了完成此项工作，除了熟悉刑事诉讼程序、熟练地掌握证据运用规则外，在实体上还有必要参读和研究刑法学，这样才不至于陷入盲目和经验主义，从而影响办案质量。因为刑法学在很大程度上是对现行刑法的学理解释。执行刑事法律却不懂刑法理论，就会知其然而不知其所以然，对一些精神无法把握，执行起来就会打折扣，甚至导致适用错误。例如，对于犯罪构成理论，直接从条文中是看不出来的，但它是刑法学中极为重要的理论，如果不了解这一理论，就不能正确地分析、认定犯罪。办理刑事案件时，如果有犯罪构成理论武装头脑，就可以知道哪些属于犯罪构成的要件，哪些是一般案情，哪些情况与案件无关，等等。这样才能分清主次，抓住重点，否则眉毛胡子一把抓，必然影响办案的时间和质量。再者，刑事司法工作者若不以正确的刑法理论为指导，就不能在司法实践中正确总结经验，并上升到理论高度。这样，司法工作者本身业务素质的提高也会受到很大限制。因此，刑法学作为一门理论性和应用性都很强的专业法律科学，对于刑事司法工作来说是须臾不可少的。

（三）繁荣法学教育和法学研究

刑法学作为一门学科，一向在法学教育中占有重要的地位。刑法是国家的基本法律，担负着惩罚犯罪、保护人民、维护社会秩序和保障社会主义建设事业顺利进行的重要任务，因此对在校学生和广大公民进行法制教育时，刑法教育是必不可少的重要组成部分。对于法学专业的学生来说，刑法学是主干课程之一，必须认真学好。进行刑法学的教育，有助于健全和加强社会主义法治，有利于培养干部队伍，有利于提高广大干警和公民的法律意识和法治观念，这对于加强精神文明与促进和谐社会建设都大有裨益。刑法学的教学和研究，也关系到整个法学的繁荣和发展。自从1979年刑法典公布施行以来，我国刑法学的研究状况是令人瞩目的。出版的教材、发表的文章和撰写的专著，在各个部门法学中也是比较多的。研究视野不断开阔，研究领域不断拓展，研究水平和质量不断提高，与国外的交流也愈来愈频繁。这一切，对于走向21世纪的中国法学的繁荣，无疑起着促进作用。

第四节　刑法学的研究方法

研究刑法学，与研究其他社会科学一样，要以马克思列宁主义哲学方法为指导。辩证唯物主义和历史唯物主义是研究一切社会科学的根本方法，也是研究刑法学的根本方法。依据这种方法，应该对研究对象由此及彼、由表及里地进行全面深入的分析，特别是要根据马克思主义关于经济基础和上层建筑的理论，联系社会制度和实际情况进行研究，包括对不同社会制度、不同国家的刑法的现行规定、历史情况和未来前景进行考察，把所考察的问题置于一定的历史环境之中，联系社会经济政治条件作出客观的历史分析和评价。依据这种方法，就应该遵循唯物主义认识论，坚持理论与实践相结合，立足本国，放眼世界，使刑法学的研究来自实践，并为实践服务。

这就是说，在辩证唯物主义和历史唯物主义这一根本方法之下，分析的方法、比较的方法、历史的方法、理论联系实际的方法、综合研究的方法等，都是刑法学研究必不可少的具体方法。

一、分析的方法

所谓分析，就是分析事物的矛盾。分析法律，实质上就是对法律进行阐述和解释。法律无论规定得多么具体，但与丰富多样的实际生活相比较总是概括性的。在法律适用中，会遇到许许多多实际问题和意外情况，这就需要我们根据立法意图，对法律进行认真的分析，阐明其真实含义，以便有针对性地加以运用，从而达到法律与实践的统一。刑法学的研究在很大程度上是对现行刑事法律的规定进行阐述和解释，这说明分析的方法始终是刑法学研究的一个基本方法。分析的方法具体包括阶级分析、逻辑分析、定性分析、定量分析等。在运用分析方法时，要尽可能把定性分析与定量分析结合起来。例如，关于犯罪情节的量化，各类犯罪发案和判刑的统计，各种刑罚方法和刑罚制度的适用率以及刑罚适用效果的测定，等等，这些实证性研究，可以补充思辨研究的不足，从而使刑法学研究更加科学化，更有说服力。

二、比较的方法

比较的方法，是通过比较来认识事物的一种方法。人们的认识过程总是在不同程度上通过比较的方法进行的。有比较才能有鉴别，有鉴别才能有发展。通过比较，才能将不同现象区别开来，了解它们之间的共同点和不同点，确定它们各自的概念。所以，任何学科都使用比较方法，刑法学也不例外。运用比较的方法进行刑法学研究，有助于拓宽刑法学研究的视野，增进对各国刑法理论、刑事立法、司法实践的了解和掌握，并从中剖析是非优劣，评述利弊得失，吸取经验教训，更好地获得规律性的认识。这对于提高我国刑法理论研究水平、推动刑法科学的前进，对于改善我国刑事立法和司法实践状况，都有重要意义。还必须指出的是，为了进行正确的比较，首先必须占有丰富、足够的资料。不搞调查研究，不占有详细资料，仅凭一鳞半爪、只言片语，是不可能进行正确的比较研究从而得出科学的结论的。

三、历史的方法

比较的方法主要是进行横向研究，历史的方法则主要是进行纵向研究。研究刑法同样要运用历史的方法。这不仅是指对我国各个历史时期的刑法思想、刑事立法、刑法制度的产生、发展和演变情况要进行系统的考察研究，而且在从事刑法学的某项专题研究时，比如研究责任能力、责任年龄、正当防卫、紧急避险、犯罪停止状态、共同犯罪、自首、数罪并罚以及具体种类的犯罪时，也都应有历史考察的内容。把问题置于一定的历史范围之内，总结前人经验，评判其优劣得失，取其精华，去其糟粕，以为今人之借鉴。我国建国以来的刑事立法工作，始终坚持以总结本国的经验为主，同时又吸取本国历史上和外国的经验；既反对盲目照搬，崇洋复古，又反对闭目塞听，闭关自守。这说明运用历史的方法研究刑法问题，不仅是刑法学本身发展的需要，而且也是刑事立法工作的直接需要。"古为今用"、"洋为中用"的方针，在刑法学研究领域也是完全适用的，必须加以坚决贯彻执行。

四、理论联系实际的方法

理论联系实际是科学研究的普遍方法，也是刑法学研究的基本方法。刑法学是一门理论性、实践性都很强的法律学科。丰富的刑事立法和司法实践是刑法理论的源泉。反过来，正确的刑法理论也能直接为刑事立法和司法实践服务。在刑法学研究中，一定要吃透刑事立法精神，并予以充分的阐发；同时要善于发现问题，提出进一步完善刑事立法的建议。刑法学者把法律的精神加以弘扬，并准确地传达给司法工作者，帮助后者正确地掌握和运用法律武器，这就是对司法实践最大的帮助。同时，刑法理论应当非常注意反映司法实践经验，特别是运用刑法的经验。要不断发现新情况，总结新经验，解决新问题。司法机关作出的典型总结、系统总结、批复、指示以及审判案例等，都应当置于刑法学者的视野之内，广为调查收集，并加以消化吸收。应当强调，分析研究案例是理论联系实际的有效途径，对掌握理论，检验理论，促进理论的深入、修正和发展完善具有重要的作用，因而应当予以重视。同时，需要特别指出的是，最高人民法院、最高人民检察院联合或分别作出的司法解释，乃是司法经验的高度结晶，并具有通行全国的司法效力，更应受到刑法学者的高度重视，刑法学者应努力在研究工作中加以研究、贯彻和运用。当然，刑法学者在广泛深入倾听实践呼声的同时，应当独立思考，坚持学理探讨，勇于探索，勇于创新，坚持高度的科学信念。只有经过系统而周密的调查研究，努力吸收立法和司法实践经验，并正确地通过自己头脑的加工，有针对性地分析和解决问题，这样创造出来的科学研究成果，才会受到实务部门和广大法律工作者的欢迎。

刑法学研究中的理论联系实际，有其丰富合理的内涵，值得努力挖掘和大力弘扬。择其要者，应当正确地把握以下关系：

1. 刑法实务与刑法理论的关系。刑法学研究中的理论联系实际，要求研究刑法具体规范的含义及其运用问题，但决不意味着可以轻视刑法理论的研究，而是要求研究刑法理论应当结合实务问题，并且应当注意把具体的实务问题上升到刑法理论的高度来研究来认识。可以说，刑法实践问题的科学解决和完善，需要刑法基本理论的指导与促进；而刑法基本理论的深化和开拓，也需要刑法实践问题的丰富与启迪。刑法学研究中的理论联系实际，首先就是要求把刑法理论与刑法实务结合起来进行研究。

2. 法治现实与法治发展的关系。刑法学研究当然要阐释现行的刑法规范，反映和总结当前的司法实务，但不能以此为满足，更不能无论立法科学与否、司法正确与否均予以论证。刑法学研究中的理论联系实际，不但要求结合刑事法治的现实来开展理论研究，对科学的立法予以阐释论证，对正确的司法实务进行分析总结；同时，还要求在论证科学、正确的刑事法治现实之基础上，注意理论联系实际地检讨立法缺陷和司法弊端，并进而引导和促进立法的科学与司法的完善，担当起促进刑事法治发展的使命。

3. 刑法实践与社会实践的关系。刑法理论研究中的理论联系实际，不仅仅是要联系刑法的立法实践和惩治与防范犯罪的司法实践，而且还要注意适当联系国家和社会的政治、经济、文化和生活的现状及其发展变化的实际，乃至适当联系境外、国外和当今国际社会政治、经济、法治等方面的情况及其发展趋势。惟有如此，刑法学才能脚踏实地且目光远大地发展进步。

因此，刑法学研究之要义，在于坚持理论联系实际，探讨和解决实践问题，树立正确的研究方法与学风。应当力戒脱离国家法治发展现实、脱离刑法立法与司法实务的经院哲学式的研究方法与学风。这样，刑法学研究才能正确阐述刑法的原理和知识，并继而切实地担当起引导和促进国家刑事法治建设与社会进步的使命。脱离实践的刑法学研究必将是灰色的，而根植于实践的刑法研究才会生机盎然。

五、综合研究的方法

综合研究的方法，是指综合或结合运用上述两种以上的方法研究刑法学的方法。例如，对几个国家不同历史时期的刑法进行纵横结合的比较研究，就是历史方法与比较方法的综合运用；对某项刑罚制度进行定性、定量分析，与不同国别比较，就是分析方法与比较方法的综合运用。各种研究方法均各有所长，又都有一定的局限性。因而在研究刑法学时，尤其是进行专项课题研究或较深入的研究时，经常要结合或综合多种方法予以运用，方能取得良好的研究效果，达到较高的研究水平。

■第五节　新中国刑法学研究的回顾与展望

自中华人民共和国成立至今，新中国的刑法学研究已走过了半个多世纪的发展历程。客观全面地审视新中国刑法学研究的发展历程，反思其得失，展望其未来，对于进一步深化中国刑法学的研究，促进我国刑事法治的完善，推动我国整个法治建设和社会的进步，无疑具有重要的意义和作用。

一、新中国刑法学研究的回顾

一般认为，建国迄今，新中国刑法学研究的发展历程大致可以分为以下三个时期：

（一）创立、发展时期（1949年10月至1957年上半年）

1949年10月1日，中华人民共和国成立，这一天也迎来了新中国刑法学的诞生。从此，新中国刑法学的命运就和共和国的命运联系在一起。从1949年10月到1957年上半年，是新中国刑法学史上极其重要的创立和发展时期，它为刑法学以后的发展完善奠定了基础。

在这一时期，刑法学的研究成果不多，主要是阐释有关法律的著作和教材。这一时期还翻译出版了一批当时苏联的刑法教科书，发表了一些刑法学论文。这些论文对刑法中的有关问题进行了初步的探讨，例如，刑法的溯及力问题、犯罪的概念问题、因果关系问题、刑罚目的问题、死缓制度存废问题以及反革命罪问题等。

这一时期新中国刑法学研究有两个显著的特点：①全面批判、彻底否定剥削阶级的旧法观点，介绍和引进苏联的刑法理论。这一时期的刑法学研究初步勾勒出了我国刑法学特别是刑法学总论的轮廓，对我国刑法学的一些总论和具体犯罪问题有了一定深度的论述，为我国社会主义刑法学体系的建立奠定了基础，但这一时期的刑法学研究明显带有历史虚无主义和教条主义的倾向。②参与和配合刑法典的起草工作。我国刑法理论工作者提出了一系列积极的立法建议，并从刑法理论上加以阐述，对一些问题，还展开了激烈的讨论。这些研讨，无疑推动了刑事立法的发展进程。

（二）萧条、停滞时期（1957年下半年至1976年10月）

1957年下半年反右斗争开始后，我国的刑法学研究开始冷落。随着1966年“文化大革命”开始，刑法学研究进入停滞、倒退时期，一直持续到“文化大革命”结束。这一时期由于连绵不断的政治运动和社会动乱，刑法学研究从前10年（1957～1966年）的逐步萧条、成果很少，演变为后10年（1966～1976年）的偃旗息鼓、完全停止。

在这一时期，由于轻视法制的"左"的思想抬头，刑法学研究基本上处于停滞状态。一些刑法上的重要理论问题，如刑法基本原则、犯罪构成等，人们不敢问津。各校编写的教材，也大都是适应政治运动需要的产物，过分强调政治性，专业内容反而被大大压缩了。

这一时期的刑法学研究具有如下特点：①刑法学研究充满了浓郁的政治色彩。正是由于用简单的政治分析替代深入的法律分析，使这一时期的刑法学科政治化倾向明显。②刑法学理论研究水平在个别问题上有所提高。③从总体上看，这一时期的刑法学研究逐步进入萧条、停滞状态，迟延了刑法学的发展进程。

（三）复苏、繁荣时期（1976年10月至今）

1976年10月党和国家粉碎"四人帮"后，我国也迎来了法制建设和法学研究的春天。我国刑法学研究经过近三年的复苏，逐渐步入全面发展的道路。1979年我国第一部刑法典的颁布给新时期起步不久的刑法学研究注入了新的活力，大大推动了刑法学学科的发展，从而成为刑法学研究的一个里程碑。1997年新刑法典的颁布，又给繁荣的刑法学学科带来了新的研究课题，输入了新鲜的血液，从而推动了刑法学研究走向新的高峰。

十一届三中全会以来改革开放的30年间，我国刑法学发展步入崭新的阶段，在学科建设、人才培养和科学研究诸多方面都取得了丰硕的成果。这一时期是我国刑法学发展最为显著、最为重要和最具总结价值的时期，具有继往开来之意义。新时期的刑法学研究，根据研究的侧重点不同，以两部刑法典的先后颁布和其中1988年刑法典的修订提上立法工作日程为界点，大体上可以分为三个阶段。

1. 第一阶段（1976年10月至1988年3月）。这一阶段主要是系统地宣传、阐释刑法典的内容，并对刑法中的某些重要问题，开始进行专题学术研究。可以说，1979年刑法典是这一阶段刑法学研究的核心和支柱。

本阶段主要研究了刑法的基本原则、犯罪概念、犯罪构成、因果关系、法人犯罪问题以及刑罚目的等内容。此外，对中国刑法史、外国刑法学、比较刑法学和国际刑法学的研究等亦有一定的进展。

纵观这一阶段的刑法学研究，具有以下几个显著特点：①注重理论为实践服务；②重视联系我国当时的经济体制改革和商品经济发展的情况和需要来研究刑法问题；③注意开展对我国刑事司法尤其是刑事立法完善问题的探讨；④开拓了一些新的研究领域，原有的一些研究领域有所深化。

2. 第二阶段（1988年3月至1997年3月）。这一时期，刑法学的研究基本上沿三条线发展：①围绕着特别刑法对1979年刑法典所作的补充修改而进行专题研究或综合研究；②就1979年刑法典的修改所作的全面、深入的研讨；③加强刑法基本理论的研究，或开拓新的研究领域，或深化原有的研究领域。

就主要研究课题来讲，这一阶段刑法学研究的课题几乎涉及刑法学的方方面面，主要有刑法观念更新、法人犯罪、刑事责任、经济犯罪、刑法的修改和完善等。

这一阶段刑法学研究所取得的成果基本上标志着刑法学科的成熟，也奠定了刑法学在我国法学体系中的极其重要的地位。这一阶段的刑法学研究具有以下显著特点：①对特别刑法（含单行刑法和附属刑法）进行了充分的研究和阐释。这些研究对于改善执法活动，增强刑事司法效果，起到了直接的引导和促进作用。②重视对重要刑事司法实践问题的研究，有效地推动了司法实践。③配合国家立法机关，对1979年刑法典的修订进行全面研讨，提出了系统的、有见地的、符合实际需要的建议，大大推动了刑事立法进程。④开拓了新的研究课题，深化了原有课题的研究，使刑法学研究在纵横方面都得到显著进展。⑤刑法基础理论研究有所进展。⑥外国刑法学、比较刑法学、国际刑法学的研究进展显著。这一阶段翻译了不少外国刑法学著作和刑法典，也出版了数部有关专著。但是对外国刑法理论的研究基本上还处于评介阶段，系统、全面的研究尚未展开；国际刑法研究更是亟待加强。

3. 第三阶段（1997 年 3 月以来）。从 1997 年 3 月新刑法典颁布以来，刑法学研究基本上是沿着两个方向展开：①宣传、阐释刑法；②拓展、深化原来的研究专题。

就研究课题来讲，主要有对新刑法典的评价、关于新刑法典的实施、刑法的价值、刑法的现代化、刑法基本原则、犯罪概念、犯罪构成以及刑罚基本理论等。

这一阶段的刑法学研究具有以下特点：①全面系统阐释、宣传新刑法典；②关注香港回归，为"一国两制"的贯彻作贡献；③重视刑法学基础理论的研究；④逐步展开了对刑法改革热点问题的研讨。

二、新中国刑法学研究的展望

鉴往知来，在对新中国刑法学研究进行回顾的基础上，可以对我国刑法学研究的未来发展作出展望。我们认为，21 世纪的中国刑法学研究应当着重解决以下四个方面的问题，以实现中国刑事法治的科学化、现代化和国际化。

（一）转换理论观念

首先要转换刑法的理论观念，重视刑法的人权保障机能，以实现社会保护与人权保障的有机结合。我国传统的刑法观念认为，刑法是执行阶级专政职能、镇压阶级敌人反抗和惩罚严重刑事犯罪分子的工具。由此决定了，过去的中国刑法的确立和变更，主要取决于政治斗争的需要；刑法的适用，随政治形势而变迁；刑法学的研究，以符合立法和政治需要为原则。这种工具刑法观，不仅阻碍了刑法理论的更新和发展，而且也使刑法立法缺乏长远的预见。因此，转换刑法观念，确立与时代发展和社会变迁相适应的现代刑法观念，就成为 21 世纪中国刑法变革和中国刑法学发展的必要前提。

随着社会主义市场经济的深入发展，刑法的价值观念应当从过去对社会利益、公共秩序的单纯强调转变为对社会的保护与公民个人权利的保障并重。刑法规范不仅是全体公民的基本行为准则，而且也是司法者代表国家行使刑罚权的裁判规范，是国家刑事政策不可逾越的界限。就我国当前的实际情况而言，刑法观念转变的重点应当放在对个人权利的尊重和保障方面，这也是当今刑法发展的世界性潮流与趋势。

（二）调整研究方向

调整刑法学的研究方向，坚持注释刑法学研究与理论刑法学研究的协调发展，实现刑法学研究应用性与科学性的有机统一，实为中国刑法学研究在新世纪所亟待解决的重大问题。

我国以往的刑法学研究，基本上是惟刑法立法和刑法司法马首是瞻，过分偏重注释刑法、刑法立法和司法解释，而没有形成独立的学术品格。诚然，应用性是刑法学的生命，是刑法学得以发展和繁荣的源泉，离开应用性（实践性），刑法学就成了无源之水、无本之木。正是刑法学的应用性决定刑法学需要进行注释性研究，不仅要分析现行刑法本身的规范内容和逻辑结构，而且还要描述刑法在社会生活中的实施和运行效果，阐释立法精神，为刑事司法服务。但是，刑法的运用与发展有其自身的客观规律。对刑法运行规律的科学揭示，仅仅依靠注释刑法学研究是远远不够的。刑法学的生命力不仅在于其应用性，关键还在于其科学性。而要维护刑法学的科学性和就必须进行刑法基础理论研究，综合运用刑法学的理论和相关学科的知识来揭示刑事法治的内在客观规律，有意识地引导现行刑法的科学运作。在 21

世纪，刑法基础理论应当成为研究的重点之一，以有效地提升刑法学的科学性和加速中国刑事法治现代化的进程。因此，新世纪中国刑法学研究的方向，应当是注释研究与理论研究并重，科学性与应用性有机统一。

（三）改革研究方法

人类科学研究的历史证明，认识方法的变革必然导致科学本身的变革，理论的创新往往源于方法论的创新。

针对以往中国刑法学研究仅注重定性研究而忽视定量研究、研究方法比较单一等问题，新世纪的中国刑法学研究应在继续坚持以辩证唯物主义和历史唯物主义的世界观和方法论为指导的基础上，着力改进研究方法。注意定性研究与定量研究的有机结合；针对不同的课题和问题，注意思辨研究与实证研究的正确选择与合理结合；繁荣、优化比较研究，不仅要注意对国外刑法、刑法学的介述和规范层面的研究，而且也要注意对之进行经济、文化、政治等深层次的研究；从刑事法治的整体运行状况出发，根据某些问题的关联性质，注意结合有关学科进行研究；提倡学科的交叉整合，根据课题研究的需要，注意借鉴、引进其他社会科学和现代自然科学的某些研究方法。

（四）拓展研究视野

以往我国的刑法学研究，由于受多种因素的影响和制约，比较注重国内法的研究，而在外国法的研究方面则相对比较薄弱，在很大程度上阻碍了我国刑事法治与当代世界先进刑事法治的交流与衔接。拓宽刑法学研究视野，加强中国区际刑法的研究，努力开拓外国刑法、比较刑法暨国际刑法的研究，应当成为新世纪中国刑法学研究亟须加强的领域。

【思考题】

1. 如何理解刑法学及其研究对象？
2. 我国刑法学的理论体系是怎样的？
3. 如何理解刑法学的地位和作用？
4. 刑法学的研究方法有哪些？
5. 新中国刑法学的研究历程是怎样的？

【参考文献】

1. 高铭暄、赵秉志：《中国刑法立法之演进》，法律出版社 2007 年版。
2. 高铭暄编著：《中华人民共和国刑法的孕育和诞生》，法律出版社 1981 年版。
3. 高铭暄、赵秉志编著：《新中国刑法学研究历程》，中国方正出版社 1999 年版。
4. 陈兴良主编：《刑法方法论研究》，北京大学出版社 2006 年版。
5. 曾粤兴：《刑法学方法的一般理论》，人民出版社 2005 年版。
6. 梁根林：“二十世纪的中国刑法学——反思与展望”（上、中、下），载《中外法学》1999 年第 2 ~4 期。
7. 高铭暄、赵秉志：“新中国刑法学研究的回顾与前瞻”，载高铭暄、赵秉志主编：《刑法论丛》（第 4 卷），法律出版社 2000 年版。
8. 赵秉志、魏昌东：“当代中国刑法哲学研究述评”，载《中国法学》2006 年第 1 期。
9. 张明楷：“刑法学研究中的十关系论”，载《政法论坛》2006 年第 2 期。
10. 刘艳红：“走向实质解释的刑法学——刑法方法论的发端、发展与发达”，载《中国法学》2006 年第 5 期。

第二章

刑法概述

【导语】刑法是规定犯罪、刑事责任和刑罚的法律。刑法的机能是指刑法客观上能够发挥的积极作用。刑法的机能可以概括为三个方面，即行为规制机能、秩序维护机能和自由保障机能。我国刑法的目的是惩罚犯罪，保护人民。我国刑法的任务包括惩罚和保护两个方面：惩罚犯罪是手段，保护人民是目的。保护方面的任务包括保卫国家安全，保卫人民民主专政的政权和社会主义制度，保护社会主义的经济基础，保护公民的人身权利、民主权利和其他权利，维护社会秩序。学界主要将刑法作以下分类：①广义刑法与狭义刑法；②普通刑法与特别刑法；③刑事刑法与行政刑法；④国内刑法与国际刑法。刑法的体系是指刑法的组成和结构。我国刑法从总体上分为总则、分则和附则三个部分。其中总则、分则各为一编，其编之下，再根据法律规范的性质和内容有次序地划分为章、节、条、款、项等层次。

本章的疑难问题：①怎样理解刑法机能的内容？②怎样理解刑法的秩序维护机能与自由保障机能的关系？

■第一节　刑法的概念和机能

一、基本法理

（一）刑法的概念

刑法是规定犯罪、刑事责任和刑罚的法律。具体而言，刑法是掌握国家政权的阶级即统治阶级，为了本阶级政治上的统治和经济上的利益，根据自己的意志，以国家名义公布的、规定哪些行为是犯罪应负刑事责任，并给犯罪人以何种刑罚处罚的法律。刑法有广义和狭义之分。广义刑法是指一切规定犯罪、刑事责任和刑罚的法律规范的总和，它包括作为普通刑法的刑法典以及特别刑法规范。特别刑法规范的表现形式有单行刑法和附属刑法（即非刑事法律中的刑事责任条款）等。狭义刑法仅指专门、系统地规定犯罪、刑事责任和刑罚内容的法律即刑法典。在中国，即指1979年7月1日第五届全国人民代表大会第二次会议通过、1997年3月14日第八届全国人民代表大会第五次会议修订的《中华人民共和国刑法》（以下简称为《刑法》）。所谓单行刑法，是指为补充、修改刑法典而由国家立法机关颁布的刑法文件。如1998年12月29第九届全国人民代表大会常务委员会第六次会议通过，并于同日施行的《关于惩治骗购外汇、逃汇和非法买卖外汇犯罪的决定》即是一部单行刑法。单行刑法的内容基本上是刑法规范，但也不排除在一些单行刑法中包含某些非刑法的内容，例如全国人大常委会1991年《关于严禁卖淫嫖娼的决定》，其中既包括对组织、强迫、引诱、容留、介绍他人卖淫等犯罪行为处以刑罚处罚的内容，又包括对卖淫、嫖娼等违法行为处以行政处罚的内容。所谓附属刑法，是指非刑事法律中有关犯罪与刑事责任的规定。在这些法律中，刑法规范不是主体部分，刑法规范具有附属性。

（二）刑法的机能

刑法的机能，又称刑法的功能，是指刑法客观上能够发挥的积极作用。刑法的机能与刑法的任务既相联系又有区别。刑法的任务是指刑法所承担的使命和职责。刑法任务的完成离不开刑法机能的发挥，只有刑法具备某方面的机能，才可能完成相应的任务。刑法具有以下机能：行为规制机能、法益保护机能和人权保障机能。

1. 行为规制机能。刑法的行为规制机能，是指刑法所具有的规范社会成员行为的作用。由于刑法是规定犯罪、刑事责任和刑罚的法律，这就使得刑法天然具有判断行为在法律上甚至道德上的是非善恶，并惩恶扬善，进而命令和引导人们如何行为的作用。刑法理论上将这种作用概括为刑法的行为规制机能。

刑法的行为规制机能由两方面的内容组成：①评价机能；②决定机能。刑法的评价机能，是指刑法所具有的将一定行为规定为犯罪，并将其与一定的刑罚相联系，从而在法律上对该行为给予严厉的否定性评价的作用。刑法的决定机能，是指刑法所具有的命令和引导人们作出决定，不去实施法律规定为犯罪的行为的作用。刑法的决定机能和评价机能是相辅相成的。刑法对犯罪行为规定严厉的制裁措施从而给犯罪人造成相当的损失和痛苦，促使社会上的人尽力避免实施有关行为，刑法对行为的决定机能由此而体现出来。同时，刑法通过对犯罪行为予以法律上和道德上的谴责与否定，也促使社会上的人远离犯罪行为。

2. 秩序维护机能。刑法的秩序维护机能，是指刑法所具有的通过对社会成员进行一般性的警告，以及运用刑罚对犯罪人进行惩罚，以预防犯罪，保护国家利益、社会利益和个人利益，从而维护社会秩序的作用。刑法的秩序维护机能是通过其利益保护机能和犯罪预防机能体现出来的。

（1）利益保护机能。在刑法中，通常以主体为标准将利益分为三类，即国家利益、社会利益和个人利益。相应地，刑法的利益保护机能通常也表现为以下三个方面：

第一，对国家利益的保护。国家利益是指国家作为法律关系的主体所拥有的利益。在刑法中，国家作为独立的法律关系主体的地位十分明显而重要。统治阶级总是以国家的名义来颁布各种有利于自己的法律。对国家利益的侵犯，实质上是对统治阶级利益的最直接的侵犯。因此，对国家利益的保护是刑法利益保护机能的首要内容。

第二，对社会利益的保护。社会利益是指社会作为法律关系的主体所拥有的利益。在现代社会，存在大量直接主体既不是国家也不是个人的利益，被称为社会利益或者公共利益。对这种利益进行侵犯，也可能间接危及个人利益，甚至动摇整个社会秩序，危及统治阶级的根本利益。因此，这种利益也成为刑法的保护对象，刑法也就相应地具有对社会利益的保护机能。例如，制作、贩卖、传播淫秽物品牟利，虽然并不直接损害国家利益和个人利益，但败坏社会善良风俗，诱导民众堕落，容易引发强奸、强制猥亵等侵犯个人权益的犯罪，因而也被刑法所禁止。

第三，对个人利益的保护。作为个体存在的自然人是国家和社会存在的前提与基础，当个人的生存权无法得到保障的时候，便难免铤而走险，危及统治秩序，因此，自有刑法以来，个人生命权、财产权等基本权利就受到刑法的保护。而现代刑法更把保护个人利益尤其是保障人权提高到了根本的位置上。刑法所具有的对个人利益的保护机能，是通过两个方面发挥出来的：①直接警告社会成员不得实施侵犯他人个人利益的犯罪行为。社会成员受到这种警告，就会约束自己的行为。此时，个人利益实际上就已经得到了保护。②惩罚已经实施侵犯他人个人利益的犯罪人，以儆效尤。在侵犯他人个人利益的犯罪行为发生后，司法机关通过对犯罪人定罪处刑，发挥刑罚的威慑功能、惩罚功能和安抚功能。一方面，直接维护受害人的利益；另一方面，惩罚犯罪人并震慑社会上的潜在犯罪人，使他们不敢再去实施或不敢去实施类似的犯罪行为，从而保护个人利益。

（2）犯罪预防机能。刑法的犯罪预防机能，是指刑法所具有的防止他人犯罪的作用。刑法的犯罪预防机能来源于刑罚的犯罪预防机能。作为事物的某一有机组成部分所具有的机能，当然也是事物整体所具有的机能。刑罚是刑法的有机组成部分，因此，刑罚的机能，也是刑法的机能。刑法将实施犯罪面临的严重后果——受到刑罚处罚，摆在所有人面前，任何具有正常思维能力的人在企图实施犯罪行为时，除少数突发性激情犯罪外，往往都会三思而后行，许多人则望而却步。这样，刑法就起到了防止他人犯罪的作用。另外，刑法通过将刑罚适用于犯罪人，使其亲身感受到刑罚带来的痛苦，以后不敢再犯罪，或者使其丧失犯罪能力，以后不能再犯罪，从而起到预防犯罪的作用；刑法还通过将刑罚运用于犯罪人，使社会上其他潜在犯罪人受到震慑，不敢步犯罪分子的后尘，从而起到预防犯罪的作用。可见，刑法的犯罪预防机能表现为一般预防机能和特别预防机能。刑法通过发挥预防犯罪的机能，避免了社会秩序受到犯罪的破坏，显示出其秩序维护机能。

预防犯罪既是刑法的机能，也是刑罚的目的。不过，作为刑法机能的预防犯罪，与作为刑罚目的的预防犯罪的具体含义不同：前者是指刑法客观上具有防止他人实施犯罪的作用，后者是指适用刑罚所追求的效果是防止他人犯罪；前者的内容是客观的，后者的内容是主观的。刑罚的目的是预防犯罪，这并不影响刑法具有预防犯罪的机能。

3. 自由保障机能。刑法的自由保障机能，是指刑法所具有的通过明确规定只有什么行为才是犯罪，以限制国家刑罚权的发动，保障普通公民的自由，同时也保障犯罪人的自由的作用。刑法的自由保障机能通过两个方面发挥出来：①保障普通公民的自由，表现为只要公民没有实施刑法所禁止的行为，就不得对其处以刑罚；②保障犯罪嫌疑人、被告人的自由（或者说合法权利），表现为犯罪嫌疑人和被告人不得受到刑法规范以外的刑罚处罚，以及在刑法规范以内受到的刑罚处罚应当公正、平等。这两方面的机能都是通过限制国家刑罚权的发动来实现的。

刑法保障普通公民自由的机能，是指刑法所具有的防止对普通公民滥施刑罚的作用。刑法的这一机能是通过确立罪刑法定原则形成的。根据罪刑法定原则，任何人只要不实施刑法明文规定的犯罪，就不能受到刑罚处罚。罪刑法定原则禁止类推，禁止重法溯及既往，禁止绝对不确定法定刑，要求犯罪和刑罚必须事先由法律作出明确的、实体性的规定。罪刑法定原则的这一系列内涵，使公民不再像封建专制社会中的平民那样诚惶诚恐，进退失据，随时可能陷入牢狱之灾，而是能够预先知道何种行为属于刑法规制对象，从而预测行为后果，自由选择行为。只要不去实施刑法所禁止的行为，公民就不会被处以刑罚。因此，罪刑法定原则的确立，标志着刑法保障普通公民自由机能的形成。

刑法保障犯罪人自由的机能，是指刑法所具有的防止对犯罪人滥施刑罚的作用。刑法保障犯罪人自由的机能也主要是通过确立罪刑法定原则而形成的。罪刑法定原则要求司法者必须在刑法规定的限度内对犯罪人定罪处罚，严禁对犯罪人法外施罚，从而防止了法官恣意裁判，滥用刑罚权。这一原则的确立，使得犯罪人虽然身为囚犯，却不至于像专制制度下的囚犯那样所有权利丧失殆尽，而是仍然能够拥有因犯罪而被剥夺的自由和权利之外的其他公民权利。刑法保障犯罪人自由的机能由此体现出来。刑法保障犯罪人自由的机能，是人类精神文明发展到较高层次的产物。

二、疑难问题

（一）怎样理解刑法机能的内容？

关于刑法机能的内容，有学者归纳为保护法益、压制与预防犯罪、保护人权和矫治犯罪人四个方面，[1] 还有人加上给犯人以赎罪的机会。[2] 我们认为，压制与预防犯罪和矫治犯罪人可以归入刑法的秩序维护机能之中。给犯人以赎罪的机会很难说是刑法客观上能够发挥的积极作用，因为赎罪的前提是犯罪人有悔罪改过之心，而犯罪人是否有悔罪改过之心与是否对其动用刑罚手段并无必然联系。因此，我们将刑法的机能概括为三个方面，即行为规制机能、秩序维护机能和自由保障机能。[3]

也有学者将刑法的行为规制机能称为规律机能，[4] 将秩序维护机能称为社会保护机能，[5] 将自由保障机能称为人权保障机能或权利保障机能。[6] 我们认为，“规制”一词在汉语中的涵义比“规律”更为单一，故用规制更有助于避免对相关内容产生误解。之所以用秩序维护机能而不用社会保护机能的概念，是因为刑法的这一机能并非仅仅保护社会，而是同时还保护个人，只不过这种保护是通过禁止或者命令社会成员实施某种行为，维护相应的社会秩序来实现的，因此，我们认为，社会保护机能这一概念不如秩序维护机能准确。之所以用自由保障机能而不用人权保障机能或权利保障机能的概念，一方面是因为刑法的秩序维护机能中也包含人权保障的内容，使用人权保障机能的概念容易使人将某些属于秩序维护机能的内容归入刑法的这一机能之内；另一方面是因为自由保障机能这一概念能突出刑法的这一机能是通过保障社会成员的行动自由来实现人权保障的。

（二）怎样理解刑法的秩序维护机能与自由保障机能的关系？

刑法所具有的秩序维护机能和自由保障机能，是一种相互对立、相互制约，但又能够相互协调的关系。两种机能能否正常、充分发挥，关系到刑法能否很好地实现自己的价值、完成自己的任务，进而影响到整个国家刑事法治的发展水平。因此，如何协调刑法的这两种机能，可以说是刑法理论和刑事司法实践的核心问题。

1．刑法的秩序维护机能和自由保障机能的对立。刑法的秩序维护机能和自由保障机能的对立，是由这两种机能的实质内容和发挥途径所决定的。刑法的秩序维护机能无论是用于保护国家利益、社会利益还是个人利益，都是以维护社会秩序的面目出现的，并且以刑罚为手段。以保护个人利益为例，刑法是通过打击犯罪或者宣告要将某种行为作为犯罪加以惩处，整肃相关领域的秩序，来达到这一目的的。这就使得刑法秩序维护的机能发挥到哪里，哪里的社会成员的行动自由就受到相应的限制。而刑法的自由保障机能恰恰相反，无论是保障犯罪人的自由还是普通社会成员的自由，它都是以限制甚至剥夺刑罚权在某些领域的运用条件或者资格，来达到这方面的目的的。以保障犯罪人的自由为例，刑法是通过确立罪刑法定原则，防止司法者随意发动刑罚权，以保证犯罪人只受到刑法明确规定的处罚。在刑法的保护下，犯罪人可以免受各种企图对他发动的非经正当程序和缺乏法律依据的制裁。这样，

---

[1] 参见张丽卿：《刑法总则理论与运用》，台湾作者自版2002年版，第31～32页。

[2] 参见林山田：《刑法通论》（上册），台湾作者自版1998年版，第17～19页。

[3] 参见［日］大塚仁：《刑法概说（总论）》，冯军译，中国人民大学出版社2003年版，第23页。

[4] 参见黎宏：“刑法的机能和我国刑法的任务”，载《现代法学》2003年第4期；张小虎：“刑法机能探究”，载《社会科学》2004年第4期；李泽龙：“论刑法的机能”，载《法律科学》1995年第1期。

[5] 参见蔡道通、黄东平：“刑法的权利保障机能优先——罪刑法定原则确立的必然性分析”，载《中央政法管理干部学院学报》1995年第3期。

[6] 参见张小虎：“刑法机能探究”，载《社会科学》2004年第4期。

刑法的秩序维护机能要通过扩大刑法的适用范围来实现，刑法的自由保障机能则要通过限制刑法的适用范围来实现；刑法的秩序维护机能是要稳定社会秩序、限制甚至剥夺社会成员的自由，刑法的自由保障机能则是要保障社会成员的行动自由。二者是一种此消彼长的对立关系：刑法越想施展其秩序维护机能，就越容易损害其自由保障机能；刑法的自由保障机能发挥得越多，其秩序维护机能就越难以实现。

2. 刑法的秩序维护机能与自由保障机能的协调。刑法的秩序维护机能和自由保障机能虽然是对立的，但又必须加以协调，因为两者各有其任务，两方面的任务不可偏废。过分强调其中的任何一种机能，都会引发不良的社会效果。过分强调刑法的秩序维护机能，就会导致刑法对社会生活的介入过深过广，使社会成员的自由受到过分限制，进而使国家、民族丧失生机和活力，阻碍其繁荣和进步。过分强调刑法的自由保障机能，则不能有效地遏制犯罪，可能导致社会秩序遭到破坏，社会成员的生存条件受到威胁。寻找刑法的秩序维护机能和自由保障机能各自的适度空间，使两种机能保持一种和谐的状态，是同时并且充分地发挥刑法这两种机能必须解决的问题。

虽然刑法这两种机能的具体内容和实现手段都是对立的，满足了刑法的一种机能，确实会使另一种机能受到压制，但这并不妨碍两种机能的协调。在一定限度内，对两种机能加以协调不但是可行的，而且是社会成员所期盼的。首先，在一定限度内，对两种机能进行协调是社会成员所期盼的。只要对自由保障机能和秩序维护机能的限制是适当的，不但不会使人们产生自由受到损害或者秩序被破坏的感觉，反而会因为有这种限制而感觉到自由权利和秩序都得到了很好的维护，因而为社会成员所期盼。其次，在一定限度内，对两种机能加以协调是完全可行的。由于刑法的秩序维护机能和自由保障机能都不是发挥得越充分越好，而是都必须加以限制，因此，只要通过对两种机能分别予以适当限制，二者就能够进入一种协调状态。

有人认为，当刑法的社会保护机能和权利保障机能发生冲突且难以两全的情况下，确立刑法的权利保障机能的优先地位就成了立法者付代价的理性选择和公民正当的权利要求。〔1〕我们认为这是对如何妥善协调两种机能的误解。刑法这两种机能的冲突在任何情况下都是具体的并且难以两全的。正如有学者所指出，法益保护和人权保障总是处于一种二律背反的关系，重视保障人权的话，就会招致犯罪的增加，对法益的保护就会被削弱；相反地，重视保护法益的话，对人权的保障就会被削弱。〔2〕但是，并非也不能在任何情况下都要让刑法的权利保障机能（指自由保障机能）优先，而是要看所保障的权利是否合理，以及我们如何认识这种权利的合理性。在不同的时代背景之下，两种机能的冲突的解决方式和处理结果可能是不同的。尽管随着社会的进步，文明的发展，人类将会越越来越重视发挥刑法的自由保障机能，在市场经济的条件下，应当将刑法的人权保障机能置于重要位置，而且从目前我国刑事立法和刑事司法的状况看，重视发挥刑法的自由保障机能是十分必要和紧迫的。但决不能说当两种机能发生冲突且难以两全时，就必须一概让刑法的权利保障机能优先。所谓“当刑罚权与基本人权发生抵触不能双全之情形，与其牺牲基本人权，毋宁放弃刑罚权”〔3〕的观点，应当基于这样一个前提才能成立：即基于时代发展和文明进步的要求，这种基本人权已

〔1〕参见蔡道通、黄东平：“刑法的权利保障机能优先——罪刑法定原则确立的必然性分析”，载《中央政法管理干部学院学报》1995年第3期。

〔2〕参见［日］大谷实：《刑法总论》，黎宏译，法律出版社2003年版，第5页。

〔3〕蔡墩铭：《刑法基本理论研究》，台湾汉林出版社1986年版，第346页。

经变得不可剥夺，而且必须予以保障。那种认为罪刑法定原则的确立意味着刑法的权利保障机能优先的观点，实际上是对罪刑法定原则的片面理解。虽然“罪刑法定主义乃系以限制国家刑罚之行使为主要目的，而以保障个人自由为最高目标”,[1] 但这一原则仅仅表明不以刑法的明文规定为根据来惩罚犯罪人是不能容忍的，以及在是否可以法外施罚以维护秩序的问题上，刑法的秩序维护机能让位给了自由保障机能；而不能将其意义扩展到整个刑法，进而认为刑法是优先考虑自由保障机能的。

■第二节 刑法的目的和任务

一、刑法的目的

我国《刑法》第1条对制定刑法的目的和根据作了明确规定：“为了惩罚犯罪，保护人民，根据宪法，结合我国同犯罪作斗争的具体经验及实际情况，制定本法。”根据这一条的规定，制定刑法的目的，在于惩罚犯罪，保护人民。这是由我国刑法的性质所决定的，与刑法的任务一致。

二、刑法的任务

我国《刑法》第2条规定：“中华人民共和国刑法的任务，是用刑罚同一切犯罪行为作斗争，以保卫国家安全，保卫人民民主专政的政权和社会主义制度，保护国有财产和劳动群众集体所有的财产，保护公民私人所有的财产，保护公民的人身权利、民主权利和其他权利，维护社会秩序、经济秩序，保障社会主义建设事业的顺利进行。”从这条规定可以看出，我国刑法的任务包括惩罚和保护两个方面：惩罚犯罪是手段，保护人民是目的。通过用刑罚同犯罪作斗争，来保护国家和人民的利益；而为了保护国家和人民的利益，又必须正确有效地同犯罪作斗争。

《刑法》第2条规定的保护方面的任务，概括地说就是保护国家和人民的利益，保护社会主义社会的社会关系，保障社会主义建设事业的顺利进行。具体说，有以下四个方面：

1. 保卫国家安全，保卫人民民主专政的政权和社会主义制度。这是我国刑法的首要任务。国家安全是国家生存和发展的根本前提。人民民主专政的政权和社会主义制度是我国人民在中国共产党的领导下经过长期浴血奋战和艰苦卓绝斗争而取得的胜利成果，是我国人民根本利益的集中体现。没有巩固的人民民主专政的政权和社会主义制度，就没有中华民族的振兴，就没有人民的一切。为了保卫人民民主专政的政权和社会主义制度，我国刑法将危害国家安全罪列为各类犯罪的首位，置于刑法典分则第一章，对之规定了严厉的刑罚。刑法总则还规定，对于危害国家安全的犯罪分子判处主刑时，应当附加剥夺政治权利。这些规定体现了对危害国家安全罪从严惩办的精神。

2. 保护社会主义的经济基础。马克思主义认为，经济基础决定上层建筑，上层建筑为经济基础服务。我国刑法是社会主义上层建筑的一部分，它必然要担负起保护社会主义经济基础的任务。经济基础是与一定社会历史阶段的生产力水平相适应的生产关系的总和，其主要内容是生产资料所有制形式以及与生产资料所有制形式相联系的生产、分配、流通的形式。我国现阶段的生产资料所有制形式是以生产资料公有制为主体，多种所有制并存。在此基础上我国实行社会主义市场经济。因此，我国刑法对经济基础的保护也就是对以公有制为

---

[1] 杨建华：《刑法总则之比较与研讨》，台湾汉荣书局1982年版，第10页。

主体的多种所有制和社会主义市场经济的保护。我国刑法专章规定了“破坏社会主义市场经济秩序罪”和“侵犯财产罪”，从而使社会主义经济基础获得了有力的保障。国有财产和劳动群众集体所有的财产（包括混合经济中的国有成分和集体成分）是社会主义的公共财产。它是巩固人民民主专政和进行社会主义现代化建设的物质基础，是提高广大人民生活水平走向共同富裕的物质保证。因此，保护社会主义公共财产不受侵犯，是关系到坚持社会主义道路、保卫社会主义成果的重大问题。公民合法的私有财产是公民生产、工作和生活不可缺少的物质条件，它包括：公民的合法收入、储蓄、房屋和其他生活资料；依法归个人、家庭所有的生产资料；个体户和私营企业的合法财产；依法归个人所有的股份、股票、债券和其他财产。刑法保护公民的私有财产权，既符合宪法的原则，也是广大人民群众所迫切要求的。社会主义市场经济的运行和发展，是通过一系列管理制度来保证的，如工商管理制度、对外贸易管理制度、税收征管制度、货币金融管理制度等。由法律、法规、规章所确立的这些管理制度，形成了社会主义市场经济秩序。保护社会主义市场经济秩序不受犯罪的侵犯，与保护公私财产不受犯罪的侵犯一样，都是我国刑法作为上层建筑为经济基础服务的具体内容。

3. 保护公民的人身权利、民主权利和其他权利。切实保护广大人民的人身权利、民主权利和其他权利，是由我们国家的人民民主性质决定的。我国《宪法》第2条规定：“中华人民共和国的一切权力属于人民。”“人民依照法律规定，通过各种途径和形式，管理国家事务，管理经济和文化事业，管理社会事务。”2004年修正后的《宪法》第33条第3款明确规定：“国家尊重和保障人权。”作为国家和社会的主人，我国公民“所享受的人权范围是广泛的，不仅包括生存权、人身权和政治权利，而且包括经济、文化、社会等各方面的权利”。[1] 我国刑法坚决保护公民所享受的人权。在刑法分则专章规定了“侵犯公民人身权利、民主权利罪”，用以制裁各种侵犯人权的犯罪行为。人身权利，是指与人身有关的各项权利，如生命权、健康权、人身自由权等。只有人身权利不受侵犯，才能行使民主权利和其他权利。所以，侵犯公民人身权利的犯罪是侵犯公民个人权利犯罪中最严重的犯罪。我国刑法对严重侵犯公民人身权利的犯罪如故意杀人、强奸、拐卖妇女儿童等，都规定了严厉的刑罚，直至适用死刑。民主权利，是指依法参加国家管理和社会政治生活的权利，如选举权与被选举权等。我国《宪法》规定：“中华人民共和国年满18周岁的公民，不分民族、种族、性别、职业、家庭出身、宗教信仰、教育程度、财产状况、居住期限，都有选举权和被选举权；但是依照法律被剥夺政治权利的人除外。”“中华人民共和国公民有宗教信仰自由。”“各民族……都有保持或者改革自己的风俗习惯的自由。”“中华人民共和国公民的通信自由和通信秘密受法律的保护。”[2] 我国刑法坚决维护宪法的这些规定，在分则第四章中明确规定了破坏选举罪，非法剥夺公民宗教信仰自由罪，侵犯少数民族风俗习惯罪，煽动民族仇恨、民族歧视罪，出版歧视、侮辱少数民族作品罪，侵犯通信自由罪等犯罪及其相应的刑事责任，从而体现了对公民民主权利的切实保护。其他权利，是指公民人身权利、民主权利以外的权利，如婚姻自主权，年老、年幼、患病的家庭成员有受扶养的权利等。对严重侵犯公民其他权利的行为，刑法也要予以追究。

4. 维护社会秩序。处理好改革、发展和稳定的关系，是全国工作的大局。当前，我们国家的中心任务是进行社会主义现代化建设。要完成这项伟大的任务，需要有一个稳定的政治环境和良好的社会秩序。刑法是维护社会秩序、稳定社会环境的强有力的法律武器。刑法

---

〔1〕 国务院新闻办公室：《中国的人权状况》，中央文献出版社1991年版，第2页。

〔2〕 分别参见《宪法》第34、36、4、40条。

规定“危害公共安全罪”、“妨害社会管理秩序罪”、“渎职罪”等各类犯罪，就是为了维护社会秩序，净化社会环境，保障社会主义现代化建设事业的顺利进行。

总之，我们要充分发挥刑法的功能，努力实现刑法的任务，使刑法在建设有中国特色社会主义的伟大事业中更好地发挥服务作用。

■第三节 刑法的分类和体系

一、刑法的分类

对刑法进行分类，有助于进一步明确刑法本身的规范体系，正确地理解刑法和适用刑法。大体来说，学界主要将刑法作以下分类：

（一）广义刑法与狭义刑法

上文已述，广义刑法是指关于犯罪及其刑事责任的法律规范的总和，即包括刑法典和单行刑法、附属刑法。狭义刑法是指刑法典。“刑法”一词有时在狭义上使用，有时在广义上使用。

（二）普通刑法与特别刑法

普通刑法是指具有普遍适用的性质与效力的刑法，刑法典便是普通刑法。特别刑法是指仅适用于特别人、特别时、特别地或特别事项（犯罪）的刑法。我国海峡两岸刑法理论大多认为，单行刑法与附属刑法属于特别刑法；但也有台湾学者认为此种见解并不妥当，主张单行刑法或者附属刑法未必都是特别刑法。[1] 我国香港、澳门和台湾地区的刑法仅适用于中国的特定地域，也可谓中国的特别刑法。当某种行为同时符合普通刑法与特别刑法的规定时，应根据特别法优于普通法的原则仅适用特别刑法；如果某一行为同时符合两个同等效力的特别刑法的规定，则应根据新法优于旧法的原则仅适用新的特别刑法；如果某一行为同时符合两个效力不同的特别刑法，则应适用效力更高的特别刑法。与此种分类相联系，有台湾学者把刑法典称为主刑法，把单行刑法和附属刑法称为辅刑法。[2]

（三）刑事刑法与行政刑法

一般来说，规定既侵害法益又违反伦理道德的犯罪及其刑事责任的刑法，是刑事刑法（或称固有刑法）。国外通常称刑法典为刑事刑法。行政刑法则是指行政法律中的刑事责任条款的总称，即为了实现行政管理目的，立法者便在行政法律中规定种种命令与禁令；为了保证有令必行、有禁必止，就规定违反行政法的罚则（行政罚），其中包括刑罚方法与行政制裁方法。广义的行政刑法，就是关于行政罚的法规的总称；狭义的行政刑法，则是行政法中有关刑罚方法的法规的总称。一般所说的行政刑法，仅限于狭义的行政刑法。行政刑法是刑法的组成部分。行政刑法具有较强的目的性、较弱的伦理性、较大的变易性、较广的散在性、较多的交叉性、较大的依赖性等特点。[3]

（四）国内刑法与国际刑法

国内刑法是适用于一国领域内的刑法。国际刑法是规定国际犯罪、起诉和审判实施犯罪行为之人的一系列国际公约、条约和规约的总称。国际刑法的“国际性”体现为实体上国内法律的国际化、国际法的刑法化以及国际性法律规范对国际犯罪的调整；国际刑法的“程序

---

〔1〕 参见林山田：《刑法通论》（上册），台湾作者自版2008年版，第45页。

〔2〕 参见林山田：《刑法通论》（上册），台湾作者自版2008年版，第44页。

〔3〕 参见赵秉志主编：《刑法总论》，中国人民大学出版社2007年版，第35页。

性”表现为国际与国内之间、各国之间的司法协助与合作，故而国际性法的概念是两个双重性的交织，即国际法的刑法化和国家刑法的国际化的融合，以及实体法和程序法的交互重叠。[1]

二、刑法的体系

刑法的体系即是指刑法的组成和结构。我国刑法从总体上分为总则、分则和附则三个部分。其中总则、分则各为一编，其编之下，再根据法律规范的性质和内容有次序地大体划分为章、节、条、款、项等层次。

《刑法》第一编总则分设5章，即刑法的任务、基本原则和适用范围；犯罪；刑罚；刑罚的具体运用；其他规定。

《刑法》第二编分则分设10章，即危害国家安全罪；危害公共安全罪；破坏社会主义市场经济秩序罪；侵犯公民人身权利、民主权利罪；侵犯财产罪；妨害社会管理秩序罪；危害国防利益罪；贪污贿赂罪；渎职罪；军人违反职责罪。

《刑法》总则除第一章和第五章外，其余章下均设若干节；刑法分则大多数章下不设节，但由于第三章破坏社会主义市场经济秩序罪和第六章妨害社会管理秩序罪两章涉及具体犯罪众多、容量较大，因而这两章之下均又分设了若干节。

《刑法》除总则编和分则编外，第三部分为附则。刑法附则部分仅一个条文，即《刑法》第452条。该条的内容一是规定修订后的刑法开始施行的日期；二是规定修订后的刑法与以往单行刑法的关系，宣布在新刑法生效后某些单行刑法的废止以及某些单行刑法中有关刑事责任的内容之失效。

概括地说，刑法总则是关于犯罪、刑事责任和刑罚的一般原理、原则的规范体系，这些规范是认定犯罪、确定责任和适用刑罚所必须遵守的共同的规则。刑法分则是关于具体犯罪和具体法定刑的规范体系，这些规范是解决具体定罪量刑问题的标准。刑法总则与刑法分则的关系是一般与特殊、抽象与具体的关系。总则指导分则，分则是总则所确定的原理、原则的具体体现，二者相辅相成。只有把刑法总则和刑法分则紧密地结合起来研究，才能正确地认定犯罪、确定责任和适用刑罚。

刑法规范除附则外，按其内容属性，或者属于总则性规范，或者属于分则性规范。组成刑法的诸规范，都以条文的形式出现。配置在各编、章、节中的刑法条文，全部用统一的顺序号码进行编号。刑法条文采用统一编号，既可以达到系统化的目的，又可以保证查阅方便，引用准确。条文之下分款、项。有的条文只有一款，如《刑法》第1、2、3条等。如果条文包含数款，则第2、3、4款等均另起一行来表示。例如《刑法》第6条包含3款；第7条包括2款；第241条包含6款。在款的后面，如果用（一）、（二）、（三）等基数号码的，则为项。例如，《刑法》第240条第1款包含8项，引用时应写成第×条第×款第×项；第315条只有1款，包含4项，引用时应写成第×条第×项。刑法条文采用条、款、项这样的结构是非常严谨的，不能颠倒改动，引用条文时必须绝对准确。有的条文在同一款里包含有两个或两个以上意思。例如，《刑法》第56条第1款规定：“对于危害国家安全的犯罪分子应当附加剥夺政治权利；对于故意杀人、强奸、放火、爆炸、投毒、抢劫等严重破坏社会秩序的犯罪分子，可以附加剥夺政治权利。”该款包含两个意思，用分号隔开。《刑法》第53条规定：“罚金在判决指定的期限内一次或者分期缴纳。期满不缴纳的，强制缴纳。对于不

---

〔1〕 参见黄风、凌岩、王秀梅：《国际刑法学》，中国人民大学出版社2007年版，第5页。

能全部缴纳罚金的，人民法院在任何时候发现被执行人有可以执行的财产，应当随时追缴。如果由于遭遇不能抗拒的灾祸缴纳确实有困难的，可以酌情减少或者免除。”该条包含四个意思，用句号隔开。一个条文的同一款中包含两个或两个以上意思的，在学理上称之为前段、后段，或者前段、中段、后段，或者第一段、第二段……。在具有这种结构的条款当中，如有用“但是”这个连接词来表示转折关系的，则对从“但是”开始的这段文字，学理上称之为“但书”。

我国刑法条文中的“但书”，所表示的大致有以下几种情况：①“但书”是前段的补充。例如，《刑法》第13条在规定了什么是犯罪之后，接着以“但书”指出：“情节显著轻微危害不大的，不认为是犯罪。”这是从什么情况下不认为是犯罪的角度，来补充说明什么是犯罪。这个“但书”对于划清罪与非罪的界限，具有重要的意义。②“但书”是前段的例外。例如，《刑法》第246条在规定侮辱、诽谤罪“告诉的才处理”的同时，又以“但书”指出：“但是严重危害社会秩序和国家利益的除外。”③“但书”是对前段的限制。例如，《刑法》第20条第2款规定：“正当防卫明显超过必要限度造成重大损害的，应当负刑事责任，但是应当减轻或者免除处罚。”在这里，“但书”对防卫过当人负刑事责任作了限制性的规定。

【思考题】

1. 什么是刑法？
2. 怎样理解刑法的机能？
3. 怎样理解刑法的任务？
4. 怎样理解刑法的分类？
5. 如何把握刑法的体系？

【参考文献】

1. 高铭暄、赵秉志：《中国刑法立法之演进》，法律出版社2007年版。
2. 高铭暄编著：《中华人民共和国刑法的孕育和诞生》，法律出版社1981年版。
3. 高铭暄、赵秉志编：《新中国刑法立法资料精选》，法律出版社2007年版。
4. 赵秉志：“略论刑法的机能”，载《北京联合大学学报（人文社会科学版）》2006年第2期。
5. 赵秉志主编：《刑法总论》，中国人民大学出版社2007年版。

第三章

刑法的基本原则

【导语】刑法的基本原则，是指贯穿全部刑法规范、具有指导和制约全部刑事立法与刑事司法的意义，并体现我国刑事法治的基本性质与基本精神的准则。刑法基本原则有助于促进刑事立法和刑事司法的发展与完善。我国刑法规定的刑法基本原则包括罪刑法定原则、适用刑法平等原则和罪责刑相适应原则。罪刑法定原则的含义是："法无明文规定不为罪"、"法无明文规定不处罚"。其沿革意义上的思想基础曾有自然法理论、三权分立思想和心理强制说。现代一般认为，民主主义与尊重人权主义是罪刑法定原则的思想基础。适用刑法平等原则的含义是：对任何人犯罪，在适用刑法上一律平等，不允许任何人有超越法律的特权。其基本要求是：无论是追究犯罪人的刑事责任还是保护被害人的利益，均应贯彻适用刑法上的平等与公正。罪责刑相适应原则的含义是：刑罚的轻重，应当与犯罪分子所犯罪行和承担的刑事责任相适应。其基本要求是：刑法立法上要依据罪责刑相适应的原则，设置体现区别对待的刑罚制度和轻重有别的具体犯罪的法定刑幅度；刑法司法中要重视量刑，纠正重刑主义，实现执法和谐。刑法的其他基本原则还包括罪责自负原则和主客观相统一原则。罪责自负原则的基本含义是：谁犯罪，就应当由谁承担刑事责任；刑罚只及于犯罪者本人，而不能连累无辜。其基本要求是：刑法立法上坚持罪责自负原则，坚决反对株连；刑事司法中定罪量刑要深入实际调查研究，做到事实清楚，证据确实充分，防止错捕、错判无辜。主客观相统一原则的基本含义是：对行为人追究刑事责任，必须同时具备主客观两方面的条件，并要求主客观两方面条件的有机统一。

本章的疑难问题：①怎样合理界定刑法基本原则的标准和外延？②怎样正确区分扩张解释与类推的界限？③罪刑法定原则有哪些立法缺憾？④司法实践中贯彻适用刑法平等原则应当注意哪些问题？⑤量刑时应如何正确处理客观危害与主观恶性以及社会危害性与人身危险性的关系？⑥如何正确理解刑法理论中的"主观主义"和"客观主义"与主观归罪和客观归罪的区别？

■第一节　刑法基本原则概述

一、基本法理

（一）刑法基本原则的界定

刑法基本原则问题是刑事立法和刑事司法中一个带有全局性、根本性的问题。我国1979年《刑法》中没有规定刑法的基本原则，但是，该部刑法颁布之后，刑法基本原则作为一个重大理论问题，引起了刑法理论界和实务界的高度重视与关注。特别是在1997年《刑法》修改研拟中，对于刑法基本原则如何界定，刑法基本原则应否在刑法中增设，以及应当规定哪些刑法基本原则，在刑法理论界和实务界更是存在着广泛的争鸣。经过长期酝酿而面世的1997年新《刑法》，在其第3条至第5条明确规定了三项刑法基本原则，即罪刑法定原则、适用刑法平等原则、罪责刑相适应原则，从而使刑法基本原则立法化的问题得到了解决。但是，有关刑法基本原则的理论探讨和争鸣并不会因新刑法的现有规定而告终，而是仍会继续并深入下去。其中最为重要的仍是如何合理界定刑法基本原则的标准和外延问题。

刑法基本原则，是指贯穿全部刑法规范、具有指导和制约全部刑事立法和刑事司法的意义并体现我国刑事法治的基本性质与基本精神的准则。其主要特征有三个：①刑法基本原则必须是贯穿全部刑法规范的原则；②刑法基本原则具有指导和制约全部刑事立法和刑事司法的意义；③刑法基本原则必须体现我国刑事法治的基本性质和基本精神。依此标准衡量，我国刑法的基本原则应当包括以下五个：罪刑法定原则、适用刑法平等原则、罪责刑相适应原则、罪责自负原则以及主客观相统一原则。其中前三个原则已为我国现行刑法所明文规定。

（二）刑法基本原则的意义

刑法基本原则既然是贯穿于全部刑法规范和刑法适用中的准则，是刑事法治基本精神的集中体现，它们对刑事立法和刑事司法所具有的巨大指导意义便是毋庸置疑的。刑事立法工作必须完全体现刑法基本原则，而决不能违背这些基本原则。对刑法如有必要加以修改补充时，一定要以这些基本原则为指导，使罪刑规范更加具体、明确、清晰，既有利于保护社会，又有利于保障人权。刑事司法工作要大力贯彻这些基本原则，强化法治意识、平等观念和公正无私、刚直不阿的思想，使所办的案件能经得起历史的检验。总之，刑法基本原则具有强大的威力，它们既有利于积极同犯罪作斗争，又有利于切实保障公民的合法权益；既有利于推进法治化进程，又有利于维护法律的公正性；既有利于完成刑法的任务，又有利于达到刑罚的最佳效果。因此，它们必将促进我国刑事立法的完善和刑事司法的公正、文明，从而更好地保障我国法制事业和现代化建设事业的顺利进行。

二、疑难问题

怎样合理界定刑法基本原则的标准和外延？

我国刑法基本原则应当包括哪些？长期以来在我国刑法学界并未取得一致的意见，且认识分歧颇大。据不完全统计，学者们先后提出的所谓的“刑法基本原则”近十多项，如罪刑法定原则，罪刑相适应（罪刑相当、罪刑均衡）原则，法制原则，法律面前人人平等原则，主客观相统一的刑事责任原则，罪责自负（罪及个人、反对株连）原则，惩罚与教育相结合原则，刑罚公正原则，刑事责任的不可避免性原则，刑事责任人道主义原则，等等。主要有“两原则说”、“三原则说”、“四原则说”、“五原则说”和“六原则说”等不同的观点。刑法理论界之所以在刑法基本原则的外延上存在如此大的分歧，主要是因为学者们对我国刑法基本原则据以衡量和确立的标准有不同的理解与认识。

我们认为，刑法基本原则，是指贯穿全部刑法规范、具有指导和制约全部刑事立法和刑事司法的意义并体现我国刑事法治的基本性质与基本精神的准则。其主要特征有三个：

1. 刑法基本原则必须是贯穿全部刑法规范的原则。在刑事立法上，为了解决定罪和量刑问题，需要制定出各种不同的法律原则，在刑事司法中也必须遵循这些原则。但是，并非每一个原则都是刑法的基本原则，在诸多的原则中，基本原则与非基本原则的区分标准之一在于：原则本身是否贯穿于全部刑法规范中。只有那些对刑法的制定、修改、补充具有全局性意义，并且在刑法的全部规范体系中具有根本性意义的原则，才能成为刑法的基本原则。例如，我国刑法中规定的有关刑法溯及力的从旧兼从轻原则、对未成年人犯罪从宽处罚的原则、对累犯从严处罚的原则等，虽然都是刑法中不可缺少的重要原则，但由于这些原则并不具有全局性的指导意义，只是刑法中局部性的原则，因此，不能作为刑法的基本原则。

2. 刑法基本原则具有指导和制约全部刑事立法和刑事司法的意义。首先，从其功能上看，刑法的基本原则应当是刑事立法活动必须遵循的准则，应当对刑法的制定、修改和完善具有直接的指导意义。其次，它也应当成为适用刑法时必须严格遵守的准则，应当对刑事司法活动的全过程具有直接的指导意义。刑法的适用是国家司法机关所从事的专门执法活动，是将刑法的各项规定付诸实施的必经环节。其任务是为了发现、揭露、证实、惩处和预防犯罪，惩罚、教育和改造犯罪人，维护国家和公民的利益，维持社会的安定。刑事司法活动的中心环节是认定犯罪、裁量刑罚和执行刑罚。而要做到定性准确、量刑适当和行刑有效，就必须接受刑法的指导和制约。对刑法适用活动的指导和制约，在刑法上同样规定有许多原则。而只有用于指导和制约全部刑法适用活动的根本性原则，才能成为刑法的基本原则。例如，我国刑法中规定的从旧兼从轻的处理刑法溯及力问题的原则，对国家机关工作人员犯罪从重处罚的原则，因其仅适用于某些问题或某些案件，不具有根本性的指导意义，因此，不能作为刑法的基本原则。

3. 刑法基本原则必须体现我国刑事法治的基本性质和基本精神。这就是坚持法治，摒弃人治；坚持平等，反对特权；讲求公正，反对徇私。只有符合刑事法治基本精神的原则才能成为刑法的基本原则。一项原则如果不能体现我国刑事法治的基本性质和基本精神，即使其对刑事立法和刑事司法具有全局性、根本性的指导意义，也谈不上是刑法的基本原则。刑法基本原则体现刑事法治的基本性质和基本精神，是通过协调罪、责、刑的关系表现出来的。

我国以往刑法理论的通行观点认为，刑法基本原则必须是刑法所特有的，因而各部门法所共有的原则不能成为刑法的基本原则。这一主张不够妥当。首先，从理论上分析，国家法制的一般原则与法律体系中各个部门法的基本原则，是一般与特殊、抽象与具体的关系。法制的一般原则是一般与抽象，部门法的基本原则是特殊与具体。法制的一般原则指导和制约各部门法的基本原则的确立，部门法的基本原则具体体现法制的一般原则，两者相互依存、密切关联。如果离开各部门法的基本原则的具体体现，则法制的一般原则就落不到实处而毫无意义。比如，法律面前人人平等这一现代法制的基本原则，如果不能成为各个部门法的基本原则而得到切实的体现，岂不成了空中楼阁、海市蜃楼？其次，从其他部门法对于基本原则的规定看，我国刑事诉讼法和民事诉讼法中的“以事实为根据，以法律为准绳”、“适用法律上一律平等”等原则，以及我国民法通则中的“当事人在民事活动中的地位平等”的基本原则，都是我国法律界公认的我国法制的一般原则或者说是一般原则在我国各法律中的具体体现。这说明，我国立法机关不是否认而恰恰是主张法制的一般原则可以作为部门法的基本原则。因此，刑法不能排斥法制的一般原则可以作为其基本原则。当然，把法制的一般原则原样照搬过来作为刑法的基本原则也不够妥当，法制的一般原则只有具体化为刑法的内容时，才可以作为刑法的基本原则。如法律面前人人平等这一法制的一般原则被纳入刑法作为其基本原则时，应具体化为适用刑法人人平等的原则。

根据上述对刑法基本原则含义与特征的理解，并结合我国刑法的规定，我们认为，我国刑法的基本原则应当包括以下五个：罪刑法定原则、适用刑法平等原则、罪责刑相适应原则、罪责自负原则以及主客观相统一原则。其中前三个原则已为我国现行刑法所明文规定。

■第二节 罪刑法定原则

一、基本法理

（一）罪刑法定原则的含义和渊源

罪刑法定原则的基本涵义是"法无明文规定不为罪"、"法无明文规定不处罚"。这一来自拉丁文中的法律格言，是对罪刑法定含义的高度概括。具体来说，罪刑法定原则是指什么是犯罪，有哪些犯罪，各种犯罪的构成条件是什么，有哪些刑种，各个刑种如何适用，以及各种具体罪的具体量刑幅度如何等，均由刑法加以规定。对于刑法没有明文规定为犯罪的行为，不得定罪处罚。

罪刑法定的渊源，最早可以追溯到1215年英王约翰签署的《大宪章》第39条的规定，即："凡是自由民除经贵族依法判决或遵照国内法律之规定外，不得加以扣留、监禁、没收其财产、褫夺其法律保护权，或加以放逐、伤害、搜索或逮捕。"这一规定奠定了"适当的法定程序"的基本思想，一般认为是罪刑法定的最早的思想渊源。到了17世纪和18世纪，资产阶级启蒙思想家针对封建刑法中罪刑擅断、践踏人权的黑暗现实，更加明确地提出了罪刑法定的主张，并以"三权分立说"和"心理强制说"作为其理论基础，使罪刑法定的思想更为系统，内容更加丰富。正如刑事古典学派的代表人物贝卡里亚所指出的那样："只有法律才能为犯罪规定刑罚。……超越法律限度的刑罚就不再是一种正义的刑罚。"[1] 资产阶级革命胜利后，罪刑法定这一思想由学说转变为法律，在资产阶级宪法和刑法中得到确认。1789年法国《人权宣言》第8条规定："法律只应规定确实需要和显然不可少的刑罚，而且除非根据在犯罪前已制定和公布的且系依法施行的法律以外，不得处罚任何人。"在法国《人权宣言》这一内容的指导下，1810年《法国刑法典》第4条首次以刑事立法的形式明确规定了罪刑法定原则。其后欧洲大陆法系各国相继仿效。由于这一原则符合现代社会民主与法治的发展趋势，至今已成为不同社会制度的世界各国刑法中最普遍、最重要的一项原则。

罪刑法定原则的确立，具有重大的意义。它不仅有利于维护社会秩序，也有利于保障人权。正如法国刑法学家卡斯东·斯特法尼等人所指出的那样："从法律的观点看，无论从公共利益，还是从私人利益考虑，法定原则都是有道理的，都是正确的。""由立法者来确定哪些行为是应当受到惩处的行为并且规定相应的刑罚，这就使刑事处罚有了'确定性'，从而强化了刑罚的威慑力量，社会只会从中得益。""此外，罪刑法定原则也是对个人自由的基本保证，这一原则是对公民的保护，可以使公民免受法官的擅断行为所害，因为公民事先了解哪些行为是受到社会禁止的行为，同时也了解如果实行这些行为将受到何种惩处。"[2]

（二）罪刑法定原则的思想基础

沿革意义上的罪刑法定原则的思想基础包括自然法理论、三权分立思想和心理强制说等几种理论；而西方现代刑法理论则认为，民主主义和尊重人权主义是罪刑法定原则的基础。

1. 自然法理论。自然法理论是近代资产阶级启蒙思想家提出的自然法哲学的总称，其理论渊源可一直追溯到古希腊柏拉图的理念论和亚里士多德的自然正义说，其内容主要包括自然状态说、自然法原则说、社会契约说等法哲学学说。其代表人物之一的英国学者霍布斯

---

〔1〕［意］贝卡里亚：《论犯罪与刑罚》，黄风译，中国大百科全书出版社1993年版，第11页。

〔2〕［法］卡斯东·斯特法尼等：《法国刑法总论精义》，罗结珍译，中国政法大学出版社1998年版，第114～115页。

认为，操纵国家的是主权者，相对的是全体臣民。主权者用口头、文字或其他足够的意志标志对臣民发布命令，以约束臣民。这种命令就是法律。[1] 霍布斯强调法无明文规定不为罪，犯罪必定触犯了国家制定的法律。如果实证法没有规定，就不存在相应的犯罪。英国学者洛克也认为，每个人都有维护自然法的义务，违反这种义务就应当受到刑罚处罚。但委让给国家的刑罚应限于必要的最低限度内，故国家必须预先明示违反义务的种类与对之所科处的刑罚。[2] 在这里，洛克从理念上提出了罪刑法定主义的思想。与洛克不同的是，英国另一位著名学者布莱克斯通则调和了自然法与制定法，他将人权分为绝对权与相对权，绝对权是人生来就具有的权利；相对权则是作为社会成员所享有的权利，前者的总和是自然的自由。虽说是自由，但它苍白无力、不能抵制外来侵害，故需要组成国家来维护这种自由，于是人们委让一部分权利给国家，即保留自由权、安宁权、所有权等，而让出其他权利。但个人保留的权利受侵害时该怎么办呢？布莱克斯通认为，为了保护这些权利，必须有制定法，必须限制刑罚这种绝对权。既然是限制绝对权，就必须事先以法律的形式明文规定。这里布莱克斯通从制定法的角度论述了罪刑法定原则。[3]

2. 三权分立思想。三权分立思想由法国启蒙思想家孟德斯鸠提出。他认为政治自由是民主宪政制度的直接目的。“一个公民的政治自由就是一种产生人人自感安全的心境平安状态。为了享有这种自由，就必须要有一个谁也不必惧怕谁的政府。”而“如果立法权和行政权集中在同一个人或同一执政机关之手，自由便不复存在；因为人们将害怕同一个国王或议会将制定暴虐的法律，并以暴虐的方式执行这些法律。如司法权不从立法和行政权中分离出来，自由也不复存在。如司法权与立法权合二为一，公民的生命与自由将被置于专断的控制之下，因为法官就是立法者。如司法权与行政权合二为一，法官将对公民施以暴力和压迫。如同一个人，或同一机构（无论是贵族或人民的机构）行使这三种权力，即立法权，执行公共决议和审理个人间案件的权力，则一切都完了。”[4] 据此，孟德斯鸠主张严格分离立法、司法和行政三权，并由不同的国家机关分别掌握，以避免国家权力的专制，从而保障个人的权利和自由。作为司法机关的法院，只受立法机关制定的法律约束，只能机械地适用法律，法官无非是“叙述法律之口”，不得随意解释法律，严格禁止法官行使自由裁量权，以此来反对法官的专断，从而保障个人的权利与自由。而对于立法机关来说，则必须以明确而具体的法律规定犯罪与刑罚；凡是法律上没有明文禁止的，则不构成犯罪，不得处罚。也即是说，如果要处罚某种行为，就须由明确而具体的法律事先规定犯罪与刑罚，这正是罪刑法定主义思想的核心。毫无疑问，罪刑法定主义的出现，是三权分立理论的产物，是法治国思想的必然结论。

3. 心理强制理论。心理强制说由德国学者费尔巴哈所创立。与三权分立思想不同的是，心理强制说从另一个侧面为罪刑法定主义奠定了理论根基。所谓心理强制说，简而言之，是指由法律事先规定刑罚，并通过执行刑罚对犯罪人以及一般公民产生一种威吓的心理强制机制，从而达到预防犯罪的效果。据费尔巴哈所言，这乃是“因为人是在避免不快、追求快乐和权衡利害之下进行活动的动物。如果把刑罚作为犯罪的后果预先予以规定，实施犯罪时立即执行法律上规定的刑罚，那么人们就会把不犯罪而产生的小的不快和因受刑罚而产生的大

---

〔1〕 参见张乃根：《西方法哲学史纲》，中国政法大学出版社1993年版，第96～101页。

〔2〕 参见［英］洛克：《政府论》（下篇），瞿菊农、叶启芳译，商务印书馆1981年版，第7～13页。

〔3〕 参见张明楷：《刑法格言的展开》，法律出版社1999年版，第20～21页。

〔4〕［法］孟德斯鸠：《论法的精神》（上册），张雁深译，商务印书馆1961年版，第151～152页。

的不快，合理地加以权衡。为了避免大的不快抑制小的不快而不去犯罪，就有必要在法律上预先规定犯罪与刑罚的关系”。[1] 由此不难看出，罪刑法定实乃费尔巴哈心理强制说的内在要求；而“法无明文规定不为罪”，“法无明文规定不处罚”的罪刑法定主义命题的提出，亦是其心理强制说的必然结论。

4．民主主义与尊重人权主义。实际上，不管是自然法理论，还是三权分立思想和心理强制说，现在都只具有沿革上的意义。现代西方学者一般认为，民主主义与尊重人权主义必然要求实行罪刑法定主义。所谓民主主义，就是西方学者所称的由国民自身通过其代表，也就是国会来决定什么行为是犯罪、对犯罪给予何种处罚；所谓尊重人权主义，则是指为了保障人权，不致妨碍国民的自由行动，又不致使国民产生不安感，就要使国民事先能够预测自己行为的性质。因此，什么行为是犯罪、对犯罪给予什么处罚，必须在事前由法律加以明确规定。不难看出，现代西方学者所称的罪刑法定原则的理论根据，与以往的理论根据之学说也是有密切联系的。

（三）罪刑法定原则的内容

罪刑法定原则的基本内容，包括下述派生的原则：法律主义原则、禁止事后法原则、禁止类推解释原则、明确性原则和刑罚法规正当原则等。

1．法律主义原则。罪刑法定原则中的法律主义，是指作为处罚的法律依据的刑法必须是成文的，这就是成文法主义，也即罪刑的法定性。

为了保障国民对处罚的预测可能性，刑罚法规必须是用文字写下来的成文的制定法。在刑法上采取成文法主义，就是指如果不存在处罚行为的刑罚法规，就不能处罚行为。判例、习惯和条理本身不能直接作为法源，但能作为理解构成要件与判断违法性的依据，即可以根据它们来确定某种行为是否属于刑罚法规所规定的犯罪行为。但是，由于习惯是对社会普遍的根深蒂固的文化要求的反映，这就不能不承认它在事实上可以起到决定刑法规范能否适用的作用。例如，1930 年《意大利刑法典》第565 条的规定在实践中根本无法适用，原因就是因为社会对该条规定的“家庭道德”没有形成统一的认识。所以，在法律没有明确规定时，习惯就可能成为否定行为可罚性的依据。如明文规定的犯罪阻却事由以外的超法规的违法性阻却事由和超法规的责任阻却事由，便是如此。在这个意义上说，刑法的法源不限于成文法。[2] 不仅如此，当法律明确规定习惯是犯罪构成要件之一时，它也可以发挥补充性法律的作用。例如，1930 年《意大利刑法典》第625 条第1 款第7 项就规定，盗窃因“习惯”设置于“公共场所”的物品应加重处罚。不过，在这种情况下，“习惯”的意义事实上是由法律来“决定”的。

关于法律主义，还意味着，成文的刑罚法规一般应当由立法机关制定，行政机关的政令或者其他命令不能制定刑罚罚则。但是，有的国家宪法规定，当法律委任政令制定罚则时，政令可以在委任的范围内制定罚则。如《日本宪法》第73 条规定：“除有法律特别委任的场合以外，政令不能设立罚则。”应当指出，尽管有法律的特别委任，理论上仍然认为此种做法违反罪刑法定原则。

2．禁止事后法原则。刑法只适用于其施行以后的犯罪，而不追溯适用于其施行之前的犯罪，这就是不溯及既往原则或禁止事后法原则。这是国民预测可能性的客观要求。美国学者富勒指出，具有溯及既往效力的刑事法律之所以受到广泛谴责，不仅是由于刑事案件关系

---

〔1〕 转引自［日］赤坂昭二：“罪刑法定主义”，载《法学译丛》1981 年第1 期。

〔2〕 参见［意］杜里奥·帕多瓦尼：《意大利刑法学原理》，陈忠林译，法律出版社 1998 年版，第23 页。

重大，主要还是因为在一切法律部门中，刑法最明显、最直接地关系到人类行为的塑造和控制，而溯及既往的法律却使人感到一种难以忍受的荒谬：今天来命令一个人在昨天做或不做某件事。如果不从保障个人自由的角度，而仅仅从社会控制也就是说从维护秩序的角度出发，难以对溯及既往的法律进行强有力的谴责。[1] 自由的个人依据一般性抽象规则作出预测，安排自己的行动和生活，溯及既往的法律往往是统治者为了自己的特殊利益，甚至是一时之任性，这在不以个人自由为价值的古代专制独裁社会是可以理解的，而在现代民主法治社会则是难以容忍的。在现代民主法治社会中，溯及既往的刑事法律是对个人自由的否定，当无异议。刑法适用的溯及既往会破坏法的安定性，不当地侵害个人的自由，禁止事后法是理所当然的。

1950年的《欧洲人权条约》第7条第1款和1966年的联合国《政治权利和公民权利国际公约》第15条第1款，都强调了不得溯及既往原则的重要性。不过，上述两个条约均明确规定，不得用该原则来阻碍处罚“违反文明国家”或“所有国家”公认的一般原则的犯罪行为。这是纽伦堡及东京军事法庭审判纳粹和日本战犯的依据。

出于保障公民自由的考虑，不溯及既往原则只能适用于犯罪化规范或不利于罪犯的规范。因此，当行为时是违法的，后来法律修改，该行为或者不再是犯罪，或者虽是犯罪但法定刑变轻了时，对此一般认为有一个例外原则：如果新法较轻，则适用新法。

3. 禁止类推解释原则。类推解释是指当具体行为和法律规定的犯罪构成相似时，将后者的法律效果适用于前者。[2] 严格的罪刑法定主义要求，对犯罪规范或总的来说不利于罪犯的规范不得类推，无论是根据相似条文进行的法规类推，还是根据法律的一般原则进行的类推，均在禁止之列。这是因为，适用类推来填补法律的漏洞会形成补充性立法，从而违背了只有立法者才能进行刑事立法的要求。

4. 明确性原则。所谓明确性，是指规定犯罪的法律条文必须清楚明确，使人能够确切地了解违法行为的内容，准确地确定犯罪行为与非犯罪行为的范围，以保障该规范没有明文规定的行为不会成为其适用的对象。刑法规范的确定性是罪刑法定主义所肩负的，以立法权限制司法权这一神圣使命的要求。正如孟德斯鸠在《论法的精神》中所精辟地指出的那样，法律的用语，对每一个人要能够唤起同样的观念。在法律已经把各种观念很明确地加以规定之后，就不应再回头使用含糊笼统的措辞。[3] 正是基于此，在《美国宪法修正案》第5条“正当法律程序”的影响下，日本学者团藤重光、平野龙一等人根据《日本宪法》第31条“法律程序的保障”中对于处罚正当性的要求，率先提出了“实体的正当”，即“刑罚法规正当”的原则。其中之一就包括明确性原则，即立法者必须具体且明确地规定刑罚法规的内容，否则该法规就违反了罪刑法定主义或《日本宪法》第31条而无效，以此切实保障公民的安全和自由。

对于明确性的判定，应该注意以下两点：①判断一个条文的规定是否明确时，应该对该条文所使用的语言进行全面的分析，从整体上判断该条文是否明确规定了适用的范围；②不能脱离法律规范的作用来孤立地考察法律规定是否明确的问题。在现实中，一些规范具有划分罪与非罪的作用，不合乎这种规范的行为就不是犯罪行为；另一些规范则是界定轻罪与重罪的标准，即规定犯罪行为的某种特殊表现形式。规定罪与非罪或加重处罚的法律规范，就

---

〔1〕 参见沈宗灵：《现代西方法理学》，北京大学出版社1992年版，第59页。

〔2〕 参见张明楷：《刑法学》，法律出版社2003年版，第59页。

〔3〕 参见［法］孟德斯鸠：《论法的精神》（下册），张雁深译，商务印书馆1961年版，第297页。

需要规定得非常明确；减轻处罚的规范，则可以稍微放松一点。

罪刑法定主义的内容，包括犯罪的法定与刑罚的法定，所以明确性的原理不仅适用于犯罪，而且也适用于刑罚。只规定行为应受处罚，或者虽规定刑种但未规定刑度，将具体的刑度委任给法官进行裁量的刑罚法规，即规定“绝对的不定期刑”的刑罚法规，是不允许存在的。如果刑法的目的只限于社会防卫，就应该采取绝对的不定期刑。但从罪刑法定主义的人权保障机能出发，一定的犯罪决定刑罚的种类和程度，刑期不确定的刑罚是必须加以禁止的。与此相对，只确定上限与下限的相对的不定期刑，只要其范围没有不当地扩大，就认为是合宪的。但是，规定相对不定期刑的刑罚法规，也存在不少问题，从而受到了强烈的批判。这是因为，相对的不定期刑事实上只能由法官根据自己的判断最终决定应具体适用的刑罚。据此可以认为，相对的不定期刑也是不符合明确性原则的，该原则只有通过绝对确定的法定刑才能实现。1789年法国大革命后制定的第一部刑法典，即1791年《法国刑法典》就是这种观念的产物。不可否认，就形式而言，的确只有绝对确定的法定刑最符合明确性原则的要求。然而，适用绝对确定的法定刑，在实践中只会造成无限的实质不平衡。因为符合某种具体犯罪构成的行为，在现实中却呈现极大差别：无论是行为的客观方面还是主观方面都是如此。如果要确保刑法平等原则的实现，就必须依据案件的具体情况来决定应具体适用的法律措施。因此，在法定刑问题上，明确性必须与平等原则相结合，为了使刑罚能符合具体案件的实际情况，在规定法定刑时就必须为法官进行合理判断留下一定的空间。

当今，世界各国刑法原则上都采取相对确定的法定刑（相对的不定刑）制度。绝对的法定刑制度虽也存在，但只作为一种例外。至于法定刑的幅度大小则不尽一致。有的国家刑法规定的法定刑幅度相对大一些。但是，法定刑幅度过大，法官的裁量权就过大，就难以保障公正、合理地适用刑罚。有的国家刑法规定的法定刑幅度则相对小一些。但是，法定刑幅度过小，甚至是绝对的法定刑，就会使法官的自由裁量权过小，甚至不具有裁量权，这从刑事政策和刑罚个别化原则上看也是不妥当的，在某些场合会导致对行为人科处过重的刑罚。

5. 刑罚法规正当原则。刑罚法规正当原则，是指对于刑罚法规中规定的犯罪和刑罚，必须有关于该行为规定为犯罪的合理根据，而且刑罚与该犯罪必须相均衡。因此，即使刑罚法规中明确规定了犯罪与刑罚，如果该规定的内容缺乏处罚的必要性及合理的依据，也认为是违反罪刑法定主义的。

正当原则，首先要求禁止处罚不当罚的行为；其次要求禁止残虐的、不均衡的刑罚。禁止处罚不当罚的行为，一方面要求不得违反人权保障规定而处罚行为，或者说不得对符合宪法规定的权利行为进行处罚；另一方面要求不得处罚不值得处罚的行为，或者说不得处罚轻微危害行为以及缺乏处罚的必要条件的行为。禁止处罚不当罚行为的原则，既是对立法的要求，也是对司法的要求。

当今各国宪法一般都禁止“残虐的刑罚”，即禁止“以不必要的精神的、肉体的痛苦为内容，在人道上被认为是残酷的刑罚”。现在世界各国刑罚体系中一般不存在身体刑，有争议的倒是死刑是否属于“残虐的刑罚”的问题。日本最高裁判所曾明确指出，死刑本身不属于宪法规定予以禁止的“残虐的刑罚”。[1]

要求刑罚与犯罪的轻重相均衡的罪刑均衡原则，是西方启蒙时代以来公认的刑法基本原则，但宪法、刑法通常对此没有明文规定。于是学者们认为，宪法对残虐刑的禁止就包含了

---

〔1〕 转引自黎宏：《日本刑法精义》，中国检察出版社2004年版，第262页。

罪刑均衡的旨趣；即使认为宪法这一规定还不能包含罪刑均衡之意，学者们也认为宪法关于实体的正当程序的规定包含了这一旨趣。

（四）罪刑法定原则的立法体现

目前，世界上绝大多数国家都实行了罪刑法定原则。但是，这一原则在立法上怎样予以体现，各国所采用的方式不尽相同。有些国家在宪法中明确规定罪刑法定原则，在刑法中就不再重复规定，如日本、挪威、瑞典等国就属于这种情况；有些国家在刑法中专门规定罪刑法定原则，如德国、荷兰、智利等国就属于这种情形；还有一些国家则由宪法和刑法同时规定罪刑法定原则，如法国、意大利等国即属此种类型。

我国1979年刑法没有明确规定罪刑法定原则，相反却在其第79条规定了有罪类推制度。当时在理论上，对于我国刑法是否贯彻了罪刑法定原则，曾存在不同的认识和理解。有的认为，既然规定了有罪类推制度，就不存在罪刑法定原则；有的则认为，当时我国刑法所采用的是不彻底的罪刑法定原则（以罪刑法定为基础、以类推为补充或例外）。事实上，在1997年修订刑法之前，中国刑法基本上实行的是罪刑法定原则，这一原则可以从刑法对于犯罪的概念，罪与非罪、此罪与彼罪的界限，犯罪构成的一般要件和具体犯罪构成要件，以及法定刑等立法内容中得到体现。只不过由于当时中国刑法存在类推制度，此外还存在其他一些不符合罪刑法定原则要求之处，因而只能说当时中国刑法对罪刑法定原则的认可、重视和贯彻的程度还存在不足之处，断然否定当时中国存在罪刑法定原则显然是缺乏根据、难以为人所接受的。

1997年3月通过的新刑法，从完善我国刑事法治、保障人权的需要出发，明文规定了罪刑法定原则，并废止类推，成为刑法修订和我国刑法发展的一个重要标志。修订后的新《刑法》第3条规定："法律明文规定为犯罪行为的，依照法律定罪处刑；法律没有明文规定为犯罪行为的，不得定罪处刑。"这一原则的价值内涵和内在要求，在新刑法和其后的刑法修正案以及单行刑法中得到了较为全面、系统的体现：

第一，如同1979年刑法一样，新刑法和其后的刑法修正案以及单行刑法实现了犯罪的法定化和刑罚的法定化。犯罪的法定化具体表现在：①明确规定了犯罪的概念，认为犯罪是危害社会的、触犯刑法的、应当受到刑罚处罚的行为；②明确规定了犯罪构成的共同要件，认为一切犯罪的成立都必须符合犯罪主体、主观方面、客观方面和犯罪客体四个方面的要件；③明确规定了各种具体犯罪的构成要件，为司法机关正确定罪提供了具体的法律依据。

刑罚的法定化具体表现在：①明确规定了刑罚的种类，即把刑罚分为主刑和附加刑两大类，主刑包括管制、拘役、有期徒刑、无期徒刑和死刑；附加刑包括罚金、剥夺政治权利和没收财产。②明确规定了量刑的原则，即对犯罪人裁量决定刑罚，必须以犯罪事实为根据，以刑事法律为准绳，不允许滥用刑罚。③明确规定了各种具体犯罪的法定刑，为司法机关正确量刑提供了具体的法定标准。

第二，新刑法取消了1979年《刑法》第79条规定的有罪类推制度，这是罪刑法定原则得以真正贯彻的重要前提。

第三，新刑法重申了1979年《刑法》第9条关于刑法溯及力问题上的从旧兼从轻的原则，并作了进一步明确、具体的规定。

第四，在罪种的规定方面，新刑法和其后的刑法修正案以及单行刑法已相当详备。其中新刑法分则条文，由1979年的103条增加到350条。新刑法一方面将1979年刑法及其后由国家最高立法机关制定的单行刑法、非刑事法律中的刑法规范所涉及的犯罪，经过必要的整理和编纂后纳入了其中；另一方面还根据社会现实的需要增设了大量罪种。第九届全国人大常委会第六次会议于1998年12月29日通过的《关于惩治骗购外汇、逃汇和非法买卖外汇犯罪的决定》，以及迄今为止通过的6个刑法修正案，对刑法中某些罪刑规范作了修改补充。新刑法新增罪种的规定，以及刑法修正案和单行刑法的有关规定，不仅反映了罪刑法定原则规范详备的要求，而且本身也加强了罪刑法定原则在刑事司法实务中的可行性。

第五，在具体犯罪的构成要件或罪状以及各种犯罪的法定刑设置方面，新刑法和其后的刑法修正案以及单行刑法亦增强了可操作性。1979年刑法在犯罪构成要件、罪状的表述上过于笼统和抽象，以及在法定刑的规定上过简过宽的缺陷，在我国刑法学界和司法实务部门乃是共识。然而，罪刑法定原则的内在要求之一即是立法的明确性，惟有立法具体、明确，方能体现刑法的公正、公平性，否则形式上的"法定"实际上也就毫无意义了。新刑法和其后的刑法修正案以及单行刑法在犯罪构成要件、罪状的表述以及法定刑的设置方面，吸收了以往一系列单行刑法的有益经验，在细密化、明确化程度上迈进了一步。例如，对于大量新增犯罪，尽量使用叙明罪状，使犯罪构成要素具体化。在犯罪的处罚规定上，注重量刑情节的具体化。这大大增强了刑法规范的可操作性，有利于实现罪和刑的法定化和明确化。

（五）罪刑法定原则的司法适用

刑事立法上的罪刑法定原则要付诸实现，有赖于司法机关实际的执法活动。这种执法活动所贯穿的"有法必依、执法必严、违法必究"的法治原则，正是罪刑法定原则对司法活动的基本要求。从我国的司法实践来看，切实贯彻执行罪刑法定原则，尤其必须注意以下两个问题：

1. 正确认定犯罪和判处刑罚。对于刑法明文规定的各种犯罪，司法机关必须以事实为根据，以法律为准绳，认真把握犯罪的本质特征和犯罪构成的具体要件，严格区分罪与非罪、此罪与彼罪的界限，做到定性准确，不枉不纵，于法有据，名副其实。对各种犯罪的量刑，亦必须严格以法定刑及法定情节为依据。

2. 正确进行刑法解释。贯彻罪刑法定原则，严格执行刑事法律又是必然的要求。如何科学、合理地进行刑法解释以贯彻、维护罪刑法定原则，便成为刑法适用中的重要课题。鉴于解释对象的复杂性，刑法解释不可能遵循统一的规则。我们认为，为使刑法规范得以充分适用而又恪守罪刑法定原则，进行刑法解释必须注意以下几点：①尽量探求立法原意；②当立法原意难以探究或者根据文义可能得出多种解释结论时，可以对刑法规范作目的解释；③合理进行扩大解释，反对类推解释。

二、疑难问题

（一）怎样正确区分扩张解释与类推的界限？

尽管在理论上对罪刑法定原则无人提出质疑，但在实践中如何实行这一原则却颇有歧义。如何划分合理的扩张解释与必须排除的不利于被告的类推解释或适用之间的界限，一直都是争论的焦点。在刑法学界，大致有以下几种观点：[1] ①以用语文义可能的范围为标准，主张扩张解释与类推解释的不同在于，扩张解释仅在刑法用语文义可能的范围内进行，而类推则是跨越了用语文义可能的范围所为的法规适用。但由于语言的模糊性和灵活性，用语文义并非只有一种，不仅在不同时期、不同场合其意义可能不同，而且以何种意义使用该用语也属于自由判断的范畴，因此，直接以用语文义可能的范围为划分二者的标准，不能成为区分扩张解释与类推的有效界限。②以国民预测可能性为标准，即主张对刑法条文用语的理解

---

〔1〕 参见黄朝义："罪刑法定原则与刑法之解释"，载林山田等：《刑法七十年之回顾与展望纪念论文集（一）》，台湾元照出版公司2001年版，第137～147页。

是否超出了国民预测可能性的范围为标准，如果没有超出预测可能性，则为扩张解释；反之，则为类推解释。然而这种标准也遭到了同样的批判。因为，除了预测可能性本身的意义并不确定外，即使将预测可能性解释为一般国民阅读法律条文时所浮现的文义可能范围，也只能认为预测可能性是在通常语意或日常用语的意义范围内所作的思考。③定型性的解释观念主张，以对有关构成要件的解释是否超越了刑法所预想的犯罪要件定型的范围为标准，如果没有超越此范围，则属于构成要件定型范围内的扩张解释；反之，则属于不被允许的类推。对此，有学者提出批评，认为构成要件定型性的定型概念本质上并非属于封闭性、限定性的概念，其仍无法显现出禁止类推与允许的扩张解释之间的界限。④以存疑时有利于被告之考量原则作为标准。具体操作如下：首先从有利于被告的角度，考察对法律条文的解释是否存疑问，在存在疑问的情况下，关键是看存疑问的程度，对存疑问轻微的部分，允许扩张解释；如果疑问程度重大或者疑问程度介乎前两者之间，即使对被告有利的类推也不允许。但如何看待存疑问的情形，如果是对超越文义可能范围或预测可能性范围存在疑问，则这种见解似乎与前述文义可能性和预测可能性标准的差别不大。⑤基于调和处罚要求与人权保障观念确立的标准。该观点强调，刑法的目的在于法益保护与人权保障，因而在刑法的解释方面，也无不在求取此二者间利益的调和。因此，如果扩张解释的结果，严重地侵害到被告的人权，且依社会通念与一般法律常识判断得知，该侵害已达到被告无法忍受的程度时，这种扩张解释应予以限制。相对地，如果属于需要被告忍受程度的解释，即使类推也可能被接受。

第三章

从上面的诸多观点可以看出，要清楚地界定扩张解释与类推解释的关系并非易事。对于上述理论上的划分标准，司法实践的回答往往是倾向于将那些看来更像类推解释的做法视为合理的扩张解释。

不过，关于禁止类推的派生性原则近年来有了新的发展趋势，这就是允许进行有利于被告的类推。例如，日本学者木村龟二提出，可以扩大解释法律明文规定的紧急避险的要件，对危害贞操、名誉的危险也适用1907年《日本刑法典》第37条的规定。这种类推解释在有利于保障个人自由的意义上，符合罪刑法定主义精神，应该允许。如果有人指责这种看法偏重个人利益，无视社会利益，无视保护社会、保护法益，那就是谴责现在的刑法完全无视其赖以存在的社会基础。[1]

（二）罪刑法定原则有哪些立法缺憾？

罪刑法定原则的法定化，不应当仅仅表现为形成于法条的文字。作为一项基本刑法原则，罪刑法定原则首先应当作为一项立法指导原则而被贯穿于刑法典及其他刑事法律规范之中。基于此，罪刑法定原则由单纯的法条文字转化为现实法治的前提在于，刑法典关于罪责刑的立法设置应当明确、具体、合理和公正，并同时体现民主、科学、文明、进步的立法趋势。但是，中国1997年刑法在确定罪刑法定原则的同时，却并未在法条设置上全面贯彻罪刑法定原则，而是存在诸多立法失衡之处，尤其表现为罪责刑关系的不相协调，从而形成与罪刑法定理想模式并存的法典缺憾。具体表现为以下两种情况：

1. 罪刑设置模式的不完整。

（1）有罪不能罚。由于法条设置的逻辑漏洞，导致严格遵照罪刑法定原则的刑事追究对于某些犯罪而言将变得困难重重。例如对于侵占罪，1997年新刑法将其规定为告诉才处理的

---

〔1〕参见［日］木村龟二主编：《刑法学词典》，顾肖荣等译，上海翻译出版公司1993年版，第69页。

犯罪。根据《刑法》第98条的规定，告诉才处理，是指被害人告诉才处理。如果被害人因受强制、威吓无法告诉的，人民检察院和被害人的近亲属也可以告诉。根据“被害人”存在近亲属以及被害人可被强制、威吓等立法规定，中国刑法学界一致认为这里所称的被害人只能限于自然人而不可能是单位（法人）。基于此，如果犯罪人所侵占的财物属于公民私人所有的财物时，则经被害人本人告诉才处理。但当本罪的犯罪对象是国有财物及其他公共财物时，应当由谁来告诉呢？倘若由国家的有关司法机关来行使告诉权，则侵占罪将转化为公诉罪，这就直接违背了侵占罪是告诉才处理的犯罪的立法宗旨，也违背了罪刑法定原则，这显然是一个矛盾。对于侵占罪所出现的上述立法与司法的矛盾，我们认为，较为合理的处理方式是采取司法变更性措施，即承认某些相关国家机关享有代行告诉权即求刑权。换言之，应当在理论上和司法实务中承认某些国家所有的公共财物的主管机关，如文物管理局、国有资产管理局等机关享有对此类案件的求刑权即告诉权，也即发生侵占国家所有的埋藏物、遗忘物等情况时，由上述文物管理局等行政机关代行求刑权即告诉权，从而合理地解决此类犯罪的立法与司法冲突，保护国家财物不受非法侵犯。

（2）违法不能究。由于刑法的若干条文只存在命令性规范而未设置惩罚性规范，从而不仅使得条文本身变得毫无意义，而且直接引发的负面效应是，导致对违反刑法的此类行为不能追究，从而动摇了刑法作为严厉性制裁规范的权威性。例如，1997年《刑法》第100条规定：“依法受过刑事处罚的人，在入伍、就业的时候，应当如实向有关单位报告自己曾受过刑事处罚，不得隐瞒。”但是，对隐瞒不报的，刑法却没有规定惩罚性规范。有学者将此种立法规定称之为“无盾立法”，即没有惩罚性规范作为后盾的立法。[1] 应当指出，由刑事立法设置命令性规范却不由刑事立法设置惩罚性规范，导致对违反自身规范的行为无权追究的法典设置，无疑使罪刑法定原则处于尴尬的境地。对于此种未附带惩罚性规范的条文，我们认为较为合理的立法补救措施只能是，在有机会修改刑法时，将此类没有刑罚保障的条文干脆予以删除，以避免浪费立法容量，同时避免因法条设置的草率性而导致的违法不能究，从而维护刑法的权威性和不容侵犯性。

2. 罪责刑虚置。罪刑法定原则的应有之义，不仅仅在于“法无明文规定不为罪”和“法无明文规定不处罚”，还在于有罪必罚。换言之，罪刑法定原则之立法原意在于，在限制随意“入人于罪”的同时，也必然包含防止随意作除罪化处理。而1997年刑法的立法随意性则造成了众多法条所确立的罪责刑关系根本无法实际适用，从而在法条空涨的表象下体现出实质的立法虚置。这种变异现象主要体现在渎职罪的立法设置上，具体表现为：①《刑法》第397条所规定的渎职罪主体为国家机关工作人员，使得非国家机关工作人员的渎职犯罪行为无法被追究；②某些具体渎职犯罪主体范围过窄，且与实际发案特点不符，不利于打击犯罪；③“国家机关工作人员”在实际认定中存在困难，直接影响罪与非罪、此罪与彼罪的认定，等等。[2] 可以说，刑法分则渎职罪一章的法条设计是颇有可议之处的，某些法条的实际适用机会几近于零，如失职造成珍贵文物损毁、流失罪，由于法条将其主体限定为国家机关工作人员，从而导致对于博物馆、图书馆、纪念馆等保管文物的各级事业单位而言，由于其工作人员根本不可能属于“国家机关”工作人员，因而由于主体不符而根本不可能构成犯罪，从而导致罪、责、刑虚置。

上述问题在全国人民代表大会常务委员会《关于〈中华人民共和国刑法〉第九章渎职罪

---

〔1〕 参见侯国云、白岫云：《新刑法疑难问题解析与适用》，中国检察出版社1998年版，第175页。

〔2〕 参见敬大力等：“对渎职罪立法、司法中存在问题的调查与思考”，载《中国刑事法杂志》1998年第5期。

主体适用问题的解释》出台后得到了一定程度的解决。当然，最终的解决途径还在于在刑法立法上做出完善。

■第三节 适用刑法平等原则

一、基本法理

（一）适用刑法平等原则的含义和要求

法律面前人人平等是我国宪法确立的社会主义法治的一般原则。我国宪法明确规定，任何组织或个人，“都必须遵守宪法和法律”，“都不得有超越宪法和法律的特权”，“一切违反宪法和法律的行为，必须予以追究”。宪法的这一原则要真正取得效果，有必要在各个部门法律中得到贯彻执行。我国的基本法律，如刑事诉讼法、民事诉讼法等均规定公民在适用法律上一律平等。刑法作为惩治犯罪、保护人民的基本法律，更应当贯彻这一原则。鉴于我国司法实践中适用刑法不平等的现象在现阶段还比较严重，新《刑法》第4条明确规定：“对任何人犯罪，在适用法律上一律平等。不允许任何人有超越法律的特权。”这就是适用刑法平等原则。

适用刑法平等原则的基本含义是：①就犯罪人而言，任何人犯罪，都应当受到法律的追究；任何人不得享有超越法律规定的特权；对于一切犯罪行为，不论犯罪人的社会地位、家庭出身、职业状况、财产状况、政治面貌、才能业绩如何，均应一律平等地适用刑法，在定罪量刑时不应有所区别，而应一视同仁，依法惩处。②就被害人而言，任何人受到犯罪侵害，都应当依法追究犯罪，保护被害人的权益；被害人同样的权益，应当受到刑法同样的保护，不得因为被害人身份、地位、财产状况等情况的不同而对其合法权益予以不同的刑法对待。

当然，适用刑法平等原则并不否定当因犯罪人或被害人特定的个人情况致使犯罪危害不同时，在立法和司法中允许定罪量刑有合理的区别。例如，在立法上，依照法律规定，对累犯应当从重处罚，对未成年犯、中止犯、自首犯、立功的犯罪分子应当从宽处罚，对奸淫不满14周岁的幼女的要按照强奸罪从重处罚，等等；在司法上，犯罪分子的主体情况以及被害人的个人情况，如果是对犯罪行为的危害程度或犯罪人的主观恶性大小有影响的，也允许乃至要求在适用刑法上有所区别和体现。其关键在于犯罪人、被害人的身份等个人情况对犯罪的性质和危害程度有无影响，有影响的在定罪量刑上应有所区别，无影响的则不应有所区别。可见，适用刑法平等原则不是孤立地、机械地调节刑法的适用，它要和罪责刑相适应原则等相互配合来合理地调节刑法的适用。

（二）适用刑法平等原则的司法适用

在刑事司法实务中贯彻适用刑法平等原则，必须着重要求刑事司法公正。刑事司法公正是刑法面前平等的必然要求。刑事司法公正主要包括定罪、量刑和行刑几个环节的平等。

首先，在定罪上一律平等。任何人犯罪，无论其身份、地位等如何，一律平等对待，适用相同的定罪标准。不能因为被告人地位高、功劳大而使其逍遥法外、不予定罪；也不能因为被告人是普通公民就妄加追究、任意定罪。

其次，在量刑上一律平等。相同的罪且犯罪情节和危害程度相同的，应当做到同罪同罚；虽然触犯相同的罪名，但犯罪情节不同的，比如有的具有法定从重处罚的情节，有的具有法定从轻、减轻或者免除处罚的情节，从而同罪不同罚，这是合理和正常的，并不违背量刑平等原则。因为对任何人犯罪来说，都有这样一个具体情况具体分析、针对不同情况实行区别对待的问题。但如果考虑某人权势大、地位高或财大气粗而导致同罪异罚，则是违背量刑平等原则的，因为这等于承认某人享有超越法律的特权。

最后，在行刑上一律平等。在执行刑罚时，对于所有的受刑人平等对待，凡罪行相同、主观恶性相同的，刑罚处遇也应相同，不能考虑权势地位、富裕程度，使一部分人搞特殊化，对另一部分人则加以歧视。掌握法律规定的减刑、假释的条件标准也应体现平等，谁符合条件，谁不够条件，都要严格以法律为准绳，不搞亲疏贵贱。当然，因罪行轻重不同、主观恶性不同、改造表现不同而给予差别处遇，这是行刑的题中应有之义。如教育改造工作中的评分制、累进制，体现了相同情况相同对待、不同情况区别对待的司法公正精神，这不仅不违反行刑平等的原则，而恰恰是行刑平等的实质体现。

二、疑难问题

司法实践中贯彻适用刑法平等原则应当注意哪些问题？

司法实务中应当注意，适用刑法平等并不是指绝对的平均主义，亦即不是绝对的平等，而是指所有犯罪人，除法律的特殊规定外，应当平等地作为刑事责任主体而受到法律的追究。本质相同的行为，不可能在社会危害程度上完全相同。影响刑事责任大小的因素之间的差别，也决定了同种行为因为不同的情节而各行为人应承担不同程度的刑事后果（即刑罚量刑有所差异）。刑法适用上如果不考虑区别对待，反而是不平等、不公正的。我国刑法对未成年犯罪人规定从宽处罚和不适用死刑，对累犯从重处罚，对自首犯和立功犯给予不同程度的从宽处罚，对国家工作人员犯某些罪从重处罚等内容的规定，不仅不违背适用刑法平等原则，恰恰是此原则的正确体现。应当注意，对于实践中出现的所谓“能人犯罪”、“功臣犯罪”等，决不能法外从宽处罚，不能因为行为人过去对国家和社会有所贡献就给予其超越法律的特权，减免其刑事责任。同样，对予以往有过前科或劣迹的人犯罪，也不能因其以往已经承担过刑事责任的犯罪行为而给予法外从重处罚（当然，因构成累犯或法定的再犯依法从重处罚者例外），因为将已经受过评价的行为再作为新的定罪量刑情节考虑，有违禁止重复评价原则。另外，实践中办理案件，对行为人定罪处罚，一般不得考虑被害人的身份、地位、财产状况、身体状况等因素，不能因为侵犯了位高权重之人的合法权益而对行为人法外加重刑事责任，也不能因为被害人社会地位卑微而放纵罪犯。当然，如果被害人的这些因素本身对某种犯罪具有特殊意义而影响到行为人的刑事责任之有无和大小的，对行为人定罪量刑时则要考虑这些因素。例如，对于伤害老、幼、病、残、孕等特殊被害人的行为，处罚就要比伤害一般人员的行为要重（如果其他情节相同）。又如，同样是盗窃他人财物且财物等值，甲盗窃贫穷者的财物而使被害人失去生活来源甚或因绝望而自杀，而乙之盗窃行为对被害人来说只是一般损失，对甲之处罚自应酌情从重。

适用刑法的平等，无疑是一种公平正义的理想和追求。但现实告诉我们，即使撇开特权思想、枉法行为和人为的司法干扰等因素不论，由于法律规定、司法运作制度和程序、司法水平、司法人员素质等客观因素的影响，适用刑法平等原则的完全、真正贯彻也是有很大困难的。譬如，由于中国不实行判例制度，刑事司法采取从法律规范到现实个案的演绎推理裁判模式，因而在幅员辽阔、社会经济发展极不平衡的中国，就不可避免地存在几乎同样性质、同样危害程度、犯罪情节基本相同的案件其判决相差悬殊的现象。又如，根据《刑法》第383条第1款第3项的规定，个人贪污数额在5000元以上不满1万元，犯罪后有悔改表现、积极退赃的，可以减轻处罚或者免予刑事处罚，由其所在单位或者上级主管机关给予行政处分，然而《刑法》第271条对职务侵占罪则无类似的规定，立法便造成了适用刑法的不平等。凡此种种，尚有待于通过刑事立法和司法的不断完善加以解决。

■第四节 罪责刑相适应原则

一、基本法理

（一）罪责刑相适应原则的含义和要求

罪责刑相适应原则的基本含义是：犯多大的罪，就应承担多大的刑事责任，法院亦应判处其相应轻重的刑罚，做到重罪重罚，轻罪轻罚，罚当其罪，罪刑相称；罪轻罪重，应当考虑行为人的犯罪行为本身和其他各种影响刑事责任大小的因素。

罪责刑相适应原则是从传统的罪刑相适应原则发展而来的。罪刑相适应的观念，最早可以追溯到原始社会的同态复仇和奴隶社会的等量报复。"以血还血、以眼还眼、以牙还牙"，是罪刑相适应思想最原始、最粗俗的表现形式。罪刑相适应成为刑法的基本原则，则是17世纪和18世纪的资产阶级启蒙思想家和法学家倡导下的结果。孟德斯鸠指出："惩罚应有程度之分，按罪大小，定惩罚轻重。"[1] 意大利著名刑法学家、刑事古典学派创始人之一切萨雷·贝卡里亚在其传世之作《论犯罪与刑罚》一书中指出："犯罪对公共利益的危害越大，促使人们犯罪的力量越强，制止人们犯罪的手段就应该越强有力。这就需要刑罚与犯罪相对称。"[2] 贝卡里亚还匠心独具地提出了罪刑阶梯论，试图确定一个与犯罪轻重相适应的刑罚阶梯，以实现罪刑均衡的思想。资产阶级革命胜利后，罪刑相适应原则被写进了法律。

传统的罪刑相适应原则，以报应主义刑罚观为基础，机械地强调刑罚与已然之罪、犯罪客观行为或犯罪客观危害相适应，因而自19世纪末以来，随着刑事人类学派和刑事社会学派的崛起，传统的罪刑相适应原则受到了有力的挑战。最为突出的表现是行为人中心论和人身危险性论的出现，保安处分和不定期刑制度的推行，使传统的罪刑相适应原则在刑事立法上受到削弱和排挤。从当今世界各国的刑事立法来看，罪刑相适应原则作为刑法基本原则的地位已不容动摇，但与传统的罪刑相适应原则相比，其内容已得到修正：既注重刑罚与犯罪行为相适应，又注重刑罚与犯罪人个人情况（主观恶性与人身危险性）相适应。这就把古典学派所主张的传统的罪刑相适应与新派所主张的刑罚个别化巧妙地结合起来了。因此称为罪责刑相适应原则，比称之为罪刑相适应原则要更准确些、贴切些。

我国《刑法》第5条规定："刑罚的轻重，应当与犯罪分子所犯罪行和承担的刑事责任相适应。"根据这一规定，首先，刑事立法对各种犯罪处罚的原则规定，对刑罚裁量、刑罚执行制度以及对各种犯罪法定刑的设置，不仅要考虑犯罪的社会客观危害性，而且要考虑行为人的主观恶性和人身危险性。其次，在刑事司法中，法官对犯罪分子裁量刑罚，不仅要看犯罪行为及其所造成的危害结果，而且也要看整个犯罪事实包括罪行和罪犯各方面因素综合体现的社会危害性程度，讲求刑罚个别化。

（二）罪责刑相适应原则的立法体现

我国刑法除明文规定罪责刑相适应原则外，在其立法内容上也始终贯穿着罪责刑相适应的思想。这一原则在刑法中的具体表现是：

1. 刑法确立了科学严密的刑罚体系。我国刑法总则确定了一个科学的刑罚体系，此一刑罚体系按照刑罚方法的轻重次序分别加以排列，各种刑罚方法相互区别又互相衔接，能够根据犯罪的各种情况灵活地加以运用，从而为刑事司法实现罪责刑相适应奠定了基础。

---

〔1〕［法］孟德斯鸠：《波斯人信札》，罗大冈译，商务印书馆1962年版，第141页。
〔2〕［意］贝卡里亚：《论犯罪与刑罚》，黄风译，中国大百科全书出版社1993年版，第65页。

2. 刑法规定了区别对待的处罚原则。我国刑法总则根据各种行为的社会危害性程度和人身危险性的大小，规定了轻重有别的处罚原则。例如，对于防卫过当、避险过当而构成犯罪者应当减轻或者免除处罚；预备犯可以比照既遂犯从轻、减轻或者免除处罚；未遂犯可以比照既遂犯从轻或者减轻处罚；中止犯如没有造成损害的应当免除处罚，造成损害的应当减轻处罚。在共同犯罪中，刑法规定对组织、领导犯罪集团的首要分子应当按照集团所犯的全部罪行处罚；对于其他主犯应当按照其所参与的或者组织、指挥的全部犯罪处罚；对从犯应当从轻、减轻处罚或者免除处罚；对胁从犯应当按照他的犯罪情节减轻处罚或者免除处罚；对教唆犯应当按照他在共同犯罪中所起的作用处罚……凡此种种，都体现了罪责刑相适应原则。此外，刑法总则还侧重于刑罚个别化的要求，规定了一系列刑罚裁量与执行制度，如累犯制度、自首制度、立功制度、缓刑制度、减刑制度、假释制度等。在这些刑罚制度中，累犯因其再犯可能性大而应从重处罚；自首、立功因其人身危险性小而可以从宽处罚；短期自由刑的缓刑之适用前提是根据罪犯的犯罪情节和悔罪表现，认为适用缓刑确实不致再危害社会；减刑是因为罪犯在刑罚执行期间确有悔改或立功表现；假释是因为罪犯在刑罚执行期间确有悔改表现，认为假释后不致再危害社会。

3. 刑法设立了轻重不同的量刑幅度。我国刑法分则不仅根据犯罪的性质和危害程度，建立了一个犯罪体系，而且还为各种具体犯罪规定了可以分割、能够伸缩、幅度较大的法定刑。这就使得司法机关可以根据犯罪的性质、罪行的轻重、犯罪人主观恶性的大小，对犯罪人判处适当的刑罚。

（三）罪责刑相适应原则的司法适用

根据罪责刑相适应原则的基本要求，结合我国刑事司法的实际情况，司法机关在贯彻这一原则时，应当着重解决下列问题：

1. 纠正重定罪轻量刑的错误倾向，把量刑与定罪置于同等重要的地位。长期以来，我国审判机关在刑事审判活动中，一贯重视对案件的定性，甚至把定性是否准确作为检验刑事审判工作质量的重要标准，而对量刑工作的重要性，部分法官则存在着错误认识。有人认为，我国刑法对犯罪规定的量刑幅度颇大，因此，只要定性正确即可，至于多判几年或少判几年则无关紧要。基于这种认识，在处理上诉、申诉案件时，就形成了一个不成文的规则，即确属定性错误或量刑畸轻畸重的才予改判，而对于量刑偏轻偏重的，则维持原判。针对这种错误倾向，为了切实贯彻罪责刑相适应的原则，必须提高审判机关和法官对量刑工作重要性的认识，把定性准确和量刑适当作为衡量刑事审判工作质量好坏的不可分割的统一标准，以此来检验每一个具体刑事案件的处理结果。

2. 纠正重刑主义的错误思想，强化量刑公正的执法观念。由于种种复杂的历史和现实的原因，我国深受封建刑法观念的影响，作为封建刑法思想重要表现之一的重刑主义传统，至今在一部分国民中还根深蒂固。这种思想意识反映在刑事审判工作中就表现为：一些法官崇尚重刑，迷信重刑的功能，认为刑罚愈重愈能有效地遏制犯罪。特别是在社会治安不好的时期，重刑主义观念表现得尤为突出。必须指出，重刑主义是一种野蛮落后的刑法思想，是与罪责刑相适应原则直接对立的刑法观念。在重刑主义肆虐的国家，罪责刑相适应原则往往难以得到贯彻，甚至被彻底破坏。因此，我们必须清醒地认识重刑主义的危害，促使每一个法官都树立起量刑公正的思想，切实做到罚当其罪，既不轻纵犯罪分子，也不能无端地加重犯罪人的刑罚。

3. 纠正不同法院量刑轻重悬殊的现象，实现执法中的平衡和协调统一。按照罪责刑相适应原则的要求，类似的案件在处理的轻重上应基本相同。但是，从我国的实际情况来看，不同法院在对类似案件的处理上普遍存在轻重悬殊的现象。同一性质、犯罪情节基本相同的案件，如果由不同的法院审理，甚至由同一法院不同的审判人员审理，最终判决的结果可能差别甚大。造成这种现象的原因，既有立法上的粗疏，也有司法活动中的没有统一标准可循，还有法官个人业务素质和执法水平等各种复杂因素。为解决执法不统一的问题，可以考虑采取下列对策：①及时完善刑法立法，真正做到有科学的法律依据；②进一步加强司法解释工作，为正确适用刑罚提供明确具体的标准；③加强刑事判例的编纂工作，重视判例对刑事审判工作的指导作用；④改进量刑方法，逐步实现量刑的规范化、科学化和现代化。

二、疑难问题

量刑时如何正确处理客观危害与主观恶性以及社会危害性与人身危险性的关系？

罪责刑相适应原则的基本要求之一就是量刑要同时顾及客观危害与主观恶性、社会危害性与人身危险性，既不能片面强调犯罪行为的客观危害和社会危害性而忽视犯罪人主观恶性和人身危害性在决定刑罚轻重中的作用，也不能片面强调犯罪人主观恶性和人身危害性而忽视犯罪行为的客观危害和社会危害性在决定刑罚轻重中的作用。犯罪的本质属性是社会危害性，因此，量刑应主要考虑刑罚与犯罪行为的客观危害和社会危害性相适应，在此前提下再考虑刑罚与犯罪分子的主观恶性和人身危险性相适应。从以往的司法实践来看，在具体案件中，为尽量做到罪责刑相适应，司法人员尤其要防止重刑主义思想，不能一味强调犯罪的外部表现及客观损害而对犯罪人确定刑罚。当然，也不能过分注重刑罚的特殊预防功能，从而对一些虽然犯罪人主观恶性和人身危险性不大但客观危害重大的犯罪行为作出罪刑失衡、宽纵罪犯的判决。具体而言，根据不同的犯罪种类、不同的案情，司法人员一方面要考察犯罪行为的实施手段方法、危害结果大小（含犯罪数额）、危害对象的特点、犯罪时间和地点等情况；另一方面也要考察行为人的年龄、身份、刑事责任能力状况，主观罪过形式，犯罪目的和动机，违法性认识程度，犯罪起因，是否初犯或偶犯，犯罪前一贯表现，犯罪后有无自首、立功、坦白表现及其程度，有无毁灭罪证、畏罪潜逃、栽赃陷害等不良表现等。总之，凡是能够影响行为人刑事责任大小的因素，都应当认真细致地考察，并以之作为刑罚裁量的依据。

■第五节　刑法的其他基本原则

一、基本法理

（一）罪责自负原则

1. 罪责自负原则的含义和要求。罪责自负原则的基本含义是：谁犯了罪，就应当由谁承担刑事责任；刑罚只及于犯罪者本人，而不能连累无辜。

罪责自负原则是与株连无辜原则根本对立的。株连无辜是奴隶社会和封建社会司法裁判制度的重要特征。在人类社会发展史上，株连之法存在了数千年之久，而中国封建社会的株连之制，更达到了登峰造极的地步。我国古代刑法中规定的株连制度有族株、缘坐、连坐、籍没、禁锢、联保连坐等。在株连制度下，一件案件受株连者少则数人，多则成百上千。凡犯罪者之亲友、邻里、主仆、师生、同僚等皆受牵连，难逃祸殃。针对这种黑暗的刑罚制度，17 世纪和 18 世纪的西方资产阶级启蒙思想家和革命家，率先向其发起了冲击，并提出“刑罚止于一身”的思想。资产阶级革命胜利后，罪责自负正式成为刑法的基本原则，从此宣告了株连无辜的专制主义刑罚制度的彻底崩溃。

罪责自负原则的基本要求是：①犯罪的主体只能是实施了犯罪行为的人，对于没有实施犯罪行为的人，不能对其定罪；②刑罚的对象只能是犯罪者本人，对于仅与犯罪者有亲属、朋友、邻里等关系而没有参与犯罪的人，不能追究其刑事责任。

2. 罪责自负原则的立法体现和司法适用。

（1）罪责自负原则的立法体现。罪责自负原则在我国刑法中的具体表现是：①明确规定了犯罪的概念和犯罪构成的共同要件，原则上划清了罪与非罪的界限，从而为保证无罪者不受刑事追究提供了法律保障。②明确规定了共同犯罪的条件和刑事责任原则，对于主犯、从犯、胁从犯和教唆犯，应当根据他们在共同犯罪中的实际地位和作用，来确定其刑事责任。对于没有共同犯罪故意或者根本未参与任何犯罪活动的人，不能以共同犯罪论处。③明确规定了各种刑罚的适用对象，从根本上排除了株连无辜的可能。例如，《刑法》第59条规定："没收财产是没收犯罪分子个人所有财产的一部或者全部。没收全部财产的，应当对犯罪分子个人及其扶养的家属保留必需的生活费用。在判处没收财产的时候，不得没收属于犯罪分子家属所有或者应有的财产。"④明确规定了各种犯罪的主体范围，以防止株连无辜。

（2）罪责自负原则的司法适用。我国在刑事立法上坚持罪责自负原则，坚决反对株连。这一立法精神要求司法机关在刑事诉讼活动中，必须注意下列问题：①对所有刑事案件的侦查、起诉和审判，都必须深入实际调查研究，收集对被告人有利和不利的各种证据材料，做到事实清楚，证据确实充分，防止错捕、错判无辜。对于审判前发现错误的，要立即放人；对于审判后发现错误的，要立即纠正，宣告无罪，予以释放。司法机关应尽一切可能，防止冤假错案的发生，切实保障无罪者不受刑事追究。②对共同犯罪案件中各被告人刑事责任的确定，应当以共同犯罪人预谋范围内的犯罪为依据，令被告人承担共同犯罪的刑事责任；对于超出共同预谋范围之外的犯罪，应当由实行者本人对该罪独立承担责任，其他未参与此罪的人，不应对其负责。③对单位犯罪案件的处理，应严格依照刑法的规定追究单位及其直接责任人员的刑事责任，不能把单位的其他成员也作为承担刑事责任的主体，对其定罪判刑。④对于刑法明文规定了犯罪主体范围的犯罪，要严格依法办事，不能随意扩大犯罪主体的范围，以防累及无辜。

（二）主客观相统一原则

1. 主客观相统一原则的含义和要求。主客观相统一原则的基本含义是：对犯罪嫌疑人、被告人追究刑事责任，必须同时具备主客观两方面的条件，并要求主客观两方面条件的有机统一。即符合犯罪主体条件的被告人，在其故意或者过失危害社会的心理支配下，客观上实施了一定的危害社会的行为，对刑法所保护的社会关系构成了严重威胁或已经造成现实的侵害。如果缺少主观或者客观其中任何一个方面的条件，犯罪就不能成立，不能令犯罪嫌疑人、被告人承担刑事责任。

主客观相统一的原则是与奴隶制和封建制刑法中的主观归罪和客观归罪的刑事责任原则根本对立的。主观归罪把犯罪意思作为犯罪成立的基本要件，把人身危险性、反社会性格、犯罪动机等主观因素作为认定犯罪和适用刑罚的标准。至于是否实施了危害社会的行为，行为是否造成了危害社会的结果，行为和结果与被告人的主观心理状态之间有无联系，则不影响犯罪的成立。而客观归罪则把客观上发生的实际危害作为犯罪的基本要件，认为只要有危害行为或者发生了危害结果，就应当追究行为人的刑事责任，至于行为人对其所实施的行为及其造成的结果，在主观上是否有认识，则不予理会。主客观相统一原则要求主客观要素同时齐备，有机统一，才能作为使被告人承担刑事责任的根据。因此，它既不是对主观归罪和客观归罪的简单否定，也不是将二者简单地加以调和或折衷。

2. 主客观相统一原则的立法体现和司法适用。

（1）主客观相统一原则的立法体现。主客观相统一原则在我国刑法中得到了贯彻和体现。其具体表现是：①《刑法》第 14 条和第 15 条明文规定了故意犯罪和过失犯罪的概念，说明任何一种犯罪的成立，都必须是在犯罪故意或过失支配下所实施的行为。②《刑法》第 16 条明文规定："行为在客观上虽然造成了损害结果，但是不是出于故意或者过失，而是由于不能抗拒或者不能预见的原因所引起的，不是犯罪。"从而进一步明确了对缺乏犯罪主观要件的意外事件，不能加以客观归罪。③《刑法》第 18 条第 1 款明文规定："精神病人在不能辨认或者不能控制自己行为的时候造成危害结果，经法定程序鉴定确认的，不负刑事责任。"其根据就在于精神病人于主观上没有犯罪的故意和过失。④《刑法》第 20 条和第 21 条分别规定了正当防卫和紧急避险行为不负刑事责任，其原因在于这两种行为客观上没有社会危害性，行为人主观上没有犯罪的故意或过失，而是出于正当合法的目的而进行防卫或避险。⑤《刑法》第 22 条至第 24 条规定了预备犯、未遂犯和中止犯，排除了犯意表示行为的犯罪性，表明了我国刑法不惩罚思想犯的立场。⑥刑法分则条文明确规定了各种具体犯罪构成主客观方面的条件。

（2）主客观相统一原则的司法适用。根据主客观相统一原则的基本要求，在司法实践中具体贯彻实施这一原则，必须注意以下两个问题：

第一，坚决反对主观归罪。主观归罪在司法实践中主要有两种表现形式：①把错误思想或犯意表示当作犯罪处理，例如，对声言要报复杀人但尚未付诸任何杀害行为的人以故意杀人罪予以拘捕等。②把事前的犯意当作事中的犯意，以事前的犯意定罪判刑。例如，行为人事前预谋杀人，但实施行为时改变犯意，进行故意伤害，结果对其以故意杀人罪未遂论处。这也是一种主观归罪。可见，主观归罪的危害一是导致惩罚思想犯；二是混淆犯罪的性质。无论何种情况，都是对主客观相统一原则的破坏，因而必须坚决予以反对。

第二，坚决反对客观归罪。客观归罪在司法实践中也有两种表现形式：①强调行为、结果的客观危害性，对缺乏犯罪主观要件的意外事件、精神病人的侵害行为等定罪判刑；②以行为所造成的实际结果确定犯罪性质，而忽视行为人对结果所持的真实心理状态。例如，一旦发生了死亡结果，就按故意杀人罪或过失致死罪处理，而行为人很可能构成故意伤害（致死）罪。可见，客观归罪的实质是忽视或根本不考虑行为人的主观认识情况，惟行为、惟结果而定罪处刑。这种割裂犯罪构成主客观要件的做法，是违背主客观相统一原则的，因而也应当坚决予以摒弃。

二、疑难问题

如何正确理解刑法理论中的"主观主义"和"客观主义"与主观归罪和客观归罪的区别？

主客观相统一原则要求反对主观归罪和客观归罪两种错误倾向。但是，主观归罪不等于"主观主义"，客观归罪也不等于"客观主义"，要将刑法理论上的"主观主义"、"客观主义"与主观归罪、客观归罪区别开来。

在近代西方刑法学中，存在着两个相互对立的学派——刑事古典学派和刑事实证学派。前者从犯罪与刑罚的关系出发，着眼于犯罪行为及其造成的危害，认为只有表现于外部的行为才是刑事责任的基础。犯罪行为，既是惩罚的对象，又是刑罚一般预防的内容。由于该学派关注的是具有自由意志的人对行为的选择，由此而衍生出客观主义或者说行为主义。后者则从说明犯罪原因和关注个别预防的立场上，主张犯罪是人内在品性、人格的表露，刑事责任的承担者是行为人，刑事责任的前提是行为人反社会危险人格的存在。对犯罪人科以刑罚，并非仅仅因为其行为已经发生实际损害，而是因为其性格违反生活常态。因此，刑事责任的基础存在于犯罪人的主观性格之中，刑事责任的轻重应当由犯罪人的主观恶性和再犯可能性决定。两种刑法思想的对立被称为“行为与行为人”的矛盾，其中古典学派的“行为论”被称作“客观主义”刑法理论，实证学派的“行为人论”被称作“主观主义”刑法思想。

但是，刑事古典学派的“客观主义”并非提倡客观归罪，而是突出行为及危害事实在刑事责任中的决定作用。古典学派的犯罪理论认为犯罪成立的条件有三个：构成要件的符合性、违法性和有责性。其中有责性是指具有责任能力且主观上具有故意、过失及期待可能性时才可能对行为人进行非难，即是说，古典学派也主张犯罪的成立要有主观因素，应在主观与客观因素统一的情况下认定犯罪，只不过这种主客观统一是以行为及实害为基础的。

同时，刑事实证学派的主观主义也并非主观归罪，而是将支配行为的内在因素，解释为行为人的人格。在犯罪的成立方面，同样也非反对古典主义的犯罪构成理论，同样也非无视犯罪的客观因素，也主张在主观与客观因素统一的情况下认定犯罪，只不过这种主客观统一是以行为人的人格为基础的。

【思考题】

1. 什么是刑法的基本原则？其有何特征？
2. 什么是罪刑法定原则？其具体内容是什么？
3. 罪刑法定原则在我国刑法中有哪些体现？
4. 适用刑法人人平等原则的基本含义和要求是什么？
5. 罪责刑相适应原则的基本含义和要求是什么？
6. 如何正确理解主客观相统一原则？

【参考文献】

1. 李洁：《论罪刑法定的实现》，清华大学出版社 2006 年版。
2. 聂立泽：《刑法中主客观相统一原则研究》，法律出版社 2004 年版。
3. 马克昌：“罪刑法定主义比较研究”，载《中外法学》1997 年第 2 期。
4. 赵秉志：“罪刑法定原则研究”，载高铭暄、赵秉志主编：《刑法论丛》（第 6 卷），法律出版社 2002 年版。
5. 张明楷：“法治、罪刑法定与刑事判例法”，载《法学》2000 年第 6 期。
6. 刘守芬、汪明亮：“试论罪刑均衡的功能性蕴涵”，载《法制与社会发展》2001 年第 5 期。
7. 陈兴良：“主客观相统一原则：价值论与方法论的双重清理”，载《法学研究》2007 年第 5 期。

第四章 刑法立法

【导语】刑法立法既指依法制定、修改或者补充刑法规范的立法活动；又指刑法立法活动的成果。刑法立法具有调整最后性、立法内容的刑事性以及立法主体的专属性等特征。在进行刑法立法时，必须坚持立法的必要性、立法内容的协调性和立法技术的明确性等原则。刑法立法有刑法典、修正案、单行刑法和附属刑法四种模式，其中，刑法修正案作为完善刑法典的模式具有单行刑法和附属刑法模式不可比拟的优越性。我国的刑法立法经历了比较曲折的过程，这同时也是我国刑法的立法思想渐趋成熟、立法形式逐渐合理、立法内容不断完善的过程。随着社会的变迁、时代的发展以及实践经验和理论研究的逐步成熟，我国刑法立法的现代化和国际化之步伐必将不断加大。

本章的疑难问题：如何看待刑法各种修法模式的利弊？

■第一节　刑法立法概述

一、刑法立法的概念

对于“立法”一词，法学界的理解不尽一致。当代西方法学界一般持“过程、结果两义说”，即认为立法既指制定和修改法律的过程，又指立法活动所产生的结果（即所制定的法本身）。例如，《牛津法律大辞典》对“立法”的定义是：“立法（Legislation）指通过具有特别法律制度赋予的有效地公布法律的权力和权威的人或机构的意志制定或修改法律的过程。这一词亦指在立法过程中所产生的结果，即所制定的法律本身。在这一意义上，相当于制定法。”〔1〕

新中国法学界对“立法”一词也是在这两种意义上使用的。例如，有的教科书指出：“从立法的活动或过程讲，对立法的概念通常有广义和狭义两种理解。广义的立法，与法理学中所讲的法的创制同义，即指有关国家机关在其法定的职权范围内，依照法定的程序，制定、修改、补充和废止规范性法律文件以及认可法律规范的活动。……狭义的立法，专指国家最高权力机关（或称国会、国家立法机关等）制定、修改、补充、废止基本法律（或法典）和法律的活动。”〔2〕立法是指“国家机关在其法定职权范围内，依法定程序，制定、修改和废止规范性法律文件以及认可法律规范的活动”。〔3〕这些定义均把立法看成是制定法律或者规范性文件的活动，显然是从法的创制这个角度来界定“立法”的。有的论著则从立法

〔1〕［英］戴维·M. 沃克：《牛津法律大辞典》，邓正来等译，光明日报出版社1988年版，第547页。

〔2〕朱力宇、张曙光主编：《立法学》，中国人民大学出版社2004年版，第20页。类似的观点还见于李龙主编：《法理学》，高等教育出版社2003年版，第340页。

〔3〕孙国华、朱景文主编：《法理学》，中国人民大学出版社1999年版，第239页。

活动所产生的规范性法律文件这一结果的角度来界定立法，我们有时使用的“民事立法”、“经济立法”等词汇，就是指关于民事的法律、经济的法律，这就是从立法成果即制定法的意义上使用“立法”一词的。《法学词典》解释：“立法通常指国家立法机关按照立法程序制定、修改或废止法律的活动。……立法有时也是对国家制定的法律、法令、条例等规范性文件的泛称，与‘法规’同义。如经济立法是泛指国家制定的有关经济管理方面的法规。”[1] 综上所述，所谓立法，既可以从动态的立法过程分析，也可理解为静态的法律法规本身。

基于这种分析，我们认为，作为立法一部分的刑法立法也可以从上述两个方面加以理解：从动态的立法过程看，刑法立法是指国家最高立法机关依法制定、修改或补充刑法规范的立法活动；从静态的意义上看，作为立法活动成果的刑法立法系指全部刑法规范，也即广义的刑法。本章对刑法立法的研究，主要是在前一意义上展开的。但鉴于刑法立法活动与立法成果之间的密切关系，本章对静态意义上的刑法立法即刑法规范也有所涉及。

二、刑法立法的特点

刑法立法作为一种立法活动，与其他立法活动具有一定的共性，主要表现为：任何立法活动都体现了统治阶级的意志和利益；都是制定、修改、补充和废止规范性法律文件的活动；都要依照法定程序进行；立法的直接目的是产生具有普遍约束力的法律规范，它实际上是国家对社会实行规范和治理的一种方式。因此，任何立法都要以国家的强制力为后盾。

但同时，刑法立法又具有鲜明的个性。主要体现在如下几个方面：

第一，就调整性质而言，刑法立法活动具有调整的最后性。这是因为，刑罚权的发动，可能涉及行为人的财产、自由甚至是生命，其严厉程度远非其他法律所能比拟，如果刑罚运用不当，必然会对行为人的利益造成重大损害。因此，对于某种行为，必须首先考虑其他法律调整的可能性和适当性，只有当其他法律无法调整或其他法律的规制不具有适当性时，才可考虑运用刑法加以规制。从这一意义上讲，刑法是其他立法的“后盾法”。

第二，就立法内容而言，刑法立法是制定、修改或废止有关犯罪、刑事责任和刑罚的法律规范即刑法规范的活动。立法内容的刑事性是刑法立法与其他立法的显著区别。

第三，就立法主体而言，根据我国《宪法》第58条、第62条第3项、第67条第3项的规定，只有全国人民代表大会和全国人民代表大会常务委员会才有权进行刑法立法。对此，我国《立法法》第7条也作了进一步明确规定：“全国人民代表大会制定和修改刑事、民事、国家机构的和其他的基本法律。全国人民代表大会常务委员会制定和修改除应当由全国人民代表大会制定的法律以外的其他法律；在全国人民代表大会闭会期间，对全国人民代表大会制定的法律进行部分补充和修改，但是不得同该法律的基本原则相抵触。”可见，在我国，基本法律的立法主体只能是我国最高的权力机关即全国人大及其常委会，其他一切国家机关都不能行使基本法律的立法权。这体现了作为国家基本法律的刑法之立法主体的专属性的特征。

■第二节　刑法立法的原则

立法原则，是指立法者在创制规范性法律文件时所必须遵循的基本准则。我国的立法原

---

〔1〕《法学词典》编辑委员会编：《法学词典》，上海辞书出版社1984年版，第217页。

则集中规定在《立法法》中。《立法法》第4条规定："立法应当依照法定的权限和程序，从国家整体利益出发，维护社会主义法制的统一和尊严。"这是我国立法的国家法制统一性原则。第5条规定："立法应当体现人民的意志，发扬社会主义民主，保障人民通过多种途径参与立法活动。"这是我国立法的民主性原则。第6条规定："立法应当从实际出发，科学合理地规定公民、法人和其他组织的权利与义务、国家机关的权力与责任。"这是我国立法的科学性原则。我国《立法法》规定的这些立法原则是包括刑法立法在内的任何立法都必须要遵循的基本准则。从我国的刑法立法实践看，立法者在坚持国家法制统一性原则和立法的民主性原则方面做得较好，因此，在本节中，我们着重就如何实现刑法立法的科学性这一问题作一研究。

我们认为，要促进和实现刑法立法的科学性，在进行刑法立法时，必须坚持刑法立法的必要性、立法内容的协调性以及立法技术的明确性三项原则。

一、刑法立法的必要性原则

刑法立法的必要性，又称刑法立法的谦抑性，是指立法机关只有在通过非刑法的手段无法足以有效地对某种严重危害社会的行为加以遏制，或者难以恢复社会的正义的情况下，才能通过刑法立法将该行为规定为犯罪行为，并规定一定的刑罚加以规制。

刑法立法必要性原则的提出，根源于刑法学界对刑罚功能有限性的理性认识。犯罪作为一种社会现象，其产生的原因十分复杂。从某种意义上说，在一定的社会条件下，犯罪的产生具有相当程度的必然性。因此，对于犯罪现象，我们只能将其控制在社会可以容忍的限度内，而不可能通过刑罚的方法将其根除。同时，作为对犯罪予以法律反应的刑罚，既有积极的功能，也有消极的作用，诚如德国刑法学家耶林所言："刑罚如两刃之剑，用之不得其当，则国家与个人两受其害。"[1] 因此，对于刑罚的积极功效不能给予过高的预期，刑罚权的启动应该限制在无可避免的情况下。

何谓刑罚的"无可避免性"？英国著名的功利主义者边沁曾对此作过很好的说明。他指出，在下列情况下，不应当施加惩罚：惩罚无理由，即不存在要防止的损害，也就是通常所说的滥用之刑；惩罚必定无效，即不可能起到防止损害的作用；惩罚无益，或者说代价太大，即惩罚会造成的损害将大于它防止的损害；惩罚无必要，即损害不需惩罚便可加以防止或自己停止。[2] 应该说，这种论断至今仍有指导意义。以这种认识为基础，我们认为，具备下列三种情形之一的，就说明刑罚不具备无可避免性：①惩罚无效，即如果某种危害社会的行为被规定为犯罪后，仍然不能取得预防与控制该行为的效果时，则该立法不具有必要性；②可以替代，即对于某种危害行为，通过其他法律或行政处分的手段即可足以有效控制和防范时，就不具有刑法规制的必要性；③惩罚无益，即通过刑罚所得到的效益要小于其所产生的消极作用。[3]

刑法立法必要性原则的提出，有利于摈弃盲目崇信刑罚功能的错误观念，对于防止立法的随意性具有积极的意义。

二、立法内容的协调性原则

刑法立法内容的严谨协调，是刑法内在逻辑的基本要求。如果刑法规范之间关系模糊不

---

〔1〕 转引自林山田：《刑罚学》，台湾商务印书馆1983年版，第127页。

〔2〕 参见［英］吉米·边沁：《道德与立法原理导论》，时殷弘译，商务印书馆2000年版，第217页。

〔3〕 参见陈兴良：《刑法哲学》，中国政法大学出版社1992年版，第7页；屈学武："刑法谦抑性原则的正确解读及其适用"，载《光明日报》2003年11月4日。

第四章

清，矛盾百出，必然会对法律规范的准确适用产生消极的影响。

刑法立法内容的协调性原则应当有以下三个方面的具体要求：①立法的内容与刑法的基本原则相协调。刑法的基本原则对于全部刑法立法具有指导和制约意义，是体现我国刑事法治基本精神的准则。因此，刑法立法规范的设定与修改必须坚持刑法的基本原则。②相关刑法规范之间具有协调性，包括刑法典内部的相关刑法规范之间相协调，特别刑法或刑法修正案所设置的刑法规范之间以及其与刑法典中的相关刑法规范之间相协调。③相关刑法规范之间的罪刑关系要协调合理，即对危害相当的犯罪所设置的法定刑要大体相当，做到罪刑均衡；对同一犯罪的不同情节要加以区别，规定轻重适当、相互衔接的法定刑，防止罪刑失当。

三、立法技术的明确性原则

刑法立法技术的明确性，是罪刑法定原则对刑法立法的内在要求。这一原则的基本要求是：刑法应该对刑法规范的适用条件、对象、范围及法定刑等事项作出明确的规定，尽量避免模棱两可、含糊不清。

刑法立法技术的明确性对于刑法立法有着特别重要的意义。因为，明确的立法不仅可以使刑法规范对每一个人都"能够唤起同样的观念"，〔1〕从而可以保证公民准确理解法律，自觉遵守法律，充分发挥刑法规范的指引功能；而且立法内容"规定的愈明确，其条文就愈容易切实地施行"，〔2〕从而也有助于司法机关的正确把握和适用。

当然，刑法立法技术的明确性并不意味着搞繁琐哲学，把刑法规定得臃肿不堪，而仍应在立法规定明确的基础上，尽量保持立法应有的简明性。

■第三节 刑法立法的模式

一、基本法理

刑法立法的模式，是指作为刑法立法活动之成果的刑法的表现形式。就我国的立法实践看，刑法立法的模式有刑法典、修正案、单行刑法和附属刑法四种。刑法典模式是刑法的常态表现形式，而后三种则是修改或补充刑法的方式。研究刑法立法的模式，对刑法立法技术的成熟和完善，进而对刑法立法科学性目标的促进和实现，都具有积极的意义。

（一）刑法典

刑法典是国家以刑法名称颁布的、系统规定犯罪、刑事责任及刑罚的法律。

大陆法系国家因深受罗马法观念的影响本来就具有法典化的历史传统。英美法系国家虽以判例法为主导性的法律渊源，但从这些国家的立法实践看，并不绝对排斥法典的立法形式，而是逐步向大陆法系的立法形式靠拢。因此，可以说，制定和颁行统一的刑法典，是当代世界各国较为通行的做法。我国1979年刑法和1997年刑法均是刑法典。

（二）刑法修正案

刑法修正案是指国家最高立法机关制定颁布的、对刑法典的某一或某些条款直接予以修改或补充，并自动成为刑法典一个组成部分的刑法规范性文件的总称。我国自1999年12月25日通过施行第一个刑法修正案以来，迄今已经颁布了6个刑法修正案文件。这些修正案增设了一些新的犯罪，修改了某些犯罪的构成要件，并调整了一些犯罪的法定刑。通过刑法立

---

〔1〕［法］孟德斯鸠：《论法的精神》（下册），张雁深译，商务印书馆1978年版，第297页。

〔2〕［德］黑格尔：《法哲学原理》，范扬、张企泰译，商务印书馆1961年版，第316页。

法实践的检验，刑法修正案的修法模式具有单行刑法和附属刑法模式所不具有的优点，是局部修改完善刑法典比较理想的模式。

（三）单行刑法

单行刑法是指国家最高立法机关颁行的、在形式上独立于刑法典、内容上又是专门规定犯罪、刑事责任和刑罚的规范性文件的总称。从我国的立法实践看，单行刑法主要表现为"决定"和"补充规定"的形式。例如，全国人大常委会于1992年9月4日通过的《关于惩治偷税、抗税犯罪的补充规定》、1993年2月22日《关于惩治假冒注册商标犯罪的补充规定》、1995年10月30日《关于惩治虚开、伪造和非法出售增值税专用发票犯罪的决定》、1998年12月29日《关于惩治骗购外汇、逃汇和非法买卖外汇犯罪的决定》等，这些单行刑法对刑法典作了重要的修改或补充，是我国刑法立法体系的重要的组成部分。

由以上的界定可知，单行刑法具有如下的基本特征：①单行刑法在表现形式上独立于刑法典，在内容上只是对刑法典的部分修改和补充，而且单行刑法的条款不能直接纳入刑法典。在刑法立法体系中，单行刑法仅仅是辅助刑法典来发挥刑法制度的总体功能的，因此，有的学者称之为"辅刑法"。[1] ②单行刑法是专门规定犯罪、刑事责任和刑罚内容的规范性文件。单行刑法的这一特征将其与非刑事法律中的刑法规范即附属刑法区别开来。③单行刑法具有特别刑法的性质。单行刑法受刑法典总则的制约，对刑法典具有一定的依附性，但在适用上，由于其特别性质，具有优先于刑法典适用的效力。

在我国1979年刑法颁行之后至1997年刑法颁行之前，全国人大常委会总共通过了25部单行刑法，这是我国当时修改和补充刑法常用的和主要的模式。1997年刑法颁行后，自我国确立刑法修正案这种修改和补充刑法的模式以来，再也没有采用过单行刑法修法模式。

（四）附属刑法

附属刑法是指拥有刑事立法权的国家立法机关在制定的经济、行政等非刑事法律中附加制定的、体现国家对一定范围内的特定社会关系加以特别调整的、关于犯罪、刑事责任和刑罚的法律规范的总称。例如，我国《森林法》第42条规定："违反本法规定，买卖林木采伐许可证、木材运输证件、批准出口文件、允许进出口证明书的……构成犯罪的，依法追究刑事责任。伪造林木采伐许可证、木材运输证件、批准出口文件、允许进出口证明书的，依法追究刑事责任。"这一规定实际上新增了伪造、倒卖林木采伐许可证罪。再如，《海关法》第96条规定："海关工作人员有本法第72条所列行为之一的，依法给予行政处分；有违法所得的，依法没收违法所得；构成犯罪的，依法追究刑事责任。"以上规定虽然在形式上附属于一定的行政法律、经济法律、民事法律等非刑事法律，是其法律载体的一个组成部分，但由于其在本质上是对刑事罚则的规定，故称之为附属刑法。

我国1979年《刑法》通过后，国家立法机关在许多立法中设置了附属的刑事条款，这些条款对当时刑法的发展和完善，对犯罪的惩治，都起了一定的作用。但不可否认的是，这些条款由于在立法思想、立法权限、立法方法以及立法用语等方面存在严重的问题，对刑法造成了一定程度的冲击。这势必影响司法工作人员对刑法的准确把握和适用，影响刑法作为公民行为规范的引导性功能的发挥。因此，在拟定我国1997年刑法时，这些附属刑法条款的内容经过整合，基本上都被吸纳进新刑法中。

---

〔1〕 参见林山田：《刑法通论》，台湾三民书局1995年版，第10页。

二、疑难问题

如何看待刑法各种修法模式的利弊?

一般认为，单行刑法模式具有简便快捷、针对性强的优点，但却容易对刑法典的统一性、完备性、稳定性和常态法治造成严重冲击；附属刑法模式有利于实现刑法典相对稳定性的要求，但由于附属刑法规范不具有刑法典的形式，其中的刑事责任条款的威慑力容易被社会所忽视，故不利于发挥刑法的一般预防作用。相对而言，刑法修正案的修法模式则更具有明显突出的优点，主要表现在：

第一，刑法修正案是由全国人大常委会通过立法修改程序对刑法典进行的局部修改补充，因而具有灵活、及时、针对性强、立法程序相对简便的特点。当然，这也是单行刑法方式所具有的特点。

第二，刑法修正案在创制、通过的形式上类似于单行刑法，但在实质上又不同于单行刑法。在与刑法典的关系上，刑法修正案是对刑法典原有条文的修改、补充、替换或者在刑法典中增补新的条文，这样，它不但可以直接促成刑法典的改进，而且并不像单行刑法那样独立于刑法典而存在，它在颁行后就要被纳入刑法典中而成为后者的组成部分。[1] 因此，从司法适用来看，由于单行刑法在形式上独立于刑法典，故在判决中应当单独或者与刑法典相关条文一起被引用。由于刑法修正案不能独立于刑法典而存在，故此，在刑事裁判中，直接引用刑法典的相关条款即可，而不需再引用相关的刑法修正案。刑法修正案这种直接完善刑法典和便于理解与适用的优点，是单行刑法所不具备的。

第三，刑法修正案不但直接被纳入了刑法典，而且其并不打乱刑法典的条文次序，从而有利于维护刑法典的完整性、连续性和稳定性，有利于刑事法治的统一和协调。这一重大优点也是单行刑法所不具备的。[2]

总之，刑法修正案既有单行刑法的优点，又有单行刑法所不具备的其他突出优点，同时又避免了单行刑法的严重弊端，因而是现代法治语境下局部修改完善刑法典比较理想的模式。故从一定意义上讲，刑法修正案这种修法模式的实行，标志着我国刑法立法方法日臻成熟，是立法技术的一大进步。

■第四节　新中国刑法的创制与发展

一、1979 年刑法的创制

我国刑法的创制，经历了一个长期而曲折的过程。早在建国初期，国家就先后制定并颁布了一些单行刑事法规，如 1951 年的《中华人民共和国惩治反革命条例》、《妨害国家货币治罪暂行条例》、1952 年的《中华人民共和国惩治贪污条例》等。这些单行刑事法规在同危害国家安全、贪污、伪造国家货币等方面的犯罪的斗争中，起到了重要的作用。与此同时，国家也开始了刑法的起草准备工作。

刑法最初的起草准备工作，是在前中央人民政府法制委员会的主持下进行的。从 1950 年到 1954 年 9 月，草拟了两个稿本：①《中华人民共和国刑法大纲草案》，共 157 条；

---

〔1〕 参见赵秉志："积极促进刑法立法的改革与完善"，载《法学》2007 年第 9 期。

〔2〕 参见赵秉志："积极促进刑法立法的改革与完善"，载《法学》2007 年第 9 期。

②《中华人民共和国刑法指导原则草案（初稿）》，共76条。[1] 由于当时正在进行抗美援朝、改革土地制度、镇压反革命以及“三反”“五反”等运动，颁布系统而完备的刑法的条件尚不成熟，所以这两个稿本也就只能停留在法制委员会阶段内，作为两份书面材料保存下来，始终没有提上立法程序，更没有公开向社会征求过意见。

1954年9月召开的第一届全国人民代表大会第一次会议，通过了新中国第一部《宪法》，这极大地推动了刑法的起草工作。此时，刑法的起草工作由全国人大常委会办公厅法律室负责。法律室于1954年10月开始起草刑法草案，到1957年6月28日，已经草拟出刑法草案第22稿，含总则、分则两编，共215条。[2] 这个稿本经过中共中央法律委员会、中央书记处审查修改，又经过全国人大法案委员会审议，并在第一届全国人民代表大会第四次会议上发给全体代表征求意见。这次会议还曾作出决议：授权人大常委会根据人大代表和其他方面所提的意见，将第22稿进行修改后，作为草案公布试行。

虽然已作出决议并征求了意见，但由于1957年“反右派”运动以后，“左”的思想倾向急剧抬头，反映到法律工作方面，否定法律、轻视法制、认为法律可有可无、认为法律会束缚手脚、主张政策就是法律、有了政策就可以不要法律等法律虚无主义思想一时间甚嚣尘上，所以刑法草案并没有公布，且起草工作也一度停顿下来。直到1961年10月，全国人大常委会办公厅法律室才又开始对刑法草案进行一些座谈研究。

1962年3月22日，毛泽东主席就法律工作明确指示：“不仅刑法要，民法也需要，现在是无法无天。没有法律不行，刑法、民法一定要搞。不仅要制定法律，还要编案例。”[3] 这个指示当时对刑法起草工作是个很大的鼓舞。从1962年5月开始，全国人大常委会法律室在有关部门的协同下，对刑法草案第22稿进行全面修改的工作，经过多次的重大修改和征求意见，到1963年10月9日，拟出当时已比较成熟的刑法草案第33稿，该稿包含总则和分则两编，共13章，206条。[4] 这个稿本经中共中央政治局常委审查后曾考虑予以公布，后因接踵而至的“四清”和“文化大革命”等政治运动的冲击，终未能被公布。

1976年10月粉碎“四人帮”以后，1978年举行的第五届全国人民代表大会第一次会议通过了新中国第三部宪法，从1978年10月下旬开始，国家又组成刑法草案的起草班子，在陶希晋同志主持下，对刑法草案第33稿进行修订，先后写出了两个稿本。[5] 在这个过程中，中共中央召开了具有划时代历史意义的十一届三中全会，作出了重建和加强社会主义法制的重大决策，从而对刑法起草工作起到了有力的指导和推动作用。1979年2月下旬，全国人大常委会法制委员会宣告成立，在时任法制委员会主任的彭真同志的主持下，从3月中旬开始，对立法工作抓紧进行。刑法草案以第33稿为基础，结合新情况、新经验和新问题，征求了中央有关部门的意见，做了较大的修改，先后又拟了三个稿本。[6] 第二个稿本即第37稿于1979年5月29日获得中央政治局原则通过，接着又在法制委员会全体会议和第五届全

---

〔1〕 参见高铭暄、赵秉志编：《新中国刑法立法文献资料总览》（上册），中国人民公安大学出版社1998年版，第136～188页。

〔2〕 参见高铭暄、赵秉志编：《中国刑法立法文献资料精选》，法律出版社2007年版，第247～274页。

〔3〕 转引自《人民日报》1978年10月29日。

〔4〕 参见高铭暄、赵秉志编：《中国刑法立法文献资料精选》，法律出版社2007年版，第274～301页。

〔5〕 参见高铭暄、赵秉志编：《新中国刑法立法文献资料总览》（上册），中国人民公安大学出版社1998年版，第365～434页。

〔6〕 参见高铭暄、赵秉志编：《新中国刑法立法文献资料总览》（上册），中国人民公安大学出版社1998年版，第435～524页。

国人大常委会第八次会议上进行审议，审议中又作了一些修改和补充，最终形成刑法草案第38稿，并于7月1日下午在第五届全国人大第二次会议上获得一致通过。7月6日正式公布，并规定自1980年1月1日起施行。至此，创制历时30年、前后易稿38次的新中国第一部刑法典——《中华人民共和国刑法》宣告诞生。

新中国第一部刑法典即1979年《刑法》分为2编，共192个条文。第一编是总则，共89条，分为5章：①刑法的指导思想、任务和适用范围；②犯罪；③刑罚；④刑罚的具体运用；⑤其他规定。第二编是分则，共103个条文，分为8章：①反革命罪；②危害公共安全罪；③破坏社会主义经济秩序罪；④侵犯公民人身权利、民主权利罪；⑤侵犯财产罪；⑥妨害社会管理秩序罪；⑦妨害婚姻、家庭罪；⑧渎职罪。

二、1979年刑法颁行以后的立法发展

1979年刑法通过以后，我国旋即拉开了改革开放政策的帷幕。为适应国家改革开放中的新情况、新问题以及惩治、防范犯罪的实际需要，我国立法机关又陆续制定和颁行了一系列旨在修改、补充和完善刑法典的特别刑法规范，这些特别刑法规范包括单行刑法和附属刑法条款两大类。由此，我国当时的刑法立法形成了以刑法典为主体，以单行刑法和附属刑法为两翼的格局。

第四章

单行刑法是对刑法典的重要补充，是我国当时刑法立法体系的重要组成部分。

自1981年至1997年新刑法通过前，全国人大常委会先后通过了25部单行刑法，包括：①1981年6月10日《中华人民共和国惩治军人违反职责罪暂行条例》；②1981年6月10日《关于处理逃跑或者重新犯罪的劳改犯和劳教人员的决定》；③1981年6月10日《关于死刑案件核准问题的决定》；④1982年3月8日《关于严惩严重破坏经济的罪犯的决定》；⑤1983年9月2日《关于严惩严重危害社会治安的犯罪分子的决定》；⑥1987年6月23日《关于对中华人民共和国缔结或者参加的国际条约所规定的罪行行使刑事管辖权的决定》；⑦1988年1月21日《关于惩治走私罪的补充规定》；⑧1988年1月21日《关于惩治贪污罪贿赂罪的补充规定》；⑨1988年9月5日《关于惩治泄露国家秘密犯罪的补充规定》；⑩1988年11月8日《关于惩治捕杀国家重点保护的珍贵、濒危野生动物犯罪的补充规定》；⑪1990年6月28日《关于惩治侮辱中华人民共和国国旗国徽罪的决定》；⑫1990年6月28日《关于禁毒的决定》；⑬1990年12月28日《关于惩治走私、制作、贩卖、传播淫秽物品的犯罪分子的决定》；⑭1991年6月29日《关于惩治盗掘古文化遗址古墓葬犯罪的补充规定》；⑮1991年9月4日《关于严禁卖淫嫖娼的决定》；⑯1991年9月4日《关于严惩拐卖、绑架妇女、儿童的犯罪分子的决定》；⑰1992年9月4日《关于惩治偷税、抗税犯罪的补充规定》；⑱1992年12月28日《关于惩治劫持航空器犯罪分子的决定》；⑲1993年2月22日《关于惩治假冒注册商标犯罪的补充规定》；⑳1993年7月2日《关于惩治生产、销售伪劣商品犯罪的决定》；㉑1994年3月5日《关于严惩组织、运送他人偷越国（边）境犯罪的补充规定》；㉒1994年7月5日《关于惩治侵犯著作权的犯罪的决定》；㉓1995年2月28日《关于惩治违反公司法的犯罪的决定》；㉔1995年6月30日《关于惩治破坏金融秩序犯罪的决定》；㉕1995年10月30日《关于惩治虚开、伪造和非法出售增值税专用发票犯罪的决定》。

概括而言，以上的单行刑法对我国1979年《刑法》作出了许多重要的修改和补充：从刑法总则看，增加规定了普遍管辖权原则；有个别单行刑法采取了与1979年刑法规定的从旧兼从轻原则不同的从新或者有条件从新的原则；对共同犯罪的定罪和处罚原则作了一定的补充；增设剥夺勋章、奖章和荣誉称号作为资格刑；对个别情节增加了加重处罚的规定；增设了战时缓刑制度；等等。从刑法分则看，增设了不少新罪；对某些犯罪补充规定了概念、特征，使构成要件更加明确而具体；增加规定了某些罪的单位犯罪主体；有的还区分情节、数额档次，分别设置相应的法定刑使，便于司法掌握；提高了不少犯罪的法定刑；在罚金的适用上，对某些犯罪开始规定罚金的数额；等等。

在非刑事法律中设置的刑法规范，就其本质而言是对刑法的补充，也是我国当时刑法立法体系的一个组成部分。

自1979年刑法颁行后至1997年新刑法通过前的17年间，设置有附属刑法条款的非刑事法律已达107余部。[1] 据国家立法机关统计，这类在民事、经济、行政等非刑事法律中规定了“依照”、“比照”刑法的有关规定追究刑事责任的条文即附属刑法条款共130条。[2] 这些设置有附属刑法规范的非刑事法律的范围相当广泛。例如，《传染病防治法》、《集会游行示威法》、《环境保护法》、《军事设施保护法》、《铁路法》、《残疾人保护法》、《烟草专卖法》、《水土保持法》、《未成年人保护法》、《进出境动植物检疫法》、《收养法》、《妇女权益保障法》、《矿山安全法》、《国家安全法》、《产品质量法》、《劳动法》、《反不正当竞争法》、《对外贸易法》等法律中，都包含有相应的刑法规范。

上述附属刑法对我国1979年刑法也作了一定的修改和补充，主要为：增设了剥夺军衔作为附加刑；通过设置罪状，并“比照”刑法某一条款追究刑事责任的方式创制新的罪名；对个别犯罪增设加重的犯罪构成；通过叙明、引证或扩张的方式，对某些犯罪补充规定了犯罪的特征或者犯罪的具体表现形式；等等。

综上所述，无论是单行刑法还是非刑事法律中的附属刑法规范，都是补充或者修改刑法典的特别刑法。这些特别刑法比较及时地弥补了刑法典的不足，在相当程度上发展和完善了我国的刑法规范，适应了司法实践惩治和防范犯罪的迫切需要，并且也为刑法的修改和新刑法的创制奠定了基础。

三、1997年刑法的创制

1979年刑法的颁布施行，标志着我国的刑事法治步入一个新的阶段。然而，由于受制定该部刑法时的政治、经济、文化及社会治安形势的影响，加上立法经验的相对不足，使得这部刑法在观念上较为保守，内容上失于粗疏，以至于在很短的时间内便显露出与社会现实生活的诸多不适应。为此，我国最高立法机关先后颁布了一系列的单行刑法和附属刑法，以因应社会形势之急需。然而，由于在刑法典之外，存在如此繁多的单行刑法和附属刑法，缺乏一个体系上的归纳，刑法规范整体零乱和不便掌握的弊端在所难免；刑法典原有的一些规定虽可能暂时得以完善，但单行刑法规定的不合理内容和彼此缺乏照应的情况又随之产生。司法实践经验和理论研究均表明，为更有效地发挥我国刑法的社会调整功能，全面修改刑法，制定出一部崭新的刑法典，实乃势在必行。

（一）修法过程

从我国最高立法机关自1982年提出要研究修改刑法时起，研究和修订刑法的立法工作历时15年，大体上经历了如下五个阶段：

1. 酝酿准备阶段。自1982年起，我国立法机关就开始注意收集和整理刑法的完善意见，并将其中一些刊载在其工作研究简报上。司法部门也根据司法实践经验，针对其适用刑

---

〔1〕 参见高铭暄主编：《刑法专论》，高等教育出版社2005年版，第43页。

〔2〕 参见全国人大常委会副委员长王汉斌于1997年3月6日在第八届全国人民代表大会第五次会议上所作的“关于《中华人民共和国刑法（修订草案）》的说明”，载高铭暄、赵秉志编：《新中国刑法立法文献资料总览》（中册），中国人民公安大学出版社1998年版，第1828页。

法过程中出现的问题及时地进行总结。例如，1987年，最高人民检察院和最高人民法院分别在全国范围内向本系统征集了对刑法的修改补充意见。立法部门和司法部门的这些工作，为后来第七届全国人大常委会作出修改刑法的决策提供了重要的依据和资料。[1]

2. 初步修改阶段。1988年3月，第七届全国人大第一次会议召开，刑法修改问题开始逐步在国家立法机关进行酝酿。立法工作机关随之开始了积极的调研和资料的准备工作，在邀约部分地区政法机关和法学界一些专家就刑法的修改问题进行座谈的基础上，1988年6月22日整理出了《政法机关和政法院校、法学研究单位的一些同志对修改刑法的意见》。[2]

1988年7月1日，《七届全国人大常委会工作要点》明确指出，抓好立法工作是第七届人大常委会任期五年的首要任务，根据新情况、新经验对法律及时作出修改是立法工作的一个重要方面。同时，还特别提出了把刑法的修改工作正式列入立法规划，这标志着刑法修改工作已经正式被列入国家立法工作的议事日程。[3]

不久，根据刑法学界和司法部门针对完善刑法所提的建议，全国人大常委会法工委刑法室整理出了《关于修改刑法的初步设想（初稿）》。1988年9月，全国人大常委会法工委邀请中央和北京市政法机关、法律院校和科研单位的几十位专家学者就刑法的修改问题进行了专门的讨论，并拟出了第一个刑法修改草案稿本。此后，又数次邀请专家学者进行座谈讨论，组织数位中青年专家参加刑法的具体修改工作，并于1988年11月和12月先后拟定出了两个刑法修改草案稿本。[4]

第四章

在此时期，最高司法机关也为刑法的修订作了大量的工作。1989年，最高人民检察院向全国省级和部分省辖市检察院发出《刑法修改调查提纲》，广泛征求意见，并整理出了数万言的《修改刑法研究报告》。最高人民法院也在全国法院系统展开调研，广泛收集刑法修改建议，拟出了《关于刑法总则修改的若干问题（草案）》和《关于刑法分则修改的若干问题（草案）》。这些材料都及时报送国家立法机关，从而为刑法的修改提供了司法实践方面的重要参考资料。[5]

与此同时，刑法学界的刑法理论研究和关于刑法修改的学术活动也很活跃，相继出版和发表了一些有关刑法改革与完善的专著和论文，这些建言为刑法的修订提供了较为充分的理论支持。

3. 重点修改阶段。1989年，由于受春夏之交“六·四”风波的影响，我国的刑法立法工作一度停止下来。[6] 到了1991年1月，国家决策领导层提出要修改反革命罪，并要求尽快进行。之后，全国人大常委会法制工作委员会将修改重点放在了反革命罪上。在广泛调查研究的基础上，起草了关于修改反革命罪的决定草案，并邀请中央政法委员会、最高人民法院、最高人民检察院、公安部、国家安全部的负责同志和部分专家进行研究修改，准备提交当年3月召开的第七届全国人大第四次会议审议。然而，由于在一些问题上，主要是修法时机上，存在着不同意见，最后决定暂不提交这次会议审议。后来，前苏联解体和东欧剧变使

---

〔1〕 参见赵秉志：《刑法改革问题研究》，中国法制出版社1996年版，第43页。

〔2〕 参见赵秉志主编：《新刑法典的创制》，法律出版社1997年版，第8页。

〔3〕 参见赵秉志主编：《新旧刑法比较与统一罪名理解与适用》，中国经济出版社1998年版，第9页以下。

〔4〕 参见高铭暄、赵秉志编：《新中国刑法立法文献资料总览》（中册），中国人民公安大学出版社1998年版，第866～938页。

〔5〕 参见赵秉志：《刑法改革问题研究》，中国法制出版社1996年版，第44～45页。

〔6〕 参见赵秉志：《刑法改革问题研究》，中国法制出版社1996年版，第110页。

国际形势发生了急剧的变化，刑法的修订工作也因此暂时搁置下来。[1]

4. 全面修改阶段。1992 年 10 月，中国共产党第十四次代表大会的召开，标志着我国的经济体制实现了由有计划的商品经济向社会主义市场经济的转变。市场经济就是法制经济，为了保障市场经济健康稳步的发展，需要法律来保驾护航。自此以后，刑法的修改工作进入了全面的展开阶段。

为保证刑法修订工作的顺利开展，全国人大常委会于 1993 年成立了专门的修法班子。1993 年 12 月全国人大常委会法工委刑法室委托中国人民大学法学院刑法专业负责刑法总则的起草。在接受该项委托任务后，中国人民大学法学院刑法专业成立了由高铭暄教授主持并由数位专家学者参加的刑法总则修改小组，至 1994 年 9 月该小组写出了一个《中华人民共和国刑法（总则）大纲》和四个稿本。[2] 全国人大常委会法工委在此基础上又结合中央政法机关提出的修改刑法的意见，经过研究，于 1995 年 8 月拟成了《刑法总则修改草案》；在刑法分则方面，法工委早在 1994 年 3 月就拟定了作为刑法分则修改稿基础的《刑法分则条文汇集》。后又经刑法修改小组反复研讨，于 1995 年 8 月拟定了更加成熟的《刑法分则条文汇集》。[3]

1996 年 3 月，修正的刑事诉讼法通过以后，全国人大常委会加快了刑法修订的研拟步伐。同年 6 月，在以往准备和广泛征求中央政法机关和有关专家意见的基础上，拟出了修订草案的草稿。同年 7 月，主持刑法修改工作的全国人大常委会副委员长王汉斌同志邀请全国人大有关专门委员会的负责人对草稿进行了讨论。然后，根据讨论意见对草稿进行修改后，又多次召开座谈会，听取政法机关和专家的意见。同年 9 月，王汉斌副委员长再次主持召集有关负责人，对刑法修改草稿进行逐条讨论，拟定出《中华人民共和国刑法修订草案（征求意见稿）》，并于 10 月初印发给有关机关和一些法律院校征求意见。同年 11 月，全国人大常委会法工委主要负责同志携刑法修订草案参加当年在四川乐山召开的中国刑法学研究会的学术研讨年会，在广泛听取全国范围内法律专家意见后，又于 11 月 11 日至 22 日在北京召开了由中央政法机关和其他相关部门，15 个省、自治区、直辖市人大和地方公检法部门及法律专家学者等近 150 人参加的刑法修订大型座谈会。[4] 经过国家立法机关、司法部门和专家学者的共同努力，终于拟定出了一部较为成熟的刑法修订草案，并于同年 12 月提交全国人大常委会进行审议。

5. 立法审议通过阶段。自 1996 年 12 月起，刑法的修订工作进入了最后的审议和通过阶段。同年 12 月 26 日，第八届全国人大常委会第二十三次会议分组审议了刑法修订草案，并提出了一些修改意见。1997 年 1 月，全国人大常委会副委员长王汉斌同志，中央政法委员会书记、最高人民法院院长任建新同志和中央政法委员会副书记罗干同志主持了由国家立法机关和中央政法机关负责人参加的会议，对刑法修订草案中的重大争议问题作了研究和修改。此后，全国人大常委会法工委根据这两次会议的意见，对刑法修订草案进行了认真的修改，并多次召开会议听取各方面的意见，从而形成了更加成熟的刑法修订草案。同年 2 月 19 日，第八届全国人大常委会召开第二十四次会议，对刑法修订草案又作了一些修改。3 月，第八

[1] 参见赵秉志主编：《新旧刑法比较与统一罪名理解与适用》，中国经济出版社 1998 年版，第 13 页以下。

[2] 参见高铭暄、赵秉志编：《新中国刑法立法文献资料总览》（下册），中国人民公安大学出版社 1998 年版，第 2877～2961 页。

[3] 参见赵秉志：《刑法改革问题研究》，中国法制出版社 1996 年版，第 110 页以下。

[4] 参见赵秉志主编：《新刑法典的创制》，法律出版社 1997 年版，第 18 页。

届全国人民代表大会第五次会议对刑法进行审议。在会议期间，全国人大法律委员会根据代表们提出的修订意见，及时地对刑法草案进行了必要的修改，并由法律委员会向大会主席团会议作了报告。在听取汇报以后，主席团会议决定将刑法修订草案提交大会审议通过。3月14日，第八届全国人民代表大会第五次会议表决通过了《中华人民共和国刑法》，并于当日以第83号主席令予以公布，同时规定这部新的刑法典于1997年10月1日起施行。至此，历时10多年的刑法修订工作圆满结束。

（二）新法特色

1997年修订通过的新刑法包括总则、分则、附则三部分，共15章，由1979年刑法的192个条文增加到452个条文，其修改幅度之大，涉及范围之广，在我国可谓空前。新刑法顺应时代的要求，贯彻依法治国、建设社会主义法治国家的基本方略，锐意改革，讲究科学，从而大大推动了我国刑事法治建设的进程。新刑法的鲜明特色主要体现在以下三个方面：

1. 实现了刑法的统一性和完备性。新刑法的统一性和完备性突出体现在：

（1）将1979年《刑法》实施17年来由全国人大常委会作出的有关刑法的修改补充规定和决定（即单行刑法），经研究修改后编入了新刑法，并将一些民事、经济、行政等法律中"依照"、"比照"1979年《刑法》有关条文追究刑事责任的规定（即附属刑法），改写为新刑法的具体条款。

（2）将最高人民检察院当时拟制的反贪污贿赂法草案稿与1988年由全国人大常委会制定的《关于惩治贪污罪贿赂罪的补充规定》予以整合后，编入新《刑法》分则第八章（贪污贿赂罪），并增设了私分国有资产罪、私分罚没财物罪等新罪名，使贪污贿赂犯罪的罪刑规范更为丰富、缜密。

（3）将中央军委曾提请全国人大常委会审议的惩治军人违反职责罪条例草案，经修改整合后编入新《刑法》分则第十章（军人违反职责罪），并对其具体内容作了修改补充。这一举措保证了我国新刑法体系的完整性和作用的权威性，且有利于促进军职罪立法之成熟，有利于把军队纳入现代法治化的轨道。

（4）根据社会主义市场经济条件下刑法保护市场经济健康发展和维护国家社会安定的实际需要，新刑法大量充实了新的罪种，从而成为此次修订刑法的最重要内容之一。从章节犯罪类型上看，新刑法增设了危害国防利益罪专章。同时，将《刑法》分则第三章破坏社会主义市场经济秩序罪充实并分为八节；将新《刑法》分则第六章妨害社会管理秩序罪充实并分为九节。从罪种上看，增设了不少新型犯罪，如组织、领导、参加恐怖组织罪，非法买卖、运输核材料罪，证券内幕交易罪，洗钱罪，侵犯商业秘密罪，煽动民族仇恨、民族歧视罪，非法侵入计算机信息系统罪，组织、领导、参加黑社会性质组织罪，等等。据统计，1979年刑法有129个罪名，经修订保留了116个；单行刑法和附属刑法增加了133个罪名，经修订保留了132个；修订中又新设了164个罪名，因此新《刑法》总共有412个罪名。[1] 新设罪种尤其是增设的新型犯罪，使得我国新刑法典臻于完备，并具有现代色彩，有利于以刑法规范促进社会的健康发展与繁荣。

2. 贯彻刑事法治原则和加强刑法保障功能。审视我国新刑法，法治原则的贯彻和刑法保障功能的强化主要体现如下：

---

〔1〕这是指1997年刑法通过时的罪名数量，不包括其后国家立法机关通过单行刑法和刑法修正案增设的那些罪名。

(1) 新刑法总则第一章在显著位置上规定罪刑法定原则、适用刑法人人平等原则和罪责刑相适应原则，并废止了1979年刑法中的类推制度，这是我国刑法修订中最引人瞩目的一个闪光点，也是表明我国刑法具有民主性、科学性、进步性和时代性的一个显著的标志。刑法基本原则的确立，有助于坚持法治，摒弃人治；坚持平等，反对特权；讲求公正，反对徇私。这无论对刑事立法还是刑事司法，都具有重要的导向和制约作用。刑法基本原则是依法治国、建设社会主义法治国家基本方略在刑法领域的集中体现。贯彻刑法基本原则，既有利于保护社会，又有利于保障人权。

(2) 对未成年人犯罪从宽处罚原则之规定更趋科学合理。对未成年人犯罪，我国历来主张和坚持以教育挽救为主、惩罚为辅的刑事政策。基于这一刑事政策的要求，新刑法删除了1979年刑法关于对已满16周岁不满18周岁的未成年人可以适用“死缓”的规定。这意味着，对犯罪时不满18周岁的人一概不得适用死刑，包括不得适用“死缓”。新刑法的这一立法抉择，不仅在立法上进一步限制和减少了死刑的适用，而且也有利于全面、正确地贯彻对未成年人犯罪的刑事政策，具有非常积极的意义。

(3) 强化对公民正当防卫权利的保护。新刑法本着正当防卫立法的应有精神，从鼓励和支持公民积极与各种违法犯罪行为作斗争，有利于保障公民充分行使法定权利、履行法定义务出发，《刑法》第20条对正当防卫的保护范围、对象条件、防卫过当的成立条件等立法内容作了更为详细明确的规定。而且，该条第3款规定的特殊防卫使公民正当防卫权利的刑法保护得以强化，有利于公民以“私力”打击严重的暴力犯罪。

(4) 设置了较为齐全的有关侵犯公民基本权利（包括人身权利、民主权利、劳动权利、财产权利、婚姻家庭权利等）犯罪的刑法规范，并把其置于刑法典分则体系的显要位置。这些罪刑规范为确保公民人身权利、民主权利、劳动权利、政治权利、财产权利和婚姻家庭权利等一系列权利的行使，提供了强有力的刑法保护。

3. 立足本国国情与适当借鉴国外先进经验相结合。新刑法主要立足于我国还处在社会主义初级阶段这一基本国情，同时也放眼国际上刑法改革的进步趋势，积极合理地借鉴国外有益的立法经验，以迎合和顺应世界刑法向着民主、人道、开放、科学发展的进步趋势，促进中国刑法的国际化。这突出体现在以下几点：

(1) 扩大我国刑法对我国公民的域外管辖权（《刑法》第7条），确立我国刑法的普遍管辖权原则（《刑法》第9条）。这表明我国作为国际社会的一员，是郑重的、负责任的，既不放纵我国公民在国外胡作非为、实施犯罪，也决不容忍我国缔结或参加的国际条约所规定的任何罪行不受惩罚。这些规定适应了我国对外开放的新形势，有利于加强国际合作，进一步发挥我国在国际事务中的作用，从而为我国刑法增添了现代色彩。

(2) 确立了单位犯罪的刑事责任制度。我国新刑法在总则第二章第二节以两个条文规定了单位犯罪负刑事责任的范围（《刑法》第30条）和对单位犯罪所采取的双罚制原则（《刑法》第31条），并进而在分则中具体规定了单位犯罪的罪种，确立了总则与分则相结合规定单位犯罪之立法模式。我国新刑法关于单位犯罪的系统规定，是对法人犯罪刑事责任法典化之国际趋势的积极探索。

(3) 进一步限制和减少了死刑立法。从世界范围来看，减少、限制乃至废除死刑已成为主流。在我国当前及今后一段时期内，虽然废除死刑的社会物质生活条件尚不具备，但严格控制和减少死刑，应是我国对死刑立法的一贯原则。在我国新刑法中，立法者努力采取了限制和减少死刑立法的一些措施：进一步明确死刑适用范围的限制条件；从年龄上缩小了死刑的适用对象；放宽了“死缓”减为无期徒刑或者有期徒刑的条件；较大幅度地削减了死刑罪名，提高了某些犯罪适用死刑的情节条件。

（4）借鉴国际上刑罚改革的经验，扩大了开放型刑罚——管制和罚金的适用范围。1979年刑法中规定可以适用管制的罪种仅有23个，新刑法已将其扩大适用于109个罪种。罚金是西方各国刑法中适用率较高的一个刑种。在我国1979年刑法中，罚金作为附加刑，主要附加于自由刑，适用于某些贪利性的犯罪，但也规定可以独立适用于某些较轻的犯罪。不过从整体而言，规定可适用罚金的罪种不是很多，只有23个，约占该法全部罪种的17.7%，其中可以独立适用罚金的只有14个。在新刑法中，情况大有变化。虽然罚金仍属于附加刑，主要是附加适用，但适用范围已显著扩大，规定可适用罚金的罪种增至180个，约占该法全部罪种的43.5%，其中可以独立适用罚金的罪种增至84个，为1979年刑法规定数的6倍。

（5）根据对外开放和促进中国和平统一的需要，并考虑到刑法罪名的科学性和司法实践中的可操作性，新刑法果断地将1979年《刑法》分则第一章反革命罪更名为危害国家安全罪，删去了此类犯罪之主观反革命目的的定义，并按照危害国家安全罪的性质对此类犯罪作了必要的修改和调整，将该章中实际属于普通刑事犯罪性质的罪种移入其他罪章。这一修改是我国刑法致力于科学化和适应现代刑法通例的重要举措，为海内外所注目和高度评价。

四、1997年刑法颁行以来的立法发展

与社会实际生活和司法实践相比，法律永远具有滞后性。当需要由法律调整的某种新现象大量出现后，立法者往往要针对这些现象及时地修改法律或者制定新的法律。然而，社会发展的步伐是不会停息的。因此，为了使法律的发展与社会的发展相一致，慎重及时地修法或者制定新法也就成了立法者不可懈怠的使命。作为国家重要的基本部门法之一的刑法也不能例外。自1997刑法颁布以来，全国人大常委会已经对新刑法作了7次重要的立法修改，即：1998年12月29日第九届全国人大常委会第六次会议通过的《关于惩治骗购外汇、逃汇和非法买卖外汇犯罪的决定》；1999年12月25日第九届全国人大常委会第十三次会议通过的《中华人民共和国刑法修正案》（以下简称《刑法修正案（一）》）；2001年8月31日第九届全国人大常委会第二十三次会议通过的《中华人民共和国刑法修正案（二）》；2001年12月29日第九届全国人大常委会第二十五次会议通过的《中华人民共和国刑法修正案（三）》；2002年12月28日第九届全国人大常委会第三十一次会议通过的《中华人民共和国刑法修正案（四）》；2005年2月28日第十届全国人大常委会第十四次会议通过的《中华人民共和国刑法修正案（五）》；2006年6月29日第十届全国人民代表大会常务委员会第二十二次会议通过的《中华人民共和国刑法修正案（六）》。总括而言，全国人大常委会通过的单行刑法和刑法修正案对新刑法分则所作的修改和补充，主要有以下三个方面：[1]

（一）新罪种的增设

1997年修订的刑法规定有412种犯罪，但随着社会情势的发展变化，又有一些危害社会的行为被立法者划入犯罪圈。截至目前，我国刑法又增设了20余种新罪。详言之，《关于惩治骗购外汇、逃汇和非法买卖外汇犯罪的决定》补充规定了骗购外汇罪；《刑法修正案（一）》增设了隐匿、故意销毁会计凭证、会计账簿、财务会计报告罪，国有公司、企业、事业单位人员失职罪以及国有公司、企业、事业单位人员滥用职权罪；《刑法修正案（三）》增设了资助恐怖活动罪，投放虚假危险物质罪以及编造、故意传播虚假恐怖信息罪；《刑法修正案（四）》增设了雇用童工从事危重劳动罪，非法采伐、毁坏国家重点保护植物罪，非

---

〔1〕 以下内容参见高铭暄、赵秉志：《中国刑法立法之演进》，法律出版社2007年版，第94～108页。

法收购、运输、加工、出售国家重点保护植物、国家重点保护植物制品罪，执行判决、裁定失职罪以及执行判决、裁定滥用职权罪；《刑法修正案（五）》补充规定了妨害信用卡管理罪，窃取、收买、非法提供信用卡信息罪以及过失损坏武器装备、军事设施、军事通信罪；《刑法修正案（六）》增补了强令违章冒险作业罪，大型群众性活动重大安全事故罪，不报、谎报安全事故罪，虚假破产罪，背信损害上市公司利益罪，骗取贷款、票据承兑、金融票证罪，背信运用受托财产罪，违法运用资金罪，组织残疾人、儿童乞讨罪，开设赌场罪以及枉法仲裁罪等。

（二）某些犯罪构成要件的修改

全国人大常委会通过的单行刑法和刑法修正案对某些犯罪的构成要件进行了一定的修改和补充。概而言之，大致有如下几种情形：

1. 修改了某些犯罪的犯罪主体。例如，《关于惩治骗购外汇、逃汇和非法买卖外汇犯罪的决定》把逃汇罪的犯罪主体由“国有公司、企业或者其他国有单位”修改为“公司、企业或者其他单位”，也即扩大了本罪犯罪主体的范围，本罪的主体不再限于国有单位，非国有单位也可构成逃汇罪。再如，《刑法修正案（六）》扩大了非国家工作人员受贿罪的主体范围。新《刑法》第163条非国家工作人员受贿罪的主体原只限于“公司、企业的工作人员”，《刑法修正案（六）》第7条增加了“其他单位的工作人员”，这样就扩大了主体的范围。

2. 扩大了某些犯罪的对象范围。例如，根据《刑法修正案（三）》的规定，在新《刑法》第127条第1款“盗窃、抢夺枪支、弹药、爆炸物”之后，增加规定“盗窃、抢夺毒害性、放射性、传染病病原体等物质，危害公共安全”，在该条第2款“抢劫枪支、弹药、爆炸物”之后，增加“抢劫毒害性、放射性、传染病病原体等物质，危害公共安全”，这样就将新《刑法》第127条的“盗窃、抢夺枪支、弹药、爆炸物罪”以及“抢劫枪支、弹药、爆炸物罪”分别修订为“盗窃、抢夺枪支、弹药、爆炸物、危险物质罪”以及“抢劫枪支、弹药、爆炸物、危险物质罪”。再如，根据《刑法修正案（四）》的规定，新《刑法》第155条第3项“逃避海关监管将境外固体废物运输进境的”被修改为“逃避海关监管将境外固体废物、液态废物和气态废物运输进境，情节严重的，处5年以下有期徒刑，并处或者单处罚金；情节特别严重的，处5年以上有期徒刑，并处罚金。”并将其位置移至第152条作为第2款（原第2款修正为第3款）。这样，就将原来不具有明确法定刑的“走私固体废物罪”修订为具有独立法定刑的“走私废物罪”，并移位至第152条。

3. 对某些犯罪从行为和对象两个方面进行了修改。例如，《刑法修正案（三）》将新《刑法》第125条第2款中的“非法买卖、运输核材料”修改为“非法制造、买卖、运输、储存毒害性、放射性、传染病病原体等物质，危害公共安全”，从而将“非法买卖、运输核材料罪”修订为“非法制造、买卖、运输、储存危险物质罪”。

4. 对某些犯罪增设新的犯罪行为方式。例如，在《刑法》第196条信用卡诈骗罪中，《刑法修正案》（五）增设了“使用以虚假的身份证明骗领的信用卡”进行信用卡诈骗犯罪活动的内容。

5. 对某些犯罪的情节或既遂标准作出修改。例如，《刑法修正案（六）》将新《刑法》第188条第1款非法出具金融票证罪中的“造成较大损失”、“造成重大损失”分别修改为“情节严重”、“情节特别严重”，以能涵盖各种危害情况，便利于本罪的惩治。再如，《刑法修正案（四）》将新《刑法》第145条规定的生产、销售不符合标准的医用器材罪的既遂标准由“对人体健康造成严重危害”修改为“足以严重危害人体健康”。

(三) 某些犯罪法定刑的调整

有些修正案对某些犯罪的法定刑作出了调整。这类调整大致有以下几种情形：

1. 对某些犯罪增设了法定刑幅度。例如，《刑法修正案（一）》对新《刑法》第168条的法定刑作了修改，即在原来“致使国家利益遭受重大损失的，处3年以下有期徒刑或者拘役”一个法定刑幅度的基础上，增加规定“致使国家利益遭受特别重大损失的，处3年以上7年以下有期徒刑”这一法定刑幅度。再如，《刑法修正案（六）》将新《刑法》第312条掩饰、隐瞒犯罪所得、犯罪所得收益罪的法定刑由原来的“3年以下有期徒刑、拘役或者管制，并处或者单处罚金”一个量刑幅度修改为“3年以下有期徒刑、拘役或者管制，并处或者单处罚金；情节严重的，处3年以上7年以下有期徒刑，并处罚金”，法定最高刑也由原来的3年有期徒刑提高到7年有期徒刑。

2. 降低了某些犯罪的法定刑档次。例如，新《刑法》第145条生产、销售不符合标准的医用器材罪规定了三个法定刑幅度，即“处5年以下有期徒刑，并处销售金额50%以上2倍以下罚金”、“处5年以上10年以下有期徒刑，并处销售金额50%以上2倍以下罚金”以及“处10年以上有期徒刑或者无期徒刑，并处销售金额50%以上2倍以下罚金或者没收财产”。《刑法修正案（四）》对该条的法定刑作出如下调整：“3年以下有期徒刑或者拘役，并处销售金额50%以上2倍以下罚金”、“3年以上10年以下有期徒刑，并处销售金额50%以上2倍以下罚金”以及“10年以上有期徒刑或者无期徒刑，并处销售金额50%以上2倍以下罚金或者没收财产”。

3. 分解了某些犯罪的法定刑。例如，《刑法修正案（三）》对新《刑法》第120条第1款的法定刑作了修改，即将原来恐怖活动组织的组织者、领导者和积极参加者共同适用一个法定刑幅度的情况分解为：对于恐怖活动组织的组织者、领导者，处10年以上有期徒刑或者无期徒刑；对于积极参加者，处3年以上10年以下有期徒刑。

■第五节 关于我国刑法改革的前瞻

如前所述，我国近30年以来刑法立法的发展和改革可谓成就辉煌，但这些成就的取得并不意味着我国刑法立法可以终结改革和发展的道路，而是需要在新的社会发展时期和更高的法治水准上，进一步推动刑法立法改革，提出新的更大力度的刑法改革的任务。我们认为，我国未来刑法立法的发展，尤其需要着重研究和解决以下三个方面的问题：

一、刑法改革的方向

刑法改革的方向决定于刑法改革的宗旨。我国刑法改革的宗旨是，实现刑事法治的科学化和现代化，以维护与促进社会的和谐发展和不断进步。当今中国确立了建设社会主义和谐社会的基本国策，社会主义和谐社会的构建是一项关涉政治、经济、法治、文化、社会生活诸多方面的系统工程，而和谐的刑事法治之构建是其中不可或缺的重要方面；放眼今日全球，人权保障为国际社会和各国极其重视，也是现代刑事法治的鲜明主题，中国也确立了“国家尊重和保障人权”的宪政原则并认识到了刑事法治中人权保障的重要意义；为了促进和谐社会建设和人权保障事业，国家政治决策层提出要在刑事法治领域确立和贯彻宽严相济的基本刑事政策，这一政策对于理性地惩治防范犯罪，实现刑事法治的科学化和现代化，具有特别重要的意义。故此，我们认为，现阶段我国刑法的改革，应当以有助于构建和谐社会和强化人权保障、有助于贯彻宽严相济的基本刑事政策为发展方向。凡有悖于、有碍于这个发展大方向的，均应予以坚决纠正或者断然摈弃。

二、刑法改革的重点

刑法与时俱进的应有发展涉及方方面面，许多是内容与技术的改进，一些重要问题的重大改变才称得上是改革。刑法发展当然要兼顾改革与改进，但涉及重点问题的改革无疑是需要着重抓好的。那么，我国现阶段的刑法之立法改革涉及哪些方面的重要问题？举其要者如下：①死刑制度的改革问题。首先是死刑罪名的大幅度削减，尤其是经济犯罪、职务犯罪和其他非暴力犯罪死刑的废止问题；其次是严重暴力犯罪、毒品犯罪等死刑适用“大户”罪名的死刑立法限制问题；再次是与限制、减少死刑相配套的刑罚制度的改革和完善问题；最后是立法上分阶段逐步全面废止死刑的问题。②人权保障方面的刑法改革问题。上述的死刑制度改革当然也是人权保障问题的重要方面，但除此之外，旨在强化人权保障的刑法改革之重要问题还有若干，诸如未成年人犯罪之特殊处遇应在刑法总则中设立专章的问题，保安处分制度尤其是劳动教养制度应纳入刑法予以整合重构的问题，社区矫正制度立法化的问题，以及合理调整刑法分则体系结构以突出对公民基本权利的保护问题，等等。③应对时代发展和犯罪新型化、全球化的挑战，及时而合理地增设新型犯罪和国际犯罪的种类，并在刑法中切实贯彻联合国刑事法治的基本准则。

三、刑法改革的方式

关于我国今后刑法立法改革发展的方式，我们提出以下几点认识和建言：①今后我国刑法的局部修改、补充和完善应主要限于刑法修正案和刑法立法解释两种方式，而摈弃单行刑法的方式，附属刑法也宜限于呼应刑法典或刑法修正案的方式。但要严格区分和准确运用刑法修正案与刑法立法解释；还要认真贯彻刑法基本原则和基本原理对这两种方式的要求，提高其内容的科学性和语言的准确性、明确性；并且要注意改变以往的刑法修正案仅关注刑法分则规范的局面，根据需要创制刑法总则方面的刑法修正案，以促进刑法基本规则和制度的发展完善。②国家立法机关要适时地进行刑法典的编纂工作，吸纳已颁行的刑法修正案，并将刑法立法解释文件编附在相应条文之后，以方便刑法的适用、研究和宣传。③在适当的时机，国家立法机关还可以考虑将对刑法典集中而系统、全面的修改提上立法工作的日程，以修订出更加科学、完备因而具有更长久的适应性的刑法典。

【思考题】

1. 怎样理解刑法立法的概念和特点？
2. 刑法立法有哪些原则？
3. 怎样认识刑法立法的模式及其优劣？
4. 新中国刑法立法的历史发展进程如何？
5. 我国 1997 刑法典有哪些特色？
6. 我国 1997 刑法典颁行之后刑法立法有哪些发展？
7. 我国未来刑法改革需要研究解决的主要问题是什么？

【参考文献】

1. 高铭暄、赵秉志：《中国刑法立法之演进》，法律出版社 2007 年版。
2. 高铭暄、赵秉志编：《中国刑法立法文献资料精选》，法律出版社 2007 年版。
3. 高铭暄、马克昌主编：《刑法学》（第 3 版），北京大学出版社、高等教育出版社 2007 年版。

4. 高铭暄主编:《刑法专论》，高等教育出版社 2006 年版。
5. 高铭暄、马克昌主编:《刑法学》(第 2 版)，中国法制出版社 2007 年版。
6. 赵秉志:《刑法基本理论专题研究》，法律出版社 2005 年版。
7. 赵秉志主编:《新刑法典的创制》，法律出版社 1997 年版。
8. 高铭暄:《中华人民共和国刑法的孕育和诞生》，法律出版社 1981 年版。

第五章

刑法解释和刑法典中的术语

【导语】刑法解释，是指一定的主体对刑法规定的含义进行阐明的活动，或者该活动所得出的结论。以刑法解释的效力为标准，可以将其分为立法解释、司法解释和学理解释。刑法解释理论应以主观说为主、客观说为辅。刑法解释必须遵循合法性原则、以政策为指导原则、合理性原则、整体性原则以及明确、具体原则。刑法解释的方法有文理解释方法与论理解释方法之分。刑法典中的术语有：以上、以下、以内、可以、应当等。

本章的疑难问题：①刑法解释应遵循什么理论？②刑法解释为什么要恪守合法性原则即罪刑法定原则？③为什么要将合理性原则作为刑法解释的原则之一？④限制解释的根据是什么？⑤如何理解目的解释中的“目的”？

■第一节　刑法解释概述

一、刑法解释的概念和分类

（一）刑法解释的概念

刑法解释，是指一定的主体对刑法规定的含义进行阐明的活动，或者该活动所得出的结论。据此，刑法解释具有以下特征：

1．主体的广泛性。刑法解释的主体既可以是国家机关，包括国家权力机关、司法机关和行政机关；也可以是工、青、妇等人民团体，还可以是社会组织，如企业、事业单位等；还可以是公民个人，如法学专家、法律实务工作者。但不同的主体对刑法规定所作的解释的效力不同。

2．对象的特定性。刑法解释的对象是刑法规定。这是刑法解释区别于其他法律解释的重要特征。刑法规定具体包括刑法典的规定、单行刑法的规定和附属刑法的规定。我国现行刑法典是1997年3月14日第八届全国人民代表大会第五次会议修订、自1997年10月1日起施行的《中华人民共和国刑法》。现行的单行刑法则有全国人大常委会《关于惩治骗购外汇、逃汇和非法买卖外汇犯罪的决定》、《关于取缔邪教组织、防范和惩治邪教活动的决定》以及《关于维护互联网安全的决定》。值得注意的是，在1997年刑法颁布施行后，全国人大常委会先后颁布了六个刑法修正案，由于刑法修正案是对刑法典相关条文的修改，仍归属于被修正的刑法典条文，不具有独立性，因此，刑法修正案不是一种独立的刑法解释对象。附属刑法的规定是指经济法律、行政法律中关于犯罪和刑事责任的规定。附属刑法的规定通常是一些照应性的规定，但仍需进行解释，通常是将附属刑法的规定与刑法典的规定结合起来进行解释。需要指出的是：一般来讲，刑法解释的对象是现行的刑法规定，但由于采用从旧兼从轻的溯及力原则，一些案件需要按旧的轻的刑法规定处理，所以，从理论上讲，在现行刑法典施行之前的1979年刑法以及一些单行刑法仍然可能成为当今刑法解释的对象。

3．态式的双面性。刑法解释既可以表现为一定主体对刑法规定的含义进行阐明的活动，也可以表现为一定主体对刑法规定进行解释所形成的结论。通常讲的刑法解释是指静态的刑法解释。

（二）刑法解释的分类

刑法解释可以根据不同的标准进行分类，本书以刑法解释的效力为标准将其分为立法解释、司法解释和学理解释。刑法立法解释，是指全国人大常委会按照法定程序对刑法规定的含义进行阐明的活动或者通过该活动所得出的结论。刑法立法解释具有最高的解释效力。刑法司法解释，是指最高人民法院、最高人民检察院就刑法适用中刑法规定的含义进行阐明的活动或者通过该活动所得出的结论。刑法学理解释，是指机关、团体、社会组织或者个人对刑法规定的含义进行阐明的活动或者通过该活动所得出的结论。即使是全国人大常委会、最高人民法院、最高人民检察院，只要不是通过正式的程序和形式对刑法规定进行的解释，都属于刑法学理解释。

二、刑法解释的意义

刑法解释的意义具体表现在以下几个方面：

（一）规范、指导刑事司法

刑法解释对刑事司法的规范、指导，是指刑法解释具有为司法机关办理刑事案件提供操作规范或理论指导的作用。具体来讲，刑法的立法解释、司法解释均是有效解释，它们对全国的司法机关的刑事司法活动具有普遍的法律约束力，任何司法机关在办理刑事案件时都必须遵循，此即刑法解释的规范刑事司法功能。刑法的学理解释，虽然对司法机关适用刑法的活动不具有法律约束力，但是，却可以为其提供具体的参考意见，并用于指导其刑事司法活动，此即刑法解释的指导刑事司法功能。

刑法解释规范、指导刑事司法的作用，是由刑法规定具有一定程度的抽象性、模糊性与刑事司法处理案件的具体性之间的矛盾，以及刑法解释具有使刑法规定更加明确、具体的固有属性所决定的。

任何刑法规定都具有一定程度的抽象性和模糊性，绝对明确、具体的刑法规定是不存在的，正如菲利所说："法律总是具有一定程度的粗糙和不足"。[1] 正因为如此，所有的成文法都需要解释。[2] 刑法的规定之所以均具有一定程度的抽象性和模糊性，这是由刑法的普遍性、相对稳定性以及语言表达能力的有限性决定的。

"法律的普遍性使法律只注意其适用对象的一般性而忽视其特殊性。"[3] 刑法的普遍性亦是如此，它使刑法的规定只就犯罪与刑事责任的一般性的特征加以描述，即使是对各种具体罪的规定，也只能将其在社会现实中所表现出来的共性的东西抽象出来加以规定，而不可能将每一种具体犯罪在实际生活中千姿百态的具体表现一一形诸文字。

刑法不仅具有普遍性，而且具有相对稳定性。刑法的稳定性意味着刑法一经制定，就不可随意修改、废止或者以新的法律取而代之。刑法的稳定性是维护公民法心理安定性的前提，也是保障公民权利不受侵犯的重要保证。

刑法要有相对稳定性，同时又要适应社会的发展即要有社会适应性。为了兼顾刑法的相对稳定性和社会适应性，就必须使刑法的规定具有某种程度的抽象性和模糊性。刑法规定的抽象和模糊的程度与刑法的稳定性是成正比的，规定越抽象、模糊，其包容性越强，开放度

〔1〕［意］菲利：《犯罪社会学》，郭建安译，中国人民公安大学出版社 1990 年版，第 125 页。
〔2〕［英］霍布斯：《利维坦》，黎思复、黎廷弼译，商务印书馆 1995 年版，第 230 页。
〔3〕徐国栋：《民法基本原则解释》，中国政法大学出版社 1992 年版，第 137 页。

越大，也就越稳定。如果刑法的规定过于具体，那就谈不上稳定性。当然，刑法的相对稳定性又不能牺牲刑法的相对明确性，所以，为了同时照应二者，立法者总是在力所能及的范围内使刑法规定具体、明晰一些。

世界上的客观现象是纷繁复杂的，人类发明创造的语言虽然为人们认识和表述客观现象提供了工具，但是，它并不能使人们能尽善尽美地描述一切客观现象。

由上所述，所有的刑法规定都具有一定程度的抽象性和模糊性，而刑事司法实践所面临的案件又是具体的、复杂纷繁的。对于千差万别的具体刑事案件，仅仅根据具有抽象性和模糊性的刑法规定，是难以处理的。这就要求将刑法的规定具体化、明确化，而这正是刑法解释的固有属性，因此，刑法解释就自然地具有了规范、指导刑事司法的功能。即有权解释主体对刑法规定所作出的解释为刑事司法提供具体操作规范；无权解释主体对刑法规定所作出的解释为刑事司法提供理论指导。

（二）弥补刑法立法欠缺

由于各种原因，刑法立法可能出现这样或那样的欠缺。对于刑法立法上各种各样的欠缺，除了某些重大的缺陷必须由立法机关通过立法途径加以改进之外，其余的则可以由刑法解释来弥补，因此，刑法解释具有弥补刑法立法欠缺的作用。

刑法立法上的欠缺大致可分为两类：一类是由于立法者立法技术水平不足造成的，笔者称之为立法技术性欠缺；另一类是因社会情势变化而造成的，笔者称之为社会变易性欠缺。前一类欠缺，有的表现为违背了刑法的基本原理，如《刑法》第240条将诱骗、强迫被拐卖的妇女卖淫或者将被拐卖的妇女卖给他人迫使其卖淫作为拐卖妇女罪的量刑情节，《刑法》第358条将强奸后迫使他人卖淫作为强迫卖淫罪的量刑情节，即违背了数罪并罚的基本原理，因为无论是强迫被拐卖的妇女卖淫或者将被拐卖的妇女卖给他人迫使其卖淫，还是强奸后迫使他人卖淫，都是典型的数罪。有的则是刑法条文的用语词不达意，例如，《刑法》第99条规定："本法所称以上、以下、以内，包括本数。"而根据《刑法》第62条的规定，犯罪分子具有从轻处罚情节的，应当在法定刑的限度以内判处刑罚。《刑法》第63条则规定："犯罪分子具有本法规定的减轻处罚情节的，应当在法定刑以下判处刑罚。"结合上述几个条文的规定，如果仅从字面意义上解释，减轻处罚与从轻处罚就会发生重合，也就是在犯罪性质、后果等方面相同，而一个具有法定应当减轻处罚的情节，而另一个具有法定应当从轻处罚的情节，如果减轻处罚包括法定最低刑本数，那么，对二者的处罚结果就可能会完全相同，这显然不合理。刑法条文表述含混不清的情况也有之，例如，《刑法》第22条将犯罪预备表述为"为了犯罪，准备工具，制造条件"，这里的"为了犯罪"，其含义显然是含混不清的，因为犯罪预备亦是犯罪。

对于上述几种具体的立法技术性欠缺，违背刑法基本原理的规定和法定刑严重失调的情形，无法通过解释予以补救，只能求助于立法途径解决，但刑法用语词不达意和条文表述含混不清的则可以由解释加以弥补。例如，对《刑法》第63条中的"在法定刑以下判处刑罚"的规定，可以通过舍弃语义，求之比较解释（即从轻处罚与减轻处罚的比较）这种论理解释的方法，将其解释为"低于法定最低刑判处刑罚"。条文表述的含混不清可通过逻辑方法和按照刑法常识予以消除。如前述《刑法》第22条中的"为了犯罪"含义不清，究竟是指为了实行犯罪，还是既指为了实行犯罪，也指为了预备犯罪，条文本身并没有提供明确的答案，但因为《刑法》第22条是规定犯罪预备的，从逻辑上讲犯罪预备不可能是为了预备犯罪而准备工具，制造条件的行为，否则，就犯了循环反复的逻辑错误，由此，可以推导出该条中的"为了犯罪"是为了实行犯罪的意思，这样，其表述之含义就清晰明确了。

由上所述，刑法解释可以在一定的范围内弥补刑法立法的欠缺。但是，需要指出的是，刑法解释弥补刑法立法欠缺的功能，是以刑法立法具有相对稳定性，不可随时修改为存在背景的，如果时机成熟，刑法立法的欠缺应该通过立法途径加以完善，即可由全国人大常委会制定单行刑法或者刑法修正案予以修补。另外，解释不是万能的，即使解释者满怀正义，也不能通过解释将刑法“黑”、“白”颠倒的规定再颠倒过来。

（三）促进刑法立法完善

刑法的相对稳定性意味着刑法不可随便修改和废止，但并不是永远不变的，刑法也要适时地修改、补充。刑法的修改、补充虽然归根结底是由社会实际生活所决定的，但社会实际生活并不会自动地变成法律规定，而是通过立法者对社会实际生活的认识和有意识的立法行为才形成法律规定的。刑法解释则是帮助立法者认识某种社会实际生活有必要反映到法律中去的重要途径，同时，还提出法律规定如何反映社会实际生活的建议，所以，刑法解释具有促进刑法立法完善的功能。

刑法解释促进刑法立法完善的功能具体表现在以下三个方面：①面对社会实际生活提出的某些情况，通过对刑法条文的解释来确定这些实际情况是否符合某一法条的规定，如果该情况与刑法的所有条文都不相符，而从维护社会秩序的角度而言该种情况又是应该纳入刑法调整范围的，那就说明现有刑法有补充之必要。例如，在现实生活中，非国有公司、企业、事业单位的工作人员，利用职务之便，将本单位的盈利业务交由自己的亲友经营，或者以明显高于市场的价格向自己亲友经营管理的单位采购商品或者以明显低于市场的价格向自己亲友经营管理的单位销售商品，或者向自己亲友经营管理的单位采购不合格商品的行为时有发生，并且往往会造成行为人所在公司、企业、事业单位的重大损失，但由于《刑法》第166条规定的为亲友非法牟利罪的主体是国有公司、企业、事业单位的工作人员，因此，无法通过解释将上述情况适用《刑法》第166条的规定处理。因此，提出将《刑法》第166条规定的犯罪主体修改为公司、企业、事业单位的工作人员的立法建议，从而使该罪的主体范围扩大到所有公司、企业、事业单位的工作人员。②在解释刑法的过程中发现现有刑法规定表述得不科学，从而指出现有刑法有修改之必要。例如，《刑法》第23条规定：“已经着手实行犯罪，由于犯罪分子意志以外的原因而未得逞的，是犯罪未遂。”在解释本条的过程中，就会发现条文中的“未得逞”一语使用得不甚恰当，因为从语义上讲，“未得逞”是未达到目的的意思，[1] 而刑法分则规定的许多具体故意犯罪并不以达到目的作为犯罪既遂的标准。只要行为具备刑法分则规定的全部构成要件或者说完成了犯罪，就成立犯罪既遂；由于行为人意志以外的原因，行为没有具备刑法分则规定的全部构成要件或者说未完成犯罪，就是犯罪未遂。由此而知，判断犯罪既遂与未遂的标准是客观行为是否完成了某一犯罪，而不是犯罪分子的主观犯罪目的是否达到。据此，应该指出，立法者在修改刑法时，应将《刑法》第23条中的“未得逞”修改为“未完成犯罪”。③在解释刑法的过程中，解释者虽然会通过扩大解释等方法将现实生活中出现的新情况包括在现有的某一规定之中，但同时会指出，从使刑法立法更完善的角度讲，应增加相应的新规定。例如，关于单位共同犯罪，现行刑法总则没有专门规定，虽然可以通过把《刑法》第25条中的“人”解释为包括法人在内的方法解决部分单位共同犯罪的问题，但是，由于《刑法》第25条规定的共同犯罪是指“二人以上共同故意犯罪”。因此，从解释学的角度讲，二个以上的非法人单位或者自然人与非法人单

〔1〕 参见中国社会科学院语言研究所词典编辑室编：《现代汉语词典》，商务印书馆2001年版，261页。

位共同实施犯罪就无法适用《刑法》第 25 条的规定处理。所以，为了使刑法关于共同犯罪的规定更加完善，有必要增设单位共同犯罪的规定。

（四）刑法教育

刑法解释的刑法教育作用包括两方面的具体内容：①刑法解释能够起到对社会上广大公民（包括守法公民和不稳定分子）进行刑法教育的作用，即刑法的一般教育作用；②刑法解释具有对犯罪分子进行刑法教育的作用，即刑法的特殊教育作用。

刑法一经制定和公布，就在一定程度上向人们传达着什么行为是犯罪，什么样的犯罪会受到什么样的处罚的信息。因此，刑法公布过程本身就是对广大公民进行刑法教育的过程。但是，通过刑法公布对广大公民进行的刑法教育的程度是有限的，因为刑法中的任何规定都具有一定的抽象性和模糊性，且不乏专业用语，非法律专业人员难以明了其含义。因此，仅通过阅览公布于报端，收听播放于电台、电视台的刑法规定，人们对刑法的内容只能有粗略的了解，对什么是犯罪，犯罪会受到什么处罚的认识也只能是简单的。而刑法解释则使刑法规定的含义具体化、明确化，这样，人们通过收听广播电台播出的解释刑法的宣传文章，阅读登载于报刊的解释刑法的论文、司法解释文件以及公开出版、内部印行的刑法教科书、刑法注释性读物等，就会比较明确、具体地了解刑法的内容，知晓刑法究竟规定了哪些犯罪，实施何种犯罪会受到何种处罚，从而建立一定的刑法意识。

刑法解释的一般教育作用可以使社会上的一些不稳定分子在获取了有关犯罪和刑罚的知识后，衡量利害得失，从而放弃已有的实施犯罪的念头。也可以使广大守法的公民在获取了关于犯罪和刑罚的比较具体的认识后，自觉遵守刑法，甚至积极同各种犯罪行为作斗争。

刑法解释的特殊教育作用是在刑事诉讼活动和刑罚执行活动中实现的。在刑事诉讼活动中，检察、审判人员总是根据犯罪分子的犯罪事实，对其宣讲有关刑法规定以及有关的刑法立法解释、司法解释和学理解释，指出其行为构成何种犯罪和应受何种处罚，这样，刑法解释就发挥着对罪犯进行刑法教育的作用。对正在服刑的罪犯进行法制教育，是对罪犯进行教育改造的一个重要方面。在刑罚执行过程中，行刑机关在对罪犯进行法制教育时，往往组织罪犯学习刑法知识，刑法知识也就是表现为一定形式的刑法解释，所以，刑法解释通过刑罚执行环节，也对罪犯发挥着刑法教育作用。

刑法解释的特殊教育作用可以收到以下效果：使罪犯认罪服法，接受国家的审查和裁判；积极改造犯罪思想，最终成为遵守国家法律，对社会有用的公民。

（五）繁荣刑法理论

刑法解释繁荣刑法理论的作用，是指刑法解释是活跃刑法理论研究，促进刑法理论发展的基本途径。

刑法学理解释，是从学术和理论上来阐明刑法规定的含义。刑法学理解释的这一特性决定了对任何一个刑法规定的学理解释，都不应该是简单地指出该规定的含义是什么，而应该在指明刑法规定含义的同时，进一步阐述其理由和根据。这一阐述理由和根据的过程就是理论研究的过程，所以，刑法学理解释实际上是刑法理论研究的一种形式。这样，刑法学理解释的活跃在很大程度上意味着刑法理论研究的活跃。另外，刑法学理解释不同于刑法立法解释和刑法司法解释。后两种解释因为对刑法司法具有法律效力，因此它们对任何刑法规定的解释结论都只能有一个。而刑法学理解释是没有法律效力的，因此可以争鸣，可以探讨，在刑法学理解释争鸣和探讨的过程中，刑法理论就会得到丰富和发展。所以，刑法学理解释活跃刑法理论研究，促进刑法理论发展的作用是不言而喻的。

刑法立法解释和刑法司法解释因其性质决定了它们只能直陈结论，也只能保持结论的统一，所以，它们既不是刑法理论研究的形式，也不能直接地展示理论的内涵。但是，一方面，刑法立法解释和刑法司法解释需要刑法理论作指导，这种需要就会成为加强刑法理论研究的一种动力；另一方面，刑法立法解释和刑法司法解释本身蕴含一定的理论内容，只是没有直接展示出来而已。刑法理论研究人员通过对刑法立法解释和司法解释的分析，揭示出其中包含的刑法理论内容，无疑对刑法理论的发展也是具有意义的。可以说，刑法立法解释和司法解释对于活跃刑法理论研究，促进刑法理论的发展具有重要的间接作用。

■第二节　刑法解释的理论和原则

一、基本法理

（一）刑法解释理论

刑法解释理论，是指关于刑法解释目标的主张。对此，刑法学界有主观说、客观说和折衷说三种不同的学说。

主观说，又称主观解释论，立法者意思说。该说认为，刑法解释的目标应是阐明刑法立法时立法者的意思，也就是阐明刑法的立法原意。这种学说主要根基于罪刑法定原则。罪刑法定原则意味着对什么行为定罪，对犯罪科以何种刑罚，只能由立法机关通过法律加以规定。而法院的职能仅仅是依法裁判，而依法就是依体现了立法者意思的法，因此，刑法解释应以探求立法者的意思为目标。罪刑法定原则还意味着应该使公民对定罪科刑具有预测可能性。为了使公民对定罪科刑具有预测可能性，立法者就会在刑法条文中表达自己的主观意图或者立法意图，即希望人们干什么，不希望人们干什么；允许人们干什么，不允许人们干什么。而刑法解释只是使刑法条文隐藏的东西显现出来，使不清楚的东西变得清楚。[1]

第五章

客观说，又称客观解释论，法律客观意思说。该说认为，刑法解释应以揭示适用时刑法的外在意思为目标，即阐明解释时刑法条文客观上所表现出来的意思，而不是立法者制定刑法时主观上所赋予刑法条文的意思。此种学说的主张者认为，“立法者的意思”本身是一个十分含糊的概念。首先，立法者是立法机构还是其下属的专业委员会；是负责起草法律的为数不多的人，还是无以数计的公民，无法确定。其次，谁的意思代表法律的原意，是表决时的赞成者，还是反对者。此外，主观说对立法提出的要求过高，即立法时既要反映立法者的全部真实意思，也要使司法人员能够揣测到立法意图，这是难以做到的。[2] 只有将刑法解释的目标确定为刑法条文在现在的客观意义，才具有可操作性。

折衷说，又称综合解释论，该说认为，刑法解释应兼采主观解释理论和客观解释理论。在折衷说中，又有两种不同的具体意见：一是主张以主观说为主，以客观说为辅；二是主张以客观说为主，以主观说为辅。前一种主张认为，刑法解释原则上采主观理论，对于刑法条款的解释应忠实于立法者在立法时赋予条文的原意，但当有足够的理由认为立法当时的价值判断与现阶段的公平正义、社会情状以及时代精神等不相符合时，则应例外地采客观理论。主张以客观说为主，以主观说为辅的学者认为，在通常情况下，应采取客观的解释，但在依客观解释会得出荒谬的结论时，采取主观的解释。[3] 我们认为，以主观说为主，以客观说为辅的刑法解释理论是可取的。

---

〔1〕 参见李国如：《罪刑法定原则视野下的刑法解释》，中国方正出版社2001年版，第71～72页。

〔2〕 参见宗建文：《刑法的机制研究》，中国方正出版社2000年版，第155～156页。

〔3〕 参见张明楷：《刑法的基础观念》，中国检察出版社1995年版，第210～214页。

（二）刑法解释的原则

刑法解释的原则，是指主体在解释刑法时所必须遵循的基本准则。具体有：合法性原则，以政策为指导原则，合理性原则，整体性原则以及明确、具体原则五项原则。

1. 合法性原则。合法性原则，是指刑法的解释必须受刑法规定的语词含义的限制，即不能超出刑法规定语词可能含义的范围。这是罪刑法定原则对刑法解释的必然要求。刑法解释的合法性原则虽然对刑法立法解释、司法解释和学理解释都具有制约作用，但对刑法立法解释和司法解释的约束力是刚性的，当刑法立法解释和司法解释超出了刑法规定用语的可能含义时，应通过一定的途径予以纠正。而对背离合法性原则的刑法学理解释，则无法通过强制的手段予以废除，而只能让刑事司法实践证明其错误性。需要特别指出的是，那种认为刑法立法解释的主体是作为国家立法机关的全国人大常委会，因而其不受合法性原则限制的观点，是不妥当的。因为虽然全国人大常委会是国家的立法机关，但该机关既有立法权，同时也具有立法解释权。立法权与立法解释权是两种不同的权力，前者是法律的立、改、废，具有改变性的特征，而后者则是对已有法律规定的含义的阐明，其作用是使法律规定的内容更加清晰，而不允许改变已有法律的内容，不能把全国人大常委会对立法权的行使与对立法解释权的行使混为一谈。

2. 以政策为指导原则。以政策为指导原则，是指在阐明刑法规定的含义时，必须自觉地运用国家的政策，尤其是国家的基本政策。这既是由国家政策在我国政治、经济和法律生活中的地位以及我国刑法立法的特点所决定的，也是保持法律的稳定性和生命力所必需的。政策对刑法解释的指导作用具体表现在以下几个方面：

（1）有的刑法规定要根据国家的基本政策阐明其含义，随着国家基本政策的变化而赋予其不同的含义。例如，《刑法》第225条非法经营罪中的“其他严重扰乱市场秩序的非法经营行为”，就会因为国家的基本经济政策不同而有不同的解释。

（2）有的刑法规定需要根据国家的刑事政策进行限制或者扩张解释。例如，《刑法》第234条第1款规定：“故意伤害他人身体的，处3年以下有期徒刑、拘役或者管制。”如果仅从字面意义上讲，本款中的“伤害”应该既包括轻伤害，也包括重伤害，还包括轻微伤害，但是，无论是学理解释还是司法实践在处理具体案件时，都将其解释为仅指轻伤害。将重伤害排除在该款的“伤害”的范围之外，是因为第234条第2款有关故意重伤如何处罚的专门规定。但是，为什么要将轻微伤害排除在该“伤害”的范围之外？这只能从我国刑事政策的要求上来寻找答案。扩大教育面，缩小刑法打击面，是我们国家一贯奉行的刑事政策之一。根据这一刑事政策，故意造成他人轻微伤害这种日常生活中经常发生的社会危害性显著轻微的行为，就应该被排除在《刑法》第234条第1款规定的“伤害”的范围之外。

（3）有些由国家确定的在某一时期内适用的具体的刑事政策，对解释刑法的有关规定有着很大的影响作用。例如，《刑法》第236条第3款所规定的对强奸妇女、奸淫幼女处10年以上有期徒刑、无期徒刑或者死刑的情形有5项，其中第5项的内容是“致使被害人重伤、死亡或者造成其他严重后果”。对其中的“造成其他严重后果”，就可能根据解释时是否实行某一具体的刑事政策而作出不同的解释：在对严重刑事犯罪实行从重惩处的刑事政策时，就会给予更加宽泛的解释，而在没有推行这一刑事政策时，对该规定的解释就会严格。

3. 合理性原则。合理性原则，是指刑法的解释要合乎法理、人伦常理和社会发展需要之理。合理性原则是保证刑法解释正确性的关键原则，是我国刑法解释的社会主义性质的要求，也是使刑法的解释符合广大人民群众的意志、促进社会前进的重要保障。合理性原则具体包括以下三个方面的内容：

（1）刑法的解释必须符合刑法公理。所谓刑法公理，是指被我国刑法学界普遍接受的刑法理论命题。属于这类的刑法理论命题主要有：严重的社会危害性是犯罪的本质特征；行为具备犯罪构成是行为人应当负刑事责任的唯一根据；犯罪是客观损害行为与主观罪过的统一；共同犯罪是共同犯罪人整体而不可分割的行为；处罚的轻重必须与犯罪行为的社会危害性程度以及行为人应承担的刑事责任的大小相适应；各共同犯罪人均应对共同犯罪的全部后果承担刑事责任；想象数罪从一重处，不实行数罪并罚，等等。在解释刑法时，不应违背上述刑法理论命题。例如，根据严重的社会危害性是犯罪的本质特征这一命题，就可以对刑法分则的某些规定作出限制解释。如根据《刑法》第 264 条的规定，盗窃公私财物必须具备“数额较大”或者“多次盗窃”的条件，才能构成盗窃罪。对其中的“多次盗窃”，如果仅从字面上进行解释，就意味着只要行为人实施了 3 次以上的盗窃，而不论其盗窃财物的数额多少，都一律构成犯罪。但如果行为人 3 次以上的盗窃行为所盗窃的财物数额很少，对其按盗窃罪定罪处罚就显属不当，因为行为人的行为虽有社会危害性，但尚未达到严重程度。因而，根据严重社会危害性是犯罪的本质特征这一公理，应将行为人的行为按照一般违法行为处理，而不能以盗窃罪处理。

当然，刑法公理具有相对性，即刑法公理不是永恒的，有的会随着时间的推移而丧失其公理的属性。如在我国现时期，刑法没有规定严格责任犯罪，因此，“犯罪是客观损害行为与主观罪过的统一”是刑法的一项公理，但当刑法规定了严格责任犯罪后，它就不再是刑法的公理。

（2）刑法的解释必须符合人之常理，也就是符合我国广大人民群众的是非善恶观念和行为评价标准，符合广大人民群众的怜悯心和同情感。比如，《刑法》第 258 条规定：“有配偶而重婚的，或者明知他人有配偶而与之结婚的，处 2 年以下有期徒刑或者拘役。”根据这一规定，“有配偶而重婚的”或者“明知他人有配偶而与之结婚的”都应构成重婚罪。但理论上通常认为，因遭受自然灾害外流谋生而重婚的；因配偶长期外出下落不明，造成家庭生活严重困难，又与他人结婚的；因强迫、包办婚姻或因婚后受虐待外逃重婚的；被拐卖后再婚的，都是由于受客观条件所迫而重婚，故不宜以重婚罪论处。[1] 这就是根据广大人民群众对这类妇女的怜悯心和同情感对重婚罪所作的例外解释。

（3）刑法解释要符合维护社会秩序和促进社会发展的要求。维护社会秩序和促进社会发展，是刑法的任务和目的，是刑法产生和存在的重要理由，刑法的解释应该从有利于维护社会秩序和促进社会发展的角度出发，否则，就会导致刑法的适用不能实现刑法的任务和目的。例如，刑事司法实践曾经将具有国家工作人员身份的科技人员业余兼职收取报酬的行为作为受贿罪来处理，但后来理论与实践的共识是这类行为不构成犯罪。因为允许科技人员业余兼职，有利于充分发挥科技人员从事科学技术研究的潜力，促进科学技术的发展，而科技人员在付出劳动后收取兼职单位付给的一定数额的金钱，这是按劳取酬，不是利用职务之便非法收受他人财物的受贿行为，因而不能构成受贿罪。这样的解释就是为了发挥刑法促进社会发展的作用。

4. 整体性原则。整体性原则，是指在解释某一具体的刑法规定时，必须综合地考虑刑法的其他规定，在对刑法的总体把握中阐明该规定的含义。整体性原则的具体要求是：

首先，在解释刑法的某一具体规定时，要将该规定置于它所处的法律文件之中，根据该

---

〔1〕 参见高铭暄、马克昌主编：《刑法学》，北京大学出版社、高等教育出版社 2003 年版，第 545 页；张明楷：《刑法学》，法律出版社 2003 年版，第 726 页。

法律文件总的指导思想、立法根据、理由和目的，以及该规定与其他规定的关系来阐明其含义。例如，《刑法》第253条规定：“邮政工作人员私自开拆或者隐匿、毁弃邮件、电报的，处2年以下有期徒刑或者拘役。”如果孤立地从该条文字上看，只要邮政工作人员实施了私自开拆或者隐匿、毁弃邮件的行为就构成犯罪，但联系《刑法》第13条“情节显著轻微危害不大的，不认为是犯罪”的规定，就应该作出否定的回答。也就是说，依据《刑法》第13条的上述规定，私自开拆或者隐匿、毁弃邮件、电报，社会危害性不大的，只能按一般违法行为处理，而不能按私自开拆、隐匿、毁弃邮件、电报罪定罪处罚。

其次，在解释刑法的某一具体规定时，还要将其置于刑法部门的整体之中阐明其含义。我国刑法作为法律体系中的部门法，其渊源包括：刑法典、单行刑法和非刑法法律中规定刑事责任的条款，三者构成刑法部门的整体。在解释刑法规定时，有时候不仅要将解释对象置于它所属的法律文件的整体中加以理解，而且要联系其他法律文件予以阐明。例如，《关于惩治骗购外汇、逃汇和非法买卖外汇犯罪的决定》第9条规定：“本决定自公布之日起施行。”在解释这一规定时，只有结合《刑法》第12条的规定才能正确而清晰地阐明其具体含义，即“本决定”施行以前的行为，如果当时的法律不认为是犯罪的，适用当时的法律；如果当时的法律认为是犯罪的，且依照《刑法》总则第四章第八节的规定应当予以追诉的，按照当时的法律追究刑事责任，但是，如果“本决定”不认为是犯罪或者处刑较轻的，则适用“本决定”。撇开《刑法》第12条的规定，就无法说明“本决定自公布之日起施行”的内容。

5. 明确、具体原则。明确、具体原则，是指在解释刑法时，其文字表述要具有确定性，不能模棱两可，其阐述的内容要尽可能的详尽，便于掌握。刑法解释是为刑法适用服务的，就是要为刑法的适用提供操作模式，这就要求刑法的解释必须明确、具体。例如，1985年8月21日最高人民法院发布的《关于人民法院审判严重刑事犯罪案件中具体应用法律的若干问题的答复（三）》指出：“刑法第14条所规定的已满14岁，是指实足年龄，应以日计算，即过了14周岁生日，从第二天起，才认为已满14岁。”[1] 这一解释就非常明确、具体，为司法实践提供了清晰的操作规范。但是，也有的司法解释的明确性和具体性还不够，而以“具有其他严重情节”来解释“情节严重”，[2] 就完全背离了明确、具体原则。

二、疑难问题

（一）刑法解释应遵循什么理论？

如上所述，目前刑法理论上存在主观解释理论、客观解释理论和折衷解释理论，折衷解释理论又分为以主观说为主、以客观说为辅和以客观说为主、以主观说为辅两种。笔者之所以同意以主观说为主、以客观说为辅的刑法解释理论，是因为立法者本身是有意志的，在制定刑法时必然要赋予条文意思，立法活动的成果即法律规定，必然体现着立法者借助于文字符号所表达出来的主观上的意思，所以，任何法律规定都具有立法者所赋予它的原本意思。立法原意对于立法者来讲是主观的，对于解释者来讲则是客观存在的。如果认为立法没有原意，那就意味着立法活动是立法者的盲目活动，这显然是不能令人信服的。当然，立法原意有时难以确定，但确定上的困难不能否认其存在的客观性。另外，法律是行为规范，刑法也

---

〔1〕梁国庆主编：《新中国司法解释大全》，中国检察出版社1990年版，第68页。需要注意的是，1979年刑法表述年龄的单位是“岁”，而现行刑法使用的则是“周岁”。

〔2〕参见2002年4月10日最高人民法院《关于审理非法生产、买卖武装部队车辆号牌等刑事案件具体应用法律若干问题的解释》第1条。这种解释在其他的一些司法解释文件中也存在。

不例外。作为行为规范（既是规范一般公民行为的规范，也是规范刑事司法的裁判规范），刑法规定的含义必须具有一定的稳定性，否则，就会使广大公民乃至司法机关无所适从。将刑法解释的目标确定为立法原意，既有利于维护公民的权利，也有利于维护刑法适用的统一性和权威性。因此，刑法解释应以主观说为主。但是，当按照立法原意来解释刑法显然与现实社会的价值理念和实际情况相背离时，就不得不运用客观解释理论。否则，刑法的适用就会背离正义。

（二）刑法解释为什么要恪守合法性原则即罪刑法定原则？

罪刑法定原则是我国现行刑法已经明确规定的三项基本原则[1]之一，而且位于三项基本原则之首，这表明该原则是最为重要的刑法基本原则。罪刑法定原则之所以成为最重要的刑法基本原则，是因为如果没有该原则，罪责刑相适应、适用刑法平等等原则就没有存在的前提，刑事法治就无从谈起，没有刑事法治，公民的权利就得不到保障，社会秩序也难以得到保护。由于切实贯彻罪刑法定原则具有极其重要的意义，因此，在解释刑法时必须恪守这一原则，决不能违背这一原则进行刑法解释，如果违背罪刑法定原则解释刑法，就会导致罪刑擅断的严重后果。综观我国现行有效的司法解释，违背合法性原则即罪刑法定原则的解释并不鲜见，如2001年1月17日最高人民法院《关于审理为境外窃取、刺探、收买、非法提供国家秘密、情报案件具体应用法律若干问题的解释》第5条规定："行为人知道或者应当知道没有标明密级的事项关系国家安全和利益，而为境外窃取、刺探、收买、非法提供的，依照《刑法》第111条的规定以为境外窃取、刺探、收买、非法提供国家秘密罪定罪处罚。"为境外窃取、刺探、收买、非法提供国家秘密罪的主观罪过只能是故意，而上述解释将犯罪故意解释为包括"应当知道"，有违罪刑法定原则。再如，2000年11月10日最高人民法院《关于审理交通肇事刑事案件具体应用法律若干问题的解释》第2条第1款第3项规定，造成公共财产或者他人财产直接损失，负事故全部或者主要责任，无能力赔偿在30万元以上的，构成犯罪。这一解释将有无能力赔偿作为交通肇事行为是否构成犯罪的标准，有违罪刑法定原则，同时也有违适用刑法平等原则。上述司法解释第5条第2款规定："交通肇事后，单位主管人员、机动车辆所有人、承包人或者乘车人指使肇事人逃逸，致使被害人因得不到救助而死亡的，以交通肇事罪的共犯论处。"这一解释违反了《刑法》第25条"二人以上共同过失犯罪，不以共同犯罪论处"的规定，从而违反了罪刑法定原则，而且将事后行为认定为共犯，也是对罪刑法定原则的违反。现行司法解释中存在的违背罪刑法定原则的做法还有一些，在此不一一列举。这表明，我们在贯彻罪刑法定原则上还有许多工作要做。在司法实践中要切实地贯彻罪刑法定原则，必须在刑法用语可能含义的范围之内进行解释，凡超越刑法用语可能含义的范围进行解释，就是对罪刑法定原则的违反。

（三）为什么要将合理性原则作为刑法解释的原则之一？

如上所述，合理性解释包括三个方面的内容：①刑法解释要符合刑法公理；②刑法解释要符合人之常理；③刑法解释要符合维护社会秩序和促进社会发展的要求之理。刑法解释只有符合刑法公理，才能真正地体现刑法解释的正确性，违背刑法公理的解释，就会使刑法的解释陷入随意性，从而破坏刑法公理的权威，使刑法解释陷入混乱的境地。刑法解释之所以要符合人之常理，是因为人之常理是一个社会长期积淀而被社会成员普遍接受的人情事理，如果刑法解释不能体现社会的人情事理，那么就必然难以贯彻实施。刑法解释要符合维护社

---

〔1〕 我国现行刑法规定的三项基本原则是：罪刑法定原则、适用刑法平等原则和罪责刑相适应原则。

会秩序和促进社会发展的要求之理，是因为维护社会秩序和促进社会的发展是刑法的目的，违背这一目的对刑法进行解释就不会得出合理的结论。

■第三节 刑法解释的方法

一、基本法理

刑法解释的方法分为文理解释方法与论理解释方法。

（一）文理解释方法

刑法的文理解释方法，是指从词义或语法上对刑法规定的含义和内容予以注释阐明的方法。文理解释又可分为字面解释和语法解释。

1. 字面解释。字面解释，是指从词义上对刑法规定所使用的词汇予以注释，从而阐明刑法规定的含义。例如，《刑法》第17条第1款规定："已满16周岁的人犯罪，应当负刑事责任。"根据《现代汉语词典》的解释，"应当"是应该的意思，表示理所当然。[1] 根据"应当"的这一词义，"已满16周岁的人犯罪，应当负刑事责任"，是指已满16周岁的人犯罪，理所当然地要负刑事责任。

2. 语法解释。语法解释，是指对刑法规定的词组联系、标点符号、句子结构等进行语法上的分析，从而阐明刑法规定的含义和内容。

语词是构成刑法规定的基本单位，要解释刑法的某一规定，必先懂得组成该规定的每一个词的含义，但是，要正确地阐明某刑法规定的含义，仅仅懂得该规定中所有词语的意义是不够的，还必须了解该规定中语词的结构形式、句子的类型、标点符号等语法现象，因为这些语法现象对刑法规定的含义都有着直接的影响。例如，《刑法典》第128条第1款规定："违反枪支管理规定，非法持有、私藏枪支、弹药的，处3年以下有期徒刑、拘役或者管制；情节严重的，处3年以上7年以下有期徒刑。"当我们明确了"持有"、"私藏"、"枪支"、"弹药"等条文中的语词含义以后，我们还不能确定是只要行为人实施了非法持有、私藏行为之一就可以构成犯罪，还是必须同时实施两种行为才能构成犯罪；是只要私藏、持有了两种对象之一即可构成犯罪，还是必须同时私藏、持有两种对象才可构成犯罪，这些都是无法仅根据词义就可以断定的。要解决这一问题，必须借助标点符号的知识。根据"顿号只能用在并列的成分之间"[2] 的语法原理，我们就可得知只要实施了两种行为之一就可构成犯罪，同理，只要具备了两种对象中的一种也可构成犯罪。

（二）论理解释方法

刑法的论理解释方法，是指根据党和国家的政策、刑法制定的理由和目的、刑法的基本原理、刑法的历史沿革以及形式逻辑原理等，阐明刑法规定的含义的方法。论理解释的特点是，在解释刑法的某一规定时，不拘泥于该规定的字面意义，而是联系一切与之有关的因素阐明其含义。论理解释主要包括以下几种：

1. 扩张解释。扩张解释，又称扩大解释、扩充解释，是指根据立法者制定某一刑法规定的意图，结合社会现实需要，将该规定中所使用的语词的含义扩大到较字面含义更广范围的解释方法。

扩张解释具有超出刑法规定中所使用的语词原本含义即超出立法原意的特点，这一特点

[1] 参见中国社会科学院语言研究所词典编辑室编：《现代汉语词典》，商务印书馆1980年版，第1370页。

[2] 胡裕树主编：《现代汉语》，上海教育出版社1981年版，第423页。

决定了扩张解释方法的运用必须限制在适当的范围内，以防其被滥用而使罪刑法定原则遭受破坏。对扩张解释的限制是，不允许其扩张的程度超出法律规定用语可能文义的范围。例如，对刑法中的“国家工作人员”只能解释为是指在任的国家工作人员，已经离退休的国家工作人员因为不再“从事公务”，不再具有国家工作人员的本质特征，因而不再属于国家工作人员。所以，将已离退休的国家工作人员解释为属于国家工作人员，显然超出了扩张解释的范围，因而是不妥的。

2. 限制解释。限制解释，又称缩小解释，是指对刑法规定的用语作窄于字面含义的说明的方法。

对刑法规定的用语的含义是否予以限制，限制到何种程度，并不是解释者可以恣意而为的，而是有其内在根据的。关于限制解释的根据将在后面详细阐述。

3. 当然解释。当然解释，又称勿论解释、自然解释，是指刑法规定虽未明示某一事项，但依形式逻辑或者事物属性的当然道理，将该项事项解释为包括在该规定的适用范围之内的解释方法。

当然解释的根据有二：①形式逻辑上的当然道理；②事物属性上的当然道理。所谓形式逻辑上的当然道理，是指从逻辑上讲，刑法规定所使用的概念当然包含被解释的概念，二者之间存在着属种关系。例如，《刑法》第116条规定：“破坏火车、汽车、电车、船只、航空器，……处3年以上10年以下有期徒刑。”对于破坏小轿车的情况该条并未给予明确的描述，但是，从“汽车”与“小轿车”这两个概念的逻辑关系上讲，二者是属种关系，“汽车”当然包含“小轿车”，故对破坏小轿车的行为应适用该规定处理。事物属性上的当然道理，有两种情形：①“入罪，则举轻以明重”；②“出罪，则举重以明轻”。所谓“举轻以明重”，是指刑法对某一事项未有明确规定，但该事项与刑法明确规定的事项具有同样的属性且程度更为严重，因而当然适用该刑法规定。所谓“举重以明轻”，是指如果刑法明确规定损害更为严重的行为不构成犯罪，或者虽然构成犯罪但减轻处罚，那么，性质相同或者相似且损害更加轻微的法无明文规定的行为，也就当然地适用该刑法规定，不按犯罪处理，或者按犯罪处理但减轻处罚。

4. 反面解释。反面解释，又称反对解释，是指在刑法没有作出相反表述时，根据刑法规定正面表述的意思，推导出其反面含义的解释方法。例如，《刑法》第6条第3款规定：“犯罪的行为或者结果有一项发生在中华人民共和国领域内的，就认为是在中华人民共和国领域内犯罪。”根据这一规定，可以推导出它的反面含义是，犯罪行为和犯罪结果都不发生在中华人民共和国领域内的，就不是在中华人民共和国领域内犯罪。

反面解释的逻辑前提是，刑法规定已从正面穷尽了引起某一法律效果的全部条件或者所确定的条件为某一法律效果的必要条件。也就是说，反面解释只有在以下两种情况下才能采用：①法条所确定的条件为法律效果的全部条件。如前述《刑法》第6条第3款规定的“犯罪的行为或者结果有一项发生在中华人民共和国领域内”，显然是法律效果“在中华人民共和国领域内犯罪”的全部条件。因为犯罪的全部内容就是犯罪行为和结果，当这两项都不发生在中华人民共和国领域内时，当然也就不是在中华人民共和国领域内犯罪了，由此而推导出前述的反面结论是合乎逻辑的。②法律规定所确定的条件为法律效果之必要条件。例如，《刑法》第68条第2款规定：“犯罪后自首又有重大立功表现的，应当减轻或者免除处罚。”由于有重大立功表现是犯罪后自首应当减轻或者免除处罚的必要条件，据此，就可以得出“犯罪后自首但没有重大立功表现的，则不属应当减轻或者免除处罚情形”的反面结论。

反面解释的意义在于它从反面揭示刑法规定不适用的情况，使其含义更加明晰，从而更有利于刑法规定的正确适用。

5. 系统解释。系统解释，是指联系整个刑法典、单行刑法、附属刑法的相关规定，对刑法某一规定的用语的含义予以阐明的方法。简言之，就是将被解释对象置于刑法系统之中阐明其含义的方法。

根据系统论原理，系统由要素构成，同时系统与要素又具有层次性，即构成某一系统的要素相对于构成它的成分而言，又是一个系统，而构成它的成分则是要素。刑法系统也是具有层次性的。最大的刑法系统由刑法典、单行刑法和附属刑法三个要素构成，而刑法典、单行刑法和附属刑法则是第二层次的系统，它们各自又是由许多要素组成的。刑法典由章、节、条、款和项构成，一部单行刑法也往往由若干条文构成。在对刑法规定作系统解释时，有时将解释对象置于最大的刑法系统之中，有时仅将解释对象置于下一层次的系统中。例如，《刑法》第280条第2款规定："伪造公司、企业、事业单位、人民团体的印章的，处3年以下有期徒刑、拘役、管制或者剥夺政治权利。"这里的"伪造"究竟能否解释为包括"变造"在内，我们既可以将其放在刑法典自身系统之中予以考虑，也可以将其置于刑法典和非刑法法律构成的大系统下进行研判。从前一个角度而言，其结论是"伪造"不包括"变造"的：①《刑法》第170条、第173条分别规定了伪造货币罪、变造货币罪；②《刑法》第177条规定了伪造、变造金融票证罪；③就《刑法》第280条本身来讲，其第1款、第3款均并列规定了"伪造"、"变造"两种行为，而只有第2款仅规定了"伪造"这一行为。这些都说明，刑法典自身系统的规定表明，"伪造"是不包括"变造"的。就刑法的大系统而言，也同样可以得出"伪造"不包括"变造"的结论。因为《烟草专卖法》第39条第1款、《进出境动植物检疫法》第43条等，都是将"伪造"、"变造"并列加以规定的。

6. 沿革解释。沿革解释，又称历史解释，是指根据某一刑法规定制定的历史背景材料以及以往同类规定的因袭与发展的情况阐明其含义的方法。

沿革解释一般基于以下两个方面的根据：①被解释对象制定的历史背景材料，具体包括作出该规定的原因、该规定在起草过程中讨论与修改的情况、立法机关关于作出该规定的说明等情况；②被解释对象的源流发展情况。例如，根据《刑法》第20条的规定，正当防卫必须针对"正在进行的不法侵害"进行，对这里所讲的"不法侵害"，有人将其解释为仅指犯罪行为，而不包括一般的违法行为。这种解释是否正确呢？对此可以从刑法的起草和制定的变化轨迹予以回答。1950年的《中华人民共和国刑法大纲草案》第9条关于正当防卫的规定中使用的是"不法侵害"，1954年的《中华人民共和国刑法指导原则草案》第5条改为"犯罪侵害"，1957年的《中华人民共和国刑法草案》第22稿又恢复了"不法侵害"的用法，1979年《刑法》第17条使用的也是"不法侵害"。这一从"不法侵害"到"犯罪侵害"再到"不法侵害"甚至将这一用语固定下来的沿革，说明了立法者的意图就是要最大限度地扩大正当防卫的范围，使广大公民充分利用正当防卫的手段同违法犯罪分子作斗争，以保护合法权益免受损害。如果立法者认为只能对犯罪侵害进行正当防卫，就不会有这种从"不法侵害"到"犯罪侵害"再到"不法侵害"，最终将其固定化的立法选择，而会直接使用"犯罪侵害"。所以，从沿革解释的角度讲，不能将"不法侵害"解释为仅限于犯罪侵害。

7. 比较解释。比较解释，是指在解释刑法的某项规定时，将刑法的其他相关规定或者外国立法例作为参照资料，借以阐明该项规定含义和内容的解释方法。

比较解释的具体表现形式有二：①将刑法的某一规定与其他相关规定进行比较，即将其他规定作为一项参照因素，以阐明该规定的含义和内容。例如，《刑法》第273条规定："挪用用于救灾、抢险、防汛、优抚、扶贫、移民、救济款物，情节严重，致使国家和人民群众利益遭受重大损害的……”为了说明条文中“挪用”究竟是指挪作单位他用，还是指挪为个人使用，或者二者兼指，可以将《刑法》384条的规定作为比照因素。该条第1款规定了挪用公款罪的罪状和法定刑，紧接着第2款规定：“挪用用于救灾、抢险、防汛、优抚、扶贫、移民、救济款物归个人使用的，从重处罚。”据此可知，《刑法》第273条中的“挪用”是指挪为单位他用，而不含挪作个人使用。②将刑法的某一规定与外国刑法的有关规定进行比较，即将外国刑法中的规定作为比照因素，以阐明该规定的含义和内容。例如，《刑法》第23条规定：“已经着手实行犯罪，由于犯罪分子意志以外的原因而未得逞的，是犯罪未遂。”条文中的“未得逞”，就字面意义而言，是未达到犯罪目的的意思。[1] 但是，这样解释“未得逞”，显与我国刑法分则的实际情况不符，因为刑法分则中规定的一些行为犯和危险犯，只要行为人实行了法条所规定的行为或者行为造成了某种危险，即便未实现犯罪目的，也构成犯罪既遂，而非未遂。那么，如何解释“未得逞”为当呢？我们可以参照外国刑法中有关犯罪未遂的规定求得对此的正解。例如，《德国刑法典》第43条规定：“凡已着手犯重罪或轻罪行为的实行，因而表现其有犯罪的决定。但未完成其欲犯的重罪或轻罪者，应依犯罪未遂处罚。”我国刑法的制定，一般借鉴大陆法系国家的刑法规定，关于犯罪未遂的规定亦是如此。根据以上德国刑法典对犯罪未遂的规定，《刑法》第23条中的“未得逞”应解释为未完成犯罪。

8. 目的解释。目的解释，是指根据刑法立法之目的，阐明刑法规定含义的方法。

作为目的解释之根据的立法目的究竟是仅指某法整体的目的，还是既指某法整体的目的，又指具体法条之目的，在理论上看法不尽一致。一种观点认为，目的解释之“目的”，系指某法之整个目的，非指某法条之立法趣旨或立法本旨；[2] 另一种观点则认为，目的解释之所谓目的，除法律之整个目的外，似应包括个别法条、个别制度之规范目的。[3] 我们认为后一种主张更为妥当，具体理由见后。

二、疑难问题

（一）限制解释的根据是什么？

限制解释的根据主要有以下几种：①根据党和国家的刑事政策和刑法基本原理对刑法的某一用语进行限制解释。例如，前面已经谈到的对《刑法》第234条第1款中的“伤害”的限制解释，就是基于我国“扩大教育面，缩小刑法打击面”的刑事政策和严重的社会危害性是犯罪的本质特征的刑法基本原理所作出的限制解释。②根据刑法条文所规定的内容的性质对其用语进行限制解释。例如，“暴力”的通常含义是指武力，对人而言，包括杀害、重伤、轻微的身体打击以及没有造成任何伤害的身体强制等情形在内。对刑法中的“暴力”一词，有的作符合其字面应有含义的解释，有的则作限制解释。在作限制解释的情况下，限制的程度也各不相同。如对《刑法》第263条抢劫罪中的“暴力”，就是按照其字面含义来解释的，即解释为包括杀人在内的一切暴力表现形式。而对《刑法》第236条强奸罪、第277条妨害公务罪、第246条侮辱罪中的“暴力”则要进行限制解释，且各自的限制程度不同。对《刑法》第236条中的“暴力”的限制程度较小，将其解释为除杀人以外包括重伤在内的各种形式的身体打击和强制；而对《刑法》第277、246条中的“暴力”，则要作进一步的限制解释，将其解释为是指杀人、重伤以外包括轻伤在内的各种形式的身体打击和强制。③根据刑

---

〔1〕 参见中国社会科学院语言研究所词典编辑室编：《现代汉语词典》，商务印书馆1978年版，第220页。

〔2〕 参见杨仁寿：《法学方法论》，台湾三民书局1987年版，第146、78、154～155页。

〔3〕 这是台湾学者王泽鉴的主张，转引自梁慧星：“论法律解释方法”，载《比较法研究》1993年第1期。

法所要保护的社会关系对刑法规定的用语进行限制解释。例如，《刑法》第251条规定："国家机关工作人员非法剥夺公民的宗教信仰自由和侵犯少数民族风俗习惯，情节严重的，处2年以下有期徒刑或者拘役。"条文中的"少数民族风俗习惯"，从字面意义上讲，既包括少数民族良好和正当的风俗习惯，也包括少数民族不良的风俗习惯。由于我国刑法不可能保护那些不良的少数民族的风俗习惯，因此，在解释该条的"少数民族风俗习惯"这一用语时，就应将其限制在良好和正当的少数民族风俗习惯的范围内，而将其不良的风俗习惯排除在外。④根据刑法条文的"但书"规定或者其他的专门规定对刑法条文中的用语进行限制解释。例如，《刑法》第235条规定："过失伤害他人致人重伤的，处3年以下有期徒刑或者拘役。本法另有规定的，依照规定。"根据"本法另有规定的，依照规定"这一"但书"规定，应该将条文中的"过失伤害他人致人重伤"解释为是指刑法典没有作另外规定的过失伤害致人重伤。

（二）如何理解目的解释中的"目的"？

笔者之所以主张目的解释中的目的，除法律的整个目的外，还应包括个别法条、个别制度的规范目的。这是因为在解释某一具体法律条文时，虽在一般情况下可据此所属法律的整体目的阐释其含义，但有时仅根据该法整体目的尚不足以弄清该法条的真实含义，因而必须考察该条文制定的具体目的，才可以求得正确的解释。我国刑法立法的目的，有的由法律明文规定，也有的是通过章节名称体现的，如《刑法》第2条通过规定刑法任务的方式明示了整体刑法的目的。而刑法分则各章的标题则体现了规定该类犯罪的目的。例如，刑法分则第六章的标题是"妨害社会管理秩序罪"，说明规定该类犯罪的目的是为了惩治妨害社会秩序的犯罪，从而维护社会管理秩序。该章第279条规定了招摇撞骗罪，对于冒充国家机关工作人员骗取财物的行为是否定该罪，就要从第六章的立法目的着手。对于冒充国家机关工作人员主要骗取政治名誉、爱情，而附带骗取他人少量财物的行为，应定为招摇撞骗罪，因为行为人主要不是为了骗取他人财物，而是为了骗取其他非法利益，因而其行为破坏的仍然是社会管理秩序。如果行为人冒充国家机关工作人员专骗他人财物，且数额较大，那就属于诈骗罪，因为其行为侵犯的是公私财产所有权。如果将冒充国家机关工作人员专骗他人财物且数额较大的行为定为招摇撞骗罪，那就违背了《刑法》分则规定第六章犯罪的目的。

■第四节　刑法典中的术语

以上，是指最小数为本数的一定期限。如《刑法》第133条规定，交通肇事后"因逃逸致人死亡的，处7年以上有期徒刑"，这里的"7年以上"就是指最小数为7年。因为刑法规定的有期徒刑的最高期限是15年，因此，就意味着交通肇事后"因逃逸致人死亡"的最高刑期为15年。

以下，是指最大数为本数的一定期限。如《刑法》第116条规定："破坏火车、汽车、电车、电车、船只、航空器，足以使火车、汽车、船只、航空器发生倾覆、毁坏危险，尚未造成严重后果的，处3年以上10年以下有期徒刑。"这里的"10年"就是指最大数。因此，如果行为人的行为足以使火车、汽车、船只、航空器发生倾覆、毁坏的危险，最高也只能判处10年有期徒刑。

以内，与"以下"的具体含义没有实质的差别，只不过由于汉语使用的习惯而适用的场合不同。例如，《刑法》第65条规定："被判处有期徒刑以上刑罚的犯罪分子，刑罚执行完毕或者赦免以后，在5年以内再犯应当判处有期徒刑以上刑罚之罪的，是累犯，应当从重处罚，但是过失犯罪除外。”根据这一规定，构成一般累犯的时间条件是，在刑罚执行完毕或者赦免以后不能超过5年。

【思考题】

1. 论述刑法解释的定义与意义。
2. 论述刑法解释理论。
3. 论述刑法解释的原则。
4. 论述刑法论理解释方法。

【参考文献】

1. ［德］卡尔·拉伦茨：《法学方法论》，陈爱娥译，商务印书馆2003年版。
2. 陈志军：《刑法司法解释研究》，中国人民公安大学出版社2006年版。
3. 李洁：《论罪刑法定原则的实现》，清华大学出版社2006年版。
4. 赵秉志主编：《刑法解释研究》，北京大学出版社2007年版。
5. 赵秉志、张军主编：《中国刑法学年会论文集（2003年度）》（第1卷），中国人民公安大学出版社2003年版。

第六章

刑法的效力范围

【导语】刑法的效力范围，亦称刑法的适用范围，是指刑法在什么时间、什么地方以及对什么人具有法律效力，包括刑法的时间效力范围和刑法的空间效力范围。刑法的时间效力主要解决的是刑法何时生效、何时失效以及对其生效前的行为有无追溯效力的问题，其中最主要的是刑法的溯及力问题。刑法的空间效力范围是主权国家刑事管辖权的法律表现形式，属地原则和属人原则是我国刑法空间效力适用的两大基本原则，保护原则和普遍原则是补充性的原则。刑法的时间效力和空间效力都存在限制适用的情况。刑法的效力范围从时间与空间的结合上界定了刑法适用的时空性，不仅涉及国家主权，而且涉及国际关系、民族关系以及新旧法律更替、特别刑法出台所引发的刑法适用问题，这是任何国家刑法在适用之前都必须解决的根本性问题。我国《刑法》第6条至第12条详尽地规定了刑法的效力范围。

本章的疑难问题：①如何认识刑法的空间效力与刑事管辖权之间的关系？②如何认识外国裁判的效力问题？③如何理解“处刑较轻”？④如何对“跨法犯”适用法律？⑤如何理解刑法司法解释的溯及力问题？

■第一节　刑法的空间效力

一、基本法理

（一）刑法空间效力概述

刑法空间效力，即刑法适用的空间范围，解决的是一国刑法适用于发生于何地的犯罪以及何人实施的犯罪问题。犯罪发生于世界各地，但是，一个国家的刑法并不能毫无限制地适用于发生在世界各地的犯罪。一国刑法必定有其自己特定的适用范围，这个范围的确定尽管是一国主权范围内的问题，但一国确定本国刑法的空间适用范围不能不考虑到他国的主权。既要使犯罪都受到应得的惩处，严密国际范围内追究犯罪的法网，又要使各国履行各自惩治犯罪的职责，避免发生法律适用上的空白与冲突。

我国刑法空间效力适用的原则为：①属地原则。即以地域为标准，凡是在我国领域内犯罪，无论是我国公民还是外国人，都适用我国刑法；反之，在我国领域外犯罪，在不适格适用保护原则和普遍管辖原则的情况下，都不适用本国刑法。②属人原则。即以人的国籍为标准，凡是我国公民犯罪，无论在我国领域内或在我国领域外，都适用我国刑法；反之，外国人在我国领域外犯罪，在不适格适用保护原则和普遍管辖原则情况下，均不适用我国刑法。③保护原则。即以保护我国利益为标准，凡侵害我国国家或者公民利益的，不论犯罪人是我国公民还是外国人，也不论犯罪地是在我国领域内还是在我国领域外，都适用我国刑法。④普遍管辖原则。即以保护各国的共同利益为标准，凡发生我国批准的国际条约所规定的侵害各国共同利益的犯罪，不论犯罪人是我国公民还是外国人，也不论犯罪地在我国领域内还是在我国领域外，均可适用我国刑法。

形式上看，上述四个原则各自形成完备的独立运作体系。但是，如果实践中孤立地适用上述任何一个管辖原则，都不可避免地出现管辖权适用的局限性。如单纯地适用属地原则，当遇到本国人或外国人在本国领域外侵害本国国家或公民利益的犯罪时，本国刑法就无从适用。由此可见，上述各原则之间是相辅相成、缺一不可的关系，它们之间的完美组合为犯罪分子编织了一个疏而不漏的法网。也就是说，在适用刑事管辖权时不能只取其一，而排斥其他。我国刑法关于空间效力的适用原则是以属地原则为基础，兼采属人原则、保护原则和普遍管辖原则。

（二）我国刑法的属地管辖权

我国《刑法》第6条第1款规定："凡在中华人民共和国领域内犯罪的，除法律有特别规定的以外，都适用本法。"这是我国刑法关于刑法空间效力的基本原则。属地原则的基础是国家主权原则，根据国际法的一般原则，国家享有属地优越权（或称领土最高权）。因此，在一国境内，不论是本国人还是外国人犯了罪，该国均有刑事管辖权，对罪行适用本国刑法进行追诉。属地性是管辖权的首要根据，即使另一个国家同时具有行使管辖权的根据，但如果它行使管辖权的权力是与具有属地管辖权的国家的权力相冲突的，则其行使管辖的权力要受到限制。例如，一个国家对其居于国外的国民有属人管辖权，但只要他们是在另一个国家的领土内犯罪的，该国行使属人管辖权的能力就受到限制。属地管辖权涉及以下基本内容：

1. "中华人民共和国领域内"的含义。我国的"领域内"，是我国国家主权行使的空间范围，包括领陆、领水（内水和领海）和领空等国境以内的全部地域。

（1）实质领域。"实质领域"的具体范围在法律上没有明确规定，通常是指一国具有管辖权的领陆、领水和领空。①领陆，即国境线以内的全部陆地及其地下层。②领水，即内水和领海。内水包括内河、内湖、内海以及同外国之间界水的一部分，这一部分通常以河流的中心线为界，如果为可通航的河道，则以主航道中心线为界；领海，中华人民共和国政府于1958年9月4日声明宣布中华人民共和国领海宽度为12海里。在领海中，外国商船和用于商业目的的外国政府船舶享有无害通过权。当这些船舶无害通过领海时，对于在这些船舶上发生的犯罪案件，沿海国只有在一定的条件下才能行使刑事管辖权，否则只能由船旗国管辖。依据联合国国际法委员会在1958年日内瓦联合国海洋会议上通过的有关规定，只有在领海无害通过的外国船舶上发生的犯罪行为的后果及于沿海国，或者犯罪行为扰乱了当地的安宁或领海的良好秩序，或者是外国船舶的船长或船旗国外交代表或领事官员请求地方当局予以协助者，或者为取缔非法贩运麻醉品或精神药物所必要者，沿海国才能对其行使刑事管辖权。[1] ③领空，即领陆和领水之上的空间。1919年《巴黎公约》第1条规定，国家对其领土上空具有排他的主权，1944年《芝加哥公约》规定，领空包括国家领海的上空。由于对大气层或空气空间承认其地面国家的专属管辖权，因此，为不使各国相互侵害对方的管辖权，有必要明确地划定大气层的界限，即地面国家领空的界限。1919年《巴黎公约》和1944年《芝加哥公约》对此均没有作用出任何规定，个别国家则适用领土或领海的界限。目前，关于领空外一定高度即外层空间的管辖权问题，领空有无类似领海的"无害通过权"的问题，在法律上仍属空白。

（2）延伸领域。我国《刑法》第6条第2款规定："凡在中华人民共和国船舶或者航空器内犯罪的，也适用本法。"根据国际条约和国际惯例，以下空间被认为是我国领土延伸的

---

〔1〕 参见林欣：《国际法中的刑事管辖权》，法律出版社1988年版，第52页。

一部分，在该空间内犯罪可适用我国刑法。

第一，我国的船舶、飞机或其他航空器。带有中华人民共和国国旗、国徽或者军徽标志的船舶或飞机，即使航行或停泊在本国领域以外，也属我国领土的延伸。这里所说的船舶、航空器，既可以是民用的，也可以是军用的；既可以是航行途中的，也可以是处于停泊状态的；既可以是航行或停泊于我国领域内的，也可以是航行或停泊于我国领域外或公海及公海上空的。

依据国际惯例，军舰享有治外法权。在和平时期，外国军舰通过外交途径向沿海国事先通报后可以自由地出入内海域，但是该项自由决不是可以对抗沿海国的权利，沿海国可以单方面事先规定军舰的数量，如超过此数量要得到沿海国的明示许可。只是在遇难迫不得已需要进港时，出于人道主义考虑，才承认其出入权。战争时，中立国家的军舰必须得到许可方可以进入沿海国的内海。军舰在滞留时享有豁免权，沿海国不得为执行搜查、逮捕或其他强制措施而进入军舰内部。军舰须遵守沿海国的有关航行与卫生法令，船员在沿海国领土上犯罪的，沿海国有权裁判，这是国际上的共识。而民用船舶在内海水域滞留时，与军舰不同，不能享有豁免权，而应从属于沿海国的管辖权。当出现国家之间的管辖权冲突时，应依照国际公约、条约或通过外交途径解决。

第二，我国驻外使领馆。根据我国批准的1961年《维也纳外交关系公约》的规定，各国驻外大使馆、领事馆不受驻在国的司法管辖而受本国的司法管辖。因此，我国驻外使领馆可视为我国领土法律意义上的延伸，在驻外使领馆内犯罪，可视为在我国领域内犯罪，并适用我国刑法。

（3）“准地域”上的刑事管辖权。准地域管辖，是指地域管辖原则还应包括“地域管辖的法律延伸”，即依照有关国际公约所享有的对大陆架、毗连区、专属经济区的刑事管辖权。[1]

大陆架，依1958年《大陆架公约》第1条规定，是指“邻接海岸但在领海范围以外，深度达200米或超过此限度而上覆水域的深度允许其开采自然资源的海底区域的海床和底土；邻接岛屿海岸的类似的海底区域的海床和底土”。根据《联合国海洋法公约》第77条的规定，沿海国对大陆架（国际法意义上的）之勘探和自然资源（包括海床和底土的矿物和其他非生物资源以及属于是定居种的生物）开发享有排他的主权权力。这种权力“不决定于有效或象征的占领或任何明文公告。”

毗连区，根据1982年《联合国海洋法公约》规定，是指在从测算国家领海宽度的基线量起不超过24海里的范围内，为防止或惩治在其领土或领海内违反海关、财政、移民或卫生法律和规章的行为而行使的必要的国家管制权的水域。如果在毗连区内发生上述规定以外的犯罪行为例如海盗行为，关于其管辖权的归属问题，则《联合国海洋法公约》没有明确的规定，这一点是此公约的一个漏洞。

专属经济区，根据《联合国海洋公约》第55条至第58条的规定，是指在领海以外并邻接领海的一个区域，从测算领海宽度的基线量起，不应超过200海里，在该区域内，沿岸国对海床和底土及上覆水域的资源开发及保护、污染防止享有专属权利。《联合国海洋法公约》第73条规定，第三国在该水域享有航行和飞越的自由，沿海国在它的专属经济区内的刑事管辖权有下列四项内容：①沿海国行使其勘探、开发、养护和管理在专属经济区内的生物资

---

〔1〕 参见高铭暄主编：《刑法学原理》（第1卷），中国人民大学出版社1991年版，第286～287页。

第六章

源的主权权利时，对违犯它依照《联合国海洋法公约》而制定的法律和规章的船舶，可以采取必要的措施，包括登临、检查、逮捕和进行司法程序；②被逮捕的船舶及其船员，在提出适当的保证书或其他担保后，应该迅速获得释放；③沿海国对于在它的专属经济区内违犯渔业规章的处罚，如果有关的国家没有相反的协议，不得采用监禁或任何其他方式的体罚；④在逮捕或扣留外国船舶的情况下，沿海国应通过适当的途径，将其所采取的行为及随后所施加的任何处罚迅速通知船旗国。其他国家在专属经济区内的刑事管辖权，则适用《联合国海洋法公约》规定的公海的法律制度，只要那些法律制度与专属经济区的规定不相抵触。

上述"准地域"虽不属于一国领域，但刑事管辖权的行使问题可根据国际法的一般原则和1982年《联合国海洋法公约》的规定确定。按照《联合国海洋法公约》的规定，我国还可以在近海区域内划分几百万平方公里的管辖海域，包括大陆架和专属经济区，从自然资源开发和某些海洋管辖权方面说，这个管辖海域也是中国的国土。[1]

无论一国在其刑法典中是否明确规定了对大陆架、毗邻区和专属经济区享有刑事管辖权，各国及地区对上述准地域均得主张其管辖权。但根据一些国际公约的规定，沿海国的权利也应有所限制。如1970年2月《关于海底非核化的莫斯科公约》规定，不得在大陆架设置核武器及大规模杀伤性武器。此外，沿海国的大陆架如超过200海里，对在200海里以外的非生物资源的开发应缴付费用或实物，在第一个五年生产期内可预交纳，第六年缴纳的费用或实物的比例应为产值或产量的1%。此后该比例每年增加1%，到12年为止，其后这一比例应保持在7%的水平上。在沿海国权利受到限制的同时，对国际公约中大陆架、毗邻区和专属经济区的管辖范围内尚未规定的一些犯罪，如海盗罪、毒品罪和干扰海底电缆罪等，各国或地区应以立法的形式明确主张其刑事管辖权。

（4）隔地犯的刑事管辖问题。我国《刑法》第6条第3款规定："犯罪的行为或者结果有一项发生在中华人民共和国领域内的，就认为是在中华人民共和国领域内犯罪。"按照属地原则，刑事管辖权行使的前提首先要严格确定犯罪地。所谓确定犯罪地，并不是指确定犯罪的发生之地是不是在本国的领域内，而是确定犯罪发生之地本身。一个犯罪总是具有多种因素，那么应以何种因素为标准来确定犯罪发生之地？

在确定犯罪地的方法中最有代表性的是主观领土说和客观领土说。主观领土说也称"行为地主义"或"主体的领土管辖"，[2] 认为刑事追诉的权利针对始于其领土而终于别国领土的犯罪。而主张对那些始于别国领土而完成或呈现于本国领土的犯罪，或对本国秩序造成了有害后果的犯罪行使刑事管辖权的做法，是"客观领土说"，也称"结果地主义"或"客体的领土管辖"。[3] 客观领土说是强调行为的后果，即使构成犯罪的作为或不作为全部发生在一国领土外，但只要上述作为或不作为的后果或效果发生于一国领土内，该国就有权对该犯罪进行管辖。由于主观领土管辖原则不考虑犯罪的后一阶段，忽视危害后果在判断该行为的社会危害性方面的意义及其在犯罪构成中的作用（尤其是我国刑法规定的有些犯罪是以已然的危害后果为其犯罪构成的必备要件，如过失犯罪），因而是有缺陷的；而客观领土说不考虑犯罪的前一阶段，忽视并可能遗漏行为预备、未遂等情况，也是不足取的。

此外，理论界还从与"主观领土说"和"客观领土说"不尽相同的理论上，对犯罪地的确定提出如下几种理论：①行为地说。认为行为人实际实施犯罪行为的地点或场所，就是

[1] 参见杨金森：《海洋——具有战略意义的开发领域》，科学出版社1984年版，第67页。
[2] 参见高铭暄主编：《刑法学原理》（第1卷），中国人民大学出版社1993年版，第283页。
[3] 参见高铭暄主编：《刑法学原理》（第1卷），中国人民大学出版社1995年版，第283页。

犯罪地，不作为犯罪则以义务的来源地或发生地为犯罪地。②结果地说。认为行为人实施犯罪行为所导致的结果发生地为犯罪地，如日本学者町野朔提出：“刑法以保护法益为目的，法益侵害（威胁）的结果是犯罪的实质，犯罪地就是这种结果发生地，这样来认识才是正确的。”③中间地说。认为犯罪行为与结果之间的场所为犯罪地。例如，行为人从甲国邮寄毒品，途径乙国，在丙国发生结果，则乙为犯罪发生地。④遍在说，即折衷主义。这种观点认为行为，实施地与结果发生地都是犯罪地，行为或者是结果有一项发生在本国领域内，就适用本国刑法。[1]

分析上述四种学说，“行为地说”未考虑行为有结果发生地，不利于保护本国利益和维护国家之主权。“结果地说”不够全面，在未遂犯的场合，没有发生犯罪结果，将如何确定犯罪地，就产生了不同的主张。有的主张以结果应发生之地为犯罪地，有的主张以法益侵害的危险地为犯罪地，这种不统一的认识将会给实际带来障碍。“中间地说”更为不可取，因为，如果有的犯罪没有或难以确定中间地，或中间地所受的危害比行为地与结果地所受危害小，那么以中间地为犯罪地则不利于维护所受侵害较大的行为地或结果地的国家利益。“遍在说”（折衷说）对属地原则所确定的范围进行了一定的扩大，虽有扩大主权与刑罚权倾向之嫌，且易与其他实施此说的国家在管辖方面容易发生争议，但仍未能阻止世界上一些国家实施此主张。此外，1929 年《禁止伪造货币公约》、1936 年《禁止非法买卖麻醉品公约》、1961 年《麻醉品单一公约》以及 1971 年《精神药物公约》等都规定，关于伪造货币罪及麻醉品犯罪，如果案件在本国领土内开始，而在外国完成，或者在外国开始，而在本国完成，或者效果及于本国时，本国都能行使刑事管辖权。

我国刑法采取的是“行为与结果择一说”。在通常情况下，犯罪行为与结果发生在同一地方；但在某些条件下，犯罪行为实施地与结果地脱离，会出现跨国跨地区犯罪现象，这主要有三种情况：①犯罪行为与结果都发生在一国领域内；②犯罪行为在一国领域内实施，而结果则发生在该国领域以外，比如在我国境内开始打死境外人员；③犯罪行为在一国领域外实施而结果发生在该国领域内。比如在国外邮寄炸药，在我国境内发生爆炸。为避免刑事管辖权适用的疏漏，我国刑法在属地原则的规定上兼采主观领土说和客观领土说，并将二者有机结合起来，即是“折衷主义”或“行为与结果择一说”，规定行为或结果只要有一项发生在我国领域内，就视为在我国领域内犯罪。2000 年 1 月 25 日施行的最高人民法院《关于审理拐卖妇女案件适用法律有关问题的解释》第 2 条规定：“外国人或者无国籍人拐卖外国妇女到我国境内被查获的，应当根据刑法第 6 条的规定，适用我国刑法定罪处罚。”该规定即为司法实践中“行为与结果择一说”的典型适用。因此，对上述 3 种情形，只要行为成结果有一项发生在我国领域内，就适用我国的刑法。

关于在共同犯罪的情形下，其属地原则的适用问题，前苏联著名刑法学家 A. H. 特拉伊宁指出：“共同犯罪并不变更刑事责任的根据，不论是单独行动的人，还是共同犯罪中的行为人，都只是在他们的行为包含了相当的犯罪构成的全部因素，特别是包含了像因果关系和罪过这样一类必要的构成因素时，才负刑事责任。”[2] 由此可推论，在共同犯罪的情形下，只要各行为人的行为符合犯罪构成的全部要素，就应承当刑事责任，就应适用一国的属地管辖原则。

---

〔1〕 参见陆晓光主编：《国际刑法概论》，中国政法大学出版社 1991 年版，第 110～111 页。

〔2〕 [前苏联] A. H. 特拉伊宁：《犯罪构成的一般学说》，薛秉忠等译，中国人民大学出版社 1958 年版，第 231 页。

2. “法律有特别规定”的含义。我国《刑法》第6条在确立属地管辖基本原则的同时，也为刑法适用的例外做了明确的规定，即“法律有特别规定”的可不适用该刑法典。这里“法律有特别规定”主要是指以下几种情形：

(1) 外交豁免。《刑法》第11条规定：“享有外交特权和豁免权的外国人的刑事责任，通过外交途径解决。”所谓外交特权和豁免权，是指根据国际公约，在国家间互惠的基础上，为保证驻在本国的外交代表机构及其工作人员正常执行职务而给予的一种特别权利和优遇。1961年在联合国主持下订立的《维也纳外交关系公约》，是关于外交特权和豁免权的基本法律文件，我国于1975年加入该公约，并于1986年9月5日通过了《中华人民共和国外交特权与豁免条例》，详细规定了外交特权与豁免权的具体内容，涉及刑事、民事、行政等诸方面。与刑事有关的规定主要包括：使馆馆舍不受侵犯；外交代表、外交信使人身不受侵犯，不受逮捕或者拘留；外交代表享有刑事管辖豁免权；非中国公民的外交代表的配偶及未成年子女，非中国公民且非在中国永久居留的外国国家元首、政府首脑、外交部长及其他具有同等身份的官员等，也享有与外交代表相同的特权与豁免权。这些人都不受我国刑法管辖。但这里需要注意的是：①外交代表和非中国公民的与外交代表共同生活的配偶及未成年子女所享有的豁免权，可以由派遣国政府明确表示放弃。如果那样，将可以适用我国刑法。②享有外交特权和豁免权的有关人员承担着尊重我国法律、法规的义务，并不能任意违法犯罪。一旦发生此种情况，我们也不能坐视不管、听之任之，而应该通过外交途径加以解决，诸如要求派遣国召回，宣布其为不受欢迎的人，限期离境，等等。

(2) 民族自治地方适用刑法的变通或者补充。《刑法》第90条规定：“民族自治地方不能全部适用本法规定的，可以由自治区或者省的人民代表大会根据当地民族的政治、经济、文化的特点和本法规定的基本原则，制定变通或者补充的规定，报请全国人民代表大会常务委员会批准施行。”这是为了照顾少数民族地区的一些特殊情况而提出的变通办法，目的在于更好地尊重少数民族的风俗习惯与文化传统，切实保证民族自治权的行使，巩固多民族国家的团结、稳定与发展。但在实施这一例外规定时，应当注意以下几点：①少数民族地区对刑法效力的限制不同于外交特权和豁免权，它不是完全排斥刑法的适用，而仅仅是对其中的一部分，即与少数民族特殊的风俗习惯、宗教文化传统相关的部分，诸如情节不严重的重婚、奸淫幼女、械斗、聚众扰乱公共场所秩序、毁坏财物等进行变通或补充规定。这种变通或补充规定相对于刑法全文而言，只是少部分。因此，从总体上看，刑法基本上还是适用于少数民族自治地方的。②免于适用刑法的部分必须有明确的法律依据，即由自治区或省的国家权力机关制定变通或补充规定，并报请全国人民代表大会常务委员会批准，而不能由有关当事人、各级司法机关或行政机关妄加解释，任意行事。③少数民族地区制定的变通或者补充规定不能与刑法的基本原则相冲突。

(3) 特别法优于普通法原则的适用。新刑法施行后，国家立法机关仍有可能根据实际需要制定单行刑法和附属刑法规范。如果这些特别刑法与新刑法的规定发生法规竞合，应按“特别法优于普遍法”的原则处理。如自1998年12月29日全国人大常委会颁布《关于惩治骗购外汇、逃汇和非法买卖外汇犯罪的决定》后，惩治破坏外汇方面的犯罪就依据该单行刑法。又如自1997年刑法施行之后，全国人民代表大会常务委员会陆续通过六部刑法修正案，其中既有对原有刑法条文的修订，也有新增条或者款。如《刑法修正案（六）》第2条规定，将《刑法》第135条修改为：“安全生产设施或者安全生产条件不符合国家规定，因而发生重大伤亡事故或者造成其他严重后果的，对直接负责的主管人员和其他直接责任人员，处3年以下有期徒刑或者拘役；情节特别恶劣的，处3年以上7年以下有期徒刑。”第3条规定，在《刑法》第135条后增加一条，作为第135条之一："举办大型群众性活动违反安全管理规定，因而发生重大伤亡事故或者造成其他严重后果的，对直接负责的主管人员和其他直接责任人员，处3年以下有期徒刑或者拘役；情节特别恶劣的，处3年以上7年以下有期徒刑。"这些新修订的内容或者增加的条款既是对刑法的补充与完善，也是不适用原有刑法的根据。

（4）香港特别行政区和澳门特别行政区法域的法律适用。我国是一个具有"一个国家、三个法系、四个法域"特点的国家，虽然我国自1997年7月1日起陆续恢复对香港特别行政区和澳门特别行政区行使主权，但刑法的适用同样受到事实上的限制。《香港特别行政区基本法》第2条规定："全国人民代表大会授权香港特别行政区依照本法的规定实行高度自治，享有行政管理权、立法权、独立的司法权和终审权。"这样，除了恢复对香港行使国家主权，统一管理外交与国防事务外，香港的政治、经济和法律制度保持不变，全国性的刑法对其不予适用。澳门特别行政区于1999年12月20日成立后，其情况亦与香港特别行政区相同。台湾地区的政治状况及法律地位不同于香港、澳门，还不能准确预测两岸统一的具体方式及进程，但根据"一国两制"的基本构想，其未来的刑事司法将仍然是独立的。因此，即使两岸统一后，全国性的刑法也不会适用于台湾地区。

（三）我国刑法的属人管辖权

我国《刑法》第7条第1款规定："中华人民共和国公民在中华人民共和国领域外犯本法规定之罪的，适用本法，但是按本法规定的最高刑为3年以下有期徒刑的，可以不予追究。"第7条第2款规定："中华人民共和国国家工作人员和军人在中华人民共和国领域外犯本法规定之罪的，适用本法。"

根据上述规定，我国公民在我国领域外犯罪的，无论按照当地法律是否认为是犯罪，亦无论罪行是轻是重，以及是何种罪行，也不论其所犯罪行侵犯的是何国或何国公民的利益，原则上都适用我国刑法。只是按照我国刑法的规定，该中国公民所犯之罪的法定最高刑为3年以下有期徒刑的，才可以不予追究。所谓可以不予追究，不是绝对不追究，而是保留追究的可能性，而且在一定程度上扩大了刑法对我国公民在我国领域外犯罪的刑事管辖权。此外，如果是我国的国家工作人员或者军人在域外犯罪，则不论其所犯之罪按照我国刑法的规定法定最高刑是否为3年以下有期徒刑，我国司法机关都要追究其刑事责任。这主要是考虑到对国家工作人员和军人在域外犯罪管辖应从严要求。

作为属人管辖权根据的国籍，是国家和其对象之间的法律联系。国籍一方面是国家属人管辖权的根据，另一方面也是对国家行使管辖权的限制。国籍的取得是一国对具有本国国籍的公民行使管辖权的前提，是一个人取得某个国家的国民或公民资格的依据。该种资格的授予纯属该国的国内事项，国际法对此没有一般的规则。纵观各国的国籍立法，国籍的取得通常有两种方式：①因出生而取得国籍，即原始国籍或出生国籍，是由于出生的事实而取得国籍，这是世界上绝大多数国家所采取的原则；②因加入而取得一国的国籍，即根据本人的意志或某种事实，并在具备入籍国立法所规定的某些条件之后取得国籍，其主要方式是申请入籍。

在一国领域内的具有他国国籍的人，应从属于其所在国的属地管辖权，因为属地管辖权的行使具有排他性。不过，由于国际社会复杂多样，有许多不相容的因素无法依同一标准和规律统一处理。对这种现象，原则上适用具有排他性的属地原则，但在特殊情况下，对外国人也可适用其国籍国的属人管辖权。在现实国际法中，对优于属地原则的属人原则，仅承认外交上的豁免权，享有豁免权的外交官员优先适用其国籍国的国内法。例如，外交官员违反驻在国的刑法时，适用豁免权不受驻在国的刑事追究，但被本国召回后，要依本国刑法被追究刑事责任。同时，属人管辖权与属地管辖权又相互制约，由于国际法承认国籍国的属人管辖权，因而所在国对外国人适用属地管辖权受到制约；相反，国家对在外国的本国国民行使属人管辖权时，自然也要受到所在国属地管辖权的制约。

（四）我国刑法的保护管辖权

我国《刑法》第8条规定："外国人在中华人民共和国领域外对中华人民共和国国家或者公民犯罪，而按本法规定的最低刑为3年以上有期徒刑的，可以适用本法，但是按照犯罪地的法律不受处罚的除外。"保护管辖权作为国家基于保护本国和国民利益而设定的一种刑事管辖权，主要是针对非本国人在本国领域以外实施侵犯本国国家与国民利益的犯罪，这也是国家自卫权在刑事法律领域的一种具体体现。

根据该条规定，外国人在我国领域外对我国国家或者公民犯罪，我国刑法有权管辖，但这种管辖权也是有一定限制的：①这种犯罪按照我国刑法规定的最低刑必须是3年以上有期徒刑；②按照犯罪地的法律也应受刑罚处罚。当然，要实际行使这方面的管辖权会有困难，因为犯罪人是外国人，犯罪地点又是在国外，如果该犯罪人没有引渡过来，或者没有在我国领域内被抓获，我们就无法对其进行刑事追究。但是，假如刑法对此不加以规定，就等于放弃自己的管辖权，那些犯罪的外国人就可以肆无忌惮地对我国国家或者公民的利益进行侵害。因此，作出这样的规定，对于保护我国国家利益，保护我国驻外工作人员、考察访问人员、留学生和侨民的利益是完全必要的。

保护管辖权与属地管辖权和属人管辖权的区别在于：属地管辖权强调犯罪的地点，根据犯罪行为或结果的发生地来确定由何国管辖；属人管辖权乃强调犯罪者和受害者的国籍，由犯罪者或受害者的国籍确定管辖；而保护管辖权强调受到危害的国家利益的性质，这种利益不可能由其他国家来保护，其他国家也没有必要考虑这种利益。因此，基于保护原则所管辖的犯罪，一般主要是危害国家主权、安全、独立以及政府职能等方面的犯罪。

从国际法角度看，保护原则的正确运用，应达到两个基本的目标：①保护本国的利益；②不损害别国利益，任何损害别国的行为都将被视为某种国际不法行为而受到谴责。因而各国在规定保护原则的范围时都有严格的限制，确定适用保护原则须具备一定的条件。概括起来这些条件主要是：①犯罪是在外国发生的。这包括犯罪发生地和犯罪结果地都在外国。如果犯罪是在受害国的船舶、航空器上发生的，因船舶和航空器被视为在受害国的领土管辖范围内，则不在保护管辖限度内。②犯罪主要是由外国人实施的。外国人包括拥有非受害国国籍的人和无国籍人，原来拥有受害国国籍的人如已放弃该国国籍也视为外国人。③犯罪侵犯受害国的重大利益。此种犯罪危及一个国家的安全、政治体制、领土完整和独立，侵害了该国的国家经济稳定，侵害该国其他关系国计民生的利益，如果不处罚便不足以维护本国安全和公共秩序。④被指控的外国人已经被正式认定为犯罪人。受害国可能已经将该犯罪人逮捕，或者已将他从外国引渡回国。否则，受害国仅仅停留在主张对犯罪人的管辖权的阶段，而并不能实际执行其管辖权。⑤保护管辖不取决于双重犯罪。不论犯罪地国是否把该行为视为犯罪，都不影响受害国依照本国法宣布其对案件的管辖权。

保护原则对于保护本国国家及国民的利益，当然是有利的。然而，对那些罪行不发生在本国，罪犯既不是本国人，也不在本国境内的案件，要贯彻这一原则确有很大困难。同时，保护主义毕竟是对在国外犯罪之外国人行使管辖权，若把握不当，易于损害外国之国家主权。故而各国在适用保护管辖原则时，多在法律上加以限制。我国《刑法》第8条规定的限制条件表现为：①必须是侵犯了我国国家利益或公民利益，并且根据我国刑法已经构成犯罪的行为；②所触犯的罪名必须是依照我国刑法规定其最低刑为3年以上有期徒刑的犯罪；③所犯的罪必须是按犯罪地法律规定也应受刑罚处罚的犯罪。关于对国家利益的保护，未在刑法条文中明确规定哪些犯罪应适用本法，其立法意图在于不欲限定较小的打击犯罪的范围，从而不利于国家主权利益的维护，如果只将危害国家安全罪列为打击的重点，将会遗漏诸如军人违反职责罪、贪污贿赂罪、危害国防利益罪及妨害社会管理秩序罪等其他罪章中的犯罪，给国家和人民利益造成危害。我国刑法将保护国民利益与保护国家利益摆在了同等重要的地位，这也是国家主权的体现。同时，我国刑法也考虑到对其他国家主权的尊重，考虑到这一原则实际适用的困难和具体情况，在法条中作了“可以适用本法”的规定，而不采用绝对的“应适用本法”的措词，体现了原则性和灵活性相结合的立法方式。

此外，《刑法》第10条对于在国外对我国国家或者公民犯罪的外国人也是适用的。

（五）我国刑法的普遍管辖权

我国《刑法》第9条规定：“对于中华人民共和国缔结或者参加的国际条约所规定的罪行，中华人民共和国在所承担条约义务的范围内行使刑事管辖权的，适用本法。”根据这一规定，凡是我国缔结或者参加的国际条约中规定的罪行，不论罪犯是中国人还是外国人，也不论其罪行是发生在我国领域内还是我国领域外，所承担条约义务的范围内，如不将罪犯引渡给有关国家，我国就应当在我国行使刑事管辖权，依照我国刑法对罪犯予以惩处。

普遍管辖权的特点主要表现为：①适用管辖的非属地因素。犯罪行为不在追诉国的属地范围内发生，而是在其他国家领域内发生。如果按属地原则，本应由犯罪地国管辖，但由于罪犯不在其控制之下而无法顺利地行使这种管辖。②适用管辖的非属人因素。犯罪人不具有追诉国国籍，按照属人原则，犯罪人应被引渡回其国籍国，但实际上国籍国并未提出这种请求，犯罪人所在地国或罪犯逮捕地国才将犯罪分子诉诸法律。③追诉犯罪分子的动机和目的之非功利性。追诉国不是出于保护本国国家或公民的直接利益的功利考虑，而是为了维护不特定国家的被犯罪分子所损害的利益。这种非功利性的追求是国家基于某种特殊的考虑而特意安排的。④适用普遍管辖权进行追诉的犯罪，必须是那些有关国际公约明确规定可予以普遍管辖并在世界上得到公认的危害国际社会的罪行，如海盗罪、贩毒罪、贩卖奴隶罪、破坏和平罪（战争罪）、灭种罪、危害国际民用航空安全罪等这样一些为各国通过国际条约约定的国际犯罪。⑤适用普遍管辖权进行追诉的犯罪，原则上不应受到双重审判。国家承认对某种罪行进行普遍管辖，就意味着它承认其他享有事实上的优先权的国家对该罪行的审判和处罚。因此，国家在一般情况下不能因为该罪行与本国有某种法律联系而否定外国法院的既判力，对罪犯再行起诉，否则罪犯可能受到无穷无尽的审判和处罚。此外，适用普遍管辖权对犯罪进行追诉的国家，本质上是在履行自己的国际义务，故一般不会发生承认外国法院的判决而损害本国主权的问题。

适用普遍管辖权，应当注意掌握我国缔结或加入的国际条约的有关内容，把握我国所承担的义务。只要我国缔结或者加入了某一规定有国际犯罪及其惩处的国际条约，我国便承担了对犯有条约规定罪行的罪犯行使刑事管辖的义务。当然，普遍管辖权的行使在实践中会受到一定的限制。只有当犯有国际条约规定的罪行的罪犯在我国境内，并不予以引渡时，我国才能对罪犯实施管辖，依照我国刑法的规定予以惩处。

关于普遍管辖的顺序，即如果两个以上的国家同时主张对同一犯罪的刑事管辖权时，究竟应由哪个国家进行管辖？针对某一特定案件而出现的管辖权上的这种重叠或并存情形，在国际法上称为“并行管辖”或“并存管辖。”它是由各当事国所主张的属地原则、属人原则、保护原则和普遍管辖原则等不同管辖原则的并存所致。因此，要解决这一管辖权上的矛盾和冲突，须对管辖权的先后顺序进行排列。为此，美国著名国际刑法学家巴西奥尼教授在其组织拟制的《国际刑法典草案》中，提出了如下的管辖顺序：①犯罪全部或部分发生在其领土内的缔约当事国；②罪犯为其国民的缔约当事国；③受害者为其国民的缔约当事国；④在其领土内发现被指控的罪犯的其他缔约当事国。[1] 这一管辖顺序，基本是按国际法和国际惯例公认的管辖优先权的理论排列的，即属地原则、属人原则、保护原则和普遍管辖原则。近些年来，随着国际犯罪形式的不断变化以及同国际犯罪作斗争的实际需要，又出现了若干种新型的域外管辖形式和原则。例如，在航空器犯罪方面的登记国管辖、降落地管辖、罪犯永久居所或主要营业地国管辖等；[2] 在公海海事碰撞事件或其他航行事故方面，也由过去许多国家主张的船旗国优先管辖改变为现今的属人优先管辖，[3] 等等。遇有这一方面的并存情形时，自应按有关条约中的规定办理或协商解决。

关于普遍管辖权与属地管辖权、属人管辖权和保护管辖权之间的关系，从国内法角度来说，普遍管辖权是在上述三个原则基础上发展而来的，是在按照此三项管辖权都无法实行管辖的情况下，基于特定的理由而确立的适用于特定犯罪的原则。这种特定的理由，就是本国在缔结有关国际条约时所允诺承担的制裁相应国际犯罪的义务。所谓特定的犯罪，就是有关国际条约禁止并要求缔约各国采取必要措施对其实行刑事管辖的国际犯罪。按照上述原则都无法实行管辖的情况，主要是指在其领域内发现犯罪人的国家，既不是犯罪地国，也不是犯罪人国籍国，同时也不是该犯罪的受害国的情况。在这种情况下，在其领域内发现犯罪人的国家，既不能按照属地管辖权对其进行管辖，因为它不是犯罪行为地或结果地国；也不能按照属人管辖权对其进行管辖，因为它不是犯罪人的国籍国；也不能施行保护管辖权，因为它也不是该犯罪的受害国。但是依照普遍管辖权，在上述情况下，在某领域内发现罪犯的国家就能够对其进行刑事管辖。因而，普遍管辖权是其他管辖原则的补充和例外。

从国际法角度看，普遍管辖权是国际刑法的基本原则，也是国际刑法赖以产生和存在的基本前提之一。国际刑法是世界各国用以同国际犯罪作斗争的基本法律规范。国际社会之所以需要国际刑法，不仅是因为它明确地禁止某些严重危害国际社会共同利益的行为，而且也是因为它为世界各国联合制裁国际犯罪的实施者提供了统一行动的保障。这种保障正是对国际犯罪的普遍管辖原则。根据这一原则，各国就可以合法地对出现在本国领域内的国际犯罪分子进行刑事管辖，从而使实施了国际犯罪的人不论走到世界上哪个国家，也不致因为国度的界限和国家主权的独立性而逃脱其应受的刑事制裁。这正是国际刑法产生和存在的基本价值的一种表示形式。如果没有这一管辖权，就可能使那些在犯罪之后逃跑到第三国的国际犯罪分子得不到应有的刑事制裁。这既不利于同国际犯罪作斗争，也违背了国际刑法产生和存在的宗旨。因此，普遍管辖权是在国际刑法产生和发展过程中必须始终坚持的基本原则，它在内国法中与属地管辖权、属人管辖权和保护管辖权等其他原则具有同等重要的意义。

但是，普遍管辖权在国际实践中也具有很大的局限性。这种局限性主要体现在：

第一，普遍管辖权的适用易造成对国家主权的侵犯，因而受到抵制。从理论上讲，普遍管辖权与国家主权是不矛盾的，因为普遍管辖权是由各个主权国家通过缔结条约而确定的，而且普遍管辖权的适用范围限于国际犯罪。但问题在于，关于国际犯罪的概念在世界各国并没有取得完全一致的意见。在实践中，一些大国、强国常以“世界宪兵”自居，肆意划定国

---

〔1〕 参见赵秉志、钱毅、赫兴旺：《跨国跨地区犯罪的惩治与防范》，中国方正出版社1996年版，第38页。

〔2〕 参见1963年《东京公约》、1970年《海牙公约》和1971年《蒙特利尔公约》。

〔3〕 参见1958年日内瓦《公海公约》和1982年《联合国海洋法公约》。

际犯罪的范围，扩大本国司法管辖权，有意或无意地干涉别国对案件的管辖。因此，要在世界范围内完全确立普遍管辖权，不仅在法律上有实际困难，在政治上同样存在巨大障碍。

第二，普遍管辖权的适用，往往导致刑事管辖权的冲突。比如，一个劫机犯从A国劫持B国飞机到C国机场降落，而后又逃到D国，并被D国捕获。如果D国主张对该劫机案行使普遍管辖权，那么该国的刑事管辖就会与A国、B国和C国的刑事管辖权发生冲突。因为A国可根据属地管辖权请求引渡劫机犯并予以审判，B国可以以犯罪受害国为由提出管辖权的主张，而C国则可以以航空器降落地国管辖权将罪犯交付审判。且不讲A、B、C三国可能发生的管辖冲突，如果这三国不放弃对此案的管辖权，那么将与D国不可避免地出现管辖冲突的问题。

第三，普遍管辖权在扩大国家管辖权的同时实际上也增加了国家在控制和惩处国际性犯罪方面的义务。面对日益猖獗的犯罪活动，每个国家的警察和司法机关都要投入巨大的人力物力同犯罪作斗争，因而对于与本国并没有直接利害关系的犯罪是否愿意管辖，对各国都是一个考验。巨大的司法压力和经费上的困难，使得许多国家望而生畏，不愿承担起这种额外的义务。实际上，只有在特殊的场合下，国家才会有兴趣以普遍管辖原则为根据对某些案件进行管辖。这种“特殊的场合”，与其说是司法需要，不如说更多的是政治需要。

第四，由于证据的提取、搜集和使用的复杂性，与案件没有直接关系的国家要行使普遍管辖权，确实不易顺利地完成特定的司法任务。每一步骤都要诉诸复杂的刑事司法协助程序，这无疑要给当事国家增加许多法律程序的麻烦。有的国家为了避开这些麻烦，往往不愿管辖此种犯罪案件，因而实际上就放弃了其对犯罪案件的普遍管辖权。

二、疑难问题

（一）如何认识刑法的空间效力与刑事管辖权之间的关系？

刑法的空间效力与刑事管辖权是既有联系、又有区别的两个概念。它们的联系表现在刑法空间效力的范围与刑事管辖权的范围是一致的。一国在刑法中规定刑法的空间效力范围，就是宣布了本国刑事管辖权的范围。虽然国家可能在刑法之外通过特别法的形式扩大或缩小本国刑事管辖权的范围，使得从形式上看该国刑法规定的刑法适用的空间范围与刑事管辖权的范围不一致，但从实质上看，只要刑事管辖权的范围变化了，刑法的空间效力范围也会随之发生变化。因此刑法适用的空间范围与刑事管辖权的范围始终是一致的。

刑法空间效力范围与刑事管辖权范围上的一致，并不表示刑法空间效力与刑事管辖权的内涵上的一致。这是因为：①从概念来看，刑事管辖权是国家主权的一部分，它是一种国家权力，主体是国家，客体是一定的犯罪，内容就是国家对一定犯罪的管辖，即逮捕、起诉、审判、执行等。而刑法的空间效力则属于刑法适用范围的一部分，主体是刑法，客体是一定的犯罪，内容是刑法对一定犯罪的适用。②从产生的时间上来看，刑事管辖权的产生先于刑法空间效力。刑事管辖权是随着国家的成立而产生的，而刑法的空间效力是以刑法的存在为前提的，而刑法往往是在国家成立以后一段时间才制定公布的，因此，刑法空间效力必定后于刑事管辖权的存在。③刑事管辖权的实际行使是刑法实际适用的前提。虽然刑法规定其对于一定的犯罪适用，但由于刑法冲突的存在，并不表示一旦有这种犯罪发生，刑法必定实际适用。所谓刑法冲突，一般分为国际刑法冲突和区际刑法冲突两种类型。〔1〕由于国际社会由国家、国际组织等多种形式的小型社会组成，所在，适用国际社会的法律——条约时，会

〔1〕参见周柏森、宣炳昭：“论海峡两岸刑法的冲突”，载杨敦先、曹子丹主编：《改革开放与刑法发展》，中国检察出版社1993年版，第70页。

与这些小型社会的法规发生冲突。[1] 因而，国际刑法冲突，应指国家与国际条约之间，国家与国家之间刑法的冲突。而区际刑法冲突，是指一国内部不同法律制度的行政区域之间刑法的冲突。④从研究对象上看，管辖权既牵涉到国际法，也牵涉到每个国家的国内法。国际法决定国家可以采取的各种形式的管辖权的可允许限度，而国内法则规定国家在事实上行使其管辖的范围和方式。[2] 由此可见，刑事管辖权研究的对象不仅是国内法的范畴，亦包括国际法的内容。刑事管辖权是国家主权的一部分，通常出现于反映国家主权的国际条约之中，或以国际条约为根据的国内立法之中。而刑法的空间效力则是以刑法学为研究对象的，只能规定于一国刑法之中，如我国大陆《刑法》和我国台湾地区现行“刑法”均在其总则部分以条文的形式规定其刑法空间效力的范围。⑤排除国际刑法冲突与区际刑法冲突的问题，刑法的空间效力还存在刑事管辖与刑事诉讼管辖概念易于混淆的问题。刑事管辖解决的是行为人承担刑事责任的实体依据问题，而刑事诉讼管辖指的是根据刑事案件的不同情况和司法部门的职权。确定具体案件应由哪一个司法机关进行侦查、起诉和审判的制度，解决的是具体案件处理的程序问题。

(二) 如何认识外国裁判的效力问题?

外国法院判决的效力问题，是刑法空间效力的一个独立问题。由于刑事管辖权的冲突，本国具有刑事管辖权的行为，外国也可能有刑事管辖权，在本国具有刑事管辖权的行为（如本国公民在外国犯罪）受到外国确定的有罪判决或无罪判决的时候，就出现了本国是否承认或执行这一判决的问题。

《刑法》第10条规定：“凡在中华人民共和国领域外犯罪，依照本法应当负刑事责任的，虽然经过外国审判，仍然可以依照本法追究，但是在外国已经受过刑罚处罚的，可以免除或者减轻处罚。”这条规定包括我国公民在域外犯罪的情况。这条规定表明，我国作为一个独立自主的主权国家，其法律具有独立性，外国的审理与判决对我国没有约束力。但是，从实际情况及国际合作角度出发，为了使被告人免受过重的双重处罚，又规定对在外国已经受过刑罚处罚的犯罪人，可以免除或者减轻处罚。表明对已被外国法院审判和处罚的本国罪犯再次审判时，将外国法院的判决和处罚作为减轻和免除处罚的一个因素来考虑。这样既维护了我国的国家主权，又从人道主义出发对被告人的具体情况做了实事求是的考虑；既在法律上否认外国法院的既判力，又在事实上加以承认，体现了原则性与灵活性的统一。

从宏观角度看，对外国刑事判决承认的政治效果在于表明承认国对判决国社会制度包括司法制度的某种认可，表明愿意与之和平共处，开展国际司法合作。从具体角度看，承认外国刑事判决的法律效果，则表明承认国对判决国就所审之案的刑事管辖权的确认，同时也表明它对判决国审判的公正性和合法性以及定罪量刑标准的认可，从而承认国和判决国就进入了司法协助程序：判决国可以向承认国提出执行其判决的请求，可以按照双边条约或互惠关系提供有关判决书及相关文件，可以提请开展移送被判刑人等一系列工作；承认国则可以着手执行该外国判决，并与判决国就执行判决中所涉及到的一系列法律上的问题进行磋商并作出妥当的安排，承认国据此可以诉诸本国诉讼法中的执行程序。

从理论上讲，对外国刑事判决承认主要有三种方式：①积极的承认。积极的承认，是指本国具有刑事管辖权的行为，受到外国确定的有罪判决时，将该犯人移至本国后，执行外国

---

[1] 参见［韩］柳炳华：《国际法》（上卷），中国政法大学出版社1997年版，第175页。

[2] 参见［英］詹宁斯、瓦茨修订：《奥本海国际法》（第1卷，第1分册），王铁崖等译，中国大百科全书出版社1992年版，第327页。

所确定的有关判决；如果犯人在外国已经将刑事判决所确定的刑罚执行完毕，或者外国法院虽宣告有罪但免除刑罚，或者对行为人作出无罪判决，则本国不再追诉。②消极承认，是指外国确定的刑事判决不制约本国刑法权的实现，即不管外国确定的是有罪判决还是无罪判决，对同一行为本国仍可行使审判权，但对外国判决及刑罚执行的事实给予考虑。③有的国家根据不同的情况，同时采取了积极承认和消极承认的做法。

我国在法律上不承认外国法院的既判力，这是通过法条的规定"……虽经外国审判，仍然可以依照本法追究……"表现出来的。外国的刑事管辖权不能取代我国的刑事管辖权。刑事管辖只能适用本国法，外国判决仅是一种"事实状态"，在我国不具有法律的效力。这是因为，社会制度不同的国家，在刑法的原则、适用、罪的认定以及刑罚的目的方面，可能会有很大的甚至是根本的不同。同时，我国刑法注意到罪犯受双重审判的可能状况，又在事实上考虑了外国法院裁判的效力，因而有"……但在外国已经受过刑罚处罚的，可以免除或者减轻处罚"的"但书"之规定。罪犯如果在国外已受过刑罚处罚，再按我国刑法正常定罪量刑并予以执行的话，则对犯罪人过于苛刻，不符合我国刑法罪责刑相适应原则的精神，也不符合我国刑罚教育、改造、挽救罪犯的宗旨。所谓在外国已经受过刑罚处罚的，既包括在外国被判缓刑，也包括已在国外执行了刑罚的一部或全部。这些情况均可适用本条。

■第二节　刑法的时间效力

一、基本法理

刑法的时间效力，是指刑法的生效时间、失效时间以及刑法的溯及力问题。

（一）刑法的生效时间

关于刑法的生效时间，通常有两种规定方式：①从公布之日起生效。例如1998年12月29日全国人大常委会通过的《关于惩治骗购外汇、逃汇和非法买卖外汇犯罪的决定》第9条规定："本决定自公布之日起施行。"其后，1999年6月7日最高人民法院、最高人民检察院和公安部联合发布了《关于印发〈办理骗汇、逃汇犯罪案件联席会议纪要〉的通知》，其中第2条进一步说明了即刻生效的单行刑法的适用问题，即"全国人大常委会《关于惩治骗购外汇、逃汇和非法买卖外汇犯罪的决定》（以下简称《决定》）公布施行后发生的犯罪行为，应当依照《决定》办理；对于《决定》公布施行前发生的公布后尚未处理或者正在处理的行为，依照修订后的《刑法》第12条第1款规定的原则办理"。又如2006年6月29日第十届全国人民代表大会常务委员会第二十二次会议通过的《中华人民共和国刑法修正案（六）》第21条规定，本修正案自公布之日起施行。②公布之后经过一段时间再施行。例如1997年3月14日第八届全国人民代表大会第五次会议通过修订后的《中华人民共和国刑法》，同时公布新刑法自1997年10月1日起施行。法律公布一段时间后再施行有利于社会各个阶层了解和掌握新的法律知识，特别是对民众进行新法的宣传和普及具有一定的意义。

（二）刑法的失效时间

刑法的失效也基本包括两种方式：①由国家立法机关明确宣布某些法律失效。例如，新《刑法》第452条第2款规定，列于附件一的全国人大常委会制定的《中华人民共和国惩治军人违反职责罪暂行条例》等15件单行刑法，自1997年10月1日起予以废止。②自然失效，即新法施行后代替了同类内容的旧法，或者由于原来特殊的立法条件已经消失，旧法自行废止。

（三）刑法的溯及力

刑法的溯及力，是指刑法生效后，对于其生效以前未经审判或者判决尚未确定的行为是否适用的问题。如果适用，就是有溯及力；如果不适用，就是没有溯及力。关于刑法的溯及力概括起来大致包括以下几种：①从旧原则。即新法对其生效前的行为一律没有溯及力，完全适用旧法。②从新原则。即新法对于其生效前未经审判或判决尚未确定的行为一律适用，新法具有溯及力。③从新兼从轻原则。即新法原则上具有溯及力，但旧法（行为时法）不认为是犯罪或者处刑较轻时，则按照旧法处理。④从旧兼从轻原则。即新法原则上不具有溯及力，但新法不认为是犯罪或者处刑较轻时，则按新法处理。

上述关于刑法溯及力的诸原则中，从旧兼从轻原则既符合罪刑法定原则的要求，又适应实际需要，因而为绝大多数国家所采用。我国刑法关于溯及力问题亦采用了这一原则。我国《刑法》第 12 条第 1 款规定："中华人民共和国成立以后本法施行以前的行为，如果当时的法律不认为是犯罪的，适用当时的法律；如果当时的法律认为是犯罪的，依照本法总则第四章第八节的规定应当追诉的，按照当时的法律追究刑事责任，但是如果本法不认为是犯罪或者处刑较轻的，适用本法。"第 12 条第 2 款规定："本法施行以前，依照当时的法律已经作出的生效判决，继续有效。"根据这一规定，对于 1949 年 10 月 1 日中华人民共和国成立至 1997 年 10 月 1 日新《刑法》生效这段时间内发生的行为，应按以下不同情况分别处理：

第一，当时的法律不认为是犯罪，而新刑法认为是犯罪的，适用当时的法律，即新刑法没有溯及力。对于这种情况，不能以新刑法规定为犯罪为由而追究行为人的刑事责任。

第二，当时的法律认为是犯罪，但新刑法不认为是犯罪的，只要这种行为未经审判或者判决尚未确定，就应当适用新刑法，即新刑法具有溯及力。

第三，当时的法律和新刑法都认为是犯罪，并且按照新《刑法》总则第四章第八节的规定应当追诉的，原则上按当时的法律追究刑事责任，即新刑法不具有溯及力。这就是从旧兼从轻原则所指的从旧。但是，如果当时的法律处刑比新刑法重，则应适用新刑法，新刑法具有溯及力。这便是从轻原则的体现。

第四，如果当时的法律已经作出了生效判决，继续有效。即使按新刑法的规定，其行为不构成犯罪或处刑较当时的法律要轻，也不例外。这主要是考虑到维护人民法院生效判决的严肃性和稳定性的需要。

二、疑难问题

（一）如何理解"处刑较轻"?

我国《刑法》第 12 条规定"如果本法不认为是犯罪或者处刑较轻的，适用本法"，从而明确了新刑法具有溯及力的两种特定条件即新刑法"不认为是犯罪"或者"处刑较轻"。对"本法不认为是犯罪"的理解一般不存在问题，但对"处刑较轻"的理解，理论上和实践中均存在分歧。

根据 1997 年 12 月 23 日通过的最高人民法院《关于适用刑法第十二条几个问题的解释》的规定，《刑法》第 12 条规定的"处刑较轻"，是指：①刑法对某种犯罪规定的刑罚即法定刑比修订前刑法轻。法定刑较轻是指法定最高刑较轻；如果法定最高刑相同，则指法定最低刑较轻。②如果刑法规定的某一犯罪只有一个法定刑幅度，法定最高刑或者最低刑是指该法定刑幅度的最高刑或者最低刑；如果刑法规定的某一犯罪有两个以上的法定刑幅度，法定最高刑或者最低刑是指具体犯罪行为应当适用的法定刑幅度的最高刑或者最低刑。例如，组织越狱罪原刑法法定最高刑为死刑，而修订后刑法法定最高刑为 15 年有期徒刑，对于修订刑法之前实施组织越狱行为，而在修订刑法后审理的，适用修订后刑法，即修订后刑法具有溯及力。③1997年10月1日以后审理1997年9月30日以前发生的刑事案件，如果刑法规定的定罪处刑标准、法定刑与修订前刑法相同的，应当适用修订前的刑法。

（二）如何对“跨法犯”适用法律？

所谓跨法犯，是指犯罪行为始于新法生效之前而结束于新法生效之后，跨越新旧两部刑法的情形。“跨法犯”在司法实践中无法避免地涉及刑法的溯及力问题。

根据最高人民检察院1998年12月2日作出的《关于跨越修订刑法施行日期的继续犯罪、连续犯罪以及其他同种数罪应如何具体适用刑法问题的批复》的规定，对于开始于1997年9月30日以前，继续或者连续到1997年10月1日以后的行为，以及在1997年10月1日前后分别实施的同种类数罪，如果原刑法和修订刑法都认为是犯罪并且应当追诉，按照下列原则决定如何适用法律：①开始于1997年9月30日以前，继续到1997年10月1日以后终了的继续犯罪，应当适用修订刑法一并进行追诉。②开始于1997年9月30日以前，继续到1997年10月1日终了的连续犯罪，或者在1997年10月1日前后分别实施的同种类数罪，其中罪名、构成要件、情节以及法定刑均没有变化的，应当适用修订刑法一并进行追诉；罪名、构成要件、情节以及法定刑已经变化的，也应当适用修订刑法一并进行追诉，但是修订刑法比原刑法所规定的构成要件和情节较为严格，或者法定刑较重的，在提起公诉时应当提出酌情从轻处理意见。

（三）如何理解刑法司法解释的溯及力问题？

司法解释不是立法，同样，刑法的司法解释也不具有立法的功能，但是，在我国的刑事司法实践中，司法解释已成为我国司法机关办案的依据之一。因此，从实践层面理解，我国刑法的司法解释，应当说一定程度上具有法律渊源的效力，其突出的作用体现为在法律规范的原则性与司法实务所要求的可操作性之间建立连接的纽带，从而也产生效力问题。

2001年2月17日最高人民法院、最高人民检察院《关于适用刑事司法解释时间效力问题的规定》指出，刑事司法解释的溯及力有以下四个方面：①司法解释自发布或者规定之日起施行，效力适用于法律的施行期间；②对于司法解释实施前发生的行为，行为时没有相关司法解释，司法解释施行后尚未处理或者正在处理的案件，依照司法解释的规定办理；③对于新的司法解释实施前发生的行为，行为时已有相关司法解释，依照行为时的司法解释办理，但适用新的司法解释对犯罪嫌疑人、被告人有利的，适用新的司法解释；④对于在司法解释施行前已办结的案件，按照当时的法律和司法解释，认定事实和适用法律没有错误的，不再变动。

关于刑法司法解释的效力问题的具体体现，试举一例作出说明，如2003年1月14日最高人民检察院关于认真贯彻执行《中华人民共和国刑法修正案（四）》和《全国人大常委会关于〈中华人民共和国刑法〉第九章渎职罪主体适用问题的解释》（以下简称《解释》）的通知第3条指出：“对于1997年修订刑法施行后、《刑法修正案（四）》施行以前发生的枉法执行判决、裁定犯罪行为，应当依照《刑法》第397条的规定追究刑事责任。根据《立法法》第47条的规定，法律解释的时间效力与它所解释的法律的时间效力相同。对于在1997年修订刑法施行后、《解释》施行以前发生的行为，在《解释》施行以后尚未处理或者正在处理的案件，应当依照《解释》的规定办理，对于在《解释》施行以后已经办结的案件，不再变动。”

【思考题】

1. 简述我国刑法的属地管辖权。
2. 简述我国刑法溯及力问题遵循的原则。
3. 试述我国区际刑事管辖权冲突及其解决原则。

【参考文献】

1. 林欣:《国际法中的刑事管辖权》，法律出版社 1988 年版。
2. 高铭暄主编:《刑法学原理》（第 1 卷），中国人民大学出版社 1991 年版。
3. 陆晓光主编:《国际刑法概论》，中国政法大学出版社 1991 年版。
4. 赵秉志、钱毅、赫兴旺:《跨国跨地区犯罪的惩治与防范》，中国方正出版社 1996 年版。
5. [前苏联] 特拉伊宁:《犯罪构成的一般学院》，薛秉忠等译，中国人民大学出版社 1958 年版。
6. [韩] 柳炳华:《国际法》（上卷），中国政法大学出版社 1997 年版。
7. [英] 詹宁斯・瓦茨修订:《奥本治国际法》（第 1 卷，第 1 分册），中国大百科全书出版社 1992 年版。

第七章

犯罪概念与犯罪构成

【导语】犯罪概念是对犯罪特征的高度概括，解决“什么是犯罪”的问题。犯罪概念主要有犯罪的形式概念、犯罪的实质概念和犯罪的混合概念三种类型。我国刑法中的犯罪，是指危害社会，触犯刑法，依法应当受刑罚处罚的行为。犯罪有三个基本特征：严重的社会危害性、刑事违法性和应受刑罚惩罚性。犯罪构成是指刑法规定的，决定某一具体行为的社会危害性及其程度，而为该行为构成犯罪所必须具备的一切主观要件和客观要件的有机统一的整体。任何一种犯罪的成立都必须具备犯罪主体、犯罪主观方面、犯罪客观方面和犯罪客体四个方面的构成要件。犯罪构成可以分为以下四类：①基本的犯罪构成与修正的犯罪构成；②标准的犯罪构成和派生的犯罪构成；③简单的犯罪构成和复杂的犯罪构成；④完结的犯罪构成和待补充的犯罪构成。犯罪构成在犯罪论体系乃至整个刑法学理论体系中都居于核心位置，对于贯彻实现罪刑法定原则，正确定罪量刑都具有重要作用。

本章的疑难问题：①刑法中是否应当引入“社会危害性”概念？②应受刑罚惩罚性是否是犯罪的基本特征？③犯罪构成一般要件应当如何排列顺序？④犯罪构成要件的层次结构应当如何把握？

■第一节　犯罪概念

一、基本法理

（一）犯罪的概念

犯罪概念是对犯罪特征的高度概括。犯罪概念存在形式的犯罪概念、实质的犯罪概念以及形式和实质相统一的犯罪概念之分。形式的犯罪概念仅从犯罪外在法律特征角度对犯罪进行界定，不涉及犯罪的内在本质；实质的犯罪概念是从犯罪本质特征出发对犯罪进行界定；形式和实质相统一的犯罪概念则从犯罪的外在法律特征和内在本质特征两方面对犯罪进行界定。形式和实质相统一的犯罪概念为我国刑法所采用。《刑法》第13条规定：“一切危害国家主权、领土完整和安全，分裂国家、颠覆人民民主专政的政权和推翻社会主义制度，破坏社会秩序和经济秩序，侵犯国有财产或者劳动群众集体所有的财产，侵犯公民私人所有的财产，侵犯公民的人身权利、民主权利和其他权利，以及其他危害社会的行为，依照法律应当受刑罚处罚的，都是犯罪，但是情节显著轻微危害不大的，不认为是犯罪。”该条规定中“一切……危害社会的行为”是对犯罪本质特征的揭示；“依照法律应当受刑罚处罚”则是对犯罪法律特征的概括。该条的“但书”是对犯罪在量上的限制，表明被认为是犯罪的行为应当是社会危害性达到严重程度的行为。根据刑法典的上述规定，我国刑法中的犯罪概念可以概括为严重危害社会、触犯刑事法律、依法应当受刑罚处罚的行为。

（二）犯罪的基本特征

根据法定的犯罪概念，犯罪应当具有以下三个基本特征：

1. 犯罪具有严重的社会危害性。所谓社会危害性，是指行为对国家、社会或个人利益的有害性。社会危害性是一切反社会行为的共同特征，但不同的反社会行为在对社会的危害程度上存在差别，其中被称为犯罪的这类反社会行为对社会的危害程度最为严重。因此，严重的社会危害性是犯罪最基本的特征。如果某种行为根本不会给社会造成危害，法律就不应将其规定为犯罪并予以惩罚。某种行为虽然具有一定的社会危害性，但情节显著轻微，危害不大的，也不应认定为犯罪，因为《刑法》第 13 条明确规定，危害行为“情节显著轻微危害不大的，不认为是犯罪”。这表明犯罪的社会危害性是质和量的统一，仅具备质的因素而缺乏量的配合不能成为犯罪。决定行为社会危害性大小的因素主要有：①行为所侵犯的社会关系的性质和重要程度；②行为的手段、后果以及时间、地点、对象；③行为人的个人身份情况；④行为人的主观因素。总之，犯罪的社会危害性是主观因素和客观因素的统一。

将社会危害性引入犯罪概念之中具有重要意义。离开这一揭示犯罪内在本质特征的概念，犯罪概念就成了一具空壳，难免显得空洞苍白，从而阻碍我们用犯罪概念对事物性质进行正确把握。在考察行为的社会危害性时，要用历史、发展和全面的观点看问题。当某一行为随着时代变迁已经不具有社会危害性，或者社会危害性已经微乎其微时，即使刑法中还存在对这类行为的禁止性规定，也应当根据《刑法》第 13 条但书的规定，将这种行为排除在犯罪之外。但是，绝不能仅以行为具有严重的社会危害性为理由，来认定该行为构成犯罪，否则将违反罪刑法定这一刑法基本原则。

2. 犯罪具有刑事违法性。这是指犯罪是一种触犯刑事法律的行为。这里的刑事法律，是指规定了罪状和法定刑的刑法条文。没有触犯这类刑法条文，就不可能构成犯罪。当某种行为具有严重的社会危害性时，立法机关为了遏制和打击这种行为，维护被这种行为所侵犯的国家、社会或者个人利益，就会考虑制定法律禁止实施这种行为，并对实施这种行为者予以刑罚处罚。被制定的法律就是刑事法律，被禁止实施的行为则被称为犯罪。只有被刑事法律所禁止的行为才能被定为犯罪，具有严重社会危害性的行为在被刑法禁止以前，不能被定为犯罪。这就使犯罪具有了第二个基本特征，即刑事违法性。犯罪的严重社会危害性是刑事违法性的基础，也是犯罪的内在本质；犯罪的刑事违法性则是其严重的社会危害性在刑法上的表现。

犯罪的刑事违法性也是主观因素和客观因素的统一。行为人虽然主观上有危害社会的企图，但客观上没有实施危害社会的行为，不会产生刑事违法的问题；行为虽然客观上造成了严重的危害社会的后果，但行为人主观上不存在故意或者过失，也不会产生刑事违法性的问题。

3. 犯罪具有应受刑罚惩罚性。对任何违法行为，无论是民事的、行政的还是刑事的，行为人都应当承担相应的法律后果。对于刑事违法行为即犯罪来说，行为人应当承担的法律后果是受到刑罚处罚。刑法理论通说认为应受刑罚惩罚性是犯罪的基本特征之一，但也有观点认为应受刑罚惩罚性不属于犯罪的基本特征。[1] 我们认为，无论从立法还是从司法角度看，将应受刑罚惩罚性作为犯罪的基本特征之一都具有积极意义。从刑事立法角度来考察，犯罪的应受刑罚惩罚性具有完全独立的地位。立法者首先考虑的是行为的应受刑罚惩罚性，即应当用刑罚对某一严重危害社会的行为进行制裁，然后再考虑如何对其予以犯罪化，即赋予其刑事违法性的特征。从刑事司法角度看，司法者通过掂量是否应当对某种危害行为予以刑罚惩罚，可以更准确地判断行为所具有的社会危害性的严重程度，是否具备了刑事违法性的特征。因此，应受刑罚惩罚性应成为犯罪的基本特征之一。

---

〔1〕 参见马克昌主编：《犯罪通论》，武汉大学出版社 1999 年版，第 16～18 页；张明楷：《刑法学》（上），法律出版社 1997 年版，第 79 页。

在理解犯罪的应受刑罚惩罚性时，要辨清它和免除处罚的关系。免除处罚是在行为已经构成犯罪，应当受到刑罚处罚的情况下，综合考虑各种从宽因素，对行为人作出的处理决定。免除处罚是以应受处罚为前提。因此，犯罪的应受刑罚惩罚性与对犯罪人免除处罚并不矛盾。相反，对犯罪人免除处罚进一步说明了应受刑罚惩罚性是犯罪的基本特征之一：如果犯罪不具有应受刑罚惩罚性，对不需要给予刑罚处罚的犯罪人就不一定要说免除处罚，而可以直接宣布不予处罚。对不需要给予处罚的犯罪人之所以只能宣布免除处罚，就是因为犯罪具有应受刑罚惩罚性。

上述三项犯罪基本特征紧密联系，严重的社会危害性是犯罪最基本的特征，是刑事违法性和应受刑罚惩罚性的基础；刑事违法性是严重的社会危害性的法律表现；应受刑罚惩罚性是行为严重危害社会、违反刑事法律应当承担的法律后果。三者共同决定了犯罪所具有的本质特征和法律特征。

二、疑难问题

（一）刑法中是否应当引入“社会危害性”概念？

通说认为，将社会危害性这一概念引入我国刑法犯罪概念之中，揭示了犯罪的本质特征，从而把犯罪的实质特征即相当程度的社会危害性和法律特征即刑事违法性和应受刑罚处罚性结合起来，使得我国刑法关于犯罪概念的规定在其科学性上为资本主义国家刑法所无法比拟。[1] 不过，晚近刑法理论界对社会危害性理论的批评之声有高涨的趋势，有学者认为，犯罪的社会危害性标准与罪刑法定原则冲突。其主要理由是：①“社会危害说不仅通过其‘犯罪本质’的外衣为突破罪刑法定原则的刑罚处罚提供一种貌似具有刑法色彩的理论根据，而且也在实践中对于国家法治起着反作用”；[2] ②社会危害性本身具有笼统、模糊、不确定性；③社会危害性标准应是立法者、法学研究人员确立犯罪行为规范的重要因素，司法者和一般公民只能根据刑法规范一目了然地进行行为对照判断，而没有判断“社会危害性程度大小”的注意义务，如要确立社会危害性标准，那是对司法者和守法者的苛求；④社会危害性又是罪刑法定的对立面，即刑事类推适用的前提。[3] 对社会危害性理论持全盘否定态度的观点目前在理论界仍然占有重要地位，[4] 而为社会危害性理论进行辩护的观点也颇有见地。[5]

考察对社会危害性理论持否定态度的观点，不难发现其核心在于担心社会危害性的判断标准模糊。对于不同认识主体而言，同一行为是否具有社会危害性的结论可能是不同的，因而容易引起混乱，不利于罪刑法定原则的贯彻。这样的担心不无道理。不过，对社会危害性理论的忧虑也不能让人回避一个问题：犯罪的实质是什么？纯粹的犯罪形式概念不可能回答这个问题，因此，对犯罪实质概念的界定在所难免。那么，对犯罪实质概念的界定有比社会危害性说更为合理的吗？我们认为没有。否定社会危害性说的学者“在驱逐社会危害性”的概念之后，提出了一个“违法性双层次审查说”，“赋予刑事违法性以某种实质蕴含，使其发挥实质审查功能，以此建立违法性双层次审查机制”，[6] 并试图通过“引入法益概念，建立

〔1〕 参见高铭暄主编：《刑法学原理》（第1卷），中国人民大学出版社1993年版，第382页。

〔2〕 李海东：《刑法原理入门》，法律出版社1998年版，“自序”第8页。

〔3〕 参见樊文：“罪刑法定与社会危害性的冲突”，载《法律科学》1998年第1期。

〔4〕 参见陈兴良：“社会危害性理论：进一步的批判性清理”，载《中国法学》2006年第4期。

〔5〕 参见储槐植、张永红：“善待社会危害性观念——从我国刑法第13条但书说起”，载《法学研究》2002年第3期。

〔6〕 陈兴良：“社会危害性理论：进一步的批判性清理”，载《中国法学》2006年第4期。

违法性冲突救济机制”。[1] 我们认为，这种努力的意义值得怀疑。当我们在进行所谓的实质违法性判断时，必然触及犯罪的本质，即触及“为什么刑法把这种行为规定为犯罪”的问题，也就不可避免地要从法律之外去寻找根据。因此，所谓实质刑事违法性恐怕是一个自相矛盾的概念。即便引入法益这一概念，也只是让我们更进一步地看到犯罪的法律特征而不是本质特征。刑法之所以将某种行为规定为犯罪，本质上并不是因为它侵犯了某种法益，而是因为它侵犯了现存的社会秩序或者说社会关系，法益只不过是社会秩序或者说社会关系在法律上的体现，对现存社会秩序或者社会关系的破坏，亦即危害社会，才是犯罪的本质。因此，我们认为，在刑法的犯罪概念中引入社会危害性不仅是科学的，而且是必要的。无论中外，在理论上都不可避免地要探讨实质犯罪这一概念。西方刑法论著中频繁出现的“反社会”之类的概念或表述，便是基于对这一问题的思考而形成的成果。即便是注释刑法学，离开社会危害性也无法阐明刑法条文的真义。再说，立法者也有义务在刑法中对被他规定为犯罪的行为作出一种导向性的价值判断，否则他所制定的刑法将显得苍白无力。否定社会危害性的观点或多或少地存在着孤立地看待社会危害性标准，以致将其视为独立判断行为是否构成犯罪的标准的偏见，而实际上，肯定社会危害性标准的刑法理论通说并不认为社会危害性标准可以用来独立判断行为是否构成犯罪，而是一再强调其必须与刑事违法性结合起来。因此，否定社会危害性理论的观点在一定程度上是在攻击一个并不存在的目标。

（二）应受刑罚惩罚性是否是犯罪的基本特征？

刑法理论通说认为应受刑罚惩罚性是犯罪的基本特征之一，但另有观点认为应受刑罚惩罚性不应当属于犯罪的基本特征。肯定说认为：①不需给予应受刑罚处罚评价的行为，不可能是犯罪；②主张应受刑罚处罚性是犯罪的一个基本特征，在我国也有法律上的根据，即《刑法》第 13 条“……依照法律应当受刑罚处罚的，都是犯罪”；③将应受刑罚处罚性确定为犯罪的基本特征，与刑法中有些条文规定在一定情况下对犯罪可以或者应当“免除处罚”并不矛盾。[2] 否定说则认为：①应受刑罚惩罚性是犯罪的法律后果，不是犯罪的基本特征；②将应受刑罚惩罚性列为犯罪的基本特征之一并无必要，因为严重的社会危害性和刑事违法性即已表明该行为已构成犯罪；③不是应受刑罚惩罚性制约犯罪，而是严重的社会危害性决定行为构成犯罪，从而决定行为应受刑罚处罚；④在犯罪定义中将应受刑罚惩罚性列为犯罪的一个基本特征，在逻辑上犯了循环定义的错误；⑤从刑法分则对犯罪的规定来看，也不便说应受刑罚惩罚性是犯罪的基本特征；⑥外国不少立法例，并未把应受刑罚惩罚性列为犯罪的特征。[3]

我们认为，如果将基本特征本身界定为一事物区别于其他事物所必须具备的基本个别性，那么犯罪的基本特征应当只包括严重的社会危害性和刑事违法性；如果将基本特征界定为充分体现一事物区别于其他事物的基本个别性，则应当将应受刑罚惩罚性视为犯罪的基本特征之一。理由是：严重的社会危害性和刑事违法性是从实质上和形式上分别揭示犯罪的本质特征和犯罪的法律特征，对于我们认识犯罪都是必不可少的，因而显然属于犯罪的基本特征。同时，根据这两个特征足以推出犯罪应受刑罚处罚这一结论。因为法律规范是由假定、处理和制裁三部分构成的，在假定和处理均已确定后，制裁应当是一种不可避免的结果。在严重的社会危害性和刑事违法性均已确定后，应受刑罚惩罚也就是一种不可避免的结果。从

---

〔1〕 陈兴良：“社会危害性理论：进一步的批判性清理”，载《中国法学》2006 年第 4 期。

〔2〕 参见高铭暄、马克昌主编：《刑法学》（上编），中国法制出版社 1999 年版，第 76 ~ 77 页。

〔3〕 参见马克昌主编：《犯罪通论》，武汉大学出版社 1999 年版，第 16 ~ 18 页。

这一角度来看，应受刑罚惩罚性确实没有必要作为犯罪的一个独立基本特征。但是，应受刑罚惩罚性又确实体现出犯罪在引发的法律后果方面迥异于其他一般违法行为的基本个别性，这对于我们充分认识犯罪这一现象又是必要的。从这一角度来看，将其认定为犯罪基本特征之一并无不妥。

■第二节 犯罪构成

一、基本法理

（一）犯罪构成理论的历史发展

犯罪构成由德语 Tatbestand 一词翻译而来，[1] Tatbestand 又译自拉丁文 corpus delicti。1796 年，德国学者克莱因（Klein）把 corpus delicti 译为 Tatbestand 时，Tatbestand 还仅具有诉讼法上的意义，表示与特定的行为人没有联系的外部客观实在（罪体）。司法部门如果不能根据严格的证据法则对这种客观犯罪事实进行确证，就不能进行特别纠问。19 世纪初，Tatbestand 被德国刑法学家费尔巴哈（P. V. Feuerbach）、斯鸠别尔（C. C. Stubel）用于实体法中。费尔巴哈认为，“犯罪构成乃是违法的（从法律上看）行为中所包含的各个行为的或事实的诸要件的总和”。[2]

费尔巴哈等人所谓的犯罪构成，仅指刑法分则中一个个具体犯罪的构成，尚未与刑法总则关于犯罪的一般规定联系起来。系统的犯罪构成理论通常认为是由德国刑法学者贝林格（E. Beiling）在 20 世纪后创立，并经迈兹格（E. Mezger）等人的不断完善，由迈耶（M. E. Mayer）基本完成。

贝林格试图通过建立犯罪构成理论体系，排除审判过程中的法官擅断，实现罪刑法定。他将刑法分则的特殊构成要件概念化、理论化并上升为刑法总则的犯罪概念的中心，认为行为是否构成犯罪，需要经过实体法明文规定，只有与实体法明文规定的构成要件相符合的行为，才能视为犯罪。因此，犯罪概念应补充“构成要件该当性”，任何犯罪都必须具备六个条件：①行为；②行为符合构成要件；③行为是违法的；④行为是有责的；⑤行为有适合处罚的规定；⑥行为具备处罚的条件。[3] 至此，构成要件与违法性、有责性分离。

贝林格的犯罪构成理论在德国刑法学界引起了关于构成要件与违法性的关系以及构成要件是否包含规范和主观的要素之争，争论促使迈耶于 1915 年发表了其名著《刑法总论》。在书中，迈耶将贝林格提出的犯罪成立的六个条件简化为三个，即构成要件符合性、违法性和归责性。迈耶认为，在法律上构成要件当中存在规范的要素和主观的要素；构成要件符合性（即具体事实符合抽象的构成要件）是违法性的认识根据。另一德国刑法学者迈兹格进一步指出，构成要件符合性不仅是违法性的认识根据，而且是其存在根据。迈耶的犯罪构成理论被称为新构成要件论。后来，日本的小野清一郎等刑法学者对新构成要件论作了进一步补充，提出符合构成要件的行为原则上不仅是违法的，而且是有责的，即构成要件是责任的类型化。

---

〔1〕 另有学者指出德语 Tatbestand 一词是指与违法性、有责性相分离，并且与违法性、有责性并列成为犯罪成立三大条件的构成要件，与我国刑法理论中的犯罪构成概念存在本质区别。参见肖中华：《犯罪构成及其关系论》，中国人民大学出版社 2000 年版，第 3 ~ 8 页。

〔2〕 转引自高铭暄主编：《刑法学原理》（第 1 卷），中国人民大学出版社 1993 年版，第 438 页。

〔3〕 参见高铭暄主编：《新编中国刑法学》，中国人民大学出版社 1998 年版，第 86 页。

迈耶提出的犯罪构成理论目前仍然是大陆法系国家犯罪构成理论的通说，其核心内容为：构成要件符合性（或称该当性）、违法性与有责性是成立犯罪必须同时具备的三项条件；当具体事实与构成要件相一致时，便具有构成要件符合性；行为符合构成要件，原则上就可以推定为违法，并且可以确定责任的类型。

前苏联学者创立了一套新的犯罪构成理论。1938 年，供法律高等院校使用的《刑法总则》教科书的出版，标志着这一理论的诞生，该理论认为，所谓犯罪构成是“构成犯罪的诸要件的总和”，并将犯罪构成要件分为主体、主观方面、客体、客观方面四项。1946 年，著名刑法学者特拉伊宁出版了《犯罪构成的一般学说》，全面、系统地论述了犯罪构成的概念、犯罪构成理论的体系结构等问题。1958 年以后，前苏联犯罪构成理论研究向刑事责任、定罪等领域延伸、深化，形成以下基本结论：①刑事责任的唯一基础是犯罪构成；②犯罪构成是事实的要件的总和，这些要件分别属于犯罪客体、犯罪的客观方面、犯罪主体、犯罪的主观方面等四个方面，这一总和的本质属性是社会危害性；③任何犯罪都是一定危害社会行为的客观要件和主观要件的统一；④在正当防卫、紧急避险的场合不存在犯罪构成。[1]

我国的犯罪构成理论是在引进前苏联犯罪构成理论的基础上发展、创新而来的。

（二）犯罪构成的概念和特征

目前我国刑法学界对如何界定犯罪构成概念分歧较大，主要存在法律说、罪状说、概念说、理论说、事实说、法律 + 理论说等六种观点。[2] 根据我国刑法理论的通说，犯罪构成是指我国刑法规定的，决定某一行为的社会危害性及其程度而为该行为成立犯罪所必须具备的一切客观要件和主观要件的有机统一的整体。根据这一概念，我国刑法中的犯罪构成具有如下基本特征：

1. 犯罪构成是一系列客观要件和主观要件的有机统一。在构成犯罪的众多要件中，既包含犯罪主体要件和反映行为人主观方面特征的要件，又包含犯罪客体要件和反映行为客观方面特征的要件。比如，一项故意杀人犯罪的成立，必定存在一个以上的达到刑事责任年龄、具备刑事责任能力的自然人，同时，该自然人必定实施了剥夺他人生命的行为，侵犯了刑法所保护的生命权，而且主观上是希望或者放任他人死亡结果的发生。在刑法理论上，为了论述的方便，有时将犯罪主体要件和犯罪主观方面的要件统称为主观要件，将犯罪客体要件和犯罪客观方面的要件统称为客观要件。主观要件和客观要件有机结合在一起，就形成犯罪构成。

犯罪构成之所以必须是主客观要件的有机统一，其内在根据在于：犯罪作为一种危害社会，应当受到刑罚惩罚的行为，本身应当是主客观的统一。主观罪过如果不通过客观危害行为表现出来，就不会对社会造成危害。而且，法律不是道德，思想属于道德管辖的范围，法律制裁的只能是行为，思想自由不得侵犯已经成为现代社会公认的原则。造成危害的客观行为如果不是在主观罪过支配下实施的，就缺乏对行为人进行刑事制裁的心理和道义基础。可见，仅凭主观犯意而不考虑客观危害的主观归罪或仅凭客观实害而不考虑主观心态的客观归罪，都有违现代法治社会的基本原则和刑法的任务和目的，因而不可取。

2. 犯罪构成要件能够反映行为的社会危害性及其程度。犯罪构成由一系列主客观犯罪构成要件有机结合而成，这些犯罪构成要件是从同类案件的不同事实中抽象、概括出来的事实，这些事实带有共性，对行为性质和危害程度具有决定意义。任何一个犯罪，都可以有很

---

〔1〕 参见马克昌主编：《犯罪通论》，武汉大学出版社 1999 年版，第 64 页。

〔2〕 参见肖中华：《犯罪构成及其关系论》，中国人民大学出版社 2000 年版，第 70 ~ 74 页。

多事实来表明，但并非每一个事实都可以成为犯罪构成的要件，只有那些对行为的社会危害性及其程度具有决定性意义，从而是该行为成立犯罪所必需的那些事实，才属于犯罪构成的要件。

3. 犯罪构成的要件由刑法加以规定。[1] 行为成立犯罪所必需的犯罪构成要件，我国刑法都作出了规定，其中，刑法总则规定了一切犯罪都必须具备的条件，刑法分则规定了具体犯罪成立需要特别具备的条件。这一特征可称为犯罪构成要件的法定性。犯罪构成要件的法定性，与罪刑法定原则的要求正好相吻合。罪刑法定原则中"罪"之法定，是指某一行为是否属于犯罪，只能由法律来规定，或者说没有法律就没有犯罪。而法律对犯罪的界定，必须通过对犯罪构成要件的规定来实现，这样，罪刑法定原则就决定了犯罪构成要件必然是由刑法加以规定的。

（三）犯罪构成的分类

按照不同的标准可以对犯罪构成作出不同的分类，目前刑法理论对犯罪构成的分类主要有以下四种：

1. 基本的犯罪构成与修正的犯罪构成。这是根据犯罪构成的形态特点所作的划分。基本的犯罪构成，是指符合刑法分则条文关于某种犯罪的完成形态规定的犯罪构成，即刑法分则所规定的既遂犯的犯罪构成。修正的犯罪构成，是指刑法总则根据犯罪的不同形态，对基本犯罪构成中个别要件的具体要求作相应的修改或者变更后形成的犯罪构成；包括预备犯、未遂犯、中止犯等故意犯罪未完成形态的犯罪构成，以及主犯、从犯、胁从犯、教唆犯等共同犯罪人所实施犯罪行为的犯罪构成。有学者不赞同这种分类，认为这种分类会导致某一事实在同一类犯罪中有时属于犯罪构成要件，有时又不属于犯罪构成要件，从而造成许多混乱。[2]

2. 标准的犯罪构成与派生的犯罪构成。这是根据犯罪行为在社会危害程度方面的特点所作的划分。标准的犯罪构成，又称独立的犯罪构成，是指刑法分则条文对具有标准的社会危害程度的行为所规定的犯罪构成。例如，《刑法》第234条第1款所规定的就是标准的犯罪构成。派生的犯罪构成，是指在标准犯罪构成的基础上，根据刑法分则条文对标准犯罪构成个别方面的特别规定而形成的犯罪构成，包括加重的犯罪构成和减轻的犯罪构成。加重的犯罪构成，是指犯罪行为符合刑法分则在犯罪主体、犯罪情节或危害结果方面的特别规定，由于行为的社会危害性因此增大，法律相应地规定加重刑罚或从重处罚的犯罪构成。例如，《刑法》第234条第2款所规定的犯罪构成，就属于加重的犯罪构成。减轻的犯罪构成，是指犯罪行为符合刑法分则在犯罪情节方面的特别规定，由于行为的社会危害性因此减小，法律相应地规定减轻刑罚的犯罪构成。如《刑法》第232条后半段所规定的犯罪构成，就属于减轻的犯罪构成。

3. 简单的犯罪构成与复杂的犯罪构成。这是根据犯罪构成对犯罪构成各要件的不同要求而作的划分。简单的犯罪构成，又称单一的犯罪构成，是指刑法条文规定的犯罪构成的诸

---

〔1〕对于犯罪构成是否由是法律规定的，理论上存在争议。有学者认为，我国刑事法律并没有使用犯罪构成这一术语，因此，犯罪构成不是法律规定，而是一种理论学说；另有学者认为，刑法虽然没有明文使用过犯罪构成这一术语，但刑法确实规定了构成各种犯罪必须具备的要件，刑法理论也正是将刑法的这种规定概括为犯罪构成的，因此，刑法实际上规定了犯罪构成。参见张明楷：《刑法学》（上），法律出版社1997年版，第98页。

〔2〕参见张明楷：《刑法学》（上），法律出版社1997年版，第98页。

要件均属单一的犯罪构成。例如，《刑法》第264条规定的盗窃罪，其犯罪客体、危害行为、犯罪主体和罪过形式诸要件都是单一的，因此，盗窃罪的犯罪构成就属于简单的犯罪构成。复杂的犯罪构成，是指刑法条文规定的犯罪构成的诸要件并非均属单一的犯罪构成。复杂的犯罪构成又可分为两类：一类可以称为选择的犯罪构成，是指由可供选择的要件构成的犯罪构成。例如，《刑法》第347条关于走私、运输、贩卖和制造毒品罪的规定，便提供了走私、运输、贩卖和制造四种行为要件，只要行为人实施了其中一种行为，便构成该罪。该罪的犯罪构成，便属于可选择的犯罪构成。另一类可以称为混合的犯罪构成，是指具有复合行为，或者两个罪过形式，或者两个犯罪客体的犯罪构成。例如，《刑法》第175条规定的高利转贷罪，存在套取金融机构信贷资金以及高利转贷给他人两个行为；第263条规定的抢劫罪，存在暴力、威胁等手段行为和夺取财物的目的行为两个行为，因此，这两个罪的犯罪构成都属于混合的犯罪构成。又如，《刑法》第238条第2款规定的非法拘禁致人死亡的情形，行为人存在故意（对拘禁行为而言）和过失（对死亡结果而言）两个罪过形式，因而这种派生的犯罪构成同时也属于混合的犯罪构成。再如，《刑法》第193条规定的贷款诈骗罪，既破坏了金融管理秩序，又侵犯了财产所有权，因而该罪的犯罪构成也属于混合的犯罪构成。

4. 完结的犯罪构成与待补充的犯罪构成。这是根据刑法是否完整地规定了犯罪构成的所有要件而作的划分。完结的犯罪构成，也称关闭的犯罪构成或者叙述的犯罪构成，是指刑法完整地规定了所有要件的犯罪构成。例如，《刑法》第232条所规定的故意杀人罪的犯罪构成，就属于完结的犯罪构成。待补充的犯罪构成，也称开放的犯罪构成或者空白的犯罪构成，是指刑法仅规定了部分构成要件，其他要件需要法官适用时根据其他法律的规定或者通过行使自由裁量权进行补充的犯罪构成。例如，《刑法》第344条所规定的非法采伐、毁坏国家重点保护植物罪以及非法收购、运输、加工、出售国家重点保护植物、国家重点保护植物制品罪的犯罪构成，都需要法官根据森林法等法律的规定来确定其行为是否违反了法律的规定，是否构成犯罪，因而属于待补充的犯罪构成。又如，《刑法》第114条关于以危险方法危害公共安全罪的规定，没有指明究竟哪些方法属于危险方法，需要法官根据实际情况进行确定，因此，该罪的犯罪构成也属于待补充的犯罪构成。

（四）犯罪构成的意义

犯罪构成在犯罪论体系乃至整个刑法学理论体系中都居于核心位置。对犯罪由哪些要件构成的不同理解，派生出主观归罪、客观归罪和主客观相统一定罪这三种犯罪认定标准；对犯罪构成主观要件和客观要件地位的不同理解，派生出主观主义和客观主义这两种刑法学派。在20世纪以前，统治阶级虽然一直在对他们认为是犯罪的现象进行制裁，却从来没有系统的、一以贯之的犯罪构成理论来指导其刑事司法活动，从而引发严重的罪刑擅断。犯罪构成理论的形成和发展，对于实现和维护罪刑法定，防止罪行擅断具有重要意义。犯罪构成的意义可以具体归纳为以下几方面：

1. 有利于区分罪与非罪。虽然罪刑法定原则和犯罪的概念为判断罪与非罪提供了总的原则和标准，但它们都不能作为判断某一行为是否构成犯罪的具体标准。犯罪构成则通过将成立犯罪所必须具备的各种条件细化，为判断某一行为是否构成犯罪提供了明确而具体的标准。同时，立法者又将犯罪构成要件规定在刑法之中，这就使得犯罪构成为判断罪与非罪提供了明确、具体的法律标准。凡行为符合犯罪构成就成立犯罪，否则就不构成犯罪。

2. 有助于区分此罪与彼罪。由于每一种犯罪的具体构成要件都是独一无二的，因此，只需通过对各种具体犯罪的具体构成要件进行严格把握，就能将各种犯罪准确地加以区分。

3. 有助于正确裁量刑罚。犯罪构成对正确裁量刑罚的意义体现在两个方面：①有助于正确判断一罪与数罪，从而正确进行数罪并罚。行为人是犯一罪还是数罪，是以其行为符合一个还是数个犯罪构成为标准的，这样，对犯罪构成个数的准确判断，就成为确定行为人犯一罪还是数罪的前提，也成为对行为人正确裁量刑罚的前提。②有助于准确判断罪重罪轻。不同的犯罪构成体现了犯罪不同的社会危害性，因此，行为符合何种犯罪构成一旦确定，其社会危害性大小也同时得到了体现。相应地，应当给予的刑罚的轻重也大致得到确定。尤其是加重的犯罪构成和减轻的犯罪构成，对于判断罪刑轻重，从而正确裁量刑罚具有更加直接的意义。

二、疑难问题

（一）犯罪构成一般要件应当如何排列顺序？

对犯罪构成一般要件排列顺序的研究，有助于明确犯罪构成体系的内在逻辑结构。犯罪构成一般要件的排列顺序取决于从何种角度考察这些要件。一般认为，从司法机关认定犯罪的顺序、途径角度出发，应当将犯罪构成的一般要件按犯罪客体、犯罪客观方面、犯罪主体、犯罪主观方面的顺序排列。即司法机关总是先判断有无刑法所保护的合法权益受到侵犯，然后查证是什么行为侵犯了合法权益，再查证是谁实施了危害行为，最后查证行为人是在什么心理支配下实施了行为。从犯罪构成要件在实际犯罪中发生作用而决定犯罪成立的逻辑顺序角度出发，应当将犯罪构成一般要件按犯罪主体、犯罪主观方面、犯罪客观方面、犯罪客体的顺序排列。因为犯罪总是这样发生的：符合犯罪主体条件的人，在其犯罪心理态度的支配下，实施一定的犯罪行为，危害一定的客体。两种排列顺序都有其逻辑基础，但因思维的角度不同，以致排列顺序各异。

（二）犯罪构成要件的层次结构应当如何把握？

所谓犯罪构成要件的层次结构，是指犯罪构成体系内部诸要件的等级序列及其组合形式。犯罪构成要件从抽象到具体，可以分为两个层次。犯罪构成要件的第一个层次是经过归纳、抽象的犯罪构成的一般要件，这一层次的犯罪构成要件又可以分为两个亚层次，其中第一个亚层次包括客观的要件和主观的要件；第二个亚层次是犯罪构成客观要件和主观要件进一步划分的结果，包括犯罪客体、犯罪客观方面、犯罪主体、犯罪主观方面。犯罪构成的第一层次（包括两个亚层次）的犯罪构成要件还仅仅是在刑法规定基础上的理论抽象，其价值在于通过对形形色色的犯罪构成具体要件进行归纳，建立起科学系统的犯罪构成体系。这一层次的犯罪构成要件尚不能直接作为判断某一行为是否构成犯罪的依据。犯罪构成的第二个层次是通过对第一层次的犯罪构成要件进行内部的进一步划分而形成的，也有学者将这一层次的犯罪构成要件称为构成要件要素，[1] 包括刑事责任年龄、刑事责任能力、特殊身份、犯罪故意、犯罪过失、犯罪目的、危害行为、危害结果、特定时间、特定地点、特定方法等要件。这一层次的犯罪构成要件是说明犯罪内部构造的更为具体的事实特征。通过对照刑法对这一层次的犯罪构成要件的规定，可以判断某一行为是否构成犯罪以及构成何种犯罪。

【思考题】

1. 什么是犯罪？有哪些基本特征？
2. 什么是犯罪构成？有哪些基本特征？
3. 犯罪构成如何分类？

---

〔1〕 参见肖中华：《犯罪构成及其关系论》，中国人民大学出版社2000年版，第142～147页。

4. 犯罪构成的意义是什么?

【参考文献】

1. 高铭暄主编:《刑法学原理》(第卷),中国人民大学出版社 1993 年版。
2. 高铭暄、马克昌主编:《刑法学》(上编),中国法制出版社 1999 年版。
3. 高铭暄主编:《新编中国刑法学》,中国人民大学出版社 1998 年版。
4. 李海东:《刑法原理入门》,法律出版社 1998 年版。
5. 马克昌主编:《犯罪通论》,武汉大学出版社 1999 年版。
6. 肖中华:《犯罪构成及其关系论》,中国人民大学出版社 2000 年版。
7. 张明楷:《刑法学》(上),法律出版社 1997 年版。
8. 储槐植、张永红:"善待社会危害性观念——从我国刑法第 13 条但书说起",载《法学研究》2002 年第 3 期。
9. 陈兴良:"社会危害性理论:进一步的批判性清理",载《中国法学》2006 年第 4 期。
10. 樊文:"罪刑法定与社会危害性的冲突",载《法律科学》1998 年第 1 期。

第七章

第八章　犯罪主体

【导语】我国刑法中的犯罪主体，是指实施危害社会的行为、依法应当负刑事责任的自然人和单位。犯罪主体分为自然人与单位两类。我国刑法中自然人犯罪主体的共同要件有两个：其一为犯罪主体必须是自然人即有生命存在的人类独立的个体；其二为作为自然人的犯罪主体必须具备刑事责任能力。研究犯罪主体有助于正确定罪量刑。刑事责任能力是刑法意义上的行为人辨认和控制自己行为的能力，其内容是行为人对自己行为的辨认能力与控制能力。刑事责任能力从程度上可分为四种情况：完全刑事责任能力、完全无刑事责任能力、相对无刑事责任能力和减轻刑事责任能力。与刑事责任能力有关的因素有刑事责任年龄、精神障碍、生理功能丧失和生理醉酒。我国刑法把刑事责任年龄划分为完全不负刑事责任年龄（不满14周岁）、相对负刑事责任年龄（已满14周岁不满16周岁）和完全负刑事责任年龄（已满16周岁）三个年龄阶段。此外，对已满14周岁不满18周岁的未成年人犯罪，我国刑法实行一律从宽处罚和一律不适用死刑的原则。我国刑法把精神障碍人区分为完全无刑事责任、完全负刑事责任和限制刑事责任三种情况。又聋又哑的人或者盲人犯罪，依法可以从轻、减轻或者免除处罚。醉酒的人犯罪，依法应当负刑事责任。犯罪主体的特殊身份是指刑法所规定的影响行为人刑事责任的行为人人身方面特定的资格、地位或状态。犯罪主体的特殊身份对正确定罪量刑具有重要的意义。单位犯罪是指由公司、企业、事业单位、机关或团体实施的依法应当承担刑事责任的危害社会的行为。对单位犯罪依法原则上实行双罚制，即对单位判处罚金，并对其直接负责的主管人员和其他直接责任人员判处刑罚。

本章的疑难问题：①应当如何正确界定自然人犯罪主体的概念？②关于刑事责任能力的本质有什么争议观点？③未成年人刑事责任年龄制度在司法中应当如何贯彻？④怎样理解未成年人相对负刑事责任的犯罪范围？⑤对未成年人能否适用无期徒刑？⑥间歇性精神病人在罪刑方面有哪些主要问题？⑦醉酒人犯罪应怎样承担刑事责任？⑧怎样理解刑法中的身份与身份犯之身份的关系？⑨怎样理解身份犯之身份与特殊主体之身份的关系？⑩国家机关应否作为单位犯罪的主体？⑪应怎样认识单位犯罪的处罚原则？

■第一节　犯罪主体概述

一、基本法理

任何犯罪行为，都是由一定的犯罪主体实施的。从与犯罪行为的关系来看，一方面，犯罪主体是犯罪行为的发动者，没有犯罪主体，就不会有犯罪行为；另一方面，只有实施了犯罪行为的人，才是犯罪主体，没有实施犯罪行为的人不是犯罪主体。因此，研究犯罪构成，认定犯罪，离不开对犯罪主体的剖析。从与刑事责任、刑罚的关系来看，犯罪主体是刑事责任的承担者，凡是实施了犯罪行为的人，都应当承担刑事责任，而承受刑罚是刑事责任的基本实现形式，因而犯罪主体实际上也是刑罚的承受者或刑罚的对象。研究刑事责任与刑罚，也离不开对犯罪主体的研究。

（一）犯罪主体的概念

现代各国刑法中，皆有犯罪主体的内容，如关于刑事责任年龄、刑事责任能力诸问题的具体规定，但尚未见有关于犯罪主体的法定概念。犯罪主体的概念，乃是刑法学说对刑事立法上关于犯罪主体要件的具体规定加以抽象概括而形成的。

根据我国刑法和有关的理论，我国刑法中的犯罪主体，是指实施危害社会的行为、依法应当负刑事责任的自然人和单位。自然人主体是我国刑法中最基本的、具有普遍意义的犯罪主体。单位主体在我国刑法中则不具有普遍意义。我国现行《刑法》第30条规定："公司、企业、事业单位、机关、团体实施的危害社会的行为，法律规定为单位犯罪的，应当负刑事责任。"该法条规定的是单位犯罪的范围，即单位成为犯罪主体以刑法分则有明文规定的为限。由于自然人主体和单位主体的内容与特征各不相同，而自然人主体为我国刑法中具有普遍意义的主体，因而本章第五节将专门对单位犯罪加以阐述，其余各节均限于研究自然人犯罪主体问题。

自然人犯罪主体，是指具备刑事责任能力、实施危害社会的行为并且依法应负刑事责任的自然人。

（二）犯罪主体的共同要件

犯罪主体的概念与犯罪主体的要件并非是等同的范畴。犯罪主体的概念概括地揭示犯罪主体的本质特征，犯罪主体的要件则具体地反映其本质特征。因此，犯罪主体的要件应为犯罪主体的概念所包含，犯罪主体概念是确立犯罪主体要件的基本依据。但是，并非犯罪主体概念包括的所有内容都是犯罪主体的要件，而只有其中的实施犯罪和承担刑事责任者的人身特征才属于犯罪主体要件的范畴。至于与此相关的实施严重危害社会行为的内容，则属于犯罪客观要件的研究范围。中外刑法中的自然人犯罪主体要件，都可以区分为两个不同的层次：第一层次即基本层次的犯罪主体要件，是指任何犯罪的主体都必须具备的共同要件或特征。现代各国刑法中的大多数犯罪，要求仅具备犯罪主体基本层次的要件，便满足了犯罪主体的要件，即可构成犯罪并承担刑事责任。对这类犯罪的主体，刑法理论上往往称之为犯罪的一般主体或一般犯罪主体。第二层次即特殊层次的犯罪主体要件，是指某些犯罪的主体要求在具备犯罪主体的共同要件的基础上，再附加的特殊身份条件。[1] 对于犯罪特殊主体即犯罪主体的特殊身份条件，将在本章第四节专门论述。这里专门探讨基本层次的犯罪主体要件，即一切犯罪的主体都必须具备的共同要件。我国刑法中犯罪主体（就自然人犯罪主体而言）的共同要件有两个：

1. 犯罪主体必须是自然人。法律上的"人"有自然人与法人之分，现代各国的刑法通例中，犯罪主体为自然人。所谓自然人，是指有生命存在的人类独立的个体。自然人的人格即资格，始于出生，终于死亡。在古代中外刑法或刑事司法实践中，曾存在把人类以外之物作为犯罪主体，刑及禽兽、昆虫，罚及风雨、物品，并对尸体施以戮尸之刑的情况。这与古代刑法中承担刑事责任的客观结果原则、株连原则及古代立法者的认识水平密切相连，而最主要的乃是由古代刑法适用刑罚的威慑目的所决定的。当时的统治阶级把人类以外之物作为犯罪主体予以刑罚处罚，其目的主要在于威吓人们，即杀动物儆人，罚物给人看，借以维护其统治利益和统治秩序。在近现代尤其是现代刑法中，随着承担刑事责任的个人原则、主客

〔1〕 参见赵秉志：《犯罪主体论》，中国人民大学出版社1989年版，第11～12页。

观相统一原则的确立和立法者认识水平的提高，较为普遍地摒弃了把自然现象、动植物、物品和尸体作为犯罪主体的主张和做法，认为犯罪主体及承担刑事责任者只限于有生命的人。

我国《刑法》第4、7~8、11、17~19条等多处规定表明，我国刑法中的犯罪主体仅限于人，而决不能是人以外之物。这一原则有着充分的根据：

第一，犯罪是主客观要件的统一，而主观心理态度和客观行为都是人类所独有的功能，人类以外之物不可能具备犯罪的主客观要件。

第二，犯罪与刑事责任和刑罚存在内在的联系，犯罪主体应当承担刑事责任，通常都要适用刑罚，适用刑罚的目的是为了预防犯罪。对人类以外之物施加刑罚，根本不能达到预防犯罪的刑罚目的。

因此，犯罪主体只能是人而不能是人类以外的物。如果人利用动物实施其犯罪意图的，犯罪主体应为利用者本人，动物则只是利用者的犯罪工具。

2. 作为自然人的犯罪主体必须具备刑事责任能力。刑事责任能力是人辨认和控制自己行为的能力。这种能力与犯罪的成立和刑罚的适用密切相关。刑事责任能力不是任何自然人都具备的，其具备受到自然人的年龄和精神状况等多种因素的制约与影响。因此，并非有生命的人类个体即每个自然人都能够成为犯罪主体，而只有那些达到一定年龄、精神正常因而具备刑事责任能力的自然人，才能够成为犯罪的主体。刑事责任能力是犯罪主体的核心和关键要件。行为人虽然实施了有害于社会的行为，但是并不具备刑事责任能力的，不能成为犯罪主体，因而也不能认为构成犯罪。有刑事责任能力的其他人利用这种人实施犯罪的，只有利用者本人才是犯罪主体，必须由利用者负完全的刑事责任。如果行为人只具有部分刑事责任能力的，虽然可以构成犯罪，但不能令其负担完全的刑事责任。

（三）研究犯罪主体的意义

研究犯罪主体问题，对于司法实践中正确地定罪量刑，具有重要的意义。

1. 定罪方面。犯罪主体是犯罪构成必备的条件之一。任何犯罪都有主体，即任何犯罪都有犯罪行为的实施者和刑事责任的承担者，离开了犯罪主体就不存在犯罪，也不会发生刑事责任问题。而且犯罪主体需要具备一定的条件，并非任何人实施了刑法所禁止的危害社会的行为，都能构成犯罪并承担刑事责任。而只有具备法律所要求的犯罪主体条件的人，才能构成犯罪并被处以刑罚；不符合犯罪主体条件的人，虽然实施了刑法所禁止的危害社会的行为，也不构成犯罪，不负刑事责任。不符合特殊主体条件的人，不能构成特殊主体的犯罪。犯罪主体条件的具备，是行为人具备犯罪主观要件的前提，也是对犯罪人适用刑罚能够达到刑罚目的的基础。因此，运用有关的刑法理论正确地阐明我国刑法中关于犯罪主体条件方面的规定，如关于刑事责任年龄的规定，关于无刑事责任能力的规定，等等，对于正确认定犯罪，划清罪与非罪以及应否追究刑事责任的界限，具有重要的作用。而研究刑法分则某些条文关于犯罪人应具备的特殊身份要件，则对正确区分罪与非罪以及此罪与彼罪的界限，也都有重要意义。例如，国有公司、企业中具有国家工作人员身份或可以以国家工作人员论者利用职务便利侵占本单位财物的，构成贪污罪；不具有此等身份者实施上述行为的，则构成职务侵占罪。

2. 量刑方面。犯罪主体除具有区分罪与非罪、此罪与彼罪之界限的意义外，还影响到量刑。这是因为，在具备犯罪主体要件的同样情况下，犯罪主体的具体情况也可能不同，而不同的具体情况又影响到刑事责任的大小程度。例如，我国《刑法》第17条第3款规定，已满14周岁不满18周岁的人犯罪，应当从轻或者减轻处罚；第18条第3款规定，尚未完全丧失辨认或者控制自己行为能力的精神病人犯罪的，可以从轻或者减轻处罚；第19条规定，又聋又哑的人或者盲人犯罪，可以从轻、减轻或者免除处罚。又如《刑法》第243条第1款规定了诬告陷害罪的罪刑规范，其第2款规定国家机关工作人员犯前款罪的，从重处罚；《刑法》第307条第1、2款分别规定了妨害作证罪与帮助毁灭、伪造证据罪，其第3款规定司法工作人员犯前两款罪的，从重处罚。这些都说明了犯罪主体不同情况对量刑的重要影响，科学地研讨立法与司法中有关犯罪主体的问题，对实践中正确地适用刑罚，无疑是十分重要的。

二、疑难问题

应当如何正确界定自然人犯罪主体的概念?

我国刑法理论上对于自然人犯罪主体的概念大致有以下几种观点：第一种观点认为，犯罪主体是指刑法上有犯罪资格者。[1] 第二种观点认为，在犯罪主体的概念中，应当包含达到刑事责任年龄、具备刑事责任能力、自然人、实施危害行为（或犯罪行为）等几项内容。但在实施危害行为还是实施犯罪行为上又有不同的观点。如有的认为，根据我国刑事法律有关规定，犯罪主体是指达到刑事责任年龄、具有刑事责任能力、实施了危害社会行为的自然人；[2] 而有的则认为，犯罪主体是指达到刑事责任年龄、具备刑事责任能力、实施了犯罪行为的自然人。[3] 第三种观点认为，在犯罪主体的概念中，应当包含实施危害行为（或犯罪行为）、应负刑事责任的人等几项内容，然后进一步论述自然人、责任年龄和责任能力是成为犯罪主体的条件。但对实施的是危害行为还是犯罪行为，也有不同的观点。如有的认为，犯罪主体是指实施了危害社会行为、依据刑事法律应负刑事责任的人；[4] 而有的则认为，犯罪主体是指实施了犯罪行为、依法对自己罪行负刑事责任的人。[5] 第四种观点认为，犯罪主体就是达到法定责任年龄、具备责任能力的自然人。在犯罪主体概念中没有包含危害行为（犯罪行为）、应负刑事责任的内容。[6] 第五种观点认为，犯罪主体就是实施严重危害社会行为、具有刑事责任能力的人。[7] 第六种观点认为，犯罪主体是指具备刑事责任能力、实施严重危害社会的行为并且依法应负刑事责任的自然人。[8]

上述观点的分歧在于：在犯罪主体的概念中，①应否包含属于犯罪客观方面的实施犯罪行为或者危害行为的内容？②是否需要包含应负刑事责任的内容？③应否把刑事责任年龄与刑事责任能力在其中并列载明？我们认为，我国刑法中的犯罪主体是指具备刑事责任能力、实施犯罪行为并且依法应负刑事责任的自然人。首先，确定犯罪主体，不能不包含有犯罪的内容（即行为人与犯罪行为或危害行为的联系）。脱离犯罪而仅以刑法上关于犯罪人的人身特征（如责任年龄、责任能力）的要求来表述犯罪主体的概念，这样的主体就很难说是犯罪主体。如果将犯罪主体概念中应包含的犯罪的客观内容表述为危害社会行为，就不能把犯罪主体与一般违法主体区别开来。因此，应当把犯罪主体中应包含的犯罪的客观内容表述为犯罪行为或严重危害社会的行为。其次，责任年龄与责任能力不是一个层次的内容，责任年龄的确定取决于立法上对不同年龄人责任能力的判定，年龄因素只是说明是否具备责任能力的

〔1〕 参见高仰止：《刑法总则之理论与实用》，台湾五南图书出版公司1983年版，第167页。
〔2〕 参见马克昌等主编：《刑法学全书》，上海科学技术出版社1993年版，第80页。
〔3〕 参见张尚鷟：《中华人民共和国刑法概论（总则部分）》，法律出版社1983年版，第102页。
〔4〕 参见马克昌等主编：《刑法学全书》，上海科学技术出版社1993年版，第80页。
〔5〕 参见何秉松主编：《刑法教科书》，中国法制出版社1997年版，第210页。
〔6〕 参见陈宝树等：《刑法中的若干理论问题》，辽宁大学出版社1986年版，第28页。
〔7〕 参见马克昌主编：《犯罪通论》，武汉大学出版社1999年版，第239页。
〔8〕 参见高铭暄主编：《刑法学》，中央广播电视大学出版社1994年版，第142页。

因素之一，而不是全部。因此，在反映犯罪主体本质特征的犯罪主体概念中，只要载明应具备责任能力即可，责任能力中即包含了达到责任年龄等内容，因而不必也不宜再同时载明须达到责任年龄。[1]

■第二节　刑事责任能力

一、基本法理

（一）刑事责任能力的本质和概念

1. 刑事责任能力的本质。正确地把握刑事责任能力的本质，是正确地认识和表述刑事责任能力的概念的前提。刑事责任能力的本质，应当是行为人实施危害社会行为时其相对的自由意志能力的存在。申言之，是实施危害社会行为时行为人的犯罪能力与刑罚适应能力（承担刑事责任能力）的有机统一。至于行为人行为当时具备刑事责任能力与刑罚适应能力，而在刑事追究时因患精神病的原因而丧失了刑事诉讼的参与和刑罚适应能力，当然应当依法暂时停止追究其刑事责任和适用刑罚，但这并不意味着否定其犯罪的刑事责任和犯罪时具备的刑事责任能力。

2. 刑事责任能力的概念。根据上述对刑事责任能力本质的分析，我国刑法中的刑事责任能力，是指行为人构成犯罪和承担刑事责任所必需的、行为人具备的刑法意义上辨认和控制自己行为的能力。简言之，刑事责任能力就是行为人辨认和控制自己行为的能力。

刑事责任能力是行为人行为时犯罪能力与承担刑事责任能力的统一，是其辨认行为能力与控制行为能力的统一。一般说来，当人达到一定的年龄之后，只要智力发育正常，就自然具备了这种能力。当然，这种能力可能因年龄或精神状况、生理功能缺陷等原因而不具备、丧失或者减弱。具备刑事责任能力者可以成为犯罪主体并被追究刑事责任；不具备刑事责任能力者即使实施了客观上危害社会的行为，也不能成为犯罪主体，不能被追究刑事责任；刑事责任能力减弱者，其刑事责任也相应地适当减轻。刑事责任能力作为犯罪主体的核心和关键要件，对于犯罪主体的成立与否以及行为人的定罪量刑，具有至关重要的作用和意义。

（二）刑事责任能力的内容

刑事责任能力的内容是行为人对自己行为所具备的刑法意义上的辨认能力与控制能力。明确这两种能力的含义及其相互关系，是正确把握刑事责任能力概念的需要。

刑事责任能力中的辨认能力，是指行为人具备对自己的行为在刑法上的意义、性质和后果的分辨认识能力。就是说，行为人有能力认识自己的行为是否为刑法所禁止、所谴责、所制裁；刑事责任能力中的控制能力，是指行为人具备决定自己是否以行为触犯刑法的能力。例如，达到一定年龄而精神正常的人，都有能力认识到自己若实施杀人、放火、强奸、抢劫、盗窃等行为是要为刑法所禁止、所制裁的，都有能力选择和决定自己是否实施这些触犯刑法的行为。

刑事责任能力中的辨认能力与控制能力之间，存在着有机的联系。一方面，辨认能力是刑事责任能力的基础。只有对自己行为在刑法上的意义有认识能力，才谈得上凭借这种认识能力而自觉有效地选择和决定自己是否实施触犯刑法的行为的控制能力。控制能力的具备是以辨认能力的存在为前提条件的，不具备辨认能力的未达刑事责任年龄的幼年人和患严重精

---

〔1〕 参见赵秉志：《犯罪主体论》，中国人民大学出版社1989年版，第7～10页。

神病的人，自然也就没有刑法意义上的控制能力。因而只要确认某人没有辨认能力，他便不具备控制能力，不存在刑事责任能力。另一方面，控制能力是刑事责任能力的关键。这表现为，在具有辨认能力的基础上，还需要有控制能力才能具备刑事责任能力；并且只要具备了控制能力就一定具备辨认能力。还表现在，人虽然有辨认能力，但也可能不具有控制能力而并无刑事责任能力。例如，因受身体强制的铁路扳道员，受不可抗力阻止的消防救火人员，即使他们因此而没有履行自己的职务行为，从而造成了严重危害社会的后果，也不能追究他们的刑事责任，其直接原因当然是他们不存在犯罪的主观心理态度。但若进一步从刑事责任能力的角度考察，他们之所以不具备犯罪的主观条件，是因为他们虽有辨认能力但却丧失了当时控制自己行为的能力，因而也就根本没有刑事责任能力。可见，仅有辨认能力而没有控制能力，就没有了选择和决定自己行为的能力，就不成其为刑事责任能力；控制能力的存在又须以具备辨认能力为前提，因而不可能存在仅有控制能力而没有辨认能力的情况。总之，刑事责任能力的存在，要求辨认能力与控制能力必须同时齐备，缺一不可。

（三）刑事责任能力的有无和程度

概括地说，影响人的刑事责任能力的有无和程度即人在刑法意义上的辨认和控制自己行为的能力的因素有两个方面：①知识和智力成熟程度；②精神即人的大脑功能正常与否的状况。人的知识和智力成熟与否，主要受到人幼年向成年成长的年龄因素的制约，此外也会受到人学习知识、发展智力的某些重要器官生理功能的制约。人的精神即大脑功能正常与否，则受到人是否患精神疾病及精神疾病的种类、程度和特点的影响。只有知识和智力成熟且精神正常的人，才具有刑事责任能力，才在刑法意义上有能力辨认和控制自己的行为。生活在人类社会中的自然人，达到一定年龄，重要器官生理功能和大脑功能又正常的，其知识和智力的发展就达到相当程度或成熟程度，因而必然不同程度地具有刑法所要求的辨认和控制自己行为的能力。鉴于此，各国刑法都以一定的年龄为标志，规定了正常自然人具备刑事责任能力的界限。同时，刑法还对某些重要器官生理功能丧失者和精神病患者的刑事责任能力具备与否的问题，作出了专门规定。

根据人的年龄、精神状况等因素影响刑事责任能力有无和大小的实际情况，各国刑法和刑法理论一般都对刑事责任能力采取三分法或四分法。三分法即将刑事责任能力分为完全刑事责任能力、完全无刑事责任能力以及处于中间状态的限定（减轻）刑事责任能力三种情况。四分法是除上述三种情况外，还包括相对无刑事责任能力的情况。无论是三分法还是四分法，都承认在刑事责任能力的有无之间存在着中间态度的限定（减轻）刑事责任能力的情况。[1] 下面依据我国和某些国家刑法对刑事责任能力有无和程度所采取的划分方法，对刑事责任能力的有无和程度问题加以论述。

1. 刑事责任能力的有无。从刑事责任能力有无的角度，可以将刑事责任能力划分为完全有刑事责任能力、相对无刑事责任能力（或称相对有刑事责任能力）和完全无刑事责任能力三类。

（1）完全有刑事责任能力，是指行为人对刑法所规定的所有犯罪具有刑事责任能力。例如，在我国刑法看来，凡年满16周岁、精神和生理功能健全而智力与知识发展正常的人，都是完全有刑事责任能力人。完全有责任能力人要对刑法典所规定的所有犯罪负刑事责任。

（2）完全无刑事责任能力，简称完全无责任能力或无责任能力，指行为人没有刑法意义

〔1〕 参见高铭暄主编：《刑法学原理》（第1卷），中国人民大学出版社1993年版，第620页。

上的辨认或者控制自己行为的能力。根据现代刑事立法的规定，完全无刑事责任能力者一般是两类人：①未达法定责任年龄的幼年人；②因精神疾病而不具备刑法所要求的辨认或控制自己行为能力的人。例如，按照我国《刑法》第17、18条的规定，完全无责任能力人为不满14周岁的人和行为时因精神疾病而不能辨认或者不能控制自己行为的人。德国、意大利、奥地利、日本等国也将最低刑事责任年龄规定为年满14周岁。

(3) 相对无刑事责任能力，也可称为相对有刑事责任能力，是指行为人仅限于对刑法所明确限定的某些严重犯罪具有刑事责任能力，而对未明确限定的其他危害行为无刑事责任能力的情况。从设立这一责任能力层次的立法例看，这种相对无责任能力者都是已超过完全无责任能力的年龄但又未达到成年的一定年龄段的未成年人，如我国《刑法》第17条第2款规定的已满14周岁不满16周岁的人。

2. 刑事责任能力的程度。从刑事责任能力的程度的角度，可以将刑事责任能力划分为完全刑事责任能力和减轻刑事责任能力。

(1) 完全刑事责任能力，简称刑事责任能力或责任能力。其概念和内容在各国刑事立法中一般未予规定，而是由刑法理论和司法实践结合刑法中关于责任能力和限定责任能力的规定来加以明确和确认的。从外延看，凡不属刑法规定的无责任能力人及限定责任能力的人，皆属完全刑事责任能力人。例如，在我国刑法看来，凡年满18周岁、精神和生理功能健全而智力与知识发展正常的人，都是完全刑事责任能力人。完全责任能力人实施了犯罪行为的，应当依法负全部的刑事责任，不能因其责任能力因素而不负刑事责任或者减轻刑事责任。

(2) 减轻刑事责任能力，又称限定刑事责任能力、限制刑事责任能力、部分刑事责任能力，是完全刑事责任能力和完全无刑事责任能力的中间状态，是指因年龄、精神状况、生理功能缺陷等原因而使行为人实施刑法所禁止的危害行为时，虽然具有责任能力，但其辨认或者控制自己行为的能力较完全责任能力有一定程度的减弱、降低的情况。现代各国刑法中，较为普遍地规定有减轻刑事责任能力的人，其外延主要是达到一定年龄的未成年人、聋哑人、盲人、因精神病而致辨认或控制行为能力有所减弱的精神障碍人。各国刑法一般都认为，限制责任能力人实施刑法所禁止的危害行为的，构成犯罪，应当负刑事责任，但是其刑事责任因其责任能力的减弱而有所减轻，应当或者可以从宽处罚或免予处罚。我国刑法明文规定的限制责任能力人有三种情况：①为已满14周岁不满18周岁的未成年人因其年龄因素的影响而不具备完全的刑事责任能力；②又聋又哑的人和盲人，这两种人因重要生理功能的缺陷而往往使其刑事责任能力不够完备；③为尚未完全丧失辨认或者控制自己行为能力的精神病人，这种人因精神障碍而使其刑事责任能力不完备。

这里需要指出，仅就年龄因素而言，现代世界各国和各地区立法例一般只规定达到一定年龄的未成年人为减轻责任能力人，对老年人犯罪多不设减免刑事责任的规定。我国台湾地区现行“刑法”第18条第3项则规定“满80岁人之行为，得减轻其刑”，从而将满80岁的老年人亦纳入减轻刑事责任能力人的范畴，这种规定有一定的合理根据。

二、疑难问题

关于刑事责任能力的本质有什么争议观点？

关于刑事责任能力的本质，近现代西方刑法学者存在着不同的观点。

第一，主张道义责任论的刑事古典学派认为，达到一定年龄且精神正常的人，就有了完全决定于自身的绝对自由的意志。行为人基于自己自由意志的决定而实施为刑法所禁止的危害行为，他就应当对此负道义上的责任。因为道义责任源于行为人的自由意思决定，因而刑事责任能力也就是行为人自由意思的决定能力，即行为人辨别是非善恶和选择行为的能力，可以称为构成犯罪的能力。这样，刑事责任能力就是构成犯罪的必要条件，但它与刑罚的适用无关。

第二，倡导社会责任论的刑事社会学派认为，人的意识和意志完全受客观世界支配而无自由可言，人实施刑法所禁止的危害行为与其主观意志无关。因而惩罚犯罪、追究行为人的刑事责任的根据，不在于人的自由意志，而在于防卫社会。刑事责任是一种社会责任，社会有机体为了防卫自身的需要，必须对一切危害社会的人都予以惩罚，而不管其自由意志如何。但是，从功利的角度考虑，在危害社会的人中，普通正常人具有刑罚适应能力，可以对之通过适用刑罚达到防卫社会的刑罚目的；而年幼者和精神失常者无刑罚适应能力，可以对之通过适用刑罚外的保安处分的方法达到防卫社会的目的。所谓刑事责任能力，就是通过科以刑罚可以达到防卫社会的刑罚目的的能力，也叫承担刑罚的能力，即刑罚适应能力。因此，刑事责任能力本身并不是犯罪成立的要件，它与犯罪行为和犯罪主观要件并无关系，而只是对行为人选择适用社会防卫方法中的刑罚方法还是保安处分的标准。

第三，现代刑法理论中，有些论著批驳了社会责任论关于刑事责任能力的观点；另一些论著则认为上述关于刑事责任能力的两种观点各有长短，进而有旨在调和这两种主张的折衷观点的出现。这种折衷观点认为，所谓刑事责任能力，应是指生理达到一定标准，精神正常，能基于对道义与社会义务的理解而行为，并且可以负担刑罚制裁之能力。这种观点是为了弥补前两种观点的缺陷而提出来的，但是缺乏有力的论证，因而也未能建立起自己科学的理论根据。

在中国刑法理论界，关于刑事责任能力的本质，通说是“犯罪能力与刑罚适应能力（承担刑事责任能力）的有机统一说”。该说认为：刑事责任在法律上的确立，取决于统治阶级的意志及其刑事责任观；而此后行为人刑事责任的实际产生，则取决于其相对自由的意志的选择，即行为人在相对自由意志能力基础上产生犯罪心理态度并在其支配下实施犯罪行为。刑事责任能力的本质，不能像道义责任论所主张的那样仅限于行为时的犯罪能力，否则就不能说明对犯罪人追究刑事责任和适用刑罚能否发挥刑罚的功能，以及能否达到刑罚预防犯罪尤其是特殊预防的目的；同时，刑事责任能力的本质，更不能如社会责任论所说的只是刑罚适应能力尤其是仅限于予以追究时的刑罚适应能力，这样就使刑事责任能力脱离了客观上本来与之密切相连的犯罪行为及犯罪主观要件，否定了刑事责任能力对定罪本来应具有的意义，背离了刑事责任以犯罪行为为基本依据的刑法原理，追究刑事责任就失去了合理的基础，适用刑罚也难以真正达到预防犯罪的目的。刑事责任能力的本质，是实施危害社会行为时行为人的犯罪能力与刑罚适应能力（承担刑事责任能力）的有机统一。[1]

有学者在该问题上则主张犯罪能力说，认为：根据我国刑法的规定，责任能力是指对“自己行为”的辨认控制能力，这应是指犯罪行为能力；在行为时具有犯罪能力，当然也就表明行为人有承担责任的能力。在认定行为人是否具备责任能力时，司法机关所要考虑的是行为人对所实施的特定行为有无辨认控制能力，并不考虑他有无刑罚适应能力，故应认为责任能力就是犯罪能力。如果说责任能力是犯罪能力与刑罚适应能力的统一，则意味着在认定犯罪时，还必须考察行为人在行为时能否认识刑罚的意义、能否承受刑罚处罚，但似乎没有这种必要。认为主张责任能力是犯罪能力与刑罚适应能力的统一的观点，也不能说明具有责

---

〔1〕 参见赵秉志：《犯罪主体论》，中国人民大学出版社1989年版，第21~26页。

任能力的人在实施犯罪行为后立即丧失责任能力（丧失刑罚适应能力）的是否成立犯罪的问题，难以回答没有责任能力的人的行为是不构成犯罪，还是仅仅不受刑罚处罚的问题。当然，犯罪是适合科处刑罚的行为，责任能力可谓为了科处刑罚的前提能力，在此意义上说，责任能力与刑罚适应能力具有内在的关联。例如，刑法规定未满14周岁的人无责任能力是一种不能反证的推定，但这并不意味着13周岁的人一律缺乏辨别是非善恶的能力，换言之，13周岁的人也可能具有责任能力。这意味着即使有犯罪能力也不一定成立犯罪，似乎可以得出责任能力不只是犯罪能力因而也是刑罚适应能力的结论。但是，具有辨认控制能力但仅13周岁的人，确实是有责任能力的人，而刑法之所以不处罚他们，是基于刑事政策的理由，而不是一律否定其责任能力。所以，责任能力是犯罪能力的结论依然可以得到维持。[1]

■第三节　与刑事责任能力有关的因素

一、基本法理

与刑事责任能力有关的因素，指与决定刑事责任能力的有无或影响刑事责任能力程度有关的因素，包括人的年龄情况、精神状况和重要的生理功能状况等。刑法关于这些因素及其意义的规定，形成犯罪主体领域的具体内容。

（一）刑事责任年龄

1. 刑事责任年龄的概念和意义。刑事责任年龄，简称责任年龄，是指刑法所规定的行为人对自己实施的刑法所禁止的危害社会行为负刑事责任必须达到的年龄。

犯罪是具备辨认和控制自己行为的能力者在其主观意志和意识支配下实施的危害社会的行为，而辨认和控制自己行为的能力决定于行为人智力和社会知识的发展程度，因而它必然受到行为人年龄的制约。年龄幼小的儿童还不能正确认识周围事物和自己行为的性质与意义，也不具有适应刑罚的能力，若对他们实施的危害社会的行为作为犯罪追究，是不符合我国刑法的性质和刑罚目的的。只有达到一定年龄，能够辨认和控制自己的行为，并能够适应刑罚的惩罚和教育的人，才能够要求他们对自己的危害行为依法负刑事责任。刑事立法根据人的年龄因素与责任能力的这种关系，确立了刑事责任年龄制度。可以说，达到刑事责任年龄，是自然人具备责任能力而可以作为犯罪主体的前提条件。

刑事责任年龄制度，就是从年龄上划定一个负刑事责任的范围。我国刑法中关于刑事责任年龄的规定，主要解决不同年龄人刑事责任的有无问题，同时也包含了对未成年的犯罪人从宽处罚的内容。司法实践中处理案件时，必须严格遵守这些规定。可见，研究刑事责任年龄问题，对于从理论上认识责任年龄与责任能力的关系，把握犯罪主体要件的本质，以及司法实践中正确定罪处罚，都具有重要意义。

2. 刑事责任年龄阶段的划分。刑事责任年龄在古今中外的刑事立法中都有所规定。近现代世界各国刑事立法关于责任年龄的规定虽各有不同，但一般都是根据本国少年儿童成长的实际情况和同犯罪作斗争的需要，根据一个人从完全不具备到部分具备再到完全具备辨认和控制自己行为的能力的逐步发展过程，把刑事责任年龄划分为几个阶段，但在划分的方法上并不完全相同。有的实行绝对无责任年龄、相对无责任年龄和完全负责任年龄三分制，如2006年修正的现行《保加利亚刑法典》规定，凡不满14岁的未成年人，不承担刑事责任；

〔1〕参见张明楷：《刑法学》，法律出版社2007年版，第252页。

已满14周岁未满18周岁的未成年人，如果能够认识其行为的性质或意义且能控制其行为的，也应负刑事责任；已满18周岁精神正常的人实施犯罪的，应当负刑事责任。[1] 有的实行绝对无责任年龄、相对无责任年龄、减轻责任年龄和完全负责任年龄的四分制，如1999年通过的现行《越南刑法典》规定，未满14周岁的人不承担刑事责任；已满14周岁不满16周岁的人对故意严重犯罪或者特别严重犯罪负刑事责任；已满16周岁的人对一切犯罪承担刑事责任；已满14周岁不满18周岁的人犯罪，限制适用某些种类的刑罚，或者限制最高刑期，或者按照一定的比例减轻刑罚。

我国刑法根据我们国家对少年儿童的危害行为一贯实行的以教育为主、惩罚为辅的政策，从我国政治、经济、文化教育状况、少年儿童的成长过程以及各类犯罪的情况等实际出发，并适当借鉴别国的立法经验，考虑当代刑法的世界发展趋势，在《刑法》第17条里对刑事责任年龄作了较为集中的规定，把刑事责任年龄划分为完全不负刑事责任年龄、相对负刑事责任年龄与完全负刑事责任年龄三个年龄阶段。

（1）完全不负刑事责任年龄阶段。按照我国《刑法》第17条的规定，不满14周岁，是完全不负刑事责任年龄的阶段。这主要是考虑到，不满14周岁的人尚处于幼年时期，受生理和智力条件的限制，一般说来，还不具备辨认和控制自己行为的能力，即不具备责任能力。因此法律规定，对不满14周岁的人所实施的危害社会的行为，一概不追究刑事责任。但应当注意，对于因不满14周岁不予刑事处罚的实施了危害社会行为的人，应依法责令其家长或监护人加以管教，也可视需要对接近14周岁如12至13周岁的人由政府收容教养。

（2）相对负刑事责任年龄阶段。按照我国《刑法》第17条第2款的规定，已满14周岁不满16周岁，是相对负刑事责任年龄阶段，也称相对无刑事责任年龄阶段。达到这个年龄阶段的儿童，已经具备了一定的辨别大是大非和控制自己重大行为的能力，即对某些严重危害社会的行为具备一定的辨认和控制能力。因此，法律要求他们对自己实施的严重危害社会的行为即“故意杀人、故意伤害致人重伤或者死亡、强奸、抢劫、贩卖毒品、放火、爆炸、投放危险物质罪”负刑事责任。此一年龄阶段的人如果实施的是上述八种犯罪以外的危害行为，则不具备犯罪主体资格，也不负刑事责任。同样，对因不满16周岁而不予刑事处罚的实施了危害社会行为的未成年人，应依法责令其家长或者监护人加以管教，在必要的时候也可以由政府收容教养。在相对刑事责任年龄问题上，德国、意大利、奥地利、日本等国也将最低刑事责任年龄规定为年满14周岁。值得一提的还有英美法系国家和地区的立法例，与我国刑法明确规定八类具体犯罪的立法例不同，英美法系国家大多对这一年龄阶段的行为人所能构成的犯罪的范围不作具体规定，由控方和辩方在诉讼中具体确定。如在英国，对已满10岁不满14岁的儿童，推定为无实施犯罪行为的能力。但是与不满10岁不同，对已满10岁不满14岁儿童的这一推定不是绝对的，而是可以用证据进行反驳的。如果控方能证明这一年龄段的行为人“在实施不法行为时有犯罪的明知”，即能证明被告人了解其行为在法律上是错误的，或者至少了解这一行为在道德上是错误的，就可以否定“未成年”这一辩护理由的成立。具体而言，控方可以通过被告人以前实施过某种同类犯罪的事实来证明这种犯罪的明知，尤其是如果他曾被认定犯有此罪的话；甚至可以通过被告人的家庭背景等情况来证明。[2]

---

〔1〕 参见《保加利亚刑法典》，陈志军译，中国人民公安大学出版社2007年版，第12页。

〔2〕 参见［英］J. W. 塞西尔·特纳：《肯尼刑法原理》，王国庆等译，华夏出版社1989年版，第85～86页；欧阳涛等：《英美刑法刑事诉讼法概论》，中国社会科学出版社1984年版，第49页。

（3）完全负刑事责任年龄阶段。按照我国《刑法》第 17 条第 1 款的明文规定，已满 16 周岁的人进入完全负刑事责任年龄阶段。由于已满 16 周岁的未成年人的体力和智力已有相当的发展，具有了一定的社会知识，是非观念和法制观念的增长已经达到一定的程度，一般已经能够根据国家法律和社会道德规范的要求来约束自己，因而他们已经具备了基本的刑法意义上的辨认和控制自己行为的能力。因此，我国刑法认定已满 16 周岁的人除需其他特殊要求的外，原则上可以构成刑法中所有的犯罪，要求他们对自己实施的刑法所禁止的一切危害行为承担刑事责任。

3. 未成年人犯罪案件的处理。我国刑法对刑事责任年龄所作的上述规定，解决的是认定犯罪方面的问题。考虑到未成年人由其生理和心理特点所决定，既有容易被影响、被引诱走上犯罪道路的一面，又有可塑性大、容易接受教育和改造的一面，因此从我国适用刑罚的根本目的出发并针对未成年违法犯罪人的特点，我国刑法在对未成年人犯罪案件的处理上，确立了以下两条重要而特殊的处理原则：

（1）一律不适用死刑的原则。《刑法》第 49 条规定，犯罪的时候不满 18 周岁的人不适用死刑。此即对不满 18 周岁的未成年人一律不适用死刑的原则。这里所说的“不适用死刑”，是指不允许判处死刑（包括不允许判处死刑宣告缓期 2 年执行），而不仅仅是说“不执行死刑”，也不是说等满 18 周岁再判决、执行死刑。这是一条刚性的原则。

（2）必须从宽处罚的原则。《刑法》第 17 条第 3 款规定，已满 14 周岁不满 18 周岁的人犯罪，应当从轻或者减轻处罚。这是我国刑法对未成年人犯罪必须从宽处罚原则的规定。这一原则是基于未成年犯罪人责任能力不完备的特点而确立的，反映了刑罚与罪责相适应的原则以及刑罚目的的要求。正确理解对未成年人犯罪应当从轻或者减轻处罚这一原则的含义，是正确执行该原则的前提和基础。这一原则中的“应当”，应理解为“必须”、“一律”，而不允许有任何例外，即凡是未成年人犯罪都必须予以从轻或者减轻的从宽处罚。从宽处罚是相对于成年人犯罪而言的，即在犯罪性质和其他犯罪情节相同或基本相同的情况下，对未成年人犯罪要比照对成年人犯罪的处罚予以从轻或者减轻处罚。所谓从轻处罚，就是在法定刑幅度内比没有未成年这个情节的成年人犯罪所应判处的刑罚适当轻一些；从轻处罚，应当在具体犯罪内部相应罪刑单位的法定刑幅度内从轻。所谓减轻处罚，《刑法》第 63 条已载明是“在法定刑以下判处刑罚”，即低于相应法定刑的最低刑判处刑罚；减轻处罚，既可以是同一刑种内不同刑度（或数额）的减轻，也可以是减为该法定刑内没有的另外一种更轻的刑种。至于是从轻还是减轻以及从轻、减轻的幅度，则由司法机关根据具体案件适当予以确定。

（二）精神障碍

达到一定年龄而精神健全的人，由于其知识和智力得到一定程度的发展，因而其刑事责任能力即辨认和控制自己行为的能力就开始具备，并以达到成年年龄作为其责任能力完备的标志。但是，人即使达到负刑事责任的年龄，如果存在精神障碍尤其是存在精神病性精神障碍，就可能影响其责任能力，而使责任能力减弱甚至不具备，从而使其实施危害行为时的刑事责任也受到一定的影响。我国《刑法》第 18 条第 1 款至第 3 款专门规定了精神病人的刑事责任问题，这是我国现阶段司法实践中确定实施危害行为的精神病人和其他精神障碍人刑事责任的基本依据。

1. 完全无刑事责任的精神病人。我国《刑法》第 18 条第 1 款载明：“精神病人在不能辨认或者不能控制自己行为的时候造成危害结果，经法定程序鉴定确认的，不负刑事责任，但是应当责令他的家属或者监护人严加看管和医疗；在必要的时候，由政府强制医疗。”根据这一规定，认定精神障碍者为无责任能力人，必须同时具备两个标准：

（1）医学标准。医学标准，亦称生物学标准，简言之，即实施危害行为者是精神病人，确切地讲，是指从医学上看，行为人是基于精神病理的作用而实施特定危害社会行为的精神病人。它应当包含以下几层含义或称条件：

首先，行为人须是精神病人。精神病是由人体内外原因引起的严重的精神障碍性疾病。对《刑法》第18条所称的“精神病”应注意从两个方面加以正确理解：一方面，对“精神病”应作广义的理解，即它包含多种多样的慢性和急性的严重精神障碍，立法上认为不便于也无必要一一列明各种精神病，而以“精神病”一词加以概括。另一方面，“精神病”又不同于非精神病性精神障碍，如神经官能症、人格障碍、性变态等。精神病患者的精神功能障碍会导致其辨认或控制行为的能力完全丧失，而非精神病性精神障碍人一般都不会因精神障碍而丧失辨认或控制行为的能力。因此，只有精神病人，才有可能成为《刑法》第18条规定的无责任能力人；至于非精神病性精神障碍人，则不属于《刑法》第18条所称之“精神病人”，其中有些是限制（减轻、部分）责任能力人，另一些则是完全责任能力人。

其次，精神病人必须实施了特定的危害社会的行为即实施了刑法所禁止的危害行为，如果这些危害行为是精神健全者实施的，就会构成犯罪和应负刑事责任。

最后，精神病人实施刑法所禁止的危害行为须是基于精神病理的作用。这意味着，行为人的精神病于行为时须处于发病期，而不是缓解或间歇期。只有精神病人于行为时发病，才谈得上因精神病理的作用而致危害行为的实施。这意味着，行为人的精神病理与特定危害行为的实施具有直接的因果关系。

（2）心理学标准。心理学标准，亦称法学标准，是指从心理学、法学的角度看，患有精神病的行为人的危害行为，不但是由精神病理机制直接引起的，而且由于精神病理的作用使其行为时丧失了辨认或者控制自己触犯刑法之行为的能力。所谓丧失辨认行为的能力，是指行为人由于精神病理的作用，在行为时不能正确地了解自己行为危害社会的性质及其危害后果。例如，精神分裂症患者实施杀人时，由于其精神病理的作用，不知道自己实施的是杀人行为及该行为会造成剥夺对方生命的结果，或者坚信自己是在反击一个要杀害自己的凶手。所谓丧失控制行为的能力，是指行为人由于精神病理的作用，不能根据自己的意志自由地选择实施或不实施危害行为，也往往表现为不能根据自己的意志选择和控制危害行为实施的时间、地点、方式与程度。如果精神病人所实施的行为与其精神病没有直接联系，就不能认为他没有辨认与控制自己行为的能力，而只有当他所实施的危害行为起因于精神病时，才可能认定其丧失辨认与控制自己行为的能力，认定为无责任能力人。

由上可见，我国《刑法》第18条关于精神病障碍人无责任能力的认定标准，采取的是医学标准与心理学（法学）标准相结合的方式，在心理学标准内容上，采纳的是丧失辨认能力或者控制能力的择一说。实施刑法所禁止的危害行为的精神障碍人，只有同时符合上述医学标准和心理学（法学）标准的，才应确认为无责任能力人，并按《刑法》第18条第1款的规定对其危害行为不负刑事责任。需要指出的是，上述医学标准与心理学标准相结合的判断结论，必须经过司法精神病学的法定程序鉴定，并且经过法庭的司法判定，才能予以确认作为定案的根据。

2. 完全负刑事责任的精神障碍人。依据我国《刑法》第18条的规定和有关的司法精神病鉴定实践及司法实务经验，责任能力完备而应完全负刑事责任的精神障碍人大体上包括以下两类人：

（1）精神正常时期的“间歇性精神病人”。我国《刑法》第18条第2款明文规定：“间歇性的精神病人在精神正常的时候犯罪，应当负刑事责任。”我国司法精神病学一般认为，刑法中所说的“间歇性精神病”，是指具有间歇发作特点的精神病，包括精神分裂症、躁狂症、抑郁症、癫痫性精神病、周期精神病、分裂情感性精神病、癔症性精神病等。所谓间歇性精神病人的精神正常时期，包括上述某些精神病（如癫痫性精神病）的非发病期。间歇性精神病人在精神正常的时候实施刑法所禁止的危害行为的，其辨认和控制自己行为的能力即责任能力完全具备，不符合无责任能力和限制能力所要求的心理学（法学）标准，因而法律要求行为人对其危害行为依法负完全的刑事责任。需要指出，根据《刑法》第 18 条第 2 款的规定，间歇性精神病人的行为是否成立犯罪，应以其实施行为时是否精神正常，是否具有辨认与控制自己行为的能力为标准，而不是以侦查、起诉或审判时是否精神正常为标准。如果间歇性精神病人实施危害行为的时候精神正常，具有辨认与控制自己行为的能力，即使实施行为后精神不正常的，也应承担刑事责任。当然，在是否应暂时中止追诉以及承担刑事责任的具体方式上，司法机关应根据行为人的实际情况依法酌情妥善处理。

（2）多数非精神病性精神障碍人。按照我国司法精神病学，非精神病性精神障碍的主要种类有：①各种类型的神经官能症，包括癔症、神经衰弱、焦虑症、疑病症、强迫症、神经症性抑郁、人体解体性神经症等，但癔症性精神错乱除外；②各种人格障碍式变态人格（包括器质性人格障碍）；③性变态，包括同性恋、露阴癖、恋物癖、恋童癖、性虐待癖等；④情绪反应（未达到精神病程度的反应性精神障碍）；⑤未达到精神病程度的成瘾药物中毒与戒断反应；⑥轻躁狂与轻性抑郁症；⑦生理性醉酒与单纯慢性酒精中毒；⑧脑震荡后遗症、癫痫性心境恶劣以及其他未达到精神病程度的精神疾患；⑨轻微精神发育不全；等等。

非精神病性精神障碍人，大多数并不因精神障碍使其辨认或者控制自己行为的能力丧失或减弱，而是具有完备的责任能力，因而不能对其行为不负刑事责任，也不能对其行为负减轻的刑事责任，而应在原则上对其危害行为依法负完全的刑事责任。但在少数情况下，非精神病性精神障碍人也可成为限制责任能力人甚至无责任能力人，从而减轻刑事责任或者不负刑事责任。

3. 限制刑事责任的精神障碍人。限制刑事责任的精神障碍人，又称减轻（部分）刑事责任的精神障碍人，是介于无刑事责任的精神病人与完全负刑事责任的精神障碍人中间状态的精神障碍人。我国 1979 年刑法没有对限制刑事责任能力的精神障碍人作明确规定，但司法实务中一直都承认这类人的存在，并对其刑事责任的追究往往实行从宽处理。为克服 1979 年刑法对精神障碍人及其刑事责任能力规定内容之不足，1997 年修订的新刑法专门对限制责任能力的精神障碍人及其刑事责任作了规定，即《刑法》第 18 条第 3 款规定：“尚未完全丧失辨认或者控制自己行为能力的精神病人犯罪的，应当负刑事责任，但是可以从轻或者减轻处罚。”这里的“精神病人”，从立法意图来说，应作广义的理解，一般包括以下两类：①处于早期（发作前趋期）或部分缓解期的精神病（如精神分裂症等）患者，这种患者由于精神病理机制的作用使其辨认或控制行为的能力有所减弱；②某些非精神病性精神障碍人，包括轻至中度的精神发育迟滞（不全）者，脑部器质性病变（如脑炎、脑外伤）或精神病（如精神分裂症、癫痫症）后遗症所引起的人格变态者，神经官能症中少数严重的强迫症和癔症患者等。根据《刑法》第 18 条第 3 款的规定，限制刑事责任的精神病人犯罪的，只是“可以”从轻或者减轻处罚，而不是应当从轻或者减轻处罚。在司法实践中，是否对限制刑事责任的精神病人从轻或者减轻处罚、从轻或者减轻的幅度如何掌握，应以行为人所实施的犯罪是否与辨认或控制行为能力的减弱有直接联系以及有多大的联系为标准；如果没有联系，则可以不予从轻或减轻处罚。

（三）生理功能丧失

一般说来，精神正常的人，其智力和知识随着年龄的增长而发展，达到一定的年龄即开始具有刑事责任能力，达到成年年龄即标志着刑事责任能力的完备。但是，人也可能由于重要的生理功能（如听能、语能、视能等）的丧失而影响其接受教育，影响其学习知识和开发智力，并因而影响到其刑法意义上的辨认或控制行为能力的不完备。中外刑事立法和司法实践，不同程度地注意到了人的生理功能丧失尤其是听能和语能丧失即聋哑对其刑事责任能力的影响问题，并在刑事责任上有所体现。我国《刑法》第19条规定："又聋又哑的人或者盲人犯罪，可以从轻、减轻或者免除处罚。"这就是我国刑法中对生理功能缺陷者即聋哑人、盲人刑事责任的特殊规定。这一规定意味着，聋哑人、盲人实施刑法禁止的危害行为，构成犯罪的，应当负刑事责任，但又可以从轻、减轻或者免除处罚。

从理论与实践的结合上看，要正确适用我国《刑法》第19条关于聋哑人、盲人犯罪的刑事责任规定，应当注意以下几点：①本条的适用对象有两类：一是既聋又哑的人，即同时完全丧失听力和语言功能者。其中绝大多数是先天性原因或后天幼年时某种原因引起耳聋而致哑的，也有少部分是在少年期以后甚至成年以后，由于病患、药物中毒或外伤等原因而致使听力、语能完全丧失。二是盲人，即双目均丧失视力者。盲人也可有先天性和后天性的，后天性的又有幼年与成年丧失视力之分。②对聋哑人、盲人犯罪要坚持应当负刑事责任与适当从宽处罚相结合的原则。由于聋哑人、盲人不是无责任能力人，他们实施刑法所禁止的危害行为，是具有一定的责任能力的，因而法律要求，只要他们的行为符合犯罪构成的主客观要件，都应当认定为构成犯罪，令其依法负刑事责任。司法实践中存在着不恰当地免除实施危害行为的聋哑人、盲人刑事责任的个别做法，这种处理错误地理解了"从宽处罚"，而有悖于法律关于聋哑人犯罪应当负刑事责任的原则。③正确适用对聋哑人、盲人犯罪"可以从轻、减轻或者免除处罚"的原则。对于聋哑人、盲人犯罪，原则上即大多数情况下要予以从宽处罚；只是对于极少数知识和智力水平不低于正常人、犯罪时具备完全能力的犯罪聋哑人、盲人（多为成年后的聋哑人和盲人），才可以考虑不予以从宽处罚；对于不但责任能力完备，而且犯罪性质恶劣、情节和后果非常严重的聋哑人、盲人犯罪分子，应坚决不从宽处罚。对应予从宽处罚的聋哑人、盲人犯罪案件，主要应当根据行为人犯罪时责任能力的减弱程度，并同时考察犯罪的性质和危害程度，来具体决定是从轻、减轻处罚还是免除处罚，以及从轻、减轻处罚的幅度。

（四）生理醉酒

醉酒主要包括生理醉酒和病理性醉酒两类情况。由于病理性醉酒属于精神病的范畴，这里专门论述生理醉酒者的责任能力及其实施危害行为的刑事责任问题。

生理醉酒，又称普通醉酒、单纯性醉酒，简称醉酒，是通常最多见的一种急性酒精中毒，多发生于一次性大量饮酒之后，指因饮酒过量而致精神过度兴奋甚至神志不清的情况。生理醉酒的发生及其表现与血液中酒精浓度及个体对酒精的耐受力关系密切。在生理醉酒状态下，人的生理、心理和精神变化大致可分为兴奋期、共济运动失调期和昏睡期三个时期。现代医学和司法精神病学认为，生理醉酒不属于精神疾病。实践表明，生理醉酒的上述前两个时期，醉酒者对作为或不作为方式的危害行为均有能力实施，而且一般容易实施作为方式的危害行为，较为常见的如冲动性侵犯他人人身的杀、伤行为和非法的性侵犯行为等；在第三个时期，因为醉酒者往往昏睡，因而较少有能力实施作为方式的危害行为，但不作为方式的危害行为仍可以实施。

我国刑法把生理醉酒者与精神病人明确加以区分，在《刑法》第18条第4款规定："醉酒的人犯罪，应当负刑事责任。”这一规定对于防止和减少酒后犯罪，维护社会秩序，具有重要的意义。生理醉酒人实施危害行为应当负刑事责任的主要根据在于：①医学证明，生理醉酒人的辨认和控制行为能力大多只是有所减弱，但并未完全丧失，因而往往并不属于无刑事责任能力人；②生理醉酒人在醉酒前对自己醉酒后可能实施危害行为应当预见到，甚至已有所预见，在醉酒状态下实施危害行为时具备故意或过失的犯罪主观要件；③醉酒完全是人为的，是可以戒除的。因此，对生理醉酒人犯罪应当追究其刑事责任。

对醉酒人犯罪案件处罚时，应当注意到行为人在醉酒前有无犯罪预谋，行为人对醉酒有无故意、过失的心理态度，醉酒犯罪与行为人一贯品行的关系，以及醉酒犯罪是否发生在职务或职业活动中等不同情况，予以轻重不同的处罚，以使刑罚与犯罪的醉酒人的责任能力程度及其犯罪的危害程度相适应。在这里值得一提的，是德、日刑法学上的原因自由行为理论。原因自由行为，也称为原因中的自由行为，是指有责任能力的行为人在一时丧失责任能力的状态下实施了符合犯罪构成要件的行为，但是否陷入这种无责任能力的状态，行为人原本可以自由决定；如果是故意或者过失使自己处于无责任能力的状态，则行为人应承担刑事责任。例如，有病理醉酒病史的行为人为了杀人，事先大量饮酒，使自己处于无责任能力的病理醉酒状态，在此状态下实施杀人行为。尽管在行为当时行为人并无刑事责任能力，但行为人仍应对此杀人行为承担刑事责任。

二、疑难问题

（一）未成年人刑事责任年龄制度在司法中应当如何贯彻？

根据司法实践情况，要切实贯彻刑事责任年龄制度，正确处理未成年人的违法犯罪案件，在全面把握前述的我国刑法相关规范与有关原理的基础上，还应当明确以下三个问题：

1. 刑事责任年龄应当怎样计算？首先，刑事责任年龄应当是指实足年龄即周岁，这一点我国《刑法》第17条已明确作了规定。其次，周岁应当怎样计算？根据有关司法解释，可以明确：①周岁应当一律按照公历的年、月、日计算；②1周岁以12个月计。每满12个月即为满1周岁；③每满12个月即满1周岁应以日计算，而且是过了几周岁生日，从第2天起，才认为已满几周岁。例如，行为人于1988年12月1日出生，至2002年12月2日为已满14周岁，至2004年12月2日为已满16周岁，至2006年12月2日为已满18周岁。因此，对14周岁生日当天实施危害行为的，应视为不满14周岁，不能追究刑事责任；对16周岁生日当天实施危害行为的，只能令其对法定的八种犯罪行为负刑事责任；对18周岁生日当天犯罪的，应视为不满18周岁，对其适用一律不判处死刑和应当从轻或者减轻处罚的原则。

2. 关于未成年人犯罪和处罚的法定年龄界限能否突破？例如，对即将满14周岁，甚至差几天就满14周岁的人实施了故意杀人、故意伤害致人重伤或者死亡等行为，甚至造成了非常严重的危害结果的，可否作为犯罪追究刑事责任？对于即将满18周岁的人所犯罪行极其严重的，可否处死刑？我们认为，法律在未成年人定罪和处罚问题上所规定的这种年龄界限，不能有任何伸缩性，这是我国刑法罪刑法定原则的必然要求。如果允许突破这种界限，刑法关于责任年龄的规定就失去了其限制作用，是对法治的破坏。

3. 关于跨年龄段实施危害行为的刑事责任问题。其中主要问题有两个：①行为人已满16周岁后实施了某种犯罪，并在已满14周岁不满16周岁期间也实施过相同的行为，应否一并追究刑事责任，应当作具体分析。如果在已满14周岁不满16周岁期间所实施的是《刑法》第17条第2款规定的特定严重犯罪，则应一并追究刑事责任；否则，就只能追究已满16周岁以后犯罪的刑事责任。已满14周岁不满16周岁期间所实施的行为，如果与已满16周岁后实施的犯罪行为具有密切联系，则说明行为人的人身危险性较大，可以作为量刑情节予以考虑。②行为人在已满14周岁不满16周岁期间，实施了《刑法》第17条第2款规定的特定严重犯罪，并在未满14周岁时也实施过相同行为，对此不能一并追究刑事责任，而只能追究已满14周岁后实施的特定严重犯罪的刑事责任。同样，如果未满14周岁时实施的行为与已满14周岁后实施的犯罪行为具有密切联系，则表明行为人的人身危险性严重，量刑时应予以考虑。

（二）怎样理解未成年人相对负刑事责任的犯罪范围？

1997年《刑法》第17条第2款对已满14周岁不满16周岁的未成年人相对负刑事责任的犯罪范围采用了明确列举的规定方式，但是由于立法技术上的原因，本款对该年龄段的人负刑事责任的犯罪范围规定得并不是很明确，以致刑法理论界和司法实务界在理解该犯罪范围时见解各异。

第一种观点认为，《刑法》第17条第2款规定的犯罪范围仅限于按故意杀人罪、故意伤害罪（仅指故意伤害致人重伤或者死亡的情况）、强奸罪、抢劫罪、贩卖毒品罪、放火罪、爆炸罪和投放危险物质罪这八种罪名定罪处罚的犯罪，不包括抢劫枪支、弹药、爆炸物罪以及犯含有故意杀人、故意伤害致人重伤或者死亡、强奸等八种情节的犯罪（如绑架罪，拐卖妇女、儿童罪等）。但某些持此种观点的学者一方面认为应严格限制未成年人相对负刑事责任的范围，同时却又认为，已满14周岁不满16周岁的人奸淫幼女和抢劫枪支、弹药、爆炸物的，应当负刑事责任。[1]

第二种观点认为，《刑法》第17条第2款规定的犯罪既包括以故意杀人罪等八种罪名定罪处罚的犯罪，又包括以其他罪名定罪但含有故意杀人等八种行为的其他犯罪。这些犯罪可能有武装叛乱、暴乱罪，决水罪，以危险方法危害公共安全罪，破坏交通工具罪等。[2]

第三种观点认为，已满14周岁未满16周岁的人无论是单纯犯故意杀人罪等八种犯罪，还是犯含有故意杀人等八种行为的其他犯罪，都应负刑事责任，但两种情况的犯罪都应以故意杀人罪等八种罪名定罪，并按对该八种犯罪规定的法定刑处罚。其理由为：第一种观点虽然不会出现背离罪刑法定原则的麻烦，但却造成了刑法的不公平或不公正。因为，同样是实施故意杀人等八种犯罪，对于单纯实施故意杀人等八种犯罪的已满14周岁不满16周岁的人要负刑事责任，而对于实施其他犯罪但其中具有故意杀人等八种情节的已满14周岁不满16周岁的人却不追究其刑事责任。上述第二种看法虽然避免第一种看法所产生的弊端。但对已满14周岁不满16周岁的人所犯的含有故意杀人等八种情节的犯罪以这些犯罪定罪处罚，会产生对已满14周岁不满16周岁的未成年人处罚过重的不公平情况。因为，对该年龄段的未成年人，如果单纯犯故意杀人等八种犯罪的话，除贩卖毒品罪外，都可能在3年以上10年以下有期徒刑的幅度内处罚，而犯含有故意杀人等八种行为的其他犯罪的话，势必要按这些犯罪定罪处罚，由于故意杀人等八种行为均是这些犯罪中明确规定的或者隐含的法定加重处罚情节，其最低刑绝大多数在10年以上有期徒刑，有些甚至是无期徒刑或者绝对确定的死刑，因此，在这种情况下的处罚就会远远重于前种情况。而且对后种情况，既然刑法并未规定该年龄段的人应对基本犯罪负刑事责任，那么如果以这些罪名对其定罪的话，也会产生背离罪刑法定原则的弊病。[3]

我们认为，《刑法》第17条第2款规定的犯罪范围应仅限于该条所规定的故意杀人罪等

---

〔1〕参见莫洪宪："论我国刑法中未成年人的刑事责任"，载《法学论坛》2002年第4期。

〔2〕参见谢彤：《未成年人犯罪的定罪与量刑》，人民法院出版社2002年版，第77～81页。

〔3〕参见赵秉志主编：《中国刑法实用》，河南人民出版社2001年版，第59～62页。

八种罪名，而不包括包含有故意杀人等八种行为在内的其他罪名。也就是说，第 17 条第 2 款规定的是八种罪名而非八种犯罪行为。原因在于：①这是罪刑法定原则的当然要求。尽管我国刑法典还未实现罪名的法定化，但根据罪状我们是可以概括出罪名的。而《刑法》第 17 条第 2 款或者是对故意杀人罪等罪状的直接表述，或者是对相应犯罪的罪名概括，据此我们认为，按照罪刑法定原则的要求，《刑法》第 17 条第 2 款规定的是故意杀人罪等八种罪名，其他包括有故意杀人等八种犯罪行为的罪名均不在《刑法》第 17 条第 2 款规定的犯罪范围之内。②这样的理解符合我国刑法典对未成年人限制和从宽处罚的精神。《刑法》第 17 条第 2 款的立法精神是要将已满 14 周岁不满 16 周岁的未成年人的刑事责任严格限定在该款所规定的犯罪范围之内，如果将该款理解为是规定了八种犯罪行为，将使该年龄段的未成年人负刑事责任的范围有扩大化的危险，也违背了对未成年人从宽处罚的立法精神。③尽管将第 17 条第 2 款理解为是规定了八种罪名会造成一些不公平的现象，但这种不公平的现象是因为立法本身的不完善造成的，并且这种不公平并未造成未成年人刑事责任范围的扩大；而且虽然我们舍弃了一定程度的公平，但却坚持了罪刑法定原则。④由于目前我们的整体司法水平、状况还不尽如人意，将第 17 条第 2 款理解为是规定了八种罪名，有利于司法实务中正确贯彻对未成年人限制和从宽处罚的立法精神。总之，我们认为，在目前情况下，将第 17 条第 2 款理解为规定的是八种罪名而非八种犯罪行为是较为妥当的。

（三）对未成年人能否适用无期徒刑？

现行刑法典为什么没有禁止对未成年犯罪人适用无期徒刑？一般认为，这是由于立法思想上认为，有的未成年人犯罪性质和危害极其严重，仅允许对其最高适用有期徒刑，不足以有效地保卫社会和达到刑罚的目的。同时，我国刑法上还有刑罚执行中的减刑、假释等制度，被判处无期徒刑的罪犯，真正终身服刑的很罕见，绝大多数都经过一般服刑期间的改造，得到了减刑、假释等。这样，对犯罪极为严重、主观恶性很深的未成年犯罪人依法适用无期徒刑，又经过服刑的改造而对其减为有期徒刑或者予以假释，就有效地兼顾了保卫社会、预防犯罪和对未成年犯罪人适当从宽处罚的综合需要。

但是，近年来也有学者认为，无期徒刑毕竟是仅次于死刑的严厉刑种，具有剥夺犯罪人终身自由的性质，并且依照现行刑法必定附带着附加剥夺政治权利终身的内容，因而在现行刑法的条件下，对未成年犯罪人也应当严格限制和尽少适用；不得已适用时，也应注意依法从宽掌握刑罚执行中的减刑、假释的适用，做到有严有宽、严中有宽、宽严相济，正确地贯彻我国刑法对待未成年人犯罪的刑事政策和法律原则。

我们认为，如果严格理解与贯彻罪刑法定原则和对未成年人犯罪一律从宽处罚的原则，对未成年犯罪人实际上并没有适用无期徒刑的余地。因为按照《刑法》第 49 条的规定，犯罪的时候不满 18 周岁的未成年人一律不适用死刑，即立法上刑法分则各种犯罪对未成年人而言最高刑只能是无期徒刑；而按照《刑法》第 17 条第 3 款对已满 14 周岁不满 18 周岁的未成年人犯罪一律要从轻或者减轻处罚的规定，司法中对未成年犯罪人要在法定最高刑为无期徒刑的情况下再从轻或者减轻处罚，无期徒刑因为没有幅度而无法从轻，这样只能是减轻处罚，即对未成年犯罪人就只能减轻为低于无期徒刑的刑种制度处罚了，这样就使无期徒刑在事实上根本不能适用于犯罪的未成年人。[1] 未成年犯罪人的特点也决定了对其不宜适用无期徒刑。无期徒刑作为仅次于死刑的重刑，应适用于罪行及人身危险性都特别严重的犯罪分

〔1〕 参见赵秉志主编：《两岸刑法总论之比较研究》，台湾五南图书出版公司 1998 年版，第 83 页。

子。未成年人尚未成年，可塑性大，较易改造。虽然无期徒刑大多不是真正的“无期”徒刑，但至少也要执行10年以上，这对未成年犯罪人的教育改造极为不利；相关国际条约和国际性文件也反对对未成年人适用无期徒刑，如《联合国儿童权利公约》规定，对未满18周岁的人所犯罪行不得处以死刑或无释放可能的无期徒刑。同时规定，对儿童的监禁应符合法律规定并应作为最后手段，期限应作为最短的适当时间。第十七届国际刑法学大会通过的《国内法和国际法下的未成年人刑事责任决议》进一步明确规定对未成年人适用的最高刑罚是15年有期徒刑。可见，对未成年人适用无期徒刑也不符合相关国际公约和国际性文件的精神。[1]

（四）间歇性精神病人在罪刑方面有哪些主要问题？

这里包括两个问题：①间歇性精神病人是否在精神病未发作时实施的犯罪都属于在精神正常时犯罪？②对间歇性精神病人在精神正常时实施的犯罪能否因其患有精神病而从宽处罚？

间歇性精神病是一个法律概念，而非精神医学概念。医学上的精神病，可以有不同程度的缓解期。完全缓解，精神症状已完全消失的，才可以认为精神正常，评定为完全责任能力；虽处于缓解期，仍有残留症状或者性格改变的，精神状态不完全正常，出现危害行为时，其辨认或者控制能力可以明显减弱，应评定为限制责任能力。也有几种精神疾病如癫痫、躁狂抑郁症、癔症，可以呈间歇性发作，不发病时一如常人。即使是少数呈间歇性发作的精神病，在长期发作后，在间歇期仍可能出现某些精神障碍，如癫痫性性格改变、癫痫性智能障碍等，可以出现辨认或者控制能力明显减弱的情况，应评定为限制责任能力。[2] 因此，不能认为间歇性精神病人在精神病未发作时实施的任何犯罪都属于在精神正常时的犯罪，从而使其都承担刑事责任或承担完全的刑事责任。对此，目前刑法理论界并无任何疑义。同时，有学者认为，虽然《刑法》第18条第2款并未规定对间歇性精神病人犯罪是否是在精神正常时犯罪要依法定程序进行鉴定，但是在司法实践中，为了避免出现使本无刑事责任能力的间歇性精神病人承担不应该承担的刑事责任，或者使本仅具有限制刑事责任能力的间歇性精神病人承担完全的刑事责任的不良后果，对任何被认为属于患间歇性精神病的人实施的犯罪，均应依照《刑法》第18条第1款规定的法定程序进行鉴定，以确定行为人的刑事责任能力状况。如果行为人被鉴定为无刑事责任能力人，就应依据《刑法》第18条第1款的规定，不能使其负担刑事责任；被鉴定为限制刑事责任能力人，就应依据《刑法》第18条第3款的规定，对其可以从轻或者减轻处罚；被鉴定为具有完全刑事责任能力人，就应依据《刑法》第18条第2款的规定，使其承担完全的刑事责任，而不能仅仅因其患有精神病就从宽处罚。[3]

（五）醉酒人犯罪应怎样承担刑事责任？

1979年《刑法》第15条第3款和现行《刑法》第18条第4款均只规定了“醉酒的人犯罪，应当负刑事责任”的原则，但并未规定醉酒人哪些情况应负完全的刑事责任，哪些情况应负部分的刑事责任。因此，学者们围绕着该问题展开了理论探讨，并存在着较大的观点分歧。

〔1〕 参见赵秉志主编：《刑法总论》，中国人民大学出版社2007年版，第166～167页。

〔2〕 参见林准主编：《精神疾病刑事责任能力和医疗监护措施》，人民法院出版社1996年版，第50页。

〔3〕 参见赵秉志、刘志伟：“精神障碍者犯罪之刑事责任若干问题研究”，载《山东公安专科学校学报》2001年第1期。

第一种观点认为，确定醉酒人是否应负完全的刑事责任，应当认真分析醉酒的原因。如果醉酒是因为行为人的故意或过失所致，对于在醉酒期间所实施的危害行为，行为人应负完全的刑事责任；如果醉酒是因为不可抗拒或不能预见的原因所致，对于醉酒期间所实施的危害行为，应根据行为人在实施危害行为时的实际精神状态，确定是无责任能力的人，不负任何刑事责任，还是限制责任能力的人，负担减轻的刑事责任。[1]

第二种观点认为，那种故意借醉酒犯罪的人，其责任能力是完全的。因为这种人虽然也有醉酒的反应和表现，但其饮酒与犯罪在主观目的上是统一的，对其危害社会的行为所持故意的心理状态是明确的，这一故意犯罪心理又直接支配其行为的全过程，所以这种人应对其故意犯罪负完全刑事责任。而酒后偶然发生犯罪行为却与前一情况完全不同，因为行为人在实施危害社会的行为时，在一定程度上已处于缺失辨认或控制自己行为的能力的状态，所以不能预见自己行为的后果（这里不包括驾驶员特殊主体的酒后犯罪问题），这就需要根据情况判定这类醉酒人是属于完全责任能力，还是限定责任能力，而决定其是应负完全的刑事责任，还是应负部分的刑事责任。[2]

第三种观点认为，要正确解决醉酒犯罪者的刑事责任，应区分以下不同情况，来确定其责任有无及大小：①原有犯罪故意，借醉酒壮胆者，不能免除其刑事责任；②本无犯罪故意，但故意饮酒，于行为当时尚有辨认和控制能力，只是有某种程度的减弱，以致发生了可以预见的危害结果者，可以酌情予以减轻或从轻处罚；③本无犯罪故意，饮酒出于偶然（即非出于己意），且事后经科学检验，行为当时事实上已处于心神丧失状态者，不负刑事责任。[3]

第四种观点认为，醉酒人对醉酒本身的态度不管是故意、过失，还是既无故意也无过失，只要其在醉酒前对在醉酒后实施的为刑法所禁止的危害行为没有任何罪过心理，都应依行为人在醉酒状态中的责任能力状况确定其刑事责任。当其具有完全的责任能力时，应负完全的刑事责任；当其仅具有限制责任能力时，只应负部分的刑事责任；当其无任何责任能力时，不应负任何刑事责任。但是，当醉酒人对其醉酒本身具有故意或者过失，同时在醉酒前对其在醉酒后实施的为刑法所禁止的危害行为具有犯罪故意或犯罪过失时，不管其在醉酒状态中的责任能力状况如何，都应负完全的刑事责任。因为这种醉酒人在醉酒前完全具有在责任能力基础上产生的犯罪故意或犯罪过失心理，而且正是这种罪过心理支配了其醉酒行为及其醉酒后实施的为刑法所禁止的危害行为，所以，这种醉酒人理应对其犯罪行为负担完全的刑事责任。[4]

■第四节　犯罪主体的特殊身份

一、基本法理

在古今中外的刑事立法中，对大多数犯罪而言，其犯罪主体仅须具备自然人与责任能力两个基本要件，这些基本要件尤其是责任能力要件决定着犯罪主体与刑事责任的关系。但是，对某些犯罪来说，其犯罪主体除须具备上述基本要件以外，还须具有特殊身份，否则便

〔1〕参见喻伟主编：《刑法学专题研究》，武汉大学出版社 1992 年版，第 220～221 页。

〔2〕参见云杰："论醉酒人的刑事责任"，载《法学杂志》1987 年第 1 期。

〔3〕参见鲍遂献："论醉酒犯罪的刑事责任"，载《司法》1986 年第 2 期。

〔4〕参见赵秉志主编：《刑法争议问题研究》（上册），河南人民出版社 1996 年版，第 274 页。

无构成犯罪与承担刑事责任之余地。还有些犯罪，其主体并不要求有特殊身份方可构成，但如主体是有某种特定身份，则影响到其刑事责任的程度。

（一）犯罪主体特殊身份的概念

从一般意义上讲，身份是指人的出身、地位和资格，是指人在一定的社会关系中的地位，因而人人皆有其身份。犯罪主体的特殊身份有其独特的含义。按照刑法理论中较为通行的主张，所谓犯罪主体的特殊身份，是指刑法所规定的影响行为人刑事责任有无以及大小的行为人人身方面特定的资格、地位或状态，如国家工作人员、国家机关工作人员、司法工作人员、军人、辩护人、诉讼代理人、证人、依法被关押的罪犯、男女、亲属等特殊身份。这些特殊身份不是自然人犯罪主体的一般要件，而只是某些犯罪的自然人主体必须具备的要件。

以主体是否要求以特定身份为要件，自然人犯罪主体分为一般主体与特殊主体。刑法规定不要求以特殊身份作为要件的主体，称为一般主体；刑法规定以特殊身份作为要件的主体，称为特殊主体。在中外刑法理论上，通常还将以特殊身份作为主体构成要件或者刑罚加减根据的犯罪称为身份犯。身份犯可以分为真正身份犯与不真正身份犯。真正身份犯是指以特殊身份作为主体要件，无此特殊身份则根本不可能成立的犯罪。例如，《刑法》第109条叛逃罪的主体必须是国家机关工作人员，因此，如果行为人不是国家机关工作人员，其行为就不可能成立叛逃罪（当然，共同犯罪的情况除外）。又如，《刑法》第255条打击、报复会计、统计人员罪的主体必须是公司、企业、事业单位、机关、团体的领导人，如果行为人并非此等人员（如只是公司的一般职员），断无成立本罪的可能（同样，共同犯罪的情况除外）。不真正身份犯，是指特殊身份不影响定罪但影响量刑的犯罪。在这种情况下，如果行为人不具有特殊身份，犯罪也成立；如果行为人具有这种身份，则刑罚的科处就比不具有这种身份的人要重或轻一些，但构成的犯罪性质并无二致。例如，《刑法》第243条诬告陷害罪的主体，不要求以特殊身份为要件，即任何年满16周岁、具备刑事责任能力的自然人，均可构成本罪；但是，如果主体具备国家机关工作人员身份，依照《刑法》第243条第2款的规定，则应从重处罚，换言之，国家机关工作人员身份虽然不是诬告陷害罪的主体要件，但这种特殊身份却是诬告陷害罪从重处罚的根据。本节中论述的犯罪主体的特殊身份，既包括真正身份犯中的特殊身份，也包括不真正身份犯中的特殊身份。

正确理解犯罪主体的特殊身份的含义，还应当特别注意这样两个问题：

首先，特殊身份必须是在行为人开始实施危害行为时就已经具有的特殊资格或已经形成的特殊地位或状态。行为人在实施行为之中或者之后才形成的特殊地位或状态，并不属于特殊身份。例如，《刑法》第291条的聚众扰乱公共场所秩序、交通秩序罪，法律规定只处罚首要分子，但我们并不能说该罪的主体为特殊主体，因为首要分子在此是指在聚众犯罪中起组织、策划、指挥作用的犯罪分子，这种地位或资格是在行为人实施犯罪后方形成的，并非特殊身份。事实上，任何达到刑事责任年龄、具备刑事责任能力的自然人，均可以聚集众人扰乱公共场所秩序、交通秩序而成为首要分子，该罪的主体当然是一般主体。如果把行为人在实施犯罪后才形成的特殊地位或状态也称之为特殊身份，那么在犯罪主体中区分一般主体与特殊主体就可能失去意义，因为按照那种说法，“犯罪的实施者”本身也是一种身份，如故意杀人罪的主体是实施杀人者，抢劫罪的主体是实施抢劫行为者，这显然是毫无意义的。刑法理论上亦有人将累犯称为犯罪主体的特殊身份，这实际上也是一种误解。

其次，作为犯罪主体要件的特殊身份，仅仅是针对犯罪的实行犯而言的，至于教唆犯与帮助犯，并不受特殊身份的限制。例如，强奸罪的主体必须是男性，但这只是就实行犯而言的，不具有男性身份的妇女教唆或帮助男性实施强奸妇女行为的，可以成立强奸罪的共犯。

（二）犯罪主体特殊身份的分类

犯罪主体的特殊身份，从不同角度可有不同的分类。主要有以下两种分类：

1. 自然身份与法定身份。从形成方式上加以区分，犯罪主体的特殊身份可以有自然身份与法定身份之别。

所谓自然身份，是指人因自然因素所赋予而形成的身份。例如，基于性别形成的事实可有男女之分，有的犯罪如强奸罪仅男子可以单独成为犯罪的主体；再如，基于血缘、婚姻的事实可形成亲属身份，有些犯罪的主体只能由具有此种身份者构成，如遗弃罪、虐待罪。

所谓法定身份，是指人基于法律所赋予而形成的身份。如军人、国家机关工作人员、司法工作人员、在押罪犯等。

自然身份和法定身份要成为犯罪主体的特殊身份，一般需要由刑法予以明确规定。这种分类的意义，并不在于直接说明犯罪主体特殊身份与刑事责任的关系，而在于通过对犯罪主体特殊身份的了解，进而准确而深刻地把握刑法设立此项规定的原义，这无疑会有助于正确地适用法律。例如，国家工作人员是一种法定身份，具有国家工作人员身份者总是由法律赋予一定的职责即权利和义务，刑法把国家工作人员规定为受贿罪主体的特殊身份条件，决不是为了惩罚国家工作人员收受他人财物的任何行为，而只是为了惩罚与其职责相联系而违反其职责的收受他人财物的行为。

2. 定罪身份与量刑身份。这是根据犯罪主体的特殊身份对行为人刑事责任影响的性质和方式所作的划分。

定罪身份，即决定刑事责任存在的身份，又称为犯罪构成要件的身份。具体又分为两种情形：①犯罪主体身份。此种身份是某些具体犯罪构成中犯罪主体要件必须具备的要素，缺此身份，犯罪主体要件就不具备，因而也就没有该具体犯罪构成，不构成该种犯罪，不存在行为人应负该罪之刑事责任的问题；有此身份，犯罪构成中的主体要件就可具备，此时如果犯罪构成的主客观要件都存在，就可认定行为人的行为构成该罪并应负刑事责任。②犯罪对象身份。有些犯罪以犯罪对象具有一定身份为构成要件，如果缺此身份，犯罪对象要件就不具备，就不构成该种犯罪，不存在行为应负该罪之刑事责任的问题。如行贿罪的行为对象为国家工作人员，私放在押人员罪的犯罪对象为在押的犯罪嫌疑人、被告人和罪犯。

量刑身份，即影响刑事责任程度的身份，又称为影响刑罚轻重的身份，是指按照刑法的规定，此种身份的存在与否虽然不影响刑事责任的存否，但影响刑事责任的大小，其在量刑上表现为是从重、从轻、减轻甚至免除处罚的根据。

（三）犯罪主体特殊身份的作用和意义

由于犯罪主体的特殊身份从主客观两方面影响了行为社会危害性的有无和程度，反映了行为人主观恶性的大小，因而现代各国刑法都在不同程度上、以不同形式设立有犯罪主体特殊身份及其对刑事责任的影响的规定。这种规定不外乎是要达到两点目的：①借助行为人某些特殊身份的有无来限制某些犯罪主体及犯罪成立的范围，以区分罪与非罪和此罪与彼罪的界限，以便准确妥当地对某些危害行为追究刑事责任；②借助于行为人的某些特殊身份的有无来区分危害程度不同的犯罪之轻重罪责，以突出和加重对某些具备特殊身份的犯罪分子及其特定犯罪行为的打击，使刑罚的适用与其刑事责任程度相适应，同时也对某些因具备特定身份而使行为危害程度较轻的犯罪分子和犯罪行为从宽处罚，做到宽严相济。总之，刑法设立犯罪主体特殊身份规定的旨意在于，从犯罪主体角度调整危害行为与刑事责任的关系，以更加准确有效地打击犯罪，从根本上维护统治阶级的利益。

根据我国刑法规定和司法实践经验，犯罪主体的特殊身份对正确定罪量刑具有重要的意义。

1. 犯罪主体特殊身份对定罪的意义。影响行为的定罪是犯罪主体特殊身份的首要功能：①主体特殊身份的具备与否，是区分罪与非罪的标准之一。例如，《刑法》第165条规定的非法经营同类营业罪，法律规定行为人必须是“国有公司、企业的董事、经理”，非具有这种特定身份的人即使实施法定的危害行为，也不能作为这种犯罪的主体负刑事责任。刑法作出这种规定，就是要通过对犯罪主体特殊身份的要求和限定来限制追究刑事责任的范围，以准确有效地打击那些达到犯罪程度的严重危害行为及行为人。②主体特殊身份具备与否，也是某些犯罪案件中区分和认定此罪与彼罪的一个重要标准。例如，同是隐匿、毁弃或者非法开拆他人信件的行为，具有邮政工作人员身份并利用其职务便利实施者构成《刑法》第253规定的私自开拆、隐匿、毁弃邮件、电报罪，一般公民则构成第252条的侵犯通信自由罪。这种规定，主要是通过对犯罪主体特殊身份的要求与否来作为区分性质和危害程度不同的犯罪之间的界限。③主体特殊身份影响无特殊身份者的定罪。这主要是无特定身份者与有特定身份者共同实施要求特殊主体之罪的情况。例如，一般公民可以与国家工作人员一起构成要求特殊主体的贪污罪的实行犯。

2. 犯罪主体特殊身份对量刑的意义。犯罪主体的特殊身份对量刑也有一定的影响，这主要表现在：①在我国刑法中，对行为类似的特殊主体的犯罪一般都较一般主体的犯罪规定的刑罚相对重一些。例如，军人战时造谣惑众罪的刑罚就重于非军人战时造谣扰乱军心罪的刑罚。这些要求特殊主体的犯罪之所以较一般主体的犯罪的刑罚重，当然不仅仅是基于主体特殊身份，但主体的特殊身份，无疑是影响行为社会危害程度并进而影响其刑罚轻重的重要原因之一。②在我国刑法总则规范中，设有一些因犯罪主体的身份而影响刑罚轻重的规定。因主体身份影响刑罚从严的，例如，按照《刑法》第65条关于普通累犯以及第66条关于危害国家安全罪累犯的规定，犯罪分子如果过去因犯罪被处以刑罚并符合一定条件的，即具有法定的累犯身份的，对其新的犯罪就要从重处罚，而且按照《刑法》第74条的规定，对构成累犯者不得适用缓刑；因主体身份影响刑罚从宽的，例如《刑法》第49条关于“审判的时候怀孕的妇女，不适用死刑”的规定。③在我国刑法分则规范中，规定对某些犯罪若行为人具有特殊身份的就要从重处罚。例如，《刑法》第243条第2款规定，国家机关工作人员犯诬告陷害罪的，从重处罚。

二、疑难问题

（一）怎样理解刑法中的身份与身份犯之身份的关系？

关于刑法中的身份与身份犯之身份的关系，有学者认为，两者既有联系，又有区别。两者的相同点在于：首先，两者都是作为刑事诉讼关系参与者的自然人具有的特定个人要素，不是行为人外在的、通过行为表现出来的情状；其次，两者都是由刑法所规定的，而且对定罪量刑有重要意义的个人要素。但是，两者又存在许多差异：①身份犯之身份仅指犯罪主体所具有的特定身份，而刑法中身份的外延则广得多，身份犯之身份只是其中的一种，为后者所包容。②身份犯之身份是在具备犯罪主体的基本要件的情况下，进一步决定具体犯罪之成立以及影响刑罚轻重的特定个人要素，而刑法中身份还包括构成一般犯罪主体所需要的个人要素。③身份犯之身份一般指积极身份即对犯罪成立有积极意义的身份，而刑法中身份还包括消极身份，即阻却犯罪性的身份。④身份犯之身份必须是行为人在实施危害行为时所具有的，而刑法中身份并不限于实施危害行为之时（如怀孕妇女）。⑤身份犯之身份是通过主体特殊身份对行为的社会危害程度的不同影响而对定罪量刑发生作用的，刑法中身份则不尽然，有些特定身份是国家出于刑事政策的需要而专门加以规定的。[1]

我们认为，刑法中的身份与身份犯之身份的确是两个不同的概念，将两者加以混淆是不妥当的。刑法中的身份含义较广，能够将犯罪前、犯罪中以及犯罪后影响刑事责任承担之主体的各种个人要素情况都包括进去，有利于从更广的角度对犯罪主体的各种个人要素加以认识和研究；而身份犯之身份的外延较刑法中的身份为窄，一般仅限于实施犯罪时行为人所具有的能够影响社会危害性的积极的个人要素。因此，两者存在明显的不同，上述学者将这两个概念作了较为详细的区分，基本上为我们所赞同。

（二）怎样理解身份犯之身份与特殊主体之身份的关系？

关于身份犯之身份与特殊主体之身份的关系，有学者认为，犯罪的特殊主体，从其对定罪量刑的作用看，有作为犯罪构成要件的特殊主体和影响刑罚轻重的特殊主体之分。作为犯罪构成要件的特殊主体，即这种主体为该种犯罪构成的必要要件，不具备这种条件，该种犯罪不能成立；影响刑罚轻重的特殊主体，又可分为从宽处罚的特殊主体和从严处罚的特殊主体。[2] 可见这些学者认为身份犯之身份与特殊主体之身份属于同一概念。有学者则认为，所谓犯罪的特殊主体，是与犯罪的一般主体相对而言的，是指刑法规定的、以具有特定身份为实施犯罪必要条件的犯罪主体，因而身份犯之身份与特殊主体之身份是两个既有联系又有区别的概念。两者的联系在于：①两者都是刑法所规定的、行为人所具有的对定罪量刑有影响的特定个人要素；②两者都是行为人在实施犯罪行为时所具有的特定资格或特定关系，不包括行为人通过实施危害行为后所形成的身份。两者的区别在于：①从外延来看，前者既包括定罪身份，也包括量刑身份，后者仅限于定罪身份，后者为前者所包容；②从法律规定的模式看，前者既可以由刑法条文明确规定，也可以由立法解释或司法解释加以明确，而后者仅限于刑法明文规定。[3]

我们赞同上述第二种观点。从刑法理论研究及司法实务的需要出发，宜将身份犯之身份与特殊主体之身份两个概念加以区分。身份犯之身份不但包括定罪身份，而且包括量刑身份；而特殊主体之身份仅限于定罪身份，为前者所包容。在确定犯罪构成的符合性时，着重考虑特殊主体之身份；而在运用刑罚时，则着重考虑身份犯之身份（当然也包括考虑刑法中的身份）。可见，这两个概念是适应犯罪主体之不同个人要素对定罪、量刑所能够产生的不同影响而提出来的。

■第五节 单位犯罪

一、基本法理

（一）单位犯罪的立法沿革

单位犯罪，在我国刑法理论上曾被称为“法人犯罪”，是与自然人犯罪相对应的一个范畴。从目前世界范围内的刑事立法来看，英美法系国家和地区都普遍确认了法人刑事责任制度。大陆法系国家在理论上曾经长期固守罗马法“社团不能犯罪”的原则，不承认法人犯罪，但遏制日益严重的法人不法行为的现实需要，使得一些大陆法系国家的立场出现了松动，有的国家在刑法典中明确规定了法人犯罪（如法国），也有一些国家在刑法典中虽然仍

〔1〕 参见杜国强：《身份犯研究》，武汉大学出版社2005年版，第80～81页。

〔2〕 参见高铭暄主编：《中国刑法学》，中国人民大学出版社1989年版，第120～121页。

〔3〕 参见杜国强：《身份犯研究》，武汉大学出版社2005年版，第81～82页。

只规定自然人是犯罪主体和刑事责任的承担者，但在行政法、经济法等法律的罚则中则规定了法人犯罪并追究法人的刑事责任。至今，法国、日本、德国、荷兰、瑞士、韩国、泰国、土耳其、古巴等国，在立法上均承认法人刑事责任制度。

我国1979年《刑法》中，没有法人犯罪或单位犯罪的规定，对非自然人犯罪及其刑事责任制度持否定态度。随着形势的发展，法人或非法人组织实施的危害社会行为的情况也越来越严重，因而法人或非法人组织（统称为单位）能否成为犯罪主体的问题被客观地提了出来。1987年1月22日由第六届全国人大常委会第十九次会议通过的《中华人民共和国海关法》第47条第4款规定："企业事业单位、国家机关、社会团体犯走私罪的，由司法机关对其主管人员和直接责任人员依法追究刑事责任；对该单位判处罚金，判处没收走私货物、物品、走私运输工具和违法所得。"从而首次在我国法律中确认了单位可以成为犯罪主体。

在全面修订我国《刑法》的研讨过程中，法人犯罪或单位犯罪问题一直是一个焦点，就法人犯罪或单位犯罪的立法完善问题，刑法理论界和立法、司法实务界提出了许多不同的主张，存在一些分歧。其中有两个重要问题是：首先，如何在刑法中界定非自然人犯罪，是使用"法人犯罪"这一在刑法理论研讨中被广泛使用的术语，还是使用"单位犯罪"？其次，非自然人犯罪除在分则某些犯罪中规定外，是否还需在总则中作概括性规定？最后，修订后的我国新刑法，采用总则与分则相结合的方式确立了单位犯罪及其刑事责任，其中总则第二章第四节"单位犯罪"用两个条文规定了单位犯罪的总则性问题。这主要是基于下列考虑：①使用"单位犯罪"一词，而不使用"法人犯罪"一词，是因为"单位"一词并不限于具有民法意义上的法人资格的组织，而是也包括非法人组织在内，这样规定更符合我国社会上除法人组织外还有非法人组织实施犯罪的现实情况。②在总则中设立"单位犯罪"专节，对单位负刑事责任的范围、单位犯罪的处罚原则等内容作出概括性规定，有利于单位犯罪立法和司法的系统化、成熟化，也与总则规定自然人犯罪的内容和谐协调，同时也符合世界各国采用总则与分则相结合的形式规定法人（单位）犯罪之立法模式的通常做法。

（二）单位犯罪的概念和特征

《刑法》第30条规定："公司、企业、事业单位、机关、团体实施的危害社会的行为，法律规定为单位犯罪的，应当负刑事责任。"这是关于单位在多大范围内可以成为犯罪主体的规定。根据这一规定，所谓单位犯罪，是指由公司、企业、事业单位、机关、团体实施的依法应当承担刑事责任的危害社会的行为。单位犯罪具有如下基本特征：

1. 单位犯罪的主体包括公司、企业、事业单位、机关、团体。公司是指以营利为目的从事生产和经营活动的经济组织。我国《公司法》规定的公司包括有限责任公司和股份有限公司两种类型。企业，是指公司以外的，以从事生产、流通、科技等活动为内容，以获取赢利和增加积累、创造社会财富为目的的营利性社会经济组织。事业单位，是指依法成立的从事各种社会公益活动的组织。根据1999年6月18日最高人民法院通过的《关于审理单位犯罪案件具体应用法律有关问题的解释》第1条的规定："刑法第30条规定的公司、企业、事业单位，既包括国有、集体所有的公司、企业、事业单位，也包括依法设立的合资经营、合作经营企业和具有法人资格的独资、私营等公司、企业、事业单位。"机关，是指履行党和国家的领导、管理职能和保卫国家安全职能的机构，包括国家各级权力机关、行政机关、审判机关、检察机关、军队。在我国，党的组织也应视为机关。团体，主要是指人民团体和社会团体。另外，个人为进行违法犯罪活动而设立的公司、企业、事业单位实施犯罪的，或者公司、企业、事业单位设立后，以实施犯罪为主要活动的，不以单位犯罪论处。盗用单位名义实施犯罪，违法所得由实施犯罪的个人私分的，依照刑法有关自然人犯罪的规定定罪处罚。

2. 只有法律明文规定单位可以成为犯罪主体的犯罪，才存在单位犯罪及单位承担刑事责任的问题，而并非一切犯罪都可以由单位构成。规定单位犯罪的“法律”，指的是刑法分则性条文，包括1997年刑法分则及其颁行后国家最高立法机关又根据实际需要制定的单行刑法、刑法修正案及有关附属刑法规范。从我国刑法分则的规定来看，单位犯罪广泛存在于危害公共安全罪，破坏社会主义市场经济秩序罪，侵犯公民人身权利、民主权利罪，妨害社会管理秩序罪，危害国防利益罪和贪污贿赂罪等章中，具体罪种约有120个。这些单位犯罪多数是故意犯罪，但也有少数属于过失犯罪。

3. 单位犯罪具有整体性的特点。单位犯罪不是单位内部成员实施的共同犯罪，而是单位作为一个整体、一个“拟制”的人的犯罪。单位犯罪的整体性表现在，这种犯罪是经单位集体研究决定或者由负责人员决定，并由直接责任人员实施的，体现了单位的整体犯罪意志。

单位犯罪主体是否要求具有经济独立核算性，是否要求具有形式与实体的合法性，单位犯罪是否要求以单位名义实施，以及单位犯罪与自然人犯罪的界限区分等，尚是值得进一步研究的问题。

（三）单位犯罪的处罚原则

对单位犯罪的处罚，世界各国刑事立法和刑法理论上主要有两种原则：①双罚制，即单位犯罪的，对单位和单位直接责任人员（包括直接负责的主管人员和其他直接责任人员）均予以刑罚处罚。②单罚制，即单位犯罪的，只处罚单位或只处罚单位的直接责任人员。单罚制具体又分为转嫁制和代罚制两种类型：转嫁制是指单位犯罪的，只对单位予以刑罚处罚而对直接责任人员不予处罚；代罚制是指单位犯罪的，只对直接责任人员予以刑罚处罚而不处罚单位。转嫁制和代罚制可统称为单罚制。

我国《刑法》第31条规定：“单位犯罪的，对单位判处罚金，并对其直接负责的主管人员和其他直接责任人员判处刑罚。本法分则和其他法律另有规定的，依照规定。”这是我国刑法对单位犯罪处罚原则的规定。根据这一规定，对单位犯罪，一般采取双罚制的原则，即单位犯罪的，对单位判处罚金，同时对单位直接负责的主管人员和其他直接责任人员判处刑罚。在双罚制内部，又可以区分为两种情形：①对直接责任人员的刑罚与自然人犯该罪时的刑罚相同，如《刑法》第140、150条规定的生产、销售伪劣产品罪，第151条规定的走私武器、弹药罪等。②对直接责任人员的刑罚轻于自然人犯该罪时的刑罚，如《刑法》第195、199条和第200条规定的信用证诈骗罪（单位犯罪时直接责任人员的法定最高刑为无期徒刑，而自然人犯罪时的法定最高刑为死刑）。但是，采用双罚制原则也存在例外，即当刑法分则和其他法律（特别刑法）另有规定不采取双罚制而采取单罚制的，则应实行单罚制。这是因为，单位犯罪的情况具有复杂性，其社会危害程度差别很大，一律采取双罚制的原则，并不能全面准确地体现罪责刑相适应原则和对单位犯罪起到足以儆戒的作用。在我国刑法分则中，有少数几种单位犯罪，采取的即是单罚制，如《刑法》第244条规定的强迫职工劳动罪，就只处罚用人单位的直接责任人员，《刑法》第162条规定的妨害清算罪，也不处罚作为犯罪主体的公司、企业，而只处罚其直接责任人员。

二、疑难问题

（一）国家机关应否作为单位犯罪的主体？

尽管现行刑法已将机关规定为单位犯罪的主体，但理论界和实务界在这个问题上均存在分歧，总体上看有肯定说和否定说两种观点。

肯定说认为，国家机关作为单位犯罪的主体，确实是我国特有的现象。这主要是因为在以往计划经济体制下，政企不分，国家机关直接介入经济活动的情况较为普遍。在这种情况下，将国家机关作为单位犯罪的主体加以处罚，当然是有意义的。但是，随着经济体制改革的深入发展，政企逐渐分开，国家对经济活动实行宏观调控，不再直接介入经济活动。在这种情况下，国家机关实施的单位犯罪将会随之而减少，乃至于最后消亡。当然，这只是一种发展趋势。至于目前，以国家机关为主体的单位犯罪依然存在，因此在刑法中将国家机关规定为单位犯罪的主体仍是必要的。[1]

否定说认为，国家机关不应成为单位犯罪的主体，主要理由是：①国家机关是代表国家行使管理职能的机关，它在活动中体现的是国家的意志，这种意志与犯罪意志不能共存。犯罪是反抗现行统治关系和统治秩序最严重的行为，而国家机关却是维护现行统治关系和统治秩序的机器，两者是互相矛盾、互不相容的。②司法操作上具有极大的困难。在中国，行政权、立法权实质上大于司法权，同级别的行政机关、权力机关的地位绝不低于审判机关、检察机关。在这种情况下，检察机关、审判机关以刑事犯罪起诉、审判行政机关、权力机关存在很大的困难。即使能够审理，作出判决，对国家机关判处的罚金也难以执行。尽管国家机关有一定的经费，但经费来自国家拨款，犯罪的非法所得应依法予以没收，自然不可能用来缴付罚金，国家机关只能用财政拨款来缴付罚金，但罚金又要上交财政，这等于是国家在自我惩罚，而且这个口袋出，那个口袋进，让会计账形式上一进一出，徒然增加财政机关的负担。如果不单独拨款，而是从该机关的办公经费中拿，则又势必影响国家机关的正常职能活动，并最终损害国家自身的利益。③追究国家机关的刑事责任，会招致不良后果。犯罪是反抗现行统治关系和统治秩序最严重的行为。如果一个国家机关被定罪，那么它还算是维护现行统治秩序的机器吗？还有继续存在的法理依据吗？还有威信和信心去履行自己的职能吗？它在所谓犯罪行为期间制定的规章、条例等还能自然有效吗？特别是讲到法院、监狱这些机关，试问：对一个自身也被定罪的法院的审判，谁还会认为是正义的审判呢？犯罪分子会从内心里接受一个本身被定罪的监狱的改造吗？④从国外情况看，即使是最早在刑法上承认法人犯罪并追究其刑事责任的西方国家英国，也没有把国家机关作为犯罪主体；美国明确规定国家机关在环境犯罪上是有豁免权的。美国1962年的《模范刑法典》和1971年的《联邦刑法草案》都没有规定国家机关可以成为犯罪主体。在大陆法系主要国家中，目前只有法国在刑法典中规定了单位犯罪，但它在第121－2条中明确排除了国家机关作为犯罪主体的可能性，仅对地方行政部门及其联合体在从事可订立公共事业委托协议的活动中实施的犯罪可以追究刑事责任，而这时地方行政部门及其联合体与委托协议的另一方当事人之间是根据契约自由原则进行活动的，与地方行政部门行使的行政管理职能无关。他们将国家机关排除在犯罪主体之外的理论根据是三权分立，行政权与司法权是平行的，法院无权判决某一国家机关犯罪。[2]

（二）应怎样认识单位犯罪的处罚原则？

对单位犯罪采用的处罚原则，立法上曾经有过双罚制、单罚制（包括代罚制和转嫁制两种）。对此，我国刑法理论上也有不同的见解。有个别学者认为对单位犯罪的处罚应采用以

〔1〕 参见陈兴良："单位犯罪：以规范为视角的分析"，载《河南省政法管理干部学院学报》2003年第1期。

〔2〕 参见高铭暄：《刑法肄言》，法律出版社2004年版，第305～308页。

双罚制为主、转嫁制和代罚制为补充的刑罚原则，[1] 但多数学者认为，对单位犯罪的处罚应采用双罚制。

对于实行双罚制的理由，学者们从不同方面进行了比较充分的说明。如有学者认为，双罚制与单罚制比较起来，前者更为合理。因为，在代罚制下，承认单位是犯罪主体，但是却让单位成员代替单位受罚，或是单位代替犯罪的单位成员受罚，无论谁受罚，都将导致犯罪主体与刑罚主体分离，在理论上违背罪责自负原则，难以达到刑罚的目的。双罚制是针对单位这一犯罪整体加以惩罚，而不是针对两个犯罪主体，单位中的成员不是独立的犯罪主体，而是单位这一犯罪主体的有机组成部分，之所以惩罚单位成员，是因为他们对单位犯罪负有重大责任，他们是犯罪意志的制造者，又是犯罪行为的实施者，离开了他们的罪过和行为，就没有单位犯罪，他们对单位犯罪负有连带的刑事责任，是同一刑事责任根据单位组织和成员在犯罪中所处的地位和作用而作的不同分担。因此，只有实行双罚制，才能体现对单位犯罪的全面否定评价，真正起到惩戒、预防单位犯罪的效果。[2]

我们认为，之所以对单位犯罪应实行双罚制，不应采用单罚制，是因为，就代罚制而言，对单位犯罪采用代罚制，虽然能够通过对单位中参与单位犯罪的自然人的处罚从而实现惩治和防范单位犯罪的刑罚目的，但它主张不处罚犯罪的单位，只处罚为单位谋取利益的自然人，具有不符合罪责自负的刑法基本原则，有失刑法公平之弊端，而且这种处罚原则实际上是“法人无犯罪能力的理论，与控制法人犯罪的客观必要，在刑事政策上调和的一种表现”，从而与刑法贯彻的双罚制原则所体现的单位具有犯罪能力观点相悖。就转嫁制而言，对单位犯罪采用转嫁制，虽然能够通过对犯罪单位的处罚，促使单位加强管理，严格制度，从而在一定程度上有利于防范单位再次实施犯罪，但是这种做法忽视了自然人在单位犯罪中所起的重要的能动作用。事实上，正是参与单位犯罪的自然人的犯罪意志和行为促成了单位的犯罪意志的形成和犯罪行为的实施。如果放弃对参与单位犯罪的自然人的刑罚处罚，则不仅违背了刑法有罪必究的宗旨，而且在相当程度上会促使单位中的少数人员为了满足自己的一己之私而不惜冒着损害单位利益的风险实施单位犯罪。因此，代罚制和转嫁制均有其不足，只有双罚制才能克服两者的缺陷并兼得其优点。[3]

【思考题】

1. 什么是犯罪主体？自然人犯罪主体的共同要件有哪些？
2. 什么是刑事责任能力？辨认能力与控制能力是什么关系？
3. 如何理解我国刑法中刑事责任年龄阶段的划分？
4. 如何理解和把握未成年人的刑事责任能力问题？
5. 怎样理解和把握精神障碍人的刑事责任能力问题？
6. 聋哑人、盲人、生理醉酒人的刑事责任能力如何？
7. 犯罪主体的特殊身份有什么意义？
8. 怎样理解单位犯罪及其双罚制？

---

〔1〕 参见钟健生等：“单位犯罪的刑罚原则之我见”，载杨敦先等主编：《新刑法实施疑难问题研究与适用》，中国检察出版社 1999 年出版，第 203 页。

〔2〕 参见俞利平：“单位犯罪若干问题研究”，载《政法学刊》1998 年第 2 期。

〔3〕 参见赵秉志：“犯罪主体研究”，载高铭暄主编：《刑法专论》，高等教育出版社 2006 年版，第 236 ~ 237 页。

【参考文献】

1. 赵秉志:《犯罪主体论》，中国人民大学出版社 1989 年版。
2. 娄云生:《法人犯罪》，中国政法大学出版社 1996 年版。
3. 何秉松主编:《法人犯罪与刑事责任》，中国法制出版社 2000 年版。
4. 黎宏:《单位刑事责任论》，清华大学出版社 2001 年版。
5. 蒋熙辉:《单位犯罪刑事责任探究与认定》，人民法院出版社 2005 年版。
6. 杜国强:《身份犯研究》，武汉大学出版社 2005 年版。
7. 狄世深:《刑法中身份论》，北京大学出版社 2005 年版。
8. 石磊:《单位犯罪关系论》，山东大学出版社 2005 年版。

第九章 犯罪主观方面

【导语】犯罪主观方面是对犯罪成立的主观要件的统称。犯罪主观方面的内容包括罪过、犯罪目的和动机。为了准确把握犯罪主观方面的内容，还有必要探讨意外事件、不可抗力和认识错误等问题。犯罪主观方面，是指我国刑法规定的、行为主体对其危害行为会发生的危害社会的结果所持的心理态度，它包括罪过（包括犯罪故意和犯罪过失）以及犯罪目的和犯罪动机等因素。犯罪故意，是指行为人明知自己的行为会发生危害社会的结果，并且希望或者放任这种结果发生的心理态度。根据行为人对危害结果所持态度的不同，即行为人意志因素的不同，刑法上把犯罪故意分为直接故意和间接故意两类。犯罪过失，是指行为人应当预见自己的行为可能发生危害社会的结果，因为疏忽大意而没有预见或已经预见但轻信能够避免，以致危害结果发生的心理态度。根据认识因素的差别，可将犯罪过失分为疏忽大意的过失和过于自信的过失。犯罪目的，是指行为人通过实施犯罪行为所希望达到的某种危害社会的结果。犯罪动机，是指刺激犯罪人实施犯罪行为以达到犯罪目的的内心冲动或者起因。刑法上的认识错误，是指行为人对于自己行为的法律性质和事实情况的认识发生错误。认识错误可分为对法律的认识错误和对事实的认识错误。

本章的疑难问题：①犯罪主观方面与罪过是什么关系？②罪过的形式应当界定为几种？③我国刑法中是否规定了严格责任？④犯罪主体是否是犯罪故意的认识内容？⑤犯罪客体以及说明犯罪客体的事实是否属于犯罪故意的认识内容？⑥危害结果是否是一切犯罪故意的认识内容？⑦故意犯罪行为人是否应当具有社会危害性认识和违法性认识？⑧如何判断行为人注意能力的有无？⑨如何把握“应当预见”的对象？⑩如何区分过于自信的过失与间接故意？⑪如何认识意外事件、不可抗力事件和过失犯罪的界限？⑫间接故意是否存在犯罪目的？⑬对对象认识错误应当如何处理？⑭对因果关系认识错误应当如何处理？

■第一节　犯罪主观方面概述

一、基本法理

（一）犯罪主观方面的定义和特征

犯罪主观方面，是指犯罪主体对自己危害行为及其所造成的危害社会的结果所抱的心理态度。由于被认定为犯罪的行为将受到最严厉的处罚，因此，当今世界各国刑法基本上都规定，只有在行为人主观方面存在罪过的情况下，才能认定其行为构成犯罪。犯罪主观方面的作用在于判断行为是否具备了构成犯罪的心理方面的条件，它具有两个基本特征：

1．犯罪主观方面是一种心理态度。这是犯罪主观方面的表现形式，表明任何犯罪主观要件都表现为行为人的心理活动。当然，这种心理活动必须通过某种客观事实表征出来，并且与一定的危害行为相联系，否则不能成为犯罪主观方面的内容。例如，甲在其日记中流露出企图杀害乙的念头，但尚未采取任何具体行动，此时尚不能说甲具有杀人的犯罪故意，只有在其开始为杀害乙而准备工具或者制造条件以后，才能说他存在犯罪故意。

2. 犯罪主观方面以对行为所发生的危害结果的心理态度为核心内容。这是犯罪主观方面的法律涵义，它既是由我国刑法关于故意犯罪和过失犯罪的规定所决定的，也是由犯罪主观方面在犯罪构成中的地位以及确定罪过形式的标准所决定的。首先，我国《刑法》第14条和第15条分别规定，明知自己的行为会发生危害社会的结果，并且希望或者放任这种结果发生，因而构成犯罪的，是故意犯罪；应当预见自己的行为可能发生危害社会的结果，因为疏忽大意而没有预见，或者已经预见而轻信能够避免，以致发生这种结果的，是过失犯罪。上述规定清楚地表明，犯罪故意和犯罪过失都集中表现为行为人对自己的行为可能发生的危害结果的心理态度。其次，之所以要设置犯罪主观要件，是因为只有在行为人能够认识到自己的行为对社会有害或者为法律所禁止却仍然实施的情况下，才有理由对其行为给予刑罚这种最严厉的处罚，而要想认识到自己的行为有害于社会或者为法律所禁止，行为人就必须能够认识到其行为可能造成的危害结果。最后，只有将危害结果作为犯罪主观方面的核心内容，才能够正确认定某种犯罪的罪过形式。某一犯罪的罪过形式只能表现为故意或者过失，即某种犯罪要么是故意犯罪，要么是过失犯罪，而不能既是故意犯罪又是过失犯罪。这就要求我们不能同时以行为人对自己的危害行为及其所引起的危害结果的心理态度作为判断罪过形式的标准，因为在有些场合，行为人对自己的行为与由这种行为引起的危害结果所持的心理态度并不一致，即行为是故意实施的，行为人对行为所引起的危害结果却是过失心态，此时如果同时以行为人对自己的危害行为及其所引起的危害结果所持的心理态度作为判断罪过形式的标准，便无法认定罪过的形式。同时，也不能以行为人对自己的危害行为所持的心理态度作为判断罪过形式的标准，因为许多犯罪只有根据行为人对其行为所引起的危害结果的心理态度，才能准确认定其性质。例如，在交通肇事犯罪中，行为人对于违反交通运输管理法规可能是故意的，但对于违章行为造成的危害结果都是过失心态，但我们不能说交通肇事罪是一种故意犯罪，只有说这是一种过失犯罪，才符合事物的本来面貌。

犯罪主观方面包括罪过以及犯罪的目的和动机等内容。其中，罪过是一切犯罪构成都必须具备的主观要件，它是犯罪故意和犯罪过失的上位概念，英美刑法中称之为犯意。行为人只有主观上存在罪过或者说犯意，亦即存在犯罪故意或者犯罪过失，才能追究其行为的刑事责任。需要注意的是，我国刑法理论中的犯意有两种涵义，一是指罪过，二是指犯罪的念头，对后一种涵义的犯意不能进行刑罚打击。犯罪的目的只是某些犯罪所必备的主观要件，可称之为选择性主观要件。犯罪动机通常不是犯罪构成的主观要件，它一般不影响定罪，而影响量刑。

（二）研究犯罪主观方面的意义

根据辩证唯物主义意志相对自由论，人的犯罪意识的产生虽然是由其生存的社会环境所决定的，但对于是否实施危害社会的犯罪行为，任何正常人都有选择的自由。实施或不实施犯罪行为，都是通过人的意识和意志的积极作用完成的。行为人在能够选择不实施犯罪行为的情况下，竟然选择了实施犯罪行为，对其主观心态就应当予以谴责和否定。正是这种应当受到非难的心理态度的存在，使得行为人在国家面前产生了罪责。

我国刑法强调“主客观相统一”的定罪原则，拒绝“客观归罪”和“主观归罪”。只有深入研究和阐明犯罪的主观方面，才能正确指导司法实践，帮助司法机关准确定罪量刑。就定罪而言，只有查明犯罪主观方面的内容，才能正确认定犯罪性质。任何具体犯罪的成立都必须以行为人存在罪过为条件，而且，任何具体犯罪的罪过形式和罪过内容都是特定的。有的犯罪必须以行为人在主观上是故意为条件，有的犯罪行为人主观上只能表现为过失，还有的犯罪的成立要求行为人具有特定的目的。只有查明是否存在这些主观条件，才能正确地区分罪与非罪，此罪与彼罪。就量刑而言，只有查明犯罪主观方面的内容，才能准确量刑。故意和过失的主观恶性大小不同，不同犯罪目的和动机所反映的主观恶性大小也不同，针对这些主观内容应当配置轻重不同的刑罚。因此，只有在查明犯罪目的和动机、犯罪故意的不同表现形式、犯罪过失的严重程度等因素并予以正确考虑的情况下，才能正确量刑。

二、疑难问题

(一) 犯罪主观方面与罪过是什么关系?

在刑法理论界，有人将罪过等同于犯罪主观方面，即认为罪过与犯罪主观方面都是对行为人犯罪时心理态度的揭示，属于同一问题的不同提法，二者只有文、俗之分，没有本质区别。至于罪过的定义，可具体表述为“刑法所否定的行为人实施行为时，对将造成的危害社会结果的心理态度”。〔1〕但大多数人认为，罪过是犯罪主观方面的下属概念，即罪过仅指犯罪的故意或者犯罪的过失，而犯罪主观方面则包括罪过以及犯罪的目的和动机等方面内容。〔2〕我们认为，将犯罪主观方面与罪过两个概念等同起来的观点，既不符合罪过的本义，也不利于对故意和过失的概括，不够妥当，因而赞同通说。

(二) 罪过的形式应当界定为几种?

关于罪过的形式，刑法理论界公认有两种，即犯罪故意和犯罪过失。1997 年刑法分则规定的个罪的罪过形式比 1979 年刑法更为复杂，由此刑法理论界对犯罪主观方面展开了更加深入的探讨，有人提出了“复合罪过形式”的概念。按照有关论者的观点，所谓复合罪过形式，是指同一罪名的犯罪心态既有故意（限间接故意）也有过失的罪过形式。典型的复合罪过形式是《刑法》第 397 条规定的滥用职权罪和玩忽职守罪的罪过形式。提出这种罪过形式的论者认为，复合罪过形式客观存在。复合罪过犯罪的特征为：①以复合罪过为主观要件的犯罪，皆为结果犯；②该类犯罪的罪过形式即复合罪过，是间接故意与过失的复合；③该类犯罪的主体多为特殊主体，即具有一定专业知识技能、从事特定职业或者具有某种职责的人；④该类犯罪具有多档次法定刑。〔3〕对复合罪过形式的提法，有论者表示反对，认为一个罪名之下的犯罪构成必须同一，这是刑法学的一条科学的定理，不是可以突破的传统格式。无论是单一客体还是复合客体，同一罪名的主观方面都不可能同时存在故意和过失两种罪过形式。司法实践中，如果有证据证明滥用职权人希望或者放任重大危害结果的发生，那就应当对其适用故意杀人或者故意伤害等故意犯罪的罪名定罪处罚，而不能用这种情况来证明作为一个法定罪名的滥用职权罪也可以是故意犯罪。〔4〕还有学者指出，在刑法没有明文规定的情况下，认为一个具体犯罪既可以是过失也可以是故意的观点，既违反罪刑法定原则，也违反罪刑相适应原则，存在诸多不妥之处。但是，要完全贯彻故意的认识内容包括所有的客观要件要素的通行观点，在认定滥用职权罪、丢失枪支不报罪等犯罪的罪过形式时，就会出现难以解决的问题，因为在这些犯罪中，行为人对属于构成要件的危害结果的发生既可能是过失也可能是间接故意。于是提出了“客观的超过要素”的概念，主张对于某些作为

---

〔1〕 姜伟:《犯罪故意与犯罪过失》，群众出版社 1992 年版，第 10 页。

〔2〕 参见高铭暄、马克昌主编:《刑法学》（上编），中国法制出版社 1999 年版，第 196 页。

〔3〕 参见储槐植、杨书文:“复合罪过形式探析——刑法理论对现行刑法内含的新法律现象之解读”，载《法学研究》1999 年第 1 期。

〔4〕 参见倪培兴:“犯罪客体与主观罪过的性质——以渎职罪为范例的分析（下）”，载《人民检察》2001 年第 8 期。

故意犯罪的客观要件要素的危害结果，不需要存在与之相应的故意内容，这类危害结果可以称为“客观的超过要素”。[1]

我们认为，传统罪过形式的分类是科学、严谨的，不存在明显缺陷，应当坚持。导致罪过判定标准和罪过形式再度产生纷争的原因在于刑事立法过于粗疏。从刑法理论上看，对危害结果是持故意心态还是过失心态，行为人应当承担的刑事责任大小是不同的，不应当将这两种情形规定在一起配置完全相同的法定刑。因此，现行刑法典对滥用职权罪、丢失枪支不报罪等犯罪的规定都应当加以完善，应当将基于故意心态和基于过失心态造成危害结果的情形分别加以规定，惟有如此，才能化解纷争，解决问题。至于主张通过确立“复合罪过形式”和引进“客观的超过要素”概念以解决问题的观点，都是刑法理论对粗疏的刑事立法的迁就，难以如愿。例如，主张引进“客观的超过要素”概念的观点，看似避免了在同一具体犯罪中既存在故意又存在过失心态，实际上并没有从根本上解决问题。首先，这种观点导致对罪过形式的判断标准不统一，必然在一定范围内动摇罪过理论的根基。为了迁就现有的不科学的刑事立法而对罪过理论作出这种修正，是否值得需要反思。其次，这种观点仅仅是掩盖矛盾，并没有解决问题。在引入“客观的超过要素”的概念后，虽然可以维护一种具体犯罪只存在一种罪过形式的基础观念，但这种维护是以牺牲罪过判断标准的统一性为代价，而且没有说明为什么在行为人对其行为所导致的危害结果存在故意和过失两种不同罪过形式时，可以配置完全相同的法定刑，因而难以说其解决了问题。

（三）我国刑法中是否规定了严格责任？

通说认为，罪过是所有犯罪的成立在主观方面不可缺少的条件，某一行为要构成犯罪，行为人主观方面必须存在故意或者过失。不过，也有人认为，根据我国刑事立法和司法实践，我国刑法中已经规定了严格责任，即不论行为人主观上有无故意或过失，在某些情况下都应该对其行为所造成的危害结果承担刑事责任。其理由主要是：①刑法仅笼统规定，醉酒的人犯罪，应当负刑事责任。而在某些情况下，由于酒精的麻醉作用，行为人完全不能辨认自己行为的性质，也不能控制自己的行为，这时行为人主观上并不具有罪过，而依照法律，行为人仍应负刑事责任。②在奸淫幼女犯罪中，即使对幼女的年龄产生错误认识，也可以构成该罪。③某些行为法律规定为犯罪，而行为人自己不认为是犯罪，这也涉及到严格刑事责任方面的问题。[2] 对此有论者提出了反对意见，主要理由是：①法律上评价醉酒人犯罪的行为，不能也不应仅仅限于实施危害行为的瞬间，在醉酒人有过错醉酒的场合，行为人在醉酒前能够预见到自己在醉酒后可能会实施危害社会的行为。由于存在这种过错，醉酒人犯罪的主观心理态度便不能与严格责任中的缺乏主观罪过等量齐观。②构成奸淫幼女犯罪在主观方面应当包括明知对方是幼女或者可能是幼女，那种认为只要被奸淫对象的实际年龄不满14周岁，不论行为人是否知道或可能知道，均构成此罪的观点是错误的。③法律上规定为犯罪，行为人自己不认为是犯罪，属于法律认识错误问题，在一般情况下，行为人只要对行为的社会危害性有认识，就意味着对行为的刑事违法性有了认识，无须另外特别查明对行为的违法性是否有认识。[3]

从刑法的规定和最高人民法院的有关司法解释来看，我国刑事立法和司法实践都不承认严格责任。《刑法》第16条明确规定，行为在客观上虽然造成了损害结果，但不是出于故意

---

〔1〕 参见张明楷：“‘客观的超过要素’概念之提倡”，载《法学研究》1999年第3期。
〔2〕 参见刘生荣：“论刑法的严格责任”，载《法学研究》1991年第1期。
〔3〕 参见王晨：“我国刑法规定了严格责任吗？”，载《法学研究》1992年第6期。

或者过失，而是由于不能抗拒或者不能预见的原因所引起的，不是犯罪。该条规定清楚地表明，无罪过即无犯罪。最高人民法院 2003 年 1 月 8 日通过、1 月 24 日起施行的《关于行为人不明知是不满十四周岁的幼女，双方自愿发生性关系是否构成强奸罪问题的批复》也重申了主客观相统一的定罪原则。该批复明确规定，行为人确实不知对方是不满 14 周岁的幼女，双方自愿发生性关系，未造成严重后果，情节显著轻微的，不认为是犯罪。从刑法理论上看，当代世界各国已经普遍接受责任主义，只有在行为人主观上存在罪过，有理由对他进行谴责和追究的情况下，对其给予刑罚这种最为严厉的处罚在道义和目的上才站得住脚。因此，认为我国刑法中规定了严格责任的观点，无论从立法上还是从理论上都不能成立。

■第二节　犯罪故意

一、基本法理

（一）犯罪故意的定义

根据我国《刑法》第 14 条关于故意犯罪的规定，所谓犯罪故意，是指行为人明知自己的行为会发生危害社会的结果，并且希望或者放任这种结果发生的心理态度。从内涵上分析，犯罪故意由认识方面的因素（或称意识方面的因素）和意志方面的因素构成，行为人在主观方面必须同时具备这两个方面的因素，才能被认定为具有犯罪故意。

（二）犯罪故意的构成因素

1．犯罪故意的认识因素。犯罪故意的认识因素是指行为人具备犯罪故意必须认识到的因素。根据刑法的规定，犯罪故意的认识因素表现为行为人明知自己的行为会发生危害社会的结果。这表明犯罪故意的认识因素包括认识内容和认识程度两方面的内容。

（1）犯罪故意的认识内容。从表面上看，犯罪故意的认识内容是行为结果，但行为人要认识到自己行为的结果，必定还要认识到某些其他事实。行为人明知的内容应当而且只需包括法律所规定的构成某一故意犯罪所不可缺少的事实，我们称之为犯罪构成要件事实。犯罪构成要件事实之外的其他事实由于对犯罪的成立没有影响，无须行为人认识到。例如，受害人的身高、性别，对某一具体犯罪的成立与否没有任何影响，因而不属于犯罪故意的认识内容。对于犯罪构成要件事实中的哪些事实属于犯罪故意的认识内容，理论界存在争议，一般认为包括三项内容：①对行为本身的认识，即对刑法规定的危害社会行为的内容及其性质的认识；②对行为结果的认识，即对行为产生或将要产生的危害社会结果的内容与性质的认识；③对危害行为和危害结果相联系的其他犯罪构成要件事实的认识，如法定的犯罪对象、犯罪手段、犯罪时间、地点等。

（2）犯罪故意的认识程度。犯罪故意的认识程度，是指行为人对犯罪构成要件事实的认识所达到的层次，即是认识到危害结果必然发生，还是认识到危害结果可能发生。

关于犯罪故意的认识程度，无论是对直接故意还是间接故意，《刑法》第 14 条都是用“明知……会发生”来描述。而明知会发生包括明知必然发生和明知可能发生两种情形，根据本条规定，无法确认是否直接故意和间接故意在认识程度上都包含这两种情形，如果仅从文理解释的角度出发，可以认为，根据本条规定间接故意在认识程度上也包括这两种情形。在理论上和实务上，对直接故意在认识程度上包括明知必然发生和明知可能发生两种情形均没有异议，对间接故意是否包括这两种情形，理论上则存在较大争议。一种观点认为，间接故意在认识程度上只能表现为行为人认识到自己的行为“可能”发生危害社会结果的心理态度。如果明知行为必然发生危害结果而决意为之，就超出了间接故意认识因素的范围，应属于直接故意。[1] 另一种观点认为，明知自己的行为必然发生危害社会的结果而放任这种结果发生的心理态度也是存在的，这种情形也是间接故意。[2]

我们原则上赞同第一种观点，认为通常情况下，明知自己的行为必然发生危害社会结果并且放任结果发生的犯罪故意，无论从逻辑上还是从实际上看，都根本不可能存在。理由正如有学者所指，放任心理只能建立在预见到事物发展客观的多种可能性和不固定性的基础上。行为人只有认为自己的行为可能发生、也可能不发生特定的危害结果，才谈得上放任这种结果的发生。如果预见到必然发生危害结果，确信事物发展的结局是单一的、固定的，并且决意去实施危害行为，这时行为人就不是放任危害结果的发生或不发生，而是希望危害结果的发生。因为对危害结果必然发生的认识和在此基础上的犯罪决意，充分证明了行为人不是有意地放任危害结果的发生，而是以自己的行为向着自己确信必然会达到的目标努力，是在积极地追求危害结果的发生，这种追求危害结果的态度，正是直接故意所要求的希望心理。[3] 但也不能排除例外情况，即在某些不作为犯罪中，行为人明知自己如果不采取积极措施，某种危害结果就必然发生，却因为其他原因而没有采取积极措施防止危害结果的发生，而是放任危害结果的发生。例如，甲带邻居12岁的孩子去游泳，小孩游到水深处时，突然腿抽筋沉入了水中，这时周围只有甲和一名不会游泳、正在拔猪草的小女孩，甲清楚地知道，如果他不去抢救小孩，小孩必然会被溺死，但甲贪生怕死，害怕他去救小孩时，会被小孩抱住手脚从而与小孩一起被淹死，居然不对小孩施救，结果导致小孩溺水身亡。在本案中，甲在明知自己的不作为行为必然导致小孩死亡的危害结果发生的情况下，对小孩死亡这一危害结果所持的则是放任心态而不是希望心态。

综上，我们认为，在所有以作为方式以及绝大多数以不作为形式实施的间接故意犯罪中，行为人在认识程度上都只能表现为明知危害结果可能发生；只有在极少数特殊的以不作为形式实施的间接故意犯罪中，行为人在认识程度上才可能表现为明知危害结果必然发生。

2. 犯罪故意的意志因素。犯罪故意的意志因素是指行为人对自己行为将导致的危害结果的发生所抱的希望或者放任的心理态度。犯罪故意的意志因素有希望和放任结果发生两种表现形式。所谓希望危害结果的发生，是指行为人对危害结果抱着积极追求的心理态度。该危害结果的发生，正是行为人通过一系列犯罪活动所要达到的犯罪目的。所谓放任结果的发生，是指行为人虽然不是希望、积极追求危害结果的发生，但也不反对、不设法阻止这种结果的发生，而是对结果的是否发生采取听之任之的心理态度。

根据刑法的规定，犯罪故意的意志因素只表现为“希望”和“放任”两种，不过，理论界有学者提出了与希望和放任心态并列的第三种意志因素，即“容忍”，认为容忍是介于希望和放任之间的另一种意志类型。通俗地说，希望是“一定要这样”的心态；放任是“这样也行”的心态；容忍则是“只好这样”的心态。[4] 我们认为，这种分类陷入了一个误区，即论者将情感因素引入了犯罪故意之中，并将其作为判断行为人意志类型的一个独立因素，这似乎有欠妥当。从心理学的角度分析，支配人的行为的，除了感情还有理智。如果将情感作为判断行为人意志类型的一个独立因素，那也必然要将理智作为判断行为人意志类型的另一个因素独立加以考查，而实际上这样做不但没有必要，而且容易产生无法调和的冲突，因

---

〔1〕 参见高铭暄、马克昌主编：《刑法学》（上编），中国法制出版社1999年版，第208页。

〔2〕 参见马克昌主编：《犯罪通论》，武汉大学出版社1999年版，第339、442~443页。

〔3〕 参见赵秉志：“简论犯罪直接故意与间接故意的划分”，载《江海学刊》1986年第2期。

〔4〕 参见贾宇：“直接故意与间接故意的新探讨”，载《法律科学》1996年第2期。

为行为人最终选择某一行为总是感情和理智交织作用，在二者之间加以取舍的结果。以行为人欲杀其妻而在饭菜内投毒，其妻却与幼儿一同进食的案件为例，从感情上说，行为人可能是不希望幼儿中毒的；但从理智上说，行为人又可能认为机会难得不能错过，只能听任儿子中毒了。最后，如果是感情战胜了理智，那么行为人就会采取措施制止幼儿进食；如果是理智说服了感情，行为人就会听任儿子进食从而中毒。可见，感情因素和理智因素一样，只是对行为人最终采取什么措施产生影响。而判断行为人的意志类型，只能是也只需要从感情和理智交织作用的最后产物，即行为人对危害结果的发生实际上采取的措施（抑或是根本没有采取措施）来判断，而不能也无须追溯到此前的感情或者理智因素上去，否则必将使得判断标准丧失统一性、科学性，从而导致结论的混乱。而从行为人对危害结果的发生实际上采取的措施来判断，前述被某些论者视为第三种意志类型的容忍，或者可以归入希望心态之中，即以积极的行为追求危害结果的发生；或者与放任并无不同，表现为对危害结果既不积极追求，也不设法阻止的听任态度。因此，无须也不能将容忍视为与希望和放任并列的第三种意志类型。

（三）犯罪故意的类型

按照行为人对危害结果所持心理态度即故意的意志因素不同，刑法理论上把犯罪故意区分为直接故意和间接故意两种类型。

1. 直接故意。犯罪的直接故意，是指行为人明知自己的行为必然或者可能发生危害社会的结果，并且希望这种结果发生的心理态度。根据认识程度的不同，可以把犯罪直接故意区分为两种表现形式：

（1）行为人明知自己的行为必然发生危害社会的结果，并且希望这种结果发生的心理态度。例如，行为人将受害人从布满怪石、没有植被的百丈悬崖边抛下崖底，就属于这种心理态度。需要注意的是，所谓行为必然发生危害社会的结果，是指该行为一旦实施，在正常情况下某种特定的危害结果就必然发生，而不要求也不可能是指在任何情况下，行为一旦实施，特定危害结果就必然发生。例如，行为人甲为了杀害乙，用枪贴住乙的太阳穴射击，此时就应当认定行为必然发生危害社会的结果，甲的心理态度就是明知危害结果必然发生，因为甲一旦开枪，正常情况下乙就必然死亡。但也可能甲扣动扳机，子弹却卡壳了，没有将乙杀死。不能因为出现了后一种情形而否认甲在主观方面是明知自己的行为必然发生危害社会的结果的事实。通常情况下，只要危害行为客观上必然发生危害社会的结果，行为人主观上就会认识到自己的行为必然发生危害社会的结果，但也不能排除在某些情况下，危害行为客观上并不会必然发生危害社会的结果，行为人却误以为危害结果必然发生，或者危害行为客观上必然发生危害社会的结果，行为人却误以为危害结果只是可能发生。例如，甲朝8米开外的受害人乙开枪射击，自认为自己枪法很准，必然将乙杀死，实际上其枪法并没有准到这种程度，只是很可能将乙杀死。又如，刘某企图炸毁一矿井，将自制的炸药包点燃后扔进矿井内，他以为可能将矿井炸毁，也可能炸毁不了，而实际上此时矿井内已经积聚大量瓦斯，只要遇到明火就一定会爆炸，因而其行为客观上必然发生危害社会的结果。在这种情况下，应当以行为人的主观认识为准。

（2）行为人明知自己的行为可能发生危害社会的结果，并且希望这种结果发生的心理态度。例如，甲企图诈骗乙的钱财，于是设置了一个赌博陷阱。他明知乙可能上当也可能不上当，仍然这样做，希望能让乙上当从而将其财物骗走。本案中，行为人的心态就是明知自己的行为可能发生危害社会的结果，并且希望这种结果发生。

无论是明知自己的行为必然发生危害社会的结果还是可能发生危害社会的结果，要成立直接故意，行为人都必须对危害结果的发生持希望态度，即积极追求危害结果发生的态度。

2. 间接故意。犯罪的间接故意，是指行为人明知自己的行为会发生危害社会的结果，并且放任这种结果发生的心理态度。在认识程度上，间接故意通常表现为行为人认识到自己的行为可能发生危害社会结果的心理态度，只有在极少数的不作为间接故意犯罪中，才存在明知自己的行为必然发生危害社会的结果的可能。在意志特征上，间接故意表现为行为人放任危害结果发生的心理态度。

在司法实践中，犯罪的间接故意大致在三种情况下产生：①行为人追求某一个犯罪目的而放任另一个危害结果的发生。例如，甲在30米开外举枪瞄准乙，企图将乙杀害。他看到乙正在和丙聊天，两人间隔不到1米。甲明知此时开枪，可能打不中乙反而打中丙，他仍然坚持开枪，结果将丙打死。本案中，甲对丙死亡结果的发生就是一种放任心态，属于间接故意。又如，甲在拐卖妇女乙的途中，为了防止乙逃跑，明知可能造成乙伤残，仍然用绳索将乙紧紧捆住，结果真的造成乙手部伤残，甲对该结果也是持放任心态，也属于间接故意。②行为人追求一个非犯罪目的而放任某种危害结果的发生。例如，货运卡车司机刘某驾车行驶在处于崇山峻岭之中的公路上，突然从汽车反光镜上看到孙某在往车上爬，企图搭便车。刘某为了不让孙某得逞，在明知如果紧急刹车又迅速启动可能造成孙某从车上摔下来死伤的情况下，仍然这样做，结果导致孙某从车上坠落身亡。本案中，刘某就是为了追求不让孙某搭便车的非犯罪目的而放任孙某死亡的发生，对孙某死亡结果的发生是一种间接故意心态。③突发性的犯罪，不计后果。例如，甲乙二人在大街上因小事发生争执和推搡，甲突然掏出匕首，朝乙身上乱捅两刀，将乙捅倒后即扬长而去，乙因被刺中要害而死亡。本案中，甲存在伤害乙的直接故意，但对于乙死亡的结果并不存在追求的心态，而是一种不管不顾的放任心态，属于间接故意。

3. 直接故意与间接故意的区分标准。对于如何区分直接故意与间接故意，刑法理论界存在三种观点：第一种观点认为，可以从意志因素和认识程度上进行区分，凡是希望危害结果发生的，是直接故意；凡是认识到危害结果必然发生的，也是直接故意。[1] 第二种观点认为，只能从意志因素上进行区分，但是行为人一旦认识到其行为必然导致危害社会的结果而仍然实施该行为的，在意志上便只能表现为希望而不可能是放任。[2] 第三种观点认为，只能从意志因素上进行区分，即使行为人已经认识到其行为必然发生危害社会的后果，如果行为人对此后果持放任态度，他仍然属于间接故意。[3]

我们赞同第二种观点，即直接故意与间接故意的区分标准只能是意志因素。认识程度只能作为一个参考内容，对确认行为人的意志因素起帮助作用，其本身不能作为一个划分标准，否则便违背了事物分类应坚持一元化标准的科学原则。另外，放任心理通常只能建立在预见到事物发展客观结局的多种可能性和不固定性的基础上，行为人只有认为自己的行为可能发生，也可能不发生特定的危害结果，才谈得上放任这种结果的发生。如果预见到必然发生危害结果，通常就不可能有放任结果发生的心理态度存在的余地。只有在极少数的不作为犯罪中，才可能存在明知危害结果必然发生而加以放任的情形。

---

〔1〕 参见李鑫、张明乃："论间接故意犯罪"，载《法学杂志》1985年第2期。

〔2〕 参见赵秉志："简论犯罪直接故意与间接故意的划分"，载《江海学刊》1986年第2期。

〔3〕 参见马克昌主编：《犯罪通论》，武汉大学出版社1999年版，第343～344页。

二、疑难问题

（一）犯罪主体是否是犯罪故意的认识内容？

对于犯罪主体是否是犯罪故意的认识内容，存在肯定和否定两种对立的观点。我们认为，犯罪主体不是犯罪故意的认识内容，理由是：

1. 刑事责任年龄不是犯罪故意的认识内容。对主体的认识，实际上就是行为人对自身年龄、身份、责任能力等事实的认识。在这些事实中，行为人的年龄属于承担刑事责任的前提条件，只有在行为人具备了这一条件时，才能追究其刑事责任。至于他本人对此认识与否，认识是否正确，都不会影响他对犯罪客观事实的认识，即对这一条件认识与否，并不影响行为人对其行为自然属性的认识。例如，行为人杀人时，无论他是否认识到他已满14周岁，也无论他对自己年龄的认识是对是错，都不会影响他认识到自己在杀人。同时，也不会影响行为人对其行为的社会危害性的认识。可见，行为人对其年龄认识与否、认识是否正确，不会影响到他明知自己的行为会发生危害社会的结果，并且希望或者放任这种结果发生的心理态度的存在，因此，对刑事责任年龄缺乏认识不能成为阻却行为人犯罪故意和免除其刑事责任的事由，即犯罪故意的认识内容中不包括对刑事责任年龄的认识。

2. 犯罪主体的特殊身份也不是犯罪故意的认识内容。按照刑法理论中较为通行的主张，刑法中的所谓特殊身份是指刑法所规定的影响行为人刑事责任的行为人人身方面特定的资格、地位或状态。在某些情况下，特殊身份的有无会决定行为是否构成犯罪。在某些情况下，特殊身份的有无会影响行为人是构成此罪还是构成彼罪，还可能影响行为人刑事责任的大小。例如，根据《刑法》第271条规定，非国有公司中的非国家工作人员，利用职务上的便利，将本单位财物非法占为已有，数额较大的，构成职务侵占罪；非国有公司中的国家工作人员，利用职务上的便利，将本单位财物非法占为已有，数额较大的，则构成贪污罪。又如，根据《刑法》第243条第2款的规定，国家工作人员犯诬告陷害罪的，从重处罚。行为人对这种特殊身份的认识情况，会影响到他对自己行为构成此罪与彼罪或者刑事责任大小的判断。但是，行为人对自己特殊身份是否有认识不会影响到他对自己行为自然属性的认识。例如，行为人在盗窃时，无论他是否认识到他是国家工作人员，都不会影响他认识到自己在盗窃。行为人对自己特殊身份认识与否也不会影响到他对自己行为是否具有社会危害性的认识。例如，当行为人认识到自己侵占国家财产有害于社会时，无论他是否认识到他是国家工作人员，都不会影响他这种认识。因此，对特殊身份缺乏认识也不能成为阻却行为人犯罪故意的事由。

3. 认为法律既然明文规定不满某一年龄的人不负刑事责任，就应当对知道不满这一年龄的人不予刑罚处罚，并对基于合理理由对自己年龄缺乏正确认识的人不予追究刑事责任的观点，实际上就是主张对基于合理理由缺乏对自己行为的刑事违法性认识的人不应追究刑事责任。而我们认为对行为的刑事违法性缺乏认识不能成为免除刑事责任的理由。例如，甲事实上已满15周岁，由于其父母将其户口簿上的年龄改小了2岁并且没有告诉他，使他误以为自己未满14周岁。而甲通过学习刑法知道不满14周岁的实施任何危害行为都不负刑事责任，于是将一名他爱恋但追不到的女中学生强奸并且杀害。岂能因甲基于合理理由（年龄被父母改小而又没有告诉他）缺乏对自己行为的刑事违法性认识而不追究其刑事责任？

4. 认为当法律把特殊身份规定为犯罪的构成要件时，若行为人认为自己不具有该特殊身份，就不能要求行为人承担相应的刑事责任的观点，实际上也是主张对基于合理理由缺乏对自己行为的刑事违法性认识的人不应追究刑事责任，因而也不能成立。我们认为，对特定法律义务缺乏认识不能阻却行为人的犯罪故意和刑事责任。例如，王某认为，子女是我的，我抚养还是不抚养，抚养得好坏都是自己的事，根本没有认识到自己有抚养子女的法定义务，因而遗弃其女儿，造成其女儿夭折的严重后果。在这种情况下，岂能因王某不知道自己有抚养子女的法定义务而不追究其遗弃罪的刑事责任？

综上所述，我们认为，犯罪主体不是犯罪故意的认识内容。

（二）犯罪客体以及说明犯罪客体的事实是否属于犯罪故意的认识内容？

我国刑法理论中的犯罪客体是一种理论上概括和抽象出来的概念，即便如盗窃罪、故意杀人罪等常见多发的自然犯，行为人也往往不知道它们的犯罪客体是什么，更不用说那些复杂少见的法定犯如高利转贷罪、逃汇罪等的犯罪客体。因此，要求行为人认识到犯罪客体的实质内容是不现实的。

但是，犯罪客体并非孤立地存在，它总是和一些客观存在的事实紧密联系，如盗窃罪中他人的财产权受到侵害，表现为犯罪分子非法将他人的财产窃为己有，故意杀人罪中他人的生命权利受到侵犯，表现为他人的生命被犯罪分子非法剥夺。对于这些事实，故意犯罪人则是完全可以认识到的。至于说明犯罪客体的事实有哪些，学者们认为主要是指有关犯罪对象的事实，有的学者则进一步将其归纳总结为三类：第一类是犯罪对象，第二类是社会心理影响，第三类是社会的正常秩序。[1] 我们认为，在存在犯罪对象的犯罪中，说明犯罪客体的事实是犯罪主体、危害行为和犯罪对象；在不存在犯罪对象的犯罪中，说明犯罪客体的事实则是犯罪主体和危害行为。因为：①在存在犯罪对象的犯罪中，犯罪主体、危害行为的性质加上犯罪对象的性质，就决定了危害行为所侵犯的社会关系的性质，即决定了犯罪客体的性质。例如，盗窃主体、盗窃行为加上盗窃对象的性质，就决定了盗窃行为所侵犯的社会关系的性质。如果盗窃主体是一般公民，盗窃的是财物，则侵犯的是财产所有权；如果盗窃主体是一般公民，盗窃的是国家秘密，则侵犯的是国家保密制度；如果盗窃主体是国家工作人员，利用职务便利盗窃，盗窃的是公共财物，侵犯的则是公职人员职务的廉洁性和公共财产所有权。②在没有犯罪对象的犯罪中，犯罪主体和危害行为的性质就决定了危害行为所侵犯的社会关系的性质，即决定了犯罪客体的性质。例如，偷越国境主体加上偷越国境行为的性质，就决定了偷越国境行为所侵犯的社会关系的性质。如果偷越国境的是普通公民，没有携带特殊的物品偷越国境，侵犯的是国家对国境的管理秩序；如果偷越国境的是国家工作人员，携带大量国家秘密材料偷越国境，侵犯的则是国家安全；如果偷越国境的是军人，携带大量国家秘密材料偷越国境，侵犯的则是国家军事利益。③由危害行为造成的社会心理影响和被危害行为所破坏的社会正常秩序，则是危害行为作用于犯罪对象或者由危害行为直接产生的危害结果，它们并不是具有独立存在价值的说明犯罪客体的事实，即它们本身就是由犯罪主体、危害行为和犯罪对象的性质决定的，因而对说明犯罪客体没有独立存在的意义。对这两项事实是否应当认识，不属于这里要解决的问题。

在犯罪主体、行为性质以及犯罪对象这些说明犯罪客体的事实中，行为性质已经被一致认为是故意犯罪行为人应当认识的内容，我们在前面已经指出行为人对犯罪主体情况无需认识，剩下的就是犯罪对象是否是犯罪故意的认识内容的问题。我们认为在存在犯罪对象的场合，犯罪对象都应当是犯罪故意的认识内容，理由是，当存在犯罪对象时，行为人的危害行为都是通过作用于犯罪对象来实施的，因而如果行为人对犯罪对象性质缺乏认识，必然对行为性质缺乏认识。例如，如果行为人没有认识到自己杀害的对象是有生命的自然人（对象是

〔1〕 参见姜伟：《犯罪故意与犯罪过失》，群众出版社 1992 年版，第 123～127 页。

否真的是有生命的自然人在此并不重要)，就无从知道自己实施的是杀人行为。而对行为性质缺乏认识，也就不可能存在相应的犯罪故意。例如，如果行为人没有认识到自己在实施杀人行为，那么他的该行为便不可能是在杀人犯罪故意支配下实施的。因此，犯罪对象应当是犯罪故意的认识内容。

可见，犯罪客体不是故意犯罪行为人应当认识的内容。说明犯罪客体的事实包括犯罪主体、危害行为和犯罪对象，其中，犯罪主体不是故意犯罪行为人应当认识的内容，危害行为和犯罪对象的性质（在存在犯罪对象的犯罪中）则是故意犯罪行为人应当认识的内容。

（三）危害结果是否是一切犯罪故意的认识内容？

许多学者认为危害结果应是一切犯罪故意的认识内容。如有的学者认为，行为人对危害结果有无认识，是否要求其认识是一回事，法律在构成要件的客观方面是否以一定的危害结果为要件是另一回事，不能因为法律不以危害结果为要件，就否定行为人主观上对一定的危害结果必须有认识。[1] 另有学者将结果分为认识结果和实际结果，认为认识结果是主观表现形态，是先于实际结果产生的。事实上未发生某种结果，不等于行为人未认识到这种结果。[2] 还有学者认为，犯罪故意的认识内容中最根本的内容是对行为的危害后果的认识，行为人对其行为的性质等客观情况的认识，都是由对危害结果有认识这一点中派生出来的。[3] 少数学者则认为，行为的结果并不是一切犯罪故意都必须具备的认识内容。[4]

我们认为，如果危害结果是指危害行为给刑法所保护的社会关系造成的实际损害，危害结果不是犯罪故意的认识内容；如果危害结果是指危害行为合乎规律地正常发展可能造成的结果，即一种观念上的结果，则危害结果是故意犯罪行为人必然会认识到的内容。

危害行为已经造成的实际危害结果按范围宽窄可以分为两类：第一类范围宽，是指危害行为给社会造成的一切损害事实。这类危害结果在所有犯罪中都存在，故意犯罪的行为人可能认识到其中的某些危害结果，但不可能对这类危害结果都认识到。例如，在故意伤害（致死）犯罪中，行为人对伤害的结果能认识到，对受害人死亡的结果则不一定能认识到。第二类范围相对较窄，是指危害行为给犯罪直接客体造成的损害事实。这类危害结果也存在于所有犯罪中，但是也不要求故意犯罪的行为人都必须认识到。例如，刘某与王某不和，因而捏造并散布了大量关于王某是同性恋和强奸犯的事实，但没有人相信。刘某见没有人相信他的谎言，以为王某也不知道这些谣言，因而认为他没有对王某的人格和名誉造成损害。我们认为，在这种情况下，不能因为刘某没有认识到他的行为给王某的人格和名誉造成了损害而认定他不构成诽谤罪。可见，对犯罪直接客体造成的损害事实也不是故意犯罪行为人必须认识到的内容。

危害行为合乎规律地正常发展可能造成的危害结果不一定会实际发生，因而它只能是存在于行为人头脑中的一种观念性结果。这种危害结果是故意犯罪行为人必须也必然认识到的内容。行为人在实施一种故意行为时，在意志上必然表现为希望或者放任心态。在希望的心态下，行为人主观上必定存在一个想要实现的目标，这个目标便是危害行为合乎规律地正常

---

〔1〕 参见陈兴良：《刑法哲学》，中国政法大学出版社1997年版，第164页。

〔2〕 参见姜伟：《犯罪故意与犯罪过失》，群众出版社1992年版，第118～119页。

〔3〕 参见马克昌主编：《犯罪通论》，武汉大学出版社1999年版，第330页。

〔4〕 参见贾宇："论犯罪故意中的事实认识"，载《法制与社会发展》1997年第3期；冯军：《刑事责任论》，法律出版社1996年版，第155页。需要指出的是，在大陆法系的刑法理论中，通说否认对危害结果的认识是所有犯罪故意的认识内容。我国台湾地区学者一般也持这种观点。

发展可能造成的危害结果，即行为人观念中的行为结果，它显然已为行为人所认识。例如，当行为人想要侮辱他人时，内心必定希望他人受到侮辱，“他人受到侮辱”便是行为人认识到的危害结果。当行为人煽动人们颠覆现政权时，内心必定希望现政权被推翻，“现政权被推翻”便是行为人认识到的危害结果。在放任心态下，同样以对危害结果有认识为前提，因为由放任心态构成的间接故意犯罪均为结果犯，即均以危害结果的发生为要件，并表现为对危害结果的放任，而没有对结果的认识便无对结果的放任。可见，无论在希望还是在放任心态下的故意行为，行为人都必然认识到了这种危害结果。而且，在不同犯罪中，行为人认识到的危害结果的地位有所不同，具体而言，在结果犯中，是作为犯罪构成要件的结果；在行为犯、举动犯、危险犯中，是与行为人的犯罪目的相符合的犯罪结果。

（四）故意犯罪行为人是否应当具有社会危害性认识和违法性认识？

行为人在行为前或行为时对自己行为是否具有社会危害性或是否违反法律的主观认识，属于行为人对构成要件的事实的评价性认识。对于犯罪故意的认识内容中是否应包括行为人对构成要件事实的评价性认识，即社会危害性认识和违法性认识，我国刑法理论界分歧较大。通说认为，按照我国刑法规定，故意犯罪的行为人应当认识到其行为和结果的社会危害性，而刑事违法性通常不是犯罪故意的认识内容；但是，当某种行为一向不为刑法所禁止，后在某个特殊时期或某种特定情况下为刑法所禁止时，如果行为人确实不知法律已禁止而仍实施该行为的，他往往同时缺乏对行为及其可能造成之结果的社会危害性的认识，这种情况下难以认定行为人具有犯罪的故意，即当行为人对自己行为的刑事违法性缺乏认识影响到对行为及结果的社会危害性的认识时，刑事违法性成为犯罪故意的认识内容。〔1〕

我们认为，通说原则上是正确的，但需要进一步完善，因为在用这种观点指导司法实务时，可能遇到难以克服的矛盾。比如，在“大义灭亲”、“为民除害”的案例中，行为人实施杀人行为时，都是出于为民除害、为社会除害的善良动机。在案发后交待自己罪行时，行为人往往一方面承认自己杀人是违法的，因为法律不允许他杀人，但同时又坚决认为自己的杀人行为是为民除害，当然是有益于社会的。行为人的这种交待，应该说是符合其行为当时的心理的。对这种“大义灭亲”、“为民除害”的杀人行为，理论界和实务部门均认为应当以犯罪论处。这说明，对于没有认识到行为的社会危害性但认识到了违法性的情形，同样应当按故意犯罪处理。因此，以行为人是否具有社会危害意识来判断其是否能构成故意犯罪的主张，不能贯穿于刑事司法始终。这说明通说观点存在缺陷。

我们认为，通说的缺陷源于对违法意识和社会危害意识的关系存在误解。持通说的学者认为，违法意识无非是社会危害意识的法律形式；行为人若有违法意识，必然具有社会危害意识。〔2〕我们认为，二者并不存在这种关系。所有关于行为危害社会的评价，都含有从道义上谴责的成分在内，而关于行为违法的评价，虽然多数也包含从道义上谴责的成分，但也有一部分不包含这种成分。因为道德有其自身发展规律，并不会随着法律的变化而立即发生变化。当立法者出于某种考虑将某种行为定性为违法，而社会大众并不认为这种行为违背道德时，便会出现法律评价和道德评价发生冲突甚至对立的情形，如对除暴安良、劫富济贫的行为，法律评价和道德评价便存在这种冲突。可见，法律评价和道德评价是两种不同的评价标准，违法意识并不是社会危害意识的表现形式。之所以对存在违法性认识或社会危害性认

〔1〕参见高铭暄、马克昌主编：《刑法学》（上编），中国法制出版社1999年版，第205页；马克昌主编：《犯罪通论》，武汉大学出版社1999年版，第332～337页。

〔2〕参见姜伟：《犯罪故意与犯罪过失》，群众出版社1992年版，第145～146页。

识的行为人的行为都进行谴责，是因为只要具有这两种认识中的一种，便说明行为人具有主观恶性，即存在谴责的主观基础。

既然只要行为人具有社会危害性认识和违法性认识其中一项，便具备了对危害行为进行制裁的主观基础，而行为人有社会危害性认识不一定有违法性认识，有违法性认识也不一定有社会危害性认识，那么，在关于构成要件事实的评价性认识中，行为人只要具有社会危害性认识和违法性认识其中一项，便可认定其具有犯罪故意，即社会危害性认识和违法性认识都不是故意犯罪行为人必须具备的认识内容。当行为人认识到了其行为的违法性时，便无须再认识到行为的社会危害性；当行为人认识到了其行为的社会危害性时，也无须再认识到行为的违法性。当然，在多数情况下，行为人实际上都是既认识到了行为的违法性，又认识到了行为的社会危害性。

■第三节　犯罪过失

一、基本法理

（一）犯罪过失的定义

犯罪过失，是指应当预见自己的行为可能发生危害社会的结果，由于疏忽大意而没有预见，或者已经预见而轻信能够避免，以致发生这种结果的心理态度。犯罪过失揭示的也是行为人的主观心理态度，是罪过的另一种表现。根据《刑法》第15条的规定，对基于过失心态而实施的危害行为，与基于故意心态而实施的危害行为一样，可以以犯罪论处，追究行为人的刑事责任。但是根据该条第2款的规定，对基于过失心态而实施的危害行为要追究刑事责任，必须有法律的明确规定。根据刑法分则的规定，对过失犯罪的处罚要远远轻于对造成相同危害结果的故意犯罪的处罚。

对存在过失心态的危害行为也可以追究刑事责任的根据在于，行为人本来有义务、有能力避免某种危害结果的发生，即存在不实施危害行为的义务和意志自由，却疏于履行自己的义务，在能够自由选择实施还是不实施危害社会行为的情况下，居然选择了实施危害社会的行为，以致造成了危害结果的发生。在这种情况下，行为人主观上存在过错，客观上实施了危害行为，造成了危害社会的结果，其行为完全具备主客观相统一的犯罪构成各要件，从而构成犯罪。另外，通过对过失行为予以刑罚处罚，同样能够达到预防犯罪的目的。

对基于过失心态而实施的犯罪行为的处罚要大大轻于对故意实施的犯罪行为的处罚的原因在于，过失犯罪行为人的主观恶性要大大小于故意犯罪的行为人。过失犯罪的行为人对危害结果的发生持完全反对的心理态度，而故意犯罪的行为人对危害结果的发生却持积极追求或者不管不顾、听之任之的心态，这表明过失犯罪行为人的反社会心理要远远低于故意犯罪的行为人。根据主客观相统一的社会危害性判断标准和刑事责任承担原则，在行为所造成的危害结果大致相同的情况下，过失犯罪的社会危害性和刑事责任都要远远小于故意犯罪，可谴责性和可罚性也就相应地小于后者。

（二）犯罪过失的构成因素

犯罪过失在构成上也包含认识因素和意志因素两方面内容。其中，认识因素涉及行为人对自己的行为可能发生的危害社会的结果是否认识到或者能够认识到，意志因素涉及行为人对自己的行为可能发生的危害社会的结果持何种态度。

1. 犯罪过失的认识因素。犯罪过失的认识因素，是指行为人应当预见自己的行为可能发生某种特定的危害社会的结果而没有预见，或者已经预见到了自己的行为可能发生某种特定的危害社会的结果，随后却又基于一定的主客观条件而否定了这种结果发生的可能性。

犯罪过失的认识因素也由认识内容和认识程度组成。其中的认识内容集中表现为对发生某种危害社会结果的认识。当然，要认识到危害社会的结果，必须对危害行为本身以及其他说明行为的社会危害性的构成要件事实，如犯罪对象、特定的时间、地点、方法有认识。需要注意的是，在犯罪过失中，对于危害结果的认识既可以是已经认识到，也可以是应当认识到而没有认识到。

犯罪过失的认识程度表现为认识到危害结果可能发生，不存在认识到危害结果必然发生的情形，而且行为人通常认为危害结果发生的可能性较小，并且已经基于一定的主客观条件否定了这种可能性。

2. 犯罪过失的意志因素。犯罪过失的意志因素，是指行为人根本不希望自己的行为发生危害结果，即对危害结果的发生持反对态度。这是犯罪过失区别于犯罪故意的关键所在。判断行为人在主观方面是否反对危害结果的发生，必须考察是否存在据以防止危害结果发生的条件。如果行为人是基于有助于避免危害结果发生的一定主客观条件而认为危害结果不会发生，就应当认定其主观方面是出于过失；如果行为人根本没有可以凭借的任何条件，而是完全凭侥幸心理认为危害结果不会发生，则没有理由认定其对危害结果的发生持反对态度，也就不能认定其主观方面表现为过失，而应当认定为故意。

（三）犯罪过失的分类

根据刑法对过失犯罪的规定，犯罪过失包括两种基本形式：一是疏忽大意的过失，二是过于自信的过失。

1. 疏忽大意的过失。疏忽大意的过失，是指行为人应当预见自己的行为可能发生危害社会的结果，由于疏忽大意而没有预见，以致发生这种结果的心理态度。它具有两个特点：①行为人对自己的行为造成的危害社会的结果应当预见。“应当预见”包括两层含义：一是行为人负有预见自己的行为是否可能发生危害结果的义务；二是行为人对自己的行为可能造成危害结果具有预见能力。行为人是否具有这种预见能力的判定，目前通说认为应采用主客观相统一但以主观标准为主说，即判断行为人能否预见到自己的行为可能发生危害结果，原则上应以行为人自身所具有的智力发育水平、知识水平、社会阅历状况等主观能力并结合行为时特定的客观外部环境和条件来进行，同时也应当考虑社会上具有正常思维的一般人或普通人在当时的特定情况下能否预见。②行为没有预见到自己的行为会发生危害结果。即行为人在行为之前或当时没有认识到自己的行为会发生刑法所要求的危害结果，而不是说行为人对任何结果都没有预见到。

2. 过于自信的过失。过于自信的过失，是指行为人已经预见到自己的行为可能发生危害社会的结果，但又轻信能够避免心理态度。它具有两个特点：①行为人已经预见到自己的行为可能发生危害结果。这里的危害结果不是其他意义上的结果，而是刑法所要求的构成过失犯罪的相对具体的结果。②行为人对自己行为可能发生的危害结果存在能够避免的轻信心理。即行为人一方面基于常识认识到了自己的行为可能发生危害结果，但另一方面又认为客观上或自身存在着有利于避免危害结果发生的条件，同时在这些所谓的有利条件是否能够有效防止危害结果发生的问题上估计不足，即错误地认为自己利用这些条件就能够有效地防止危害结果的发生。

二、疑难问题

（一）如何判断行为人注意能力的有无？

行为人应当认识到自己的行为可能发生危害社会的结果，意味着他具有认识到并且防止自己的行为发生危害社会的结果的能力，刑法理论界称之为注意能力。这样，如何判断行为人是否具有注意能力就成为判断其是否存在过失的重要问题，这涉及如何确定判断注意能力的标准问题。

刑法理论界关于注意能力的判断标准主要有四种观点：[1] ①客观标准说。认为判断行为人能不能预见，应以一般人的一般水平来衡量。②主观标准说。认为判断能否预见，应以行为人本人的具体能力、水平来衡量。③主客观统一说。认为应以影响行为人本人的实际能力的主观因素为基础，并结合行为时存在的客观的外部环境和条件来综合判定行为人能否预见。④主客观相统一但以主观标准为主说。认为原则上应采取主客观统一的标准，但其中具有决定意义的是主观标准，因为能不能预见，属于人的认识因素，而各个人的认识能力不同，所以我们不能提出过高的他人无能力达到的标准来要求他。但是在司法实践中，还要适当考虑客观标准，这样才能为正确判断行为人能否预见危害结果提供一个客观的尺度。目前，主客观相统一但以主观标准为主说居于通说地位。

我们赞成通说。首先，能否预见到自己的行为可能发生的后果，只能以行为人自己的认识能力为准，而不能以普通人的认识能力为准。这是显而易见的。普通人能够认识到某种行为可能发生某种危害结果，不代表行为人本人能够认识到；普通人无法认识到危害结果可能发生，也不意味着行为人本人认识不到。谴责犯罪过失这种罪过心理，当然应该是针对行为人本人的过失心理，即他本人能够预见到自己的行为可能发生危害社会的结果，却不加注意。客观说用普通人的注意能力来推定过失行为人的注意能力，从而确定其是否具有过失，这显然不妥。应该以行为人自身的注意能力为根据来判定其是否具有过失，这正是主观说的合理性所在。但是，人的注意能力并不是抽象地存在的，它存在于一定的客观环境中，如一定的时间、地点、自然条件、个人条件等。注意能力的正常发挥，也离不开一定的具体环境和条件。要准确地判断行为人有无注意能力，必须结合行为当时行为人自身的主观因素和客观条件。因此，纯粹主观说在实践中无法得到贯彻。主客观统一说较全面地把握住了注意能力的存在条件，克服了纯粹主观说的缺陷，得到了较多刑法学者的赞同。然而，主客观统一标准由于将行为人的主观条件与客观条件混合在一起考察，不分孰轻孰重、孰先孰后，实际上是一人一个标准，有时候可能难以准确判断行为人是否具有注意能力。例如，甲是一名外科医生，执业已有多年，但在做外科手术方面的水平稍低于普通外科医生。甲在做某次手术时由于一个失误而导致手术失败。对于具有一般水平的外科医生而言，这一失误是能够注意和避免的，但由于甲的水平要略低于普通外科医生，因而不能以普通外科医生的注意能力为标准来衡量甲的注意能力。但是，对于在当时的客观条件下，甲到底能不能注意和避免该失误，却难以得出准确的结论。此时，根据主客观统一标准，就难以确定甲是否具有注意能力。主客观相统一但以主观标准为主说则解决了这一问题。根据这一标准，我们可以在用主客观统一标准判断行为人的注意能力之前先用客观标准加以衡量，由于有一个客观的衡量尺度，我们大致有了一个判断行为人是否具有注意能力的标准，可以大致得出行为人是否具有注意能力的结论。在此基础上，再重点考察行为人的个人条件和当时所处的客观环境，如果个人的注意能力明显高于或者低于客观标准，并且有充分证据证明他具有或者没有注意能力，则以个人情况为准；如果缺乏上述证据，则遵循客观标准。这便是主客观相统一但以主观标准为主说的优越之处，因而它在刑法理论中处于通说的地位。

---

〔1〕 参见高铭暄主编：《新中国刑法科学简史》，中国人民公安大学出版社 1993 年版，第 116 ~ 117 页。

（二）如何把握"应当预见"的对象？

根据刑法的规定，"应当预见"的对象，是指犯罪过失的行为人对自己的行为可能发生危害社会结果的认识。[1] 至于"危害社会结果的认识"的含义如何，刑法理论界存在着两种不同的观点：①具体结果说，认为"危害社会的结果"只能在法律规定的范围内理解。因为过失犯罪中的危害结果是构成要件，构成要件是由刑法规定的，故这里的危害社会的结果，只能是刑法分则对过失犯罪所规定的具体的犯罪结果。同时又强调说，所谓具体的结果又是相对的，如在危害公共安全的过失犯罪中，行为人应当预见的结果不一定是很具体的结果，但也必须是刑法分则所要求的结果。[2] ②一般结果说，认为过失犯罪中行为人只要预见到抽象的、一般的危害结果就足够了。因为人对客观世界的认识能力虽然从总体上看是无限的，但在某些具体场合，危害结果的发生非常急促、紧迫，行为人可能根本来不及认真观察和仔细思考，危害结果就发生了，要求行为人清楚地认识到此种危害结果是不现实的。此外，某些危害结果的发生带有很大的偶然性，行为人要对其预见得清晰、具体也是很困难的。因此，在过失犯罪中要求一定预见到某种具体危害结果是不现实的，也不符合刑法规定的精神和同过失犯罪作斗争的需要。[3]

我们倾向于具体危害结果说的观点，但该说有待补充。首先，在行为人对其行为可能造成的危害结果的预见中，必须包含刑法分则所规定的具体危害结果。如果行为人仅对一般的、较轻的危害结果（如轻伤害）可能预见，而对刑法分则规定的具体的、较重的危害结果（如重伤、死亡）根本不可能预见，那么即使其行为实际造成了刑法分则所规定的具体的严重危害结果，也不应追究行为人对重结果的过失罪责。例如，甲一掌打在13岁的小孩乙脸上，由于乙患有先天性心脏病，受到外力的强烈刺激后病情发作继而身亡。本案中，甲可以预见到自己打乙耳光的行为可能造成乙受伤的结果（比如将乙耳朵打聋），却无法预见到会造成乙死亡的结果。因此，不应当以过失致人死亡罪追究甲的刑事责任。其次，我们所说的具体危害结果不是绝对具体的，而是相对具体的。其相对性主要表现在：①当行为人对自己的行为是可能造成刑法分则没有规定的危害结果还是可能造成已经作出规定的危害结果不确定时，只要实际上造成了刑法分则所规定的危害结果，就应当追究行为人的过失罪责。例如，甲拿着一把小刀在乙面前乱舞，他显然应当认识到自己的行为可能伤害到乙，但对于究竟是造成乙轻伤还是重伤则是不确定的。在这种情况下，如果他真的将乙刺成了重伤，就应当承担过失致人重伤罪的刑事责任。②只要行为人预见到自己的行为可能会发生刑法分则规定的危害结果就可以了，而不要求其预见到会发生哪一种具体的危害结果。例如，交通肇事案中，只要行为人预见到自己的行为会发生致人重伤、死亡或造成公私财产的重大损失就可以了，而不要求其预见到到底是发生这三种结果中的哪一种。③并不要求行为人预见到危害结果在什么时间、什么地点、对什么人发生等详细情况。

（三）如何区分过于自信的过失与间接故意？

间接故意与过于自信的过失虽对危害结果的可能发生均有预见，而且均不是希望危害结果的发生，但是二者之间有着重大的区别，存在明显的界限。对于如何划定两者的界限，刑法理论界存在两种观点。第一种观点认为，间接故意与过于自信的过失的不同之处在于，在过于自信的过失中，行为人是轻信危害结果可以避免的；在间接故意中，行为人对自己的行

〔1〕 参见高铭暄主编：《中国刑法学》，中国人民大学出版社1989年版，第133页。

〔2〕 参见赵秉志等主编：《刑法学通论》，高等教育出版社1993年版，第129页。

〔3〕 参见宋庆德："过失犯罪浅探"，载《政法学习》1988年第4期。

为可能造成的危害结果，在主观上不是轻信可以避免，而是放任危害结果的发生，即对危害结果的发生采取漠不关心的态度。[1] 第二种观点认为，无论从对可能发生危害结果的认识上，还是从对可能发生危害结果的意志态度上，间接故意和过于自信的过失都是有区别的。[2]

我们赞同第二种观点。间接故意与过于自信的过失无论是在认识因素方面，还是在意志因素方面，均存在着不同。

1. 在认识因素方面，间接故意和过于自信的过失两种心态无论是在认识内容上还是在认识程度上都存在差别。在认识内容上，间接故意和过于自信的过失虽然都认识到自己的行为可能发生危害社会的结果，但两者对这种可能性是否会转化为现实性，即实际上发生危害结果的主观估计是不同的。持间接故意心态的行为人对危害结果有可能转化为现实并未发生错误的认识和估计，因而在可能性转化为现实性即发生危害结果的情况下，行为人的主观认识与客观结果之间并未产生错误，主观与客观是一致的。而过于自信的过失心理则不同，持这种心态的行为人虽然也预见到危害结果发生的可能性，但主观上认为，由于他的自身能力、技术、经验和某些外部条件，实施行为危害结果发生的可能性不会转化为现实性，即他对可能性是否会转化为现实性发生了错误认识。在危害结果发生的情况下，其主观认识与客观实际是不一致的。在认识程度上，间接故意和过于自信的过失虽然都认识到行为发生危害结果的可能性（极少数不作为间接故意犯罪除外），但对可能性大小的认识上存在差别。在间接故意中，行为人认识到危害结果发生的可能性通常较大；在过于自信的过失中，行为人认识到危害结果发生的可能性整体上看相对较小。这是因为，主观上表现为过于自信的过失的行为人对危害结果的发生持反对态度，当某种行为导致危害结果发生的可能性很大时，有关人员往往会考虑停止实施该行为，从而彻底避免危害结果的发生。因此，危害结果发生的可能性越大，行为人认识到危害结果发生的程度越高，就越应当倾向于认定其主观方面表现为故意；危害结果发生的可能性越小，行为人认识到危害结果发生的程度越低时，就越应当倾向于认定其主观方面表现为过失。

2. 在意志因素方面，间接故意与过于自信的过失虽然都不希望危害结果的发生，但深入考察会发现，二者对危害结果的态度是不同的。持间接故意心态的行为人虽不希望结果的发生，即不积极追求危害结果的发生，但也并不反对、不排斥危害结果的发生，因而就不会凭借什么条件和采取什么措施去防止危害结果的发生，而是听之任之、不管不顾，有意放任危害结果的发生。持过于自信的过失心态的行为人则不仅不希望危害结果的发生，同时也不放任危害结果的发生，而是希望危害结果不要发生，希望避免危害结果的发生，即排斥、反对危害结果的发生。在预见到自己的行为可能发生危害结果的情况下，行为人仍然自信能够避免危害结果的发生，并因而实施该种行为。作出这种判断，他必然是凭借了一定的自认为能够避免危害结果发生的因素，如行为人自身能力方面的技术、经验、知识、体力等因素、他人的行为、预防措施以及客观条件或自然力方面的有利因素等。

需要注意的是，尽管间接故意和过于自信的过失在认识程度上存在着一定的差异，但是充其量只能说明两者对危害结果发生的可能性大小的认识上有一定的不同，仅根据这一点很难将两者区分开来，因此，它只能作为区分两者时的一个参考，具有决定意义的仍是两者在意志因素上的不同。但是，以意志因素的不同作为区分两者的标准在司法实践中缺乏可操作

---

〔1〕 参见高铭暄主编：《刑法学》，法律出版社1982年版，第152～153页。

〔2〕 参见何通胜、吉罗洪："试论间接故意与过于自信过失的异同"，载《法学杂志》1989年第1期。

性，需要将这一标准具体化、与一定的客观事实联系起来。具体而言，可以按照以下思路判定行为人的心理态度究竟是过于自信的过失还是间接故意：①如果行为人在行为前或行为过程中采取了防止危害结果发生的措施，仅因为行为人认识上的错误而未能采取有效防止危害结果发生的措施，造成了危害结果发生的，应当肯定行为人的心理是过于自信的过失。②虽然行为人根本未采取任何防止危害结果发生的措施，但客观上存在着避免危害结果发生的有利条件，行为人不仅认识到了这些条件，而且打算利用这些条件去防止危害结果的发生，也应当认定行为人的心理是过于自信的过失。③如果行为人不具备上述两种情况或不能确切证实是否具备上述两种情况，也不应断然认定行为人的心理是间接故意，而应当以社会的通常观念或常理为基准，综合考虑以下因素，以判断行为人的心理是过于自信的过失还是间接故意：其一，危害结果发生可能性的大小；其二，危害结果的发生与行为人追求的目的是否矛盾；其三，行为人在危害结果发生过程中乃至发生后的态度；其四，影响行为人人格态度的各种因素；其五，行为人实施行为的原因等其他有关因素。因为主观心理的难以认定性、案件的复杂性、调查取证的困难性以及侦查手段的有限性等因素的影响，会使某些虽不具备上述两种情况或不能确切证实该两种情况存在，但实际上行为人的心理确属过于自信的过失的情形不能为我们所认识。

■第四节　无罪过事件

一、基本法理

无罪过事件包括意外事件和不可抗力。根据《刑法》第16条的规定，行为在客观上虽然造成了损害结果，但不是出于行为人的故意或者过失，而是由于不能抗拒或者不能预见的原因引起的，不是犯罪。刑法理论通说将这类情形概括为意外事件。[1] 但对于不能抗拒的原因，行为人是可能预见到的，因而将不能抗拒和不能预见的原因引起损害结果的情形都视为意外事件不够准确。将该条规定概括为意外事件和不可抗力事件更为妥当，合称无罪过事件。

（一）意外事件

所谓意外事件，是指行为在客观上虽然造成了损害结果，但不是出于行为人的故意或者过失，而是由于不能预见的原因引起的情形。根据刑法规定，这类情形不是犯罪。之所以意外事件不是犯罪，是因为在这种情况下，行为人主观上不能预见自己的行为会发生危害社会的结果，因而不存在罪过。根据主客观相统一的定罪标准，对这种情形不能以犯罪论处。所谓不能预见，是指行为人对其行为可能造成的损害结果不但没有认识到，而且根据其个人的认识能力和当时的外部条件，他也根本不可能认识到。

意外事件具有以下特征：①行为在客观上造成了损害结果。这是刑法中的意外事件与纯粹的自然灾害的区别所在。虽然存在损害结果，但不是由行为人的行为所造成，而是完全由自然力或者动物等其他原因造成的，不属于刑法中的意外事件。②行为人没有故意或者过失。这是意外事件不属于犯罪的决定性原因，它意味着行为人不但没有认识到自己的行为可能造成损害结果，而且也根本不可能认识到这一点。例如，甲驾驶汽车于某日深夜2点冒着小雨回到车库。平时车库里在这个时刻没有任何人员，不料该晚乙为图凉快，在车库空地上

---

〔1〕 参见高铭暄、马克昌主编：《刑法学》（上编），中国法制出版社1999年版，第220页。

盖一块塑料布露天睡觉。甲没有注意到这一情况，结果在倒车时将乙轧死。本案中，不但甲没有认识到自己倒车会将人轧死，而且根据甲的个人认识能力、案发时间、天气和平时车库的情况，他也不可能认识到自己的行为会发生轧死人的后果，因此本案属于意外事件。③损害结果是由于不能预见的原因引起的。这是指行为当时存在一定的特殊情况，这种特殊情况是行为人所无法认识到的，它使得行为人无法认识到自己的行为会发生危害社会的结果，而不是指危害结果完全是由该不能预见的原因直接造成的。例如，甲与一群人在一块离小河不远的草地上踢球，老人乙在小河边散步。甲大力传球时，将球踢偏，球飞出草地，正好打在乙的身上，将乙打落小河淹死。本案中，球正好打中乙是甲预见不到的，它是造成乙死亡的原因，因而属于不能预见的原因。但是甲的行为使得球打在乙的身上，因此，不能说乙死亡的原因是球打中乙这一甲无法预见的事实，而是甲的行为。如果仅仅有球打中乙的事实而没有甲的行为，即使发生了乙被球打中而死亡的损害事实，也不属于刑法中的意外事件。

（二）不可抗力事件

所谓不可抗力事件，是指行为在客观上虽然造成了损害结果，但不是出于行为人的故意或者过失，而是由于不能抗拒的原因引起的情形。基于与意外事件不是犯罪相同的原因，这类情形也不是犯罪。

不可抗力也具有三方面的特征：①行为在客观上造成了损害结果；②行为人没有故意或者过失；③损害结果是由于不能抗拒的原因引起的。所谓不能抗拒的原因，在此是指某种特殊情况，这种情况致使行为人虽然认识到自己的行为可能甚至必然发生某种损害结果，却受当时主客观条件的限制，无法排除或者避免结果的发生，因而也称不可抗力。由不可抗力引起损害的情形就属于不可抗力事件。例如，甲开一辆表面性能正常的小轿车，带乙、丙、丁三人去长江边游玩，不料在车开到距江边20多米远的斜坡上（坡两旁都是江水）时，小轿车突然刹车失灵，沿坡一直冲进江中，致使不会游泳的乙、丙和丁溺水身亡。本案中，甲虽然预见到了自己开着小轿车往河里冲可能导致车上的乙、丙、丁溺水身亡，但由于刹车失灵，甲在当时的情况下根本无法防止结果的发生。刹车失灵就是不能抗拒的原因，本案属于不可抗力事件。

二、疑难问题

如何认识意外事件、不可抗力事件和过失犯罪的界限？

意外事件和疏忽大意的过失犯罪存在相似之处，即二者都是没有预见到自己的行为可能发生某种危害结果，并且客观上都发生了危害结果。二者的不同之处在于，意外事件中，行为人根本认识不到自己的行为可能发生危害结果，因而也不应要求其认识到自己的行为可能发生危害结果；而疏忽大意的过失中，行为人则本来能够也应当认识到自己的行为可能发生危害结果，因疏忽大意而没有预见。不可抗力事件和过于自信的过失犯罪也存在相似之处，即二者都对危害结果的发生存在认识，客观上都发生了危害结果。二者的不同之处在于，在不可抗力事件中，行为人虽然认识到了自己的行为可能发生危害结果，却无法阻止或者避免结果的发生；在过于自信的过失犯罪中，行为人本来能够防止危害结果的发生，但因过于自信而没有采取相应的措施。

第五节 犯罪目的和犯罪动机

一、基本法理

（一）犯罪目的和犯罪动机的定义

犯罪目的，是指犯罪人希望通过实施犯罪行为达到某种危害社会的结果的心理态度。在直接故意中，对发生危害结果的希望、追求的心理态度，就是犯罪目的的内容。特定的犯罪目的是某些犯罪构成主观方面的必备要件。例如，《刑法》第152条第1款规定，以牟利或者传播为目的，走私淫秽的影片、录像带、录音带、图片、书刊或者其他淫秽物品的，构成走私淫秽物品罪。根据该条的规定，牟利或者传播的目的就是构成走私淫秽物品罪主观方面的要件之一。

犯罪动机，是指促使犯罪人实施犯罪行为以达到犯罪目的内心冲动或起因。犯罪动机侧重影响量刑，但对直接故意犯罪的定罪也有一定意义。例如，在情节犯中，动机的好坏直接影响情节的轻重，动机卑劣则情节严重或者情节恶劣，行为也就构成犯罪。因此，动机也可能对犯罪是否成立具有重要作用。有人认为，刑法分则所规定的某些特殊目的，如营利的目的，实际上属于犯罪动机，[1] 如果这样理解，则犯罪动机也是某些犯罪的必备要件。不过，我们认为刑法分则所规定的各种特殊目的不能简单地视为犯罪动机，因为这些内容不仅仅是促使行为人实施危害行为的内心起因，更是行为人直接追求的危害结果。

（二）犯罪目的与犯罪动机的关系

犯罪目的与犯罪动机既密切联系，又互相区别。二者的密切联系表现在：①二者都是犯罪人实施犯罪行为过程中存在的内在心理活动，同时又都通过一定的危害行为表现出来。②二者都能够反映行为人的主观恶性程度，并且会影响行为的社会危害程度。③犯罪动机是犯罪目的的前提和基础，它促使犯罪目的的形成，犯罪目的来源于犯罪动机。④二者的具体内容有时一致。例如，在赌博犯罪中，促使行为人实施赌博犯罪行为的内心起因可能是获得经济利益，行为人希望通过实施赌博犯罪行为达到的结果也是获得经济利益，此时，行为人的犯罪动机和犯罪目的的内容完全一致。

二者的区别主要表现在：①同一种犯罪的犯罪目的总是相同的，并且除复杂客体的犯罪以外，同一种犯罪通常只有一个犯罪目的，而不同的人实施同一种犯罪，同一个人在不同的时间实施同一种犯罪时，其犯罪动机都可能不同。②在同一种犯罪动机的驱使下，不同的行为人可能形成不同的犯罪目的，同一个行为人可能形成几个犯罪目的。③同一个犯罪目的可能是在多个犯罪动机的推动下形成的。④犯罪动机与犯罪目的在一些情况下所反映的需要并不一致。例如，实施间谍罪，动机可能出于物质的需要，目的则反映了行为人政治的需要。⑤二者在定罪量刑中的作用有所不同，犯罪目的的作用通常偏重于影响定罪，犯罪动机的作用则通常偏重于影响量刑。

二、疑难问题

间接故意是否存在犯罪目的？

通说认为，犯罪目的只存在于直接故意犯罪之中，但也有人认为，间接故意也有犯罪目的。如有人认为，放任本身就是目的；另有人认为，间接故意也存在目的，只是目的不确

---

〔1〕 参见张明楷：《刑法格言的展开》，法律出版社1999年版，第96页。

定;[1] 还有人认为，间接故意可以分为有犯罪意图的间接故意和无犯罪意图的间接故意。[2] 我们认为，只要犯罪目的是犯罪人希望通过实施犯罪行为达到某种危害结果的心理态度，间接故意就不可能存在犯罪目的，因为间接故意中永远也不可能产生出希望的心理态度。至于有人把间接故意分为有犯罪意图的间接故意和无犯罪意图的间接故意，实际上指的是对行为人所放任的危害结果以外的其他危害结果的心理态度，这样把对不同的危害结果的心理态度混为一谈，制造出一个极易引起误解的“有犯罪意图的间接故意”概念，只能引起人为的混乱，并不可取。

■第六节　认识错误

一、基本法理

（一）认识错误的定义

刑法理论上所说的认识错误，是指行为人对自己行为的刑法性质、后果和有关客观事实存在不符合实际情况的认识。罪过由认识因素和意志因素两方面的内容构成，认识因素不同，可能影响意志因素，进而影响罪过。例如，行为人如果认为自己射杀的是一头动物，就不可能形成杀人的意志，也就不可能形成杀人的犯罪故意。认识错误可能影响罪过的有无、罪过的形式，还可能影响犯罪形态。认识错误可以分为两类：一是法律认识错误，二是事实认识错误。

（二）法律认识错误

法律认识错误，是指行为人对自己的行为在法律上是否构成犯罪、构成何种犯罪或者应当受到什么样的刑事处罚的理解不正确。这类认识错误，通常表现为三种情况：

第一，假想的犯罪，即行为人的行为依照法律并不构成犯罪，行为人却误认为构成了犯罪。例如，甲嫖宿暗娼被公安人员当场抓获，自以为其行为构成嫖娼罪，即属于这种法律认识错误。根据罪刑法定原则，在这种情况下，有关行为仍不构成犯罪。

第二，假想的不犯罪，即行为在法律上被规定为犯罪，而行为人却误认为不构成犯罪。行为人对自己行为的刑事违法性缺乏认识，通常不会影响到他对诸犯罪构成事实的认识，也不会影响他对自己行为的社会危害性的认识，因此，原则上不得免除其故意犯罪的刑事责任。但是，当这种认识错误导致行为人无法认识到自己行为的社会危害性时，则不应让行为人承担故意犯罪的刑事责任。例如，甲多年在山区靠打猎和贩卖猎物谋生，不知道国家已经将许多他经常捕杀的动物列为珍贵、濒危野生动物，严禁猎杀。有一天，甲在销售自己捕杀的珍贵、濒危动物时，被当场抓获。在处理本案时，如果没有充足的理由认定甲已经知道其狩猎行为非法，那么，根据其长期生活习惯和所处环境，不能认定他明知自己行为的社会危害性，因此也就缺乏对他进行谴责和惩罚的心理基础，相应地也就不应当以非法猎捕、杀害珍贵、濒危野生动物罪追究其刑事责任。

第三，行为人对自己行为的罪名和刑罚轻重的误解，即行为人认识到其行为已构成犯罪，但对触犯了何种罪名及应当受什么样的刑罚处罚存在不正确的理解。根据罪刑法定和罪责刑相适应原则，在这种情况下，应当按照他实际构成的犯罪及其危害程度定罪量刑。

---

〔1〕 转引自李鑫、张明乃：“论间接故意犯罪”，载《法学杂志》1985 年第 2 期。

〔2〕 参见施金庄：“间接故意犯罪简析”，载《政治与法律》1987 年第 4 期。

（三）事实认识错误

事实认识错误，是指行为人对自己行为的诸客观事实情况的理解不正确。这类认识错误是否影响行为人的刑事责任，首先要区分为两种情况：如果是对属于犯罪构成要件的事实情况产生错误认识，就可能影响行为人的刑事责任；如果是对犯罪构成要件以外的事实情况产生错误认识，则不影响行为人的刑事责任。对属于犯罪构成要件的事实认识错误，通常表现为以下几种情况：

第一，客体错误，即行为人意图侵犯一种客体，而实际上侵犯了另一种客体。在这种情况下，应按照行为人意图侵犯的客体定罪。例如，甲见其好友乙和丙在与两陌生人搏斗，立即冲过去，帮助乙、丙将对方打倒后跑开。事后乙、丙告诉甲对方是警察，正在抓捕他俩。本案中，甲意图侵犯的客体是他人身体健康，实际侵犯的客体是公务活动的正常秩序。对甲应当考虑其是否构成故意伤害罪，而不能以妨害公务罪进行追究。

第二，对象错误，即行为人对其行为所作用的对象发生错误认识。如将甲错当作乙加以杀害。

第三，行为实际性质错误，即行为人对自己行为的实际性质发生了错误的理解。这种事实认识错误有两种表现：①将具有社会危害性的行为误当作不具有社会危害性的行为。将假想防卫行为误认为是正当防卫行为便属于这种情形。这种情况应酌情判定为过失犯罪或者意外事件，但不能作为故意犯罪处理。②将不具有社会危害性的行为误当作具有社会危害性的行为。如将根本不能害人的封建迷信行为误当作可以杀死人的行为。在这种情况下，由于行为根本不具有社会危害性，不具备犯罪的本质特征，不能以犯罪论处。

第四，工具错误，即行为人对所使用的犯罪工具发生错误认识。如误把白糖当砒霜去毒杀人。通说认为，在这类情况下，行为人主观上存在犯罪故意，客观上实施了犯罪行为，只是由于其意志以外的原因而未能完成犯罪，因而应以犯罪未遂追究行为人的刑事责任。[1]但也有人认为，如果行为人实际实施的行为（如误把白糖当砒霜去毒杀他人）没有任何客观危害性，就应当认定为无罪。[2]

第五，因果关系错误，即行为人对自己的行为和危害结果之间是否存在因果关系以及因果关系的实际发展存在错误认识。

二、疑难问题

（一）对对象认识错误应当如何处理？

对对象认识错误应当分为四种情况进行处理：

第一，具体的犯罪对象不存在，行为人误以为其存在而实施犯罪行为。例如，甲见远处草丛在晃动，以为他所追杀的仇人乙躲藏其中，于是朝草丛开枪。实际上草丛是因为风吹而晃动，其中什么也没有。因具体的犯罪对象不存在而致使犯罪未得逞的，应定为犯罪未遂。

第二，误将犯罪对象当作非犯罪对象而实施侵害行为。例如，甲上山打猎，见远处灌木丛中有一黑影晃动，认为是一头野猪，于是开枪射击，结果将同时在山上打猎的乙击成重伤。这类情况下应根据实际情况定过失犯罪或意外事件。

第三，误将非犯罪对象当作犯罪对象而实施加害行为。例如，甲企图杀害乙，某天黄昏时见到乙在清理猪圈，连忙赶到家里取出猎枪，来到乙家猪圈不远处，此时天已黑下来，甲见猪圈内仍有身影在晃动，以为是乙，于是开枪射击，实际上打中的是猪圈内的牛。因误将

---

〔1〕 参见赵秉志主编：《刑法新教程》，中国人民大学出版社2001年版，第228页。

〔2〕 参见张明楷：《刑法学》（上），法律出版社1997年版，第356页。

兽当作人而使犯罪未得逞的，应以犯罪未遂论处。不过，也有人认为，如果客观行为在任何情况下都没有发生危害结果的可能性，则应认定为无罪。[1]

第四，具体目标错误。如把甲当作乙加以杀害或伤害。在这种情况下，行为所作用的具体目标虽然发生了错误，但所实际侵犯的法益是完全相同的，即危害行为所实际侵害的法益与具体目标没有错误时是完全一致的，因此，这种具体目标认识错误对行为人的罪过形式和刑事责任不发生任何影响。从犯罪构成上分析，在这种情况下，行为人主观上对犯罪对象的自然属性并没有发生错误认识，比如都认识到了犯罪对象是人或者是财物等，对于自己的行为会发生的危害结果也有清楚的认识，如都认识到了会剥夺人的生命，或者会将财物非法占有，并且是希望这种危害结果发生；行为人客观上也实施了危害行为，造成了犯罪既遂所要求的危害结果，完全具备了犯罪既遂的全部要件，当然应当按犯罪既遂追究刑事责任。而不能认为由于行为人想杀害的是乙却没有杀死乙，本来不想杀死甲却实际上造成了这一结果，因而其行为对乙构成故意杀人罪未遂，对甲构成过失致人死亡罪。

（二）对因果关系认识错误应当如何处理？

对因果关系认识错误应分为四种情况进行处理：

第一，行为人认为自己的行为已经达到了预期的犯罪结果，事实上并没有发生这种结果，而结果的发生是犯罪既遂的标志。这种情况属于故意犯罪未遂。例如，甲基于杀害乙的目的，将乙打得重伤昏迷，自认为已经将乙打死，于是离开，乙后来获救。甲就存在对因果关系的认识错误，应当追究其故意杀人未遂的刑事责任。

第二，行为人认为是自己的行为造成了他所追求的危害结果的发生，而实际上危害结果是由于其他原因造成的。在这种情况下，如果结果的发生是犯罪既遂的标志，那么行为人只负犯罪未遂的刑事责任。例如，甲和乙非基于共同犯罪的故意同时向丙开枪，都企图杀害丙。丙实际上是被乙所开的那枪打死的，甲开的一枪并没有打中丙，甲误以为丙是被自己开枪打死的。本案中，甲只负故意杀人未遂的刑事责任。如果行为人所追求的危害结果不是犯罪既遂的要件，则应当视犯罪性质和行为程度来确定犯罪形态。例如，甲某晚向一工厂仓库屋顶投掷燃烧瓶，企图烧毁该仓库，当火势开始蔓延的时候，甲离去。随后天突然下雨，将火浇灭。正巧当晚仓库内一电源线短路起火，将仓库烧毁。甲误以为是自己将仓库烧毁。由于放火罪属于危险犯，甲的行为已经引起了仓库被烧毁的危险，因此，甲仍然构成犯罪既遂。如果在火势还没有蔓延，也不能离开燃烧瓶独立燃烧的时候就被雨浇灭，则甲的行为属于犯罪未遂。

第三，危害行为引起了行为人所希望的危害结果，但行为人对因果关系的发展过程发生错误认识。例如，甲追杀乙到悬崖边，朝乙开枪，乙应声掉落悬崖死亡。甲以为乙是被子弹击中掉落悬崖，实际上乙并没有被击中，而是受到惊吓失足掉落悬崖。由于在这种情况下，行为人主观上认识到了自己的行为会发生危害社会的结果，并且希望危害结果的发生，客观上其行为又造成了危害结果的发生，具备了犯罪既遂的全部要件，应当以犯罪既遂论处。因此，对因果关系的发展过程发生错误认识不影响行为人的罪过形式和犯罪形态。

第四，行为人实施了甲、乙两个行为，危害结果是由乙行为造成的，行为人却误认为是甲行为造成的。例如，甲追杀乙，乙受伤倒地后，甲以为乙已经死亡，为毁灭罪证又将乙抛入水库中，事后查明乙系溺水身亡。对这种情况如何处理存在不同看法。[2] 我们认为，在

---

〔1〕 参见张明楷：《刑法学》（上），法律出版社 1997 年版，第 358 页。

〔2〕 参见张明楷：《刑法学》（上），法律出版社 1997 年版，第 359～360 页。

这种情况下，行为人主观上也认识到了自己的行为会发生危害社会的结果，并且希望这种结果的发生，客观上其两个行为之间存在密切联系，后一行为可以视为前一行为的延续，应当合并为一个行为看待，因而其行为也造成了危害结果的发生，具备了犯罪既遂的全部要件，因此，行为人仍负犯罪既遂的刑事责任。

【思考题】

1. 犯罪主观方面与罪过是什么关系?
2. 为什么罪过是承担刑事责任的主观基础?
3. 如何理解犯罪故意中的“明知”?
4. 如何理解间接故意中的“放任”?
5. 如何理解犯罪故意认识内容的范围?
6. 故意犯罪的行为人是否应当具有社会危害性认识和违法性认识?
7. 如何理解和把握犯罪过失中的“应当预见”?
8. 如何区分间接故意与过于自信的过失?
9. 认识错误对定罪量刑有何影响?

【参考文献】

1. 陈兴良:《刑法哲学》，中国政法大学出版社 1997 年版。
2. 冯军:《刑事责任论》，法律出版社 1996 年版。
3. 高铭暄主编:《新中国刑法科学简史》，中国人民公安大学出版社 1993 年版。
4. 高铭暄、马克昌主编:《刑法学》(上编)，中国法制出版社 1999 年版。
5. 姜伟:《犯罪故意与犯罪过失》，群众出版社 1992 年版。
6. 马克昌主编:《犯罪通论》，武汉大学出版社 1999 年版。
7. 张明楷:《刑法格言的展开》，法律出版社 1999 年版。
8. 储槐植、杨书文:“复合罪过形式探析——刑法理论对现行刑法内含的新法律现象之解读”，载《法学研究》1999 年第 1 期。
9. 何通胜、吉罗洪:“试论间接故意与过于自信过失的异同”，载《法学杂志》1989 年第 1 期。
10. 贾宇:“直接故意与间接故意的新探讨”，载《法律科学》1996 年第 2 期。
11. 贾宇:“论犯罪故意中的事实认识”，载《法制与社会发展》1997 年第 3 期。
12. 李鑫、张明乃:“论间接故意犯罪”，载《法学杂志》1985 年第 2 期。
13. 刘生荣:“论刑法的严格责任”，载《法学研究》1991 年第 1 期。
14. 倪培兴:“犯罪客体与主观罪过的性质——以渎职罪为范例的分析（下）”，载《人民检察》2001 年第 8 期。
15. 宋庆德:“过失犯罪浅探”，载《政法学习》1988 年第 4 期。
16. 施金庄:“间接故意犯罪简析”，载《政治与法律》1987 年第 4 期。
17. 王晨:“我国刑法规定了严格责任吗?”，载《法学研究》1992 年第 6 期。
18. 赵秉志:“简论犯罪直接故意与间接故意的划分”，载《江海学刊》1986 年第 2 期。
19. 张明楷:“‘客观的超过要素’概念之提倡”，载《法学研究》1999 年第 3 期。

第十章

犯罪客观方面

【导语】犯罪客观方面是犯罪构成的核心内容，主要包括危害行为以及与危害行为相关的其他因素，如犯罪对象、危害结果、行为的时间、地点和方法等。犯罪客观方面的核心内容是危害行为。在某些情况下，因果关系对于犯罪的认定也具有重要意义，因而研究和分析刑法上的因果关系也非常必要。

本章的疑难问题有：①危害行为与危害结果之间的因果关系是否属于犯罪构成的客观要件？②如何界定刑法中的危害行为？③如何区分作为与不作为？④如何区分以作为形式实施的犯罪与以不作为形式实施的犯罪？⑤纯正不作为犯是否存在犯罪未遂？⑥“不作为与作为等价”是否属于不作为犯罪客观方面的构成要件？⑦作为可能性能否成为不纯正不作为犯的独立客观要件？⑧危害结果是否存在于一切犯罪之中？⑨是否可以将危害行为对刑法所保护的社会关系造成的损害事实都纳入危害结果的范畴？⑩危害结果是否是一切犯罪构成客观方面的要件？⑪如何判断刑法上的因果关系？⑫如何把握刑法上的因果关系的具体判断标准？⑬如何判断不作为犯罪中的因果关系？⑭犯罪对象为什么会对犯罪性质及其危害程度产生影响？⑮犯罪对象如何影响犯罪性质及其危害程度？

■第一节　犯罪客观方面概述

一、基本法理

（一）犯罪客观方面的概念和特征

犯罪客观方面，是指刑法所规定的，说明行为对刑法所保护的社会关系造成侵害的客观外在事实特征，是构成犯罪所必须具备的要件。

犯罪客观方面具有以下几个特征：①犯罪客观方面是刑法加以规定的，具有法定性。由于犯罪客观方面是刑法规定的，因此必须严格依照刑法的规定确定其具体的内容。②犯罪客观方面以客观事实特征为内容。人的犯罪行为可以分为主观和客观两个方面的事实，主观方面是人有意识、有意志的思维活动，客观方面是主观方面的客观化及客观表现，即行为人在有意识、有意志的心理态度支配下表现在外的事实特征。由于我国刑法犯罪构成理论已将犯罪客体作为犯罪构成的一个独立的共同要件，因此客观方面是犯罪客体之外的客观事实特征。③犯罪客观方面是说明行为对刑法所保护的社会关系有所侵犯的客观事实特征。不能说明侵犯刑法所保护的社会关系的客观事实特征，就不具有构成犯罪客观方面内容的资格。④犯罪客观方面是成立犯罪所必须具备的客观因素。不具备犯罪客观方面，不能构成犯罪。

（二）犯罪客观方面的要件

犯罪客观方面的要件，也可称为犯罪客观方面的内容或犯罪客观要件，是指犯罪成立在犯罪客观方面所必须具备的条件。它是犯罪客观方面这一范畴的一个下位概念。

犯罪客观方面的要件具体表现为危害行为、危害结果，以及行为的时间、地点、方法

(手段)、对象。其中，危害行为是一切犯罪在客观方面都必须具备的要件；危害结果是大多数犯罪成立在客观方面必须具备的要件；特定的时间、地点、方法（手段）以及对象，则是某些犯罪成立在客观方面的必要要件。

（三）犯罪客观方面的意义

犯罪客观方面对正确定罪量刑均有重要意义：①有助于区分罪与非罪的界限。如果不具备犯罪客观方面的要件，就谈不到其他要件，也就谈不到犯罪；②有助于区分此罪与彼罪以及不同犯罪停止形态的界限；③有助于正确分析和认定犯罪的主观要件；④有助于正确量刑。

二、疑难问题

危害行为与危害结果之间的因果关系是否属于犯罪构成的客观要件？

对这一问题，刑法理论界存在不同看法。有的论者认为犯罪的因果关系与犯罪行为一样，也是构成犯罪客观方面不可缺少的必要条件之一；[1] 有的论者则认为，刑法因果关系不是犯罪构成客观方面的共同必要要件，而是犯罪构成中的一个重要选择要件；[2] 还有论者认为，刑法上的因果关系既不是一切犯罪构成必须具备的共同要件，也不是选择要件，即它不属于犯罪构成要件体系的范畴。[3] 上述第三种观点目前已成为刑法理论界的通说，其主要理由是：①犯罪活动的任何客观事实情况，都有自己相对独立的物质存在形式，而刑法因果关系根本没有自身的独立存在形式。②犯罪构成四个方面诸要件之间的关系，多数是因果关系。如犯罪动机与犯罪目的之间、犯意与危害行为之间，都存在因果关系。如果危害行为与危害结果之间的因果关系为构成要件，其他要件之间的因果关系也应成为构成要件，这显然不妥。③确认某一危害行为与某一危害结果之间有无因果关系，与该行为和该结果是否属于犯罪构成要件没有必然联系。我们认为，从犯罪构成要件的内涵出发，危害行为和危害结果之间的因果关系确实难以称得上是犯罪客观要件。这是因为，作为犯罪构成要件，首先必须是一种抽象化的事实，即事实特征，而危害行为和危害结果之间的因果关系仅仅是事实之间的一种联系，而不是事实本身，因而难以归入犯罪客观要件之列。

■第二节　危害行为

一、基本法理

（一）危害行为的概念和特征

危害行为是犯罪构成中犯罪客观要件的首要要素，是一切犯罪构成在客观方面都必须具备的条件。“无行为即无犯罪”已成为刑法理论中公认的科学命题。危害行为对于划分罪与非罪、此罪与彼罪都有着重要意义。虽然我国刑法理论界关于危害行为的研究正在逐步走向深入，但对于危害行为的概念至今并未达成一致的意见。

首先必须清楚，我国刑法理论中的“危害行为”与我国刑法中所使用的行为一词是两个不同的概念。在我国刑事立法中，行为一词有着多种含义。在刑法的不同章节出现的“行为”一词，常常有不同含义，归纳起来，可以有三个层次意义上的行为：①最广义的行为。这种“行为”是在一般意义上使用的，泛指人的一切行为，不论是否为犯罪行为。例如，

---

〔1〕参见张尚鷟：《中华人民共和国刑法概论（总则部分）》，法律出版社1983年版，第90页。

〔2〕参见樊凤林主编：《犯罪构成论》，法律出版社1987年版，第63～65页。

〔3〕参见马克昌主编：《犯罪通论》，武汉大学出版社1999年版，第212～213页。

《刑法》第12条规定“中华人民共和国成立以后本法施行以前的行为，如果当时的法律不认为是犯罪的，适用当时的法律……”，其中的行为便属于这一层次。②广义的行为。这种“行为”同犯罪行为含义相同，意指犯罪这种行为。例如，《刑法》第13条关于犯罪定义的规定中使用的“行为”一词，就是包括主观要件（故意、过失）和客观要件在内构成犯罪的行为。③狭义的行为。这种“行为”专指作为犯罪客观方面要件的行为，即危害行为。例如《刑法》第14条规定：“明知自己的行为会发生危害社会的结果，并且希望或者放任这种结果发生，因而构成犯罪的，是故意犯罪。”这里的“行为”就是指作为客观要件而不包括犯罪主观方面在内的危害行为。上述三类行为虽然都称为“行为”，但意义不同，不能混淆。在理论上和实践中，比较容易混淆的是第二类行为和第三类行为，常常有人将二者等同起来，其错误和弊端是无法正确解释犯罪行为与危害行为各自特定的含义及其相互关系，乃至影响到犯罪构成体系理论的科学性。

通说认为，我国刑法中的危害行为，是指在人的意志或者意识支配下实施的危害社会的身体动静。根据这一定义，作为犯罪客观要件的危害行为具有以下三个基本特征：

第一，危害行为在客观上是人的身体动静。这是危害行为的外在特征，亦称危害行为的有体性特征。它表明，任何危害行为都必然有一定的身体动静，否则就不可能构成危害行为。

第二，危害行为在主观上是在行为人的意志或者意识支配下的身体动静。支配身体动静的意志或意识活动是危害行为的内在特征，也称危害行为的有意性特征。根据这一特征，以下无意识和无意志的身体动静不属于刑法中的危害行为：①人在睡梦中或精神错乱状态下的举动；②人在不可抗力作用下的举动；③人在身体受强制情况下的行为。由于这三类行为都不属于刑法中的危害行为，因此不得追究行为人的刑事责任。

第三，危害行为在法律上是对社会有危害的身体动静。这也称为危害行为的有害性特征，在人的意志或意识支配下实施的身体动静在什么情况下可以视为刑法上的危害行为，是统治阶级以自己的价值标准对人的行为进行价值评价的结果。

（二）危害行为的表现形式

刑法所规定的危害行为，其表现形式多种多样。刑法理论将其归纳为两种基本表现形式，即作为和不作为。

1. 作为。

（1）作为的概念。作为是危害行为最为常见的表现形式，早期的刑法理论以及司法实务一度只关注这种危害行为。所谓作为，是指行为人以积极的身体活动实施的违反刑法禁止性规范的危害行为，即“不当为而为之”。我国刑法中规定的绝大多数犯罪，都可以由作为实施，而且有许多犯罪只能以作为形式实施，如抢劫罪、抢夺罪、诈骗罪、强奸罪，都是如此（某些特殊的共同犯罪情形除外）。

作为是危害行为的基本表现形式之一，它首先具有危害行为的三个基本特点。此外，作为还具有以下两方面的特殊性：

第一，举动的积极性。作为在外观上只能表现为人的身体的积极举动，如挥舞木棒、拳打脚踢、开枪扫射等。尽管这些积极举动的动作幅度可能存在巨大差异，如有的表现为长时间的反复击打，有的表现为瞬间的令人难以察觉的触动，但无一例外地表现为身体的积极举动。

第二，所违反的刑法规范的禁止性。作为在法律特征上表现为违反了刑法的禁止性规范。通过分析刑法分则条文的内容可以发现，这些条文中的绝大多数规范性内容都表现为禁止人们实施一定的行为。如《刑法》第232条关于故意杀人罪的规定，包含的规范性内容是禁止非法剥夺他人生命；《刑法》第236条关于强奸罪的规定，包含的规范性内容是禁止强行与妇女性交。简而言之即“不当为”，当行为人通过积极举动违反这些禁止性规范时，其危害行为就表现为作为。

实践中，在绝大多数情况下，作为是由行为人的一系列积极举动组成的。例如，持枪抢劫犯罪，通常就是由拔枪、举枪、开枪或者以将要开枪进行威胁、夺取他人财物等一系列身体的积极举动组成的。只有在极少数情况下，作为才由行为人的一个举动即告完成。

（2）作为的实施方式。如果单从行为人是以身体动作作用于犯罪对象还是利用一定的工具来实现其犯罪意图上看，作为主要有以下几种实施方式：[1]

第一，利用自己身体实施的作为，这是作为的常见形式之一。身体活动既可以表现为四肢的活动，也可以表现为五官的活动。例如，拳打脚踢的伤人、杀人是典型的以身体活动实施的作为方式，而口出秽言的侮辱、眼神示意的教唆等，则是常见的以五官动作实施的危害行为。

第二，利用物质性工具实施的作为，这也是作为最常见的实施方式。这种作为形式的特点是，人的身体活动和犯罪对象之间有了工具这一介入因素，由工具的某种属性作用于犯罪对象并造成对象的某种改变以侵害或威胁犯罪客体。在这类作为中，人的身体活动仍然是必需的，但身体活动的作用不在于直接改变犯罪对象而在于操纵工具。

第三，利用自然力实施的作为。自然力是指水火雷电等自然现象，利用自然力进行犯罪的并不少见，如放火、决水等均属此类。利用自然力实施的作为与利用物质性工具实施的作为在性质上基本相同，所不同的只在于前者利用的东西为自然形式，后者利用的为人工创造的工具。

第四，利用动物实施的作为。例如，利用毒蛇、恶犬伤害、杀害他人。只要行为人以身体活动驱使动物，就是利用动物实施作为。

第五，利用他人实施的作为。这是指将他人作为工具加以利用而实施的危害行为，其特点在于利于他人实施身体动作或操纵工具作用于犯罪对象，而他人的活动是由行为人的身体活动引起的。被利用的他人可以分为两类，一类是受害人以外的他人，如教唆不满14周岁的人杀人，医生为了杀害病人而令不知情的护士为病人注射毒药等；另一类是受害者本人。

2. 不作为。不作为是随着刑法理论研究的深入而产生的一个刑法学概念。在对现实生活中发生的有害事件的研究过程中，学者们发现在某些情况下，行为人即使没有身体的积极举动，也应当对发生的危害结果承担刑事责任。例如，能够救助而不救助，坐视亲人上吊自杀；能够阻止而不阻止，放任两辆列车相撞等。不救助者和不阻止者虽然没有积极的身体举动，但似乎也应当受到强烈谴责和被追究刑事责任。基于对这类虽然没有积极的身体举动，却同样应当予以严厉非难现象的研究，刑法理论上出现了“作为”与“不作为”两种行为概念。起初，对于不作为是不是行为，即不作为的行为性问题，在刑法学者中曾存在过争论。否定者认为，在不作为时，既无身体的动作，外界的变动（结果）也非由其所引起，自难称其为行为；或者认为，不作为既无因果性，又无现实的目的性，不可能作有效的目的操纵，因而并非目的行为论意义上的行为。[2] 肯定者认为，不作为也是受人的意思支配的身体动作，只不过不是积极动作，而是消极动作；不作为也能引起外界变动，产生一定的结

〔1〕 参见高铭暄主编：《新编中国刑法学》（上册），中国人民大学出版社1998年版，第113～114页。

〔2〕 参见熊选国：《刑法中行为论》，人民法院出版社1992年版，第129～130页。

果，也能受人的目的操纵，故不作为与作为的价值相同，是行为的一种基本类型。[1] 目前，不作为的行为性已经得到刑法理论界的充分肯定。

(1) 不作为的概念。不作为是指行为人负有实施某种积极行为的特定义务，在能够履行的情况下不予履行从而危害社会的行为。不作为在表现形式上通常表现为身体的静止、消极，但这并不是绝对的。在某些不作为犯罪中，行为人可能甚至经常表现为积极的身体活动。例如，逃避缴纳税款罪只能由不作为形式构成，即行为人负有依法向国家缴纳税款的特定法律义务，能履行该义务而不履行，但是逃避缴纳税款罪往往表现为行为人涂改账本、销毁账册的积极行为，而不是消极的身体静止。因此不作为在某些情况下可以通过积极的身体活动来实施，在这类情况下，行为人积极的身体活动目的在于逃避其应当履行的特定法律义务，其本身便是能履行义务而不履行的表现。值得注意的是，如果行为人的积极身体活动又构成了其他犯罪，则应当同时追究其他罪行。例如，锅炉工甲欲通过空烧锅炉的方式制造爆炸事件，将前来给锅炉加水的工人乙打伤，甲的行为不但构成不作为的爆炸罪，而且构成故意伤害罪，应当两罪并罚。

(2) 不作为构成犯罪的条件。不作为是一种较为特殊的危害行为，这种形式的危害行为要构成犯罪，需要一些特殊的成立条件，这些成立条件包括：

第一，行为人负有实施某种积极行为的特定义务。这是成立不作为犯罪的前提条件。这种特定义务只能表现为积极地去实施一定的行为以阻止某种危害结果的发生，而不可能表现为消极地不采取任何行动。行为人所负有的实施某种积极行为的特定义务，是刑法要求行为人应当履行的义务，而不是普通的伦理道德要求的义务。如果行为人不负有这种刑法意义上的义务，就不存在刑法上的不作为行为，也就不存在不作为犯罪。例如，手持猎枪的甲眼见乙正在持刀追杀丙，丙被乙砍倒在地，生命垂危，甲明知自己开枪将乙打倒就可以救下丙，却因自己与丙素不相识，不愿多事而冷眼旁观，忍看丙最终被砍身亡。甲由于不负有刑法意义上的救助丙的特定义务，因而其见死不救的行为不属于刑法意义上的不作为，不构成不作为犯罪。

第二，行为人有履行特定义务的可能性。这是指结合当时的客观环境和行为人的自身条件来看，行为人有能力积极地去实施一定的行为以阻止某种危害结果的发生。对于如何判断行为人是否具有这种能力，存在主观说和客观说。主观说认为应当以行为人的主观认识为标准来判断行为人是否具有履行特定义务的可能性。根据该说，当行为人自己认为有能力履行特定义务时，应当认定其有履行义务的可能性；当行为人自己认为没有能力履行特定义务时，就应当认定其没有履行义务的可能性。客观说认为应当以一般人的判断为标准来确定行为人是否具有履行特定义务的可能性。根据该说，当一般人认为行为人当时有能力履行特定义务时，应当认定其有履行义务的可能性；当一般人认为行为人当时没有能力履行特定义务时，就应当认定其没有履行义务的可能性。我们认为，行为人是否具有履行特定义务的可能性，原则上应当以行为人自己的主观认识为标准，即原则上只有行为人自己认为有履行特定义务的可能性时，才能认定其具有履行特定义务的能力，但这种主观认识的有无应当以一般人的判断为参考。当根据一般人的判断，行为人有履行特定义务的可能性，又没有事实表明行为人存在异于常人之处时，应当认定行为人认为自己有履行特定义务的可能性。

第三，行为人没有履行特定义务。这是不作为犯罪的客观表现。从不作为犯罪的这一成

---

[1] 参见［日］日高义博：《不作为犯的理论》，王树平译，中国人民公安大学出版社1992年版，第4页。

立条件可以得出结论，不作为犯罪本质上是违反命令性规范，即“当为而不为”。无论行为人是否有身体上的举动，只要他在客观上没有履行特定的积极行为义务，并且是因为没有履行这一特定义务而被追究刑事责任的，就属于不作为犯罪。

第四，行为人不履行特定义务对社会造成了危害。不作为对社会的危害表现在由于行为人不作为，不积极采取措施防止危害结果的发生，使得刑法所保护的法益受到实际损害或者威胁。虽然在不作为的情况下，法益受到损害还另有原因，但是，由于刑法要求行为人采取措施消除损害法益的原因或者阻止有关原因发生作用，当行为人由于不作为使得原因得以发生作用，进而造成危害结果发生时，从可谴责性上看，这样的不作为与作为具有大致相同的负价值，应当认为行为人不履行特定义务对社会造成了损害。

（3）不作为犯罪中的义务来源。不作为犯罪成立的前提条件是行为人负有实施某种积极行为的特定义务。这种特定义务的来源有哪些？这是正确把握这一成立条件必须解决的问题，否则可能将一些不属于刑法意义上的不作为也纳入刑法的打击范围，从而过分扩大了刑法的打击面，违背刑法的谦抑原则。对于如何确定这种积极行为义务，外国刑法理论提出了“保证人说”，即可能招致某种犯罪结果发生的危险状态出现时，负有应该防止其发生的特别义务的人（保证人）虽然能够尽其保障义务，却懈怠不履行时，成立不作为。[1] 我们认为，为了正确界定特定义务的来源，首先需要把这种义务与普通的道德义务作出区分。二者的区分应当从两个方面把握，一是法律性，二是特定性。具体而言，当这种义务来源于法律的直接规定或者具有明确的法律依据，而行为人不履行这种义务又会导致刑法所保护的法益受到损害时，它便成为不作为犯罪成立的前提条件中的特定义务。当这种义务虽然没有法律直接规定或者明确的法律根据，但它是由于自己的特定行为而产生，而行为人不履行这种义务又会导致刑法所保护的法益受到损害时，它也成为不作为犯罪成立的前提条件中的特定义务。

根据上述判断标准，刑法理论上通常认为，不作为犯罪中的特定义务主要来源于以下四个方面：

第一，法律明文规定的义务。例如，《婚姻法》第 20 条规定，夫妻有互相扶养的义务。第 21 条规定，父母对子女有抚养教育的义务，子女对父母有赡养扶助的义务。因此，夫妻间的扶养义务，父母对子女的抚养教育义务，子女对父母的赡养扶助义务，均可以成为不作为犯罪中的特定义务。如果有扶养能力的夫妻拒绝扶养体弱多病的配偶，有抚养能力的父母拒绝抚养未成年子女，有赡养能力的子女拒绝赡养丧失劳动能力和生活来源的父母，就可能构成不作为犯罪。法律明文规定的义务可以来源于民事法律，也可以来源于行政法律；可以来源于最高权力机关制定的法律，也可以来源于行政法规、地方性法规、部门规章以及民族自治地方的单行法律规范。这种特定义务应当得到刑法的肯定，但不可能直接来源于刑法规范。需要注意的是，与宪法或者国家法律相抵触的行政法规、地方性法规、部门规章所规定的义务，不应当成为这类义务。

第二，职务或者业务要求履行的义务。当某种义务是行为人职务或者业务的内容时，可以成为不作为犯罪中的特定义务，如消防员救火的义务，医师抢救病人的义务，幼儿园教师照看幼儿园小孩的义务。需要注意的是，职务或者业务要求履行的义务成为不作为犯罪的义务来源，要以行为人正在担任该职务、从事该业务为前提条件。否则，不发生因不履行有关义务而构成不作为犯罪的问题。例如，产科医生甲在家休假时，有人打电话告诉其某产妇难

---

〔1〕 参见赵秉志主编：《刑法总论》，中国人民大学出版社 2007 年版，第 236 页。

产生命垂危，请求其迅速赶往医院为该产妇接生，甲以其正在休假为由拒绝，结果产妇因难产死亡。本案中，虽然甲作为产科医生，为产妇接生是其业务所产生的义务，但是，由于他当时正处于休假而不是从事业务的时候，因而此时他仅仅在道义上负有抢救产妇的义务，而不存在因业务而负有特定义务的问题。

职务或者业务要求履行的义务在许多情况下同时属于法律明文规定的义务。在这种情况下，应当将其归入法律明文规定的义务的范畴。也就是说，这里所说的职务或者业务要求履行的义务是指法律明文规定的义务之外的那部分，如行业、社团长期以来形成的从事某项职业或者业务所应当遵守的成文或者不成文的义务。同时，这种义务也只有在一旦违反就会损害刑法所保护的法益的情况下，才成为不作为犯罪的义务来源之一。

第三，法律行为引起的义务。这是指由民事法律行为所引起的义务，其中主要是指由合同行为所引起的义务。民事法律行为是指公民或者法人设立、变更、终止民事权利和民事义务关系的合法行为，这种法律行为会导致一方当事人负有对另一方当事人实施某种积极行为的义务。如果一方当事人不履行因民事法律行为而产生的义务，导致刑法所保护的对方当事人的法益受到损害，那么，该当事人所负有的因法律行为而产生的特定义务就有可能成为不作为犯罪中的特定义务。例如，甲女与乙签订家政服务合同，合同约定甲女的义务之一是照看乙1岁的婴儿。某日，乙上班以后，只剩下甲女与婴儿在家。甲女由于沉迷于看电视，疏于照看婴儿，导致婴儿从阳台上坠落摔成重伤。本案中，甲女由于疏于履行因合同而产生的特定义务，应当承担以不作为形式构成的过失致人重伤罪的刑事责任。

第四，先行行为引起的义务。在某些情况下，行为人由于实施了某种行为，使其对行为对象产生了保护义务。由于存在这种保护义务，当行为对象处于危险状况，其受刑法保护的利益受到损害或者威胁时，行为人就负有采取积极行为保护该对象，防止该对象的法益遭受进一步损害的特定义务。这就是先行行为引起的义务。先行行为引起的特定义务产生后，如果行为人有能力履行而不履行该义务，就可能成立不作为犯罪。例如，甲未与6岁的小孩乙的父母打招呼，就带着乙到森林中去玩耍。在乙玩耍的过程中，甲疏于看管，以致乙消失在甲的视线中。甲发现乙不见以后，不去寻找乙，而是独自一人返回，致使乙被毒蛇咬死。本案中，甲带乙到森林中玩耍的先行行为使其负有保护乙的生命和健康的义务。当乙走失，生命安全处于严重危险状态时，甲负有找到乙，使乙脱离危险状态的特定义务。甲不履行该特定义务，放任危险结果的出现，致使乙被毒蛇咬死，应当承担以不作为形式构成的故意杀人罪的刑事责任。

通常认为，先行行为可以是正常的行为，也可以是不道德的行为甚至违法行为，但犯罪行为可否成为先行行为，理论上有不同看法。我们认为，如果先行的犯罪行为危害性相对较小，且该犯罪行为使得行为人对行为对象产生了保护义务，那么，当行为对象处于严重危险状况，其受刑法保护的重大法益受到损害或者威胁时，行为人同样负有采取积极行为保护该对象的特定义务。在这种情况下，如果行为人不积极履行义务防止危害结果的发生，也可能构成不作为犯罪。例如，甲以放火焚烧的方法故意毁坏财物，当火势蔓延到某一独门独户的杂物间时，甲突然发现有一乞丐乙在杂物间内睡觉，如果不将火扑灭，乙可能被烧死。甲置乙的死活于不顾，扬长而去，乙最终被烧死。本案中，甲在放火之时，并未发现乙，故当时并无杀害乙之故意，而在他发现乙后，并无进一步的积极行为，从主客观相统一的角度看，似乎难以要求甲对乙之死承担刑事责任。但是，甲对乙之死，仍然应当负故意杀人罪的刑事责任。原因在于，甲因其先前的放火焚烧财物这一犯罪行为，而产生了对乙生命安全的保护义务，当乙面临被烧死的严重危险时，甲负有采取积极措施防止乙被烧死的特定义务。甲不履行该特定义务，故构成不作为形式的故意杀人罪。可见，犯罪行为也可以成为先行行为。

关于先行行为与法律行为的关系，存在不同看法。有论者认为，先行行为之所以成为不作为义务的来源之一，在很大程度上是由于其也是法律行为。[1] 另有论者则不赞成这种观点，理由是先行行为在本质上不同于法律行为。法律行为通常是基于真实的意思表示改变民事主体之间权利义务关系的行为，即便是自愿行为（如无因管理），也具有这种行为本质。而先行行为在一开始就不是要去改变民事主体之间的权利义务关系，不以民事权利义务为基本的内容，通常情况下，发生先行行为之后才在行为人与其他当事人之间产生一定的权利义务关系。[2] 我们认为，先行行为虽然通常是一种单方行为，但这种单方行为同样会产生法律上的权利义务关系，这正是法律行为的本质所在。因此，称这种先行行为为法律行为亦无不可。

（4）不作为犯罪的分类。凡以不作为方式实施的犯罪，均可称为不作为犯罪。在刑法理论上，按照犯罪是否只能以不作为的形式实施，通常将不作为犯罪分为纯正不作为犯和不纯正不作为犯。只能以不作为形式构成的犯罪，被称为纯正（真正）不作为犯；可以以作为的形式实施而实际上以不作为形式实施的犯罪，被称为不纯正（不真正）不作为犯。

纯正不作为犯在刑法分则条文中都有明确规定。当然，法条并没有明文规定此种犯罪只能以不作为的方式实施，只是从法条内容可以看出，构成这种犯罪都以特定义务存在为前提。一般认为，在我国刑法中，属于纯正不作为犯罪的罪名大致有以下13种：第128条非法私藏枪支、弹药罪；第201条逃避缴纳税款罪；第202条抗税罪；第261条遗弃罪；第313条拒不执行判决、裁定罪；第376条战时拒绝征召、军事训练罪，战时拒绝服役罪；第380条战时拒绝军事订货罪；第381条战时拒绝军事征用罪；第402条徇私舞弊不移交刑事案件罪；第422条中的拒传军令罪；第429条拒不救援友邻部队罪；第445条战时拒不救治伤病军人罪。纯正不作为犯由于刑法典分则条文有明确的规定，在认定上问题较少。不纯正不作为犯则由于需要确定这种不作为是否与作为具有相同的行为负价值，较为难以判断。例如，见死不救的行为在何种情况下与以积极的举动实施的故意杀人行为等值，就十分难以判断。通常认为，不纯正不作为与作为是否等价，要从两者造成的危害后果、行为与结果的因果联系等方面来判断。

3. 持有的性质。对于持有行为，如非法持有枪支、非法持有毒品，究竟属于作为还是不作为，抑或是第三种行为形式，理论上存在较大争议。我们认为，持有型犯罪从本质上来看是因为违反禁止性规范而构成犯罪，因而应当归入作为犯罪之列。

二、疑难问题

（一）如何界定刑法中的危害行为？

对这一问题，刑法理论界歧见较多，除前面提到的较为通行的观点外，还有以下几种影响较大的观点：第一种观点将危害行为与犯罪行为等同起来，认为“危害行为，或称犯罪行为，即指行为人故意或过失实施的，为刑法所禁止的，具有一定社会危害性的行为”；[3] 第二种观点将危害行为的重点落在有害性上，认为危害行为是指“由行为人的心理活动所支配

---

〔1〕 参见黎宏：《不作为犯研究》，武汉大学出版社1997年版，第155页。

〔2〕 参见赵秉志主编：《刑法总论》，中国人民大学出版社2007年版，第239页。

〔3〕 高铭暄主编：《中国刑法词典》，学林出版社1988年版，第143页。

的危害社会的身体活动"[1]或者"由行为人的心理活动所支配的危害社会的身体动静";[2]第三种观点将危害行为的重点落在违法性上，认为"危害行为是指由行为人意志自由所支配的、客观上违反刑法禁止规范或命令规范的身体动静";[3]第五种观点认为，应从行为概念中排除意思要素，而直接用具有社会危害性的身体动静来概括行为概念，包括危害行为概念。[4]

我们认为，作为刑法中的危害行为的概念，至少应当具备以下几方面的功能：

第一，应当能够与犯罪行为区分开来。作为犯罪客观方面要件的危害行为，与作为犯罪构成四大要件统一而成的犯罪行为，是两个不同层次的概念，不应当等同起来。因此，第一种观点显然不科学。

第二，应当能与那些不得追究刑事责任的危害社会的举止活动区别开来。否则可能出现一方面被认定为属于刑法客观方面必备要件的危害行为，另一方面却又因此而不得追究刑事责任的自相矛盾局面。综观那些不得追究刑事责任的危害社会的举止活动，均不包括不受意识与意志支配的行为。因此，刑法中的危害行为应当是在意识与意志支配下的活动。故第五种观点也不可取。

第三，应当能与那些属于思想范围内的活动区别开来。因为思想不得受禁锢已成为普遍接受的公理。这样，危害行为必须体现为见诸社会的人的有害活动。结合法律规定，这种活动不外乎表现为不该为而为（动）或者该为而不为（静）。因此，危害行为可以归纳为身体的动静。

第四，应当能与一般的在意识和意志支配下的危害行为区别开来。作为一种仅限于刑法领域的危害行为，应当具有其特殊性，否则就没有专门研究它的必要。这种特殊性只能表现在它与刑法所具有的特殊联系上。因此，刑法中的危害行为应当是违反了刑事法律规范的危害行为。第二、第三种观点在这一问题上存在缺憾。

综合上述四个方面，我们认为，刑法中的危害行为是指在人的意识和意志支配下实施的，有害于社会并且违反刑法规范的身体动静。

（二）如何区分作为与不作为？

尽管作为只能是身体的积极活动，不作为通常表现为身体的消极静止，但并不能绝对以身体的动静来区分作为与不作为。正确区分作为与不作为的标准，应当是对法益的侵犯是否与不履行某种积极作为的特定法律义务相联系。具体而言，如果行为人是因为不履行某种积极作为的特定法律义务而对法益造成损害，则属于不作为；如果行为人是因为不顾法律的禁止从事某种积极举动而对法益造成损害，则属于作为。可见，区分作为与不作为应当从两个方面来把握：一是被损害的法益是什么？二是法益是因违反禁止性规范还是命令性规范而受到损害？例如，被告人甲为了逃避缴纳税款，故意放火烧毁大量依法应当保存的会计凭证、会计账簿、财务会计报告，偷税数百万元。本案中，判断甲属于作为犯罪还是不作为犯罪，首先应当看司法机关要追究的是甲侵犯何种法益的刑事责任。甲的行为侵害了两种法益，一是财会管理制度，二是税收制度。对财会管理制度的侵害，是通过放火烧毁大量依法应当保存的会计凭证、会计账簿、财务会计报告而发生的，违反的是刑法的禁止性规范，因而构成

---

〔1〕赵秉志、吴振兴主编：《刑法学通论》，高等教育出版社1993年版，第147~148页。

〔2〕马克昌主编：《犯罪通论》，武汉大学出版社1999年版，第156页。

〔3〕赵秉志主编：《海峡两岸刑法总论比较研究》（上卷），中国人民大学出版社1999年版，第533页。

〔4〕参见黎宏："论刑法中的行为概念"，载《中国法学》1994年第4期。

的是作为形式的犯罪；对税收制度的侵犯，是通过拒不向税务机关交纳税款而发生的，违反的是刑法的命令性规范，因而构成的是不作为形式的犯罪。

（三）如何区分以作为形式实施的犯罪与以不作为形式实施的犯罪？

确定了区分作为与不作为的标准，并不当然解决了作为犯罪与不作为犯罪的区分问题。解决这一问题，还要清楚如何区分作为犯罪与不作为犯罪，对此，刑法理论上存在三种见解：第一种见解主张，以实际实施犯罪的行为形态为标准来区分；第二种见解主张，以通常情况下实现犯罪构成要件的犯罪行为形态为标准来区分；第三种见解则认为，以法规的规定形式为标准来区分。[1] 上述观点中，第一种较为合理，即应以实际实施犯罪的行为形式作为区分不作为犯罪与作为犯罪的标准；第二种标准中“通常情况”不易确定；第三种标准则片面强调行为的规范性，笼统地说某条规定的是作为犯罪的构成要件或不作为犯罪的构成要件，均不符合刑事立法的实际情况。[2] 根据第一种见解，实际实行行为的形式是作为的，是作为犯罪；实际实行行为的形式是不作为的，就是不作为犯罪。可见，作为犯罪与不作为犯罪都是指已然的以作为或不作为形式实行的犯罪形态。据此，刑法分则条文中各种犯罪在已然状态下，可分为三类：①以作为形式实行的犯罪，为作为犯罪；②以不作为形式实行的只能由不作为形式构成的犯罪，为纯正不作为犯罪；③以不作为形式实行的由作为也可构成的犯罪，称之为不纯正不作为犯罪。对于未然之罪，我们不能称之为作为犯罪或不作为犯罪，而只能说此种犯罪只能以作为方式实施或只能以不作为方式实施，或既可以以作为方式也可以以不作为方式实施。[3]

（四）纯正不作为犯是否存在犯罪未遂？

对于纯正不作为犯是否存在未遂形态，刑法理论上存在不同看法。一种观点认为，纯正不作为犯存在结果犯和犯罪未遂形态。比如台湾学者林山田便持这种观点，并以遗弃罪为例加以说明。[4] 另一种观点则认为，纯正不作为犯没有未遂形态。[5]

我们认为，纯正不作为犯是否存在犯罪未遂形态，不能一概而论，而要看有关纯正不作为犯属于何种犯罪类型。如果属于行为犯或者结果犯，是可以存在犯罪未遂形态的；如果是情节犯，则通常不存在犯罪未遂形态。因此，同样属于纯正不作为犯，逃避缴纳税款罪可以存在未遂形态，遗弃罪则不存在未遂形态。这是因为，逃避缴纳税款罪有一部分表现为数额犯即结果犯的一种，如果行为人以偷逃数额巨大的应缴税款为目的，伪造财务会计账簿，欺骗税务机关，但被税务机关及时发现而未得逞，在理论上是可以构成逃避缴纳税款罪未遂的。而遗弃罪属于情节犯，其行为“情节恶劣”是作为区别罪与非罪之必备基本要件来规定的，而不是作为在构成犯罪的基础上区别犯罪是既遂还是未遂的标志来规定的，因此，即使已经实施了遗弃的行为，只要未达到“情节恶劣”的程度就还不构成犯罪；而一旦具备“情节恶劣”，就构成了完整的既遂犯罪。[6] 例如，甲遗弃其父乙，致使乙服毒自杀，幸亏村里人及时抢救得以脱险。对于甲，法院只能考虑判被告人不构成犯罪或构成遗弃罪既遂，而不能判被告人构成遗弃罪未遂。这种情形与数额犯的情形不同。在数额犯中，如果行为人已经

〔1〕 参见［日］日高义博：《不作为犯的理论》，王树平译，中国人民公安大学出版社1992年版，第84～85页。
〔2〕 参见熊选国：《刑法中行为论》，人民法院出版社1992年版，第121～122页。
〔3〕 参见肖中华：《犯罪构成及其关系论》，中国人民大学出版社2000年版，第349～351页。
〔4〕 参见林山田：《刑法通论》，台湾三民书局1989年版，第286页。
〔5〕 参见熊选国：《刑法中行为论》，人民法院出版社1992年版，第148～149页。
〔6〕 参见赵秉志：《犯罪未遂的理论与实践》，中国人民大学出版社1987年版，第201页。

得逞的犯罪数额还没有达到起刑点，但其企图达到的犯罪数额已经远远超过了起刑点，可以追究其犯罪未遂的刑事责任，逃避缴纳税款罪便是如此。由于在遗弃罪中，“情节恶劣”并不是一个明确具体的犯罪目的，也就不存在行为人企图达到某个明确具体的犯罪目的而实际上没有达到的问题，相应地也就不存在行为人企图情节恶劣而实际上没有达到情节恶劣的未遂情形，当然不存在犯罪未遂形态。如果行为人明确地以冻、饿、病死被遗弃人为目的而实施遗弃行为，则不能再以遗弃罪追究其遗弃罪的刑事责任，而应当以故意杀人罪追究其刑事责任。这时虽然有了犯罪未遂形态，却已经不是遗弃罪的未遂形态，而是故意杀人罪的未遂形态。

（五）“不作为与作为等价”是否属于不作为犯罪客观方面的构成要件？

刑法理论上一般认为，不作为与作为等价是判断不作为犯罪的一个重要标准，由此产生了一个问题：“不作为与作为等价”是否属于不纯正不作为犯的一个客观要件？我们认为，不作为与作为的等价性不能成为不纯正不作为犯的一个客观要件。理由是，所谓等价性，在这里是指不作为行为所导致的危害结果以及不作为与危害结果之间的因果联系的紧密性，与作为行为所导致的危害结果以及作为与危害结果之间的因果联系的紧密性，在法律评价上具有同等价值，即具有同等程度的应当予以非难或否定的负价值。在国外犯罪构成中，等价性的实质是不作为的行为性和违法性问题，其目的在于解释不作为虽然在构造上与作为有差异，但这种差异性不应成为行为人受法律非难的障碍。因此，等价性实际上是对不纯正不作为犯各种构成事实的综合评判。在我国刑法的犯罪论体系中，犯罪构成要件是形式要件与实质要件的统一，等价性蕴含于不纯正不作为犯的各种构成要件之中，不应再作为一个独立要件置于不作为犯的客观要件之中。

（六）作为可能性能否成为不纯正不作为犯的独立客观要件？

多数学者对此持肯定的态度，但也有人提出不同看法。我国台湾就有学者认为，防止结果发生的可能性，即作为可能性，已被包括在作为义务之内，因此不需要进行单独探讨。[1]我们认为前述多数学者的观点是可取的，理由是：首先，从理论上讲，作为义务与作为可能性的内涵完全不同。作为义务是法律明文规定或基于职责、法律行为或者先行行为而产生的防止结果发生的义务；作为可能性是指行为人能否防止结果的发生。前者来源于法律，后者则取决于行为人本人能力，所以作为义务并不当然地包括了作为可能性。其次，从立法上看，明文规定了不纯正不作为犯的国家和地区的刑法，均将作为义务和作为可能性分列开来明确作出规定。比如我国台湾地区现行“刑法”第15条第1项明确规定“对于一定结果之发生，法律上有防止之义务，能防止而不防止……”，这显然是将防止义务和防止能力作为并列的两项条件。[2]

■第三节　危害结果

一、基本法理

（一）危害结果的概念和特征

何谓刑法中的危害结果，刑法理论上存在不同看法。第一种观点认为，危害结果有广义

---

〔1〕参见蔡墩铭：《刑法总则争议问题研究》，台湾五南图书出版公司1991年版，第62页。

〔2〕参见肖中华：《犯罪构成及其关系论》，中国人民大学出版社2000年版，第349~351页。

和狭义之分，所谓广义的危害结果，是指由行为人的危害行为[1]所引起的一切对社会的损害事实，它包括危害行为的直接结果和间接结果，属于犯罪构成要件的结果和不属于犯罪构成要件的结果。狭义的危害结果，是指作为犯罪构成要件的结果，通常也就是对直接客体所造成的损害事实。在狭义的危害结果中，又可以分为有形的、可以具体测量确定的危害结果以及无形的、不能具体测量确定的危害结果。[2] 第二种观点认为，所谓危害结果，是指危害行为对刑法所保护的社会关系所造成的实际损害和现实危险。[3] 第三种观点认为，危害结果是危害行为给刑法所保护的合法权益所造成的具体侵害事实。[4]

上述三种观点在表述上虽然差别很大，有两点却是相同的，即都认为危害结果是危害行为所引起的损害事实；都将这种损害事实与犯罪客体联系在一起，即这种损害事实都是针对刑法所保护的某种事物（有人称之为社会关系，有人称之为合法权益）而言的。它们的差别则可以集中概括为，对危害结果（即危害行为所引起的损害事实）的范围宽窄认识不一。在第一种观点看来，这种损害事实可以是危害行为所引起的一切对社会的损害事实，包括有形的和无形的、直接的和间接的。因此，这种观点所认为的危害结果范围十分广泛，只要存在危害行为所引起的对社会的损害事实，就存在危害结果。具体而言，无论是行为犯还是结果犯，危险犯还是举动犯，也无论是既遂犯还是预备犯、未遂犯、中止犯，都存在危害结果。第二种观点则认为，这种损害事实应当是危害行为已经造成的物质损害或确实存在的危险状态。[5] 例如，贪污行为所造成的“一定数额的公共财产被非法占有”的损害事实，属于危害行为已经造成的物质损害，因而属于危害结果；《刑法》第116条规定的破坏交通工具行为所造成的“足以使交通工具发生倾覆、毁坏的危险”的损害事实，属于危害行为已经造成的确实存在的现实危险，因而也属于危害结果。而在第三种观点那里，这种损害事实只能是危害行为实际造成的侵害事实，那种危害行为可能造成而还没有实际造成的所谓侵害事实，即危险犯中的危险状态不是危害结果。[6]

我们认为，为了与刑法总则中故意犯罪和过失犯罪的概念相协调，同时为了囊括所有的危害结果，应当对危害结果作最广义的理解，即危害结果是危害行为所引起的对社会的损害事实。只有这样的危害结果，才可能存在于一切犯罪之中，才能够包容刑法总则中的故意犯罪和过失犯罪概念中的危害结果，才能将对定罪和量刑有影响的危害结果都涵盖在内，才能够进行进一步的分类，进而对危害结果进行深入、全面的研究。

危害结果具有以下特征：

（1）危害结果具有客观性。由于结果是由一事物引起另一事物的现象，是一种不以人的意志为转移的客观存在，故其具有客观现实性。作为结果的一种的刑法上的危害结果，首先具有结果的共性，因而也具有客观性。例如，被告人甲在公共场所煽动群众对抗国家法律的实施，尚未得到群众的响应即被制止。虽然甲否认其宣传煽动行为造成了任何危害结果，但这并不能否认其行为在客观上已经对国家法律秩序造成了损害。

（2）危害结果具有因果性。危害结果的客观性，要求危害结果在内容上只能是一种现实

---

〔1〕 此处的危害行为，均指刑法中的危害行为，即由行为人的意识、意志支配的违反刑法规定的危害社会的身体动静。

〔2〕 参见高铭暄主编：《新编中国刑法学》（上册），中国人民大学出版社1998年版，第123页。

〔3〕 参见马克昌主编：《犯罪通论》，武汉大学出版社1999年版，第191页。

〔4〕 参见张明楷：《刑法学》（上），法律出版社1997年版，第139页。

〔5〕 参见马克昌主编：《犯罪通论》，武汉大学出版社1999年版，第192页。

〔6〕 参见张明楷：《刑法学》（上），法律出版社1997年版，第140页。

的、客观存在的事实。但是，并非一切客观存在的事实都可以成为危害结果，只有危害行为引起的事实，才可以成为危害结果。假如，张某因早恋收到父亲训斥，一时想不开而自杀身亡。由于张父的行为不属于刑法中的危害行为，张某死亡的结果便不属于刑法中的危害结果。

(3) 危害结果具有侵害性。危害结果由危害行为引起，作为一种事实，它表明刑法所保护的社会关系即犯罪客体受到侵害。任何一种危害结果，都必然是危害行为对社会造成的一定损害。在这里，要将危害结果与“危害行为所造成的结果”区分开来，后者中有一部分是不具有侵害性的。例如，甲基于报复的目的伤害正在强奸乙女的丙男，从而制止了丙男的强奸行为。甲的伤害行为造成的结果之一是使乙女获救，这种结果当然不具有侵害性，便不是刑法中的危害结果。

(4) 危害结果具有多样性。危害结果作为危害行为对刑法所保护的社会关系造成损害的一种事实，必然具有多样性。这是因为刑法所保护的社会关系、危害行为、犯罪对象、手段等，均具有多样性的特征。无论其表现为何种具体形式，只要是危害行为侵犯刑法所保护的社会关系形成的事实，都可以成为危害结果。[1]

(二) 危害结果的种类

由于危害结果具有多样性的特征，在深入理解危害结果的内涵和意义时，就有必要研究危害结果的种类，从不同角度对其分类把握。刑法理论上一般对危害结果作出以下四种分类：

1. 广义的危害结果和狭义的危害结果。这是以危害结果外延的大小为标准进行的分类。根据前面对危害结果涵义的分析以及我国刑法的规定和有关刑法原理，刑法意义上的危害结果有广义与狭义之分。广义的危害结果，是指由行为人的危害行为所引起的一切对社会的损害事实。狭义的危害结果，是指对直接客体所造成的损害事实。狭义的危害结果是定罪的主要根据之一。例如，甲挖地时往墙外的人行道上抛石头，砸死过路人乙，乙死亡便属于狭义的危害结果，它是认定甲是否构成犯罪的主要根据之一。如果只存在石头被抛出墙外的事实，而没有发生行人乙被砸死或者重伤的结果，甲便不可能构成犯罪。又如，被告人姜某盗窃了钱财，造成了被害人自杀，但认定其为盗窃罪的既遂，只能以所发生的狭义危害结果即财物损失为根据，而被害人自杀这一后果只是在量刑时考虑的情节。

2. 构成结果与非构成结果。这是以危害结果是否是犯罪构成要件为标准而作的分类。构成结果，是指属于犯罪构成要件的危害结果。根据我国《刑法》总则第15条以及分则的有关规定，过失犯罪均以发生特定的危害结果为构成要件。根据间接故意的基本特征，间接故意犯罪的成立也要求发生特定的危害结果。因此，就过失犯罪和间接故意犯罪而言，如果构成结果没有发生，该犯罪便不能成立。与过失犯罪和间接故意犯罪不同的是，许多直接故意犯罪虽以某种特定的危害结果为要件，但这种构成结果的有无，并不是区分犯罪成立与否的标准，而只是区分犯罪完成形态与未完成形态的标志。非构成结果，是指不属于构成要件的危害结果。这种危害结果发生与否以及轻重如何，并不影响犯罪的成立，而只是在行为构成犯罪的基础上影响到行为的社会危害性程度，进而影响到量刑轻重。例如，故意伤害致死中被害人死亡的危害结果便属这种情形。因为行为人构成的是故意伤害罪，该罪的构成结果只是伤害，而被害人已死亡，按刑法规定是构成要件结果以外的加重结果。

---

〔1〕 参见高铭暄主编：《新编中国刑法学》（上册），中国人民大学出版社1998年版，第124～125页。

将危害结果划分为构成结果与非构成结果，有利于正确认识危害结果在不同犯罪构成中的地位和作用，从而有利于正确地定罪量刑。

3. 物质性结果与非物质性结果。这是依据危害结果的现象形态所作的划分。物质性结果，是指现象形态表现为物质性变化的危害结果。物质性结果一般来说是有形的、可测量的，如被害人死亡的结果，便属典型的物质性结果。非物质性结果，是指现象形态表现为非物质性变化的危害结果。非物质性结果往往是无形的、不可测量的。对个人来说，主要是危害行为对个人的心理造成影响，如对人格、名誉的损害；对社会组织来说，则是使其正常的状态、名誉、信用受到影响。如宣传煽动行为所产生的便是非物质性结果，表现为其行为并没有引起物质性变化，却对民众的心理显然产生了影响，对党和政府在当地的名誉影响也是破坏性的。

物质性结果与非物质性结果都可能属于构成结果，也可能属于非构成结果。例如，过失致人死亡罪中，被害人死亡的物质性结果属于构成结果；诽谤罪中，被害人人格和名誉遭到贬低的非物质性结果也属于构成结果。不过，非物质性结果往往伴随危害行为而产生，是否具有作为独立的构成要件存在的价值值得进一步探讨。

4. 直接结果与间接结果。这是依据危害结果距离危害行为的远近或危害结果与危害行为的联系形式而对危害结果进行的划分。直接结果，是指由危害行为直接造成的侵害事实，它与危害行为之间不存在独立的另一现象作为中介。例如，被告人陈某用三角带制成的鞭子将受害人刘某鞭打至死，刘某死亡就是陈某抽打行为的直接结果。间接结果，是指危害行为间接造成的侵害，它与危害行为之间存在着独立的另一现象作为联系的中介。例如，被告人姜某盗走下岗职工张某的过年钱，致使张某因绝望而自缢身亡。姜某的盗窃行为所引起的广义的危害结果，便包括两项：①张某的过年钱被窃走，这是盗窃行为所引起的直接结果；②张某自缢身亡，这是盗窃行为所引起的间接结果。通说认为，这两种危害结果都与行为危害程度有关，因而在处理案件时都应加以考虑。不过，危害行为所引起的间接结果有时是行为人所无法预见的，从主客观相统一的定罪量刑原则要求出发，因这种危害结果的发生而加重对行为人的刑罚不无疑问。直接结果与间接结果都可能是构成结果，也可能是非构成结果。

二、疑难问题

（一）危害结果是否存在于一切犯罪之中？

对此问题的回答须以对危害结果的界定为前提。如果危害结果被界定为行为人的危害行为所引起的一切对社会的损害事实，那么，危害结果应当存在于一切犯罪之中。这是因为，所有犯罪都必然对社会造成一定的损害事实。

刑法理论通说认为，所有犯罪都存在犯罪客体，而犯罪客体是指我国刑法所保护的而为犯罪行为所侵犯的社会关系。[1] 根据通说，所有的犯罪行为都侵犯了一定的社会关系。那么，这是否意味着所有的犯罪行为都对一定的社会关系造成了损害事实呢？有观点认为，不能这样理解，理由是，某些犯罪行为，如预备犯、未遂犯、危险犯的犯罪行为，都没有对刑法所保护的社会关系造成现实损害，也就不存在损害事实。因此，持这种观点的论者主张，犯罪客体是指我国刑法所保护的，为犯罪行为所侵害或者威胁的社会关系。[2]

那么，究竟是所有犯罪行为都会对一定的社会关系造成损害事实，还是只有部分犯罪行为会对一定的社会关系造成损害事实，另一部分则只会对一定的社会关系造成威胁呢？我们

---

〔1〕 参见高铭暄、马克昌主编：《刑法学》（上编），中国法制出版社1999年版，第108页。

〔2〕 参见马克昌主编：《犯罪通论》，武汉大学出版社1999年版，第112页。

持前一种观点，即认为所有犯罪行为都会对一定的社会关系造成损害事实，而且都会直接损害到我国刑法所保护的某种具体的社会关系。理由是，人类社会是由各种具体社会关系编织组建成的一个体系结构，人则置身于这个体系结构之中，被这个体系结构所紧紧束缚。而且如马克思所指出，即便人本身，也是一切社会关系的总和。因此，社会关系无处不在，并且表现为各种具体的社会关系。而行为是一种主观见之于客观的身体动静，它已经离开人的纯主观世界，进入了外部客观世界。既然在外部客观世界里，社会关系无处不在，那么行为一经实施，就必然和一定具体的社会关系发生实际接触，其结局不外乎三：①与现有社会关系相协调，从而维持了现有社会关系（当社会关系此前未受损害时）；②与现有社会关系相协调，从而修补了现有社会关系（当社会关系此前已受损害时）；③与现有社会关系不协调，从而破坏了现有社会关系。不可能存在行为已经实施，却不和社会关系发生实际接触，只对社会关系造成威胁的情形。这正如水中之鱼，除非它不游动，否则它必然和包围它的水发生作用，使水的静止状态被破坏。人之于社会关系当中，正如鱼之于水中；人之于社会关系中实施的行为，则如鱼之于水中的游动，都必然会搅动缠绕在其周围的事物，与这些事物发生直接的接触，只不过结局不同而已。当国家称某种行为为危害行为时，显然是认为该行为与现有社会关系不协调，破坏了现有社会关系。而当国家将某种行为规定为犯罪时，则显然是认为该行为严重破坏了现有社会关系。认为部分危害行为只对社会关系构成威胁而未造成实际损害的观点，没有正确认识到危害行为和社会关系之间所具有的这种直接接触的关系，因而得出了这种似是而非的结论。实际上，无论是危险犯还是举动犯，也无论是未遂犯还是预备犯，都对一定具体的社会关系造成了损害事实。对预备犯而言，这种损害事实表现在，刑法禁止人们从事某种犯罪预备活动，从而编织出了这一领域的法律关系网，从事该种犯罪预备活动的行为人却违反了法律的规定，从而造成了这一领域既有的法律关系被破坏的损害事实，而法律关系是社会关系的一种，因此，既有的法律关系被破坏，也就意味着这一领域既有的社会关系被破坏的损害事实。未遂犯、危险犯、举动犯对社会关系的损害都可以按此推理得出结论。

由上可见，所有的危害行为都会对刑法所保护的社会关系造成损害事实，并且首先表现为直接危害我国刑法所保护的某种具体的社会关系。

我们认为对危害结果作这种层次上的理解也是可行的。刑法中的危害结果与犯罪客体关系密切，当危害行为对刑法所保护的某种社会关系进行侵犯时，这种社会关系就变成了犯罪客体；同时，当危害行为对刑法所保护的某种社会关系进行侵犯造成一定的损害事实时，危害结果就产生了。因为所谓结果，就是"在一定阶段，事物发展所达到的最后状态"。[1] 一定的损害事实，就是一定危害行为作用于一定事物（在此可称之为社会关系），而在一定阶段造成的一种最后状态，因而也就是一定的危害结果。因此，危害行为对刑法所保护的社会关系造成的一切损害事实都可以被称为危害结果。既然所有的危害行为都会对刑法所保护的社会关系造成损害事实，而危害行为对刑法所保护的社会关系造成的一切损害事实都可以被称为危害结果，且危害行为存在于一切犯罪之中，那么，危害结果当然也存在于一切犯罪之中。

有论者认为，将危害结果定义为危害行为给社会造成的损害，既不明确，又容易导致危害结果与社会危害性相等同。[2] 我们认为，对危害结果作出这种理解并不存在上述问题，

---

〔1〕 中国社会科学院语言研究所词典编辑室编：《现代汉语词典》，商务印书馆1996年版，第646页。

〔2〕 参见张明楷：《刑法学》（上），法律出版社1997年版，第139～140页。

而且是必要的。理由是：①只有将危害结果定义为危害行为给社会造成的损害，才能够涵盖刑法中所有的危害结果。如果再加以其他限定，比如像前述论者那样限定为危害行为“已经实际造成的侵害事实”，或者如另一些论者那样限定为危害行为对刑法所保护的社会关系所造成的“实际损害和现实危险”，都将把许多本属危害结果的损害事实排除在危害结果之外。这样明确性似乎增强了，却是以牺牲全面性为代价，显然不可取。②将危害结果界定为一种损害，并不会导致将危害结果与社会危害性相等同。批评者也认为，危害结果是表明刑法所保护的社会关系（或者说合法权益）遭受侵害的事实，而损害本身也是一种事实，因此，将危害结果界定为一种损害是准确的，并不会和说明危害行为本质属性的社会危害性相等同。当然，如果将危害结果界定为一种损害事实，则能将危害结果和社会危害性区分得更为清楚。

（二）危害结果是否是一切犯罪构成客观方面的要件？

危害结果存在于一切犯罪之中，这是否意味着危害结果是一切犯罪构成客观方面的要件呢？对此我们持否定态度。理由是：

1. 危害结果作为一项犯罪构成客观方面的要件，应当能够对某种危害行为是否构成犯罪，或者某种犯罪是既遂还是预备、未遂、中止起到决定作用，某些犯罪中的危害结果并不具备这一特征。所谓犯罪构成客观要件，是指犯罪成立在犯罪客观方面所必须具备的条件。所谓必须具备的条件，是指缺之犯罪便不能成立的条件。因此，那些对犯罪成立没有影响，对犯罪达到完成形态也没有影响的危害结果，当然不是犯罪构成客观方面的要件。而某些犯罪中，并不存在具有这样特质的危害结果。例如，在行为犯当中，危害结果便属于伴随危害行为而生的损害事实。在这种情况下，危害行为才是起着决定性作用的要件，危害结果只是伴随产物，并无决定性意义。

2. 危害结果作为一项犯罪构成客观方面的要件，应当具有专门加以考查的必要，某些危害结果不具有这种地位。具有专门加以考查的价值是所有犯罪客观要件都必须具备的特点，如果某一客观事实只是作为其他客观事实的存在形式或者必然派生物而存在，那么在考查其他客观事实时，该部分客观事实就已经被涵盖在内而顺带考查过了。这时再将该部分客观事实视为独立的客观要件，显然既无必要，也不科学。因此，如果某类客观事实虽然存在于一切犯罪之中，但只有一部分对犯罪成立独立地起着作用，其中的另一部分只是作为其他客观事实的存在形式或者必然派生物而存在，那么该类客观事实仍然只是犯罪构成客观方面的选择要件而不是共同要件。比如，犯罪时间和地点存在于一切犯罪之中，但不能说犯罪时间和地点是一切犯罪客观方面的共同要件。因为在大多数情况下，犯罪时间和地点仅仅作为危害行为的存在形式而存在，在认定了存在危害行为时，当然存在犯罪时间和地点，根本无需再对犯罪时间、地点专门加以考查。这就如同在确认了存在一棵树后，当然意味着存在树枝和树干，而无需再去考查是否存在树枝和树干，因为树枝和树干就是树的存在形式。只有在特定的行为时间和地点为犯罪成立所必须时，行为时间和地点才具有专门加以考查的价值，从而成为犯罪构成的客观要件。危害结果在犯罪客观方面的地位与犯罪时间、地点、方法一样，虽然存在于一切犯罪之中，但只有部分具有专门加以考查的价值，因而同样只是犯罪构成客观方面的选择要件。具体而言，只有在那些除了考查危害行为，还必须专门考查危害结果，才能确定犯罪是否成立或者是否达到既遂的结果犯中，危害结果才是犯罪构成客观方面的要件；而在行为犯、危险犯、举动犯中，由于或者犯罪行为一经实施，危害结果就同时发生了，或者犯罪行为实施到什么程度，危害结果就发展到什么程度，并无对犯罪成立具有特殊而独立影响的危害结果，只要考查了危害行为，就能知道危害结果，因而既无须去查明危害行为与危害结果间的因果关系，也无需专门去考查危害结果。在这种情形下，危害结果的地位就如同仅作为危害行为存在形式的犯罪时间、地点的地位一样，不是犯罪构成客观方面的要件。

■第四节　刑法上的因果关系

一、基本法理

（一）刑法上的因果关系的概念

刑法上的因果关系，是指危害行为与危害结果之间的引起与被引起的关系。刑法因果关系问题是刑法理论和实务中的一个棘手而重要的问题。危害行为与危害结果之间因果关系的存在，是在危害结果发生时要求行为人负刑事责任的必要条件。刑法因果关系的复杂性，源于哲学因果关系中原因这一概念内涵少而模糊，现实生活却复杂多样的矛盾。在哲学中，所谓原因，是指先出现的引起某一现象的现象。现实生活中，引起某一现象的现象既可以是一种，也可以是多种，多种原因既可以同时发挥作用，也可以相继发挥作用，这就使以哲学因果关系为基础的刑法因果关系呈现出复杂性。同时，作为刑法中因果关系原因的行为又包含着行为人的意识因素在内，又进一步增加了这种复杂性。

（二）刑法上的因果关系的特性

危害行为与危害结果之间的因果关系，是行为人对危害结果负刑事责任的必要条件。原因与结果是哲学上的一对范畴。在辩证唯物主义因果论看来，原因是引起一定现象发生的现象，结果是被一定现象引起的现象。这种现象与现象之间引起与被引起的关系就是因果关系。辩证唯物主义因果关系的理论同刑法学因果关系的理论，是一般与个别、普通与特殊的关系。因此，刑法学因果关系理论要以辩证唯物主义因果关系理论为指导，注意掌握以下基本观点：①因果关系的客观性。即因果关系作为客观现象间引起与被引起的关系，是客观存在的，不以人们主观是否认识到为前提。②因果关系的相对性。即各种客观现象是彼此相互制约和普遍联系的“锁链”，在某一对现象中作为原因的，可以是另一现象的结果；其中作为结果的，可以是另一现象的原因。但是，刑法中所研究的因果关系，只能是危害行为和危害结果之间的因果关系，并且其中的结果是指法律所要求的已经造成的有形的、可被具体测量确定的危害结果。③因果关系的时间序列性。所谓时间序列性，就是从发生时间上看，原因必定在先，结果只能在后。④因果关系的条件性和具体性。这是指任何刑事案件的因果关系都是具体的、有条件的，一种行为能引起什么样的结果，没有一个固定不变的模式。比如，甲打乙腹部一拳没事，打丙腹部一拳则可能成为丙死亡的原因。⑤因果关系的复杂性。具体表现为“一果多因”或“一因多果”，前者指一个危害结果是由多个原因造成的；后者指一个危害行为同时引起多种结果。

（三）国外刑法理论中判断因果关系的学说及评析

国外刑法理论中判断因果关系的学说主要有条件说、原因说和相当因果关系说。

1. 条件说，也称条件即原因说。该说认为，行为与结果之间如果存在没有前者就没有后者的条件关系，前者就是后者的原因。刑法学界一般认为，该说存在一个明显的缺陷，即会无限制地扩大刑事责任的范围。其中一个简单又具有代表性的例子是：甲杀死乙，按条件说的观点，不仅甲的杀害行为与乙的死亡结果之间有因果关系，而且甲的父母生育甲的行为、杀人凶器的制造行为，均为乙死亡的原因。因为如果甲的父母不生甲，那么乙就不会遭遇被甲杀死的结果，同样，如果没有杀人凶器制造行为，也不会发生甲杀死乙的后果。这显然是荒唐的，由此反推，条件说难以令人接受。

2. 原因说，也称条件与原因区别说。此说主张只有那些对结果发生具有重要关系者才能成为原因。在区别条件与原因的标准上，持这种学说的学者间又有不同见解，主要有以下几种观点：①必要原因说，认为发生结果所不可缺少的条件为原因。②直接原因说，认为直接诱发结果的条件为原因，与结果间接联系的则为条件。③优势条件说，或优势原因说、决定原因说，认为对结果发生具有最优势的条件为原因，其余条件为单纯条件。究竟何种条件为最优势条件，实践中又容易产生争议。④最终原因说，认为对结果予以最后作用的条件为原因。⑤最有力原因说，从多数条件中，选出惹起结果最有力的条件作为原因。⑥异常原因说，或反常原因说、背则条件说，认为多数条件中，足以改变事物正常进展顺序，使其异常进行而违反常规的条件，为结果的原因。

根据不同原因说所推出的结论不是在这个具体案件中就是在那个具体案件中令人感到荒谬，其原因与持这类观点的学者之研究方法有关，即他们都是通过研究分析某些个案，试图推导或总结出某些对所有案件普遍适用的判断因果关系的标准来，而他们所研究分析的个案并不具有普遍性。另外，因果关系现象的具体性、多样性的特点，也决定了不可能从某个或者某些个案中概括归纳出一个普遍适用的标准。因此，原因说之下的各种分支学说，必然是以偏概全，最终必然导致每一个标准都不能完全符合实际。

3. 相当因果关系说。此说认为，并非造成结果的所有条件都属于原因，只有根据一般社会生活经验，在通常情况下，某种行为产生某种结果被认为是相当的场合，行为与结果之间才具有因果关系。所谓相当，基本含义为在日常生活中是一般的，并不异常的。根据判断相当性的标准，此说又可分出三种观点：①主观说。此说以行为人在行为当时已经认识或可能预见的事实为基础判断通常情况下结果是否发生。例如，甲殴打乙，将乙推倒在地，致使乙心脏病发作死亡。按照该说，如果某甲在行为时能够预见或明知某乙患有心脏病，则某甲的危害行为与某乙死亡的结果之间就有因果关系；如果无法预见上述事实，则不存在因果关系。②客观说。此说以行为人实施行为时所存在的事实，以及在行为当时可以预见的行为后之事实为判断基础，根据一般人能否预见或认识这一标准，由第三者（裁判官）予以“客观观察”。根据上述基础和标准来判断，如果在通常情况下行为可能发生某一结果，其间便存在因果关系。再以甲打死患心脏病的乙为例，按照该说，如果法官认为一般人能预见乙患有心脏病，将乙推倒在地会引起乙死亡的结果，那么甲的行为与乙死亡之间即具有因果关系；如果法官认为一般人难以预见乙的特殊体质，即使甲明知乙的状况，甲的行为与乙死亡结果之间也不存在因果关系，甲对乙的死亡结果不负刑事责任。③折衷说。此说以客观说为基础，以主观说为补充。认为如果一般人可以预见行为可能发生某一结果，那么行为和结果之间有因果关系；但是，根据实际情况，虽非一般人能得而知之，而行为人本人能够预见或明知的，则其行为与结果之间也存在因果关系。再以前案为例，如果一般人能知道乙是心脏病患者，那么甲的行为与乙的死亡结果之间存在因果关系；如果一般人不能预见，但甲本人知道乙患有心脏病，那么甲的行为与乙的死亡之间也存在因果关系。只有在一般人不能预见，甲本人也不知道并不能预见乙患有心脏病的情况下，甲的行为与乙的死亡之间才不存在因果关系。

一般认为，相当因果关系说避免了条件说过于宽泛的缺陷，又克服了原因说抽象混乱、难以把握、以偏概全的弊端，因而在刑法理论界获得了较为广泛的认同。但是，无论是其中的主观说、客观说还是折衷说，均是以人的主观认识为标准来判断因果关系是否存在，而因果关系是自然界或社会中某种现象和另一种现象之间客观存在的、不以人的意志为转移的联系，因此，根据相当因果关系说得出的某些结论难免与常理相悖。比如前述案例中，明明乙是被甲推倒在地，导致心脏病发作而死亡的，按照相当因果关系说的观点，甲的行为与乙的死亡结果之间却可能并不存在因果关系，这让人较难接受。

（四）我国刑法理论中的因果关系学说及评析

我国刑法学界在研究刑法因果关系时，首先澄清了一些因果关系的基本属性，通说认为因果关系具有以下性质：一是客观性，二是相对性，三是时间序列性，四是条件性和具体性，五是复杂性。[1] 刑法因果关系的判断应当建立在这些基本命题之上。对刑法因果关系上述性质的肯定，使刑法理论中关于这一问题的研究与哲学中的因果关系理论保持了统一性，并使刑法因果关系理论建立在哲学因果关系理论的基础上，从而避免了国外在刑法因果关系研究过程中产生的某些荒谬的结论，应该说有其重要意义。在此前提下，我国刑法学界关于因果关系主要有两种学说：

1. 必然因果关系说。该说认为，刑法上的因果关系仅仅是指危害社会行为同危害社会结果之间的必然联系。当危害行为中包含着危害结果产生的根据，并合乎规律地产生了危害结果时，危害行为与危害结果之间就是必然因果关系，只有这种必然因果关系才是刑法上的因果关系。所谓合乎规律地产生了危害结果，一般理解为在一定条件下必然地、不可避免地会引起危害结果。持必然因果关系说的观点认为，刑法中只有必然因果关系一种形式，偶然因果关系是不存在的。

批评必然因果关系说的观点认为，必然因果关系说存在以下错误和缺陷：①必然因果关系说实际上是以因果性代替了必然性，同时将必然性与偶然性对立起来，没有看到原因的总和在必然地向结果发展时，某些原因与结果之间还呈现偶然性的特征，从而违背了必然性与偶然性相统一的原理。[2] ②这种学说提出的认定标准不具有可操作性。人们很难判断行为中是否包含着结果产生的根据，也很难断定行为导致结果是否合乎规律，因为许多规律还并没有被人们认识和掌握。③这种学说似乎缩小了刑事责任的范围。[3]

我们认为上述批评均比较中肯。必然性与偶然性并不是完全对立的，那些并非属于事物内因，而是存在于事物外部之因素偶然介入并导致结果发生时，结果的发生便自然而然地带上了偶然性的特征，这时的因果关系理应属于偶然因果关系的范围。只承认必然因果关系的观点，或者是将某些本应属于因果关系之原因范围的条件排除在原因之外，从而使那些通过制造条件的方式实现犯罪目的的行为逃脱刑法的制裁；或者是将某些并不属于必然因果关系范围的原因或条件强行纳入范围之内，弄得必然因果关系名不符实，显然都不足取。

2. 偶然因果关系说，或称“必然、偶然因果关系说”。此说认为，刑法因果关系是极为复杂的，既有主要的、作为基本形式的必然因果关系，也有次要的、作为补充形式的偶然因果关系。当危害行为本身并不包含着产生危害结果的根据，但在其发展过程中，偶然介入其他因素，并由介入因素合乎规律地引起危害结果时，危害行为与危害结果之间就是偶然因果关系，介入因素与危害结果之间是必然因果关系。在偶然因果关系中，先前的危害行为不是最后结果的决定性原因，最后的结果对于先前的危害行为来说，可能出现也可能不出现，可能这样出现，也可能那样出现。

偶然因果关系说有利于摆脱必然因果关系说在处理实践中某些问题时所处的两难困境。

---

〔1〕参见高铭暄主编：《刑法学原理》（第1卷），中国人民大学出版社1993年版，第537~577页。

〔2〕参见赵秉志主编：《海峡两岸刑法总论比较研究》（上卷），中国人民大学出版社1999年版，第633页。

〔3〕参见张明楷：《刑法学》（上），法律出版社1997年版，第150页。

例如，甲、乙为两夫妻，夫甲欲害妻乙，想出一个阴毒招数。其家门口一条小路直通一条车辆来往频繁的公路，在小路与公路相交段的两旁是两栋楼房，使小路在此段成为一条弄子，人在弄中察觉不到公路上车辆来往情况。甲利用这一地形，设下谋害乙的陷阱，经常在家持棍追打乙，迫使乙经常沿小路奔向公路躲避，终于有一天被快速行驶的一辆汽车撞至身亡。本案中甲的追打行为与乙的死亡结果之间便属于典型的偶然因果关系。甲主观上有害死乙的故意，客观上实施的追打行为导致了乙的死亡结果发生，理应追究其故意杀人罪的刑事责任。但是如果按照必然因果关系说的观点，便无法追究其刑事责任，或者是牵强地把这种因果关系也归入必然因果关系中，两种选择显然都是不可取的。

二、疑难问题

（一）如何判断刑法上的因果关系？

这一问题困扰刑法理论界和实务界多年，我们也不指望一蹴而就，仅提出一家之管见，以供批评。我们认为，在判断刑法上的因果关系时，首先应当明确以下几个问题：

（1）刑法上的因果关系，是建立在哲学因果关系的基础上的。因此，必须坚持刑法因果关系的客观性，国外刑法理论界比较通行的相当因果关系说不宜为我们所采用。

（2）刑法上的因果关系，是指危害行为和危害结果之间的因果关系。因此，不属于危害行为的原因，诸如父母生育子女的行为、合法制造产品的行为等均不在刑法因果关系理论的研究范围之内。

（3）刑法中的因果关系的确认，只是解决了追究行为人刑事责任的前提条件的问题，并不意味着就应当追究行为人的刑事责任。换言之，危害行为与危害结果之间存在因果关系是追究行为人刑事责任的必要条件，而不是充分条件。以前述甲将乙推倒在地，引起乙心脏病发作死亡一案为例，即便认定了其行为与某乙的死亡结果之间存在因果关系，也不能认为当然应当追究某甲的刑事责任，还应当看他能否认识到其行为可能发生危害结果，如果他不能认识到这一点，仍然不能追究其刑事责任。

（4）是否有必要严格区分偶然因果关系中的偶然原因与条件？我们认为无此必要。理由是：

其一，“外因是变化的条件，内因是变化的根据，外因通过内因起作用。”可见外因与条件实际上是一回事，二者不仅没有必要区分，而且也是不可能区分清楚的。外因虽然是条件，但是在事物的发展变化过程中有时能起到决定性的作用，我们不能因为它是外因、是条件，便否认它与危害结果之间的因果关系。

其二，从哲学中原因与条件的概念内涵来看，条件与原因本身就是难以明确区分的。在哲学中，所谓原因，就是引起某种现象的现象。所谓条件，是指对结果发生必不可少的那些因素，但这些因素与结果只有一般的关系，没有内在的、合乎规律地引起结果发生的联系。条件与结果的关系，一般被认为是“无前者即无后者”的关系。而从哲学中原因的概念来看，我们也只能找到原因与结果之间存在一种无前者即无后者的关系，而得不出原因与结果之间只能是一种内在的、合乎事物发展规律的联系这样的结论。

其三，从偶然因果关系的含义和条件的含义来比较，也找不出偶然原因与条件的明确界限。按照通行的观点，如果某种行为本身不包含产生某种危害结果的必然性，但是在其发展过程中，由于有其他原因加入其中，由后来介入的这一原因合乎规律地引起了这种危害结果，那么先前的行为与危害结果便存在偶然因果关系，这一先前行为即是偶然原因。如果没有先前的行为，后来介入的原因便不会引起结果的发生。可见，如果用“无前者即无后者”来概括先前行为即偶然原因与危害结果的关系，那是非常贴切的。这也说明，偶然原因与条件是无法明确区分的。

（二）如何把握刑法上的因果关系的具体判断标准？

在明确了上述问题之后，对极为纷繁复杂的刑法因果关系问题便基本上有了一个统一的判断标准，这就是我国刑法学界日益占据通说地位的“必然、偶然因果关系说”或者有限制的条件说。

为了更科学合理地界定偶然因果关系的范围，可以从以下三个方面对偶然原因或者说作为原因的条件进行限制：①作为偶然原因或者条件的行为必须是有导致结果发生可能性的行为。例如，甲生病，与之有仇的邻居乙趁机在家偷偷诅咒甲早日病死，甲果然很快病死。虽然乙所祈祷的结果发生了，但由于乙的诅咒行为根本不可能引发甲早死的结果，故不属于甲死亡的偶然原因。②作为偶然原因或条件的行为引起危害结果发生的可能性太小，以至难以称之为危害行为时，应当认定与危害结果之间不具有刑法上的因果关系。例如，甲总劝乙坐飞机出差，希望飞机失事将乙摔死。某日乙确因甲劝告坐飞机出差而摔死，不能认为甲的行为与乙的死亡之间具有刑法上的因果关系。③与前行为无关的后行为或现象直接导致结果发生，而且即便没有前行为结果也发生时，前行为与结果之间便没有因果关系，这是所谓的因果关系中断。例如，甲想放火烧毁乙家房屋，堆放好并点燃了引火物，结果乙家恰好自家失火把房屋烧毁，甲的行为没有起到作用。那么，甲的行为与乙家房屋被烧毁的结果之间没有因果关系。

（三）如何判断不作为犯罪中的因果关系？

不作为犯罪中因果关系的认定也是一个十分复杂的理论问题。中外刑法理论界都有否认不作为犯罪存在因果关系的观点，认为“不作为不是客观存在的行为，在自然界的状态中是‘无’是‘空’……无中不能生有，无作为，自无结果，不作为不是结果的原因，只是促成结果产生的条件”。[1] 但更多的论者认为不作为犯罪存在因果关系，只是在论证这一观点时各有说法。

我们认为，不作为行为与危害结果的因果关系是客观存在的，并非是法律强加的。在理解不作为犯罪中的因果关系时，应注意把握以下几个方面的问题：

第一，不作为与作为一样，均属于危害行为的基本表现形式。因此，不作为并非“无”和“空”，而是“有”，它和作为一样，都侵犯了刑法所保护的社会关系。这是不作为犯罪因果关系能够存在的前提。

第二，不作为的原因力就在于，它应该阻止且能够阻止而没有阻止事物向危险方向发展，以至于引起了危害结果的发生。不作为犯罪因果关系的特殊性只在于，它要以行为人负有特定的义务为前提，除此以外，它的因果关系应与作为犯罪一样。例如，由于铁路扳道工不按时扳道岔而引起列车出轨或相撞，负有特定作为义务的扳道工的不作为行为，在客观上引起了列车出轨或相撞的危害结果的发生，二者之间的因果关系是无法否认的。

第三，从更广泛的范围来考察，现实生活中那些有可能防止危害结果发生的人的不作为行为，均可以成为危害结果的原因，只是由于其中那些不负特定作为义务者的不作为行为在刑法上没有意义，故不在评价范围之内。

第四，不作为行为并不能单独导致危害结果的发生，它只有与某些行为人的先行行为（如不小心将他人挤落水塘）、他人（包括被害人）行为（如犯人逃跑）或自然事实（如火

---

〔1〕 转引自肖中华：“论不作为犯罪因果关系”，载陈兴良主编：《刑事法评论》（第3卷），中国政法大学出版社1999年版，第221页。

灾）等因素结合起来，才能引起危害结果的发生。

■第五节 犯罪客观方面的其他要件

一、基本法理

（一）犯罪对象

犯罪对象是指犯罪行为所直接作用的具体的人或物。犯罪对象中的人，是指犯罪行为所直接作用的自然人。例如，故意杀人罪中杀人犯罪行为所直接加害的人员，就属于犯罪对象。犯罪对象中的物，是指不以人的意志为转移而客观存在的一切有价值和归属关系的物质。例如，盗窃罪中盗窃犯罪行为所直接作用的财物，就属于犯罪对象。作为犯罪对象的物，既包括有形物，如房屋、土地、森林、有形矿产等，也包括无形物，如电、气、信息等。人或者物之外的其他存在，如人的行为，物的位置、状态，国家，国家机关，企业，事业单位，团体等，都不属于犯罪对象。作为犯罪对象，必须具备以下三方面特征：

1. 犯罪对象只能是具体的人或者物。之所以要将犯罪对象限制在具体的人或物的范围内，是因为研究犯罪对象的目的在于帮助我们理解犯罪客体，进而把握犯罪性质。犯罪客体从内容上来说是一种合法权益，它是比较抽象的，将犯罪对象界定为犯罪行为直接作用的具体的人或物，就可以通过对这些具体的、可以感知的人或物的认识和把握来帮助我们理解犯罪客体，使我们的认识过程遵循由感性认识上升到理性认识这一认识规律，较好地达到研究犯罪对象的目的。相反，如果把犯罪对象扩大到诸如“人的行为”、“物的位置、状态”或是“机关、企业、团体”等方面，由于这些方面本身就是抽象的，犯罪行为并不能直接作用于其上，如果再用它们去说明犯罪客体，并不能使犯罪客体这种抽象的事物具体化，只能使问题变得更加复杂，难免与我们研究犯罪对象的目的背道而驰，显然由于缺乏现实意义而不可取。可见，如果不将犯罪对象的范围界定在具体的人和物的范围内，不但会导致关于犯罪对象范围的观点繁多，而且会使对犯罪对象的研究失去实际意义。

2. 犯罪对象必须是犯罪行为直接作用的人或物。作为犯罪对象的人或物，在犯罪行为实施前就已经客观存在，但此时这些人或物还不是犯罪对象，只有当犯罪行为直接作用于这些人或物时，它们才成为犯罪对象。所谓直接作用于人或物，是指犯罪行为所具有的原因力直接施加于其上，从而使其性质、状态、位置或者数量发生变化。比如，盗窃罪的犯罪对象是被盗窃的财物，因为盗窃行为是直接作用于被盗窃的财物之上，使其位置发生变化。又如，故意杀人罪的犯罪对象是被杀的人，因为杀人行为直接施加于被杀的人，使其从具有生命变为丧失生命，以致性质发生变化。犯罪对象所具有的这一特点，能够将其和犯罪所得之物、犯罪所用之物以及犯罪所生之物区别开来。所谓犯罪所得之物，是指犯罪分子通过实施犯罪行为所获得的财物。犯罪所得之物有时就是犯罪对象。例如，盗窃犯罪所得之物通常就是犯罪行为直接指向的对象——被盗财物。但有时犯罪所得之物与犯罪对象属于完全不同的两种物品。例如，贩卖毒品罪的犯罪对象是毒品，犯罪所得之物则是赃款。拐卖妇女罪的犯罪对象是妇女，行为人因拐卖妇女而获得财物，其所得的财物即属于犯罪所得之物，不属于犯罪对象。所谓犯罪所用之物，是指犯罪分子为了顺利实施犯罪行为所使用的金钱或者物品。例如，行贿犯罪活动中用于贿赂相关人员的赃款赃物，就属于犯罪所用之物，而不属于犯罪对象。所谓犯罪所生之物，是指犯罪行为所产生的物品。例如，生产假药罪的行为人所制造出来的假药，伪造货币罪的行为人所制造出来的假币，以及伪造国家机关印章罪的行为人所制造出来的假印章，都属于犯罪所生之物，由于犯罪所生之物产生于犯罪行为实施之后，不可能是犯罪行为所直接作用的物品，因此，犯罪所生之物不可能是犯罪对象。

3. 犯罪对象必须是刑法所规定的人或物。大量的刑法条文都是通过对犯罪对象加以规定来体现这种犯罪所侵犯的合法权益，从而体现这种罪的犯罪客体的。在存在犯罪对象的情况下，犯罪的性质必然要通过犯罪主体以犯罪行为作用于犯罪对象才能得到体现，而刑法分则在规定任何一种犯罪时，都必然要揭示该种犯罪的性质，因而也就必然会对犯罪对象作出规定。因此，所有的犯罪对象，都必然由刑法作出规定，换言之，只有被刑法所规定的人或物才可能成为犯罪对象。

（二）犯罪的时间、地点、方法

时间、地点和方法可能成为行为构成犯罪的必备要件。为达到某一目的而采取的手段可以是多种多样的，其中有的手段是合理合法的，有的手段则可能是违背公共道德甚至法律的，那些违背法律的手段，在某些情况下就成为某些行为构成犯罪的决定性因素，行为的时间和地点也是如此。当立法者出于某种考虑，立法禁止人们在一定时间或一定地点从事某种行为时，在这种时间或地点从事某种行为就成为该行为构成违法或犯罪的决定性因素。

那么，特定的时间、地点和方法具体在何种条件下成为犯罪构成的必备要件呢？概括而言，当法律把特定的时间、地点和方法明文规定为某些犯罪构成的必备要件时，这些因素就对某些行为是否构成该种犯罪具有决定性作用，从而成为犯罪客观方面的要件之一。这样的时间、地点和方法包括以下情形：

1. 根据我国刑法分则的有关规定，当法律明示“在……期间”、“在……过程中”、“在……前”、“在……中”、“在……后”、“在……期”实施某种行为将给予刑罚处罚时，行为时间便成为该行为是否构成犯罪的决定性因素。例如，《刑法》分则第十章军人违反职责罪的一系列战时犯罪便属这种情形，第七章第376条至第381条的一系列战时犯罪也属这种情形。需要注意的是“在……中”这种情形。例如，《刑法》第277条第3款规定了妨害公务罪：“在自然灾害和突发事件中，以暴力、威胁方法阻碍红十字会工作人员依法履行职责的……”，有论者认为，这里的“在……中”的规定也指特定时间。我们认为，严格地说该规定不但指特定的时间，还指特定的地点，即阻碍红十字会工作人员在灾害发生区或事件发生地履行职责，或阻碍他们前往该地区履行职责。如果不是针对这些特殊地点或在这些特殊地点实施阻碍行为，那么即使是发生在自然灾害和突发事件期间，也不构成该款规定之罪。

另有论者认为，在某些情况下，法条虽然没有明示犯罪时间，但根据刑法分则条文的具体规定可以推定，如果行为不是在特定的时间实施就难以成立该种犯罪，这时行为时间也成为该种犯罪构成客观方面的必备要件。[1] 我们认为，在认定这种行为时间的地位之前，应当先弄清楚这种行为时间是一切犯罪都必然会具备的伴随行为而来的一般犯罪时间，还是可以与行为分离、对行为的法律性质起决定性作用的时间。如果是前一种时间，则不宜认定为属于构成要件的时间。比如抢劫罪的时间，持上述观点的论者认为，由于要构成抢劫罪，暴力、胁迫手段和夺取财物行为只能在抢劫现场“立即”实施，因而犯罪时间也是抢劫罪的构成要件。这种观点存在两个问题：①抢劫行为不在当场立即实施，是否还可能在其他时间实施？显然不可能在任何其他时间存在抢劫行为。因此，这一行为时间是伴随抢劫行为而来的，属于抢劫行为的必然组成部分，不宜单独将其列为抢劫罪客观方面的一个构成要件。②这种观点容易使人产生误解，以为抢劫罪的构成也分白天黑夜或春夏秋冬，这对司法实践

[1] 参见马克昌主编：《犯罪通论》，武汉大学出版社1999年版，第235页。

并无益处。因此，我们认为作为构成要件的犯罪时间应当独立于行为性质之外，具有专门的法律意义。那些为行为所包容、本身便是行为之要素的犯罪时间不宜被划在构成要件的犯罪时间之内。

2. 根据我国刑法分则的明文规定，当某些行为只有在某些特殊场合或区域实施才构成犯罪时，特殊的地点便成为这些行为构成犯罪在客观方面必须具备的要件。比较典型的是《刑法》第340条规定的非法捕捞水产品罪和第341条第2款规定的非法狩猎罪中的行为地点。另外，在分则第七章第371条聚众冲击军事禁区罪和聚众扰乱军事管理秩序罪、分则第六章第一节第290条聚众扰乱社会秩序罪和聚众冲击国家机关罪、第291条聚众扰乱公共场所秩序、交通秩序罪等罪中，行为地点都是犯罪构成客观方面的必备要件。

作为某些犯罪客观方面必备要件的行为地点也必须是对于犯罪成立具有独立价值的内容，那些仅属于行为组成部分并无独立判断价值的行为地点，不能归入作为构成要件的行为地点之中。例如，对于《刑法》第316条第1款规定的脱逃罪、第317条第1款规定的组织越狱罪，便不宜说行为地点是这类犯罪的必备要件。这是因为，如果不是从羁押、监管场所或者押解途中逃走，便不能称之为脱逃，即脱逃行为本身就已经决定了犯罪地点。此时说行为地点是犯罪构成必备要件，不但多此一举，而且使行为地点在犯罪客观方面的地位问题人为地复杂化了。

3. 当法律明文规定某种犯罪必须以某种方法实施时，犯罪方法便成为犯罪客观方面的必备要件。刑法中这类犯罪也有相当数量，如第340条的非法捕捞水产品罪和第341条的非法狩猎罪、第343条第2款的破坏性采矿罪以及一系列以“暴力”或以“暴力、威胁”方法构成的犯罪和一系列聚众型的犯罪等。

需要注意的是，“以……名义”、“利用……便利”进行犯罪的是否属于必须以特定方法实施才能构成的犯罪？有论者对此持肯定态度。[1] 我们不敢苟同，理由是：①在“以……名义”实施犯罪这种情形中，行为人所使用的名义，实际上只不过是一个借口或假象，借口或假象与方法具有完全不同的含义，前者是行为人实际上没有用到的，后者正好是行为人用到的。以《刑法》第319条规定的骗取出境证件罪为例，在这种犯罪中，名义是劳务输出、经贸往来，实际上行为人根本没有这么做。行为人在这种犯罪中所采用的手段或者说方法，与名义正好相反，即假劳务输出和假经贸往来，不能把完全相反的两种现象等而视之。②“利用……便利”指的是行为人借助客观已存在的某些条件来达到自己的犯罪目的，它与行为人直接用来达到犯罪目的的犯罪方法也是不同的。以《刑法》第382条贪污罪为例，利用职务上的便利是行为人必须借助的条件，如果行为人没有借助这种条件，就不会构成本罪；而贪污罪的方法却可以是侵吞、窃取、骗取及其他多种多样的方法，法律并无特殊要求，二者的内涵与外延均迥然不同，恐怕不能说属于构成要件的犯罪方法中包括利用某种便利条件这类情形。

在某些刑法分则条文中，既规定了特定的犯罪时间，又规定了特定的犯罪地点或方法，甚至对三者均作了规定，在这种情况下，要注意是三种特殊要件都必须具备，还是只须具备其中一种或两种即可。例如，《刑法》第340条规定的非法捕捞水产品罪和第341条第2款规定的非法狩猎罪，便都同时规定了特殊的时间、地点和方法，但这三项特殊要件都是选择性的，即行为人只要在禁渔区、禁渔期、使用禁用方法，或者在禁猎区、禁猎期、使用禁用

---

[1] 参见马克昌主编：《犯罪通论》，武汉大学出版社1999年版，第235页。

的方法三种要件中具备了任何一种，就可能构成犯罪，而不要求同时具备两种或三种要件。但是，在《刑法》第424条的战时临阵脱逃罪中，时间和地点两项要件则必须同时具备才构成该罪，即行为人既必须是在“战时”这一特定时间，又必须是在“临阵”这一特定地点实施脱逃行为才构成该罪。因此，必须仔细分析刑法的具体规定才能得出正确结论。

二、疑难问题

（一）犯罪对象为什么会对犯罪性质及其危害程度产生影响？

不同物理属性和外部特征的犯罪对象会导致不同的犯罪性质和危害程度。因为当存在犯罪对象时，犯罪对象与犯罪行为是密不可分的。物理上的行为与犯罪对象结合起来引发行为结果，行为结果反过来又影响行为的性质及其危害性的大小。当犯罪对象发生变化时，犯罪结果相应地也会发生变化，犯罪性质及其危害性大小也跟着受影响。例如，同样是强行奸淫行为，如果奸淫的是有生命的妇女，则构成强奸罪；如果奸淫的是尸体，则构成性质完全不同的侮辱尸体罪。显然，强奸有生命的妇女与强奸已经死亡的妇女的性质是不同的，这很好理解。

难题是为什么有些性质看上去相同的犯罪对象也会影响行为的性质及其危害程度？例如，同样都属于具体的人，甚至都是有生命的女性，相同的行为作用于不同的女性，却可产生性质迥异的法律后果，如嫖宿不满14周岁的幼女构成嫖宿幼女罪，嫖宿已成年的妓女却不构成犯罪。

要解答这个问题，先要区分清楚两个概念，即犯罪对象的物理属性和法律属性。犯罪对象的物理属性是指犯罪对象所表现出的外在的、有形的属性。犯罪对象的法律属性，是指犯罪对象在不同的法律规定中所体现的不同社会关系的性质以及法律对这种犯罪对象的评价或定位。显然，具有相同物理属性的犯罪对象经常可能具有不同的法律属性，这就是看似相同的犯罪对象在相同的物理属性的行为作用下却会产生不同性质法律后果的原因，也是看似相同的犯罪对象会引发不同性质的行为之原因。这里所谓的行为性质不同指的也是行为的法律性质不同。例如，与不满14周岁的幼女发生幼女自愿的性关系的行为和与已满14周岁的女性发生女方自愿的性关系的行为，从物理属性上来说，是相同的；而从法律属性上来说，则是完全不同的。

另外，由于立法者出于伦理道德以及其他方面的考虑，可能对具有相同物理属性的犯罪对象之保护力度是不同的，这就会导致侵犯了物理属性相同的犯罪对象的行为受到严厉程度不同的惩罚，于是行为所体现的社会危害性大小也就显得不同了。

（二）犯罪对象如何影响犯罪性质及其危害程度？

犯罪对象的这种影响是通过刑法的不同规定体现出来的：

第一，当刑法赋予物理属性相同的犯罪对象以不同的法律属性时，就会导致外在物理属性相同的行为具有不同的法律属性。例如，同样是盗窃行为，盗窃的对象都是国家机关公文，如果该国家机关公文按法律规定属于非涉及国家秘密的文件，行为人则可能构成《刑法》第280条规定的盗窃国家机关公文罪；如果该国家机关公文按法律规定属于国家秘密，行为人的行为性质在法律上则转变成窃取国家秘密，有可能构成《刑法》第282条第1款规定的非法获取国家秘密罪。

第二，当刑法对物理属性相同的犯罪对象给予不同力度的保护，但并未赋予其不同的法律属性时，就会使外在物理属性相同的行为具有不同程度的危害性。例如，同样是抢劫行为，抢劫的对象均是棉被，如果抢劫的是百货公司运到商场作为普通商品销售的棉被，只构成一般的抢劫罪，通常按照《刑法》第263条前半段的规定，在3年以上10年以下有期徒刑的幅度内处罚；如果抢劫的是运到灾区去救灾的棉被，那么根据《刑法》第263条后半段第8项的规定，将受到比前一种抢劫行为更严厉的处罚，通常要在10年以上有期徒刑、无期徒刑或者死刑的幅度内量刑。显然，立法者认为后一种棉被更需要保护，因此，抢劫后一种棉被的社会危害性就更大一些。

【思考题】

1. 如何理解刑法中的危害行为?
2. 如何区分作为犯罪和不作为犯罪?
3. 如何理解不作为犯罪的义务来源?
4. 如何理解持有的行为属性?
5. 如何理解危害结果? 危害结果是否是犯罪客观方面的必备要件?
6. 如何判断刑法上的因果关系?

【参考文献】

1. 张尚鷟:《中华人民共和国刑法概论（总则部分）》，法律出版社1983年版。
2. 张明楷:《刑法学》(上)，法律出版社1997年版。
3. 樊凤林主编:《犯罪构成论》，法律出版社1987年版。
4. 马克昌主编:《犯罪通论》，武汉大学出版社1999年版。
5. 高铭暄主编:《新编中国刑法学》(上册)，中国人民大学出版社1998年版。
6. 高铭暄主编:《中国刑法词典》，学林出版社1988年版。
7. 高铭暄主编:《新编中国刑法学》(上册)，中国人民大学出版社1998年版。
8. 高铭暄、马克昌主编:《刑法学》(上编)，中国法制出版社1999年版。
9. 高铭暄主编:《刑法学原理》(第1卷)，中国人民大学出版社1993年版。
10. 熊选国:《刑法中行为论》，人民法院出版社1992年版。
11. 黎宏:《不作为犯研究》，武汉大学出版社1997年版。
12. 赵秉志:《犯罪未遂的理论与实践》，中国人民大学出版社1987年版。
13. 赵秉志主编:《刑法总论》，中国人民大学出版社2007年版。
14. 赵秉志主编:《海峡两岸刑法总论比较研究》(上卷)，中国人民大学出版社1999年版。
15. 赵秉志、吴振兴主编:《刑法学通论》，高等教育出版社1993年版。
16. 肖中华:《犯罪构成及其关系论》，中国人民大学出版社2000年版。
17. 林山田:《刑法通论》，台湾三民书局1989年版。
18. 蔡墩铭:《刑法总则争议问题研究》，台湾五南图书出版公司1991年版。
19. 黎宏:“论刑法中的行为概念”，载《中国法学》1994年第4期。
20. [日] 日高义博:《不作为犯的理论》，王树平译，中国人民公安大学出版社1992年版。

第十一章

犯罪客体

【导语】犯罪客体是指刑法所保护的而为犯罪行为所侵犯的利益。按照犯罪行为所侵犯的利益的范围，可以将犯罪客体划分为三类或三个层次，即犯罪的一般客体、犯罪的同类客体、犯罪的直接客体。犯罪的直接客体又可以分为简单客体和复杂客体。对犯罪客体进行分类具有重要的意义。犯罪对象与犯罪客体是两个既有联系又有区别的概念。

本章的疑难问题有：①如何看待关于犯罪客体的理论争议？②犯罪对象与犯罪客体是什么关系？

■第一节 犯罪客体的概念

一、基本法理

(一) 犯罪客体的概念

犯罪客体是刑法所保护的而为犯罪行为所侵犯的权益。犯罪客体应当作为犯罪构成的要件，一个行为不侵犯任何合法权益，就意味着不危害社会，也就不构成犯罪。犯罪客体有其作为犯罪构成要件之一独立存在的意义，试图以犯罪对象取代犯罪客体的做法是不可取的。犯罪客体要件的重要意义在于说明犯罪的性质，犯罪对象做不到这一点，而且并非所有犯罪都存在犯罪对象，这就注定了犯罪对象不可能成为一切犯罪成立都必须具备的犯罪构成要件。犯罪客体也不宜置于犯罪概念中探讨，犯罪概念研究的是犯罪的本质问题，犯罪客体虽然与犯罪本质有着紧密联系，但与犯罪本质相比，犯罪客体属于下一个层次上的范畴，它只是用来揭示犯罪本质的。在这一点上，犯罪客体的功能与犯罪客观方面、犯罪主观方面以及犯罪主体的功能并无不同。虽然犯罪客观方面、犯罪主观方面、犯罪主体三方面的犯罪构成要件都从不同角度对犯罪客体进行说明，但这并不妨碍犯罪客体成为犯罪的一个独立要件。若离开犯罪客体，只剩下其他三个要件，将给我们揭示个罪的性质增添很大麻烦。事实上，在探讨具体犯罪时，不可避免地要涉及该罪所侵犯的权益，即最终还是要归结到犯罪客体上来。既然如此，完全可以而且应当直接将犯罪客体作为一个犯罪构成要件确定下来。

犯罪客体是犯罪行为所侵犯的合法权益。法律所保护的权益范围十分广泛，但并非所有的合法权益都属于犯罪客体，只有那些受到犯罪行为侵犯的合法权益才成为犯罪客体。

我国刑法对犯罪客体的规定采取了多种方式。刑法分则各章对该章规定的犯罪所侵犯的同类客体都作了明确的揭示。比如，危害国家安全罪的章罪名揭示该章所规定的犯罪的同类客体是国家安全，危害公共安全罪的章罪名揭示该章所规定的犯罪的同类客体是公共安全，侵犯公民人身权利、民主权利罪的章罪名揭示该章所规定的犯罪的同类客体是公民的人身权利、民主权利等。刑法分则的具体条文对犯罪的直接客体的揭示方式则是多种多样的。有的条文直接规定了犯罪的直接客体。例如，《刑法》第102条就直接规定了背叛国家罪的犯罪客体是中华人民共和国的主权、领土完整和安全，《刑法》第238条则直接规定了非法拘禁罪的犯罪客体是人身自由。有的条文通过对犯罪对象的规定来揭示犯罪的直接客体。例如，《刑法》第232条规定故意杀人罪的犯罪对象是人，揭示出该罪的犯罪客体是人的生命权，《刑法》第236条规定强奸罪的犯罪对象是妇女，揭示出该罪的犯罪客体是妇女性不可侵犯的权利，从而将男性性不可侵犯的权利排除在本罪的犯罪客体之外。还有的条文既没有直接规定犯罪客体，也没有规定犯罪对象，需要通过对条文所规定的危害行为进行分析来确定犯罪客体。例如，《刑法》第279条关于招摇撞骗罪的规定和第292条关于聚众斗殴罪的规定，都没有指明犯罪客体和犯罪对象，必须通过对招摇撞骗行为和聚众斗殴行为的分析，才能确定两罪的犯罪客体分别是国家机关的威信和正常活动以及公共秩序。

（二）犯罪客体的意义

犯罪客体的意义主要体现在以下几个方面：

1. 有助于划分犯罪的类型，建立刑法分则的科学体系。只有以犯罪的同类客体为主要依据，按照一定标准和顺序，才能对犯罪作科学的分类，建立起科学有序的刑法分则体系。例如，以犯罪所侵犯的同类客体的性质及其重要性为标准，可以建立起脉络清晰、主次分明的刑法分则章层次体系，并在章层次体系之下建立起主次分明的节层次体系，将纷繁复杂的各种犯罪按性质的同异归入刑法分则的各章节之中。又如，以对同类客体侵犯程度的轻重为标准，可以把同类性质的犯罪根据危害程度的不同作出轻重有序的排列。从我国刑法分则的体系结构可以看出，只要严格以犯罪客体的主次轻重为标准来安排各类犯罪的位置，相应的刑法分则内容就显得错落有致，具有明显的规律可循；如果忽视以犯罪所侵犯客体的性质及其严重程度对犯罪进行排列，相应的刑法分则内容就显得较为混乱。

2. 有助于认定犯罪的性质，分清此罪与彼罪的界限。任何犯罪都会侵犯刑法所保护的一定权益，即都有明确的犯罪客体。犯罪所侵犯的合法权益不同，所构成的犯罪性质就不相同，因而根据犯罪客体的不同就能够将此罪与彼罪区分开来。例如，行为人放火焚烧有多家人口居住的住宅群，构成放火罪，放火焚烧无人居住的独家独院，则构成故意毁坏财物罪，原因在于前一行为侵犯的客体是公共安全，后一行为侵犯的客体是财产权利。

3. 有助于评价犯罪行为的社会危害程度，正确裁量刑罚。犯罪客体的性质决定犯罪的性质，进而影响危害行为破坏力的大小，因此，通过对犯罪客体性质的把握，可以对犯罪行为的社会危害程度作出基本判断。犯罪客体越重要，侵犯这种客体的犯罪行为的社会危害性就越严重，其罪行也就越严重。而根据罪刑相适应原则，刑罚的轻重，应当与犯罪分子所犯罪行相适应，因此，犯罪行为的社会危害程度一旦确定，应当给予的刑罚轻重也就基本确定了。可见，对犯罪客体的研究，有助于准确把握犯罪行为的社会危害程度，进而对犯罪给予适当的刑罚处罚。

二、疑难问题

如何看待关于犯罪客体的理论争议？

我国较早的关于犯罪客体的通说认为，犯罪客体是指我国刑法所保护的而为犯罪行为所侵犯的社会主义社会关系。[1] 这种观点可以称为社会主义社会关系说。从20世纪80年代中期开始，不断有学者对上述通说提出质疑。目前，关于犯罪客体的观点种类繁多，主要有以下几种：①犯罪对象说。这种观点认为，犯罪客体是指刑法所保护而为犯罪行为所指向或影响的对象（人、物、行为）。[2] ②社会利益说。这种观点认为，犯罪客体是指刑法所保护而

---

〔1〕 参见高铭暄主编：《刑法学原理》（第1卷），中国人民大学出版社1993年版，第484～485页。

〔2〕 参见张文："犯罪构成初探"，载《北京大学学报》1984年第5期。

为犯罪行为所侵害的社会主义社会利益。[1] ③社会主义社会关系和权益说。这种观点认为，犯罪客体是指犯罪行为所侵犯的社会主义社会关系和国家、集体、公民个人的权益。[2] ④社会关系说。这种观点认为，犯罪客体是指我国刑法所保护的而被犯罪行为所侵害或威胁的社会关系。[3] ⑤法益说。这种观点认为，犯罪客体是刑法所规定的而为犯罪行为所侵犯的权益。[4] ⑥刑事被害人说。这种观点认为，犯罪客体是法律权利和利益遭受犯罪行为侵害的、具有人格特征的自然人、单位以及国家和社会，也称刑事被害人。[5]

我们基本主张法益说，即犯罪客体是刑法所保护的而为犯罪行为所侵犯的权益，具体理由如下：[6]

第一，虽然在某种意义上说，刑法所保护的权益都可以用社会关系或社会主义社会关系来概括，但不免有些牵强。例如，《刑法》分则第六章第六节的破坏环境资源保护罪，其犯罪客体是生态环境与自然资源，用社会关系来概括就显得比较牵强，用法益来概括则比较合适。因为生态环境与自然资源，无论对于个人，还是对于社会与国家，都是一种利益，而且它受到了刑法的保护。

第二，刑法所保护的权益的外延较广，可以包含值得刑法保护的社会关系的内容。

第三，从《刑法》第13条关于犯罪的概念和第2条关于刑法的任务来看，犯罪所侵犯的和刑法所保护的都是法律所保护的利益，故将犯罪客体理解为法益，与犯罪的本质和刑法的目的相吻合。

第四，从刑法分则的具体规定来看，没有一个章节名称或者具体条文明文将“社会关系”作为犯罪客体的内容，相反，有的章节明确将“权利”作为犯罪客体，如分则第四章规定的客体内容是公民的人身权利、民主权利，而权利是法益的一部分。又如，有的章节明确将“秩序”作为犯罪客体，如分则第三章的章名清楚地表明“社会主义市场经济秩序”是该章所规定犯罪的同类客体，而秩序也是法益的一部分。这表明，将犯罪客体的内容理解为法所保护的利益具有法律依据。

第五，将犯罪客体理解为合法权益，有利于参考外国刑法理论，发展我国犯罪客体理论。大陆法系国家刑法理论将客体分为行为客体和保护客体，分别相当于我国刑法理论上的犯罪对象与犯罪客体，而保护客体与保护法益是同等概念，即保护客体就是法律所保护的利益，这说明刑法所保护的就是利益。借鉴这种理论，将犯罪客体理解为合法权益，显然有助于推动我国犯罪客体理论的发展。

第六，将犯罪客体的内容概括为社会关系或社会主义社会关系，必然造成犯罪客体内容的精神化，即造成大陆法系国家刑法理论所反对的“法益概念的精神化”。因为社会关系归根到底是指人与人之间的关系，这种关系常常不是具体的实在，而是抽象的东西，并且是观念的产物，正如持社会关系说的人们所说：“犯罪客体是犯罪行为所侵犯的社会主义社会关系，非直观所能认定，必须通过理性认识和分析，才能加以把握。”然而，如果说犯罪客体是要件，要件又是需要确定和认定的，那么，犯罪客体就应当是具体的、容易认定的现象，

〔1〕 参见何秉松：“论犯罪客体”，载《北京大学学报》1987年第3期。
〔2〕 参见何秉松：《犯罪构成系统论》，中国法制出版社1995年版，第166页。
〔3〕 参见马克昌主编：《犯罪通论》，武汉大学出版社1999年版，第113页。
〔4〕 参见张明楷：《刑法学》（上），法律出版社1997年版，第115页。
〔5〕 参见刘生荣：《犯罪构成原理》，法律出版社1998年版，第119～124页。
〔6〕 参见张明楷：《刑法学》（上），法律出版社1997年版，第114～115页；张明楷：《法益初论》，中国政法大学出版社2000年版，第181～185页。

所以，应当尽量克服犯罪客体的精神化。

第七，将犯罪客体的内容概括为社会关系或社会主义社会关系，容易造成犯罪客体的过于复杂化。以经济犯罪为例，按照社会学原理，整个社会无非是各种社会关系所组成的网络而已，既然如此，按照社会关系说研究经济犯罪，则几乎每一个罪侵犯的都是复杂客体，有的甚至有三重、四重以至更多客体。为了避免社会关系说造成的解释不清也难以理解的弊端，我们应当扬弃来源于前苏联特殊历史条件下创立的社会关系说，借鉴大陆法系传统上的法益说。因为法益是单层次的，即每一个法益都是单一的，不能作多重的理解。

■第二节　犯罪客体的分类

一、基本法理

（一）犯罪客体的分类和意义

犯罪客体体现的是刑法所保护而被犯罪行为所侵犯的法益。根据刑法所保护的法益范围大小，可以对犯罪客体进行不同层次的归纳，目前刑法理论将犯罪客体分为三个层次或者说三种类型，即犯罪的一般客体，犯罪的同类客体和犯罪的直接客体。对犯罪客体进行不同层次的分类，有助于从不同层次理解和把握犯罪的性质。犯罪的一般客体这种分类有助于从整体上把握犯罪的性质；犯罪的同类客体这种分类有助于将形形色色的犯罪行为按其所侵犯法益的共同性归纳为若干类，便于建立系统科学的刑法分则体系；犯罪的直接客体这种分类有助于准确把握每一种具体犯罪的性质，为判断罪重与罪轻、此罪与彼罪提供参考。

（二）犯罪的一般客体

犯罪的一般客体，是指我国刑法所保护而被一切犯罪所侵犯的合法权益的整体。它是犯罪客体的最高层次。我国《刑法》第 2 条关于刑法任务的规定，第 13 条关于犯罪概念的规定都说明了犯罪一般客体的主要内容，包括国家安全，人民民主专政的政权和社会主义制度，国有财产和劳动群众集体所有的财产，公民私人所有的财产，公民的人身权利、民主权利和其他权利，以及社会秩序、经济秩序。通过对犯罪一般客体主要内容的了解，可以看到犯罪表面上引起的是犯罪人和受害人之间的矛盾，深层次上激起的则是犯罪人与国家、社会或者个人利益的冲突。研究犯罪的一般客体，主要是为了揭示一切犯罪的共同属性，明确对一切犯罪都应当追究刑事责任的原因。

（三）犯罪的同类客体

犯罪的同类客体是指我国刑法所保护而为某一类犯罪行为所共同危害的某一类合法权益。犯罪同类客体的划分，是根据犯罪行为所危害的整体法益的不同方面所进行的分类。从一般客体的内容可以看到犯罪客体是可以进行分类的，有一些犯罪所侵犯的权益是相近甚至是相同的，可以被归入同一类犯罪之中。比如，故意杀人罪和故意伤害罪所侵犯的法益相近，都可以归入侵犯公民人身权利这类犯罪之中；盗窃罪和诈骗罪所侵犯的法益相同，都是财产所有权，都可以归入侵犯财产罪这类犯罪之中。这样，将犯罪客体划分出同类客体这一层次就顺理成章。

我国刑法分则主要是根据犯罪的同类客体，将犯罪分为十大类。这十大类犯罪分别是：第一类，危害国家安全罪；第二类，危害公共安全罪；第三类，破坏社会主义市场经济秩序罪；第四类，侵犯公民人身权利、民主权利罪；第五类，侵犯财产罪；第六类，妨害社会管理秩序罪；第七类，危害国防利益罪；第八类，贪污贿赂罪；第九类，渎职罪；第十类，军人违反职责罪。另外，第三大类犯罪即破坏社会主义市场经济秩序罪和第六大类犯罪即妨害社会管理秩序罪由于犯罪数量众多，种类复杂，可以且有必要根据这些犯罪所侵犯的法益作进一步的分类，因此，刑法分则对这两大类犯罪又进行了进一步的细化分类，分别分为八小类犯罪和九小类犯罪。破坏社会主义市场经济秩序罪之下的八小类犯罪分别为：生产、销售伪劣商品罪，走私罪，妨害对公司、企业的管理秩序罪，破坏金融管理秩序罪，金融诈骗罪，危害税收征管罪，侵犯知识产权罪，扰乱市场秩序罪。妨害社会管理秩序罪之下的九小类犯罪分别为：扰乱公共秩序罪，妨害司法罪，妨害国（边）境管理罪，妨害文物管理罪，危害公共卫生罪，破坏环境资源保护罪，走私、贩卖、运输、制造毒品罪，组织、强迫、引诱、容留、介绍卖淫罪，制作、贩卖、传播淫秽物品罪。这实际上是在一个大同类客体之下又设置了“次层次”的小同类客体。

（四）犯罪的直接客体

犯罪的直接客体是指我国刑法所保护而为某一犯罪行为所直接侵犯的某种具体的合法权益。例如，故意杀人罪直接侵犯的是人的生命权，非法拘禁罪直接侵犯的是他人的人身自由权，因而故意杀人罪和非法拘禁罪的同类客体虽然相同，但直接客体却不同，分别是人的生命权和他人的人身自由权。犯罪的一般客体和犯罪的同类客体仅仅对于从整体上认识犯罪的性质和对犯罪进行科学分类提供帮助，并不能解决某一具体犯罪侵犯了何种法益的问题，而只有廓清每一具体犯罪所侵犯的法益，才能解决罪与非罪、此罪与彼罪的界限问题，这就必然要求划分出第三层次的犯罪客体，即犯罪的直接客体。

刑法理论根据一种犯罪行为所侵犯的具体合法权益的单复，将犯罪直接客体划分为简单客体和复杂客体。所谓简单客体，又称单一客体，是指只直接侵犯一种特定合法权益即可成立的犯罪的直接客体。例如，故意伤害罪只须行为直接侵犯他人身体健康权即可构成，因而该罪的犯罪客体属于简单客体。又如，盗窃罪只须行为直接侵犯公私财产所有权即可构成，因而该罪的犯罪客体也属于简单客体。所谓复杂客体，是指必须直接侵犯两种以上的特定合法权益才能成立的犯罪的直接客体。例如，抢劫罪只有行为同时侵犯了公私财产所有权和他人人身权利才可能构成，因而该罪的犯罪直接客体属于复杂客体。某种犯罪的直接客体是简单客体还是复杂客体，必须通过分析刑法的有关规定才能够确定。例如，在1979年刑法中，所有诈骗犯罪的直接客体都是简单客体，因为刑法将所有的诈骗犯罪都规定在诈骗罪一罪之中，而诈骗罪只须行为直接侵犯财产所有权即可成立。1997年刑法将部分特殊的诈骗犯罪从诈骗罪中分离出来，单独规定为一种犯罪，这样，某些诈骗犯罪的直接客体就变成了复杂客体，因为刑法规定这些诈骗犯罪必须侵犯两种以上的合法权益才能成立。合同诈骗罪的犯罪客体就属于这种情形，即属于复杂客体，某种行为只有同时侵犯财产所有权和合同管理制度，才构成合同诈骗罪。

在把握犯罪的直接客体时，必须注意以下两方面的问题：①只有任何该种具体犯罪都必然会侵犯的合法权益，才可能成为该种犯罪的直接客体。[1] 实践中，相同性质的具体犯罪所实际侵犯的合法权益经常是不同的，例如，有的实施强奸行为的犯罪分子在犯罪过程中将受害妇女打伤，不但侵犯了妇女性不可侵犯的权利，而且侵犯了妇女的身体健康；有的强奸犯在大庭广众之下实施强奸犯罪，不但侵犯了妇女性不可侵犯的权利，而且损害了妇女的名誉，但是不能说妇女的身体健康权和名誉权属于强奸罪的犯罪客体。这是因为，作为强奸罪的直接客体，必须是任何形式的强奸犯罪成立都必不可少的条件，某些强奸犯罪中被侵犯的

---

〔1〕 这里所谓的犯罪的直接客体，与犯罪的直接客体要件含义一致，是指某种犯罪成立在客体方面必须具备的条件。

妇女的身体健康权和名誉权并不具备这一特点，没有采取暴力方法的强奸犯罪中受害妇女的身体健康通常并不会受到伤害，非公然的强奸犯罪的受害妇女的名誉权也往往没有受到损害。可见，受害妇女身体健康权或者名誉权受到侵犯并不是任何强奸犯罪成立都必须具备的条件，不可能成为强奸罪的犯罪客体，不能因为某一次强奸犯罪既侵犯了受害妇女的性不可侵犯的权利，又侵犯了其身体健康，便认为强奸罪的犯罪客体是复杂客体。②一旦某种合法权益为任何该种具体犯罪所必然侵犯，就必须认定为该种犯罪的直接客体。某种具体犯罪的直接客体并非由立法者随意确定，而是由这种犯罪自身所决定的。一旦某种合法权益为任何该种具体犯罪所必然侵犯，就表明如果某种行为没有侵犯这种合法权益，就不可能构成某种犯罪，这种被侵犯的合法权益也就显然属于该种犯罪的直接客体。

二、疑难问题

犯罪对象与犯罪客体是什么关系？

犯罪客体与犯罪对象是两个既有联系又有区别的概念。大多数具体的犯罪行为，都直接作用于一定的人或物即犯罪对象，使之发生损毁、灭失等功能、性质的变化或者归属、位置、状态等的改变，使刑法所保护的合法权益受到损害，进而对社会造成危害，因此，通过研究犯罪对象，有助于把握犯罪客体的性质。人类对事物的认识遵循一条从感性认识到理性认识之路，正是基于对认识规律的这种把握，才有必要在对犯罪客体的探讨过程中开展对犯罪对象的研究。由于犯罪对象具有客观实在性和可感知性的特征，便于进行认识和把握，人们对于某种行为是否构成犯罪的认定过程，往往开始于对犯罪对象的感知，通过对其受犯罪作用情况的检验分析，进而认识到其所代表的、受刑法保护的合法权益受损害的情况，在此基础上确定该行为是否构成犯罪、构成何种性质的犯罪。可见，犯罪对象是我们认识犯罪客体的一把钥匙。

1. 犯罪对象与犯罪客体的联系。

（1）作为犯罪对象的具体物是作为犯罪客体的具体合法权益的物质表现。例如，盗窃罪的客体，即被盗窃行为所侵犯的财产权利，就是通过犯罪对象即盗窃行为直接作用的具体财物体现出来的。

（2）作为犯罪对象的具体人是具体合法权益的享有者或者掌控者。例如，故意杀人罪的犯罪对象，即杀人行为直接作用的具体人，是故意杀人罪的犯罪客体，即被杀人行为所侵犯的生命权的享有者；抢劫罪的犯罪对象，即抢劫行为所直接作用的具体人，是抢劫罪的犯罪客体，即被抢劫行为所侵犯的人身权利的享有者和财产权利的享有者或者掌控者。

2. 犯罪对象与犯罪客体区别的主要表现。

（1）犯罪对象表现为可以被感官所感知的外部事物，犯罪客体反映的则是只能为抽象思维所认识的事物内在属性。前者是具体的，后者是抽象的。例如，在诈骗罪中，作为犯罪对象的被诈骗财物是具体的，可以被观察和触摸到，而作为犯罪客体的财产所有权，则必须通过抽象思维才能明白其性质。

（2）犯罪客体是任何犯罪成立的必要条件，犯罪对象则只是某些犯罪成立的必要条件。任何行为只有侵犯一定的合法权益，才可能危害社会，进而具备犯罪的本质属性，构成犯罪，因此，犯罪客体是任何犯罪成立的必备要件。犯罪对象并非所有犯罪中都存在，某些犯罪，例如，非法集会、游行、示威罪，脱逃罪，就不存在犯罪对象，在这种情况下，犯罪对象当然不是犯罪成立的要件。可见，犯罪对象不是所有犯罪成立的必备条件。

（3）任何犯罪都会使犯罪客体受到危害，犯罪对象则不一定受到损害。犯罪客体就是刑法所保护而为犯罪行为所侵犯的合法权益，因此，所有的犯罪客体都必然受到损害。犯罪对象也可能受到损害，例如，故意毁坏财物罪中的犯罪对象即公私财物就会受到损害，但并非所有的犯罪对象都会受到损害，例如，在盗窃罪中，犯罪客体即财产所有权虽然受到侵犯，犯罪对象即公私财物却通常不会受到损坏。

（4）犯罪客体是犯罪分类的基础，犯罪对象则不是。犯罪客体反映了犯罪的性质，因此，可以根据犯罪客体将性质相同的犯罪归入同一类中，同时将犯罪客体不同的犯罪划分为不同类型，从而对犯罪进行科学分类。而犯罪对象相同的犯罪性质可能不同，犯罪对象不同的犯罪性质却可能相同。例如，犯罪对象都是交通工具，具体犯罪行为却既可能构成危害公共安全罪中的破坏交通工具罪，也可能构成侵犯财产罪中的故意毁坏财物罪、盗窃罪或者诈骗罪。又如，犯罪对象是货币、电器、家具等不同物品，犯罪性质却都可能是盗窃。因此，犯罪对象不能作为犯罪分类的根据或基础。

【思考题】

1. 什么是犯罪客体？应当如何界定犯罪客体？
2. 犯罪客体为什么应当作为犯罪构成要件之一？
3. 犯罪客体如何分类？对犯罪客体进行分类的意义是什么？
4. 犯罪客体与犯罪对象有什么联系和区别？

【参考文献】

1. 高铭暄主编：《刑法学原理》（第1卷），中国人民大学出版社1993年版。
2. 刘生荣：《犯罪构成原理》，法律出版社1998年版。
3. 马克昌主编：《犯罪通论》，武汉大学出版社1999年版。
4. 何秉松：“论犯罪客体”，载《北京大学学报》1987年第3期。
5. 何秉松：《犯罪构成系统论》，中国法制出版社1995年版。
6. 张明楷：《刑法学》（上），法律出版社1997年版。
7. 张明楷：《法益初论》，中国政法大学出版社2000年版。
8. 张文：“犯罪构成初探”，载《北京大学学报》1984年第5期。

第十二章 故意犯罪的停止形态

【导语】故意犯罪的停止形态，是故意犯罪在其发生、发展和完成的过程及阶段中，因主客观原因而停止下来的各种状态。故意犯罪的停止形态，有完成形态与未完成形态之分。故意犯罪的停止形态仅存在于直接故意犯罪中。犯罪既遂，是指行为人的故意犯罪行为具备了某种犯罪构成的全部要件的犯罪完成形态，主要有结果犯、行为犯、危险犯、举动犯几种类型。对既遂犯直接按照具体犯罪条文惩处。犯罪预备，是指行为人为实施犯罪而开始创造条件的行为，由于其意志以外的原因而未能着手犯罪实行行为的犯罪停止形态。对预备犯，可以比照既遂犯从轻、减轻处罚或者免除处罚。犯罪未遂，是指行为人已经着手实行具体犯罪构成的实行行为，由于其意志以外的原因而未能完成犯罪的犯罪停止形态。犯罪未遂形态有实行终了的未遂与未实行终了的未遂、能犯未遂与不能犯未遂之分。对未遂犯可以比照既遂犯从轻或者减轻处罚。犯罪中止，是指行为人在犯罪过程中自动放弃犯罪或者自动有效地防止犯罪结果发生而未完成犯罪的犯罪停止形态。对于中止犯，没有造成损害的，应当免除处罚；造成损害的，应当减轻处罚。

本章的疑难问题主要有：①怎样理解故意犯罪停止形态与故意犯罪过程、故意犯罪阶段的关系？②情节加重犯是否存在犯罪未遂形态？③如何正确理解既遂的犯罪构成要件说？④如何正确把握犯罪预备形态的处罚范围？⑤如何正确认定着手实行犯罪？⑥大陆法系国家是如何认识不能犯的？如何正确理解我国刑法中的不能犯未遂问题？⑦怎样理解犯罪中止的自动性问题？⑧怎样理解自动放弃重复侵害行为的定性问题？

■第一节　故意犯罪的停止形态概述

一、基本法理

（一）故意犯罪停止形态的概念和特征

故意犯罪在犯罪人产生和确立犯意以后，从其开始犯罪行为到完成犯罪，有一个纵向的时间过程。受各种因素的影响与制约，这一过程在不同案件和不同犯罪情况下长短各异。对无预谋的突发性犯罪而言，在犯意产生后一般就着手实行犯罪，其间往往没有什么犯罪预备活动。而对于预谋性犯罪来讲，在产生犯意后，一个完整的犯罪过程通常表现为，犯罪人先进行必要的甚至是充分的犯罪准备活动，继而着手实行犯罪，最后完成预期的犯罪。但是，故意犯罪作为复杂的社会现象，其纵向发展过程并不总是完整顺利的，总会受到种种因素的影响与制约，从而有种种不同的表现形态和结局。这些不同的表现形态和结局，就是故意犯罪停止形态的理论所要研究的对象。

所谓故意犯罪的停止形态，是指故意犯罪在其产生、发展和完成的过程及阶段中，因主客观原因而停止下来的各种状态。故意犯罪的停止形态，按其停止下来时犯罪是否已经完成为标准，可区分为两种基本类型：①犯罪的完成形态，即犯罪的既遂形态，是指故意犯罪在其发展过程中未在中途停止下来而得以进行到终点，行为人完成了犯罪的情形；②犯罪的未完成形态，即故意犯罪在其发展过程中于中途停止下来，犯罪未进行到终点，行为人没有完成犯罪的情形。在犯罪的未完成形态这一类型中，又可以根据犯罪停止下来的原因或其距犯罪完成的距离等情况的不同，进一步区分为犯罪的预备形态、未遂形态和中止形态。

故意犯罪的预备、未遂、中止和既遂形态，有一个至关重要的共同特征，即它们都是犯罪的停止状态，是故意犯罪过程中不再发展而固定下来的相对静止的不同结局，它们之间是彼此独立存在的关系，而不可能相互转化，犯罪预备形态不可能再前进为未遂形态，未完成形态也不可能再转化为完成形态。明确故意犯罪的完成与未完成形态的这一重要属性，是准确把握其性质并正确理解和解决其定罪量刑问题的基础，同时也是正确阐明故意犯罪的停止形态与故意犯罪的发展过程和阶段之间关系的需要。

故意犯罪的过程，是指故意犯罪发生、发展和完成所要经过的程序、阶段的总和与整体，它是故意犯罪运动、发展和变化的连续性在时间和空间上的表现。故意犯罪的阶段，亦称故意犯罪的发展阶段，是故意犯罪发展过程中因主客观具体内容有所不同而划分的段落。这些具有不同特征的阶段处于故意犯罪发展的总过程中，呈现出前后相互连接、此起彼伏的递进和发展变化关系。运动、发展和变化是故意犯罪过程和阶段所共有的属性和特征。故意犯罪的过程和阶段，以行为人开始实施犯罪的预备行为为其起点，以行为人完成犯罪为其终点。故意犯罪过程中的犯罪发展阶段有二：①犯罪的预备阶段，其时空范围从行为人开始实施犯罪预备行为之时为起点，至行为人完成犯罪预备行为而尚未着手犯罪实行行为之时为终点；②犯罪的实行阶段，其时空范围从行为人着手犯罪实行行为之时为起点，至行为人完成犯罪即达到犯罪既遂为终点。如果把故意犯罪的发展过程比作一条线，则这条线上就应有犯罪预备和犯罪实行两个“线段”，并且有开始犯罪预备、着手犯罪实行行为和犯罪完成（即达到既遂）三个“点”。

故意犯罪的形态与故意犯罪的过程和阶段之间，是一种既相互区别又密切关联的关系。其主要区别在于：故意犯罪的形态是故意犯罪已经停止下来的各种不同的结局和状态，属于相对静止范畴的概念；故意犯罪的过程与阶段是故意犯罪发生、发展和完成的进程与进程中划分的段落，属于相继运动发展的概念。由于这种区别，故意犯罪的预备、未遂、中止、既遂形态，作为已经停止下来的不同的犯罪形态，就不可能具有前后相互衔接、此起彼伏的递进和发展变化属性，因而不能将这些形态称为故意犯罪的阶段。同时，就一个人实施某种犯罪的案件而言，他也只能构成犯罪停止形态中的某一种犯罪形态，而不可能同时构成两种以上的犯罪停止形态；而一个人实施某种具体犯罪案件时，完全可能同时具有两个犯罪阶段及完整的犯罪过程。故意犯罪的形态与故意犯罪的过程和阶段的主要联系在于：故意犯罪的形态是在故意犯罪的过程和阶段中产生的，各种犯罪形态的产生及其界定，依赖犯罪过程和阶段的存在及其不同的发展程度。

综上所述，犯罪的预备、未遂、中止和既遂形态，都是在故意犯罪发展过程中，在犯罪的某个阶段，由于犯罪主客观原因的变化和作用，而使犯罪停止下来不再发展变化的不同状态和结局，这就是犯罪停止形态与犯罪发展过程和阶段的一般关系（如图 12－1 所示）。

图12-1 故意犯罪过程、阶段及停止形态关系示意图

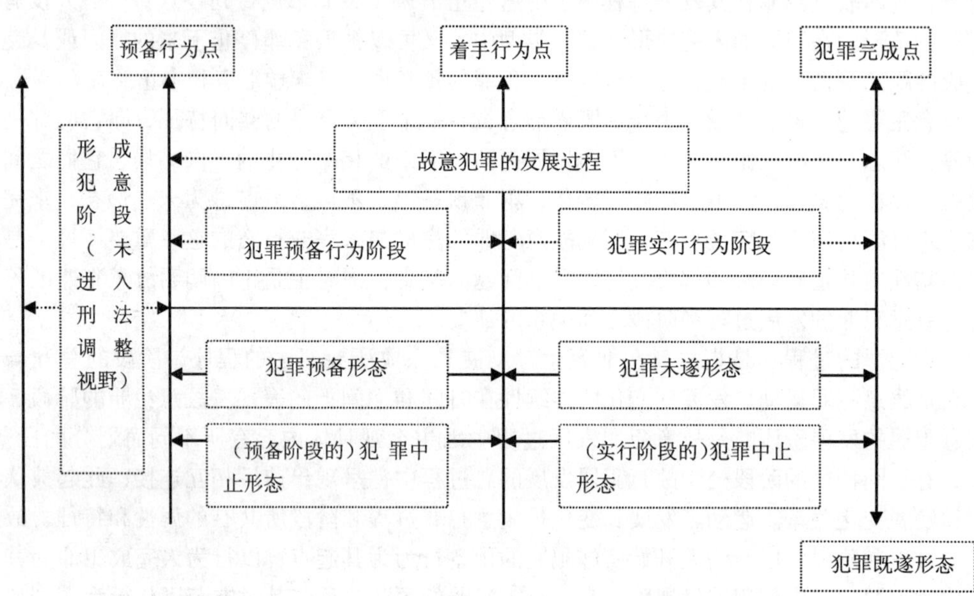

由图12－1可知：①从犯罪人开始犯罪预备行为之时起至着手犯罪实行行为前的整个犯罪预备阶段，可能出现犯罪的预备和中止这两种形态和结局，这一阶段中由于行为人意志以外的原因而被迫停止犯罪预备行为或者未能着手犯罪实行行为的，是犯罪的预备形态；行为人此时自动中止犯罪预备行为的继续进行或者放弃着手实行犯罪的，是犯罪的中止形态。②从犯罪人着手实行行为开始至犯罪实行阶段终了前的整个犯罪实行阶段，可能出现犯罪的未遂和中止这两种形态与结局，这一阶段由于行为人意志以外的原因，而使犯罪停止在未完成状态的，是犯罪的未遂形态；行为人此时自动中止犯罪实行行为的继续实施或者自动阻止犯罪的完成，因而使犯罪停止在未完成形态的，是犯罪的中止形态。③犯罪实行阶段终了（而不仅仅是犯罪实行行为终了）即犯罪完成之时，出现犯罪的既遂形态。

（二）研究故意犯罪停止形态的意义

研究故意犯罪的停止形态问题，具有重要的实践与理论意义。

首先，这是正确定罪量刑的需要。从定罪方面看，故意犯罪的各种停止形态具有不同的构成特征，在定罪时要求对犯罪形态予以明确的认定；同时，犯罪停止形态问题也往往涉及到此罪与彼罪的区分，如故意杀人罪未遂与故意伤害罪的区分，从而需要明辨。犯罪停止形态问题对量刑的影响更为突出，因为不同停止形态的危害程度不同，理应处罚有别，刑法也在主客观相统一进行考察的基础上对危害不同的犯罪停止形态设立了轻重不同的处罚原则，要正确理解和适用这些处罚原则，就需要认真研究犯罪形态的实践和理论问题。

其次，这有助于深入地认识和科学地把握故意犯罪。故意犯罪现象的形形色色和错综复杂，在相当程度上表现在纵向发展过程中，因而通过对故意犯罪的纵向考察，分析研究其在纵向过程中的种种停止形态的共性与个性问题，无疑会从一个重要的方面大大丰富和加深我们对故意犯罪的现象与本质的认识和正确把握。

（三）犯罪停止形态存在的范围

1. 过失犯罪不存在犯罪的停止形态。过失犯罪由于行为人主观上具备的不是故意危害

社会而是过失的心理，客观上我国刑法又限定只有发生危害结果且刑法分则条文有明文规定的才构成犯罪，因而过失犯罪不可能存在犯罪的预备、未遂和中止形态。这些未完成犯罪的形态不具备法定的危害结果，由于犯罪完成形态是与犯罪未完成形态相对而言的，过失犯罪既然无犯罪未完成形态的存在，因而也就无犯罪完成形态即犯罪既遂存在的余地和意义。因此，过失犯罪只有是否成立即是否构成犯罪的问题，而不存在犯罪的预备、未遂、中止和既遂形态。

2. 间接故意犯罪也不存在犯罪的停止形态。间接故意犯罪由其主客观特征所决定，不可能存在未完成犯罪的预备、未遂和中止这些犯罪停止形态。先从主观方面分析，间接故意犯罪主观要件的特点，表现为行为人对自己的行为可能造成的一定危害结果的发生与否持“放任”的心理态度，即听之任之、发生与否都可以的心理态度。这样，行为人所放任的危害结果未发生的结局也是其放任心理所包含的。放任心理由其所包含的客观结局的多样性和不固定性所决定，根本谈不上对完成特定犯罪的追求，也就谈不到这种追求的实现与否。而犯罪的预备、未遂和中止形态的行为人，原本都存在着实施和完成特定犯罪的犯罪意志与追求心理，之所以在未完成犯罪时停止下来，对犯罪的预备形态和未遂形态而言，是因为行为人受到了意志以外原因的阻止，对犯罪的中止形态而言，是因为行为人自动放弃了原先的完成特定犯罪的意图。可见，间接故意犯罪主观上的放任心理是不符合未完成形态的主观特征的，因而间接故意犯罪不可能存在犯罪的预备、未遂和中止形态。再从客观方面考察，犯罪未完成形态在客观方面表现为，行为人开始犯罪的预备行为或者着手犯罪实行行为之后，由于行为人意志以外原因的阻止或者自动放弃犯罪意志，而使犯罪停止在未完成状态。间接故意犯罪由于其主观“放任”心理的支配，而在客观方面不可能存在未完成特定犯罪的状态，因为客观上出现的此种状态或彼种结局都是符合其放任心理的，因而这种案件里应以行为的实际结局决定定罪问题。这样间接故意犯罪也就没有了犯罪未完成形态存在的余地。间接故意犯罪也不存在犯罪的既遂形态，这主要也是由于间接故意犯罪不存在犯罪的未完成形态，因而就失去了存在与未完成形态相对而言的完成形态即既遂的意义与可能。

因此，间接故意犯罪不存在犯罪的预备、未遂、中止和既遂形态，在间接故意支配下实施的危害行为只有是否构成犯罪的问题。在间接故意支配下实施的危害行为只有在造成了为刑法所惩罚的危害结果时，才能构成犯罪，而且危害结果符合什么罪的构成要件就成立什么罪。这符合犯罪构成的原理和间接故意犯罪的主客观特征。

3. 直接故意犯罪并非都存在犯罪的这些停止形态。直接故意犯罪的主客观特征决定了其可能存在犯罪的预备、未遂、中止和既遂形态。直接故意犯罪的行为人在希望、追求完成某种特定犯罪的主观罪过形式的支配下，客观上就会有一个进行犯罪预备行为、实施犯罪实行行为和完成犯罪的过程与阶段。在这一过程与阶段顺利完成的情况下，就形成了犯罪的既遂形态，若在此过程和阶段中因主客观因素而使犯罪停止下来，就形成了犯罪的预备、未遂或中止形态。

直接故意犯罪存在犯罪的完成和未完成形态，这是就其总体和大多数直接故意犯罪而言的，并不意味着一切直接故意犯罪的罪种与具体案件都可以存在这些犯罪的停止形态。首先，从罪种方面分析，有几类直接故意犯罪不存在某种或某几种犯罪的未完成形态：①一旦着手实行即告完成犯罪的举动犯（如我国刑法中的煽动分裂国家罪、煽动颠覆国家政权罪、传授犯罪方法罪等），不可能存在犯罪未遂；②我国刑法中把“情节严重”、“情节恶劣”规定为构成犯罪限制性要件的情节犯，不可能存在犯罪未遂；③结果加重犯，由其构成特征所决定，不存在犯罪既遂与未遂之分，而只构成一种状态，即只有是否成立加重构成犯之分。

其次，再从具体案件方面考察，突发性的直接故意犯罪案件由于一般不存在犯罪的预备阶段而直接着手实施犯罪实行行为，因而往往也不可能存在犯罪的预备形态以及犯罪预备阶段的中止形态，而只有犯罪未遂、犯罪实行阶段的犯罪中止以及犯罪既遂形态存在的可能。

（四）犯罪未完成形态负刑事责任的根据

故意犯罪的完成形态即既遂形态负刑事责任的根据在于，其完全具备主客观相统一的犯罪构成要件。那么，故意犯罪的未完成形态负刑事责任的根据何在？正确认识与把握这一问题，显然至关重要。在近代西方刑法理论中，刑事古典学派奉行“客观责任论”，主张行为的客观危害性是行为人负刑事责任的根据，认为犯罪预备行为尚无实际危害，因而刑法不应处罚预备犯；而犯罪未遂由于已表现为外部的危害行为，对刑法保护的法益具有客观的威胁，有些甚至已经造成了一定的实际危害，因而未遂犯应负刑事责任。刑事人类学派尤其是刑事社会学派力倡“主观责任论”，主张犯罪意思是行为人负刑事责任的根据，由于犯罪预备和犯罪未遂都以行为表现出了行为人的主观犯罪故意，证明行为人对社会具有人身的和主观的危险性，因而预备犯和未遂犯均应负刑事责任。这两种观点，虽各有其合理因素，但分执客观与主观一端，失之片面，因而未能从主客观的统一和结合上科学地解决犯罪未完成形态应负刑事责任的根据问题。前苏联的刑法理论提出了行为具备主客观相统一的犯罪构成是成立一切犯罪和使行为人负刑事责任的唯一根据的主张，但是，在论述犯罪预备、未遂等未完成形态应负刑事责任的根据上，未将“犯罪构成是成立犯罪和使行为人负刑事责任的唯一根据”的主张贯彻到底，而是存在着一个未能解决的理论矛盾：一方面，主张作为刑事责任唯一根据的犯罪构成，是以具备成立犯罪的一切因素为前提的，犯罪构成只能是主客观相统一的、不缺少任何因素的有机统一体；另一方面，又认为犯罪预备、未遂等形态亦应负刑事责任，而这些未完成形态无疑又是缺少构成要件因素的。[1]

我们认为，行为符合主客观相统一的犯罪构成，是使行为人负刑事责任的科学根据。这既适用于故意犯罪的完成形态也适用于故意犯罪的未完成形态，但这并不意味着犯罪的未完成形态与完成形态的犯罪构成模式是完全划一、毫无差异的。恰恰相反，犯罪的未完成形态与完成形态的犯罪构成模式是不同的，各有自己的特点。如果说故意犯罪完成形态的构成是基本的犯罪构成，那么，故意犯罪未完成形态的构成就是修正的犯罪构成。应当注意，修正的犯罪构成也是要件完整齐备的犯罪构成，因为犯罪构成只能是一个主客观诸要件有机统一和紧密结合的整体，无论是基本的犯罪构成还是修正的犯罪构成，都只能作为一个诸要件完备的统一体而存在，缺少任何要件，犯罪构成都是不可能存在的。因此，犯罪的预备、未遂、中止这些未完成形态的犯罪构成，是法律对既遂这种完成形态的犯罪构成加以修正和变更而确定下来的，未完成形态的构成要件与完成形态的构成要件在具体要件的内容上有所不同。我们虽然也可以说未完成形态不具备完成形态犯罪构成的全部要件，但准确而言，应当说各种未完成形态都具备了法律规定与要求的各自犯罪构成的全部要件，未完成形态不可能也不需要具备完成形态犯罪构成的全部要件。我们不能拿完成形态的犯罪构成模式去要求和衡量未完成犯罪而停止下来的犯罪情况，而只能拿各种未完成形态的犯罪构成模式来衡量这些犯罪情况。进而分析，犯罪既遂形态的犯罪构成表现为，符合主体条件的行为人着手实行并完成了犯罪，实现了特定的犯罪意图，对特定的社会关系造成了实质性的严重侵害，其中相当一些还造成了结果性侵害。这是基本的犯罪构成模式。一方面，犯罪的未完成形态如同

〔1〕参见［前苏联］特拉伊宁：《犯罪构成的一般学说》，薛秉忠等译，中国人民大学出版社 1958 年版，第 192、247~249、253 页。

完成形态一样，也需要同时具备主客观相统一的四个方面的犯罪构成要件，这是这两类形态在犯罪构成上的共性。另一方面，各种未完成形态又有着不同于完成形态且彼此间也有所不同的犯罪构成模式。这是与完成形态相比在犯罪构成上的个性或曰特殊性。我国刑法之所以对犯罪未完成形态追究刑事责任，是因为犯罪未完成形态完全具备了与既遂形态的基本犯罪构成有所不同的修正的犯罪构成的诸要件，完成了主观犯罪故意与客观危害行为的有机结合。此乃犯罪未完成形态负刑事责任最基本、最重要的主客观相统一的根据，这也正是我国刑法认定犯罪未完成形态具有应罚性的主要立法精神所在。

二、疑难问题

（一）怎样理解故意犯罪停止形态与故意犯罪过程、故意犯罪阶段的关系？

现代各国刑法理论较为普遍地承认故意犯罪纵向发展过程中犯罪的预备、未遂、中止和既遂等不同犯罪形态的存在，但对这些犯罪形态的性质及其名称的概括，则有着不同的主张。在英美法系国家的刑法理论中，一般认为犯罪既遂是完整的犯罪，将犯罪未遂、犯罪共谋（预备性质的独立犯罪）与犯罪教唆一并纳入“不完整罪”（亦称未完成罪、不完全罪）的范畴。[1] 在大陆法系国家如日本的刑法理论中，不少学者将犯罪预备、犯罪未遂及犯罪既遂等称为犯罪的阶段性类型，认为犯罪的预备、未遂、既遂等是故意犯罪的实施阶段上存在的犯罪类型。[2] 在故意犯罪的发展阶段问题上，前苏联的刑法学理论认为，犯罪预备、未遂、既遂以及中止都是故意犯罪的发展阶段，并且是前后衔接的发展阶段。[3] 我国早期的刑法学理论在此问题上受到前苏联的这种“阶段说”的直接影响。关于故意犯罪阶段的理解划分以及犯罪未遂、预备、既遂等与犯罪阶段的关系问题，在我国刑法学界曾经产生过激烈的争论，主要观点有：

第十二章

1. 过程论。该观点认为，故意犯罪的发展阶段，是表明犯罪发展程度的各个不同过程，有人称之为“过程论”。这种观点主张故意犯罪的发展一般要经过四个阶段：①犯意的形成；②犯罪预备；③犯罪实行；④犯罪结果发生。认为犯罪未遂和犯罪中止都不是犯罪阶段，未遂本身是处于实行阶段的一种被迫中断状态，中止是基于犯罪人自愿的一种中断状态。[4]

这类观点的共同点是把犯罪阶段与犯罪的未遂、中止、既遂等相区分，认为前者是故意犯罪顺利完成情况下所可能经过的全过程，后者是具体案件在这个犯罪过程中由于主客观原因而停止下来的种种状态或形态。各种具体观点的不同之处在于，对犯罪阶段和犯罪状态各包括哪些内容的认识和表述上有些差异。

2. 结局论（形态论）。该观点认为，故意犯罪的发展阶段，是表明犯罪进行程度的各种已经停止的行为状态，也就是在犯罪发展过程中出现的各种不同的结局。有人称之为“结局论”，也有人称之为“形态论”。[5] 这种观点主张故意犯罪的发展应分为三个阶段：①犯罪

---

〔1〕参见［英］鲁珀特·克罗斯等：《英国刑法导论》，赵秉志等译，中国人民大学出版社1991年版，第354页；储槐植：《美国刑法》，北京大学出版社2005年版，第102页。我国也有学者主张用“未完成罪”来概括犯罪预备、犯罪未遂和犯罪中止等未完成犯罪的情况。参见陈兴良：“未完成罪研究”，载《政法论坛》2000年第3期。

〔2〕参见［日］大谷实：《刑法总论》，黎宏译，法律出版社2003年版，第271～273页；［日］西田典之：《日本刑法总论》，刘明祥等译，中国人民大学出版社2007年版，第241页。

〔3〕参见［前苏联］孟沙金主编：《苏维埃刑法总论》，彭仲文译，大东书局1950年版，第423页；［俄］斯库拉托夫等主编：《俄罗斯联邦刑法典释义》（上），黄道秀译，中国政法大学出版社2000年版，第59页。

〔4〕参见周珏：“犯罪未遂问题”，载《政法研究》1957年第2期。

〔5〕参见赵秉志：《犯罪未遂形态研究》，中国人民大学出版社2008年版，第45页。

预备；②犯罪未遂；③犯罪既遂。提出刑法上不是要求某人对某个犯罪过程负责，而是要他对犯罪过程中已经出现的结局负责的主张。犯罪中止也是犯罪过程中的一种结局，但它不是故意犯罪一个独立的阶段，因为它既可以发生在犯罪预备过程中，也可以发生在犯罪实行过程中。之所以把它放在故意犯罪阶段研究，是因为它与故意犯罪可能停顿的几个阶段直接关联。[1]

这类观点的共同点是把犯罪阶段（犯罪发展可能停顿的阶段）与预备、未遂、既遂等犯罪发展中已经停顿的行为状态即各种不同的结局等同，认为犯罪阶段就是表现为这些状态和结局。其中各种具体观点的不同之处，主要是对犯意表示、犯罪中止是否纳入犯罪阶段有所差异。对犯罪既遂，有个别观点不把它纳入犯罪阶段，但多数观点将之纳入犯罪阶段。对犯罪预备和犯罪未遂，各种观点一致把它们纳入犯罪阶段。

我们认为，上述两类观点各有一些合理因素，但也都有一些不科学、不妥当之处。故意犯罪的过程、阶段与形态（状态）之间表现为一种既密切关联又有所区别的关系。故意犯罪的过程，是指故意犯罪发生、发展和完成所要经过的程序、阶段的总和与整体，它是故意犯罪运动、发展和变化的连续性在时间和空间上的表现。故意犯罪的阶段，亦称故意犯罪的发展阶段，是故意犯罪发展过程中因主客观具体内容有所不同而划分的段落。故意犯罪过程包含若干具体的故意犯罪阶段，这些具有不同特征的阶段处于故意犯罪发展的总过程中，呈现出前后相互衔接、此起彼伏的递进和发展变化关系。运动、发展和变化是故意犯罪过程和阶段所共有的属性和特征。由于犯罪的预备、未遂、中止和既遂均为已经停止下来而不再向前发展的犯罪情况，因此从概念的科学性、准确性上考虑，不能把它们称为故意犯罪的阶段，也不宜称为“可能停顿的阶段”，停顿下来的就不是阶段。故意犯罪的过程和阶段以犯罪的预备行为为起点。故意犯罪过程中的犯罪阶段，首先是犯罪的预备阶段，其次是犯罪的实行阶段，这两个阶段都是“犯罪人的犯罪行为阶段”，最后是在犯罪实行阶段终了而犯罪既遂并不立即达到的具体场合，即还有一个“实行后阶段”。在这个阶段，虽然在客观形式上已经没有犯罪人直接实施的犯罪行为，但是犯罪人在前一阶段所实施的犯罪实行行为仍在继续发挥作用，促使犯罪达到既遂。不过，实行行为在这一阶段继续促成既遂的作用，表现为对他人行为或自然力等其他现象和事物的借助利用。

犯罪的预备、未遂、中止和既遂，都是在犯罪发展过程中，在犯罪的某个阶段，由于犯罪主客观原因的变化和作用，而使犯罪停止下来不再发展的不同形态和结局，这就是犯罪的预备、未遂、中止和既遂与故意犯罪的发展过程和阶段二者之间的一般关系。具体说来，从行为人开始犯罪预备行为之时起至着手犯罪实行行为前的整个犯罪预备阶段，可能出现犯罪预备和犯罪中止这两种形态与结局。这里尤其需要注意的是，犯罪预备阶段和犯罪预备不能混同，后者不是阶段而是预备阶段的一种停止形态。从行为人着手实行行为开始至犯罪实行阶段终了前的整个犯罪实行阶段，可能出现未实行终了的犯罪未遂和犯罪中止这两种停止形态与结局。在“实行后阶段”，可能出现实行终了的犯罪未遂和犯罪中止这两种停止形态和结局。至于犯罪既遂这种故意犯罪的完成形态，它既可能出现于犯罪实行阶段终了时，也可能出现于“实行后阶段”终了时。[2]

---

〔1〕 参见杨春洗等：《刑法总论》，北京大学出版社1981年版，第179～180页；高铭暄主编：《刑法学》，法律出版社1984年版，第172～173页。

〔2〕 参见赵秉志：《犯罪未遂形态研究》，中国人民大学出版社2008年版，第46～50页。

（二）情节加重犯是否存在犯罪未遂形态？

对于情节加重犯是否存在未遂的问题，学界有不同的看法。有的学者否定情节加重犯存在未遂形态，认为情节加重犯有自己相对独立的犯罪构成，不能以基本犯罪的未遂来说明情节加重犯的未遂。只要行为人的犯罪行为具有加重情节，就足以成立情节加重犯；行为人的行为不具有加重情节，就不构成情节加重犯。因为情节加重犯的加重情节内容宽泛，而且加重构成也有别于基本犯罪，所以不可能存在犯罪未遂的问题。[1] 有观点则认为应当肯定情节加重犯存在既遂形态与未遂形态之分。[2] 我们认为，主张情节加重犯存在既遂形态与未遂形态之分的观点是较为妥当的。[3]

在探讨情节加重犯是否存在既遂形态与未遂形态之分的问题上，必须注意到它与结果加重犯两者在构成特征上的不同。结果加重犯中的加重结果，表现为比较单一的特征，即仅表现为作为结局的严重结果，如抢劫罪的结果加重犯中"致人重伤、死亡"的结果。立法者之所以设定将某种重结果作为加重结果规定在结果加重犯中，是因为某些基本犯罪具有导致超出其犯罪构成之重结果发生的特别的危险性，立法者意图通过设立结果加重犯来预防特定严重结果的发生。这种特定严重结果往往表现为对人的生命或者重大健康权利等刑法最为重视的法益的直接侵害，因而其发生与否本身才是立法者关注的重点所在，至于基本犯既遂与否对于结果加重犯而言并不十分重要。所以，如果加重结果出现，就成立结果加重犯，否则即没有必要按照结果加重犯处理，当然也不成立结果加重犯的未遂形态。

情节加重犯则不同。情节加重犯中的加重情节并不特定，可以表现为特殊的犯罪场所、特殊的犯罪对象或特殊的犯罪手段等。立法者之所以设立情节加重犯，是因为基本犯罪在具有某些加重情节时，就会表现出更大的社会危害性。但是，情节加重犯的加重情节无论表现为特殊的犯罪场所，特殊的犯罪对象，还是特殊的犯罪手段等，都没有超出基本犯构成要件的范围，仍然能够为基本犯的构成要件所包容。[4] 因此，其既遂形态与未遂形态仍然应当根据基本犯来加以确定。而且，由于在结果加重犯的场合，立法者关注的重点在于法定的加重结果是否出现，因此基本犯是否既遂对结果加重犯的量刑并没有大的影响。但对于情节加重犯而言，基本犯是否既遂与具备的加重情节二者均为立法者所重视，二者对情节加重犯的量刑都会产生大的影响。例如，对于在公共交通工具上抢劫的情节加重犯来说，公共交通工具这一特殊场所因素会使抢劫行为的危害性有所增加；但是，在公共交通工具上实施抢劫这一因素并不足以使抢劫罪的危害程度发生什么质的改变。无论是从行为人实施抢劫的目的，还是从在抢劫时处于公共交通工具上的被害人及其他人的日常法律意识的角度来看，都不能说一旦登上公共交通工具并开始实施抢劫行为，就完成了抢劫犯罪；是否夺得财物，即使对于在公共交通工具上抢劫的场合而言，仍然具有举足轻重的意义，对这种情节加重犯的量刑有着较大的影响。从这一角度来看，情节加重犯也应存在既遂形态与未遂形态之分，且其既遂标准与基本犯并无二致。

---

〔1〕 参见姜伟：《犯罪形态通论》，法律出版社1994年版，第394页。

〔2〕 参见叶高峰主编：《故意犯罪过程中的犯罪形态论》，河南大学出版社1989年版，第155～161页；卢宇蓉：《加重构成犯罪研究》，中国人民公安大学出版社2004年版，第67～68页；钱叶六、钱格祥："情节加重犯基本问题探究"，载《宁夏大学学报》（人文社会科学版）2005年第6期。

〔3〕 笔者曾主张情节加重犯与结果加重犯一样，并不存在既遂形态与未遂形态之分，参见赵秉志：《犯罪未遂的理论与实践》，中国人民大学出版社1987年版，第227～228页。经过新的思考，认为自己以前简单否定情节加重犯存在未遂形态的观点不够妥当，现在转变为倾向于肯定情节加重犯存在未遂形态。

〔4〕 参见严然："情节加重犯若干问题研究"，载《福建公安高等专科学校学报》2006年第3期。

■第二节　犯罪既遂形态

一、基本法理

（一）犯罪既遂形态的概念和特征

犯罪既遂是故意犯罪的完成形态。对于犯罪既遂的概念，只有少数立法例作了直接的规定。大多数立法例（包括我国现行刑法典）对犯罪既遂的概念本身没有直接予以规定，而是留给刑法理论去解释。综观中外刑法理论中关于犯罪既遂的解释，大体上可以区分为三种主张（这三种主张同时也是关于犯罪既遂的标准的不同观点）：①既遂的结果说，主张犯罪既遂是指故意实施犯罪行为并且造成了法律规定的犯罪结果的情况。认为既遂与未遂的区别就在于是否发生了犯罪结果，实施故意犯罪并发生犯罪结果的是犯罪既遂，未能发生犯罪结果的是犯罪未遂。②既遂的目的说，认为犯罪既遂是指行为人故意实施犯罪行为并达到了其犯罪目的的情况。主张既遂与未遂的区别就在于行为人是否达到了其犯罪目的，达到犯罪目的的是犯罪既遂，未达到犯罪目的的是犯罪未遂。③既遂的犯罪构成要件说，主张犯罪既遂是指着手实行的犯罪行为具备了具体犯罪构成全部要件的情况。认为既遂与未遂区别的标志就是，犯罪实行行为是否具备了犯罪构成的全部要件，具备的是既遂，未能完全具备的是未遂。至于犯罪构成要件是否全部具备的具体标志，在各类犯罪里则可以有不同的表现。这是中外刑法理论中较为通行的观点。

第十二章

既遂的犯罪构成要件说认为，所谓犯罪既遂，是指行为人所故意实施的行为已经具备了某种犯罪构成的全部要素。确认犯罪是否既遂，应以行为人所实施的行为是否具备了刑法分则所规定的某一犯罪的全部构成要件为标准，因为以犯罪目的达到或者以犯罪结果发生作为犯罪既遂的标准，不能贯彻到我国刑法有既遂未遂之分的一切犯罪中，而难以把既遂与未遂正确区分开来，不够全面和确切。①有些犯罪，行为人实施犯罪后虽然没有达到犯罪目的，但在法律上已完全具备了具体犯罪构成的要件，应为犯罪既遂而不是未遂。例如，诬告陷害罪以行为人实施了诬告陷害行为为完成犯罪和构成既遂的标志，而不是以行为人达到了诬陷他人而使他人负刑事责任的目的为既遂的标志。②虽然有不少犯罪是以法律规定的犯罪结果的发生与否来区分犯罪既遂与否的，但犯罪结果的是否发生还是不能作为一切犯罪既遂与否的区分标志，如脱逃罪以被依法关押的罪犯、被告人、犯罪嫌疑人逃离羁押为既遂的标志，这种犯罪的既遂要求的并不是物质性有形犯罪结果的发生，而是犯罪行为的法定完成达到一定程度，因而无法适用既遂的结果说来确定既遂和区分既遂与未遂；既遂的结果说也不能适用于我国《刑法》第114、117、118条等危险犯罪既遂的确定及既遂与未遂的区分，因为危险犯罪既遂的确定和既遂与未遂的区分是以危险状态的是否具备为标准，而不是以犯罪结果的发生与否为标准。而既遂的犯罪构成要件说以犯罪具备具体犯罪构成的全部要件作为既遂的标准，以着手实行的犯罪是否具备全部构成的全部要件作为既遂与未遂区分的标志，不但有明确统一的法律规定可供司法实践遵循贯彻，而且能够适用于一切存在既遂形态的犯罪并把其既遂与未遂区分开来。因为既遂在不同类型犯罪里的具体标志，无论是犯罪结果的发生，犯罪行为达到一定程度的完成，还是法律规定的危险状态的具备，都可以概括为犯罪构成要件的全部具备，都分别是犯罪构成要件具备的具体表现形式。

（二）犯罪既遂形态的类型

根据我国刑法分则对各种直接故意犯罪构成要件的不同规定，犯罪既遂主要有以下四种不同的类型：

第一种类型，结果犯，指不仅要实施具体犯罪构成客观要件的行为，而且必须发生法定的犯罪结果才构成既遂的犯罪，即以法定的犯罪结果的发生与否作为犯罪既遂与未遂区别标志的犯罪。所谓法定的犯罪结果，是专指犯罪行为通过对犯罪对象的作用而给犯罪客体造成的物质性的、可以具体测量确定的、有形的损害结果。这类犯罪在我国刑法中很多，而且多是常见罪、多发罪，如故意杀人罪、故意伤害罪、抢劫罪、抢夺罪、盗窃罪、诈骗罪等。例如，故意杀人罪的犯罪结果就是他人的死亡，发生了死亡结果的为既遂，因行为人意志以外原因未发生死亡结果的为未遂。

第二种类型，行为犯，指以法定的犯罪行为的完成作为既遂标志的犯罪。这类犯罪的既遂并不要求造成物质性的和有形的犯罪结果，而是以行为完成为标志。但是这些行为不是一着手即告完成的，按照法律的要求，这种行为要有一个实行过程，要达到一定程度，才能视为行为的完成。因此，在着手实行犯罪的情况下，如果达到了法律要求的程度就是完成了犯罪行为，就应视为犯罪的完成即既遂的成立；如果因犯罪人意志以外的原因未能达到法律要求的程度，未能完成犯罪行为，就应认定为未完成犯罪而构成犯罪未遂。这类犯罪在我国刑法中有相当的数量，例如强奸罪、脱逃罪、偷越国（边）境罪、投敌叛变罪等。如脱逃罪以行为人达到逃脱了监禁羁押的状态和程度，作为犯罪行为完成和犯罪既遂成立的标志，未能达到这一程度的是犯罪行为未完成，应成立犯罪未遂。

第三种类型，危险犯，指以行为人实施的危害行为造成法律规定的发生某种危害结果的危险状态作为既遂标志的犯罪，如我国《刑法》第114、116、117、118条所规定的犯罪等。这类犯罪在刑法理论上称为危险犯，从主观方面看既可以是直接故意也可以是间接故意。对由直接故意构成的这类犯罪来说，其既遂也不是以造成物质性的有形的犯罪结果，而是以法定的客观危险状态的具备为标志。

第四种类型，举动犯，也称即时犯，是指按照法律规定，行为人一着手犯罪实行行为即告犯罪完成和完全符合构成要件，从而构成既遂的犯罪。从犯罪构成性质上分析，举动犯大致包括两种构成情况：①原本为预备性质的犯罪构成，如我国《刑法》第120条的参加恐怖组织罪、第294条第1款的参加黑社会性质组织罪等。这些犯罪中的实行行为从法理上讲原本是预备性质的行为，是为实行犯罪创造便利条件的预备行为，但由于这些预备性质的行为所涉及的犯罪性质严重，一旦进一步着手实行危害就很大，为有力地打击和防范这些犯罪，法律把这些预备性质的行为提升为这些犯罪构成中的实行行为，并且规定这些犯罪为举动犯，一着手实行即构成既遂。②教唆煽动性质的犯罪构成，如我国《刑法》第249条的煽动民族仇恨、民族歧视罪和第295条的传授犯罪方法罪等。这些犯罪的实行行为都是教唆性、煽动性的行为，针对多人实施，旨在激起多人产生和实行犯罪意图，因而这些犯罪的危害很大、危害范围也较广，而且即使实施完毕也不一定发生或不一定立即产生可以具体确定的有形的实际危害结果，考虑到这些犯罪严重的危害性及其犯罪行为的特殊性质，法律也把它们规定为举动犯，即只要行为人着手实行犯罪，就具备了犯罪构成的全部要件而构成既遂。由于举动犯是着手实行犯罪就构成既遂，因而其不存在犯罪未遂问题，也就没有既遂与未遂之分。但是，举动犯存在犯罪既遂形态与犯罪预备形态以及预备阶段的中止形态之别。

（三）既遂犯的处罚原则

在现代各国刑事立法和刑法理论看来，犯罪既遂的行为人即既遂犯构成的是故意犯罪的完成形态，符合的是基本的犯罪构成即刑法分则具体犯罪条文的构成，而分则条文的法定刑就是为犯罪的基本构成设置的，因此，各国刑法均未再专门规定既遂犯的特殊处罚原则，而是按刑法总则的一般量刑原则和刑法分则各具体犯罪的法定刑对其适用刑罚。我国刑法和刑法理论也是这种主张，对行为符合犯罪既遂特征的既遂犯，我国刑法要求根据其所犯的罪，在考虑刑法总则一般量刑原则的指导与约束的基础上，直接按照刑法分则具体犯罪条文规定的法定刑幅度处罚。

关于既遂犯处罚原则的适用，主要应当注意三点：

第一，关于定罪和法条引用问题。根据立法原意和司法实践经验，对故意犯罪的既遂犯，应按照刑法分则具体条文的罪刑规格定罪量刑，在罪名上不需标明既遂，但在司法文书尤其是起诉书和判决书的叙述部分，应表明行为人已完成犯罪的情况。对法律条文仅直接引用分则具体犯罪条文即可。

第二，注意对同种罪危害不同的既遂犯的区别对待。例如，同是盗窃罪的既遂犯，有盗窃数额的不同，即使盗窃数额相同的，也有盗窃对象重要程度的不同；同是故意杀人罪的既遂犯，有杀死一人与数人之别，有普通杀死与以特别残忍的手段杀死以及杀死后碎尸之别，还有普通的杀人既遂犯与实施杀人行为后自动采取抢救措施未果而构成的杀人既遂犯之不同等。这些不同的情形反映了不同的既遂犯之危害性与罪责程度的差异，为贯彻罪责刑相适应原则，在处罚时应予以适当的区别对待。

第三，在既遂犯同时具备其他宽严处罚的情节尤其是具有法定的宽严处罚情节时，要注意同时引用相关的条款。在综合考虑犯罪危害程度和犯罪人主观恶性大小的基础上，再决定适用恰当的处罚。

二、疑难问题

如何正确理解既遂的犯罪构成要件说？

既遂的犯罪构成要件说是我国刑法理论关于既遂标准的通说。为正确理解“犯罪构成要件说”，应当明确以下几点：

1. 要明确犯罪构成要件说适用的范围。按照法律规定和刑法理论，我国刑法中的过失犯罪和间接故意犯罪，行为发生法定的具体犯罪的结果，既标志着犯罪的成立即构成犯罪，同时也标志着具体犯罪构成要件之全部要素的齐备。因为过失犯罪和间接故意犯罪没有犯罪的预备、未遂、中止等未完成形态，而犯罪完成的既遂形态是与其他未完成形态相对存在的，所以，过失犯罪和间接故意犯罪在构成要件之全部要素齐备时只应称为构成犯罪或成立犯罪，而不应称为犯罪既遂。有的学者认为，既然这两类犯罪在构成要件之全部要素齐备时不能称为犯罪既遂，就说明犯罪构成要件说中的既遂概念不能贯彻到底，因而犯罪构成要件说也存在不完善之处。[1] 我们不同意这种观点。我们知道，犯罪过程中未完成犯罪的预备、未遂和中止等形态只存在于直接故意犯罪中，因此，说明“犯罪未得逞”这一既遂形态与未遂形态区别标志的犯罪构成要件说，当然也只适用于直接故意犯罪的场合，而不适用于过失犯罪和间接故意犯罪的场合。所以，后两类犯罪在齐备构成要件之全部要素时称为构成犯罪但不称为犯罪既遂这一点，并不能证明犯罪构成要件说中的既遂标准不妥当。进一步确切地讲，“犯罪构成要件说”中关于犯罪既遂的表述，适用于直接故意犯罪里一切存在既遂与其他未完成形态之分的犯罪中；“犯罪构成要件说”中关于犯罪未遂的“未得逞”特征含义的表述，则只适用于存在既遂形态与未遂形态之分的直接故意犯罪里，并以此作为属于这些罪的犯罪未遂形态而不属于既遂形态的标志。

2. 明确犯罪构成要件说具备主客观统一的含义。犯罪构成要件说认为，犯罪既遂的含

---

〔1〕 参见王志祥、曾粤兴：“修正的犯罪构成理论之辨正”，载《法商研究》2003 年第 1 期。

义是犯罪构成要件之全部要素齐备。在不同种类的直接故意犯罪里分别表现为发生了犯罪结果、完成了犯罪行为或具备了危险状态，这些构成要件之全部要素齐备的具体形式，概括起来都是具体犯罪构成客观要件的齐备、完备。但是，决不能认为既遂的犯罪构成要件说所讲的犯罪既遂的含义就只有客观方面的意义，它应该具备主客观两方面的含义。从客观方面看，既遂是犯罪完成状态下犯罪构成应具备的要素齐备；从主观方面看，是犯罪分子希望完成犯罪和齐备犯罪构成客观要件之全部要素，即达到既遂形态的犯罪意图的全部展开和实现。犯罪既遂是上述主客观含义的统一。不过，犯罪既遂的主观含义是通过客观含义得到反映和确定的，只要客观表现具备，其主观含义就一定同时具备。所以，按照既遂的客观表现即犯罪构成客观要件之全部要素齐备，来把握犯罪未遂形态区别于犯罪既遂形态的特征，不但是必要的，而且也是足够的。正是在这个意义上，犯罪既遂就是犯罪构成客观要件之全部要素齐备。可见，犯罪构成要件说正确地揭示了犯罪既遂的客观标志，从而使犯罪未遂形态与犯罪既遂形态在客观上明确地区别开来，但是这种主张又没有否认既遂客观标志背后应有的主观含义。

3. 犯罪构成要件说并非只是形式主义的标准。有的学者认为，犯罪构成要件说在犯罪未遂形态与犯罪既遂形态的区分上只是形式主义的标准，这种形式主义的区分标准实际上也不明确，因为很难认为刑法分则明确规定了各种具体犯罪的既遂标准。[1] 我们认为，犯罪构成要件说并非只是形式主义的标准，它同时也注重实质判断的方面。犯罪构成要件说在概括地指出犯罪既遂是指齐备了犯罪构成要件的全部要素这一总的认定标准之后，又根据刑法分则对具体犯罪的不同规定分别探求具体犯罪的既遂认定标准。在探求具体犯罪的既遂认定标准时，犯罪构成要件说则努力寻求立法原意，并以立法意图为依据来分析、界定具体犯罪的既遂标准。这充分体现了犯罪构成要件说同时从实质层面把握具体犯罪既遂标准的特点。

■第三节　犯罪预备形态

一、基本法理

（一）犯罪预备形态的概念和特征

1. 犯罪预备形态的概念。我国《刑法》第22条第1款“为了犯罪，准备工具、制造条件的，是犯罪预备”的规定，是对犯罪预备行为的表述，它揭示了犯罪预备行为的主观和客观的特征，但它并非是对犯罪预备形态下的定义。根据我国刑法的规定和有关的刑法理论，犯罪预备形态是故意犯罪过程中未完成犯罪的一种停止状态，是指行为人为实施犯罪而开始创造条件的行为，由于行为人意志以外的原因而未能着手犯罪实行行为的犯罪停止形态。这一概念包含了主客观相统一的犯罪预备形态的特征。

2. 犯罪预备形态的特征。

（1）客观特征。

第一，行为人已经开始实施犯罪的预备行为。所谓犯罪的预备行为，从性质上讲，就是为犯罪的实行和完成创造便利条件的行为。如为实施故意杀人罪而进行含毒食物的配制，制造匕首或者调查被害人的行踪等行为。

根据上述特征，犯罪预备不同于犯意表示。所谓犯意表示，指以口头、文字或其他方式

---

〔1〕 参见张明楷：《刑法的基本立场》，中国法制出版社2002年版，第229页。

对犯罪意图的单纯表露。犯意表示时尚未开始实施任何危害社会的行为，因而属于犯罪思想的范畴。在中外封建刑法中，有把犯意表示作为犯罪处罚的规定与实践。我国现行刑法坚决摒弃“思想犯罪”，认为只有犯意尚未实施犯罪行为的，不具有社会危害性，因而不能认定为犯罪并处以刑罚。犯意表示与犯罪预备有原则区别：犯罪预备行为，是为着手实施和完成犯罪制造条件的行为，它具有社会危害性，也具备特定的犯罪构成，我国刑法规定原则上要作为犯罪处理；而犯意表示，无论是从行为人的主观意图还是客观表现上看，都不是在为犯罪实施创造条件，不具有社会危害性。

第二，行为人尚未着手犯罪的实行行为。所谓犯罪的实行行为，指刑法分则中具体犯罪构成客观方面的行为。这一特征意味着，犯罪活动在具体犯罪实行行为着手以前停止下来。如故意杀人罪中尚未着手实施杀害他人的行为，盗窃罪中尚未着手实施非法秘密获取他人财物的行为。这一特征是犯罪预备形态与犯罪未遂形态区别的显著标志。

上述两点客观特征，实际上是从客观上为犯罪预备形态限定了一个可以发生的空间范围，起限是行为人必须已经开始实施犯罪的预备行为，终限是行为人着手犯罪实行行为之前。

（2）主观特征。

第一，行为人进行犯罪预备活动的意图和目的，是为了顺利地着手实施和完成犯罪。犯罪预备行为的发动、进行与完成，都是受此种目的支配的。

第二，犯罪在实行行为尚未着手时停止下来，从主观上看是违背行为人的意志的，即是由于行为人意志以外的原因所致。这一特征说明，行为人在着手犯罪实行行为前停止犯罪，是被迫的而不是自愿的，从而进一步揭示出预备犯的主观恶性。这一特征也是犯罪预备形态与下面将要论及的犯罪预备阶段即着手犯罪实行行为前的犯罪中止形态区别的关键所在，后者的停止犯罪而未着手实行犯罪是出于行为人的自愿。

上述客观和主观特征的同时具备和有机结合，就构成了犯罪预备形态的完整内涵，并使其得以与故意犯罪过程中的其他犯罪停止形态区别开来。同时符合上述主客观特征的行为人，就是预备犯。

（二）犯罪预备行为的类型

概括地讲，犯罪预备行为就是为实施犯罪而创造便利条件的行为。具体说来，根据我国《刑法》第22条的规定，可以将犯罪预备行为区分为两种类型，即两类表现形式：

1. 为实施犯罪准备犯罪工具的行为。所谓犯罪工具，是指犯罪分子进行犯罪活动所用的一切器械物品，其中包括：①用以杀伤被害人或者排除被害人反抗的器械物品，如枪弹、刀棒、毒药、麻醉剂、捆绑他人用的绳索等；②用以破坏、分离犯罪对象物品或者破坏、排除犯罪障碍物的器械物品，如钳剪、刀斧、锯锉、爆炸物等；③专用于到达或逃离犯罪现场或进行犯罪活动的交通工具，如汽车、摩托车等；④用以排除障碍、接近犯罪对象的物品，如翻墙用的梯子、攀越房屋或爬窗用的绳索等；⑤用以掩护犯罪实施或者湮灭罪证的物品，如犯罪分子作案时戴的面罩、作案后灭迹用的化学药品等。犯罪工具本身可以反映出犯罪预备行为不同的危害程度，例如，同是准备杀人用的犯罪工具，准备枪支、手榴弹就比准备小刀的危险性大；再如，准备专为犯罪使用的复杂的犯罪工具，其危害性也大于把日常用品准备为犯罪工具的行为。

所谓准备犯罪工具，包括制造犯罪工具、寻求犯罪工具以及加工犯罪工具使之适合于犯罪需要。由于准备犯罪工具是犯罪预备行为最常见的形式，所以我国《刑法》第22条将其明列出来。

2. 其他为实施犯罪创造便利条件的行为。司法实践和刑法理论把这类犯罪预备行为主要概括为以下几种：①为实施犯罪事先调查犯罪的场所、时机和被害人的行踪；②准备实施犯罪的手段，例如为实施以技术手段杀人而事先进行练习，为实施扒窃而事先练习扒窃技术；③排除实施犯罪的障碍；④追踪被害人、守候被害人的到来或者进行其他接近被害人、接近犯罪对象物品的行为；⑤前往犯罪场所守候或者诱骗被害人赶赴犯罪预定地点；⑥勾引、集结共同犯罪人，进行犯罪预谋；⑦拟定实施犯罪和犯罪后逃避侦查追踪的计划等。

（三）预备犯的处罚原则

我国《刑法》第22条第2款规定："对于预备犯，可以比照既遂犯从轻、减轻处罚或者免除处罚。"正确理解和适用预备犯的处罚原则，应当注意以下几点：

第一，由于预备犯在主观上具备的主要是为犯罪实施创造便利条件的意图，在客观上实施的仅是犯罪的预备行为，从主客观统一上看，预备犯的危害性一般既显著轻于既遂犯，也显著轻于未遂犯，因而我国刑法对预备犯规定了比照既遂犯从宽处罚且轻于未遂犯的处罚原则，这体现了主客观相统一和罪刑相适应原则的要求。

第二，在对预备犯定罪量刑时，应同时引用《刑法》第22条和刑法分则有关具体犯罪的条文。根据有关刑法理论和司法实践经验，应在"××罪"后加括弧标明预备形态问题，如"抢劫罪（预备）"。在预备犯的刑事责任追究和处罚原则的掌握上，对多数预备犯，应当比照既遂犯从轻、减轻处罚或者免除处罚，因为预备犯从主客观统一上看其危害性明显轻于既遂犯；同时，实施了犯罪预备的行为人符合《刑法》第13条但书规定的"情节显著轻微、危害不大"情况的，应依法不认定为犯罪；对极少数危害严重、情节特别恶劣的预备犯，如少数劫机、爆炸犯罪的预备犯，也可以不从宽处罚。

第三，在决定对实施犯罪预备行为者是否追究刑事责任，是否从宽处罚以及从宽处罚的幅度时，应当综合考虑如下情况：①行为人预备所犯罪行的性质和危害程度；②行为人预备犯罪行为的性质、危害程度及其进展程度；③行为人未能着手实施犯罪的具体原因；④行为人的人身危险程度。

二、疑难问题

如何正确把握犯罪预备形态的处罚范围？

1. 犯罪预备形态处罚范围的三种类型。各国刑法及刑法理论一般将犯罪预备形态处罚范围概括为三种类型：[1]

（1）对犯罪预备行为不予处罚，即在刑法总则和分则中均未规定处罚预备行为。这意味着所有的犯罪预备行为均不构成犯罪，因而也就不能予以刑罚处罚，如1810年《法国刑法典》就采取了不处罚预备行为的模式。对犯罪预备行为不予处罚，是以客观主义的刑法理论为根据的。这种理论认为，犯罪是实施足以引起损害的符合构成要件的行为，而犯罪的预备行为不可能直接引起损害结果，也不是某种具体犯罪的构成要件的行为，因而不应当作为犯罪予以处罚。

（2）对犯罪预备行为原则上予以处罚。采取这种处罚模式的立法例主要有1926年以及1960年的《苏俄刑法典》、1950年的《朝鲜刑法典》以及我国现行刑法等。对犯罪预备行为原则上予以处罚，是主观主义的刑法理论在处罚预备犯上的具体表现。这种理论将犯罪人的危险性格即实施或反复实施犯罪行为的危险性作为刑事责任的基础，认为行为只具有征表犯

---

〔1〕参见王志祥、郭健："论犯罪预备行为的处罚范围"，载《政治与法律》2005年第2期；邢志人：《犯罪预备研究》，中国检察出版社2001年版，第206～209页。

第十二章

罪人危险性格的意义，行为本身不是刑事责任的基础，而犯罪无非是行为人危险性格的征表。因此，根据主观主义刑法理论，犯罪预备行为如果能够征表行为人的危险性格，反映出行为人的犯罪意图，而且这种危险性格和犯罪意图与犯罪既遂所征表、反映的性格、意图没有任何的差别，那么，预备行为原则上就应当受到处罚。

(3) 对犯罪预备行为原则上不予处罚，只对严重犯罪的预备犯予以处罚。从立法例上看，绝大多数国家的刑事立法都以不处罚犯罪预备行为为原则，以处罚预备犯为例外。如日本现行刑法对预备犯在总则中未作任何规定，在分则中对内乱、外患、私战、对建筑物放火、伪造通货、杀人、以要求赎金为目的的拐取以及强盗等八种严重犯罪规定了处罚预备犯。

比较以上关于犯罪预备行为处罚范围的三种情形，有学者认为，对所有的犯罪预备行为均不予处罚，不利于刑法保护法益的目的的实现。虽然犯罪的预备行为与实行行为相比，不可能对法益形成现实的、直接的侵犯，甚至连对法益构成直接的威胁也无从谈起，而充其量只是对法益造成了间接的威胁。但据此就断定犯罪预备行为的社会危害性在任何情况下都没有达到应当追究刑事责任的程度，难免有些武断，一味强调刑法对预备行为不予干预，便会导致自缚手脚的后果。对犯罪预备行为原则上予以处罚，则会导致国家刑罚权的不当扩张或滥用。预备行为对于法益的危险是间接的，如果同时行为人的主观恶性程度并不严重，就很难得出行为严重侵犯法益的结论。并且，在司法实践中鉴于证明的困难等原因，完全达到立法上规定的原则上处罚犯罪预备行为的要求，是不可能实现的。这样一来，立法中原则上处罚犯罪预备行为的规定就在一定程度上被虚置了，刑法规定的权威性相应地就会受到损害。将所有预备行为宣告为刑事可罚，在刑法的危险递增理论看来，不仅违反刑罚的经济性原则，在实践中无法实行，而且，也是没有理论根据的。[1] 最后，对犯罪预备行为原则上不予处罚而例外地处罚严重犯罪的预备犯，既考虑了刑法保护法益的需要，也合理地控制了刑法干预预备行为的范围，因而是较为可取的解决犯罪预备行为处罚范围问题的办法。

2. 我国刑法中犯罪预备行为的处罚范围问题。现行刑法规定，对于预备犯，可以比照既遂犯从轻、减轻或者免除处罚。对此，理论上一般认为，我国刑法对所有的预备行为都要予以处罚。如有的学者指出，我国刑法对犯罪预备的处罚采取的是“积极说”，即认为一切犯罪的预备行为，都具有社会危害性。无论其危害性大小，都会使犯罪客体遭受程度不同的侵害。因此，只要证明被告人所实施的是为实行犯罪创造条件的预备行为，就应当令其承担刑事责任。[2]

有学者对传统观点提出了质疑。如有学者在肯定我国刑法以处罚预备犯为原则具有将刑事责任评价的时间起点提前，有助于严密刑事法网，将犯罪及时遏止在萌芽阶段，有利于充分发挥刑法的积极预防功能，改变刑法只能事后打击的消极被动局面等积极作用的同时，认为我国刑法以处罚预备犯为原则也具有与现行的犯罪构成理论相矛盾，缺乏实践操作性，并与刑法谦抑精神相违等消极作用。[3] 有学者指出，认为一切犯罪预备行为都具有刑事可罚性，与我国《刑法》第 13 条但书的规定不相协调。该条但书表明，并非所有具有社会危害性的行为都是犯罪，从而明确了任何行为要构成犯罪，都必须具有严重的社会危害性。就预备行为的社会危害性而论，尽管从行为者的主观恶性上讲，与未遂犯、既遂犯没有多大的差

[1] 参见赵秉志主编：《刑法修改研究综述》，中国人民公安大学出版社 1990 年版，第 152～153 页。

[2] 参见陈兴良：《刑法适用总论》（上卷），法律出版社 1999 年版，第 409～410 页。

[3] 参见杨书文：“我国犯罪预备处罚原则反思”，载《江苏警官学院学报》2005 第 1 期。

异，但是从其客观危害即在客观上所造成的实际损害或造成实际损害的危险来看，尚未使构成要件所欲保护的法益受到现实的侵害，而只是对法益具有侵害的危险，而且这种危险与实行行为所蕴含的危险相比有程度上的差异。我国刑法对预备犯只在总则中就其处罚原则作概括规定而不在分则中载明对哪些犯罪处罚其预备犯，并不一定就意味着对于刑法分则中的故意犯罪而言，只要存在预备行为，原则上就应以预备犯论处。我国刑法对预备犯的处罚只在总则中作概括规定，与1979年刑法制定时所遵循的“宜粗不宜细”的立法指导思想以及立法经验的严重不足不无关系。而且只在总则中作概括规定，比起在分则中同时对预备犯的处罚作出列举性规定，从立法技术上看，显然更容易做到。对预备行为的可罚范围应予以严格限定，只有社会危害性极为严重的犯罪才有处罚其预备行为的必要。[1]

■第四节　犯罪未遂形态

一、基本法理

（一）犯罪未遂形态的概念和特征

1. 犯罪未遂形态的概念。综观近代各国刑法的立法和理论，关于犯罪未遂形态的概念，主要是两种规定和主张：①认为犯罪未遂是指行为人已经着手实行犯罪，由于其意志以外的原因或障碍，而使犯罪未达既遂形态的情况。法国于1992年颁布并于1994年施行的现行刑法典即属此例。②主张犯罪未遂是指行为人已经开始实施犯罪而未达犯罪既遂的情况。2006年修订的意大利现行刑法典即属此例。

我国刑法采取了上述第一种规定方式。我国《刑法》第23条第1款规定：“已经着手实行犯罪，由于犯罪分子意志以外的原因而未得逞的，是犯罪未遂。”所谓未得逞，一般认为其表现为未能完成犯罪即未能达到犯罪既遂。因而根据上述规定，我国刑法中的犯罪未遂，是指行为人已经着手实行具体犯罪构成的实行行为，由于其意志以外的原因而未能完成犯罪的一种犯罪停止形态。我国刑法和刑法理论在犯罪未遂概念上所采取的综合主客观因素来限定犯罪未遂、区别犯罪未遂形态与犯罪中止形态的规定和主张，应当说是科学的。这一科学的犯罪未遂概念为犯罪未遂特征的确定以及为未遂犯设立正确适当的处罚原则，奠定了坚实的基础。

2. 犯罪未遂形态的特征。根据《刑法》第23条第1款犯罪未遂的概念，我国刑法中的犯罪未遂形态具有如下三个特征：

（1）行为人已经着手实行犯罪。所谓已经着手实行犯罪，是指行为人已经开始实施刑法分则规范中具体犯罪构成要件中的犯罪行为，如故意杀人罪中的杀害行为，抢劫罪中侵犯人身的行为和劫取财物的行为等。已经着手实行犯罪，这是犯罪未遂形态必须具备的特征之一，在未遂和预备均被认为是犯罪的国家，这是犯罪未遂形态与犯罪预备形态相区别的主要标志。在不处罚预备犯的国家，着手则成为区分罪与非罪的标志。

意大利刑法学家贝卡里亚于1764年首次在理论上明确提出犯罪的“着手”一词，并把它与犯罪未遂相联系。1810年《法国刑法典》第2条在首创法定的犯罪未遂一般概念的同时，也首次把“着手”一词立法化，规定为犯罪未遂的一个特征。以后多数国家的刑法典在规定犯罪未遂的同时，也都把“着手实行犯罪”明确规定为犯罪未遂的特征之一。如1871

[1] 参见王志祥、郭健：“论犯罪预备行为的处罚范围”，载《政治与法律》2005年第2期。

年《德国刑法典》、1942年《巴西刑法典》、1971年《瑞士刑法典》和《日本刑法典》等，中国现行刑法也是如此。

对于认定着手的标准，大陆法系国家主要有三种主张：[1] ①客观说，即主张从客观事实出发来确定着手实行犯罪的含义，认为是否属于着手实行犯罪，不应以行为人的主观意思为标准，而应以客观行为为依据。此说为刑事古典学派所主张，具体又区分为形式的客观说与实质的客观说。目前，实质的客观说是日本刑法理论界的通说。②主观说，认为应注意行为人的主观方面，以证明行为人具有犯罪意思为依据，来确定着手实行犯罪。此说为近代刑法理论所主张。这种观点站在犯罪是行为人危险性格的表现这个立场上，认为判断着手应从行为人的主观方面入手。该学说在德国较为通行，近年来在法国也受到实务界的普遍认可，出现了不少以主观说为理论基础的判例。[2] ③折衷说，又称为主观的客观说，认为着手实行犯罪具有主客观两方面的意义，两个方面是互相印证的，认定着手犯罪要把两个方面结合起来，客观的着手实行犯罪要能证实主观犯意的确定性和遂行性，主观的犯意要得到客观着手犯罪行为的证实。

上述几种观点虽然都具有一定的合理因素，但也都存在着割裂主观与客观联系的弊端。例如，客观说把着手视为完全脱离行为人主观心理状态的纯客观的法律事实，其种种具体主张又多模棱两可而在实践中难以把握，这就容易导致客观归罪的错误，并且难以在实践中把着手实行行为与预备行为、犯意表示甚至既遂形态科学而明确地区别开来。再如，主观说完全离开犯罪构成的要求来谈犯罪的着手，把客观行为仅仅看做证实主观有无犯意的手段，把犯意的有无作为确认犯罪着手的唯一标准，甚至把有无犯意的确认完全交由法官自由决定，从而容易导致主观归罪，严重混淆犯罪预备与犯罪未遂的界限。折衷说是主观说非本质的修正，是客观说与主观说的混同调和，而不是主客观两个方面的有机统一，因而这种主张不可避免地、不同程度地存有其他两种主张尤其是主观说的弊端，因而仍未能科学地解决着手实行犯罪的概念和标准问题。

我国的刑事立法和刑法理论认为，"着手"的概念和特征体现了主客观的有机统一。首先，着手是实行具体犯罪构成客观行为要件的起点。它不是介于犯罪预备阶段和实行阶段之间的一个独立的阶段或点，而是实行阶段和实行行为本身的起点。这里又有两个问题需要澄清：①着手就是实行行为的一部分内容；②着手不是属于预备阶段的预备行为的终了行为，而是实行阶段实行行为的开始。但是着手的出现既是确定犯罪已开始实行的标志，也是宣告预备阶段和预备行为已经终了的标志。其次，着手是客观实行行为和主观实行犯罪的意图相结合的产物和标志。这里应当注意，一般地讲，预备行为和着手行为在反映犯意性质上并无不同，但二者所反映的犯罪意图的具体内容有所不同。着手实行犯罪所体现的主客观统一，是刑法分则具体犯罪构成中主客观要件的统一。

因此，着手实行犯罪具备主观和客观两个基本特征：主观上，行为人实行具体犯罪的意志已经直接支配客观实行行为并通过后者开始充分表现出来，而不同于在此之前实施犯罪的意志；客观上，行为人已开始直接实行具体犯罪构成客观方面的行为，这种行为已不再属于为犯罪的实行创造便利条件的预备犯罪的性质，而是实行犯罪的性质，这种行为已使刑法所保护的具体权益初步受到危害或面临实际存在的威胁。在有犯罪对象的场合，这种行为已直

[1] 参见赵秉志主编：《外国刑法原理（大陆法系）》，中国人民大学出版社2000年版，第198页。

[2] 参见［法］卡斯东·斯特法尼等：《法国刑法总论精义》，罗结珍译，中国政法大学出版社1998年版，第235页。

接指向犯罪对象，如果不出现行为人意志以外原因的阻碍或者行为人的自动中止犯罪，这种行为就会继续进行下去，直到完成犯罪即达到既遂。在犯罪既遂包含犯罪结果的犯罪中，还会发生犯罪结果。着手实行犯罪是客观的犯罪实行行为与主观的实行犯罪意图相结合的产物和标志。这两个主客观基本特征的结合，从犯罪构成的整体上反映了着手实行犯罪的社会危害性及其程度。

行为人已经着手实行犯罪，这是犯罪未遂形态必须具备的特征之一，也是犯罪未遂形态与犯罪预备形态相区别的主要标志，因为犯罪未遂形态和犯罪预备形态都是由于行为人意志以外的原因而被迫停止了继续实施犯罪，因而二者区别的关键就在于着手实行犯罪与否。

（2）犯罪未完成而停止下来。按照我国刑法的规定和刑法理论，行为人在着手实行犯罪以后，犯罪“未得逞”，即犯罪未达既遂形态而停止下来，这是犯罪未遂形态的又一重要特征，是犯罪未遂形态区别于犯罪既遂形态的主要标志。关于犯罪未遂形态区别于犯罪既遂形态的特征，从外国刑事立法看，主要有四种规定方式：①规定犯罪未遂是未完成犯罪（或称未完成犯罪行为），如1871年《德国刑法典》、1940年《巴西刑法典》、1999年《越南刑法典》、2002年《蒙古国刑法典》等；②规定犯罪未遂就是没有发生犯罪结果，如1810年《法国刑法典》、1942年《西班牙刑法典》、2002年修订的《德国刑法典》等；③规定犯罪未遂形态就是犯罪行为未完成或者犯罪结果未发生，可称之为“行为与结果并列说”，1968年的《罗马尼亚刑法典》、2003年修订的《瑞士刑法典》等即属此种规定；④没有就行为、结果等作具体规定，而是同义反复地规定犯罪未遂形态就是“不遂”或“未遂”，如1907年《日本刑法典》、1971年《加拿大刑事法典》等。

在中外刑法理论上，对于犯罪未遂区别于犯罪既遂的特征，存在着犯罪目的未达到，犯罪结果未发生及犯罪构成要件未完备三种主张。其中前两种主张未能正确把握犯罪未遂区别于犯罪既遂的特征，因而不能按照这些主张正确地认定犯罪未遂和界定未遂形态与既遂形态的界限。既遂的犯罪构成要件说认为，犯罪既遂就是行为具备了分则具体犯罪构成的全部要件，因而若行为人着手实行犯罪后，违背其意志而使犯罪未能具备分则具体犯罪构成全部要件的，即为犯罪未遂。这就从确定既遂形态的角度正确地界定了既遂与未遂的区别，并揭示了未遂形态的一个特征。

犯罪没有完成这一未遂形态的特征，在存在既遂与未遂之分的三类直接故意犯罪里有着不同的具体含义和表现形式：一类是以法定的犯罪结果没有发生作为犯罪未完成的标志，如盗窃罪未发生窃得财物的犯罪结果；另一类是以法定的犯罪行为未能完成作为犯罪未完成的标志，如实施脱逃罪的行为人在逃出监房后未能逃出监狱的儆戒线；再一类是以法定的危险状态尚未具备作为犯罪未完成的标志，如行为人在油库放火，因火柴受潮而未能擦着时被捕获。

犯罪完成与否即具体犯罪构成要件之要素的完备与否，其显著标志是看刑法分则具体犯罪构成所规定、所要求的犯罪客观要件之要素的完备与否。认定犯罪未完成这一特征时，有必要明确以下几点：①所谓犯罪未完成即具体犯罪构成要件之要素不完备，是指具体犯罪构成所包含的作为犯罪完成标志的客观要件尚不完备，而不是说没能发生任何具体的危害结果。例如，故意杀人罪里的犯罪未完成即犯罪构成要件的不完备，是指未发生被害人死亡的结果，而不是指未给犯罪对象造成任何伤害结果。②犯罪的完成即具体犯罪构成要件之要素的完备，在时间上没有任何长短的要求，只要一完备构成要件之要素就意味着犯罪完成和构成既遂，因此，不能因刚刚完备构成要件之要素犯罪人就被抓回、犯罪对象就被抢回或者犯罪人事后的返还行为来否认犯罪既遂的成立而认定为犯罪未遂。③犯罪既遂是犯罪完成的标志，犯罪既遂后绝不可能再出现犯罪未完成的停止形态。这对以法定犯罪结果的发生、以法定犯罪行为的完成以及以法定客观危险状态的具备作为既遂标志的犯罪，都应当是毫无例外地适用的。

（3）犯罪停止在未完成形态是犯罪分子意志以外的原因所致。犯罪活动在着手实行以后之所以停止在未完成形态，乃是由于犯罪分子意志以外的原因所致，这是犯罪未遂形态的又一重要特征，是犯罪未遂形态与着手犯罪实行行为后的犯罪中止区别的关键。后者是由于行为人意志以内的原因而未完成犯罪。

根据我国刑法的基本原理和犯罪未遂形态的立法思想，应以“足以阻止犯罪意志的原因”作为认定犯罪分子“意志以外的原因”的标准。这一标准体现了质与量的有机统一。首先，从性质上看，犯罪分子“意志以外的原因”应该是阻碍其实行和完成犯罪的意志与活动的因素。在司法实践中，具有不同程度的阻碍犯罪意志和犯罪活动完成的作用而有可能被认定为犯罪分子“意志以外的原因”的种种因素，大致可以分为三类：①犯罪人本人以外的原因，包括被害人、第三者、自然力、物质障碍、环境时机等方面对完成犯罪具有不利影响的因素；②行为人自身方面对完成犯罪有不利影响的因素，如其能力、力量、身体状况、常识技巧等的缺乏或不佳情况；③行为人主观上对犯罪对象情况、犯罪工具性能以及犯罪结果是否已发生或必然发生等的错误认识。其次，犯罪分子“意志以外的原因”还应该是足以阻止其犯罪意志的原因，这是对“意志以外的原因”“量”的要求，其量的要求就是必须达到足以阻止犯罪意志和犯罪活动完成的程度。前述的对犯罪完成有不利影响的因素，并非都能达到足以阻止犯罪意志和犯罪活动完成的程度，因而不能一概地认定为作为犯罪未遂特征的“意志以外的原因”。例如，在犯罪分子完全或主要是基于认识错误（如对犯罪对象、犯罪工具、犯罪客观环境、犯罪因果关系认识错误）而放弃犯罪的继续实施和完成的情况下，这种认识错误是足以阻止其犯罪意志和犯罪活动完成的因素，因而应认定犯罪未完成是由于犯罪分子意志以外的原因所致，构成犯罪未遂形态。但如果行为人明知自己遇到的是显然不足以阻止犯罪完成的不利因素，如强奸犯罪中遇到被害人怀孕或月经来潮，抢劫、强奸等暴力犯罪中发现被害人是熟人，或者在暴力犯罪中被害人有轻微的挣扎、反抗，犯罪人在此情况下放弃犯罪的完成，就不能将这种不利因素认定为作为犯罪未遂特征的犯罪分子“意志以外的原因”。

上述犯罪未遂的三个特征，前两个侧重于揭示犯罪未遂的客观特征，第三个侧重于揭示犯罪未遂的主观特征，犯罪未遂的三个特征表现为主客观的统一和齐备。在具备“着手实行犯罪”第一特征的情况下，“犯罪未完成”和“由于犯罪分子意志以外的原因”这两个特征又是现象和本质的统一。符合上述三特征的行为人，即为未遂犯。

（二）犯罪未遂形态的类型

我国刑法理论一般从两个角度，根据两个不同的标准，把犯罪未遂划分为两对类型：实行终了的未遂与未实行终了的未遂，能犯未遂与不能犯未遂。

1. 实行终了的未遂与未实行终了的未遂。刑法理论上以犯罪实行行为是否实行终了为标准，把犯罪未遂形态区分为实行终了的未遂与未实行终了的未遂两种类型。

犯罪实行行为是否实行终了以什么为标准？我们认为，在法定犯罪构成所要求、限定的客观行为范围内，行为是否实行终了，应以犯罪分子是否自认为实现犯罪意图所必要的全部行为都已实行完毕为标准。按照这一标准，在法定犯罪构成所包含的实行行为的范围内，如果从主客观的统一上看犯罪行为未实行完毕，如犯罪分子在实行犯罪的过程中就因意志以外原因的阻止而未能实行下去，例如盗窃犯正在室内盗窃时被当场抓获，这当然是未实行终了的未遂。而实行终了的未遂则可以有两种表现：①犯罪分子误认为其实现犯罪意图所必要的行为都已实行终了，因而停止了犯罪行为，但是却由于其意志以外的原因而未能使犯罪达到既遂状态。如在故意杀人罪中致人重伤，犯罪人误认为被害人已死亡或必然死亡，因而放弃加害而离去，后被害人遇救幸存，此种情况就是这种表现形式的典型。②犯罪分子对完成犯罪所必要的犯罪行为已实行终了这一点并未发生错误认识，但是行为实行终了距犯罪既遂还有一段距离，在实行终了以后，由于犯罪人意志以外的原因致使犯罪未能达到既遂状态。如在投毒杀人中，犯罪人已将毒投下，被害人因发现而未食毒物，或者被害人食毒物后遇救未死，即属这种情况。

从主客观统一上看，一般来说，实行终了的未遂的社会危害性大于未实行终了的未遂，根据罪责刑相适应的原则和刑罚目的的要求，在量刑时，前者一般应比后者从重掌握。

2. 能犯未遂与不能犯未遂。刑法理论上以行为的实行能否构成犯罪既遂为标准，把犯罪未遂形态划分为能犯未遂与不能犯未遂两种类型。

能犯未遂，是指犯罪行为有实际可能达到既遂，但由于行为人意志以外的原因未能达到既遂而停止下来的情况。如犯罪分子用刀杀人且已将被害人砍伤，后被人当场夺走刀子并将其抓获，即为能犯未遂。如果犯罪人不被当场制止，完全有可能杀死被害人。

不能犯未遂，是指因犯罪人对有关犯罪事实认识错误而使犯罪行为不可能达到既遂的情况。不能犯未遂又可进一步区分为工具不能犯未遂与对象不能犯未遂两种。所谓工具不能犯的未遂，是指犯罪人由于认识错误而使用了按其客观性质不能实现其犯罪意图、不能构成既遂的犯罪工具，以致犯罪未遂。例如，误把白糖当作砒霜等毒药去杀人；误用空枪、坏枪、臭弹去射杀人等。所谓对象不能犯的未遂，是指由于行为人的错误认识，使得犯罪行为所指向的犯罪对象在行为时不在犯罪行为的有效作用范围内，或者具有某种属性，而使得犯罪不能既遂，只能未遂。例如，误认尸体为活人而开枪射杀、砍杀；误认空包内有钱财而扒窃；误认为被害人在卧室而隔窗枪击；误认男子为女子而着手实行强奸行为等。

从主客观统一上看，在一般情况下，能犯未遂往往比不能犯未遂具有较大的社会危害性，因此，对能犯未遂一般应较不能犯未遂从重处罚。

（三）未遂犯的处罚原则

对未遂犯应怎样比照既遂犯处罚？在近现代各国刑法和刑法理论中，主要有必减主义、不减主义（同等主义）和得减主义三种规定与主张。我国《刑法》第23条第2款规定："对于未遂犯，可以比照既遂犯从轻或者减轻处罚。"这一规定采取的是得减主义的处罚原则。正确适用这一处罚原则，应当注意以下几点：

第一，对未遂犯定罪量刑，应当同时引用《刑法》第23条和刑法分则具体犯罪的条文。在罪名后应加括弧标明未遂形态问题，如故意杀人罪（未遂）。

第二，在对未遂犯处罚原则的理解与掌握上，所谓可以比照既遂犯从轻或者减轻处罚，表明的是法律的一种倾向性要求，即与既遂犯相比，对未遂犯一般要从轻或者减轻处罚，但是法律的要求又没有绝对化，对于极少数未遂犯，综合整个案情看，其危害程度并不小于既遂犯。这种原则性与灵活性相结合的处罚规定，使罪刑相适应原则在未遂犯的一般情况和特殊情况下都能贯彻。

第三，对未遂犯确定是否可因犯罪未遂而从轻、减轻处罚时，应把未遂情况置于全案情节中统筹考虑。因为影响案件社会危害程度的有主客观诸方面的多种情节而非未遂一种情节，而且未遂情节是与全案的其他情节一起影响、决定案件的危害程度的。如果综合全部案情看，未遂案件的危害性与既遂相比较轻或显著较轻，而且未遂情节在全部情节中居于举足轻重的地位，从而影响甚至是显著影响了案件的危害程度的，就可以决定对行为人基于其犯罪未遂而予以从轻或减轻处罚，反之则不应基于未遂而从宽处罚。

第四，在对未遂犯决定要从宽处罚的基础上，为正确确定从宽处罚的幅度，必须正确判定未遂案件与既遂案件危害程度的差别。这时主要应当考虑如下几种因素：①未遂形态距离犯罪完成的远近程度；②犯罪未遂所属的类型；③未遂形态所表现出来的行为人犯罪意志的坚决程度。

二、疑难问题

（一）如何正确认定着手实行犯罪？

如何正确地认定着手实行犯罪，可以从多方面加以研究和把握。其中一个非常重要的有效的方法，就是借助犯罪预备行为，从犯罪预备行为与实行行为的区别来正确认定着手实行犯罪与否。因为犯罪的预备和实行是犯罪发展过程中前后相继、紧密相连而无任何中间环节的两个阶段，而且我国刑事立法、司法实践和刑法理论对犯罪预备的本质和表现形式也有所规定和总结。按照我国刑法的规定和揭示，犯罪预备行为的本质和作用，是为分则犯罪构成行为的实行和犯罪的完成创造便利条件，为其创造现实的可能性，而分则具体犯罪构成中实行行为的本质和作用，则是要直接完成犯罪，要变预备阶段实行和完成犯罪的可能性为现实性。二者本质和作用的这种区别与联系，既是犯罪活动发展的客观事实所揭示、所证实的，同时也是行为人主观上有所认识的。这种主客观统一的区别，使我们正确地认定和区分预备行为与着手行为成为可能，它为正确区分两种行为提供了一个原则标准。依此原则标准，并结合具体犯罪和案件情况分析界定预备行为与实行行为，就可以正确地认定着手实行犯罪与否，从而准确地区分犯罪预备形态与犯罪未遂形态。如司法实践中和刑法理论上常存在争议的途中行为（犯罪人尚在前往犯罪地点途中的情况）、尾随行为（被告人尾随被害人伺机侵害的情况）、守候行为（被告人埋伏或等候在预定地点准备实施加害行为的情况）和寻找行为（被告人公然或秘密寻找预定的犯罪对象欲加害的情况），实际上都属于犯罪的预备行为而未着手实行犯罪，因为途中、尾随、守候和寻找的行为都是在为具体犯罪的实行创造便利条件，而不是具体犯罪的实行行为本身，因而应认定行为人为预备犯而不是未遂犯。

（二）大陆法系国家是如何认识不能犯的？如何正确理解我国刑法中的不能犯未遂问题？

在现代各国刑法或刑法理论上，以行为的完全实行能否构成犯罪既遂为标准，把犯罪未遂划分为能犯未遂与不能犯未遂。有关不能犯（不能犯未遂）存在许多理论聚讼。

不能犯（不能犯未遂）在大陆法系不同国家的刑法理论中并不是等同的概念，具有不同的含义。如日本刑法理论中的不能犯实际上是指不成立犯罪因而不可罚的行为，它是与未遂犯相对的概念，而不是未遂犯的一种。而且，迷信犯在日本刑法理论中也被认为是不能犯的一种。而在德国刑法理论中，凡行为的实行不可能发生结果的情况都称为不能犯，不能犯属于未遂犯的一种，未遂犯包括能犯未遂与不能犯未遂，不能犯也可能成立犯罪而受到刑法处罚，[1] 但是迷信犯和常识错误犯则作为例外不予处罚。[2]

基于对不能犯性质的不同理解，有关不能犯问题的争论，在日本刑法理论上主要围绕如

---

〔1〕 参见张明楷：《未遂犯论》，中国法律出版社、日本国成文堂1997年联合出版，第217～219页。

〔2〕 参见［德］汉斯·海因里希·耶赛克、托马斯·魏根特：《德国刑法教科书（总论）》，徐久生译，中国法制出版社2001年版，第638页；［德］冈特·施特拉腾韦特等：《刑法总论Ⅰ——犯罪论》，杨萌译，法律出版社2006年版，第267页。

何区分可罚的未遂犯和不可罚的不能犯进行，而在德国刑法理论中则主要围绕如何区分不能犯未遂与不可罚行为展开。但是，无论表面上以什么为中心来讨论不能犯问题，其实质都是要区分出与未遂犯相区别的不可罚行为。这些不可罚行为乃是因为没有实现犯罪的危险性而不受处罚，因此，大陆法系有关不能犯的争论就主要围绕如何判断行为的危险而展开。[1]大陆法系国家刑法理论中关于不能犯的学说非常复杂，从大的方面来说，存在以行为人的主观认识为基础来判断是否具有危险的主观说和以行为自身的性质为基础来判断是否具有危险的客观说的对立。这两者之间，根据对危险的判断基准的理解不同，又主要存在"纯粹主观说"[2]、"抽象危险说"[3]、"具体危险说"[4]、"客观危险说"[5]、印象理论[6]等争论。[7]

中国刑法理论以行为的实行实际上能否达到既遂形态为标准，把犯罪未遂形态区分为能犯未遂与不能犯未遂。能犯未遂，是指行为人有实际可能完成犯罪，达到既遂形态，但是在着手实行犯罪后，由于行为人意志以外的原因致使犯罪未得逞，未能达到既遂。不能犯未遂，是指行为人因事实认识错误而不可能完成犯罪，不可能达到既遂的犯罪未遂。结合刑法理论和司法实践来考察，在这种分类中，对于能犯未遂本身并无争议，不需要特别研究，存在争议和需要着重研究的是不能犯未遂，

根据中国刑法理论的通说，无论工具不能犯还是对象不能犯，都具备了主观罪过和客观犯罪行为这两个犯罪构成中最基本的因素，这种主客观的统一决定了它们均具有刑法上的可罚性，都应按照犯罪未遂予以处罚。[8]不少学者对通说提出了质疑。他们认为，我国的通说主张除迷信犯以外的不能犯都属于未遂犯，而且在判断危险性时仅仅以行为人所认识的事实作为基准，在不能犯问题上实际采取了相当于大陆法系国家刑法理论中的抽象危险说的立场。而抽象危险说具有强烈的主观主义倾向，过于扩大未遂犯的成立范围，因而并不妥当。在不能犯问题上应当对可罚的未遂犯和不可罚的不能犯予以区分。[9]批判通说理论的学者之间又存在着不同的主张，主要是客观危险说和具体危险说的争论。[10]

主张客观危险说的学者认为，中国通说中的不能犯未遂，既包括了应当作为犯罪未遂处理的情形（如向被害人食物中投放没有达到致死量的毒药），也包括了不可罚的不能犯。而

---

〔1〕以下为行文方便，除特别指明外，不能犯即指与可罚的未遂犯相对的不可罚行为。

〔2〕具体内容可参见［日］大塚仁：《刑法概说（总论）》，冯军译，中国人民大学出版社2003年版，第227～228页。

〔3〕具体内容可参见［日］大谷实：《刑法总论》，黎宏译，法律出版社2003年版，第282～283页。

〔4〕具体内容可参见［日］大塚仁：《刑法概说（总论）》，冯军译，中国人民大学出版社2003年版，第228页。

〔5〕具体内容可参见［日］野村稔：《刑法总论》，全理其等译，法律出版社2001年版，第347～348页。

〔6〕具体内容可参见苏俊雄：《刑法总论II》，台湾作者自版1998年版，第369～373页。

〔7〕关于不能犯与未遂犯区分的理论争议的详细情况，可参见张明楷：《未遂犯论》，中国法律出版社、日本国成文堂1997年联合出版，第225～264页。

〔8〕参见高铭暄主编：《刑法学原理》（第2卷），中国人民大学出版社1993年版，第327页；姜伟：《犯罪形态通论》，法律出版社1994年版，第171页；陈兴良：《陈兴良刑法学教科书之规范刑法学》，中国政法大学出版社2003年版，第133页。

〔9〕参见张明楷：《刑法的基本立场》，中国法制出版社2002年版，第242页；郑军男：《不能未遂犯研究》，中国检察出版社2005年版，第263～272页；顾肖荣："危险性的判断与不能犯未遂犯"，载《法学研究》1994年第2期。

〔10〕也有学者主张在区分可罚的不能犯未遂与不可罚行为问题上采用具体危险说，在区分能犯未遂与不能犯未遂问题上采用客观危险说。参见廖万里："我国刑法中的不能犯界说——以危险判断学说为基准"，载《法商研究》2005年第2期。

且，不能犯的概念不宜作为犯罪未遂的一种类型来使用，因为事实上未遂都是由于某种原因而不能既遂，故并无必要将犯罪未遂分为能犯未遂和不能犯未遂。[1] 为了坚持主客观相统一的原则，也为了贯彻客观的未遂论，只有当行为人主观上具有罪过，客观上实施的行为具有侵害法益的危险时，才能认定为犯罪未遂。行为人主观上具有犯意，其客观行为没有侵害法益的任何危险时，就应认定为不可罚的不能犯，不能追究行为人的刑事责任。至于客观行为是否具有侵害法益的危险，则应以行为时存在的所有客观事实为基础，并进行一定程度的抽象（舍弃细微的具体事实），站在行为时的立场上根据客观的因果法则进行判断。[2]

更多的学者则采用了具体危险说的立场。[3] 持具体危险说的学者认为，对于刑法上的观念或内容的理解，不能脱离一般人的理解，否则，通过罪刑法定来为一般人提供行动指南的理念就会成为一句空话。同时，刑法规范是行为规范和制裁规范的复合体，刑法在成为法官定罪量刑的判断标准之前，首先应看成是一般人预测自己行为后果的行为规范。从这一意义上讲，对于刑法规定的意义的理解，首先也必须以社会通常观念即一般人的理解为标准来进行。由此，应当认为，从一般人的立场来判断行为的客观危险性的具体危险说是妥当的。不能犯中危险性的判断，应以行为人特别认识到的事实和一般人能够认识到的事实为基础，以行为时为基准，从一般人的立场出发，认为在具有发生构成要件结果的现实危险性的场合，就是未遂犯；在没有的场合，就是不能犯。[4]

■第五节 犯罪中止形态

一、基本法理

（一）犯罪中止形态的概念和特征

1. 犯罪中止形态的概念。我国《刑法》第24条第1款规定：“在犯罪过程中，自动放弃犯罪或者自动有效地防止犯罪结果发生的，是犯罪中止。”根据这一规定并结合我国刑法学中关于故意犯罪停止形态的理论，我国刑法中的犯罪中止是指在犯罪过程中，行为人自动放弃犯罪或者自动有效地防止犯罪结果的发生，而未完成犯罪的一种犯罪停止形态。

2. 犯罪中止形态的特征。根据我国《刑法》第24条第1款的规定和犯罪中止成立的实际情况，犯罪中止形态有两种类型，即自动放弃犯罪的犯罪中止和自动有效地防止犯罪结果发生的犯罪中止，这两种类型的犯罪中止的特征略有不同。

（1）自动放弃犯罪的犯罪中止的特征。自动放弃犯罪的犯罪中止，必须同时具备三个特征：

第一，时空性。按照法律的规定，必须是在犯罪过程中放弃犯罪，即必须是在犯罪处于运动过程中而尚未形成任何停止状态的情况下放弃犯罪。这是犯罪中止成立的客观前提特征。这一特征意味着，如果犯罪已经达到既遂形态，犯罪人不可能再中止犯罪；如果犯罪虽未达到既遂形态，但在发展过程中已由于犯罪分子意志以外的原因而停止在犯罪预备形态或

---

〔1〕 参见张明楷：《刑法学》，法律出版社2003年版，第302页。

〔2〕 参见张明楷：《刑法学》，法律出版社2003年版，第301页。

〔3〕 参见黎宏：“刑法中的危险及其判断——从未遂犯和不能犯的区别出发”，载《法商研究》2004年第4期；郑泽善：“论未遂犯与不能犯的区别”，载《中国刑事法杂志》2005年第5期；郑军男：《不能未遂犯研究》，中国检察出版社2005年版，第288页以下。

〔4〕 参见黎宏：“从一案例看未遂犯和不能犯的区别”，载《中国刑事法杂志》2001年第3期。

者犯罪未遂形态，犯罪人也不可能再中止犯罪。因此，如果犯罪已经既遂，行为人又自动恢复原状或者主动赔偿损失的，例如盗窃犯把盗得的财物又送回原处，贪污犯主动退赔以前贪污的公款，由于其犯罪已经完成，不存在中止犯罪的时空条件，因而不属于犯罪中止而是犯罪既遂，但对此可作为从宽情节在处罚时酌情考虑。

第二，自动性。即行为人必须是自动停止犯罪。这是犯罪中止形态的本质特征，是犯罪中止形态与犯罪的未遂形态和预备形态的根本区别。

根据主客观相统一的原则，我们认为，犯罪中止的自动性，是指行为人出于自己的意志而放弃了自认为当时本可继续实施和完成的犯罪，即行为人在主观上自动放弃了犯罪意图，在客观上自动停止了犯罪的继续实施和完成。犯罪中止的自动性应当有两层含义：①行为人自认为当时可以继续实施与完成犯罪，这可以说是成立自动性的前提条件。当然，行为人的这种确信，应当有当时一定的主客观条件为根据、为佐证，而不能是没有任何根据的臆想。只要行为人自认为当时有条件将犯罪进行到底，即使在他人看来不可能继续进行和完成犯罪，或者犯罪在客观实际上已不可能再继续实施和完成，那就均不影响行为人停止犯罪自动性的成立。相反，虽然犯罪在客观上尚可继续实施与完成，但行为人却误认为犯罪已不可能进行，这种情况下则不可能成立停止犯罪的自动性，行为人此时基于错误认识停止犯罪是被迫的而不是自动的。②行为人出于本人意志而停止犯罪。这是成立自动性的关键条件。就是说，行为人不管是受到什么因素的影响，基于什么考虑，最终都是在自认为可以继续实施和完成犯罪的情况下，在继续犯罪和停止与放弃犯罪这两条道路之间，出于其本人的主观意志，放弃了继续犯罪的意图，选择了停止与放弃犯罪的道路，并进而在此主观意志的支配下，在客观上停止和放弃了犯罪的继续实施与完成。

在犯罪中止自动性这一质的要求下，对行为人自动中止犯罪的动机即起因应作广义的辩证的理解，而不能只限于真诚彻底悔罪，也不宜一概排斥存有客观不利因素的情况。即引起行为人自动放弃犯罪的起因，可以包括主客观诸方面的多种因素，有的是行为人真诚悔悟，不愿继续犯罪；有的是由于他人的规劝、教育或者斥责，思想起了变化；有的是对被害人产生了同情和怜悯；有的是慑于法的威严和法网难逃，惧怕日后罪行暴露受到惩罚；有的是遇到了对完成犯罪有轻微不利的客观因素，同时又有上述某种因素的影响。这些不同的因素，只是反映了行为人中止犯罪的不同悔悟程度，而不是悔悟与不悔悟的差别，不是是否具备自动性、是否成立犯罪中止的差别。因此，这些因素的不同，并不影响犯罪中止的成立，但在处理或量刑时，可作为影响案件危害程度和行为人主观恶性程度的情节予以适当考虑。

第三，彻底性。指行为人彻底放弃了原来的犯罪。这一特征意味着，行为人在主观上彻底打消了原来的犯罪意图，在客观上彻底放弃了自认为本可能继续进行的犯罪行为，而且从主客观的统一上行为人也不打算以后再继续实施此项犯罪。彻底性表明了行为人自动停止犯罪的真诚性及其决心，它表明犯罪分子自动停止犯罪是坚决的、完全的，而不是暂时的中断。暂时中断犯罪，即行为人停止犯罪是因为准备不充分或者认为时机不成熟、环境条件不利而意图等待条件适宜再继续该项犯罪，它不具备中止犯罪彻底性的要求，因而不能认为是犯罪中止。当然，所谓彻底停止犯罪，是相对而言的，而不是有绝对的意思。这是指行为人必须彻底放弃正在进行的某个具体的犯罪，而不是指行为人在以后任何时候都不再犯同种犯罪，更不能理解为行为人在以后的任何时候都不再犯任何罪。

(2) 自动有效地防止犯罪结果发生的犯罪中止的特征。所谓自动有效地防止犯罪结果发生的犯罪中止，是指行为人已经着手实行的犯罪行为可能造成但尚未造成犯罪既遂所要求的犯罪结果，而在这种情况下所成立的犯罪中止。这可以说是一种特殊类型或特殊情况下的犯罪中止。

这种特殊类型的犯罪中止，自然也需要具备上述普通类型的犯罪中止所必须具备的时空性、自动性、彻底性三个特征，这可以说是所有犯罪中止形态均应具备的共性。但是，由于这种特殊类型的犯罪中止所面对的犯罪已经实行到了相当的程度，已实施的行为有可能产生既遂形态的犯罪结果，从犯罪中止形态的立法目的出发，就不能不对这种特殊情况下成立犯罪中止提出特殊的要求。因而这种特殊犯罪中止类型在上述三个特征之外，还要求具备“有效性”的特征，即行为人还必须有效地防止了他已实施的犯罪之法定犯罪结果的发生，使犯罪未达既遂状态而停止下来。这一“有效性”特征鲜明地贯彻和体现了犯罪中止制度尽力减少已经开始进行的犯罪之社会危害程度的立法旨意。

根据犯罪中止的有效性特征的要求，在已经实施的犯罪行为有可能产生既遂的犯罪结果的情况下，行为人要成立犯罪中止，仅以不作为的方式消极地停止犯罪的继续实施是不够的，除此之外，他还必须采取积极的作为形式来预防和阻止既遂的犯罪结果的发生，而且这种防止行为必须奏效，实际上阻止了即避免了既遂犯罪结果的发生，这样才能成立犯罪中止。如果行为人虽然采取了防止既遂的犯罪结果发生的积极措施，但实际上未能阻止犯罪结果的发生，或者该犯罪结果未发生是由于其他原因所致，则不能认定行为人成立犯罪中止，而应为犯罪既遂或犯罪未遂。对行为人防止犯罪结果发生的这种努力，可在处罚时作为从宽情节适当考虑。

（二）犯罪中止形态的类型

犯罪中止形态的具体表现形式多种多样。从不同的角度，根据不同的标准，可以将犯罪中止划分为多种类型。正确地划分并研究犯罪中止的类型，有助于认识犯罪中止的复杂情况和深入把握犯罪中止形态的本质与特征，有助于从不同的侧面衡量不同的犯罪中止的不同危害程度，从而有助于我们对犯罪中止案件的正确定罪量刑。下面简述两种主要的分类：

1．预备中止、未实行终了的中止与实行终了的中止。这是根据犯罪中止发生的时空范围而对犯罪中止所作的分类。

（1）预备中止。即发生在犯罪预备阶段的中止，其时空范围起始于犯罪预备活动的实施，终止于犯罪实行行为着手前，是指在犯罪的预备活动过程中，行为人在自认为可以继续犯罪活动的条件下，自动地将犯罪活动停止下来，不再继续犯罪预备行为或者没有着手犯罪实行行为的情况。如行为人预备爆炸杀人，但在制造爆炸物的过程中，惧怕发生严重的后果而自动停止了爆炸物的制造，未着手爆炸杀人的行为。

（2）未实行终了的中止。即发生在犯罪实行行为尚未终了时的中止，其时空范围始于犯罪实行行为的着手，止于犯罪实行行为终了前，是指行为人在实施犯罪实行行为的过程中，自动放弃了犯罪的继续实施和完成（多表现为自动停止了犯罪行为的实施，少数情况下还要进一步有效地防止了犯罪结果的发生），因而使犯罪停止在未达既遂的状态。如强奸犯在着手对被害人实施暴力行为的过程中，基于被害妇女的劝说而放弃了对其进一步要实施的奸淫行为，即属于强奸罪未实行终了的犯罪中止。

（3）实行终了的中止。即发生在犯罪实行行为实施终了后的犯罪中止，其时空范围始于实行行为终了之时，止于既遂的犯罪结果发生之前，是指行为人在实行行为终了以后，出于本意而以积极的行为阻止了既遂之犯罪结果的发生。如投毒杀人者投下毒药后，又采取积极的措施未使被害人吃下毒物，或者在被害人中毒后对其积极抢救而未使其死亡，就是故意杀人罪实行终了的犯罪中止。

上述三种类型的犯罪中止相互比较，其社会危害性显然有所不同，一般说来，预备中止最小，实行终了的中止最大，未实行终了的中止居中。

2．消极中止与积极中止。这是根据对中止行为的不同要求而对犯罪中止所作的分类。

（1）消极中止。即犯罪人仅需自动停止犯罪行为的继续实施便可成立的犯罪中止，其行为方式仅需不作为形式。此种类型也即前述的自动放弃犯罪的犯罪中止，在犯罪预备阶段和犯罪实行行为尚未终了的大多数情况下所成立的犯罪中止，均属此种类型。

（2）积极中止。指需要作为形式才能构成的中止，即犯罪人不但需要自动停止犯罪的继续实施，而且还需要以积极的作为行为去防止既遂犯罪结果的发生才能成立的犯罪中止。此种类型也即前述的自动有效地防止犯罪结果发生的犯罪中止，它发生于实行行为尚未终了的少数情况下，以及实行行为终了的某些情况下。

上述两种类型的犯罪中止相互比较，消极中止距离犯罪既遂较远；而积极中止距离犯罪既遂较近，尤其是其中有些还发生了一定的实际危害后果，因而一般说来，积极中止较消极中止的社会危害性大一些。

（三）中止犯的处罚原则

对于中止犯的处罚，各国刑法主要采取的是必减免制和得减免制两种原则。我国《刑法》第 24 条第 2 款规定：“对于中止犯，没有造成损害的，应当免除处罚；造成损害的，应当减轻处罚。”由此看出，我国采取了必减免制。据此规定，是否造成损害，是对中止犯予以免除处罚或减轻处罚的依据。正确理解和适用这一原则应当注意：①我国刑法对中止犯的处罚原则是“应当”，即必须免除或者减轻处罚，而且对中止犯处理时要先考虑损害结果。对中止犯既不允许与既遂犯同样处罚，也不允许比照既遂犯从轻处罚。这一处罚原则不但轻于未遂犯，也轻于预备犯，体现了主客观相统一的刑事责任原则和罪刑相适应原则的要求，在一定程度上有助于对已经开始的犯罪活动的积极制止。②对中止犯的处罚，应同时引用《刑法》第 24 条和刑法分则有关具体犯罪的条文，在罪名上应对中止形态有所体现。③对中止犯的从宽处罚根据不同情况分别掌握：对于造成损害结果的，应当减轻处罚；未造成损害结果的，应当免除处罚。④中止者所拟实施或刚着手实施的犯罪危害较轻，符合《刑法》第 13 条但书规定的，应依法不认为是犯罪。

二、疑难问题

（一）怎样理解犯罪中止的自动性问题？

关于中止的自动性的理解，国外刑法理论存在不同观点：①主观说认为，行为人放弃犯罪的动机是基于对外部障碍的认识时，就是未遂，此外的场合便是自动中止。其判断基准是弗兰克公式：能达目的而不欲时，为犯罪中止；欲达目的而不能时，为犯罪未遂。这一学说所面临的问题是：如何判断“能”与“不能”？②限定主观说认为，只有基于悔悟、同情等对自己的行为持否定评价的规范意识、感情或者动机而放弃犯罪的，才是自动中止，此外的都是未遂。这一学说的缺陷是，将中止的自动性与伦理性相混淆，过于缩小了犯罪中止的成立范围。③客观说主张，对没有既遂的原因（引起行为人放弃犯罪或防止结果发生的现象）应根据社会的一般观念进行客观评价，如果当时的情况对一般人不会产生强制性影响，一般人处于该情况下不会放弃犯罪，而行为人放弃的，便是犯罪中止；如果当时的情况能对一般人产生强制性影响，即一般人在当时的情况下也会放弃犯罪时，行为人放弃的，便是犯罪未遂。这一学说受到的批判是，其判断标准与“自动性”这一主观要素不相符合。④折衷说主张，通过客观地判断行为人是否认识以及如何认识外界观象来看外界现象是否对行为人的意识产生强制性影响，进而区分未遂与中止。[1]

关于犯罪中止的自动性的认识，国内刑法理论主要存在三种观点：①绝对自动论，认为自动放弃犯罪，必须是在没有任何外界因素影响的情况下，自我主动地放弃犯罪。因此，诸如在被害人的哀求、警告或别人的规劝下停止犯罪活动的，都不能成立犯罪中止。②内因决定论，认为内因是变化的根据，外因是变化的条件，外因通过内因起作用，外界因素对犯罪的完成只是一种条件因素，最终决定放弃犯罪活动的还是行为人本人。因此，即使客观上存在影响犯罪进行的不利因素（如被害人的斥责、呼救、认出犯罪人等），只要行为人事实上放弃了犯罪行为，也应当以中止犯论。③主要作用论，认为各种外界因素对犯罪人犯罪意志的影响不可能等同，有的足以迫使行为人停止犯罪，有的却不能改变其犯罪意图，因此，只有查明意志以外因素在行为人主观意志中所占比重的大小，才能正确判断犯罪的形态。有学者指出，以上观点都有缺陷。绝对自动论单纯从“自我主动”这一表面意义上理解犯罪中止的自动性，不符合犯罪案件的客观实际。事实上，当犯罪分子遇到某些外界因素时，既可能怙恶不悛，继续实施犯罪，也可能幡然悔悟，停止犯罪活动。如果不承认行为人的主观作用，单纯强调外界因素的影响，势必无限扩大犯罪未遂的范围，同时将无限缩小犯罪中止的范围。这种观点产生的原因在于，长期以来，我们总是把未完成犯罪是否由于犯罪人意志以外的原因，作为区分预备犯、未遂犯、中止犯的标志，认为由于意志以外的原因而未得逞的是预备犯、未遂犯，由于意志以内的原因而未得逞的是中止犯，这种理论似乎无懈可击，但仔细分析，就会发现其致命弱点，即它根本不能将未遂犯、中止犯和预备犯区别开来。从一般意义上讲，内因决定论是正确的，但是，在不利因素中，有的并不能直接影响犯罪人的意志，有的却具有不以犯罪人的意志为转移的性质，那种不分具体情况，片面强调内因的决定作用，而忽视外因的应有作用的观点是不全面的。如果片面理解“内因是变化的根据，外因是变化的条件”这一哲学原理，会把那些应当认定为犯罪未遂的案件当作犯罪中止来处理，其结果将无限扩大中止犯的范围而不适当地缩小未遂犯的范围，因此，内因决定论也不完全可取。主要作用论采取折衷的观点，试图解决矛盾，但没有提出一个认定中止自动性的客观标准。论者主张，应当根据犯罪人对事实的认识情况，结合外界因素的性质及表现形式，区分不同情形加以认定：①如果不存在任何外在的物质障碍，行为人也没有因外界因素受到精神强制而放弃犯罪的，应当以犯罪中止论；②如果存在外界因素，但这些因素并不能直接迫使犯罪人放弃犯罪意图，而行为人放弃犯罪的，应以犯罪中止论。这些因素包括被害人或第三者的哭泣、哀求、规劝、警告、轻微的反抗、对象、时间、地点对完成犯罪的轻微影响等；③外界因素虽然客观上不足以阻止犯罪的进行，但由于行为人的认识错误或受到精神上的威胁，因而停止犯罪的，不构成中止犯；④外界因素虽然在客观上足以阻止犯罪的进行，但行为人当时并没有意识到这些因素的存在，而是由于害怕、悔悟等动机而放弃犯罪的，应以中止犯论；⑤外界因素按其性质和作用看，不仅在客观上足以阻止犯罪的发展，而且行为人主观上也认识到难以完成犯罪，此时未完成犯罪的，非不愿为而实不能为，因此，不是自动放弃，而是被迫停止。[2]

（二）怎样理解自动放弃重复侵害行为的定性问题？

所谓自动放弃重复侵害行为，是指行为人实施了足以造成既遂危害结果的第一次侵害行

---

〔1〕 参见张明楷：《未遂犯论》，法律出版社 1997 年版，第 356～377 页；张明楷：《刑法学》，法律出版社 2003 年版，第 304 页。

〔2〕 参见马克昌主编：《犯罪通论》，武汉大学出版社 1999 年版，第 468～472 页。

为，由于其意志以外的原因而没有发生既遂的危害结果，在当时有继续重复实施侵害行为实际可能的情况下，行为人自动放弃了实施重复侵害行为，因而使既遂的危害结果没有发生的情况。对自动放弃重复侵害行为的性质，过去传统的观点认为是犯罪未遂，近年来我国刑法学界展开争议，逐渐倾向于主张是犯罪中止。

我们认为自动放弃重复侵害行为是犯罪中止而不是犯罪未遂，主要理由是：①行为人对可能重复的侵害行为的放弃，是发生在犯罪实行未了的过程中，而不是在犯罪行为已被迫停止的未遂形态下。犯罪行为是否实行终了，不应是指犯罪活动中的某个具体行为或动作是否实行终了，应是指某种罪的犯罪构成完备所要求的整个犯罪活动是否实行终了；行为是否实行终了的标准，不但要看行为人客观上是否实施了足以造成犯罪结果的犯罪行为，还要看犯罪人是否自认为完成犯罪所必要的行为都实行完毕。在放弃重复侵害行为的案件里，如行为人枪杀被害人，第一枪未击中而仍可能继续射杀，行为人主观上也明确认识到了这种情况，这种主客观情况的结合完全可以证明，其犯罪行为和整个犯罪活动都尚未终了，存在着中止犯罪所需要的时空条件。②行为人对可能重复的侵害行为的放弃是自动的而不是被迫的。仍以用枪杀人的案件为例，行为人意志以外的原因仅仅导致第一枪未能射中而不是阻止了整个犯罪活动的继续进行。行为人在整个犯罪行为尚未终了，在客观上可以继续犯罪而且主观上对继续犯罪有控制力、有认识的情况下，出于本意放弃了本来可以继续实施的犯罪行为，从而表现出他放弃犯罪的自动性。③由于行为人对可能重复的侵害行为自动而彻底的放弃，犯罪结果没有发生，犯罪未达既遂形态。

总之，自动放弃重复侵害行为一方面具备了犯罪中止的全部条件，另一方面不符合犯罪未遂的条件，因而它不是实行终了的犯罪未遂，而是未实行终了情况下的犯罪中止。同时，将自动放弃重复侵害行为定性为犯罪中止，也是切实贯彻罪刑相适应原则及惩办与宽大相结合刑事政策的需要。

【思考题】

1. 故意犯罪过程中有哪些犯罪停止形态？犯罪停止形态与犯罪过程和犯罪阶段有什么区别？
2. 犯罪既遂形态有什么特征？既遂形态有哪些类型？
3. 犯罪预备形态有什么特征？犯罪预备与犯意表示有什么区别？
4. 怎样理解犯罪未遂形态的特征？犯罪未遂形态与犯罪预备形态、中止形态、既遂状态有什么区别？
5. 怎样理解犯罪中止形态的特征？
6. 我国刑法对预备犯、未遂犯、中止犯的处罚原则有什么不同？其根据何在？

【参考文献】

1. 赵秉志：《犯罪未遂的理论与实践》，中国人民大学出版社 1987 年版。
2. 赵秉志：《犯罪未遂形态研究》，中国人民大学出版社 2008 年版。
3. 张明楷：《未遂犯论》，法律出版社 1997 年版。
4. 李洁：《犯罪既遂形态研究》，吉林大学出版社 1999 年版。
5. 邢志人：《犯罪预备研究》，中国检察出版社 2001 年版。
6. 姜伟：《犯罪形态通论》，法律出版社 1994 年版。
7. 郑军男：《不能犯未遂研究》，中国检察出版社 2005 年版。

第十三章

共同犯罪

【导语】共同犯罪是指二人以上共同故意犯罪。要构成共同犯罪，其主体必须是“二人以上”，既包括自然人，也包括单位；主观方面必须具备共同故意；客观方面必须具有共同行为。依据不同的标准，可以将共同犯罪的形式分为四类八种，即根据共同犯罪能否任意形成，可分为任意的共同犯罪与必要的共同犯罪；根据共同故意形成的时间，可分为事前通谋的共同犯罪与事中通谋的共同犯罪；根据共犯者之间有无分工，可分为简单的共同犯罪与复杂的共同犯罪；根据共同犯罪有无组织形式，可分为一般的共同犯罪与特殊的共同犯罪。此外，我国刑法将共同犯罪人分为主犯、从犯、胁从犯和教唆犯。其中，组织、领导犯罪集团进行犯罪活动的或者在共同犯罪中起主要作用的，是主犯。对组织、领导犯罪集团的首要分子，按照集团所犯的全部罪行处罚；对于犯罪集团首要分子以外的主犯，应当按照其所参与的或者组织、指挥的全部犯罪处罚。从犯是指在共同犯罪中起次要作用或者辅助作用的犯罪分子。对于从犯，应当从轻、减轻处罚或者免除处罚。胁从犯是指被胁迫参加犯罪的人。对于胁从犯，应当按照他的犯罪情节减轻处罚或者免除处罚。教唆犯就是故意唆使他人犯罪的犯罪分子。对于教唆犯，应当按照他在共同犯罪中所起的作用处罚。教唆不满18周岁的人犯罪的，应当从重处罚。如果被教唆的人没有犯被教唆的罪，对于教唆犯可以从轻或者减轻处罚。

本章疑难问题有：①如何认定共同犯罪中的“身份”？②共谋而未实行是否构成共同犯罪？③如何认定与处理共同过失犯罪？④如何认定与处理片面共犯？⑤如何认定与处理共同犯罪中的实行过限问题？⑥如何认定团伙犯罪的法律性质？⑦如何认定聚众犯罪的法律性质？⑧如何理解犯罪集团的基本特征？⑨如何理解主犯的定罪范围？⑩如何理解主犯的处罚原则？⑪如何区分主犯与从犯？⑫如何区分教唆犯与传授犯罪方法罪？

■第一节　共同犯罪概述

一、基本法理

（一）共同犯罪的概念

犯罪是一种复杂的社会现象，就实施的人数而言，有一人单独实施的犯罪，也有二人以上共同实施的犯罪。前者称为单独犯罪，后者称为共同犯罪。刑法上之所以要对共同犯罪作特别规定，是因为共同犯罪相对于单个人犯罪而言，是一种特殊、复杂的故意犯罪现象，具有单个人故意犯罪所不具有的特点。从形式上看，共同犯罪是二人以上共同实施的犯罪，具有二个以上的共同犯罪人。从实质上看，共同犯罪的特殊性表现在它比单独犯罪具有更为严重的社会危害性。从法律规定上看，刑法分则除少数情况（必要共犯）外，对犯罪形态的规定，都是以单个人犯罪为标准的，即单个人犯罪形态为标准形态，而共同犯罪这种特殊犯罪形态就有必要在刑法总则中加以规定。[1]

那么，何谓共同犯罪？这是刑法理论上争论已久的问题。在大陆法系国家的刑法理论中，不同的学派对共同犯罪的概念有不同的解释，其中最具代表性的观点有犯罪共同说和行为共同说。犯罪共同说是一种客观主义的共犯理论，也是传统的共犯理论，为德国刑法学家毕克迈尔、日本刑法学家小野清一郎等所倡导。该学说认为，共同犯罪是指二人以上共同实行一个特定的犯罪，以某一犯罪的构成要件为内容。不同的犯罪事实及不同的构成要件之间不存在共同犯罪。犯罪共同说以犯罪构成为内容，有其特定的法律标准，严格限制了共同犯罪的范围。按照犯罪共同说，共同犯罪的主观要件是共同实行的意思，而且这种意思是在特定的犯罪上的意思，只包括犯罪故意；共同犯罪的客观要件是共同实行的事实，而且每个行为人的行为都需要符合特定的一个犯罪构成要件。行为共同说是主观主义学派提出的共犯理论，是犯罪征表主义的反映，认为共同犯罪的成立不以犯罪构成为前提，而以犯罪事实为根据，只要行为人以共同行为完成犯罪，就属于共同犯罪。行为共同说认为共同故意不是共同犯罪的必要条件。根据行为共同说的观点，共同犯罪在主观上也需要行为人的意思联络，但不一定是犯罪故意，过失也被视为共犯的意思；在客观上，只要行为人的危害行为与某种危害结果之间具有因果关系，就是共同行为。[2] 我们认为，犯罪共同说过于强调共同故意，行为共同说过于强调共同行为，似乎都有偏颇之嫌。

我国刑法理论中对共同犯罪的概念的探讨，是以刑事立法对共同犯罪的规定为基础和依托的，一般不存在争论。1979 年《刑法》第 22 条第 1 款规定："共同犯罪是指二人以上共同故意犯罪。"同条第 2 款规定："二人以上共同过失犯罪，不以共同犯罪论处；应当负刑事责任的，按照他们所犯的罪分别处罚。"1979 年《刑法》第 22 条第 1 款科学地提出了共同犯罪的定义。1997 年修订后的《刑法》第 25 条第 1 款继续沿用了这一定义；第 2 款也沿用了 1979 年《刑法》第 22 条第 2 款的全部内容，以对共同犯罪的概念作进一步的说明和补充。与外国刑法学者和外国刑事立法对共同犯罪所下的定义相比，我国刑法中关于共同犯罪的定义具有严密的科学性和高度的概括性。这一定义科学地概括了共同犯罪的内在属性，体现了主观与客观相统一的原则，为有效地惩治共同犯罪提供了法律武器，为理论上研究共同犯罪指明了方向。[3] 它既不扩大共同犯罪的范围，也不缩小共同犯罪的范围，是符合社会生活中共同犯罪的实际情况的。

（二）共同犯罪的成立条件

根据《刑法》第 25 条的规定，共同犯罪的成立条件包括：

1. 共同犯罪的主体要件。《刑法》第 25 条第 1 款规定，共同犯罪的主体必须是"二人以上"。二人以上包括二人，但并无上限限制。这里的"人"，应作广义的理解，既包括自然人，也包括拟制的人——单位。需要指出，就自然人而言，"人"一定是符合犯罪主体要件的人，即必须是达到刑事责任年龄，具有刑事责任能力的人。共同犯罪的主体结构具体而言有以下三种情形：

（1）两个以上的自然人构成的共同犯罪。在这种共同犯罪中，要求各犯罪人都必须达到刑事责任年龄，具有刑事责任能力。如果二个以上的行为人，其中只有一个人符合犯罪主体的条件，其他人均未达到刑事责任年龄或不具有刑事责任能力，则不是共同犯罪。如果是一

[1] 参见高铭暄主编：《刑法专论》，高等教育出版社 2006 年版，第 329 页。
[2] 参见陈兴良：《共同犯罪论》，中国社会科学出版社 1992 年版，第 66～68 页。
[3] 参见张明楷：《刑法学》（上），法律出版社 1997 年版，第 275 页。

个达到刑事责任年龄，具有刑事责任能力的人教唆或帮助没有达到刑事责任年龄或者不具有刑事责任能力的人去实行犯罪，则前者属于间接实行犯或间接正犯，不与后者构成共同犯罪。如果是没有达到刑事责任年龄或不具有刑事责任能力的人教唆或帮助一个达到了刑事责任年龄并具有刑事责任能力的人犯罪，或主动与后者合谋，同样也不构成犯罪，只有后者构成单个人的犯罪。当然，后者如是二人以上，则构成共同犯罪。应当注意，根据我国刑法的规定，已满16周岁的人属于完全负刑事责任的年龄阶段，因此，已满16周岁具有刑事责任能力的人，可以成为任何犯罪的共同犯罪主体。已满14周岁不满16周岁的人只对故意杀人、故意伤害致人重伤或者死亡、强奸、抢劫、贩卖毒品、放火、爆炸、投放危险物质等八种犯罪负刑事责任。因此，已满14周岁不满16周岁的人只能成为这八种犯罪的共同犯罪主体。例如，15周岁的某甲与已满16周岁的某乙共同盗窃他人数额较大的财物，只能追究某乙单独犯罪的刑事责任，甲与乙并不构成盗窃罪的共同犯罪。

有必要指出的是，在自然人共同犯罪中，二个以上具有不同身份的人可以构成共同犯罪。我国刑法中有些犯罪的主体为特殊主体，即要求行为人具有特殊身份。这种特殊主体的规定，是就单个人犯罪而言的；就共同犯罪来讲，不具备特殊身份的人也可能成为特殊主体犯罪的共同犯罪主体。例如，非国家工作人员教唆国家工作人员收受贿赂，就与国家工作人员构成受贿罪的共同犯罪。

（2）两个以上的单位所构成的共同犯罪。刑法规定的单位犯罪有130余种，无论从理论上看还是从实践上来考察，单位共同犯罪都是存在的。例如，单位共同生产、销售伪劣商品，共同走私，共同受贿，共同行贿，共同制作、贩卖淫秽物品等，都可以构成共同犯罪。这种共同犯罪，在理论上也有学者称之为共同法人犯罪。[1]

第十三章

（3）自然人与单位所构成的共同犯罪。例如，公司、企业、事业单位与走私的犯罪分子通谋，为其提供贷款、资金、账号、发票、证明，或者为其提供运输、保管、邮寄或者其他方便的，根据《刑法》第156条的规定，构成走私犯罪的共同犯罪。当然，必须注意的是，最高人民法院1999年6月25日颁行的《关于审理单位犯罪案件具体应用法律有关问题的解释》明确规定，个人为进行违法犯罪活动而设立公司、企业、事业单位实施犯罪的，或者公司、企业、事业单位设立后，以实施犯罪为主要活动的，不以单位犯罪论处。据此，上述单位与其他自然人之间的共同犯罪不能认定为自然人与单位的共同犯罪，而仍是自然人之间的共同犯罪。

2. 共同犯罪的主观要件。《刑法》第25条第1款明确规定，共同犯罪必须是二人以上“共同故意”犯罪。因此，共同故意是共同犯罪在主观上的必备要件。“共同”的故意，并不能简单地视为行为人仅有“相同”的故意，关键还在于各共同犯罪人之间有意思联络，或称“合意”。[2] 概括地说，所谓共同犯罪故意，是指各行为人通过意思的传递、反馈而形成的，明知自己是和他人配合共同实施犯罪，并且明知共同的犯罪行为会发生某种危害社会的结果，而希望或者放任这种危害结果发生的心理态度。

具体而言，共同犯罪故意包括以下几个内容：①必须有意思联络。换言之，共同犯罪故意要求各共同犯罪人认识到自己不是在单独地实施犯罪，而是在和其他人相互配合共同实施犯罪。对于二人以上相互配合共同实施犯罪，数行为人在主观上是相互沟通、彼此联络的。②必须有共同认识，即要求各共同犯罪人都明知自己与他人的共同犯罪行为会发生危害社会

---

〔1〕 参见陈兴良：《共同犯罪论》，中国社会科学出版社1992年版，第340页。

〔2〕 参见张明楷：《刑法学》（上），法律出版社1997年版，第281页。

的结果。③必须有共同意志，即对某种危害社会的结果的发生，各共同犯罪人采取希望或者放任的态度。

至于共同犯罪故意的意志形式，我们认为，既可以表现为各行为人都有犯罪的直接故意，也可以表现为各行为人都有犯罪的间接故意，还可以表现为直接故意与间接故意的结合。因为，在共同认识的基础上，每个共同犯罪人对共同犯罪结果的态度有其相对的独立性，有的犯罪人持希望态度，有的则持放任态度。[1]

3. 共同犯罪的客观要件。共同犯罪的客观要件，是指各犯罪人必须具有共同行为。“共同行为”不仅指各共犯人都实施了同一犯罪构成的行为，而且指各共犯人的行为在共同故意支配下相互配合、相互协调、相互补充，形成一个整体。“共同行为”意味着各共犯人的行为都是共同犯罪行为这一整体的有机组成部分，在发生了危害结果的情况下，各共犯人的行为作为一个整体与危害结果之间具有因果关系。[2] 因此，共同犯罪行为不是单独犯罪行为的简单相加，而是二人以上的犯罪行为在共同犯罪故意基础上的有机结合。[3]

共同犯罪中共同行为的表现形式，可以存在三种情形：①共同作为，即各共犯人的行为均为作为，如共同以暴力方法抢劫他人财物。②共同不作为，即各共犯人的行为均为不作为。例如，甲乙二人均为锅炉工，在一起值班时合谋以爆炸锅炉的方式破坏工厂，于是都不给锅炉加水，致使锅炉因无水空烧而爆炸，给工厂造成重大人员伤亡和财产损失，甲乙二人便属于均为不作为的共同犯罪。③作为与不作为相结合，如仓库保管员与盗窃犯事前通谋，届时盗窃犯入室盗窃，保管员借故离开，即是由作为与不作为构成的共同盗窃罪。

从共犯人的分工情况或行为与分则条文的联系来看，共同犯罪行为可以分为实行行为与非实行行为。实行行为是刑法分则规定的具体犯罪客观构成要件的行为，也就是说由具体罪刑规范所标志的行为，也可以称之为构成要件的行为。实施实行行为的人可以称之为实行犯。例如，贪污罪的实行行为，即是利用职务上的便利，侵吞、窃取、骗取、或者以其他手段非法占有公共财物的行为。非实行行为包括组织行为、教唆行为和帮助行为。所谓组织行为，是指在犯罪集团中所实施的组织、策划、指挥的行为；教唆行为，即引起他人实行犯罪决意的行为；帮助行为，即指在共同犯罪中起辅助作用的行为。

共同犯罪行为既可以是同时实施的，也可以是不同时实施的。例如，甲、乙共谋杀丙，既可能表现为由甲、乙二人同时实行杀人行为，也可能表现为甲率先提供凶器，由乙一人事后去实施杀人的实行行为。

（三）不构成共同犯罪的情况

根据共同犯罪的上述成立条件可知，下列情况不能构成共同犯罪：

第一，二人共同实施危害行为，但一人是故意，一人是过失的，不构成共同犯罪。如故意教唆或帮助他人实施过失行为，或者过失帮助他人实施故意犯罪，虽然二人的行为彼此存在联系，但由于缺乏共同犯罪故意，因而不能构成共同犯罪。

第二，故意犯罪行为与无罪过行为不可能成立共同犯罪。例如，甲与乙有仇，意图用枪把乙杀死，甲把枪交给丙，并欺骗丙说，枪中没有子弹，朝乙开枪，可以吓他一下；丙信以为真，朝乙开枪射击，乙中弹而死。此案只能追究甲的单独犯罪罪责。

第三，二人以上同时或者先后实施某种故意犯罪，但主观上缺乏联络的，不构成共同犯

---

〔1〕 参见高铭暄主编：《刑法专论》，高等教育出版社 2006 年版，第 332 页。

〔2〕 参见张明楷：《刑法学》（上），法律出版社 1997 年版，第 284 页。

〔3〕 参见高铭暄：《刑法问题研究》，法律出版社 1994 年版，第 173～174 页。

罪。二人以上同时以各自行为侵害同一对象，但彼此之间无意思联络的情况，属于同时犯。例如，甲、乙各以盗窃的故意偶然地同时潜入某仓库行窃，分别窃得价值2000元和3000元的财物。在此，甲、乙既无共同盗窃的故意，又无共同犯罪行为。先后实施某种故意犯罪但主观上缺乏联络的情形，其不成立共同犯罪的理由与上相同。例如，某一深夜，甲挟持一女青年乙至僻静处，对其进行强奸。丙冒充公安人员，将甲吓跑，也强奸了乙。甲、乙二人并无共同故意，不构成共同犯罪。

第四，二人以上共同实施没有重合内容的不同犯罪的，不成立共同犯罪。例如，甲、乙两人共同前往某派出所库房，甲盗窃枪支，乙只窃取钱财。由于二人的故意内容及行为性质不属于同一犯罪构成，应认定分别构成盗窃枪支罪和盗窃罪，所以不可能成立共同犯罪。但是，如果甲、乙二人分别为对方的盗窃行为实施了帮助行为，则构成上述两罪的共犯。

第五，事前无通谋的窝藏、包庇、窝赃、销赃等行为与其指向的犯罪，不构成共同犯罪。事前无通谋的窝藏等行为总是与他人的犯罪行为相联系，但是它与共同犯罪行为具有不同性质的特征，具有原则的区别。[1]

二、疑难问题

在司法实践中，认定是否成立共同犯罪应该注意如下疑难问题：

（一）如何认定共同犯罪中的“身份”？

作为共同犯罪的主体，既具有犯罪主体的一般特征，又具有不同于单个犯罪主体的特殊之处。这种特殊性使对共同犯罪主体的认定更具复杂性。在自然人之间的共同犯罪中，作为共同犯罪的主体问题值得探讨的就是共同犯罪与身份的关系问题。

身份有狭义、广义和最广义之分。狭义的身份，仅指主体所具有的资格；而广义的身份则包括其他的特定关系，但这种特定关系只有具有与主体有关的特征才称得上是身份；最广义的身份，就像德国刑法界定的那样，只要是特定的个人要素，都可称为身份，甚至特定的目的也是一种身份。目前，我国刑法理论界一般采取广义说。通常认为，身份有其事实特征和法律特征。首先，身份是指行为人具有的特定资格或人身状况。特定资格，则是指构成某种犯罪所要求的特定资格，如伪证罪中的证人、鉴定人、翻译人、记录人，受贿罪中的国家工作人员，暴力取证罪中的司法工作人员等。所谓人身状况，是指有关行为人的主体的一些事实状况与事实特征，如男女性别、精神病人等。只有与行为主体有关的事实状况才构成刑法中的身份。至于与行为人主观方面有关的状况，例如犯罪目的、犯罪动机等，不能认为是身份。其次，构成刑法中的身份必须是为刑法所规定的对定罪量刑有影响的关于行为人主体的事实状况，而且这些身份具有法定性。尤其对于影响量刑的身份而言，这种身份不是法官酌量考虑的量刑因素，而是刑法明确规定必须予以考虑的量刑因素。所以，构成刑法中的身份，并不是抽象的，而是具体的，只能就具体的犯罪来判定某种与主体有关的事实特征是否为刑法中的身份。另外，应当注意的是，构成刑法中的特殊身份，必须是在行为人开始实施危害行为时已经具有的特殊资格或已经形成的特殊地位或状态。如果行为人在实施危害行为之后才形成该特殊地位，则不属于特殊身份。这是理解特定犯罪主体是一般身份还是特殊身份时必须予以正视的。例如，刑法规定对于聚众扰乱公共场所秩序、交通秩序罪，只处罚首要分子，但不能说该罪的主体是特殊身份，因为首要分子这种地位、状态是在实施犯罪行为后才形成的。再者，作为犯罪主体要件的特殊身份，仅仅是针对特定犯罪的实行犯而言的，

---

〔1〕 参见林文肯、茅彭年：《共同犯罪理论与司法实践》，中国政法大学出版社1987年版，第50页。

对于教唆犯或者帮助犯，则不受此身份的限制。

司法实践中经常会发生有特定身份者与无特定身份者共同实施犯罪的情况。可分为三种具体形式加以探讨：①有身份者与无身份者能否同为真正身份犯的实行犯；②无身份者教唆或者帮助有身份者共同犯罪；③有身份者教唆或者帮助无身份者共同犯罪。

1. 有身份者与无身份者能否同为真正身份犯的实行犯？无身份者能否与有身份者共同构成真正身份犯的实行犯，在我国刑法理论界主要有三种不同的观点：①肯定说，认为无身份者与有身份者可以构成真正身份犯的共同实行犯。②否定说，认为无身份者与有身份者不可能构成真正身份犯的共同实行犯，因为真正身份犯既然是犯罪主体的构成要素之一，它决定着犯罪主体的性质，那么，无特定身份的人就不可能实施法律要求犯罪主体具有特定身份的犯罪的实行行为，从而也就不可能与他人构成真正身份犯的共同实行犯。③折衷说，认为无身份者与有身份者能否构成真正身份犯的共同实行犯，应当根据具体情况区别对待。凡无身份者能够参与真正身份犯的部分实行行为的，可以与有身份者构成共同实行犯；凡无身份者根本不能参与真正身份犯的实行行为的，即不能与有身份者构成共同犯罪。[1]

我们认为，在司法实践中，多数共同实行犯无法由有身份者与无身份者共同构成，但是，也不能排除在少数犯罪中，有身份者与无身份者完全可能构成共同实行犯，而折衷说能概括有身份者与无身份者共同实行真正身份犯的不同情况，因而较为可取。妇女在强奸现场帮助男子按住被害妇女的手脚使之无法反抗的行为已经构成强奸罪的实行行为，应当承认可以与男子构成强奸罪的共同实行犯。在日本，这种主张几成通说。那么，对于这类特殊的共同实行犯，是按有身份者的行为性质定罪还是按无身份者的行为性质定罪呢？我国刑法理论中主要有两种观点：①按照主犯犯罪的基本特征定罪；②有身份者与无身份者分别定罪。根据目前刑法理论界的通说，对这种案件原则上应依有身份的实行犯的犯罪性质定罪，以分别定罪为例外。

2. 无身份者教唆或者帮助有身份者实施真正身份犯的犯罪。例如，国家工作人员的妻子教唆或帮助国家工作人员收受贿赂。尽管刑法理论界对有身份者与无身份者是否可以构成真正身份犯的共同实行犯存有争议，但普遍认为，无身份者可以成为有身份者的教唆犯或者帮助犯。其原因也在于，教唆犯或帮助犯都是利用有身份者的特殊身份或职务上的便利达到自己的犯罪目的。但是，这个定罪原则并非适用于无身份者教唆或者帮助有身份者实施共同犯罪的所有场合。当无身份者教唆或者帮助有身份者实施未利用有身份者身份或者职务便利的犯罪时，则不能以有身份者的犯罪性质定罪。

3. 有身份者教唆或者帮助无身份者实施共同犯罪。一方面，有身份者教唆或者帮助无身份者实施要求特殊身份的犯罪，例如，某国家工作人员教唆其妻子收受贿赂，其妻子虽然不具有国家工作人员的身份，但其收受贿赂却是利用该国家工作人员的身份，应当按照有身份者的犯罪性质定罪。另一方面，有身份者教唆或者帮助无身份者实施不要求特殊身份的犯罪，我们认为，在多数情况下，这种共同犯罪对于无身份者来说，其犯罪行为不要求有特殊身份才能成立，而对于有身份者来说，却仍然是利用其特殊身份实施犯罪，因此仍应以有身份者的犯罪性质定罪；少数情况下，对于无身份者来说，犯罪行为不需要有特殊身份才能成立，而对于有身份者来说，亦不要求利用其特殊身份实施共同犯罪，因此应以无身份者的犯罪性质定罪。

[1] 参见阴建峰、周加海主编：《共同犯罪适用中疑难问题研究》，吉林人民出版社2001年版，第43～48页。

综上，在有身份者与无身份者共同犯罪的情况下，只要犯罪是有身份者利用其身份或职务便利实施的，应以有身份者的犯罪性质定罪；如果在共同犯罪中，有身份者并未利用其特殊身份或职务便利，则不以有身份者的犯罪性质定罪。这是对有身份者与无身份者共同犯罪进行定罪的基本标准。在此值得一提的是，针对有特定身份者与无特定身份者共同犯罪难以定性的情况，于2000年6月27日通过的最高人民法院《关于审理贪污、职务侵占案件如何认定共同犯罪几个问题的解释》明确规定："行为人与国家工作人员勾结，利用国家工作人员的职务便利，共同侵吞、窃取、骗取或者以其他手段非法占有公共财物的，以贪污罪共犯论处。""行为人与公司、企业或者其他单位的人员勾结，利用公司、企业或者其他单位人员的职务便利，共同将该单位财物非法占为己有，数额较大的，以职务侵占罪共犯论处。"公司、企业或者其他单位中，不具有国家工作人员身份的人与国家工作人员勾结，分别利用各自的职务便利，共同将本单位财物非法占为己有的，按照主犯的犯罪性质定罪。"

（二）共谋而未实行是否构成共同犯罪？

在共同犯罪过程中，共同犯罪人往往是先共同谋议实行犯罪，然后再具体实施。这样便可能出现有人只参加谋划而未实施具体犯罪实行行为的情形。在这种情形下，未实施具体犯罪实行行为者与实施了犯罪实行行为者是否构成共同犯罪呢？对此我国刑法理论界有肯定与否定两种不同的观点。我们同意肯定说，共谋而未参与实行仍构成共同犯罪。因为共同犯罪行为不仅仅指共同实行行为，也包括共同预备行为。参与共谋即为共同预备行为，即使数人共谋犯罪而均未实行，亦可成立共同犯罪，更何况数人中一部分人实施了犯罪实行行为。[1]因此，共谋而未参与实行犯罪的，行为人仍具有共同犯罪行为，因而构成共同犯罪。

具体而言，在对共谋而未实行者进行处罚时，应根据其他共谋者的行为状况以及共谋而未实行者的主客观表现，给予区别对待：①如果共谋而未实行者是因意志以外的原因而没有参与实行行为，或者虽然是主动改变主意而没有参与实行行为，但没有采取有效措施以防止危害结果的发生，而其他共谋者则将实行行为实施完毕，并达到犯罪既遂的，对共谋而未实行者应当按犯罪既遂论处。当然，在量刑时，对因意志以外的原因而没有参与实行行为和主动改变主意而没有参与实行行为这两种情形还是应当区别对待，后者应当承担的刑事责任应相对轻于前者。②如果共谋而未实行者是因意志以外的原因而没有参与实行行为，其他共谋者则将犯罪活动发展到已经着手实施犯罪实行行为的阶段，但由于意志以外的原因而没有得逞的，对共谋而未实行者应当按犯罪未遂处理。③如果共谋而未实行者是主动改变主意而没有参与实行行为，其他共谋者则将犯罪活动发展到已经着手实施犯罪实行行为的阶段，但由于意志以外的原因而没有得逞的，对共谋而未实行者应当按犯罪中止处理，原因是在这种情况下，共谋而未实行者是在犯罪过程中自动放弃犯罪，而危害结果又没有发生，因而符合我国刑法规定的犯罪中止的要件，理应按犯罪中止处理。④如果共谋而未实行者是因意志以外的原因而没有参与实行行为，而其他共谋者则在犯罪过程中自动放弃了犯罪或者有效防止了危害结果的发生，对共谋而未实行者则应当按犯罪预备处理。

（三）如何认定与处理共同过失犯罪？

所谓共同过失犯罪，是指二人以上的过失行为共同导致一定的危害结果，因而分别构成犯罪的情况。关于共同过失犯罪，刑法理论界与实务界颇多争议，其焦点便在于共同过失犯罪是否成立共同犯罪，是否为一种独立而实在的犯罪形态？对此，学者之间肯定与否定的态

---

〔1〕 参见王作富主编：《中国刑法适用》，中国人民公安大学出版社1987年版，第172页。

度可谓泾渭分明。日本刑法学家大场茂马、藤木勘三郎、冈田朝太郎以及前苏联刑法学家特拉伊宁等都是持肯定态度的。尽管有众多学者趋于接受肯定说，但目前否认共同过失犯罪之存在仍是中外刑法理论中传统而通行的观点。在我国，早在民国初年的《暂行新刑律》中也曾规定："于过失罪，有共同过失者，以共犯论。"但新中国建立以来的刑事立法是不承认共同过失犯罪，至少是不把它纳入共同犯罪之范畴的。国内学者大多基于各行为人之间欠缺主观联系，也否认共同过失犯罪成立共同犯罪，甚而否认共同过失犯罪之存在。

我们认为，共同过失犯罪是否成立共同犯罪与共同过失犯罪是否存在，应该是两个不同层面的问题。现实生活中的犯罪现象是纷繁复杂的。实践中，因二人以上的共同过失而导致发生一定危害结果从而分别构成刑法分则所规定的犯罪的情况，并非不可能存在。例如，甲、乙二人在山顶共同将巨石推落，因疏忽大意而将行人丙砸死，即是适例。

事实上，共同过失犯罪同共同（故意）犯罪一样，也是一种客观存在的犯罪现象。但刑事立法上之所以确立共同（故意）犯罪，主要是因为行为人之间通过意思联络形成了互相协调的危害社会的合力，这一合力无疑要比分散的孤立的个人犯罪的总和要大得多，其社会危害性也要严重得多，从而也决定了它是刑法所打击的重点，乃至为刑事立法所详细规定。而共同过失犯罪则不然，由于各行为人之间缺乏主观联络，从总体而言，其社会危害性并不是特别严重。社会危害性的相对轻微，决定了其欠缺为刑法所特别规定之必要。不过，我们显然不能因为刑法没有特别规定而否认其存在。事实上，我国现行《刑法》第 25 条第 2 款"二人以上共同过失犯罪，不以共同犯罪论处"之规定，正是建立在承认共同过失犯罪客观存在的基础之上的。

那么，共同过失犯罪是否成立共同犯罪呢？要想正确回答这个问题，就必须首先界定清楚共同犯罪这个概念是在何种层面上被使用的。我们认为，共同犯罪应该有事实上的共同犯罪与法律上的共同犯罪之分。事实上的共同犯罪应该包括共同故意犯罪与共同过失犯罪，这就如同犯罪分为故意犯罪和过失犯罪一样。而法律上的共同犯罪则是对事实上的共同犯罪的一种法律确认，其范围应当取决于客观存在的共同犯罪现象以及惩治共同犯罪的司法实务之需要。根据我国的实际状况，目前刑事立法把法律上的共同犯罪限定为共同故意犯罪是恰当的。但我们却不能够一方面把事实上的共同犯罪中的共同故意犯罪以刑事立法予以确认，从而升格为法律上的共同犯罪，另一方面又把升格为法律上的共同犯罪的共同故意犯罪的特征、构成要件用以衡量共同过失犯罪，从而得出其不成立共同犯罪之结论，进而否认其存在。其实，这只能说明共同过失犯罪不成立法律上的共同犯罪（即共同故意犯罪），但却不能据此否认共同过失犯罪属于事实上的共同犯罪之客观属性。因此，我们认为，理论中通常所谓之共同犯罪是在法律层面上使用的一个概念，我们不能将其与事实层面上的共同犯罪混为一谈。

其实，尽管共同过失犯罪与共同故意犯罪同冠以"共同"二字，同属客观存在的共同犯罪现象，但它们之间的区别是很明显的。这主要体现在以下方面：①就主观方面而言，共同故意犯罪以各共同犯罪人具有相同的犯罪故意并有意思联络为要件，各个犯罪人的行动是在共同故意的支配指挥下实施的，故其行为具有共同性。而共同过失犯罪的各行为人之间主观上并没有联系，他们的罪过是以各自独立的单个人的心理活动表现出来的。②从客观方面来说，共同故意犯罪人之间的行为是相互联系、相互配合的，各自实施的行为在定罪中没有独立的意义。而共同过失犯罪的各个行为之间的联系则缺乏自觉性，是纯客观的，它们对于危害结果的发生都具有相当的原因力，因而在定罪中有一定的独立意义。③从犯罪所蕴涵的社会危害程度而言，共同故意犯罪显较共同过失犯罪严重。④两者承担刑事责任的原则也大相径庭。根据《刑法》第25条第2款的规定，共同过失犯罪应当负刑事责任的，按照他们所犯的罪分别处罚。

（四）如何认定与处理片面共犯？

片面共犯是从外国刑法理论中引入的一个概念，是指两个以上的行为人共同针对同一犯罪对象实施犯罪行为，但只有一方存在共同犯罪故意，另一方则无此犯意的情形。例如，甲与乙有仇，手持凶器追杀乙，适逢丙碰见。丙对乙早已怀恨在心，见此情景，立即在暗中于乙逃跑必经之路上设置障碍，致使乙逃跑受阻，被甲追上杀死。此案中便存在片面共犯的情形。

我们认为，片面共犯的情形是客观存在的，这一点无论是国外大陆法系学者还是英美法系学者，无论是国内持肯定说还是持否定说的学者均无异议。问题在于对这类情形是否应冠之以片面共犯之名，对此我国刑法理论界存在较大分歧。[1] 我们认为，如果如某些论者所认为，所谓片面共犯就是片面共同犯罪，则片面共犯的提法本身就是自相矛盾的。因为，从整体上看，在所谓的片面共犯中，行为人无论是在认识因素上还是在意志因素上均不具有共同犯罪的一般特征。既然连普遍性都不存在，又从何谈起特殊性？这时再称之为共同犯罪，未免名不符实。而且，在所谓片面共犯的场合，明明起主要作用的实行犯和起次要帮助作用的帮助犯都存在，却不能分别定为主犯和从犯进行处罚，显然与共同犯罪的处罚原则也是相矛盾的。例如，甲和乙均与丙有仇，一天甲和丙发生冲突，甲对丙进行追打，这时乙悄悄在丙逃跑所经过的路上放置一把尖刀，甲在经过时发现了尖刀，立即拾起继续追赶，见丙逃得较远难以追上，便将尖刀朝丙奋力掷去，将丙扎成重伤。对这种情形，司法实务中并不将甲作为主犯处理，而是以单独犯罪论处，原因是甲并不存在与他人共同犯罪的故意，而是认为自己是一个人在实施犯罪，这时如果将其按主犯论处，显然不符合主客观相统一的定罪量刑原则，不能服人。因此，从司法实务上来看，称此种情形为共同犯罪也是牵强的。承认片面共犯这种共同犯罪类型的存在不但不能解决司法实务中的问题，反而会引发新的问题。

但是，如果不在立法上解决被称为片面共犯的这种情形，确实会给司法实务带来困难，比如，像持片面共犯肯定说的学者所指出的那样，会失去追究帮助犯的刑事责任的法律依据。因为在这种情况下，帮助行为和被帮助者的实行行为是造成危害结果发生的共同原因，可是，被帮助者的实行行为是刑法分则所规定的犯罪构成要件行为，有追究其刑事责任的法律依据，而帮助行为并不是刑法分则所规定的犯罪构成要件行为，如果不将帮助行为与被帮助者的实行行为结合在一起考查，就找不到追究帮助犯刑事责任的法律依据。因此，比较可行的解决方法应当是在刑法当中直接对片面共犯这类情形作出专门规定，即规定在实行犯不知情的情况下帮助实行犯完成犯罪的，比照共同犯罪中的从犯定罪处罚。这样既解决了追究片面帮助犯的刑事责任的法律依据问题，又将其与共同犯罪情形区别开来，从而名正言顺地只以单独犯罪追究实行犯的刑事责任，避免了一方面将片面共犯视为共同犯罪，另一方面却又只能以单独犯罪追究起主要作用的实行犯的刑事责任这种矛盾局面。关于片面共犯的立法模式，可考虑采如下表述：行为人一方知道在与他方共同实施犯罪，而他方并不知道有人在与自己共同实施犯罪的，对知情一方以共同犯罪论处，按其在犯罪中所起的作用大小处罚，对不知情一方以单独犯罪论处。

---

[1] 参见高铭暄主编：《新中国刑法学研究综述》，河南人民出版社1986年版，第356页。

（五）如何认定与处理共同犯罪中的实行过限问题？

实行过限，是指实行犯实施了超出共同犯罪故意的行为。我国刑法理论通说认为，超出共同犯罪故意的犯罪，不构成共同犯罪。这无疑是正确的，理由是，根据我国主客观相统一的犯罪构成刑法理论，行为人只有在对其行为可能或必然造成的危害结果主观上具有罪过的情况下才构成犯罪，要构成共同犯罪则行为人必须存在共同犯罪故意。而对于过限的实行行为及其可能造成的危害结果，除了行为实施者本人在主观上存在故意心态外，其他共同犯罪人或者一无所知，或者不存在与过限者共同实施的故意心态，因而缺乏共同犯罪故意，当然不能按共同犯罪论处。但对实行过限问题如何处理，则较为复杂，值得认真研究。总的来说，对于共同犯罪中的实行过限问题，应当按不同情况不同处理。

1．共同实行犯实行过限的处理。共同实行犯中的实行过限，是指数人在共同实施符合刑法分则规定的构成要件行为时，其中的某个人所实施的行为超过了他们事先计划实施行为的范围。例如，甲、乙、丙三人商量好于某天夜里入室抢劫。入夜后三人如约而至，然后共同破门入室抢劫。入室后发现只有女主人一人在家，于是由丙用刀逼住女主人，甲和乙翻箱倒柜搜掠财物。丙在控制女主人的过程中，见色起意，将女主人强奸。甲乙两人忙于搜掠财物，对丙所实施的强奸行为一无所知。在此案中，丙所实施的强奸行为便属于典型的实行过限。对丙除了以抢劫罪的共犯论处外，还应当追究其强奸罪的刑事责任，应当以抢劫罪和强奸罪对其进行数罪并罚。对甲和乙则只能以抢劫罪追究他们的刑事责任，丙所实施的强奸罪由于不属于共同犯罪的范围，两人对女主人被强奸这一危害结果的发生在主观上也不存在罪过，因而甲和乙不应当对丙所实施的强奸罪承担刑事责任。

2．组织犯实行过限的处理。组织犯由于只是组织、指挥、策划犯罪活动，没有参与实行行为，因而对实行犯的实行过限不可能知道，主观上也就不存在罪过。因此，组织犯只应对其组织、指挥、策划范围内的犯罪行为承担刑事责任，对实行过限不应当承担刑事责任。例如，组织犯甲组织了一伙人专门从事扒窃活动，扒窃犯乙在扒窃过程中被失主发现，乙于是从盗窃变成抢劫，用尖刀逼住失主，将失主钱包抢走。在这种情况下，甲只须承担其组织实施的盗窃罪的刑事责任，对乙的抢劫犯罪无须承担刑事责任，乙只能单独负抢劫罪的刑事责任。但是，如果甲在组织他人扒窃时，告诉扒窃人员如果偷不到也可以抢，则甲对乙的抢劫犯罪也必须承担刑事责任。原因是，在这种情况下，甲组织他人实施抢劫犯罪的意图虽然不是很明显，但扒窃犯如果实施了抢劫犯罪也符合甲的意思，因此，抢劫犯罪也属于甲组织实施的犯罪活动之一，他当然要对自己组织实施的犯罪行为承担刑事责任。

3．教唆犯实行过限的处理。教唆犯由于实施的是教唆行为，没有参与实行行为（对既教唆又参与实行行为的情形应当按共同实行犯论处，其教唆行为可以作为一个量刑情节考虑），因而对实行犯的实行过限一般也不可能知道，主观上也不存在罪过。因此，教唆犯一般无须对实行犯的实行过限承担刑事责任。需要注意的是，在某些情况下，教唆犯对实行犯的实行过限已经认识到或应当认识到，即在被教唆人实施犯罪前，教唆犯就已经认识到或者应当认识到被教唆人有可能实行过限。在这种情况下，教唆犯是否应当对实行过限承担刑事责任呢？例如，教唆犯甲唆使乙去伤害丙，他只想让乙将丙打成轻伤，但知道乙在情绪激动的状态下很可能将丙打成重伤甚至伤害致死，于是叮嘱乙一定要注意下手的轻重，不要将丙打成残废或打死，但乙最终还是将丙伤害致死。甲在本案中究竟应当承担什么责任呢？是只需承担没有致人死亡的故意伤害罪的刑事责任，还是要承担故意伤害致死的刑事责任呢？我们认为，在教唆犯对实行犯的实行过限已经认识到或应当认识到的情况下，应当分两种不同情况来处理。第一种情况是实行过限的内容属于结果加重犯中的加重结果，如故意伤害致死中的致被害人死亡的结果。对于这种实行过限，教唆犯应当承担刑事责任，原因是在这种情况下，实行犯的共同犯罪行为与过限行为是密不可分的，过限的危害结果并不是由过限行为单独造成的，而是由共同犯罪行为和过限行为共同造成的，因此，教唆犯对过限的危害结果也必须承担责任。第二种情况是实行过限的内容与教唆犯所教唆的犯罪没有联系。例如，教唆犯刘某唆使李某去实施深夜入室盗窃犯罪，刘知道李是好色之徒，且李前往行窃的房屋住的是一名漂亮的单身女主人，于是叮嘱李某只能盗窃财物，务必不要惊动房主，李某允诺而去，但在盗窃过程中还是将女主人强奸了。对于这种实行过限，教唆犯不应当承担刑事责任，理由是，在这种情况下，过限行为和过限危害结果与教唆犯的教唆行为没有任何因果关系，对于过限危害结果，教唆犯没有实施任何加功行为，因此，不具备要求教唆犯对过限的危害结果承担刑事责任的条件，当然不能就实行过限追究教唆犯的刑事责任。

4. 帮助犯实行过限的处理。帮助犯一般是在知道实行犯要实施某种危害行为的情况下才对实行犯予以帮助，如果实行犯超出帮助犯的犯意实施了其他犯罪，则出现对帮助犯而言的实行过限的问题。这时应当如何处理呢？我们认为，无论被帮助人是否利用了帮助犯的帮助，只要其行为超出了帮助犯帮助故意的范围，都属于实行过限，帮助犯对于被帮助人的过限行为不负刑事责任。[1] 当然，如果实行过限的内容属于结果加重犯中的加重结果，比如故意伤害致死中的致被害人死亡的结果，那么对于这种实行过限，帮助犯应当承担刑事责任。

第二节　共同犯罪的形式

一、基本法理

共同犯罪的形式，是共同犯罪的形成、结构和共同犯罪人之间结合的形式的总称。共同犯罪的形成形式，是指共同犯罪是如何形成的；共同犯罪的结构形式，是指共同犯罪内部有无分工；共同犯罪人的结合形式，是指共同犯罪是否具有组织形式。在研究共同犯罪的形式时，应注意把共同犯罪的形式与共同犯罪人的分类相区别。共同犯罪人的分类是对共同犯罪中犯罪主体的分类，其目的在于解决刑事责任的个别化问题；而共同犯罪的形式则是对共同犯罪人所实施的共同犯罪的分类，其目的在于认识各种不同形式的共同犯罪的性质、特点及其社会危害性程度，从而更有效地与共同犯罪作斗争。

共同犯罪的形式不同，其所具有的特点和社会危害性也有所不同。我国刑法理论界通常采取“四类八种”分类法，[2] 即根据不同的标准，从不同的角度出发，可以对共同犯罪的形式作如下划分：①根据共同犯罪能否任意形成，可分为任意的共同犯罪与必要的共同犯罪；②根据共同故意形成的时间，可分为事前通谋的共同犯罪与事中通谋的共同犯罪；③根据共犯者之间有无分工，可分为简单的共同犯罪与复杂的共同犯罪；④根据共同犯罪有无组织形式，可分为一般的共同犯罪与特殊的共同犯罪。

（一）任意共同犯罪与必要共同犯罪

这是以共同犯罪能否依照法律的规定任意形成为标准对共同犯罪所作的分类。任意共同犯罪，是指刑法分则中规定的一人能够单独实施的犯罪，当二人以上共同实施时则构成共同犯罪的情形。这种共同犯罪的特点是，刑法对犯罪主体的人数没有限制。如果两个人共同实

〔1〕 参见陈兴良：《共同犯罪论》，中国社会科学出版社 1992 年版，第 388 页。

〔2〕 参见高铭暄：《刑法问题研究》，法律出版社 1994 年版，第 180 页。

施，就成立共同犯罪，因此，在对这种共同犯罪案件定罪量刑时，不仅要引用刑法分则的有关具体条款，而且要引用刑法总则中有关共同犯罪的规定。我国刑法分则规定的绝大多数故意犯罪，都可以形成任意的共同犯罪，即既可由单独犯罪的形式来完成，也可由共同犯罪的形式来完成。例如，放火、爆炸、故意杀人、故意伤害、抢劫、强奸妇女等犯罪。

必要共同犯罪，是指刑法分则规定的只能由二人以上的共同行为才能构成犯罪的共同犯罪。这种共同犯罪的特点是，犯罪主体必须是二人以上，而且具有共同的犯罪故意和行为，一个人不可能单独构成此种犯罪。在大陆法系刑法理论中，一般又将必要共同犯罪分为对向犯与多众犯。[1] 我国刑法理论界有人将之分为对合犯（对行犯）与众合犯（共行犯），[2] 其含义和对向犯与多众犯的分类相同。也有人将必要共同犯罪进一步细分为聚合性共同犯罪、对向性共同犯罪和集团性共同犯罪。[3] 我们认为，所谓的对向性共同犯罪或曰对合犯、对行犯并不能作为必要共同犯罪的一种。何谓对向犯？它是指以行为人双方的对向性行为作为犯罪构成要件的犯罪。[4] 对向犯的适例，在我国刑法理论界通常列举的有受贿与行贿、重婚与相婚。我们认为，受贿与行贿在大多数情况下是存在对合性的，但受贿与行贿行为在主观故意和客观行为方面均有本质的区别，罪名也各自独立，根本谈不上共同犯罪。何况，根据我国刑法的规定，行贿罪的成立主观上须以“为谋取不正当利益”为要件，而受贿罪除《刑法》第388条规定的斡旋受贿外，其他受贿行为构成犯罪并不以为请托人谋取不正当利益为限。由此可见，受贿罪成立时行贿罪并不同时成立，两者不是在任何情况下都具有对合性。重婚与相婚固然在成立犯罪时罪名相同，但事实上，重婚罪也不一定是共同犯罪，例如，甲是已婚且婚姻系在存续期间者，欺骗未婚独身的乙说自己未婚，与乙登记结婚，在此只有甲一人构成重婚罪。

我们认为，根据我国刑法的规定，将必要共同犯罪分为聚众共同犯罪与集团共同犯罪是合理、可取的，且具有理论和实践意义。

聚众共同犯罪，是指由首要分子组织、策划、指挥众人所实施的共同犯罪。聚众共同犯罪具有如下特点：①参与犯罪的人数较多，至少是3人；②有首要分子进行组织、策划、指挥；③骨干分子积极参加实施犯罪；④参加犯罪者的目标基本一致。如《刑法》第242条第2款规定的聚众阻碍解救被收买的妇女、儿童罪，第292条规定的聚众斗殴罪等。

集团共同犯罪，是指3人以上有组织地实施的共同犯罪，简称集团犯罪。集团犯罪与犯罪集团是密切关联又有区别的一对范畴，集团犯罪是犯罪集团实施的共同犯罪，犯罪集团是实施犯罪的集体。我国刑法中规定的最为典型的集团犯罪有《刑法》第120条规定的组织、领导、参加恐怖组织罪，第294条第1款规定的组织、领导、参加黑社会性质组织罪。刑法对于这些犯罪的组织、领导、积极参加和其他参加者都规定了专门的法定刑。集团犯罪的认定关键是在于如何认定犯罪集团，对此后文将予以详述。

必要共同犯罪即聚众共同犯罪和集团共同犯罪，由于刑法对各种地位和作用不同的犯罪分子作了专门的处罚规定，因此不必适用刑法总则中关于共同犯罪的规定，而只须径直适用相关刑法分则条文。

---

〔1〕 参见［日］木村龟二主编：《刑法学词典》，顾肖荣等译，上海翻译出版公司1991年版，第344～347页。

〔2〕 参见陈兴良：《共同犯罪论》，中国社会科学出版社1992年版，第146页。

〔3〕 参见李光灿、马克昌、罗平：《论共同犯罪》，中国政法大学出版社1987年版，第99页。

〔4〕 参见赵秉志、鲍遂献：《现代刑法学》，湖南师范大学出版社1995年版，第144页。

（二）事前通谋的共同犯罪与事前无通谋的共同犯罪

这是按照共同故意形成的时间划分的共同犯罪形式。事前通谋的共同犯罪，是指各共同犯罪人在着手实行犯罪以前，进行了不同程度的商议和策划，从而形成共同犯罪故意的共同犯罪。此种形式的共同犯罪在司法实践中较为常见。它通常表现为教唆犯与被教唆者在实行犯罪前沟通犯意，帮助犯在犯罪之前提供工具等。[1] 就大多数犯罪而言，并不以事前通谋为成立共同犯罪的要件。但是，应当注意的是，刑法分则规定的有些犯罪，以事前是否有通谋作为划分该罪的共同犯罪与他罪（既可以是单独犯罪也可以是共同犯罪）界限的标准。如《刑法》第310条规定，明知是犯罪的人而为其提供隐藏处所、财物，帮助其逃匿或者作假证明包庇，事前通谋的，构成本犯的共同犯罪；如果事前无通谋，则构成窝藏、包庇罪。又如《刑法》第349条规定，事前通谋，包庇走私、贩卖、运输、制造毒品的犯罪分子，为犯罪分子窝藏、转移、隐瞒毒品或者犯罪所得的财物的，以走私、贩卖、运输、制造毒品罪的共犯论处；如果事前无通谋，则构成包庇毒品犯罪分子罪或窝藏、转移、隐瞒毒品、毒赃罪。

事前无通谋的共同犯罪，是指各共同犯罪人在刚着手实行犯罪时或在实行犯罪过程中形成共同犯罪故意的共同犯罪。例如，甲正在殴打乙，适逢丙路过，于是，甲请丙帮忙，丙应邀与甲共同将乙打成重伤。本案中甲、乙的共同犯罪就是事前无通谋的共同犯罪。“事前无通谋的共同犯罪”之提法严格来说不科学，因为“事前无通谋”包括了事后通谋，而事后通谋根本不可能构成共同犯罪，因而改称为“事中通谋”较为合适。[2] 但“事前无通谋”与“事前通谋”相提并论，已为我国刑法理论界通说。

事前通谋的共同犯罪，由于各共同犯罪人在事前有谋划，因而犯罪更容易得逞，犯罪人的人身危险性和行为社会危害性都较大。事前无通谋的犯罪，一般来讲，较事前有通谋的共同犯罪的社会危害性小。

（三）简单的共同犯罪与复杂的共同犯罪

这是根据共同犯罪人之间有无分工划分的共同犯罪形式。简单的共同犯罪，是指各共同犯罪人都直接实行某一具体犯罪构成客观要件行为的共同犯罪。换言之，每个共同犯罪人都是实行犯。例如，甲、乙两人都实施抢劫丙的财物的行为。

复杂的共同犯罪，是指各共同犯罪人之间存在着分工的共同犯罪。在司法实践中，复杂的共同犯罪具体有以下几种主要表现形式：①不同的共同犯罪人分别实施教唆行为和实行行为；②不同的共同犯罪人分别实施帮助行为和实行行为；③不同的共同犯罪人分别实施教唆行为、帮助行为和实行行为；④不同的共同犯罪人分别实施组织行为、实行行为；⑤不同的共同犯罪人分别实施组织行为、帮助行为和实行行为。这种分工具体表现在：组织犯负责对整个犯罪活动的策划、指挥和领导；教唆犯负责唆使他人产生犯罪决意并参加犯罪活动；实行犯直接实施具体犯罪构成要件的行为，直接造成危害结果；帮助犯为犯罪的实行、完成和保持犯罪后的不法状态，提供物质和精神上的帮助。

简单的共同犯罪中，各共同犯罪人都是实行犯，因而处理较为容易。复杂的共同犯罪，行为人之间的分工不同，所起的作用不尽相同，因而各自应承担的刑事责任不同。因此，在处罚时应区别对待。

---

〔1〕 参见赵秉志、鲍遂献：《现代刑法学》，湖南师范大学出版社1995年版，第144页。

〔2〕 参见马克昌主编：《犯罪通论》，武汉大学出版社1993年版，第523页。

（四）一般共同犯罪与有组织的共同犯罪

这是根据共同犯罪有无组织形式划分的共同犯罪形式。一般共同犯罪，是指二人以上为实施特定犯罪而事前或临时结合的无特殊组织形式的共同犯罪。此种形式的共同犯罪人一旦完成特定的犯罪后，其犯罪联盟就不复存在。一般共同犯罪，可以是简单的共同犯罪，也可以是复杂的共同犯罪；可以是事前通谋的共同犯罪，也可以是事前无通谋的共同犯罪。有组织的共同犯罪即犯罪集团。

犯罪集团是一种破坏力很大、危害极其严重的犯罪现象，历来是各国刑法打击的重点。我国现行《刑法》第26条第2款明确规定了犯罪集团的定义："三人以上为共同实施犯罪而组成的较为固定的犯罪组织，是犯罪集团。"根据该定义，犯罪集团具有如下几个基本特征：①成员的多数性；②具有共同实施犯罪的目的性；③具有较强的组织性；④具有相当的稳固性。

二、疑难问题

（一）如何认定团伙犯罪的法律性质？

团伙犯罪是在司法实务中特别是公安战线经常使用的一个概念。它通常用于概括地指称三人以上共同实施犯罪的情况。团伙犯罪由于人数多，每一次犯罪所造成的危害一般大于单独犯罪，甚至大于一般共同犯罪，因而属于打击的重点。团伙犯罪显然属于共同犯罪，但对于团伙犯罪究竟属于何种形式的共同犯罪，它与集团犯罪是一种什么关系，刑法理论上观点颇多，分歧较大。归纳起来主要有以下几种观点：[1]

第一种观点认为，团伙犯罪就是集团犯罪。理由是集团犯罪最本质的特征是有组织的犯罪，而团伙犯罪符合这一特征。

第二种观点认为，团伙犯罪是一种独立的共同犯罪形式。如有论者认为，团伙犯罪既不同于一般共同犯罪，又有别于犯罪集团，是介于两者之间的一种独立的共同犯罪形式。

第三种观点认为，团伙犯罪是结伙犯罪与集团犯罪的总称。团伙犯罪既有结伙犯罪的特征，又兼有集团犯罪的特征，有的共同犯罪开始是结伙犯罪，后来发展成为集团犯罪。因此，把团伙犯罪视为结伙犯罪与集团犯罪的总称是恰当的。

第四种观点认为，团伙犯罪包括集团犯罪与一般共同犯罪。如有的论者指出，团伙犯罪应该根据具体案件的情况，有的认定为一般共同犯罪，有的认定为集团犯罪，绝不能将团伙一概说成集团，或一概视为非集团。

我们认为，第一种观点将团伙犯罪等同于集团犯罪，无视二者存在的明显差别，显然不可取。根据《刑法》第26条第2款的规定，犯罪集团是指三人以上为共同实施犯罪而组成的较为固定的犯罪组织。它的成立必须具备以下条件：①主体必须是三人以上。②有一定的组织性。这种组织性主要表现为成员比较固定，且内部存在着领导与被领导的关系，犯罪人之间通过一定的成文或不成文的规范维系在一起。③具有实施某种犯罪或某几种犯罪的目的性。④具有一定的稳定性。即各犯罪人是为了在较长时间内多次实施犯罪活动而结合起来的，一般在实施一次犯罪后，犯罪人之间的相互联系和组织形式仍然存在。许多团伙犯罪并不完全具备犯罪集团所必须具备的上述四个方面的条件，因而不属于集团犯罪。第二种观点将共同犯罪形式分为一般共同犯罪、团伙犯罪与集团犯罪三种，显然不是基于同一个分类标准而作出的，因而违反了事物分类的基本原则，亦不可取。主要表现在，我国刑法中对一般

〔1〕下述几种观点均转引自赵秉志主编：《刑法争议问题研究》（上卷），河南人民出版社1996年版，第441～442页。

共同犯罪（即刑法所规定的除集团犯罪以外的共同犯罪）和集团犯罪均作了规定，但并没有对团伙犯罪作出规定，将刑法有明确规定的两种共同犯罪与一种刑法未作规定的共同犯罪视为并列的三种共同犯罪，显然是不科学的。第三种观点将团伙犯罪视为集团犯罪的一个上位概念，具有一定的合理性，但所提出的结伙犯罪概念含义不明，仍未能彻底解决问题。只有第四种观点最为可取。持该观点的论者将团伙犯罪按具体情况，分别归入一般共同犯罪和集团犯罪之中，使这类共同犯罪在刑法中找到了自己的归宿，从而为依法处理团伙犯罪找到了充分的法律依据，较圆满地解决了处理团伙犯罪所面临的法律问题。

基于上述分析，我们认为团伙犯罪与集团犯罪是一种包容关系，即所有集团犯罪都属于团伙犯罪，而团伙犯罪则不但包括集团犯罪的情形，而且包括部分一般共同犯罪的情形。〔1〕

（二）如何认定聚众犯罪的法律性质？

聚众犯罪是刑法分则中规定的一种犯罪形式。它“是指法律规定以聚众作为构成犯罪必要条件的犯罪”。〔2〕 聚众犯罪并不是一种独立的共同犯罪形式，有时甚至不是一种共同犯罪。根据刑法分则的规定，聚众犯罪在以下两种情况下属于共同犯罪：①法律规定对聚众活动中的首要分子和其他积极参加者或多次参加者均以犯罪论处。这种情况在妨害社会管理秩序罪一章的第一节扰乱公共秩序罪中较多，如《刑法》第290条第1款聚众扰乱社会秩序罪，第2款聚众冲击国家机关罪，第292条聚众斗殴罪，第301条聚众淫乱罪。此外还有该章第二节妨害司法罪中第317条第2款聚众持械劫狱罪，第七章危害国防利益罪中第371条第1款聚众冲击军事禁区罪，第2款聚众扰乱军事管理区秩序罪。在这些聚众犯罪当中，首要分子和其他积极参加者或多次参加者主观上具有共同犯罪故意，客观上实施了共同犯罪行为，法律又规定对这两种人都要按犯罪处理，他们当然属于共同犯罪分子，应当按共同犯罪的有关规定进行处理。②法律规定只对聚众活动中的首要分子按犯罪处理，但首要分子为两人以上。某些刑法条文规定，只对聚众犯罪的首要分子以犯罪论处，如《刑法》第291条聚众扰乱公共场所秩序、交通秩序罪。在这种情况下，如果首要分子只有一人，那么这种聚众犯罪就是一种单独犯罪；如果首要分子为两人以上，则是共同犯罪。

那么，属于共同犯罪的聚众犯罪中是否存在犯罪集团呢？我们认为，一般不存在这种可能性，理由是，聚众犯罪一般是临时性的或者是一次性的，即使有时会出现连续多次聚众犯罪的情形，这些聚众活动也是为了同一个目的而实施的。行为人实施完毕一次聚众犯罪后，或他们所追求的某一个目的达到后，聚集在一起的人员，无论是首要分子还是积极参加者，还是其他参加者，一般即自行解散，并不存在一个为实施某一种或几种犯罪而结成的较稳定的组织。除非存在这样的情形，即某些人为了实施某种聚众犯罪而专门纠集在一起，组成一个比较稳定的团伙，有计划地反复组织群众进行这种聚众犯罪，如聚众冲击国家机关，而且他们不是为了同一个目的而多次组织同一批群众聚众犯罪，而是今天组织这一批群众聚众冲击国家机关，明天组织另一批群众这样做，这样的聚众犯罪团伙便可能成为犯罪集团。〔3〕

（三）如何理解犯罪集团的基本特征？

犯罪集团是一种破坏力很大、危害极其严重的犯罪现象，历来是各国刑法打击的重点。我国现行《刑法》第26条第2款明确规定了犯罪集团的定义，即“三人以上为共同实施犯罪而组成的较为固定的犯罪组织，是犯罪集团。”根据该定义，犯罪集团具有如下几个基本

---

〔1〕 参见阴建峰、周加海主编：《共同犯罪适用中疑难问题研究》，吉林人民出版社2001年版，第23～25页。
〔2〕 陈兴良：《共同犯罪论》，中国社会科学出版社1992年版，第150页。
〔3〕 参见阴建峰、周加海主编：《共同犯罪适用中疑难问题研究》，吉林人民出版社2001年版，第29～30页。

特征：

1. 成员的多数性。这是犯罪集团在组成人员上量的特征，即成员必须在三人以上。三人为众，刑法把三人作为构成犯罪集团的底数，这也是犯罪集团不同于一般共同犯罪的特点。司法实践中，犯罪集团在成员人数上多数都不止三人，有的达到数十、数百甚至上千人。二人共同犯罪的，即使在其他特征上与犯罪集团相似，也不能称为犯罪集团。

2. 具有共同实施犯罪的目的性。这是犯罪集团在主观方面的重要特征，也是它与基于低级趣味或封建习俗而形成的落后组织以及其他非法组织相区别的重要标志。犯罪集团在主观上是为了共同实施某种犯罪或某几种犯罪而组织起来的，具有鲜明的犯罪目的性。犯罪集团在主观上所具有的犯罪目的性，可以是通过集团成员之间口头或者书面约定形成的，也可以是通过共同犯罪活动而逐渐形成的，并不要求必须有书面的犯罪纲领，也不要求在实际上反复多次实施了某种或某几种犯罪。

3. 具有较强的组织性。这是犯罪集团的组织特征。它表现为，犯罪集团成员相对固定，内部之间具有领导与被领导的关系，有首要分子，有骨干分子，有一般成员，其中首要分子组织、领导、指挥其他成员进行集团犯罪活动。当然，不同的犯罪集团在组织严密程度上各有不同，有的组织性很强，甚至有铁的"纪律"、"帮规"来维系和约束集团成员的活动，而有的组织性则相对要弱一些。但总体来说，犯罪集团内部都具有较强的组织性，这是构成犯罪集团的组织性条件，缺少它就不能构成犯罪集团。

4. 具有相当的稳固性。犯罪集团是三人以上为实施某种或者某几种犯罪而联合或组织起来的，其组织机构和活动计划都是出于长远的考虑，不是为了实施一次犯罪而临时结伙，在实施一次犯罪之后，该组织或联合体仍继续存在。正如有的学者所指出的，所谓稳固性，就是指以实施多次犯罪为目的而联合，联合体准备长期存在，而不以事实上实施了多次犯罪为必要。所以，只要各共同犯罪人是为了实施多次或者不定次数犯罪为目的而联合起来的，即使他们只实施了一次犯罪或根本没有来得及实施任何犯罪，都不影响犯罪集团的成立。[1]犯罪集团之所以成为刑法打击的重点，也就在于它是一种犯罪组织，是以经常性、专门性地从事犯罪活动为前提的。[2]如果三人以上只是为了实施某种具体的犯罪而结合在一起，该种犯罪一实施完毕，其犯罪的联合即行解体，则这种犯罪的联合只是普通的共同犯罪，而不能认定为犯罪集团。即使这次犯罪情节十分恶劣、后果十分严重，也只能作为一次临时纠合的共同犯罪予以处理。

对于犯罪集团的稳固性特征的理解，我们认为，可以从以下两个方面来把握：①犯罪心理的一致性和实施犯罪的目的的坚定性。犯罪集团内部各成员犯罪心理的一致性也即团体意识，是实施集团犯罪的心理环境。正是在这种团体意识的支配下，犯罪集团成员臭味相投，结合成一个反社会的团体，从事犯罪活动。这种团体意识较之单个人实施犯罪时的犯罪心理，具有很强的稳定性。犯罪集团的组织性及其内部成员之间的相互感染、暗示、模仿等行为，不断强化、坚定犯罪集团成员实施共同犯罪的目的与信念。可见，"群胆"较之"孤胆"，在主观方面具有更强的稳固性。②犯罪集团组织上的稳固性，也就是指核心人员基本固定且长期稳定，有的犯罪集团内部还形成多层次的体系，具有严格的等级性。这是犯罪集团长期、稳固存在的前提和基础。当然，这样理解并不意味着犯罪集团的稳固性特征涵括了其组织性和犯罪目的性特征，而是从另一方面反映了犯罪集团诸特征之间相互联系、不可分

〔1〕 参见马克昌："论犯罪集团与犯罪团伙"，载《法学杂志》1986年第6期。

〔2〕 参见陈兴良：《共同犯罪论》，中国社会科学出版社1992年版，第157页。

割的关系。只有将几个特征作为一个有机的整体加以把握，才能准确地理解犯罪集团的概念。[1]

■第三节 共同犯罪人的刑事责任

一、基本法理

相对于单独犯罪而言，共同犯罪是一种形式较为复杂，性质更为恶劣，社会危害也更大的犯罪形式。单独犯罪，根据罪责自负的原则，行为人对于其危害社会的犯罪行为，承担全部的刑事责任。然而，共同犯罪人在共同犯罪中所实施的行为不可能完全相同，所起的作用也就有大小之分。因此，有必要依据一定的标准，对于共同犯罪人进行科学的分类，在此基础上确立共同犯罪人的定罪与处罚原则。共同犯罪人的分类，历来就是各国刑事立法的重点，也是刑法学理论研究的热点问题之一。从各国刑法关于共同犯罪的立法例来看，共同犯罪人分类的标准主要有分工分类法与作用分类法两种方法。前者是以共同犯罪人在共同犯罪中的分工为标准，将共同犯罪人分为实行犯（正犯）、组织犯、帮助犯、教唆犯；后者是以共同犯罪人对犯罪结果产生的原因力的大小，即各犯罪人在整个犯罪中作用的大小为标准，将共同犯罪人区分为主犯、从犯和胁从犯。其中，分工分类法是大多数国家所采用的方法。

对我国现行刑法典关于共同犯罪人的分类，通说的观点认为是在按共同犯罪人在共同犯罪中的作用将其分为主犯、从犯、胁从犯的同时，又根据共同犯罪的分工标准，划分出教唆犯。教唆犯与前三种共同犯罪人虽然在逻辑上不是并列关系，但教唆犯具有特殊性和复杂性，需要独立地加以研究。[2]

第十三章

（一）主犯及其刑事责任

《刑法》第26条第1款规定："组织、领导犯罪集团进行犯罪活动的或者在共同犯罪中起主要作用的，是主犯。"据此，主犯包括两种犯罪分子：

第一，组织、领导犯罪集团进行犯罪活动的犯罪分子，即犯罪集团的首要分子。这种主犯具有以下两个特征：以犯罪集团的存在为前提条件；必须是组织、领导犯罪集团进行犯罪活动的犯罪分子。组织、领导犯罪集团进行犯罪活动通常表现为，负责组建犯罪集团，网罗犯罪集团成员，制定犯罪活动计划，召集犯罪会议，布置犯罪任务，指挥集团成员进行具体的犯罪活动等。

第二，在共同犯罪中起主要作用的犯罪分子。这种主犯是指犯罪集团首要分子以外的在共同犯罪中起主要作用的犯罪分子。包括：①在犯罪集团中虽不起组织、指挥作用，但是积极参与犯罪集团的犯罪活动的人，即犯罪集团的骨干分子；②聚众共同犯罪中的首要分子或其他在聚众共同犯罪中起主要作用的犯罪分子；③在聚众共同犯罪以外的一般共同犯罪中起主要作用的犯罪分子。

主犯的认定，除犯罪集团和聚众共同犯罪的首要分子应着眼于犯罪人是否在犯罪集团或聚众犯罪中起组织、指挥作用外，其他主犯的认定，应综合考察以下几个方面的情况：①实行犯罪前犯罪人的表现，如是否主动邀约他人犯罪，是否出谋划策等。②实行犯罪过程中犯罪人的表现，如是积极主动地实施犯罪活动还是消极被动地参与实行犯罪，其行为是犯罪结果发生的主要原因还是次要原因等。③犯罪完成后犯罪人的表现，如是否控制、支配赃款、

---

〔1〕参见阴建峰、周加海主编：《共同犯罪适用中疑难问题研究》，吉林人民出版社2001年版，第211页。

〔2〕参见赵秉志主编：《新刑法教程》，中国人民大学出版社1997年版，第214页。

赃物，是否组织、指挥逃跑，布置反侦查活动等。共同犯罪中的主犯可能是一个，也可能是几个，有时全部共犯人均是主犯。

根据《刑法》第26条第3款的规定，对组织、领导犯罪集团的首要分子，按照集团所犯的全部罪行处罚。此处所谓集团所犯的全部罪行，并不等同于“集团成员所犯的全部罪行”，否则，在某些情况下将会导致集团罪行扩大的结果。因为在少数情况下，可能出现犯罪集团成员实行过限即超出集团犯罪故意之范围的情况，这时，“集团成员所犯的罪行”就具有了更大的外延。由于过限行为已超出了犯罪集团共同故意的范围，因此不应由首要分子对之承担刑事责任，而只能由实行犯本人负责。根据该条第26条第4款的规定，对于犯罪集团首要分子以外的主犯，应当按照其所参与的或者组织、指挥的全部犯罪处罚。需要指出的是，刑法分则对于有些共同犯罪的主犯已经规定了具体的法定刑，此时应直接援引刑法分则的相关条款处罚，而无需再以上述总则的规定为处罚依据。例如，《刑法》第120条对于“组织、领导恐怖活动”者便明确规定了“10年以上有期徒刑或者无期徒刑”的法定刑。

（二）从犯及其刑事责任

根据《刑法》第27条的规定，从犯是指在共同犯罪中起次要作用或者辅助作用的犯罪分子。据此，从犯具体包括两种：①在共同犯罪中起次要作用的犯罪分子，即次要的实行犯。这种从犯直接实施了具体犯罪构成客观要件的行为，但在整个犯罪活动过程中较之主犯所起的作用小。②在共同犯罪中起辅助作用的犯罪分子，即帮助犯。[1] 这种从犯不直接实施具体犯罪构成客观要件的行为，而是为共同犯罪的实施创造条件，辅助实行犯罪。

关于从犯的刑事责任，《刑法》第27条第2款明确规定：“对于从犯，应当从轻、减轻处罚或者免除处罚。”在具体案件中，对从犯是从轻处罚，还是减轻处罚，抑或是免除处罚，应综合考察共同犯罪的性质，从犯行为对犯罪结果发生的作用的大小等方面的情况。

与对主犯的处罚一样，刑法分则的有关条文明确规定了某些共同犯罪中从犯的法定刑，例如，《刑法》第120条规定：“组织、领导恐怖活动组织的，处10年以上有期徒刑或者无期徒刑；积极参加的，处3年以上10年以下有期徒刑；其他参加的，处3年以下有期徒刑、拘役、管制或者剥夺政治权利。”这里所说的“其他参加者”，显然是指共同犯罪中的从犯，对于这些从犯，按分则规定的法定刑处罚即可，无需适用总则关于处罚从犯的原则规定。[2]

（三）胁从犯及其刑事责任

根据《刑法》第28条的规定，胁从犯是指被胁迫参加犯罪的人。胁从犯具有以下特征：①行为人在客观上实施了犯罪行为。②行为人在主观上明知自己实施的行为是犯罪行为，在可以选择不实施犯罪的情况下，虽不愿意但仍实施了犯罪行为。如果行为人不知自己所实施的行为是犯罪行为，或者虽然知道自己实施的是犯罪行为，但丧失了选择行为的可能性，那就不能成立胁从犯。③行为人是因为受他人胁迫而参加犯罪的。胁迫，是指以剥夺生命、损害健康、揭发隐私、毁损财物等对行为人进行精神上的强制。同时具备上述特征的，成立胁从犯。

司法实务中认定胁从犯应当注意以下几个问题：

1．新旧刑法对胁从犯的规定有所不同。根据1979年《刑法》第25条的规定，胁从犯包括两类人：①被胁迫参加犯罪的人；②被诱骗参加犯罪的人。在刑法典修订过程中，许多

---

〔1〕参见赵秉志、吴振兴主编：《刑法学通论》，高等教育出版社1993年版，第232页。另需注意，帮助犯也可能成为胁从犯。

〔2〕参见赵秉志主编：《新刑法教程》，中国人民大学出版社1997年版，第217页。

第十三章

学者和实务部门提出，被诱骗参加犯罪的人，由于行为人对其被诱骗参加的犯罪不明真相，谈不上是犯罪，而且将被诱骗参加犯罪的人归入胁从犯也名不符实。对于这种意见，国家立法机关予以采纳，在新《刑法》第28条关于胁从犯及其处罚规定中，将“被诱骗参加犯罪的人”排除在胁从犯之外。但这一排除，并不意味着今后对被诱骗者参与共同犯罪的人进行处罚于法无据，而只是将被诱骗者参与共同犯罪分为几种情况予以区别对待：①行为人对主犯的犯罪行为根本没有认识，则行为人完全丧失了意志自由，与其他共同犯罪人无法形成共同犯罪故意，不应认为是犯罪；②行为人对自己行为的危害性质与危害后果有所认识而故意为之的，在实施共同犯罪的过程中可以转化为主犯或从犯；③行为人被诱惑，特别是被利诱参与共同犯罪且完全是主动参与的，其意志完全自由，应按其在共同犯罪中的作用分别认定为主犯或从犯。

2．胁从犯与紧急避险的界限。当行为人所受到的胁迫是一种正在发生的、直接威胁到国家、公共利益、本人或者他人人身权利、财产权利安全的危险，在此情况下，如果行为人为了保护较大的利益而被迫实施损害较小的利益的行为，应认定为紧急避险，而不能按胁从犯处理。

3．胁从犯可能转化为从犯或主犯。有些行为人起初是被他人胁迫参与共同犯罪，而一旦参加犯罪后，思想发生变化，由消极变积极，在共同犯罪中起到从犯甚至主犯的作用。对于这一类犯罪分子，不能因为其第一次犯罪是被胁迫实施的，就将其按胁从犯处理，而应依其转化后的情况按从犯或主犯处理。

对于胁从犯的刑事责任，《刑法》第28条作了明确规定，对于胁从犯，应当按照他的犯罪情节减轻处罚或者免除处罚。刑法之所以规定对胁从犯减轻或者免除处罚，是因为胁从犯是被胁迫而参加犯罪的，主观上并不愿意或不大愿意实施犯罪，在共同犯罪中的作用小于从犯的作用，因此，对胁从犯的处罚宽于对从犯的处罚。至于对具体案件中的胁从犯是适用减轻处罚还是适用免除处罚，应根据犯罪人受胁迫的程度，被胁迫所实施的犯罪的性质以及其行为对危害结果所起的作用的大小等情况决定。

（四）教唆犯及其刑事责任

关于教唆犯的刑事责任，我国《刑法》第29条作了规定。但是何谓教唆犯？法律未作具体明确的规定。刑法理论一般认为，教唆犯就是故意唆使他人犯罪的犯罪分子。教唆犯的特点是，本人不亲自实行犯罪，而故意唆使他人产生犯罪决意并实行犯罪。成立教唆犯必须具备以下条件：①客观上具有教唆他人犯罪的行为，即用授意、劝说、请求、命令、挑拨、刺激、收买、引诱等方法，唆使他人去实行某一具体犯罪。教唆的对象是本无犯罪意图的人，或者虽有犯罪意图，但犯罪意志尚不坚决的人。关于教唆行为的形式，可以是口头的，也可以是书面的；可以是一人单独教唆，也可以是数人共同教唆。无论采用哪种形式，都只能以作为方式出现，不作为行为不可能成立教唆犯。[1] ②主观上具有教唆他人犯罪的故意，故意的内容是，认识到他人尚无犯罪决意，预见到自己的教唆行为将引起被教唆者产生犯罪决意，而希望或者放任教唆行为所产生的结果。因此，教唆犯的主观方面，可以是直接故意，也可以是间接故意。[2]

根据《刑法》第29条的规定，对教唆犯应按如下原则处罚：

1．教唆他人犯罪的，应当按照他在共同犯罪中所起的作用处罚。这是指被教唆者已经

---

〔1〕参见高铭暄主编：《刑法学》，北京大学出版社1989年版，第241页。

〔2〕参见李光灿、马克昌、罗平：《论共同犯罪》，中国政法大学出版社1987年版，第83页。

犯了所教唆的罪的情况。所谓已犯了所教唆的罪，是指被教唆者在教唆人的教唆下，实施了所教唆的罪的预备行为，或者已经着手实行所教唆的犯罪而未遂，或者已经完成所教唆的犯罪而既遂。按照在共同犯罪中所起的作用处罚，是指根据教唆犯实际在共同犯罪中所起的不同作用分别处罚，起主要作用的，按主犯处罚；起次要作用的，按从犯处罚。由于教唆犯是犯罪意图的发起者，是引起他人实施犯罪的原因，没有教唆犯的教唆，他人就不可能实施犯罪，因而教唆犯在共同犯罪中通常起主要作用，特别是以胁迫方法教唆他人犯罪的教唆犯更是如此，因此，对教唆犯一般按主犯处罚。但在少数共同犯罪中，教唆犯也可能是起次要作用的，如教唆他人帮助别人犯罪，或者因受第三者威胁而教唆他人犯罪等，对这类教唆犯应按从犯处理。

2. 教唆不满18周岁的人犯罪的，应当从重处罚。这是因为，不满18周岁的人属于未成年人，他们辨别是非的能力较弱，容易被犯罪分子唆使、利用，因此教唆不满18周岁的人犯罪这种行为本身就具有严重的社会危害性。需要指出的是，如教唆不满14周岁的人实施犯罪或教唆已满14周岁不满16周岁的人实施《刑法》第17条规定的八种犯罪以外的犯罪，对教唆人应以间接正犯论处。

3. 如果被教唆的人没有犯被教唆的罪，对于教唆犯可以从轻或者减轻处罚。这种情况在刑法理论上叫做未成功的教唆，或曰教唆未遂。在教唆未遂的情况下，教唆者与被教唆者之间不存在共同犯罪关系，通常表现为以下几种情况：①被教唆人拒绝了教唆人的教唆；②被教唆人虽然当时接受了教唆犯的教唆，但实际上并没有进行任何犯罪活动；③被教唆人当时允诺实施教唆犯所教唆的罪，但实际上实施的是其他犯罪；[1] ④教唆犯对被教唆人进行教唆时，被教唆人已有实施所教唆罪的决意，即教唆犯的教唆行为与被教唆人实施的犯罪之间没有因果关系。

教唆未遂与未遂的教唆犯是两个不同的概念。未遂的教唆犯，是指被教唆的人已经着手实行犯罪，但由于意志以外的原因而未完成犯罪这种情况下的教唆犯，未遂的教唆犯与被教唆者有共同犯罪关系，他应该对实行犯的犯罪未遂负刑事责任。[2]

二、疑难问题

（一）如何理解主犯的定罪范围？

我国1979年《刑法》第23条第2款规定：“对于主犯，除本法分则已有规定的以外，应当从重处罚。”由此可见，我国1979年刑法对主犯仅规定了“从重处罚”的原则。然而，这个原则实际上只解决了共同犯罪人中主犯的量刑问题，而未涉及定罪问题，即各共同犯罪人依照何种原则对共同犯罪承担刑事责任的问题，这就引起了刑法学界和实务界对共同犯罪人定罪范围的诸多疑惑。例如，关于犯罪集团首要分子刑事责任的范围问题，理论上曾有三种观点：一为自身罪行负责说，认为首要分子的刑事责任仅限于自己本身的行为，而不能对犯罪集团的整个犯罪负责；二为全部罪行负责说，认为犯罪集团的首要分子应毫无例外地对集团成员实施的一切犯罪活动负责；三为预谋罪行负责说，认为首要分子必须对集团预谋实

---

〔1〕 并不包括被教唆人实施不同于被教唆的罪之罪质的犯罪，而该罪与被教唆的罪有重合性质的情况，如甲教唆乙去伤害丙，乙接受教唆后对丙进行伤害时，因遭反抗而故意将丙杀死。此种情况依“部分犯罪共同说”，仍成立共同犯罪关系。

〔2〕 参见高铭暄：《刑法问题研究》，法律出版社1994年版，第203页。

施的全部罪行，包括引起的严重后果负责。[1] 与此相近，对犯罪集团中一般参与者的刑事责任范围，理论界也有三种不同的观点：一为参与罪行负责说；二为全部罪行负责说；三为折衷说，即主张犯罪集团的一般成员既要对具体实施的罪行负责，又要对参加犯罪集团的罪行负责。[2] 这些学说无不表明，刑法理论界对共同犯罪人的定罪范围存在很大的争议，这种争议在经济共同犯罪中体现得尤为突出，围绕着共同犯罪人应当根据哪种数额定罪，理论界竟存在着五种观点：①分赃数额说，即各共同犯罪人只对自己实际分得赃物的数额承担刑事责任；②参与数额说，即各共同犯罪人应对本人实际参与的经济犯罪数额承担刑事责任；③犯罪总额说，即以共同犯罪的财物总额作为确定各共同犯罪人的刑事责任的标准；④分担数额说，即各共同犯罪人应对本人"应当分担的数额"负责；⑤综合数额说，主张综合考虑全案因素，确定各共同犯罪行为的作用大小，然后据此定罪量刑。[3] 尽管学者们在共同犯罪人的定罪范围方面各执一词，观点纷呈，分歧众多，但较多被认可的只有全部罪行负责说、预谋罪行负责说和参与罪行负责说三种，而自身罪行负责说的支持者相当鲜见。

刑事立法总是与刑法理论的发展水平相辅相成的。与刑法理论界众说纷纭的局面一样，我国刑事立法对共同犯罪人特别是首要分子和其他主犯的定罪范围，也有一个变化、发展的过程：①一律采自身罪行负责说。如 1952 年 4 月 21 日中央人民政府《中华人民共和国惩治贪污条例》规定："集体贪污，按各人所得数额及其情节，分别惩治。"[4] ②首要分子采全部罪行负责说或预谋罪行负责说，主犯采自身罪行负责说，但对主犯规定从重处罚。如 1985 年 7 月 18 日最高人民法院、最高人民检察院《关于当前办理经济犯罪案件中具体应用法律的若干问题的解答（试行）》及 1984 年 11 月 2 日最高人民法院、最高人民检察院《关于当前办理盗窃案件中具体应用法律的若干问题的解答》。③首要分子采全部罪行负责说，其他主犯凡符合"情节严重"条件的，亦采全部罪行负责说。如 1988 年 1 月 21 日全国人大常委会《关于惩治贪污罪贿赂罪的补充规定》第 2 条第 4 项的规定。④首要分子采全部罪行负责说，其他主犯采参与罪行负责说。如 1991 年 4 月 12 日最高人民法院《关于办理共同盗窃犯罪案件如何适用法律问题的意见》。[5] 而这一司法解释恰恰为现行刑法主犯定罪范围的规定奠定了基础。

现行《刑法》第 26 条第 3 款规定："对组织、领导犯罪集团的首要分子，按照集团所犯的全部罪行处罚。"第 4 款规定："对于第 3 款规定以外的主犯，应当按照其所参与的或者组织、指挥的全部犯罪处罚。"这里的"处罚"，我们认为实为定罪处罚之义，也就是说，对犯罪集团所犯的全部罪行，首要分子无论是否直接参与实施、策划某一次或某几次犯罪，均应对这些犯罪承担刑事责任。而其他主犯只对自己亲自参与实施、组织或指挥的全部犯罪承担刑事责任，对自己未参与实施、组织或指挥而由其他共犯成员实施的犯罪不承担刑事责任。

我国现行刑法为什么对主犯的定罪范围作如此规定呢？首先，我们来看犯罪集团的首要分子。我国现行《刑法》第 26 条第 1 款规定："组织、领导犯罪集团进行犯罪活动的或者在

---

〔1〕 参见童建明："论共同犯罪人承担刑事责任的范围"，载《刑事法专论》（上），中国方正出版社 1998 年版，第 814 页。

〔2〕 参见童建明："论共同犯罪人承担刑事责任的范围"，载《刑事法专论》（上），中国方正出版社 1998 年版，第 817 页。

〔3〕 参见陈兴良：《共同犯罪论》，中国社会科学出版社 1992 年版，第 312 ~ 313 页。

〔4〕 最高人民法院研究室编：《司法手册》（第 3 辑），人民法院出版社 1987 年版，第 142、185 页。

〔5〕 参见全国人大常委会法制工作委员会审定：《中华人民共和国法律分类总览》（刑法卷），法律出版社 1994 年版，第 204 页。

共同犯罪中起主要作用的，是主犯。”第97条规定：“本法所称首要分子，是指在犯罪集团或者聚众犯罪中起组织、策划、指挥作用的犯罪分子。”犯罪集团的首要分子对集团所犯全部罪行承担责任是理所当然的，因为他们虽然做不到“事必躬亲”，但犯罪集团所有的罪行均在其计划之内，完全可以被首要分子的犯罪故意所包容，而犯罪集团的全部罪行在预备和实施的过程中更是离不开首要分子的组织、策划甚至亲自实施，可以说，首要分子是整个犯罪集团的核心和灵魂，无论从主观上还是客观上，他们对犯罪集团的全部罪行都难逃其咎。

而其他主犯的情况则不尽相同。根据《刑法》第26条第1款的规定，其他主犯系指“在共同犯罪中起主要作用的”犯罪人，也就是说，其他主犯既包括犯罪集团中除首要分子之外的主犯，也包括一般共同犯罪中的主犯及聚众犯罪中包括首要分子在内的主犯。从地位上看，这类主犯不一定是组织、领导、指挥、策划者，但他们在共同犯罪活动中可能是积极的实行犯，也可能造成了严重的危害结果；当然，他们也有可能参与了聚众犯罪的组织、领导、指挥、策划行动，但这不属于犯罪集团的组织领导活动。因此，对于这类犯罪分子，只令其对参与的和其组织、指挥的全部犯罪承担刑事责任是符合罪责自负原则的。

我们认为，现行刑法典对主犯如何定罪的规定是在总结以往刑事立法的基础上，吸收了其合理成分而作出的。这一规定化解了以往刑事立法、刑法理论在共同犯罪人定罪范围方面的纷争，使以前只出现于少数单行刑法和司法解释并针对某些具体犯罪的个别规定上升为刑法总则规范中对各罪均具有普遍效力的条文，无疑使我国的共同犯罪立法更趋科学，更鲜明地体现了罪责刑相适应、罪责自负的原则，同时也在司法实践中具有更强的操作性。[1]

（二）如何理解主犯的处罚原则？

对于主犯的处罚，1979年《刑法》第23条第2款的规定是“对于主犯……应当从重处罚”。而1997年《刑法》则取消了对于主犯从重处罚的规定，1997年《刑法》第26条第3款规定：“对组织、领导犯罪集团的首要分子，按照集团所犯的全部罪行处罚。”第4款规定：“对于第3款规定以外的主犯，应当按照其所参与的或者组织、指挥的全部罪行处罚。”

对于新刑法出现的这种变化，学界存在不同的看法。肯定者认为，主犯或“按照集团所犯的全部罪行处罚”或“按照其所参与的全部犯罪处罚”，已经不限于追究个人直接所犯的罪行的责任，而是扩及到其能左右的集团其他成员所犯的全部罪行的责任，或者其所参与的犯罪中其他成员的全部犯罪的责任，因而可以说重处罚已到了极限，不必也无法再从重处罚了。否定者则认为，1997年刑法的规定，混淆了定罪与量刑的关系，删去主犯从重处罚的规定，代之以按照全部罪行或参与罪行处罚的规定，这里的处罚显然是指定罪，而不是量刑。[2] 还有人对于1997年刑法取消主犯从重处罚原则的弊端进行了分析，认为新刑法确立的对主犯处罚的原则，无法体现对共同犯罪的处罚重于单独犯罪的立法思想；无法解决当犯罪集团只犯一罪时，对于首要分子、主犯、从犯与胁从犯的处罚问题，因为，集团只犯一罪时，对于首要分子、其他主犯、从犯和胁从犯只能适用同一处罚原则，即对集团所犯的这一罪进行处罚，如果不规定对于主犯从重规定，那么对于作用不同的犯罪人的处罚势必完全相同，而这是十分荒谬的；另外，如果犯罪集团的其他主犯与首要分子犯相同的数罪，根据新刑法的规定，对于两者均以同样的罪行量刑，其法定刑很可能落入同一档次。由于没有从重处罚的规定，对处于同一法定刑幅度内的首要分子与其他主犯就无法根据其社会危害性大小

---

〔1〕 参见高铭暄主编：《刑法专论》，高等教育出版社2006年版，第339～341页。

〔2〕 参见邓峥波、焦利：“欣喜与期待——对新《刑法》的几点认识”，载《江西法学》1997年第5期。

而确定各自的刑罚。[1]

我们认为，从立法原意来看，1997 年刑法对于主犯处罚原则的规定是为了解决主犯的量刑问题，是为了加大对主犯的打击力度，但其实际功用却是较好地解决了主犯的定罪问题，对于加大对主犯的打击力度却是功效甚微，甚至还可能出现降低主犯责任的情况。如主犯犯数罪，即使 1997 年刑法没有“应当按照其所参与的或者组织、指挥的全部犯罪处罚”的规定，根据刑法理论，对于其也应根据数罪并罚原则，追究其刑事责任。1979 年刑法规定对主犯从重处罚，对于犯数罪的主犯，不仅要数罪并罚，而且在此基础上还要再从重处罚。而由于新刑法取消了对主犯从重处罚的规定，在主犯犯数罪时，就只能依数罪并罚原则处理，不能再从重处罚。显然，对于主犯的处罚，新刑法的规定要轻于旧刑法。另外，定罪的问题本应由分工分类法来解决，虽然对于主犯处罚的新规定较好地解决了定罪问题，但不能不说是歪打正着、越俎代庖之举。总之，我们认为取消对主犯从重处罚的规定是不科学的。[2]

（三）如何区分主犯与从犯？

我国现行《刑法》第 26 条第 1 款规定：“组织、领导犯罪集团进行犯罪活动的或者在共同犯罪中起主要作用的，是主犯。”这是我国刑法关于主犯的法定概念。根据这个概念，我们可以将主犯分为两种，即组织、领导犯罪集团进行犯罪活动的犯罪分子，以及在共同犯罪中起主要作用的犯罪分子。

那么，究竟如何认定共同犯罪人所起的作用是主要作用还是次要作用？所谓起主要作用，是指共同犯罪人对共同犯意的形成、共同犯罪行为以及共同犯罪的危害结果所具有的决定性作用。根据刑法中主客观相统一的原则，我们可以分别从主、客观两方面来具体说明这种决定性的作用。从主观上来看，主犯的作用主要表现在促成共同犯罪故意，并使之强化。具体而言，包括：①发起共同犯罪的犯意，即共同犯罪中的造意行为或教唆行为；②策划共同犯罪的行为，即选择犯罪目标、制定犯罪计划的行为。它包括制定实施共同犯罪行为的计划，以及制定行为实施后如何逃避刑事责任的计划。从客观上来看，主犯的作用主要表现在对共同犯罪行为及其危害结果所起的决定和推动作用，包括：①纠集共同犯罪人。二人以上共同实施犯罪行为，这是共同犯罪的最基本条件，是成立共同犯罪的前提。②指挥共同犯罪人的行为。无论是简单共同犯罪还是复杂共同犯罪、一般共同犯罪还是犯罪集团，要想使犯罪行为构成既遂，协调各共同犯罪人的行为使其有效地作用于犯罪对象是必不可少的，实施指挥行为的人无疑属于主犯。③共同犯罪的积极参加者和主要实行者。这类共犯在共同犯罪中虽然不担任组织、指挥、策划的职能，但是他们实施犯罪行为的积极性明显高于一般共同犯罪人，应认定为主犯。④对犯罪结果起决定性作用的共同犯罪人。将主、客观两方面的作用相结合，就可以准确地认定共同犯罪中的主犯。

《刑法》第 27 条规定：“在共同犯罪中起次要或者辅助作用的，是从犯。”从犯包括两类共同犯罪人：①在共同犯罪中起次要作用的犯罪分子，即次要实行犯。这类共同犯罪人虽然直接实施了具体犯罪构成客观要件的行为，但是在整个犯罪活动过程中较之主犯所起的作用要小。主要表现在，本人不主动发起犯意，在共同犯罪行为实施过程中积极性不高，行为强度不大，对造成犯罪结果所起的作用不大或根本未对犯罪结果有任何作用等。②在共同犯罪中起辅助作用的犯罪分子。根据分工分类法，这类犯罪分子实为帮助犯。这类共同犯罪人不

---

〔1〕参见赵秉志、陈一榕：“关于共同犯罪问题的理解与适用”，载《新刑法施行疑难问题研究与适用》，中国检察出版社 1999 年版，第 146～147 页。

〔2〕参见阴建峰、周加海主编：《共同犯罪适用中疑难问题研究》，吉林人民出版社 2001 年版，第 282～284 页。

直接实施具体犯罪构成客观要件的行为，而只是为共同犯罪的实施准备工具、创造条件，包括犯罪行为实施之前的帮助行为和犯罪行为实施时的帮助行为。通常表现为准备或提供犯罪工具，排除犯罪障碍，指示犯罪地点和犯罪对象，打探和传递有利于犯罪实施和完成的信息，在犯罪实施过程中把门望风等。

我国刑法中的刑罚个别化原则决定了区分主犯与从犯的重要性。通常而言，可从如下几个方面来区分主犯和从犯：①在事前共谋的共同犯罪中，首先提出犯意者通常为主犯，随声附和、表示赞同者通常为从犯。但这个标准并不是一成不变的，仅仅在犯罪共谋阶段随声附和，而在具体犯罪行为实施过程中起主要作用的犯罪分子亦属于主犯，而不构成从犯。②在事前共谋的共同犯罪中，策划、指挥犯罪活动者通常为主犯，被动接受任务、服从指挥者通常为从犯。③从参加共同犯罪的频率来看，多次参加共同犯罪者或者参加全部共同犯罪活动者通常为主犯，而首次参加共同犯罪或者参加次数少于其他犯罪分子的，以及仅参加了部分共同犯罪的犯罪分子通常为从犯。④从参加共同犯罪的强度来看，主犯的实行行为通常强度较大、手段残忍、技巧熟练，而从犯的实行行为强度通常较小，或技巧不熟练。⑤从对犯罪结果的作用来看，主犯由于行为强度大或者技巧熟练，通常对犯罪结果的作用较大，是造成犯罪结果的主要原因；而从犯由于初次作案，行为强度小，或者技巧不熟练，通常对造成犯罪结果只起较小甚至很小的作用。

（四）如何区分教唆犯与传授犯罪方法罪？

根据《刑法》第295条之规定，所谓传授犯罪方法罪，是指故意以语言、文字或者其他方式，向他人传授实施某种犯罪的具体方法、技能和经验的行为。传授犯罪方法罪源自教唆犯，该罪与教唆犯之间的不同之处在于：①从性质上看，教唆犯是共同犯罪人的一个种类，其定罪量刑皆从属于被教唆人；而传授犯罪方法罪是一个独立的罪名，有独立的法定刑。②从犯罪客体上看，教唆犯没有独立的犯罪客体，而是取决于被教唆者所实施的犯罪行为所侵犯的客体；传授犯罪方法罪则有其独立的犯罪客体，即社会管理秩序中的治安秩序。③从客观方面来看，教唆犯主要表现为通过利诱、胁迫、挑拨、刺激等方法引起他人实施某种犯罪的犯意；而传授犯罪方法罪则主要表现为把某一种或某几种犯罪的方法传授给他人。④从主观方面来看，教唆犯的犯罪目的在于有意识地引起他人实行犯罪的意图；而传授犯罪方法罪的犯罪目的仅在于将犯罪方法传授他人，并不要求引起他人的犯罪意图。⑤从犯罪主体来看，已满14周岁不满16周岁者教唆他人实施《刑法》第17条第2款规定之罪时，可以构成教唆犯，承担相应的刑事责任；但传授犯罪方法罪的主体只能是年满16周岁的正常人。⑥从犯罪对象来看，教唆犯的对象仅限于具有刑事责任能力者，否则不构成教唆犯，而构成间接实行犯；传授犯罪方法罪的对象则无此限制。⑦从犯罪停止形态上看，教唆犯有既遂、未遂之分；而传授犯罪方法罪属举动犯，只要有传授行为即构成既遂，没有未遂。⑧教唆犯既无独立罪名又无独立法定刑，根据刑法规定，应根据他在共同犯罪中所起的作用来决定对其的处罚；而传授犯罪方法罪是一个独立的犯罪，有独立的罪名和法定刑，只需依照刑法分则的规定直接对其定罪量刑即可。

在教唆犯与传授犯罪方法罪的认定上，主要有以下几种情况：对仅引起犯意，而没有实施传授犯罪方法的，应按教唆犯处理；对教唆他人犯此罪，又向他人传授彼罪犯罪方法的，应数罪并罚；对以传授犯罪方法的方式教唆他人犯罪的，应按想象竞合犯，以传授犯罪方法罪论处；对在教唆他人犯罪后又传授犯罪方法的，应按吸收犯从一重处断。

【思考题】

1. 试述共同犯罪的概念和成立条件。
2. 犯罪集团成立的条件如何?
3. 试述主犯的概念、种类和刑事责任。
4. 简述从犯的概念、种类和刑事责任。
5. 试述教唆犯的概念、特征、成立条件和刑事责任。

【参考文献】

1. 陈兴良:《共同犯罪论》,中国社会科学出版社 1992 年版。
2. 高铭暄主编:《刑法专论》,高等教育出版社 2006 年版。
3. 高铭暄主编:《新中国刑法学研究综述》,河南人民出版社 1986 年版。
4. 林文肯、茅彭年:《共同犯罪理论与司法实践》,中国政法大学出版社 1987 年版。
5. 李光灿、马克昌、罗平:《论共同犯罪》,中国政法大学出版社 1987 年版。
6. 马克昌主编:《犯罪通论》,武汉大学出版社 1993 年版。
7. 童建明:“论共同犯罪人承担刑事责任的范围”,载《刑事法专论》(上),中国方正出版社 1998 年版。
8. 王作富主编:《中国刑法适用》,中国人民公安大学出版社 1987 年版。
9. 阴建峰、周加海主编:《共同犯罪适用中疑难问题研究》,吉林人民出版社 2001 年版。
10. 赵秉志、鲍遂献:《现代刑法学》,湖南师范大学出版社 1995 年版。
11. 赵秉志、陈一榕:“关于共同犯罪问题的理解与适用”,载《新刑法施行疑难问题研究与适用》,中国检察出版社 1999 年版。
12. 张明楷:《刑法学》(上),法律出版社 1997 年版。
13. 邓峥波、焦利:“欣喜与期待——对新《刑法》的几点认识”,载《江西法学》1997 年第 5 期。

第十四章

罪　数

【导语】 行为人所实施的犯罪是一罪还是数罪，是应该并罚的数罪还是应该适用其他原则处理的数罪，对其所承担的刑事责任的大小有着直接影响。本章在介绍和分析了各种区分罪数的理论主张后，认为犯罪构成的个数是区分一罪与数罪的标准；并分别论述了属于一罪类型的实质的一罪、法定的一罪的各种具体情形，以及各种数罪类型。

本章的疑难问题有：①区分一罪与数罪的标准是什么？②如何看待过失犯罪的结果加重犯？③连续犯与继续犯有什么相同之处和不同之处？④如何区分想象竞合犯与法条竞合犯？⑤牵连犯的处理原则是否需要统一？如何统一？

■第一节　罪数概述

一、基本法理

（一）罪数研究的意义

罪数，即犯罪的个数，所要解决的是行为人的行为是构成一罪还是成立数罪的问题。这一问题看起来很容易，但实际上并非如此。因为现实中的犯罪现象纷繁复杂，致使有些犯罪看起来是数罪但实际上是一罪，或者法律规定为一罪，或者在刑事审判实践中被作为一罪来处理。因此，罪数问题并非简单的问题，有的甚至是难以解决的理论与实务问题。对罪数问题的研究，旨在解决一罪与数罪的划分难题，其具体的意义表现在以下几个方面：

1. 有助于准确定罪。定罪准确是刑事审判活动的最基本的要求之一。准确定罪，既包括准确地确定行为人的行为是否构成犯罪、构成何种犯罪，也包括恰当地确定行为人的行为是构成一罪还是构成数罪。将本来构成犯罪的行为不认定为犯罪或者相反，当然属于定罪不准，而将本来构成一罪的行为作为数罪处理或者相反，同样属于定罪不准。因此，在理论上不仅要研究罪与非罪的问题，而且也要研究一罪与数罪的问题，从而真正地做到定罪准确。

2. 有助于适当地量刑。犯罪的个数直接影响到量刑，因为一罪只能一罚，而数罪通常要实行并罚，或者适用一定的原则处以比一罪更重的刑罚，因此，能否区分一罪与数罪，直接关系到能否适当地量刑。如果将一罪误定为数罪，就会导致量刑过重；反之，如果将数罪认定为一罪，就会导致量刑过轻。此外，不同的一罪类型，由于构成特征上的不同，其量刑的原则也往往各不相同。如有的是从重处罚，有的是从一重罪处断，还有的只作为一罪来处刑，或者本应为从一重罪处断而法律却规定应并罚，等等。可见如果不能正确区分一罪（包括属于何种类型的一罪）与数罪，要做到适当地量刑，是不可能的。

3. 有助于相关刑法制度的正确适用。在我国刑法中，诸如连续犯、继续犯、牵连犯等与刑法的空间效力、时间效力、追诉时效等制度有着密切的联系。因此，只有准确区分一罪与数罪并准确认定各种罪数意义上的犯罪类型，才能正确运用上述刑法制度。例如，根据《刑法》第89条的规定，追诉时效的期限从犯罪之日起计算，犯罪行为有连续或者继续状态的，从犯罪行为终了之日起计算。据此，如果不能准确地认定连续犯、继续犯这些罪数形态，就会导致追诉时效制度得不到正确的适用。

4. 有助于刑事诉讼程序顺利进行。在刑事诉讼中，犯罪发生地与案件的严重程度是决定诉讼管辖（包括地域管辖与级别管辖）的根据；确认某一案件为自诉案件还是公诉案件，则直接影响到应采取何种刑事审判程序，而确定犯罪发生地、案件的严重程度以及案件本身是属于自诉案件还是公诉案件，往往要以对行为人的行为究竟是一罪还是数罪的判断为前提。如果对一罪与数罪予以了错误的判断，那就很难正确地执行法律所规定的刑事诉讼程序。

（二）罪数区分的标准

根据什么标准区分一罪与数罪，这是研究罪数问题首先要解决的问题。围绕这一问题，国内外刑法理论上提出了各种不同的主张，可谓学说纷呈。[1]

1. 行为标准说。此说认为，行为是区分罪数的标准，其理由是：①行为是具体存在的客观事实，仅有犯意而没有行为，不成立犯罪；②犯罪要对法益进行侵害，必先有行为表现，因行为才发生法益的侵害结果；③刑法分则就各种犯罪行为一一加以规定，可见行为是犯罪的首要因素。所以行为标准说主张，区分一罪与数罪，应以行为个数作为计算标准，即一行为的是一罪，数行为的是数罪。而对行为的理解又有自然行为说与法律行为说之分歧。自然行为说认为，人的一个动作或举动即为一个行为；数个动作，即使是同时、同地发生的，也应认为是数个行为。法律行为说认为，犯罪行为，应依法律观念认定，一个动作，有时与数个构成要件相当，在法律观念上，可以成立数个犯罪行为；有时数个动作只能组合成法律上的一个犯罪行为。

2. 法益（结果）标准说。此说认为，犯罪在实质上是侵害法益的行为，而刑法的目的在于保护法益。犯罪是应受刑罚制裁的行为，法律之所以加刑罚于犯罪人，是因为犯罪人的行为侵害了法益；法律对于各种法益侵害行为设有刑罚处罚的规定，足见法益侵害实是形成犯罪行为的基本要素。因而，应以侵害法益的个数决定犯罪单复的标准。关于法益单复的确定，又因法益性质（种类）不同，区分为下列三种：①个人专属法益，又称人格法益，如生命、身体、自由、名誉、信用等，凡与个人人身有不可分离关系者皆是。侵害个人专属法益的，以法益所有人计算单复。②个人非专属法益，又称财产法益，是指财产的监督权。法益单复以监督权个数而不以该法益所有权个数为区别的标准。例如，窃取为一人监督的数个所有物，只成立一个盗窃罪；如果窃取数人监督的一个所有物，则成立数个盗窃。③国家或社会法益，即不属于个人的公共法益，如国家、政府及其权力、社会秩序、社会风尚等。公共法益是概括的法益，性质上为数罪，凡侵害公共法益的犯罪，不问同时侵害个人法益的个数多少，因为是一个公共法益，只成立一罪。

3. 因果关系标准说。此说认为，因果关系是最重要的犯罪构成要件，犯罪事实中行为与结果之间，有一个因果关系的为一罪；有数个因果关系的为数罪；虽有数个行为或数个结果，如果只有一个因果关系，仍应为一个犯罪。此说以因果关系的个数决定犯罪的个数。

4. 犯意标准说。此说认为，犯罪是犯人恶意的表现，犯罪行为是表明犯罪人恶性的手段，结果则不过是证明犯罪人恶性的条件，犯罪行为和结果均非犯罪的本质，所以，罪数应由犯罪意思的个数来决定。这里所谓的犯罪意思的个数既包括故意，也包括过失。依照此

第十四章

〔1〕 转引自马克昌主编：《犯罪通论》，武汉大学出版社1999年版，第611~612页。

说，基于一个犯罪意思实施的行为，成立一罪，基于数个犯罪意思实施的行为为数罪。

5. 法规标准说。此说认为，应以犯罪行为触犯法条的个数作为确定一罪与数罪的标准。其理由是：犯罪由刑法规定，应依法条的单复决定犯罪的单复，虽一行为而触犯二个法条，应认为是二罪。

6. 构成要件说。此说认为，应以刑法分则或其他刑罚法规中规定的构成要件作为区别的标准。据此标准，犯罪单复决定于犯罪行为符合法定构成要件的次数，一次符合构成要件为一罪，数次符合为数罪，即以构成要件事实的个数为犯罪的个数。

7. 广义法律要件说。此说认为，应以构成要件说为根据，将完成二个以上的构成要件的行为事实（如牵连犯），因在刑法法规上规定以一罪论处，或在适用上作为一罪处断，而例外作为一罪。即本来是数罪，因为是一人实施，在观念上视为一罪。

8. 混合标准说。此说认为，上述各种学说各执一端，所谓行为、结果、因果关系、犯意、构成要件，不过是犯罪的某一部分要素，孤立地以任何一个要素或某一部分作为决定一罪与数罪的标准，都只能是以偏概全的理论。因此，上述各说都无济于罪数问题的合理解决。为了试图克服各种学说的缺陷，有学者综合前列各说，提出了混合标准说。该说认为，应对结果、行为、犯意、构成要件等加以综合判断才能解决罪数标准的问题。具体来讲，凡以单一犯意，实行单一有责行为，发生一个法益侵害之结果，一次相当于特定构成犯罪事实者，为一个犯罪，反之，以复数之犯意，实施数个独立有责行为，发生数个法益侵害之结果，数次相当于特定构成犯罪事实者，即为数个犯罪，可见犯罪之单复应就犯意、行为、结果三者概括地决定之。[1]

（三）我国通行的罪数区分标准学说

由于上述前七种学说均以犯罪构成的某一要素作为判断一罪与数罪的标准，因而都具有片面性，不可能正确解决罪数的区分问题。而混合标准说吸收了前七种学说的可取成分，重视犯罪的主、客观要素，与前七说相比，可谓具有明显的优点。但因为前七种学说各自的立论根据不同，将各种学说所提出的要素简单地合并在一起，不可能形成相互协调的整体，在发生一犯意数行为，数行为侵害一个法益或者一行为侵害数个法益，一犯意危害数法益或数犯意危害一法益等情况时，混合标准就不能合理地确定犯罪的个数。[2]

在认识到前述各种区分罪数标准的不妥之处后，我国刑法理论上借鉴了前苏联、东欧一些国家的刑法理论所主张的犯罪构成个数说，也叫犯罪构成标准说，即认为犯罪构成的个数是决定罪数的标准，行为符合一个犯罪构成的为一罪，符合数个犯罪构成的为数罪。犯罪构成个数说已成为我国刑法理论区分一罪与数罪的通说。而且在谈到犯罪构成标准的意义时，我国刑法理论上一般认为有以下几个方面的意义：①坚持以犯罪构成标准区分一罪与数罪，是对罪刑法定原则的具体贯彻。因为我国刑法的总则和分则系统地确定了犯罪构成的要件，按照犯罪构成的个数区分一罪与数罪正是体现了罪刑法定原则中的罪之法定的要求，从而有利于避免罪数判定的随意性和非一致性。总之，犯罪构成标准说，是防止罪数判定过程中的“擅断”现象的有力保障。②坚持以犯罪构成标准区分一罪与数罪，也是对主客观相统一原则的贯彻。根据我国刑法的规定，任何犯罪的构成都必须是行为齐备了犯罪的主观要件和犯罪的客观要件，而犯罪构成正是犯罪主观要件和客观要件的有机统一，因此，以犯罪构成标准区分一罪与数罪，既是对客观归罪的摒弃，也是对主观归罪的否定，充分体现了主客观相

---

〔1〕 参见韩忠谟：《刑法原理》，台湾雨利美术印刷有限公司 1981 年版，第 375 页。

〔2〕 参见马克昌主编：《犯罪通论》，武汉大学出版社 1999 年版，第 615 ~ 616 页。

统一的原则。③坚持以犯罪构成标准区分一罪与数罪，也是对犯罪构成理论的全面贯彻，是犯罪构成理论在罪数形态领域的必然体现。如果以其他的任何标准来区分一罪与数罪，就意味着犯罪构成理论没有得到彻底的贯彻，犯罪构成理论的价值就大打折扣。

二、疑难问题

区分一罪与数罪的标准是什么？

虽然目前我国刑法理论上的通说认为犯罪构成的个数是区分一罪与数罪的标准，但是，实际上这一标准并不能解决所有的情形下区分一罪与数罪的问题。因为一罪与数罪的区分并非那么简单，用一个模式划分不了全部的一罪与数罪的界限。理论与实践中存在着罪数复杂的情况，具体表现形式有以下几种：其一，根据犯罪构成标准说，有些行为成立数罪，但刑法却规定为一罪。例如，以勒索财物为目的绑架他人后杀害被绑架人的，符合绑架罪与故意杀人罪的构成要件，但《刑法》第239条规定仅以绑架罪论处。再如，三次贪污国有财产，每次都独立地符合贪污罪的犯罪构成，严格地根据犯罪构成标准说，应成立三个贪污罪，但根据《刑法》第383条第2款的规定，按一罪处理。又如，司法工作人员因收受贿赂而徇私枉法的，符合《刑法》第399条第4款规定的徇私枉法罪的犯罪构成和第385条规定的受贿罪的犯罪构成，但《刑法》第399条第4款规定对这种行为依照处罚较重的规定定罪处罚。其二，有些行为符合数个犯罪构成，但事实上只能以一罪论处。例如，行为人盗窃他人数额较大的财物后又予以毁坏的，分别符合盗窃罪的犯罪构成与故意毁坏财物罪的犯罪构成，但对这种行为事实上仅以盗窃罪论处。因此，区分一罪与数罪时，虽然原则上应以犯罪构成为标准，但同时也要考虑刑法的特殊规定，参照合理的司法实践经验。具体地说，在以犯罪构成标准说为基础的同时，还要综合考虑以下几点：①对几次相同的犯罪行为能否进行一次评价？如果得出肯定结论，原则上就以一罪论处。如对于几次走私相同物品的犯罪，几次实施相同财产犯罪等，可以进行一次评价，即累计犯罪数额作为一罪论处。如果得出否定结论，则不能以一罪论处。②对一个犯罪行为的法律评价能否包含对另一犯罪行为的法律评价？如果得出肯定结论，原则上就以一罪论处。如盗窃他人信用卡并使用的，存在两个犯罪行为，一是盗窃行为，二是信用卡诈骗行为，但根据《刑法》第196条第3款的规定，对其中的盗窃行为的法律评价能够包含对信用卡诈骗行为的法律评价，仅以盗窃罪一罪论处即可。如果得出否定结论，则不能以一罪论处。例如，故意造成被保险人死亡、伤残，然后骗取保险金的行为，仅评价为故意杀人或者故意伤害罪，就不能包含对保险诈骗行为的评价，反之，仅评价为保险诈骗，就不能包含对杀人、伤害行为的评价，故应认定为数罪。③是否只对一个法益造成侵害？如果得出肯定结论，原则上就以一罪论处；如果得出否定结论，则可能成立数罪（还要联系其他情况考虑）。④行为是否具有持续性与连续性？如果得出肯定结论，原则上应以一罪论处，如果得出否定结论，就可能成立数罪。总之，区分一罪与数罪，既要以犯罪构成为标准，同时也要考虑其他因素，最重要的是要以刑法的规定为依据。[1]

总之，将犯罪构成的个数作为区分一罪与数罪的标准是不妥的，应该基于刑法的规定和刑法理论原则，根据具体情况具体分析的原则来区分一罪与数罪。

〔1〕 参见张明楷：《刑法学》，法律出版社2003年版，第363~364页。

■第二节 一罪的类型

一、基本法理

(一) 实质的一罪

1. 继续犯。

(1) 继续犯的概念与特征。继续犯，亦称持续犯，是指作用于同一对象的一个犯罪行为从着手实行到行为终了犯罪行为与不法状态在一定时间内同时处于继续状态的犯罪形态。《刑法》第89条规定："追诉期限从犯罪之日起计算；犯罪行为有连续或者继续状态的，从犯罪行为终了之日起计算。"这一规定中的"犯罪行为有继续状态"，是刑法理论确认继续犯这一概念的法律依据。我国刑法规定的非法拘禁罪，窝藏罪，掩饰、隐瞒犯罪所得、犯罪所得收益罪，遗弃罪等属于继续犯。

继续犯具有以下特征：

第一，危害行为的单一性。所谓危害行为的单一性，是指行为人在主观上出于一个犯罪故意（单一的犯罪故意，或者是概括的犯罪故意），为了实现同一犯罪意图所实施的一个犯罪行为。因此，危害行为的单一性具有主客观统一性。如果行为人出于一个犯罪故意实施了二个以上的危害行为，或者出于数个犯罪故意而实施了数个危害行为，那就不能构成继续犯。危害行为，既可以是作为，如非法拘禁的行为；也可以是不作为，如遗弃行为。一个危害行为可能是一个举动，如始终将同一毒品放在某一地方予以控制即是；也可能是数个举动，如将被非法拘禁的人不断地变换关押的地点。

第二，行为对象的同一性。在继续犯的场合，危害行为仅侵犯同一或者相同的直接客体。所谓侵犯同一直接客体，是就特定犯罪的直接客体为简单客体而言的；所谓侵犯相同直接客体，是就特定犯罪的直接客体为复杂客体而言的。一种犯罪的犯罪客体要么是简单客体，要么为复杂客体，而不会有其他情形。但是，就连续犯而言，不管其犯罪客体是简单客体还是复杂客体，行为对象始终是同一对象，不会发生变化。这里所讲的同一行为对象不能理解为是同一个行为对象，而是指行为的对象始终没有变化，或者是同一个人，或者是相同的数人。如果行为的对象不是始终相同，而是不断变化的，那么，就不是构成一个继续犯，而是构成同种数罪，如犯罪人非法拘禁甲48小时后将甲释放，又接着非法拘禁乙48小时，这就不能只认定为一个非法拘禁罪，而是应认定为两个非法拘禁罪，属于同种数罪。又如，行为人在非法拘禁甲三天以后，又将乙与甲一同非法拘禁两天，这种情况下，由于行为的对象不具有同一性，因而也构成两个非法拘禁罪。

第三，危害行为与不法状态的同时持续性。所谓危害行为与不法状态的持续，实际上指的是危害行为在实施完毕之前持续不断地作用于行为对象，从而使某种不法状态持续不断地存在。例如，在实施非法拘禁的场合，非法拘禁的危害行为与被害人被非法拘禁的不法状态始终是保持一致的，非法拘禁行为开始，被非法拘禁的不法状态随即产生，反之，非法拘禁行为结束，被非法拘禁的不法状态亦随之结束。继续犯所具有的危害行为与不法状态的同时持续这一特征既是继续犯这一概念产生的根据，也是继续犯区别于即成犯、状态犯、连续犯等犯罪形态的根本标志。

第四，持续一定时间性。只有危害行为及其造成的不法状态持续一定时间，才可以成立继续犯；如果危害行为及其所造成的不法状态持续的时间很短，则不能成立继续犯。这是因为持续犯的危害行为本身的强度不大，不可能造成重大的危害后果，因此，只有持续一定的时间，才能表现出严重的社会危害性，才可以构成犯罪；在危害行为及其造成的不法状态持续的时间很短的情况下，行为的社会危害性尚不能达到构成犯罪的严重程度，因而就不具有犯罪的本质特征，从而不能构成犯罪。

第五，停止形态的特殊性。持续犯只有既遂这一种停止形态，而没有犯罪预备、未遂、中止等形态，这是持续犯不同于危险犯、结果犯等的一个重要特征。这一特征是由持续犯自身的特点所决定的。如上所述，持续犯是以危害行为持续一定的时间作为成立条件的，如果行为人所实施的非法行为没有持续到一定的时间，那就不能构成犯罪，而持续到一定的时间就构成犯罪既遂，所以，持续犯不存在未遂形态。同样的道理，为实行持续犯做准备的行为也不具备构成持续犯的时间条件，当然也不能构成持续犯的预备犯。又由于犯罪中止是在犯罪过程中自动放弃犯罪或者自动有效地防止危害结果的发生，即犯罪中止是以行为人的行为构成犯罪为前提，不构成犯罪也就谈不上犯罪中止，由于为实行持续犯做准备的行为不能构成持续犯的预备犯，因此，也就没有持续犯预备阶段的中止犯；又由于持续犯一旦构成就是犯罪既遂，因而，也不存在防止危害结果发生的持续犯的中止犯。

（2）继续犯与相关犯罪形态的区别。

第一，继续犯与状态犯的区别。状态犯，是指犯罪既遂后，其实行行为所造成的不法状态处于持续之中的犯罪形态。继续犯与状态犯的相同之处在于二者都具有行为所造成的不法状态继续这一特征。二者的区别表现在：①不法状态形成的时间不同。继续犯的不法状态形成于危害行为开始之时，而状态犯的不法状态则发生于危害行为结束之后。②持续的内容不同。继续犯持续的内容既包括危害行为的持续，也包括不法状态的持续，而状态犯则仅仅是不法状态的持续，而不存在着危害行为的持续。

第二，继续犯与即成犯的区别。即成犯，是指危害行为实行终了，犯罪即告完成的犯罪形态，如强奸罪。继续犯与即成犯的区别在于：继续犯以危害行为和不法状态同时存在并且持续一定时间为特征，而即成犯则以危害行为实行完毕即构成，不存在着不法状态的持续，从而也不可能以行为所造成的不法状态持续一定的时间为成立条件。

（3）继续犯与接续犯的区别。接续犯，是指在同一时期以性质相同的数个举动接连不断地完成一个犯罪行为的形态。例如，行为人意图杀死被害人，每次下少量毒药，经多次下毒后致被害人死亡。这种情形的杀人，即是接续犯。继续犯与接续犯的区别主要在于：继续犯是犯罪行为和不法状态同时处于持续之中，而接续犯是数个相同的举动组成一个犯罪行为。

（4）继续犯的意义与作用。继续犯在共同犯罪关系的发生、追诉时效以及诉讼管辖、刑法适用范围等问题上有特殊的意义和作用。首先，在共同犯罪关系的发生上，共同犯罪的犯罪行为一般发生在犯罪既遂之前，继续犯则不同，在犯罪既遂后犯罪状态继续进行时，仍然可以发生共同犯罪关系。例如，甲将他人非法拘禁一段时间（已经达到构成犯罪的时间要求）后，乙加入到非法拘禁的活动中，而且时间也达到了构成该罪的要求，乙与甲构成非法拘禁罪的共同犯罪。其次，继续犯在追诉时效上的意义是显而易见的。因为《刑法》第89条明确规定："追诉期限从犯罪之日起计算；犯罪行为有连续或者继续状态的，从犯罪行为终了之日起计算。"这一规定表明，对继续犯的认定是否正确，直接关系到追诉时效的起算是否正确。如果将一个继续犯误定为即成犯，那就会使其追诉时效缩短，反之，将即成犯误定为继续犯，就会使追诉时效延长。前者会导致对犯罪的放纵，后者则会使人受到错误的追诉。再次，从诉讼管辖上讲，由于继续犯的行为地通常会发生变动、转移，在一个犯罪有数个不同的行为地（犯罪地）时，依犯罪地诉讼管辖制度，可能几个同级人民法院都有权管辖，此时由最初受理的人民法院审判，必要时，可以移送主要犯罪地的人民法院审判。最后，在刑法适用关系上，继续犯的犯罪时间是自开始实行犯罪行为至行为继续状态终止，这一过程有可能跨越旧法与新法两个时间阶段，对此，应该适用新法进行追诉。[1]

（5）继续犯的处断原则。由于继续犯无论持续时间多长，都仅是一个行为的继续，因而只具有一个犯罪构成，对此，就只能按一罪处理。持续时间的长短可作为一个量刑的因素，持续的时间越长，在其他情节相同的情况下，适用的刑罚就越重，反之，适用的刑罚就越轻。另外，在犯罪状态继续中新增的行为又触犯其他罪名时，应实行数罪并罚。

2. 法条竞合犯。

（1）法条竞合犯的概念和特征。法条竞合犯，又称法规竞合犯，是指一个犯罪行为同时触犯两个以上的法条，而这些法条之间存在着包容或者交叉关系。

法条竞合犯具有以下特征：

第一，只有一个犯罪行为。所谓一个犯罪行为，是指基于一个犯意所实施的一个行为。一个行为，可以是一种具体犯罪的一个单一行为，也可以表现为一个行为过程的前段行为吸收后段行为，如危险犯的危险行为，一旦进入实害阶段，危险行为就被实害行为所吸收，仍成立一个行为。

第二，一个犯罪行为触犯二个以上的法条。如生产、销售假药，足以严重危害人体健康，且销售金额达到5万元以上的行为，既触犯了《刑法》第141条关于生产、销售假药罪的规定，也触犯了《刑法》第140条关于生产、销售伪劣产品罪的规定，因而构成法条竞合犯。

第三，各法条之间存在着包容或者交叉关系。所谓包容关系，是指两个法条的内容其中的一个外延大，一个外延小，外延大的将外延小的包括其中。例如，《刑法》第279条规定了招摇撞骗罪，而《刑法》第372条规定了冒充军人招摇撞骗罪，后一条文的内容就被包含在前一条文的内容之中。如果一个人冒充军人招摇撞骗，就既触犯了《刑法》第279条的规定，也触犯了第372条的规定，属于法条竞合犯。所谓交叉关系，是指两个法条的内容之间相互重叠交叉。例如，《刑法》第266条规定的诈骗罪与《刑法》第279条规定的招摇撞骗罪之间就具有交叉关系。它们之间的交叉关系表现在冒充国家机关工作人员骗取财物，既属于诈骗罪客观方面的一种表现形式，又是招摇撞骗罪客观方面的表现形式之一，因而使两个法条的内容形成重合。但是，诈骗罪的手段又不仅仅限于冒充国家机关工作人员骗取财物这一种，招摇撞骗罪的对象也不限于财物，所以，两者之间又有不重合的地方。当行为人实施了冒充国家机关工作人员诈骗财物的时候，那么，就既触犯了招摇撞骗罪，又触犯了诈骗罪，构成了法条竞合犯。

（2）法条竞合的形态。[2]

第一，犯罪主体不同的法条竞合。一种犯罪行为，既可以由一般主体实施，也可以由特殊主体实施，当特殊主体实施时，就同时触犯了两个法条。例如，《刑法》第252条规定的侵犯通信自由罪的主体是一般主体，《刑法》第253条规定的私自开拆、隐匿、毁弃邮件、电报罪的主体是特殊主体即只能由邮电工作人员构成，如果邮电工作人员实施私自开拆、隐匿、毁弃邮件的行为，那就既触犯了侵犯通信自由罪的法条，也触犯了私自开拆、隐匿、毁弃、隐匿、毁弃邮件罪的法条，就属于同一刑事法律中因主体不同导致的法条竞合。

第二，行为的表现方式不同的法条竞合。一种犯罪，因行为的表现形式不同可能触犯数

---

〔1〕 参见马克昌主编：《犯罪通论》，武汉大学出版社1999年版，第626～627页。

〔2〕 参见马克昌主编：《犯罪通论》，武汉大学出版社1999年版，第631～632页。

个法条，从而形成法条竞合。例如，《刑法》第266条规定的诈骗罪的客观方面表现为虚构事实、隐瞒事实真相，骗取公私财物的行为，而《刑法》第279条所规定的招摇撞骗罪的客观方面表现为冒充国家机关工作人员招摇撞骗的行为，当行为人冒充国家机关工作人员骗取他人数额较大的财物时，那就既触犯了《刑法》第279条的规定，也触犯了《刑法》第266条的规定，从而形成法条竞合。

第三，犯罪对象不同的法条竞合。是指一种犯罪，行为的表现形式相同，因侵犯对象的不同而触犯数法条的情况。例如，表现为与军人配偶结婚这一形式的破坏军人婚姻的行为，就同时触犯《刑法》第258条关于重婚罪的规定和《刑法》第259条关于破坏军婚罪的规定。

第四，犯罪时间不同的法条竞合。基于犯罪时间的特殊意义，刑法在不同的犯罪中规定了不同的时间条件，例如，《刑法》第432条第1款规定了泄露军事秘密犯罪，第2款规定了战时泄露军事秘密犯罪，军人战时泄露军事机密的行为，就同时触犯了《刑法》第432条第1款、第2款的规定，从而形成法条竞合。

第五，危险犯与实害犯重合的法条竞合。是指两个法条规定的主体、客体、客观方面的行为均相同，因一法条规定危害结果已经发生包含另一法条规定有发生的危险所形成的竞合。例如，《刑法》第114条规定了放火罪、决水罪、爆炸罪、投放危险物质罪、以其他危险方法危害公共安全罪的危险犯，第115条紧接着规定了上述犯罪的实害犯，当行为人实施上述行为造成了第115条所规定的实害时，由于危险是实害发生的前提，就自然地形成了危险犯与实害犯的法规竞合。

（3）法规竞合犯的处理原则。

第一，在一般情况下，对法条竞合犯按特别法优于普通法的原则处理。即在法条竞合犯的情况下，对犯罪人一般适用特别法的规定定罪处罚。特别法是对某种犯罪特别情况的规定，普通法是对某种犯罪一般情况的规定。如《刑法》第279条是就冒充国家机关工作人员招摇撞骗作出的普通性规定，而《刑法》第372条是就冒充军人招摇撞骗所作的特别规定。因此，《刑法》第279条属于普通法，第372条属于特别法，对于冒充军人招摇撞骗的行为，应按《刑法》第372条的规定定罪处罚。

第二，在某些情况下，按重法优于轻法的原则处理。罪责刑相适应是我国刑法的基本原则，对法条竞合犯，如果按照特殊法优于普通法的原则处理有悖于这一原则时，就要按照重法优于轻法的原则处理。例如，对于冒充国家机关工作人员骗取财物的犯罪行为一般按《刑法》第279条定罪处罚，但是，对于冒充国家机关工作人员骗取财物数额特别巨大的行为，如果按照《刑法》第279条定罪处罚的话，显然会造成罚不当罪的结果，因为《刑法》第279条的法定最高刑仅为10年有期徒刑。在这种情况下，就应按《刑法》第266条关于诈骗罪的规定定罪处罚，因为诈骗罪最高可以判无期徒刑。我国现行刑法有对法条竞合犯适用重法优于轻法的明确规定，如《刑法》第149第2款规定："生产、销售本节第141条至第148条所列产品，构成各该条规定的犯罪，同时又构成本节第140条规定之罪的，依照处罚较重的规定定罪处罚。"

3. 想象竞合犯。

（1）想象竞合犯的概念和特征。想象竞合犯，是指行为人在两种以上罪过的支配下实施一个危害行为，触犯两种以上不同罪名的犯罪形态。因为行为人主观上有多种罪过，因而又被称为"观念上的竞合"、"想象并合犯"；又由于是一个危害行为触犯了多个罪名，因而又被称为"想象的数罪"。我国刑法总则条文没有规定想象竞合犯的概念及处罚原则，而是在分则关于罪刑的条文中对成立想象竞合犯的具体犯罪及相应处罚原则作出了规定。

对于想象竞合犯，大陆法系国家刑法理论认为，其实质上是数罪，但是对其一个行为而成立数罪应该进行一次处罚，作为科刑上的一罪。[1] 我国也有不少学者认为，想象竞合犯在实质上是数罪。[2] 我们认为，根据我国刑法学的犯罪构成理论，想象竞合犯在实质上属于一罪。尽管行为人是在多种罪过的支配下实施一个危害行为，可能会造成多种不法状态或者危害结果，但是，从犯罪评价的角度看，一个危害行为以及相关的因素一次只能满足一个具体犯罪的犯罪构成，因此只能构成一罪。之所以认为想象竞合犯是观念上的数罪，是因为在观念上可将危害行为与其他不同因素多次组合成不同的犯罪。但根据“禁止重复评价”的原则，将一个危害行为与不同的罪过分别多次结合起来评价为不同的犯罪是不被允许的。因此，观念上的数罪只存在于人们的观念之中，并不是实质上构成数罪。想象竞合犯在实质上只不过是超过一个具体犯罪的构成要件要素，但又不具备两个罪的构成要件要素，即成立一个具体犯罪后还剩余一部分犯罪构成要件要素。基于我国的犯罪构成理论，想象竞合犯本质上为一个具体犯罪。

想象竞合犯具有以下的特征：

第一，危害行为的单一性。行为人只实施了一个危害行为，这是想象竞合犯的前提条件。所谓一个危害行为，是从法律意义上来讲的，即行为人为达到某个目的或者意图而实施的对社会具有危害性的行为整体。该行为从客观上讲只能符合一个具体犯罪的犯罪构成。因此，“一个危害行为”是指基于一个犯罪意图所实施的完成某一个犯罪的行为。[3] 例如，某甲意图杀害乙，尽管乙旁边还有丙，仍然向乙开了一枪，结果打死乙，并打伤某丙。在此过程中，某甲实际上只实施了一个危害行为。正因为行为人只实施了一个危害行为，又因为刑事法律禁止对危害行为进行重复评价，所以，想象竞合犯实质上属于一罪。

第二，罪过的多重性。虽然行为人只实施了一个危害行为，但是该危害行为是在多重罪过的支配下实施的。所谓多重罪过，具体包括以下内容：首先，行为人为了达到一个具体的犯罪目的，根据犯罪的实际场合和条件而产生了侵犯多种犯罪客体的认识和意志，因而在主观上具备多种不同的罪过。同一个犯罪意图将行为人主观上的不同罪过联系在一起，在同一个行为活动中表现出来。其次，多种罪过不是孤立地对行为人的行为活动起作用，而是结合在一起同时发挥作用，支配行为人实施同一个危害行为，从而体现于一个危害社会行为之中。最后，关于不同罪过的具体形式，理论上并没有特殊的限定，既包括数个内容不同的犯罪故意，也包括数个内容有别的犯罪过失，还包括犯罪故意和犯罪过失并存的情形。正是因为行为人主观上受多种罪过支配而实施危害行为，理论上才认为在想象竞合犯的场合存在观念上的数罪。

第三，触犯罪名的多重性。触犯罪名的多重性，是指危害行为如果与不同的罪过、犯罪客体相结合，就能符合不同具体犯罪的犯罪构成，从而触犯多种罪名。这里所讲的多种罪名，是仅限于不同的罪名，还是既包括不同的罪名，也包括相同的罪名，在理论上存在着争议。[4] 我们认为，行为人在相同的罪过支配下侵犯同一个犯罪客体的，成立一个犯罪，已是犯罪论的公理。即使具体的行为对象有多个，只要是在完全相同的罪过支配下，危害行为侵犯了相同犯罪的直接客体，就可在一个犯罪的犯罪构成内进行评价，不会“剩余”其他犯

---

〔1〕 参见［日］野村稔：《刑法总论》，全理其、何力译，法律出版社2001年版，第456页。

〔2〕 转引自吴振兴：《罪数形态论》，中国检察出版社1996年版，第656页。

〔3〕 参见高铭暄主编：《刑法学》，法律出版社1987年版，第277页。

〔4〕 参见吴振兴：《罪数形态论》，中国检察出版社1996年版，第62页。

罪构成要件要素。至于多个相同危害结果或者不法状态的事实情况，可以在量刑上予以考虑。如果行为人在不同的罪过支配下通过一个危害行为侵犯了相同的犯罪直接客体，也可以成立想象竞合犯。而在此情况下，行为人的一个危害行为往往作用于不同的行为对象。

最后还需要注意，刑法规定不同犯罪的分则条文在客观上没有逻辑上的从属或者交叉关系。[1] 换言之，如果脱离实际上已经实施的危害行为，不同的犯罪罪名则不会发生联系，从而被放在一起分析。

（2）想象竞合犯的处断原则。对于想象竞合犯，理论上通常认为，不必进行数罪并罚，而是按照危害行为所触犯的法定刑较重的犯罪定罪，即从一重罪处断。不过，如果刑法对想象竞合犯的处罚原则作出了明确的规定，就应该按照刑法的规定来处理。我国刑法对想象数罪明确规定了以下原则：①数罪并罚。例如，《刑法》第204条第2款规定，纳税人缴纳税款后，采取假报出口或者其他欺骗手段骗取所缴纳的税款的，依照逃避缴纳税款罪定罪处罚，骗取税款数额超过所缴纳的税款部分，依照骗取出口退税罪定罪处罚。②按照处罚较重的犯罪来定罪处罚。例如，《刑法》第329条第3款规定，有前两款行为，同时又构成本法规定的其他犯罪的，依照处罚较重的规定定罪处罚。如果窃取的档案是国家秘密，则同时也触犯了非法获取国家秘密罪（《刑法》第282条），对此只按其中的一个重罪定罪处罚。

4. 结果加重犯。

（1）结果加重犯的概念和特征。结果加重犯，又称为加重结果犯，是指行为人所实施的某种犯罪的危害行为，造成了重于作为该种犯罪构成要件的危害结果的结果，刑法因而规定加重刑罚的犯罪形态。

理论上通常将结果加重犯视为实质的一罪，但近来也有学者认为，结果加重犯属于法定的一罪。[2] 我们认为，在结果加重犯的场合，行为人在犯罪故意的支配下仅实施了一个危害行为，一个危害行为结合其他犯罪构成要件要素，只能符合一个具体犯罪的犯罪构成，成立一个犯罪。因此，结果加重犯应属于实质的一罪。

结果加重犯具有以下特征：

第一，危害行为与加重结果之间的因果性。这意味着：①行为人在其罪过的支配下仅实施了一个危害行为，该危害行为就是刑法所规定的某种具体犯罪的客观方面的构成要件行为。②在基本犯罪构成要件的范围内，危害行为能否造成危害结果，以及是否造成了危害结果，都不影响结果加重犯的成立。在这个层面上讲，危害行为既可以表现为行为犯、举动犯，也可以表现为实害犯、危险犯。例如，行为人出于伤害他人的故意而实施了伤害行为，但造成了他人的死亡。在这里，行为人的伤害行为虽然没有造成他人伤害的结果，但造成了他人死亡的结果，因而成立故意伤害致人死亡这种结果加重犯。

第二，加重结果的法定性。这是指只有刑法将某种结果作为加重处罚的根据时，才存在着结果加重犯。如果刑法没有明确规定某种结果是加重处罚的根据，而是司法实践将该种结果作为一个酌定的从重处罚情节，那就不存在着成立结果加重犯的问题。加重结果的法定性表现为结果的法定性和加重（处罚）的法定性的统一。

第三，加重结果的罪过性。根据责任原则，一个人只有对自己的危害行为所造成的危害结果具有罪过时，才能对该危害结果承担刑事责任。结果加重犯的成立也应该是主客观相统一的，即只有行为人对自己的行为造成的加重结果具有罪过时才可能成立结果加重犯。

---

〔1〕 参见陈兴良：《规范刑法学》，中国政法大学出版社2003年版，第186页。

〔2〕 参见陈兴良：《规范刑法学》，中国政法大学出版社2003年版，第184～185页。

那么，行为人对加重结果的罪过究竟是仅限于过失，还是既可以是过失，也可以是故意呢？有的学者认为，行为人对加重结果只能出于过失；有的学者则认为，对加重结果既可以基于过失，也可以基于故意。[1] 一般认为，根据犯罪故意的基本规律，如果行为人主观上直接追求加重结果，通过危害行为来促使该加重结果发生的，不管在主观上还是在客观上，都符合新的犯罪构成，从而成立新的犯罪。例如，行为人希望杀死被害人，对被害人进行残酷的虐待，造成被害人死亡，直接成立故意杀人罪。因此，对加重结果的罪过不可能是直接故意，但可以是间接故意或过失。[2] 我们认为，对加重结果的罪过形式通常是过失，如强奸致人死亡、故意伤害致人死亡等，犯罪行为人对他人死亡的结果均持过失的态度。但在特殊的情况下，对加重的结果既可以是过失，也可以是故意，抢劫致人死亡这种结果加重犯即是如此。在一般情况下，行为人对被害人的死亡持过失的心理态度，但根据2001年5月26日起施行的最高人民法院《关于抢劫过程中故意杀人案件如何定罪问题的批复》指出：行为人为劫取财物而预谋故意杀人，或者在劫取财物过程中，为制服被害人反抗而故意杀人的，以抢劫罪定罪处罚。这表明，在上述两种情况下，抢劫致人死亡的罪过形式是故意，第一种情况下是直接故意，第二种情况下既可以是直接故意，也可以是间接故意。

顺便指出，刑法理论上有一种观点认为，除了故意犯罪的结果加重犯外，还有过失犯罪的结果加重犯，并将铁路运营安全事故罪、失职造成在押人员脱逃罪作为其适例。[3] 我们不赞同这种观点。

（2）结果加重犯的处罚原则。由于刑法对结果加重犯都规定了相应的法定刑，所以，对于结果加重犯，按照刑法所规定的相应的法定刑判处刑罚即可。

（二）法定的一罪

所谓法定的一罪，是指行为人实施了数个危害行为，每个危害行为均能独立地构成犯罪，但刑法将其规定为一个罪。法定的一罪主要有结合犯、集合犯、转化犯等。

1. 结合犯。

（1）结合犯的概念与特征。结合犯，是指刑法将数个不同犯罪规定为一个区别于这些犯罪的独立犯罪，并直接将罪名结合在一起的情形。例如，行为人针对同一个被害人，先强奸，后杀害的，已分别构成强奸罪和故意杀人罪，但刑法将这两种犯罪结合起来，规定为强奸杀人罪，从而形成了强奸杀人罪这一结合犯。

结合犯具有以下特征：

第一，数个危害行为的性质各异。针对同一个行为对象，行为人在不同罪过的支配下实施了数个不同的危害行为。也就是说，刑法明文规定的数个独立犯罪的整体，是构成结合犯的基本要素，数个独立犯罪的某个构成要件或者要素的结合不能构成结合犯。

第二，结合多个犯罪的犯罪构成和罪名。刑法出于更有力地惩治犯罪等目的而将这些相互独立、性质各异的具体犯罪结合起来。所结合的不仅有这些具体犯罪的犯罪构成，而且还有罪名。依刑法之规定，数个原罪的构成要件被融合为一个统一的独立于数个原罪的构成要件，即直接将数个不同具体犯罪的犯罪构成相加，就得到所结合的新罪的犯罪构成。可见，由数个原罪结合而成的新罪，必须含有与原罪相对应的且彼此相对独立的数个犯罪的构成要素。结合之罪的构成要件，虽然具有客观存在的对应性、稳定性和可分离性特征，但作为刑

[1] 参见赵秉志主编：《刑法总论》，中国人民大学出版社2007年版，第357页。
[2] 参见赵秉志主编：《刑法总论》，中国人民大学出版社2007年版，第358页。
[3] 参见赵秉志主编：《刑法总论》，中国人民大学出版社2007年版，第357页。

法规定的一个新罪，结合之罪的构成要件又具有体现新罪本质的整体性、统一性和独立性的特征。另外，在罪名上，新罪也是将数个不同具体犯罪的罪名相加起来。如果虽有数罪的结合，但刑法并没有将其明文规定为结合犯，而是作为基本犯罪的加重情节或者加重结果，那就不是结合犯。例如，根据《刑法》第263条的规定，抢劫致人死亡（包括故意杀死被害人）的，处10年以上有期徒刑、无期徒刑或者死刑，并处罚金或者没收财产。表现为故意杀人的抢劫致人死亡与日本刑法所规定的强盗杀人罪（结合犯）是完全相同的，但由于我国刑法没有将抢劫与杀人结合为一个抢劫杀人罪，因而不成立抢劫杀人罪的结合犯，而只能将其归于结果加重犯。

第三，被结合的数罪之间存在客观联系。数个原罪的犯罪构成之所以能够结合起来，形成新罪，是因为这些原罪的犯罪构成存在着客观联系。如果结合之罪与被结合之罪不存在着一定的客观联系，刑法就不能将它们规定为一个犯罪。这里所讲的客观联系，主要表现为行为主体、行为对象的相同性以及危害行为的同时进行性，即行为人针对同一个行为对象实施侵犯不同犯罪客体的多个危害行为。如果对这些危害行为分别进行评价，行为人的行为应构成数罪。

第四，结合犯独立于原来数罪。结合犯具有法定性，表现为数个原罪结合为新罪必须由刑法明文规定，新罪成为完全不同于原来数罪的独立具体犯罪。我国现行刑法没有规定结合犯，但不排除将来可能规定结合犯，因而有必要对相关内容予以了解。

（2）结合犯的处断原则。因为刑法将结合犯规定为完全独立于原来数个具体犯罪的一种犯罪，因此，只按照结合犯一罪定罪处罚，而不实行数罪并罚。

2. 集合犯。

（1）集合犯的概念和特征。集合犯系大陆法系刑法理论中对于特定犯罪形态所指称之概念。其具有两个意义：①多人联合共同实施共同犯罪的情形；②指多次实施同一危害行为，仍然成立一种犯罪的情形。[1] 在后一情况下，集合犯涉及一罪与数罪的区分问题，被视为一罪类型。[2] 我国刑法理论上将其通常视为大陆法系刑法理论中的一种一罪形态。[3] 通常认为，集合犯属于法定的一罪。[4]

第十四章

集合犯是指行为人以多次实施同一危害行为的意图反复多次实施同一种危害行为，但刑法仍将其规定为一个犯罪的情形。我国过去的刑法理论在法定的一罪中着重研究惯犯。虽然惯犯也属于集合犯的一种，但并不能概括所有的集合犯，而且我国现行刑法中已经不存在惯犯这一概念，但规定了营业犯，因此，应以对集合犯的研究取代对惯犯的研究。

集合犯具有以下特征：

第一，危害行为的犯罪性和反复性。危害行为的犯罪性，是指行为人实施的每一个危害行为都独立地构成犯罪。危害行为的反复性，是指行为人在一定的期间内反复多次地实施同一种危害行为。例如，行为人一次非法行医造成了多人的病情加重，就可以认定为情节严重，成立非法行医罪；非法行医时间较长，并且多次导致病人的病情加重，当然也属于情节严重，也仅成立一个非法行医罪。

第二，多次实施同一种危害行为的主观意图性。行为人多次实施同一种危害行为，是因

〔1〕 参见林亚刚："金融犯罪罪数形态论"，载《法商研究》2000年第4期。

〔2〕 参见陈浩然：《理论刑法学》，上海人民出版社1998年版，第311页。

〔3〕 参见赵秉志主编：《外国刑法原理（大陆法系）》，中国人民大学出版社2000年版，第233～234页。

〔4〕 参见张明楷：《刑法学》，法律出版社2003年版，第369页。

为主观上形成了多次反复实施该种危害行为的意图。这种意图往往基于一定的动机，或者以实施该行为作为谋生手段，或者以实施该行为作为营利的手段。动机如何，不影响特定主观意图的成立。由于集合犯在主观上具有多次实施一种危害行为的意图，因此，从主观罪过上看，集合犯的罪过形式是故意。

第三，法定性。行为人反复多次实施同一种危害行为，尽管单独的某次行为符合具体犯罪的犯罪构成，从而成立该犯罪，但是，刑法将多次实施该危害行为的情形仍规定为一罪。因此，在集合犯的场合，对行为人并不认定为数个同种犯罪，而是认定为一个犯罪，既然是一个犯罪，当然不能实行数罪并罚。正是在这种意义上，有论者认为，集合犯是指犯罪构成"预定"了数个同种类的行为的犯罪。[1]

多次同种危害行为在整体上成立一个犯罪的特征，使得集合犯与连续犯区别开来。在连续犯中，行为人在相同罪过的支配下连续多次实施同一种危害行为，但刑事司法出于处罚的特殊考虑而不认为是同种数罪，当然也不可能实行数罪并罚。刑法对连续犯如何处罚却没有作出规定。

另外，虽然集合犯也表现为行为人在一定时间内实施危害行为，但其与继续犯存在根本区别：继续犯是一个危害行为及其造成的不法状态持续一段时间，而集合犯则是行为人在一定时间内反复多次实施同种危害行为。

（2）集合犯的种类。关于我国刑法中的集合犯究竟包括哪几种，理论上存在着不同的观点。有的认为，集合犯包括常习犯、常业犯和营业犯三种；[2] 有的认为，我国刑法中的集合犯只包括两种，即常业犯和营业犯。[3] 我们认为二分法是可取的。因为我国刑法中没有规定常习犯。《刑法》第264条规定的"多次盗窃"构成盗窃罪，并不意味着多次盗窃构成常习犯。常习犯的成立必须是行为人已经形成了较长时间内反复实施同一危害行为的习性，而"多次盗窃"中的"多次"是指3次以上，如果一个行为人只盗窃了3次，就认为构成常习犯则显然是不恰当的，而且我国现行刑法中已经没有1979年刑法中的"惯窃"这一概念了，因此，《刑法》第264条关于"多次盗窃"的规定并不意味着我国刑法中存在着常习犯。

第一，常业犯。常业犯，是指行为人出于以实施某种危害行为作为其职业的目的，而在较长时间内反复不断地实施该种危害行为，刑法将其规定为一个犯罪的罪数形态。在我国现行刑法中，比较典型的常业犯是"赌博罪"。根据《刑法》第303条的规定，"以赌博为业"的，成立赌博罪。"以赌博为业"，是指赌博已成为行为人长期不断从事的一种"职业"。如果行为人只是偶尔地参与赌博，就不能构成"以赌博为业"的赌博罪。

第二，营业犯。营业犯，是指行为人出于营利的目的，反复多次实施某种危害行为，根据刑法的规定仍成立一罪的犯罪形态。例如，《刑法》第363条第1款规定了制作、复制、出版、贩卖、传播淫秽物品牟利罪，行为人以牟利为目的，多次制作、复制、出版、贩卖、传播淫秽物品的，仍成立制作、复制、出版、贩卖、传播淫秽物品牟利罪一罪。营业犯常见于行为人为谋取非法经济利益而从事某种犯罪行为的情形。营业犯与常业犯都以一定的非法业务为要素，因此二者具有一定的相同之处。二者的区别在于构成犯罪的标准不同。行为人实施一次某种营业性的危害行为，可能构成犯罪，反复实施多次的，仍然构成一罪；而常业

---

〔1〕参见张明楷：《刑法学》，法律出版社2003年版，第369页。

〔2〕参见赵秉志主编：《刑法总论》，中国人民大学出版社2007年版，第364页。

〔3〕参见马克昌、高铭暄主编：《刑法学》，北京大学出版社、高等教育出版社2007年版，第208～209页；张明楷：《刑法学》，法律出版社2003年版，第369～370页。

犯的构成则要求反复多次地实施同种行为。

(3) 集合犯的处罚原则。集合犯是法定的一罪，应按照构成的犯罪的相应法条定罪量刑。

3. 转化犯。

(1) 转化犯的概念和特征。转化犯，是指根据刑法的规定，行为人实施某个具体犯罪的犯罪构成要件之外的行为，使得危害行为在整体上符合另一种犯罪之犯罪构成，犯罪性质发生从轻到重转化的犯罪形态。转化犯是我国刑法理论首创的罪数形态的概念，也是近年来我国刑法理论研究得比较深入的罪数形态之一。[1] 理论上通常认为，典型的转化犯是《刑法》第269条所规定的“转化型抢劫罪”。

转化犯具有以下特征：

第一，行为人的行为已经成立具体犯罪。这是犯罪性质发生转化的前提条件。一般而言，在实施新的危害行为之前，行为人已经实施完毕前罪犯罪构成要件中的客观危害行为，因此，该危害行为符合具体犯罪的犯罪构成，构成犯罪。至于成立何种状态的犯罪，则没有特殊的限定，从犯罪发展阶段的角度看，行为人至少已经着手实施具体犯罪的实行行为。例如，行为人实施诈骗数额较大公私财物的行为，即使没有实际取得财物，如果有暴力抗拒行为，仍然成立抢劫罪。如果行为人诈骗他人数额较小的财物，因其行为不构成诈骗罪，而只是一般的违法行为，那就不可能发生犯罪性质的转化。

第二，行为人实施了新的危害行为。所谓新的危害行为，实际上是指超出前罪的犯罪构成的危害行为，即行为人在新的主观罪过支配下实施了进一步侵犯刑法所保护的社会关系的行为，而不是不可罚的事后行为。这是犯罪性质发生转化的原因所在。例如，行为人实施的聚众斗殴行为，本身已经构成犯罪，如果又实施了故意造成他人重伤或者剥夺他人生命的行为，就转化为故意伤害罪或者故意杀人罪。

第三，犯罪性质转化具有法定性。如果没有刑法的明确规定，即使行为人在某个犯罪成立后实施了新的危害行为，也不能认定为转化犯。

转化犯中的转化，只能是指轻罪向重罪转化，而不能是重罪转化为轻罪。从客观上讲，原来犯罪的危害行为加上新的危害行为，使得犯罪所侵犯的直接客体发生转化；从主观上讲，行为人具有侵犯更为重要的犯罪客体的故意。由于转化犯是一个较轻的危害行为转化为另一个更重的行为，虽然看起来有两个行为，但由于两个行为有前后相继的关系，因此只需按照转化后的重罪定罪处罚即可，而不需要数罪并罚。

转化犯与包容犯都是数个危害行为，但都被认定为一罪，这是它们的相同之处。二者的区别主要表现在：转化犯是前罪消化在后罪中，因而不需要再对前罪进行刑法评价；包容犯则是某种犯罪包容其他犯罪，其他犯罪的各种因素仍需要进行刑法评价，因而要加重包容犯的法定刑。

(2) 转化犯的处罚原则。对于转化犯，按照转化后的犯罪定罪处罚。

(三) 并合的一罪

行为人实施数个各自独立地构成犯罪的危害行为，刑法也并未将这些危害行为规定为一个犯罪，但由于这些危害行为之间存在着特殊关系，而根据这些特殊关系，不宜将这些危害行为认定为数罪，而是应该按照一个犯罪来处理。这种情形在我国刑法理论上被称为“处断

〔1〕 参见陈兴良：《刑法适用论》，法律出版社1999年版，第664页。

的一罪”。“处断的一罪”这一表述意味着按犯罪构成的个数来讲是数罪，但只按一罪处理。处断的一罪包括连续犯、牵连犯和吸收犯。

1. 连续犯。

（1）连续犯的概念和特征。连续犯，是指行为人基于数个同一的罪过，连续多次实施数个性质相同的危害行为，均符合同一个犯罪的犯罪构成，从而触犯同一罪名的犯罪形态。

连续犯具有以下特征：

第一，连续实施犯罪的主观意图。从主观上讲，连续犯的成立必须是行为人有连续实施某种危害行为的意思，即连续意思。具体而言，连续意思是指行为人在着手实施一系列犯罪行为之前，认识到即将实行的数个性质相同的危害行为的连续性，并基于此种认识决意追求数个相对独立的危害行为连续进行状态实际发生的心理态度。

连续意思，既可表现为行为人预先设定的犯罪计划，也可表现为行为人企图实现的总的犯罪目标，又可表现为追求多个同样的危害结果的心理态度。[1] 连续意思将行为人实施同一种危害行为的具体主观罪过前后联系起来，从而在主观上表现出比单独一次实施该危害行为更为严重的恶性，也揭示出行为人具有更大的人身危险性。

正是因为行为人主观上具有连续意思，追求危害行为连续地进行，希望对特定的社会关系或者法益造成连续性的侵害，因此，连续犯的主观罪过形式只能是故意。

第二，基于概括或者同一的犯罪故意。由于行为人具有连续实施某种危害行为的主观意图，因此，从数量上看，犯罪故意的数量与危害行为的数量保持对等关系。对于每一个具体的危害行为来说，行为人都有实际上对应的犯罪故意，即行为人在实施每一个危害行为时，在主观上都明知行为的性质和后果，并希望或者放任行为后果的发生。不过，数个犯罪故意虽然仅对其所支配的危害行为发挥作用，但是，后一个犯罪故意接着前一个犯罪故意，它们之间存在前后的连续关系。从内容和性质上看，前后连续的犯罪故意其实具有相同或者相近的认识因素和意志因素。当然，这并不是说，行为人在实施每次危害行为时，主观上都具有非常明确和清晰的认识和决意。行为人实施多个危害行为的主观罪过，既可以表现为同一的犯罪故意，也可以表现为概括的犯罪故意。所谓同一的犯罪故意，是指行为人对实施多个相同性质的危害行为有着非常明确的认识和强烈的追求，主观上的认识因素和意志因素都非常明确，而且内容完全保持一致，从属于行为人已经确定的犯罪计划；所谓概括的犯罪故意，是指行为人对实施多个性质相同的危害行为，在主观上只有总的犯罪意向，具体的犯罪故意并不是预先确定好的，而是具有一定的随意性。

第三，连续实施危害行为。连续犯在客观上表现为行为人在一定的时间内反复多次实施相同性质的危害行为，并且多个危害行为之间具有连续性。

关于如何认定数个性质相同的危害行为的连续性，理论上存在着意见分歧，主要有主观说、客观说以及折衷说三种不同的观点。主观说主张以行为人的主观意思为标准，认为犯罪行为乃犯罪意思的发动见诸于外部的身体动作，如果主观意思或决意有连续性，其行为自然有连续性。所以，只要行为人基于单一意思或决意（指对连续犯数行为的总体性预见，非指意思或决意的单数），实施了数个可以独立成罪的行为，即可成立连续犯。客观说认为，应以客观上的犯罪事实是否相同为标准，认为行为之连续不应以犯意的单一或继续为要素，只要犯罪事实相同，利用类似的方法或机会反复实施，即可成立连续犯。折衷说主张以主客观

〔1〕参见马克昌主编：《犯罪通论》，武汉大学出版社 1991 年版，第 672 页。

两方面的要素为标准，认为单凭主观说或客观说均“失之偏颇”，应“结合主观说之精神与客观说之理论为一”。[1] 我们认为，之所以将某些犯罪行为认定为连续犯，是因为这些犯罪不管是在主观方面，还是在客观方面都存在连续关系。根据某一个方面的连续关系来分析判断具体危害行为是否成立连续犯，显然是不够的。从主客观相统一的角度看，必须是行为人在连续意图以及由此产生的具体犯罪罪过支配下，多次连续实施了性质相同的危害行为。

第四，危害行为符合同一种犯罪的犯罪构成。行为人在一定期间内反复多次实施的危害行为，不是普通的违法行为，而是达到犯罪程度、构成犯罪的行为。这是连续犯的罪质条件。如果每次的危害行为没有达到犯罪程度，即使这些行为侵犯了特定的社会关系，并在整体上能构成犯罪，也不能成立连续犯。例如，行为人在一定时间内多次实施抢夺公私财物的行为，每次抢夺的数额均未达到“数额较大”的标准，但累加起来符合“数额较大”的要求，构成抢夺罪。这种情形就不能成立连续犯。

数个危害行为必须符合同一种具体犯罪的犯罪构成。正是在这个意义上，才认为行为人连续实施了性质相同的危害行为。如果数个危害行为并不符合同一种具体犯罪的犯罪构成，就不能认为是连续犯。因此，数个危害行为必须触犯了同一种罪名。至于某个具体的危害行为是否产生某些对犯罪加重处罚的犯罪情节，并不影响连续犯的成立。另外，某个具体的危害行为，是行为人单独实施的，还是与他人一起实施的，是已经达到犯罪既遂，还是成立犯罪未遂和中止，也都不影响连续犯的成立。

需要注意的是，在犯罪的危害行为、犯罪对象具有多样性，犯罪的罪名为选择性罪名的情况下，连续犯的成立就并不严格限定为绝对相同的行为，只要是该选择性罪名中所包括的危害行为即可。例如，行为人基于连续意图，有时候走私毒品，有时候贩卖毒品，还有时候运输毒品，更有时候制造毒品，这种情况下仍然成立走私、贩卖、运输、制造毒品罪的连续犯，而不是成立数个犯罪。

（2）连续犯与集合犯的联系与区别。集合犯是法定的一罪的一种，而连续犯则是处断的一罪的一种。二者的共同之处表现为：①行为人在客观上都实施了数个性质相同的危害行为；②行为人在主观上都有反复多次实施数个性质相同的危害行为的意图；③都是在特定的犯罪意图支配下产生了概括或者同一的犯罪故意；④行为人所实施的每一个危害行为都是由具体的主观罪过支配的；⑤实际上都属于实质的数罪，但对行为人的数个行为都并不认定为数罪，仅认定为一个犯罪。

二者的不同之处表现在：①危害行为构成犯罪的情况不同。在连续犯的场合，行为人所实施的数个性质相同的危害行为，都符合同一个犯罪的犯罪构成，能分别独立地成立犯罪。在认定连续犯时，必须确定每个危害行为都达到了犯罪的程度。但在集合犯的场合，每个危害行为并不一定都要符合同一个犯罪的犯罪构成，但这些危害行为集合起来，在整体上要符合特定犯罪的犯罪构成。②行为人实施数个相同危害行为的主观意图并不相同。在连续犯中，行为人主观上具有在相当时间内连续实施相同危害行为的主观意图，即主观上具有连续意思。但在集合犯中，行为人在主观上并没有连续意思，而是具有特定的习惯心理或者具有以某种犯罪活动谋取生活或经济利益的动机。③危害行为的连续性质不同。在连续犯中，数个性质相同的危害行为在一定时间内接连发生，前后承接，相互之间存在连续关系；而集合犯中，数个性质相同的危害行为并不一定接连发生，可能其中有所间断，只要不超过有效的

[1] 参见吴振兴：《罪数形态论》，中国检察出版社1996年版，第236~238页。

追诉期限，就可认定为集合犯。

（3）连续犯的处罚原则。对于连续犯，不实行数罪并罚，而是认定为一罪。具体应适用以下不同的处罚原则：

第一，认定为一罪，但从重处罚。在很多情况下，刑法对连续犯的处罚并未作出特别的规定。不管连续犯所触犯的具体犯罪有几个法定刑以及法定刑幅度如何，对连续犯按照其所触犯的罪名进行定罪处罚即可，不能随意加重法定刑或者升格法定刑幅度，当然，应该考虑多次实施危害行为的客观情况，对行为人予以适当的从重处罚。例如，对于连续杀人的情况，根据我国刑法的规定，并不加重处罚，而是按照故意杀人罪，对行为人在相应的法定刑幅度内给予严厉的处罚。

第二，认定为一罪，但成立法定的加重构成的犯罪。在某些情况下，刑法对连续犯的处罚作出了特殊的规定，将行为人多次实施性质相同的危害行为的情况作为加重处罚、升格法定刑的情况。例如，《刑法》第263条规定，“多次抢劫的”，法定刑升格，成立加重的抢劫罪。

第三，认定为一罪，但构成情节加重犯。在某些情况下，行为人多次实施性质相同的危害行为，而刑法又没有明确规定相应的法定刑幅度，只是对“情节严重”、“情节特别严重”规定了相应的法定刑，对此类情形的犯罪就要根据具体情况适用“情节严重”、“情节特别严重”的法定刑。例如，行为人多次走私武器、弹药，但刑法典没有规定多次走私武器、弹药的相应法定刑，对此，就只能按照《刑法》第151条第4款所规定的“情节特别严重”的法定刑处罚。

2. 吸收犯。

（1）吸收犯的概念与特征。吸收犯，是指行为人实施数个达到犯罪程度的危害行为，这些犯罪行为之间存在吸收关系，其中一个犯罪行为吸收其他犯罪行为，对行为人仅以吸收之罪来定罪处罚的犯罪形态。

吸收犯具有以下特征：

第一，存在数个危害行为。吸收犯在客观方面表现为行为人实施了数个危害行为。只有行为人实施了数个危害行为，才有可能产生某个危害行为吸收其他危害行为的情形。如果没有数个危害行为，也就不可能产生所谓的吸收关系。危害行为的复数性，是成立吸收犯的事实前提。

这里所讲的数个危害行为，是指数个达到了严重的社会危害性程度的行为，即构成了犯罪的行为。如果某个危害行为没有达到犯罪的程度，就不可能被另外某个犯罪行为吸收或者吸收其他犯罪行为。而且，不同危害行为达到犯罪程度，是指相互独立、互不依赖地成立犯罪，而不是结合成整体后符合犯罪构成，否则就属于复合行为的犯罪或者包容犯、转化犯或集合犯。这表明，吸收犯中的“吸收”，指的是犯罪之间的关系，是某个犯罪吸收其他犯罪，其他犯罪被某个犯罪吸收。

第二，数个危害行为基于一个犯罪意图。吸收犯在主观上表现为行为人是基于一个犯罪意图而实施数个危害行为的。不管数个危害行为是否具有相同性质，触犯相同罪名，总的来说，行为人实施这些危害行为，是为了达到一个犯罪意图或者犯罪目的。例如，行为人在共同盗窃中，开始为他人望风，后来也参与实行秘密窃取的行为。望风行为是一种帮助行为，而秘密窃取的行为则是实行行为，行为人的实行行为吸收帮助行为。但行为人主观上的意图都是盗窃他人财物，因此，行为人基于一个犯意，为了实现一个具体的犯罪目的而实施数个犯罪行为。

第三，数个犯罪行为之间存在吸收关系。在吸收犯的场合，行为人实施的数个危害行为虽然在成立犯罪的层面上相互独立，互不依赖，但它们之间并不是毫无联系的。相反，数个构成犯罪的危害行为之间存在着吸收关系。所谓吸收关系，是指犯罪行为之间具有的某一个犯罪行为吸收其他犯罪行为，使得其他犯罪行为不必在定罪量刑上予以考虑的关系。之所以某一个犯罪行为能够吸收其他犯罪行为，是因为吸收其他犯罪的犯罪行为具有较强的独立性，其他犯罪则不存在独立性。不具有独立性的犯罪行为依附于具有独立性的犯罪行为。换言之，如果对具有独立性的犯罪行为进行定罪量刑，那么，也能够达到对不具有独立性的犯罪行为进行否定评价和刑罚处罚的目的。通常而言，独立性的犯罪一般是犯罪性质更为严重、完成程度较高的犯罪。

吸收关系不同于包容关系，因为被包容的危害行为作为加重情节为刑法所明确规定，成为对行为人升格法定刑的依据。吸收关系也不同于转化关系，因为转化犯中新出现的危害行为使得整个危害行为符合了新的犯罪构成，新的危害行为只是新罪的犯罪构成要件要素之一，对量刑毫无影响。吸收关系也不同于牵连关系，因为牵连关系中手段行为对目的行为、结果行为对原因行为具有一定的促进和巩固作用。

(2) 吸收犯的形式。从行为人实施的危害行为的犯罪性质是否相同的角度来看，吸收犯表现为同罪的吸收犯和异罪的吸收犯。

所谓同罪的吸收犯，是指行为人实施数个犯罪性质相同的危害行为，这些危害行为之间存在吸收关系，成立吸收犯。同罪的吸收犯，根据犯罪形态不同而区分为如下几种情况：①不同犯罪停止形态中的吸收犯。主要包括同罪的完成形态吸收同罪的未完成形态（如既遂犯吸收预备犯或未遂犯），进入实行阶段的未完成形态犯罪吸收未进入实行阶段的未完成形态犯罪（未遂犯吸收预备犯、实行阶段的中止犯吸收预备犯）。②不同形式共犯中的吸收犯。主要包括主犯行为吸收从犯、胁从犯行为。由于教唆犯在共同犯罪所起的作用可能是主要作用，也可能是次要作用，在教唆犯起主要作用的情况下，就成为主犯，因此，主犯行为吸收教唆行为这种说法本身存在着疑问。③不同犯罪构成形式中的吸收犯。主要有符合加重犯罪构成之罪吸收符合普通犯罪构成之罪，以及符合普通犯罪构成之罪吸收符合减轻犯罪构成之罪，等等。

所谓异罪的吸收犯，是指行为人实施数个犯罪性质不同的危害行为，这些危害行为之间存在吸收关系，成立吸收犯。在针对同一个犯罪对象、相近犯罪客体的情况下，较重的犯罪吸收较轻的犯罪。例如，行为人盗窃了枪支、弹药，然后将该枪支、弹药加以私藏。对行为人仅按照盗窃枪支、弹药罪来认定，而不再认定非法持有枪支、弹药罪。有论者认为，大陆法系国家刑法理论中的“不可罚的事后行为”，相当于我国刑法理论中的吸收犯。[1] 所谓不可罚的事后行为，是指在状态犯的场合，行为人利用或者加强该犯罪行为导致的危害结果的行为，如果孤立地看，符合其他犯罪的构成要件，具有可罚性，但由于被综合评价在该状态犯中，故没有必要另认定为其他犯罪。该观点有一定道理，值得肯定。

从吸收犯的不同形式可以看出，在认定吸收犯时，必须注意如下几点：①数个犯罪行为的主客观方面完全符合前述吸收犯的基本构成特征；②必须是吸收之罪重于被吸收之罪；③成立吸收犯所必需的吸收关系，只能是罪的吸收关系，即行为人的数个危害行为已经分别构成犯罪，才能成立吸收关系。

〔1〕 参见张明楷：《刑法学》，法律出版社2003年版，第372～373页。

(3) 吸收犯的处罚原则。虽然吸收犯在实质上属于数罪，却认定其为一罪，不实行数罪并罚，而是按照某一犯罪的法定刑的相应量刑幅度来裁量刑罚，同时适当考虑行为人实施数个危害行为的实际情况，对其从重处罚。简言之，对吸收犯适用从一重罪重处断原则。这一处罚原则得到了刑法和相关刑法司法解释的肯定。例如，《刑法》第171条第3款规定，伪造货币并出售或者运输伪造的货币的，依照伪造货币罪定罪从重处罚。另外，行为人购买假币后使用，构成犯罪的，依照《刑法》第171条的规定，以购买假币罪，从重处罚。〔1〕

3. 牵连犯。

(1) 牵连犯的概念和特征。牵连犯，是指以实施某种犯罪为目的，其方法行为或者结果行为又触犯其他罪名的罪数形态。在牵连犯的情况下，因为行为人实施多个性质不同的危害行为，这些危害行为分别都能够成立犯罪，因此，牵连犯在实质上是数罪，只不过在处罚上作为一罪处理。

牵连犯具有以下特征：

第一，以实施一个犯罪为目的。牵连犯以实施一个犯罪为目的，行为人所追求的目的犯罪是牵连犯的本罪。为了实施本罪，其方法行为或者结果行为，又构成另一独立的犯罪，这另一独立犯罪即是牵连犯的他罪。牵连犯的本罪是一个犯罪，他罪是围绕本罪而成立的。如果行为人出于实施数个犯罪的目的，在数个目的的支配下实施数个犯罪，那就不是牵连犯。例如，以伪造国家机关公文的方法骗取他人的财物且数额较大，这种情况下，行为人的目的是为了骗取他人财物，其行为构成的诈骗罪即是本罪，而作为诈骗犯罪的方法行为即伪造国家机关公文的行为又构成了伪造国家机关公文罪，因而构成牵连犯。

第二，有两个以上性质不同的危害行为。行为人实施了数个性质不同的危害行为，这是牵连犯的客观特征。只有行为人实施了两个以上的危害行为，才有可能使得行为之间存在复杂关系，单一的危害行为不可能成立牵连犯。另外，行为人所实施的两个以上的危害行为，必须具有不同的性质，即侵犯了不同的刑法所保护的社会关系。如果两个以上的行为性质相同，就不可能成立牵连犯，而是成立单独的一罪或者其他类型的罪数形态。例如，行为人先将保护甲的乙杀死后又杀死甲，即使这里存在着手段与目的的关系，也不成立牵连犯，因为行为人实施的数个危害行为的性质是相同的。

第三，两个以上性质不同的危害行为之间具有牵连关系。数个性质不同的危害行为之间具有牵连关系，是牵连犯的核心特征。但对于如何判断牵连关系，理论上存在着一定的争议。客观说认为，只要客观上两种行为之间具有手段行为与目的行为、原因行为与结果行为之间的关系，就具有牵连关系；主观说认为，只要行为人主观上将某种行为作为目的行为的手段行为或者作为原因行为的结果行为，就存在牵连关系；折衷说认为，只有在行为人主观上与客观上都具有牵连关系时，才具有牵连关系；类型说认为，应根据刑法规定与司法实践，将牵连犯的手段与目的、原因与结果的关系类型化，只有具有类型化的手段与目的、原因与结果的关系，才存在牵连关系。〔2〕

我们认为，通常情况下认定罪数形态的基本标准是犯罪构成，而犯罪构成要求从主客观两个方面来分析，因此客观说、主观说都失之片面。但是，折衷说仍然没有明确何为牵连关系，因而也不够妥当。类型说较为合理，牵连关系表现为手段行为与目的行为、原因行为与结果行为的关系。这种关系主要表现为手段行为是为了促使目的行为的完成而存在，而结果

〔1〕 参见最高人民法院2000年9月8日发布的《关于审理伪造货币等案件具体应用法律若干问题的解释》第2条。

〔2〕 参见吴振兴：《罪数形态论》，中国检察出版社1996年版，第277页。

第十四章

行为延续或者加深了原因行为的危害性质。总体上看，手段行为对目的行为、结果行为对原因行为有着一定的促进作用。这就是牵连关系的实质。

第四，两个以上不同的危害行为触犯了不同的罪名。牵连犯的成立，要求行为人所实施的两个以上的不同的危害行为都达到了犯罪程度，符合不同犯罪的犯罪构成，构成了不同的犯罪。也就是说，不仅行为人所实施的目的行为或者原因行为触犯了具体的犯罪罪名，而且行为人的手段行为或结果行为也触犯了具体的犯罪罪名。具体而言，牵连犯有两种类型：①实施一种犯罪，而作为该犯罪的手段行为或者方法行为又构成了其他犯罪。例如，为了骗取财物而伪造信用卡，然后利用伪造的信用卡进行诈骗的，目的行为构成信用卡诈骗罪，手段行为则构成伪造金融票证罪。这属于目的行为与手段行为牵连的牵连犯。②实施一种犯罪，维持该犯罪结果状态的行为又构成了其他犯罪。例如，盗窃枪支后，又将所盗的枪支保存较长时间。前一行为构成盗窃枪支罪，后一行为构成非法持有枪支罪，二者之间存在着原因与结果的关系，属于原因行为与结果行为牵连的牵连犯。

无论何种类型的牵连犯，都是犯罪之间的牵连。如果行为人实行的危害行为只触犯一个罪名，就不能构成牵连犯。例如，行为人持枪抢劫的，非法持有枪支的手段行为并不单独构成非法持有枪支罪，而是在总体上成立抢劫罪（这种情况属于包容犯）。行为人实施的每个行为只有达到了某种犯罪构成的基本要求，才可谓触犯了该种罪名。如果行为人的行为虽然具有某种犯罪的形式特征，但并未达到某种犯罪构成的基本要求，就不能认为触犯了该项罪名。

（2）牵连犯的处罚原则。对于牵连犯的处罚，我国刑法立法所规定的原则并不统一，刑法理论上的主张也存在着分歧，根据刑法的规定和刑法理论上的主张，对牵连犯的处罚原则主要有以下几种：

第一，数罪并罚原则。有的条文规定对牵连犯实行数罪并罚，如《刑法》第 157 条第 3 款规定，以暴力、威胁方法抗拒缉私的，以走私罪和第 277 条规定的妨害公务罪，依照数罪并罚的规定处罚。

第二，从重罪处罚原则。有的条文明文规定，按照较重的犯罪处理，如《刑法》第 196 条第 3 款规定，盗窃信用卡并使用的，依照《刑法》第 264 条的规定定罪处罚，因为盗窃罪法定最高刑是死刑，而信用卡诈骗罪的法定最高刑是无期徒刑，因此，从总体上讲前者比后者重，所以，要按照盗窃罪这一较重的犯罪定罪处罚。

第三，从重罪从重处罚原则。有的条文明文规定，按照较重的犯罪从重处理，如《刑法》第 157 条第 1 款规定，武装掩护走私的，依照第 151 条第 1 款、第 4 款的规定从重处罚。

第四，在刑法没有作出明文规定的情况下，对牵连犯应当适用从一重罪处断原则定罪处刑，不实行数罪并罚。如盗窃枪支后故意杀人的，按照故意杀人罪处理，在量刑时将盗窃枪支的行为作为一个从重处罚的情节予以考虑。

目前牵连犯的处罚原则呈现出多样化的现状，应该说并不是一种正常的现象，有必要对其加以统一，这需要通过立法的途径予以解决。

（3）牵连犯与其他罪数形态的联系与区别。

第一，牵连犯与包容犯。牵连犯与包容犯的相同之处主要表现在：①行为人都实施了多个性质不同、均能独立构成犯罪的危害行为；②对所实施的危害行为，行为人都具有独立、内容不同的主观罪过；③不同的犯罪行为之间存在特殊的关系；④实质上都属于数罪，但要作为一罪来处理。

二者的区别主要表现在：①犯罪范围不同。牵连犯中的所有危害行为都成立故意犯罪，而包容犯中的危害行为，只有包容行为成立故意犯罪，被包容行为既可以成立故意犯罪，也可以成立过失犯罪。②主观罪过不同。牵连犯中，行为人主观上是基于一种犯罪意图而产生了多个犯罪故意，对于目的行为成立之犯罪或者原因行为成立之犯罪的犯罪故意处于主要地位；而包容犯中，行为人的主观罪过并不是基于特定犯罪意图而产生的，相互之间没有从属和服务的关系。③危害行为之间的关系不同。牵连犯中，不同危害行为之间具有目的行为与手段行为、原因行为与结果行为的关系；而包容犯中，不同危害行为之间只具有包容关系。④处罚原则不同。牵连犯的处罚，刑法有明确规定的，适用刑法的规定，刑法没有规定的，则适用从一重罪处罚原则处理；对包容犯则认定为一罪，同时法定刑升格，加重处罚。

第二，牵连犯与转化犯。牵连犯和转化犯的相同之处主要表现在：①行为人都实施了多个性质不同、均能独立构成犯罪的危害行为；②对所实施的危害行为，行为人都具有独立、内容不同的主观罪过，一般都表现为犯罪故意；③实质上都属于数罪，但要作为一罪来处理。

二者不同之处在于：①犯罪意图不同。牵连犯中，行为人主观上是基于一种犯罪意图而产生了多个犯罪故意；转化犯中行为人主观上的多个罪过并不是基于同一种犯罪意图产生的，而是有着多种原因。②危害行为之间的关系不同。牵连犯中的不同危害行为之间具有目的行为与手段行为、原因行为与结果行为的关系；而转化犯中，新实施的危害行为与此前的危害行为相结合，符合新的犯罪构成，犯罪性质发生转变。③处罚原则不同。牵连犯的处罚，刑法有明文规定的适用刑法的规定，没有明文规定的则从一重罪处罚；对转化犯则认定为一罪，按照相应的法定刑及其幅度处罚。

第三，牵连犯和连续犯。牵连犯和连续犯同属于处断的一罪，有着较多的相似之处，主要表现为：①行为人实施了多个危害行为，每个危害行为均能独立构成犯罪；②行为人主观上都具有特定的犯罪意图，在该犯罪意图的支配下产生实施多个危害行为的主观罪过，犯罪罪过也都表现为犯罪故意；③行为人实施的多个危害行为之间具有特定的关系。

二者的不同之处在于：①行为性质不同。对于牵连犯，要求行为人实施的数个危害行为触犯不同犯罪罪名，行为的性质并不相同；而对于连续犯，则要求行为人实施的数个危害行为触犯相同的罪名，行为性质完全相同。②行为关系不同。在连续犯的场合，数个危害行为之间存在连续关系，即这些危害行为是行为人在连续意图的支配下接连实施的；但是，在牵连犯中，数个危害行为虽然也相继发生，但之间存在的是牵连关系，即手段行为与目的行为、原因行为与结果行为的关系。③处罚原则不同。对于牵连犯，如刑法作出明确规定，应该按照刑法规定的处罚原则处理，如刑法没有明确的规定，则按照从一重罪处罚的原则处理；对于连续犯则只能认定为一罪，并适当考虑从重处罚。

二、疑难问题

（一）如何看待过失犯罪的结果加重犯？

如前文所述，刑法理论上有一种观点认为，结果加重犯不仅有故意犯罪的结果加重犯，而且还存在着过失犯罪的结果加重犯，并且以《刑法》第132条规定的铁路运营安全事故罪和《刑法》第400条第2款规定的失职致使在押人员脱逃罪为例，即认为《刑法》第132条中的“造成特别严重后果”是“造成严重后果”的结果加重犯；《刑法》第400条第2款中的“造成特别严重后果”是“造成严重后果”的结果加重犯。由于这两种犯罪都属于过失犯罪，因此，认为存在过失犯罪的结果加重犯。我们认为，过失犯罪的结果加重犯没有存在的余地。《刑法》第132条规定：“铁路职工违反规章制度，致使发生铁路运营安全事故，造成严重后果的，处3年以下有期徒刑或者拘役；造成特别严重后果的，处3年以上7年以下有期徒刑。”《刑法》第400条第2款规定：“司法工作人员由于严重不负责任，致使在押的犯罪嫌疑人、被告人或者罪犯脱逃，造成严重后果的，处3年以下有期徒刑或者拘役；造成特别严重后果的，处3年以上10年以下有期徒刑。”上述两种犯罪的罪过形式的确是过失，但认为“特别严重后果”就是“严重后果”的加重结果似有不妥，因为结果加重犯中的加重结果与基本结果应当是两种不同性质的结果，如重伤与死亡的性质不同，所以，故意伤害造成他人死亡的属于结果加重犯。而上述犯罪中的“严重后果”与“特别严重后果”并非两种不同性质的后果，而是两种相同性质的后果。例如，失职致使在押人员脱逃罪中的“造成严重后果”与“造成特别严重后果”都是致使在押的犯罪嫌疑人、被告人或者罪犯脱逃，后果的内容是相同的，只不过是程度不同而已。铁路运营安全事故罪中的“特别严重后果”与“严重后果”也是内容相同而程度不同。所以，铁路运营安全事故罪、失职致使在押人员脱逃罪中“造成特别严重后果”的情形并不是结果加重犯。

（二）连续犯与继续犯有什么相同之处和不同之处？

连续犯和继续犯都是《刑法》第96条涉及的、犯罪追诉问题比较复杂的罪数形态。二者的相同之处表现在：①二者都有时间上的延续。即二者的犯罪行为均在一段时间之内处于相当程度的进行状态。②二者都侵犯同一或相同的直接客体。连续犯是连续地侵犯同一或相同的直接客体，继续犯则是持续不断地侵犯同一或相同的直接客体。③二者的主观罪过形式都是故意。④二者都按一罪处理，而不实行数罪并罚。

但由于连续犯在实质上是数罪，而继续犯在实质上是一罪，因此，二者又有着本质的不同。二者的主要区别在于：①危害行为的个数不同。连续犯是连续实施数个性质相同的危害行为，因而行为的个数是复数；而继续犯是以一个危害行为持续地侵犯同一或相同客体，因而只有一个行为。②主观罪过个数不同。连续犯在主观上具有数个相同的犯罪故意，而且该犯罪故意受制于连续实施某种犯罪的意图，即每一具体的犯罪行为都是在一个具体的犯罪故意支配下实施的，连续犯所实施的数个性质相同的犯罪行为在主观上有等量的具体犯罪故意与之相对应；而继续犯的犯罪行为是基于一个犯罪故意。③时间间隔性要求不同。连续犯多次实施的数个性质相同的犯罪行为虽然在一定时间之内具有连续进行的特征，但数个犯罪行为之间具有时间间隔性或以时间为标准的可分离性；而继续犯所实施的一个犯罪行为在一定时间之内处于持续不断的状态，因而不可能具有时间间隔性的特点。④犯罪既遂状态不同。就连续犯而言，行为人所连续实施的危害行为，虽然每一个危害行为都独立成罪，符合同一个犯罪构成，但是，并不要求每个危害行为都成立犯罪既遂，而是只要能达到犯罪程度即可，而且后一个危害行为必须发生在前一个危害行为实施完毕之后；继续犯的成立要求危害行为造成不法状态后两者都处于持续状态，危害行为不仅实施完毕，达到了犯罪程度，而且也完成犯罪，成立犯罪既遂，犯罪既遂后，危害行为与不法状态仍有一定时间的持续。

（三）如何区分想象竞合犯与法条竞合犯？

想象竞合犯与法条竞合犯都属于竞合犯的范畴，因而存在着以下相同之处：①二者都是一个危害行为；②一个危害行为都触犯了规定不同罪名的数个法条；③两者的法律本质都是一罪，而非数罪；④对于想象竞合犯和法条竞合犯，最终都是适用一个法条并且按照一罪予以处罚的。

二者的不同之处主要表现为：①竞合的表现形式不同。想象竞合犯是一个危害行为已经付诸实行，并触犯了数个罪名，如果危害行为没有实行，就不可能想象为数个罪名，所以，想象数罪属于事实上的罪数形态；法规竞合犯是不同法律条文所规定的内容的竞合，属于法条上的罪数形态。因此，想象竞合犯所触犯的规定不同种罪名的数个法条之间不存在重合或者交叉关系；法规竞合犯所涉及的规定不同种罪名的数个法条之间，必然存在重合或交叉关系。②竞合产生的根据不同。想象竞合犯中规定不同种罪名的数个法条发生关联，是因为行为人实施了特定的犯罪行为；法规竞合犯所涉及的规定不同种罪名的数个法条之间的竞合关系，与实际发生犯罪与否没有必然联系。③罪过的数量不同。想象竞合犯是在数个不同的具体罪过支配下实施一个危害行为；法规竞合犯是在一个具体罪过的支配下实施一个危害行为。④处理原则不同。对想象竞合犯，应在比较数个罪名法定刑的轻重后择一重者处断，即从一重处；对于法条竞合犯，在数个法条中只能选择适用一个法条而排斥其他相竞合的法条的适用，即在一般情况下按特殊法优于普通法的原则处理，在刑法有明文规定的情况下，则按照重法优于轻法的原则处理。

（四）牵连犯的处理原则是否需要统一？如何统一？

根据我国现行刑法的规定和理论主张，处理牵连犯的原则处于极不统一的状态，主要有以下几项原则：①数罪并罚原则。有的条文规定对牵连犯实行数罪并罚。如《刑法》第157条第2款规定，以暴力、威胁方法抗拒缉私的，以走私罪和《刑法》第277条规定的妨害公务罪，依照数罪并罚的规定处罚。②从一重罪处罚原则。有的条文明文规定，按照较重的犯罪处理，如《刑法》第196条第3款规定，盗窃信用卡并使用的，依照《刑法》第264条的规定定罪处罚，因为盗窃罪法定最高刑是死刑，而信用卡诈骗罪的法定最高刑是无期徒刑，因此，从总体上讲前者比后者重，所以，要按照盗窃罪这一较重的犯罪定罪处罚。③从重罪从重处罚原则。有的条文明文规定，按照较重的犯罪从重处理。如《刑法》第157条第1款规定，武装掩护走私的，依照第151条第1、4款的规定从重处罚。④在刑法没有作出明文规定的情况下，对牵连犯应当适用从一重处断原则定罪处刑，不实行数罪并罚，如盗窃枪支后故意杀人的，按照故意杀人罪处理，在量刑时将盗窃枪支的行为作为一个从重处罚的情节予以考虑。同是牵连犯，却有多达四种不同的处理原则，这必然导致定罪量刑的不统一，从而造成极不公正的量刑结果。因此，统一牵连犯的处理原则势在必行。那么，究竟统一于什么处理原则，则值得研究。笔者认为，在牵连犯的情况下，行为人客观上实施了几个犯罪行为，主观上具有几个犯罪故意，侵犯了数个刑法所保护的法益，具备了数个犯罪构成，已经构成数罪，没有理由不按数罪处理。

■第三节　数罪的类型

数罪的表现形式是多种多样的，根据不同的标准，可以将数罪划分为不同的类型。具体来讲，可以将数罪分为以下几组对应的类型。

一、实质数罪与想象数罪

以行为人符合犯罪构成的行为个数为标准，可以将数罪分为实质数罪与想象数罪，行为人实施数个行为，符合数个犯罪构成，构成数个独立的犯罪的，是实质数罪。例如，行为人先一天实施的盗窃行为符合盗窃罪的构成，构成盗窃罪；第二天实施的抢劫行为符合抢劫罪的构成，构成抢劫罪，行为人所犯的两个罪是相互独立的犯罪，因而系实质数罪。行为人实施一个行为，符合数个犯罪构成，触犯数个罪名的，是想象数罪。例如，行为人开一枪致一人死亡、一人重伤，如果行为人主观上对他人的死亡、重伤均持故意的态度，其一个行为就触犯故意杀人罪和故意伤害罪两个罪名；如果对死亡、重伤结果均持过失，其一个行为就触犯了过失致人死亡罪和过失致人重伤罪两个罪名；如果行为人对重伤的结果持故意，对死亡的结果持过失，那就触犯了故意伤害罪和过失致人死亡罪两个罪名。

想象数罪是否应归于数罪的类型，在理论上存在着异议。因为在想象数罪的情况下，行为人只实施了一个危害行为，一个危害行为不可能构成数个犯罪。既然不能构成数罪，将其归于数罪的类型就存在着疑问。何况在论述一罪的时候，又是将想象数罪归于实质的一罪的范围的。这个问题值得进一步研究。

二、异种数罪与同种数罪

以行为人的数个行为符合的数个基本犯罪构成的性质是否相同为标准，可以将数罪分为异种数罪与同种数罪。异种数罪，是指行为人出于数个不同的罪过，实施数个不同的行为，符合数个性质不同的基本犯罪构成，触犯数个不同罪名的罪数形态。例如，行为人出于贪污犯罪的故意，实施了贪污犯罪行为，构成贪污罪；同时，行为人又出于受贿犯罪的故意，实施了受贿犯罪行为，构成受贿罪，贪污罪与受贿罪是两种性质不同的犯罪，因而行为人所实施的犯罪属于异种数罪。同种数罪，是指行为人出于数个相同的罪过，实施数个相同的行为，触犯数个相同罪名的罪数形态。例如，行为人某天出于杀人的故意杀死一人，一年以后出于杀人的故意又杀死一人，其先后实施的犯罪性质相同即均是故意杀人罪，因而属于同种数罪。是否承认同种数罪，在我国刑法学界还有不同意见：有的持否定说，有的持肯定说。[1] 我们认为，同种数罪不仅是一种客观存在，而且在理论上研究同种数罪也是具有意义的，也就是理论上必须解决同种数罪是否并罚的问题。另外，在确定同种数罪的时候，要注意将其与作为加重处罚情节的多次实施某种犯罪行为的情况区别开来。例如，《刑法》第263条规定，“多次抢劫”，是对抢劫罪加重处罚的情节之一，对多次实施抢劫犯罪行为的，就不能按同种数罪处理，而只能按《刑法》第263条所规定的“多次抢劫”的法定刑处罚。

三、并罚数罪与非并罚数罪

以行为人已经构成的实质数罪在量刑时是否实行数罪并罚为标准，可以将数罪分为并罚数罪与非并罚数罪。行为人基于数个罪过，实施数个行为，构成数个独立的犯罪，依照刑法应当实行并罚的数罪，是并罚数罪。异种数罪通常是并罚数罪。但处断的一罪中的牵连犯、吸收犯等虽然被认为本来是数罪，但因其形态上的特殊性，在运用刑罚上按一罪处理，被称为处断的一罪，不实行并罚。同种数罪通常不并罚，但在以下两种情况下实行并罚：①刑法明确规定并罚的。例如，《刑法》第70条规定：“判决宣告以后，刑罚执行完毕以前，发现被判刑的犯罪分子在判决宣告以前还有其他罪没有判决的，应当对新发现的罪作出判决，把前后两个判决所判处的刑罚”，依照数罪并罚的原则，决定执行的刑罚。这里所说的新发现的罪，即包括同种犯罪。②如果行为人多次实施相同性质的犯罪，而且这种犯罪的法定刑低，按照一罪处理显然罚不当罪，从实质合理的角度考虑，应实行并罚。例如，《刑法》第221条规定的损害商业信誉、商品声誉罪的法定最高刑是2年有期徒刑，如果行为人今天捏造并散布虚伪事实，损害甲公司的商业信誉或者商品声誉，造成甲公司的特别巨大的经济损失，致使甲公司濒临倒闭的境地，过一段时间又捏造并散布虚伪事实，损害乙公司的商业信誉或者商品声誉，造成乙公司的特别巨大的经济损失，致使乙公司濒临倒闭的境地，如果对行为人所实施的分别能独立构成损害商业信誉、商品声誉罪的两个行为按照一罪来处理，最高只能判处2年有期徒刑，显然罚不当罪。只有实行并罚，才能得到更加合理的处罚。

四、判决宣告以前的数罪与刑罚执行期间的数罪

以实质数罪发生的时间为标准，可以将数罪分为判决宣告以前的数罪与刑罚执行期间的

---

〔1〕 转引自高铭暄、马克昌主编：《刑法学》，北京大学出版社、高等教育出版社2007年版，第216页。

数罪。行为人在判决宣告以前实施并被发现的数罪，是判决宣告以前的数罪。行为人因犯罪受到判决宣告和刑罚执行，在刑罚执行期间发现漏罪或再犯新罪而构成的数罪，是刑罚执行期间的数罪。这种数罪又可分为以下两种情况：①因犯罪受刑罚执行，在刑罚执行期间发现漏罪而构成的数罪；②因犯罪受刑罚执行，在刑罚执行期间又犯新罪而构成的数罪。此种分类便于根据不同情况确定如何并罚和应执行的刑罚，因为我国刑法对上述两类数罪所规定的并罚方法不同，并罚的结果也随之有很大的差别。

【思考题】

1. 区分罪数的标准是什么？
2. 什么是继续犯？继续犯与状态犯的区别是什么？
3. 什么是想象竞合犯？想象竞合犯与法条竞合犯有什么不同？
4. 结果加重犯的成立条件是什么？
5. 什么是集合犯？集合犯具有哪些特征？
6. 什么是连续犯？连续犯有哪些特征？连续犯与继续犯有什么相同与不同之处？
7. 什么是牵连犯？对牵连犯如何处理？
8. 什么是吸收犯？吸收犯具有哪些特征？

【参考文献】

1. 陈兴良：《规范刑法学》，中国政法大学出版社 2003 年版。
2. 陈浩然：《理论刑法学》，上海人民出版社 1998 年版。
3. 韩忠谟：《刑法原理》，台湾雨利美术印刷有限公司 1981 年版。
4. 林亚刚："金融犯罪罪数形态论"，载《法商研究》2000 年第 4 期。
5. 马克昌主编：《犯罪通论》，武汉大学出版社 1999 年版。
6. 吴振兴：《罪数形态论》，中国检察出版社 1996 年版。
7. 张明楷：《刑法学》，法律出版社 2003 年版。
8. 赵秉志主编：《刑法总论》，中国人民大学出版社 2007 年版。
9. 赵秉志主编：《外国刑法原理（大陆法系）》，中国人民大学出版社 2000 年版。
10. ［日］野村稔：《刑法总论》，全理其、何力译，法律出版社 2001 年版。

第十五章 正当行为

【导语】正当行为，是指在外观上或形式上似乎符合某种犯罪的构成要件，而实质上不具备犯罪的社会危害性和刑事违法性，从而不构成犯罪的行为。我国刑法明文规定的正当行为包括正当防卫和紧急避险。其他正当行为主要包括法令行为、执行命令的行为、正当业务行为、权利人承诺的行为、推定权利人承诺的行为、自救行为和义务冲突。正当防卫包括两种类型：一般正当防卫和特殊防卫。一般正当防卫是针对严重危及人身安全的暴力犯罪以外的不法侵害实施的防卫行为，存在防卫过当问题；特殊防卫是针对严重危及人身安全的暴力犯罪实施的防卫行为，不存在防卫过当问题。紧急避险是在两种合法权益发生冲突且不能同时保全的紧急情况下不得已而实施的牺牲较小权益以保全更大合法权益的行为。

本章的疑难问题有：①如何理解和认定正当防卫场合下的不法侵害？②对预先安装防卫装置的行为应如何定性？③如何理解与认定正当防卫的必要限度？④如何认识防卫过当的罪过形式？⑤如何认识《刑法》第20条第3款与第1、2款的关系？

■第一节　正当行为概述

一、正当行为的概念和特征

正当行为，在我国刑法理论上也有的学者称之为排除犯罪性行为、排除犯罪的事由、排除社会危害性行为、排除违法性行为、正当化事由或正当化行为，在大陆法系刑法理论中称之为违法阻却事由，在英美法系刑法理论中称之为合法抗辩事由。正当行为，是指在外观上或形式上似乎符合某种犯罪的构成要件，而实质上不具备犯罪的社会危害性和刑事违法性，从而不构成犯罪的行为。

正当行为具有如下特征：

第一，正当行为在外观上似乎符合某种犯罪的构成要件。例如，在正当防卫的场合造成不法侵害人死亡的行为，似乎符合故意杀人罪的特征；在紧急避险的场合毁坏第三者财产的行为，似乎符合故意毁坏财物罪的特征。正当行为的这一特征决定了刑法有必要对其加以规定，以明确排除其犯罪性；也决定了刑法理论应对其加以研究，以明确正当行为与非正当行为的界限。如果某种行为与犯罪行为毫无相似之处，或者本来就是明显的犯罪行为，也就没有必要将其作为正当行为加以研究。

第二，正当行为在实质上不仅不具有社会危害性，而且也不具备刑事违法性，因而不构成犯罪。例如，消防队员为防止火势蔓延，而强行拆除与火源毗邻的房屋；医生为防止病人全身瘫痪，而对其进行高位截肢。这两种行为表面上似乎是犯罪行为，而实际上却分别是职务行为和正当业务行为。这些行为不仅没有社会危害性，而且是对个人和社会有益的行为。[1] 如果行为本身具有社会危害性，则不能作为正当行为加以研究。

二、正当行为的种类

我国刑法明文规定的正当行为只有正当防卫和紧急避险两种。除此以外，我国刑法理论普遍认为，正当行为不限于这两种，司法实践中还存在着其他的刑法无明文规定的（即超法规的）正当行为。虽然理论上对于其他正当行为究竟包括哪些尚未取得一致意见，但一般认为，这类行为包括：法令行为，执行命令的行为，正当业务行为，权利人承诺的行为，推定权利人承诺的行为，自救行为，自损行为和义务冲突。

■第二节　正当防卫

一、基本法理

（一）正当防卫概述

根据《刑法》第20条的规定，正当防卫是指为了使国家、公共利益、本人或者他人的人身、财产和其他权利免受正在进行的不法侵害，对不法侵害人所实施的制止其不法侵害且未明显超过必要限度的反击行为。[2] 正当防卫包括两种类型：一般正当防卫和特殊防卫。前者是针对严重危及人身安全的暴力犯罪以外的不法侵害实施的防卫行为，存在防卫过当问题；后者是针对严重危及人身安全的暴力犯罪实施的防卫行为，不存在防卫过当问题。

从主观上看，防卫人具有使合法权益免遭不法侵害的防卫意图，不存在危害社会的故意或过失的心理态度。主观上的防卫意图说明，正当防卫是一种有意识、有目的的保护合法权益的反击行为，而并非身体上的条件反射或盲目的自卫。从客观上看，正当防卫尽管可能对不法侵害人造成了一定的损害，具有违法犯罪的外观，但就实质而言，防卫行为是制止不法侵害、保护合法权益的必要措施，不但不具有危害性，反而是有益于社会的行为。从主客观相结合的角度考察，正当防卫不具备犯罪构成的主客观要件，是有利于社会的正当行为。

刑法中规定的正当防卫具有重大意义：①有利于及时地保护国家、公共利益和公民的合法权益；②有利于震慑违法犯罪分子，减少违法犯罪行为；③有利于社会主义精神文明建设，鼓励人民群众同违法犯罪分子作斗争，倡导互助友爱、见义勇为的良好社会风尚。

（二）一般正当防卫的成立条件

1. 一般正当防卫的起因条件。一般正当防卫的起因条件，是指存在着具有社会危害性和侵害紧迫性的不法侵害行为。这里的不法侵害行为，是指自然人所实施的能够危害到国

---

〔1〕 并非所有的正当行为均是对社会有益的，如经权利人承诺损害其个人有权处分的利益的行为也属于正当行为，但不能认为这种行为是有利于社会的，但起码可以认为，这类行为无害于社会，否则，就失去了正当性基础。

〔2〕 正当防卫并不必然对不法侵害人造成损害，比如在不法侵害正在进行时，防卫人对不法侵害人没有造成任何损害而将其制服的，同样可以成立正当防卫。据此，在表述正当防卫的概念时，将“对不法侵害人造成损害”作为正当防卫的必然属性，未必妥当。

家、公共利益、本人或他人的合法权益的各种不法行为。[1] 这里所谓的社会危害性，是指某一行为直接侵害国家、公共利益、本人或者他人的人身、财产等合法权益，具有不法的性质。社会危害性是一般正当防卫起因的质的特征。没有社会危害性就不存在一般正当防卫的现实基础，因此不发生侵害紧迫性的问题。这里所谓的侵害紧迫性，一般来说是指那些带有暴力性和破坏性的不法行为，对我国刑法所保护的国家、公共利益和其他合法权益所造成的侵害具有一定的紧迫性。侵害紧迫性是一般正当防卫起因的量的特征，其排除了那些没有紧迫性的不法侵害成为防卫起因的可能性，从而使正当防卫的起因限于为实现正当防卫目的所允许的范围。[2]

对于合法行为，即使站在当事人的立场看具有侵害性，也不得实行正当防卫。比如，对于公民追捕、扭送正在实施犯罪或被通缉在逃的犯人的行为，执法人员依法逮捕、拘留犯罪嫌疑人、搜查或扣押物品的行为，父母对子女基于亲权而实施的惩戒行为，正当防卫行为，均不得实施正当防卫。紧急避险行为尽管在民事上可能招致损害赔偿义务的问题，但在刑法中是正当的行为。因此，不得以紧急避险行为可能属于民事违法行为为由而允许对其实行正当防卫。

2. 一般正当防卫的时间条件。一般正当防卫的时间条件，是指只有在不法侵害正在进行之时才能实行防卫行为。所谓不法侵害正在进行，是指不法侵害已经开始且尚未结束。

关于不法侵害开始的时间，刑法理论上有不同的主张：进入侵害现场说认为，侵害者进入现场即为不法侵害已经开始；着手说认为，不法侵害行为的“着手”就是不法侵害的开始；直接面临危险说认为，不法侵害的开始是指合法权益已经直接面临不法侵害的侵害危险，即不法侵害行为已经着手实行，合法权益正在遭受不法侵害，或者不法侵害的实行迫在眉睫，合法权益将要遭受不法侵害；综合说认为，一般应以不法侵害着手实施为不法侵害的开始，但在不法侵害的现实威胁已十分明显，不实行正当防卫就会立即发生危害社会的结果时，也应认为不法侵害已经开始。[3] 我们认为，在一般情况下，不法侵害已经开始是指不法侵害人已经着手直接实施不法侵害行为，已经对合法权益构成了现实的威胁。因此，仅仅为不法侵害行为的实施做准备的活动，还不是不法侵害的开始。如果仅仅准备实施不法侵害或扬言要进行不法侵害而并没有采取实际行动，则可以报告有关部门和采取必要的防范措施，还不能对其实行正当防卫。但是，当预备行为本身又构成另一犯罪时（如为杀人而盗窃枪支或侵入他人住宅），则可以进行正当防卫。对于某些危险性较大的犯罪而言，在还未着手实行，而依照当时的全部情况，已经对合法权益造成了紧迫的威胁，待其着手实行后便来不及减轻或避免危害结果时，也应当允许实行正当防卫。这样来理解不法侵害的开始，符合正当防卫的立法精神。不法侵害行为的性质各异，表现形式多样，侵害剧烈的程度也不相同，因此，确定不法侵害的开始不可能采用一个统一的标准，而要根据不法侵害行为的具体

---

〔1〕《日本刑法典》第36条第1款规定：“为了防卫自己或者他人的权利，对于急迫的不正当侵害不得已所实施的行为，不处罚。”日本最高法院认为，为了国家利益的正当防卫也能被认可。日本学者认为，对国家、社会利益的保护，本来是国家、公共机关的任务，随便委托给私人或私人团体，反而可能有搅乱法律秩序的危险，所以，对保护公共利益的正当防卫，只有在非常紧迫的场合，才例外地被许可。个人为保护国家利益而实施的正当防卫是国家正当防卫或国家紧急救助。参见［日］大谷实：《刑法总论》，黎宏译，法律出版社2003年版，第211页。但也有日本学者认为，正当防卫所保护的权利并不包含国家法益或社会法益。参见［日］野村稔：《刑法总论》，全理其、何力译，法律出版社2001年版，第228页。

〔2〕参见陈兴良：《陈兴良刑法学教科书之规范刑法学》，中国政法大学出版社2003年版，第115页。

〔3〕参见赵秉志主编：《刑法争议问题研究》（上卷），河南人民出版社1996年版，第525～526页。

情况作具体分析。

关于确定不法侵害结束的标准，有行为完毕说、结果形成说、离开现场说、排除危险说等不同主张。[1] 我们认为，正当防卫的目的是制止不法侵害，保护合法权益。只要不法侵害对合法权益所形成的现实危险尚处在延续状态之中，防卫人可以用防卫手段予以排除，就应当认为不法侵害尚未结束。因此，排除危险说是妥当的。这里的危险，是指不法侵害对于国家、公共利益、本人或者他人的人身、财产和其他权利所造成的现实危险性，并且通过对不法侵害人造成一定的人身或财产损害可以予以排除，而不是已经发生的危害结果，或者不能通过正当防卫予以排除的危险。[2] 在实践中，凡是具有下列情形之一的，可以视为不法侵害已经结束：①不法侵害人已经自动中止不法侵害；②不法侵害人已被防卫人制服；③不法侵害人由于自身的原因丧失继续侵害的能力；④不法侵害行为已经结束并且不可能及时挽回损失。[3]

在财产性违法犯罪的场合，行为虽然已经完成，不法侵害人已取得财物，但不法侵害人还未离开现场或刚离开现场，尚未完全确立对财物的占有，损失还来得及挽回的，应当认为不法侵害尚未结束，可以实行正当防卫。例如，盗窃犯窃取他人财物得手后，刚离开现场即被失主发现，失主当场以强力夺回财物的，应认为是正当防卫。[4]

3．一般正当防卫的对象条件。一般正当防卫的对象条件，是指防卫行为只能针对不法侵害人本人实行，而不能及于没有实施不法侵害的第三人。在共同违法犯罪的情况下，也只能对客观上正在进行不法侵害的人进行防卫。在不法侵害人为多人时，防卫行为可以针对其中的一人进行，也可以针对多人进行；可以针对实施了最严重侵害行为的人进行，也可以针对未实施最严重侵害行为的人进行。如果允许通过对没有实施不法侵害的第三人的人身或财产造成损害的方法实施防卫行为，虽可能会具有保护合法权益的效果，但并不能制止不法侵害。当然，如果不法侵害人利用第三人作为实施不法侵害的工具而实施侵害行为，则可以对第三人实施防卫行为。在这种情况下，防卫行为的对象仍然是不法侵害人本人。防卫行为对不法侵害人造成的损害，通常是人身损害，但也可以是财产损害。针对不法侵害人人身、财产以外的其他利益如人格、名誉等加以损害的，不能成立正当防卫。

正当防卫的对象，只限于实施不法侵害的自然人，而不包括动物、财产和法人，更不能及于无辜公民。对于动物的侵害所实施的反击行为[5]是否属于正当防卫的问题，应予以区别对待：针对来自无主动物的自发侵害所实施的反击行为纯粹是一种自然行为。这种行为不具有法律评价的意义，自然不成立正当防卫。国家保护的珍贵、濒危野生动物的侵袭谈不上不法与合法，抵御这种侵袭的行为当然也就无从成立正当防卫，但由于该行为对另一合法权益可能造成损害，因而可以成立紧急避险。在所有人或管理人故意或过失地引起动物侵害他人的场合，可以看作是人的行为引起的侵害，对此可以实施正当防卫。问题是，在动物自发

---

〔1〕 参见高铭暄主编：《新中国刑法学研究综述》，河南人民出版社1986年版，第296～297页。

〔2〕 参见陈兴良：《正当防卫论》，中国人民大学出版社2006年版，第106页。

〔3〕 根据1983年9月14日最高人民法院、最高人民检察院、公安部、国家安全部、司法部《关于人民警察执行职务中实行正当防卫的具体规定》第3条的规定，遇有下列情形之一时，应当停止防卫行为：①不法侵害行为已经结束；②不法侵害行为确已自动中止；③不法侵害人已经被制服，或者已经丧失侵害能力。

〔4〕 对此，德国学者指出，被当场发现并同时受到追捕的财产性违法犯罪的侵害行为，一直延续到不法侵害人将其取得的财物藏匿到安全场所为止。在此之前，追捕者可以使用强力将财物取回。参见［德］卡尔·拉伦茨：《德国民法通论》，王晓晔等译，法律出版社2003年版，第361页。

〔5〕 日本刑法理论将此称为对物防卫。

侵害他人，所有人或管理人对此侵害既不存在故意也不存在过失的场合，能否进行正当防卫？对此，有人认为，根据客观违法论的立场，在有饲主的动物自发侵害他人时，即使饲主没有过失，也是饲主的客观疏忽行为所致，仍然应认为饲主存在客观的侵害行为（不作为），打死打伤该动物的行为，属于对饲主的正当防卫。[1] 但是，既然饲主客观上存在疏忽行为，就难以否定其主观上存在过失。我们认为，在有饲主的动物自发侵害他人，而饲主没有故意和过失的场合，由于不存在人的不法侵害，故不能承认可以实行正当防卫，而应认为可以实行紧急避险。对于法人的不法侵害，应当通过正当的法律程序加以解决，不能进行正当防卫。

4. 一般正当防卫的主观条件。一般正当防卫的主观条件，是指防卫人主观上必须具有防卫意图（防卫意思）。防卫意图，是指为了保护国家、公共利益、本人或他人的人身、财产或其他权利而决意以防卫手段制止正在进行的不法侵害、保护合法权益的心理状态。防卫意图是防卫认识和防卫目的的统一。防卫认识的基本内容包括：认识不法侵害行为的存在；认识不法侵害行为正在进行；认识不法侵害人；认识合法权益处在被侵害的危急状态；认识自己的行为是对正在进行的不法侵害的防卫反击。防卫认识是形成防卫目的的前提。防卫目的包括两个层次，即制止不法侵害和保护合法权益。

5. 一般正当防卫的限度条件。一般正当防卫的限度条件，是指防卫行为不能明显超过必要限度且对不法侵害人造成重大损害。限度条件是一般正当防卫与防卫过当的分水岭，是对成立一般正当防卫的量的要求。具备了一般正当防卫的起因条件、时间条件、对象条件以及主观条件，就可以实施正当防卫。但是，具备这四个条件的行为还不一定是正当防卫。防卫行为只有在一定的量的范围内，才是合法的行为；一旦防卫行为明显超出必要限度并造成重大损害，就会引起质的变化，转变为犯罪行为。

防卫行为并非一超过必要限度就成立防卫过当，只有防卫行为“明显超过必要限度造成重大损害的”，才是防卫过当（当然，行为人同时对该结果具有罪过）。在把握一般正当防卫的限度条件时，既要考虑防卫行为是否明显超过必要限度，也要考虑防卫行为是否造成重大损害，明显超过必要限度与造成重大损害是一个统一的整体。在明显超过必要限度的情况下，防卫行为既可能造成重大损害，也可能造成一般损害；而在造成重大损害的情况下，防卫行为既可能没有明显超过必要限度，也可能明显超过必要限度。如果明显超过必要限度却并未造成重大损害或者虽然造成了重大损害却并未明显超过必要限度的，则都属于符合正当防卫的限度条件的情况。

明显超过必要限度，是指在事后能够清楚明白、确定地看出防卫行为超过了必要限度，而且超过的程度不属于轻微。明显超过必要限度包括以下三种情形：①防卫行为所保护的利益明显小于防卫行为给不法侵害人造成的损害；②不法侵害行为明显不具有紧迫性，行为人却采取了急迫的防卫手段，或者不法侵害虽具有一定的紧迫性，但防卫行为却明显超出了应该具有的紧迫程度；③根据当时的客观环境，防卫人明显不必要采取给防卫人造成重大损害的防卫手段即可制止不法侵害，但防卫人却采取了这样的手段。[2]

造成重大损害，是指防卫行为所造成的损害与制止不法侵害行为应造成的损害和不法侵害行为可能造成的损害相比，明显失衡。也就是说，在给不法侵害人造成较小损害就可以制止不法侵害的情况下却给不法侵害人造成了严重损害。重大损害具体包括不法侵害人重伤、

---

〔1〕 参见张明楷：《刑法学》，法律出版社2007年版，第178页。

〔2〕 参见王政勋：《正当行为论》，法律出版社2000年版，第186页。

死亡以及财产重大损失的情形。没有造成重大损害，是指防卫行为尽管对不法侵害人造成了一定的损害，但尚未达到重大损害的程度。

（三）不构成一般正当防卫的情形

1. 假想防卫。如果不存在不法侵害，行为人误认为存在不法侵害，而对臆想中的侵害者进行所谓防卫，从而对无辜者造成损害的，属于假想防卫。比如，某甲殴打某乙，某乙依法实施正当防卫，某丙误认为某乙正在实施不法侵害，遂对某乙实施了"防卫"行为。某丙的行为便属于假想防卫。再如，在紧急情况下，如果被避险人确实不知道避险人实施的是紧急避险行为，而误认为是不法侵害行为，并出于防卫的目的实施了反击行为的，也属于假想防卫。由此可见，假想防卫具有两个基本特征：①主观认识与客观现实相矛盾。在假想防卫中，实际上并不存在不法侵害，而行为人误认为存在，导致了防卫行为的不法性。②良好动机与社会效果相冲突。在假想防卫中，行为人的动机是为了使合法权益免受不法侵害，但是，由于对客观事实的错误认识，产生了对他人有害的结果。

假想防卫属于刑法上的认识错误的范畴，具体地说，是行为人对自己行为的实际性质发生错误认识而产生的事实上的认识错误。因此，对于假想防卫应当按照处理事实认识错误的一般原则来解决其刑事责任问题。

具体而言，对假想防卫不能以故意犯罪论处。假想防卫虽然是一种有意识地实施的积极行为，但行为人主观上并没有犯罪的故意，行为人不仅没有认识到自己的行为会发生危害社会的结果，而且对自己行为的正当性和合法性深信不疑，因此，在假想防卫的场合，行为人的主观心理状态与犯罪故意格格不入。在假想防卫的情况下，如果行为人主观上存在过失，且在客观上造成法定的严重损害后果的，应以过失犯罪论处；如果行为人主观上没有过失，其危害结果就是由于不可预见的原因引起的，应按意外事件处理，不负刑事责任。

2. 防卫不适时。在不法侵害尚未开始或者已经终止后，对侵害者进行所谓"防卫"的，称为防卫不适时。防卫不适时与正当防卫存在本质的区别，应区分不同的情况依法论处。根据防卫不适时发生的时间，可将其分为两种形式：①事前防卫。即在不法侵害尚处在预备阶段或犯意表示阶段，对于合法权益的威胁尚未达到现实状态时，就对其采取某种损害权益的行为。在事前防卫的场合，不法侵害人是否实施某种侵害还处于或然状态，因而不具备正当防卫的时间条件。②事后防卫。即在不法侵害已经结束的情况下，损害不法侵害人的某种权益的行为。在事后防卫的场合，不法侵害已经结束，侵害行为或其导致的危险状态已经不能通过防卫行为来制止或排除，已经不存在正当防卫的时间条件。

对于防卫不适时应如何处理，理论上有不同的看法。一种观点认为，防卫不适时造成严重后果的，应以故意犯罪论处；[1] 另一种观点则认为，防卫不适时造成严重后果的，应根据行为人有无罪过以及罪过的性质，作不同的处理。[2] 本书赞同后一种观点。这是因为，在防卫不适时的场合，除了行为人明知不法侵害尚未开始或已经结束而进行"防卫"的情况外，还包括误认为不法侵害已经开始或尚未结束而实际上不法侵害尚未开始或已经结束的情况，甚至还包括不可能预见到不法侵害尚未开始或已经结束的情况。据此，对于防卫不适时，应根据行为人的主观认识和客观危害，分别按故意犯罪、过失犯罪和意外事件处理。

3. 防卫第三者。防卫第三者，是指对于不法侵害人以外的第三者实行的所谓防卫行为。防卫第三者不符合正当防卫的对象条件，不能视为正当防卫。对于防卫第三者，应分别按以

---

〔1〕 参见侯国云主编：《中国刑法学》，中国检察出版社2003年版，第178页。

〔2〕 参见谢望原主编：《刑法学》，北京大学出版社2003年版，第192页。

下情形处理：在不得已的情况下，损害了第三者的合法权益，又没有超过必要限度的，按紧急避险处理；故意损害第三者合法权益，构成犯罪的，按故意犯罪处理；误认第三者为不法侵害人而对其造成损害的，按假想防卫处理。

4. 防卫挑拨。防卫挑拨，是指行为人故意挑逗对方进行不法侵害而借机以防卫为借口加害对方的行为。一般认为，防卫挑拨不成立正当防卫。至于不成立正当防卫的原因，在理论上主要存在滥用权利论与原因上的违法行为论的对立。滥用权利论认为防卫挑拨是对权利的滥用，从而失却其正当性。原因上的违法行为论则认为，先前的挑逗行为具有违法性，挑拨行为利用防卫行为的合法性所产生的法益侵害结果是违法的，因而防卫挑拨缺乏正当性基础。这两种学说都承认在防卫挑拨的情况下防卫是成立的，只是由于权利滥用或原因上违法而不认定其属于正当防卫。但是，防卫挑拨之所以不成立正当防卫，主要原因在于行为人在主观上具有侵害他人的意图，而不具有防卫意图。因此，尽管其行为具有防卫的外观，但由于不是在防卫意图的支配下实施的，不成立正当防卫，而是故意违法犯罪行为。而且，如果行为人以违法行为引起对方的侵害行为，则这种侵害行为本身可能构成正当防卫，不能对这种正当防卫再进行正当防卫。

不过，如果行为人故意对他人进行轻微的挑衅，预期只会引起对方的轻微反击，而对方在受挑拨后的侵害大大超出行为人的预期，以致生命受到严重威胁，则在此时仍有实行正当防卫的余地。[1] 例如，甲徒手殴打乙，但乙突然持刀反击，甲险遭杀害，遂以木刀迎战。在此，乙持刀反击的行为已超出了其所预期的反击程度，甲以木刀迎战的行为因而可以成立正当防卫。

5. 相互斗殴。相互斗殴，是指双方都出于侵害对方身体的意图而实施的相互攻击的行为。在相互斗殴的场合，双方都有侵害对方的意图，客观上也实施了侵害对方的行为，因而双方都不具有防卫意图，不存在正当防卫的问题。如果相互斗殴符合聚众斗殴罪、故意伤害罪或故意杀人罪的构成要件，应以相应的犯罪论处。

不过，在以下两种情况下，也可能存在正当防卫的问题：①一方已经停止斗殴，比如宣布不再斗殴、退出斗殴现场或求饶、认输、逃走，另一方仍紧追不舍，继续实行侵害，则由于斗殴事实上已结束，前者可以对后者实行正当防卫。②在一般性的轻微斗殴中，一方突然加大侵害的强度，进行暴力程度很高的攻击，使另一方的人身安全面临严重威胁的，另一方也可以基于防卫的意思而予以防卫反击。比如，在打架开始时，双方空手相斗，一方突然拔出匕首，向另一方猛刺，此时，应该认为另一方能够有进行正当防卫的余地。

6. 偶然防卫。偶然防卫，是指行为人不知道他人正在实行不法侵害，而故意对其实施侵害行为，客观上发生防卫效果，且符合正当防卫限度条件的情形。例如，甲枪击乙时，丙出于杀害甲的意图开枪将甲打死。丙的行为客观上制止了甲的不法侵害，但由于丙对甲的行为一无所知，因而主观上不存在防卫意图，其行为属于偶然防卫。

关于偶然防卫的处理，国外刑法理论有四种观点：①以行为无价值为中心理解违法性实质，主张防卫意识必要说的人认为，偶然防卫行为没有防卫意识，事实上也发生了结果，故成立犯罪既遂；②主张违法性的根据不仅在于行为无价值而且在于结果无价值的人认为，在偶然防卫的场合，虽然具有行为无价值（行为人具有恶的故意），但由于其结果是正当的，因而缺乏结果无价值，只能成立犯罪未遂；③重视结果无价值的部分人认为，偶然防卫如同

---

〔1〕 与此有关联的情形是，如果基于轻微过失甚至无过错地招致他人的不法侵害，则仍然应视为存在正当防卫的前提条件。

将尸体当作活人进行射击，虽然具有杀人的故意，也存在法益侵害的危险，但没有违法的结果，故只能成立犯罪未遂；④坚持结果无价值论的观点认为，偶然防卫缺乏结果无价值（结果是正当的），因而缺乏违法性，不成立犯罪。[1] 我国《刑法》第20条将防卫意图规定为正当防卫成立的必备条件，因此可以肯定的是，偶然防卫不成立正当防卫。但是，究竟是成立故意犯罪[2]还是不成立犯罪，[3] 则在理论上尚有进一步讨论的必要。

7. 为保护非法利益而实施的还击行为。为保护非法利益而实施的还击行为（俗称“黑吃黑”行为）明显缺乏保护合法权益的防卫意图，不能成立正当防卫。这种行为实际上属于对正在进行违法犯罪的人实施非法侵害，如赌徒为保护其赌资对抢劫赌场的行为进行还击，造成抢劫犯的伤害等。在这种情况下，对侵害者和还击者应分别追究其法律责任，对构成犯罪的，应分别定罪量刑。

8. 防卫过当。防卫过当，是指明显超过必要限度造成重大损害的应当负刑事责任的防卫行为。防卫过当的基本特征是：①在客观上具有明显超过必要限度造成重大损害的行为。防卫过当是防卫行为的正当性和损害结果的非正当性的统一。防卫行为的正当性，是指实施防卫行为时确有不法侵害存在（不同于假想防卫），不法侵害正在进行（不同于防卫不适时），防卫的目的是为了保护合法权益免受不法侵害（不同于防卫挑拨等），防卫行为是针对不法侵害人本人实施的（不同于防卫第三者）。在一般正当防卫的五个条件中，防卫过当具备了其中的四个，从这个意义上讲，防卫过当具有正当性的一面，不具备这四个条件中的任何一个条件，都不可能成立防卫过当。但是，从另一个方面看，防卫行为明显超过必要限度并对不法侵害人造成重大损害，从而使合法的防卫行为转化成非正当性的行为。可见，防卫过当与一般正当防卫在客观上的区别是：正当防卫是尚未明显超过必要限度造成重大损害的防卫行为；而防卫过当是由于防卫行为明显超过必要限度造成重大损害，才使得防卫行为由正当变为过当，由合法转化为非法的。②防卫人在主观上具有罪过。有人认为，并不是所有的防卫过当中都有罪过存在。如果防卫过当所造成的不应有的损害，是由于防卫人不能预见或不能抗拒的原因引起的，防卫人主观上便没有罪过，不能构成犯罪，也就不负刑事责任。这种观点将防卫过当区分为负刑事责任和不负刑事责任两种情况，这是不符合我国《刑法》第20条第2款的规定的。其实，既然所有的防卫过当都应负刑事责任，则防卫过当的行为人在主观上就必定存在罪过。

防卫过当不是罪名。在司法实践中，对于防卫过当应当根据行为人的主观罪过和客观后果，援引相应的刑法分则条文定罪。防卫过当通常涉及的罪名包括过失致人重伤罪、过失致人死亡罪、故意伤害罪（含故意伤害致人重伤、故意伤害致人死亡的情形）、故意杀人罪和故意毁坏财物罪。

根据《刑法》第20条第2款的规定，对于防卫过当，应当减轻或者免除处罚。刑法之所以这样规定，是由于防卫人主观上具有保护合法权益的正当目的，客观上所造成的损害既包括法律所允许的损害（即正当防卫限度条件范围内的损害），也包括明显超过必要限度的不应有的损害，防卫人只需对不应有的损害承担责任，而对于法律所允许的损害则不承担责任。在对防卫过当量刑时，应综合考虑过当程度、权益性质、防卫目的、罪过形式、社会舆论等因素。

---

〔1〕 转引自张明楷：《刑法学》，法律出版社2007年版，第181页。

〔2〕 参见高铭暄主编：《新编中国刑法学》（上册），中国人民大学出版社1998年版，第282页。

〔3〕 参见张明楷：《刑法学》，法律出版社2007年版，第181页。

（四）特殊防卫

1. 特殊防卫的概念。特殊防卫，也称无过当防卫，是指为了使公民本人或者他人的人身权利免受正在进行的严重危及人身安全的暴力犯罪的不法侵害，而对不法暴力侵害者所实施的即使造成其伤亡也不属于防卫过当、不负刑事责任的行为。刑法设立特殊防卫的宗旨，是为了加大对公民防卫权利保护的力度，并有效地儆戒和震慑实施严重危及人身安全的暴力犯罪的犯罪分子。

与一般正当防卫相比，特殊防卫的特殊性体现在：①特殊防卫所针对的只能是严重危及人身安全的暴力犯罪，而一般正当防卫所针对的是需要防卫的不法侵害；②特殊防卫所保护的权益只能是人身安全，而一般正当防卫所保护的权益既包括国家、公共利益，也包括公民本人或他人的人身、财产和其他权利；③特殊防卫不存在明显超过必要限度的问题，因而对严重危及人身安全的暴力犯罪实施的防卫行为不存在防卫过当问题；一般正当防卫则存在明显超过必要限度的问题，因而对需要防卫的不法侵害实施的防卫行为存在防卫过当问题。在此有必要指出的是，特殊防卫与一般正当防卫的区别并不在于前者能够造成不法侵害人死亡的后果，而后者则不能。有人指出，在不是严重危及人身安全的暴力犯罪场合，防卫人可以选择非致命的暴力防卫措施，没有必要造成不法侵害人伤亡的后果。只有在严重危及人身安全的暴力犯罪发生时，法律才明确允许免除对不法暴力侵害行为人造成伤亡后果的防卫行为刑事责任。[1] 其实，特殊防卫与一般正当防卫的区别并不在于能否造成不法侵害人死亡，而在于在造成不法侵害人死亡的情况下是否存在防卫过当的问题。在对严重危及人身安全的暴力犯罪以外的不法侵害实施正当防卫（即一般正当防卫）的场合，防卫人同样可以通过采取对不法侵害人造成伤亡的方法制止不法侵害，比如，为了保护极端重要的国家利益，防卫人就可以将不法侵害人置于死地。

2. 特殊防卫的成立条件。特殊防卫的成立应具备以下四个条件：①前提条件是存在行凶、杀人、抢劫、强奸、绑架以及其他严重危及人身安全的暴力犯罪；②时间条件是严重危及人身安全的暴力犯罪正在进行；③对象条件是防卫行为只能针对实施严重危及人身安全的暴力犯罪的不法侵害人；④主观条件是防卫人主观上具有制止严重危及人身安全的暴力犯罪、保护人身安全的防卫意图。

在此，合理地界定“行凶、杀人、抢劫、强奸、绑架以及其他严重危及人身安全的暴力犯罪”，是极为重要的。

第一，正确理解“行凶”。从日常生活的角度而言，打一巴掌、扇一耳光、推人一把、轻击一拳都可以视为行凶。但对这样轻微的侵害允许防卫人造成不法侵害人死亡，则明显违背法律上的利益均衡原则。因此，必须对这里的“行凶”进行限制解释。《刑法》第20条第3款将“行凶”与“杀人、抢劫、强奸、绑架以及其他严重危及人身安全的暴力犯罪”并列加以规定，这一方面说明“行凶”必须是以暴力形式故意实施的严重危及人身安全的犯罪行为，另一方面说明“行凶”不同于“杀人、抢劫、强奸、绑架”。据此，对“行凶”的涵义，可以进行以下界定：①“行凶”的含义甚广，轻则殴打，重则包括伤害乃至杀害。但在本款既然“行凶”与故意杀人相并列，它就不可能再涵盖故意杀人的情形，而应当是一种故意伤害行为。②并非所有的故意伤害行为都属于“行凶”。那些只可能造成他人轻伤的故意伤害行为因不可能“严重危及人身安全”，是不可能构成“行凶”的。而可能造成他人重

[1] 参见周光权：《刑法总论》，中国人民大学出版社2007年版，第216页。

伤、死亡的故意伤害行为则“严重危及人身安全”，能够纳入“行凶”的范围。③“行凶”虽然必须以暴力的形式实施，但并不要求使用凶器。这是因为，暴力行为是否能够造成重伤、死亡的后果与是否使用凶器并没有必然的联系；使用凶器实施暴力固然能够造成他人重伤、死亡的后果，但不使用任何器具也可实施暴力，比如，一个身强力壮的成年人对一个年幼的孩子拳打脚踢，同样能够造成这样的结果。总之，“行凶”是指以暴力形式实施的能够造成他人重伤、死亡的故意伤害犯罪行为。

第二，“杀人、抢劫、强奸、绑架”是指四种具体的罪名，其既包括刑法分则相关条文所规定的犯罪，也包括其他条文所规定的由其他犯罪转化而成的犯罪。例如，根据《刑法》第269条的规定，犯盗窃、诈骗、抢夺罪，为窝藏赃物、抗拒抓捕、毁灭罪证而当场使用暴力的，以抢劫罪定罪处罚。对于这种以暴力形式实施的“事后抢劫罪”，显然应当允许实行特殊防卫。对于以杀人、绑架等为手段实施的触犯其他罪名的严重危及人身安全的犯罪，可以纳入“其他严重危及人身安全的暴力犯罪”之列。比如，对于“以出卖为目的，使用暴力方法绑架妇女、儿童”的行为，根据《刑法》第240条第1款的规定，应当认定为拐卖妇女、儿童罪，但对这种以暴力绑架的手段实施的犯罪，应当将其视为可以实行特殊防卫的“其他严重危及人身安全的暴力犯罪”。由紧接“杀人、抢劫、强奸、绑架”之后的“其他严重危及人身安全的暴力犯罪”这一表述可以得出以下结论：这里的“杀人、抢劫、强奸、绑架”必须是以暴力手段实施的，并且原则上暴力必须达到严重危及人身安全的程度（即可以造成重伤或死亡的程度）。但强奸犯罪应当属于例外情形。这是因为，对于杀人、抢劫、绑架犯罪而言，如果暴力不达到一定程度就不会直接造成重伤或死亡，因而不会严重危及人身安全。而就强奸犯罪而言，行为人采取的暴力未达到严重的程度虽不会造成妇女重伤或死亡，但妇女的不与他人性交的自由却会受到严重侵害，而妇女的这一权利历来被视为是与生命、健康同等重要的；如果对该情形的暴力不允许实行特殊防卫，就显得对妇女不够公正。因此，只要行为人采取暴力强奸妇女（包括幼女），不管暴力的严重程度如何，都属于严重危及人身安全的暴力犯罪，可以对之实行特殊防卫。对于并非以暴力形式实施的杀人、抢劫、强奸、绑架，不得实行特殊防卫。比如，对于冒充被害妇女的丈夫实施的强奸，就不能实行特殊防卫。

第三，“其他严重危及人身安全的暴力犯罪”，是指与行凶、杀人、抢劫、强奸、绑架具有相当性、能够造成被害人重伤或死亡的侵害健康、生命的暴力犯罪。从广义上说，人身安全包括生命、健康、性、人身自由、住宅、人格、名誉等的安全。不过，由于《刑法》第20条第3款所列举的犯罪中已包括侵犯性权利的强奸罪、侵犯人身自由的绑架罪，而住宅、人格、名誉等权利与生命权、健康权、性权利又不可同日而语；如果承认对侵犯住宅、人格、名誉等权利的犯罪也允许采取致人伤亡的防卫手段，则明显违背常理。因此，这里的人身安全应解释为人的生命、健康的安全。

二、疑难问题

（一）如何理解和认定正当防卫场合下的不法侵害？

1. 如何认识不法侵害的主客观属性？对于不法侵害人的责任能力是否影响正当防卫成立的问题，在理论上有不同的主张。有人认为，无责任能力人的侵害行为不是非法行为，难以作出法律上不法性质的评价。对于无责任能力人的侵害行为，只是在无法避免、万不得已时，才允许实施一定的损害行为，以制止他们的侵害，但这不是正当防卫，而是紧急避险。[1] 也有人认为，无责任能力人的侵害行为具有不法的性质，客观上具有社会危害性。因此，对于无责任能力人可以实行正当防卫。[2]

上述分歧涉及不法侵害中的“不法”是指主观不法还是客观不法的争论。主观说认为，行为是否不法，不仅仅就行为本身来认定，而应当根据行为人的主观情况来认定，即客观上必须为危害社会的行为，主观上亦须有责任意思，且行为人具有责任能力，才能成为“不法”。客观说为刑法理论的通说所认可，认为不法是指客观上危害社会并且违法的行为，不以行为人是否具备责任能力和责任意思为要件。[3] 如德国学者认为，作为正当防卫状况的“侵害”既不需要以蓄意，也不需要以间接故意的形式造成；一个过失的甚至是完全无责的且客观上没有违法性的行为，只要它对法律所保护的利益形成正在发生的侵害状况，便可认定是该意义上的“侵害”。[4] 日本学者认为，侵害只要在客观上是违法的就够了，而不问侵害行为人是否有责任，对精神病人和幼儿的行为，也能够进行正当防卫。[5]

我们认为，没有达到法定责任年龄的人和精神病人等无责任能力人的侵害行为由于缺乏罪过或主观要件而不能称之为违法侵害，但它毕竟是不合法的侵害行为。如果一定要将“不法侵害”中的“不法”与违法视为同义，那么对无责任能力人的侵害行为显然不能实行正当防卫。这样就等于要求防卫人在实行正当防卫时必须对侵害人的责任能力状况有所认识。但是，在绝大多数情况下，防卫人对于实际上属于无责任能力的侵害人的责任能力状况，无论如何也是不可能认识到的。而且，将无责任能力人排除在正当防卫的对象之外，不利于对合法权益进行切实有效的保护。因此，对于无责任能力人的侵害行为，原则上应允许实行正当防卫。当然，在明知侵害人是无责任能力人的情况下，从人道精神出发，对于正当防卫又应当施加一定的限制，即应尽量采取逃跑等其他办法避免损害，只有在不得已的情况下才可以进行防卫反击，且在防卫手段上应有所节制。

2. 如何认识不法侵害的法律性质？关于不法侵害的性质问题，有人认为不法侵害仅指犯罪行为，有人则认为包括违法和犯罪行为。[6] 对此，日本学者指出，在刑法上，对尚不具有可罚性的轻度的违法的侵害，也能进行相应的正当防卫行为。[7] 本书赞同后一种观点。这是因为，将不法侵害限定为犯罪行为，意味着不法侵害开始进行时，防卫人就必须判定不法侵害是犯罪侵害还是一般违法侵害，这种要求对防卫人而言无疑是不切合实际的。一方面，不法侵害在刚刚着手进行时，往往很难断定它是否已经达到犯罪程度。当不法侵害的性质能够明显地被判明为违法或犯罪时，不法侵害的结果又大都已经出现，正当防卫的意义也就丧失了。另一方面，区分犯罪与一般违法的界限并不是一件容易的事情，有时司法人员事后都难以做到；要求在紧急的情况下先作出这种区分再实施防卫行为，无疑会使公民在面临不法侵害时不敢行使法律赋予的防卫权，听任合法权益遭受损害。其实，一般违法和犯罪之间并无不可逾越的鸿沟。如果不允许公民对尚未达到犯罪程度的不法侵害进行正当防卫，无

〔1〕 参见孙国祥主编：《刑法学》，科学出版社2002年版，第117页。

〔2〕 参见陈兴良：《正当防卫论》，中国人民大学出版社2006年版，第80～81页。

〔3〕 参见王政勋：《正当行为论》，法律出版社2000年版，第126页。

〔4〕 参见［德］汉斯·海因里希·耶赛克、托马斯·魏根特：《德国刑法教科书（总论）》，徐久生译，中国法制出版社2001年版，第404页。

〔5〕 参见［日］大塚仁：《刑法概说（总论）》，冯军译，中国人民大学出版社2003年版，第325页。

〔6〕 参见高铭暄主编：《刑法专论》（上编），高等教育出版社2002年版，第434页。

〔7〕 参见［日］大塚仁：《犯罪论的基本问题》，冯军译，中国政法大学出版社1993年版，第139页。

异于是对不法侵害人的纵容，很可能使其得寸进尺，对受害人造成更大的损害。将不法侵害解释为仅限于犯罪行为，与法律规定也是相违背的。刑法在正当防卫的规定中使用“不法侵害”而没有使用“犯罪侵害”，就表明对犯罪以外的违法行为也是可以进行正当防卫的。

3. 如何认识不法侵害的类型？关于不法侵害的类型问题，有人认为对任何不法侵害都可以实行正当防卫，[1] 有人则认为，并非对任何违法犯罪行为都可以进行防卫，只有那些具有进攻性、破坏性、紧迫性的不法侵害，在采取正当防卫可以减轻或避免法益侵害结果的情况下，才宜进行正当防卫。[2] 本书赞成后一种观点。我国刑法规定正当防卫制度的宗旨，在于授予公民对那些对合法权益形成紧迫威胁，以国家公力不可能及时救助，而用防卫手段则可以有效制止的不法侵害行为的防卫权。对于不具有侵害急迫性或不能以防卫手段避免危害结果的不法侵害，要么可以通过其他适当途径处理，要么实施防卫行为没有实际意义。比如，对于重婚、受贿等犯罪行为，就不宜实行正当防卫，因为这些犯罪行为通常不具有实施防卫行为所需要的对法益侵害的紧迫性。对于在群众之间因一般纠纷而引起的轻微不法侵害，要用说服教育、互谅互让等办法解决，也不宜实行正当防卫。如果不区分不法侵害的轻重缓急，以及是否需要进行防卫而任意实行防卫，就会导致对正当防卫权利的滥用。

对于过失不法侵害能否进行正当防卫，在刑法理论上也有争议。有人认为，对于过失犯罪也可以实行正当防卫；[3] 有人则认为，对于过失犯罪不能实行正当防卫。[4] 我们认为，在我国刑法中，除了极少数将危险状态作为犯罪构成要件的过失犯罪（如妨害传染病防治罪）以外，其他过失犯罪均以物质性实害结果的出现作为构成犯罪的必备条件。一般而言，过失犯罪的成立之时即是实害结果的发生之时，在实害结果发生之前行为还不能被称为犯罪。因此，对于过失犯罪来说，由于缺乏犯罪行为“正在进行”这一条件，不能进行正当防卫。但是，不法侵害并非仅限于犯罪行为，而是还包括了一般违法行为。因此，对于实害结果发生之前的过失行为，如果具有造成合法权益受损害的紧迫性，且采取损害过失行为人的某种权益的方法可以保全合法权益，那么，就应当允许实行正当防卫。比如，汽车司机酒后驾车，不能有效控制方向盘，汽车的行驶威胁到行人的生命安全。在这种情况下，汽车司机对其行为给行人生命带来的威胁是出于过失的态度。针对这种过失不法侵害，他人就可以采用以枪弹击爆汽车轮胎的方法迫使汽车停下来，以避免肇事结果的发生。

对于不作为的不法侵害能否实行正当防卫，也是颇有争议的问题。对此，一种观点认为，对于以不作为形式进行的侵害，由于不能形成防卫的紧迫感，对其不宜进行正当防卫；[5] 另一种观点则认为，对不作为犯罪能否实行正当防卫，还是应当看不作为犯罪能否形成侵害紧迫性，对形成侵害紧迫性的不作为犯罪，无论是纯正不作为，还是不纯正不作为，都可以实行正当防卫。当然，他人能够直接防止危害结果的发生，就没有必要实行正当防卫。只有在没有防止危害结果发生的专门技术和能力的情况下，才能实行正当防卫。[6] 我们认为，不作为表现为行为人不履行自己应当履行的作为义务，一般不可能形成侵害紧迫性，如遗弃行为、偷税行为便是如此。但是，确实不能一概排除不作为形成侵害紧迫性的可

〔1〕 参见赵秉志、吴振兴主编：《刑法学通论》，高等教育出版社1993年版，第271页。
〔2〕 参见张明楷：《刑法学》，法律出版社2007年版，第175页。
〔3〕 参见刘艳红主编：《刑法学总论》，北京大学出版社2006年版，第148页。
〔4〕 参见姜伟：《正当防卫》，法律出版社1988年版，第65页。
〔5〕 参见谢望原主编：《刑法学》，北京大学出版社2003年版，第190页。
〔6〕 参见陈兴良：《正当防卫论》，中国人民大学出版社2006年版，第76～77页。

能性，如在扳道工故意不履行扳道岔的义务致使车毁人亡的严重后果即将出现的情形下，不作为对合法权益就形成了侵害的紧迫性。因此，前一种观点认为不作为不可能形成防卫的紧迫感，这是武断的。后一种观点一方面认为对形成侵害紧迫性的不作为犯罪同样可以实行正当防卫，另一方面又认为只有在没有其他办法能够避免危害结果的情况下才能够进行正当防卫，这意味着对正当防卫增加了“不得已”这一限制条件，等于剥夺了能够直接防止危害结果发生的人对不作为犯罪的防卫权。而允许这种人实行正当防卫，则能够使合法权益得到更加周全的保护。因此，只要不作为行为形成了侵害紧迫性，无论是否只有不作为人履行义务才能避免危害结果的发生，都可以实行正当防卫。当然，在对不作为行为实施正当防卫的场合，单纯依靠防卫行为还不足以达到制止不法侵害、保护合法权益的目的；要达到这种目的，还需要迫使不法侵害人履行自己的作为义务，这是与对作为行为实行正当防卫相比有所不同的地方。比如，锅炉工故意不给锅炉加水，锅炉由此很快就要爆炸，防卫人仅仅通过对锅炉工造成轻微伤的结果还不足以避免锅炉爆炸，还应迫使其给锅炉加水，这样才能够成立正当防卫。而如果见到母亲以饿死婴儿的意思不喂奶，就将该母亲打死，则不成立正当防卫，因为迫使不法侵害人履行作为义务的可能性已不存在。

防卫过当和避险过当属于犯罪行为。但一般认为，对于防卫过当和避险过当不得实行正当防卫。这是因为，防卫行为和避险行为是否过当是一个复杂的问题，在紧急的情况下更不可能作出准确的判断。如果容许对防卫过当和避险过当实施正当防卫，一方面在事后无法查明防卫行为和避险行为是否过当，另一方面则无异于给不法侵害人抵抗正当防卫和紧急避险提供了借口。

根据《刑法》第16条的规定，在意外事件的场合，行为人主观上既没有故意，也没有过失，其行为不构成犯罪。但既然该行为所造成的损害不是合法损害，将该行为视为不法侵害便并非毫无根据。如果意外事件中的不法侵害能够形成侵害紧迫性，同样应允许实行正当防卫。如卡车司机完全按照驾驶规则进行必要的观察后倒车，这时一个孩子突然出现在车后而有生命危险。对此意外事件，就可以进行正当防卫。

（二）对预先安装防卫装置的行为应如何定性？

对于预先安装防卫装置（如为防小偷而在围墙上插玻璃碎片）的定性问题，理论上存在不同的看法。有人认为，只有对正在进行的不法侵害才能实行正当防卫，安装防卫装置没有这一前提，故不能认为是正当防卫，即使其效果发生时存在着不法侵害，也不能认为是正当防卫。凡发生了危害结果的，应以故意犯罪论处。[1] 也有人认为，行为人在安装时，尚不存在现实的不法侵害，当然不是正当防卫；设立后，没有遇到不法侵害，防卫装置没有起到制止不法侵害的作用时，也不是正当防卫；设立后，由于某种特殊的原因损害了无辜者的合法权益的，当然也不是正当防卫；但是，设立防卫装置后，在其针对正在进行的不法侵害发挥作用，并且没有超过必要限度时，就应认为是正当防卫。当然，设立防卫装置的行为所造成的风险应由设立者承担。例如，防卫装置导致无辜者伤亡的，行为人应承担相应的法律责任。[2] 还有人认为，相当一部分预先安装防卫设施的行为本身是违法的，具有危害公共安

---

〔1〕 参见高铭暄主编：《新中国刑法学研究综述》，河南人民出版社1986年版，第301页。

〔2〕 参见张明楷：《刑法学》，法律出版社2007年版，第179～180页；周光权：《刑法总论》，中国人民大学出版社2007年版，第207页。日本学者有类似看法。日本学者指出，事先装设在将来的袭击迫近时能有效地进行反击的装置，结果该装置发挥了反击效果的，也是正当防卫。参见［日］大谷实：《刑法总论》，黎宏译，法律出版社2003年版，第211页。

全的性质，即使是出于防卫的动机，也不能视为正当防卫。如果预防装置不具有危害公共安全的性质，并且没有超过必要限度，将预先安装的行为视为一般的合法行为即可，似无认定为正当防卫的必要。[1]

我们认为，成立正当防卫，要求在不法侵害正在进行时实施防卫行为；在为了预防或制止不法侵害而预先安装防卫装置，且针对正在进行的不法侵害发生作用，没有超过必要限度的场合，虽然可以认为存在防卫效果，但毕竟安装防卫装置的行为已实施完毕，因此不存在防卫行为，从而不能成立正当防卫。据此，将不具有危害公共安全性质的预先安装防卫装置的行为视为一般的合法行为是妥当的。

（三）如何理解与认定正当防卫的必要限度？

关于正当防卫的必要限度，在我国刑法学界有“基本相适应说”、“客观需要说（必需说）”和“折衷说”三种观点。基本相适应说认为，正当防卫的必要限度，是指防卫行为必须与不法侵害行为相适应。所谓相适应，当然不是要求二者完全相等，而是指防卫行为所造成的损害与不法侵害行为可能造成的损害从轻重、大小等方面来衡量大体相适应。至于判定必要限度，主要根据侵害行为的性质、方法和强度以及防卫人所保护的利益的性质等具体情况来分析。[2] 客观需要说认为，是否超过必要限度，应从防卫的实际需要出发进行全面权衡，以有效地制止不法侵害的客观实际需要作为防卫的必要限度。只要防卫在客观上有必要，防卫强度就可以大于、也可以小于、还可以相当于侵害强度。[3] 折衷说是对基本相适应说和客观需要说的折衷。该说认为，所谓防卫的必要限度，是指防卫人的行为正好足以制止不法侵害行为，而没有对不法侵害人造成不应有的损害。具体包括两个方面的内容：①正好足以制止不法侵害，也就是防卫行为的强度为制止不法侵害所必需，并且防卫行为的强度与不法侵害行为的强度基本相适应；②没有造成不应有的危害，即防卫人对不法侵害人造成的损害与不法侵害行为可能造成的损害不是显然不相适应。[4]

上述三种观点中，基本相适应说一方面认为防卫行为从性质、手段、强度以及后果上可以超出不法侵害行为的性质、手段、强度以及可能造成的后果，另一方面又强调前者与后者的差距不能过大，这有利于防止公民滥用正当防卫权利。但是，该说并未考虑制止不法侵害这一正当防卫的目的，而是仅仅从防卫行为与不法侵害行为的性质、手段、强度等客观因素来考察防卫的必要限度，因而使不法侵害人处于主动地位，防卫人处于被动地位。这显然在一定程度上限制了公民对正在进行的不法侵害实行正当防卫的能动性，过分束缚了防卫人的手脚，使正当防卫制度鼓励公民同不法侵害行为作斗争的立法宗旨得不到充分的体现。必需说立足于正当防卫的目的，抓住了刑法设立正当防卫制度的根本出发点。但是，该说虽然在一定程度上解决了何谓必要限度的问题，弥补了基本相适应说的不足，但没有解决如何判断必要限度的问题，同时其还具有以下缺陷：①没有明确强调须以刚好制止住不法侵害为必要，似乎凡是能够制止不法侵害的行为都不过限；②忽视了对防卫行为所保护的合法权益与不法侵害人受损害的权益的衡量，似乎只要防卫行为是制止不法侵害所必要的，就不必考虑权益的相称性问题。这两方面的缺陷都使得该说对必要限度的设定过于宽松，容易导致防卫权的滥用。比如，按照该说，为了保护轻微的合法权益，只要为制止不法侵害所必需，就可

---

〔1〕 参见陈兴良：《本体刑法学》，商务印书馆2001年版，第449页。

〔2〕 参见杨春洗等：《刑法总论》，北京大学出版社1981年版，第174页。

〔3〕 参见曾宪信等：《犯罪构成论》，武汉大学出版社1988年版，第133页。

〔4〕 参见高铭暄主编：《新编中国刑法学》（上册），中国人民大学出版社1998年版，第283页。

以对不法侵害人造成重大损害。折衷说既着眼于正当防卫的目的，将制止不法侵害所必需作为必要限度的最基本的内容，又强调防卫行为与不法侵害行为的基本相适应，将其作为确定必要限度内容的重要补充，由此使得何谓必要限度与如何确定必要限度这两个问题高度融为一体。该说既吸收了上述两种观点的优点，又克服了其不足，因而较为科学、合理。

在具体考察必要限度时，应主要根据不法侵害的强度、不法侵害的权益以及不法侵害的缓急进行全面分析。①不法侵害的强度是行为性质、行为对合法权益可能造成的损害结果的轻重以及造成这种损害结果的手段、工具的性质和打击部位等因素的统一。任何不法侵害行为与防卫行为都是在一定的时空环境下实施的，同样强度的不法侵害行为，在不同的时空环境下，所需要的防卫强度是不同的。例如，制止同样强度的不法侵害，在深夜的独街小巷上显然要比在白天的闹市大街上需要更大的防卫强度。此外，不法侵害人的情况也可以作为判断基本相适应的标准。同样性质的非法侵害，由身高体壮的人实施时所需要的防卫强度肯定会比身单力薄的人实施时所需的大；多个侵害人同时实施时所需的防卫强度显然比单个人实施时所需的大。[1] 不法侵害的强度越大，防卫行为的强度就越大。在防卫强度小于或等于不法侵害强度的情况下，一般不存在超过必要限度的问题。而在防卫强度大于不法侵害强度的情况下，也并非就一定超过了必要限度，而应结合具体案件予以具体判断。如果大于不法侵害强度的防卫强度是制止不法侵害所必需的，就没有超过必要限度。②不法侵害的权益，即防卫行为所保护的权益。不法侵害的权益决定了不法侵害的性质，在一定程度上也决定着不法侵害的强度和缓急。在保护重大权益的场合，可以采取强度较大的防卫行为；而在保护较小权益的场合，就不能选择强度较大的防卫行为。防卫人在选择防卫行为时，应当考虑到所保护的合法权益的性质和大小。防卫行为所损害的不法侵害人的权益与防卫行为所保护的权益应当保持相对的均衡，即前者可以适当超过后者，但不允许过分悬殊。例如，为了保护重大权益，即使造成不法侵害人重大损害，也可以认定为没有超过必要限度；而为了保护轻微的权益而造成不法侵害人重大损害，即便非此不可，也应认为超出了必要限度。[2] ③不法侵害的缓急，即不法侵害所形成的对国家、公共利益、本人或他人的人身、财产和其他权利的危险程度。不法侵害越紧迫，防卫人选择防卫行为的时间就越短暂，因此，防卫行为的限度要求就应更为宽松一些，对不法侵害人所造成的损害就可以更重一些。在不法侵害已经着手、形成了侵害紧迫性而不法侵害的强度尚未发挥出来的情况下，无法以现实的侵害强度

---

〔1〕 参见郭泽强、胡陆生："再论正当防卫的限度条件"，载《法学》2002年第10期。

〔2〕 对此，德国学者李斯特指出，就正当防卫的合法性而言，并不要求正当防卫是为了保护重大利益。根据案件情况，当对攻击的行为不能以其他方式进行防卫时，即使最微不足道的法益也可以通过杀死攻击者的方法来加以保护。参见［德］弗兰茨·冯·李斯特：《德国刑法教科书》，徐久生译，法律出版社2000年版，第224～225页。但德国刑法理论的通说认为，法秩序不允许对较小价值的法益或对轻微的侵害行为，以造成侵害人巨大损失为代价来进行防卫。如果防卫行为所攻击的利益和侵害人的侵害或危险之间的关系明显失衡，此等情况下的防卫是不允许的。例如，警卫人员不得射击携带价值10芬尼浓缩果汁而匆忙逃离的盗窃人，不得以威胁轧死妨碍者的做法强行取得控制停车场空地的权利，不容许在桃树上安装会导致盗窃者死亡的电装置，对一只母鸡享有质权的权利人不得用斧子对伤害其母鸡的侵害人进行防卫。参见［德］汉斯·海因里希·耶赛克、托马斯·魏根特：《德国刑法教科书（总论）》，徐久生译，中国法制出版社2001年版，第418～419页。日本学者指出，在盗贼盗得西瓜逃走时，由于逃得太快无法追上，要夺回西瓜，除了开枪之外别无他法。但如果为了一个西瓜而甚至允许侵害他人的生命，这并不符合社会功利性观点。早先也有判例对为了保护一块豆腐而打死盗窃犯的案例，判定构成过剩防卫。参见［日］西田典之：《日本刑法总论》，刘明祥、王昭武译，中国人民大学出版社2007年版，第130页。由此可以看出现代刑法理论在法益均衡原则问题上的发展和进步。

作为衡量必要限度的标准，这时，不法侵害的缓急就成为重要的标准。在防卫强度大于不法侵害强度的情况下，在衡量必要限度时，同样应注意发挥不法侵害的缓急这一因素的作用。

此外，防卫行为是在紧急情况下实施的，防卫人在一瞬间往往很难准确地判断不法侵害的性质和强度，更难以恰如其分地选择适当的防卫手段和强度。因此，应当设身处地地为防卫人着想，不能对防卫的限度提出苛刻的要求。

（四）如何认识防卫过当的罪过形式？

关于防卫过当的罪过形式，理论上有以下不同看法：第一种观点认为，防卫过当的罪过形式，既包括故意（直接故意和间接故意），也包括过失（疏忽大意的过失和过于自信的过失）。[1] 第二种观点认为，防卫过当的罪过形式可以是疏忽大意的过失、过于自信的过失，也可以是间接故意，但不能是直接故意。[2] 第三种观点认为，防卫过当的罪过形式只能是过失，包括疏忽大意的过失、过于自信的过失，不能是故意。[3] 第四种观点认为，防卫过当的罪过形式只能是疏忽大意的过失，故意或过于自信的过失都不能成为防卫过当的罪过形式。[4] 第五种观点认为，防卫过当的罪过形式只能是间接故意。[5]

我们认为，防卫过当仍然属于防卫行为，行为人主观上仍然具有制止不法侵害、保护合法权益的防卫目的。由这种目的所决定，防卫过当的罪过形式不可能是直接故意，因为直接故意犯罪是具有犯罪目的的犯罪，而犯罪目的与防卫目的是不可能并存的。在此，应当注意将不法侵害结束后行为人所继续进行的“防卫”行为与防卫过当区分开来。防卫过当是在不法侵害行为尚未结束、一般正当防卫的时间条件仍然具备的情况下发生的。而在不法侵害已经结束的情况下，正当防卫的时间条件就已经丧失，行为人继续进行的所谓防卫行为不可能属于防卫过当，而只能是事后防卫。因此，不能以事后防卫的场合行为人主观上可能存在直接故意为由认定防卫过当的罪过形式可以是直接故意。而疏忽大意的过失、过于自信的过失以及间接故意都是没有犯罪目的的罪过形式，与防卫过当所具有的目的的正当性并不矛盾，因此都可以成为防卫过当的罪过形式。一般而言，防卫人对于其防卫过当所造成的重大损害通常是基于过失，即行为人在防卫过程中应当预见自己的行为可能明显超出必要限度造成重大损害，因为疏忽大意而没有预见，或者已经预见，但轻信能够避免。事实上，这种过失通常是疏忽大意的过失。在面临紧迫的不法侵害时，多数防卫人在惊慌失措之际是不会对自己的防卫行为可能造成的后果予以太多考虑的。因而，在防卫过当的场合，防卫人没有预料到防卫结果的重大损害性的情形是极为常见的。当然，防卫人也可能会依赖一定的条件认为自己的防卫行为不会超过必要限度造成重大损害。在少数情况下，行为人明知自己的防卫行为可能明显超过必要限度造成重大损害，而为了追求防卫效果的实现，在防卫中却抱着放任这种过当结果发生的心理态度。因此，防卫过当的罪过形式也可以是间接故意。

（五）如何认识《刑法》第20条第3款与第1、2款的关系？

关于《刑法》第20条第3款与《刑法》第20条第1、2款的关系，理论上存在着不同的认识。一种观点认为，《刑法》第20条第3款的规定与《刑法》第20条第1、2款的规定并非毫无关联，即特殊防卫与普通防卫之间存在着一般与特殊的关系，第20条第3款是对

〔1〕 参见金凯：“试论正当防卫与防卫过当的界限”，载《法学研究》1981年第1期。
〔2〕 参见陈兴良：《正当防卫论》，中国人民大学出版社2006年版，第117页。
〔3〕 参见郑德豹：“也论正当防卫与防卫过当的界限”，载《法学研究》1981年第6期。
〔4〕 参见利子平：“防卫过当罪过形式探讨”，载《法学评论》1984年第2期。
〔5〕 参见王政勋：《正当行为论》，法律出版社2000年版，第195~196页。

第1、2款的进一步阐释和特别说明，属于提示性规定。[1] 仔细分析第20条第3款和第2款的规定，不难发现，两者精神完全一致，第3款其实是对第2款规定在特殊情形下的重申和进一步强调。[2] 另一种观点则认为，《刑法》第20条第3款对严重危及人身安全的暴力犯罪实行防卫尽管有前提条件的限制，但却没有防卫限度的限制，因而该款是对无限防卫权的明确确认。[3] 按照后一种观点，在《刑法》第20条第3款与第1、2款之间存在的就并非是一般与特殊的关系，而是原则与例外的关系。

本书赞同前一种观点。理由是：①后一种观点将刑法第20条第3款所规定的防卫称为无限防卫。这种说法容易让人产生特定情况下的防卫权不受任何限制的误解，从而导致防卫权的滥用。但是，任何权利都是有限制的，而不可能是无限的，想怎么行使就怎么行使。既然国家惩罚犯罪的权力都是有限制的，公民的防卫权就更应当是受到限制的。②《刑法》第20条第3款是针对1997年以前的司法实践中将那些为制止正在进行的严重危及人身安全的暴力犯罪而造成不法侵害人伤亡行为按防卫过当处理的情况增设的。我国1979年《刑法》第17条规定了正当防卫，并将防卫过当界定为正当防卫超过必要限度造成不应有的危害的行为。由此将区分正当防卫与防卫过当的界限的权力授予司法机关。但在司法实践中，对正当防卫掌握得过严，而对防卫过当则掌握得过宽，甚至存在唯后果论的倾向，即凡是发生了死亡后果的，一律认定为防卫过当，而不问这一防卫后果是否为制止正在进行的不法侵害所必需。这在一定程度上大大挫伤了人民群众见义勇为的积极性。“从根本上，本款是立法者基于1979年刑法中正当防卫制度在实践中运作的不理想状况而作出的一种立法推定，它本身并无制度创新和重大突破。换言之，《刑法》第20条第3款的规定可以被涵盖在第1款的规定中，它必须受到正当防卫制度中诸条件（包括防卫限度条件）的制约。”[4] ③对于严重危及人身安全的暴力犯罪实施防卫行为，即使造成不法侵害人死亡，也属于没有明显超过必要限度的情形。《刑法》第20条第3款只不过是把原本由司法机关自由裁量的防卫限度问题交由立法机关直接作出明确规定而已。其实，只要司法人员正确把握正当防卫的限度条件，即使不存在《刑法》第20条第3款关于特殊防卫的规定，也应将该款所规定的防卫行为认定为符合正当防卫限度条件的行为。

■第三节　紧急避险

一、紧急避险概述

根据《刑法》第21条第1款的规定，紧急避险，是指为了使国家、公共利益、本人或者他人的人身、财产和其他权利免受正在发生的危险，不得已损害另一较小合法权益以保全较大的合法权益的行为。

“紧急时无法律”是西方中世纪教会法中一句著名的格言，其基本涵义是指在紧急状态下，人们可以实施法律所禁止的某种行为，以避免由这种状态所带来的危险。紧急避险就是“紧急时无法律”的适例。在我国，紧急避险是在两种合法权益发生冲突且不能同时保全的紧急情况下不得已而实施的牺牲较小权益以保全更大合法权益的行为。从客观上看，紧急避

---

〔1〕 参见周光权：《刑法总论》，中国人民大学出版社2007年版，第215～216页。

〔2〕 参见田宏杰：《刑法中的正当化行为》，中国检察出版社2004年版，第263页。

〔3〕 参见卢勤忠：“无限防卫权与刑事立法思想的误区”，载《法学评论》1998年第4期。

〔4〕 齐文远主编：《刑法学》，北京大学出版社2007年版，第221页。

险虽然使一定的合法权益遭受了损害，但从整体和全局利益着眼，则保全了更大的合法权益。从客观后果来看，紧急避险对社会是有益的。从主观上看，实施紧急避险的目的是为了保全较大的合法权益，因而，行为人没有犯罪故意和犯罪过失。综合主、客观两方面来考察，紧急避险不符合犯罪构成的主客观要件，属于刑法中的正当行为。因此，刑法明确规定，紧急避险不负刑事责任。

刑法所规定的紧急避险具有重要的意义：一方面，可以鼓励公民在多个合法权益面临危险时，积极采取避险措施，保全较大的合法权益，使合法权益所遭受的损失降低到最低程度；另一方面，有利于在人民群众中树立识大体、顾大局的集体主义精神，培养广大公民的全局观、整体利益观，增进团结友爱，发扬社会主义道德风尚。

二、紧急避险的成立条件

与正当防卫不同的是，紧急避险以损失一定合法权益为代价，因此，法律对实行紧急避险的条件比实行正当防卫的条件规定得更为严格。成立紧急避险，必须具备下列条件：

（一）紧急避险的起因条件

紧急避险的起因条件，是指必须存在着现实的、客观的危险。所谓危险，是指足以给国家、公共利益、公民本人或者他人的人身、财产和其他权利造成损害的某种事实状态。危险的主要来源有：①人的不法侵害（包括有责任能力的人和无责任能力的人的行为）。人的合法行为不能成为紧急避险的危险来源，如公安人员追捕逃犯，逃犯就不能以紧急避险为借口侵入他人住宅；②自然灾害如地震、水灾、风灾、火山爆发、海啸等的侵袭；③动物的袭击，如猛兽袭击、牛马践踏、恶犬猛追等；④人的生理、病理原因，如疾病、饥饿、干渴等。另外，刑法中的意外事件与不可抗力等无罪过行为对合法权益的威胁，也能够成为紧急避险中危险的来源。

作为紧急避险起因的危险，必须是客观上实际存在的，而不是避险人主观想象或推测的。如果实际上并不存在着危险，而行为人误认为存在危险，从而对臆想中的危险实行所谓的紧急避险的，属于假想避险。对于假想避险，按照类似于处理假想防卫的原则予以处理。

（二）紧急避险的时间条件

紧急避险的时间条件，是指避险行为只能在危险正在发生之时实行。所谓危险正在发生，是指危险已经出现且尚未消失。危险已经出现，是指危险已经使特定的合法权益处于紧迫的威胁之中，如果不加以排除，合法权益势必遭受损害。危险尚未消失，是指危险出现后继续威胁着一定的合法权益，或者正在造成危害；此时若不实行紧急避险，合法权益必将遭受损害或遭受更大损害。如果在危险尚未发生之前或已经消除后进行所谓的避险，则分别属于事前避险和事后避险（二者合称为“避险不适时”），不能以紧急避险论。对于避险不适时，按照类似于处理防卫不适时的原则予以处理。

（三）紧急避险的可行性条件

紧急避险的可行性条件，也就是紧急避险的客观限制条件，是指只有在不得已即没有其他方法可以避免危险时才允许实行紧急避险。这体现了紧急避险的补充原则。由此可见，紧急避险是在无其他方法可避免危险的情况下，以不得已选择损害合法权益的方法来避免危险。在较大的合法权益和较小的合法权益可以两全的情况下损害较小的合法权益，对社会不但无益，反而是有害的。如果在当时的条件下，行为人本可以采用不损害合法权益的方法避免危险而没有选择，实行所谓避险的，就不成立紧急避险，而要对损失负法律责任。不过，由于危险的突发性和紧急性，行为人受时间、能力和有关条件的限制难以采用其他的排除危险方法而对第三者的合法权益造成损害的，也成立紧急避险。在考察行为人是否出于不得已时，一定要实事求是地分析危险发生时的客观情况（包括环境、时间、危险的紧迫程度等），结合行为人自身生理和心理状况，予以合理认定。

（四）紧急避险的对象条件

紧急避险的对象条件，是指避险行为是针对第三者的合法权益实施的。紧急避险的本质特征，是为了保全较大的合法权益，而将其面临的危险转嫁给另一个较小的合法权益。如果针对危险实施一定的直接对抗行为，那么，这种行为就不属于紧急避险。[1] 对来自人的危害行为之外的危险的直接对抗，不具有法律上的评价意义。对不法侵害人本人进行反击的，就属于正当防卫。有人指出，损害他人的合法权益，通常是损害第三者的法益，但是否仅限于损害第三者的法益，还需要研究。例如，在遭受持枪歹徒追杀的情况下，不得已破门闯入他人住宅藏匿的，固然属于紧急避险；但在同样的情况下，如果为了避险不得已破门闯入持枪歹徒的住宅，不使歹徒进入的，视为紧急避险较为合理。[2] 我们认为，将不法侵害人也纳入紧急避险的对象，会导致紧急避险与正当防卫的界限模糊不清。论者所举的例子完全可以视为正当防卫，破门进入歹徒的家中是以损害歹徒权益的方法而实施的直接反击不法侵害的行为。

避险行为所损害的第三者的合法权益主要是财产权益，第三者的某些人身权利如健康、人身自由等也可能成为避险行为所损害的权益，但是，第三者的生命原则上不能纳入避险行为所侵害的权益的范围。

（五）紧急避险的主观条件

紧急避险的主观条件，是指行为人必须具有避险意图（避险意识）。避险意图是避险认识和避险目的的统一。避险认识包括以下内容：认识到国家、公共利益、本人或他人的人身、财产或其他权利正在面临危险；认识到只有损害另一较小的合法权益才能保护较大的合法权益；认识到自己的避险行为是保护较大合法权益的正当行为。避险目的，是指行为人出于保护国家、公共利益、本人或他人的人身、财产或其他权利免受正在发生的危险的目的。

据此，以下几种情形不能成立紧急避险：①为了保护本人或他人的非法利益，而对第三者的合法权益进行损害的；②客观上存在着威胁合法权益的危险，但行为人并不知晓危险的存在而故意造成无辜者合法权益损害的；③行为人故意造成某种危险，然后假借紧急避险的名义而损害他人的合法利益，以达到自己的犯罪目的的。

（六）紧急避险的限度条件

紧急避险的限度条件，是指避险行为不能超过必要限度，造成不应有的损害。通说认为，紧急避险的必要限度，就是避险行为对另一合法权益所造成的损害，必须小于所要避免

---

〔1〕 在德国、日本刑法理论中，存在防御性紧急避险与攻击性紧急避险的划分。防御性紧急避险，是指针对危险源本身进行避险的情形；攻击性紧急避险，是指针对与危险源无关的第三者的法益进行避险的情形。

〔2〕 参见张明楷：《刑法学》，法律出版社 2007 年版，第 191 页。

的损害。[1] 如果避险行为所造成的损害大于或等于所要避免的损害，则属于超过了必要限度。这意味着受损害的合法权益既不能等于、更不能大于所保护的权益。因此，在把握紧急避险的限度条件时，涉及两个合法权益大小的权衡问题。一般而言，权衡合法权益大小的基本标准是：人身权利大于财产权利；生命权利高于其他任何权利，不允许为保护自己的健康权而不惜牺牲他人的健康权，更不允许为保护自己的生命而牺牲他人的生命；价值高的财产权益大于价值低的财产权益，不允许为保护较小的财产权益而损害较大的财产权益；国家、公共利益并非永远高于个人利益，当二者不能两全时，不允许以牺牲他人的生命为代价，来保全国家、公共利益。但是，上述标准并非是绝对的。如为保全个人生命而损害数以亿计的国家或人民的财产，或导致数以百计的人受重伤，便难以认为仍然处在紧急避险的必要限度之内。

（七）紧急避险的例外禁止条件

紧急避险的例外禁止条件，是指紧急避险中关于避免本人危险的规定，不适用于在职务上或业务上负有特定责任的人。例如，消防队员负有救火的责任，不能以怕被火烧伤为由，逃避救火义务；军医负有救护伤员的义务，不能以怕死为由，拒绝进行战场救护。职业上或业务上负有特定责任的人负有同危险作斗争的义务，这就要求他们对于执行职务或从事业务过程中所发生的涉及自己的人身、财产或其他权益的危险，必须加以承受，而不得假借紧急避险之名放弃职守、临阵脱逃。当然，职业上或业务上负有特定责任的人为了避免他人面临的危险或与自己的职务或业务上的特定职责没有关系的危险，仍然可以实行紧急避险。

三、避险过当及其刑事责任

避险过当，是指超过必要限度，造成不应有的损害，应负刑事责任的避险行为。避险过当是由于在具备紧急避险其他条件的前提下，缺乏限度条件，而使本来正当的、对社会有利的行为转化成非正当的、对社会有害的行为。

成立避险过当，必须具备主客观两方面的条件：①行为人在主观上对避险过当行为具有罪过。避险过当的罪过既可以是间接故意，也可以是疏忽大意的过失或过于自信的过失，但不可能是直接故意。②行为人在客观上实施了超过必要限度的避险行为，造成了合法权益的不应有的损害。避险行为所损害的合法权益大于或等于所保全的合法权益时，该行为就超过了必要限度，属于过当行为。

同防卫过当一样，避险过当不是一个独立的罪名。对于避险过当，应根据所触犯的具体罪名（故意杀人罪、故意伤害罪、过失致人死亡罪、过失致人重伤罪、故意毁坏财物罪等），

[1] 与通说不同的观点认为，避险行为所造成的损害可以小于所避免的损害，也可以等于所避免的损害。比如，我国学者指出，在衡量紧急避险行为是否超过必要限度的问题上，应当引入法益比较原则，同时考虑行为人的期待可能性。在一般情况下，凡是避险行为所引起的损害小于所避免的损害，并且这种损害是为避险所必需的，就是没有超过必要限度。反之，则超过了必要限度。不能简单地认为保护的法益大于牺牲的法益就没有超过紧急避险的必要限度，还要看牺牲的法益是否为紧急避险所必需。在保护的法益与牺牲的法益价值相同的情况下，应当考察是否存在期待可能性。参见陈兴良：《本体刑法学》，商务印书馆 2001 年版，第 463 页。日本学者认为，法益权衡的原则是指由避险行为产生的损害没有超过欲避免的损害的程度。其旨趣是为了救助价值更大的法益而牺牲价值小的法益，或者为了救助价值相同的法益一方面而牺牲另一方，是被允许的。但是，牺牲价值大的法益去救助价值小的法益，是不被允许的。参见［日］大塚仁：《刑法概说（总论）》，冯军译，中国人民大学出版社 2003 年版，第 345 页。意大利学者指出："由于紧急避险中受损害的是无辜的第三者的利益，应当采取更为严格的标准来衡量避险行为是否与损害结果相适应的问题，这个标准就是：被拯救的利益在任何情况下都必须等于或大于被损害的利益。"参见［意］杜里奥·帕多瓦尼：《意大利刑法学原理》，陈忠林译，法律出版社 1998 年版，第 176 页。

并综合考虑避险目的、罪过形式、保护权益的性质以及过当程度等因素，根据《刑法》第21条第2款的规定，依法减轻或者免除处罚。

四、紧急避险与正当防卫的异同

（一）紧急避险与正当防卫的相同点

第一，目的相同。二者都是为了保护国家、公共利益、本人或他人的合法权益。

第二，前提相同。二者都必须是合法权益正在受到侵害时才能实施。

第三，后果相同。二者都属于刑法明文规定的正当行为，行为人都不负刑事责任。

（二）紧急避险与正当防卫的区别

第一，危害的来源不同。在正当防卫的场合，危害的来源只能是人的不法侵害行为；而在紧急避险的场合，危害的来源既可能是人的不法侵害，也可能是自然灾害，还可能是动物的侵袭等。

第二，行为的对象不同。正当防卫的对象只能是不法侵害人本人，而不能是与不法侵害无关的第三者，因而正当防卫是正义与邪恶的较量，体现所谓“正对不正”、“正没有必要向不正让步”的关系；而紧急避险的对象则必须是与危险没有关系的无辜的第三者，因而紧急避险体现所谓“正对正”的关系。另外，在正当防卫的场合，防卫人一般是采取损害不法侵害人人身的方式来制止不法侵害，因为在大多数情况下这是制止不法侵害最有效的方法，只是在为数不多的情况下，防卫人通过损害不法侵害人财物的方式来制止不法侵害；而在紧急避险的场合下，则恰恰相反，在大多数情况下，避险人通过采取损害第三者财物的方法来避免危险，而在个别情况下，避险人通过采取对第三者人身造成损害的方法达到避险的效果。

第三，行为的限制不同。在正当防卫的场合，即使能够用其他方法避免不法侵害，也允许进行正当防卫。公民面对不法侵害，一般情况下可以采用逃跑、报警、劝阻、防卫等方法来制止不法侵害；而紧急避险的实施则出于迫不得已，换言之，在紧急避险的场合，除了避险以外别无其他选择。

第四，行为的限度要求不同。正当防卫所造成的损害，既可以小于不法侵害行为所可能造成的损害，也可以大于或等于不法侵害行为所可能造成的损害；而紧急避险对第三者合法权益所造成的损害，则只能小于危险可能造成的损害。

第五，主体的限定不同。正当防卫是每个公民的法定权利；紧急避险则不适用于职务上、业务上负有特定责任的人，这些人不能以紧急避险为借口，逃避本人面临的危险。

第六，行为指向的对象在忍受义务上不同。在正当防卫的场合，防卫行为指向的对象——即不法侵害一方必须忍受防卫人的反击行为。这主要是因为正当防卫是不法侵害人引起的，不法侵害人对于合法权益面临侵害负有不可推卸的责任，所以不法侵害人负有忍受义务，即无权再以正当防卫的借口对防卫人的反击行为进行抵抗，也无权以损害第三者权益的方式实行紧急避险转嫁危险；而在紧急避险的场合，由于避险行为指向的对象是与危险来源无关的第三者，如果要求第三者对避险行为予以忍受，显然违背了人们基本的法律感情，因此，被损害的第三者不负有忍受危险损害的义务，可以对避险人实施抵抗，也可以通过损害其他人权益的方式实施再避险或者连锁避险。

第七，民事后果大相径庭。正当防卫是民事责任的完全抗辩事由，所有的正当防卫均是民事合法行为；而在紧急避险的场合，为了体现对第三者利益的保护，紧急避险并不完全免除民事责任，换言之，紧急避险可能成为民事违法行为，并因而承担损害赔偿责任。

■第四节　其他正当行为

一、法令行为

法令行为，也称为依照法律的行为、依照法令的行为，是指基于成文法律、法规、法令的规定，为行使权利或者承担义务所实施的行为。例如，警察根据刑事诉讼法的规定所实施的逮捕、普通公民依据刑事诉讼法的规定所实施的扭送的行为，便属于法令行为。法令行为是一种法律本身所允许乃至鼓励的行为，因而是一种正当行为。

法令行为的正当化必须符合以下条件：①行为是依据有效的成文法律、法规、法令而实施的；②行为时必须严格依照成文法律、法规、法令的规定，不得滥用权利；③行为人主观上有行使权利或履行义务的意图。

从我国实际情况来看，法令行为主要包括职务行为和权利（义务）行为两类。所谓职务行为，是指公务人员依照法律规定，在法定权限内履行职权、职责的行为。1983 年 9 月 14 日最高人民法院、最高人民检察院、公安部、国家安全部、司法部《关于人民警察执行职务中实行正当防卫的具体规定》将人民警察在执行职务时制止不法侵害的行为作为正当防卫处理。这一处理办法混淆了职务行为与正当防卫的界限。所谓权利（义务）行为，是指在法律规定上作为公民的权利义务的行为，如家长管教子女的行为等。

二、执行命令的行为

执行命令的行为，是指在国家法律所认可的范围内，依照上级国家机关工作人员的命令而实施的行为。例如，武警战士执行法院院长的命令而对死刑犯执行枪决的行为，便属于执行命令的行为。执行命令的行为与法令行为区别的关键是：前者依据的是上级命令的直接规定，而后者则直接依据的是成文法律、法规、法令的规定。下级执行上级的命令，通常与犯罪没有关系，而有些执行命令的行为在外形上有时形同犯罪，但由于执行上级命令是部属应尽的职责，是国家机器和社会机器正常运转所必需的，因而实际上并无社会危害性，而是对社会有益的正当行为。

执行命令行为的正当化必须符合以下条件：①执行的命令必须是所属上级国家机关工作人员发布的；②执行的命令必须是上级国家机关工作人员依据职权发布的；③执行的命令必须是上级国家机关工作人员依法定程序发布的内容合法的命令；④执行人依据自己的权限实施命令要求的行为。在执行形式上合法但内容不合法的命令时，则根据执行人主观上有无罪过对执行命令的行为是否具备违法性作出判断。执行人主观上没有罪过的，应由发布命令的上级承担责任；行为人有审查命令的义务，因没有认真履行审查义务而执行了内容不合法的命令的，应当根据执行人主观罪过的内容和客观情节，确定其相关的责任。执行人明知上级的命令具有犯罪内容而予以执行时，则与下达命令者承担共同犯罪的责任。

三、正当业务行为

正当业务行为，是指虽然没有法律、法规、法令的直接规定，但在社会生活中被认为是正当的业务上的行为。例如，在拳击比赛中运动员在遵循比赛规则的前提下将对方打伤的，在医疗活动中医生为维护病人健康而对病人实施截肢手术的，便属于正当业务行为。业务行为只要具有正当性，即使造成了一定的损害后果，也是允许的。

业务行为的正当化必须符合以下条件：①执行正当业务的人，必须是具有一定的专业知识和业务能力的专业人员；②业务必须是正当的，即经过有关主管部门许可或者事实上已为社会公众所认可，不正当的业务不可能阻却违法性；③行为自身是业务范围内的行为，即从业者在所许可或认可的特定职业范围以内从事业务活动，超出正当业务范围的行为不可能阻却违法性；④从事正当业务的人员必须具有执行业务的正当目的；⑤在执行业务时不能违反相关法规和业务规章制度。

四、权利人承诺的行为

"得到承诺的行为不违法"，这是罗马法上的格言。权利人承诺的行为，也有人称之为被害人承诺的行为、被害人同意的行为，是指经有权处分某种权益的人的请求或同意，损害其合法权益的行为。如病人要求医生冒险动手术，并承诺如发生意外，后果自负，结果手术没有成功，病人死亡。医生的行为便是权利人承诺的行为。刑法是法益保护法，如果权利主体允诺对其自身权益的侵害，则表明他已放弃了该权益，法律应尊重他的自主决定权，也就没有必要保护权利人已放弃的合法权益，从而对损害合法权益的行为也就没有必要予以刑事追究。权利人承诺的行为未必对社会有益处，但也谈不上有害，因而属于正当行为。

并非所有得到权利人承诺的行为都缺乏犯罪性。在有些犯罪中，无论权利人是否有承诺，都不影响犯罪的成立，如拐卖妇女的行为，即便事先得到妇女的承诺，也同样成立犯罪。有些犯罪的成立则以权利人的承诺为前提，如在帮助自杀所构成的故意杀人罪中，权利人的承诺恰恰是犯罪成立的条件。而在以违背被害人意志为前提的犯罪中，权利人承诺就具有适用的余地，如在以妇女为对象的强奸罪的场合，妇女同意性交，便会影响犯罪的成立。但在奸淫不满14周岁幼女的场合，即使幼女事先表示同意，也不影响犯罪的成立。

权利人承诺的行为正当化必须符合以下条件：①有效的承诺以承诺者对被承诺的法益具有处分权限为前提；②承诺者必须对所承诺的事项的意义、范围有理解能力；③承诺必须是权利人的真实意思表示；④事实上存在承诺，且最迟发生于结果发生时；⑤经承诺所实施的行为未超过承诺的范围；⑥经承诺所实施的行为不得违反有关法律、法规和社会共同生活准则。

通常认为，个人无权处分国家利益、社会利益以及他人利益，对于生命这一个人法益也无权处分。对于健康这一个人法益的处分应有相应的限制，即在被害人承诺伤害的情况下，对造成重伤结果的，应当认定为成立故意伤害罪，而对于造成轻伤结果的，原则上不成立本罪。但是，如果伤害行为严重违反法律规范或社会伦理，也可以成立故意伤害罪，例如，出于骗取保险金的恶劣动机，行为人与被害人经共谋后对后者实施轻伤害的，也构成故意伤害罪。对于人身自由权、财产权、人格权、名誉权等，个人原则上具有处分权限。

五、推定权利人承诺的行为

推定权利人承诺的行为，也有人称之为推定被害人承诺的行为、推定被害人同意的行为，是指行为人虽然没有权利人的现实承诺，但为救助权利人的利益，可以推定如果权利人知道行为时的具体情况，会当然作出承诺，从而基于这一推定而实施的行为。如屋主外出时住宅发生火灾，为了避免烧毁住宅内的贵重财产，邻居破门侵入住宅的，或者交通事故的被害人处于昏迷状态，不立即动手术就有生命危险，而在其代理人又无法找到的情况下医生为其施行适当的手术的，就属于推定权利人承诺的行为。在推定权利人承诺的场合，同一权利人的不同利益之间发生冲突；为了保护权利人更大的利益而损害了其较小的利益，行为从整体上是有利于权利人的，因而是正当的。推定权利人承诺的行为被认为处在权利人承诺行为的延长线上，即需要考虑权利人的自我决定权，推测权利人的真意，像沿着被害人的真意那样去行动。[1]

推定权利人承诺的行为与紧急避险行为具有相似之处，二者都发生在利益冲突的紧急情况下，都存在通过牺牲价值较小的利益以保全较大利益的目的。但是，在前者的场合，所牺牲的利益与所保全的利益均归属于同一权利人；而在后者的场合，所牺牲的利益与所保全的利益归属于不同权利人。

推定权利人承诺的行为与权利人承诺的行为也有明显不同：在前者的场合，事先并不存在承诺，而只是推定存在承诺，行为的实施从整体上有利于权利人；在后者的场合，事先存在承诺，行为的实施不利于被害人。

推定权利人承诺的行为正当化必须符合以下条件：①权利人没有现实的承诺；②待处理的事项具有紧迫性；③以一般人意志为标准，根据一般社会经验，推定权利人知道真相将会作出承诺；④必须是为了权利人的一部分权益而牺牲其另外一部分权益，并且所牺牲的权益不得大于所保护的权益；⑤针对权利人有处分权限的个人权益实施推定承诺的行为，且行为手段为一般社会观念所允许；⑥行为在客观上具有有利于权利人的效果。

六、自救行为

自救行为，又称自助行为，是指权利受到侵害后，若通过法律程序获得救济，该权利的恢复事实上已不可能或者面临显著困难时，个人依靠自己的力量救济权利的行为。如在盗窃犯即将毁损所盗物品或逃往外地的场合，被害人来不及通过法律程序挽回损失，便使用强力从盗窃犯手中夺回财物的，就属于自救行为。在近现代的法治国家，虽然原则上要通过国家机关来救济对法益的侵害，但是，既然现实上国家的救助机关不可能是万能的，在难以依靠国家机关的紧急事态中，就应当承认被害人自己实施的权利恢复行为是合法的。[2] 自救行为与其他正当行为最大的区别在于其是在侵害行为或危险已经过去而被侵害状态存续的情况下实施的事后救助行为。

自救行为的正当化必须符合以下条件：①不法侵害行为已经造成实害。如果不法侵害行为正在进行，就是实施正当防卫或紧急避险的问题，而不可能实施自救行为；②通过法律程序、依靠国家机关不可能或明显难以恢复受侵害的权利；③以自救的意思实施自救行为。自救行为在客观上具有恢复权利的效果，且自救者主观上具有依靠自力进行救助、使权利得以恢复的意思；④自救行为具有相当性，即不仅自救者所使用的方法在社会一般观念上是适当的，而且所造成的损害程度也应具有相当性。如果所侵害的权利明显超过被恢复的权利，则行为不具有正当性，不能阻却犯罪的成立。

七、义务冲突

义务冲突，也称为义务的抵触、义务紧急状态，是指在两个以上互不相容的法律义务需要同时履行的情况下，为了履行其中的某个义务而不得已不履行其他义务的情况。父亲在两个幼儿同时落水时，只救助一个幼儿，或者医生为了赶到突然患重病的人那里去，拒绝轻病患者即时治疗的请求，或者律师在法庭上为了维护被告人的利益，泄露了过去在业务上得知的他人的秘密，便属于义务冲突的适例。

义务冲突与紧急避险都发生在紧急事态之时，在客观上都造成了损害结果。但是，在义务冲突的场合，法律要求行为人履行全部义务，而行为人因其能力所限而只能履行其中的一部分义务，因此，义务冲突表现为不作为，而紧急避险中的避险行为是以作为的方式实施

---

〔1〕 参见［日］大塚仁：《刑法概说（总论）》，冯军译，中国人民大学出版社2003年版，第360页。

〔2〕 参见［日］大塚仁：《刑法概说（总论）》，冯军译，中国人民大学出版社2003年版，第366页。

的；义务冲突是不同义务之间的冲突，而紧急避险则是不同利益之间的冲突；就义务冲突而言，负有义务的人必须履行其义务，而就紧急避险而言，则允许避险者忍受危险而不实行紧急避险。

义务冲突的正当化必须符合以下条件：①存在两个以上相互冲突而不能两全的法律义务；②必须权衡义务的轻重，即选择履行重要的义务而放弃非重要的义务。如果义务的重要性程度相当，则可选择履行其中的某项义务。

【思考题】

1. 一般正当防卫与特殊正当防卫有哪些区别?
2. 如果理解针对动物侵害所实施的反击行为的性质?
3. 如何理解和认定正当防卫的必要限度?
4. 如何理解防卫过当的成立条件?
5. 如何理解特殊防卫的前提条件?
6. 紧急避险的成立必须具备哪些条件?
7. 如何理解正当防卫与紧急避险的异同?

【参考文献】

1. 姜伟:《正当防卫》，法律出版社 1988 年版。
2. 刘明祥:《紧急避险研究》，中国政法大学出版社 1998 年版。
3. 王政勋:《正当行为论》，法律出版社 2000 年版。
4. 田宏杰:《刑法中的正当化行为》，中国检察出版社 2004 年版。
5. 彭卫东:《正当防卫论》，武汉大学出版社 2001 年版。
6. 陈兴良:《正当防卫论》，中国人民大学出版社 2006 年版。
7. 孟庆华:《犯罪构成适用重点疑点难点问题判解研究》，人民法院出版社 2006 年版。
8. 谢雄伟:《紧急避险基本问题研究》，中国人民公安大学出版社 2008 年版。

【导语】定罪，是指司法机关依照刑事诉讼程序，确定犯罪嫌疑人、被告人的行为与法定的犯罪构成是否相符合的刑事司法活动。定罪的主体是司法机关。定罪的对象是犯罪嫌疑人、被告人的行为。定罪的核心问题是确定犯罪嫌疑人、被告人的行为与法定的犯罪构成是否相符合。定罪的过程表现为一种主观判断过程。定罪的活动必须依照刑事诉讼程序进行。正确定罪具有重要的作用。定罪的内容包括认定行为是否构成犯罪、认定行为构成何种犯罪、认定犯罪的严重程度、认定犯罪的停止形态、认定行为是单独实施还是共同所为以及认定行为中所包含的罪数。在定罪活动中应坚持合法原则、主客观相统一原则、平等原则和疑罪从无、从宽原则。定罪情节是指犯罪构成共同要件以外的、影响行为的社会危害性程度因而对定罪具有决定意义的事实情况。定罪情节包括四种类型，即除罪化情节、基本情节、加重情节和减轻情节。

本章的疑难问题有：①定罪的主体是否仅限于人民法院？②如何看待定罪论在刑法学体系中的地位？③行为的无罪认定是否属于定罪的内容？④犯罪构成能否成为区分完成罪与未完成罪的法律标准？⑤加重情节是否属于定罪情节？⑥加重情节是否仅限于概括性、综合性的情节？

■第一节　定罪概述

一、基本法理

（一）定罪的概念和特征

定罪是“认定犯罪”的简称。所谓定罪，是指司法机关依照刑事诉讼程序，确定犯罪嫌疑人、被告人的行为与法定的犯罪构成是否相符合的刑事司法活动。定罪的主要特征如下：

1．定罪的主体是司法机关。定罪是一种刑事司法活动，其主体只能是司法机关。在我国，具体参与刑事司法活动、代表国家进行刑事追究活动的国家机关是人民法院、人民检察院、侦查机关（包括公安机关、国家安全机关、人民检察院侦查部门、军队保卫部门、监狱、海关走私犯罪侦查机关等）。人民法院、人民检察院、侦查机关分工负责、互相配合、互相制约，共同完成刑事诉讼的任务，其中就包括定罪的任务。在刑事诉讼过程中，上述机关都不同程度地参与定罪活动。其中，侦查机关在刑事诉讼中主要行使侦查职能，以起诉意见书的形式向检察机关提出定罪意见；人民检察院在刑事诉讼中主要承担公诉职能，以起诉书的形式向法院提出定罪意见（在对法院的定罪结果有异议的情况下，还可以抗诉书的形式提出定罪意见）；人民法院在刑事诉讼中承担审判职能，享有最终的认定有罪的决定权。

在我国，定罪权仅为司法机关享有，司法机关以外的其他任何单位或个人都不得染指。司法机关以外的其他单位、个人尽管可以对案件的定性发表自己的看法，这种看法还可能对司法机关产生一定的影响，但是，这些单位、个人并非定罪的主体。这一方面是因为定罪是一项适用刑事法律的司法活动，只能由司法机关进行；另一方面是因为有罪认定的结论表达了国家对犯罪行为的非难和对犯罪人的谴责，不能让任何单位和个人都参与定罪，而只能让国家的代表——司法机关从事定罪活动。

2．定罪的对象是犯罪嫌疑人、被告人的行为。首先，定罪的对象只能是人的行为。定罪只能针对一定的行为进行。没有人的行为，就不会产生定罪问题。正如马克思所指出的："对于法律来说，除了我的行为以外，我是根本不存在的。我根本不是法律的对象。我的行为就是我同法律打交道的惟一领域。"[1] 这说明，即使一个人的思想极为险恶、反动，但只要他没有在这种思想的支配下实施一定的行为，就不存在定罪的可能性。这里的行为，不能理解为"危害社会的行为"，更不能理解为"犯罪行为"。因为在定罪活动最终结束以前，人的行为是否属于危害行为、犯罪行为，还是一个有待认定的问题。如果将人的行为预先限定为危害行为或犯罪行为，那么就会使司法机关在定罪活动中先入为主。

其次，并不是人的一切行为都可以纳入定罪的对象。纳入定罪对象的只能是那些被司法机关认为有可能构成犯罪的人的行为。明显不符合犯罪构成的行为或明显正当合法的行为不应当被纳入定罪的对象。

最后，定罪的对象只能是犯罪嫌疑人、被告人的行为。具体而言，人民检察院、公安机关和国家安全机关定罪的对象是犯罪嫌疑人的行为，而人民法院定罪的对象是被告人的行为。这说明，只有参与一定的刑事诉讼程序的人的行为，才能成为定罪的对象。某一行为虽然有可能构成犯罪，但只要刑事诉讼中的立案程序没有启动，该行为就不属于定罪的对象。需要注意的是，不能将定罪的对象理解为"被审理的行为"。[2] 被审理的行为仅仅是人民法院定罪的对象。这里的"犯罪嫌疑人"和"被告人"是在刑事诉讼活动的不同阶段对被依法进行刑事追究的人的不同称谓。在公诉案件中，向人民法院提起公诉前被指控有犯罪行为的人称为"犯罪嫌疑人"，在向人民法院提起公诉后至人民法院判决前则称为"被告人"；在自诉案件中，没有犯罪嫌疑人的称谓，在人民法院判决前均称为被告人。正在服刑的罪犯，不属于定罪的对象。但他们如果因为涉嫌其他犯罪而被立案侦查、起诉和审判的，实际上处于犯罪嫌疑人、被告人的地位，可以成为定罪的对象。正在接受行政违法调查的违法嫌疑人、治安案件中的违法行为人、因涉嫌违纪违法犯罪事实而被中国共产党的纪律检查机关或行政监察机关责令就案件涉及的问题作出说明的人以及被依据人民警察法留置而讯问的嫌疑人，均不能成为定罪的对象。

3．定罪的核心问题是确定犯罪嫌疑人、被告人的行为与法定的犯罪构成是否相符合。在我国刑法中，犯罪构成是刑法规定的成立犯罪的主客观要件的统一体，是犯罪成立的规格和标准。行为符合犯罪构成，就成立犯罪；行为不符合犯罪构成，就不成立犯罪。这样，犯罪构成也就成为定罪的规格和法律标准。就犯罪嫌疑人、被告人的行为是否符合法定的犯罪构成所做的认定也就成为定罪的核心问题。因此，在定罪时，必须严格以刑法中的犯罪构成为标准来判断犯罪嫌疑人、被告人的行为。离开了犯罪构成，不但会使定罪失去应有的标准，而且还可能导致司法人员任意出入人罪，造成冤假错案。

4．定罪的过程表现为一种主观判断过程。定罪的过程是司法人员判断犯罪嫌疑人、被告人的行为与法定的犯罪构成是否相符合的认识过程。这一认识过程大致包括三个步骤：①对所查明的案件事实进行分析，抽象出符合犯罪构成的事实；②对刑法规定的犯罪构成进

---

[1] 《马克思恩格斯全集》（第1卷），人民出版社1956年版，第16～17页。

[2] 参见李晓明主编：《刑法学》（上），法律出版社2000年版，第503页。

行具体分析，将较为抽象的犯罪构成具体化，确定犯罪构成所揭示的具体内容与整体性质；③判断案件事实与犯罪构成要件是否相符合，在此既要分析具体事实的各个方面是否符合犯罪构成的各个要件，又要判断整体事实是否符合犯罪构成整体。如果经过分析判断，认为行为符合法定的犯罪构成，便作有罪认定；而如果认为行为不符合法定的犯罪构成，则作无罪认定。由于犯罪构成的抽象性与概括性，又由于行为的具体性、独特性，犯罪构成符合性的评价就是一项极为复杂的认识活动。应当强调的是，定罪不仅是一种认识活动，同时还应是一种司法实践活动。司法人员的认识不是凭空产生的，而是通过大量的实践活动得来的。司法人员应努力使自己关于定罪的认识与犯罪嫌疑人、被告人行为的实际情况相吻合。

5. 定罪的活动必须依照刑事诉讼程序进行。虽然定罪的内容涉及的是实体问题，但定罪活动则属于刑事诉讼活动。因此，定罪必须依据刑事诉讼程序进行。凡是不依或违背刑事诉讼程序而进行的认定犯罪的活动，不论定罪的结论正确与否，均不属于有效的定罪活动。在历来重实体而轻程序的我国社会，强调定罪活动的程序性有着重要的现实意义。

（二）定罪的作用

定罪活动可能产生正确的结果，也可能产生错误的结果。错误的定罪不但没有积极的作用，反而会带来负面的后果，例如冤枉无辜、放纵犯罪、破坏司法机关的形象、引导人们实施错误的行为等。因此，这里所说的“定罪的作用”，是就正确的定罪而言的。定罪的作用，也有人称之为定罪的意义、定罪的价值，是指司法机关的正确定罪活动所直接产生的对社会或个人的积极效应。定罪的作用包括以下几个方面：

1. 正确定罪能够保障无罪的人不受刑事追究，使有罪的人承担刑事责任，从而使刑法的保障机能与保护机能在定罪环节得以圆满实现。当犯罪嫌疑人、被告人的行为不构成犯罪时，正确定罪可以还其以清白；而当犯罪嫌疑人、被告人的行为构成犯罪时，正确定罪可以使其受到应有的政治上和法律上的否定评价。相反，错误定罪则要么使无辜之人蒙受不白之冤并放纵真正的有罪之人，要么使有罪之人行为的法律性质受到错误评价。

2. 正确定罪有利于维护刑事法制的权威和伸张社会正义。刑法规范既是裁判规范，又是行为规范。正确定罪在使犯罪行为受到应有的否定性法律评价的同时，能够引导人们（包括犯罪人）认识到刑法规范并非表现为空洞、抽象的法律条文，而是应当得到切实遵守的规范。由此，刑事法制的权威得以维护。刑法规范承载着广大人民群众的正义观念。如果正确定罪，便会使人民群众的正义观念得以伸张。相反，如果错误定罪，则会使人们对刑事法制的权威产生疑虑，也不利于人们树立正确的是非观念。

3. 正确定罪有利于诉讼活动的正常进行。一方面，侦查机关、检察机关正确行使认定无罪的权力，可以使诉讼程序及时终结，节省宝贵的司法资源。而如果没有行使本该行使的认定无罪的权力，则会使本应终结的诉讼程序继续进行下去，从而造成诉讼拖延，并浪费国家的司法资源。另一方面，审判机关正确行使认定有罪的权力，有利于促使犯罪分子认罪服法，接受教育改造，从而使诉讼程序顺利终结。而如果错误地行使认定有罪的权力，则会引起因对定罪结果不满而上诉、申诉的发生，从而使诉讼程序得不到及时的终结。

4. 正确定罪为量刑奠定基础。审判机关正确行使认定有罪的权力，可以为恰当量刑奠定可靠的基础。定罪和量刑是刑事审判活动的两个基本环节，量刑以认定行为有罪为前提。正确行使认定有罪的权力是建立在对行为所符合的犯罪构成加以准确判断的前提之下的。而犯罪构成是与法定刑相对应的。一旦犯罪构成得以准确判断，就等于选择了合适的法定刑。而如果错误地行使认定有罪的权力，则必然导致对行为所符合的犯罪构成的错误判断，从而使得法定刑选择失当。

二、疑难问题

(一) 定罪的主体是否仅限于人民法院?

对于定罪的主体，刑法理论上有不同的意见。有人认为，1996年《刑事诉讼法》的实施为理论的分歧作了法律选择。在我国，享有定罪权的惟一主体是人民法院。“未经人民法院依法判决，对任何人都不得确定有罪。”如果说，在1996年《刑事诉讼法》实施以前，人民检察院还因为享有免予起诉权而有权确定行为人的行为是犯罪的话，那么，在1996年《刑事诉讼法》实施后，人民法院就成为惟一有权定罪的主体。侦查机关或检察机关所作出的有罪结论，只是这两个司法机关自己对案件性质的看法，是使某一案件的刑事诉讼进行下去并取得社会公认的有罪确认的必要条件，他们认为行为人的行为构成犯罪并不能使行为人被社会称之为“罪犯”，而只能是“犯罪嫌疑人”或“被告人”，他们确认行为构成犯罪的证据、论证及结论必须取得人民法院的确认。侦查机关、检察机关对行为人作出的无罪的结论，是对社会具有法律约束力的结论，然而这种无罪结论已不是定罪结论了。[1] 还有人认为，侦查机关、人民检察院和人民法院都享有定罪权，但侦查机关、人民检察院所享有的只是准定罪权，并不是最终定罪权，有权最终定罪的机关只能是各级人民法院。犯罪嫌疑人是否被确定有罪，并不取决于公安机关和人民检察院的“认定”，而是最终取决于人民法院的审判。[2]

我们认为，定罪是一个动态的过程，人民法院最终的定罪结论是立案、侦查、起诉、审判等一系列诉讼活动的结果。这些诉讼活动都可以被视为定罪过程中的活动。既然侦查机关、检察机关同样参与了定罪活动，将它们排除在定罪的主体之外，是没有多少道理的。比如，在立案阶段，公检法机关经过对案件材料进行审查后作出了立案或不立案的决定，这一决定本身就是对案件事实是否符合法定的犯罪构成所作出的认定。以起诉意见书或起诉书、抗诉书的形式提出定罪意见，本身就是侦查机关、检察机关行使定罪权的表现。而且，《刑事诉讼法》第12条只是将认定有罪的权力赋予人民法院统一行使，而对于认定无罪的权力，人民法院、人民检察院、侦查机关则都可以行使。免予起诉制度的取消使得检察机关丧失了认定有罪的最终决定权，但这并不意味着检察机关由此就不再是定罪的主体。认定有罪的权力属于定罪权，而认定无罪的权力也同样属于定罪权。这是因为，既然作出无罪的认定，便说明犯罪嫌疑人、被告人的行为不符合法定的犯罪构成，而这依然属于定罪的范围。因此，人民检察院、侦查机关在刑事诉讼中虽然不享有认定有罪的最终决定权，但享有认定无罪的最终决定权。[3]

(二) 如何看待定罪论在刑法学体系中的地位?

定罪所具有的重要作用决定了定罪论在刑法学体系中应当占有一席之地。在我国现有的著作中，一般将定罪论置于刑法学体系中的犯罪论之下，但具体位置则有所不同。有的将定罪论置于犯罪论的诸章之末。[4] 若有刑事责任论专章的，一般将定罪论置于其前；若无刑

〔1〕 参见赵长青主编:《刑法学》(上)，法律出版社2000年版，第235~236页。

〔2〕 参见李晓明主编:《刑法学》(上)，法律出版社2000年版，第503页。

〔3〕 根据《刑事诉讼法》第170条的规定，被害人有证据证明对被告人侵犯自己人身、财产权利的行为应当依法追究刑事责任，而公安机关或人民检察院不予追究被告人刑事责任的案件属于自诉案件的范围。在这类案件中，公安机关、人民检察院虽然可以行使认定犯罪嫌疑人行为不构成犯罪的定罪权，但这种定罪权并非是绝对的。

〔4〕 参见苏惠渔主编:《刑法学》(修订2版)，中国政法大学出版社2007年版；陈忠林主编:《刑法总论》，高等教育出版社2007年版。

事责任论专章的，则一般将定罪论置于刑罚论之前。而有的则将定罪论置于犯罪论的中间，即犯罪构成理论之后，其他内容诸如排除社会危害性行为、故意犯罪的停止形态、共同犯罪、一罪与数罪等之前。[1] 不过，也有的教材将定罪论置于刑事责任论之后，量刑论之前。[2]

我们认为，尽管定罪与量刑具有密切的联系，正确定罪是正确量刑的前提和保证，但将定罪论从犯罪论中剥离出来，置于刑事责任论与量刑论之间，则是说不通的。一方面，犯罪论是以犯罪构成理论为中心建构的认定犯罪的理论体系，定罪论显然属于犯罪论。另一方面，定罪是刑事责任的前提，只有在认定行为构成犯罪的前提下才会涉及刑事责任问题；刑事责任是连接犯罪与刑罚的中介。将定罪论置于刑事责任论之后，实属本末倒置。

相比较而言，将定罪论置于犯罪论的最后位置、刑事责任论之前，是较为妥当的。犯罪论的其他内容都是从不同的角度研究定罪问题的，如“犯罪构成”研究定罪的法律标准，正当行为（排除社会危害性行为）研究应认定为无罪的现象，故意犯罪的停止形态研究在行为构成犯罪的前提下犯罪完成还是未完成的问题，共同犯罪研究应认定为单独犯罪还是共同犯罪的问题，罪数形态研究应认定为一罪还是数罪的问题。但是，这些内容都是从定罪的某一个侧面或角度进行研究的。在分别研究定罪的各个具体问题之后，需要从总的角度考虑定罪问题，从而归纳出认定犯罪的一般规律，而定罪论就起到了这样的作用。而且，如本章下一节所述，定罪的内容不只是涉及是否构成犯罪、构成何种犯罪的问题，还涉及故意犯罪的停止形态、共同犯罪、罪数形态等问题。这样，将定罪论的内容置于故意犯罪的停止形态、共同犯罪、罪数形态等之前，也不符合认识的规律。

■第二节 定罪的内容

一、基本法理

定罪活动的最终落脚点是确认行为是否构成犯罪以及构成什么犯罪。这里的“构成什么犯罪”，不能仅局限于认定行为构成何种或哪几种犯罪，而且还应包括犯的是轻罪还是重罪，是共同犯罪还是单个犯罪，是未遂犯罪还是既遂犯罪等所有的犯罪情况。因为所有这些不同情况，都可以包括在“什么犯罪”的含义之内。[3] 据此，定罪的内容应具体包括：

1. 认定行为是否构成犯罪，以区别罪与非罪。这是定罪的主要内容。在此，应当特别注意发挥《刑法》第 13 条但书的作用。犯罪概念从总体上划清罪与非罪的界限，而犯罪构成则是分清罪与非罪界限的具体标准。犯罪概念所具备的质与量的规定性必须通过犯罪构成表现出来。而《刑法》第 13 条但书是犯罪概念的有机组成部分。因此，《刑法》第 13 条但书对于犯罪构成符合性的评价应当发挥重要作用。这样就能够使得犯罪构成的整体所反映的社会危害性达到应当追究刑事责任的程度，最终认定的犯罪不仅体现刑事违法性，而且具备严重的社会危害性，而对于情节显著轻微、危害不大的行为，则认为其不符合法定的犯罪构成，从而将其排除在犯罪的范围之外。

2. 认定行为构成何种犯罪，以区别此罪与彼罪。在认定行为有罪的前提下，还应进一

---

〔1〕 参见高铭暄主编：《刑法学原理》（第2卷），中国人民大学出版社1993年版；陈兴良：《陈兴良刑法教科书之规范刑法学》，中国政法大学出版社2003年版。

〔2〕 参见李晓明主编：《刑法学》（上），法律出版社2000年版，第503页。

〔3〕 参见何秉松：《犯罪构成系统论》，中国法制出版社1995年版，第431页。

步判断行为构成何种犯罪。不同犯罪所体现的否定评价的严厉程度不同，其法律后果也不完全一样，有时差别很大，因此，不能混淆此罪与彼罪的界限。各种犯罪虽然都必须具有共同的犯罪构成要件，但各种不同的犯罪又具有不同的犯罪构成。因此，只要掌握了每个犯罪的犯罪构成要件，就可以正确区分此罪与彼罪的界限。另外，由于法条的错综复杂的规定，同一行为可能符合数个不同的法条。在认定行为构成何种犯罪时，应注意根据法条竞合的处理原则准确区分此罪与彼罪的界限。

3. 认定犯罪的严重程度，以区别基本罪与派生罪。刑法所规定的任何一种犯罪都具有由其犯罪构成要件所决定的独立的罪质。同一性质的犯罪，往往基于其社会危害程度的不同被分割为不同的层次，相应地存在多个犯罪构成形式。对此，前苏联学者特拉伊宁曾经指出："在对同一种犯罪的各种构成按照它们的社会危害性程度进行分类时，必须把它们的三种形式加以区别：①基本构成；②社会危害性较大的构成；③社会危害性较小的构成。"[1]区分这些犯罪构成的意义在于使人们了解：刑罚的轻重与犯罪行为的社会危害性大小相适应；即使同一种犯罪，社会危害大小不同，法定刑的轻重也不一样。由此，在同一犯罪内部，基于社会危害性程度的不同，往往被区分为基本罪和派生罪。相应地，在定罪活动中，除了要判断行为是否构成犯罪、构成何种犯罪之外，通常还应当根据犯罪的严重程度认定行为符合的是基本的犯罪构成，还是派生的犯罪构成，以准确选择适用不同的法定刑幅度。我国刑法主要是根据结果、情节以及数额来区分基本罪与派生罪的。为此，在认定犯罪的严重程度时，应注意对结果、情节以及数额进行准确的分析。

4. 认定犯罪的停止形态，以区别完成罪与未完成罪。在实施直接故意犯罪的过程中，犯罪行为并非都能够达到既遂形态，而是有可能在犯罪未完成时停止下来，从而形成犯罪的预备、中止或未遂形态。犯罪既遂与犯罪的预备、中止或未遂形态的社会危害性不同，处刑轻重相应也就不一样。因此，在认定行为构成直接故意犯罪的情况下，通常还需要认定犯罪是处在完成形态还是未完成形态。完成罪与未完成罪在犯罪构成上并不完全一致。为此，在认定犯罪的停止形态时，应注意分析完成罪与未完成罪在犯罪构成上的差别。

5. 认定行为是单独实施还是共同所为，以区别单独犯罪与共同犯罪。在犯罪现象中，既存在犯罪分子一人实施犯罪的情形，也存在两个以上犯罪分子实施犯罪的情形。前者属于单独犯罪，后者属于共同犯罪。一般而言，共同犯罪比单独犯罪的社会危害性更为严重，在处罚上应区别对待，因而对二者的界限需要加以区分。这样，认定行为是单独实施还是共同所为便也属于定罪活动的内容。共同犯罪的犯罪构成不同于单独犯罪。为此，在认定行为是否构成共同犯罪时，需要认真分析共同犯罪的成立条件。

6. 认定行为中所包含的罪数，区别一罪与数罪。同一个犯罪主体既可能实施一种犯罪，也可能实施数种犯罪。罪数的多寡不但影响否定性评价的程度，而且影响是否实行并罚。因此，一罪与数罪的界限不容混淆。这使得我们有必要将行为中所包含的罪数的认定纳入定罪的内容之中。罪数的认定应当建立在犯罪构成的基础上。

二、疑难问题

（一）行为的无罪认定是否属于定罪的内容？

在刑法理论中，关于行为的无罪认定是否属于定罪内容的问题，学界还存在分歧。前苏联学者认为，把非罪的认定也看成定罪，是不符合逻辑的，即把行为符合犯罪构成称作定

---

〔1〕［前苏联］特拉伊宁：《犯罪构成的一般学说》，薛秉忠等译，中国人民大学出版社1958年版，第85页。

罪，把行为不符合犯罪构成也叫定罪，这是明显相矛盾的。[1] 我国学者则认为，定罪就其内容来说，可以分为有罪确定（确定有罪）和无罪确定（确定无罪）两类。[2]

我们认为，从逻辑上而言，有罪与无罪是相对而言的。不排除无罪，就不可能认定有罪。因此，非罪认定当然应当视为定罪的内容，否则，定罪的内容就不完整。而且，一旦将非罪认定排除在定罪的内容以外，还会得出行为构成犯罪就属于定罪活动、行为不构成犯罪则不属于定罪活动的荒谬结论。

（二）犯罪构成能否成为区分完成罪与未完成罪的法律标准？

对此问题，有人认为，既遂罪与未完成形态犯罪都是符合犯罪构成的行为，它们之间的区别不在于犯罪构成的区别。[3]

我们认为，既遂罪和未完成形态的犯罪存在于犯罪成立这一前提下，两者的不同实际上也就是犯罪成立形态的不同；而犯罪构成是犯罪成立的规格和标准，“犯罪构成是犯罪形态的实质内容，犯罪形态是犯罪构成的特定形式”，[4] 只有在犯罪构成有所不同的情况下才会出现犯罪成立形态不同的现象。当然，应当强调的是，承认既遂罪与未完成罪在犯罪构成上有所不同并不意味着既遂罪与未完成罪就分别属于不同的犯罪类型；既遂罪与未完成罪在犯罪构成方面的不同只是一种“量”上的不同，而这种不同并未达到使既遂罪与未完成罪隶属于不同的犯罪类型的程度，也就是说，这种不同不能等同于“质”上的不同。[5]

实际上，如果一味坚持完成罪与未完成罪的犯罪构成是完全相同的，则很难合理地解释为何完成罪的犯罪构成中包含了为未完成罪的犯罪构成所不包含的因素，也很难正确地说明为何在犯罪构成这一犯罪成立的规格或标准完全相同的前提下会发生符合相同的犯罪构成后却成立的是不同的犯罪形态的现象（虽然完成罪与未完成罪的罪名相同，这只是表明两者在犯罪的性质上具有一致性，但这并不能抹煞两者在形态上的差异）。举例言之，在故意杀人既遂与故意杀人未遂的场合，前者与后者相比，在犯罪构成中包含了为后者所不需要的“死亡结果”这一因素；如果认为故意杀人既遂与故意杀人未遂在构成要件上是完全相同的，便显然无视了前者在犯罪构成上所多出的结果要素，进而会将结果要素排除在故意杀人既遂的犯罪构成之外。再就故意杀人既遂与故意杀人预备而论，抛开两者在主观方面的差异不谈，单从客观方面就更能明显地看出两者在犯罪构成要件上的不同：一方面，从行为要素上看，后者以“准备工具、制造条件”的直接服务于实行故意杀人罪的预备行为替代了前者的非法剥夺他人生命的实行行为；另一方面，前者与后者相比，同样多出了被害人的死亡这一结果要素。

■第三节　定罪的原则

定罪的原则，是指司法机关在进行定罪活动时必须遵循的基本准则。它是贯穿于定罪过程始终的、具有普遍指导力和约束力的准则，而非阶段性或定罪过程中某一环节、某一方面

[1] 参见［前苏联］库德里亚夫采夫：《定罪通论》，李益前译，中国展望出版社1989年版，第26页。

[2] 参见何秉松：《犯罪构成系统论》，中国法制出版社1995年版，第431页。

[3] 参见张明楷：《刑法学》（上），法律出版社1997年版，第248页。

[4] 姜伟：《犯罪形态通论》，法律出版社1994年版，第6页。

[5] 如果在犯罪构成方面存在“质”的不同，符合犯罪构成的事实所成立的就不可能是既遂罪与未完成形态的犯罪，而是性质截然不同的犯罪。在这方面，转化犯是一适例。在转化犯的场合，之所以发生此罪向彼罪转化的现象，原因在于发生了根本不能为此罪的犯罪构成所包容的“质”的变化。

的行为准则。定罪的原则是刑法和刑事诉讼法的基本原则在定罪领域的具体化。关于定罪的原则，刑法上并无明文规定，理论上也有不同观点。一般认为，在定罪活动中应坚持以下原则：

一、合法原则

合法原则，是指司法机关的定罪活动与定罪结论都必须符合法律的规定。合法原则是社会主义法制原则、刑法中的罪刑法定原则和刑事诉讼法中的以法律为准绳原则的具体化。它包括以下两个方面的内容：①定罪活动合法。即定罪活动必须依照刑事诉讼法所设定的程序进行。这要求司法人员在立案、侦查、起诉和审判活动中必须严格遵守和执行刑事诉讼法的规定，依法行使法律授予的职权，依法保障诉讼参与人所享有的诉讼权利。②定罪结论合法。即确定无罪或确定构成何种犯罪的结论，都必须符合刑法的规定。这就要求司法人员在认定犯罪时，必须以刑法规定的犯罪构成为标准，而不能随意增减或改变犯罪构成要件，更不得以类推定罪。认定行为不构成犯罪，必须以行为不符合犯罪构成为前提；认定行为构成犯罪，则必须以行为符合犯罪构成为前提；认定某种有罪的行为处在某种停止形态、构成派生罪、属于共同犯罪或成立数罪，必须以该行为符合相应的犯罪构成为前提。

在合法原则的上述两项内容中，前者和后者分别是对定罪活动的程序要求和实体要求。前者是后者的基础。因此，在违反程序的前提下所得出的实体结论即使准确地反映了对行为的法律性质的评价，也应当认为这样的结论不具有可接受性。

二、主客观相统一原则

主客观相统一原则包括两个方面的涵义：①犯罪构成事实的主观与客观相统一。即只有在客观上实施了触犯刑法的危害社会的行为，在主观上具有故意或过失的罪过，且这种主观上的罪过和客观上的危害行为具有一定的因果联系，才能认定该行为构成犯罪。犯罪构成事实的主观与客观相统一又包括以下两点内容：一是主观要件事实和客观要件事实必须同时具备。这实际上也就是指主观恶性与客观危害必须并存。不存在主观要件事实，即不存在主观恶性，或者不存在客观要件事实，即不存在客观危害，或二者均不存在，则不能认定行为构成犯罪。据此，司法人员在定罪活动中既要考虑行为的客观事实，以判断是否存在客观危害，也要考虑行为人的主观认识活动，以判断是否存在主观恶性。进而言之，要反对客观归罪和主观归罪。客观归罪是以结果责任为特征的：只要发生了危害结果，不问行为人主观上是否具有罪过，均以犯罪论处。主观归罪是以主观责任为特征的：只要行为人具有主观恶意，不问在客观上是否实施一定的危害行为或行为是否造成一定的危害结果，均以犯罪论处。二是主观要件事实和客观要件事实必须具有因果联系性。这实际上也就是指客观危害是主观恶性外化的产物。据此，司法人员在定罪活动中必须注意查明客观上的危害行为和危害结果是否受主观上罪过的支配。②认识活动的主客观统一。即在定罪活动中，司法人员的主观认识要与案件事实相一致。而案件事实又是主观事实与客观事实的统一体。因此，认识活动的主客观统一实际上也就是指司法人员的主观认识既要与案件事实中的主观事实相符，也要与案件事实中的客观事实相符，而不能先入为主，主观臆断，偏听偏信，使自己的主观认识同案件事实相背离，随意定罪。据此，司法人员在定罪活动中应当深入案件实际，全面调查，收集可能与定罪有关的所有事实材料，然后对各种材料去伪存真。

三、平等原则

平等原则是法律面前人人平等原则和适用刑法人人平等原则的具体化。平等原则包括以下两个方面的涵义：①定罪过程的平等，也就是适用刑事程序法上的平等，是指司法人员在定罪活动中对于法律赋予犯罪嫌疑人、被告人和被害人的程序上的权利，必须保证依法平等地给予，不得因非法律的原因而剥夺。②定罪结论的平等，也就是适用刑事实体法上的平等，是指不论犯罪嫌疑人、被告人是什么人，也不论被害人是什么人，只要犯罪嫌疑人、被告人的行为符合犯罪构成，就应当毫无例外地予以定罪，一视同仁，而不得因人而异。定罪结论平等的具体含义包括两个方面：其一，从犯罪嫌疑人、被告人方面说，其行为是否构成犯罪，只能以法律为准绳加以认定，而不能因为其性别、年龄、民族、种族、国籍、宗教信仰、文化程度、财产状况、职务地位、社会贡献等不同，采取不同的标准。无论是什么人，只要触犯刑法，依法已经构成犯罪，就应当对之定罪；如果依法不构成犯罪，则绝对不能治罪。其二，从被害人方面说，在判定侵犯公民合法权益的行为是否构成犯罪时，也不能因被害人的上述情况不同而有不同对待。

四、疑罪从无、从宽原则

疑罪从无、从宽原则，是指在定罪过程中对于因证据原因而不能肯定其性质或程度的行为予以从无或从宽处理。具体说来，当某一案件既有较多的有罪证据又有一定的无罪证据时，应按疑罪从无处理，不以犯罪论处；当某一案件有证据证明是犯罪案件，只是因为其中某一或某些方面的事实不清、证据不足而难以在罪轻罪重、此罪彼罪、停止形态、单独犯罪抑或共同犯罪以及一罪数罪等方面作出选择时，应按疑罪从宽处理，而不能适用疑罪从无。这一原则是证据确实、充分的定罪要求在定罪活动中的体现。疑罪，是指在涉及犯罪嫌疑人、被告人有罪还是无罪、罪轻还是罪重、构成此罪还是彼罪、处在何种停止形态、构成一罪还是数罪、构成单独犯罪还是共同犯罪等问题上存在疑点，虽经充分调查，一时无法查清，由于诉讼程序的制约，又必须予以及时结案的案件。

对于疑罪应如何处理，法律上没有明文规定。定罪要求以事实为根据，以法律为准绳，而这里的事实必须是有确凿证据的事实。如果在有罪与无罪发生疑问时按有罪处理，在重罪与轻罪发生疑问时按重罪处理，就可能侵犯公民的合法权益，也影响定罪的严肃性和法律的权威性。反之，如果分别按无罪或罪轻处理，则有利于保护公民的合法权益，维护法律的严肃性与定罪的权威性。[1]

疑罪从无、从宽原则主要包括以下内容：①可能犯有较重的罪，但能够查证属实的仅系较轻的罪，应当按较轻的罪来认定；②有犯重罪的嫌疑，但证据不足，不能采取降格处理的方法，只能认定为无罪；③所犯之罪可能属于牵连犯或吸收犯，但能够确认的只是处刑较轻的一个犯罪行为，对此只能按所确认的犯罪来认定；④可能犯有数罪，但能够查证属实的只有一罪或其中几罪，则应按查证属实的罪数去认定，无法查证属实，但根据推测可能是其所犯的罪行，不能认定为其所犯；⑤行为形态不能确认，按较轻的形态论，即中止与未遂不能确定的，按中止论；既遂与未遂不能认定的，按未遂论；犯罪预备与犯罪实行不能确定的，按预备论；等等；⑥在证据呈现“一对一”的场合，不能认定行为人构成犯罪。此外，在此罪与彼罪、主犯或从犯不能分清的情况下，均应按照有利于犯罪嫌疑人、被告人的方法处理。[2]

---

〔1〕 参见苏惠渔主编：《刑法学》（修订2版），中国政法大学出版社2007年版，第165页。
〔2〕 参见王田海：《定罪理论与实践》，大象出版社2007年版，第53页。

■第四节 定罪情节

一、基本法理

（一）定罪情节的概念和特征

关于定罪情节，理论上通常有广义和狭义两种理解。广义的定罪情节，是指刑法规定的决定犯罪性质的犯罪构成各项要件的事实，以及其他反映犯罪行为的社会危害性程度，并对犯罪之成立具有决定性影响的事实。狭义的定罪情节是指犯罪构成共同要件以外的、影响行为的社会危害性程度因而对定罪具有决定意义的事实情况。刑法理论上在谈到定罪情节时，通常是指狭义的定罪情节。我们认为，广义的定罪情节将犯罪构成共同要件的事实也置于其中，这使得定罪情节的范围过于宽泛。这样一来，似乎犯罪构成的四要件理论都是围绕定罪情节而展开的。因此，本书在狭义上使用定罪情节这一概念。定罪情节具有以下三个主要特征：

1 定罪情节是对于定罪有决定意义的主客观事实情况。根据刑法的规定，这里的“影响定罪”，具体包括决定某一行为不构成犯罪、决定某一行为构成基本罪、决定某一行为成立重罪、决定某一行为成立轻罪四种情形。

2．定罪情节是犯罪构成共同要件以外的对于定罪有决定意义的主客观事实情况。定罪情节与犯罪构成要件是两个既有联系又有区别的概念。犯罪构成要件存在两个层次，即犯罪构成共同要件和具体犯罪构成要件。所谓犯罪构成共同要件，是指对不同具体犯罪构成要件的特征进行高度概括和抽象后归纳出来的各具体犯罪所共同必需的主客观要件。所谓具体犯罪构成要件，是指刑法分则规定的成立某一具体犯罪所必需的主客观要件。具体犯罪构成要件仅限于种种具体的犯罪构成要件形态，它是犯罪构成要件的个体，但未能揭示各种犯罪构成要件的共同本质和普遍属性；犯罪构成共同要件是对各种具体犯罪构成要件进行概括后的产物，它撇开了具体犯罪构成要件的差别，抽象出它们的共同本质和普遍属性——法定性。

定罪情节不属于犯罪构成共同要件。这是因为定罪情节与犯罪构成共同要件在定罪中具有不同的意义：①犯罪构成共同要件决定着行为的性质，即罪质的质，而定罪情节只影响行为的社会危害性程度，即罪质的量。虽然一定的量变也会引起质变，但这种量变仍然不能跳出犯罪构成共同要件对该罪的规定性。②犯罪构成共同要件是一切犯罪的成立都必须具备的要件，反映了犯罪的共性。定罪情节则是具体犯罪成立的要件，反映了犯罪的个性。③犯罪构成共同要件是一切犯罪成立的必要条件，而定罪情节则是具体犯罪成立的充分条件。[1]

3．定罪情节限于犯罪行为实施过程中的反映行为社会危害性程度的事实情况。定罪的法律标准是犯罪构成。而犯罪构成是决定行为的社会危害性及其程度而为该行为成立犯罪所必须具备的一系列主客观要件的有机统一。据此，只有决定行为的社会危害性达到成立犯罪所需要的程度的事实因素才能够影响定罪。而反映人身危险性程度的因素诸如犯罪前的一贯表现、犯罪后的认罪态度等犯罪行为实施过程以外的情况会对量刑产生影响，但对于定罪则没有影响。

（二）定罪情节的类型

根据对定罪的具体影响，可以将定罪情节分为四种类型，即除罪化情节、基本情节、加

---

〔1〕 参见喻伟主编：《刑法学专题研究》，武汉大学出版社1992年版，第309页。

重情节和减轻情节。

1. 除罪化情节。除罪化情节是指决定某一行为不构成犯罪的定罪情节。这类情节在刑法中只有一处规定，即《刑法》第 13 条关于犯罪概念的规定中的“但书”。《刑法》第 13 条但书表明，某种行为虽然在形式上符合某种犯罪的构成要件，但由于“情节显著轻微，危害不大”，因而，该行为在实质上并不符合犯罪构成，应将该行为排除在犯罪的范围以外。由此，但书这一情节起到了排除犯罪成立的功能，因而属于定罪情节。

2. 基本情节。基本情节，即情节犯中的情节，是指基本犯的犯罪构成共同要件以外的对犯罪成立起决定作用的定罪情节。《刑法》第 13 条但书的基本精神在于将属于刑法以外的其他法律制裁对象的一般违法行为排除在犯罪的范围之外，从而对犯罪的成立提出定量上的要求。在刑法分则中，为了体现这一基本精神，对于经济犯罪、财产犯罪而言，鉴于一定的数额（数量）能够集中反映其行为的社会危害性程度，立法者往往在其犯罪构成中规定一定的数额（数量）这一因素；而对于某些犯罪来说，行为的社会危害性在通常情况下并未达到应当追究刑事责任的程度，又很难通过强调犯罪构成某一方面的具体内容来实现将社会危害性尚未达到应受刑罚处罚程度的行为排除在犯罪之外的目的，于是立法者就在犯罪构成的基本要件之外，规定“情节严重”、“情节恶劣”这样的综合性要件。这样，情节的具备，就表明行为的社会危害性已达到成立犯罪所需要的程度。这里的“情节严重”、“情节恶劣”就属于基本情节。

3. 加重情节。加重情节，即情节加重犯中的情节，是指加重犯的犯罪构成共同要件以外的对犯罪成立起决定作用的定罪情节。加重情节是超出基本犯构成要件的范围并使得情节加重犯具有区别于基本犯的罪质、使罪责得以加重的情节，是一种包含诸多因素、决定刑罚加重的综合指标。加重情节是情节加重犯与基本犯的犯罪构成相区别的标志，是某一存在情节加重犯与基本犯之分的犯罪的罪质呈现一定层次性变化的根据。因此，虽然加重情节不像情节犯的情节那样具有影响罪质有无的功能，但是，它能够影响罪质的轻重。有的观点认为，情节加重犯以基本犯为基础，其加重不能否定基本犯的罪质。一定的加重情节要受基本犯罪质的制约，只能是在基本犯罪质之内的加重其罪责的主观和客观的事实因素。凡超出基本犯的罪质范围，则该情节构成其他犯罪，这时要解决的是犯罪的单复数问题，而不是情节加重犯的问题。这种观点似是而非。罪质与罪责是高度统一的，一定的罪质是与一定的罪责相对应的。罪责的加重反过来说明罪质发生了趋重的变化，否则罪责的加重便没有充足的根据。

4. 减轻情节。减轻情节，即情节减轻犯中的情节，是指减轻犯的犯罪构成共同要件以外的对犯罪成立起决定作用的定罪情节。与加重情节不同的是，减轻情节是减轻罪质的事由。

（三）定罪情节的范围

定罪情节的范围，涉及定罪情节的识别标准问题，即定罪情节的立法表述形式是否仅限于刑法中带有“情节”字样的规定。对此，我们持赞同意见。

二、疑难问题

（一）加重情节是否属于定罪情节？

对于加重情节是否属于定罪情节的问题，理论上有不同看法。有人认为，影响行为罪轻罪重的情节是行为在构成犯罪之后考虑的因素，与其说影响行为罪轻罪重的情节是定罪情节还不如说它是量刑情节更为恰当一些。[1] 还有人指出，认为情节加重犯的情节不是量刑情节而是定罪情节的观点存在问题：定罪情节应该是犯罪构成事实，其对定罪起着重要作用，有其才能构成犯罪，缺少则不成为犯罪，情节犯的情节就是如此。而情节加重犯的情节则并非如此；即使不具有加重情节，犯罪仍然是成立的。[2]

我们认为，定罪情节，简单地说，就是影响犯罪成立的情节；加重情节是否属于定罪情节，关键取决于是对基本犯而言还是对情节加重犯而言。针对基本犯而言，加重情节当然不是定罪情节，但针对情节加重犯而言，就不能断然认为其不是定罪情节。在情节加重犯的场合，缺少了加重罪质的情节，便会影响到犯罪的成立。这样一来，既然加重罪质的情节是否具备对情节加重犯形态的成立确实有影响，那么，将其排除在定罪情节之外，就没有多少根据了。只不过这样的定罪情节起到的是区分重罪与轻罪的作用，而没有起到区分罪与非罪的作用。上述观点之所以将加重情节排除在定罪情节的范围之外，一个很重要的原因是其对定罪情节的功能作了狭隘的理解，即似乎只有具备区分罪与非罪意义的情节才属于定罪情节。既然加重情节不具有区分罪与非罪的意义，其便当然不属于定罪情节。但是，在某一犯罪存在基本犯与情节加重犯之分的情况下，犯罪成立并不仅限于基本犯的成立，情节加重犯的成立同样属于犯罪成立。既然加重情节的具备与否对于情节加重犯的成立有决定意义，其便当然属于定罪情节，否则，便意味着将基本犯当作了该犯罪的全部。

（二）加重情节是否仅限于概括性、综合性的情节？

对此问题，有人提出，加重情节是一个包含诸多因素的综合指标，其范围较广，如犯罪手段、犯罪次数、犯罪时间、犯罪地点、犯罪数额、犯罪动机、犯罪对象、犯罪主体等。在刑法分则中，加重情节可能表达为“在公共场所当众奸淫妇女”、“二人以上轮奸”、“拐卖妇女、儿童三人以上的”等此类的具体情节，也可能以“情节严重、情节恶劣、其他严重情节”等抽象词语来表述。[3]

我们认为，从有利于加重犯既遂形态的研究和认定出发，将情节加重犯的加重情节限定为概括性、综合性的情节，是可取的。与加重结果、加重数额、加重时间、加重地点等加重犯的加重因素相比，加重情节并非一种单一的反映罪质和罪责加重的指标，而是一种综合性的指标。从广义上说，加重结果等具体的加重因素也属于加重情节，而且在具体的加重因素没有在加重犯的犯罪构成中明确加以规定，而只是代之以概括性的抽象情节规定时，从逻辑上讲，抽象情节的具体表现就包含了具体的加重因素。[4] 但是，在综合性的加重情节的内容被具体化以前，很难将加重情节归入犯罪构成的四个基本要件中的某一个要件之中。而且，定罪情节是犯罪构成共同要件以外的事实情况，而具体的加重因素通常可以归入加重犯的犯罪构成共同要件之列。

---

〔1〕 参见王充：“定罪情节若干问题研究”，载《法学评论》2000 年第 6 期。

〔2〕 参见严然：“情节加重犯若干问题研究”，载《福建公安高等专科学校学报》2006 年第 3 期。

〔3〕 参见钱叶六、钱格祥：“情节加重犯基本问题探究”，载《宁夏大学学报》（人文社会科学版）2005 年第 6 期。

〔4〕 当然，当某种具体的加重因素与综合性的情节在加重犯的犯罪构成中被并列地予以规定时，在解释综合性情节的具体内容时，就只能将该明确规定的具体加重因素排除在综合性情节的表现形式之外。

【思考题】

1. 如何理解定罪的主体和对象?
2. 如何理解定罪的内容?
3. 如何理解定罪的主客观相统一原则?
4. 如何理解定罪情节的概念和类型?

【参考文献】

1. 王田海:《定罪理论与实践》，大象出版社 2007 年版。
2. 王勇:《定罪导论》，中国人民大学出版社 1990 年版。
3. 何秉松:《犯罪构成系统论》，中国法制出版社 1995 年版。
4. 苗生明:《定罪机制导论》，中国方正出版社 2000 年版。
5. ［前苏联］库德里亚夫采夫:《定罪通论》，李益前译，中国展望出版社 1989 年版。

第十七章 刑事责任

【导语】在我国刑法理论中，刑事责任概念通常是在犯罪行为所引起的法律效应意义上使用的。刑事责任，是指刑事法律规定的，因实施犯罪行为而产生的，由代表国家的司法机关依法确认的，犯罪人因其犯罪行为依法向国家承担的以刑事处罚、非刑罚的处理或者单纯宣告有罪为内容的法律责任。犯罪是刑事责任的前提，刑事责任是犯罪的必然法律后果，刑罚是实现刑事责任的主要方式。刑事责任是连接犯罪与刑罚的中介。刑事责任是刑事立法中的一个基本范畴。刑事责任的哲学根据，是行为人实施犯罪行为时所具有的相对的意志自由。刑法所规定的犯罪构成既是决定刑事责任存在与否的惟一法律根据，又是决定刑事责任程度的主要法律根据。符合犯罪构成的事实既是决定刑事责任存在与否的惟一事实根据，又是决定刑事责任程度的主要事实根据。刑事责任的过程由刑事责任的产生阶段、刑事责任的确认阶段和刑事责任的实现阶段组成。刑事责任的解决方式包括定罪判刑方式、定罪免刑方式、消灭处理方式以及转移处理方式。

本章的疑难问题有：①如何评价有关刑事责任定义的争议？②如何界定刑事责任的地位？③关于刑事责任根据的问题，在资产阶级学者中存在哪些争论？④符合犯罪构成的事实对刑事责任的程度是否有一定影响？⑤如何认识刑事责任的开始时间？⑥如何认识刑事责任的终结？

■第一节　刑事责任概述

一、基本法理

（一）刑事责任的概念

刑事责任这一法律术语在现代各国刑事法律中广泛使用，它在中国刑事法律中也颇为常见。例如，在中国现行《刑法》452个条文中，就有13个条文共21处使用“刑事责任”一词，《刑法》总则第二章第一节的标题即为“犯罪和刑事责任”，在附属刑法条款中也经常使用“刑事责任”这一术语。

在德、日等大陆法系国家的刑法理论中，“刑事责任”一词并不多见，但“责任”一词则使用得较为广泛。责任概念通常是作为犯罪成立的条件之一即有责性而存在的。在以德、日为代表的大陆法系国家刑法理论中，通说认为，犯罪成立条件体系由构成要件符合性（该当性）、违法性及有责性构成。由犯罪成立三大条件的体系决定，若认定实际发生的某种事实构成犯罪，必须经过三重评价。首先，要认定实际发生的客观事实符合作为犯罪的法律定型的构成要件。构成要件符合性的评价是一种事实性评价。其次，要认定符合构成要件的行为违反刑事法律。构成要件是违法行为的类型，符合构成要件的行为一般也应该是违法的。但符合构成要件的行为从其社会本质上看，不具有违法性的情况也是存在的。由于违法性评价是从法律角度进行的，也可称其为法律评价。最后，要认定实施符合构成要件且违法的行为的行为人具有责任。责任评价是主观评价。责任问题在本质上是主观恶性问题。一般认为，刑法中的责任是针对所实施的符合构成要件的违法的行为能够对行为人进行的非难。[1] 责任判断的因素是责任能力、故意或过失以及期待可能性。而且，责任与刑事责任表达的意思也是一致的，如日本学者佐佐养木二指出："所谓责任，意思是行为人因作出该当于构成要件的违法的行为的决意，而对之进行社会非难或苛责性即非难可能性这一无价值判断或无价值性。"[2] 同时，他也认为："刑事责任是指因行为人实施了符合构成要件的违法的行为而对之进行的社会非难或苛责性这一无价值性或无价值判断"。[3]

英美刑法学者对刑事责任没有比较系统的研究，其研究主要限于刑事责任的构成要素。在英美学者的著作中，在刑事责任的名目下论述的都是犯罪成立条件方面的内容，其刑事责任成立的条件也就是犯罪成立的条件。英美学者通常认为，刑事责任通常就是因触犯刑法而应受刑事处罚的责任。[4] 刑事责任的成立以犯罪行为和犯罪心态两大条件为必要。

在中国大陆和前苏联东欧国家的刑事立法和刑事法律理论中，"刑事责任"一词通常在犯罪行为所引起的法律效应意义上使用。尽管对刑事责任的概念还有不同的看法，在我国刑法理论中，所谓刑事责任通常都是从法律效应上而言的，而不是指犯罪成立的条件。在我国以四要件为核心的犯罪论体系下，刑事责任在犯罪成立的条件之中没有安身的空间。相应地，对刑事责任的考察是在犯罪成立后如何落实刑罚的过程中进行的。本书对刑事责任的分析，也仅在此意义上展开。

在借鉴我国刑法理论关于刑事责任概念的各种见解之基础上，按照概念应当准确而全面地揭示被反映事物的本质和主要特征的要求来考虑，我们认为，刑事责任，是指刑事法律规定的，因实施犯罪行为而产生的，由代表国家的司法机关依法确认的，犯罪人因其犯罪行为依法向国家承担的以刑事处罚、非刑罚的处理或者单纯宣告有罪为内容的法律责任。

（二）刑事责任的基本特征

根据上述关于刑事责任的定义，刑事责任具有以下基本特征：

1. 内容的特定性。刑事责任是以刑法规定的刑罚处罚、非刑罚处理方法或者单纯性否定评价为内容的责任，这可以说是刑事责任的本质特征，也是刑事责任与其他法律责任的根本区别所在。刑罚处罚不仅可以剥夺财产、政治权利和人身自由，甚至可以剥夺人的生命。非刑罚处理方法包括训诫、责令具结悔过、赔礼道歉、赔偿损失等。单纯性否定评价，是指免予刑事处罚，即仅仅依法宣告被告人有罪，既不给予刑罚处罚，也不给予非刑罚处理的惩罚。在这种场合下，犯罪人虽然既没有受到刑罚处罚，也没有受到非刑罚处理，但有罪宣告本身就已经表示了对犯罪行为的否定评价和对犯罪人的谴责。因而，在这种场合，犯罪人仍然承担了刑事责任，只不过在负担刑事责任的程度上与刑罚处罚有所不同而已。

2. 严厉性。刑事责任是一种最为严厉的法律责任。作为刑事责任前提的犯罪行为，是所有违法行为中危害最严重的违法行为。因此，立法者根据法律责任与违法行为的危害程度相适应的原则，将刑事责任确定为最严厉的法律责任。刑事责任作为最严厉的法律责任，主要体现在它的实现方式上。作为刑事责任最主要实现方式的刑罚不仅可以剥夺犯罪人的政治权利、财产，而且可以剥夺犯罪人的自由乃至生命。而其他法律责任不会引起刑罚处罚这种

---

〔1〕参见［日］大塚仁：《犯罪论的基本问题》，冯军译，中国政法大学出版社1993年版，第169页。

〔2〕参见［日］佐佐木养二：《刑法学原论》，南窗社1987年版，第219页。

〔3〕参见［日］佐佐木养二：《刑法学原论》，南窗社1987年版，第224页。

〔4〕参见《牛津法律大辞典》，光明日报出版社1988年版，第228页。

严厉的法律后果，其承担方式较刑事责任的承担方式相对而言轻缓很多。其他法律责任虽然也可能涉及剥夺资格、财产或自由的内容，但总体而言不如刑事责任那么严厉。

3. 依法性。刑事责任是一种严格的法定责任。基于罪刑法定原则，行为人对其行为应否负刑事责任、负何种程度的刑事责任以及怎样负刑事责任，都必须由刑法事先明确加以规定。因此，刑事责任是严格依法产生的。刑事责任的依法性特征还表现在，代表国家的司法机关固然有权追究犯罪人的刑事责任，但这种追究活动必须严格依据刑事诉讼法所规定的程序、根据刑法所确立的实体标准进行。而其他法律责任的追究则不能通过刑事诉讼程序、根据刑法所确立的实体标准进行。即使在刑事附带民事诉讼中解决民事责任问题，也应适用民事诉讼程序。刑事责任通常以静态形式存在于刑事法律之中，在犯罪行为发生之后才会通过国家司法机关以动态形式强加于犯罪人，由此使国家和犯罪人之间的刑事法律关系得以形成。

4. 必然性。承担刑事责任的基础是行为人实施的犯罪行为；而其他法律责任不以犯罪行为为基础和前提。有犯罪行为就必然有刑事责任，不存在行为已构成犯罪而不应当追究刑事责任的现象；无犯罪行为就必然无刑事责任，不存在行为没有构成犯罪而应当追究刑事责任的现象。因此，刑事责任与犯罪的关系，不是一种或然的关系，而是必然的关系。但必然有刑事责任，并不等于实际承担刑事责任。刑事责任可能基于法定原因而消灭，也可能因犯罪行为没有发现而得不到追究。

5. 强制性。刑事责任是犯罪人因其所实施的犯罪行为而向国家所负的责任，它表现了犯罪人与国家之间的关系，而国家则由司法机关代表它强制犯罪人承担刑事责任。这就是刑事责任的强制性。刑事责任强制性的程度远远高于民事责任和行政责任。这集中表现在刑事责任直接以国家强制力为实现的动力。

6. 中介性。刑事责任是犯罪与刑罚的中介。犯罪行为产生刑事责任，而刑事责任则为确定刑罚提供根据。刑事责任是刑罚的前提；没有刑事责任，就绝不能适用刑罚。刑事责任的轻重决定刑罚的轻重，刑罚的程度应当与刑事责任的程度相适应。

7. 专属性。刑事责任是一种严格的个人责任，具有专属性，也就是说，刑事责任只能由违反刑事法律义务的人即犯罪者本人承担，不得转嫁给他人承担，也不得由他人代为承担。犯罪是刑事责任存在的前提；没有犯罪的人不具备承担刑事责任的前提，因而不能承担刑事责任。即使犯罪者本人无法承担刑事责任，司法机关也不得要求他人承担刑事责任，他人也不能主动代犯罪者承担刑事责任。实行株连、殃及无辜，是奴隶制刑法和封建制刑法的重要特征。资产阶级革命以后，个人责任原则在刑法中得以确立。据此，行为人只须对自己的罪行负责；没有实施犯罪，即使与犯罪人有这样或那样的关系，也不存在刑事责任问题。罪责自负、反对株连也是我国刑法的基本原则之一。而不法行为人所承担的民事责任，可以全部或部分转移给他人承担。如就侵权行为所引起的赔偿责任而言，其实际承担主体可能因侵权人死亡或无责任能力而发生转移。甚至对犯罪引起的民事责任，也是可以由其他人代为承担或者与犯罪人共同承担的。但是，在犯罪人死亡或刑事责任能力丧失的情况下，由其犯罪行为所引起的刑事责任要么消灭，要么中断，而不可能转移给他人承担。

8. 回顾责任与展望责任的有机统一性。回顾责任，或称过去责任，是指犯罪人应当对已经发生的犯罪行为负责。展望责任，或称将来责任，是指犯罪人应当对社会未来的安全负责，即不得再次实施犯罪行为危害社会。刑事责任是回顾责任与展望责任的有机统一。它不仅要对已经发生的犯罪行为作出否定性评价和谴责，还要对犯罪人作出否定性评价和谴责。刑事责任的评价首先是对犯罪行为的否定性评价和谴责，评价和谴责的核心内容是行为的社会危害性——对社会造成损害或损害的危险；然后再进入对犯罪人的否定性评价和谴责，评价和谴责的核心内容是犯罪人的人身危险性——犯罪人再次实施犯罪的可能性。[1]

（三）刑事责任与犯罪、刑罚的关系

刑事责任是与犯罪和刑罚互相并列、存在密切联系而又相互区别的独立实体。它与犯罪和刑罚的关系如何？对此问题应当从刑事立法和刑事司法角度分别加以探究。

先从刑事立法角度看刑事责任与犯罪、刑罚的关系。在刑事立法上，统治阶级以其刑事责任观指导其犯罪观，对那些其认为严重危害其利益和统治秩序而需要追究刑事责任的行为，按照确定刑事责任的要求宣布为犯罪，并规定一定的犯罪构成要件，而对于那些其认为危害性尚未达到追究刑事责任程度的危害行为，则不会规定为犯罪；同时，统治阶级也以其刑事责任观及刑事责任观所决定的犯罪观指导其刑罚观，按照犯罪情况规定是否必须适用刑罚，以及应适用刑罚的种类、轻重、刑罚实际执行中的调整制度（减刑、假释、赦免等制度）和影响刑罚程度轻重的各种情节。可见，在立法上，是刑事责任问题决定犯罪和刑罚问题。

再从刑事司法角度看刑事责任与犯罪、刑罚的关系。行为是否构成犯罪，决定行为人应否负刑事责任。一个人实施刑法所规定的犯罪，即其行为具备了刑法中的某种犯罪构成，他就应当负刑事责任；刑事责任产生于犯罪，是犯罪所引起的必然法律后果。即犯罪的存否决定刑事责任的存否，刑事责任的程度主要取决于犯罪的危害程度。进一步看，刑事责任又与刑事制裁（刑罚）存在着内在的联系。刑事责任决定刑事制裁（刑罚），刑事责任是刑事制裁（刑罚）的适用标准。这主要表现在：从质上看，刑事责任的存否决定刑罚的存否。刑事责任是刑罚的前提，无刑事责任即无刑罚；存在刑事责任就存在应受刑罚惩罚性，刑事责任通常以刑罚为其法律后果。从量上看，刑事责任的程度是决定是否实际判处和执行刑罚以及实际适用刑罚轻重的标准。刑事责任程度很轻的，可以在应受刑罚处罚的前提下免予刑罚处罚，或者在判处较轻刑罚的前提下宣告缓刑，在缓刑考验期内符合法定条件的，缓刑考验期结束后就不再实际执行刑罚；由刑事责任程度所决定而必须实际判处和执行刑罚的，其判处和执行的刑罚之轻重也要与刑事责任程度轻重相协调，责任重则刑罚重，责任轻则刑罚轻。此外，刑事责任还以刑罚为其主要体现形式，即刑罚往往伴随刑事责任，刑事责任主要通过刑罚来实现。一句话，刑事责任决定刑罚。可见，在司法上，刑事责任扮演的是决定于犯罪而又决定刑罚的角色，是介于犯罪和刑罚之间对犯罪和刑罚的关系起调节作用的调节器。

刑事责任作为一种特定的法律责任，体现着刑事法律关系和刑事法制原则。刑事责任体现着犯罪人与以司法机关为代表的国家之间所发生的刑事权利义务关系。由此可以引申出，刑事责任只能由实施犯罪的人承担、只能对犯罪行为人加以追究的原则。从刑事法制的要求看，犯罪人承担刑事责任，国家司法机关追究、确定和解决犯罪人的刑事责任，都只能根据刑法、按照刑事诉讼法的程序和刑罚执行法的规定来行事，而不能违背这些刑事法律。

二、疑难问题

（一）如何评价有关刑事责任定义的争议？

关于刑事责任的定义，在刑法理论上意见不一，归纳起来，主要有以下几种类型：①法律责任说。该说认为刑事责任是“实施刑事法律禁止的行为所必须承担的刑事法律规定的责任”。[2] ②法律后果说。该说认为刑事责任是依照刑事法律规定，行为人实施刑事法律禁止

---

〔1〕 参见曲新久：《刑法的精神与范畴》，中国政法大学出版社2003年版，第255、267页。

〔2〕《法学词典》编辑委员会编：《法学词典》，上海辞书出版社1980年版，第6页。

的行为所必须承担的法律后果。[1] ③否定评价说（责难说、谴责说）。该说认为刑事责任是犯罪人因其实施犯罪行为而应承担的国家司法机关依照刑事法律对其犯罪行为以及本人所作的否定性评价和谴责。[2] ④刑罚处罚说（制裁说）。该说认为刑事责任是国家对犯罪人的刑罚处罚或制裁。[3] ⑤法律义务说。该说认为刑事责任是犯罪人因其犯罪行为而负有的承受国家依法给予的刑事处罚的义务。[4] ⑥法律关系说。该说认为刑事责任是"是犯罪者和以具体的国家机关为代表的国家之间所形成的一定社会关系的总和"。[5]

上述种种观点，从不同的角度，对刑事责任的本质、特征或主要内容都有不同程度的揭示，因而都不乏合理之处，但也都有一些缺陷或不完善之处：①法律责任说将刑事责任落脚到"法律责任"上，同时在一定程度上反映了刑事责任不同于其他法律责任的特征，这是值得称道的。但是，把刑事责任笼统地归结为法律责任，还不足以揭示刑事责任的本质和特殊内容。值得指出的是，将刑事责任落脚到"法律责任"上，准确地反映了定义项与被定义项之间的包容与被包容的关系，并非同义反复，并未违背概念不能循环定义的原则。②法律后果说指出了刑事责任是由犯罪行为产生的，从而明确了犯罪行为与刑事责任之间的因果联系，这是可取的。但对于刑事责任属于何种性质的法律后果、这种后果又具备什么样的法律属性的问题，法律后果说并未给予明确的回答。法律后果说还忽视了刑罚也是法律后果这一事实，没有把刑事责任这种法律后果与刑罚这种同样是由犯罪引起的法律后果区分开来。而且，法律后果本身也是一个笼统的概念。③否定评价说充分肯定了刑事责任在政治、道德方面的意义，有可取之处。但把刑事责任仅仅归结为否定性评价或谴责，还不足以准确揭示刑事责任的法律特征。而且，否定性评价和谴责并非刑事责任本身，而仅仅是它的内容。将刑事责任归结为一种评价或谴责，实际上把刑事责任变成了一种非客观存在的主观意义的东西，抹煞了刑事责任的客观实在性。④刑罚处罚说看到了刑事责任与刑罚之间的紧密联系，但却把刑事责任与刑罚等同起来，由此抹煞了刑事责任这一范畴的理论价值。其实，刑罚是刑事责任的实现方式，但并非惟一的实现方式。将刑事责任等同于刑罚，便使得刑事责任的其他实现方式如单纯宣告有罪、非刑罚处罚等丧失立足之地。⑤法律义务说从犯罪人实施犯罪后所产生的义务上来说明刑事责任，揭示了刑事责任的本质是犯罪人与国家之间的权利义务关系，这是有一定道理的。但将刑事责任说成是犯罪人的特殊义务，便容易混淆刑法中的消极义务（禁止实施犯罪的行为的义务）与积极义务（实施犯罪行为所产生的义务），而且也对国家方面在刑事责任问题上的角色和作用注意不够。另外，将刑事责任最终归结为一种义务，也有失妥当。在法律上，义务是第一性的范畴，而责任则是第二性的范畴，违反义务或侵犯权利（权力）才会产生责任。责任与义务应有所区别，不能混为一谈。⑥法律关系说从刑事法律关系的层面探讨刑事责任问题，拓宽了研究视野。但是，刑事法律关系是犯罪人在实施犯罪行为之后与国家之间所形成的一种刑法上的权利义务关系，而刑事责任则是因行为人实施犯罪行为而引起的刑法上的责任。二者是两个内涵和外延并不相同的概念。尽管刑事法律关系是在刑事责任实现过程中的关系范畴，但它并不能等同于刑事责任这一实体范畴。

---

〔1〕 参见赵秉志主编：《刑法争议问题研究》（上卷），河南人民出版社1996年版，第539页。

〔2〕 参见曲新久：《刑法的精神与范畴》，中国政法大学出版社2003年版，第254页。

〔3〕 参见孙膺杰、周其华：《实用刑法读本》，吉林人民出版社1985年版，第53页。

〔4〕 参见张京婴："也论刑事责任"，载《法学研究》1987年第2期。

〔5〕 参见［前苏联］巴格里－沙赫马托夫：《刑事责任与刑罚》，韦政强等译，法律出版社1984年版，第18页。

（二）如何界定刑事责任的地位？

刑事责任地位的界定涉及刑事责任在刑法中的地位和刑事责任在刑法理论中的地位这两个问题。

1. 刑事责任在刑法中的地位。刑事责任是刑事立法中的一个基本范畴。刑法中有关犯罪与刑罚的规定，都是围绕着“要不要追究刑事责任”、“追究什么样的刑事责任”以及“如何实现刑事责任”而展开的。可以说，刑事责任是刑法中的一个核心问题。[1] 但从我国《刑法》的规定来看，刑事责任的重要地位还未得到充分的体现。这具体表现在：虽然在总则中有12个条文在20处使用刑事责任这一术语，总则第二章还将“犯罪与刑事责任”作为其第一节的标题，在关于罪责刑相适应原则的表述中刑事责任还被提到与犯罪行为、刑罚相并列的地位，但在刑法中还没有关于刑事责任的专门规定，总则基本上还是按照犯罪——刑罚这样一个框架而展开的。

2. 刑事责任在刑法理论中的地位。刑事责任问题在我国刑法理论中曾经备受冷落。在20世纪80年代所出版的刑法教材中，对刑事责任很少提及。80年代末出版的刑法教材仍然将刑法学定位为研究刑法及其所规定的犯罪与刑罚的科学。[2] 进入90年代后，刑事责任问题逐渐引起了刑法学界的关注和重视，一些教材开始设立专门论述刑事责任的章节，研究刑事责任的专著也得以公开出版。至此，刑事责任问题的重要性在刑法理论中得到确认。但对于刑事责任在刑法理论体系中的地位问题，还存在较大的分歧。由此，不同的刑法理论体系得以构建。责—罪—刑说认为，刑事责任是刑法中一个带有根本性的概念。从整个刑法特别是刑事立法的角度看，总是刑事责任在先、犯罪在后，没有刑事责任，就不存在犯罪；而刑事责任又是刑罚的前提，没有刑事责任，也就不应当受到刑罚处罚。从这个意义上讲，刑事责任是刑法的内在生命。所以，应当按照刑事责任—犯罪—刑罚的逻辑顺序来构建刑法学体系，包括建立刑法典总则体系。[3] 据此，个别教材将“刑事责任”作为一节置于“刑法的性质和任务”一章之中，先于犯罪论予以论述。罪—责—刑说认为，犯罪、刑事责任、刑罚是各自独立又互相联系的三个范畴，刑事责任是介于犯罪与刑罚之间联结犯罪与刑罚的纽带。刑事责任与犯罪的关系是：犯罪是刑事责任的前提，刑事责任是犯罪的法律后果；刑事责任与刑罚的关系是：刑事责任是刑罚的前提，刑罚是实现刑事责任的基本方式。因而刑法学的理论体系应当是犯罪论—刑事责任论—刑罚论的体系。[4] 一些教材据此将刑事责任作为一章置于犯罪论内容之后、刑罚论内容之前。罪—责说认为，犯罪是刑事责任的前提，刑事责任是犯罪的法律后果；刑罚只是刑事责任的基本实现方式，但不是惟一的实现方式，非刑罚处理方法也是实现刑事责任的方式之一。因此，犯罪—刑罚的体系应当改变为犯罪—刑事责任的体系，这样才能澄清犯罪与刑事责任的关系。[5] 据此，个别教材以刑事责任论取代传统的刑罚论。

我们认为，责—罪—刑说将刑事责任看做凌驾于犯罪和刑罚的最上位概念，这从刑事立法学的角度而言，是有一定价值的。这是因为，刑法中被规定为犯罪的行为只能是应当被追究刑事责任的行为。但从解释刑法的角度即刑事责任的现实层面看，则无异于本末倒置、倒

---

〔1〕 参见高铭暄主编：《刑法学原理》（第1卷），中国人民大学出版社1994年版，第410页。

〔2〕 参见高铭暄主编：《中国刑法学》，中国人民大学出版社1989年版，第1页。

〔3〕 参见杨敦先主编：《刑法运用问题探讨》，法律出版社1992年版，第26～28页。

〔4〕 参见赵秉志等编：《全国刑法硕士论文荟萃》，中国人民公安大学出版社1989年版，第20页。

〔5〕 参见张明楷：《刑事责任论》，中国政法大学出版社1992年版，第149～150页。

果为因。这是因为，从解释刑法的角度看，是因为有犯罪才有刑事责任，而并非先有刑事责任才有犯罪。而且，将刑事责任看成是高于犯罪与刑罚之上的范畴，与刑法的规定也不相吻合。另外，将刑事责任放在犯罪之前加以讨论，还容易造成责任是犯罪的成立条件的误解。罪—责说认为刑罚与非刑罚处理方法都是刑事责任的下位概念，主张以刑事责任论代替刑罚论，这从逻辑上讲是不存在问题的。固然，刑事责任是与犯罪相平行的概念，《刑法》总则第二章第一节的“犯罪和刑事责任”这一标题就是明证。刑罚只是刑事责任最主要的实现方式，因此，刑罚与犯罪之间在逻辑上不可能是并列关系。但是，在设计刑法理论体系时，不能仅仅只考虑逻辑问题而忽略刑法的规定。我国刑法是按照刑法—犯罪—刑罚的结构规定的。刑事责任在这一结构中所处的地位显然不如刑罚。而且，非刑罚处理方法在刑法中所占据的地位远不如刑罚，在刑法理论中所占据的篇幅也远不如刑罚。为了使二者处于同等地位而以刑事责任论取代刑罚论，也未必妥当。罪—责—刑说认为刑事责任是连接犯罪与刑罚的纽带，三者各自独立又互相联系，主张建立犯罪论—刑事责任论—刑罚论的体系，这一方面照顾到《刑法》的规定，另一方面也兼顾了犯罪与刑罚之间的逻辑关系，是较为可取的。《刑法》总则第二章第一节的标题是“犯罪和刑事责任”，第三、四章的标题分别是“刑罚”、“刑罚的具体运用”。按照罪—责—刑的框架设置刑法理论体系，正是这些规定的反映。

■第二节　刑事责任的根据

一、基本法理

所谓刑事责任的根据，从犯罪人方面而言，是承担刑事责任的根据，它所要回答的是犯罪人基于何种理由承担刑事责任的问题；从国家方面而言，是追究刑事责任的根据，它所要回答的是国家基于何种理由要求犯罪人承担刑事责任的问题。国家是刑事责任的追究者，犯罪人是刑事责任的承担者，二者之间存在追究刑事责任的主体和承担刑事责任的主体的关系，因而二者从不同侧面看待刑事责任。但就刑事责任的根据而言，承担刑事责任的根据与追究刑事责任的根据则是完全一致的。

通常认为，对刑事责任根据的探讨可以从哲学层面、法律层面、事实层面等多个层面进行。相应地，刑事责任的根据就可以分为哲学根据、法律根据和事实根据。

（一）刑事责任的哲学根据

从哲学上考察刑事责任的根据，不能不涉及人的意志自由的问题。正如恩格斯指出：“如果不谈谈所谓自由意志、人的责任、必然和自由的关系等问题，就不能很好地讨论道德和法的问题。”[1] 辩证唯物主义认为，物质决定意识，也决定人的行为，包括犯罪行为。物质条件制约着人的行为，但不可能决定一个人只能实施此种行为，而不能实施彼种行为，也就是说，在究竟实施何种行为的问题上，人在一定限度内具有选择的自由，即具有相对的意志自由。对此，恩格斯指出：“自由不在于幻想中摆脱自然规律而独立，而在于认识这些规律，从而能够有计划地使自然规律为一定的目的服务……因此，意志自由只是借助于对事物的认识来作出决定的能力。”[2] 这种相对的意志自由使得国家能够要求人们按照一定的社会标准选择和决定自己的行为，并且依据人们所选择、决定的行为是否符合该社会标准来给予肯定或否定的评价。而国家立法机关将应追究刑事责任的危害社会的行为规定为犯罪，便意

---

〔1〕 参见《马克思恩格斯选集》（第3卷），人民出版社1995年版，第454页。

〔2〕 参见《马克思恩格斯选集》（第3卷），人民出版社1995年版，第455页。

味着社会成员不得选择实施这样的行为。行为人本应选择有利于国家、社会和人民利益的行为，却选择了危害国家、社会和人民利益的犯罪行为，或者本来能够避免给国家和人民带来严重损害，却没有避免，这就使得国家将行为人认定为犯罪人而使其受到否定的评价和谴责；而行为人在无法选择的情况下实施了刑法所禁止的行为，以致对国家和人民利益造成危害的，就不能追究其刑事责任。因此，追究犯罪人刑事责任的哲学根据，就在于犯罪人实施犯罪行为时所具有的相对的意志自由。从根本上而言，刑事责任也就是统治阶级通过国家强力机关对于基于个人的自由意志而实施的违反统治阶级利益的行为所作的一种否定性评判。

（二）刑事责任的法律根据

1958年《苏联和各加盟共和国刑事立法纲要》第3条在“刑事责任的根据”这个标题下规定：只有犯罪的人，也就是故意地或过失地实施刑事法律规定的危害社会行为的人，才负刑事责任，并受到刑罚。〔1〕前苏联一些刑法学者据此对于刑事责任的根据问题提出了另外一些见解，例如，有的主张罪过是刑事责任的根据；有的则认为犯罪行为是刑事责任的根据；不过，犯罪构成是刑事责任的根据的观点仍占通行地位。〔2〕在我国，也有人否定犯罪构成是刑事责任的根据或基础，提出只有犯罪行为才是刑事责任的根据或惟一基础的观点，〔3〕或者提出罪过是犯罪人承担刑事责任的根据的主张。〔4〕

我们认为，罪过即犯罪的主观心理态度只是从主观方面影响刑事责任的，只能是刑事责任的主观根据或基础。如果把罪过作为刑事责任完整的根据或基础，就会导致主观归罪的错误。至于说犯罪行为是刑事责任的根据，这与犯罪构成是刑事责任之根据的通行观点实质上是一样的。因为犯罪构成与犯罪行为是统一的、并行不悖的，我们讲一个人实施了犯罪行为，也就是指他的行为具备了刑法所规定的某种犯罪的构成要件，即犯罪构成是一定危害行为的犯罪构成，犯罪行为是符合具体犯罪构成的犯罪行为。因而不能把犯罪构成与犯罪行为相对立，不能用一个去否定另一个。既然上述两种说法实质上一样，那为什么又以犯罪构成是刑事责任根据的观点为通行主张呢？我们理解，这是由于犯罪行为一词往往又可以是仅指犯罪构成四方面要件中的客观要件，因而如果采用“犯罪行为是刑事责任的根据”的表述，就难免造成把刑事责任的根据仅归于客观方面的行为要件而忽视其他要件意义的误解，而犯罪构成则包含了犯罪主体、主观方面、犯罪客体、客观方面的要件，因而相比之下，还是以犯罪构成来说明刑事责任的根据或基础较为妥当。那么，犯罪构成是刑事责任的惟一根据的观点是否完全正确无误？

我们认为，“惟一根据”与“全部根据”是同义语，因而这种表述也有不尽准确和完善之处。我们知道，刑事责任是质与量的统一，确定刑事责任第一要解决其质的问题，即刑事责任是否存在；第二还要解决其量的问题，即刑事责任程度的大小。犯罪构成是犯罪概念的具体化，是犯罪基本属性的法律表现。立法者通过设置一个个具体的犯罪构成，使具有严重社会危害性的犯罪行为具体化、特定化，犯罪概念的三个基本属性由此在犯罪构成中获得充分体现。但刑法规定的犯罪构成只是解决了刑事责任存在与否的问题，而并不能全盘解决刑

---

〔1〕参见《苏联和各加盟共和国立法纲要汇编》，法律出版社1982年版，第277～278页。

〔2〕参见［前苏联］皮昂特科夫斯基等：《苏联刑法科学史》，曹子丹等译，法律出版社1984年版，第48～49页。

〔3〕参见何秉松：“建立具有中国特色的犯罪构成理论新体系”，载《法学研究》1986年第1期；张令杰：“论刑事责任”，载《法学研究》1986年第5期；曲新久：“论刑事责任的根据”，载《河北法学》1987年第4期。

〔4〕参见余淦才：“刑事责任理论试析”，载《法学研究》1987年第5期；张智辉：《刑事责任通论》，警官教育出版社1995年版，第147页。

事责任的程度问题。这是因为，决定刑事责任程度的法律根据除了犯罪构成，还包括犯罪构成以外的反映犯罪行为社会危害性程度和人身危险性程度的法律规定。当然，应当指出，由于决定行为的社会危害性及其程度而为该行为成立犯罪所必需的事实特征才能成为犯罪构成的要件，所以，决定刑事责任程度的主要法律根据还是刑法规定的犯罪构成。因此，准确地说，刑法所规定的犯罪构成既是决定刑事责任存在与否的惟一法律根据，又是决定刑事责任程度的主要法律根据。

（三）刑事责任的事实根据

刑法规定的犯罪构成只是为追究行为人的刑事责任提供了法律根据。要实际追究行为人的刑事责任，还必须存在一定的事实。而这种事实只能是符合犯罪构成的事实，因为只有这种事实才能够决定犯罪的成立。因此，决定刑事责任存在与否的惟一事实根据是犯罪构成事实。但要解决刑事责任的事实根据问题，仅仅说明追究刑事责任的事实根据还是不够的。对此，有人指出，刑事责任的根据应当是指一种能够引起刑事责任产生并决定刑事责任存在的一种法律事实，它解决的是需要怎样的法律事实，一个人才能够承担刑事责任，司法机关可以追究一个人的刑事责任的问题。[1] 但是，刑事责任不但存在质的问题，也还存在量的问题。将刑事责任的事实根据等同于追究刑事责任的事实根据，不利于彻底解决刑事责任的事实根据问题。因此，在说明决定刑事责任存在与否的事实根据之后，应当进一步说明决定刑事责任程度的事实根据。

就影响刑事责任程度的事实根据而言，并不限于符合犯罪构成的事实。符合犯罪构成的事实是影响刑事责任程度的基本的和重要的根据，但还不是惟一的事实根据，因为除符合犯罪构成要件的事实以外，在犯罪案件的客观、主观、主体以及其他方面，都还存在着一系列反映犯罪行为的社会危害性以及犯罪人的人身危险性因而影响刑事责任程度的事实，例如犯罪客观方面的犯罪手段、犯罪工具、时间地点、犯罪对象情况、犯罪所造成的损失大小等情况，犯罪主观方面的犯罪动机、犯罪意志坚决程度等情况，犯罪主体范畴的犯罪人一贯表现、犯罪人有无犯罪前科和犯罪人的生理心理状况、犯罪人有无特定身份和职权等情况，以及犯罪以后的犯罪人是否逃跑，是否拒捕，坦白或自首与否及其程度，有无立功表现等情况。

由此可见，符合犯罪构成事实以外的这些影响刑事责任程度的事实，就是通常所说的刑法明文规定的“量刑情节”和刑法要求量刑时适当考虑的“酌定量刑情节”。但是，应当明确，这些情节之所以对量刑起作用，首先在于它们是决定刑事责任程度的情节，它们是通过对刑事责任程度的影响进而对量刑起作用的，因而，准确地讲，这些情节是决定刑事责任程度的情节。某些外国立法例如1960年《苏俄刑法典》、1961年《蒙古刑法典》和《西班牙刑法典》等，已经较为确切地把这些因素规定为影响刑事责任的减轻或加重即刑事责任程度的情节。总的来说，刑事责任程度的大小，主要取决于犯罪构成要件事实。但犯罪构成以外的反映社会危害性程度的事实以及人身危险性程度的事实对于刑事责任的程度也有一定的影响。

总之，符合犯罪构成的事实既是决定刑事责任存在与否的惟一事实根据，又是决定刑事责任程度的主要事实根据。

---

〔1〕 参见曲新久：《刑法的精神与范畴》，中国政法大学出版社2003年版，第273页。

二、疑难问题

（一）关于刑事责任根据的问题，在资产阶级学者中存在哪些争论？

资产阶级学者关于刑事责任根据的争论是围绕意志自由而展开的。具体而言，关于刑事责任的根据，在资产阶级刑事古典学派和刑事实证学派之间存在道义责任论和社会责任论的对立。道义责任论以唯心主义的“非决定论”为哲学基础，认为人都是有理性的，是自由意志的主体。凡是达到一定年龄的人，除精神不健全者外，都具有根据理性而行动的自由。绝对理性要求他从善避恶。如果他基于自由意志的决定，实施违反道德义务的犯罪行为，就应该受到道义的非难并承担刑事责任。如黑格尔认为，人是理性的动物，犯人也是基于意志自由，能够选择不实施犯罪行为而选择了犯罪行为，这便意味着犯罪人在选择犯罪时也自由选择了作为犯罪必然结果的刑事处罚，所以处罚他，正是尊敬他是理性的存在。显然，道义责任论中的意志自由是绝对的、不受任何限制和制约的。

社会责任论以实证主义的“决定论”为哲学基础，认为人的意志和行为是基于人的自然本性和社会环境的内外因素决定的，人的意志并不自由。如菲利指出：“古典派犯罪学和一般公民均认为犯罪含有道德上的罪过，因为犯罪者背弃道德正轨而走上犯罪歧途均为个人自由意志所选择，因此应该以相应的刑罚对其进行制裁，这是迄今为止最流行的犯罪观念。人的自由意志观念（因果关系是其中惟一一个不可思议的因素）引出一个假定，即一个人可以在善恶之间自由选择。但是，当用现代实证研究方法武装起来的近代心理学否认了意志自由的存在，并证明人的任何行为均系人格与人所处的环境相互作用的结果时，你还怎样相信自由意志的存在呢？”〔1〕据此，刑事责任的根据便不应当从所谓意志自由中去寻找。按照社会责任论的观点，人既然作为社会一员生活着，对其危害社会的行为自应负担责任。

（二）符合犯罪构成的事实对刑事责任的程度是否有一定影响？

对此，有人认为，只有符合犯罪构成要件的犯罪行为以外的能说明犯罪社会危害性的事实，如犯罪的手段、罪过的形式、犯罪人的一贯表现、被害人的情况、环境的影响等事实才影响刑事责任的程度。〔2〕这意味着符合犯罪构成的事实对刑事责任程度是没有影响的。

我们认为，决定刑事责任程度大小的，首要的应当是符合犯罪构成的事实。因为，立法者是以其质量统一的刑事责任观为指导来选择和确定犯罪构成要件的，这些犯罪构成要件都是能够说明犯罪行为的社会危害性之存在和程度的最重要的案件事实。这些犯罪构成要件的事实不但能说明刑事责任的存在，从而使罪与非罪即有无刑事责任的行为得以划清界限，而且也能在相当大的程度上说明刑事责任的程度，从而使责任程度不同的此罪与彼罪的界限也得以通过具体犯罪构成设立轻重不同的法定刑。例如，甲的行为符合故意杀人罪的犯罪构成，乙的行为符合虐待罪的犯罪构成。甲乙行为符合犯罪构成的事实固然说明了二人都应负刑事责任，即解决了刑事责任的质的问题；但是，甲乙二人所分别具备的不同的犯罪构成事实本身，也已经在相当大的程度上决定了二人犯罪行为轻重显然不同的刑事责任程度，因为二人犯罪行为的刑事责任程度不同，才应当对他们分别适用故意杀人罪和虐待罪轻重不同的法定刑。再如，行为所具备的是故意罪的构成还是过失罪的构成，是重罪的构成还是轻罪的构成，犯罪构成中主体要件的不同事实情况（如行为人是否属于未成年人，是否是刚达到刑事责任年龄的未成年人）等这些不同的构成要件事实都在相当大的程度上决定了犯罪人不同的刑事责任程度，并进而成为决定量刑轻重的重要根据。因此，符合犯罪构成的事实对刑事

---

〔1〕［意］菲利：《实证派犯罪学》，郭建安译，中国人民公安大学出版社2004年版，第183～184页。

〔2〕参见吴宗宪：“试论我国刑法学总论的完善”，载《法学与实践》1987年第3期。

责任的程度具有基本的和相当大的决定作用，这是无法否认的。

■第三节 刑事责任的发展阶段

一、基本法理

从行为人的行为构成犯罪的时候起，行为人就应当承担刑事责任。但是，应当承担刑事责任并不等于实际承担刑事责任。刑事责任从应然状态发展为实然状态，并非是一蹴而就的，而是要经历一个从产生、确认到实现的过程。相应地，这一过程包括三个阶段，即产生阶段、确认阶段和实现阶段。

（一）刑事责任的产生阶段

刑事责任的产生阶段始于行为成立犯罪时起，终于司法机关立案（即开始追诉）之时。如果在法定的追诉期限内没有追诉，刑事责任就可能消灭，从而就不存在刑事责任的下一阶段。在司法机关立案之前，行为人可能出现自首或立功等情况，会影响刑事责任的程度，但这仍然属于刑事责任的产生阶段。

（二）刑事责任的确认阶段

刑事责任的确认阶段从司法机关立案时起到人民法院有罪判决生效时止。这一阶段的任务是：确认行为人是否实施了犯罪行为，应否负刑事责任，应负怎样的刑事责任以及如何实现刑事责任。因此，这一阶段是形成阶段的刑事责任转变为评价阶段的刑事责任的阶段。在刑事责任的确认阶段，涉及刑事诉讼强制措施的适用问题。强制措施是为了保障刑事诉讼活动正常进行而在确定行为人应负刑事责任之前就采取的措施。因此，适用强制措施并不能等同于被追究刑事责任。

刑事责任的确认阶段通常又包括立案、侦查、起诉、审判四个阶段。这是就公诉案件而言的。对于自诉案件而言，刑事责任的确认阶段一般不会像公诉案件那样经过四个阶段。

（三）刑事责任的实现阶段

刑事责任的实现阶段从人民法院作出有罪判决生效时起，到判决所确定的刑事处罚措施执行完毕或赦免时止。刑事责任的实现阶段是刑事责任的最后阶段，也是刑事责任阶段的核心。刑事责任的产生和确认都是为了使刑事责任最终得以实现，所以这一阶段具有特别重要的意义。

在刑事责任的实现阶段，可能出现刑事责任变更的情况。所谓刑事责任的变更，是指在刑事责任的实现过程中，因出现法定事由，使原已确定的刑事责任在不改变性质时所发生的变化。刑事责任的变更实质上是刑事责任程度的变更。具体表现为：①死刑缓期二年执行期满的减刑；②管制、拘役、有期徒刑、无期徒刑的减刑；③特赦；④由于遭遇不能抗拒的灾祸缴纳确实有困难时罚金的减免。

二、疑难问题

（一）如何认识刑事责任的开始时间？

在提及刑事责任的产生阶段时，涉及刑事责任的开始时间问题。对此，在前苏联学者之间大致有五种主张：①实施犯罪行为说；②提起诉讼说；③适用强制方法说；④法院作出有罪判决说；⑤执行刑罚说。[1] 我国学者一般认为，刑事责任应从行为人实施犯罪行为时开始。[2] 理由是刑事责任伴随犯罪而产生，无犯罪则无刑事责任，有犯罪必有刑事责任。犯罪行为实施之后，不论是否发现这种犯罪，行为人的刑事责任即同时产生，并客观地存在着。司法机关追究刑事责任，只是使这种客观存在的刑事责任现实化的过程，并不是刑事责任产生的过程。也有人不同意这种意见，主张把法院作出有罪判决的时间视为刑事责任的开始时间。理由是，刑事责任是由犯罪引起的；没有已被依法确认的犯罪存在，就不能将行为人认定为犯罪人，也不能要求其承担刑事责任。如果认为犯罪人的刑事责任从犯罪行为实施之日就已开始，那么就等于在法院未作出审判结果之前就已经将行为人认定为犯罪人，司法机关就不需要收集证据，人民法院也无须进行审判，就可以要求犯罪人继续承担从犯罪行为实施之日时就已开始的刑事责任。[3]

我们认为，应当把刑事责任客观上的开始时间（即应负刑事责任的开始时间）、追究行为人刑事责任的开始时间以及行为人实际负刑事责任的开始时间加以区别。行为人实施了犯罪行为，行为人就应承担刑事责任，国家司法机关就有权追究其刑事责任，因而此时刑事责任在客观上已经开始，不管国家司法机关是否已实际追究行为人的刑事责任，此时就是行为人应当负刑事责任的起点。《刑法》第 17 条关于未成年人犯罪应当负刑事责任的规定和第 18 条关于间歇性精神病人精神正常时犯罪应当负刑事责任的规定和醉酒人犯罪应负刑事责任的规定等，也都表明了刑事责任应从实施犯罪行为之时起开始的主张。尤其是《刑法》第 89 条关于追诉期限从犯罪行为之日起计算的规定，更是从反面印证了这一点。所谓追诉时效，就是指对犯罪人追究刑事责任的有效期限，而经过了一定的期限则原则上不再追诉，这说明实施犯罪后刑事责任就产生了；如果客观上不存在刑事责任，所谓的不再追诉也就无从谈起。我国刑事诉讼中的立案之时，是追究行为人刑事责任即追诉的开始。这实际上是对在行为人实施犯罪之时就已客观存在的刑事责任加以确认的开始。在此，司法机关之所以能够对行为人追究刑事责任，就是因为刑事责任客观上已经存在；如果根本不存在刑事责任，司法机关怎么可能无中生有地进行追究呢？人民法院的有罪判决确定即发生法律效力之时，是行为人实际负刑事责任即接受国家的刑法事实上评价及其伴随的刑事制裁（刑罚）的开始时间。如果认为刑事责任到这时才产生，那么，人民法院在作出有罪判决以前是根据什么追究被告人的刑事责任呢？而且，以人民法院有罪判决发生效力之时作为刑事责任产生的时间，还会推导出被人民法院追究的犯罪人有刑事责任而未被人民法院追究的犯罪人则没有刑事责任的荒唐结论。因此，刑事责任产生阶段中所指的刑事责任的开始时间，显然是指刑事责任客观上开始的时间。

（二）如何认识刑事责任的终结？

刑事责任的实现阶段与刑事责任的终结密切相关。关于刑事责任终结的涵义，理论上主要存在着两种不同观点的争论：一种观点认为，刑事责任的终结包括两种情况：①因刑事责任的实现而终结；②因刑事责任的消灭而终结。另一种观点则认为，刑事责任的终结是指刑事责任的实现，而刑事责任的消灭是没有追究其刑事责任，二者的性质和效果完全不同，所

---

〔1〕 参见［前苏联］巴格里－沙赫马托夫：《刑事责任与刑罚》，韦政强等译，法律出版社 1984 年版，第 57～67 页。

〔2〕 参见王希仁："刑事责任论"，载《河北法学》1986 年第 4 期；张令杰："论刑事责任"，载《法学研究》1986 年第 5 期；张京婴："也论刑事责任"，载《法学研究》1987 年第 2 期。

〔3〕 参见刘德法："论刑事责任的范围"，载《郑州大学学报》（哲学社会科学版）1988 年第 5 期。

以认为刑事责任的消灭也是刑事责任的终结，就意味着将两种不同性质、不同效果的情况混为一谈。[1] 我们认为，尽管刑事责任的消灭和刑事责任的实现在性质上并不一致，但这并不妨碍两者具有同样的效果。刑事责任既可以因其实现而终结，也可以因其消灭而终结。前者是实然刑事责任的终结，而后者则是应然刑事责任的终结。例如，犯罪在未过追诉时效期限时，犯罪人的刑事责任随时都处在可以追究的状态；而如果已过追诉时效期限，则刑事责任即归于消灭，不能再予以追究，这时犯罪人的刑事责任当然也已经终结。

刑事责任终结的时间因刑事责任实现或消灭的方式不同而有所区别。根据我国刑事法律的规定，应区分以下不同情况来分别确定刑事责任终结的时间：①对于伴随有刑罚的刑事责任来说，刑罚（包括主刑和附加刑）执行完毕或者赦免或者免予执行之时，就是刑事责任的终结。这是刑事责任终结最通常和最主要的情形。因为刑罚执行完毕、刑罚执行一段后赦免或者宣告缓刑并在缓刑考验期满后免予执行刑罚，就标志着行为人已履行了因其犯罪行为产生的刑事法律义务，即实际承担了应得的刑事责任，此时应当视为刑事责任的结束。此外，对于战时被判处3年以下有期徒刑而宣告缓刑、允许戴罪立功的犯罪军人，如果确有立功表现，则从军事法院作出“撤销原判刑罚，不以犯罪论处”的裁定时起刑事责任即为终结。在旧刑法时代，曾经有人提出，刑罚执行完毕或赦免尚不意味刑事责任的一律终结，因为还存在构成累犯的前后罪间隔的期间。[2] 我们认为，行为人在刑罚执行或赦免后的法定期间内再犯新罪的，有可能构成累犯，对累犯应当从重处罚，但这不是前罪刑事责任尚未终结的缘故，而是由于先行的定罪处刑事实说明犯罪人的人身危险性较大，因而影响了新罪刑事责任程度的加重。换言之，累犯的从重处罚，针对的不是原罪而是行为人再犯新罪，是其新罪的刑事责任程度较重所致，而并不意味着前罪的刑事责任仍处在延续状态。实际上，前罪的刑事责任已经终结。因此，不能把可能构成累犯的前后罪间隔的法定期间作为刑事责任存续期。②对于仅有定罪而没有伴随刑罚（定罪免刑）的刑事责任来说，在人民法院免予刑事处罚的有罪判决发生法律效力之时或者判决中的非刑罚处理方法实施完毕时起，即为刑事责任的终结。③对于根本没有被依照刑事诉讼程序追究刑事责任的犯罪（包括告诉才处理的犯罪而未被告诉的，没有被发现的犯罪）以及告诉才处理的犯罪告诉后又撤回告诉的，刑法所规定的追诉时效期满之时，即标志着刑事责任的终结。④犯罪人死亡的，不管是否已开始追究刑事责任，不管刑事责任是否已确定，也无论所判刑罚是否执行完毕，其死亡之时即为刑事责任终结之时（犯罪人被判处剥夺政治权利终身的情形除外）。犯罪人的刑事责任一旦终结，除死亡者外，就重新成为享有正常权利和自由的公民。

■第四节　刑事责任的解决方式

刑事责任是犯罪行为引起的必然法律后果，犯罪人应当对其犯罪行为负相应的刑事责任。按照中国刑法的规定，刑事责任的解决即处理或处置，根据不同的情况可以分别采取几种不同的方式。刑事责任的解决方式受制于刑事法律的明文规定：司法机关在追究犯罪人的刑事责任时，应当根据法律的规定确定解决方式，而不得随意创设。

一、定罪判刑方式

定罪判刑方式是指对犯罪人在作出定罪判决的同时予以刑事制裁即适用刑罚。只有人民

---

〔1〕 参见赵秉志主编：“刑法争议问题研究”（上卷），河南人民出版社1996年版，第586～587页。

〔2〕 参见张令杰：“论刑事责任”，载《法学研究》1986年第5期。

法院在其有罪判决中才有权适用这种方式解决行为人的刑事责任问题。刑事责任往往以刑罚为其法律后果和具体体现。因此，对犯罪人适用刑罚的方法也是最常见、最基本的一种解决刑事责任的方式，这种方式使刑事责任的存在和程度通过对犯罪人适用的刑罚而得以具体化和客观化，使人容易理解和把握。

中国刑法中对犯罪人适用的基本刑罚，是五种主刑（管制、拘役、有期徒刑、无期徒刑、死刑）和三种附加刑（罚金、剥夺政治权利、没收财产）。在适用这些刑罚解决犯罪人的刑事责任时要注意，刑事责任程度是确定刑罚轻重的标准，因而对犯罪人适用的刑罚应与其刑事责任程度相适应。

《刑法》第35条所规定的驱逐出境是一种特殊的附加刑，只能针对依照中国刑法构成犯罪而应负刑事责任的外国人适用，而且因为驱逐出境这一附加刑本身没有量的差异，因而在对构成犯罪的外国人单独适用驱逐出境时，就不能与行为人刑事责任的不同程度分别适应而使刑事责任得以合理的实现，此时这一刑罚的适用只是解决而不是合理实现行为人刑事责任的一种方式。

二、定罪免刑方式

确定有罪而免除刑罚适用是解决行为人刑事责任的另一种方式。这种方式具体包括两种情况：①作出定罪判决虽免除刑罚，但给予非刑罚处理方法的处理。《刑法》第37条规定："对于犯罪情节轻微不需要判处刑罚的，可以免予刑事处罚，但是可以根据案件的不同情况，予以训诫或者责令具结悔过、赔礼道歉、赔偿损失，或者由主管部门予以行政处罚或者行政处分。"《刑法》第383条第1款第4项规定："个人贪污数额不满5000元，情节较重的，处2年以下有期徒刑或者拘役；情节较轻的，由所在单位或者上级主管机关酌情给予行政处分。"②作出定罪判决但免除刑罚处罚，且不给予任何处分。《刑法》第10、19、20、21、22、24、28等条规定对具备某些条件或情况的犯罪人可以或应当"免除处罚"。据此，人民法院有权对符合法定条件的犯罪人作出宣告有罪并免予刑事处分或免除处罚的判决。

这种处理方式通过有罪的认定而确认了行为人刑事责任的存在，宣告了国家对行为人的刑事否定评价，确认行为人因其犯罪行为而应受刑罚处罚；但是，由于其刑事责任程度比较轻微，不需要以刑罚的适用作为其刑事责任的法律后果，来实现其刑事责任，因而免除其刑罚。不过，免除刑罚并不意味着否定行为人刑事责任的存在，因为免除刑罚是建立在确定行为人存在刑事责任、具备应受刑罚处罚性的基础上的。

需要指出的是，根据我国《刑事诉讼法》第142条的规定，对于犯罪情节轻微，依照刑法规定不需要判处刑罚或免除刑罚的，人民检察院可以作出不起诉决定。这里的不起诉决定是一种无罪处理决定，而并非是为了解决被不起诉人的刑事责任问题。而如果认为不起诉决定发生法律效力时，即为刑事责任的终结，那么就意味着不起诉决定仍然是一种有罪处理决定，而这是违背我国刑事诉讼法的规定的。因此，不能将酌定不起诉与定罪免刑一样，也当作解决刑事责任的方式。

另外，我国刑法所规定的刑罚和非刑罚处理方法之外的强制措施并不属于刑事责任的解决方式，如《刑法》第17条第4款所规定的对不予刑事处罚的不满16周岁的未成年人所采取的收容教养措施、《刑法》第64条所规定的对犯罪物品的处理措施（追缴、责令退赔、没收违禁品和供犯罪所用的本人财物）便均不得视为刑事责任的解决方式。

三、消灭处理方式

刑事责任的消灭处理，是指本来行为人的行为已构成犯罪，应负刑事责任和应受刑罚处罚，但是由于存在法律规定的实际阻却追究行为人刑事责任的事实，因而使刑事责任归于消灭，即行为人不应再负刑事责任和不应受刑罚处罚。这也是客观上原本存在的刑事责任的一种解决和处理方式。例如，经特赦予以释放的犯罪人、已超过追诉时效期限的犯罪人、被宣告战时缓刑且确有立功表现的犯罪军人、被害人未提出告诉或撤回告诉的告诉才处理案件的犯罪人以及已死亡的犯罪人，其刑事责任都已基于一定的事实而消灭即终结，国家司法机关不能再予以刑事追究，行为人也不应再承担（已死亡者也不能再承担）刑事责任和刑罚。

四、转移处理方式

刑事责任的转移处理这种解决方式，只能对享有外交特权和豁免权的外国人适用。这就是说，享有外交特权和豁免权的外国人，其刑事责任问题，依法不由中国司法机关解决，而通过外交途径解决。

【思考题】

1. 如何理解刑事责任的概念及其特征?
2. 如何理解刑事责任与犯罪、刑罚的关系?
3. 如何理解刑事责任的事实根据?
4. 刑事责任的解决方式有哪些?

【参考文献】

1. 徐立:《刑事责任根据论》，中国法制出版社 2006 年版。
2. 张明楷:《刑事责任论》，中国政法大学出版社 1992 年版。
3. 张智辉:《刑事责任通论》，警官教育出版社 1995 年版。
4. [前苏联] 巴格里－沙赫马托夫:《刑事责任与刑罚》，韦政强等译，法律出版社 1984 年版。

第十八章 刑罚概说

【导语】有犯罪、有国家政权就必定有刑罚。犯罪是刑罚的惟一前提和基础，刑罚是犯罪的必然后果，犯罪与刑罚一起构成了刑法的基本内容。刑罚的一般理论，主要包括刑罚的概念、功能和目的，而其中关于刑罚目的的理论可以说是刑罚论的核心，也是刑法学的重要组成部分。

本章的疑难问题有：①如何认识刑罚的本质？②如何认识刑罚的功能？③如何认识刑罚的目的？

■第一节 刑罚概述

一、基本法理

（一）刑罚的概念和特征

刑罚，是刑法规定的由国家审判机关依法对犯罪分子所适用的剥夺或者限制其某种权益的强制性制裁方法。刑罚具有以下一些鲜明特征：

1. 刑罚是由国家最高立法机关在刑法中规定的强制方法。刑法是一个国家的基本法律之一，由于其规定的是犯罪和刑罚等对公民权益损害最为严重的强制方法，因此一般都由国家的最高立法机关规定，以保证刑罚制度的严肃性和统一性。在我国，只有全国人民代表大会及其常委会才有权制定、补充、修改刑法及其中有关刑罚的内容。

2. 刑罚是刑法中赋予“刑罚”名称的强制方法。刑罚是由刑法规定的，但是并非刑法规定的所有强制方法都是刑罚。如我国刑法规定的判处赔偿经济损失、予以训诫、责令具结悔过、赔礼道歉、赔偿损失等强制方法，这些都不是刑罚。只有那些在刑法中被称为“刑罚”的强制方法才是刑罚，具体到我国《刑法》中就是第33条至35条规定的主刑和附加刑。

3. 刑罚是用以惩罚犯罪行为人的强制方法。刑罚因犯罪而产生，以犯罪为前提，所以受刑罚处罚的只能是实施犯罪行为的人，对于无罪的人绝对不能适用刑罚，这既包括那些没有实施违法犯罪行为的人，也包括那些虽然实施了违法犯罪行为，但由于缺乏刑事责任能力而不构成犯罪的人。同时，刑罚在处罚对象上的这种特征还表明，刑事诉讼过程中采取的拘留、逮捕、监视居住等剥夺或限制人身自由的强制方法也不是刑罚，因为这些强制方法的对象是犯罪嫌疑人，不一定就是犯罪人，对他们采取这些强制方法只是为了保证诉讼程序的正常进行。

4. 刑罚是由国家审判机关依照刑法和刑事诉讼法判处的强制方法。这一特征有三层含义：①刑罚只能由国家审判机关即法院适用，其他任何国家机关包括检察机关和公安机关都不能适用；②刑罚只能由法院严格依照刑法和刑事诉讼法的规定适用，刑法没有明文规定的或者不经过应有的诉讼程序，法院不能适用刑罚；③法院适用刑罚只能通过裁判的方式对犯罪人加以科处，否则法院适用刑罚的权力就无法实现。

5. 刑罚是分别由特定机关执行的强制方法。根据我国刑法和刑事诉讼法的规定，死刑、罚金和没收财产由人民法院执行，无期徒刑和有期徒刑由监狱或其他劳改场所执行，管制、拘役和剥夺政治权利由公安机关执行。这也是刑罚与其他强制方法相区别的标志之一。

6. 刑罚从整体上看是最严厉的强制方法。刑罚不仅可以剥夺犯罪人的财产、政治权利，而且可以剥夺其人身自由甚至是生命。其他强制方法均不涉及政治权利和生命，即使有的强制方法涉及人身自由，但其适用的时间比刑罚适用的时间要短得多，而且不产生刑事法律后果，因而都不如刑罚严重。所以，刑罚是最严厉的强制方法。

概括以上特征，我们可以对刑罚下一个更为具体完整的定义：刑罚是国家最高权力机关在刑法中制定的赋予“刑罚”名称的，用以惩罚犯罪人的，由人民法院依法判处并由特定机关执行的最严厉的强制方法。

（二）刑罚权

刑罚权，是国家基于对社会的管理或统治，依法对犯罪人实行惩罚的权力，包括制刑权、量刑权和行刑权。刑罚权不仅仅是一种适用刑罚的权力，实际上是决定、支配整个刑法的权力；无此权力，整个刑法就是无源之水、无本之木。更深一层地讲，刑罚权作为国家制裁犯罪人的一种权力，是国家的一种统治权，是国家基于其主权地位所拥有的确认犯罪行为范围、制裁犯罪行为以及执行这种制裁的权力。没有国家，没有统治权，也就无所谓刑罚权。统治权是刑罚权之源，刑罚权是统治权之流。

尽管从根据上讲刑罚权是一种国家统治权，但这并不意味着统治者的恣意横行，刑罚权还受到一定社会的物质生产方式的影响。随着生产方式的变革，刑罚权的内容也会发生相应的变化；而且在现代文明社会里，刑罚权也绝不意味着可以主宰一切，它蕴含着制约、抑止的特征，也必须受到一定法律的制约。

（三）刑罚与有关概念的关系

1. 刑罚与犯罪：既相互对立又相互统一。刑罚与犯罪的对立表现在两个方面：①从国家方面来看，犯罪是破坏社会秩序的行为，是蔑视社会秩序最明显最极端的表现，而刑罚则是惩罚犯罪人、维护社会秩序的手段。这种破坏与反破坏、反抗与扼制的关系，使犯罪与刑罚处于一种对立的状态。②从犯罪人方面来看，犯罪是使国家、社会或者个人遭受或可能使其遭受痛苦的行为，犯罪人总希望实现其个人目的并逃避惩罚，而事实上绝大多数犯罪人不可避免地遭受刑法对于其犯罪所施加的惩罚与痛苦。

刑罚与犯罪的统一表现在三个方面：①起源相同，都是人类社会发展到一定历史阶段的产物，它们在相同的条件下同时产生；②相互依存，犯罪是刑罚的前提，刑罚是绝大多数犯罪的结局，没有犯罪，则不可能受到刑罚处罚；如果一行为没有给予刑罚处罚的必要，立法者也不可能把它规定为犯罪；③结局相同，刑罚与犯罪相伴而生，也必定与犯罪相伴而终。随着犯罪的消灭，刑罚也必然消灭。

2. 刑罚与刑事责任：既有联系又有区别。刑罚与刑事责任的联系主要体现在三个方面：①都以犯罪为前提，没有犯罪就没有刑事责任和刑罚；②刑事责任决定着刑罚，只有应当负刑事责任的行为才可能受到刑罚处罚，刑事责任的程度也决定着刑罚的轻重；③刑罚是实现刑事责任的主要方式。

刑罚与刑事责任的区别主要体现在四个方面：①性质不同。前者是制裁犯罪的一种方法，是具体的；后者是一种法律责任，是抽象的。②内容不同。前者是对犯罪人一定权益的剥夺或限制；后者是对犯罪人的否定评价。③形成时间不同。前者确定于判处刑罚的判决、裁定生效之时；后者产生于实行犯罪之时。④与犯罪的关系不同。前者只是实现后者的一种方式，而不是惟一方式，有罪、有责但不一定有刑；后者是犯罪的直接法律后果，有罪必有责。

3. 刑罚与其他法律制裁方法：既有共同点也有不同点。一个国家的法律制裁体系，通常由多种制裁方法构成。在我国，法律制裁体系主要由刑事制裁、民事制裁、行政制裁和经济制裁等处罚措施构成。它们的共同之处在于都是由国家法律规定的，都对受制裁人产生一定的不利后果。但是，刑罚与其他法律制裁方法又有着明显的区别：

（1）适用根据不同。刑罚的根据是刑法；而其他制裁方法则相应地由民法、行政法及经济法等法律规定。

（2）适用机关不同。刑罚只能由法院的刑事审判部门适用；民事处罚只能由法院的民事审判部门适用，行政处罚则由国家各级行政机关适用。

（3）适用对象不同。刑罚只适用于触犯刑法构成犯罪的人；其他法律制裁行为则主要适用于民事、行政、经济违法者，在一定情况下也可能适用于犯罪人。

（4）严厉程度不同。刑罚处罚涉及人的生命、自由、财产和资格等重大权益，从整体而言是最严厉的强制方法；而其他法律制裁方法则排除对生命的剥夺，一般也不涉及自由的问题，即使有剥夺人身自由的（如行政拘留），其时间相对于刑罚来说也要短得多，其严厉程度都轻于刑罚。

（5）法律后果不同。受过刑罚处罚的人，在法律上和事实上会被视为有前科的人，将在一定期限内甚至终身被禁止从事某种职业或者担任某些职务，当其再次犯罪时，可能要受到比初犯者较为严厉的处罚；而受过其他法律制裁的人，在法律评价及后果上，则不会产生上述不利影响。

二、疑难问题

如何认识刑罚的本质？

刑罚的本质（属性）包括刑罚的社会政治本质和刑罚的法律本质两个方面。

1. 社会政治本质。刑罚的社会政治本质是指刑罚的阶级本质，刑罚是阶级统治的工具，它是由国家的性质决定的。具体到我国，刑罚是国家用以维护社会主义国家利益、社会利益与公民合法权益的重要工具。

2. 法律本质。刑罚的法律本质是指刑罚本身所固有的与其他法律制裁方法相区别的内在属性。对于刑罚的法律本质，西方学者有多种不同的见解。主要有三种理论：报应刑论认为，犯罪是一种恶行，刑罚在本质上是对犯罪这种恶行的报应。目的刑论认为，刑罚不是报应已经发生的犯罪行为的手段，而是预防将来可能发生的犯罪行为、保护社会利益的手段。折衷主义论主张刑罚既是对已然之罪的报应，同时又是对未然之罪的预防。

应当说这三种理论都有其一定的合理性，报应刑论能够使我们很好地区分刑罚与保安措施以及其他的法律制裁方法，同时也符合“无犯罪则无刑罚”原则的基本精神；目的刑论强调刑罚预防的目的，强调刑罚的个别化；折衷主义论则力图调和前两者之间的矛盾，代表了两者相互渗透的综合主义倾向。但是这三种理论又各有各的缺陷：报应刑说否认刑罚的目的，将刑罚的本质与目的相对立，目的刑论和折衷主义论则将刑罚的本质与目的混为一谈，因而都未能对刑罚的本质给予科学的说明。

在我国的刑法理论中，一般认为刑罚的法律本质在于其对犯罪的惩罚性，即通过剥夺或限制犯罪人的某种权益，使其遭受一定的损失和痛苦。我们认为，这是比较合理的，从刑罚本身来说，惩罚性是任何刑种都具有的属性；从与其他强制方法的关系来说，惩罚性也是刑罚与它们相区别的一个显著特征，没有这一特征的强制方法就不能称之为刑罚。

这里需要指出的是，我们主张刑罚的惩罚性本质与时下所追求的刑罚的宽和、人道和轻缓化等趋势是没有矛盾的，与基本人权的保障意识等也是不相违背的。只要有刑罚的存在，就不可避免地要对犯罪人实施一定的惩罚。刑罚的惩罚本质只是表明其所固有的一种特性，并不是对酷刑主义的追求，我国的刑法也一贯遵循惩罚与教育相结合的方针，反对任何采用残酷、野蛮的刑罚方法来摧残、折磨犯罪人的做法。

第二节 刑罚的功能

一、基本法理

（一）刑罚功能的概念和特征

刑罚的功能是指国家制定、适用与执行刑罚对社会个体及整体可能产生的积极作用。它具有以下一些特征：

1. 刑罚的功能是刑罚对社会个体及整体产生的作用。所谓对社会个体及整体产生的作用，是指刑罚不仅对社会个体包括犯罪人、被害人等个体意义上的社会成员产生作用，而且也会从整体上对社会产生作用。刑罚是对犯罪人适用的，是对犯罪人的惩罚与改造；但是刑罚不仅直接影响犯罪人，而且对被害人以及社会其他成员亦会产成补偿、威胁、教育等作用。所以考察刑罚的功能，不能只限于考察刑罚对犯罪人本身的作用，而应从整个社会的角度来考察，才能对刑罚的功能有一个准确的评价。

2. 刑罚的功能是刑罚所产生的积极作用。刑罚既有积极作用，也有消极作用。刑罚消极作用的产生，一在于刑罚自身，如残酷性、痛苦性及高成本，又如短期自由刑的交叉感染问题等；二在于用刑不当，刑罚过重不利于人权的保障、刑罚过轻又容易放纵犯罪。正如德国刑法学家耶林所说的那样："刑罚如两刃之剑，用之不得其当，则国家和个人两受其害。"刑罚的功能则是指刑罚所产生的积极作用。

3. 刑罚的功能是刑罚可能产生的积极作用。所谓可能产生是指刑罚在客观上具有产生积极作用的可能性，这种可能性是刑罚本身所固有的，而不是人们主观臆造的，不会随着人们意志的改变而改变。可能性与现实性在哲学上是一对范畴，强调"可能产生"主要是用以将功能与实际产生的效果区分开来，不致由于某种原因未产生积极的效果就否定刑罚功能的存在。比如刑罚有教育改造的功能，但有些犯罪人并未得到改造，在接受完刑罚后又继续犯罪，这时我们就不能因此而否定刑罚教育改造功能的存在，因为实践证明教育改造的可能性在大部分犯罪人身上都得到了实现。

4. 刑罚的功能是制定、裁量、执行刑罚可能产生的作用。国家制定刑罚，对一定的犯罪规定一定的法定刑，会使人们知道实施某种行为会受到什么样的刑罚处罚，从而对人们的心理产生影响；审判机关对犯罪人裁判一定的刑罚，执行机关对犯罪人执行刑罚，不仅会对犯罪人产生作用，也会对犯罪人以外的人产生作用。因而可以说刑罚的功能是刑罚的制定、裁量、执行全过程的功能。

（二）刑罚功能的内容

根据刑罚具体功能以及作用对象的不同，可将刑罚的功能分为对犯罪人的功能、对犯罪被害人及其家属的功能和对社会整体的功能。

1. 对犯罪人的功能。刑罚是对犯罪人适用的强制方法，刑罚首先对犯罪人发生作用。刑罚对犯罪人的功能有以下几项：

（1）惩罚功能。惩罚是刑罚的固有本质，也是刑罚的基本功能。刑罚的惩罚功能是指刑罚的适用不仅使犯罪分子因丧失某种权益而感受生理上的痛苦，而且使其因受到政治上、道义上的否定评价和严厉谴责而在心理上感受到莫大的耻辱。适用刑罚如果没有使犯罪人感受到任何痛苦和耻辱，那么刑罚就失去了遏制犯罪的威力，就不能称其为刑罚。当然，正如前述，刑罚的适用并非对所有的罪犯都能奏效，但不能因此否定刑罚惩罚功能的存在。

任何刑罚都具有惩罚功能，这是各种刑罚的共性；但不同的刑罚又具有不同的惩罚功能，这是各种刑罚的个性，如死刑剥夺的是生命，有期徒刑剥夺的是人身自由。惩罚就是对一定的权益的剥夺，离开了剥夺，惩罚也就失去了意义，因而我们认为刑罚的剥夺功能是包含在惩罚功能当中的，不必再将其作为一个单独的功能。

（2）教育改造功能。所谓教育改造功能是指在刑罚执行过程中，注重对犯罪人进行感化教育，使其洗心革面，痛改前非，成为遵纪守法、自食其力的公民。刑罚的惩罚功能是与刑罚同时产生的，而刑罚的改造功能则是近代西方启蒙思想和刑罚思想的产物。二战后，新社会防卫论的创始人法国刑法学家安赛尔更进一步强调犯罪人有复归社会的权利，社会有使犯罪人复归社会的义务，主张社会应当并且能够将犯罪人教育改造成新人，使之复归社会。

我国十分重视对犯罪人的教育改造，在我国，刑罚不仅是对犯罪分子的惩罚，而且是对犯罪分子的教育改造。我国在刑罚的具体适用过程中都贯穿着教育改造的内容，在惩罚的前提下进行生产劳动、政治思想教育和文化技术学习，并且通过一系列的政策、制度感化犯罪人，矫正其犯罪心理和反社会品格，使其成为适应社会秩序和法制环境的合格公民。

2. 对被害人及其家属的功能。刑罚对被害人及其家属的功能实际上就是安抚功能，即通过对犯罪人给予刑罚处罚，一定程度上满足被害人及其家属惩罚犯罪人的强烈要求，平息他们因被侵害而产生的强烈报复情绪，抚慰他们内心的创伤，从而避免私力报复，防止酿成新的犯罪。充分发挥刑罚的安抚功能对于伸张社会正义、培养公民的法律信念和法律情感等都具有重要的意义。

刑罚安抚功能的实现有赖于能否正确地适用与执行刑罚，同时我们也应当注意到，适用与执行刑罚必须依法进行，不能一味为满足被害人及其家属的愿望与要求而违背罪责刑相适应原则对犯罪人适用刑罚。

3. 对社会整体的功能。刑罚是对犯罪人适用的强制方法，但同时也是社会的防卫手段，因而不仅对犯罪人和被害人及其家属产生作用，而且对社会的其他成员也会产生积极的作用。刑罚对社会整体的功能，主要体现在两个方面：

（1）威慑功能。威慑功能又称威吓功能，指刑罚以其具有剥夺某些权益的强制力使人畏惧而不敢犯罪。刑罚的威慑功能体现在立法、裁判和执行三个阶段中。首先是立法，在国家的刑事法律中明确罪刑关系，规定犯罪行为，列举各种具体犯罪可能适用的刑罚种类和处罚幅度，使潜在的犯罪人望而却步。其次是裁判，对犯罪的人，依法裁判并宣布对其判处的刑罚，可以使潜在的犯罪人从中吸取教训，打消犯罪意念。最后是执行，对犯罪人适用一定的刑罚，使其产生一定的痛苦，可以使潜在犯罪人因目击或耳闻他人受刑之苦而从中得到儆戒和感悟，放弃犯罪意图。这三个阶段的威慑功能紧密联系，相辅相成，不可分割，加强了刑罚的威慑效应。

刑罚具有威慑功能是不可否认的，但是我们也应当注意到威慑功能是有限度的，过分迷信刑罚的威慑功能可能导致刑事立法和司法上的重刑主义。刑法学的奠基人贝卡里亚很早就指出："严峻的刑罚造成了这样一种局面：罪犯所面临的恶果越大，也就越敢于规避刑罚。为了摆脱对一次罪刑的刑罚，人们会犯下更多的刑罚"。在我国这样一个有着重刑主义传统的国家更应当值得警惕。

(2) 教育鼓励功能。对犯罪人适用刑罚，具有提高公民的法律意识和法制观念，教育公民自觉遵纪守法，维护法制，鼓励公民坚决同犯罪进行斗争的作用，这就是刑罚的教育、鼓励功能。在我国，人民法院对犯罪人判处应得的刑罚，并由特定机关执行该刑罚，可以使社会其他成员进一步懂法、知法，提高他们遵纪守法的自觉性和同犯罪分子作斗争的积极性；同时，他们也会因社会正义得到维持而备受鼓舞，从而更加坚定守法、护法的决心。

二、疑难问题

如何认识刑罚的功能？

刑罚的功能具体有哪些内容，理论上没有一致的见解。概括学者们的观点，大概有以下几类：

第一，二分法。将刑罚的功能分为个别预防与一般预防两类。前者又分为剥夺或限制再犯能力、个别鉴别、感化、个别威胁、改造等五种；后者又分为对潜在犯罪人的功能、对受害人的作用、对其他违法者的作用等三种。

第二，三分法。该观点根据作用对象的不同，将刑罚的功能分为对犯罪人的功能、对社会的功能与对被害人的功能三大类，然后再细分为各种具体的小类。

第三，四分法。将刑罚的功能具体分为四种，即报复感情平息的机能；保安的机能；赎罪的机能；预防的机能。

第四，八分法。将刑罚的功能细分为八种，即剥夺功能；改造功能；感化功能；威慑功能；鉴别功能；补偿功能；安抚功能；鼓励功能。

综观以上几种观点，我们认为第二种观点即三分法比较科学，该观点首先根据刑罚的对象从大的方面将刑罚的功能划分为三大类，然后再具体论述刑罚的各种功能，以简驭繁，具有较高的概括性和合理性，能够比较清晰地把握刑罚的功能。

■第三节　刑罚的目的

一、基本法理

(一) 刑罚目的的概念

刑罚的目的是国家据以确定刑事政策、制定刑事法律，特别是设计刑罚制度的基本出发点，也是国家适用刑罚同犯罪作斗争的最终归宿，从根本上制约着刑罚的性质、内容、体系和方向，左右着刑罚的裁量、执行及其功效，因而可以说刑罚的目的是刑罚理论的核心和要害。

那么，应该如何准确定义刑罚目的的概念呢？在我国刑法学界，主要有两种观点，广义目的说和狭义目的说。广义说认为，刑罚的目的是指国家制定、适用和执行刑罚所追求的效果；而狭义说则主张，刑罚的目的是指刑事审判机关对犯罪人适用刑罚所期望达到的效果，只限于量刑和执行刑罚所追求的目的。我们认为，狭义说将刑罚的目的仅仅认为是适用刑罚的目的，视野不免狭窄，国家对犯罪人适用刑罚所要达到的效果不是通过立法、审判、行刑三个环节之一或之二就能实现的；只有三者协同一致，才能得到很好的实现。因而，相比较而言，广义说是比较妥当的，即刑罚目的是指国家制定、适用和执行刑罚所追求的效果。

(二) 刑罚目的的内容

刑罚的目的不同于刑罚的本质、刑罚的功能。我们认为，惩罚、教育、改造、威慑等都是实现刑罚目的的手段，是刑罚的本质和功能的体现，本身不能成为刑罚目的的内容。应当明确，刑罚是作为犯罪的对立物而产生的，国家制定刑罚、适用刑罚和执行刑罚所追求的，乃是以刑罚作为手段同犯罪作斗争，从而最终预防犯罪。因此，以预防说来解释我国刑罚的目的是最为可取的。刑罚目的所预防的犯罪，包括已然之罪和未然之罪，由于预防对象的不同，又将刑罚的目的划分为特殊预防和一般预防，在学术上称之为双面预防。

1．特殊预防。

（1）特殊预防的概念。特殊预防是指通过对犯罪分子适用刑罚，惩罚改造犯罪分子，预防其重新犯罪。这表明，特殊预防的对象只能是因为犯罪而受刑罚处罚的犯罪人。特殊预防的作用主要有两个方面的内容：

第一，惩罚犯罪分子，使其不敢也不能再犯。如果不剥夺犯罪分子的再犯能力和条件，不对其施加与其犯罪危害程度相当的惩罚，就不足以防止他们再次犯罪。通过实施一定的惩罚，剥夺犯罪分子的某种权益，使其失去再犯的能力、条件或资格，同时也使他们在生理上和精神上产生强烈的痛苦体验和畏惧心理，充分认识到犯罪不仅得不到任何好处，反而招致痛苦和耻辱，从而抑制或消除再次犯罪的意念。

第二，教育与改造犯罪分子，彻底消除其犯罪心理，使其不愿再犯。一味的惩罚将使罪犯产生消极抵触情绪和对抗性行为，所以应当在对其进行惩罚威慑、体验犯罪所带来痛苦的同时，进行耐心细致的思想教育和必要的劳动改造，并针对其心理状态、人格特征和犯罪的具体原因，采取个别化的矫正措施，才能使他们从被迫接受改造转向自觉进行改造，从而彻底地消除犯罪心理。

（2）特殊预防的方式。就我国刑法而言，特殊预防主要有以下几种方式：①对极少数罪行极其严重的犯罪人，通过适用死刑立即执行的方式，永远剥夺其重新犯罪的能力。②对绝大多数犯罪人通过采取适用不同期限自由刑的方式，使其在一定时期内与社会隔离，同时进行教育改造，以达到改过自新不再危害社会的目的。这是特殊预防最主要和最基本的方式。③对经济犯罪、财产犯罪和其他贪利性犯罪的犯罪人，以及罪行较轻、主观恶性较浅、人身危险性不大的犯罪人和单位单独科处财产刑，不仅可以剥夺其重新犯罪的资本和物质条件，而且可以补救短期自由刑所带来的一些弊病。④通过对某些犯罪人独立或附加适用资格刑，剥夺其一定的权利和资格，从而防止他们利用这些权利或资格重新进行犯罪。

（3）特殊预防的实现。实现特殊预防目的的关键在于妥善处理剥夺、惩罚和教育改造三者的辩证关系。既要反对不要惩罚的教育万能论，也要反对忽视教育的单纯惩办主义，必须寓教育改造于剥夺惩罚之中，把剥夺惩罚和教育改造有机地结合起来。

这就要求我们在整个刑事法律活动过程中都必须贯彻特殊预防的思想：在刑罚创制方面，应充分体现罪责刑相适应原则，使罪刑关系建立在公正和科学的基础之上；在刑罚裁量方面，应坚持刑罚个别化的原则，充分考虑犯罪人的人身危险性，使量刑具有针对性和适当性；在刑罚执行方面，应全面贯彻惩罚与教育相结合、劳动与改造相结合的方针，将防止重新犯罪作为整个刑罚执行工作的中心。

当然，我们也应当看到，对犯罪人的改造是一项复杂的社会工程，能否将某个具体的犯罪人改造成没有再犯危险性的人，取决于多方面的因素，需要全社会的通力合作，必须采取多方面的预防措施，不能将刑罚作为实现预防重新犯罪的惟一手段。

2．一般预防。

（1）一般预防的概念。一般预防是指通过制定和对犯罪人适用刑罚，威慑、儆戒其他人，预防他们走上犯罪道理。由此可知，一般预防的对象不是犯罪人，而是犯罪人以外的社会成员。

具体而言，一般预防的对象可以分为以下四类：①危险分子，即具有犯罪危险的人。如多次实施违法行为的人、尚未得到彻底改造的刑满释放人员，他们都具有较大的人身危险性，是一般预防的重点。②不稳定分子，即容易犯罪的人。主要指那些法制观念淡薄、自制能力不强、没有固定职业、容易受犯罪诱惑或被犯罪人教唆拉拢的人，这也是一般预防的重点。③犯罪被害人及其家属，即直接或间接受到犯罪侵害的人。他们往往具有复仇的念头，也容易采取犯罪手段达到报复的目的。④其他社会成员，即除以上三类人员以外的其他一般公民。

对于其他社会成员能否构成一般预防的对象，理论上存在肯定说与否定说两种争议。我们赞成肯定说，因为一般预防从理论上又可分为威慑预防和规范预防，后者指通过规定和适用刑罚使公民增强法律意识，加强其对法律秩序的存在和贯彻的信赖，从而自觉地预防犯罪并与犯罪作斗争，刑罚对其他社会成员的一般预防主要不是威慑预防，而是通过规范预防实现的。因此一般预防的对象当然包括一般公民；否则，一般预防就不具有完整的意义。

（2）一般预防的方式。由于一般预防的对象不是犯罪人，所以其作用的方式不同于特殊预防的物理性强制和心理强制。只能通过在刑法中明文规定各种法定刑和对犯罪人适用刑罚的方式，来对除犯罪人以外的人产生心理影响。具体而言，主要有三种方式：①通过制定、适用和执行刑罚，威慑社会上的危险分子和不稳定分子，抑制他们的犯罪念头，使他们不敢以身试法；②通过制定、适用和执行刑罚，表明国家对犯罪的不能容忍，安抚犯罪人及其家属，以防止报复性犯罪活动的发生；③通过制定、适用和执行刑罚，提高公民的法制意识，鼓励他们积极地同犯罪作斗争。

（3）一般预防的实现。刑罚的一般预防目的是可以实现的，但是一般预防目的的实现也是一项复杂的系统工程，而且比特殊预防的实现还要复杂得多。要达到一般预防的目的，应当注意刑罚的适当性、公开性和及时性。

第一，刑罚的适当性。即指刑罚的轻重应当与罪行的轻重及刑事责任的大小相适应。这既体现在刑事立法上，也体现在刑事审判中，同时也就要求我们在理论及实践中不仅要反对把重刑化作为实现一般预防的手段，也要反对把轻刑化作为实现一般预防的手段。因为如果刑罚过重，必定在公民中产生刑罚过于严酷的不人道的感觉，使人们反而同情犯罪人；如果刑罚过轻，则很难产生应有的威慑和教育作用。所以只有坚决贯彻执行罪责刑相适应原则，使罪责重者遭受重判，罪责轻者受到轻罚，才能收到一般预防的效果。

第二，刑罚的公开性。即指国家应当将刑罚公之于众，使全体社会成员均能知晓。这种公开性也是由刑事立法上的刑罚公开和刑事审判中的刑罚公开两个方面组成的。对于一般预防和刑罚公开的关系，历史上也曾有两种不同的主张：一种即所谓的“刑不可知则威不可测”，另一种则认为只有刑罚公开才能使人们感受到刑罚的威力，才能使人们不敢轻易触犯刑律。在现代社会，应当说后一种观点才是正确的。刑罚越公开，其所能起到的威慑、教育作用才能越大，一般预防的目的也才能更好地实现。

第三，刑罚的及时性。即指犯罪案件发生后，司法机关应当在尽可能短的时间内，将犯罪人缉拿归案、交付审判、执行刑罚。这包括及时判决和及时执行刑罚，当然也包括及时侦查和起诉。“迟到的正义非正义”，刑罚的及时与否，所产生的效果大不相同。犯罪发生后，如果能及时破案、及时审判，不仅能够使被害人及其家属得到及时安抚，广大公民的义愤得到平息，同时也可以使人们受到很好的教育和警示。相反，如果案件久拖不决，则会使人们大大降低对司法机关及法律的信任，一般预防的目的就无从谈起。因此，为了实现一般预防的目的，对犯罪必须及时侦查、起诉、判决和执行刑罚。

3. 特殊预防与一般预防的关系。我国刑罚的特殊预防目的和一般预防目的是紧密结合、相辅相成的。如果没有特殊预防的方式，一般预防也很难实现；而如果仅考虑一般预防，则预防犯罪的目的就无法达到。在整个刑事立法和司法的过程中，都必须时刻注意贯彻特殊预防与一般预防相结合的思想，具体而言：立法机关通过规定恰当的刑罚种类和对每一种犯罪配置相应的刑罚来兼顾这两个预防；刑事审判机关和执行机关则通过准确、恰当与及时的裁量和执行来体现对两个预防目的的追求，即对犯罪的惩罚、教育改造和对其他人的威慑、安抚、教育。

当然，在实际立法和司法实践中，如何把握、平衡好特殊预防与一般预防的关系，仍然是一个需要进一步研究的问题。仅就刑罚的裁量工作而言，人民法院在对犯罪分子适用刑罚时，既要考虑一般预防的需要，使裁量的刑罚足以威慑、儆戒意图实施犯罪的人，同时也要考虑特殊预防的需要，使裁量的刑罚符合惩罚和教育改造罪犯的需要，绝不能强调某一方面而忽视另一方面。但是，这并不意味着要求对刑罚的特殊预防与一般预防两个方面必须不分主次、等量齐观，而是可以有所侧重的。一般而言，人民法院对犯罪分子适用刑罚，应当在罪责刑相适应原则的制约下，首先主要考虑特殊预防的需要，然后再适当考虑一般预防的需要，绝不能为了一时的威慑效果而任意判处重刑，甚至背离罪责刑相适应原则而实行严刑峻罚。

二、疑难问题

如何认识刑罚的目的？

刑罚的目的历来是刑法学研究的一个重点，古今中外关于刑罚目的的观点也是众说纷纭，形成了名目繁多的学说。

1. 西方学者关于刑罚目的的理论。

(1) 报应主义。也称绝对主义或报复主义，认为刑罚是犯罪的当然结果，犯罪是刑罚的原因，刑罚是对犯罪的报应。换言之，刑罚只是由于犯罪才被科处，此外不应追求任何其他目的。代表人物主要有康德、黑格尔等人。

由于理论的着眼点不同，报应主义又可以细分为几个流派：①神意报应主义，认为犯罪是对神意的违反，应当受到神的惩罚；②道德报应主义，认为社会的道德观念是正义的所在，刑罚是根据道德观念对犯罪的报应；③法律报应主义，认为正义的根据在于法律，犯罪是违反法律的行为，刑罚是对犯罪的法律的报应；④赎罪主义，认为刑罚是对犯罪人科处痛苦，使其可以从自己犯过罪的过去中解脱出来。

报应主义将刑罚的目的仅仅锁定在报应上是有失偏颇的，至少防卫社会也应该是刑罚的目的。该理论仅从已然之罪出发考察刑罚的目的，而没有从未然之罪探求刑罚的目的，因而是不完整的。

(2) 目的主义。也称相对主义或功利主义，认为刑罚不是因为有犯罪才科处，而是为了将来不犯罪，所以刑罚是预防将来犯罪，维护社会秩序的手段。代表人物主要有贝卡里亚、龙勃罗梭、费尔巴哈等人。

目的主义也可以细分为许多流派：

第一，一般预防主义。认为刑罚的目的在于预防社会上一般人犯罪的发生，由于学者的观点不同，又可以划分出以下几说：①威吓主义，认为利用执行残酷的刑罚，可以收到预防社会上一般人犯罪的效果，德国学者葛梅林持此说；②心理强制主义，认为人人都有追求快乐避免痛苦的本能，对犯罪人科处刑罚加之以痛苦，可以使人们预先知道犯罪所带来的痛苦要大于快乐，从而抑止其犯罪的意念，德国学者费尔巴哈持此说；③儆戒主义，认为犯罪大多由于行为人不知道其行为将被刑罚处罚，因而为了预防犯罪，法律应当公开宣示，以唤起一般人的注意，德国学者鲍尔持此说。

第二，特殊预防主义。认为刑罚的目的在于预防被科处刑罚的犯罪人将来再实施犯罪。这也可以划分出以下几说：①改善主义，认为刑罚的目的在于使犯罪人本人悔改向善，将来不再犯罪，而不应当成为威吓、报应的工具，德国学者路德持此说；②防卫主义，认为国家与个人同样具有生存权，国家为了防卫自己免受犯罪的侵害因而对犯罪人科处刑罚，意大利学者龙勃罗梭持此说。

第三，双面预防主义。认为刑罚的目的是一般预防和特殊预防，意大利学者贝卡里亚和英国学者边沁持此说。贝卡里亚认为刑罚的目的是："阻止罪犯重新侵害公民，并规诫其他人不要重蹈覆辙。"可以说，此说既注意到了刑罚的一般预防目的，也注意到了特殊预防目的，避免了片面性，对后世的刑罚目的理论有较大的影响。但是也有其不足之处，如对如何实现刑罚的特殊预防目的，如何正确处理一般预防与特殊预防的关系等都缺乏科学的说明。

（3）折衷主义。也称综合主义，认为刑罚是由于有了犯罪而科处，将刑罚的原因归之于报应主义，同时又主张刑罚的目的是预防犯罪或防卫社会。该说试图调和目的主义和报应主义，但是并没有从根本上解决报应刑和预防刑之间的矛盾。

2. 我国学者关于刑罚目的的理论。什么是刑罚的目的，我国刑法学界也一直存在着很多争论，主要有以下一些观点：①惩罚说。该说认为适用刑罚的目的在于限制和剥夺犯罪分子的自由和权利，以制止犯罪的发生。②改造说。该说认为刑罚是通过对犯罪分子判处刑罚达到改造罪犯，使其重新做人的目的。③预防说。该说认为适用刑罚的目的是预防犯罪，包括一般预防和特殊预防两个方面。④双重目的说。该说认为刑罚既有惩罚犯罪分子的目的，又有教育改造犯罪分子的目的。⑤三目的说。该说认为适用刑罚的目的有三个，惩罚和改造犯罪分子、预防他们重新犯罪；教育和儆戒社会上的不稳定分子；教育广大群众增强法制观念。⑥预防和消灭犯罪说。该说认为适用刑罚是要把犯罪分子中的绝大多数人教育改造成为新人，从而达到预防犯罪、最终消灭犯罪并保护国家和人民利益的目的。⑦根本目的和直接目的说。该说认为适用刑罚的根本目的是预防犯罪，保卫社会；直接目的是惩罚犯罪，伸张正义，威慑犯罪分子和不稳定分子，改造犯罪分子，使其自觉遵守社会主义法律秩序。⑧报应和预防统一说。该说认为刑罚的目的是报应与预防的辩证统一，报应是道义报应和法律报应的统一，预防是一般预防和个别预防的统一。⑨三层次目的说。该说认为我国刑罚的目的有三个层次，分别是公正惩罚犯罪、有效预防犯罪和最大限度保护法益。

就目前而论，预防说是我国刑法理论界与实务界的通说。

【思考题】

1. 什么是刑罚？刑罚有哪些特点？
2. 如何理解刑罚的本质？
3. 刑罚与其他法律制裁方法的区别有哪些？
4. 刑罚的功能有哪些特点？刑罚有哪些功能？
5. 什么是刑罚的目的？刑罚目的的内容有哪些？
6. 如何理解特殊预防与一般预防的关系？

【参考文献】

1. 马克昌主编：《刑罚通论》，武汉大学出版社 1999 年版。
2. 赵秉志：《刑法基本理论专题研究》，法律出版社 2005 年版。
3. 邱兴隆、许章润：《刑罚学》，群众出版社 1988 年版。
4. 陈兴良：《刑法哲学》，中国政法大学出版社 2004 年版。
5. 韩轶：《刑罚目的的建构与实现》，中国人民公安大学出版社 2005 年版。
6. [意] 贝卡里亚：《论犯罪与刑罚》，黄风译，中国大百科全书出版社 1993 年版。
7. [法] 马克·安赛尔：《新刑法理论》，卢建平译，香港天地图书有限公司 1990 年版。
8. [斯洛文尼亚] 卜思天·M. 儒攀基奇：《刑法－刑罚理念的批判》，何慧新等译，中国政法大学出版社 2002 年版。

第十九章 刑罚的体系和种类

【导语】刑罚体系是由不同种类的刑罚按照一定的顺序由轻到重或由重到轻所组成的有机联系的整体。由于现实中的犯罪形形色色，因而作为对付犯罪的制裁措施的刑罚也是多种多样的。本章主要论述刑罚体系的概念和特点，刑罚的种类，我国的各种具体刑种及其适用条件与特点。

本章的疑难问题有：①如何认识目前我国刑罚体系的特点？②如何认识关于死刑的存废之争？

■第一节 刑罚体系概述

一、基本法理

（一）刑罚体系的概念和特征

刑罚体系是指刑事立法者从有利于发挥刑罚功能和实现刑罚目的的意愿出发，选择一定的惩罚方法作为刑罚并加以归类，并由刑法依照一定的标准对各种刑罚方法排列而成的刑罚序列。具体分析之，刑罚体系具有以下一些特征：

第一，刑罚体系的构成要素是具体的刑罚方法即刑种。体系都是由若干要素构成的，而构成刑罚体系的要素就是各种具体的刑罚方法即刑种。没有刑种也就不可能构成刑罚体系。

第二，构成刑罚体系要素的刑种是经过立法者选择而确定的。刑罚体系由哪些刑种构成，这是由立法者选择的。我国的刑种是立法者在总结长期以来我国各种刑事立法规定的刑罚种类及其运用效果的基础上选择确定的。这种选择确定的过程是一个由少到多，由不统一到统一，由不完备到完备，由不区分主刑与附加刑到区分主刑与附加刑，由分散规定在各个单行刑法到集中统一规定于刑法典的发展过程。

第三，作为构成刑罚体系要素的各刑种是依据一定的标准排列的。刑罚体系不是主刑和附加刑的简单拼凑，而是立法者按照一定的标准进行排列的。我国刑法中的刑罚体系将刑种分为主刑和附加刑两类，并按照每一类刑罚方法之间的严厉程度由轻到重依次排列。

第四，刑罚体系是由刑法明文规定的。我国是成文法国家，罪刑法定是我国刑法的一项基本原则，这就决定了刑罚体系必须由刑法明确规定，包括刑种的确定、主刑与附加刑的分类、刑种的排列顺序等。

第五，刑罚体系确立的根据是有利于刑罚功能的发挥和刑罚目的的实现。在我国的刑罚体系中，无论是刑种的选择，还是刑种的分类、排列，都是立法机关从有利于刑罚目的的实现出发而确定的。可见，立法机关确立刑罚体系也不是随心所欲的。因此，对刑罚体系的认识不能只看其表面，更应当注意其表面下所隐藏的立法者确立刑罚体系的意图。

（二）刑罚种类的划分

刑罚的种类简称刑种，不同国家对于刑种的划分并不完全相同。一般有两种方法：①法律条文上的分类法，标准是根据刑法条文中刑罚方法的严厉程度不同，把刑罚分为主刑和附加刑，然后再依其轻重次序，对刑种再作若干划分。②刑法理论上的分类法，学者们根据刑罚方法的性质和特点的不同，将刑罚又分成五大类，即生命刑、身体刑、自由刑、财产刑和资格刑（也称荣誉刑）。

（三）我国目前的刑罚体系

现阶段，我国的刑罚体系由以下刑种组成：主刑五种，由轻到重分别为管制、拘役、有期徒刑、无期徒刑和死刑；附加刑三种，分别为罚金、剥夺政治权利和没收财产；此外还有只对犯罪的外国人或无国籍人适用的驱逐出境，总共有九个刑种。若按上述的第二种分类法，则又可以分为：生命刑（死刑）、自由刑（管制、拘役、有期徒刑和无期徒刑）、财产刑（罚金和没收财产）、资格刑（剥夺政治权利和驱逐出境），共四大类。

二、疑难问题

如何认识目前我国刑罚体系的特点？

理论界普遍认为，我国目前的刑罚体系具有以下特点：

（一）要素齐备、结构合理

我国刑罚体系中既有开放型的不剥夺犯罪人人身自由的管制，也有短期剥夺犯罪人人身自由且就近执行的拘役；既有剥夺犯罪人一定期限人身自由的有期徒刑和剥夺犯罪终身人身自由的无期徒刑，也有剥夺犯罪人生命的死刑；既有强制向国家缴纳一定数额金钱的罚金刑，也有剥夺犯罪人一定权利和资格的剥夺政治权利；既有没收财产刑，也有专门适用于犯罪的外国人的驱逐出境。可以说是比较全面的。

此外，我国刑罚体系各要素的结构也是较为合理的。首先表现在主刑和附加刑的结构合理，主刑在前，附加刑在后，体现了主刑是对犯罪人主要适用的刑罚方法，附加刑是对主刑进行的适当补充的特点。其次是各个刑种之间的结构合理，主刑中的刑罚方法根据各自的严厉程度由轻到重依次排列，附加刑亦是如此。

（二）宽严相济、衔接紧凑

我国目前的这些刑种，无论是主刑还是附加刑，都是轻重有别，可以适用于不同严重程度的犯罪。如主刑中既有管制与拘役等较轻的刑罚，也有较重的有期徒刑，还有更重的适用于非常严重犯罪的无期徒刑和死刑；附加刑也是轻重有别。这些都充分体现了我国刑罚体系的宽严相济。

同时，我国刑罚体系的刑种也是衔接紧凑的，如拘役与有期徒刑是相邻的两个刑种，其中拘役的期限为1个月以上6个月以下，有期徒刑的期限是6个月以上15年以下。有期徒刑与无期徒刑的衔接也是紧凑的。

（三）内容合理、方法人道

我国刑罚体系的内容立足于我国的实际情况，坚持惩罚与教育改造相结合的方针，这是其合理性之一；合理性之二则表现为我国刑罚体系以自由刑为中心，同时扩大了我国所独创的开放型刑种管制和罚金的适用范围，符合世界各国刑罚发展的历史趋势。

我国刑罚体系中的刑罚方法都会使犯罪人产生一定的痛苦，这也是刑罚的本质所决定的，但是并不具有折磨性、残虐性。所有刑种都不会造成犯罪人肉体上的摧残、人格上的侮辱、精神上的虐待。所有刑种除死刑外都强调对犯罪人的教育改造，因而是较为人道的。

但是，近年来，随着研究的进一步深入，我国部分学者也结合实践中存在的问题对我国目前的刑罚体系提出了一定的批判，他们认为主要存在着以下一些问题：我国刑罚体系过于陈旧，主要是自由刑，而西方国家则多为财产刑、资格刑或保安处分；死刑适用的太多太重，其他刑罚又明显偏轻，无期徒刑不无期，有期徒刑上限又太短；管制刑几乎被虚置，短期自由刑适用比例偏低；罚金刑没有规范标准，实际执行也存在较大困难；资格刑过于单一，只有两种；缺乏保安处分措施、社区矫正等代表着刑罚轻缓化发展趋势的犯罪处理方法；等等。由此，刑罚改革的声音越来越强烈。

■第二节　主刑

一、基本法理

（一）主刑的概念和特点

主刑，是对犯罪适用的主要刑罚方法。主刑的特点是只能单独适用，不能附加适用，即对于一种犯罪行为或同一个犯罪人，只能判处一种主刑，而不能同时判处两个或两个以上的主刑。如前所述，我国《刑法》中规定的主刑有五种，具体包括管制、拘役、有期徒刑、无期徒刑和死刑。

（二）管制

管制是对犯罪分子不予关押，但限制其一定自由，交由公安机关执行和群众监督改造的刑罚方法。

管制是我国独创的一种开放性的刑罚方法，产生于我国民主革命时期。新中国成立后，人民法院在审判实践中继续适用这种刑罚方法，最初只适用于某些反革命分子和贪污分子，后来逐渐适用于其他刑事犯罪分子。1979 年《刑法》正式将管制纳入刑罚体系之中，成为主刑的一种。

管制作为一种限制自由的刑罚方法，起到了连接剥夺自由刑和非自由刑的纽带作用，使刑罚结构更加紧凑自然。同时，由于对犯罪分子不予关押，避免了剥夺自由刑容易导致交叉感染的副作用，也有利于犯罪分子的改造和社会秩序的安定。

然而由于我国没有明确专门的监督管制执行的机构与人员，再加上社会的发展使得人员的流动加快，管制的执行往往流于形式，因而实践中判处管制的比例很低。这也导致 1997 年《刑法》修改时管制的存废成了争议较大的问题，但最终立法还是予以保留。

管制具有如下特点：

第一，对犯罪分子不予关押。即不将犯罪分子羁押在特定的场所或设施中，从而剥夺其人身自由。这是管制与拘役、有期徒刑等剥夺自由刑的重要区别。

第二，犯罪分子的一定自由受到限制。管制作为刑罚方法的惩罚性就是表现在对犯罪分子一定自由的限制。依据我国《刑法》第 39 条的规定，限制自由的具体内容是：①遵守法律、行政法规，服从监督；②未经执行机关批准，不得行使言论、出版、集会、结社、游行、示威自由的权利；③按照执行机关规定报告自己的活动情况；④遵守执行机关关于会客的规定；⑤离开所居住的市、县或者迁居，应当报经执行机关批准。但对于被判刑管制的犯罪分子，在劳动中应当同工同酬。

第三，对犯罪分子自由的限制具有一定的期限。根据《刑法》第 38 条的规定，管制的期限是 3 个月以上 2 年以下；另外根据《刑法》第 69 条的规定，数罪并罚时，管制的期限不得超过 3 年。根据《刑法》第 41 条的规定，管制的期限，自判决执行之日起计算，判决执行以前先行羁押的，羁押 1 日折抵刑期 2 日。根据《刑法》第 40 条的规定，管制期满，执行机关应即向犯罪分子本人和其所在单位或者居住地的群众宣布解除管制。

第四，由公安机关执行和群众监督改造。虽然刑法只明文规定了管制由公安机关执行，而没有明文规定由群众监督改造，但由于管制是一种开放性的刑罚，因此，实际上是离不开群众监督改造的。

（三）拘役

拘役是短期剥夺犯罪分子的自由、就近执行并实行劳动改造的刑罚方法。拘役是一种短期自由刑，是主刑中介于管制与有期徒刑之间的一种轻刑。

拘役与刑事拘留、民事拘留、行政拘留一样，都是短期剥夺人身自由的强制方法，但是它们之间又存在着很大的区别，主要表现在：①性质不同。拘役是刑罚方法，而刑事拘留属于刑事诉讼中的一种强制方法，民事拘留属于司法行政性质的处罚，行政拘留则是治安行政处罚。②适用对象不同。拘役适用于罪行较轻的犯罪分子，刑事拘留适用于《刑事诉讼法》第 61 条规定的七种情形之一的现行犯或重大嫌疑分子，民事拘留适用于《民事诉讼法》第 102 条规定的六种情形之一但又不构成犯罪的民事诉讼参与人或其他人，行政拘留适用于违反治安管理法规，尚未达到犯罪程度的行为人。③适用机关不同。拘役由人民法院的刑事审判部门适用，民事拘留由人民法院的民事审判部门适用，刑事拘留由公安机关或人民检察院适用，行政拘留由公安机关适用。④适用的法律依据不同。适用拘役的法律依据是刑法，适用刑事拘留的法律依据是刑事诉讼法，适用民事拘留的法律依据是民事诉讼法，适用行政拘留的法律依据是治安管理处罚法。

拘役具有以下特点：

第一，剥夺犯罪分子的自由。即将犯罪分子关押于特定的改造场所进行改造，使其丧失人身自由。

第二，剥夺自由的期限较短。根据《刑法》第 42、44 条以及第 69 条的规定，拘役的期限为 1 个月以上 6 个月以下，数罪并罚不得超过一年。拘役的刑期从判决执行之日起计算，判决执行以前先行羁押的，羁押 1 日折抵刑期 1 日。

第三，由公安机关执行。根据《刑法》第 43 条第 1 款规定，被判处拘役的犯罪分子，由公安机关就近执行。就近执行是指将犯罪分子放在所在地的县、市或市辖区的公安机关设置的拘役所执行；没有建立拘役所的，放在离犯罪分子所在地较近的监狱执行；犯罪分子所在地附近没有监狱的，可将其放在看守所执行。对放在监狱或看守所执行拘役的犯罪分子，应实行分管分押，以避免交叉感染。

第四，享受一定的待遇。根据《刑法》第 43 条规定，在执行期间，被判处拘役的犯罪分子每月可以回家 1 天至 2 天；参加劳动的，可以酌量发给报酬。

（四）有期徒刑

1. 有期徒刑的概念。有期徒刑是剥夺犯罪分子一定期限的人身自由，强迫其劳动并接受教育改造的刑罚方法。由于有期徒刑的刑期幅度大、适用面宽，使其成为我国主刑中适用最广泛的刑罚方法，我国刑法中所有的犯罪都规定了有期徒刑的法定刑，同时有期徒刑也是司法实践中适用率最高的一种刑罚方法。有期徒刑在执行的场所、执行的机关、执行期间的待遇、期限以及法律后果等方面都与拘役存在着一定的不同。在法律后果方面，被判处有期徒刑的犯罪人，在刑罚执行完毕或赦免以后 5 年之内再犯应当被判处有期徒刑之罪的，可以构成属于应当从重处罚情节的累犯；而被判处拘役的犯罪人，则不存在这样的后果。

2. 有期徒刑的特点。

（1）剥夺犯罪分子的人身自由。即将犯罪分子关押在一定的改造场所，使其丧失人身自由。

（2）对犯罪分子人身自由的剥夺有一定的期限。根据《刑法》第 45、47、50 条以及第

69 条的规定，有期徒刑的刑期为 6 个月以上 15 年以下，数罪并罚时，最高不得超过 20 年；有期徒刑的刑期，从判决执行之日起计算，判决执行以前先行羁押的，羁押 1 日折抵 1 日。

（3）在监狱或者其他执行场所执行。有期徒刑相比较而言是一种较重的刑罚方法，因此对被判处有期徒刑的犯罪分子不能像拘役那样在拘役所、看守所执行，而应在监狱或者其他专门场所执行。有期徒刑的执行场所有以下几种：①监狱。根据《监狱法》第 2 条的规定，监狱是执行被判处死刑缓期二年执行、无期徒刑和有期徒刑的场所。②其他执行场所，主要是少年犯管教所。它是以少年犯为对象的执行机关，关押 14 周岁以上不满 18 周岁的犯罪分子。③看守所。另外，根据《刑事诉讼法》第 213 条第 2 款的规定，对于被判处有期徒刑的罪犯，在被交付执行刑罚前，剩余刑期在 1 年以下的，由看守所代为执行。

（4）强迫参加劳动，接受教育改造。根据《刑法》第 46 条的规定，被判处有期徒刑的犯罪分子，无论是在监狱还是在其他场所执行，凡是具有劳动能力的，都应当参加劳动，接受教育和改造。参加劳动是强制性规定，劳动表现作为犯罪分子认罪、悔罪与否的指标，是法定的奖惩考核的内容，同时劳动也可以使犯罪人习得一技之长，以便回归社会后能顺利谋生就业。

（五）无期徒刑

1. 无期徒刑的概念。无期徒刑是指剥夺犯罪分子的终身自由，强制其参加劳动并接受教育改造的一种刑罚方法。无期徒刑是剥夺自由刑中最严厉的刑罚方法，在所有的刑罚方法中，其严厉性仅次于死刑。正是由于其严厉性，所以无期徒刑的适用对象只是那些罪刑严重、但不必判处死刑而又需要与社会永久隔离的犯罪分子。

2. 无期徒刑的特点。

（1）剥夺犯罪分子的自由。即将犯罪分子关押在一定的场所，使其没有人身自由。

（2）剥夺自由是没有期限的，即剥夺犯罪分子的终身自由。需要指出的是，无期徒刑虽然从词义上讲是实行无期限的关押，但实际上并不是将所有被判处无期徒刑的犯罪分子关押到死，而是只要犯罪分子有悔过自新的表现，达到一定标准、符合一定条件的就可以回归社会。如符合法定条件的减刑或假释，此外在国家发布特赦令的情况下，符合条件的也可以被特赦释放。

（3）强迫参加劳动，接受教育改造。被判处无期徒刑的犯罪分子，除无劳动能力的外，都必须参加无偿劳动，接受教育改造。

（4）羁押时间不能折抵刑期。由于无期徒刑无期限可言，因此判决执行之前先行羁押的时间不存在着折抵刑期的问题。

（5）必须附加剥夺政治权利。根据《刑法》第 57 条的规定，被判处无期徒刑的犯罪分子，应当附加剥夺政治权利终身，这也是无期徒刑区别于有期徒刑的一个重要标志。

（六）死刑

1. 死刑的概念。死刑是剥夺犯罪分子生命的刑罚方法，包括死刑立即执行和死刑缓期二年执行两种情形。由于死刑以剥夺犯罪分子的生命为内容，是所有刑罚方法中最严厉的刑罚，故又称为极刑。

2. 死刑的适用。基于坚持少杀、慎杀的死刑政策，我国刑法对死刑的适用条件、适用对象、适用程序和执行制度等方面作了明确的限制性规定。

（1）死刑适用条件的限制。《刑法》第 48 条规定："死刑只适用于罪行极其严重的犯罪分子。"这表明，适用死刑的条件是罪行极其严重。所谓罪行极其严重是指犯罪的性质极其严重、犯罪的情节极其严重、犯罪分子的人身危险性极其严重的统一，只有这三个方面都达到了极其严重才能适用死刑。同时，《刑法》分则的各条文也对适用死刑的具体条件作了比较明确的规定。

（2）死刑适用对象的限制。《刑法》第49条规定："犯罪的时候不满18周岁的人和审判的时候怀孕的妇女，不适用死刑。"这里所说的"不适用死刑"，是指既不适用死刑立即执行，也不适用死刑缓期二年执行。这条规定充分体现了我国刑法对未成年犯罪人重在教育的政策和人道主义精神。需要指出的是，对于"审判的时候怀孕"，不能仅仅理解为是指人民法院审理案件的时候被告人正在怀孕。根据有关司法解释，"审判的时候怀孕"既包括人民法院审理案件的时候被告人正在怀孕，也包括案件起诉到人民法院之前被告人怀孕但作了人工流产的情况。

（3）死刑适用程序的限制。

首先，从案件的管辖上进行限制。根据《刑事诉讼法》第20条的规定，死刑案件只能由中级以上人民法院进行一审，基层人民法院无权审理死刑案件。

其次，从死刑的核准程序上进行限制。《刑法》第48条第2款规定："死刑除依法由最高人民法院判决的以外，都应当报请最高人民法院核准。"这是从核准程序上对控制死刑适用所作的规定。但是，为了适应同严重刑事犯罪作斗争的需要，全国人大常委会1981年曾将部分死刑核准权下放到高级人民法院，即通过《关于死刑案件核准问题的决定》，将因杀人、强奸、抢劫、爆炸、放火等罪行被判处死刑的案件的核准权下放至高级人民法院。1983年修改的《人民法院组织法》第13条规定："杀人、强奸、抢劫、爆炸以及其他严重危害公共安全和社会治安判处死刑的案件的核准权，最高人民法院在必要的时候，得授权省、自治区、直辖市的高级人民法院行使。"之后，最高人民法院数次下发文件，将杀人、抢劫、强奸、爆炸以及其他严重危害公共安全和社会治安判处死刑案件的核准权授予各高级人民法院和解放军军事法院；还将除最高人民法院判决的和涉外、涉港、澳、台的以外的毒品犯罪死刑案件的核准权授予云南、广东、广西、四川、甘肃、贵州等省的高级人民法院。一直以来，许多学者都对死刑核准权的下放持批评意见，他们认为将死刑核准权收回是严格执行法律精神、保障办案质量、保障人权的一项重要措施，呼吁必须由最高人民法院统一行使。在这种努力的推动下，最高人民法院终于在2007年将所有的死刑核准权全部收回统一行使。

此外，《刑事诉讼法》第200条至第202条规定，中级人民法院判处死刑的第一审案件，被告人不上诉的，应当由高级人民法院复核后，报请最高人民法院核准；高级人民法院判处死刑的第一审案件被告人不上诉的，以及判处死刑的第二审案件，都应当报请最高人民法院核准。死刑缓期执行的，由高级人民法院核准。

（4）死刑执行制度的限制。《刑法》第48条规定："对于应当判处死刑的犯罪分子，如果不是必须立即执行的，可以判处死刑同时宣告缓期二年执行。"这就是死刑缓期执行制度，简称死缓。死缓不是独立的刑种，而是死刑的一种执行制度，是我国的独创。依据刑法的规定，死缓的适用需要具备以下条件：

第一，适用的对象必须是应当判处死刑的犯罪分子。所谓应当判处死刑，是指根据犯罪分子所犯罪行的严重程度和刑法的规定，对其应当判处死刑。对于不能判处死刑的犯罪分子，也就不存在适用死缓的问题。

第二，犯罪分子不是必须立即执行。所谓不是必须立即执行，是指根据犯罪分子所犯罪行，虽然对其应当适用死刑但不是非立即执行不可的。刑法对哪些犯罪分子属于不是必须立即执行死刑的没有明确规定。根据刑事审判经验，应当判处死刑，但具有下列情形之一的，可以视为不是必须立即执行死刑：犯罪后自首、立功或有其他法定任意从轻情节的；在共同犯罪中罪行不是最严重的，或者其他在同一或同类案件中罪行不是最严重的；被害人的过错导致被告人激愤犯罪的；犯罪人有令人怜悯的情节；等等。

由于死缓不是独立的刑种，只是死刑的暂缓执行，故判处死缓会出现不同的结局。根据《刑法》第50条的规定，判处死刑缓期执行的，会有三种法律后果：①在死刑缓期执行期间，如果没有故意犯罪的，2年期满后，减为无期徒刑；②在死刑缓期执行期间，如果确有重大立功表现的，2年期满以后，减为15年以上20年以下有期徒刑；③在死刑缓期执行期间，如果故意犯罪（其范围及属于何种停止形态均不受限制），查证属实的，由最高人民法院核准，执行死刑。

另外，我国《刑法》第51条规定了死刑缓期执行期间的计算："死刑缓期执行的期间，从判决确定之日起计算。死刑缓期执行减为有期徒刑的刑期，从死刑缓期执行期满之日起计算。"

二、疑难问题

如何认识关于死刑的存废之争？

死刑是一种古老的刑罚方法，可以说自从有了犯罪时起，就有了死刑。自从18世纪的资产阶级启蒙思想家贝卡里亚提出废除死刑以来，死刑的存废之争已经持续了两个多世纪。主存论和主废论围绕着人的生命价值、死刑是否具有威慑力、死刑是否违宪、是否有利于贯彻罪刑法定主义、是否符合刑罚目的、是否符合历史发展趋势等问题展开针锋相对的争论，最后各自得出了不同的结论。从目前世界各国的刑事立法来看，也存在着一些国家已经完全或者开始分步骤地废除死刑而其他一些国家仍然保留死刑的两种局面。

最近几年来，死刑问题一直是我国刑法理论研究中的一个热点问题，理论界有不同的主张，有激进的立即全面废除派，也有主张全盘保留甚至扩大死刑适用范围的观点。当然多数人的观点是在现阶段应逐步减少死刑的适用，而不是立即废除，经过一段时间后再最终废除死刑。目前，保留死刑是我国立法及司法实践的基本态度，坚持少杀、反对多杀、错杀是我国的死刑政策，2007年1月1日死刑复核权全部收归最高人民法院就很好地体现了这一精神。

■第三节　附加刑

一、附加刑的概念和特征

附加刑，又称从刑，是相对于主刑的概念，指补充主刑适用的刑罚方法。附加刑的特征是既可以附加于主刑适用，也可以独立适用。在附加适用时，可以同时适用两个以上的附加刑。根据我国刑法的规定，附加刑具体包括罚金、剥夺政治权利和没收财产三种。

二、罚金

（一）罚金的概念

罚金是人民法院判处犯罪分子向国家缴纳一定数额金钱的刑罚方法。它不同于行政罚款，后者是行政机关依照行政法规对违法行为人所作的行政处罚。

罚金主要适用于贪图财利或者与财产有关的犯罪，同时也适用于少数妨害社会管理秩序的犯罪。我国《刑法》分则规定的罚金适用范围较为广泛，从犯罪经济学的角度来说，"以其人之道，还治其人之身"对于那些经济、财产犯罪分子还是有一定的积极作用的。

（二）罚金的适用方式

根据《刑法》分则的规定，罚金的适用方式有以下几种：

1. 选处罚金。即罚金作为一种供选择刑种，与有关主刑并列，由人民法院根据犯罪的具体情况选择适用。此种情况下的罚金只能独立适用，而不能附加适用，如《刑法》第275条规定，故意毁坏公私财物，数额较大或者有其他严重情节的，处3年以下有期徒刑、拘役或者罚金。

2. 单处罚金。即对犯罪分子只能判处罚金，而不能判处其他刑罚。单处罚金只对犯罪的单位适用。我国《刑法》分则凡是规定处罚犯罪单位的，都是规定对单位判处罚金。

3. 并处罚金。即在对犯罪分子判处主刑的同时附加适用罚金。例如，《刑法》第328条规定，盗掘具有历史、艺术、科学价值的古文化遗址、古墓葬，情节较轻的，处3年以下有期徒刑、拘役或者管制，并处罚金。

4. 并处或者单处罚金。即罚金既可以附加主刑适用，也可以作为一种与有关主刑并列的刑种选择适用。例如，《刑法》第140条规定，生产者、销售者在产品中掺杂、掺假，以假充真，以次充好或者以不合格产品冒充合格产品，销售金额5万元以上不满20万元的，处2年以下有期徒刑或者拘役，并处或者单处销售金额50%以上2倍以下罚金。这里的罚金既可以附加有期徒刑或者拘役适用，也可以与有期徒刑、拘役并列供选择适用。

（三）罚金数额的立法规定

刑法关于罚金数额的规定，有以下几种不同的做法：

1. 比例制。即不规定具体的罚金数额，而是根据犯罪数额的一定比例确定罚金的数额。例如，《刑法》第159条规定，对犯虚假出资罪或者抽逃出资罪的，并处或者单处虚假出资金额或者抽逃出资金额2%以上10%以下的罚金。

2. 倍数制。即不规定具体的罚金数额，而是根据犯罪数额的一定倍数确定罚金的数额。例如，《刑法》第153条第1款第3项规定，走私货物、物品偷逃应缴税额在5万元以上不满15万元的，处3年以下有期徒刑或者拘役，并处偷逃应缴税额1倍以上5倍以下罚金。

3. 比例兼倍数制。即不规定具体的罚金数额，而是根据犯罪数额的一定比例和倍数确定罚金的数额。例如，刑法对生产、销售伪劣商品的各种犯罪均规定处销售金额50%以上2倍以下的罚金。

4. 特定数额制。即明确规定罚金的数额。例如，《刑法》第173条规定，变造货币，数额较大的，处3年以下有期徒刑或者拘役，并处或者单处1万元以上10万元以下罚金；数额巨大的，处3年以上10年以下有期徒刑，并处2万元以上20万元以下罚金。

5. 抽象罚金制。即只抽象地规定判处罚金。例如，刑法对犯罪的单位都是只抽象地规定判处罚金。此外，也有对自然人犯某些具体罪只抽象地规定判处罚金的立法例。例如，《刑法》第354条规定，容留他人吸食、注射毒品的，处3年以下有期徒刑、拘役或者管制，并处罚金。

（四）罚金数额的司法确定

上述刑法关于罚金数额的规定表明，有的十分抽象，毫无标准可行，有的虽然确定了判处罚金数额的一定标准，但都有一定的幅度和弹性，这就使审判实践对罚金数额的判处有较大的难度，但只要认真地掌握《刑法》第52条"判处罚金，应当根据犯罪情节决定罚金数额"的规定，同时酌情考虑犯罪人的经济状况，具体案件罚金数额的确定基本上是有据可循的。

（五）罚金的缴纳

根据《刑法》第53条的规定，罚金的缴纳方式有以下四种：

1. 一次或者分期缴纳。即犯罪分子按照判决确定的数额和指定的期限，一次缴纳完毕或分几次缴纳完毕。

2. 强制缴纳。即在判决指定的期限届满后，犯罪分子有缴纳能力而不缴纳，法院采取查封、拍卖财产、冻结存款、扣留收入等措施，强制其缴纳。

3. 随时缴纳。即对于不能全部缴纳罚金的，法院在任何时候发现被执行人有可以执行的财产，随时都可以缴纳。不能全部缴纳罚金，是指通过分期缴纳或强制缴纳的方式，在缴纳期满后，仍无法使被执行人缴纳全部罚金的。

4. 减少或者免除缴纳。即犯罪人由于遭遇不能抗拒的灾祸，缴纳判决所确定的罚金数额确实有困难，由犯罪分子提出申请，人民法院经查证属实，可以根据其遭受灾祸的轻重情况，裁定减少罚金数额或免除缴纳全部罚金。

当前，作为一种轻缓、开放的刑罚，罚金的适用范围不断扩大，而且在许多国家罚金被作为主刑而大量适用，这是符合历史发展趋势的。在我国也有学者主张将罚金刑提升为主刑。然而，在我国司法实践中，罚金执行难、教育效果差等问题导致了其适用率仍然较低，如何解决这些困难，仍需要从理论与实践两个方面进一步研究。

三、剥夺政治权利

（一）剥夺政治权利的概念和内容

剥夺政治权利是剥夺犯罪分子参加国家管理和政治活动权利的刑罚方法。

根据《刑法》第54条的规定，剥夺政治权利的内容，是剥夺犯罪分子以下权利：①选举权和被选举权；②言论、出版、集会、结社、游行、示威自由的权利；③担任国家机关职务的权利；④担任国有公司、企业、事业单位和人民团体领导职务的权利。

（二）剥夺政治权利的适用对象

剥夺政治权利适用的对象比较广泛，既可以适用于严重的犯罪，也可以适用于较轻的犯罪，既可以适用于危害国家安全的犯罪，也可以适用于普通刑事犯罪。

（三）剥夺政治权利的适用方式

根据《刑法》总则和分则的规定，剥夺政治权利的适用方式有以下几种：

1. 应当附加适用。即人民法院没有裁量选择的余地，只能严格依法在适用主刑的同时附加适用剥夺政治权利。根据《刑法》第56、57条的规定，应当附加剥夺政治权利的有以下两种情况：①对危害国家安全的犯罪分子应当附加剥夺政治权利。只要犯罪分子实施了危害国家安全的犯罪，不管对其适用的主刑是何种刑罚，都应当附加适用剥夺政治权利，但依照分则规定独立适用剥夺政治权利的除外。②对被判处死刑、无期徒刑的犯罪分子应当附加剥夺政治权利终身。此种情况下，应当附加剥夺政治权利的根据是对犯罪分子适用的主刑刑种，至于犯罪分子因为实施何种犯罪而被判处死刑或者无期徒刑在所不问。

2. 可以附加适用。即人民法院可以根据案件的具体情况确定是否适用附加剥夺政治权利。根据《刑法》第56条的规定，对于故意杀人、强奸、放火、爆炸、投毒〔《刑法修正案（三）》将其修改为投放危险物质〕、抢劫等严重破坏社会秩序的犯罪分子可以附加剥夺政治权利。此外，根据最高人民法院1998年1月13日发布的《关于对故意伤害、盗窃等其他严重破坏社会秩序的犯罪分子能否附加剥夺政治权利问题的批复》，对故意伤害、盗窃等其他严重破坏社会秩序的犯罪，犯罪分子主观恶性较深、犯罪情节恶劣、罪行严重的，也可以附加剥夺政治权利。

3. 独立适用。即剥夺政治权利与有关主刑相并列供选择适用，一旦选择适用剥夺政治权利，就不能再适用主刑。例如，《刑法》第103条规定，煽动分裂国家、破坏国家统一的，处5年以下有期徒刑、拘役、管制或者剥夺政治权利。在这里，剥夺政治权利是与有期徒刑、拘役、管制三种主刑并列的供选择的刑罚方法，对其只能独立适用。

（四）剥夺政治权利的期限

剥夺政治权利的期限分为以下四种情况：①被判处死刑、无期徒刑的犯罪分子，应当剥夺政治权利终身；②在死刑缓期执行减为有期徒刑或者无期徒刑减为有期徒刑的时候，应当将附加剥夺政治权利的期限改为3年以上10年以下；③独立适用或者判处有期徒刑、拘役附加剥夺政治权利的期限为1年以上5年以下；④判处管制附加剥夺政治权利的期限与管制的期限相同。

（五）剥夺政治权利期限的起算与执行

根据《刑法》第58条和第55条的规定与判决执行的一般规则，剥夺政治权利期限的起算与执行，也有以下四种情况：①判处管制附加剥夺政治权利的，剥夺政治权利的期限与管制的期限同时起算，同时执行。②被判处有期徒刑、拘役附加剥夺政治权利的，剥夺政治权利的期限，从主刑执行完毕之日或者假释之日起计算。剥夺政治权利的效力当然及于主刑执行期间。③死刑缓期执行减为有期徒刑或者无期徒刑减为有期徒刑，附加剥夺政治权利的期限改为3年以上10年以下，其刑期应当从减刑后的有期徒刑执行完毕之日或者假释之日起计算。犯罪分子在执行有期徒刑期间，当然也被剥夺政治权利。④独立适用剥夺政治权利的期限的起算，应从判决执行之日起计算。

剥夺政治权利由公安机关执行。根据《刑法》第58条第2款的规定，被剥夺政治权利的犯罪分子，在执行期间，应当遵守法律、行政法规和国务院公安部门有关监督管理的规定，服从监督；不得行使《刑法》第54条所规定的各项权利。剥夺政治权利执行期满，应当由执行机关通知本人，并向有关群众公开宣布恢复政治权利。罪犯在恢复政治权利之后，便享有法律赋予的政治权利。但有的政治权利因为法律的特别规定却不可能再享有。例如，根据《人民法院组织法》的规定，被剥夺过政治权利的人，无论是否再犯罪，无论经过多长时间，都不能被选举为人民法院的院长、人民审判员，不能被任命为副院长、庭长、副庭长、审判员和助理审判员等职务。

四、没收财产

（一）没收财产的概念

没收财产是将犯罪分子个人所有财产的一部或者全部强制无偿地收归国有的刑罚方法。

没收财产与罚金虽然同属于财产刑，但两者的性质不同。具体来讲，两者有以下区别：①适用对象不同。没收财产主要适用于危害国家安全罪和破坏社会主义市场经济秩序罪、侵犯财产罪、妨害社会管理秩序罪、贪污贿赂罪中情节较重的犯罪，而罚金适用于情节较轻的贪利性犯罪。②内容不同。没收财产是剥夺犯罪分子个人现实所有财产的一部或者全部，既可以是没收金钱，也可以是没收其他财物，而罚金则是剥夺犯罪分子一定数额的金钱，这些金钱不一定是现实所有的。③执行方式不同。没收财产只能是一次性没收，不存在分期执行或减免的问题，而罚金可以分期缴纳，如果缴纳确有困难，还可以减免。

没收财产与追缴犯罪所得的财物、没收违禁品和供犯罪使用的物品不同。《刑法》第64条规定："犯罪分子违法所得的一切财物，应当予以追缴或者责令退赔；对被害人的合法财产，应当及时返还；违禁品和供犯罪所用的本人财物，应当予以没收。"犯罪分子犯罪所得财物，本来属于国家或者他人所有，理应予以追缴或者责令退赔。犯罪所涉及的违禁品，是国家法律禁止个人非法所有的物品，当然应予没收，这是一种行政性强制措施。供犯罪使用的财物，具有诉讼证据的作用，没收这些财物是刑事诉讼的需要。

（二）没收财产的适用方式

根据《刑法》分则的规定，没收财产的适用方式有以下几种：

1. 与罚金选择并处。即没收财产与罚金作为选择性的两种附加刑，审判人员可以选择主刑附加没收财产适用，也可以选择主刑附加罚金适用，两者必选其一。例如，根据《刑法》第363条的规定，以牟利为目的，制作、复制、出版、贩卖、传播淫秽物品，情节特别严重的，处10年以上有期徒刑或者无期徒刑，并处罚金或者没收财产。

2. 并处。即没收财产必须附加主刑适用，审判人员没有取舍之余地。例如，根据《刑法》第239条第2款的规定，以勒索财物为目的绑架他人或者绑架他人作为人质，致使被绑架人死亡或者杀害被绑架人的，处死刑，并处没收财产。

3. 可以并处。即没收财产可以附加主刑适用，也可以不附加主刑适用，是否附加主刑适用，由审判人员酌情决定。例如，根据《刑法》第390条的规定，对犯行贿罪，情节特别严重的，处10年以上有期徒刑或者无期徒刑，可以并处没收财产。

可见，《刑法》第34条所规定的“附加刑也可以独立适用”目前并不适用于没收财产。在我国刑法中，没收财产实际上只能附加适用，而不能独立适用。

（三）没收财产的范围

《刑法》第59条规定：“没收财产是没收犯罪分子个人所有财产的一部或者全部。没收全部财产的，应当对犯罪分子个人及其扶养的家属保留必需的生活费用。”“在判处没收财产的时候，不得没收属于犯罪分子家属所有或者应有的财产。”上述规定表明：首先，没收财产的范围是犯罪分子个人所有的财产，犯罪分子家属所有或者应有的财产不在没收之列。所谓犯罪分子个人所有的财产，是指犯罪分子实际所有的一切财产以及在家庭共有财产中应得财产。所谓家属所有的财产，是指犯罪分子家属应当分得的财产。其次，没收财产可以是没收犯罪分子个人所有财产的一部，也可以是没收犯罪分子个人所有财产的全部。究竟是没收一部还是没收全部，审判人员应根据犯罪分子的犯罪性质、情节等具体情况予以决定。当决定没收犯罪分子的全部财产时，应当为犯罪分子个人及其扶养的家属保留必需的生活费用。这是人道主义的要求，也是维护社会稳定的需要。

（四）以没收财产偿还债务的问题

《刑法》第60条规定：“没收财产以前犯罪分子所负的正当债务，需要以没收的财产偿还的，经债权人请求，应当偿还。”以没收财产偿还债务，必须具备以下条件：①必须是犯罪分子在财产被没收以前所负的债务。②必须是正当债务，如合法的买卖、借贷、租赁、雇佣等民事法律关系中所产生的债务，不正当的债务，如赌债、非法经营所欠的债等，不能以没收的财产偿还。③所负的债务需要以没收的财产偿还。如果犯罪分子的财产被没收后还有其他财产可偿还债务，就不能以没收的财产偿还。④必须经债权人请求。

（五）没收财产的执行

没收财产由人民法院执行；在必要的时候可以会同公安机关执行。在执行没收财产中，如果发现有被犯罪分子非法占有的公民个人的财产，经原所有人请求返还，查证属实后，应当归还原所有人。

五、驱逐出境

驱逐出境是强迫犯罪的外国人离开中国国（边）境的刑罚方法。

《刑法》第35条规定：“对于犯罪的外国人，可以独立适用或者附加适用驱逐出境。”据此，驱逐出境既可以独立适用，也可以附加适用，显然具有附加刑的特点，因此是附加刑的一种。但由于驱逐出境仅适用于犯罪的外国人（包括具有外国国籍的人和无国籍的人），不具有普遍适用的性质，因而刑法没有将其列为一般附加刑的种类之中，而是以专条加以规定，所以说驱逐出境是一种特殊的附加刑。

我国是一个独立的主权国家，外国人在我国境内犯罪，除享有外交特权和豁免权的通过外交途径解决以外，一律适用我国刑法。如果犯罪的外国人继续居留我国境内有害于我国国家和人民的利益，人民法院可以对其单独判处或者附加判处驱逐出境，以消除其在我国境内继续犯罪的可能性。

作为附加刑的驱逐出境，与《外国人入境出境管理法》第30条规定的驱逐出境相比，虽然都是将外国人从我国境内强制驱走，但两者有着本质的区别：①处罚的性质和适用的对象不同。作为附加刑的驱逐出境是刑罚方法，其适用的对象是在我国境内犯罪的外国人，而《外国人入境出境管理法》中的驱逐出境是行政处罚方法，其适用对象是违反该法规定且情节严重的我国境内的外国人。②适用的机关和法律依据不同。作为附加刑的驱逐出境，由人民法院依照刑法和刑事诉讼法的规定判处，而作为行政处罚的驱逐出境，则是由地方公安机关依照《外国人入境出境管理法》和其他相关规定，报告公安部，由公安部作出决定。③执行的时间不同。人民法院判决的驱逐出境，独立适用时，从判决发生法律效力之日起执行，附加适用时，从主刑执行完毕之日起执行，而公安机关决定的驱逐出境，在公安部作出决定后立即执行。

■第四节　非刑罚处理方法

一、非刑罚处理方法的概念

非刑罚处理方法，是指人民法院对轻微犯罪的犯罪人不需要判处刑罚而适用的刑罚以外的处理方法。非刑罚处理方法的特点是：对犯罪分子适用，但不具有刑罚性质。换言之，非刑罚处理方法适用的前提是行为人的行为已经构成犯罪。如果行为人的行为不构成犯罪，就不能适用非刑罚处理方法。

非刑罚处理方法，有的是与刑事处罚同时适用，如判处赔偿经济损失；有的是独立适用，如训诫、责令具结悔过、责令赔礼道歉、责令赔偿损失、由主管单位予以行政处罚或者行政处分等。

在刑法中规定非刑罚处理方法，表明我们国家对犯罪的处理不是单纯地依靠刑罚，而是兼采多种方法。对于那些罪行轻微、不需要判处刑罚的犯罪分子，给予适当的非刑罚处理，一方面体现了我国宽严相济基本刑事政策，另一方面也给予犯罪分子一定的否定评价，使其受到教育、儆戒，不致再次犯罪，从而达到预防犯罪的目的。

二、非刑罚处理方法的种类

根据《刑法》第36条和第37条的规定，非刑罚处理方法包括以下三类：

（一）判处赔偿经济损失和责令赔偿经济损失

判处赔偿经济损失，是指人民法院对犯罪分子除依法给予刑事处罚外，并根据其犯罪行为给被害人造成的经济损失情况，判处犯罪分子给予被害人一定经济赔偿的处理方法。

责令赔偿损失，是指人民法院对犯罪情节轻微不需要判处刑罚的犯罪分子，在免除其刑事处罚的同时，根据其犯罪行为对被害人造成的经济损失情况，责令其向被害人支付一定数额的金钱，以赔偿被害人的经济损失的处理方法。

判处赔偿经济损失与责令赔偿损失，都是赔偿被害人经济损失的非刑罚处理方法，但两者之间有所不同：前者与刑事处罚一并适用，后者则适用于依法被免予刑事处罚的犯罪分子，属于独立适用。

（二）训诫、责令具结悔过和责令赔礼道歉

训诫，是人民法院对犯罪分子当庭予以批评或谴责，并责令其改正的一种教育方法。

责令具结悔过，是指人民法院责令犯罪分子用书面方式保证悔改，以后不再重新犯罪的一种教育方法。

责令赔礼道歉，是人民法院责令犯罪分子公开向被害人当面承认错误，表示歉意的一种教育方法。

（三）由主管部门予以行政处罚或者行政处分

由主管部门予以行政处罚或者行政处分，是指人民法院根据案件的情况，向犯罪分子的主管部门提出对犯罪分子予以行政处罚或者行政处分的建议，由主管部门给予犯罪分子一定的行政处罚或者行政处分的一种非刑罚处理方法。所谓行政处罚，是指行政执法机关依照国家行政法规和行政处罚法的规定，给予被免予刑事处罚的犯罪分子经济制裁或剥夺人身自由的处罚，如罚款、行政拘留、劳动教养等。所谓行政处分，是指犯罪分子的所在单位或基层组织，依照行政规章、纪律、章程等，对被免予刑事处罚的犯罪分子予以行政纪律处分，如开除、记过、警告等。

三、非刑罚处理方法的适用条件

判处赔偿经济损失的适用，必须具备以下两个条件：①被害人的经济损失必须是由犯罪分子的犯罪行为造成的，即存在着因果关系；②适用的对象是依法被判处刑罚的犯罪分子。

训诫、责令具结悔过、赔礼道歉、赔偿损失、由主管部门予以行政处罚或者行政处分的适用，也需要具备以下两个条件：①适用的对象是由于犯罪情节轻微不需要判处刑罚而被免予刑事处罚的犯罪分子；②根据案件的具体情况需要对犯罪分子给予适当的处理。如果根据案件的具体情况只需对犯罪分子单纯作有罪宣告而不必给予适当的处理，则不能适用上述非刑罚处理方法。

在适用非刑罚处理方法时应注意两个方面的问题：①要防止对应该适用非刑罚处理方法的而不予适用。即有的犯罪分子虽然因为犯罪情节轻微而被免予刑事处罚，但根据具体情况需要给予一定的非刑罚处理，而人民法院不予以非刑罚处理。②要防止对不该适用非刑罚处理方法的却予以适用。即有的犯罪分子应该被判处刑罚而人民法院却对其适用非刑罚处理方法，以非刑罚处理方法代替刑罚。

【思考题】

1. 什么是刑罚体系？刑罚体系的特点是什么？
2. 我国有哪些刑种？我国刑罚体系有哪些特点？
3. 主刑和附加刑的特点分别是什么？
4. 管制有哪些特点？
5. 有期徒刑与拘役有什么区别？
6. 我国关于死刑的基本态度是什么？适用死刑应该注意哪些问题？
7. 我国刑法对于罚金数额有哪几种规定？罚金刑的适用方式有哪些？
8. 剥夺政治权利的内容是什么？
9. 没收财产与罚金有什么区别？
10. 我国刑法中规定的非刑罚处理方法有哪些？

【参考文献】

1. 孙力：《罚金刑研究》，中国人民公安大学出版社 1995 年版。
2. 高铭暄：《中华人民共和国刑法的孕育和诞生》，法律出版社 1981 年版。
3. 储槐植：《刑事一体化论要》，北京大学出版社 2007 年版。
4. 林山田：《刑罚学》，台北商务印书馆 1983 年版。
5. 高铭暄主编：《刑法专论》，高等教育出版社 2005 年版。
6. 赵秉志：《死刑改革探索》，法律出版社 2006 年版。
7. ［德］康德：《法的形而上学原理——权利的科学》，沈叔平译，商务印书馆 1991 年版。

第二十章 刑罚裁量概述

【导语】刑罚裁量是定罪通向行刑的必经环节，具有承前启后的作用。离开刑罚裁量，刑事诉讼过程就会出现断裂，国家刑罚权就失去了全面性和充分性。刑罚裁量作为一项重要的刑事司法活动，具有自身的特征与特定的内容。量刑公正始终是人们不懈追求的崇高目标，量刑不公导致刑法的价值受到损害，法律的尊严遭到质疑，刑罚预防犯罪的目的也很难真正达到。在司法实践中，审判机关要特别注重量刑公正性的实现：首先要做到以刑罚裁量的原则为指导，坚持"以案件事实为依据，以刑法规定为准绳"；进而要注重刑罚裁量情节的作用，量刑情节是裁量刑罚的唯一客观依据。按照不同的标准，对量刑情节可以作不同的分类，其中法定量刑情节与酌定量刑情节是最为重要的分类方法。要掌握法定量刑情节的体系，对其严格运用；要明确酌定量刑情节的内容，重视其作用，积极推动量刑公正的实现。此外，量刑情节具有数目繁多、种类复杂的特点，在具体运用中要注意把握量刑情节的适用原则。

本章的疑难问题有：①如何理解刑罚裁量？②如何认识刑事政策对于量刑的指导作用？③如何确定从重从轻处罚的界限？

■第一节　刑罚裁量的概念

一、基本法理

刑罚裁量，又称量刑，是指国家审判机关在定罪的基础上，权衡刑事责任的轻重，依法决定对犯罪分子是否判处刑罚、判处何种刑种和刑度，并决定是否适用某种刑罚制度的审判活动。

（一）刑罚裁量的特征

量刑对应于定罪，是人民法院整个刑事审判活动的两个基本环节之一。依据刑罚裁量的概念分析，其具有以下五项特征：

1. 刑罚裁量的主体是国家审判机关。我国宪法及有关法律将量刑权赋予人民法院，故刑罚裁量的主体是人民法院。量刑权是国家刑罚权的重要内容之一，从属于刑事审判权，其他任何机关、团体和个人都没有直接量刑的权力。理解这一特征要注意两点：①不是任何法院都可以裁量任何刑罚，根据刑事诉讼法的有关规定，基层法院不能判处无期徒刑与死刑；②机关、团体和个人可以对法院的量刑结果提出意见或者建议。

2. 刑罚裁量的基础是准确定罪。定罪与量刑具有密切的联系。定罪是量刑的前提，量刑是定罪的归宿，定罪不准就谈不上量刑适当。刑法为不同轻重的罪行配置档次不同的法定刑，因此定罪不但要确定行为人构成什么性质的犯罪，而且对绝大多数罪名来说还要进一步确定行为人是构成该种犯罪的基本罪，还是其加重形态或减轻形态，进而找准法定刑。法院只有在依法查明了犯罪事实，认定了犯罪性质，找准了法定刑以后，才能量刑。定罪对于量刑具有明显的前导作用，对没有构成犯罪的案件，是绝对不能以任何理由、任何形式适用刑罚的。

3. 刑罚裁量轻重的唯一根据是刑事责任的大小。罪行的大小并非刑罚裁量的依据，而刑事责任的大小才是量刑轻重的唯一根据。前者决定法定刑的轻重，主要表现为行为的客观危害程度和行为人的主观恶性深浅；后者决定宣告刑的轻重，不仅表现为行为的社会危害性程度，而且还表现为行为人的人身危险性程度。因此，二者不完全等同。在量刑过程中，判断刑事责任的大小只能是依据案件确有的各种从宽和从重的量刑情节。

4. 刑罚裁量的对象只能是犯罪人。犯罪引起刑事责任，刑罚是刑事责任的主要法律后果，刑事责任是连接犯罪与刑罚的桥梁。行为构成犯罪是行为人承担刑事责任的唯一根据，量刑是对犯罪人具体落实刑事责任的唯一途径。犯罪人应当承担何种程度的刑事责任，只有通过刑罚裁量活动才能确定。因此，未经刑事审判确认有罪的行为人，不能成为量刑的对象。

5. 刑罚裁量的性质是刑事司法活动。刑罚裁量的刑事司法性质是由上述特征决定的：刑罚裁量的主体是人民法院；刑罚裁量的基础是依照刑法查明犯罪事实，认定犯罪性质，找准法定刑；刑罚裁量轻重的唯一根据是刑事责任的大小；被裁量刑罚的对象是实施了犯罪行为的人。可见，刑罚裁量就是人民法院的一种刑事司法活动，是国家刑事法律活动的有机组成部分。这一特征要求审判人员必须严格按照法定程序裁量刑罚，未经法庭审理不得对任何人量刑。

（二）刑罚裁量的内容

刑罚裁量是指国家审判机关在定罪的基础上，权衡刑事责任的轻重，依法决定对犯罪人是否判处刑罚、判处何种刑种和刑度，并决定是否适用某种刑罚制度的审判活动。显而易见，刑罚裁量的内容包括以下三项：

1. 决定是否对已经构成犯罪的犯罪人判处刑罚。犯罪的基本特征之一是行为的应受刑罚处罚性，所以对于绝大多数犯罪人而言，被判处刑罚是其行为必然产生的后果。但是，犯罪行为的表现形态是多种多样的，不同案件的事实、情节、后果、程度、影响等各个方面均具有特殊性，人民法院在对具体案件的犯罪人裁量刑罚的过程中应当区别对待，这也是刑法追求公正的体现。我国《刑法》第37条规定，对于犯罪情节轻微不需要判处刑罚的，可以免予刑事处罚。此外，刑法还有不少条文规定了若干应当或者可以免除处罚的情节。例如，刑法中对又聋又哑的人或者盲人犯罪、对共同犯罪中的胁从犯、对犯罪预备和对没有造成损害的犯罪中止等情节，都明确规定了可以或者应当免除处罚。所以，量刑首先要解决是否有必要对犯罪人判处刑罚的问题。

2. 决定对犯罪人判处何种刑种和刑度。对于不应该免除刑罚的犯罪人，判刑是必然的结局，这是有罪必罚的当然要求。多刑种和宽幅度是我国法定刑的基本特点。相当数量的法定刑规定了两种以上的主刑或者两种以上的主刑和附加刑，同时对于自由刑、财产刑、资格刑而言，一般都有轻重程度之分，司法人员在裁判刑罚的过程中可选择空间很大。法定刑是相对确定的，宣告刑则必须是绝对确定的。人民法院必须对每个案件的每个犯罪人，判处与其客观危害与主观恶性相适应的宣告刑。实际判刑具体包括两方面内容：①决定适用何种刑种，例如判处何种主刑，是否需要判处附加刑；②决定判处何种程度的刑罚，例如判处自由刑的年限或者财产刑的数额。这是刑罚裁量活动的主要内容。

3. 决定是否对犯罪人适用某种刑罚制度。刑法根据案件事实的不同情况，规定了相应的刑罚制度，主要包括自首、立功、死刑缓期2年执行、缓刑、累犯以及数罪并罚制度。我国《刑法》第67、68条明确规定，对于实施犯罪行为后有自首或者立功表现的犯罪人，适用从宽处罚的原则。对于大多数犯罪人而言，所判刑罚一旦发生法律效力，就应当立即交付执行。但我国刑法规定了死刑缓期2年执行和缓刑制度，二者均为规定一定的考验期，在考验期内给犯罪人一次改过自新的机会，免于立即交付执行。二者虽然不是刑罚方法，但却能决定所判刑罚的执行方式。我国《刑法》第65、66条规定了累犯制度，对于那些受过刑罚处罚后仍不思悔改再次实施犯罪的犯罪人，考虑到其所实施的犯罪行为具有更为严重的社会危害性、本身具有更深的主观恶性和更大的人身危险性，对其从严惩处。我国《刑法》第69、70条和第71条用三个条文对数罪并罚制度作出具体规定，数罪并罚就是对一行为人所犯数罪合并处罚的制度。刑法设置不同的刑罚制度体现了不同的价值取向：自首、立功、死刑缓期二年执行和缓刑制度体现了从宽处罚的精神，适用这些量刑制度对犯罪人是有利的；累犯制度体现了从严处罚的精神，将犯罪人认定为累犯是对其不利的；而数罪并罚制度便于审判人员科学地对犯罪人判处适当的刑罚，可以保证适用法律的准确性，有利于保障被告人的合法权益，这是对犯罪人有利的一面。同时，对犯数罪的人分别定罪量刑，也表明了社会对犯数罪谴责的严厉程度大于犯一罪的，体现了从重的精神。由此，是否适用上述刑罚制度与犯罪人的切身利益密切相关，刑罚裁量的内容理应包括决定是否对犯罪人适用某种刑罚制度。

二、疑难问题

如何理解刑罚裁量?

刑罚裁量的内容亦是刑罚裁量的特征之一。但考虑到我国刑法学界长久以来关于刑罚裁量概念的纷争主要是围绕刑罚裁量内容展开的，我们将其独立出来详细阐述。

关于刑罚裁量的概念，刑法学界有以下三种不同的观点，三种观点中刑罚裁量内容的范围不断扩大，因此谓之狭义说、广义说和最广义说。狭义说认为，量刑是法院在法定刑范围内，或依照刑之加减事由，对犯罪人选择适用刑种并决定其刑度的活动。量刑只能发生于相对法定刑之下。广义说认为，量刑内容的范围除刑罚外，还包括免予刑事处罚和是否适用缓刑、数罪并罚等刑罚制度；具体表述为：所谓量刑，是指国家审判机关在查明犯罪事实，认定犯罪性质的基础上，依法确定对犯罪人是否判处刑罚、判处何种刑罚以及判处多重刑罚，并决定是否适用某种刑罚制度的审判活动。最广义说认为，裁定是否对犯罪人适用某种非刑罚处理方法也是刑罚裁量的内容。有学者表述为：刑罚裁量是指人民法院在定罪的基础上，权衡刑事责任的轻重，依法决定对犯罪分子是否判处刑罚或适用某种非刑罚处理方法，判处何种刑种和刑度以及是否现实执行某种刑罚的审判活动。

刑法学界的通说为广义说，其论述的理由为：狭义说仅把量刑活动限定于“裁量决定刑罚”，这就把量刑活动中可能发生的对犯罪人免予刑事处罚或者适用缓刑等情况排除在外，未免过于褊狭。因为若量刑仅指裁量决定刑罚，则决定对犯罪人不判处刑罚或适用缓刑，在逻辑上就应属于量刑以外的两种审判活动，但这是事实上与法律上都不存在的。最广义说把对犯罪人适用非刑罚处理方法亦纳入量刑活动之范畴，又显得过于宽泛。量刑是裁量刑罚的活动，故把非刑罚处理方法也归诸量刑，实为其本来含义所难容纳，亦令人难以接受。广义说则较为恰当地界定了量刑的范围。

需要指出的是，最广义说也存在一定的合理之处：刑罚裁量概念同其他事物的概念一样，都是人们实践和认识的科学总结，因而不是一成不变的。它应全面概括现行立法的有关规定，根据司法实践和理论的不断发展而完善。我国学者经过最近几年对于刑事责任的研究后基本达成共识：实现刑事责任的形式主要是刑罚，但不限于刑罚，还包括非刑罚处理方法。随着犯罪圈的扩大和刑罚轻缓化的发展，将来在司法实践中可能出现更多其他的刑事责任实现形式，所以对于刑罚裁量应作出较本来意义为宽的解释。

鉴于最广义说尚未为刑法学界所普遍认可，我们仍采用通说观点。

■第二节 刑罚裁量的原则

刑罚裁量原则，是指由刑法明文规定的贯穿于全部量刑活动并对量刑工作具有指导意义和制约作用的法律准则。刑罚裁量作为一项刑事司法活动，是事关国家法律尊严和公民个人权益的审判活动，具有非常重要的严肃性，必须确保量刑的适当性。为正确领会刑事立法精神和具体法律规定，并结合案件具体情况来裁量刑罚，必须遵循裁量刑罚的原则。

一、我国刑罚裁量原则

为了保障量刑公正，我国《刑法》第61条明确规定："对于犯罪分子决定刑罚的时候，应当根据犯罪的事实、犯罪的性质、情节和对于社会的危害程度，依照本法的有关规定判处。"据此，可以将我国刑罚裁量原则概括为"以案件事实为依据，以刑法规定为准绳"。

（一）量刑必须以案件事实为依据

案件事实，是指具体刑事案件中能够表明行为的社会危害性和行为人的人身危险性的主客观事实情况。"对犯罪分子决定刑罚的时候，应当根据犯罪的事实、犯罪的性质、情节和对于社会的危害程度。"因此，案件事实表现为如下四个方面：

1. "犯罪的事实"是裁量刑罚的首要依据。犯罪事实，是指发生在犯罪实施过程中的表明行为社会危害性及其程度的一切主客观事实情况的总和。它是案件事实的下位概念，犯罪事实与罪前、罪后事实共同组成案件事实。对于犯罪事实，理论上将其一分为二：其中一部分是符合构成要件要求的事实，称为犯罪构成事实或构成要件事实，简称构成事实；另一部分是犯罪构成事实以外的其他犯罪事实。

何谓犯罪构成事实？对于犯罪构成没有选择要件或者犯罪构成要件没有选择要素的罪行来说，犯罪构成事实就是定罪情节，与界定犯罪性质和找准法定刑具有直接关系。然而，对于那些犯罪构成具有多个选择要件或者某个构成要件涵盖若干选择要素的罪行来说，犯罪构成事实不一定都是定罪情节。只要具备其中任何一个选项便可成立该种犯罪，如果行为人实施该种犯罪同时又具有多个并列选择的构成事实，那么其社会危害性程度就大于那些只具有一项构成事实的犯罪。在这种情况下，应当选择其中一个构成事实作为定罪情节去充足犯罪构成的起码要求，定罪剩余的那些构成事实，理所当然地转化为量刑情节。

何谓犯罪构成事实以外的其他犯罪事实？在犯罪实施过程中与主客观构成要件有密切关系的事实情况，例如特定的犯罪时间、犯罪地点、犯罪方法（手段）、犯罪对象、危害结果或者犯罪目的、犯罪动机等。这些事实情况中，可能有一项或几项是某些犯罪的构成要件，但是并非每种犯罪都以它们作为构成要件。在不以其作为犯罪构成要件的犯罪中，这些主客观事实情况便是犯罪构成事实以外的其他犯罪事实。由于它们具有表明行为社会危害性程度的属性，是确定处罚轻重的根据，因而属于量刑情节的范畴，并且是重要的组成部分。具体关系见图示1：

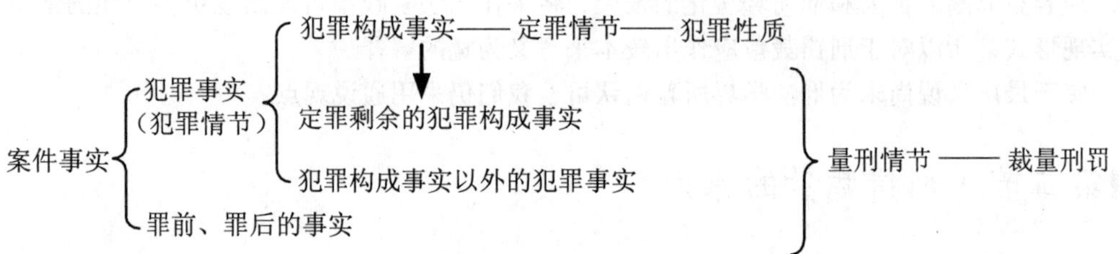

图示 1 案件事实分类及其与量刑的关系示意图

案件事实是定罪量刑的基础，只有全面查清案件事实，才能正确认识案情，进而正确地认定犯罪性质和适用刑罚。《刑法》第61条将“犯罪的事实”排列在量刑根据的首位，表明犯罪事实是量刑适当的首要依据。因此，全面查清案件事实首先必须查清犯罪事实。首先，要查清本案有哪些犯罪事实，其中哪些是犯罪构成事实；哪些虽然不是犯罪构成事实但却是影响处罚轻重的量刑情节。其次，要明确在全部犯罪构成事实中，哪些应作为定罪情节；哪些不作为定罪情节使用，并将其转化为量刑情节。

2. “犯罪的性质”是裁量刑罚的基本依据。犯罪性质，是指犯罪行为的法律性质，即某一危害社会的行为经由法律规定并通过审判机关确认的犯罪属性，表现为行为人的行为构成什么罪，应定什么罪名。罪名反映着不同犯罪的社会危害性，在刑法上不同犯罪的法定刑往往有很大的差别，有的较轻，有的较重，有的甚至最高可处死刑。因此，在充分查清案件犯罪构成事实的基础上，正确认定该种行为的犯罪性质，直接关系到对该种行为适用刑法分则何条所规定的何种法定刑，而且这又直接关系到判刑结果。同一行为，如果被认定为不同的罪名，由于法定刑的差异，完全可能导致宣告刑的大相径庭。由此可见正确认定犯罪性质的重要性。

在裁量刑罚的过程中，如何正确界定犯罪性质？整个犯罪构成是犯罪性质的决定性因素。对此刑法学界有不同的看法：有的学者认为决定犯罪性质的主要因素是犯罪的直接客体，有的学者认为是特定的行为方式，还有的学者认为是侵害行为与特定直接客体的统一。这些观点都在某种程度上看到了犯罪构成与犯罪性质的关系，但没有看到整体的作用，在法律上和现实中都是立不住脚的。刑法分则规定的具体犯罪中，存在同种侵害行为由于侵犯不同的直接客体而成立不同罪名的情况，也存在同种直接客体被不同危害行为侵犯而构成不同罪名的情况，还有危害行为和直接客体均相同但因犯罪主体或主观方面不同而成立不同罪名的情况，例如放火罪和失火罪。因此，犯罪性质是由整体犯罪构成决定的，而不是由犯罪构成中的某个或者某些要件决定的。只要“证明某人行为中具有法律所规定的犯罪构成的一切因素，也就证明了这些行为具有社会危害性”；所以“只有全部因素的综合才能决定每个具体犯罪的实质”。[1] 我国刑法中不可能出现犯罪构成完全相同的两个犯罪，犯罪构成的这种唯一性是正确认定犯罪性质，严格区分此罪与彼罪界限的依据。准确界定了犯罪性质，也就确定了应当适用的刑法条文，从而找准了与该犯罪性质相对应的法定刑，这是实现量刑合法性和公正性的基本保障。

3. “情节”是处罚轻重的重要根据。刑法条文中的“情节”，是指不具有犯罪构成事实

---

〔1〕［前苏联］特拉伊宁：《犯罪构成的一般学说》，薛秉忠等译，中国人民大学出版社1958年版，第65～67页。

意义，却与犯罪构成事实的主客观方面具有密切联系，能够反映犯罪行为的社会危害性程度或者行为人主观恶性的各种事实情况。对“情节”的理解要注意两点：①有学者认为这里的“情节”仅指犯罪情节，不包括犯罪人的一贯表现和犯罪后的态度等罪前、罪后的事实情况。这种观点在法律上和事实上都是不成立的，立法上并没有明确将罪前、罪后的事实情况排除在裁量刑罚时应考虑的范围之外。相反，在《刑法》第61条的表述中，“情节”是放在“犯罪的事实”和“犯罪的性质”之后列举的，但却没有用“犯罪”二字加以修饰和限制，说明这里的“情节”不是专指犯罪情节。此外，刑法对于自首、立功和累犯等制度都做了专门规定，说明立法者对于罪前、罪后情节的重视程度。事实上，这些情节均客观地反映了行为人的主观恶性和人身危险性，对其忽视有违量刑公正。②有学者认为这里的“情节”包括定罪情节，即具有构成事实意义的事实情况。这种观点与“犯罪的事实”有部分重复，有违禁止重复评价原则，是不正确的。

情节的差别反映了犯罪行为的社会危害性程度和犯罪人的主观恶性以及人身危险性的不同。鉴于此，刑法条文规定了一定的量刑幅度，留给审判人员根据不同的情节在一定的幅度内自由裁量的空间。因此，人民法院在认定犯罪性质之后，只是确定了一定的量刑幅度。在这个幅度内裁量刑罚轻重时，全面分析情节具有重要作用。

4.“对社会的危害程度”是裁量刑罚的本质根据。犯罪的社会危害程度，是指犯罪行为对社会造成或者可能造成的损害程度。行为的社会危害性是犯罪的最本质特征。立法表述上，虽然将其与犯罪的事实、犯罪的性质和情节并列，但它不是独立于三者之外的另一种特殊犯罪情况，它是通过三者表现出来的。只有在全面查清犯罪事实、正确认定犯罪性质和认真分析各种情节的基础上，才能对犯罪行为的社会危害程度进行综合准确的评价。此外，党和国家在一定时期的工作重心、基本政策、政治形势、经济形势和社会治安等因素对行为的社会危害程度也有所影响。因此，在评定“对社会的危害程度”时要把微观行为和宏观形势结合起来。

（二）量刑必须以《刑法》规定为准绳

我国《刑法》第61条规定，对犯罪分子决定刑罚时，应当“依照本法的有关规定”，这就表明在裁量刑罚时必须做到以《刑法》规定为准绳。这是社会主义法治原则的必然要求，也是罪刑法定原则的具体体现。实践中要做到以《刑法》规定为准绳，要注意以下三点：

1. 裁量刑罚必须遵照《刑法》分则所规定的法定刑，正确运用各种刑罚种类。《刑法》分则对各种犯罪都规定了法定刑，在刑罚裁量过程中，必须根据不同的犯罪情节，决定适用与犯罪行为危害性相适应的法定刑幅度。即使是从重、从轻、减轻处罚，也要以选定的法定刑为标准。同时要注意，虽然法定刑中规定了相对确定的刑罚种类，具体决定适用时还要遵循各种刑罚种类的适用条件和方法。例如，死刑只适用于罪行极其严重的犯罪；对于危害国家安全的犯罪人，必须附加剥夺政治权利；对于一个犯罪不能同时判处两个主刑；附加刑既可以独立适用，也可以附加适用；罚金、没收财产刑中财产的范围；等等。

2. 裁量刑罚必须遵照各种法定量刑情节。刑法规定了近70个量刑情节。其中，适用于一切犯罪的总情节有20多个，适用于某个或某些犯罪的近40个。在裁量刑罚时，审判人员对于适用法定量刑情节可能涉及的问题都要认真分析。例如，各种量刑情节成立的条件是什么；各种情节的量刑意义如何；是起加重刑罚处罚作用的，还是起减轻刑罚处罚作用的；这些情节在量刑时是必须加以考虑的，还是可以考虑的；法律允许这些情节影响量刑的程度有多大；等等。就从宽处罚情节而论，是从轻处罚，减轻处罚，免除处罚，还是两种或三种方式并存，何者在先，何者在后。在分析的基础上，理解法律对各种情节所规定的本意，然后根据不同案件的情况，严格遵照执行。

3. 裁量刑罚必须遵照《刑法》总则所规定的各种量刑制度。量刑制度是刑罚制度的重要组成部分。我国刑法规定了自首、立功、累犯、缓刑、数罪并罚等诸多刑罚制度。这些制度都属于量刑时所要考虑的内容，因此，凡是行为人具备适用条件的，都应当依法加以适用。

二、关于我国刑罚裁量原则的纷争

就外国刑法理论看来，大陆法系许多国家的刑法典都规定了刑罚裁量原则，如德国、意大利、日本等国。《德国刑法典》第46条规定："犯罪人之责任为量刑之基础。刑罚对犯罪人未来社会生活的可期待发生之影响，并应斟酌及之。"《意大利刑法典》明确规定，法官量刑在斟酌犯罪行为情状的同时，要斟酌犯罪人下列之个人情况："①犯罪之动机及行为人之性格；②行为人犯罪前之行为及生活状况；③犯罪时或犯罪后之态度；④行为人个人、家庭或社会关系。"日本1974年修正刑法草案关于刑罚适用一般标准的第2项，更明确地规定："适用刑罚时，必须考虑到罪犯的年龄、性格、经历和环境、犯罪的动机、方法、后果和社会影响、罪犯在犯罪后的态度和其他情由，应该达到有利于遏制犯罪和使罪犯改过自新这个目的。"

结合以上各国刑法的规定，透过字面表述上的差别，挖掘共性，便发现西方各国的量刑原则中均包含一个内容，即量刑时，既要依据犯罪的社会危害性程度，又要考虑犯罪人的人身危险性的大小，由此确定应当判处的刑罚。我国有学者将其概括为刑罚个别化原则，并认为刑罚个别化原则的本质就是对犯罪人区别对待，它是落实刑事责任的唯一方法。

基于以上认识，有学者对我国"以案件事实为依据，以刑法规定为准绳"的刑罚裁量原则提出质疑：认为我国《刑法》第61条的规定实际上包含了刑罚个别化原则，但目前学界通说仅仅将其概括为"以案件事实为依据，以刑法规定为准绳"，不进一步揭示其内涵，是不够的。此外，"以事实为依据，以法律为准绳"是我国法律适用的基本原则之一，它是我国刑事、民事、经济、行政等所有司法实践的指导原则。法律适用的基本原则、刑法的基本原则和刑罚裁量原则处于三个不同的层次上，如果把第一层次的原则降低或者替代第三层次的原则，实际上也就抹煞了量刑原则的特殊指导意义，造成理论上的混乱。

反对将我国刑罚裁量的原则界定为"以案件事实为依据，以刑法规定为准绳"的学者纷纷提出各自的观点，如罪刑相适应原则和刑罚个别化原则的两项原则说，刑责相适应原则、刑罚个别化原则和依照刑事法律政策量刑原则的三项原则说，有罪应罚原则、论罪量刑原则、刑罚个别化原则和依法量刑原则的四项原则说，等等。目前，刑法理论界对于刑罚裁量原则纷争不断，莫衷一是。

■第三节　刑罚裁量的情节

一、基本法理

（一）刑罚裁量情节概述

刑罚裁量要以案件事实为依据，量刑情节是将刑法规定的法定刑具体化为对犯罪人适用的宣告刑的唯一依据。欲使刑罚裁量中法官自由裁量权适度化，需规定科学、完备的量刑情节体系。同时，减轻处罚情节的适用可以突破法定刑的下线，与犯罪人的利益密切相关。可见，量刑情节的正确适用，对于量刑的综合平衡具有重要意义。

1. 刑罚裁量情节的概念与特征。刑罚裁量情节，是指不具有犯罪构成事实意义，却与犯罪构成事实的主客观方面具有密切联系，能够反映犯罪行为的社会危害性程度或者行为人主观恶性的各种事实情况。审判机关在裁量刑罚过程中必须考虑刑罚裁量情节，其具有以下三项基本特征：

（1）刑罚裁量情节是案件的各种事实情况。任何刑事案件都包含诸多客观事实情况，无论是认定犯罪还是裁量刑罚都要以案件的各种事实情况为依据；并且，也只有客观事实情况才能成为量刑情节。如果某种东西仅存在于人的大脑中，而没有外化为客观事实情况，便不能据此认定犯罪、判处刑罚。

（2）刑罚裁量情节是不具有犯罪构成事实意义的各种事实情况。能够作为量刑情节的必须是定罪事实以外的事实情况。例如，在以特定的犯罪对象为犯罪成立要件的案件中，犯罪对象就是定罪事实，而不是量刑情节。只有在那些不以特定犯罪对象为构成要件的犯罪中，针对特定的犯罪对象，如救济款物、珍贵文物等，便作为量刑情节予以考虑。

（3）刑罚裁量情节是能够反映犯罪行为的社会危害性或行为人主观恶性的各种事实情况。只有能够反映罪行轻重或行为人主观恶性和人身危险程度的事实情况，才能影响处罚轻重，才是量刑情节。因此，案件中许多能够反映犯罪行为的社会危害性或者行为人主观恶性和人身危险性的事实情况，如犯罪人罪前的表现、罪后的态度等，虽然刑法上没有明文加以规定，但也理应划入量刑情节的范畴。

在理解刑罚裁量情节的概念时，要注意区分刑罚裁量情节与犯罪构成事实、犯罪情节、定罪情节之间的界限（详见图示 1）。这也是明确划定量刑情节外延、正确适用量刑情节的前提条件。

2. 刑罚裁量情节的分类。现实生活中的案件纷繁复杂、包罗万象，刑罚裁量情节也形式繁多。刑法理论上为了对刑罚裁量情节进行系统研究，通常对其进行类别划分。依据不同的标准，划分的结果也有所不同。

（1）法定刑罚裁量情节与酌定刑罚裁量情节。依据刑法有无明文规定为标准，可以将量刑情节划分为法定情节与酌定情节。法定量刑情节是指刑法明文规定的，审判人员在量刑时必须予以考虑的各种主客观事实情况。法定量刑情节也可以进一步细化，根据发挥作用的范围，可以分为总则性量刑情节和分则性量刑情节。前者是适用于一切犯罪或者多数犯罪的量刑情节，这类情节由《刑法》总则规定。后者是适用于某种罪行或者某些罪行的量刑情节，这类情节由《刑法》分则规定。酌定量刑情节，是指刑法认可但未明确规定具体内容和功能，根据立法精神与刑事政策总结出来的，反映犯罪行为的社会危害性程度和犯罪人的人身危险性程度的，在量刑时需要考虑的主客观事实情况。这是对量刑情节最重要的分类方法。

（2）从宽刑罚裁量情节与从严刑罚裁量情节。依据量刑情节对于刑罚裁量起作用的结果为标准，可以将量刑情节划分为从宽情节和从严情节。前者是指反映犯罪行为的社会危害性或者犯罪人的主观恶性和人身危险性较小，对犯罪人的量刑产生减轻刑事责任，适当降低应判刑罚结果的情节，其本身包括从轻处罚情节、减轻处罚情节和免除处罚情节三种类型。后者是指反映犯罪行为的社会危害性或者犯罪人的主观恶性和人身危险性较大，对犯罪人的量刑产生加重刑事责任，适当增加应判刑罚结果的情节，其本身只包括从重处罚情节这一种类型。

（3）命令性刑罚裁量情节与授权性刑罚裁量情节。依据量刑情节对于刑罚裁量的作用是否具有必然性为标准，可以将量刑情节分为命令性情节和授权性情节。前者又称应当型情节，是指审判机关在裁量刑罚时必须予以考虑并且适用的情节，在法律条文的表述上多为"应当……"，但并不以此为限，只要刑法明确规定的情节，没有用"可以"二字进行限定的，都应认定为命令性情节。适用命令性情节是审判机关的义务，如果案件中存在此类情节而审判机关没有适用就违反了法律。后者又称可以型情节，是指审判机关在裁量刑罚时被允许酌情决定是否适用的情节，在法律条文的表述上均为“可以……”。审判机关在适用授权性情节时享有一定的自由裁量权，可以根据案件具体情况决定适用或者不适用。但是，法律做出此种规定表明具有某种倾向性，即可以型情节原则上适用，只有适用此类情节可能严重损害刑法的基本价值，导致判刑结果失当时，才可以不予适用。

（4）单功能刑罚裁量情节与多功能刑罚裁量情节。依据量刑情节所具有的功能多少为标准，可以将量刑情节分为单功能情节和多功能情节。前者是指对量刑结果只起一种程度作用的情节。后者是指对量刑结果能够产生的作用不局限于一种程度，而是具有两种以上的程度，审判机关需在裁量刑罚时斟酌案件具体情况做出选择的情节。从我国现行立法上看，凡是从严情节都是单功能情节，应当或可以从重处罚，而不能加重处罚，而大部分从宽情节都是多功能情节。

理论上对于刑罚裁量情节的划分并不止于以上四种，还包括反映行为社会危害性的情节与反映行为人人身危险性的情节，罪前、罪中与罪后情节，同向情节与逆向情节等。鉴于篇幅所限，就不在此一一论述。理论上的划分是为了更好地指导实践，在司法实务中审判机关应自觉地将案件中繁多的情节分类定性，注意各种类型情节的特点与作用，正确适用量刑情节，适当判处刑罚。

（二）法定刑罚裁量情节

法定量刑情节是指刑法明文规定的，审判人员在量刑时必须予以考虑的各种主客观事实情况。法定量刑情节自身进一步细化为总则性量刑情节和分则性量刑情节。无论是总则性情节还是分则性情节，各自均既包括具有降低应判刑罚功能的从宽情节，又包括具有加重应判刑罚功能的从严情节。按照这样的逻辑结构可将我国《刑法》中明确规定的量刑情节进行系统梳理。

1．总则性情节。

（1）从宽情节。①没有造成损害的中止犯，应当免除处罚（《刑法》第24条第2款前段）；②犯罪较轻且自首的，可以免除处罚（《刑法》第67条第1款后段）；③防卫过当，应当减轻或者免除处罚（《刑法》第20条第2款）；④避险过当，应当减轻或者免除处罚（《刑法》第21条第2款）；⑤胁从犯，应当减轻或者免除处罚（《刑法》第28条）；⑥犯罪后自首又有重大立功表现的，应当减轻或者免除处罚（《刑法》第68条第2款）；⑦造成损害的中止犯，应当减轻处罚（《刑法》第24条第2款后段）；⑧在国外犯罪，已在外国受过刑罚处罚的，可以免除或者减轻处罚（《刑法》第10条）；⑨有重大立功表现的，可以减轻或者免除处罚（《刑法》第68条第1款后段）；⑩从犯，应当从轻、减轻或者免除处罚（《刑法》第27条第2款）；⑪又聋又哑的人或者盲人犯罪，可以从轻、减轻或者免除处罚（《刑法》第19条）；⑫预备犯，可以从轻、减轻或者免除处罚（《刑法》第22条第2款）；⑬已满14周岁不满18周岁的人犯罪，应当从轻或者减轻处罚（《刑法》第17条第3款）；⑭尚未完全丧失辨认或者控制自己行为能力的精神病人犯罪的，可以从轻或者减轻处罚（《刑法》第18条第3款）；⑮未遂犯，可以从轻或者减轻处罚（《刑法》第23条第2款）；⑯被教唆的人没有犯被教唆的罪时的教唆犯，可以从轻或者减轻处罚（《刑法》第29条第2款）；⑰自首的，可以从轻或者减轻处罚（《刑法》第67条第1款中段）；⑱有立功表现的，可以从轻或者减轻处罚（《刑法》第68条第1款前段）；⑲犯罪的时候不满18周岁的人与审判的时候怀孕的妇女，不得判处死刑（《刑法》第49条）。

（2）从严情节。①教唆不满18周岁的人犯罪的，应当从重处罚（《刑法》第29条第1款）；②累犯，应当从重处罚（《刑法》第65条第1款）。

2. 分则性情节。

（1）从宽情节。①非法种植毒品原植物，在收获前自动铲除的，可以免除处罚（《刑法》第351条第3款）；②在被追诉前主动交待向公司、企业或者其他单位工作人员行贿行为的，可以减轻或者免除处罚（《刑法》第164条第3款）；③个人贪污数额在5000元以上不满1万元，犯罪后有悔改表现、积极退赃的，可以减轻或者免除处罚（《刑法》第383条第1款第3项）；④在被追诉前主动交待向国家工作人员行贿行为的，可以减轻或者免除处罚（《刑法》第390条第2款）；⑤在被追诉前主动交待介绍贿赂行为的，可以减轻或者免除处罚（《刑法》第392条第2款）。

（2）从严情节。需注意，无论在总则中还是分则中规定，从严情节的类型均为应当从重处罚。①策动、胁迫、勾引、收买国家机关工作人员、武装部队人员、人民警察、民兵进行武装叛乱或者武装暴乱的（《刑法》第104条第2款）；②与境外机构、组织、个人相勾结犯《刑法》第103、104、105条规定之罪的（《刑法》第106条）；③掌握国家秘密的国家工作人员犯叛逃罪的（《刑法》第109条第2款）；④武装掩护走私的（《刑法》第157条第1款）；⑤国有公司、企业、事业单位的工作人员，徇私舞弊犯《刑法》第168条第1款与第2款之罪的（《刑法》第168条第3款）；⑥伪造货币并出售或者运输伪造的货币的（《刑法》第171条第3款）；⑦银行或者其他金融机构的工作人员利用职务上的便利，窃取、收买或者非法提供他人信用卡信息资料的（《刑法》第177条之一第3款）；⑧奸淫幼女的（《刑法》第236条第2款）；⑨猥亵儿童的（《刑法》第237条第3款）；⑩非法拘禁具有殴打、侮辱情节的（《刑法》第238条第1款）；⑪国家机关工作人员利用职权犯《刑法》第238条前3款规定之罪的（《刑法》第238条第4款）；⑫国家机关工作人员犯诬告陷害罪的（《刑法》第243条第2款）；⑬司法工作人员滥用职权犯非法搜查罪或非法侵入住宅罪的（《刑法》第245条第2款）；⑭刑讯逼供或暴力取证致人伤残、死亡的（《刑法》第247条）；⑮虐待被监管人致人伤残、死亡的（《刑法》第248条第1款）；⑯邮政工作人员私拆、隐匿、毁弃邮件、电报而窃取财物的（《刑法》第253条第2款）；⑰冒充人民警察招摇撞骗的（《刑法》第279条第2款）；⑱引诱未成年人参加聚众淫乱活动的（《刑法》第301条第2款）；⑲司法工作人员阻止证人作证、指使他人作伪证或者帮助毁灭、伪造证据的（《刑法》第307条第3款）；⑳盗伐、滥伐国家级自然保护区内的森林或者其他林木的（《刑法》第345条第4款）；㉑利用、教唆未成年人走私、贩卖、运输、制造毒品或者向未成年人出售毒品的（《刑法》第347条第6款）；㉒缉毒人员或者其他国家机关工作人员掩护、包庇走私、贩卖、运输、制造毒品的犯罪分子的（《刑法》第349条第2款）；㉓引诱、教唆、欺骗或者强迫未成年人吸食、注射毒品的（《刑法》第353条第3款）；㉔因走私、贩卖、运输、制造、非法持有毒品罪被判过刑，又实施毒品犯罪的（《刑法》第356条）；㉕旅馆业、饮食服务业、文化娱乐业、出租汽车业等单位的主要负责人利用本单位的条件，组织、强迫、引诱、容留、介绍他人卖淫的（《刑法》第361条第2款）；㉖制作、复制淫秽的电影、录像等音像制品组织播放的（《刑法》第364条第3款）；㉗向不满18周岁的未成年人传播淫秽物品的（《刑法》第364条第4款）；㉘战时破坏武器装备、军事设施、军事通信的（《刑法》第369条第3款）；㉙挪用用于救灾、抢险、防汛、优抚、扶贫、移民、救济款物归个人使用的（《刑法》第384条第2款）；㉚索取贿赂的（《刑法》第386条）；㉛战时阻碍军人执行职务的（《刑法》第426条）。

纵观我国法定量刑情节的体系，表面看来从严情节似乎多于从宽情节，其实对于具体犯罪来说，还是后者多于前者。因为从宽情节中，基本上适用于一切犯罪的共有19个，其余5个情节只能适用于特定的犯罪，而从严情节中，适用于一切犯罪的只有2个，其余32个情节只能适用于特定的犯罪。如果将所有法定量刑情节配置到具体犯罪，每个罪行的从宽处罚情节在10个至20个之间，从重处罚情节则只在2个至4个之间。因此对全部罪行而言，从宽处罚的几率高出从重处罚5~10倍，所以我国刑法关于量刑情节的立法倾向基本上属于轻刑主义。将这种轻刑主义的立法倾向揭示出来，有利于端正我们的量刑思想。

（三）酌定刑罚裁量情节

在我国刑法理论界，不少学者认为酌定量刑情节只是量刑时酌情适用、可有可无的情节。在司法实践中，这种看法更为普遍，不少法官对究竟什么是酌定量刑情节，在量刑时应考虑的酌定量刑情节包括哪些甚至都不了解，以至于他们在量刑时随意性很大，成为导致量刑偏差的重要原因之一。这是认识上和操作上的误区，酌定量刑情节虽然没有由刑法明文规定，但对于裁量刑罚具有重要作用，某些酌定情节的意义甚至超过法定情节。

1. 酌定量刑情节的概念。酌定刑罚裁量情节，是指刑法认可但未明确规定具体内容和功能，根据立法精神与刑事政策总结出来的，反映犯罪行为的社会危害性程度和犯罪人的人身危险性程度的，在量刑时需要考虑的主客观事实情况。理解此概念，要注意以下三点：

第二十章

（1）酌定量刑情节具有刑法依据。刑法理论中，区别酌定量刑情节与法定量刑情节的标准正是刑法是否对量刑情节及其功能做出明确规定。酌定量刑情节的内容不具有法定性，但作为量刑情节的一类，其存在是具有法律依据的。我国《刑法》第61条规定："对于犯罪分子决定刑罚的时候，应当根据犯罪的事实、犯罪的性质、情节和对于社会的危害程度，依照本法的有关规定判处。"这里的"情节"具有高度概括性，不仅包括法定量刑情节，也应该包括酌定量刑情节，刑法的规定为酌定量刑情节提供了存在的法律依据。这一点在刑罚裁量原则和刑罚裁量特征中已多次论证。

（2）酌定量刑情节的本质。酌定量刑情节能够体现犯罪行为的社会危害性和犯罪人的人身危险性。试想一个情节，法律没有明文规定其具有加重应判刑罚的功能或者降低应判刑罚的功能，但在司法实践中却能够影响对犯罪人所宣判的刑罚量，原因何在？由于这个情节体现了犯罪行为的社会危害性和犯罪人的人身危险性，其本质决定其地位和功能。

（3）酌定量刑情节是理应斟酌考虑的情节。"酌定"一词并不是指在量刑时酌情适用、是可有可无的情节。"酌定"只是相对与"法定"而言的。如果说酌定具有斟酌、考量之意，那么也不是斟酌是否考虑此情节，而是在斟酌如何考虑此情节，斟酌此情节在多大程度上体现了犯罪行为的社会危害性和犯罪人的人身危险性，在多大程度上实现从轻或者从重的功能。

2. 酌定量刑情节的内容。酌定量刑情节具有丰富的内容和多种表现形式，原因在于人类社会的生活是丰富多彩、多种多样的。据统计，酌定量刑情节大体表现为62种具体情节，其中，酌定从宽处罚情节共34个，内有20个是表明行为人人身危险性程度的情节；酌定从严处罚情节共28个，内有13个是表明行为人人身危险性程度的情节。在刑事审判中，常见重要的酌定量刑情节主要有以下几种：

（1）犯罪的手段。例如，刑法对故意杀人罪的杀人方式并没有限制，以通常所见的方式杀人和以极端残忍的方式杀人并碎尸的，后者所反映的社会危害性程度和犯罪人的人身危险性程度一般重于前者。

（2）犯罪的侵害对象。例如，盗窃一般财物与盗窃救灾、抢险物资相比，后者的危害性就明显重于前者，量刑时就应区别对待。

(3) 犯罪的损害结果。例如，同是实施了故意伤害的行为，但伤害结果的轻重不同，量刑时应受刑罚的轻重就应有所区别。危害结果的轻重已成为量刑时应考虑的重要酌定量刑情节。

(4) 犯罪的时间、地点。例如，在发生洪水、地震等自然灾害时犯罪或者在公共场所犯强奸罪，就比在其他时间、地点所发生的相同犯罪具有更大的社会危害性。

(5) 犯罪的动机。例如，同是盗窃罪，有的是因为家中父母病重而无钱救治，有的是为了吃喝玩乐，其所反映的罪过程度就有差别，后者的主观恶性相对要大于前者，因而在量刑时应有所区分。

(6) 犯罪后的态度。例如，犯罪后坦白认罪、主动退赃的和犯罪后局部认罪、拒不退赃的，二者所反映的犯罪人人身危险性程度的大小和接受教育改造的难易程度均不同，在量刑时要有所区分。

(7) 犯罪人的一贯表现。例如，平时一贯遵纪守法者犯罪，与平时一贯违反法律甚至多次受过行政处罚者犯罪相比，后者理应受到相对较重的处罚。

酌定量刑情节的合理运用，有助于实现刑罚个别化，推动量刑公正。目前，刑法理论界和刑事实务界对酌定量刑情节的关注程度大为提升：有学者提出酌定情节法定化，应将在司法实践中经常使用、条件具备、时机成熟的酌定量刑情节，如坦白、积极退赃等，尽快通过立法程序使之法定化；有学者提出由最高人民法院选择比较典型的案例编纂成册，发给下级法院，指导其如何运用酌定情节裁量刑罚。

(四) 刑罚裁量情节的适用原则

无论是法定量刑情节还是酌定量刑情节，在司法实践的具体适用过程中，都要遵循一定的原则。

1. 单功能刑罚裁量情节的适用原则。单功能情节对量刑结果只能起一种程度作用，即在具有某项客观事实情况时，法律明确规定适用从重、从轻、减轻或者免除处罚四种情况之一，因此不存在选择适用哪一种的问题。但从重、从轻、减轻或者免除处罚自身有其特定含义，适用时要遵循一定的原则。

(1) 从重、从轻处罚情节的适用原则。《刑法》第62条规定："犯罪分子具有本法规定的从重处罚、从轻处罚情节的，应当在法定刑的限度以内判处刑罚。"这是适用从重、从轻量刑情节的基本原则，即从重是指在法定刑的限度内判处较重的刑罚，从轻是指在法定刑的限度内判处较轻的刑罚，都不能高于法定刑的最高刑或者低于法定刑的最低刑判处刑罚。

(2) 减轻处罚情节的适用原则。《刑法》第63条第1款规定："犯罪分子具有本法规定的减轻处罚情节的，应当在法定刑以下判处刑罚。"该条第2款规定："犯罪分子虽然不具有本法规定的减轻处罚情节，但是根据案件的特殊情况，经最高人民法院核准，也可以在法定刑以下判处刑罚。"根据刑法的规定，我国的减轻处罚情节分为两种情况：一种是符合刑法某一法定量刑情节规定的减轻处罚，称为法定减轻或者一般减轻；另一种是虽然犯罪行为不符合任何法定减轻处罚的情节，但是案件具有特殊情况，根据罪责刑相适应原则，即使判处法定最低刑仍然过重，经最高人民法院核准，也可以减轻处罚，称为酌定减轻或者特殊减轻。无论是法定减轻还是酌定减轻，都存在以下三个共性的问题：

第一，如何理解法定刑以下？所谓法定刑，只能是刑法为具体犯罪构成配置的相应法定刑。具体来说，如果对所犯罪行的刑罚，刑法分别规定有几条或几款时，即以其罪行应当适用的条或款作为"法定刑"；如果是同一条文中，有几个量刑幅度时，即以其罪行应当适用的量刑幅度作为"法定刑"；如果只有单一的量刑幅度，即以此为"法定刑"。因此，不能不加区别地一律以整个条文的最低法定刑幅度作为减轻标准。所谓法定刑以下，是指不包括本数在内，必须判处低于法定最低刑的处罚。按照法律的规定，"以下"是包括本数在内的，但是这样一来，减轻处罚与从轻处罚就会发生交叉，在司法操作上会造成混乱。因此，这里对于"法定刑以下"的理解要有所变通。

第二，减轻处罚应否存在限度？有学者称，刑法只是规定"应当在法定刑以下判处刑罚"，并没有限制减轻处罚的幅度。我国立法上，对于这个问题的规定明显存在缺陷，赋予了法官过大的自由裁量权，减轻处罚应该得到合理的限制。刑法学界纷纷探讨限制方法，我们认为跨"格"限制和刑种限制的方法较为合理。

所谓格，并非法律术语，是一种较为形象化的说法，是指我国刑法分则在规定法定刑时所体现出来的有期徒刑的年数格段，如1年、3年、5年、7年、10年等，这种格段是按照犯罪轻重程度划分的。跨"格"限制，是指当法定最低刑为有期徒刑时，减轻处罚原则上应有格的限制，即应以法定最低刑以下一格为限。例如，当法定最低刑为10年有期徒刑时，减轻处罚不宜低于7年有期徒刑。但是，如果上一格与下一格之间相差期限不长（如法定刑最低刑为3年有期徒刑），在法定刑以下一格判处刑罚仍然过重时，也可以不受一格的限制。刑种限制，是指如果法定刑是有期徒刑以上刑罚且徒刑的起点（最低刑）较高，就不宜减为其他刑种。例如，法定刑为2年或者3年以上有期徒刑时，原则上应按照有期徒刑的格予以减轻处罚，不宜减为拘役或者管制。如果法定最低刑是拘役，或者虽是有期徒刑但有期徒刑的起点为最低刑期时，可以减到其他刑种。

第三，减轻处罚能否从主刑减至附加刑？当法定最低刑是管制时，就面临能否从主刑减至附加刑的问题。有学者持反对观点，认为"附加刑只是辅助刑，与主刑性质不同，刑法规定主刑的依据是社会危害性程度，规定附加刑的依据是客体的性质和这种犯罪的特点。"这种观点有其道理，但应该看到主刑和附加刑同属于刑罚，二者之间的界限不是一成不变的，更不是无法逾越的。多元中心的刑罚体系是当今世界刑罚体系发展的趋势，财产刑、资格刑等在刑罚体系中的地位不断提高。我们认为减轻处罚可以从主刑减为附加刑。

（3）免除处罚情节的适用原则。刑法总则和分则都明确规定了免除处罚的情节。《刑法》第37条又规定："对于犯罪情节轻微不需要判处刑罚的，可以免予刑事处罚，但是可以根据案件的不同情况，予以训诫或者责令具结悔过、赔礼道歉、赔偿损失，或者由主管部门予以行政处罚或者行政处分。"可见，我国的免除处罚情节分为两种情况：一种是符合刑法某一法定量刑情节规定的免除处罚，称为特殊免除。另一种是虽然犯罪行为不符合任何法定免除处罚情节的规定，但是犯罪情节轻微不需要判处刑罚的，可以免除处罚，称为一般免除。无论是特殊免除还是一般免除，都必须把握三个基本条件：①行为人的行为已经构成犯罪；②行为人之行为所构成的犯罪属情节轻微；③因犯罪情节轻微而不需要判处刑罚。只有同时符合这三个条件，才能免除处罚。

2. 多功能刑罚裁量情节的适用原则。多功能量刑情节对量刑结果能够产生两种以上的作用，审判机关要在裁量刑罚时斟酌案件具体情况做出选择。我国刑法规定的从宽处罚的情节，大多都是多功能量刑情节。审判机关在案件的具体裁量中，依据什么原则做出选择，便成为一个重要问题。1998年5月9日最高人民法院《关于处理自首和立功具体应用法律若干问题的解释》第3条规定："具体确定从轻、减轻还是免除处罚，应当根据犯罪轻重，并考虑自首的具体情节。"按照司法解释的规定，对多功能量刑情节的具体功能进行选择时，首先，要考虑犯罪性质的严重程度。具体言之，如果犯罪性质较轻，可以考虑适用减轻或者免除处罚；如果犯罪性质较重，则可以考虑从轻处罚。其次，要考虑量刑情节本身的情况。例如，同样是自首，甲是犯罪后立即自动投案，并如实供述了全部罪行，应考虑减轻处罚；而乙是犯罪后过了较长时间才自动投案，并如实供述了自己的主要罪行，应考虑从轻处罚。此外，法条中对于从轻、减轻、免除处罚的排列顺序体现了立法的倾向性意见。例如，有的规定可以减轻或者免除处罚，有的则规定可以免除或者减轻处罚。在选择适用时，对于前者原则上减轻处罚，特殊情况下免除处罚；而后者为原则上免除处罚，特殊情况下减轻处罚。

3. 多项刑罚裁量情节并存时的适用原则。在实践中，案件的事实情况是非常复杂的，一个案件往往存在多个量刑情节。在多项刑罚裁量情节并存时，量刑情节的适用需要注意以下几个问题：

(1) 量刑情节竞合时的适用原则。量刑情节的竞合包括同向竞合和逆向竞合两种情况。同向竞合就是指具有两个以上从轻或者从重的情节，而逆向竞合是指具有一个从轻情节和一个从重情节。多项量刑情节同向竞合的适用原则比较容易理解，可以将从宽或者从严的幅度提升，只要注意不能搞“两个从轻就可以减轻，两个从重就可以加重”这种简单相加就可以了。多项量刑情节逆向竞合的情况下，适用原则比较复杂：不能搞简单的相互抵消，应该首先根据基本犯罪事实与犯罪性质取定一个基本刑，然后运用情节对基本刑进行裁判上的平衡，这种平衡可以称为刑罚的修正。一般情况下，先考虑从重情节，对于刑罚进行趋严修正，然后再考虑从轻情节，在第一次修正的基础上进行第二次趋宽修正，两次修正后便得出刑罚裁量的结果。

(2) 应当型情节与可以型情节并存时的适用原则。对于应当型情节与可以型情节并存的情况下，原则上应当型情节优于可以型情节适用。但在具体案件的刑罚裁量过程中不可僵硬掌握，不是所有的应当情节都优先于可以情节。如果在一个案件中，具有一个应当从严的情节，但具有数个可以从宽的情节，在案件中居于主导地位，判处刑罚时便不能从严。因此，应该根据案件的实际情况对两者的地位做出实事求是的评价后决定适用。

(3) 法定量刑情节与酌定量刑情节并存时的适用原则。法定量刑情节与酌定量刑情节并存的情况下，原则上法定情节优于酌定情节适用。大多数案件都具有酌定量刑情节，所以如果案件具有法定量刑情节的话，那么二者共存的情况是很常见的。虽然原则上是法定情节优于酌定情节，但如果酌定量刑情节意义重大，对行为的社会危害性和犯罪人人身危险性影响程度超过法定情节，可以优先或与法定情节同等考虑。在司法实践中，要重视酌定量刑情节，特别是某些意义重大的酌定量刑情节（如坦白、积极退赃）的作用。

二、疑难问题

（一）如何认识刑事政策对于量刑的指导作用？

刑法学界有观点认为，应该将以党和国家的刑事政策为指导作为我国量刑原则的重要内容。刑事政策是研究犯罪现象及其对策的科学，同时也是打击和预防犯罪的斗争策略，是国家总政策的组成部分。刑事政策与刑法具有共同的目的，但相对于刑法而言，刑事政策具有较大的灵活性。刑法规范一经制定就具有一定程度的稳定性和连贯性，而刑事政策是根据不同的政治条件、经济条件和社会治安状况制定出来的，并根据社会的发展变化和实践的检验随时加以调整，以弥补刑事立法的滞后和不足。目前，刑罚裁量中要以刑事政策为指导，必须做到坚决贯彻宽严相济的基本刑事政策。宽严相济是建立在对犯罪严重性程度有所区别的基础上，即对那些犯罪性质、情节较轻的人，要本着教育、感化、挽救的原则，适用较为宽缓的处罚；对那些犯罪性质、情节较重的人，必须严格依照刑法的规定予以严厉处理。宽严相济的涵义就是当宽则宽，该严则严，有宽有严，宽严适度。“宽”不是法外施恩，“严”

也不是无限加重，而是“宽严相济，罚当其罪”。审判人员在裁量刑罚中要准确运用刑罚裁量情节，使宽严相济刑事政策在裁量刑罚的过程中得到具体落实。

（二）如何确定从重从轻处罚的界限？

在法定刑的限度内，如何确定从重从轻处罚的界限，便成为一个重要问题。

刑法学界存在两种观点的论争。第一种观点是“中间线”说。持这种观点的学者认为，“如果具有从重处罚的情节，在法定刑的平均刑期以上考虑应当判处的刑罚；如果具有从轻处罚的情节，在法定刑的平均刑期以下考虑应当判处的刑罚。”例如，“强奸罪的法定刑的幅度是3年至10年有期徒刑，在具有从重处罚情节时，则在6年零6个月至10年之间考虑应当判处的刑罚；在具有从轻处罚的情节时，则在3年至6年零6个月之间考虑应当判处的刑罚。”第二种观点是“基准点”说。持这种观点的学者认为，“在暂不考虑从严从宽处罚的各种情节的前提下，仅根据犯罪行为本身的社会危害性程度，首先在法定刑的幅度以内，确定一个量刑的基准点，在这个基准点以上判刑的是从重处罚，反之则为从轻处罚。”

我们采用“基准点”说。因为“中间线”说无论在刑法理论上还是在司法实践中都是站不住脚的。刑罚裁量是对反映犯罪行为的社会危害性和犯罪人的人身危险性的所有客观事实情况进行综合评价，其依据是案件事实，不能只是根据一个量刑情节的存在就对案件判处低于或者高于中间线的刑罚，这样做过高地估量了一个量刑情节的作用，并且也脱离了案件事实。如果强行以“中间线”为标准，就必然造成轻罪重判或者重罪轻判的局面。另外，我国刑法规定的法定刑中，有很多都有几个刑种，是无法划出中间线的。因此，先暂时不考虑犯罪人所具有的从重、从轻处罚情节，综合考虑犯罪的事实、性质、情节，根据刑法估量应当判处什么刑罚，再考虑从重情节与从轻情节，从而确定应当宣告的刑罚，更具有可取性。

需指出，“基准点”说的理论也存在缺陷：当确定的基准点为法定最低刑时，如何适用从轻处罚情节？还有确定基准点的标准为何？如果是量刑情节则与自身理论相违背，如果是定罪情节则有违禁止重复评价原则。我们采用“基准点”说是比较趋优的结果，其毕竟遵循了以案件事实为依据的量刑原则。目前学界已有学者在探索用定量积分的方法来解决这个问题。可见，欲从理论上完善从重、从轻处罚情节的适用原则，尚需要大胆的探索与创新。

在人类刑法文明史上，量刑公正始终是人们不懈追求的崇高目标。从某种意义上说，整个人类刑法文明史，就是一部为实现刑罚目的而不断探索量刑公正的历史。我国历史上重刑主义的影响、学术研究和司法实践重定罪轻量刑的片面倾向、理论上未能提供实现量刑公正性的原则与方法等，都是造成我国量刑偏差现象严重的原因。走进新世纪，量刑改革已在我国自上而下的悄然兴起了，中国量刑改革的路径应如何选择，是摆在法律人面前的重大问题。

【思考题】

1. 简述刑罚裁量的概念和特征。
2. 论述我国刑罚裁量所遵循的原则。
3. 论述刑罚裁量情节的体系。
4. 简述酌定量刑情节的功能与地位。
5. 简述如何正确适用刑罚裁量情节。

【参考文献】

1. 马克昌主编:《刑罚通论》，武汉大学出版社1999年版。
2. 赵秉志主编:《刑罚总论问题探索》，法律出版社2003年版。
3. 陈兴良:《刑法适用总论》(下)，法律出版社1999年版。
4. 邱兴隆:《刑罚学》，群众出版社1988年版。
5. 赵廷光:《量刑公正实证研究》，武汉大学出版社2005年版。

第二十一章 刑罚裁量制度

【导语】为了在刑罚裁量中切实贯彻罪责刑相适应原则以及刑罚个别化原则，充分保障刑罚裁量的科学、合理，我国刑法规定了累犯制度、自首制度、立功制度、数罪并罚制度和缓刑制度。在累犯制度中，应掌握一般累犯的成立条件及与特别累犯的区别；在自首制度中，应掌握一般自首的成立条件及与准自首和特别自首的区别；在立功制度中，应掌握一般立功的成立条件及与重大立功的区别；在数罪并罚制度中，应掌握我国数罪并罚制度的原则以及我国刑法规定在判决宣告以前一人犯数罪、刑罚未执行完毕前发现漏罪和刑罚执行期间又犯新罪三种情况下数罪并罚原则的具体运用；在缓刑制度中，应掌握一般缓刑的适用条件及与战时缓刑的区别，并了解缓刑的考察及其法律后果。

本章的疑难问题有：①前罪已受外国刑罚处罚，再犯新罪能否构成累犯？②前罪被判处缓刑后，再犯新罪能否构成累犯？③如何理解一般自首中“自己的罪行”？④只如实供述了同种数罪中的部分犯罪能否认定为自首？⑤如何理解准自首中“司法机关还未掌握”的含义？⑥对将他人犯罪的事实或者重要线索提供给犯罪分子并由其向司法机关揭发或者提供的，能否认定该犯罪分子立功？⑦一人犯数罪被判处数个无期徒刑的，能否升格执行死刑？⑧在数罪并罚时如何酌情决定执行的刑期？⑨所犯数罪分别被判处不同的有期自由刑时如何并罚？⑩“一人犯数罪”是否包括数个性质相同的犯罪？⑪在数罪并罚后刑罚执行完毕前发现犯罪分子在判决宣告前有一罪没有判决的，如何并罚？⑫在犯一罪并判处刑罚后刑罚执行完毕前发现犯罪分子在判决宣告前有数罪没有判决的，如何并罚？⑬在数罪并罚后刑罚执行完毕前发现犯罪分子在判决宣告前有数罪没有判决的，如何并罚？⑭前罪被判刑后在刑罚执行完毕以前既发现有漏罪又犯新罪的应如何并罚？⑮如何判断犯罪分子是否确实不致再危害社会？

■第一节　累　犯

一、基本原理

（一）累犯的概念和意义

在刑法学中，累犯的概念可以有多层次的理解。累犯首先是指累犯行为，即曾因犯罪行为而被判处一定刑罚，在刑罚执行完毕或赦免后的一定期间内又犯一定之罪的事实。因为有这样的事实存在，对犯罪人才可称为累犯。其次，累犯是指一种犯罪人类型，即曾因犯罪而被判处一定的刑罚，在刑罚执行完毕或者赦免后的一定期间内又犯一定之罪的罪犯。刑法上作为法定量刑情节的累犯和作为刑罚裁量制度的累犯，都是在上述意义上使用的。

累犯与惯犯不同。惯犯是指在较长时间内反复实施同种犯罪，以此为常业或者以犯罪所得作为生活或者挥霍、腐化的主要来源，并养成恶习的犯罪形态。累犯与惯犯虽然都是多次实施犯罪行为，且主观上都是故意犯罪，但存在着明显的差别：①累犯一般只能由受过一定的刑罚处罚并在刑罚执行完毕或者赦免以后的犯罪分子构成，而构成惯犯，并无此方面的限制性条件；②累犯一般必须是在前罪刑罚执行完毕或者赦免以后的法定期限内又犯一定之罪；而惯犯则是在一定时间内反复多次实施犯罪行为，且所犯之罪应是均未经过处理的；③构成累犯，行为人前后数个犯罪行为不一定是同种犯罪，而构成惯犯，行为人实施的数个犯罪则须为同种犯罪；④累犯是法定的从重处罚情节，由于累犯所犯的前罪已受过一定的刑罚处罚，故对累犯的从重处罚是针对其所犯后罪而言的，而对于惯犯应依照刑法分则有关条文规定的法定刑处罚，由于刑法分则有关条文根据惯犯的特征规定了相对较重的法定刑，故对惯犯无需在法定刑幅度内再予以从重处罚。

累犯与再犯不同。一般意义上的再犯，是指再次犯罪的人，也即两次或两次以上实施犯罪的人。再犯的后犯之罪实施的时间并无限制，既可以是在前罪刑罚执行期间实施的，也可以是在刑满释放之后实施的。累犯与再犯的相同之处主要表现为：他们都是两次或两次以上实施犯罪行为。累犯与再犯的差别主要表现为：①累犯前后实施的犯罪必须是特定的犯罪即故意犯罪，并由刑法明文规定，而再犯前后实施的犯罪并无此方面的限制；②累犯一般必须以前后两罪被判处或应判处一定的刑罚为构成条件，而构成再犯，并不要求前后两罪必须被判处一定刑罚；③累犯所犯后罪，一般必须是在前罪刑罚执行完毕或赦免以后的法定期限内实施的，而再犯的前后两罪之间并无时间方面的限制。

累犯系曾因犯罪被判处一定严厉的刑罚，在刑罚执行完毕或者赦免后的较短的时间内又再次实施比较严重犯罪的人，因而表明累犯者具有更大的主观恶性和人身危险性，从而进一步表明，不仅累犯者所实施的后罪与初犯者在实施同样犯罪的情况下，罪行更为严重，理应受到更重的处罚，而且其再次犯罪的可能性和危险性也较初犯者大，有必要给予从重处罚以加强对累犯的教育和矫正。因此，我国刑法在坚持罪责刑相适应原则的前提下，充分考虑刑罚个别化原则，设立累犯制度并将其规定为从重处罚的情节，以加强对累犯者的处罚力度，增强惩罚犯罪、教育矫正罪犯的实际效果，确保刑罚目的的实现。

（二）累犯的分类和构成条件

我国刑法与世界各国刑法的通行做法一样，将累犯分为一般累犯和特别累犯两种。

1．一般累犯的构成条件。根据《刑法》第65条的规定，一般累犯，是指因故意犯罪被判处有期徒刑以上刑罚，并在刑罚执行完毕或者赦免以后5年内，再犯应当判处有期徒刑以上刑罚之故意犯罪的犯罪分子。一般累犯的构成条件为：

（1）行为人所犯前罪与后罪都是故意犯罪。根据《刑法》第65条规定的精神，如果行为人实施的前罪与后罪均为过失犯罪，或者前罪与后罪之一是过失犯罪，都不能构成累犯。我国刑法之所以将过失犯罪排除在累犯之外，具有相当的合理性和科学性。首先，故意犯罪人与过失犯罪人相比，不仅主观恶性更深，而且人身危险性也更大，相应地，不仅前者的罪行远严重于后者，而且前者再犯罪的可能性和危险性也要远大于后者。再者，故意犯罪者的重新犯罪率也远远大于过失犯罪者。因此，理应将累犯的成立范围限定于故意犯罪，给予严厉的刑罚处罚，以利于实现刑罚的目的。其次，刑法分则规定的绝大多数犯罪只能由故意构成，而且给国家、社会和人民利益造成重大危害的犯罪，也大多是故意犯罪。因此，将累犯的成立范围限定于故意犯罪，有利于重点打击故意犯罪。

（2）前罪被判处有期徒刑以上刑罚，后罪应当被判处有期徒刑以上刑罚。也就是说，构成累犯的前罪被判处的刑罚和后罪应当判处的刑罚均须为有期徒刑以上的刑罚。若前罪被判处的刑罚是管制、拘役或者被单独判处某种附加刑，后罪虽然是应当判处有期徒刑以上刑罚，也不构成累犯；反之，虽然前罪被判处有期徒刑以上刑罚，而后罪却应当判处管制、拘役或者单独判处某种附加刑，同样也不能构成累犯。其中，所谓前罪被判处有期徒刑以上刑罚，是指人民法院最后确定的宣告刑是有期徒刑以上刑罚，包括被判处有期徒刑、无期徒刑和死刑缓期执行。所谓后罪应当判处有期徒刑以上刑罚，是指根据行为人所犯后罪的事实，依照刑法的规定，实际上对行为人应当判处有期徒刑以上刑罚，包括实际上应当判处有期徒刑、无期徒刑和死刑，而不是指该罪的法定刑仅包括有期徒刑。刑法之所以将前罪和后罪判处的刑罚均限定于有期徒刑以上的刑罚，主要理由在于：在我国的刑罚体系中，作为主刑的管制和拘役，都是轻微的刑罚，只适用于较轻的犯罪，对由于犯较轻之罪而被判处管制、拘役的人以累犯论处，使累犯的范围过于扩张，不利于贯彻区别对待的刑事政策。而有期徒刑是我国刑法中适用最为广泛且相对较重的一个刑种，凡是犯应处有期徒刑以上刑罚之罪特别是故意犯罪的犯罪分子，其罪行的严重性和人身危险性都已经达到了一定的严重程度，按照累犯处理合乎设立累犯制度的精神。

(3) 后罪发生在前罪的刑罚执行完毕或者赦免以后5年之内。如果后罪发生在前罪的刑罚执行期间，则不构成累犯，而应适用数罪并罚；如果后罪发生在前罪的刑罚执行完毕或者赦免5年以后，也不构成累犯。所谓刑罚执行完毕，是指主刑执行完毕，不包括附加刑在内。[1] 主刑执行完毕5年内又犯罪，即使附加刑未执行完毕，仍构成累犯。对于假释的犯罪分子在假释期间，仍属于刑罚执行期间，只有在假释期满之日起5年之内再犯应当被判处有期徒刑以上之故意犯罪的，才能构成累犯。所谓赦免，是指特赦，因为我国宪法只规定了特赦，而未规定大赦。刑法之所以将构成累犯的时间起点设定于刑罚执行完毕或者赦免之时，而不将其设定于刑罚开始执行的时间或者执行过程中，主要是因为前罪所判的刑罚尚未开始执行或者没有执行完毕，难以说明前罪所判处的刑罚对犯罪分子尚不足以发挥惩罚和教育矫正的作用，而需要将犯罪分子作为累犯而在后罪的刑罚裁量中作为从重情节予以体现。而且，对于在刑罚执行中又犯新罪的犯罪分子，根据《刑法》第71条的规定，应按先减后并的方法实行数罪并罚，这与按先并后减的方法实行数罪并罚相比，犯罪分子实际上所受的刑罚要重一些，这当然是出于犯罪分子在刑罚执行期间又犯新罪的考虑所产生的法律后果。如果再将其认定为累犯在后罪的刑罚裁量中予以考虑，有对同一事实进行重复评价的嫌疑。刑法之所以将累犯成立的时间期限设定为5年，主要是因为目前刑罚执行完毕后5年之内的重新犯罪率比较高，现行刑法将1979年刑法对累犯成立的时间期限3年提高到5年，扩大累犯的成立范围，有利于加大对重新犯罪的惩罚与预防力度。[2]

2. 特别累犯的构成条件。特别累犯，是前、后罪均为同一性质或者同类性质的犯罪而构成的累犯。我国刑法总则只规定了一种特别累犯即危害国家安全罪累犯，因此，一般教科书在特别累犯问题上只就危害国家安全罪累犯进行论述。但是，我们认为，刑法分则中也规定有特别累犯，即《刑法》第356条规定的毒品犯罪累犯。该条如同《刑法》第66条对危害国家安全罪累犯的规定一样规定："因走私、贩卖、运输、制造、非法持有毒品罪被判过刑，又犯本节规定之罪的，从重处罚"，即规定行为人所犯前、后两罪均为毒品犯罪，即可

[1] 将"刑罚执行完毕"理解为主刑执行完毕，这主要是因为：①从《刑法》第65条第1款规定的"被判处有期徒刑以上刑罚的犯罪分子"与"刑罚执行完毕"之间的内在逻辑关系上可以得出这种结论；②由于刑法的规定或者某些原因，附加刑在主刑执行完毕比较长的时间后才能执行完毕，甚至有的时候无法执行，如果将"刑罚执行完毕"理解为主刑和附加刑均执行完毕，会过于扩张累犯的范围，徒增刑罚的严苛。

[2] 累犯成立的时间期限的设定取决于国家一定历史阶段的犯罪形势与治安状况，因此，它不是一成不变的。参见陈兴良：《刑法适用总论》(下)，法律出版社1999年版，第434页。

将其所犯的前罪作为对后罪处罚的一个从重情节。因此，我们在这里分别对危害国家安全罪和毒品犯罪两种特别累犯的构成要件进行论述。

（1）危害国家安全罪累犯的构成要件。根据《刑法》第66条的规定，危害国家安全罪累犯，是指因犯危害国家安全罪受过刑罚处罚，刑罚执行完毕或者赦免后，在任何时候再犯危害国家安全罪的犯罪分子。其构成条件为：

第一，前罪与后罪必须均为危害国家安全罪。如果行为人实施的前后两罪都不是危害国家安全罪，或者其中之一不是危害国家安全罪，就不能构成危害国家安全罪的特别累犯。

第二，前罪被判处的刑罚和后罪应判处的刑罚的种类及其轻重不受限制。即使前后两罪或者其中之一被判处或者应当判处管制、拘役或者单处某种附加刑，也不影响危害国家安全罪的特别累犯的成立。

第三，前罪的刑罚执行完毕或者赦免以后，任何时候再犯危害国家安全罪，都构成危害国家安全罪的特别累犯。

（2）毒品犯罪累犯的构成要件。根据《刑法》第356条的规定，毒品犯罪累犯，是指因犯走私、贩卖、运输、制造、非法持有毒品罪被判过刑，在任何时候再犯毒品犯罪的犯罪分子。其构成要件为：

第一，前罪与后罪必须均为《刑法》分则第六章第七节规定的毒品犯罪。需要特别注意的是，前罪只能是毒品犯罪中的走私、贩卖、运输、制造毒品罪（《刑法》第347条）和非法持有毒品罪（《刑法》第348条）两种特定的犯罪，后罪则可以是刑法分则第六章第七节规定的所有毒品犯罪。

第二，前罪被判处的刑罚和后罪应判处的刑罚的种类及其轻重不受限制。

第三，前罪的刑罚执行完毕或者赦免后，在任何时间再犯毒品犯罪，都构成毒品犯罪的特别累犯。虽然《刑法》第356条只是规定因走私、贩卖、运输、制造、非法持有毒品罪被判过刑，又犯毒品犯罪的，从重处罚，对犯后罪的时间没有明确规定，但是，应当把犯后罪的时间起点确定为前罪的刑罚执行完毕或者赦免以后。这主要是因为：①与《刑法》总则中关于一般累犯和危害国家安全罪累犯规定的犯后罪的时间起点相协调；②与《刑法》总则关于在刑罚执行期间犯新罪时实行数罪并罚的规定相协调。《刑法》第71条规定："判决宣告以后，刑罚执行完毕以前，被判刑的犯罪分子又犯罪的，应当对新犯的罪作出判决，把前罪没有执行的刑罚和后罪所判处的刑罚，依照本法第69条的规定，决定执行的刑罚。"这一总则规定应当适用于犯走私、贩卖、运输、制造毒品罪和非法持有毒品罪的犯罪分子在刑罚执行期间又犯任何新罪的情况。相应地，毒品犯罪累犯中的行为人所犯后罪的时间起点就应该是其所犯的走私、贩卖、运输、制造毒品或者非法持有毒品罪的刑罚被执行完毕或者赦免之后。

（三）累犯的刑事责任

根据《刑法》第65条的规定，对于一般累犯和危害国家安全的累犯，应当从重处罚；根据《刑法》第356条的规定，对于毒品犯罪的累犯，应当从重处罚。总体上讲，无论是一般累犯，还是特别累犯，均应当在与其罪行相适应的法定刑幅度内从重处罚。至于从重处罚的幅度，则应根据其所实施的犯罪行为的性质、情节和社会危害程度判断，切忌毫无事实根据地对累犯一律判处法定最高刑。

二、疑难问题

（一）前罪已受外国刑罚处罚，再犯新罪能否构成累犯?

对此问题，我国刑法没有明确规定，但学者们进行了探讨并有不同见解：有的学者认为，刑法规定的“刑罚执行完毕”，是指在我国的有罪判决和刑罚执行。在外国受过刑罚处罚的人，不等于曾受我国有罪判决和刑罚执行，故即使他们又在我国犯罪的，也不能构成累犯。[1] 有的学者认为，虽然我国对外国的刑事判决采取的是消极承认，但上述情况仍应认定为累犯。因为消极承认的前提是考虑到行为人在外国受到刑事处罚的事实，而免除或者减轻处罚；同样，在行为人于我国犯新罪时，我国法院也应该考虑行为人在外国受到刑罚处罚的事实，如果符合我国刑法规定的累犯条件，就应以累犯论处。[2] 有的学者认为，对此问题要具体情况具体分析。如果行为人在外国实施的行为，并未触犯我国刑法，则即使其受到外国审判并执行了刑罚，也不符合我国刑法上累犯的构成条件。如果行为人在外国实施的行为，也触犯了我国刑法，从而依照我国刑法也应负刑事责任，那么行为人的前罪已受外国刑罚处罚的情况，能否作为累犯的构成条件，则取决于该外国判决是否为我国所承认。如果其前罪所执行的刑罚为我国所承认，则当该犯罪人在前罪刑罚执行完毕 5 年之内，又在我国境内实施应判处有期徒刑以上刑罚之罪的，就应认定其为累犯。如果不为我国所承认，则就不成其为构成累犯的条件。[3] 有的学者认为，对于我国没有管辖权的案件，如果行为人实施的行为按照我国刑法也构成犯罪，那么可以作为累犯的前罪对待；对于我国有管辖权的案件，如果我国承认外国的判决，可以作为累犯的前罪对待，如果我国不承认外国的判决，而对该案件重新审判的，则不能作为累犯的前罪对待。[4] 我们认为，行为人在我国领域外犯罪并被外国定罪判刑，在刑罚执行完毕或者赦免后的 5 年内再次在我国犯罪，当然表明其主观恶性和人身危险性均较大，理应作为累犯处理。但我国刑法对这种情况没有规定毕竟是一个不争的事实。若将行为人在外国犯罪并受刑罚处罚的事实作为累犯的前罪并以累犯从重处罚，确有不教而诛的问题。因此，在刑法作出明确规定之前，我们不主张将因犯罪在外国已受过刑罚处罚又在我国犯罪的人作为累犯对待。

（二）前罪被判处缓刑后，再犯新罪能否构成累犯？

对此问题，理论界有两种截然不同的观点：有少数学者认为，刑罚的执行可以理解为对犯罪人所判处的刑罚的具体运用。缓刑是对被判处缓刑的犯罪人运用刑罚的另外一种方式。因此，可以说受过缓刑的犯罪人是受过刑罚执行的，缓刑期满也可以认为是原判刑罚执行完毕。而且，假释制度和缓刑制度都是刑罚执行的特殊方法，既然假释期满后再犯新罪可以构成累犯，当然缓刑期满后再犯新罪也可以构成累犯。对于那些缓刑期满后仍不思悔改，又犯新罪的犯罪分子，应认为是有犯罪前科的，符合累犯条件的，按照累犯从重处罚，才能有效地发挥刑罚教育改造罪犯的作用，达到预防犯罪的目的。[5] 但多数学者认为，缓刑虽然是刑罚的运用方式，但并不是刑罚的执行，而是刑罚附条件的不执行，缓刑期满是“原判刑罚不再执行”，它与假释期满就认为“原判刑罚已经执行完毕”的假释的法律效果完全不同，不能相提并论。而且，规定累犯制度的目的在于严厉打击那些具有较大人身危险性、多次严重危害社会的人，而被判处缓刑的犯罪分子，原判刑罚并未实际执行，尚不属于经过刑罚处罚后再次犯罪的情形，将其排除在累犯范围之外，体现了我国对累犯从严掌握的立法精

---

〔1〕 参见高铭暄主编：《新中国刑法学研究综述》，河南人民出版社 1986 年版，第 451 页。
〔2〕 参见张明楷：《刑法学》（上），法律出版社 1997 年版，第 449 页。
〔3〕 参见高铭暄主编：《刑法学原理》（第 3 卷），中国人民大学出版社 1994 年版，第 287 页。
〔4〕 参见苏彩霞：《累犯制度比较研究》，中国人民公安大学出版社 2002 年版，第 108～109 页。
〔5〕 参见高铭暄主编：《新中国刑法学研究综述（1949～1985）》，河南人民出版社 1986 年版，第 449～451 页。

神。[1] 后种观点是我国理论界目前的通说。我们认为，立足于对现行刑法关于累犯规定的适用，解决这个问题，关键是要正确判断缓刑期满是否就是“刑罚执行完毕”。所谓刑罚执行完毕，是指监狱等刑罚执行机关在人民法院判决确定的期限内对犯罪分子通过监禁、教育、矫正等措施，依法将人民法院对犯罪分子判处的有期徒刑以上的刑罚执行完毕。而根据《刑法》第76条的规定，如果不存在撤销缓刑的事由，缓刑期满的法律效果是原判刑罚就不再执行，也即人民法院对犯罪分子判处的刑罚不再执行。由此可见，原判刑罚不再执行与原判刑罚执行完毕是截然不同的法律效果，不可能通过将缓刑期满解释成“刑罚执行完毕”，而认定缓刑期满又犯新罪的犯罪分子可以构成累犯。

■第二节　自　首

一、基本原理

（一）自首的概念和意义

自首，是指犯罪嫌疑人犯罪以后自动投案，如实供述自己的罪行，或者被采取强制措施的犯罪嫌疑人、被告人和正在服刑的罪犯，如实供述司法机关还未掌握的本人其他罪行的行为。

坦白与自首既有联系又有区别。坦白有广义与狭义之分。广义的坦白包括自首，自首是其最高形式。通常所说的“坦白从宽，抗拒从严”中的坦白，就是广义的坦白。所谓狭义的坦白，是指犯罪嫌疑人被动归案之后，自己如实交代所被指控的犯罪事实的行为，具体而言则指犯罪嫌疑人或被告人在其罪行被司法机关或有关组织发觉以后，在被传唤、讯问时，或在被采取强制措施后，或在法庭审理中，如实交代其犯罪事实的行为。坦白有三个特征：①犯罪嫌疑人被动归案。被动归案是相对于自动投案而言的。实践中，被动归案有三种情况：一是因司法机关采取强制措施而归案；二是被司法机关传唤到案；三是被群众扭送归案。②犯罪嫌疑人如实交代的是被指控的罪行。③犯罪嫌疑人交代的是自己的罪行。据此，坦白与自首的相同之处在于：都以自己实施了犯罪行为为前提；在归案后都是以如实交代自己的犯罪事实为内容；都是犯罪嫌疑人认罪悔罪、人身危险性有所减弱的表现，属于从宽处罚的情节。两者的区别主要是：①成立条件不同。自首是犯罪嫌疑人自动投案后，主动如实地供述自己的犯罪事实，这些事实既可以是已被发觉的、正在指控的事实，也可以是尚未发觉、尚未指控的事实，而坦白是犯罪嫌疑人被动归案后，如实交代自己被指控的犯罪事实。②悔罪程度和人身危险性减弱程度不同。由于自首是主动投案，且是在司法机关尚未掌握其罪行，或者虽然罪行已被司法机关发觉但尚未对其指控或无法指控的情况下如实交代自己的罪行，而坦白是被动归案，且是在司法机关已经发觉其罪行并正在对其罪行进行指控的情况下交代自己的罪行，因此，自首者比坦白者悔罪的程度深，人身危险性减弱程度大。③法律后果不同。自首是法定从宽情节，而坦白是酌定从宽情节。而且，前者获得从宽处罚的可能性与从宽处罚的幅度比后者要大。

由于自首是犯罪嫌疑人出于自己的意志而主动将自己交付国家追诉，表现出犯罪嫌疑人所具有的接受国家审查和裁判的自觉性，进而体现出一定的认罪或悔罪态度以及其人身危险性已经在一定程度上得到减弱，因此，我国刑法在坚持罪责刑相适应原则的前提下，充分考

---

〔1〕 参见陈兴良：《刑法适用总论》（下），法律出版社1999年版，第429～430页。

虑刑罚个别化的原则，设置了自首制度，并将其规定为从宽处罚的情节。这一制度的设立具有重要的意义。首先，它对于分化瓦解犯罪势力，感召犯罪分子主动投案，激励犯罪嫌疑人悔过自新，减少因犯罪而造成的社会不安定因素，起着积极的作用。其次，它有利于迅速侦破刑事案件，及时惩治犯罪，提高刑事法律在惩治和预防犯罪中的作用。最后，它是兼顾惩罚犯罪功能和教育矫治罪犯功能的刑罚裁量制度，使刑罚目的的实现过程在一定程度上因犯罪人的自动归案而拓展到犯罪行为实施之后、定罪量刑之前的阶段，促使罪犯的自我改造更早开始。

（二）自首的分类及其成立条件

目前，理论界对自首的分类问题有两种见解：一种见解立足于《刑法》第67条这一总则规定，将自首分为一般自首和特别自首（有的称为准自首）；另一种见解认为，《刑法》第164条第2款和第390条第2款所作的“行贿人在被追诉前主动交待行贿行为的，可以减轻处罚或者免除处罚”的规定，《刑法》第392条第2款所作的“介绍贿赂人在被追诉前主动交待介绍贿赂行为的，可以减轻处罚或者免除处罚”的规定，实质上是对对非国家工作人员行贿罪、行贿罪和介绍贿赂罪中自首的特别规定，因此，自首即包括《刑法》总则规定的自首和刑法分则规定的自首，相应地，对自首的种类就可以划分为一般自首（《刑法》第67条第1款）、准自首（《刑法》第67条第2款）和特别自首（《刑法》第164条第3款、第390条第2款和第392条第2款）。我们认为，虽然刑法分则中关于行贿犯罪和介绍贿赂犯罪的自首之规定，在实践中完全可以根据具体情况确定为一般自首或者准自首，但这毕竟是刑法对特定犯罪设立的自首制度，因此，从这个意义上，我们赞同第二种见解对自首类型的划分。下面依次对自首的三个种类的成立条件进行论述。

1. 一般自首的成立条件。根据《刑法》第67条第1款的规定，一般自首是指犯罪嫌疑在犯罪以后自动投案，如实供述自己罪行的行为。成立自首，须具备如下条件：

（1）犯罪嫌疑人必须是自动投案。所谓自动投案，是指犯罪事实或者犯罪嫌疑人未被司法机关发觉，或者虽被发觉，但犯罪嫌疑人尚未受到讯问、未被采取强制措施时，主动、直接向公安机关、人民检察院或者人民法院投案。[1] 理解这一条件，应当根据刑法设立自首制度的宗旨和自首的规定，结合实践中的具体情况来把握“自动”和“投案”的含义。

第一，“自动”必须是指犯罪嫌疑人在尚未归案之前，基于其本人的意志而投案。这意味着：①投案行为必须实行于犯罪嫌疑人尚未归案之前。这不仅是体现犯罪嫌疑人投案的自动性的一个方面，而且也有助于将一般自首与准自首区别开来。投案行为通常实行于犯罪嫌疑人犯罪之后，犯罪事实未被司法机关发觉以前，或者犯罪事实虽然已被司法机关发觉，但犯罪嫌疑人尚未被发觉以前，或者犯罪事实和犯罪嫌疑人均已被发觉，而司法机关尚未对犯罪嫌疑人进行讯问或者采取强制措施以前。此外，犯罪嫌疑人的罪行尚未被司法机关发觉，仅因形迹可疑被有关组织查询、教育后自动投案的；犯罪嫌疑人在犯罪后逃跑，在被通缉、追捕的过程中自动投案的；经查实犯罪嫌疑人确已准备去投案，或者正在去投案的途中，被公安机关逮捕的，也应视为自动投案。至于犯罪后被群众扭送归案的，或被公安机关逮捕归案的，或在追捕过程中走投无路当场被捕的，或经司法机关传讯、采用强制措施后归案的，均不能认为是自动投案。②投案必须基于犯罪嫌疑本人的意志所为。这是体现犯罪嫌疑人认罪、悔罪的重要方面，是刑法对自首犯规定可以从宽处罚的主要根据所在。投案一般应是犯

〔1〕 参见最高人民法院发布并于1998年5月9日起施行的《关于处理自首和立功具体应用法律若干问题的解释》第1条的规定。

罪嫌疑人主动到有关机关或个人那里交待自己实施的犯罪事实，但出于充分发挥自首制度的积极作用、鼓励犯罪嫌疑人的亲友积极配合国家司法机关的工作的考虑，理论和实务中均将并非出于犯罪嫌疑人主动，而是经亲友规劝、陪同投案的；公安机关通知犯罪嫌疑人的亲友，或者亲友主动报案后，将犯罪嫌疑人送去投案的情况，视为自动投案。至于犯罪嫌疑人投案的动机，是多种多样的，有的出于真诚悔罪，有的慑于法律的威严，有的为了争取宽大处理，有的因潜逃在外生活无着，有的经亲友规劝而醒悟，等等，但不同的动机，并不影响投案行为的自动性。

第二，投案必须是犯罪嫌疑人向有关机关或者个人承认自己实施了特定犯罪，并将自己置于有关机关或者个人的控制之下，等待接受国家司法机关的审查和裁判。这意味着：①犯罪嫌疑人必须向有关机关或者个人承认自己实施了特定犯罪。对此须从两方面加以把握：首先，一般要求犯罪嫌疑人直接向国家的司法机关即公安机关、检察机关或者审判机关投案。但考虑到实践中的具体情况，从鼓励犯罪嫌疑人自首和体现自首的本质等方面考虑，对于犯罪嫌疑人向其所在单位、城乡基层组织或者其他有关负责人投案的，犯罪分子因病、伤，或者为了减轻犯罪后果，而委托他人先代为投案的，或者先以信函、电报投案的，也应视为投案。其次，犯罪嫌疑人投案之后必须向有关机关或个人承认自己所犯的特定之罪。即不能仅空泛地承认实施了犯罪，而是必须承认自己实施了特定犯罪或承认某一特定犯罪系自己所为。具体而言，在犯罪事实未被发觉的条件下，只要承认本人实施何种特定犯罪即可；在犯罪事实虽已被发觉，但犯罪人尚未被发觉的条件下，只要承认某一特定犯罪系自己所为即可；在犯罪事实和犯罪人均已被发觉，但犯罪人尚未归案的条件下，只要承认自己是某一特定犯罪的行为人即可。②犯罪嫌疑人必须是将自己置于有关机关或个人的控制之下，等待国家司法机关的审查和裁判。这是“投案”的应有之义。“投案”应当既包括犯罪嫌疑人向有关机关或者个人承认自己实施了特定的犯罪，也包括将自己置于有关机关或个人的控制之下，等待国家司法机关的审查和裁判这样两层含义。如果犯罪嫌疑人虽然向有关机关或者个人承认自己实施了特定犯罪，但不愿意将自己置于有关机关或个人的控制之下，从而接受国家司法机关的审查和裁判，那么，将这种情况认定为自首，就违背了刑法设立自首制度的宗旨。根据有关司法解释的规定，犯罪嫌疑人自动投案后又逃跑的，不能认定为自首。与此相似，犯罪嫌疑人自动投案并供述罪行后又推翻供述，意图逃避制裁的；委托他人代为自首，而本人拒不到案的；匿名将赃物送回司法机关或原主处的；用电话、书信等方式匿名向司法机关报案或指出赃物所在的；等等，也均不能认定为自首。

(2) 犯罪嫌疑人必须如实供述自己的罪行。所谓如实供述自己的罪行，是指犯罪嫌疑人自动投案后，如实交代自己的主要犯罪事实。理解如实供述自己的罪行的含义，应当注意如下几个方面进行把握：

第一，犯罪嫌疑人供述的必须是犯罪的事实。也即犯罪嫌疑人所供述的是根据刑法的相关规定，已经构成犯罪的行为的事实。无论行为人主观上是否认为自己供述的是犯罪的事实，只要根据刑法的规定并结合其供述的事实能够认定其行为构成犯罪的，都属于如实供述自己的罪行，在具备自首的其他条件时，就成立自首。[1]

[1] 对于行为人误认一般违法或违反道德的行为为犯罪而自动投案，如实供述的，因其行为根本不是犯罪，当然不是自首；对于行为人误认犯罪为一般违法或违反道德的行为而自动投案，如实供述的，如果其在得知其行为根据刑法规定属于犯罪的情况下，能够自愿置于有关机关或者个人的控制之下并等待接受国家司法机关的审查和裁判，就应当认定为自首。

第二，犯罪嫌疑人对犯罪事实必须如实供述。由于自首是犯罪嫌疑人主动投案并自愿接受国家司法机关的审查和裁判，在相当程度上体现了其认罪、悔罪的态度，因而才能将自首作为对犯罪嫌疑人从宽处罚的根据。如果犯罪嫌疑人虽然自动投案，也交代了一些犯罪事实，但出于各种动机故意在一些重要事实或情节上作虚假交代的，如在供述犯罪的过程中推诿罪责，保全自己，意图逃避制裁的；或大包大揽，庇护同伙，意图包揽罪责的；或歪曲罪质，隐瞒情节，企图蒙混过关的；或掩盖真相，避重就轻，试图减轻罪责的；等等，就不能认为是如实供述而成立自首。当然，在司法实践中，由于犯罪嫌疑人对犯罪对象、地点、环境等情况的不熟悉，或者案件发生时间较长，或者犯罪嫌疑人生理或心理上的一些原因等客观因素的影响，犯罪嫌疑人不能对其所实施的犯罪事实做出全面供述或准确供述的，但只要对主要犯罪事实作了如实供述的，就应当认为是如实供述。此外，有关司法解释还规定，犯罪嫌疑人自动投案并如实供述自己的罪行后又翻供的，不能认定为自首；但在一审判决前又能如实供述的，应当认定为自首。[1] 值得注意的是，犯罪分子自动投案并如实供述罪行后，为自己进行辩护，或者提出上诉，或者补充或更正某些事实，这都是法律赋予被告人的权利，应当允许，不能视为翻供。

第三，犯罪嫌疑人供述的必须是自己的犯罪事实，也即自己实施并应由本人承担刑事责任的犯罪事实。准确把握“自己的犯罪事实”的范围，在犯罪嫌疑人单独犯罪的情况下不存在问题，但在共同犯罪的情况下具有一定的复杂性，为此，有关司法解释明确规定，共同犯罪案件中犯罪嫌疑人，除如实供述自己的罪行，还应当供述所知的同案犯，主犯则应当供述所知其他同案犯的共同犯罪事实，才能认定为自首。[2]

第四，犯罪嫌疑人供述的必须是自己的主要犯罪事实。由于会存在犯罪嫌疑人对犯罪对象、地点、环境等情况的不熟悉，或者案件发生时间较长等客观因素的影响，使犯罪嫌疑人不能对其所实施的犯罪事实做出全面供述或准确供述，因此，从实际情况出发，有关司法解释规定，只要犯罪嫌疑人如实供述了自己的主要犯罪事实，就具备了自首中“如实供述自己的罪行”的成立条件。对于何谓主要犯罪事实，应当从两个方面进行理解：①主要犯罪事实包括决定犯罪嫌疑人的行为性质以及影响对其裁量刑罚的事实、情节。首先，它应包括决定犯罪嫌疑人的行为性质的事实、情节。如果犯罪嫌疑人在这些事实、情节上都不能交代清楚，就谈不上如实供述自己的罪行而成立自首。其次，它也应该包括影响对犯罪嫌疑人裁量刑罚的事实、情节。如果不将这些情节包括于“主要犯罪事实”之中，将会在很大程度上削弱甚至歪曲自首制度设立之鼓励犯罪人认罪悔过、为国家节约司法资源的本来意义，并且将产生十分不好的社会效果。[3] 但是，如果认为凡是影响对犯罪嫌疑人裁量刑罚的事实和情节都是“主要犯罪事实”，则又会过于限制自首的成立范围，妨碍刑法设立自首制度之积极作用的充分、有效发挥，而且很多情况下让犯罪嫌疑人把所有的影响刑罚裁量的事实和情节都交代清楚，也是强人所难。因此，应该把影响对犯罪嫌疑人裁量刑罚的事实、情节限定于对刑罚裁量有重要影响的事实和情节。一般来说，应该是那些影响对犯罪嫌疑人是否判处刑罚、适用哪个量刑幅度、是否从重处罚以及具体刑种的选择的事实、情节。②在犯罪嫌疑人

---

〔1〕 参见最高人民法院发布并于1998年5月9日起施行的《关于处理自首和立功具体应用法律若干问题的解释》第1条的规定。

〔2〕 参见最高人民法院发布并于1998年5月9日起施行的《关于处理自首和立功具体应用法律若干问题的解释》第1条的规定。

〔3〕 参见周加海：《自首制度研究》，中国人民公安大学出版社2004年版，第91页。

所犯数罪的情况下，应区分情况认定犯罪嫌疑人是否如实供述了自己的主要犯罪事实。一是在犯罪嫌疑人所犯数罪为异种数罪的情况下，如果犯罪嫌疑人自动投案后如实供述所犯全部数罪的，应认定为全案均成立自首；如果犯罪嫌疑人自动投案后仅如实供述所犯全部数罪中的一部分，而未供述其中另一部分犯罪的，则只对其所供述的犯罪成立自首，未交代的犯罪不成立自首。二是在犯罪嫌疑人所犯数罪为同种数罪的情况下，则应根据犯罪嫌疑人供述犯罪的程度，决定自首成立的范围。如果犯罪嫌疑人对所犯全部同种数罪均如实供述，或者如实供述了所犯数罪中主要的罪行，而由于某种客观原因确实不能供述其他罪行的，应认定全案成立自首。

2. 准自首的成立条件。根据《刑法》第67条第2款的规定，准自首是指被采取强制措施的犯罪嫌疑人、被告人和正在服刑的罪犯，如实供述司法机关还未掌握的本人其他罪行的行为。成立准自首，必须具备如下条件：

（1）准自首的主体必须是被采取强制措施的犯罪嫌疑人、被告人和正在服刑的罪犯。其中，所谓强制措施，是指我国刑事诉讼法规定的拘传、拘留、取保候审、监视居住和逮捕。所谓犯罪嫌疑人，是指在公诉案件中因涉嫌犯罪而正在被立案侦查和审查起诉的当事人。所谓被告人，是指因涉嫌犯罪而被检察机关提起公诉或者被自诉人提起自诉的当事人。所谓正在服刑的罪犯，是指已经人民法院判决、正在执行所判刑罚的罪犯。除上述法律规定的三种人以外的犯罪分子，不能成为准自首的主体。

（2）必须如实供述司法机关还未掌握的本人其他罪行。理解这一条件，应注意把握以下几个问题：

第一，"司法机关还未掌握"的含义。"司法机关还未掌握"应指司法机关没有证据证实犯罪嫌疑人、被告人或者正在执行刑罚的罪犯还有实行其他犯罪的嫌疑。

第二，"本人其他罪行"的范围。所谓本人其他罪行，是指被采取强制措施的犯罪嫌疑人、被告人和正在执行刑罚的罪犯已被司法机关掌握的罪行之外的罪行。根据有关司法解释的规定，犯罪嫌疑人、被告人和罪犯如实供述司法机关尚未掌握的罪行与司法机关已掌握的或者判决确定的罪行属于不同种罪行的，以自首论。至于其如实供述司法机关尚未掌握的罪行与司法机关已掌握的或者判决确定的罪行属同种罪行的，有关司法解释只是规定可以酌情从轻处罚，如实供述的同种罪行较重的，一般应当从轻处罚，但未规定可以以自首论处。[1]

此外，根据刑法设立自首制度的宗旨和《刑法》第67条第2款与第1款规定的逻辑关系，成立准自首除了应当具备上述条件外，当然还要具备成立一般自首所作的相应要求，例如如实供述司法机关尚未掌握的本人其他罪行须行为人主动作为等。

3. 特别自首的成立条件。根据《刑法》第164条第3款、第390条第2款和第392条第2款的规定，特别自首是指犯对非国家工作人员行贿罪、行贿罪和介绍贿赂罪的人员，在被追诉前主动交待行贿行为或者介绍贿赂行为的行为。成立特别自首，应当具备如下条件：

（1）主体必须是犯有对非国家工作人员行贿罪、行贿罪、介绍贿赂罪的人员。特别自首的特殊性正是体现在刑法对其成立主体的特别规定上。除了犯有上述三种特定犯罪的人员之外的其他犯罪的人员，即使在被追诉前主动向司法机关如实供述其犯罪行为的，只可能成立一般自首或者准自首，不能成立特别自首。

（2）行为人必须主动如实交待其对非国家工作人员行贿、对国家工作人员行贿、向国家

---

〔1〕参见最高人民法院发布并于1998年5月9日起施行的《关于处理自首和立功具体应用法律若干问题的解释》第1条的规定。

工作人员介绍贿赂的犯罪事实。把握这一条件，应当注意：①行为人必须主动交待有关犯罪事实，而不是在有关罪行已被追诉或者因受司法机关的讯问、因被采取强制措施而被迫交待。否则，不能成立特别自首。②行为人必须如实交待有关犯罪事实，而不是为了逃避应得的制裁或者代人受过而作不真实的交待。③行为人交待的必须是其对非国家工作人员行贿、对国家工作人员行贿、向国家工作人员介绍贿赂的犯罪事实，而不是其他犯罪事实。

（3）行为人交待其行贿、介绍贿赂的犯罪行为必须在该行为被追诉之前，也即在有关司法机关对其行贿、介绍贿赂的犯罪行为进行立案侦查之前。因为特别自首的设立，主要目的在于为受贿犯罪的查处提供便利。而为行贿、介绍贿赂与受贿的相互关系所决定，一旦犯有对非国家工作人员行贿罪、行贿罪或者介绍贿赂罪的犯罪人已受司法机关追诉，则往往意味着有关受贿罪行已经被司法机关发觉。此时，即便行为人能就其行贿事实或者介绍贿赂的事实主动交待，对受贿案件的查处，亦无助益，故没有必要再对行为人作更为宽大的处理。[1]

此外，应注意的是，虽然应当将特别自首作为一个独立的自首类型，但它与一般自首和准自首并非是互不相干的自首。如犯有对非国家工作人员行贿罪、行贿罪、介绍贿赂罪的行为人在被追诉前自动投案并如实供述其实施行贿犯罪、介绍贿赂犯罪的事实的，也就具备一般自首的成立条件而实际上也成立一般自首；被采取强制措施的犯罪嫌疑人、被告人或者正在执行刑罚的罪犯，如实供述司法机关还未掌握其实施对非国家工作人员行贿罪、行贿罪、介绍贿赂罪的事实的，也就具备准自首的成立条件而实际上也成立准自首。而且，即使在行为人实施对非国家工作人员行贿罪、行贿罪、介绍贿赂罪被追诉（如立案侦查）后，如果自动投案并如实供述其实施的对非国家工作人员行贿罪、行贿罪、介绍贿赂罪的事实的，在不能成立特别自首的情况下，也可以成立一般自首。

（四）自首犯的刑事责任

根据《刑法》第67条第1款的规定，对于成立一般自首、准自首的犯罪分子，可以从轻或者减轻处罚。其中，犯罪较轻的，可以免除处罚。根据《刑法》第164条第3款、第390条第2款、第392条第2款的规定，对于成立特别自首的犯罪分子，可以从轻处罚或者免除处罚。根据《刑法》第68条第2款的规定，对于犯罪后自首又有重大立功表现的犯罪分子，应当减轻或者免除处罚。对于自首的犯罪分子是否从宽处罚、在确定从宽处罚的情况下如何具体掌握从宽的幅度，应当根据犯罪分子主观恶性与人身危险性的大小、投案的主动性程度、投案早晚、投案动机、交代罪行的程度、对司法机关处理案件的影响等因素综合判定。

二、疑难问题

（一）如何理解一般自首中“自己的罪行”？

准确把握“自己的罪行”的范围，在犯罪嫌疑人单独犯罪的情况下不存在问题，但在共同犯罪的情况下具有一定的复杂性，理论上存在不同的观点或表述。例如，有的认为，“自己的罪行”是指犯罪嫌疑人自己实施的犯罪，以及自己确实了解的、与自己的罪行密切相关的其他共同犯罪人的罪行；[2] 有的认为，“自己的罪行”是指犯罪嫌疑人所直接参与实施的共同犯罪行为的事实，如果他还如实揭发了其他同案犯的共同犯罪事实或者共同犯罪以外的其他犯罪事实，则应当认定其同时具有立功表现；[3] 有的认为，共同犯罪自首时，除了必

---

〔1〕 参见周加海：《自首制度研究》，中国人民公安大学出版社2004年版，第132页。

〔2〕 参见赵秉志主编：《新刑法教程》，中国人民大学出版社1997年版，第338页。

〔3〕 参见陈广君主编：《中华人民共和国刑法释义》，人民出版社1997年版，第80页。

须如实供述自己所直接参与实施的共同犯罪行为外，还必须如实供述共同犯罪所实施的全部罪行；[1] 等等。为此，有关司法解释明确规定，共同犯罪案件中犯罪嫌疑人，除如实供述自己的罪行，还应当供述所知的同案犯，主犯则应当供述所知其他同案犯的共同犯罪事实，才能认定为自首。[2] 我们认为，共同犯罪中，虽然各个共犯人在共同犯罪中的分工和作用可能不同，但他们主观上存在共同的犯罪故意、客观上共同实施同一犯罪行为，因而各个共犯人的行为都是共同犯罪完整而不可分割的一个有机组成部分，所以，所谓共犯人"自己的罪行"，实际上应是自己所参与实施的整个共同犯罪的事实。而且，自首是犯罪嫌疑人出于自己的意志而主动将自己交付国家追诉的行为，如果犯罪嫌疑人只如实交代自己在共同犯罪中所分工实行的行为，而不交代和自己一起实施共同犯罪的其他同案犯的行为，就无法认定其在共同犯罪中的作用大小，从而使国家司法机关不能顺利地对其追诉，因而从自首的本质考虑，也应该将共犯人"自己的罪行"理解为是其所参与实施的整个共同犯罪的实施。当然，在共同犯罪中，有时情况比较复杂，如共同犯罪人数较多、分工较细，有些共犯人分工实施的具体犯罪行为不一定都为其他共犯人所了解，因此，如果要求犯罪嫌疑人必须把他参与实施的整个共同犯罪的事实都如实供述才能成立自首，显然不当缩小了共犯人自首的范围，也是强人所难，因而应当把共犯人"自己的罪行"限定于他所参与实施并了解的整个共同犯罪的事实，具体包括其本人直接实施的在共同犯罪中分工的行为，和他所了解的其他共犯人实施的在共同犯罪中分工的行为。具体来说，首要分子必须供述其组织、策划、指挥作用所及或支配下的全部罪行；其他主犯必须供述在首要分子的组织、策划、指挥作用的支配下单独实施的共同犯罪行为，以及与其他共同犯罪人共同实施的犯罪行为；次要的实行犯应供述自己实施的犯罪，以及与自己共同实施犯罪的主犯和胁从犯的犯罪行为；帮助犯应供述自己实施的犯罪帮助行为，以及自己所帮助的实行犯的行为；胁从犯应供述自己在被胁迫情况下实施的犯罪，以及所知道的胁迫自己犯罪的胁迫人所实施的犯罪行为；教唆犯应供述自己的教唆行为，以及所了解的被教唆人产生犯罪意图之后实施的犯罪行为。

（二）只如实供述了同种数罪中的部分犯罪能否认定为自首？

至于犯罪嫌疑人只如实供述了同种数罪中的部分犯罪能否认定为自首，理论上则有不同的见解。有的认为，如果犯罪嫌疑人所供述的犯罪与未供述的犯罪在性质、情节、社会危害程度等方面大致相当的，只应认定所供述之罪成立自首，未供述之罪不成立自首。[3] 有的认为，同种数罪的自首可以分为两种情况处理：如果是不应并罚的数罪，只交代其中一罪的，不能构成自首；如果是应该并罚的数罪，只交代了其中一罪，则可以构成自首。[4] 有的认为，只自首其中一罪或几罪的，仍应当只对该自首的一罪或几罪认定自首，而对后来被查处的未交代的其他剩余罪行不能认定自首，无论这些同种数罪是属于并罚数罪还是非并罚数罪。对于实行并罚的，对已交代的认定为自首，将其与未交代的罪行分别定罪量刑；对于不实行并罚的，在量刑时，要对自首罪行的数量予以把握，从而适当从宽。[5] 有的认为，在一人犯有同种数罪，而其仅自首其中一罪或几罪的情况下，应当仅对该自首的一罪或几罪

〔1〕 参见高铭暄主编：《新中国刑法学研究综述（1949～1985）》，河南人民出版社1986年版，第470页。

〔2〕 参见最高人民法院发布并于1998年5月9日起施行的《关于处理自首和立功具体应用法律若干问题的解释》第1条的规定。

〔3〕 参见高铭暄主编：《新编中国刑法学》（上册），中国人民大学出版社1999年版，第391页。

〔4〕 参见王学沛："论自首"，载《硕士学位论文集》（上卷），西南政法学院1986年印行，第328页。

〔5〕 参见周振想：《自首制度的理论与实践》，人民法院出版社1988年版，第119页。

以自首论；对其未自首的其他罪行，应当依法不认定为自首。同时，为保证能对犯罪嫌疑人准确量刑、适用刑罚，在此种情况下，对犯罪嫌疑人所犯的同种数罪应当实行并罚。[1] 我们认为，应当肯定的是，在同种数罪中犯罪嫌疑人就其中的部分罪行自动投案并如实供述的情况，与在异种数罪中犯罪嫌疑人就其中的部分罪行自动投案并如实供述的情况，没有什么区别，都表明犯罪嫌疑人在一定程度上具有认罪、悔罪的态度，和主动将自己交给国家司法机关进行追诉的意愿，因而客观上都具有从宽处罚的必要性，不能因为犯罪嫌疑人所犯的是异种数罪还是同种数罪而在处罚的法律根据和法律效果上有什么差别。基于这种考虑，我们认为最后一种见解值得赞同。

（三）如何理解准自首中"司法机关还未掌握"的含义？

"司法机关还未掌握"应指司法机关没有证据证实犯罪嫌疑人、被告人或者正在执行刑罚的罪犯还有实行其他犯罪的嫌疑。对此，有两点需要明确：①此处所说的司法机关，应是接受犯罪嫌疑人、被告人或者正在执行刑罚的罪犯对于其本人的其他罪行所作供述的司法机关。目前理论界对此处的司法机关的范围的认识存在着诸多观点的分歧。[2] 如有的认为，这里的司法机关应当泛指全国所有的司法机关；有的认为，这里的司法机关仅指直接办案机关；有的认为，这里的司法机关原则上既可以是直接办案机关，也可以是其他司法机关，但对其他司法机关有一些限制性的条件；等等。我们认为，既然自首的本质在于犯罪嫌疑人出于自己的意志而主动将自己交付国家追诉，那么在成立准自首的情况下，就当然可以认定犯罪嫌疑人是在主观上认为司法机关还未掌握本人的其他罪行的情况下，主动向司法机关如实供述本人的其他罪行的。相应地，接受其对于本人的其他罪行所作供述的司法机关就是《刑法》第67条第2款中所说的司法机关。因此，上述观点对此处的司法机关范围的表述是不准确的。②判断司法机关是否还未掌握本人的其他罪行，原则上应以犯罪嫌疑人、被告人和正在执行刑罚的罪犯的认识为标准。只要犯罪嫌疑人、被告人和正在执行刑罚的罪犯认为司法机关还未掌握本人的其他罪行，而主动向司法机关如实供述本人的其他罪行的，就应当认为成立准自首，即使实际上司法机关已经掌握犯罪嫌疑人、被告人和正在执行刑罚的罪犯的其他罪行，但只要犯罪嫌疑人、被告人和正在执行刑罚的罪犯不知道司法机关已经掌握的，也应认定其主动如实供述本人其他罪行的行为成立准自首。这种认定是由自首的本质所决定的。但对于实际上司法机关还未掌握犯罪嫌疑人、被告人和正在执行刑罚的罪犯的其他罪行，而犯罪嫌疑人、被告人和正在执行刑罚的罪犯误认为司法机关已经掌握了本人的其他罪行的，能否认定为准自首？例如罪犯王某在甲地杀人后逃至乙地，因犯盗窃罪被判刑5年。一日，管教干部因调查与王某同监张某的违反监规情况叫王某到办公室谈话。因事前管教干部并未告诉王某因何事找他，王某误以为甲地案发，所以王某一见到管教干部即将在甲地杀人的罪行如实作了供述。我们认为，虽然犯罪嫌疑人、被告人或者正在执行刑罚的罪犯如实供述本人其他罪行的行为是在其自认为司法机关已经掌握其罪行的情况下进行的，不似典型的自首那样具有明确的主动性，但并不像坦白那样，犯罪嫌疑人是在明确知道司法机关已经掌握其所犯罪行的情况下对其罪行所作的交代。而且，其主观上也有接受国家司法机关审查和裁判的意愿，客观上也确为国家节约了司法资源，因而将这种情况认定为准自首比较妥当。

---

〔1〕 参见周加海：《自首制度研究》，中国人民公安大学出版社2004年版，第156页。

〔2〕 参见周加海：《自首制度研究》，中国人民公安大学出版社2004年版，第119～120页。

■第三节　立　功

一、基本原理

（一）立功的概念和意义

所谓立功，是指犯罪分子自到案后至判决确定前的期间具有揭发他人犯罪行为，查证属实，或者提供重要线索，从而得以侦破其他案件等有利于国家和社会的突出表现或者重大贡献。

由于立功不仅在客观上有利于国家和社会，而且是犯罪分子主动实施的，因而体现出犯罪分子具有一定的认罪或悔罪态度以及其人身危险性已经在一定程度上得到减弱，所以，我国刑法在坚持罪责刑相适应原则的前提下，充分考虑刑罚个别化的原则，设置了立功制度，并将其规定为从宽处罚的情节。这一制度的设立具有重要的意义。首先，通过设立立功从宽处罚制度，有助于鼓励犯罪分子主动实施有利于国家和社会的行为，将功补罪；同时，对于司法机关迅速侦破和处理刑事案件，提高司法效率也有相当重要的作用。其次，通过对犯罪分子的从宽处罚，有助于强化犯罪分子已有的认罪或悔罪态度，从而有助于预防犯罪的刑罚目的的实现。

（二）立功的种类及其成立条件

根据《刑法》第68条的规定，立功分为一般立功和重大立功两种类型。需要注意的是，刑法中的立功实际上并不限于《刑法》第68条规定的立功，该条规定的立功是影响刑罚裁量的重要情节。除此之外，还有在刑罚执行过程中犯罪分子实施的立功行为，如《刑法》第78条所规定的作为减刑的重要条件的立功，这种情况的立功能够影响对犯罪分子的刑罚执行活动。因此，立功还可以分为作为刑罚裁量情节的立功和作为刑罚执行情节的立功。这里仅对《刑法》第68条规定的作为刑罚裁量情节的立功的成立条件进行说明。

1. 一般立功的成立条件。根据《刑法》第68条和有关司法解释[1]的规定，一般立功是指犯罪分子到案后具有检举、揭发他人犯罪行为，经查证属实的，或者提供侦破其他案件的重要线索，经查证属实的，或者阻止他人犯罪活动的，或者协助司法机关抓捕其他犯罪嫌疑人等有利于国家和社会的突出表现。成立一般立功，须具备如下条件：

（1）立功者必须是犯罪分子，即只有犯罪分子具有有利于国家和社会的突出表现，才能成立作为刑罚裁量情节的立功。需要说明的是，虽然《刑法》第68条将立功的主体规定为“犯罪分子”，但实际上应指犯有某种罪行并已到案的犯罪嫌疑人、被告人，不是已被判决确定有罪的犯罪分子或者罪犯。因为《刑法》第68条规定的立功是作为影响刑罚裁量的情节而规定的，这就意味着立功者的被指控的行为尚未被人民法院判决确定有罪，当然也没有确定是否对其判处刑罚以及判处什么样的刑罚，因而在这种情况下，立功者在诉讼过程中的身份就只能是犯罪嫌疑人或者被告人。

（2）立功行为必须是在犯罪分子到案后至判决确定前的期间内实行。这主要是从区分作为刑罚裁量情节的立功和作为刑罚执行情节的立功方面的考虑。所谓犯罪分子到案，是指犯罪分子及其实施的犯罪行为已被司法机关掌握而且犯罪分子已经被司法机关所控制。所谓判决确定前，是指犯罪分子实施的行为已经被人民法院作出的终审判决确定有罪。

---

〔1〕最高人民法院发布并于1998年5月9日起施行的《关于处理自首和立功具体应用法律若干问题的解释》第5条的规定。

（3）犯罪分子必须具有有利于国家和社会的突出表现。至于何谓有利于国家和社会的突出表现，有关司法解释根据《刑法》第68条的规定并结合司法实践经验，将其规定为：犯罪分子到案后有检举、揭发他人犯罪行为，包括共同犯罪案件中的犯罪分子揭发同案犯共同犯罪以外的其他犯罪，经查证属实；提供侦破其他案件的重要线索，经查证属实；阻止他人犯罪活动；协助司法机关抓捕其他犯罪嫌疑人（包括同案犯）；具有其他有利于国家和社会的突出表现。[1]

2. 重大立功的成立条件。根据《刑法》第68条和有关司法解释[2]的规定，重大立功是指犯罪分子到案后具有检举、揭发他人重大犯罪行为，经查证属实的，或者提供侦破其他重大案件的重要线索，经查证属实的，或者阻止他人重大犯罪活动的，或者协助司法机关抓捕其他重大犯罪嫌疑人等对国家和社会有重大贡献的表现。成立重大立功，须具备如下条件：①立功者必须是犯罪分子；②立功行为必须是在犯罪分子到案后至判决确定前的期间内实行；③犯罪分子必须具有对国家和社会有重大贡献的表现。至于"重大犯罪"、"重大案件"、"重大犯罪嫌疑人"的标准，一般是指犯罪嫌疑人、被告人可能被判处无期徒刑以上刑罚或者案件在本省、自治区、直辖市或者全国范围内有较大影响等情形。[3]

（三）立功犯的刑事责任

根据《刑法》第68条第1款的规定，犯罪分子有一般立功表现的，可以从轻或者减轻处罚；犯罪分子有重大立功表现的，可以减轻或者免除处罚。至于对立功的犯罪分子是否从宽处罚以及在确定从宽处罚的情况下如何具体掌握从宽的幅度，应该综合考虑所实施犯罪的性质、情节、对社会的危害程度、犯罪分子的认罪或悔罪程度、其立功行为对国家和社会的贡献大小等情况而决定。

根据《刑法》第68条第2款的规定，犯罪分子犯罪后自首又有重大立功表现的，应当减轻或者免除处罚。

二、疑难问题

对将他人犯罪的事实或者重要线索提供给犯罪分子并由其向司法机关揭发或者提供的，能否认定该犯罪分子立功？

在认定立功问题的司法实践中，经常存在这样的情况：一些人出于使犯罪分子立功的意图将他人犯罪的事实或者重要线索提供给犯罪分子并由其向司法机关揭发或者提供。对此情况，能否认定该犯罪分子立功？对此问题，刑法理论界和司法实务界有不同的观点：一种观点认为，这种情况并非是犯罪人自身悔罪，主动揭发他人犯罪，而是一种弄虚作假行为，其实质是逃避罪责和惩罚的恶意串通行为，不应视为立功表现。[4] 另一种观点认为，应该具体问题具体分析，法律并未对立功者的主观条件有明确的要求，而是重视立功行为的积极有效性，在适用立功制度时，关键是看信息是由谁提供给司法机关的，而不是看谁最先知道和掌握的。[5] 我们认为，刑法只是规定只要犯罪分子有揭发他人犯罪事实或者提供重要线索

---

〔1〕最高人民法院发布并于1998年5月9日起施行的《关于处理自首和立功具体应用法律若干问题的解释》第5条的规定。

〔2〕最高人民法院发布并于1998年5月9日起施行的《关于处理自首和立功具体应用法律若干问题的解释》第6条第1款的规定。

〔3〕最高人民法院发布并于1998年5月9日起施行的《关于处理自首和立功具体应用法律若干问题的解释》第7条第2款的规定。

〔4〕参见田立文、董德生："审理涉及检举揭发案件有关问题的探讨"，载《法律适用》1997年第2期。

〔5〕参见杨聚章："试论自首与立功制度的司法适用"，载《法学家》1999年第1~2期。

等行为，并且其行为有利于国家和社会，就可以成立立功，而并未限定犯罪分子揭发他人的犯罪事实或提供的重要线索的来源如何。因而，即便犯罪分子向司法机关揭发的他人犯罪事实或者提供重要线索是有关人员基于使犯罪分子立功的意图而向犯罪分子提供的，也不能否认犯罪分子的行为具备了刑法规定的立功条件。

■第四节　数罪并罚

一、基本原理

（一）数罪并罚的概念和意义

所谓数罪并罚，简单说，就是对一人所犯数罪合并处罚的制度。具体来说，我国刑法中的数罪并罚，是指人民法院对一行为人在法定时间界限内所犯数罪分别定罪量刑后，按照法定的并罚原则及刑期计算方法决定其应执行的刑罚的制度。

从罪责刑相适应的角度讲，一人犯数罪的，当然所受的刑罚应重于犯一罪所受的刑罚。但是，如何执行对数罪所判处的刑罚？如果对数罪所判处的各个刑罚都要执行，客观上在不少情况下是不可能的，如一人犯数罪，分别被判处死刑和无期徒刑的情况即是，而且也突显刑法的苛厉，有违人道精神，如一人犯数罪，分别被判处有期徒刑和死刑的情况即是；如果只执行对犯罪分子所判处的最重的刑罚，则与单纯犯一罪的情况没有什么区别，难以体现罪责刑相适应的原则，有违社会公平、正义，而且无疑在一定程度上变相鼓励犯罪分子在犯一罪后进一步实施更多的犯罪，从而使刑罚预防犯罪的目的落空。因此，客观上要求建立一种妥当的制度来解决一人犯数罪时如何处罚的问题。相应地，设立数罪并罚制度的意义也在于：①贯彻罪责刑相适应的刑法基本原则，实现社会的公平、正义；②避免刑法的苛厉，体现人道精神；③保障刑罚预防犯罪的目的得以实现。

（二）数罪并罚的原则

1．各国刑法中数罪并罚原则。从世界各国刑法规定来看，尽管各国数罪并罚的原则各有特点，但总体上看，通常是综合采用以下几种并罚原则：

（1）并科原则。即指将一人所犯数罪分别宣告的刑罚绝对相加、合并执行的并罚规则。

（2）吸收原则。即指对一人所犯数罪采用重罪吸收轻罪或者重罪刑吸收轻罪刑的合并处罚规则。换言之，它是由一人所犯数罪中法定刑最重的罪吸收其他较轻的罪，或者由最重宣告刑吸收其他较轻的宣告刑，仅以最重罪的宣告刑或者已宣告的最重刑罚作为执行刑罚的合并处罚规则。

（3）限制加重原则。即指以一人所犯数罪中法定（应当判处）或已判处的最重刑罚为基础，再在一定限度之内对其予以加重作为执行刑罚的合并处罚规则。采用该原则的具体限制加重方法主要有两种类型：①依数罪中最重犯罪的法定刑加重处罚。即以法定刑为准确定数罪中的最重犯罪（法定刑最重的犯罪），再就法定刑最重刑罚加重处罚并作为执行的刑罚。②依数罪中被判决宣告的最重刑罚加重处罚。即在对数罪分别定罪量刑的基础上，以宣告刑为准确定其中最重的刑罚，再就宣告的最高刑罚加重处罚作为执行的刑罚。此类限制加重的通常做法是，在数刑中最高刑期以上、总和刑期以下，决定执行的刑罚，同时规定应执行的刑罚不能超过的最高限度。

上述三种原则各有其优缺点。并科原则能够做到一罪一罚、有罪必罚且在一定程度上体现了罪刑相适应的要求，但该原则不仅在有些情况中无法贯彻（如一人犯数罪分别被判处死刑和无期徒刑的情况），而且也显得刑法过于苛厉（如一人犯数罪分别被判处有期徒刑和死刑的情况）；吸收原则虽然对于死刑、无期徒刑与其他刑种的并罚时较为适宜，但对于犯数罪被判处数个有期徒刑的犯罪分子来说，对其只执行最重的刑罚，与单纯犯一罪的情况没有什么区别，难以体现罪责刑相适应的原则，有违社会公平、正义，而且无疑在一定程度上变相鼓励犯罪分子在犯一罪后进一步实施更多的犯罪，从而使刑罚预防犯罪的目的落空；限制加重原则克服了并科原则和吸收原则的弊端，也在相当程度上吸收了并科原则和吸收原则的优点，但该原则也具有一定局限性，即它虽然可有效地适用于有期自由刑等刑种的合并处罚，却对于死刑、无期徒刑根本无法采用。因此，目前世界各国通常综合采用上述三种原则，即对一人犯数罪的合并处罚不单纯采用并科原则、吸收原则或限制加重原则，而是根据法定的刑罚性质及特点兼采并科原则、吸收原则或限制加重原则，以分别适用于不同刑种和宣告刑组成结构的合并处罚规则。这种做法被通称为折衷原则或者综合原则。

2. 我国刑法中的数罪并罚原则。我国刑法与世界各国一样，也是综合采用并科原则、吸收原则和限制加重原则，即以限制加重为主，兼采吸收原则和并科原则。

（1）吸收原则。我国刑法没有明确规定对一人犯数罪所判处的刑罚中有数个死刑或无期徒刑，或者其中最重刑罚为死刑或者无期徒刑的如何并罚，只是《刑法》第69条第1款在规定限制加重原则时规定“除判处死刑和无期徒刑的以外”。刑法理论上根据这个规定，一般将我国刑法中的吸收原则表述为：数罪中被判处的刑罚为数个死刑或者其中最重刑罚为死刑的，只执行一个死刑，而不执行另外的死刑或者无期徒刑、有期徒刑等其他较轻的自由刑；数罪中被判处的刑罚为数个无期徒刑或者其中最重刑罚为无期徒刑的，只执行一个无期徒刑，而不执行另外的无期徒刑或者有期徒刑等其他较轻的自由刑。一个人的生命只有一个，不管是死刑或者无期徒刑，也都只能执行一次，而不可能对一个人执行两次以上的死刑或者无期徒刑。而且，即使在一人犯数罪被判处死刑和有期徒刑等其他有期自由刑，或者被判处无期徒刑和有期徒刑等其他有期自由刑的，若先执行有期自由刑后再对行为人执行死刑或者无期徒刑，则突显刑法的苛厉。因而，对于一人犯数罪被判处的刑罚中有死刑或者无期徒刑的，就只执行最重的一个刑罚即死刑或者无期徒刑。

（2）限制加重原则。根据《刑法》第69条的规定，数罪被判处的主刑均为有期自由刑即有期徒刑、拘役、管制的，采取限制加重原则合并处罚。具体的限制加重规则为：①判决宣告的数个主刑均为有期徒刑的，应当在总和刑期以下，数刑中最高刑期以上，酌情决定执行的刑期，但是最高不能超过20年；②判决宣告的数个主刑均为拘役的，应当在总和刑期以下，数刑中最高刑期以上，酌情决定执行的刑期，但是最高不能超过1年；③判决宣告的数个主刑均为管制的，应当在总和刑期以下，数刑中最高刑期以上，酌情决定执行的刑期，但是最高不能超过3年。

理解我国刑法所规定的限制加重原则，应当注意以下几个问题：

第一，对行为人只能在所判数刑的最高刑期之上、数刑的总和刑期之下决定执行的刑期。但执行的刑期不能等于数刑中的最高刑期或者数刑的总和刑期。因为等于数刑中的最高刑期无异于采取吸收原则，等于数刑的总和刑期无异于采取并科原则。[1]

第二，合并处罚时决定执行的刑期可以超过各种有期自由刑的法定最高期限，即管制可以超过2年，拘役可以超过6个月，有期徒刑可以超过15年，但其最高期限仍然有一定的限制，即根据《刑法》第69条的规定，管制不可超过3年，拘役不可超过1年，有期徒刑不

〔1〕 参见陈兴良：《刑法适用总论》（下卷），法律出版社1999年版，第533页。

可超过20年。当然，尽管刑法对并罚后的最高期限有此限制，但由于刑法对不同情况下的数罪规定的并罚方法不同，因而实际执行的期限可能会超过刑法对各种有期自由刑并罚对规定的最高期限。

第三，不得将同种有期自由刑合并升格成另一种或更重的有期自由刑或者无期徒刑，即不得将数个管制合并升格为拘役或有期徒刑，不得将数个拘役合并升格为有期徒刑或无期徒刑，不得将数个有期徒刑合并升格为无期徒刑等。

第四，所谓酌情决定执行的刑期的问题，是指根据案件的具体情况决定对犯罪分子实际执行的刑期。这里所说的案件的具体情况不是各个犯罪自身的性质、情节、危害社会的程度以及各个犯罪中体现出的犯罪分子的主观恶性和人身危险性大小，而只能是因为数罪的存在才具有的那些反映行为对社会的危害程度和犯罪分子的主观恶性与人身危险性大小的因素和情节，如犯罪的数量、数罪中罪过的类型及其数量比较情况、根据各个犯罪的严重程度所宣告刑罚的轻重比较情况，等等。

第五，所犯数罪分别被判处不同的有期自由刑时，应首先将不同种有期自由刑折算为同一种较重的刑种，即将管制、拘役折算为有期徒刑或者将管制折算为拘役，而后按限制加重原则决定应执行的刑期。具体的折算方法是管制2日折算有期徒刑或拘役1日，拘役1日折算有期徒刑1日。

（3）并科原则。《刑法》第69条第2款规定，数罪中有判处附加刑的，附加刑仍须执行。理论上通常将这一规定理解为是刑法规定对附加刑和主刑应采用并科原则进行并罚。在理解这一规定时应当注意：

第一，《刑法》第69条第2款所说的附加刑既包括在判处主刑的同时附加适用的附加刑，也包括对数罪中的部分犯罪独立判处的附加刑。无论是哪种情况的附加刑，在数罪并罚后执行主刑的同时，均须执行。

第二，对于一人犯数罪同时判处两个以上的附加刑时，刑法虽然没有规定应当采用什么原则对该两个以上的附加刑进行并罚，但应当根据各个附加刑的特性与它们之间的相互关系、采用哪一种并罚原则能够体现刑罚的公正、正义、人道而选择合理的并罚原则，而不能单纯地按并科原则或者吸收原则或者限制加重原则实行并罚。具体来说：①对于数个同种的附加刑，在均为没收财产的情况下，如果均为没收全部财产或其中有一个没收全部财产的，应采用吸收原则，只执行一个没收财产，如果均为没收部分财产的，应采取限制加重原则，并罚后执行的数额不能超过犯罪分子的全部财产；在均为罚金的情况下，应采取限制加重原则，并罚后执行的数额不能超过犯罪分子的犯罪情节决定的及其实际经济负担能力所能承受的数额；[1] 在均为剥夺政治权利的情况下，如果均为剥夺政治权利终身或者其中有一个是剥夺政治权利终身，应采取吸收原则，只执行一个剥夺政治权利终身，如果均为有期限的剥

〔1〕 参见赵秉志主编：《刑罚总论问题探索》，法律出版社2003年版，第479页。

夺政治权利，应采取限制加重原则，并罚后执行的刑期不能超过5年。[1] ②对于数个异种的附加刑，在既有没收财产刑又有罚金刑的情况下，如果没收的是全部财产的，应采用吸收原则，只执行一个没收全部财产刑，如果没收的只是部分财产的，应采用并科原则；[2] 在有没收财产刑、剥夺政治权利刑或驱逐出境而无罚金刑，或者有罚金刑、剥夺政治权利刑或驱逐出境而无没收财产刑的情况下，应采用并科原则。③对于既有数个同种附加刑又有数个异种附加刑等复杂的情况，应当根据上述各个附加刑的特性以及它们之间的相互关系等情况，综合采用吸收原则、并科原则和限制加重原则决定如何并罚。

（三）数罪并罚的适用

前述数罪并罚的原则是解决在一人犯数罪被分别定罪量刑后如何决定执行的刑罚的问题，而在司法实践中，涉及对一人犯数罪需要实行并罚的情况有一定的复杂性，既有在判决宣告前发现一人犯数罪需要并罚的，也有在判决宣告后的刑罚执行期间发现漏罪需要将其与前罪并罚的，还有在判决宣告后的刑罚执行期间犯罪分子又犯新罪需要将其与前罪并罚的。对这些情况并不是单纯适用数罪并罚的原则就能够解决并罚问题的，因而，我国刑法区分三种不同的情况，对各种情况下如何按照数罪并罚的原则对犯罪分子实行数罪并罚（有人称之为数罪并罚原则的适用规则）作了较为明确的规定。

1. 判决宣告以前一人犯数罪的并罚。《刑法》第69条第1款规定：“判决宣告前一人犯数罪的，除判处死刑和无期徒刑的以外，应当在总和刑期以下、数刑中最高刑期以上，酌情决定执行的刑期，但是管制最高不能超过3年，拘役最高不能超过1年，有期徒刑最高不能超过20年”；第2款规定：“如果数罪中有判处附加刑的，附加刑仍须执行。”该条的规定表明，我国的数罪并罚原则是以判决宣告之前一人犯数罪的情况为标准确立的。因此，对判决宣告前一人犯数罪的，应在对数个犯罪分别定罪量刑后，直接按照数罪并罚的原则决定执行的刑罚就可以了，而无须考虑如何适用数罪并罚的原则的问题。

2. 刑罚未执行完毕以前发现漏罪的并罚。《刑法》第70条规定：“判决宣告以后，刑罚执行完毕以前，发现被判刑的犯罪分子在判决宣告以前还有其他罪没有判决的，应当对新发现的罪作出判决，把前后两个判决所判处的刑罚，依照本法第69条的规定，决定执行的刑罚。已经执行的刑期，应当计算在新判决决定的刑期以内。”理解该条规定，应当注意如下几个问题：

（1）所谓判决宣告以后，是指发生法律效力的判决宣告以后。因为若“判决宣告以后”是指未发生法律效力的判决宣告以后即一审判决宣告以后，那么由于判决尚未生效以致行为人是否有罪、构成何种犯罪以及判处的刑罚是否适当还没有最终确定，因而若不对两罪并案

---

[1] 对此，需作三点说明：①《刑法》第55条规定，剥夺政治权利的期限，除《刑法》第57条的规定外，为1年以上5年以下，该条既然没有明确规定只是对单个剥夺政治权利最高期限的限制，那么在客观上需要对数罪并罚后执行的剥夺政治权利的最高期限进行限制的情况下，将5年理解为也是对数罪并罚后执行的剥夺政治权利的最高期限的限制，应当认为是符合刑法规定的，而且也是最有利于犯罪分子的解释。②对于数罪均被判处管制并对全部数罪或部分数罪判处剥夺政治权利情况下，对剥夺政治权利并罚后的最高期限不能超过数罪中最重管制的期限。这是《刑法》第55条第2款“判处管制附加剥夺政治权利的，剥夺政治权利的期限与管制的期限相等”规定的要求。③对于在死刑缓期执行减为有期徒刑或者无期徒刑减为有期徒刑的，在有期徒刑执行期间，无论发现漏罪还是再犯新罪，如果对漏罪和新罪判处剥夺政治权利的，在与正在执行之罪判处的有期徒刑实行并罚时，并罚后剥夺政治权利的期限可以超过5年，但不能超过10年。这是《刑法》第57条关于“在死刑缓期执行减为有期徒刑或者无期徒刑减为有期徒刑的时候，应当将附加剥夺政治权利的期限改为3年以上10年以下”规定的要求。

[2] 参见赵秉志主编：《刑罚总论问题探索》，法律出版社2003年版，第480～481页。

处理的话，客观上就存在程序上的难题，即对漏罪的判决必须等待前罪的判处生效后才能按照《刑法》第70条的规定，把对新发现的罪的判决判处的刑罚与前罪的判决判处的刑罚按《刑法》第69条的规定决定执行的刑罚，而大量的案件在一审判决后都会因上诉或抗诉经过二审程序，这难免会影响刑事诉讼法关于一审案件审理期限的规定。既然对这种情况须并案处理，就不存在《刑法》第70条规定的"对新发现的罪作出判决，把前后两个判决所判处的刑罚，依照本法第69条的规定，决定执行的刑罚"的问题。因此，应当把"判决宣告以后"理解为是指发生法律效力的判决宣告以后。

（2）由于缓刑不是刑罚的执行活动，所以在缓刑期满以前发现被判刑的犯罪分子在判决宣告以前还有其他罪没有判决的，应当撤销缓刑，对新发现的罪作出判决，把前罪和后罪所判处的刑罚，直接依照《刑法》第69条的规定决定执行的刑罚。

（3）由于假释属于刑罚执行的活动，所以在假释期满以前发现被判刑的犯罪分子在判决宣告以前还有其他罪没有判决的，应当撤销假释，对新发现的罪作出判决，把前罪和后罪所判处的刑罚，依照《刑法》第70条的规定实行数罪并罚。已经执行的刑期，应当计算在新判决决定的刑期以内。已经执行的假释时间，不应计算在已经执行的刑期之内。

（4）本条规定的并罚的方法是先把前后两个判决所判处的刑罚按照《刑法》第69条的规定决定应执行的刑罚后，如果应执行的刑罚是有期自由刑，则应该把先前已经执行的刑期从并罚后确定执行的刑期中减去。这种方法通常理论上称之为"先并后减"。

3. 刑罚执行期间又犯新罪的并罚。我国《刑法》第71条规定："判决宣告以后，刑罚执行完毕以前，被判刑的犯罪分子又犯罪的，应当对新犯的罪作出判决，把前罪没有执行的刑罚和后罪所判处的刑罚，依照本法第69条的规定，决定执行的刑罚。"理解这一规定，应当注意如下问题：

（1）"判决宣告以后"是指判决发生法律效力以后（理由如上所述）。因此，对于一审判决宣告以后、判决尚未发生法律效力之前犯罪分子又犯新罪的，应当把已发现之罪和新犯之罪并案处理并直接按照《刑法》第69条的规定实行数罪并罚。

（2）由于缓刑不是刑罚的执行活动，所以犯罪分子在缓刑期满以前犯新罪的，应当撤销缓刑，对新犯的罪作出判决，把前罪和后罪所判处的刑罚，直接依照刑法典第69条的规定决定执行的刑罚。

（3）由于假释属于刑罚执行的活动，所以犯罪分子在假释期满以前犯新罪的，应当撤销假释，依照《刑法》第71条的规定实行数罪并罚。

（4）本条规定的并罚的方法是把前罪未执行的刑罚与后罪所判处的刑罚按照《刑法》第69条的规定决定应执行的刑罚。也即先从前罪应执行的刑罚中减去已经执行的刑期，再按照《刑法》第69条的规定，将前罪未执行的刑罚与后罪所判处的刑罚实行并罚。这种方法通常理论上称之为"先减后并"。"先减后并"的刑期计算方法较之"先并后减"的刑期计算方法，在一定条件下，可能给予犯罪分子程度更重的惩罚。主要表现如下几方面：①决定执行刑罚的最低限度可能提高，并因此而导致实际执行的刑期也随之相应提高。即在新罪所判处的刑期比前罪尚未执行的刑期长的条件下，决定执行刑罚的最低期限，较之依"先并后减"的方法决定执行刑罚的最低期限有所提高。例如，某罪犯前罪被判处有期徒刑10年，执行8年以后又犯新罪，被判处有期徒刑6年。若适用"先减后并"的方法并罚，应当在6年以上8年以下决定执行的刑罚，加上已执行的刑期8年，实际执行的刑期最低是14年，最高为16年。而如采用"先并后减"的方法并罚，应当在10年以上16年以下决定执行的刑罚，实际执行的刑期最低只有10年，最高为16年。前者实际执行的最低刑期比后者高4年，从而导致实际执行的刑期也随之相应提高。②实际执行的刑罚可能超过数罪并罚法定最高刑期的限制。例如，某罪犯前罪被判处有期徒刑14年，执行10年以后又犯新罪，被判处有期徒刑10年。若采用《刑法》第71条规定的“先减后并”方法并罚，应当在10年以上14年以下决定执行的刑罚，加上已执行的刑期10年，实际执行的刑期最低是20年，最高为24年。如按照《刑法》第70条规定的“先并后减”方法并罚，则实际执行的刑期绝对不可能也不允许超过20年。③犯罪分子在刑罚执行期间又犯新罪的时间早晚程度，与数罪并罚时决定执行刑罚的最低期限，以及实际执行的刑期的最低限度成反比关系。即犯罪分子在刑罚执行期间所犯新罪的时间距离前罪所判刑罚执行完毕的期限越近，或者犯罪分子再犯新罪时前罪所判刑罚的残余刑期越少，数罪并罚时决定执行刑罚的最低期限，以及实际执行的刑期的最低限度就越高。例如，某罪犯前罪被判处有期徒刑7年，假设其在刑罚分别执行1年、3年、6年后又犯新罪，新罪被判处有期徒刑5年。若依照《刑法》第71条规定的“先减后并”方法并罚，其实际执行的刑期的最低限度分别为7年、8年、11年，最高限度均为12年。如适用《刑法》第70条规定的“先并后减”方法并罚，则其实际执行的最低刑期都是7年，最高刑期均为12年。

因此，《刑法》第71条所规定的“先减后并”的刑期计算方法，具有两点明显的功能：①被判刑的犯罪分子在刑罚执行期间所实施的新罪，具有比在其他环境或条件下实施的犯罪更大的社会危害性，并且表明犯罪分子的主观恶性较深、人身危险性严重，前罪被判处刑罚的事实和刑罚执行过程中的各种惩罚、教育措施未能对其产生改过迁善、预防再犯的效用，因而采用与“先并后减”有所区别的并罚方法，能够通过给予再犯新罪者更为严厉的惩罚，为实现我国适用刑罚的基本目的创造新的法律条件，为贯彻我国刑法罪刑相适应的原则提供制度保障。②以惩罚和矫正罪犯为双重特征的我国行刑制度，最终目的在于教育罪犯改过迁善，培养其重新适应社会生活的基本能力，以便在由他律为主的监禁生活转为自律为主的自由生活的过程中不致重蹈旧途。然而，刑罚越是临近执行完毕，巩固各种改造教育成果的任务就越繁重、艰难；犯罪分子再犯新罪的时间越是临近刑罚执行完毕的期限，就表明其重新适应社会生活的能力的自律程度越差，在恢复自由的条件下重新犯罪的可能性就越高。因此，采用与“先并后减”相区别的并罚方法，可以随刑罚执行期限的推移而不断提高对再犯新罪者的制裁程度，从而对受刑人构成一种以再犯新罪为条件的相对逐渐强化的威慑力量，有利于维护监所秩序和巩固改造教育成果，提高行刑活动的效能。[1]

二、疑难问题

（一）一人犯数罪被判处数个无期徒刑的，能否升格执行死刑？

对于一人犯数罪被判处数个无期徒刑的，能否升格执行死刑的问题，理论上有不同的见解。肯定说认为，在这种情况中，尽管各个犯罪都达不到判处死刑的条件，但一个人犯数罪并被判处两个以上的无期徒刑本身就说明其社会危害性很大，因此，只有将他被分别判处的数个无期徒刑合并执行一个死刑，才能体现罪刑均衡的原则。[2] 否定说认为，死刑与无期徒刑虽然相差一格，但存在死与生的本质区别，而且肯定说的主张不适当地扩大死刑的适用范围，与我国坚持少杀的死刑政策相违背，因而不能将数个无期徒刑升格执行一个死刑。[3] 折衷说认为，一般说来，不能将数个无期徒刑升格执行一个死刑，但如果一人所犯的两罪

---

〔1〕 参见赵秉志主编：《新刑法教程》，中国人民大学出版社1997年版，第376～378页。

〔2〕 参见高铭暄主编：《新中国刑法学研究综述（1949～1985）》，河南人民出版社1986年版，第495页。

〔3〕 转引自马克昌主编：《刑罚通论》，武汉大学出版社1995年版，第507页。

中，其中之一的法定最高刑是死刑，倘若他只犯这个罪，属于可杀可不杀的情况，而事实上他又犯了另一罪，并且分别看来都应当判处无期徒刑以上的刑罚，那么，审判人员就可以根据整个案件的情况，对其中一个可判死刑的罪判处死刑，然后采用吸收原则，决定执行死刑。[1]

我们认为，尽管对于一人犯数罪并被判处数个无期徒刑，从总体上看，行为人的主观恶性与人身危险性及其行为对社会造成的客观危害都相当大，只执行一个无期徒刑确实会存在处罚偏轻的问题，但这一问题只可能通过修改刑法加强对无期徒刑的执行（如推迟无期徒刑的减刑时间、严格无期徒刑的假释条件）来解决，在目前的条件下，不能单纯为了贯彻罪责刑相适应原则而将数个无期徒刑升格执行死刑。因为，虽然《刑法》第 69 条对于犯数罪被判处数个无期徒刑的情况如何并罚没有明确规定，但从该条规定的逻辑关系和无期徒刑自身的特性看，既然对这种情况不能实行限制加重原则、并科原则，那么自然应该采用吸收原则。而在数个无期徒刑之间不能吸收的情况下，只执行一个无期徒刑是当然结果。也许有人会说，既然《刑法》第 69 条对于犯数罪被判处数个无期徒刑的情况如何并罚没有明确规定，那么就不见得就非采取吸收原则不可，将数个无期徒刑升格执行一个死刑也不能说是违背了刑法。我们认为，罪刑法定原则包括罪的法定和刑的法定。在一人犯数罪并判处数个无期徒刑且最终必须执行刑罚的情况下，但客观上刑法对并罚的原则没有明确规定而存在着数个可能的解释时，选择一个最不利于行为人的解释应当说是违背使公民对其行为的后果具有可预测性的罪刑法定原则。因此，肯定说不值得赞同。至于折衷说虽然较肯定说作了一定的限制，但将行为人所犯的另一个犯罪作为对可杀可不杀之罪的刑罚升格为死刑的条件，也不足取。因为，若这样的话，实际上就是否认另一个罪具有独立存在的意义，这是不客观的。即便不考虑这个方面的问题，那么在对一个罪判处无期徒刑的同时，又将其作为把另一个可杀可不杀之罪的刑罚升格为死刑的条件，也违反了禁止重复评价原则。而且，行为人所犯的数罪之所以能够单独判处无期徒刑，就意味着数罪之间根本不存在像牵连数罪之间那样的关系，而不可能将一罪作为另一罪的从重处罚情节。

（二）在数罪并罚时如何酌情决定执行的刑期？

对此问题，理论上有两种不同的观点：一种观点认为，酌情决定执行的刑期，具体酌定的内容应包括量刑情节、犯罪的社会危害性和犯罪人的人身危险性以及最高刑以外的其他罪的处刑情况等因素。对于从宽或从严的量刑情节，应在对数罪的定罪量刑中分别体现，在对数罪并罚而决定执行的刑罚时不能在数刑的总和刑之上加重或在数刑中最高刑之下减轻，但在酌情决定执行的刑期时应予以考虑。因为，限制加重原则允许法官在决定执行的刑期时在一定的范围内根据案件的具体情况酌情决定，而案件的具体情况中理所当然应当包括案件中的从宽或从严情节。否则，酌情决定便无所依据，成为擅断的借口。[2] 另一种观点认为，酌情决定执行的刑期时不应再考虑各罪之法定或酌定的量刑情节。因为这些量刑情节已经在各罪的量刑中考虑过了，在决定执行的刑期时再予以考虑，有违禁止重复评价的原则。同时该观点主张决定执行的刑期时的酌情，应当是指考虑总和刑与数刑中最高刑之间的数量关系。如果各罪之刑接近，其总和刑期高，应在总和刑期以下适当下降以决定执行的刑期。如一人犯两罪均被判处 7 年有期徒刑，总和刑期为 14 年，酌情在 7 年至 14 年之间决定执行的刑罚，其执行的刑罚以 11 年左右为妥。如果各罪之刑悬殊，其总和刑期低，应接近总和刑

[1] 参见周振想：《刑罚适用论》，法律出版社 1990 年版，第 325 页。

[2] 参见马克昌主编：《刑罚通论》，武汉大学出版社 1995 年版，第 508 页。

期决定执行的刑期。如一人犯两罪分别被判处2年和7年有期徒刑，总和刑期为9年，其执行的刑期以8年为妥。[1]

由于各种法定的或者酌定的量刑情节在决定各罪的刑罚时已经予以考虑，在决定并罚时应执行的刑期时再予以考虑确实有重复评价的不妥。因此，第二种观点考虑问题的思路是正确的。但能否像第二种观点主张的那样，在酌情决定应执行的刑期时只考虑总和刑期与数刑中最高刑之间的数量关系？我们认为，如果这样的话，就似乎没有必要强调“酌情”决定，因为这实际上把决定执行的刑期的标准变成了一个近似固定的数学计算模式，法官也没有什么自由裁量的余地。但刑法强调由法官“酌情”决定执行的刑期确实具有重要的意义。因为既然客观上数刑中最高刑期与数刑的总和刑期之间存在一个幅度，刑法又规定须“酌情”决定执行的刑期，就意味着法官获得了在这个幅度内决定执行的刑期的自由裁量权，而不是按照一个近似固定的数学计算模式来决定执行的刑期。那么法官根据什么来自由裁量执行的刑期呢？当然要遵循裁量刑罚的原则，即依法根据犯罪分子罪行的严重程度包括犯罪对社会造成的危害和犯罪分子的主观恶性与人身危险性大小，来酌情决定应执行的刑期。但是，为了避免刑法的重复评价，这里应酌情考虑的不是各个犯罪自身的性质、情节、危害社会的程度以及各个犯罪中体现出的犯罪分子的主观恶性和人身危险性大小，而只能是因为数罪的存在才具有的那些反映行为对社会的危害程度和犯罪分子的主观恶性与人身危险性大小的因素和情节，如犯罪的数量、数罪中罪过的类型及其数量比较情况、根据各个犯罪的严重程度所宣告刑罚的轻重比较情况，等等。

（三）所犯数罪分别被判处不同的有期自由刑时如何并罚？

对此问题，理论上有不同的观点：[2] 折算说认为，首先将不同种有期自由刑折算为同一种较重的刑种，即将管制、拘役折算为有期徒刑或者将管制折算为拘役，而后按限制加重原则决定应执行的刑期。具体的折算方法时管制2日折算有期徒刑或拘役1日，拘役1日折算有期徒州1日。[3] 吸收说认为，应采取重刑吸收轻刑的规则决定应执行的刑期。[4] 分别执行说认为，应先执行较重的刑种，再执行较轻的刑种。[5] 折衷说认为，对判决宣告的不同种有期自由刑，不应绝对地采用某一种方法进行并罚，而应依具体情况或者根据一定的标准加以区分，分别适用不同的方法予以并罚。其中，有的主张，根据能否达到罪刑相适应为标准，对不同种有期自由刑，可以分别采用吸收说和分别执行说的方法进行并罚；有的主张，对于不同种有期自由刑，应依具体宣告刑的结构，分别适用折算说和分别执行说予以并罚；有的主张，对不同种有期自由刑，宜分别采取折算说和吸收说的方法实行并罚。[6] 有限制的酌情分别执行说认为，对不同种有期自由刑，仍应采用体现限制加重原则的方法予以并罚，即在不同种有期自由刑的总和刑以下，最高刑以上，酌情决定执行的刑罚，其结果或仅执行其中一种最高刑的刑期，或酌情分别执行不同种的自由刑。对此问题，最高人民法院发布并于1981年7月27日起施行的《关于管制犯在管制期间又犯新罪被判处拘役或有期徒刑应如何执行的问题的批复》规定，对于管制犯在管制期间又犯新罪被判处拘役或有期徒刑

---

〔1〕 参见陈兴良：《刑法适用总论》（下卷），法律出版社1999年版，第535页。

〔2〕 立足于从目前刑法没有明确规定的情况下解决不同种有期自由刑并罚的问题，此处未介绍对解决此问题提出立法完善建议的观点。

〔3〕 参见周振想：《刑罚适用论》，法律出版社1990年版，第332～337页。

〔4〕 参见林准主编：《中国刑罚教程》（修订本），人民法院出版社1994年版，第197～198页。

〔5〕 参见顾肖荣：《刑法中的一罪与数罪问题》，学林出版社1986年版，第137～139页。

〔6〕 转引自赵秉志主编：《刑罚总论问题探索》，法律出版社2003年版，第473页。

的，应在对漏罪所判处的有期徒刑或者拘役执行完毕后，再执行前罪所没有执行完毕的管制；对于管制犯在管制期间因发现判决时没有发现的罪行而被判处拘役或有期徒刑的，也应如此办理。

我们认为，上述观点和司法解释的规定都有一定的道理，但都存在一定的缺陷。不过，在现行的立法条件下，应当采取折算说的主张。因为，从《刑法》第69条的规定看，不管一人犯数罪均被判处有期徒刑或者拘役或者管制，还是分别被判处有期徒刑、拘役和管制，显然均应采取限制加重原则实行并罚。既然如此，对于一人犯数罪分别被判处有期徒刑、拘役和管制的，客观上就必须根据一定的标准将不同的有期自由刑折算成同种的有期自由刑，否则不能适用限制加重的原则。对于是将较重的刑种折算为较轻的刑种还是将较轻的刑种折算为较重的刑种的问题，《刑法》第69条虽然没有明确地规定，但是考虑到在《刑法》第69条将并罚后管制的最高刑限定为3年、拘役的最高刑限定为1年的情况下，若采用将较重的刑种折算为较轻的刑种的规则进行折算，则在有期徒刑的刑期较长时将其折算为较轻的刑种然后进行并罚，会因刑期不能超过并罚后管制、拘役的最高刑的限制而出现处罚过轻的问题；若为了避免这个问题而对这种情形采取将较轻的刑种折算为较重的刑种的规则，而对不会出现这个问题的情形采取将较重的刑种折算为较轻的刑种，则又会出现同样采取限制加重原则而折算的规则不一致的不妥。因此，比较而言，一律采取将较轻的刑种折算为较重的刑种的规则比较可行。

（四）“一人犯数罪”是否包括数个性质相同的犯罪？

《刑法》第69条中所谓的“一人犯数罪”是仅指数个性质不同的犯罪即异种数罪，还是也包括数个性质相同的犯罪即同种数罪？也即对于同种数罪是否应实行并罚？对此，理论界有不同的意见分歧：有的认为，对一人所犯同种数罪无须并罚，只按一罪酌情从重处罚即可；[1] 有的认为，刑法关于数罪并罚的规定并未限定只适用于异种数罪，因此，对于同种数罪当然应实行并罚；[2] 有的认为，对于同种数罪是否实行并罚不能一概而论，而应当以能否达到罪刑相适应为标准，决定对具体的同种数罪是否实行并罚，即：当能够达到罪刑相适应时，对于同种数罪无须并罚，相反，则应实行并罚。[3]

我们认为，诚然，对同种数罪不并罚而按一罪处理是长期以来在司法实践中的通行做法，但从司法与立法的关系上看，司法应当受制于立法，而不能超出立法的规定进行司法。根据《刑法》第69条规定，只要是判决宣告以前一人犯数罪的，就应当实行数罪并罚。这意味着只要承认同种数罪也属于数罪的范畴，就应当对同种数罪实行并罚。因此，不对同种数罪实行并罚，没有法律根据。而且，上述观点之所以主张对同种数罪一概不实行并罚或者原则上不实行并罚，其主要根据就是要贯彻罪责刑相适应的原则，认为现行刑法对各种犯罪规定的法定刑也能够满足罪责刑相适应原则的需要。但是，我们认为，刑法之所以规定对数罪实行并罚，主要也是为了使对数罪的处罚能够贯彻罪责刑相适应的原则，事实上数罪并罚制度也具有这样的功能。因此，对同种数罪不实行并罚也不具有必要性。当然，对同种数罪

---

〔1〕 参见林准主编：《中国刑法教程》，人民法院出版社1989年版，第213～215页。

〔2〕 转引自高铭暄主编：《新中国刑法科学简史》，中国人民公安大学出版社1993年版，第176页。

〔3〕 参见樊凤林主编：《刑罚通论》，中国政法大学出版社1994年版，第455～456页；杨敦先：“关于先后奸淫幼女罪犯能否适用数罪并罚问题”，载《民主与法制》1983年第3期。

实行并罚与否，有时在法律效果上也会有所差异，[1] 但这一问题只能通过立法修改来解决，而不能为了单纯追求贯彻罪责刑相适应原则的法律效果而超越立法的规定进行司法。

（五）在数罪并罚后刑罚执行完毕前发现犯罪分子在判决宣告前有一罪没有判决的，如何并罚？

对此问题，理论界有两种不同的观点：一种观点认为，原判决是已经发生法律效力的判决，如果对漏罪所判的刑罚不与原判决决定执行的刑罚实行并罚，而与原判决对数罪分别所决定的刑罚实行并罚，就意味着推翻前一判决或者否定前一判决已发生的法律效力，从而势必影响刑事判决的严肃性，因此，应当将对漏罪所判处的刑罚与原判决对数罪并罚后决定执行的刑罚，依照相应原则决定执行的刑罚。[2] 另一种观点认为，判决宣告以前发现数罪的并罚与刑罚执行过程中发现漏罪的并罚，只是并罚的时间不同，所采用的原则和结果都应当是相同的，所实际执行的刑罚也应当相同，因此，只有把原判数罪的刑罚与漏罪的刑罚实行并罚，才更符合立法精神；[3] 同时，若将对漏罪所判处的刑罚与原判决对数罪决定执行的刑罚实行并罚，则不仅会出现对有漏罪事实者实施的数罪两次适用限制加重原则进行并罚，进而可能造成轻纵罪犯之弊，而且，将原判数罪的刑罚与漏罪的刑罚实行并罚，并不意味着完全否定前一判决的法律效力，而是弥补其不足，增强其准确程度、强化其稳定性的合理做法。[4]

我们认为，虽然对《刑法》第70条所规定的“把前后两个判决所判处的刑罚”中“前个判决所判处的刑罚”有两种可能的解释：一是前个判决对数个犯罪分别判处的刑罚，二是前个判决对数罪判处的并罚后应执行的刑罚，但是应当正视的是，前个判决毕竟是已经发生法律效力的判决，如果不将对漏罪判处的刑罚与前个判决对数罪实行并罚后决定执行的刑罚实行并罚，无疑就是对前个已生效判决的否定，这当然是不妥当的。那么，能否因为第二种观点提出的理由而存在否定前个判决效力的必要性呢？我们认为，将判决对漏罪确定的刑罚与前个判决对数罪分别判处的刑罚并罚，和与前个判决对数罪并罚后决定应执行的刑罚并罚，绝不仅仅是并罚时间的不同，由于在两种并罚情况下，数刑中的最重刑与总和刑期均会不同，相应地，并罚后决定执行的刑罚也会有所不同，因此，主张第二种观点的学者所谓的只有把原判数罪的刑罚与漏罪的刑罚实行并罚，才更符合立法精神的说法值得推敲。如果说采用第一种观点可能会造成轻纵犯罪之弊的话，那么由于采用第二种观点可能在比较多的情况下使数罪中的最重刑期降低与总和刑期升高，进而也可能出现重罪轻处或者轻罪重处的现象，因此，以仅仅存在这种极少数甚至个别的情况就要否定已经发生法律效力的判决，是不妥当的。再者，虽然采用第二种观点确实不是完全否定前一判决的法律效力，但也绝不能认为是弥补其不足，增强其准确程度、强化其稳定性的合理做法。因为，如果前一判决确实存在问题，那也是需要启动审判监督程序解决的问题，并非能够在对漏罪的判决中解决；如果前一判决不存在问题，仅仅从与漏罪并罚的角度认为其存在问题，那是不客观的。总之，我们认为，第二种观点不宜采纳。

---

〔1〕 如行为人犯数个盗窃枪支罪，每个情节都未达到情节严重的程度，若实行并罚，则决定执行的刑罚最重只能是20年有期徒刑，但如果按一罪处理，则可能因为实行了数个盗窃枪支的行为而达到情节严重的程度，从而可能被判处无期徒刑甚至死刑。

〔2〕 参见姜伟：《犯罪形态通论》，法律出版社1994年版，第498页。

〔3〕 参见唐大森主编：《现代刑法学》，安徽人民出版社1991年版，第291页。

〔4〕 参见赵秉志主编：《刑罚总论问题探索》，法律出版社2003年版，第491～492页。

（六）在犯一罪并判处刑罚后刑罚执行完毕前发现犯罪分子在判决宣告前有数罪没有判决的，如何并罚？

对此问题，理论上存在不同的观点：[1] 第一种观点认为，应当在对数个漏罪分别定罪量刑的基础上，首先对漏判的数罪合并处罚，然后将所决定执行的刑罚即执行刑与原判之罪的刑罚再实行合并处罚，并决定执行的刑罚。第二种观点认为，应当首先对数个漏判之罪分别定罪量刑，然后将判决所宣告的数个刑罚即宣告刑与原判之罪的刑罚进行合并处罚，并决定执行的刑罚。我们认为，第二种观点应当得到赞同。虽然《刑法》第70条规定没有直接明确"应当对新发现的罪作出判决"是否应按照《刑法》第69条规定先行并罚，但从"把前后两个判决所判处的刑罚，依照本法第69条的规定，决定执行的刑罚"的规定来看，由于《刑法》第69条所谓的数刑均是指宣告刑，因此，应当认定《刑法》第70条所规定的"后个判决的刑罚"就是对新发现的数罪分别作出的宣告刑。[2]

（七）在数罪并罚后刑罚执行完毕前发现犯罪分子在判决宣告前有数罪没有判决的，如何并罚？

我们认为，应当首先对新发现的数个犯罪分别定罪量刑，然后对新发现数罪所判处的数个刑罚与前一个判决对先前已发现的数罪并罚后决定执行的刑罚，按照《刑法》第69条的规定，决定应执行的刑罚。

（八）前罪被判刑后在刑罚执行完毕以前既发现有漏罪又犯新罪的应如何并罚？

对此问题，理论上存在多种不同的观点：第一种观点认为，应先将漏罪的刑罚与原判的刑罚并罚，决定应执行的刑罚，然后再将新罪的刑罚与前一判决决定执行的刑罚中未执行的刑罚并罚，决定应执行的刑罚。[3] 有赞同这种观点的学者进一步提出，即使在新罪被先发现并已并罚后才发现漏罪的，在实行并罚时也应先把漏罪与前罪并罚，然后再将该并罚后确定的刑罚中未执行的刑罚与对新罪判处的刑罚并罚。[4] 第二种观点认为，对在刑罚执行期间再犯新罪并发现漏罪，采取分别判决、顺序并罚的并罚方法，只能适用于漏判之罪和再犯之罪被同时发现，或者漏判之罪先于再犯之罪被发现的条件下；至于再犯之罪被先行发现并已并罚后，才发现漏罪的条件下，只能在承认已有判决及并罚结果的基础上，将漏罪的刑罚与已有判决决定执行的刑罚并罚，决定最后应予执行的刑罚。[5] 第三种观点认为，应先将漏罪的刑罚与新罪的刑罚并罚，决定执行的刑罚，然后与原判之罪的刑罚按"先并后减"的方法决定执行的刑罚。第四种观点认为，将原判之罪的刑罚与漏罪的刑罚和新罪的刑罚并罚，决定应执行的刑罚，再从中减去原判决中已执行的刑罚。第五种观点认为，应先将新罪的刑罚与原判之罪的刑罚并罚，决定执行的刑罚，然后将前一判决决定执行的刑罚与漏罪的刑罚并罚，决定执行的刑罚。[6] 第六种观点认为，对漏罪和新罪分别定罪量刑后，将漏罪

第二十一章

---

〔1〕 转引自高铭暄主编：《刑法学》，中央广播电视大学出版社1993年版，第378页。

〔2〕 这一结论不应适用于对上述第一个问题的解决，因为对于在数罪并罚后刑罚执行完毕前发现犯罪分子在判决宣告前有一罪没有判决的情况采用把原判数罪的数个宣告刑与漏罪判处的刑罚实行并罚，则就无疑就是对前个已生效判决的否定。

〔3〕 参见姜伟：《犯罪形态通论》，法律出版社1994年版，第504页。

〔4〕 参见赵秉志主编：《刑罚总论问题探索》，法律出版社2003年版，第500~501页。

〔5〕 参见顾肖荣：《刑法中的一罪与数罪问题》，学林出版社1986年版，第134页；周振想：《刑罚适用论》，法律出版社1990年版，第344~355页。

〔6〕 第三、四、五种见解均转引自高铭暄主编：《新中国刑法学研究综述（1949~1985）》，河南人民出版社1986年版，第498~499页。

的刑罚和新罪的刑罚与原判之罪未执行的刑罚并罚。[1]

我们认为，对于解决在刑罚执行完毕以前既发现漏罪又有新罪如何并罚刑法没有明确规定的问题，在实行并罚时既要体现对漏罪的并罚，也要体现对新罪的并罚，同时能够使并罚效果在总体上体现刑法对于犯罪分子在刑罚执行过程中再犯新罪须从重处罚的精神，但不能以否定已经发生法律效力的判决为代价。这是解决在刑罚执行完毕以前既发现漏罪又有新罪时并罚问题应遵循的基本思路。以此衡量上述观点，除第二种观点外，其他几种观点都值得商榷。例如，第一种观点的总体思路虽与第二种观点相似，但其主张对于刑罚执行期间再犯的新罪已经并罚之后才发现的漏罪，在实行并罚时也应先把漏罪与前罪并罚，然后再将该并罚后确定的刑罚中未执行的刑罚与对新罪判处的刑罚并罚，否定了先前已经发生法律效力的判决。这种以单纯追求实践中极少发生的个案的公正而牺牲发生法律效力的判决的严肃性、权威性的做法并不可取。第三、四、六种观点完全混淆了漏罪与新罪在并罚时的区别，违背了刑法规定对漏罪与新罪分别采取不同并罚方法所追求的对新罪处罚从重的价值取向。第五种观点完全颠倒了漏罪与新罪并罚的先后顺序，从而会使犯罪分子执行的刑期不当地缩短，甚至出现并罚后还应执行的刑期短于并罚前还应执行的刑期的问题，[2] 这显然违背刑法规定数罪并罚的宗旨。因此，我们赞同第二种观点的主张。具体来说，对于在刑罚执行完毕以前既发现漏罪又有新罪的情况应区分如下三种情形处理：①漏罪和新罪同时发现，并案处理的。对于这种情形，应当先把对漏罪判处的刑罚与前罪判处的刑罚，按照《刑法》第 70 条的规定实行并罚；然后把对新罪判处的刑罚和对漏罪与前罪并罚后确定的应执行的刑罚中还没有执行的刑罚，按照《刑法》第 71 条的规定实行并罚。②先发现漏罪，在对漏罪依法并罚后才发现新罪的。对于这种情形，直接依照《刑法》第 71 条的规定，把对新罪判处的刑罚和漏罪与前罪并罚后确定的应执行的刑罚中没有执行完毕的刑罚，实行并罚即可。③先发现新罪，在对新罪依法并罚后才发现漏罪的。对于这种情形，应直接把对漏罪判处的刑罚和新罪与前罪并罚后确定的应执行的刑罚中没有执行完毕的刑罚，按照《刑法》第 70 条的规定实行并罚。

■第五节　缓刑

一、基本原理

（一）缓刑的概念和意义

缓刑制度自创立至今，各国刑法所规定的缓刑主要有刑罚暂缓宣告、刑罚暂缓执行和缓予起诉三种。我国刑法所规定的一般缓刑和战时缓刑，均属于刑罚暂缓执行，即对被判处较轻刑罚的犯罪分子，在确认对其不执行刑罚也不致再危害社会时，暂缓执行其刑罚，在判决确定的期限之内，如果没有出现法定事由，原判刑罚就不再执行的制度。

缓刑不是刑种，而是刑罚具体运用的一种制度，是刑罚裁量制度的基本内容之一。它与

---

〔1〕 参见高铭暄、王作富主编：《新中国刑法的理论与实践》，河北人民出版社 1988 年版，第 455 页。

〔2〕 假如，前罪被判处 8 年有期徒刑，在执行 5 年时犯罪分子又犯新罪被判处 5 年有期徒刑，同时也发现漏罪也被判处 5 年有期徒刑。先将新罪与前罪并罚，在先从前罪判处的 8 年有期徒刑中减去已经执行的 5 年有期徒刑后，在两个刑罚中的最重刑 5 年有期徒刑以上、两个刑罚的总和刑期 8 年有期徒刑以下，决定应执行 6 年有期徒刑；然后再将该并罚确定的刑罚与漏罪并罚，在两个刑罚中的最重刑 6 年有期徒刑以上、两个刑罚的总和刑期 11 年有期徒刑以下，决定应执行 7 年有期徒刑，那么从 7 年有期徒刑中再减去已经执行的 5 年，剩下还没有执行的就只有 2 年有期徒刑，比前罪还应执行的 3 年有期徒刑还要短。

免予刑事处罚、监外执行、死刑缓期执行、假释都有不同。

缓刑与免予刑事处罚的区别在于：缓刑是在人民法院对犯罪分子作出有罪判决并判处刑罚的基础上，宣告暂缓执行刑罚，但同时保持执行刑罚的可能性。如果犯罪分子在缓刑考验期内再犯新罪或者被发现漏罪，或者违反法律、法规或者有关规定，就要撤销缓刑，执行原判刑罚；即使犯罪分子在缓刑考验期内未再犯新罪，或者未被发现漏罪，或者未违反法律、法规或者有关规定，也属于被判处过刑罚者。而免予刑事处罚是人民法院对已经构成犯罪的被告人作出有罪判决，但根据案件的具体情况，认为不需要判处刑罚，因而宣告免予刑事处罚，即只定罪不判刑，所以，被宣告免予刑事处罚的犯罪分子，不存在曾经被判过刑罚和仍有执行刑罚的可能性的问题。

缓刑与监外执行的区别主要在于：①性质不同。缓刑是附条件暂缓执行原判刑罚的制度，而监外执行是刑罚执行过程中的具体执行场所的问题，它并非不执行原判刑罚，只是对所判刑罚暂时予以监外执行。②适用对象不同。缓刑只适用于被判处拘役、3年以下有期徒刑的犯罪分子，而监外执行可以适用于被判处拘役、有期徒刑的犯罪分子。③适用的条件不同。缓刑的适用，以犯罪分子的犯罪情节、悔罪表现和不致再危害社会为基本条件，而监外执行的适用，须以犯罪分子患有严重疾病需要保外就医，以及怀孕或者正在哺乳自己的婴儿等不宜收监执行的特殊情形为条件。④适用的方法不同。缓刑应在判处刑罚的同时予以宣告，并应依法确定缓刑的考验期，而监外执行是在判决确定以后适用的一种变通执行刑罚的方法，在宣告判决和刑罚执行过程中均可适用，且不需要确定考验期。此外，适用监外执行的过程中，一旦影响在监外执行的法定条件不复存在时，即便罪犯在监外未再犯新罪等，如果刑期未满，仍应收监执行。⑤适用的依据不同。适用缓刑的依据是刑法中的有关规定。适用监外执行的依据是我国刑事诉讼法的有关规定。

缓刑与死刑缓期执行的主要区别在于：①适用前提不同。缓刑的适用，以犯罪分子被判处拘役、3年以下有期徒刑为前提，而死刑缓期执行的适用，以犯罪分子被处死刑为前提。②执行方法不同。对于被宣告缓刑的犯罪分子不予关押，而是由公安机关考察，所在单位或者基层组织予以配合，而对于被宣告死刑缓期执行的罪犯，必须予以关押，并实行劳动改造。③考验期限不同。缓刑的考验期，必须依所判刑种和刑期而确定，所判刑种和刑期的差别决定了其具有不同的法定考验期，死刑缓期执行的法定期限为2年。④法律后果不同。缓刑的法律后果，依犯罪分子在考验期内是否发生法定情形而分别为：原判的刑罚不再执行，或者撤销缓刑，把前罪与后罪所判处的刑罚，按照数罪并罚的原则处理，或者收监执行原判刑罚，而死刑缓期执行的法律后果为：在缓刑期限届满时，根据犯罪人的表现，或予以减刑，或执行死刑（在缓刑执行期间也可因犯罪人违反法定条件而执行死刑）。

缓刑与假释的主要区别在于：①适用的对象不同。缓刑只能适用于被判处拘役、3年以下有期徒刑的犯罪分子，而假释只能适用于被判处有期徒刑、无期徒刑的犯罪分子。②适用的实质条件不同。缓刑的实质条件是犯罪分子的犯罪情节和悔罪表现以及适用缓刑确实不致再危害社会，而假释的实质条件是犯罪分子认真遵守监规，接受教育改造，确有悔改表现，假释后不致再危害社会。③有关的时间不同。其一，实行的时间不同。缓刑是在判处缓刑的判决生效之后即开始实行，不需要执行原判刑罚，而假释只可能在执行了一定时间的刑罚后才能实行。其二，确定考验期限的标准不同。缓刑的考验期为原判刑期以上、5年以下，但不能少于1年，而假释的考验期为剩余的未执行的刑期。其三，不执行的刑期不同。缓刑附条件不执行的刑期为原判刑罚的全部刑期，而假释附条件不执行的刑期为原判刑罚未执行的刑期。

我国刑法中的缓刑制度，是惩办与宽大相结合、惩罚与教育改造相结合的政策的重要表现，也是依靠专门机关与人民群众相结合的同犯罪作斗争的方针在刑罚具体运用中的体现。对犯罪人适用缓刑的根本意义在于预防犯罪分子再次犯罪。具体来说，包括如下几个方面：①有助于避免短期自由刑的弊端。被适用缓刑犯罪分子虽然被判处了短期自由刑，但其罪行较轻，认罪悔罪态度较好，因而再次犯罪的可能性比较小，若将其投入监狱执行自由刑，由于被实际执行短期自由刑具有与社会隔绝、重返社会困难、罪犯间交互感染等诸项弊端，因而可能不但没有使犯罪分子受到教育改造，反而染上犯罪的恶习，且在出狱之后重返社会时出现诸多不适应的问题，进而有悖于预防犯罪的刑罚目的。②有助于增强犯罪分子的自律性，促使其改恶向善。被缓刑的犯罪分子虽然没有在监狱执行刑罚，其工作和生活的环境比较宽松，但其在一个相对较长的时间内，需要履行法定的义务，否则，将会被投入监狱执行刑罚。因此，被缓刑的犯罪分子往往会珍惜缓刑的机会，加强自律，重新做人。而且这种主要取决于犯罪人的主观努力，在以自律为主的社会生活中获得的特殊预防效果，较之将犯罪人收押于监禁设施内执行刑罚，在以他律为主的监禁生活中获得的特殊预防效果，相对更为可靠。③有助于犯罪分子的再社会化。人既是自然人，又是社会人，人的成长既是自然发育的过程，又是社会化的过程。犯罪分子实施犯罪表明其作为人在成长过程中的社会化失败。因此，为了消除犯罪分子的人身危险性，预防其再次实施犯罪，就应该帮助并促使其社会化获得成功。对于所犯罪行较轻、人身危险性较小的被宣告缓刑的犯罪分子继续留在社会上接受一定的教育矫正，比将其投入与社会相隔离的监狱更能在其重新社会化上获得积极的效果。此外，对犯罪分子适用缓刑，当然也能够解决监狱人满为患的问题，且可以为国家和社会减少不必要的支出，从而使监狱能够集中有限的资源和精力惩治和矫正罪行严重的罪犯。这是实行缓刑制度所衍生出的另外的意义。

（二）缓刑的种类与适用条件

根据刑法的相关规定，我国刑法中的缓刑具体包括两个类型，一个就是《刑法》第 72 条至 76 条规定的一般缓刑，另一个是《刑法》第 449 条规定的战时缓刑。下面分别说明其具体的适用条件。

1. 一般缓刑的适用条件。根据我国《刑法》第 72、74 条的规定，一般缓刑是指人民法院对于被判处拘役、3 年以下有期徒刑的犯罪分子，根据其犯罪情节和悔罪表现，认为暂缓执行原判刑罚，确实不致再危害社会的，规定一定的考验期，暂缓其刑罚的执行，若被判刑的犯罪分子在考验期内不再犯新罪，或者未被发现漏罪，或者没有违反法律、法规或者有关规定，原判刑罚就不再执行的制度。适用一般缓刑，必须具备以下条件：

（1）犯罪分子被判处拘役或者 3 年以下有期徒刑的刑罚。缓刑的附条件不执行原判刑罚的特点，决定了缓刑的适用对象只能是罪行较轻的犯罪分子。而罪行的轻重是与犯罪人被判处的刑罚轻重相适应的。我国刑法之所以将缓刑的适用对象规定为被判处拘役或 3 年以下有期徒刑的犯罪分子，就是因为这些犯罪分子的罪行较轻，社会危害性较小。相反，被判处 3 年以上有期徒刑的犯罪分子，因其罪行较重，社会危害性较大，而未被列为适用缓刑的对象。至于罪行相对更轻的被判处管制的犯罪分子，由于管制刑的特点即对犯罪人不予关押，仅限制其一定自由，故无适用缓刑之必要。根据审判实践经验，缓刑一般适用于交通肇事、责任事故、重婚、虐待、伤害、妨害公务、一般盗窃、销赃等比较轻微的犯罪。对于强奸、抢劫等严重刑事犯罪，一般不宜适用。所谓“3 年以下有期徒刑”是指宣告刑而不是指法定刑。犯罪分子所犯之罪的法定刑虽然是 3 年以上有期徒刑，但具有减轻处罚的情节，宣告刑为 3 年以下有期徒刑，也可以适用缓刑。

（2）对犯罪分子适用缓刑确实不致再危害社会。由于缓刑是对犯罪分子不予关押，而将其留在社会上进行监督考察，因此，为了避免社会再次遭受犯罪分子的侵犯，在考虑是否对犯罪分子适用缓刑时，就必须判定若对犯罪分子适用缓刑，其是否确实不致再危害社会。至于判定犯罪分子是否确实不致再危害社会的根据，《刑法》第72条明确规定为“犯罪分子的犯罪情节和悔罪表现”。由于考察的结果在于判定犯罪分子是否确实不致再危害社会，因此，对犯罪分子的犯罪情节和悔罪表现的考察，应当着眼于对说明犯罪分子的主观恶性和人身危险性的犯罪情节与悔罪表现的考察。从理论与实践相结合的角度看，可以说明犯罪分子的主观恶性和人身危险性较小的主要有如下犯罪情节：值得宽宥的犯罪动机和原因，过失犯罪，防卫过当和避险过当，犯罪中止，犯罪预备和某些犯罪未遂；说明犯罪分子具有悔罪表现的主要有如下情况：自首，立功，归案后积极坦白交代自己的犯罪事实和同案犯的犯罪事实、积极退赃，犯罪后积极采取措施避免危害结果的发生或者挽回、补偿犯罪所造成的损失，向受害人赔礼道歉，犯罪后积极从事公益活动。

（3）犯罪分子不是累犯。累犯屡教不改、主观恶性较深，有再犯之虞，适用缓刑难以防止其再犯新罪。所以，即使累犯被判处拘役或3年以下有期徒刑，也不能适用缓刑。

2. 战时缓刑的适用条件。根据我国《刑法》第449条的规定，战时缓刑，是指在战时对被判处3年以下有期徒刑没有现实危险的犯罪军人，宣告缓刑，允许其戴罪立功，确有立功表现时，可以撤销原判刑罚，不以犯罪论处的制度。适用战时缓刑，必须具备以下条件：

（1）适用的时间必须是在战时。故在和平时期或非战时条件下，不能适用此种特殊缓刑。所谓战时，依据《刑法》第451条的规定，是指国家宣布进入战争状态、部队受领作战任务或者遭敌突然袭击时；部队执行戒严任务或者处置突发性暴力事件时，以战时论。

（2）适用的对象只能是被判处3年以下有期徒刑（依立法精神应包含被判处拘役）的犯罪军人。不是犯罪的军人，或者虽是犯罪的军人，但被判处的刑罚为3年以上有期徒刑，均不能适用战时缓刑。至于构成累犯的犯罪军人能否适用战时缓刑，法律未作明确规定。但是，根据《刑法》第74条的规定，“对于累犯，不适用缓刑”的立法意图，应当同样适用于战时缓刑。

（3）适用战时缓刑的基本根据，是在战争条件下宣告缓刑没有现实危险。这是战时缓刑最关键的适用条件。即使是被判处3年以下有期徒刑的犯罪军人，若被判断为适用缓刑具有现实危险，也不能宣告缓刑。因为，战时缓刑的适用，是将犯罪军人继续留在部队，并在战时状态下执行军事任务，若宣告缓刑具有现实的危险，则会在战时状态下危害国家的军事利益，其后果不堪设想。至于宣告缓刑是否有现实危险，则应根据犯罪军人所犯罪行的性质、情节、危害程度，以及犯罪军人的悔罪表现和一贯表现作出综合评判。

（三）缓刑的考验期

缓刑考验期，是指对被宣告缓刑的犯罪分子进行考察的一定期间。缓刑的考验期，是缓刑制度的重要组成部分。设立考验期的目的，在于考察被缓刑人是否接受改造、弃旧图新，以使缓刑制度发挥积极的效用。法院在宣告缓刑的同时，应当确定适当的考验期。

我国《刑法》第73条规定：“拘役的缓刑考验期限为原判刑期以上1年以下，但是不能少于2个月。有期徒刑的缓刑考验期限为原判刑期以上5年以下，但是不能少于1年。”根据这一规定，在确定考验期时应注意以下几点：①缓刑考验期的长短应以原判刑罚的长短为前提。可以等于或适当长于原判刑期，但以不超过原判刑期一倍为宜，也不能短于原判刑期。过长或过短都不能充分发挥缓刑的作用。②在确定具体的缓刑考验期时，应注意原则性与灵活性相结合，根据犯罪情节和犯罪分子个人的具体情况，在法律规定的范围内决定适当的考验期。

根据《刑法》第73条第3款的规定，缓刑的考验期限，从判决确定之日起计算。所谓“判决确定之日”，即判决发生法律效力之日。

（四）缓刑考验期限内的考察

缓刑考验期限内的考察，主要涉及以下内容：

1. 被宣告缓刑者应当遵守的规定。根据我国《刑法》第75条的规定，被宣告缓刑的犯罪分子应当遵守下列规定：①遵守法律、行政法规，服从监督；②按照考察机关的规定报告自己的活动情况；③遵守考察机关关于会客的规定；④离开所居住的市、县或者迁居，应当报经考察机关批准。

2. 缓刑的考察机关。我国《刑法》第76条规定：“被宣告缓刑的犯罪分子，在缓刑考验期限内，由公安机关考察，所在单位或者基层组织予以配合。”据此，缓刑的考察机关是公安机关，被宣告缓刑的犯罪分子所在单位或者基层组织，只是对公安机关的缓刑考察工作予以配合。

3. 缓刑考察的内容。根据我国《刑法》第75条的规定，缓刑考察的内容，就是考察被宣告缓刑的犯罪分子，在缓刑考验期限内，是否具有《刑法》第77条规定的情形，即是否再犯新罪或者发现漏罪，以及是否违反法律、行政法规或者国务院公安部门有关缓刑的监督管理规定，且情节严重的。若没有发生第77条规定的情形，缓刑考验期满，原判的刑罚就不再执行，并公开予以宣告。

（五）缓刑的法律后果

根据《刑法》第76、77条的规定，一般缓刑的法律后果有以下三种：

第一，被宣告缓刑的犯罪分子，在缓刑考验期限内，没有《刑法》第77条规定的情形，缓刑考验期满，原判的刑罚就不再执行。

第二，被宣告缓刑的犯罪分子，在缓刑考验期限内犯新罪或者发现判决宣告以前还有其他罪没有判决的，应当撤销缓刑，对新犯的罪或者新发现的罪作出判决，把前罪和后罪所判处的刑罚，依照《刑法》第69条的规定，决定执行的刑罚。

第三，被宣告缓刑的犯罪分子，在缓刑考验期限内，违反法律、行政法规或者国务院公安部门有关缓刑的监督管理规定，情节严重的，应当撤销缓刑，执行原判刑罚。

根据《刑法》第72条第2款的规定，缓刑的效力不及于附加刑，即被宣告缓刑的犯罪分子，如果被判处附加刑，附加刑仍须执行。因而，无论缓刑是否撤销，所判处的附加刑均须执行。

（六）一般缓刑与战时缓刑的区别

一般缓刑与战时缓刑的区别，主要表现为：

1. 适用对象不同。一般缓刑适用于除累犯以外的被判处拘役、3年以下有期徒刑的犯罪分子，而战时缓刑只适用于除累犯以外的被判处3年以下有期徒刑（含拘役）的犯罪军人。

2. 适用时间不同。一般缓刑的适用无时间方面的限制，而战时缓刑只能在战时适用。

3. 适用的关键条件不同。一般缓刑适用的关键条件是“适用缓刑确实不致再危害社会”，而战时缓刑适用的关键条件是在战时状态下适用缓刑“没有现实危险”。

4. 适用方法不同。一般缓刑的适用，必须在宣告缓刑的同时依法确定缓刑考验期，考验期内的考察内容为犯罪分子是否具有《刑法》第77条规定的情形，而战时缓刑的适用，没有缓刑考验期，缓刑的考验内容为犯罪军人是否具有立功表现。

5. 法律后果不同。一般缓刑的法律后果为：在缓刑考验期限内，被宣告缓刑的犯罪分子如果没有《刑法》第77条规定的情形，缓刑考验期满，原判的刑罚就不再执行；如果再犯新罪或者发现漏罪，应当撤销缓刑，对新罪或者漏罪作出判决，把前罪和后罪所判处的刑罚，依照《刑法》第69条的规定，决定执行的刑罚；如果违反法律、行政法规或者有关缓刑的监督管理规定，情节严重的，应当撤销缓刑，执行原判刑罚。战时缓刑的法律后果为：犯罪军人确有立功表现时，可以撤销原判刑罚，不以犯罪论处。即一般缓刑在犯罪分子没有《刑法》第77条规定的情形的条件下，是不再执行原判刑罚而犯罪仍然成立，而战时缓刑在犯罪军人确有立功表现的条件下，是原判刑罚可予撤销，不以犯罪论处。

二、疑难问题

如何判断犯罪分子是否确实不致再危害社会？

在判断犯罪分子是否确实不致再危害社会时，应当注意两个方面的问题：

第一，对犯罪分子的犯罪情节和悔罪表现的考察应当是综合的，即不仅应当考察犯罪情节，也应当考察悔罪表现；不仅应当考察说明犯罪主观恶性和人身危险性小的犯罪情节，也应当考察说明犯罪分子的主观恶性和人身危险性大的犯罪情节。因为具体案件中的情况往往是比较复杂的，如果不对案件中所有说明犯罪分子主观恶性和人身危险性的犯罪情节与悔罪表现进行综合考察，而抓住一点不及其余，得出的结论就不一定正确。

第二，虽然刑法没有将犯罪分子的个人情况作为判定犯罪分子是否确实不致再危害社会的根据来规定，但从理论与实践相结合的角度看，也应当把犯罪分子的个人情况作为是否对其适用缓刑时的考虑因素。因为，犯罪人的性格、品行、生活环境等个人情状的不同，体现着犯罪人再犯可能性的大小、改造的难易程度以及缓刑对犯罪分子所可能具有的作用大小的不同，理应在决定对犯罪分子是否适用缓刑时加以考虑。比如，性格宽和的犯罪分子，由于比较容易适应社会，在缓刑期间一般能够较好地配合缓刑监督机构的监管，顺利改过自新，重新回归社会，而那些性格孤僻的犯罪分子，由于与正常社会格格不入，在正常情况下都难以和社会融为一体，在其自由受到限制、行为受到监管的缓刑状态下，就更难指望他能够配合缓刑监督机构对他的教育改造，实现回归社会，而很可能导致其性格和行为更加扭曲，再次犯罪。因此，对具有前一种性格和素行的人，应当倾向于考虑适用缓刑，而对具有后一种性格和素行的人，则不宜考虑适用缓刑，而应当考虑予以关押，进行有针对性的人格康复矫正。除了犯罪分子的性格外，以下犯罪分子个人情况也应当属于适用缓刑时加以考虑的因素：犯罪分子的一贯品行；犯罪分子的生活环境，包括犯罪分子的家庭环境、生活的社区环境，接触的周围人群、个人的生活水平等；对犯罪分子适用缓刑可以期待的效果；犯罪分子的个人经历；影响犯罪分子再犯可能性的身体和精神方面的客观情况。

【思考题】

1. 一般累犯的成立条件有哪些？
2. 一般自首和准自首的成立条件有哪些？
3. 立功的成立条件有哪些？
4. 我国刑法中数罪并罚的原则是什么？
5. 在司法实践中如何适用数罪并罚？
6. 缓刑的适用条件有哪些？
7. 一般缓刑与战时缓刑的区别有哪些？

【参考文献】

1. 陈兴良：《刑法适用总论》（下），法律出版社 1999 年版。
2. 陈广君主编：《中华人民共和国刑法释义》，人民出版社 1997 年版。
3. 樊凤林主编：《刑罚通论》，中国政法大学出版社 1994 年版。
4. 高铭暄主编：《新中国刑法学研究综述》，河南人民出版社 1986 年版。
5. 高铭暄主编：《刑法学原理》（第 3 卷），中国人民大学出版社 1994 年版。
6. 高铭暄主编：《新编中国刑法学》（上册），中国人民大学出版社 1999 年版。
7. 高铭暄主编：《刑法学》，中央广播电视大学出版社 1993 年。
8. 顾肖荣：《刑法中的一罪与数罪问题》，学林出版社 1986 年版。
9. 姜伟：《犯罪形态通论》，法律出版社 1994 年版。
10. 林准主编：《中国刑罚教程》（修订本），人民法院出版社 1994 年版。
11. 马克昌主编：《刑罚通论》，武汉大学出版社 1995 年版。
12. 苏彩霞：《累犯制度比较研究》，中国人民公安大学出版社 2002 年版。
13. 唐大森主编：《现代刑法学》，安徽人民出版社 1991 年版。
14. 赵秉志主编：《新刑法教程》，中国人民大学出版社 1997 年版。
15. 赵秉志主编：《刑罚总论问题探索》，法律出版社 2003 年版。
16. 张明楷：《刑法学》（上），法律出版社 1997 年版。
17. 周加海：《自首制度研究》，中国人民公安大学出版社 2004 年版。
18. 周振想：《自首制度的理论与实践》，人民法院出版社 1988 年版。
19. 周振想：《刑罚适用论》，法律出版社 1990 年版。
20. 田立文、董德生："审理涉及检举揭发案件有关问题的探讨"，载《法律适用》1997 年第 2 期。
21. 王学沛："论自首"，载《硕士学位论文集》（上卷），西南政法学院 1986 年印行。
22. 杨敦先："关于先后奸淫幼女罪犯能否适用数罪并罚问题"，载《民主与法制》1983 年第 3 期。
23. 杨聚章："试论自首与立功制度的司法适用"，载《法学家》1999 年第 1～2 期。

刑罚执行制度

【导语】 刑罚执行，简称行刑，是指有关司法机关将人民法院生效的刑事判决所确定的刑罚付诸实施的刑事司法活动。刑罚执行是刑事司法活动不可缺少的重要组成部分，只有通过刑罚的执行，才能实现国家的刑罚权。在落实国家刑罚权的过程中，我国坚持惩罚与改造教育相结合的原则，设立了若干具体的刑罚执行制度，以更好地促使犯罪人认罪服法，弃恶从善、不再危害社会，达到刑罚个别预防的目的。减刑和假释是我国非常重要的两项刑罚执行制度。在总结实践经验的基础上，我国的减刑制度已日臻完善，并且在司法实践中广为适用。假释是一项历史悠久的刑罚执行制度，对于中国则是舶来品。减刑与假释相同，都是对原判刑罚做出实体性变更，因此二者均有严格的适用条件；减刑又与假释不同，减刑适用虽有法定的幅度、限度，但适用后不会被撤销，而假释附有一定的考验期限，若在期限内出现法定事由则要予以撤销，假释具有可逆转性，这也是假释的要义所在。无论是减刑还是假释，其适用都要依照法定的程序进行。

本章的疑难问题有：①对于不断提出申诉的犯罪人可否适用减刑？②对于平常表现一般，而在特殊情况下有立功表现的犯罪人可否适用减刑？③对于保外就医的犯罪人可否适用减刑？

■第一节　减　刑

第二十二章

一、基本法理

（一）减刑的概述

我国刑法学界一般认为，减刑是我国特有的一项制度。虽然外国也存在类似减刑的制度，如前苏联易科较轻刑罚的制度，但结合形式意义与实质意义考察，认定减刑为我国刑法所独创是无可厚非的。减刑是从我国长期改造罪犯的实践中探索出来的一项行之有效的制度，它体现了我国惩办与宽大、惩罚与教育相结合的政策，对于实现刑罚目的具有重要意义。

1. 减刑制度的历史沿革。回顾减刑制度在我国的创立过程，大致可以分为以下四个阶段：

（1）初创时期（革命根据地时期至1954年）。我国的减刑制度，最早可以追溯到新民主主义时期的各革命根据地。那时的人民政府对于改造罪犯的工作十分重视，对犯人实行教育感化和奖励改恶的行刑政策，在一些狱政管理法规和文件中就明确规定了对犯人减刑的举措。例如，1944年晋察冀边区行政委员会颁布的《司法工作应围绕大生产运动进行》的通知中明确规定，对监犯生产好的、积极的，不但可以得到物质、精神奖励，同时还可以适当缩短原判刑期或提前释放。革命根据地时期的减刑实践为减刑制度的创立积累了基本素材。至新中国成立初期，减刑已经成为监狱管理的一项重要措施，人民法院办理了大量减刑的案件，取得了重大成果。1954年，正式颁布了《中华人民共和国劳动改造条例》，其中第68条明确规定了减刑制度。我国立法上的明确规定表明，减刑制度已基本确立。

（2）发展时期（1954年至1980年）。减刑制度初步创立后，就步入了艰难的发展时期。文化大革命带来中国历史上的十年动乱，国家法制受到严重破坏，对于罪犯应当减刑而没有减刑的现象大量存在。1979年7月1日颁布的《中华人民共和国刑法》明确规定了减刑制度；1979年10月10日，最高人民法院、最高人民检察院、公安部联合下发了《关于死缓犯和无期徒刑犯减刑问题的联合通知》，对如何处置历史上遗留下来的减刑问题做出了非常详细的规定，表明了党和国家对于贯彻改造人、教育人的基本政策是坚定不移的，对于适用减刑制度是一如既往的。在全国范围内，人民法院积极开展了大量减刑工作，减刑制度在曲折衷艰难探索，向前发展。

（3）完善时期（1980年至今）。1980年生效的《中华人民共和国刑法》、《中华人民共和国刑事诉讼法》都专门规定了减刑制度。减刑制度终于得到了国家基本法律的确认。1994年《中华人民共和国监狱法》和1997年修订的《中华人民共和国刑法》又对减刑制度做出了更为具体完善的规定。在司法实践中，减刑制度的广泛适用已成为我国刑罚执行的重要特色之一。

（4）改革的声音。近年来，刑法学界和司法实务界开始对我国的减刑制度提出质疑，指出我国的减刑制度由于自身限制不够和操作不规范等原因，存在适用过多、过滥的情况，导致无期徒刑改变性质以及死刑的实际执行有时比有期徒刑还轻等问题。以死刑为例，根据《刑法》第50条的规定，如果一名罪犯被判处死缓，在死缓考验期间如果没有故意犯罪，而且确有重大立功表现，可于2年后减为15年以上20年以下有期徒刑；如果继续表现良好，还可能再减刑。这样一来，原判死缓的罪犯，在监狱里实际执行至12年（不含死刑缓期执行的2年）就可以释放了。因此，要求改革减刑制度的呼声日渐强烈。

2. 减刑的概念。减刑的概念，分为广义和狭义两种。广义减刑，是指因犯罪人在刑罚执行期间，符合法定事由，而将其原判刑罚予以减轻或者免除的制度。这里的法定事由所包含的内容非常广泛，具体指：①《刑法》第50条规定的死刑缓期执行二年考验期满后没有故意犯罪的；②《刑法》第78条规定的被判处管制、拘役、有期徒刑、无期徒刑的犯罪分子在执行期间确有悔改表现或者确有立功表现的；③《刑法》第55、57条规定的主刑减刑时附加刑要变更的；④《刑法》第53条规定的执行罚金刑时由于遭遇不能抗拒的灾祸缴纳确实有困难的。狭义减刑只是广义减刑中的一种情况，即《刑法》第78条规定的减刑，是指对于被判处管制、拘役、有期徒刑、无期徒刑的犯罪人，在刑罚执行期间，如果认真遵守监规、接受教育改造、确有悔改、立功表现的，或者有重大立功表现的，将其原判刑罚予以适当减轻的一项刑罚执行制度。需要指出的是，本章探讨的“减刑”均指狭义减刑。

根据《刑法》第78条的规定，减刑分为应当减刑和可以减刑。前者是指在犯罪人有重大立功表现时，人民法院应当对其减刑；后者是指犯罪人在认真遵守监规、接受教育改造、确有悔改、立功表现时，人民法院可以裁定对其减刑。

减刑是一项刑罚执行制度。减刑并不否定原判刑罚，而只是从执行的角度使原判刑罚实际上被减少执行。在刑罚实际执行的过程中，减刑制度的存在能够给被判处自由刑的犯罪人带来在刑罚确定以后还能减少实际执行刑期的希望，鼓励犯罪人积极地改过自新，争取立功，在达到刑罚目的方面发挥重要作用。

减刑是一项独立的刑罚执行制度。减刑虽然与我国的改判、减轻处罚等相关制度具有一定的相似之处，但要注重制度之间的区别。改判是因为原判决在认定事实或者适用法律上有错误，而依照法定程序撤销原判决，其实质是重新判决。减轻处罚是一种判处刑罚的方法，其取决于犯罪人的量刑情节。三者之间的区别是明显的，要注重减刑独立存在的价值。

（二）减刑的条件

减刑的条件，是指在刑罚执行期间，犯罪人为获得减轻原判刑罚所要达到的法定标准。根据《刑法》第78条规定，对犯罪人适用减刑必须具备以下两个条件：

1. 对象条件。减刑只适用于被判处管制、拘役、有期徒刑、无期徒刑的犯罪人。除了死刑以外，刑法所规定的四种主刑都可以减刑，这是减刑适用的对象条件。需要指出的是，减刑不论犯罪性质如何，也不问犯罪的罪过形式如何，被判处上述刑罚的犯罪分子只要满足实质条件的，都可以适用。

依据司法解释的规定，减刑的适用对象有扩大化的趋势。1985年5月9日做出的《关于缓刑考验期内表现好的罪犯可否缩减其缓刑考验期限的批复》中指出："被判处拘役或者3年以下有期徒刑、宣告缓刑的犯罪分子，如果在缓刑考验期内确有突出的悔改表现或者立功表现，可以参照刑法第71条的规定，对原判刑罚予以减刑，同时相应地缩减其缓刑考验期限。"[1] 可见，减刑的适用对象扩大到了缓刑犯。

2. 实质条件。不是所有被判处管制、拘役、有期徒刑、无期徒刑的犯罪人都可以减刑，对象条件是一种前提条件。减刑是否适用关键看犯罪人是否具备实质条件。在刑罚执行期间，犯罪人认真遵守监规，接受教育改造，确有悔改表现、立功表现或者有重大立功表现，是减刑的实质条件。

（1）可以减刑的实质条件。可以减刑的实质条件是犯罪人认真遵守监规，接受教育改造，确有悔改表现或者有立功表现。何谓确有悔改表现？根据1997年10月28日最高人民法院《关于办理减刑、假释案件具体应用法律若干问题的规定》（以下简称《减刑、假释规定》），"确有悔改表现"是指同时具备以下四个方面的情形：①认罪服法；②一贯遵守罪犯改造行为规范；③积极参加政治、文化、技术学习；④积极参加劳动，爱护公物，完成劳动任务。何谓有立功表现？根据最高人民法院的《减刑、假释规定》，"立功表现是指具有以下情形之一的：①揭发、检举监内外犯罪分子的犯罪活动，经查证属实的；②制止他犯逃跑、行凶、破坏等犯罪活动的；③在生产、科研中有重大发明创造、技术革新的；④在日常生产、生活中舍己救人的；⑤在抢险救灾中有突出表现的；⑥有其他有利于国家和人民利益的突出事迹的。"

当犯罪人确有悔改表现或者有立功表现时，说明犯罪人已经改过自新，不致再重新危害社会，人身危险性有所降低，按照罪责刑相适应原则，理应对犯罪人减少实际执行的刑罚量。在一般情况下，确有悔改表现与有立功表现是一致的，但不能因此就坚持二者互为条件，即使犯罪人只有悔改表现而无立功表现，或者只有立功表现而无明显悔改表现的，也可以减刑；如果既有悔改表现又有立功表现，则可以在法定范围内给予较大幅度的减刑。因此，犯罪人只要具备二者之一，人民法院就可以裁定是否予以减刑了。

（2）应当减刑的实质条件。应当减刑的实质条件是在刑罚执行期间，犯罪人有重大立功表现。何谓重大立功表现？根据《刑法》第78条规定，重大立功表现是指具备以下六种情况之一的：①阻止他人重大犯罪活动的；②检举监狱内外重大犯罪活动，经查证属实的；③有发明创造或者重大技术革新的；④在日常生产、生活中舍己救人的；⑤在抗御自然灾害

[1] 批复中提到的刑法为1979年《刑法》。

或者排除重大事故中有突出表现的；⑥对国家和社会有其他重大贡献的。犯罪人只要具备上述六种情况中的一种时，执行机关就应当向人民法院提出减刑建议，人民法院没有自由裁量的权力，必须给予犯罪人减刑。

以上减刑的条件充分表明了未然之罪与预防之刑的关系，体现了刑罚的目的性，是减刑的功利依据。在决定犯罪人是否具备减刑资格时，要牢牢把握对象条件和实质条件两个标准。

（三）减刑的适用

一般情况下，具备以上两个条件便可以适用减刑。但是，减刑作为一项重要的刑罚执行制度，适用时必须严格按照法律的规定，具体要注意以下几个问题。

1. 减刑的限度。减刑的限度，是指犯罪人经过减刑以后，应当实际执行的最低刑期。减刑为什么要设定一个限度？减刑并不是对原判决的否定，只是出于鼓励犯罪人改造的考虑改变了刑罚的执行期间，如果减得过多就会改变原判刑罚的性质，损害原判决的严肃性和稳定性。我国《刑法》第78条第2款明确规定："减刑以后实际执行的刑期，判处管制、拘役、有期徒刑的，不能少于原判刑期的1/2；判处无期徒刑的，不能少于10年。"换言之，如果管制、拘役、有期徒刑减刑后的刑期只有原判刑期的1/2，无期徒刑减刑后只有10年有期徒刑，就不得再进行减刑了。

这里涉及实际执行刑期是否包括先行羁押时间的问题。对于这个问题，刑法学界存在三种观点：第一种是否定说，认为实际执行的刑期，应该是原判决发生法律效力，将判决交付执行后，犯罪人实际服刑改造的时期。既然如此，判决宣告以前先行羁押的日期，就不能计算在实际执行的刑期以内。第二种是肯定说，认为实际执行刑罚的时间，即包括宣告以后犯罪人服刑的时间，也包括先行羁押的时间。第三种是区别对待说，认为对于原判管制、拘役、有期徒刑减刑的，先行羁押期应当计入实际执行刑期；对于原判无期徒刑减为有期徒刑的，先行羁押期不应计入实际执行刑期。我们赞同区别对待说，该说看到了不同刑种对待先行羁押期的差异。对于管制、拘役、有期徒刑减刑，法律上明确规定先行羁押期可以折抵刑期，既然法律上拟定羁押期与实际服刑改造没有区别，则理所当然地应该计算在实际执行刑期之内，而无期徒刑不存在折抵刑期的问题，先行羁押期也就不能计算在内。

2. 减刑的幅度。减刑不仅要有一定的限度，而且要有一定的幅度。所谓幅度，是指从何时起可以减刑、一次可以减多少、间隔多长时间可以再次减刑的问题。

（1）可以减刑的起始时间。在刑罚执行过程中，认定罪犯确有悔改或者立功表现是需要一定考验时间的，但不顾罪犯的悔改或者立功表现，一味拖延减刑时间也不利于对罪犯的改造，由此产生可以减刑的起始时间问题，即罪犯服刑多长时间后才可以考虑减刑。我国《刑法》对此没有明确规定，根据最高人民法院的《减刑、假释规定》：

第一，对于被判处无期徒刑的罪犯，在执行期间如果确有悔改表现的，或有立功表现的，服刑2年以后，可以减刑；无期徒刑罪犯在刑罚执行期间又犯罪，被判处有期徒刑以下刑罚的，自新罪判决确定之日起一般2年之内不予减刑，对于新罪又判处无期徒刑的，减刑的起始时间要适当延长。

第二，对于被判处有期徒刑的罪犯，如果被判处5年以上有期徒刑的罪犯，一般在执行1年6个月以上方可减刑；对被判处5年以下有期徒刑的罪犯，可以比照上述规定的时间适当缩短。

第三，对被判处拘役、管制的罪犯，时间应当相应减少。刑法学界普遍认为，对拘役犯一般在服刑15日以后考虑减刑，而对于管制犯一般在服刑3个月以后考虑减刑。

(2) 一次减刑的年数。《刑法》没有明确规定一次减刑的年数幅度，但一次减刑的年数不能过多也不能过少。过多则违背罪刑相适应原则，有损判决的严肃性；过少则难以对犯罪人的改造起鼓励作用，减刑制度也就失去了意义。根据最高人民法院的《减刑、假释规定》：

第一，对被判处无期徒刑的罪犯减刑，一般可以减为18年以上20年以下有期徒刑；有重大立功表现的，可以减为13年以上18年以下有期徒刑。

第二，对被判处有期徒刑的罪犯减刑，确有悔改或者立功表现的，一般一次减刑不超过1年有期徒刑；如果确有悔改并有立功表现，或者有重大立功表现的，一般一次减刑不超过2年有期徒刑。被判处10年以上有期徒刑的罪犯，如果悔改表现突出的，或者有立功表现的，一次减刑不得超过2年有期徒刑；如果悔改表现突出并有立功表现，或者有重大立功表现的，一次减刑不得超过3年有期徒刑。

(3) 再次减刑的间隔。根据我国《刑法》第78条第2款的规定，对于罪犯可以多次适用减刑。由此产生不同次的减刑时间间隔问题，因为考察罪犯在第一次减刑后是否又有新的悔改或者立功表现需要一定的时间。根据最高人民法院的《减刑、假释规定》：

第一，一般情况下，一次减刑多适用于被判处管制、拘役以及短期有期徒刑的服刑罪犯，多次减刑则适用于被判处长期有期徒刑、无期徒刑的服刑罪犯。

第二，对于判处10年以上有期徒刑的罪犯，两次减刑的间隔时间一般不得少于2年；对于判处5年以上有期徒刑的罪犯，两次减刑的间隔时间一般应在1年以上；对于判处5年以下有期徒刑的罪犯，可以比照上述规定适当缩短。刑法学界普遍认为，两次减刑的间隔时间一般应在6个月以上为宜；确有重大立功表现的可不受上述规定时间的限制。

(4) 未成年犯的特殊规定。未成年犯，又称少年犯，是指年满14周岁不满18周岁的人犯罪。党和国家对于未成年人犯罪实行“教育、感化和挽救”的方针。基于此方针，对于未成年犯适用减刑（含假释）时必然体现从宽的政策。2006年1月11日最高人民法院《关于审理未成年人刑事案件具体应用法律若干问题的解释》第18条规定，对未成年罪犯的减刑、假释，在掌握标准上可以比照成年罪犯依法适度放宽。未成年罪犯能认罪服法，遵守监规，积极参加学习、劳动的，即可视为“确有悔改表现”予以减刑。在司法实践中对未成年犯减刑的幅度也明显放宽，具体如下：

第一，确有悔改或者立功表现的，应当及时予以减刑。

第二，被处无期徒刑的，可以减为15年以上18年以下有期徒刑；并有立功表现的，可以减为10年以上15年以下有期徒刑。

第三，被处有期徒刑的，一般一次可减1年6个月以下有期徒刑；并有立功表现的为2年6个月以下；并有重大立功表现的，可不受上述限制。

第四，适度放宽减刑起始时间、间隔时间。

第五，关于服刑犯已成年，依法留在少管所继续服刑的，仍以未成年犯执行减刑的从宽标准。

我国法律和司法解释对减刑的幅度做了非常明确的规定。在司法实践中，要严格遵循上述的幅度要求。审判人员在个案考虑减刑幅度时，除了考虑原判决的刑罚外，还要注重对于犯罪人的悔改、立功表现以及犯罪人本身具体情况的考察。既要有利于鼓励犯罪人积极改造，又要维护法律和判决的严肃性。

3. 减刑的程序。减刑是对原判决的执行做实体性的变更，因此减刑的适用要格外谨慎，必须严格依照法定的程序进行。我国《刑法》第79条规定：“对于犯罪分子的减刑，由执行机关向中级以上人民法院提出减刑建议书。人民法院应当组成合议庭进行审理，对确有悔改或者立功事实的，裁定予以减刑。非经法定程序不得减刑。”结合监狱法和相关法律的规定，减刑的程序具体如下：

（1）减刑建议书的提出。对于有期徒刑犯的减刑，应当由罪犯所在中队集体研究提名，送交狱政处审查并经监狱同意后，由监狱将减刑意见书连同有关证明材料，报请当地人民法院依法裁定；对于无期徒刑犯的减刑，则由监狱将减刑意见书上报本省、自治区、直辖市司法厅审查同意后，报请当地人民法院依法裁定。

（2）减刑建议书的受理。拘役犯、管制犯和在看守所内服刑的罪犯的减刑，应由中级以上人民法院管辖。有期徒刑犯的减刑，由当地中级人民法院管辖；无期徒刑犯的减刑，由当地高级人民法院管辖。

（3）减刑的审理时限。人民法院应当自收到监狱的减刑建议书之日起，1 个月内予以审核裁定；案情复杂或者情况特殊的，可以延长 1 个月。对于符合法律规定的减刑条件的，人民法院依法作出减刑裁定。

（4）检察院进行法律监督。减刑裁定的副本应当抄送人民检察院，人民检察院认为人民法院减刑裁定不当，应当依照刑事诉讼法规定的期限提出抗诉。对于人民检察院抗诉的案件，人民法院应当重新审理。

4. 减刑后刑期的计算。减刑后刑期的计算方法，因原判刑罚的种类不同而有所区别：

（1）对于原判刑罚为管制、拘役、有期徒刑的罪犯减刑后刑期的计算。此类犯罪人减刑后的刑期应从原判决执行之日起计算，原判刑期已经执行的时间，应计算到减刑后的刑期以内。例如，某犯罪人原判刑罚为 12 年有期徒刑，服刑 2 年后获得减刑，裁定减刑 2 年，减刑后刑期为 10 年，已经执行的 2 年时间计入到减刑后的 10 年刑期之内，所以犯罪人只要再执行 8 年刑罚即告执行完毕。

（2）对于原判刑罚为无期徒刑的罪犯减为有期徒刑后刑期的计算。此类犯罪人减刑后有期徒刑的刑期从裁定减刑之日起计算，已经执行的刑期不得计算在裁定减刑后的有期徒刑的刑期以内。例如，某犯罪人原判刑罚为无期徒刑，服刑 3 年后获得减刑，裁定减为 19 年有期徒刑，已经执行的 3 年时间不计入减刑后的 19 年刑期之内，所以犯罪人还要执行 19 年刑罚即告执行完毕。

对于无期徒刑减为有期徒刑以后再次获得减刑的，其再次减刑后的刑期的计算应按照有期徒刑减刑的方法。

二、疑难问题

（一）对于不断提出申诉的犯罪人可否适用减刑？

对于这个问题有否定论和肯定论之争。否定论认为，只要提出申诉就不符合认罪服法这个实质条件，因此无论其在监狱中表现得多好也不能减刑。肯定论认为，不能一概地认为提出申诉就是不认罪服法，从而限制减刑的适用。对于那些认真接受改造，确实具有悔改表现和立功表现的罪犯，不论其申诉时间多长，次数多少，都可以适用减刑。我们赞同肯定论，因为申诉是法律赋予犯罪人的权利，行为人行使一项法定的权利却导致另一种法定的不利后果，这是有违立法精神的，也不利于及时发现冤假错案，提高审判质量。实际上，否定论的观点是人为地提高了减刑适用的标准，增加“未提起申诉”作为减刑适用条件之一，这是与我国刑法规定的对象条件和实质条件两个标准相违背的。

（二）对于平常表现一般，而在特殊情况下有立功表现的犯罪人可否适用减刑？

我们认为可以适用。从法律上讲，该犯人确有立功表现，理应予以奖励，符合实质条件。从刑事政策上讲，对于这样的犯罪人适用减刑，既可以调动罪犯本人改造的积极性，还可以起到教育、鼓励其他犯罪人积极改造、争取立功的作用。

（三）对于保外就医的犯罪人可否适用减刑？

否定论认为，保外就医则无法考察犯罪人是否有悔改或者立功表现，所以不能适用减刑。我们持肯定论的观点，因为保外就医不是提前释放，犯罪人在保外就医期间由所在地的公安派出所负责考察，保外就医只是刑罚执行的方式有所改变而已，被保外就医的犯人仍属于服刑中的罪犯，可以考察其在保外就医期间内是否有悔改或者立功表现。

■第二节　假　释

一、假释的概述

假释制度诞生于二百多年前，现已发展成为一项普遍为世界各国所采用的制度。假释制度是特别预防主义和教育理论在刑罚执行制度上的直接体现，极大地发挥了激励罪犯改造、促进罪犯再社会化的功能与作用。

（一）假释制度的历史沿革

假释制度起源于18世纪末，亚瑟·菲利浦的释放票制是假释的雏形。十六七世纪，欧洲经济萧条导致犯罪现象猖獗，当时英国的监狱人满为患，而殖民地却大量缺乏劳役，于是英国就采用向殖民地流放罪犯的方法来解决监狱拥堵的问题。亚瑟·菲利浦为澳大利亚新南威尔士州州长，当罪犯流放到其管辖的地域后，他向表现好的犯人发放“释放票”，犯人在居住于指定区域、定期报告生活情形等条件下，可以免除残余刑期的执行。英国的流放制度被废止后，爱尔兰监狱局局长克罗夫顿将释放票制加以完善后引入本土，创建了“爱尔兰假释制度”。但是，现代意义上的假释制度最早实行于美国。1876年纽约州制定的《爱尔密拉教养院法令》是第一个涉及假释制度的立法，从而最终在法律上确立了假释制度。假释制度产生之后，世界各国纷纷仿效。1928年伦敦的万国监狱会议以后，假释成为世界各国无不采用的行刑制度。

中国的假释制度起源于清末，1910年清政府颁布的《大清新刑律》中首次规定了假释制度。清王朝覆灭后，南京临时政府于1912年3月10日颁布的《暂行新刑律》承袭了这一内容。此后的1928年和1935年的《中华民国刑法》对这一规定做了稍许修改，继续使用。新中国刑法中的假释制度最早可以追溯到革命根据地时期，早在1931年的《赣东北特区苏维埃暂行刑律》就对假释做了较为详尽的规定，抗日战争和解放战争时期也都坚持了假释制度的适用。1954年颁布的《中华人民共和国劳动改造条例》是国家第一次以统一立法的形式规定了假释制度。1979年《刑法》用3个条文规定假释制度，1997年《刑法》增至6条，对假释做了更加全面、系统的规定。由此可见我国对于假释制度的重视程度。

（二）假释的概念

假释，是指被判处有期徒刑或者无期徒刑的犯罪人，在执行了一定刑期之后，如果认真遵守监规，接受教育改造，确有悔改表现，不致再危害社会的，则附条件地将其予以提前释放的一种刑罚执行制度。假释是我国惩办与宽大相结合、惩罚与教育相结合的政策在刑罚执行上的又一具体体现。

正确理解假释的概念要注意其与一些相似概念的区别：

1. 假释与减刑的区别。假释与减刑都是具体的刑罚执行制度，二者都是对犯罪人的奖赏、鼓励措施，但两者在适用对象、适用次数、适用结果和是否可逆转等方面有明显的区别。①假释适用于被判处有期徒刑或无期徒刑的犯罪人，而减刑适用于被判处管制、拘役、有期徒刑和无期徒刑的犯罪人；②假释只能适用一次，而减刑可以适用多次；③假释的直接结果是犯罪人可以被提前释放，获得一定程度的自由，而减刑的直接结果只是减轻原判刑罚，犯罪人仍需在监狱里服刑；④假释有考验期，如果有法定理由，就可以撤销，而减刑适用后不会被撤销。

2. 假释与释放的区别。假释与释放都发生使犯罪人无需在监狱里服刑的结果，但二者在是否附条件上存在本质区别。虽然被假释的犯罪人可以解除监禁、回归社会，但是附有一定条件，即在考验期内没有发生法定事由，则视为原刑罚执行完毕；如果出现法定事由，则仍要执行未完结的余刑，受刑人只是享有附条件的自由。而释放，无论是刑满释放还是提前释放，都是不附任何条件的，即刑法已执行完毕，自释放之日起，受刑人享有完全的人身自由。

3. 假释与缓刑的区别。假释在某种程度上可以称为余刑的暂缓执行，但其与缓刑在适用时间、适用对象、适用的结果等方面存在明显的区别。①假释是在原判刑罚执行一定刑期之后适用，而缓刑是在判决刑罚时同时宣告，此时刑罚还没有执行；②假释适用于被判处有期徒刑或无期徒刑的犯罪人，而缓刑适用于被判处拘役或者3年以下有期徒刑的犯罪人；③假释的考验期经过而没有出现法定事由的结果是视为原判刑罚已经执行完毕，而缓刑的考验期经过而没有出现法定事由的结果是原判刑罚不再执行。

二、假释的条件

假释的条件，是指在刑罚执行期间，犯罪人得以提前释放所要达到的法定标准。关于适用假释的条件，存在假释法定主义和假释裁定主义两种基本类型。前者是指不需要考虑罪犯在服刑期间是否有悔改表现，只要原判刑期执行到一定期限就必须予以假释。如1943年《瑞典刑法》规定，执行原判刑期5/6时，得交付假释。假释法定主义把假释看成是原判刑期经过一定期限后必然的结果，没有体现对确有悔改表现的罪犯宽大处理，鼓励罪犯积极改造的作用甚微。后者是指在执行原判刑期一定期限后，考察犯罪人的犯罪性质、情节及其在服刑中的悔改表现，再决定是否假释。假释裁定主义是当今世界各国的通行做法，我国假释制度亦采取这一类型。

根据《刑法》第81条规定，对犯罪人适用假释必须具备以下三个条件：

（一）对象条件

假释适用于刑罚已经执行1/2以上的原判有期徒刑的犯罪人和刑罚实际执行10年以上的原判无期徒刑的犯罪人。这一条件包含两方面的内容：

1. 犯罪人的原判刑种只能是有期徒刑与无期徒刑。这是由假释的性质和其他刑种的特点共同决定的。假释是对已执行一段刑期的犯罪人解除监禁，是附条件的提前释放，因此只能适用于较长期的剥夺自由刑的犯罪人。管制并没有剥夺犯罪人自由，拘役虽然剥夺了犯罪人的自由，但是其刑期过短，适用假释的实际意义不大。被判处死刑（包括死缓）的犯罪人，基于犯罪的严重程度不宜适用假释。因此，只有被判处有期徒刑或者无期徒刑的犯罪人才有可能适用假释。需要指出的是，根据前文所述的最高人民法院《减刑、假释规定》，死缓减为无期徒刑或者有期徒刑后，符合假释条件的，也可以适用假释。

2. 犯罪人必须已经执行了一定期限的刑罚。如果犯罪人没有执行一定期限的刑罚，则没有办法考察其是否确有悔改表现、不致再危害社会。对这样的犯罪人贸然适用假释，违背假释制度的本来意义，假释的滥用会损害法院判决的稳定性和刑罚的严肃性。按照我国《刑法》第81条的规定，被判处有期徒刑的犯罪人，执行原判刑期1/2以上，被判处无期徒刑的犯罪人，实际执行10年以上，才可以适用假释。这里同样涉及实际执行刑期是否包括先行羁押时间的问题，本章第一节已做出详细论述，本节观点一致，不再赘述。

此外，根据有关司法解释规定，对于死缓犯减刑后假释的，其实际执行的刑期不得少于12年。犯罪人被减刑后，符合条件的仍然可以假释，但执行刑期的条件，应以原判决的有期徒刑的刑期或无期徒刑为基准进行计算，而不是以减刑后的刑期为计算基准。对于减刑后又假释的情况，依照最高人民法院的《减刑、假释规定》，时间间隔一般为1年；对一次减刑2年或者3年有期徒刑后，又适用假释的，其间隔时间不得少于2年。

（二）实质条件

对象条件只是一个前提，并不是所有刑罚已经执行1/2以上的原判有期徒刑的犯罪人和刑罚实际执行10年以上的原判无期徒刑的犯罪人都必然适用假释，还要进一步考察犯罪人是否具备实质条件。我国刑法规定，假释只适用于认真遵守监规、接受教育改造、确有悔改表现，假释后不致再危害社会的犯罪人。这是适用假释的实质条件。

何谓“确有悔改表现”？本章第一节已详细论述，这里不再赘述。何谓“不致再危害社会”？根据上述最高人民法院的《减刑、假释规定》，是指以下两种情况：①在刑罚执行期间一贯表现好的，即：一贯认罪服法；一贯认真遵守监规，接受教育改造；一贯积极参加政治、文化、技术学习；一贯积极参加劳动，完成生产任务。只有同时具备四个“一贯”，悔罪才是真诚的，将其放回社会，才不致违法、重新犯罪、对社会再次造成危害。②老年、身体有残疾（不包括自伤致残）并丧失作案能力的罪犯。需注意对第二点的理解，并不是所有老年、身体有残疾的犯罪人都必然满足“不致再危害社会”的条件，可以适用假释。对于老年、身体有残疾的犯罪人也要注重悔罪的表现。对于有悔罪表现，丧失作案能力或者生活不能自理，且假释后生活有着落的老年、身体有残疾犯罪人，才能予以假释。

与减刑相同，对于未成年人适用假释也要体现从宽的政策。具体内容本章第一节已详述，这里不再赘述。

（三）排除条件

原则上只要具备对象条件和实质条件就可以适用假释，但我国刑法中存在适用假释的例外性规定和禁止性规定，我们称为排除条件。所谓排除条件，是指排除对象条件和实质条件发生作用的具体情况。总的来说分为两个方面：①满足了对象条件和实质条件却不能适用假释的情况，称为否定性排除条件；②不满足对象条件或者实质条件却能适用假释的情况，称为肯定性排除条件。具体阐述如下：

1．否定性排除条件。我国《刑法》第81条第2款明确规定：“对累犯以及因杀人、爆炸、抢劫、强奸、绑架等暴力性犯罪被判处10年以上有期徒刑、无期徒刑的犯罪分子，不得假释。”理解这一款的规定要注意两点内容：①累犯的范围。这里的累犯不仅包括一般累犯，而且还应该包括特殊累犯。②判处10年以上有期徒刑、无期徒刑的限定。必须是因杀人、爆炸、抢劫、强奸、绑架等暴力性犯罪中的一罪判处十年以上有期徒刑、无期徒刑的犯罪人，才可以排除假释的适用，对于即使犯有上述罪名，单独判刑为10年以下有期徒刑，与其他罪数罪并罚后合并执行刑期为10年以上有期徒刑的仍可以适用假释。本款的规定说明，对于累犯以及因杀人、爆炸、抢劫、强奸、绑架等暴力性犯罪被判处10年以上有期徒刑、无期徒刑的犯罪分子，即使满足了对象条件和实质条件，也不可以适用假释。

从国外立法上考查，不乏对这种否定性排除条件的规定。如《阿根廷刑法》第14条规定，累犯不得假释。再如《蒙古刑法》第41条规定，特别危险的国事罪、故意杀人罪、故意重伤罪、情节严重的强奸罪、抢劫罪、情节严重的流氓罪等不得假释。

此款是我国1997年刑法修改后增加的内容，主要考虑到这类犯罪的性质和对社会造成的危害都非常严重，而且犯罪人的主观恶性和人身危险性也很大，如果对其适用假释，不利于教育矫正犯罪人和防卫社会。需要指出的是，新刑法中此款规定一经出台立即引起刑法学界的讨论。反对者认为，此款的规定违背假释制度的基本原理，假释能否适用只能是根据犯罪人在执行一定期间刑罚后的悔改表现和人身危险性状况，而不能是其犯罪时的身份和犯罪性质及罪行的严重程度，这违反了法律面前人人平等的刑法基本原则；同时此款规定是对犯罪人权利的一种剥夺。而肯定者认为，此款规定符合“严打”政策，具有现实必要性。

2. 肯定性排除条件。我国《刑法》第 81 条第 1 款明确规定，对于犯罪人已经执行的刑期，如果有特殊情况，经最高人民法院核准，可以不受上述执行刑期的限制。最高人民法院的《减刑、假释规定》指出，特殊情况是指国家政治、国防、外交等方面特殊需要的情况。本款规定说明，对于具备这些特殊情况的犯罪人即使不满足对象条件中已执行刑期的要求，也可以适用假释。

国外也不乏对肯定性排除条件的立法，如《阿尔巴尼亚刑事诉讼法》规定，遇有特别情况，经服刑地方负责人请求，可以在服刑期满一半以前假释。我国在刑法中做出此款规定，主要考虑到案件实际情况的复杂性，有的犯罪人按当时罪行需要判重罪，但后来鉴于他在改造中做出的特殊成绩或者其他原因，需要假释的，就不一定要受原来条件的限制，此款规定体现了原则性与灵活性的结合。

我国大部分学者对此持肯定态度，但也存在反对的声音。反对者认为，我国刑法的这款规定是对刑期无任何限制的提前释放，是不合适的。立法上可以规定特殊情况下的提前释放，但不能没有限制，可以在已执行刑期上降低标准，如一般情况下执行原判刑期的 1/2 可以假释，特殊情况下执行原判刑期的 1/4 就可以假释等。

三、假释的适用

符合上述所有假释的条件，经审判机关裁定允许，便可以适用假释制度。在具体适用过程中，要注意假释的考验期限、内容、假释的撤销和假释的程序等问题。

（一）假释的考验期限

第二十二章

假释是将被判处长期有期徒刑或者无期徒刑的犯罪人附条件地提前释放到社会上进行改造，同时保留在出现法定事由时对其继续执行未执行刑罚的可能性的一种制度。因此，被假释的罪犯必须遵守一定的条件，但是赋予犯罪人这种遵守义务是有一定期限的，只有在这个期限内才保留着继续执行未执行刑罚的可能性，这个期限就是假释的考验期。我国《刑法》第 83 条明确规定，有期徒刑的假释考验期限为没有执行完毕的刑期；无期徒刑的假释考验期限为 10 年。假释的考验期限，无论是有期徒刑犯还是无期徒刑犯，一律从假释之日起计算。原判有附加刑的，附加刑仍须继续执行。如果附加剥夺政治权利的，剥夺政治权利的刑期从假释之日起计算。

我国对被假释犯罪人的考察监督，由公安机关予以执行。根据我国《刑法》第 84 条的规定，公安机关在考验期限内，对被假释的犯罪分子是否遵守以下规定进行考察：①遵守法律、行政法规，服从监督；②按照监督机关的规定报告自己的活动情况；③遵守监督机关关于会客的规定；④离开所居住的市、县或者迁居，应当报经监督机关批准。这些规定为被假释犯罪人提供了考验期内的行为规范和改造标准，被假释的犯罪人要严格遵守，公安机关也要对此内容严格考察。被假释的犯罪人，在假释考验期限内，没有违反上述规定的，假释考验期满就认为原判刑罚已经执行完毕，并公开予以宣告。

（二）假释的撤销

同样作为刑罚执行制度，假释与减刑的最大区别就在于假释具有可逆转性，即在考验期内出现法定事由假释应当撤销，撤销后仍要继续执行未执行的刑罚，这是假释的一大特点，也是假释制度的内在要义。根据我国《刑法》第 86 条的规定，应当撤销假释的法定事由包括以下三种：

1. 考验期内又犯新罪。被假释的犯罪分子，在假释考验期限内犯新罪，应当撤销假释，依照刑法典第 71 条的规定实行数罪并罚。《刑法》第 71 条规定的是“先减后并”的数罪并罚原则。按照此原则，已经执行的刑期不计算在数罪并罚后新判决确定的刑期以内，假释后的考验期也不得计算在新判决确定的刑期之内。例如，犯罪人的原判决为 12 年有期徒刑，执行 7 年后获得假释，经过了 3 年考验期，犯罪人又犯新罪，应判 6 年有期徒刑，此时应撤销假释，将未执行的 5 年有期徒刑与后罪所判处的 6 年有期徒刑数罪并罚，在数刑中最高刑期 6 年以上和总和刑期 11 年以下确定新判决的刑期，为 9 年有期徒刑，3 年考验期不计算在 9 年有期徒刑之内，则犯罪人还需在监狱中执行 9 年有期徒刑。如果假释犯在假释考验期限内又犯新罪，但考验期满后才被发现，只要新罪没有超过追诉时效期限，仍应依照《刑法》第 86 条的规定，撤销假释，把前罪没有执行的刑罚和后罪所判处的刑罚，按照《刑法》第 71 条的规定，决定执行的刑罚。

2. 考验期内发现有漏判的罪行。在假释考验期限内，发现被假释的犯罪人在判决宣告以前还有其他罪没有判决的，应当撤销假释，依照《刑法》第 70 条的规定实行数罪并罚。《刑法》第 70 条规定的是“先并后减”的数罪并罚原则。按照此原则，将漏罪所判处的刑罚和前罪所判处的刑罚实行并罚，已经执行的刑期，计算在新判决决定的刑期以内，但假释后所经过的考验期，不得计算在新判决所决定的刑期以内。如上例，犯罪人的原判决为 12 年有期徒刑，执行 7 年后获得假释，经过了 3 年考验期，发现犯罪人假释之前的漏罪，应判 6 年有期徒刑，此时应撤销假释，将原判的 12 年有期徒刑与漏罪的 6 年有期徒刑数罪并罚，在数罪中最高刑期 12 年以上和总和刑期 18 年以下确定新判决的刑期，为 15 年有期徒刑，3 年考验期不计算在 15 年有期徒刑之内，已经执行的刑期 7 年计算在新判决决定的刑期以内，则犯罪人还需在监狱中执行 8 年有期徒刑。

3. 有违反法律、行政法规或公安机关有关假释的监督管理规定的行为。被假释的犯罪分子，在假释考验期限内，有违反法律、行政法规或者国务院公安部门有关假释的监督管理规定的行为，尚未构成新的犯罪的，应当依照法定程序撤销假释，收监执行未执行完毕的刑罚。

（三）假释的程序

我国《刑法》第 82 条规定：“对于犯罪分子的假释，依照本法第 79 条规定的程序进行。非经法定程序不得假释。”据此，办理假释案件的程序与减刑相同，具体规定本章上一节已阐述，本节不再赘述。

【思考题】

1. 简述减刑的概念和适用条件。
2. 论述减刑制度中的限度与幅度。
3. 论述假释的适用条件。
4. 简述我国法律关于假释考验期限的规定。
5. 简述撤销假释的法定事由。

【参考文献】

1. 高铭暄主编:《刑法学原理》(第三卷),中国人民大学出版社 1994 年版。
2. 马克昌主编:《刑罚通论》,武汉大学出版社 1999 年版。
3. 赵秉志:《刑罚总论问题探索》,法律出版社 2003 年版。
4. 陈兴良:《刑法适用总论》(下),法律出版社 1999 年版。
5. 侯国云:《刑罚执行问题研究》,中国人民公安大学出版社 2005 年版。
6. 柳忠卫:《假释制度比较研究》,山东大学出版社 2005 年版。

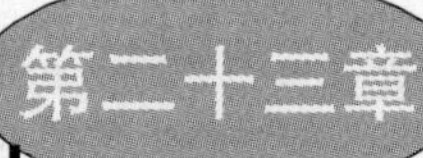

第二十三章　刑罚消灭制度

【导语】刑罚消灭是指由于法定的或事实的原因，导致国家司法机关对于犯罪人所拥有的刑罚权归于消灭。我国刑法规定的刑罚消灭制度包括时效和赦免。本章具体讨论刑罚消灭的概念和特征，刑罚消灭原因的种类，追诉时效的期限、计算方法，赦免的概念和种类，我国的特赦制度及其特点等。

本章的疑难问题有：①刑法为什么要规定时效制度？②追诉时效延长的具体情形有哪些？

■第一节　刑罚消灭概述

一、刑罚消灭的概念和特征

所谓刑罚消灭，是指由于法定的或事实的原因，导致国家司法机关对于犯罪人所拥有的刑罚权归于消灭。根据这一概念，刑罚消灭具有以下特征：

1. 刑罚消灭以行为人的行为构成犯罪为前提。刑罚消灭首先要求对犯罪人应当适用或者已经适用刑罚，否则也就谈不上刑罚的消灭。但由于犯罪是刑事责任和刑罚的前提，刑事责任和刑罚是犯罪的法律后果，只有行为人的行为构成犯罪，国家才能对其适用刑罚。如果行为不构成犯罪，也就没有刑罚。因此，从根本上来说，刑罚消灭应当以行为人的行为构成犯罪为前提。

2. 刑罚消灭意味着国家司法机关对于犯罪人所拥有的刑罚权的消灭。国家刑罚权可以分为实体上的刑罚权和程序上的刑罚权，具体来说，实体上的刑罚权包括制刑权（刑罚创制权）、量刑权（刑罚裁量权）和行刑权（刑罚执行权），程序上的刑罚权指刑罚请求权即求刑权。在上述四种刑罚权中，由于制刑权由国家立法机关行使，因而刑罚消灭不可能导致制刑权的消灭，而只能导致求刑权、量刑权和行刑权的消灭。无论求刑权、量刑权、行刑权中任何一种权力的消灭，都会导致刑罚权的消灭。值得一提的是，求刑权和量刑权消灭的后果是使可能产生的刑罚不产生，从而导致刑罚权的消灭，例如犯罪已过追诉时效或被告人死亡等导致刑罚的消灭；行刑权消灭的后果是直接使已经存在的刑罚归于消灭，例如经国家特赦免除犯罪人的刑罚等致使刑罚消灭。

3. 刑罚消灭是由于某种法定的或事实的原因引起的。刑罚消灭作为一种结果，必然是由一定的原因引起的。引起刑罚消灭的原因可以分为法定原因和事实原因两大类。法定原因是指由于法律的规定而导致刑罚的消灭，如超过诉讼时效、赦免等。在这种情况下，虽然司法机关事实上能够适用刑罚，但法律规定不得适用刑罚。事实原因是指由于特定事实的出现而导致刑罚的自然消灭，如犯罪嫌疑人、被告人死亡。在这种情况下，不论刑法是否作出规定，都必然引起刑罚的消灭，司法机关事实上也不可能适用刑罚。

二、刑罚消灭原因的种类

刑罚的消灭包括求刑权、量刑权和行刑权的消灭，从各国立法和司法实践来看，可将刑罚消灭的原因大致归结为以下几种情形：

1. 刑罚执行完毕。行为人在犯罪以后，国家根据刑法的规定对犯罪人适用刑罚，使犯罪人在生理上和精神上产生强烈的痛苦体验。当刑罚执行完毕后，犯罪人应当承担的刑事责任就归于终结，刑罚也就自然地随之消灭。

2. 超过时效期限。这里所说的时效包括追诉时效和行刑时效。犯罪发生后，司法机关在法定追诉时效内没有追诉的，求刑权会由于追诉期限届满而归于消灭。刑罚宣告后，必须在法定的时间内执行，刑法一般规定了行刑时效。超过法定行刑时效而未执行的，行刑权则归于消灭。

3. 犯罪人死亡。犯罪人在起诉前死亡的，使起诉的对象不再存在，导致求刑权的消灭；犯罪人在被起诉后、判决确定之前死亡的，因刑罚裁量的对象已经消失，量刑权自然归于消灭；犯罪人在判处刑罚之后、服刑之前或者刑罚执行过程中死亡的，其被判处的刑罚因在事实上已不可能执行或继续执行，从而导致行刑权的消灭。

4. 告诉权的放弃。对于告诉才处理的犯罪，有告诉权的人放弃告诉权的，即使犯罪尚未超过追诉时效，也可导致求刑权的消灭；告诉权人在告诉之后基于一定的原因又撤回告诉的，审判机关则不再审理该案件，从而导致量刑权的消灭。

5. 缓刑考验期满。缓刑是对于特定犯罪分子附条件地暂不执行原判刑罚的一项制度。被宣告缓刑的犯罪分子，在缓刑考验期限内，遵守缓刑考验期限的各种规定，没有应被撤销缓刑的法定情形，考验期满，原判刑罚则不再执行，从而导致行刑权的消灭。

6. 假释考验期满。假释是对符合条件的犯罪分子附条件地予以提前释放的一种刑罚执行制度。各国立法对假释也规定了一定的考验期限，被假释的犯罪分子如果在假释考验期限内没有法定撤销假释的情形，假释期满，原判刑罚即视为已经执行完毕，剩余的刑期不再执行，从而导致行刑权的消灭。

7. 法律的修改。某种行为依照行为时的法律构成犯罪应当追究刑事责任，但在起诉前或判决确定之前依照新法该种行为不再构成犯罪的，根据刑法溯及力的从旧兼从轻原则，该种行为的求刑权或量刑权随着法律的修改而消灭。

8. 刑罚的废止。在犯罪人被判处刑罚之后，刑罚尚未执行或执行完毕前，法律已废除该种刑罚。这时，无论犯罪人是否被执行该种刑罚，该种刑罚的执行权自然归于消灭。

9. 赦免。赦免制度为现代许多国家所采用，狭义的赦免制度包括大赦和特赦。犯罪人在被起诉前即被国家大赦的，司法机关不得再进行追诉，求刑权便因大赦而消灭；犯罪人已被起诉而判决尚未确定前被大赦的，审判机关不得再对犯罪人裁量刑罚，量刑权也随之消灭；犯罪人在被判处刑罚后，刑罚尚未执行或执行完毕之前被大赦的，其罪与刑的宣告通常均归于无效，原判刑罚或未执行完毕的刑罚就不再执行，从而导致行刑权的消灭。犯罪人被判处刑罚之后经特赦的，无论是普通特赦[1]，还是特别特赦[2]，其原判刑罚或者剩余刑罚

---

〔1〕 所谓普通特赦，是指特赦的效力只是对所宣告的刑罚免除执行，可以是全部免除，也可以是只免除尚未执行的那一部分刑罚的执行，而不是使原宣告的罪刑归于无效。普通特赦是传统意义上的特赦。

〔2〕 所谓特别特赦，是指特赦的效力可以使已宣告的罪刑均归于无效，即行为人虽受有罪宣告，但若获得特赦，对其宣告的罪责和刑罚都归于消灭。特别特赦是传统意义的特赦的变异形式，如我国台湾地区“赦免法”第3条规定，受罪刑宣告之人经特赦者，免除其刑之执行，其情节特殊者得以其罪刑之宣告为无效。

不再执行，导致刑罚执行权的消灭。

根据我国刑法和刑事诉讼法的规定，刑罚消灭的法定原因主要有：①已过追诉时效的；②经特赦免除刑罚的；③告诉才处理的犯罪，没有告诉或撤回告诉的；④被判处罚金的犯罪人由于遭遇不能抗拒的灾祸确有困难的，可以酌情减少或者免除。下面仅论述时效和赦免两种法定事由。

■第二节 时 效

一、基本法理

（一）时效的概念和意义

1. 时效的概念。刑法上的时效，包括追诉时效和行刑时效两种。

追诉时效，是指刑法规定的追究犯罪分子刑事责任的有效期限。在此期限内，国家司法机关有权追究犯罪分子的刑事责任；超过了法定期限，司法机关就不得再追究犯罪分子的刑事责任。因此，超过追诉时效，意味着司法机关不能行使求刑权、量刑权，因而导致刑罚的消灭。追诉时效和行刑权没有直接的联系。

行刑时效，是指刑法规定的对判处刑罚的犯罪分子执行刑罚的有效期限。在此期限内，刑罚执行机关有权对犯罪分子执行刑罚；超过了法定期限，执行机关就不能再对犯罪分子执行其被判处的刑罚。因此，超过行刑时效，意味着刑罚执行机关的刑罚执行权即行刑权归于消灭，从而导致刑罚的消灭。

各国刑法一般既规定追诉时效，也规定行刑时效。我国刑法只规定了追诉时效，而没有规定行刑时效。一般认为，我国之所以未规定行刑时效，主要是因为我国没有刑事缺席审判制度，司法机关判处刑罚而疏漏执行的情况也没有出现过，规定行刑时效没有现实意义。从另一个角度讲，不规定行刑时效，可以防止被判处刑罚的犯罪分子逃避刑事处罚，更有利于同犯罪作斗争。

2. 追诉时效的意义。我国刑法的追诉时效制度具有重大的意义，主要表现在以下四个方面：

（1）符合我国刑罚的目的。我国刑罚的目的包括两方面：即特殊预防和一般预防。从特殊预防的角度看，犯罪分子犯罪以后，在追诉期限内没有再犯新罪，说明他已经改过自新，没有再追究其刑事责任的必要。从一般预防的角度看，在犯罪人对社会已无现实危险性的情况下，对其适用刑罚，对社会成员的威慑、儆戒作用不明显，相反却有可能产生一定的负面作用，不利于一般预防的实现。

（2）体现了宽严相济的刑事政策。我国刑法在追诉时效期限的设置上，将追诉时效期限的长短与罪行的轻重、刑罚的轻重相适应，即罪行轻、刑罚轻的，追诉时效期限就短；反之，罪行重、刑罚重的，追诉时效期限就长。可以说，这是宽严相济的刑事政策在追诉时效上的体现。

（3）有利于司法机关集中精力打击现行犯罪。犯罪在经过一定的时间之后，案发现场可能会发生较大的变化，搜集证据的难度也会增加，不利于司法机关查明案情。而现行犯罪直接危害着国家的经济建设和人民群众的生命、财产安全，一直是司法机关的工作重点。通过追诉时效制度的设置，司法机关可以摆脱陈年旧案的拖累，集中精力打击现行犯罪，提高办案效率。

（4）有利于社会的安定。随着时间的推移，犯罪对社会造成的危害已经淡化，被害人与犯罪人之间的对立关系已经有所缓和，社会秩序已经恢复到正常的状态。在这种情况下，对犯罪人的犯罪行为不再追诉，有利于社会的稳定。相反，如果司法机关再予以追诉，就会扰乱正常的秩序，影响社会成员的和谐相处，造成社会的不稳定。

（二）追诉时效的期限

追诉时效期限的长短应当与犯罪行为社会危害性的大小相适应。社会危害性越大，犯罪人可能判处的刑罚就越重，追诉时效的期限就应长些；反之，社会危害性越小，犯罪人可能判处的刑罚就越轻，追诉时效的期限相应地要短些。这样既可以防止那些犯有严重罪行的人在不长的时间内轻易逃脱法律的制裁，也可以避免使那些犯有较轻罪行的人在过长的时间里不必要的处于刑罚的恐惧之中。因此，我国《刑法》第 87 条规定，犯罪经过下列期限不再追诉：①法定最高刑为不满 5 年有期徒刑的，经过 5 年；②法定最高刑为 5 年以上不满 10 年有期徒刑的，经过 10 年；③法定最高刑为 10 年以上有期徒刑的，经过 15 年；④法定最高刑为无期徒刑、死刑的，经过 20 年。如果 20 年以后认为必须追诉的，须报请最高人民检察院核准。

从上述规定可以看出，追诉时效期限以法定最高刑为标准，而不是以实际应当判处的刑罚为标准。这是因为在没有追诉、没有审判的情况下，以应当判处的刑罚为标准不具有可操作性，容易造成追诉与否的随意性，从而有损刑法的威严和公正，所以只能以法定最高刑为标准。

需要注意的是，犯罪的法定最高刑不能简单地理解为犯罪人所犯之罪的法定最高刑，而是指根据行为人所犯罪行的轻重确定应当适用的刑法分则条款或相应的量刑幅度的法定最高刑。具体说来，每一犯罪的追诉时效的期限，可根据下列情形来确定：

第一，如果犯罪人所犯之罪的刑罚，分别规定有几条或几款时，犯罪的法定最高刑是指按其罪行应当适用的条或款的最高刑。例如，爆炸罪分别规定在《刑法》第 114 条和第 115 条，《刑法》第 114 条规定，犯爆炸罪，尚未造成严重后果的，处 3 年以上 10 年以下有期徒刑；《刑法》第 115 条规定，犯爆炸罪，致人重伤、死亡或者使公私财产遭受重大损失的，处 10 年以上有期徒刑、无期徒刑或者死刑。当犯罪人所犯爆炸罪符合《刑法》第 114 条的规定时，其犯罪的法定最高刑为 10 年有期徒刑，应按此条确定对其追诉时效期限；当犯罪人所犯爆炸罪符合《刑法》第 115 条规定时，其犯罪的法定最高刑为死刑，则应按此条确定对其追诉时效期限。

第二，如果犯罪人所犯罪行的同条或者同款中有几个量刑幅度时，犯罪的法定最高刑是指按其罪行应当适用的量刑幅度的最高刑。例如，《刑法》第 234 条对故意伤害罪规定了 3 个量刑幅度，即一般情况下处 3 年以下有期徒刑、拘役或者管制；致人重伤的，处 3 年以上 10 年以下有期徒刑；致人死亡或者以特别残忍手段致人重伤造成严重残疾的，处 10 年以上有期徒刑、无期徒刑或者死刑。当犯罪人的犯罪情况应当适用第一个量刑幅度时，应按法定最高刑 3 年有期徒刑确定对其追诉时效期限；当犯罪人的犯罪情况应当适用第二个量刑幅度时，应按法定最高刑 10 年有期徒刑确定对其追诉时效期限；如果犯罪人的犯罪情况应当适用上述第三个量刑幅度时，则应按法定最高刑死刑来确定对其追诉时效期限。

第三，如果刑法对某种犯罪只规定了单一的量刑幅度，则犯罪的法定最高刑是指该条的最高刑。例如，《刑法》第 245 条规定，非法搜查他人身体、住宅，或者非法侵入他人住宅的，处 3 年以下有期徒刑或者拘役。因而 3 年有期徒刑是非法搜查罪的法定最高刑，对任何犯该罪的犯罪人均应按这一刑期确定对其追诉时效期限。

我国《刑法》第 87 条在明确规定了 5 年、10 年、15 年、20 年这四个档次的追诉时效期限后，又作了灵活性的规定，即如果法定最高刑为无期徒刑、死刑，20 年以后认为必须追诉的，须报请最高人民检察院核准。所谓认为必须追诉的犯罪，通常认为应限于那些罪行特别严重、犯罪人的再犯可能性特别大、所造成的社会影响极坏，经过 20 年以后仍然没有被社会遗忘的重大犯罪，例如故意杀害多人，放火、投毒、爆炸造成严重后果的等犯罪。这种灵活性的规定可以避免那些罪行特别严重的犯罪人逃脱法律的制裁，使追诉时效制度发挥其应有的积极作用。当然，对于这种灵活性的规定必须严格限制适用，不能随意扩大。

为了祖国和平统一大业，最高人民法院与最高人民检察院曾就去台及其他地区或者国家的人员离开大陆前犯罪的追诉时效问题发布了两个公告：即 1988 年 3 月 14 日发布的《关于不再追诉去台人员在中华人民共和国成立前的犯罪行为的公告》和 1989 年 9 月 7 日发布的《关于不再追诉去台人员在中华人民共和国成立后当地人民政权建立前的犯罪行为的公告》。这两个公告的精神仍然适用于新刑法施行后。公告主要内容如下：①去台人员在中华人民共和国成立前在大陆犯有罪行的，根据刑法关于追诉时效的规定精神，对其当时所犯罪行，不再追诉；②对去台人员在中华人民共和国成立后，犯罪地地方人民政权建立前所犯罪行，不再追诉；③去台人员在中华人民共和国成立后，犯罪地地方人民政权建立前犯有罪行，并连续或继续到当地人民政权建立后的，追诉期限从犯罪行为终了之日起计算。凡超过刑法规定的追诉时效期限的，不再追诉。

（三）追诉期限的计算

追诉期限从何时开始计算，是追诉时效制度的重要问题。根据我国《刑法》第 88、89 条的规定，追诉期限的计算可以分为以下四种情况：

1. 一般犯罪追诉期限的计算。这里所讲的一般犯罪，是指没有连续或者继续状态的犯罪。根据《刑法》第 89 条第 1 款前段规定，这种犯罪的追诉期限从犯罪之日起计算。对于“犯罪之日”的含义，并没有立法解释和司法解释，学者们对此也有几种不同的见解。有的认为“犯罪之日”是犯罪行为实施之日，有的认为“犯罪之日”是犯罪行为发生之日，有的认为“犯罪之日”是犯罪行为完成之日，有的认为“犯罪之日”是犯罪成立之日，有的将“犯罪之日”解释为犯罪行为停止之日。我们认为，“犯罪之日”应是指犯罪成立之日，因为构成一个犯罪的核心是犯罪行为，同时犯罪又是复杂多样的，应综合考虑各种犯罪构成所要求的条件来认定犯罪，所以，一般情况下追诉时效的起算标准应是犯罪成立之日，即行为符合犯罪构成要件之日。由于刑法对各种犯罪规定的构成要件不同，认定犯罪成立的标准也有所不同。具体而言，不同形态的犯罪的追诉时效起算的标准为：对行为犯应从犯罪行为实施之日起计算；危险犯是以行为人实施的危害行为造成法律规定的发生某种危害结果的危险状态作为既遂标志的犯罪，因而其追诉时效期限应从法定的现实危险状态出现之日起计算；对结果犯应从结果发生之日起计算追诉时效期限，这里的犯罪结果专指犯罪行为通过对犯罪对象的作用而给犯罪客体造成的物质性的、有形的危害结果；对结果加重犯应从严重结果发生之日起计算；对于共同犯罪的追诉时效期限也应从共同犯罪成立之日起计算，由共同犯罪的特点所决定，应以共犯人中的最终的行为终了之日来计算所有共同犯罪参与人的追诉时效期限；对预备犯、未遂犯、中止犯，也应分别从犯罪预备、犯罪未遂、犯罪中止成立之日起计算追诉时效期限。

以上所讲的只是计算追诉期限的起点时间，还需要研究的是追诉期限的终点时间问题。也就是说，《刑法》第 87 条所说的“不再追诉”的期限是指从犯罪成立之日起到何时为止。例如，某犯罪分子的犯罪期限如果从犯罪成立之日起计算到开始侦查之日没有超过追诉期限，但若计算到起诉之日则超过了追诉期限，或者某犯罪分子的犯罪期限如果从犯罪之日起计算到起诉之日没有超过追诉期限，但若计算到审判之日则超过了追诉期限，这种情形如何处理？这就涉及怎样计算追诉期限的终点时间的问题。有的学者认为，追诉期限应从犯罪之日起计算到审判之日为止，换言之，只有在审判之日还没有超过追诉期限的，才能追诉，理由在于，追诉不只是起诉的含义，而是包括了侦查、起诉、审判的全过程。也有的学者认为，追诉期限是否届满，应以起诉书到达审判机关之日为准。换言之，只要起诉到人民法院时追诉期限尚未届满，即使到审判时期限届满，也应当追究刑事责任。只有起诉到人民法院时追诉期限已经届满，才不能追究犯罪人的刑事责任。我们认为，"追诉"应是指追查、提起诉讼，追诉期限是否届满，应以案件是否开始进入刑事诉讼程序为标准，即只要行为人所犯之罪经过的时间到案件开始进入刑事诉讼程序时尚未过追诉期限，对其就可以追诉。将计算追诉期限的终点时间确定在审判之日或者起诉书到达审判机关之日，可能会造成放纵犯罪的消极后果。

2. 连续或继续犯罪追诉期限的计算。《刑法》第 89 条第 1 款后半段规定："犯罪行为有连续或者继续状态的，从犯罪行为终了之日起计算。"一般认为，所谓的"连续或者继续状态"的犯罪是指连续犯和继续犯。因而，对连续犯和继续犯这两种形态的犯罪，应从犯罪行为终了之日起计算。何为"犯罪行为终了之日"？就连续犯而言，是指最后一个独立的犯罪行为完成之日；就继续犯而言，是指处于持续状态的一个犯罪行为的结束之日。另外，我国刑法对于集合犯的追诉期限的计算方法未作明文规定，但从《刑法》第 89 条规定的精神以及集合犯与连续犯的关系来看，对于集合犯的追诉期限，也应从最后一次犯罪之日起计算。

3. 追诉时效的中断。追诉时效的中断，也称追诉时效的更新，是指在时效进行期间，由于某种法定事由的发生，使得以前所经过的时效期间归于无效，待法律规定的事由终了之时，重新开始计算追诉时效。

《刑法》第 89 条第 2 款规定："在追诉期限以内又犯罪的，前罪追诉的期限从犯后罪之日起计算。"这是刑法对追诉时效中断的规定。从该款可以看出，在追诉期限以内又犯罪的，前罪的追诉时效便中断，已经过的时效期间归于无效，前罪的追诉期限从后罪成立之日起重新计算。例如，某人于 1999 年 5 月 1 日犯一般情节的故意伤害罪，根据《刑法》第 234 条的规定，其法定最高刑是 3 年有期徒刑，追诉时效期限为 5 年，如果行为人不再犯罪，则其追诉期限至 2004 年 5 月 2 日便结束。但行为人于 2003 年 5 月 1 日又犯了抢劫罪。这样，某人于 1999 年 5 月 1 日所犯的故意伤害罪的追诉期限因又犯抢劫罪而中断，故意伤害罪的追诉期限从犯后罪之日即 2003 年 5 月 1 日起重新计算。1999 年 5 月 1 日至 2003 年 5 月 1 日这段时间，不计入追诉期限之中。也就是说，行为人所犯故意伤害罪的追诉期限到 2008 年 5 月 2 日才结束。这样，某人犯故意伤害罪的追诉期限实际上是 9 年，而不是 5 年。

刑法之所以规定追诉时效的中断，原因在于行为人在前罪的追诉期限以内又重新犯罪，说明行为人并没有悔改，人身危险性仍然很大，主观恶性仍较深，从刑法特殊预防的目的出发，需要将其前罪的追诉期限从犯后罪之日起重新开始计算。

在追诉时效中断的情况下，需要注意两方面的问题。一方面，如果后罪的法定最高刑轻于前罪，后罪的追诉期限届满，而前罪的追诉期限未满，则只能追诉前罪而不能追诉后罪。例如，行为人于 1997 年 1 月 1 日犯一般情节的强奸罪，追诉期限为 15 年，该人于 2001 年 1 月 1 日又犯了一般情节的盗窃罪，追诉期限为 5 年，强奸罪的追诉期限从 2001 年 1 月 1 日起重新计算，到 2006 年 1 月 2 日，后罪（盗窃罪）已超过追诉期限，但前罪（强奸罪）还没有超过追诉期限。这样在 2006 年 1 月 2 日以后，只能追诉强奸罪，不能再追诉盗窃罪。另一方面，在前、后罪的追诉期限都没有届满时，应当同时注意追诉前、后两罪。

4. 追诉时效的延长。追诉时效的延长，是指在追诉时效进行期间，由于某种法定事由的发生，而使追诉时效暂时停止执行。

二、疑难问题

（一）刑法为什么要规定时效制度？

这一问题的核心即时效确立的根据，在理论上存在各种不同的学说：①怠于行使说。该说认为，既然国家怠于对犯罪人的追诉或对犯罪人所判刑罚的执行，那么，刑罚权则应予消灭。②证据湮灭说。该说认为，犯罪之证据因为时间的流逝而散失，因而难以达到正确处理案件的目的。③改善推测说。该说认为，犯罪后既经长久时间，可预想犯罪人的恶性业已改善，无再加处罚之必要。④社会遗忘说。此说认为，犯罪事实因经过长久时间而为社会所遗忘，社会秩序也随之恢复，此情之下，如再对犯罪人追诉处罚，反而会扰乱社会秩序。⑤刑罚同一说。此说认为，犯罪人犯罪后，经过长时间的躲避，时时提心吊胆，惧怕被发觉，这种无形痛苦，实际上与执行刑罚所遭受的痛苦无异。⑥法律与事实调和说。此说认为，法律之目的在于恢复因犯罪所扰乱社会秩序之事实，时效制度则意在谋取法律与事实的调和。

在上述各种学说中，怠于行使说和刑罚同一说有一定的缺陷，我国已有学者对这两种学说提出了批评。原因在于，对犯罪人不予追诉或者对犯罪人所判刑罚不予执行的事实，并非国家的疏忽所造成，而是由于种种不能克服的原因如战争、自然灾害、不能破案等导致的，所以，将时效制度的立法根据说成是国家怠于对犯罪人的追诉或刑罚的执行，是不符合客观实际的。犯罪人为逃避刑事追诉或刑罚执行确实遭受了一定的痛苦，但是这种痛苦与执行刑罚所遭受的痛苦是不能同日而语的，国家并非基于犯罪人为逃避所受痛苦与执行刑罚所受痛苦的相同考虑而规定时效的。除上述两种学说外，其他四种学说都有一定的道理，但都只是从一个方面论述了时效制度的根据。我们认为，应当对它们进行综合、整理，以便论证时效制度的根据。从刑罚的目的来看，由于犯罪人经过长时间后没有再犯新罪，说明其没有再犯可能性，缺乏特殊预防的必要，对于这样的犯罪人再去追诉或执行刑罚，已经没有什么意义了。从刑罚的效果来看，如果国家对在一定时间内没有重新犯罪的犯罪人不进行追诉或执行刑罚，则犯罪人有可能彻底地改恶从善，成为一个真正的守法公民。相反，如果仍然对他予以追诉或执行刑罚，就有可能引起他对社会的仇恨和报复心理，这样就达不到适用刑罚的预期效果。从刑罚的适用要求来看，适用刑罚需要客观真实的证据，由于案件已经过较长的时间，证据的收集会很困难，刑事诉讼活动难以顺利进行，在这种情况下，通过设立时效制度使刑罚权得以消灭，则在一定程度上可以避免冤假错案的发生。

（二）追诉时效延长的具体情形有哪些？

根据《刑法》第88条的规定，追诉时效的延长有两种情况：

1. 犯罪嫌疑人逃避侦查或审判的。《刑法》第88条第1款规定：“在人民检察院、公安机关、国家安全机关立案侦查或者在人民法院受理案件以后，逃避侦查或者审判的，不受追诉期限的限制。”该款将1979年刑法规定的“采取强制措施以后”改为“立案侦查或者在人民法院受理案件之后”，这种修改将延长追诉时效的起始时间有所提前，扩大了时效延长制度的适用范围。从刑法规定可以看出，这种情况的追诉时效的延长必须具备两个条件：

（1）人民检察院、公安机关、国家安全机关已经立案侦查或者人民法院已经受理案件。这是该种追诉时效延长的前提条件。对于“立案侦查”，理论界有两种不同的解释，有的学者认为是指立案并侦查，如果只是立案但还没有开始侦查，就不存在追诉时效延长的问题，这是对“立案侦查”的文理解释。有的学者认为是指立案，这是对“立案侦查”的论理解释。我们同意第二种意见，原因在于，虽然从字面上看，“立案侦查”要求立案和侦查同时具备，但从司法实践中的具体案件来看，行为人在立案后仍有可能逃避侦查，因此，从打击犯罪的角度来讲，将“立案侦查”解释为立案更为恰当，能有效地避免犯罪分子逃脱法律的制裁，如果将“立案侦查”解释为立案并侦查，则是与立法精神相违背的。所谓“人民法院受理案件”，指既包括人民法院受理人民检察院提起的公诉案件，也包括人民法院受理自诉人提出的自诉案件。

（2）行为人逃避侦查或者审判。这是该种追诉时效延长的关键条件。在司法机关立案侦查或者受理案件之后，如果行为人并没有逃避侦查或者审判的行为，则不能适用该种情况的追诉时效延长。对于什么是“逃避侦查或者审判”，我们认为，应该以犯罪人的行为是否使人民检察院、公安机关、国家安全机关的侦查活动或者人民法院的审判工作无法进行为标准，只要犯罪人的行为使上述机关的侦查活动或者审判活动无法进行，即可认为是逃避侦查或者审判的行为。因此，在人民检察院、公安机关、国家安全机关立案侦查或者人民法院受理案件后逃跑的或在人民检察院、公安机关、国家安全机关立案侦查或者人民法院受理案件后，使用虚假证明，证明患有精神病而使案件撤销的等等，都属于逃避侦查或者审判的行为。如果行为人在司法机关立案侦查或者受理案件之后，仅仅实施了串供、毁灭罪证等行为，并没有逃跑或者藏匿的，则不能认定为“逃避侦查或者审判”。虽然串供、毁灭罪证等行为会影响侦查或者审判顺利进行，但它们不会造成侦查或者审判工作无法进行，因而对此类情形不宜适用追诉时效的延长。同时需要注意的是，应根据主客观相统一原则来认定逃避侦查或审判的行为，即犯罪人的行为在客观上逃避了侦查或者审判，同时犯罪人在主观上具有逃避侦查或者审判的故意。如果犯罪人的行为虽然在客观上导致了对侦查或者审判的逃避，但犯罪人主观上并没有逃避侦查或审判的目的，就不能认定犯罪人有逃避侦查或者审判的行为。例如，犯罪人实施了故意伤害行为，并致被害人轻伤，被害人起诉到人民法院，人民法院受理案件后并没有通知犯罪人，犯罪人出于维持生计的正当目的而外出打工，对于这种情况就不能认定犯罪人有逃避审判的行为而对其适用追诉时效的延长。如果对“逃避侦查或者审判”的理解过于宽泛，就会与追诉时效制度的立法原意相悖。

2. 被害人提出有效控告，司法机关应当立案而不予立案的。《刑法》第 88 条第 2 款规定：“被害人在追诉期限内提出控告，人民法院、人民检察院、公安机关应当立案而不予立案的，不受追诉期限的限制。”刑法之所以规定此种情况的追诉时效的延长，主要是为了保障被害人的合法权利，也有利于督促司法机关对应该立案的案件不能因工作的失职而使犯罪人逃避法律制裁。它必须具备两个条件：

（1）被害人在追诉期限内向人民法院、人民检察院、公安机关提出控告。所谓“被害人”，在理论上有广义和狭义之分，狭义的被害人，是指直接遭受犯罪行为侵害的自然人和单位；广义的被害人，是指直接遭受犯罪行为侵害的人及其家属。这里所讲的被害人是广义的被害人。所谓“控告”，是指被害人对侵犯本人或单位合法权益的犯罪行为向司法机关提出告诉，要求依法追究行为人的刑事责任。被害人应当向人民法院、人民检察院、公安机关提出控告，被害人向其他机关提出控告的，不能导致对犯罪人追诉时效的延长。值得研究的是，如果被害人在追诉期限内向上述三机关中的某机关提出了控告，而该机关依法不具备管辖权，该机关既不立案也未及时将案件移送有管辖权的机关，致使案件表面上已过追诉时效期限，这种情形是否能够引起追诉时效的延长？例如，被害人提起控告的案件依法属于人民检察院管辖，但被害人却向公安机关提出了控告，而公安机关既没有立案，也没有将案件移交有管辖权的人民检察院，致使案件超过追诉时效。又如，被害人向甲地人民法院提出控告，但依刑事诉讼法的规定该案属乙地人民法院管辖，甲地人民法院既没有立案，也未将案件移交乙地人民法院，导致案件超过追诉时效。我们认为，上述情形并不影响追诉时效的延长。原因在于，一方面，被害人的法律知识水平有较大差别，有的被害人对法律知识了解很少，不知道何种案件由何种机关管辖，如果要求被害人准确地向有管辖权的机关提出控告，既影响法律的公平性，又不符合情理。另一方面，从《刑法》第88条的规定可以看出，被害人只需要在追诉期限内向人民法院、人民检察院、公安机关这三个机关中任何一个机关提出控告，即可引起追诉时效的延长，法律并没有要求被害人必须向对案件有管辖权的机关提出控告。

（2）人民法院、人民检察院、公安机关应当立案而不予立案。所谓“应当立案而不予立案”，是指根据刑法和刑事诉讼法对于立案的规定，被控告人的行为符合立案的条件，人民法院应当受理案件而不予受理或者人民检察院、公安机关应当立案侦查而不予立案侦查。总之，只要被害人在追诉期限内提出控告且符合立案条件的，不论被害人向上述三机关中的哪个机关提出控告，也不管该机关出于什么原因而没有立案，都不影响此种追诉时效延长的适用。

需要注意的是，上述两种情况虽然不受追诉期限的限制，但行为人以后的犯罪行为仍然受追诉时效的限制。例如，行为人犯盗窃罪已被公安机关立案侦查，但行为人藏匿以逃避公安机关的侦查，其后又犯了抢夺罪。在这种情况下，行为人先犯的盗窃罪不受追诉时效的限制，但他后来所犯的抢夺罪仍然受追诉时效的限制。

还要注意的是，当追诉时效的延长与追诉时效的中断相竞合时，应适用追诉时效延长的规定。例如，行为人于1999年1月1日犯故意伤害罪，在人民法院受理案件后逃避审判，并于2001年1月1日犯盗窃罪。此时对故意伤害罪不能适用追诉时效中断的规定，而应适用追诉时效延长的规定。

■第三节　赦　免

一、赦免的概念和种类

赦免是指国家宣告对犯罪分子免予追诉、免除执行其刑罚的全部或者部分的法律制度。赦免通常由宪法加以规定，由国家元首或者最高权力机关以命令形式颁布。

赦免制度有广义和狭义之分。广义的赦免包括大赦、特赦、免除刑罚之执行、赦免性减刑和复权等内容，狭义的赦免仅指大赦和特赦。我们采用的是狭义的赦免制度。

大赦，通常是指国家对某一时期内犯有一定罪行的不特定的犯罪人免予追诉和免除刑罚执行的制度。大赦的适用对象很广泛，既可以是国家某一时期的各种犯罪人，也可以是国家某一时期犯有特定罪行的犯罪人，也可以是某一地区的全体犯罪人，还可以是参与某一重大历史事件的所有犯罪人。大赦的法律后果通常涉及罪与刑两个方面，既赦其罪，也赦其刑。也就是说，被大赦的犯罪人既不受刑事追诉和处罚，也不构成犯罪。

特赦，一般指国家对较为特定的犯罪人免除执行全部或部分刑罚的制度。特赦的对象与大赦相比，范围较窄，是较为特定的犯罪人。特赦的法律后果通常为只免除刑罚的执行，而不免除有罪宣告（但特别特赦例外）。

大赦和特赦虽然都是对犯罪分子的一种赦免制度，但两者有较大的区别：①从适用的对象上看，大赦的适用范围较宽，是不特定的犯罪人，而特赦的适用对象往往是某些特定的犯罪人，涉及的犯罪人数量一般要比大赦所涉及的犯罪人数量少。②从法律效果上看，大赦通常既赦犯罪人之罪，也赦犯罪人之刑，而特赦在多数国家的大多数情况下都只赦犯罪人之刑，而不赦犯罪人之罪。这样，被大赦的人由于其罪刑都被赦免，所以如果其再犯新罪，则不构成累犯，而被特赦的人由于通常仅被赦免刑罚，而不能使宣告之罪归于消灭，所以如果其再犯新罪则可能构成累犯。③从效力所及的时间上看，大赦对于其所赦免的犯罪，无论在判决确定前或判决确定后均发生效力，而特赦的效力，仅及于判决确定后的犯罪，对判决确定前的犯罪，不能实行特赦。④从宣告的形式看，大赦以大赦令的形式宣布，因其对象是不特定的犯罪人，一般不公布名单，而特赦以特赦令的形式宣布，因其对象是特定的犯罪人，往往公布被赦免人的名单。⑤从赦免的程序上来看，大赦通常要经过立法程序，制定成法律，而特赦一般不须经过这个程序，往往是经一定的机关、团体或个人提出申请，由有特赦权的国家元首或政府首脑决定即可实行。当然，也应看到，大赦与特赦如今都呈现出新的发展变化，两者之间的界限日益模糊。例如，许多国家和地区出现了免刑而不免罪的大赦，而特赦则出现了既免刑又免罪的特别特赦。这就意味着，有时并不能从是否罪刑全免的角度界定两者之间的区别。

我国1954年颁布的第一部宪法中规定了大赦和特赦制度，并将大赦的决定权赋予全国人民代表大会，特赦的决定权赋予全国人民代表大会常务委员会，大赦令与特赦令由国家主席发布。但后来的几部宪法包括1982年颁布的现行宪法都只规定了特赦制度，而没有规定大赦制度。因而，可以认为我国已经取消了大赦制度，我国《刑法》第65、66条所说的赦免实际上仅指特赦。我国现行宪法规定的特赦由全国人民代表大会常务委员会决定，由国家主席发布特赦令。

二、我国的特赦制度及其特点

（一）我国的特赦制度

从1959年到1975年，我国先后实行了七次特赦，具体如下：

第一次特赦。这是特赦面最广的一次。1959年9月17日，在中华人民共和国成立十周年前夕，第二届全国人大常委会决定对于经过一定时间的劳动改造、确实改恶从善的蒋介石集团和伪满洲国的战争罪犯、反革命罪犯和普通刑事罪犯，实行特赦。具体包括：①蒋介石集团和伪满洲国的战争罪犯，关押已满10年，确实改恶从善的，予以释放；②反革命罪犯，判处徒刑5年以下（包括判处徒刑5年）、服刑时间已经达到刑期1/2以上、确实改恶从善的，判处徒刑5年以上、服刑时间已经达到刑期2/3以上，确实改恶从善的，予以释放；③普通刑事罪犯，判处徒刑5年以下（包括判处徒刑5年）、服刑时间已经达到刑期1/3以上、确实改恶从善的，判处徒刑5年以上、服刑时间已经达到刑期1/2以上、确实改恶从善的，予以释放；④判处死刑、缓期2年执行的罪犯，缓刑时间已满1年、确实有改恶从善表现的，可以减为无期徒刑或15年以上有期徒刑；⑤判处无期徒刑的罪犯，服刑时间已满7年、确实有改恶从善表现的，可以减为10年以上有期徒刑。

第二次特赦。1960年11月19日全国人大常委会作出特赦决定，特赦的对象包括：①释放关押已满10年、确实改恶从善的蒋介石集团和伪满洲国的战争罪犯；②判处死刑、缓期二年执行的蒋介石集团和伪满洲国的战争罪犯，缓刑时间已满1年、确实有改恶从善表现的，可以减为无期徒刑或15年以上有期徒刑；③判处无期徒刑的蒋介石集团和伪满洲国的战争罪犯，服刑时间已满7年、确实有改恶从善表现的，可以减为10年以上有期徒刑。

第三次特赦。1961年12月16日，全国人大常委会作出决定，对于经过一定时间的劳动改造，确实改恶从善的蒋介石集团和伪满洲国的战争罪犯，实行特赦。

第四次特赦。1963年3月30日，全国人大常委会作出决定，对于经过一定时间的劳动改造，确实改恶从善的蒋介石集团、伪满洲国和伪蒙疆自治政府的战争罪犯，实行特赦。

第五次特赦。1964 年 12 月 12 日，全国人大常委会作出特赦决定，特赦的对象与第四次相同。

第六次特赦。1966 年 3 月 29 日，全国人大常委会作出特赦决定，特赦的对象与第五次相同。

第七次特赦。1975 年 3 月 17 日，全国人大常委会作出特赦决定，释放经过较长时间关押和改造的全部战争罪犯，共 293 名。

（二）我国特赦制度的特点

综观我国已经实行的七次特赦，可以发现我国特赦制度具有以下几个特点：

1. 特赦的对象主要是战争罪犯。七次特赦中除第一次特赦包括部分反革命罪犯与普通刑事罪犯外，其他六次特赦的对象都是战争罪犯。这是因为，我国战争罪犯的形成有着复杂的政治因素，为了争取在政治上得到各方面的支持，所以采用特殊手段解决战犯问题，而对普通刑事罪犯，一般不需要采取特赦的方式免除或减轻其刑罚。

2. 特赦的范围是某一类或几类犯罪分子。七次特赦都是针对成批罪犯进行的，而不是个别犯罪人。

3. 特赦的前提条件是犯罪分子必须经过一定时间的关押和改造，并且确实有改恶从善的表现。也就是说，如果犯罪分子尚未被判处刑罚或者虽被判处刑罚但尚未执行，则不能被特赦，而且即使犯罪分子已经过一定时间的关押和改造，但并没有改恶从善表现的，也不能被特赦。

4. 对被特赦的犯罪分子，根据其罪行轻重和悔改表现实行区别对待。罪行较轻的予以释放，罪行较重的则只是减轻刑罚。

5. 特赦的法律效力只涉及刑而不涉及罪，并不是使宣告刑无效。也就是说，被特赦的犯罪分子只是被免除执行剩余的刑罚或者被减轻刑罚，至于罪犯所犯之罪，当然不会因特赦而消失。因此，特赦后如果再犯新罪则有可能构成累犯。这样既有利于维护法院判决的权威性和稳定性，也有利于督促被赦免的罪犯认真改造，不再重新犯罪。

6. 特赦具有严格的程序。通常是先由中共中央或国务院对某类犯罪中的某些人提出特赦建议，然后由全国人大常委会针对所提建议作出特赦决定，接着由国家主席根据全国人大常委会的特赦决定发布特赦令，对被特赦的犯罪分子发特赦通知书。具体关押罪犯的监狱根据特赦通知书的内容，或者将罪犯释放，或者按减刑后的刑罚继续执行。

【思考题】

1. 简述刑罚消灭的概念和特征。
2. 试述刑罚消灭原因的种类。
3. 试述时效制度的根据。
4. 简述对追述时效期限中法定最高刑的理解。
5. 简述我国追诉期限的计算方法。
6. 简述大赦与特赦之间的区别。
7. 简述我国特赦制度的特点。

【参考文献】

1. 高仰止：《刑法总则之理论与实用》，台北五南图书出版公司 1986 年版。
2. 马克昌主编：《刑罚通论》，武汉大学出版社 1999 年版。
3. 张明楷：《刑法学》，法律出版社 2007 年版。
4. 于志刚：《刑罚消灭制度研究》，法律出版社 2002 年版。
5. 阴建峰：《现代赦免制度论衡》，中国人民公安大学出版社 2006 年版。

下篇　刑法各论

第二十四章　刑法各论概述

【导语】刑法各论又称罪刑各论、罪刑分论、刑法分论，它以《刑法》分则为研究对象，研究各种具体犯罪的构成、罪与非罪、此罪与彼罪的界限以及对各种犯罪的处罚问题。本章具体讨论刑法各论与总论的关系，我国《刑法》分则体系的变化和特点，刑法分则规范的结构，法规竞合。

本章的疑难问题是法规竞合时如何适用刑法？

■第一节　刑法各论与总论的关系

一、刑法各论与刑法总论的关系

我国刑法共分为两编，第一编是总则，第二编是分则。刑法总则规定的是犯罪、刑事责任和刑罚的一般原理、原则和制度，刑法分则规定的是各种具体犯罪的特征及相应的刑罚，是对总则规定的一般原理、原则和制度的具体化。与刑法总则和刑法分则相适应，刑法学体系也相应地分为刑法总论和刑法各论两大部分。刑法总论以刑法总则为研究对象，即研究的是犯罪、刑事责任和刑罚的一般原理、原则问题，刑法各论又称罪刑各论、罪刑分论、刑法分论，它以刑法分则为研究对象，即研究各种具体犯罪的构成、罪与非罪、此罪与彼罪的界限以及对各种犯罪的处罚问题。刑法总论与各论的关系，和刑法总则与分则的关系一样，也是抽象与具体、普遍与特殊、一般与个别的关系。它们密切联系、缺一不可、相互作用，形成一个有机的整体。

（一）刑法各论对刑法总论的意义

刑法各论对刑法总论的意义表现在以下三个方面：

1．贯彻和体现刑法总论。如上所述，刑法总论研究的是犯罪、刑事责任和刑罚的一般原理、原则问题，较为抽象、概括。这些原理、原则只有通过刑法各论对各种具体犯罪的论述，才能被人们所理解和掌握，从而得到实际的贯彻和体现。例如，刑法总论阐释了我国犯罪的一般构成要件，即犯罪客体、犯罪客观方面、犯罪主体和犯罪主观方面，能够使人们从宏观上知道构成犯罪需要同时具备哪些要件。但是，总论关于犯罪构成的一般理论比较笼统，如果不在各论具体罪的构成要件中得到贯彻和体现的话，不仅会影响人们对犯罪构成理论的理解，而且会削弱对司法机关实践活动的指导作用。可见，离开了刑法各论，刑法总论就不能充分发挥其指导定罪量刑的功能。

2．实践和检验刑法总论。刑法总论具有抽象性、概括性，其阐述的一般原理、原则如果不与具体的问题相结合，就不能充分发挥作用。刑法各论则将刑法总论的原理、原则应用到具体的司法实践过程，并在实践中对这些理论的科学性进行检验，发现刑法理论的不足之处并促使其完善。因此，刑法各论是实践和检验刑法总论的重要途径。

3. 丰富和发展刑法总论。刑法各论通过对具体犯罪问题的研究、解决，可以从具体问题概括出某些共性并进一步发展成理论，这些理论被刑法总论吸收，从而使刑法总论的内容不断得到丰富和发展。

（二）刑法总论对刑法各论的作用

刑法总论对刑法各论的作用体现在以下三个方面：

1 对刑法各论的概括作用。刑法各论所研究的各种具体犯罪有其自身的特殊性，每一种具体犯罪都有别于其他任何犯罪，刑法各论很少涉及具体犯罪的共性，如果只研究具体犯罪的个性，就难以从宏观上把握具体犯罪的实质。刑法总论通过对形形色色的具体犯罪进行科学的抽象和概括，归纳出具体犯罪的共性，从而使人们对具体犯罪的实质有了更深入的了解。

2. 对刑法各论的指导作用。刑法总论从宏观上研究刑法，其所阐释的关于犯罪、刑事责任和刑罚的一般原理、原则对刑法各论研究各种具体犯罪问题具有指导作用。例如，刑法总论关于罪数形态的理论，对于刑法各论认定行为人的行为构成一罪还是数罪，以及构成何种犯罪等具有重要的指导作用。因此，充分发挥刑法总论对刑法各论的指导作用，有助于深入开拓刑法各论的研究。

3. 对刑法各论的制约作用。刑法总论对刑法各论的研究具有一定的约束作用，刑法各论的研究不能违背刑法总论阐述的已得到普遍认可的原理、原则。例如，刑法总论关于犯罪停止形态的理论认为，过失犯罪和间接故意犯罪不存在犯罪的停止形态，因而刑法各论在研究具体犯罪时应当认同这一理论。

二、研究刑法各论的意义和方法

研究刑法各论对于刑事立法、刑事司法和刑法理论，都具有非常重要的意义。首先，有助于正确地定罪量刑。刑法总则虽然规定了犯罪的概念，犯罪的一般构成要件，但仅仅根据总则的规定还不能完全解决罪与非罪、此罪与彼罪的问题，因而就必须根据刑法各论对各种具体犯罪的概念与特征的阐述来区分罪与非罪、此罪与彼罪的界限。在正确定罪之后，还必须根据刑法分则条文对各种具体犯罪所确定的法定刑，来准确地裁量刑罚。其次，有助于完善刑事立法。通过对刑法各论的研究，可以发现刑事立法对于具体犯罪规定的某些缺陷和不足，并作出相应的修改和完善，以推动刑事立法的发展。最后，有助于深入理解和发展刑法总论。刑法总论研究的是犯罪、刑事责任和刑罚的一般原理、原则，这些一般原理、原则存在于具体犯罪之中，通过刑法各论对具体犯罪的研究，会加深我们对刑法总论的理解，丰富刑法总论的内容。

研究刑法各论的方法，除必须注意运用刑法总论的原理、原则为指导外，还必须注意把握刑事立法的发展和司法实践的动态，及时了解和研究刑事立法对刑法分则内容的修改补充以及最高司法机关对分则问题所作的解释，不断总结司法实践中的经验和教训。注意突出重点、难点，即着重掌握各种犯罪的具体构成要件，尤其是常见罪、多发罪的罪与非罪、此罪与彼罪的界限等。注意贯彻理论联系实际的学习和研究方法，通过分析案例去消化和掌握有关刑法理论，从而培养分析问题和解决问题的能力。

■第二节　刑法分则的体系

一、刑法分则体系的概念和意义

刑法分则的体系，是指刑法分则依据一定的标准和规则，对犯罪进行分类，然后把各类犯罪以及每一类罪所包含的各种具体犯罪，按照一定次序进行排列而形成的有机统一体。由于刑法分则规定的具体犯罪的种类繁多，为了使刑法分则的体系清晰、有序，就需要以一定的标准和规则将具体犯罪分成若干类，再按照一定的顺序对每一类罪进行合理排列，同时对各类罪中包含的具体犯罪进行排列。由此可见，刑法分则体系实际上就是犯罪的分类和排列问题。

刑法分则按照一定的标准对犯罪进行分类排列，具有非常重要的意义。

首先，对犯罪进行合理的分类和排列，体现了刑事立法者的价值取向，指明了刑法所要重点打击的犯罪的类型。刑法分则主要根据犯罪对社会关系侵害的严重程度，总体上按照由重到轻的顺序对各类犯罪和各类罪中的具体犯罪进行排列。因此，从犯罪的排列顺序可以看出立法者所要重点保护的社会关系和刑事司法机关的工作重点。

其次，对犯罪进行合理的分类和排列，有利于刑事司法机关正确地定罪量刑。在司法审判中，审判人员总是先根据各类犯罪的一般特征，把实际发生的犯罪划归哪一类罪，然后再根据各种犯罪的具体特征，进一步认定其属于该类犯罪中的哪一种具体犯罪，最后按照刑法分则对该种犯罪所规定的法定刑的具体情况，判处相应的刑罚。可见，犯罪的分类排列对刑事司法工作具有重要的现实意义。

最后，对犯罪进行合理的分类排列，有利于对各类各种犯罪的立法意图、构成特征和社会危害程度进行深入的理论研究，从而指出现行立法的缺陷和不足，推动刑法的修改和完善，并为司法机关正确定罪量刑提供指南，充分发挥刑法理论对立法工作、司法工作的指导作用，提高刑法理论的研究水平。

二、我国刑法分则体系的变化

新中国第一部刑法即1979年刑法颁布后，随着改革开放的发展，特别是社会主义市场经济体制的逐步建立，我国政治、经济和社会生活中出现了许多新情况、新问题，同时也出现了一些新的犯罪。为了适应新形势下同犯罪作斗争的需要，全国人大常委会先后以决定、补充规定、暂行条例的形式，制定、颁布了24个单行刑法，这些单行刑法对1979年刑法作了重要的修改和补充。同时，全国人大常委会在制定的一些民事、经济、行政法律中规定了许多刑事责任条款即附属刑法。1997年修订刑法时，将上述单行刑法和附属刑法中的许多内容吸收到刑法中去，同时对于新出现的需要追究刑事责任的犯罪行为，经过认真研究认为比较成熟的，也尽量规定在新刑法中，从而使1997年刑法成为新中国第一部比较系统、完整的刑法典。

我国1997年刑法分则的体系与1979年刑法分则的体系相比而言，虽然仍分为总则和分则两编，但在结构和内容上都发生了很大的变化。具体体现为：

在结构上，刑法分则从8章增加到10章。①增设了危害国防利益罪一章，以保障我国第一部《中华人民共和国国防法》的贯彻实施；②将贪污罪、贿赂罪从原来分属于1979年《刑法》分则第五章侵犯财产罪和第八章渎职罪中分离出来，成为独立的一章，即分则第八章贪污贿赂罪，以有效地打击腐败，加强廉政建设；③将《中华人民共和国惩治军人违反职责罪暂行条例》纳入《刑法》，并单独设章，即分则第十章军人违反职责罪；④将1979年《刑法》分则第七章妨害婚姻、家庭罪与第四章合并为侵犯公民人身权利、民主权利罪；⑤1979年《刑法》分则章下没有设节，1997年《刑法》分则大多数章没有分节，但由于破坏社会主义市场经济秩序罪和妨害社会管理秩序罪内容很多，所以第三章和第六章都设了节。

在内容上，1997年《刑法》分则变化也很大。①将“反革命罪”修改为“危害国家安全罪”；②将“破坏社会主义经济秩序罪”修改为“破坏社会主义市场经济秩序罪”，以突出对社会主义市场经济秩序的保护；③把投机倒把罪、流氓罪和玩忽职守罪这三个“口袋罪”分解为若干具体罪名；④分则条文和罪名的数量较修订前有大量增加。

另外，1997 年刑法生效后，为了适应经济、社会的发展和同犯罪作斗争的需要，全国人大常委会先后通过了一个决定和若干刑法修正案，对 1997 年刑法分则的有关内容作了重要的修改和补充，这些决定和修正案也是刑法分则不可分割的有机组成部分。

三、我国刑法分则体系的特点

我国刑法分则对犯罪采用了简明的分类办法，将犯罪分为十大类，依次为：危害国家安全罪，危害公共安全罪，破坏社会主义市场经济秩序罪，侵犯公民人身权利、民主权利罪，侵犯财产罪，妨害社会管理秩序罪，危害国防利益罪，贪污贿赂罪，渎职罪，军人违反职责罪。刑法分则体系就是根据上述分类建立起来的，它具有以下特点：

1. 原则上以犯罪的同类客体为标准对犯罪进行分类。犯罪的同类客体是指某一类犯罪所共同侵害的我国刑法所保护的社会关系的某一部分或某一方面。犯罪的种类不同，它所侵害的社会关系的性质也不相同，因而其社会危害性也不相同。根据犯罪的同类客体对犯罪进行分类，有利于把握各类犯罪的性质、特征和危害程度。我国刑法分则原则上根据同类客体而把犯罪划分为十类，例如背叛国家罪、分裂国家罪、煽动分裂国家罪、叛逃罪等犯罪，侵犯的是国家安全这方面的社会关系，因而将这些犯罪归为危害国家安全罪。放火罪、决水罪、爆炸罪、投放危险物质罪等犯罪，侵害的是社会公共安全这方面的社会关系，因而将这些犯罪归为危害公共安全罪。应当注意的是，刑法分则虽然原则上按照犯罪的同类客体为标准对犯罪进行分类，但这并不是绝对的，例如，将妨害婚姻家庭的犯罪归入侵犯公民人身权利、民主权利罪，就难以说是按同类客体进行的分类。

2. 总体上按照各类犯罪的危害程度对类罪进行排列。刑法分则所规定的十类犯罪主要根据各类犯罪的社会危害性的大小，按照由重到轻的顺序加以排列。例如，危害国家安全罪侵害的客体是国家安全，而国家安全是我国各族人民的最根本利益，是最重要的社会关系，因此，危害国家安全罪是性质最严重、危害最大的犯罪，故排在刑法分则第一章。危害公共安全罪，侵犯的是社会的公共安全即不特定的多数人的生命、健康和重大公私财产的安全，这类犯罪的社会危害程度仅次于危害国家安全罪，因此，这类犯罪紧随危害国家安全罪之后，排在刑法分则第二章。刑法分则第三章至第十章的排列，基本上也是按照社会危害性由重到轻的顺序排列的。但是，这种由重到轻的排列顺序，只是就总体而言，并不意味着后面一类犯罪中的所有具体犯罪的社会危害性，都比前一类犯罪中的每一种具体犯罪的社会危害性要轻。例如，军人违反职责罪中的军人叛逃罪的危害性，显然就比侵犯财产罪中的盗窃罪的危害性要大得多。

3. 在每一类犯罪中，具体犯罪大体上也是按照社会危害性的大小，并适当考虑犯罪之间的内在联系，基本上由重到轻依次进行排列的。例如，在侵犯财产罪中，抢劫罪属于危害性最为严重的侵财犯罪，因此将它排在该类犯罪之首，而盗窃罪、诈骗罪、抢夺罪等罪，与抢劫罪相比，它们的社会危害性相对要小得多，因而将它们排在抢劫罪之后。与此同时，刑法分则在排列具体犯罪时，又考虑了具体犯罪之间的内在联系。例如，在故意杀人罪之后规定过失致人死亡罪，在重婚罪之后规定破坏军婚罪，并不意味着过失致人死亡罪和破坏军婚罪的社会危害性就一定比它们后面的犯罪的危害性要大，而是因为将故意杀人罪和过失致人死亡罪、重婚罪和破坏军婚罪排在一起，既兼顾到犯罪之间的内在联系，也符合逻辑。

4. 对侵犯复杂客体的犯罪，基本上依据犯罪侵犯的主要客体进行归类。如果某种犯罪同时侵犯了两种以上的客体，刑法分则就根据该犯罪侵犯的主要客体将其归入不同的类罪。

例如，将绑架罪归入侵犯公民人身权利、民主权利罪，将伪证罪归入妨害社会管理秩序罪等即属此种情形。

■第三节　刑法分则规范的结构

刑法分则规范的结构通常由罪状和法定刑两部分构成。例如，《刑法》第 260 条第 1 款规定："虐待家庭成员，情节恶劣的，处 2 年以下有期徒刑、拘役或者管制。"其中"的，"之前的内容为罪状，其中包含了罪名，"处"之后的内容为法定刑。由于罪状与罪名联系密切，因此，研究刑法分则规范的结构，就必须同时关注罪状、罪名和法定刑。

一、罪状

罪状，是指刑法分则条文对犯罪具体状况的描述，它规定了适用该刑法分则条文的法定刑必须具备的条件，行为只有符合规定的条件时，才能适用相应的法定刑。罪状可以分为基本罪状和加重、减轻罪状两大类。

（一）基本罪状

基本罪状，是对具体犯罪基本构成特征的描述。例如上文所引《刑法》第 260 条第 1 款规定的罪状，就是基本罪状，它是对虐待罪基本构成要件的描述，如果行为不符合该基本罪状，就不可能构成虐待罪。在刑法理论上，通常根据条文对基本罪状的描述方式的不同，可以把基本罪状分为简单罪状、叙明罪状、引证罪状和空白罪状四种。另外，根据条文对基本罪状描述方式的多少，还可以将基本罪状分为单一罪状和混合罪状。

1. 简单罪状、叙明罪状、引证罪状和空白罪状。

（1）简单罪状。所谓简单罪状，是指只简单地规定罪名或者简单描述犯罪的基本构成特征的罪状。例如，《刑法》第 170 条规定："伪造货币的，处……。"该条文中的"伪造货币"只简单描述了伪造货币罪的客观方面的特征，因而该罪状是简单罪状。有些犯罪之所以用简单罪状加以规定，是因为立法者认为这些犯罪的特征很容易被人们理解和把握，不需要对犯罪构成特征作具体的描述。简单罪状在刑法分则条文中数量较少。

（2）叙明罪状。所谓叙明罪状，是指对犯罪的基本构成特征予以详细描述的罪状。例如，《刑法》第 217 条规定："以营利为目的，有下列侵犯著作权情形之一……①未经著作权人许可，复制发行其文字作品、音乐、电影、电视、录像作品、计算机软件及其他作品的；②出版他人享有专有出版权的图书的……。"之所以采用叙明罪状，是因为这些犯罪的特征不为一般人所知，为了便于人们理解和掌握，就需要对这些犯罪的特征作出详细规定。在刑法分则中，有很多条文都采用叙明罪状。

（3）引证罪状。所谓引证罪状，是指引用刑法中的其他条款来说明和确定本罪的构成特征的罪状。例如，《刑法》第 124 条第 1 款规定了破坏广播电视设施、公用电信设施罪的罪状和法定刑，其第 2 款规定："过失犯前款罪的，处……。"该款就是引用第 1 款的罪状来表述过失损坏广播电视设施、公用电信设施罪的罪状。之所以采用引证罪状，是因为犯罪的特征在前面的条文中已有说明，这样就可以避免重复，保持刑法条文的简洁性。

（4）空白罪状。所谓空白罪状，也称参见罪状，是指虽不直接具体地描述某一犯罪的基本特征，但指明了要确定该罪的基本特征应参照的其他法律、法规的罪状。例如，《刑法》第 322 条规定："违反国（边）境管理法规，偷越国（边）境，情节严重的，处……。"该罪状就属于空白罪状，它没有直接描述偷越国（边）境罪的具体特征，但指明了参照的法规。但应注意的是，我国刑法分则中并没有典型的空白罪状，因为典型的空白罪状的模式为："违反……法律（法规）的，处……刑。"我国刑法分则中的空白罪状在指明了应参照法律、法规的同时，也描述了部分构成特征。之所以采用空白罪状，是因为这些犯罪的成立以触犯其他法律、法规为前提，而有关法律、法规对这些行为的特征已有详细规定，刑法条文又难以作出简洁的规定，运用空白罪状则可以简化刑法条文，避免繁复。但应注意的是，对于空白罪状，必须同时结合其所参见的法律、法规，才能准确地理解该种犯罪的特征。

2. 单一罪状和混合罪状。

（1）单一罪状。所谓单一罪状，是指仅采用简单、叙明、引证、空白罪状其中的一种方式对犯罪的基本构成特征进行描述的罪状。分则条文中绝大多数罪状都属于单一罪状。

（2）混合罪状。所谓混合罪状，是指同时采用简单、叙明、引证、空白罪状其中的两种方式对犯罪的基本构成特征加以描述的罪状。混合罪状主要表现为同一基本罪状中既有空白罪状，又有叙明罪状。例如，《刑法》第342条规定："违反土地管理法规，非法占有耕地、林地等农用地，改变被占用土地用途，数量较大，造成耕地、林地等农用地大量毁坏的，处……。"在该罪状中"违反土地管理法规"，属于空白罪状，指明确定非法占用农用地罪的构成特征需要参照的相关法规，后半段的规定则属于叙明罪状，具体描述了非法占用农用地罪的基本特征。该条文同时使用了空白罪状和叙明罪状两种方式来描述非法占用农用地罪的罪状，因而属于混合罪状。混合罪状在刑法分则条文中为数不多。

（二）加重、减轻罪状

加重、减轻罪状是指对加重或减轻法定刑的适用条件进行描述的罪状。例如，《刑法》第263条在规定了抢劫罪的基本罪状之后又规定："有下列情形之一的，处10年以上有期徒刑、无期徒刑或者死刑，并处罚金或者没收财产：①入户抢劫的；②在公共交通工具上抢劫的；③抢劫银行或者其他金融机构的；④多次抢劫或者抢劫数额巨大的；⑤抢劫致人重伤、死亡的；⑥冒充军警人员抢劫的；⑦持枪抢劫的；⑧抢劫军用物资或者抢险、救灾、救济物资的。"这里所说的八种情形就是对抢劫罪的加重法定刑的适用条件的描述，属于加重罪状。再如，《刑法》第233条规定："过失致人死亡的，处3年以上7年以下有期徒刑；情节较轻的，处3年以下有期徒刑……。"这里的"情节较轻"就属于过失致人死亡罪的减轻法定刑的适用条件的描述，属于减轻罪状。

从刑法分则条款可以看出，刑法分则规定的加重罪状的内容即加重法定刑的适用条件主要包括：特殊身份如国家机关工作人员犯诬告陷害罪；特殊对象如抢劫银行或者其他金融机构；造成严重后果；致人重伤、死亡；情节严重；情节特别严重；情节恶劣；情节特别恶劣；犯罪数额巨大；犯罪数额特别巨大；等等。刑法分则规定的减轻罪状的内容都是"情节较轻"。

二、罪名

（一）罪名的概念

罪名有广义和狭义之分。广义的罪名包括类罪名和具体罪名，狭义的罪名仅指具体罪名。我们所说的罪名是指狭义的罪名。所谓罪名，就是指法律规定的某种具体犯罪的名称，它是对犯罪本质特征或者主要特征的高度概括。例如，《刑法》第102条第1款规定："勾结外国，危害中华人民共和国的主权、领土完整和安全的，处……。"通过对这种犯罪的本质特征加以概括，就可以将该种犯罪的罪名确定为背叛国家罪。

（二）罪名的分类

在理论上根据不同的标准，可以将罪名划分为以下几种：

1. 根据罪名是否具有法律效力，可分为立法罪名、司法罪名和学理罪名。

(1) 立法罪名。它是指立法机关在刑法分则条文中明确规定的罪名。例如，《刑法》第382条第1款规定："国家工作人员利用职务上的便利，侵吞、窃取、骗取或者以其他手段非法占有公共财物的，是贪污罪。"这里的贪污罪就是立法机关在刑法分则条文中明文规定的罪名，因而属于立法罪名。立法罪名具有普遍的法律效力，实践中，不能对有关犯罪使用与立法罪名不同的罪名。

(2) 司法罪名。它是指最高司法机关通过司法解释所确定的罪名。例如最高人民法院于1997年12月9日发布的《关于执行〈中华人民共和国刑法〉确定罪名的规定》所规定的罪名即为司法罪名。司法罪名对司法机关办理刑事案件具有法律约束力。

(3) 学理罪名。它是指理论上根据刑法分则条文规定的内容，对犯罪所概括出的罪名。学理罪名虽然不具有法律效力，但对司法实践确定罪名具有指导和参考作用。

2. 根据刑法分则条文中所规定的罪名能否分解使用，可分为单一罪名和选择罪名。

(1) 单一罪名。它是指罪状所包含的犯罪构成的具体内容单一，只能反映一个犯罪行为，不能分解拆开使用的罪名。例如抢劫罪、盗窃罪等，它们表示的是具体犯罪行为，不能对它们进行分解。我国刑法分则中的大部分罪名是单一罪名。

(2) 选择罪名。它是指罪状所包含的犯罪构成的具体内容复杂，反映出多种行为类型，既可概括使用，也可根据具体情况分解拆开使用的罪名。例如走私、贩卖、运输、制造毒品罪是一个罪名，但它包括了走私毒品、贩卖毒品、运输毒品和制造毒品四个行为，因而可以分解为四个罪名。只走私毒品的，定走私毒品罪；只贩卖毒品的，定贩卖毒品罪；仅运输毒品的，定运输毒品罪；仅制造毒品的，定制造毒品罪；如果行为人同时实施了上述四种行为，定走私、贩卖、运输、制造毒品罪，只按一罪处理，不实行数罪并罚。选择罪名大致分为三种情况：①行为选择，即罪名中包括了多种行为，如上述走私、贩卖、运输、制造毒品罪；②对象选择，即罪名中包括了多个对象，如拐卖妇女、儿童罪；③行为与对象同时选择，即罪名中包括了多种行为和多个对象，如非法制造、买卖、运输、邮寄、储存枪支、弹药、爆炸物罪。

(三) 确定罪名的原则

现代各国刑法确定罪名主要有两种方式。①在分则条文中明确规定罪名。这种方式具体又可分为两种：第一种是标题明示，即在分则条文中以标题方式载明罪名；第二种是定义明示，即在分则条文中以定义的方式揭示罪名。②包含式。即在分则条文中不载明罪名，只规定罪状，将罪名包含在罪状中，需要对罪状进行分析、概括，才能确定罪名。我国刑法分则对这两种确定罪名方式均有采用，但在刑法分则条文明确规定罪名时，采用的是定义明示的方式而非标题明示。例如《刑法》第384条就是以定义明示的方式确定挪用公款罪的罪名。在我国刑法分则中除很少罪名采用定义明示的方式外，绝大多数都为包含式罪名，因此在确定罪名时必须对罪状加以分析、概括。

除立法罪名外，其他罪名都需要根据一定的原则才能确定。要正确确定罪名，必须遵循以下原则：

1. 法定原则。该原则又称合法性原则，是指确定罪名时必须严格根据刑法分则条文对罪状的描述，既不得超出罪状的内容，也不得片面地反映罪状的内容。罪状与罪名是内容与形式的关系，不能离开法律规定的罪状滥定罪名，应当使罪名都有严格的法律规范性。例如，《刑法》第277条规定，"以暴力、威胁方法阻碍国家机关工作人员依法执行职务的"，属于罪状，根据这一罪状概括出来的罪名就是"妨害公务罪"。要做到罪名的合法性应注意：

①必须根据刑法分则规范规定具体犯罪的条文确定罪名，不能使用类罪名；②必须根据刑法分则条文的罪状来确定罪名，不能离开罪状确定罪名；③必须根据罪状中最恰当的用语确定罪名，并且使罪名符合法条原意。此外，应当注意的是，法定原则是确定罪名最基本、最重要的原则，其他原则都是由法定原则派生出来的。

2. 简括原则。该原则又称概括性原则，是指罪名的确定必须是对罪状的高度概括，表达应当力求简明。罪名应当在罪状的基础上，选择最能反映某一犯罪本质的名称，对罪状进行高度概括。因此，罪名应当简洁、概括，避免冗长繁琐。例如，《刑法》第305条规定，"在刑事诉讼中，证人、鉴定人、记录人、翻译人对与案件有重要关系的情节，故意作虚假证明、鉴定、记录、翻译，意图陷害他人或者隐匿罪证的，……。"将该罪状概括为伪证罪，准确地反映了行为的性质，符合确定罪名的简括原则。

3. 准确原则。该原则又称科学性原则，是指罪名要在法定、简括的基础上，明确地反映出犯罪行为最本质的特征以及此罪与彼罪的主要区别。罪名不科学，就会歪曲具体犯罪行为和案件的性质，混淆罪与非罪的界限以及此罪与彼罪之间的界限。一般说来，应当以犯罪行为侵犯的直接客体为主来确定罪名，因为犯罪侵犯的直接客体反映了某一犯罪的最本质特征，侵犯的直接客体不同，犯罪性质也不相同。另外，还应当尽量避免在罪名中出现犯罪主体、罪过，但如果此罪与彼罪的区别主要体现在犯罪主体或者罪过形式上，为了有利于划清此罪与彼罪的界限，必要时也可以在罪名中出现主体、罪过。例如，故意杀人罪和过失致人死亡罪同样都是侵犯了他人的生命权利，区别的关键之处在于罪过形式不同。为了体现二者的区别，应当在罪名中包含行为人主观方面的内容。

4. 明确原则。该原则是指罪名必须明确，不能笼统、含混。罪名的文字表述尽量要做到顾名思义，避免使用可能产生歧义或者可以有两种以上解释的词语，以便于在司法实践中正确理解和适用。有的罪状很长，如果实在无法简括，那么宁可罪名长一些，也要保证明确。例如《刑法》第111条规定的"为境外窃取、刺探、收买、非法提供国家秘密、情报罪"，《刑法》第130条规定的"非法携带枪支、弹药、管制刀具、危险物品危及公共安全罪"等罪。

5. 约定俗成原则。在司法实践中，按以上原则确定罪名很难统一时，就可以采用"约定俗成"的办法。这是确定罪名的具体方法上的要求。约定俗成来自两个方面：一是来自人民群众。如《刑法》第382条规定的贪污罪，就是人民群众在同犯罪行为作斗争的过程中，长期在民间流行而上升为法律用语的。二是来自司法实践。例如，对《刑法》第115条第2款规定的行为，如何确定罪名，有两种不同意见。一种意见认为，本款原定的过失决水罪、过失爆炸罪、过失投放危险物质罪，应分别改为过失引起水灾罪、过失引起爆炸罪、过失引起投放危险物质罪。理由是：①决水、爆炸、投放危险物质都是故意行为，在它们之前直接加上"过失"二字，行为与主观不一致，不符合过失犯罪罪名表述应当主客观相一致的原则。②构成过失犯罪必须造成严重后果。因此，过失犯罪的罪名应当体现犯罪结果。③《刑法》第115条第2款规定，"过失犯前款罪的"，意思也是过失引起决水、过失引起爆炸、过失引起投放危险物质。另一种意见则认为，本款的罪名仍应沿用过去的罪名，定为过失决水罪、过失爆炸罪、过失投放危险物质罪。理由在于：①这些罪名已约定俗成，容易理解，在司法实践中不会发生歧义。②过失引起火灾、爆炸、投放危险物质的范围太宽，许多行为都会造成上述结果，但不都应定本款之罪。③本条第2款已规定"过失犯前款罪"，即过失犯决水罪、爆炸罪、投放危险物质罪。最后还是按第二种意见确定了罪名。

三、法定刑

（一）法定刑的概念和分类

法定刑，是指刑法分则条文对具体犯罪所确定的适用刑罚的种类和刑罚的幅度。刑罚种类通常称为刑种，刑罚幅度通常称为刑度。法定刑是刑法分则条文的重要组成部分，它是法官量刑的法律依据。在通常情况下，法官只能在法定刑的范围内选择与犯罪相适应的刑种与刑度。当犯罪人具备减轻情节时，对犯罪人可以低于法定刑量刑，但这种减轻仍应以法定刑为依据，而不是摆脱法定刑任意减轻。

根据立法实践和刑法理论，依法定刑的刑种、刑度是否确定，可以将法定刑分为绝对确定的法定刑、绝对不确定的法定刑和相对确定的法定刑三种形式。

1．绝对确定的法定刑。它是指在条文中对某种犯罪或某种犯罪的某种情形仅规定单一的刑种和固定的刑度的法定刑。这种法定刑虽然便于司法机关操作，但是由于其缺乏灵活性，法院没有自由裁量的余地，难以针对案件的具体情况判处适当的刑罚，不利于贯彻宽严相济、区别对待的政策，因而现在各国已很少采用这种法定刑，我国的1979年《刑法》也没有规定这种法定刑。但是，少量的单行刑法规定了绝对确定的法定刑，现行刑法也针对某些犯罪的特定情形规定了少量的绝对确定的法定刑。例如，1997年《刑法》第239条第2款规定，以勒索财物为目的绑架他人的，或者绑架他人作为人质的，致使被绑架人死亡或者杀害被绑架人的，处死刑，并处没收财产。但现行刑法中所规定的这种绝对确定的法定刑有别于一般意义上的绝对确定的法定刑，表现在：一方面，它只是针对某些犯罪的具体情形而言，以绑架罪为例，“判处死刑并处没收财产”这种绝对确定的法定刑只是针对该种犯罪的“致使被绑架人死亡或者杀害被绑架人的”这一情形，并不是针对该种犯罪的所有情形；另一方面，之所以规定绝对确定的法定刑，不是出于对法官的不信任，而是因为立法者认为对于上述绑架他人并致使被绑架人死亡或者杀害被绑架人的情形，对犯罪人应当而且只能判处死刑并处没收财产。

2．绝对不确定的法定刑。它是指在条文中对某种犯罪不规定具体的刑种和刑度，只规定对该种犯罪处以刑罚，但具体如何处罚完全由法官掌握。绝对不确定的法定刑缺乏统一的量刑标准，给司法人员的自由裁量权过于宽泛，容易滋生司法腐败，不利于贯彻罪责刑相适应的原则和刑法面前人人平等的原则，因而我国刑法没有规定绝对不确定的法定刑。

3．相对确定的法定刑。它是指分则条文对某种犯罪规定了一定的刑种和刑度，并明确规定最高刑和最低刑。这种形式的法定刑克服了绝对确定的法定刑和绝对不确定的法定刑的弊端，便于法官在保证司法统一的基础上，根据具体犯罪的事实、性质、情节和社会危害程度，在法定刑的幅度内选择适当的刑种和刑期，有利于贯彻宽严相济、区别对待的政策，因而这种法定刑为我国和世界绝大多数国家刑法广泛采用。我国刑法分则条文中的相对确定的法定刑主要有以下几种表现方式：

（1）分则条文只规定最高限度的法定刑，最低限度的法定刑根据刑法总则的规定确定。例如，《刑法》第444条规定：“在战场上故意遗弃伤病军人，情节恶劣的，对直接责任人员，处5年以下有期徒刑。”结合刑法总则第45条关于有期徒刑的最低期限为6个月的规定，遗弃伤病军人罪的法定刑实际为6个月以上5年以下有期徒刑。

（2）分则条文只规定最低限度的法定刑，最高限度的法定刑根据刑法总则的规定确定。例如，《刑法》第133条规定：“违反交通运输管理法规，因而发生重大事故，致人重伤、死亡或者使公私财产遭受重大损失的，处3年以下有期徒刑或者拘役；交通运输肇事后逃逸或者有其他特别恶劣情节的，处3年以上7年以下有期徒刑；因逃逸致人死亡的，处7年以上有期徒刑。”分则条文对交通肇事后逃逸致人死亡的情形没有规定最高限度的法定刑，但根据《刑法》（总则）第45条关于有期徒刑的最高期限为15年的规定，该法定刑实际为7年以上15年以下有期徒刑。

（3）分则条文同时规定最高限度和最低限度的法定刑，此时不需要再根据刑法总则的规定确定最高刑期和最低刑期。例如，《刑法》第116条规定：“破坏火车、汽车、电车、船只、航空器，足以使火车、汽车、电车、船只、航空器发生倾覆、毁坏危险，尚未造成严重后果的，处3年以上10年以下有期徒刑。”法院应当在此幅度内决定刑期。

（4）分则条文规定两种以上主刑或者规定两种以上主刑并规定附加刑。例如，《刑法》第283条规定：“非法生产、销售窃听、窃照等专用间谍器材的，处3年以下有期徒刑、拘役或者管制。”这里规定了三种主刑，法院可根据案件的具体情况，在三种主刑中选择一种，再根据相关规定确定具体刑期。又如，《刑法》第277条规定：“以暴力、威胁方法阻碍国家机关工作人员依法执行职务的，处3年以下有期徒刑、拘役、管制或者罚金。”该条规定了三种主刑和一种附加刑，法院可根据具体情况选择其中的一种主刑或者附加刑。

（5）分则条文规定对某罪援引其他条文或同一条的其他款的法定刑。例如，《刑法》第386条规定：“对犯受贿罪的，根据受贿所得数额及情节，依照本法第383条的规定处罚，索贿的从重处罚。”

（二）法定刑和宣告刑、执行刑的关系

宣告刑是指人民法院对具体犯罪判决宣告的应当执行的刑罚。法定刑和宣告刑的关系在于：一方面，法定刑不同于宣告刑。法定刑是立法机关在制定刑法时确定的，而宣告刑则是人民法院在审理具体案件时确定的；法定刑是对所有同种犯罪而设定的，而宣告刑是针对某个具体犯罪而判决的；法定刑有可供选择的刑种和刑度，宣告刑只能是确定的刑种和刑度。另一方面，宣告刑必须以法定刑为依据，即使从轻、从重、减轻处罚也要以法定刑为依据。

执行刑是犯罪分子实际执行的刑罚。法定刑和执行刑的区别在于：法定刑是刑法对某种犯罪规定的刑种和刑度，而执行刑是犯罪分子实际执行的刑罚，因而执行刑可能因减刑而低于法定刑。

■第四节　法规竞合

一、基本法理

（一）法规竞合的概念和特征

法规竞合，又称法条竞合，是指一个犯罪行为由于法律的规定而同时触犯数个在犯罪构成上具有交叉或者包容关系的刑法条文，只能适用其中一个刑法条文而排除其他刑法条文适用的情况。

法规竞合具有以下特征：

1行为人实施了一个犯罪行为。所谓实施一个犯罪行为，是指基于一个罪过实施了一个危害社会的行为。至于行为人的罪过，则既可以是故意，也可以是过失。如果行为人基于数个罪过，实施了数个犯罪行为，或者行为人基于一个罪过，实施了数个犯罪行为，都不能构成法规竞合。例如，行为人基于剥夺他人生命的故意，杀死被害人后，又将被害人的财物据为已有，分别触犯了故意杀人罪和盗窃罪，构成数罪而非法规竞合。

2. 一个犯罪行为在形式上同时触犯数个刑法条文。不同刑法条文规定了不同的犯罪构成，同时触犯数个刑法条文，意味着行为在形式上同时符合数个犯罪构成，因而触犯数个罪名。基于一个犯罪行为所触犯的数个刑法条文，可以是同一法律的不同刑法条文，也可以是相异法律中的不同刑法条文。这里所说的“相异法律”，是指仅从形式上而言不是一个法律文件，但实质上都是刑法。

3. 数个刑法条文在犯罪构成上具有交叉或包容关系。在法规竞合的场合，一个犯罪行为之所以会触犯数个刑法条文，原因在于数个刑法条文之间存在着交叉或者包容的关系。所谓交叉关系，是指数个刑法条文规定的犯罪构成之间存在着部分重合的关系，某一条文内容的一部分同时也是另一条文内容的一部分。例如，《刑法》第266条规定的诈骗罪和《刑法》第279条规定的招摇撞骗罪就属于交叉型竞合关系，当犯罪人冒充国家工作人员诈骗公私财物时，其诈骗公私财物这部分行为，也是诈骗罪中的部分行为。所谓包容关系，是指数个刑法条文规定的犯罪构成之间存在着此一条文规定的犯罪构成全部为另一条文规定的犯罪构成所包含的关系。例如，《刑法》第266条规定的诈骗罪，与《刑法》第192条至第198条规定的集资诈骗罪、贷款诈骗罪、信用证诈骗罪、信用卡诈骗罪、有价证券诈骗罪和保险诈骗罪之间，就存在着包容和被包容的关系。

当然，法规竞合时数法条之间交叉或包容的关系是指法条之间外延上而非内涵上具有交叉或包容关系。多数学者都赞同法规竞合存在交叉或包容关系，但有的学者则否认包容关系的存在，其主要理由是：相互竞合的数个法律规范并不是完全相同的，在中国刑法中根本不存在数个完全相同的法律规范。持此种观点的学者认为，具有包容关系的法条，如故意泄露国家秘密罪与故意泄露军事秘密罪的法条，其所规定的犯罪构成要件也仍然是交叉关系；人们之所以误将相互竞合的法律规范在逻辑上视为包容关系，是因为这种竞合的法律规范实质上有可能统一到一个更大的范畴中，如故意泄露国家秘密罪与故意泄露军事秘密罪可以统一称为“故意泄露秘密罪”中，但实际上立法者之所以将本可归纳为一个法律规范调整的犯罪分为由两个或两个以上的规范来加以规定，正是因为认识到了它们各自具有不同的特点。我们认为，这种理由是站不住脚的，因为包容关系是指两个法条所规定的构成要件在外延上有包容和被包容的关系，而不是说相互竞合的法律规范完全相同，例如，故意泄露国家秘密罪与故意泄露军事秘密罪，前者的外延在逻辑上显然包容了后者的外延，两法条之间存在外延上的包容和被包容关系。有些学者之所以否认法条之间存在包容关系，是因为他们误把法条外延上的包容关系当成是内涵上的包容关系，故以刑法中根本不存在数个完全相同的法律规范为由对包容关系予以否认，而将其归结为交叉关系。

4. 只能适用其中一个刑法条文而排除其他刑法条文的适用。在法规竞合的场合，由于行为人主观上只有一个罪过，客观上只有一个犯罪行为，行为符合数个刑法条文规定的犯罪构成是由刑法错综复杂的规定所致，所以不可能同时适用数个刑法条文，只能适用其中一个刑法条文。

（二）法规竞合的处理原则

由于法规竞合时，只能适用一个刑法条文，但到底应该适用哪个刑法条文，则需要根据一定的原则才能确定。

法规竞合的处理原则应以特别法优于普通法为原则，以重法优于轻法为例外。

1. 特别法优于普通法。这是解决法规竞合的基本原则。因为立法者在普通法条之外又设特别法条，是为了对特定犯罪给予特定处罚。因此，行为符合特别法条时，原则上应按特别法优于普通法的原则，适用特别法条的规定。例如，行为人实施了交通肇事并导致被害人死亡的行为，既触犯了《刑法》第133条，也触犯了《刑法》第233条，但由于《刑法》第133条相对于《刑法》第233条而言属于特别法条，按照特别法条优于普通法条的原则，应定交通肇事罪而不能定过失致人死亡罪。

值得注意的是，有的学者认为，一个行为同时符合不同法律之间的普通刑法和特别刑法规定的犯罪构成时，也属法规竞合，应按特别法优于普通法的原则论处。我们不同意此种观点，虽然法规竞合中数个法条，既可以是同一个刑事法律规范性文件之中的，也可以是不同的刑事法律规范性文件之中的，但特别法条和普通法条之间的竞合关系，不能与特别刑法和普通刑法之间的关系相互混淆。普通刑法和特别刑法的关系，是原则法和例外法的关系。当有特别刑法时，被代替的普通刑法内容实际上被废止，因而不可能存在一个行为同时符合特别刑法与普通刑法规定的犯罪构成的情形，更不可能存在法规竞合的关系。

2. 重法优于轻法。即应当适用行为所触犯的数法条中法定刑最重的法条。这是解决法规竞合的补充原则。适用这种原则的情形有两种：

（1）法律明文规定按重罪定罪处罚。例如，《刑法》第149条第2款规定："生产、销售本节第141条至第148条所列产品，构成各该条规定的犯罪，同时又构成本节第140条规定之罪的，依照处罚较重的规定定罪处罚。"根据该款规定，当某一行为同时符合《刑法》第141条至第148条规定之罪的犯罪构成和第140条规定之罪的犯罪构成，发生法规竞合时，应当按重法优于轻法的原则处理。《刑法》第141条至第148条规定的八种生产、销售伪劣商品犯罪，其对象为特定的产品，刑法将生产、销售这八种特定产品的行为分别独立成罪，是考虑到这些行为和生产、销售一般产品的行为相比，具有更大的社会危害性，相应地在法定刑的设置上，总体上要比第140条规定的生产、销售伪劣产品罪要重些。八种以特定产品为对象的生产、销售伪劣商品犯罪的法条与第140条之间实际上存在着特别法条和普通法条的关系，按照法条竞合处理的一般原则，应当是特别法条优于普通法条。在通常情况下，特别法条也是法定刑较重的法条。但由于第140条生产、销售伪劣产品罪以销售金额作为定罪处罚的标准，而第141条至第148条规定的犯罪，有的以是否造成某种结果作为犯罪成立与否的标准，有的以是否具有某种危险作为犯罪成立与否的标准，还有的只需具备生产、销售行为原则上即可成立犯罪。因此，八种以特定产品为对象的生产、销售伪劣商品犯罪与第140条生产、销售伪劣产品罪在构成要件和量刑依据上的差别，有可能造成这样一种结果：某些生产、销售特定产品的行为，在构成某一种生产、销售特定产品的犯罪和符合第140条生产、销售伪劣产品罪构成要件的同时，如按特别法条优于普通法条的原则选择法条定罪量刑，反而对行为人处罚较轻，不利于惩治犯罪分子，与立法原意不符。例如，行为人在生产、销售的食品中掺入有毒、有害的非食品原料，或者销售明知掺有有毒、有害的非食品原料的食品，符合《刑法》第144条生产、销售有毒、有害食品罪，如果该行为尚未"造成严重食物中毒事故或者其他严重食源性疾患，对人体健康造成严重危害"的结果，但销售金额在50万元以上，那么按生产、销售有毒、有害食品罪定罪，只能处5年以下有期徒刑或者拘役，并处或者单处销售金额50%以上2倍以下罚金；而如果按照《刑法》第140条的生产、销售伪劣产品罪定罪处罚，则对行为人可判处7年以上有期徒刑，并处销售金额50%以上2倍以下罚金。因此，从微观上讲，确立生产、销售伪劣商品犯罪中法条竞合的重法优于轻法原则，有利于弥补特别法条优于普通法条原则的不足，有效地惩治生产、销售伪劣商品犯罪行为。

（2）法律虽然没有明文规定按普通法条规定定罪量刑，但也没有禁止适用普通法条，如果按特别法条定罪不能做到罪刑相适应时，应按照重法优于轻法的原则定罪量刑。这种情形主要指当特别法条规定的法定刑明显低于普通法条规定的法定刑时，如果绝对地按照特别法条优于普通法条的原则定罪量刑，就会造成罪刑不均衡，会违背罪刑相适应原则的要求，因而在这种情况下，只要刑法没有禁止适用重法，就应当适用重法优于轻法的原则。

二、疑难问题

法规竞合时如何适用刑法？

大陆法系国家刑法理论一般将法规竞合分为四种情况：①特别关系，即一个行为既符合普通法（条）规定的犯罪构成，又符合特别法（条）规定的犯罪构成。其适用原则是特别法（条）优于普通法（条）。②补充关系，指一个犯罪构成具有补充另一犯罪构成的缺漏的作用时，一个行为同时符合这两个犯罪构成的情况。其适用原则是基本法优于补充法。③吸收关系，指一个行为所符合的数个犯罪构成之间，其中的一个犯罪构成包含了其他犯罪构成的内容，因而一个犯罪构成吸收其他犯罪构成的情况。其适用原则是完全法优于不完全法。④择一关系，指一个行为所符合的数个犯罪构成之间，在理论上存在不可两立的排他关系的情况。对此还没有明确的适用原则。除了第一种特别关系以外，对其他三种情况及处理原则还存在较大争议。

我国有的学者认为，针对不同类型的法规竞合，应当确定不同的适用原则：①在实害犯和危险犯竞合的情况下，应根据实害犯优于危险犯的原则适用实害犯排除危险犯，例如破坏交通工具的行为，如造成实害结果，应适用实害犯的法条而排除危险犯的法条；②在基本法和补充法竞合的情况下，应根据基本法优于补充法的原则适用基本法而排除补充法；③在特别法和普通法竞合的情况下，应根据特别法优于普通法的原则适用特别法而排除普通法；④在法条交叉的情况下，应根据复杂法优于简单法的原则适用复杂法而排除简单法；⑤在特殊情况下，即当适用特别法或复杂法（轻法）不能做到罪刑相适应的情况下，可以适用普通法或简单法（重法）。重法优于轻法是上述法条竞合适用法条基本原则必不可少的补充原则。

我们认为，法规竞合的处理原则应以特别法优于普通法为原则，以重法优于轻法为例外。

【思考题】

1. 简述我国刑法各论和刑法总论的关系。
2. 简述我国刑法分则体系的特点。
3. 简述罪状的概念和分类。
4. 简述罪名的概念和分类。
5. 试述我国刑法确立罪名的原则。
6. 简述法规竞合的处理原则。

【参考文献】

1. 何秉松主编：《刑法教科书》（下卷），中国法制出版社 2000 年版。
2. 周道鸾、张军主编：《刑法罪名精释》，人民法院出版社 2007 年版。
3. 陈兴良：《当代中国刑法新理念》，中国政法大学出版社 1996 年版。
4. 赵秉志主编：《刑法分则问题专论》，法律出版社 2006 年版。
5. 张明楷：《刑法学》，法律出版社 2007 年版。

第二十五章

危害国家安全罪

【导语】危害国家安全罪，是指故意危害中华人民共和国国家安全的犯罪行为。刑法规定的危害国家安全罪总共有12种具体犯罪。本章详细阐述了分裂国家罪、间谍罪以及为境外窃取、刺探、收买、非法提供国家秘密、情报罪的基本法理和疑难问题。

本章的疑难问题有：①如何理解分裂国家、破坏国家统一？②如何理解间谍罪客观要件的内容？③如何把握间谍罪的罪数问题？④如何理解和认定为境外窃取、刺探、收买、非法提供国家秘密、情报罪中的境外机构、组织、个人？⑤对通过互联网将国家秘密或情报非法发送的行为，应如何定性？

■第一节　危害国家安全罪概述

一、危害国家安全罪的概念

危害国家安全罪，是指故意危害中华人民共和国国家安全的犯罪行为。本类犯罪是由1979年刑法中的“反革命罪”修改而来的。1979年刑法关于反革命罪的规定，对于维护国家安全、巩固人民民主专政的政权和保卫社会主义制度起了很大的作用。随着国家政治、经济和社会情况的发展，反革命罪的罪名适用遇到一些新情况、新问题。有些反革命罪中的“以反革命为目的”在实践中有时很难确定。对于有的犯罪行为，适用危害国家安全罪比适用反革命罪更为合适。1997年刑法之所以将反革命罪修改为危害国家安全罪，“是考虑到我们国家已经从革命时期进入集中力量进行社会主义现代化建设的历史新时期，宪法确定了中国共产党对国家事务的领导作用，从国家体制和保卫国家整体利益考虑，从法律角度来看，对危害中华人民共和国的犯罪行为，规定适用危害国家安全罪比适用反革命罪更为合适。”〔1〕

本类犯罪在近代刑法中曾经被大多数国家作为重罪规定在首要位置。随着国家职权主义观念的弱化和公民利益至上的价值观念的提升，多数国家已经把它放在比较次要的位置。

在中国的传统文化中，历来重视对国家利益的保护而忽视对个人权利的保障，因此，本类犯罪在历代都被规定在分则的最前面。古代刑法中的“十恶”（即所谓十恶不赦），几乎都是关于维护国家安全的犯罪。民国时期的刑法将该类犯罪称为内乱罪、外患罪。内乱罪是指意图颠覆政府、分裂国土、危害国宪或为此而暴动的行为，而外患罪是指意图使他国与中国开战、占领中国领土、资助敌国、向敌国提供情报、私自与外国缔结条约等行为。简单地说，内乱罪是以国家的内部秩序作为直接攻击对象的犯罪，或是从国家的内部威胁国家存在的犯罪，而外患罪是从国家的外部侵害国家存在的犯罪。新中国成立后所颁布的第一部具有

〔1〕 参见1997年3月6日王汉斌在全国人大八届五次会议上所作的《关于〈中华人民共和国刑法〉（修订草案）的说明》。

刑法性质的法律文件是《惩治反革命条例》。1979年颁布的第一部刑法和1997年系统修正后的现行刑法均将该类犯罪放在刑法分则的第一章。

二、危害国家安全罪的构成

（一）犯罪主体

本类犯罪的主体多数为一般主体。从法律规定看，无论是中国公民、外国公民或无国籍人，无论有特定身份者还是无特定身份者，均可构成本罪。但从实践来看，通常并不是由普通公民实施的。如颠覆国家政权罪的主体是一般主体，但实践中主要是那些在中央和地方窃据党、政、军重要职位和具有一定社会地位、影响的人物。当然，并不能排除在特殊情况下普通公民实施这些犯罪的可能性。少数犯罪的主体是特殊主体，如背叛国家罪、投敌叛变罪的主体只限于中国公民，叛逃罪的主体限于国家机关工作人员以及掌握国家秘密的国家工作人员。另外，境内外机构、组织可以成为资助危害国家安全犯罪的主体。这表明，单位可以成为资助危害国家安全犯罪的主体，只不过在单位实施本罪时，只处罚直接责任人员。[1]

在本类犯罪中，一些犯罪的构成以二人以上的行为为要件，属于必要的共同犯罪。刑法分则对这些犯罪的行为人的刑事责任按其在共同犯罪中的作用作了明确的规定，这就排除了刑法总则中同类规定的适用。比如，分裂国家罪、武装叛乱、暴乱罪、颠覆国家政权罪的主体被具体划分为首要分子或者罪行重大的、积极参加的和其他参加的三类，并被规定了不同的法定刑幅度。

（二）犯罪主观方面

本类犯罪的主观方面只能是故意，而且绝大多数是直接故意，即明知自己的行为会发生危害中华人民共和国国家安全的结果，并且希望这种结果发生。只有少数犯罪可以由间接故意构成，如行为人出于获利动机，为境外的机构、组织、个人窃取、刺探、收买、非法提供国家秘密或情报，而放任危害国家安全结果的发生的，其罪过形式就属于间接故意。

（三）犯罪客观方面

本类犯罪的客观方面表现为危害中华人民共和国国家安全的行为。根据《国家安全法》第4条的规定，危害国家安全的行为具体包括下列行为：①阴谋颠覆政府，分裂国家，推翻社会主义制度的；②参加间谍组织或者接受间谍组织及其代理人的任务的；③窃取、刺探、收买、非法提供国家秘密的；④策动、勾引、收买国家工作人员叛变的；⑤进行危害国家安全的其他破坏活动的。从广义上讲，刑法分则第七章规定的危害国防利益罪、第十章规定的军人违反职责罪等也会对我国的国家安全和利益造成某种程度上的危害，但由于刑法对其作了专门规定，这里的危害国家安全的行为，便只包括分则第一章规定的各种行为。

由于危害国家安全罪具有极大的社会危害性，刑法对本类犯罪客观构成要件的规定就明显有别于其他刑事犯罪。一方面，将一些明显属于预备性的行为提升为实行行为加以规定，如背叛国家罪、分裂国家罪、武装叛乱、暴乱罪中的组织、策划行为便是如此；另一方面，本类犯罪均为行为犯，行为人只要实施了危害国家安全的各具体犯罪构成要件的行为即构成犯罪既遂，而不要求发生一定的结果。此外，本类犯罪中还包含一些对于国家安全具有间接危险就可以构成犯罪的行为，如煽动性犯罪、资助性的犯罪就是如此。

---

〔1〕有的观点认为，境内外机构、组织实施本罪的，其犯罪主体应为直接责任人员。参见高西江主编：《中华人民共和国刑法的修订与适用》，中国方正出版社1997年版，第338页。其实，在境内外机构、组织实施本罪时，本罪系单位犯罪，只不过在处罚上实行单罚制。

（四）犯罪客体

本类犯罪的客体是国家安全。国家安全是国家赖以存在和发展的主权、政治、经济等方面的安全的总称。其主要包括国家的主权独立、国家的领土完整和安全、国家的统一和民族团结、人民民主专政政权和社会主义制度的稳固以及国家的其他基本利益的安全。国家安全是全国各族人民的根本利益所在，因而刑法把同危害国家安全犯罪作斗争放在首要地位，并予以严厉的制裁。

三、危害国家安全罪的种类

刑法对危害国家安全罪规定了最为严厉的刑罚，不仅大部分犯罪的最高刑为死刑，而且犯本类犯罪的犯罪分子不论判处何种主刑，一律附加剥夺政治权利，还可以并处没收财产。这些都体现了对危害国家安全的犯罪分子从严惩办的精神。《刑法》从第 102 条至第 113 条的 12 个条文中，规定了 12 种危害国家安全的具体犯罪。这些犯罪可以分为如下三类：

1. 危害国家政权和分裂国家的犯罪。具体包括背叛国家罪，分裂国家罪，煽动分裂国家罪，武装叛乱、暴乱罪，颠覆国家政权罪，煽动颠覆国家政权罪，资助危害国家安全犯罪活动罪。

2. 叛变、叛逃的犯罪。具体包括投敌叛变罪，叛逃罪。

3. 间谍、资敌的犯罪。具体包括间谍罪，为境外窃取、刺探、收买、非法提供国家秘密、情报罪，资敌罪。

■第二节　危害国家安全罪分述

一、分裂国家罪

（一）基本法理

1. 分裂国家罪的概念和构成要件。分裂国家罪，是指组织、策划、实施分裂国家、破坏国家统一的行为。

本罪的构成要件是：

（1）本罪的主体是一般主体。无论中国公民、外国公民或无国籍人，都可以成为本罪主体，但通常主要是一些身居要职的野心家、阴谋家以及具有一定社会影响力的地方分裂分子和民族分裂分子。

本罪属于必要共犯，主体有首要分子、罪行重大者、积极参加者以及其他参加者之分。所谓首要分子，是指在分裂国家的犯罪集团或聚众犯罪中起组织、策划、指挥作用的犯罪分子。所谓罪行重大者，是指除首要分子以外的在犯罪活动中起重要作用的犯罪分子，也即首要分子以外的主犯。所谓积极参加者，是指首要分子、罪行重大者之外的那些直接参加犯罪活动比较多或表现比较积极主动的犯罪分子，大致相当于从犯。对积极参加者，应当结合主观意识是否积极、客观行为是否积极、参与犯罪程度的深浅以及所起作用的大小等因素进行综合考虑。所谓其他参加者，是指除首要分子、罪行重大者、积极参加者之外的一般参加者，其中包括因被胁迫而参加的人员。

（2）本罪的主观方面是故意，即明知自己的行为会发生分裂国家、破坏国家统一的危害结果，并且希望或者放任这种结果发生。

（3）本罪的客观方面表现为组织、策划、实施分裂国家、破坏国家统一的行为。所谓组织，是指为分裂国家而安排分散的人或物使之具有一定的系统性或整体性。在司法实践中对组织行为应当作广义理解，即组织行为既包括为了分裂国家而召集人员，也包括筹集物资；

既包括以和平手段招兵买马，也包括以强迫等非和平手段聚集人员；既包括为了分裂国家而临时纠集人员，也包括成立旨在分裂国家、破坏国家统一的较为固定的犯罪组织；既包括将无分裂国家决意或虽已产生分裂国家决意但意志尚不坚决的人聚集在一起，也包括将已经具有坚决的分裂国家决意但苦于无人组织、恐于自己势单力薄而无法实施犯罪的行为人聚拢在一起。所谓策划，是指为分裂国家而暗中密谋、筹划，如制定行动纲领、行动计划，研究各种对策，提出各种目标、任务，确定参加犯罪活动的人员和具体实施方案、实施步骤，秘密拟定伪政府人选，设定"民族迁徙"、"民族回归"的非法越境路线等。只要实施组织、策划行为，即使尚未具体实施分裂国家的行为，也构成分裂国家罪的既遂。组织行为与策划行为可能是融为一体的，很难截然区分开来，如为了组织人员而进行的谋划属于组织过程中的策划，而为了策划而拉拢人员，则属于策划过程中的组织。所谓实施，是指将分裂国家、破坏国家统一的策划的内容付诸行动，其既包括组织、策划者将其策划的内容付诸实施，也包括组织、策划者以外的其他人在组织、策划者的组织、指挥下参与实施分裂国家、破坏国家统一的活动，如宣布某一地方"独立"，脱离中央政府的领导；进行分裂国家、破坏国家统一的游行、集会、"请愿"；进行所谓"民族迁徙"、"民族回归"的非法越境行动等。

所谓分裂国家，是指推翻地方政府，拒绝中央领导，割据一方，分裂统一的、多民族的国家的行为，其包括另立中央政府、另立其他国家、拒绝中央政府领导以及其他分裂国家的行为（如将少数民族人口以民族大迁徙的形式分离出去的行为）。所谓破坏国家统一，是指对实现国家统一的活动和进程进行阻挠、破坏，意图使国家不能实现统一的行为，如阻挠、破坏我国统一台湾和恢复对香港、澳门行使主权的行为。组织、策划、实施是行为人具体行为的表现形式；分裂国家、破坏国家统一是该种犯罪行为的内容和实质。两者有机联系在一起，不可分割。

组织和利用邪教组织，组织、策划、实施分裂国家、破坏国家统一的，成立本罪。〔1〕

本罪不属于选择性罪名。行为人无论是组织、策划还是实施分裂国家、破坏国家统一的行为，一律定分裂国家罪，不实行数罪并罚。

（4）本罪的客体是国家的统一。国家的统一，是国家安全和国家主权的重要象征。国家的统一包含民族团结。目前，对我国国家统一构成最大威胁的可以说主要是边疆部分地区的地方民族分裂势力以及台湾地区的"台独"势力。本罪属于内乱型的涉及国家存在的犯罪，其重在对内的保护。

2. 分裂国家罪的相关界限。

（1）本罪与非罪的界限。在把握本罪与非罪的界限时，要注意以下两点：①行为人主观上是否具备分裂国家、破坏国家统一的故意；②客观上是否具有组织、策划、实施分裂国家、破坏国家统一的行为。只有两者同时具备，才能构成本罪。

虽然本罪属于极端严重的犯罪，但也并非任何故意实施的分裂国家的行为都应毫无例外地作为犯罪处理，在司法实践中仍然应当考虑一些分裂国家的行为是否属于"情节显著轻微、危害不大"的情形而不作为犯罪处理，如在参加人数众多时，一些被裹胁的群众在整个犯罪活动中所起的作用很小，对其行为就可考虑不以犯罪论处。

出于狭隘的民族主义或地方主义情绪，或者出于对党和国家某些民族政策的误解而说了一些过激的话或有一些错误的行为，或者虽有一些思想上的分裂倾向，而缺乏任何具体的组

〔1〕参见1999年10月20日最高人民法院、最高人民检察院《关于办理组织和利用邪教组织犯罪案件具体应用法律若干问题的解释》第7条。

织、策划、实施分裂国家、破坏国家统一的行为的，都不应以本罪论处。

（2）本罪与背叛国家罪的界限。二者分别属于内乱型犯罪和外患型犯罪。二者均可能发生领土被分裂的结果，且分裂国家者也往往寻求一些外国的支持，甚至依附于外国。二者的区别主要表现在：①犯罪主体不同。本罪的主体是一般主体，可以是中国公民，也可以是外国人、无国籍人，并且，本罪只能由多数人构成，属于必要共犯，而后者的主体是特殊主体，即中国公民，并且可以由单个人构成。②犯罪故意的内容不同。本罪的行为人具有分裂国家、破坏国家统一的故意；而后者的行为人具有勾结外国，危害国家主权、领土完整和安全的直接故意。③犯罪客观方面不同。本罪不以勾结外国或者与境外的机构、组织、个人相勾结作为犯罪成立的必备条件，而后者则以勾结外国或者与境外的机构、组织、个人相勾结作为犯罪成立的要件。中国公民以勾结外国的方式，进行分裂国家的行为的，属于法条竞合的情形。对此，应按照“特别法优于普通法”的原则，以本罪定罪处罚。④犯罪客体不同。本罪的客体是国家的统一，而后者的客体是国家主权、领土完整和安全。国家的统一主要是对内而言的，而国家主权、领土完整和安全则主要是对外而言的。国家保持统一，领土未必完整，而领土保持完整，国家未必统一。虽然二者均涉及对国家领土完整的危害，但本罪对国家领土的危害，是将我国的一部分领土分离出去，制造地方“独立”的割据局面，实质上是以破坏国家统一而危害国家安全，而后者对国家领土的危害，则是向外国出卖国家主权、出让国家领土，或者策划外国向我国发动战争，侵占我国领土，实质上是以出卖国家主权、出让国家领土或破坏国家领土安全而危害国家安全。

（3）本罪与颠覆国家政权罪的界限。本罪与颠覆国家政权罪在客观上都具有组织、策划、实施的行为方式，都是行为犯。二者的区别主要是：①主体不尽一致。二者的主体均为一般主体，但在实践中，本罪的主体往往是一些具有一定社会地位的野心家、阴谋家以及具有一定社会影响力的地方分裂分子和民族分裂分子，而后者的主体在当前往往是仇视中国共产党领导和社会主义制度，或具有资产阶级自由化倾向，迎合国外敌对势力“和平演变”策略的人。②犯罪故意的内容不同。本罪的行为人具有分裂国家、破坏国家统一的故意，而后者的行为人具有颠覆国家政权的故意。③客观方面的内容不同。本罪的客观内容是分裂国家、破坏国家的统一，而后者的客观内容是颠覆人民民主专政的政权和推翻社会主义制度。在客观表现的实质上，本罪是在中央政权之外另立中央，割据一方，独立为政，对抗中央的领导，而后者则是以新的政权取代旧的政权。从客观效果上看，即使国家被分裂，中央政权依然可能存在；而政权被颠覆，国家也同样可能保持统一。在颠覆地方政权的情况下，如果行为人只是将控制地方政权作为其行动方案的第一步，其最终目的是夺取整个国家政权，则其行为构成颠覆国家政权罪，而如果行为人只是欲将地方政权独立出去，建立伪政权，以对抗中央政权，则其行为构成本罪。④犯罪客体不同。本罪的客体是国家的统一，而后者的客体是我国人民民主专政的政权和社会主义制度。

（4）本罪与煽动分裂国家罪的界限。二者在主体、主观方面、客体上存在一致之处，因而容易混淆。二者区别的关键在于：后者不是以行为人自身的行为直接达到分裂国家、破坏国家统一的结果，而是以煽动行为诱发被煽动者产生犯罪意图并实施分裂国家的行为，从而达到分裂国家、破坏国家统一的结果，因而，后者对国家统一的威胁是间接的，而本罪中的客观行为则是直接指向分裂国家、破坏国家统一的结果，因而，本罪对国家统一的威胁是直接的。行为人在实施本罪的组织行为时，也可能对他人进行鼓动、劝诱，但这种煽动行为已成为分裂国家行为的有机组成部分，因而不能以后者论处。行为人以煽动的故意实施煽动分裂国家的行为，之后又产生了参与实施的故意，亲自实施分裂国家的行为，其煽动行为被实施行为吸收，只成立本罪。

3. 分裂国家罪的刑事责任。根据《刑法》第103条第1款、第106条、第113条第1款的规定，犯本罪的，对首要分子或者罪行重大的，处无期徒刑或者10年以上有期徒刑；对国家和人民危害特别严重、情节特别恶劣的，可以判处死刑。对积极参加的，处3年以上10年以下有期徒刑；对其他参加的，处3年以下有期徒刑、拘役、管制或者剥夺政治权利。与境外机构、组织、个人相勾结，实施本罪的，从重处罚。根据《刑法》第56条第1款、第113条第2款的规定，犯本罪的，应当附加剥夺政治权利，可以并处没收财产。

（二）疑难问题

如何理解分裂国家、破坏国家统一？在国际法意义上，国家应具备以下要素：①定居的人民；②确定的领土；③一定的政府组织；④主权。[1] 就广义而言，行为人将国家的四个要素中的任何一个要素分离出去，都属于分裂国家的行为。但对于分裂国家政权组织、主权的行为，我国刑法已单独规定了罪名，即颠覆国家政权罪和背叛国家罪。因此，本罪中的分裂国家应是指将我国的领土或居民分离出去的行为。本罪的客体是国家的统一，而国家的统一包括两个基本要素，即国家领土的完整统一和各民族的团结。因此，从本罪客体的角度看，也可以得出本罪中的分裂国家包括分裂领土和分裂民族两个方面内容的结论。分裂领土，就是将我国的某一区域从我国领土上分裂出去，脱离中央政府的领导，制造地方“独立”的割据局面，建立所谓“独立王国”。分裂民族，就是挑拨民族关系，制造民族矛盾和民族分裂，破坏民族团结统一。

就广义而言，分裂国家的行为就是破坏国家统一的行为，分裂国家是破坏国家统一的手段，破坏国家统一则是分裂国家的一种特殊形式或结果。在1979年刑法中并没有“破坏国家统一”的规定，1997年刑法增加了这一规定。该规定有其特定的含义，即是指对国家实现统一的活动和进程进行阻挠、破坏，意图使国家不能实现统一的行为。

二、间谍罪

（一）基本法理

1. 间谍罪的概念和构成要件。间谍罪，是指参加间谍组织、接受间谍组织及其代理人任务，或者为敌人指示轰击目标的行为。

本罪的构成要件是：

（1）本罪的主体是一般主体，包括中国公民、外国人和无国籍人。

（2）本罪的主观方面是故意。故意的内容因行为方式不同而不完全相同：参加间谍组织的人必须明知是间谍组织而参加；接受间谍任务的人必须明知是间谍组织或者其代理人派遣的任务而接受；指示轰击目标的人必须明知对方是敌人而向其指示轰击目标，但行为人不论实施何种行为，都必须明知自己的行为会发生危害国家安全的结果，并且希望或者放任这种结果的发生。如果确实不知道是间谍组织而实施了加入行为或者帮助其做了某些事情，则行为人主观上属于过失，不构成本罪。

（3）本罪的客观方面表现为三种形式：①参加间谍组织。间谍组织，是指外国政府或者境内外敌对势力建立的以收集我国情报、进行颠覆破坏活动等方式危害我国国家安全与利益的组织。是否属于间谍组织，由国家安全机关认定。参加间谍组织，是指通过某种程序或渠道成为间谍组织成员的行为。②接受间谍组织或者其代理人的任务。间谍组织的代理人，是

---

〔1〕 参见周鲠生：《国际法》，商务印书馆1981年版，第74页。

指虽然本身不是间谍组织或其成员，但受间谍组织或者其成员的指使、委托、资助，实施或者授意、指使他人实施间谍组织意图的机构（如公司、研究所、论坛等）或者个人（如某些“国际学术会议”的组织者、承办者）。接受间谍组织或者其代理人的任务，是指接受间谍组织或者其代理人的命令、派遣、指使、委托、收买，为间谍组织实施除指示轰击目标以外的各种危害我国国家安全的行为，如刺探、收集我国秘密、情报，破坏我国设施，煽动抗拒国家法律的实施，离间我国公民与政府的关系等。至于是否实施了接受的任务以及接受任务之人是否间谍组织的成员，均不影响本罪的成立。③为敌人指示轰击目标，即为军事侵略我国的敌对势力提供有关我国国家安全的重大军事设施、建设工程、城市等目标的行为。此种行为的实施，不以参加间谍组织或者接受间谍组织及其代理人的任务为前提。这种行为一般发生在战前或者战后、交战期间。“敌人”，既包括处于军事及政治对抗状态下的敌对国或者敌方，也包括敌视我国政权和社会制度的敌对势力和敌对组织。“指示”，包括用各种手段向敌人明示所要轰击的目标，如发电报、发传真、打电话、写信、点火堆、放信号弹、直接去敌营中告知甚至通过卫星等高科技手段，以使敌人能够准确地打击我方目标。这里的“轰击目标”，可以是军事设施所在地、武装力量所在地、国家机关所在地，可以是工厂、学校、医院所在地，也可以是重要建筑物的所在地等。至于所指示的轰击目标是否准确，敌人是否实施了轰击行为，轰击是否命中目标，均不影响为敌人指示轰击目标的成立。行为人只要实施上述三种行为之一的，就可构成间谍罪。

间谍罪是行为犯，以法定行为的实施完毕作为既遂的标志。间谍罪的三种行为方式的既遂标准各不相同。对于参加间谍组织的行为，以加入间谍组织，成为间谍组织的成员为既遂；对于接受间谍组织及其代理人任务的行为，以接受为既遂；对于为敌人指示轰击目标的行为，以将轰击目标的相关信息传送到指示者或相关人员或机构为既遂。

（4）本罪的客体是中华人民共和国的国家安全，包括内部安全和外部安全。

2．间谍罪的相关界限。

（1）本罪与非罪的界限。行为人是否具有危害中华人民共和国国家安全的故意，并实施了危害我国国家安全的具体间谍行为，是区分本罪与非罪界限的基本依据。因此，对于那些在间谍组织中从事一般性勤杂、医务、传达等单纯行政性事务工作，而未履行加入间谍组织手续，也未进行任何间谍活动的，不能以本罪论处。对于因被胁迫或受欺骗被拉进间谍组织而并未实行危害国家安全的犯罪活动的，也不能以本罪论处。对于向间谍组织写挂钩信案件中罪与非罪的界限，主要应以信中的内容为根据：行为人向间谍组织写信只是为了骗取钱财，或寻找出国门路，或发泄不满情绪的，不能认定为犯罪；只有信件的内容涉及提供国家秘密、情报等间谍活动，才能构成间谍罪。此外，还应当注意行为是否属于“情节显著轻微、危害不大”的情形。比如，对于受胁迫而从事间谍活动，在其中所起的作用不大的，就不能以本罪论处。

（2）本罪与背叛国家罪的界限。本罪中为敌人指示轰击目标的行为涉及危害国家的军事安全的问题。但这种危害国家军事安全的行为与背叛国家罪中危害军事安全的行为并不相同。具体表现在：①从主体上看，本罪的主体是一般主体，中国公民、外国人和无国籍人都可以成为本罪的主体，而背叛国家罪的主体只能是中国公民，且通常是在党和国家机构中具有较高地位和较大政治影响的人，普通公民一般没有实施背叛国家行为的能力和条件；②本罪中的为敌人指示轰击目标一般是在战争期间或战争状态下实施的，其危害是局部性的，而背叛国家罪中的危害国家军事安全主要是勾结外国，发动对我国的侵略战争，其危害是全局性的。显然，勾结外国，发动对我国的侵略战争的危害性更大。

（3）本罪与投敌叛变罪的界限。二者都是危害国家安全的犯罪，都与境外有联系，但二者有明显的区别：①犯罪主体不同。本罪的主体既可以是中国公民，也可以是外国人或无国籍人，而后者的主体是中国公民。②犯罪客观方面不同。本罪的行为方式包括参加间谍组织、接受间谍组织及其代理人的任务以及为敌人指示轰击目标，而后者则表现为投降敌人或投奔敌人。可见，本罪的行为人所效力的既可以是敌对国家或势力，也可以不是敌对国家或势力；而后者的行为人所效力的只能是敌人。

（4）本罪与叛逃罪的界限。二者的主要区别是：①犯罪主体不同。本罪的主体是一般主体，而后者的主体是特殊主体，即国家机关工作人员和掌握国家秘密的国家机关人员。②客观行为表现不同。本罪在客观上表现为参加间谍组织、接受间谍组织及其代理人的任务或者为敌人指示轰击目标，而后者在客观上则表现为在履行公务期间，擅离岗位，叛逃境外或者在境外叛逃，危害我国国家安全的行为。如果行为人叛逃后，又参加间谍组织，或者接受间谍组织及其代理人的任务的，则应当实行数罪并罚。

3. 间谍罪的刑事责任。根据《刑法》第110条、第113条第1款的规定，犯本罪的，处10年以上有期徒刑或者无期徒刑；情节较轻的，处3年以上10年以下有期徒刑；对国家和人民危害特别严重、情节特别恶劣的，可以判处死刑。根据《刑法》第56条第1款、第113条第1款的规定，犯本罪的，应当附加剥夺政治权利，可以并处没收财产。

（二）疑难问题

1. 如何理解间谍罪客观要件的内容？关于本罪客观要件的内容问题，有人指出，由于规定本罪的《刑法》第110条没有明确规定危害国家安全的具体内容，因此，将条文中的“危害国家安全”理解为通过参加间谍组织或者接受间谍组织及其代理人的任务危害国家安全，缺乏依据。本条中的“危害国家安全”不仅包括参加间谍组织或者接受间谍组织及其代理人的任务，而且包括执行间谍组织及其代理人安排的任务。将接受间谍组织及其代理人安排的任务作为本罪的构成要件内容，将对该任务的执行排除在本罪构成要件的内容之外，是不符合本罪的立法逻辑的。本罪中的“接受间谍组织及其代理人的任务”包含执行所接受的间谍组织及其代理人的任务，否则对间谍罪的最高刑不会规定为死刑。[1]

我们认为，《刑法》第110条中的“危害国家安全的”的规定是对间谍行为本质特征及其危害性的揭示，[2] 并不能包含“执行间谍组织及其代理人安排的任务”这一内容。执行间谍组织及其代理人安排的任务属于具体的间谍活动。间谍活动对国家的安全带来严重的危害，所以，法律有必要将间谍行为规定为犯罪予以打击。但是，法律对于间谍罪进行规定并不意味着必须将各种间谍活动作为间谍罪的构成要件。一方面，由于间谍活动具有广泛性，法律不可能将各种间谍活动都具体规定。同时，间谍活动的实施往往会触犯其他犯罪，如煽动分裂国家罪，煽动颠覆国家政权罪，为境外窃取、刺探、收买、非法提供国家秘密、情报罪等。既然在刑法中有相应的规定对这些犯罪予以评价，也就没有必要在本罪中对间谍活动予以规定，以避免造成法条内容上的交叉重复。另一方面，由于间谍活动具有严重的危害国家安全的性质，该活动的实施或完成会极大地危害到我国的国家安全。所以，从其危害性考虑，法律就有必要对间谍活动的前行行为予以打击，即只要有参加间谍组织或者接受间谍组织及其代理人的任务的行为，即使未实施具体的间谍活动，也构成犯罪。参加间谍组织或者

---

〔1〕 参见王作富主编：《刑法分则实务研究》（第3版），中国方正出版社2007年版，第43页。

〔2〕 实际上，凡间谍行为必然会危害到国家安全，不危害国家安全的间谍行为不可能存在。《刑法》第110条所规定的三种间谍行为本身就已经直接危害了国家安全。

接受间谍组织及其代理人的任务并非间谍活动本身，但这种行为与间谍活动具有明显的因果关系，是间谍活动的前行行为。把该行为规定为间谍罪客观构成要件的内容，就能够有力地预防和打击间谍活动。[1] 而将《刑法》第110条中的“危害国家安全的”理解为包含“执行间谍组织及其代理人安排的任务”这一内容，则显然无端地增加了本罪客观构成要件的行为要素，也与周全地保护国家安全的立法意图相背离。本罪的法定最高刑被规定为死刑，是基于严厉惩治犯罪的需要，而不能由此得出实施具体的间谍活动是成立本罪的必要条件的结论。

2. 如何把握间谍罪的罪数问题？本罪的罪数问题主要表现为：行为人参加了间谍组织，作为间谍从事其他危害国家安全的行为而触犯其他罪名的，或者行为人接受间谍组织或者其代理人的任务，并进而实施该种任务，从而触犯其他罪名的，是构成一罪，还是构成数罪。对此，理论上存在不同的认识：第一种观点认为，参加间谍组织或接受间谍组织或者其代理人的任务，进而实施其他危害国家安全犯罪行为的，属于交叉关系的法条竞合，应按重法优于轻法的原则处理。[2] 第二种观点认为，只要行为人实施了参加间谍组织或接受间谍组织及其代理人任务的行为，便具备了间谍罪的构成且既遂的要件。至于行为人参加间谍组织后是否从事间谍活动或接受任务后，是否实施派遣任务或完成程度，对其间谍罪的成立且既遂不存在影响。因此，行为人参加间谍组织后或接受任务后再实施的派遣任务中的有关危害社会的行为，应是一个独立的行为。符合有关犯罪构成要件的，便构成相应的犯罪。行为人基于两个犯罪故意，客观上实施了两个独立的行为，符合两个罪的犯罪构成，因此，行为人应依法构成数罪，实行并罚。[3] 第三观点认为，参加间谍组织后又实施刺探、窃取、收买、非法提供国家秘密或情报的行为，或者进行其他破坏活动的，或者在接受外国间谍组织或其代理人派遣的任务后进一步实施完成任务的行为又触犯了其他罪名的，属于牵连犯，应按间谍罪一罪从重处罚。[4]

我们认为，成立法规竞合的前提是存在一个犯罪行为。而在参加间谍组织或接受间谍组织及其代理人的任务后实施任务的行为触犯其他罪名的场合，实施任务的行为独立于参加间谍组织、接受间谍组织或者其代理人的任务这两种间谍行为之外，不属于这两种间谍行为的表现，因而具有独立的评价意义，而不能包容在间谍行为中进行处罚。因此，上述第一种观点是不能成立的。第二种观点正确地认识到实施任务行为的独立评价意义，但忽视了这种行为与前行行为之间的因果关联，因而也是不妥的。应当看到，行为人参加间谍组织或接受间谍组织及其代理人任务的目的，就是为了从事间谍活动，危害中华人民共和国的国家安全。这样，行为人在参加间谍组织或接受间谍组织及其代理人的任务后必然要实施完成任务的行为，这二者之间存在原因行为与结果行为的牵连关系。由于间谍罪的法定最高刑是死刑，根据牵连犯从一重处断的原则，对此种牵连关系按间谍罪从重处罚，并不会出现罚不当罪的情况，且也符合犯罪行为的整体情况。所以，第三种观点是妥当的。

---

〔1〕 参见于志刚主编：《危害国家安全罪》，中国人民公安大学出版社1999年版，第327～328页。

〔2〕 参见周振想主编：《中国新刑法释论与罪案》（上），中国方正出版社1997年版，第600页。

〔3〕 参见郭立新、黄明儒主编：《刑法分则适用典型疑难问题新释新解》，中国检察出版社2006年版，第19页。

〔4〕 参见高铭暄、马克昌主编：《刑法学》（第3版），北京大学出版社、高等教育出版社2007年版，第375页。

三、为境外窃取、刺探、收买、非法提供国家秘密、情报罪

（一）基本法理

1．为境外窃取、刺探、收买、非法提供国家秘密、情报罪的概念和构成要件。为境外窃取、刺探、收买、非法提供国家秘密、情报罪，是指为境外的机构、组织或个人窃取、刺探、收买、非法提供国家秘密或者情报的行为。

本罪的构成要件是：

（1）本罪的主体是一般主体，中国公民、外国公民或无国籍人均可以构成本罪。

（2）本罪的主观方面是故意，包括直接故意和间接故意。如果行为人不是出于故意，而是由于过失泄露了国家秘密，情节严重的，应以过失泄露国家秘密罪定罪处罚。行为人知道或者应当知道没有标明密级的事项关系国家安全和利益，而为境外窃取、刺探、收买、非法提供的，依照本罪定罪处罚。[1]

（3）本罪的客观方面表现为为境外的机构、组织、个人窃取、刺探、收买、非法提供国家秘密或情报的行为。本罪的法定行为方式为窃取、刺探、收买或非法提供。所谓"窃取"，是指采取各种非法手段秘密取得国家秘密或者情报，如偷拍、偷录、盗窃等。所谓"刺探"，是指通过各种途径和手段非法探知国家秘密或者情报。所谓"收买"，是指行为人以给予金钱、财物或其他物质性利益的方法非法得到国家秘密或情报。所谓"非法提供"，是指掌握国家秘密或情报的人，将其非法出售、交付、告知不应知悉该秘密或情报的人。行为人只要实施上述四种行为之一的，即成立本罪。根据《保守国家秘密法》第21条的规定，在对外合作中经国家有关部门审批，有限度地公开某些国家秘密，与合作方互换、交流情报、资料的，是合法的执行职务的行为，不属于非法提供。

（4）本罪的客体是国家安全。犯罪对象是国家秘密或情报。"国家秘密"，是指《保守国家秘密法》第2、8条及《保守国家秘密法实施办法》第4条所确定的事项，即关系国家安全和利益，依照法定程序确定，在一定时间内只限一定范围内的人员知悉的事项。国家秘密分为绝密、机密、秘密三级。情报，是指关系国家安全和利益，尚未公开或者依照有关规定不应公开的事项。[2]

2．为境外窃取、刺探、收买、非法提供国家秘密、情报罪的相关界限。

（1）本罪与非罪的界限。在区分本罪与非罪的界限时，应重点从以下两个方面考虑：①行为所针对的对象是否属于国家秘密、情报。如果资料已经公开，或者虽未被公众所知但政府并未对此采取任何预防保护措施，则个人对自己所合法掌握的资料的运用，就不构成犯罪。②行为人是否明知对方是境外的机构、组织、人员，是否明知行为对象是国家秘密或情报。如果行为人并不知道对方是境外机构、组织、人员，或者不知道行为对象是国家秘密或情报，或者对二者均无认识，则不能构成本罪。比如，如果行为人误将境外人员当作境内人员而向其非法提供国家秘密或情报，便不能以本罪论处；如果构成其他犯罪（如故意泄露国家秘密罪），应依照其他犯罪追究刑事责任。另外，虽然刑法对本罪的成立没有提出情节上的要求，但不能一概忽略情节在本罪定罪中的意义。如果综合全案情况，认定行为属于"情节显著轻微、危害不大"的情形，便应不以本罪论处。

---

〔1〕参见2001年1月17日最高人民法院《关于审理为境外窃取、刺探、收买、非法提供国家秘密、情报案件具体应用法律若干问题的解释》第5条。

〔2〕参见2001年1月17日最高人民法院《关于审理为境外窃取、刺探、收买、非法提供国家秘密、情报案件具体应用法律若干问题的解释》第1条第1、2款。

（2）本罪与间谍罪的界限。二者的区别主要表现在行为方式和故意内容上。①本罪的客观行为方式是为境外的机构、组织或人员窃取、刺探、收买、非法提供国家秘密或者情报，而后者的行为方式是参加间谍组织或者接受间谍组织及其代理人的任务，或者为敌人指示轰击目标；②本罪的故意内容表现为明知是国家秘密或情报且明知对方是境外机构、组织、人员，而为其窃取、刺探、收买、非法提供国家秘密或者情报，而后者的故意内容表现为明知对方是间谍组织而参加、明知是间谍组织及其代理人的任务而接受或者明知对方是敌人而为其指示轰击目标。

（3）本罪与非法获取国家秘密罪的界限。二者都涉及窃取、刺探、收买国家秘密的行为，因而容易混淆。二者的主要区别是：①故意内容不同。构成本罪，在主观上要求行为人不仅明知是国家秘密或情报，而且明知对方是境外的机构、组织、人员，而构成后者，在主观上要求行为人明知是国家秘密。②客观方面不同。本罪的客观方面表现为为境外的机构、组织、人员窃取、刺探、收买、非法提供国家秘密或情报的行为，而后者的客观方面则表现为以窃取、刺探、收买的方式非法获取国家秘密的行为。据此，如果行为人意图为境外机构、组织、人员提供国家秘密而实施了非法获取国家秘密的行为，应以本罪论处。如果行为人窃取、刺探、收买国家秘密，不是为境外机构、组织、人员提供，而是为境内的机构、组织、人员提供或者为了供自己使用，则应按后者论处。③犯罪客体不同。本罪的客体是国家安全，而后者的客体是国家保密制度。④犯罪对象范围不尽一致。本罪的对象包括国家秘密和情报，而后者的对象仅限于国家秘密。

3. 为境外窃取、刺探、收买、非法提供国家秘密、情报罪的刑事责任。根据《刑法》第111条、第113条第1款的规定，犯本罪的，处5年以上10年以下有期徒刑；情节特别严重的，处10年以上有期徒刑或者无期徒刑；情节较轻的，处5年以下有期徒刑、拘役、管制或者剥夺政治权利；对国家和人民危害特别严重、情节特别恶劣的，可以判处死刑。根据《刑法》第56条第1款、第113条第2款的规定，犯本罪的，应当附加剥夺政治权利，可以并处没收财产。根据2001年1月17日最高人民法院《关于审理为境外窃取、刺探、收买、非法提供国家秘密、情报案件具体应用法律若干问题的解释》第2、3条的规定，为境外窃取、刺探、收买、非法提供国家秘密或者情报，具有下列情形之一的，处5年以上10年以下有期徒刑，可以并处没收财产：①为境外窃取、刺探、收买、非法提供机密级国家秘密的；②为境外窃取、刺探、收买、非法提供3项以上秘密级国家秘密的；③为境外窃取、刺探、收买、非法提供国家秘密或者情报，对国家安全和利益造成其他严重损害的。“情节特别严重”，是指具有下列情形之一的：①为境外窃取、刺探、收买、非法提供绝密级国家秘密的；②为境外窃取、刺探、收买、非法提供3项以上机密级国家秘密的；③为境外窃取、刺探、收买、非法提供国家秘密或者情报，对国家安全和利益造成其他特别严重损害的。实施上述“情节特别严重”的行为，对国家和人民危害特别严重、情节特别恶劣的，可以判处死刑。“情节较轻”，是指为境外窃取、刺探、收买、非法提供秘密级国家秘密或者情报。

（二）疑难问题

1. 如何理解和认定本罪中的境外机构、组织、个人？“境外机构”，是指中华人民共和国边境以外的国家或地区的官方机构，如政府、军队及其所设置的机构、分支机构或者代表机构，包括在中国境内的分支机构，如外国驻我国的大使馆、领事馆及办事处等。“境外组织”，是指中华人民共和国边境以外的国家或地区的政党、社会团体以及其他企业事业单位及其在中国境内的分支组织。“境外个人”，是指不隶属任何境外机构、组织的境外人员，包括外国公民、无国籍人。根据《国家安全法实施细则》，境内人员也包括居住在我国境内不具有我国国籍的人。

关于境外机构、组织、个人的认定，有两个问题值得研究：

(1) 境外机构、组织、个人是否必须是我国境外的国家或地区的非间谍性质的机构、组织、人员。对此，有的教材持肯定的意见。[1] 我们认为，将境外机构、组织、个人作出非间谍性质的限制，是不妥的。这种意见实际上认为，如果行为人明知对方是间谍性质的境外机构、组织或人员而为其窃取、刺探、收买、非法提供国家秘密、情报的，就应以间谍罪论处。[2] 但这样的认定是没有法律根据的。因为这种行为并不属于《刑法》第110条规定的间谍行为。当然，如果行为人参加境外的间谍组织或者接受间谍组织及其代理人的任务后，为执行间谍任务，而为该间谍组织窃取、刺探、收买、非法提供国家秘密、情报的，则另当别论。在这种场合，参加间谍组织或者接受间谍组织及其代理人任务的行为与为完成间谍任务而为该间谍组织窃取、刺探、收买、非法提供国家秘密、情报的行为之间具有紧密的联系，二者分别属于牵连犯中的原因行为和结果行为，分别符合间谍罪和为境外窃取、刺探、收买、非法提供国家秘密、情报罪的构成要件。根据牵连犯的从一重处断原则，最终应以间谍罪论处。有的观点认为，参加间谍组织或者接受间谍组织及其代理人任务后为完成间谍任务所实施的行为是参加间谍组织或接受任务后必然实施的行为，是参加间谍组织或接受派遣任务行为的延伸，将其作为间谍行为不是没有可能性。[3] 但是，从法律规定看，参加间谍组织或者接受间谍组织及其代理人任务与为完成间谍任务所实施的行为并不能混为一谈，前者属于间谍罪中的间谍行为，而后者则是间谍罪达到既遂后又实施的行为。

我们认为，凡是为境外机构、组织、人员窃取、刺探、收买、非法提供国家秘密、情报的，无论对方是否属于间谍组织或人员，也不论行为人是否明知对方是间谍组织或人员，均应以本罪论处。比如，某甲为了金钱多次主动向某国驻华使馆提供情报。当该驻华使馆人员要求其加入间谍组织时，行为人才意识到其实际上是在为该间谍组织提供情报。对此，应以本罪论处，而不能以间谍罪论处。其实，即使某甲明知其是在为境外间谍组织提供情报，由于其提供情报行为是主动实施的，也不能以间谍罪论处。如果行为人参加境外间谍组织或接受境外间谍组织及其代理人的任务后，又实施了为其窃取、刺探、收买、非法提供国家秘密或情报的行为的，或者为了给敌人指示轰击目标而实施上述行为的，则应以间谍罪论处。

(2) 台、港、澳是否属于"境外机构、组织、个人"中的"境外"？最高人民法院刑法修改小组于1989年3月《关于刑法分则修改的若干问题（草稿）》中提出了对台、澳、港如何称谓的问题。由于台、港、澳是中华人民共和国领土不可分割的一部分。如果行为人与台、港、澳敌对势力相勾结，危害中华人民共和国安全的，则不能说是勾结外国，背叛国家的行为。为此，需要对上述这种行为作出专门规定。后来，立法机关在背叛国家罪的条文中增加了"与境外机构、组织、个人相勾结"的内容。据此，背叛国家罪中的"境外"应特指台、港、澳地区。而为境外窃取、刺探、收买、非法提供国家秘密、情报罪中的境外则不限于外国，即不仅包括中华人民共和国边境以外的国家和地区，而且包括港、澳、台地区。尽管港、澳地区已经回归祖国，我国政府已经有效地对之行使主权，但在港、澳地区，中央人民政府只负责国防、外交事务，其余皆按港、澳的原则办理，大陆的法律不在港、澳实施。因此，虽然从政治空间的角度而言，港、澳地区不属于境外，但在法律上仍然可以把其

---

〔1〕 参见高铭暄、马克昌主编：《刑法学》（最新修订），中国法制出版社2007年版，第394～395页。

〔2〕 参见李希慧主编：《刑法各论》，中国人民大学出版社2007年版，第37页。

〔3〕 参见高铭暄、马克昌主编：《中国刑法解释》（上卷），中国社会科学出版社2005年版，第953页。

视为境外。况且，《中华人民共和国刑法》实施的空间范围是中国大陆境内，将该法中的为境外窃取、刺探、收买、非法提供国家秘密、情报罪中的境外限制解释为中国大陆境外，也是有道理的。

2. 对通过互联网将国家秘密或情报非法发送的行为，应如何定性？根据2000年1月17日最高人民法院《关于审理为境外窃取、刺探、收买、非法提供国家秘密、情报案件具体应用法律若干问题的解释》第6条的规定，通过互联网将国家秘密或者情报非法发送给境外的机构、组织、个人的，依照本罪定罪处罚；将国家秘密通过互联网予以发布，情节严重的，依照故意泄露国家秘密罪或过失泄露国家秘密罪定罪处罚。

四、其他犯罪

（一）背叛国家罪

背叛国家罪，是指中国公民勾结外国或者与境外机构、组织、个人相勾结，危害中华人民共和国的主权、领土完整和安全的行为。

根据《刑法》第102条第1款、第113条第1款的规定，犯本罪的，处无期徒刑或者10年以上有期徒刑；对国家和人民危害特别严重、情节特别恶劣的，可以判处死刑。根据《刑法》第56条第1款、第113条第2款的规定，犯本罪的，应当附加剥夺政治权利，可以并处没收财产。

（二）煽动分裂国家罪

煽动分裂国家罪，是指煽动他人分裂国家、破坏国家统一的行为。与分裂国家罪相比，本罪对国家安全的威胁不具有直接性，是否会对国家安全产生侵害或威胁具有不确定性。也正是因为如此，该罪的法定刑才明显低于分裂国家罪的法定刑。

根据《刑法》第103条第2款、第106条的规定，犯本罪的，处5年以下有期徒刑、拘役、管制或者剥夺政治权利；对首要分子或罪行重大者，处5年以上有期徒刑。与境外机构、组织、个人相勾结实施本罪的，从重处罚。根据《刑法》第56条第1款、第113条第2款的规定，犯本罪的，应当附加剥夺政治权利，可以并处没收财产。

（三）武装叛乱、暴乱罪

武装叛乱、暴乱罪，是指组织、策划、实施武装叛乱或者武装暴乱的行为。

根据《刑法》第104、106条、第113条第1款的规定，犯本罪的，对首要分子或者罪行重大的，处无期徒刑或者10年以上有期徒刑；对国家和人民危害特别严重、情节特别恶劣的，可以判处死刑。对积极参加的，处3年以上10年以下有期徒刑；对其他参加的，处3年以下有期徒刑、拘役、管制或者剥夺政治权利。策动、胁迫、勾引、收买国家机关工作人员、武装部队人员、人民警察、民兵进行武装叛乱或者武装暴乱的，依照上述规定从重处罚。与境外机构、组织、个人相勾结实施本罪的，从重处罚。根据《刑法》第56条第1款、第113条第2款的规定，犯本罪的，应当附加剥夺政治权利，可以并处没收财产。

（四）颠覆国家政权罪

颠覆国家政权罪，是指组织、策划、实施颠覆国家政权、推翻社会主义制度的行为。

根据《刑法》第105条第1款、第106条的规定，犯本罪的，对首要分子或者罪行重大的，处无期徒刑或者10年以上有期徒刑；对积极参加的，处3年以上10年以下有期徒刑；对其他参加的，处3年以下有期徒刑、拘役、管制或者剥夺政治权利。与境外机构、组织、个人相勾结实施本罪的，从重处罚。根据《刑法》第56条第1款、第113条第2款的规定，犯本罪的，应当附加剥夺政治权利，可以并处没收财产。

（五）煽动颠覆国家政权罪

煽动颠覆国家政权罪，是指以造谣、诽谤或者其他方式煽动颠覆国家政权，推翻社会主义制度的行为。

根据《刑法》第105条第2款、第106条的规定，犯本罪的，处5年以下有期徒刑、拘役、管制或者剥夺政治权利；首要分子或者罪行重大的，处5年以上有期徒刑。与境外机构、组织、个人相勾结实施本罪的，从重处罚。根据《刑法》第56条第1款、第113条第2款的规定，犯本罪的，应当附加剥夺政治权利，可以并处没收财产。

（六）资助危害国家安全犯罪活动罪

资助危害国家安全活动罪，是指境内外机构、组织或者个人资助境内组织或者个人实施特定的危害国家安全犯罪的行为。特定的危害国家安全犯罪包括背叛国家罪、分裂国家罪、煽动分裂国家罪、武装叛乱、暴乱罪、颠覆国家政权罪以及煽动颠覆国家政权罪。

根据《刑法》第107条的规定，犯本罪的，处5年以下有期徒刑、拘役、管制或者剥夺政治权利；情节严重的，处5年以上有期徒刑。根据《刑法》第56条第1款、第113条第2款的规定，犯本罪的，应当附加剥夺政治权利，可以并处没收财产。

（七）投敌叛变罪

投敌叛变罪，是指中国公民背叛国家、投奔敌对营垒，或者在被捕、被俘后投降敌人，危害中华人民共和国国家安全的行为。

根据《刑法》第108条、第113条第1款的规定，犯本罪的，处3年以上10年以下有期徒刑；情节严重或者带领武装部队人员、人民警察、民兵投敌叛变的，处10年以上有期徒刑或者无期徒刑；对国家和人民危害特别严重、情节特别恶劣的，可以判处死刑。根据《刑法》第56条第1款、第113条第2款的规定，犯本罪的，应当附加剥夺政治权利，可以并处没收财产。

（八）叛逃罪

叛逃罪，是指国家机关工作人员或者掌握国家秘密的国家工作人员在履行公务期间，擅离岗位，叛逃境外或者在境外叛逃，危害中华人民共和国国家安全的行为。

根据《刑法》第109条的规定，犯本罪的，处5年以下有期徒刑、拘役、管制或者剥夺政治权利；情节严重的，处5年以上10年以下有期徒刑；掌握国家秘密的国家工作人员犯本罪的，从重处罚。根据《刑法》第56条第1款、第113条第2款的规定，犯本罪的，应当附加剥夺政治权利，可以并处没收财产。

（九）资敌罪

资敌罪，是指在战时供给敌人武器装备、军用物资资助敌人的行为。

根据《刑法》第112条、第113条第1款的规定，犯本罪的，处10年以上有期徒刑或者无期徒刑；情节较轻的，处3年以上10年以下有期徒刑；对国家和人民危害特别严重、情节特别恶劣的，可以判处死刑。根据《刑法》第56条第1款、第113条第2款的规定，犯本罪的，应当附加剥夺政治权利，可以并处没收财产。

【思考题】

1. 1997年刑法为什么将“反革命罪”修改为“危害国家安全罪”？
2. 如何理解分裂国家罪与背叛国家罪的区别？
3. 如何理解“分裂国家、破坏国家统一”的含义？

4. 如何理解为境外窃取、刺探、收买、非法提供国家秘密、情报罪与间谍罪的区别?
5. 如何理解间谍罪客观行为的内容?

【参考文献】

1. 于志刚主编:《危害国家安全罪》,中国人民公安大学出版社 1999 年版。
2. 高铭暄、马克昌主编:《中国刑法解释》(上卷),中国社会科学出版社 2005 年版。
3. 王作富主编:《刑法分则实务研究》(第 3 版上),中国方正出版社 2007 年版。

第二十六章　危害公共安全罪

【导语】公共安全是指多数人的生命、健康和公私财产的安全。近年来，随着社会政治、经济和文化的全球化，公共安全概念的外延不仅逐渐扩大，而且成动态的发展趋势。无论从本章在我国刑法中所处的地位，还是这类犯罪的主观恶性、危害结果或者导致一定危险状态的结果上看，危害公共安全罪都是普通刑事犯罪中危害性较大的犯罪。本章共有29个条文，其中包括刑法修正案增加的第120条之一、第135条之一和第139条之一，涉及45个罪名，其中包括没有拆解的选择式罪名。由于本章所涉及的个罪中，涵盖了行为犯、举动犯、结果犯、结果加重犯、情节犯和危险犯诸多既遂形态，以及未遂与中止的未完成形态，使犯罪形态的认定成为本章的疑难问题之一；同时，本章中突出的法定共同犯罪与非立法规定的多种形式的共同犯罪的相互交织，使共同犯罪的认定也成为本章比较突显的疑难问题。鉴于本章涉及罪名较多，本章仅选择其中放火罪，失火罪，投放危险物质罪，破坏交通工具罪，组织、领导、参加恐怖组织罪，劫持航空器罪，非法制造、买卖、运输、邮寄、储存枪支、弹药、爆炸物罪，非法持有、私藏枪支、弹药罪，交通肇事罪，重大责任事故罪，不报、谎报安全事故罪11种犯罪进行阐述。

本章的疑难问题主要有：①如何区分放火罪既遂与未遂的界限？②如何认定放火罪的罪数？③如何认定失火罪的罪数？④投放危险物质罪与其他犯罪在何种情况下发生竞合？⑤投放危险物质罪与相关犯罪是否存在牵连关系？⑥如何理解投放危险物质罪的停止形态？⑦破坏刑法规定以外交通工具的行为能否认定为本罪？⑧如何区分破坏交通工具罪的预备、未遂和既遂？⑨如何认定破坏交通工具罪的一罪与数罪？⑩如何认定恐怖组织？⑪如何界定恐怖活动？⑫如何界定组织、领导、参加恐怖活动组织罪与共同犯罪和犯罪集团的界限？⑬如何确定劫持航空器罪的刑事管辖权？⑭如何区分劫持航空器罪的既遂与未遂？⑮如何区分劫持航空器罪的一罪与数罪？⑯如何认定非法制造、买卖、运输、邮寄、储存枪支、弹药、爆炸物罪的共同犯罪？⑰如何认定非法制造、买卖、运输、邮寄、储存枪支、弹药、爆炸物罪的一罪与数罪？⑱如何认定非法持有、私藏枪支、弹药罪的既遂与未遂？⑲非法持有、私藏枪支、弹药罪在何种情况下存在共犯情形？⑳如何认定非法持有、私藏枪支、弹药罪的一罪与数罪？㉑如何理解交通肇事后逃逸？㉒如何理解"因逃逸致人死亡"的规定？㉓如何认定交通肇事罪中其他人员的共犯问题？㉔如何区分"不报、谎报"与"拖延不报"？㉕如何认定不报、谎报安全事故罪的共同犯罪？㉖如何认定不报、谎报安全事故罪的一罪与罪数？

■第一节　危害公共安全罪概述

一、危害公共安全罪的概念

危害公共安全罪，是指故意或者过失地实施危害不特定多数人的生命、健康或者重大公私财产安全的行为。危害公共安全罪严重破坏社会治安秩序，危害和威胁着公民的生命、健康和财产的安全，因而是社会危害性和危险性较大的一类犯罪，在《刑法》分则体系中处于仅次于危害国家安全罪。

二、危害公共安全罪的构成要件

1. 犯罪主体。危害公共安全罪的主体，既有一般主体，又有特殊主体，单位亦可构成本类罪主体。本章的大多数犯罪由一般主体构成，即年满16周岁具有刑事责任年龄的人构成，如破坏交通工具罪、劫持航空器罪和组织、领导、参加恐怖组织罪等；另有部分犯罪虽然也由一般主体构成，但却放宽了对行为人年龄的限制，即根据《刑法》第17条的规定，已满14周岁，不满16周岁的未成年人，对本章中的放火、爆炸、投放危险物质罪，[1] 应当负刑事责任。本章少数犯罪由特殊主体构成，即只有具备从事特定业务或具有特定职务的人员才能实施本类犯罪，如不报、谎报安全事故罪的主体为负有报告职责的人员。此外，本章有些罪可由或只能由单位构成，如非法制造、买卖、运输、储存危险物质罪，既可以由单位构成，也可以由个人构成，而工程重大安全事故罪则只能由建设单位、设计单位、施工单位、工程监理单位构成本罪。

2. 犯罪主观方面。危害公共安全罪的主观方面可以是故意，也可以是过失。就故意而言，本章罪的故意罪过形式有些只能由直接故意构成，如组织、领导、参加恐怖活动组织罪；有些罪的故意罪过形式中既包括直接故意，也包括间接故意，如放火罪、投放危险物质罪。就过失而言，本章罪较为突出的特点是在危害公共安全类罪中有较多的犯罪是由主观过失构成，如交通肇事罪和重大责任事故罪，其中既包括过于自信的过失，也包括疏忽大意的过失。

3. 犯罪客观方面。危害公共安全罪的客观方面表现为实施了危及公共安全或者足以危及公共安全的严重后果的行为。

首先，危害公共安全的行为既可以以作为的方式实施，也可以是不作为，如对于破坏交通工具罪，只能以行为人积极的作为才能实施此罪；而对于铁路运营安全事故罪，行为人由于违反保障铁路运行安全管理的各种规章制度，未按时扳道岔致使火车发生倾覆、出轨和撞车事故，就是以不作为方式构成的铁路运营安全事故罪。

其次，由于本类犯罪侵害的对象是特定种类的物或者不特定人员，实施危害公共安全的行为所造成的危害后果往往是犯罪分子无法控制，即使危害结果尚未发生，实施危害公共安全的犯罪行为亦有极大的可能造成人身或者财产的重大损失。因此本类犯罪的客观方面既包括已经造成实际损害结果的行为，也包括虽未造成实际的损害结果，但却足以危害不特定多数人的生命、健康和重大公私财产安全的行为。如破坏交通工具罪，行为人使用各种手段对正在使用中的交通工具实施破坏，必将导致或者足以使交通工具发生倾覆、毁坏危险，造成公私财产和人身的重大损失或者伤亡。因此，本类犯罪的一个突出特点是犯罪行为尚未造成严重后果，但只要其足以造成危害公共安全的危险，就构成犯罪既遂。不过，过失危害公共安全的犯罪，法律明文规定以造成严重后果作为犯罪构成的必要要件。

4. 犯罪客体。危害公共安全罪侵害的客体是不特定的多数人的生命、健康和重大公私财产的安全。侵害不特定的多数人的生命、健康和财产就是对社会公共安全的侵害，这一点也是本类罪侵害客体的突出特点，即极大的客观危害性和危险性。所谓“不特定”，具有相对性，首先，相对于其他犯罪直接侵害的具体的人以及人员的数量而言，本类犯罪的对象具

---

[1] 根据2001年12月29日第九届全国人民代表大会常务委员会第二十五次会议通过的《中华人民共和国刑法修正案（三）》将《刑法》第114条规定的“投毒罪”改为“投放危险物质罪”。

有不特定性；其次，相对于危害结果而言，即使犯罪行为人主观上有直接追求或者希望侵害的特定对象，但其行为导致的危害结果往往相对于其犯罪对象的特定性而言是不特定的，如行为人为泄私愤，以爆炸被害人居住房屋的方法企图杀害被害人，虽然犯罪对象是特定的，但是由于行为人所采取的爆炸方法导致在房屋内共同生活的被害人其他家庭成员，甚至导致邻居的房屋遭到炸毁，导致邻居家庭成员伤亡等不特定人员的生命、健康受到损害。类似的不特定性同样发生在诸如放火罪、决水罪、投放危险物质罪、破坏交通工具罪等本章其他罪中。但是，如果犯罪行为明确指向特定的人身或财产，而不危害多数人的生命、健康和重大公私财产的安全，则不构成危害公共安全罪，而应根据其侵犯的客体，分别构成侵犯人身权利或者侵犯财产的犯罪。此外，危害公共安全罪的客体大多为复杂客体，既包括公私财产的损害，也包括公民生命和健康的危害。

三、危害公共安全罪的种类

根据《刑法》分则第二章第114条至第139条以及刑法修正案新增的3个条文规定，危害公共安全罪共有29个条文，45个罪名。本章犯罪具体可以划归五类：

第一，采用危险方法危害公共安全的犯罪，包括放火罪，失火罪，决水罪，过失决水罪，爆炸罪，过失爆炸罪，投放危险物质罪，过失投放危险物质罪，[1] 以其他危险方法危害公共安全罪和过失以其他方法危害公共安全罪。

第二，通过破坏公共设备、设施危害公共安全的犯罪，包括破坏交通工具罪，过失损坏交通工具罪，破坏交通设施罪，过失损坏交通设施罪，破坏电力设备罪，过失损坏电力设备罪，破坏易燃易爆设备罪、过失损坏易燃易爆设备罪，破坏广播电视设施、公用电信设施罪，过失损坏广播电视设施、公用电信设施罪。

第三，通过实施恐怖活动危害公共安全的犯罪，包括组织、领导、参加恐怖组织罪，资助恐怖活动罪，[2] 劫持航空器罪，劫持船只、汽车罪，暴力危及飞行安全罪。

第四，违反有关枪支、弹药、爆炸物及危险物质管理危害公共安全的犯罪，包括非法制造、买卖、运输、邮寄、储存枪支、弹药、爆炸物罪，非法买卖、运输危险物质罪，违规制造、销售枪支罪，盗窃、抢夺枪支、弹药、爆炸物、危险物质罪，抢劫枪支、弹药、爆炸物罪，[3] 非法持有、私藏枪支、弹药罪，非法出租、出借枪支罪，丢失枪支不报罪，非法携带枪支、弹药、管制刀具、危险物品危及公共安全罪。

第五，因重大责任事故危害公共安全的犯罪，包括重大飞行事故罪，铁路运营安全事故罪，交通肇事罪，重大责任事故罪，重大劳动安全事故罪，举办大型群众活动肇事罪，[4] 危险物品肇事罪，工程重大安全事故罪，教育设施重大责任事故罪，消防责任事故罪，不

〔1〕 根据2001年12月29日第九届全国人民代表大会常务委员会第二十五次会议通过的《中华人民共和国刑法修正案（三）》将《刑法》第115条规定的“过失投毒罪”改为“过失投放危险物质罪”。

〔2〕 根据2001年12月29日第九届全国人民代表大会常务委员会第二十五次会议通过的《中华人民共和国刑法修正案（三）》新增的罪名。

〔3〕 根据2001年12月29日第九届全国人民代表大会常务委员会第二十五次会议通过的《中华人民共和国刑法修正案（三）》将原“盗窃、抢夺枪支、弹药、爆炸物罪，抢劫枪支、弹药、爆炸物罪”改为“盗窃、抢夺枪支、弹药、爆炸物、危险物质罪”和“抢劫枪支、弹药、爆炸物、危险物质罪”。

〔4〕 根据2006年6月29日第十届全国人民代表大会常务委员会第二十二次会议通过的《中华人民共和国刑法修正案（六）》第3条新增加的罪名。

报、谎报安全事故罪。[1]

■第二节 危害公共安全罪分述

一、放火罪

（一）基本法理

1. 放火罪的概念和构成要件。放火罪，是指故意放火焚烧公私财物，危害公共安全的行为。

本罪的构成要件是：

（1）本罪的主体为一般主体。由于本罪的社会危害性较大，我国《刑法》第17条第2款明确规定，已满14周岁不满16周岁的人犯放火罪应当承担刑事责任。所以，本罪的主体是年满14周岁的具有刑事责任能力的自然人。

（2）本罪在主观方面是故意，既可以是直接故意，也可以是间接故意。行为人明知自己的行为会导致公私财物的燃烧，形成火灾，危及公共安全，并且希望或者放任这种结果的发生。至于犯罪的动机是出于报复泄愤，还是毁灭证据等均不影响本罪的成立。

（3）本罪在客观方面表现为实施放火焚烧公私财物的行为。所谓放火，是指用各种方法点燃目的物或者引发既存危险火源，导致公私财物的燃烧。放火既可以用作为的方式实行，如用引燃物将焚烧目的物点燃；也可以用不作为的方式实行，如电气设备维修工明知电气设备受损，有引起火灾的危险，却故意不加修理，以致引起火灾的行为。需要指出的是，以不作为方式实行的放火罪，行为人必须负有防止火灾发生的义务。此外，由于放火行为的具有即时性，即一旦点燃，行为便瞬间完成，即使危害结果尚未发生，也足以使公共安全处于危险状态，因此，只要行为人"着手"，即构成本罪。

（4）本罪的客体是公共安全。本罪的对象是泛指公共安全的公私财物。[2] 由于本罪的实施往往通过点燃一定的物体或者物质引发火灾，因此，这里的公共安全既包括公私财产的安全，也包括与特定物体相关联的不特定或者多数人员的安全。如《日本刑法》第108条规定放火罪的对象包括"现供人居住或者现有人在内的建筑物"、第109条规定"现非供人居住而且现无人在内的建筑物、船舰或者矿井"。对于放火焚烧自己或者家庭所有的房屋或者其他财物，无论是出于保险诈骗或者其他任何目的，只要足以引起火灾、危及公共安全，也构成本罪。《日本刑法》第110条亦规定焚烧属于自己所有之物也构成放火罪。《德国刑法》第308条同样规定，不论被焚烧物属于他人所有或者行为人自己所有，按其性质及位置，足以延烧到"礼拜集会用的建筑物"、"居住用的建筑物、船舶或者房舍"等场所或者他人物品之一的，构成放火罪。

2. 放火罪的相关界限。

（1）本罪与故意杀人罪界限。在司法实践中，本罪往往以直接引燃特定对象，虽然在火灾中有可能导致他人死亡，但与故意杀人罪致人死亡不同，应成为本罪的结果加重犯。但是，如果行为人采用放火的方法达到杀人的犯罪目的，如为了杀人而对其住宅放火，由于行

---

〔1〕根据2006年6月29日第十届全国人民代表大会常务委员会第二十二次会议通过的《中华人民共和国刑法修正案（六）》第4条新增加的罪名。

〔2〕根据2001年12月29日第九届全国人民代表大会常务委员会第二十五次会议通过的《中华人民共和国刑法修正案（三）》的规定删除了1997年《刑法》所列举的诸如工厂、矿场和森林等具体犯罪对象。

为人以特定的个人作为犯罪对象，并不危害公共安全，如行为人以杀人的故意放火焚烧一座独立的院落，应以故意杀人罪论处。如行为人的放火行为导致周围毗邻的房屋遭到焚烧，已经危及公共安全的，行为人的行为不仅触犯了杀人罪，同时也触犯了放火罪，属于想象竞合犯，应按一重罪处罚，一般应定为本罪。

（2）本罪与保险诈骗罪的界限。保险诈骗罪是指保险人、被保险人、受益人故意虚构保险标的，或者对已发生的保险事故编造虚假的原因或夸大损失程度，编造未曾发生的保险事故，或者故意制造保险事故，骗取数额较大的保险金的行为。如行为人把公私财产投保后，用放火的方法烧毁财产，制造保险事故来骗取保险金等。此时，区分是本罪还是其他犯罪，关键要看放火行为是否足以威胁到公共安全。如果为杀人等目的而实施的放火行为足以危及公共安全，属于想象竞合犯，应按一重罪处罚，一般应认定为本罪；反之，如果放火行为不足以危及公共安全，则应按故意杀人罪等处理。至于是否足以危害公共安全，则要在综合考查犯罪对象的性质、作案的时间、地点等具体情况后作出判断。

（3）本罪与故意毁坏财物罪的界限。故意毁坏财物罪，是指故意毁灭或者损坏公私财物，数额较大或者有其他严重情节的行为。由于放火行为往往不仅造成公私财物的损坏，更多情况下还会发生毁灭，因而在犯罪对象和客观方面的表现上与故意毁坏财物罪容易混淆。如果放火行为仅仅造成特定财物的毁损而并未危及公共安全的，行为人的行为只构成故意毁坏财物罪；如果放火行为同时危及公共安全，但行为人对其放火行为可能发生危及公共安全的结果没有预见或者已经预见而轻信能够避免，以致危害结果发生，同时触犯了失火罪与故意毁坏财物罪，属于想象竞合犯，应当从一重罪处断，以失火罪论处；如果行为人明知其放火焚烧特定公私财物的行为可能引起火灾，致不特定多数人伤亡或者使不特定公私财产遭受重大损失，为了追求毁坏公私财物的目的而放任结果的发生，导致公私财产遭受重大损失，则同时触犯了本罪和故意毁坏财物罪，属于想象竞合犯，应当从一重罪处断，以本罪定罪。

（4）本罪与毁坏国家重点保护植物罪的界限。毁坏国家重点保护植物罪是指违反森林法的规定，非法毁坏珍贵树木或者国家重点保护的其他植物的，[1] 如果行为人放火毁坏珍贵林木或者国家重点保护的其他植物的行为并不足以危害公共安全，就只能以毁坏国家重点保护植物罪论处；如果放火毁坏珍贵林木或者其他国家重点保护的植物的行为已经危及公共安全，但行为人对危害公共安全的结果持过失心态，则同时触犯了毁坏国家重点保护植物罪与失火罪，属想象竞合犯，应从一重罪处断，以失火罪论处；如果放火毁坏珍贵林木或者其他国家重点保护的植物的行为已经危害公共安全，行为人主观上又放任危害公共安全的结果发生，则同时触犯了毁坏国家重点保护植物罪和本罪，属想象竞合犯，从一重罪处断，以本罪论处。

3．放火罪的刑事责任。对放火罪的处罚，《刑法》分两种不同情况分别作出了规定：①犯放火罪，尚未造成严重后果的，依照《刑法》第114条和《刑法修正案（三）》第1条的规定，处3年以上10年以下有期徒刑。这里“尚未造成严重后果的”包括两种情形：一是行为人的犯罪行为尚未产生任何后果，但由于放火罪属于危险犯范畴，其行为后的现实状况表明已经存在发生严重后果的可能性；二是危害结果已经发生，但是尚未达到致使公私财产遭受重大损失的程度，或者不特定多数人伤亡的结果。②犯放火罪致人重伤、死亡或者使公私财产遭受重大损失的，依照《刑法》第115条和《刑法修正案（三）》第2条的规定，

---

〔1〕 根据2002年12月28日第九届全国人民代表大会常务委员会第三十一次会议通过的《中华人民共和国刑法修正案（四）》第6条对1997年《刑法》该条的规定予以修改。

处10年以上有期徒刑、无期徒刑或者死刑。这里的“致人重伤、死亡或者使公私财产遭受重大损失的”,[1] 是选择式的加重结果，犯罪行为只要导致上述三种危害结果之一的，即可依照本条的规定处罚。

（二）疑难问题

1. 如何区分放火罪既遂与未遂的界限？关于放火罪的既遂和未遂的标准，理论上有物质毁损说、效用毁损说、公共危险说、独立点燃说等多种观点。但是就本罪既遂和未遂的标准而言，应当以行为人的犯罪行为是否齐备了《刑法》分则条文规定的放火罪全部构成要件为标准，而不以行为人的犯罪目的是否得以实现为标准。特别是由于放火罪属于危险犯范畴，在犯罪构成上，只要行为人实施了法定的放火行为，足以危害公共安全的就构成放火罪的既遂。如果行为人正要点火或者刚刚点燃，因客观原因未能引燃目的物或者正在点燃即被抓获，属于放火罪未遂。

2. 如何认定放火罪的罪数？由于放火罪侵害的客体是不特定的多数人的生命、健康和公私财产，因此，在司法实践中往往发生认定放火罪的一罪与数罪问题。如上所述的犯罪行为人以放火行为作为犯罪手段实施杀人或者保险诈骗等犯罪行为，关键是审查犯罪行为是否危及不特定的多数人的生命、健康或者公私财产等公共安全，如果危及公私财产、不特定多数人的生命和健康，或者已经造成重大损失的，应视为想象竞合犯，定放火罪。如果犯罪分子在实施其他犯罪后用放火的方法焚毁罪迹、掩盖罪行，此时仍要看放火行为本身是否对公共安全构成威胁，如果使公共安全处于危险状态或者实际发生了损害，则应以行为人实际所实施的犯罪和放火罪实行数罪并罚。反之，如果犯罪人消灭罪迹的放火行为不足以危害公共安全，按所犯的罪处罚。

二、失火罪

（一）基本法理

1. 失火罪的概念和构成要件。失火罪，是指行为人由于过失引起火灾，造成严重后果，危害公共安全的行为。

本罪的构成要件是：

(1) 本罪的主体是一般主体。根据我国刑法的规定，本罪的主体是年满16周岁具有刑事责任能力的自然人。

(2) 本罪在主观方面只能由过失构成。可以是疏忽大意的过失，也可以是过于自信的过失，即行为人应当预见自己的行为会造成危害公共安全的火灾后果，由于疏忽大意而没有预见，或者虽然预见，但轻信能够避免，以致引起火灾，造成危害公共安全的严重后果。同时需要说明的是，这里的过失主要是指行为人违反注意的义务，对造成致人重伤、死亡或者公私财物发生重大损失的严重结果存在过失的心理态度。如行为人故意违反禁火或者限制使用明火的规定，属于“明知故犯”型的行为，并不希望、追求甚至放任火灾结果的发生。

(3) 本罪在客观方面表现为过失引起火灾，并且已经造成致人重伤、死亡或者公私财产重大损失的严重后果。如果仅仅有失火行为，没有造成严重后果的，不构成犯罪。由于失火罪是典型的过失犯罪，因此，该罪在客观方面要求必须具备实际危害公共安全造成严重后果的要件。如果虽然引起一定物体的燃烧，但没有造成人员伤亡或者公私财物重大损失，或者

---

[1] 根据2001年5月9日国家林业局、公安部《关于森林和陆生野生动物刑事案件管辖及立案标准》第2条第6款的规定，凡故意放火造成森林或者其他林木火灾的都应当立案；过火有林地面积2公顷以上为重大案件；过火有林地面积10公顷以上，或者致人重伤、死亡的，为特别重大案件。

虽然造成损失，但并未达到刑法规定的重大程度，亦不满足失火罪所需要的客观方面要件。此外，不作为也可构成失火罪。

（4）本罪的客体是公共安全。既可以是不特定多数人的生命和健康安全，也可以是公私财产。犯罪对象通常是指公私财产，而不特定的多数人则是由于失火行为所波及的受害对象。

2. 失火罪的相关界限。

（1）本罪与非罪的界限。失火行为是否构成犯罪，区分的标准分别为：①行为人主观上是否存在过失。行为人主观上既无故意，也无过失，其行为不构成本罪。②行为人的行为与火灾的发生是否具有一定的因果联系。现实生活中存在自然灾害引起火灾等现象，如果是自然灾害引发的火灾，则与行为人的行为不具有一定的因果关系，因缺乏构成本罪的主体要件，因此不存在犯罪的问题。③行为人的行为是否造成严重后果。如果失火行为尚未发生严重后果，则不构成本罪。

（2）本罪与放火罪的界限。本罪与放火罪之所以易于混淆，主要是本罪中的过于自信的过失和放火罪中的间接故意主观心态不易区别。过于自信的失火是行为人认识到自己的行为可能会引发火灾，但轻信火灾不会发生，因而造成严重后果；间接故意的放火则是行为人认识到自己的行为具有发生火灾的危险性，仍然实施其行为，对危害结果的发生持无所谓的态度，导致危害结果的发生。二者区别的关键一是看行为人对火灾的认识程度，本罪中的过失是认识到火灾的可能性，而放火罪中的间接故意是认识到火灾的危险性，应该说放火罪中行为人的认识程度要高于失火罪中行为人的认识程度；二是看行为人主观上对火灾后果的心理态度，如果行为人明知自己的行为会引起火灾，而放任火灾发生，就应定放火罪。反之，行为人虽然已预见到会发生而轻信能够避免以致引起火灾，就应当定本罪。在个别情况下，本罪也可以转化为放火罪，即如果由于失火而引起火灾的危险能够及时扑灭，但故意不扑灭而任其燃烧的，失火行为就转化为放火行为。比如，一仓库保管员去仓库取货时，因停电而点燃火柴照明，无意中未熄灭的火柴引燃库里存放的棉花。该保管员知道如果不及时救助会引起大火，却害怕自己被烧伤而离去，以致仓库被烧毁。对此案中的保管员应以放火罪论处。

（3）本罪与其他重大事故罪的界限。在现实生活中，往往出现行为人在违反日常生活中或者特别业务领域由于不正确使用火，或者没有尽到注意的义务导致发生火灾的情形，这种情形要求在司法实践中准确界定本罪和其他重大责任事故罪。日本刑法对此则细化为使用爆炸物罪、业务上失火罪和重过失失火罪等，即只要过失引发火灾均可纳入失火罪中。由于我国刑法有专门的罪名规定重大责任事故罪、消防责任事故罪和危险物品肇事罪等具体规定，因此失火导致的重大危害结果构成本罪与重大责任事故、消防责任事故罪和危险物品肇事罪不同。重大责任事故罪，是在生产、作业场所由于过失引起重大火灾的。认定为重大责任事故罪的关键在于该过失行为与生产、作业活动有紧密的关系。即行为人是在生产、作业的过程中由于违反安全管理的规定，因而酿成重大火灾事故的，故应认定重大责任事故罪。消防责任事故罪则是行为人是拒不按照消防监督机构的通知采取改正措施而造成火灾等严重后果，因而按照消防责任事故罪处理。至于危险物品肇事罪是指火灾是由于在危险物品的生产、存储、运输、使用中，违反爆炸性、易燃性、放射性、毒害性、腐蚀性物品的管理规定而引起，在这种情况下，行为实际上同时触犯了危险物品肇事罪和本罪，其中危险物品肇事罪属于特殊规定，因而应认定危险物品肇事罪。

3. 失火罪的刑事责任。对本罪的处罚，根据《刑法》第115条第2款的规定，犯本罪的，处3年以上7年以下有期徒刑；情节较轻的，处3年以下有期徒刑或者拘役。这里的

"情节较轻的"，具有一定相对性，①相对于行为人的年龄和弱化的刑事责任能力；②行为人的主观恶性以及在火灾发生后所采取的积极补救行为；③相对于造成的损害结果而言，如根据2001年5月9日国家林业局、公安部《关于森林和陆生野生动物刑事案件管辖及立案标准》第2条第7款的规定，失火造成森林火灾，过火有林地面积2公顷以上，或者致人重伤、死亡的应当立案；过火有林地面积10公顷以上，或者致人死亡、重伤5人以上的为重大案件；过火有林地面积为50公顷以上，或者死亡2人以上的，为特别重大案件。

（二）疑难问题

如何认定失火罪的罪数？有些情况下，本罪往往并非孤立地发生，在导致火灾发生的情形中，行为人先前的行为或者其后行为产生了罪数认定问题。如行为人在实施盗窃过程中过失引发火灾，危害公共安全，致人重伤、死亡或者使公私财产遭受重大损失的情形。如果行为人在尚未离开盗窃现场时已经发现其行为引发的火情，且能迅速补救而不补救，放任火情扩大，致人重伤、死亡或者使公私财产遭受重大损失的，行为人对此就更抱有间接故意的心态，应以盗窃罪和放火罪数罪并罚。如果行为人虽然离开现场，在发现火情后，认为扩大的可能性不大，以致造成致人重伤、死亡或者使公私财产遭受重大损失的结果出现，行为人对该结果持有过失的心态，因而构成盗窃罪和失火罪，实行数罪并罚。反之，如果行为实施盗窃后逃离犯罪现场，因其他因素导致现场发生火灾，且火灾的发生与行为人的行为没有因果关系，对行为人的行为只认定盗窃罪。

三、投放危险物质罪

（一）基本法理

1. 投放危险物质罪的概念和构成要件。投放危险物质罪，是指故意投放毒害性、放射性、传染病病原体等物质毒物，危害公共安全的行为。投放危险物质罪是《刑法修正案（三）》第1条对《刑法》第114条和第115条第1款投毒罪进行修改，2002年3月15日最高人民法院、最高人民检察院《关于执行〈中华人民共和国刑法〉确定罪名的补充规定》将投毒罪的罪名修改为"投放危险物质罪"。

本罪的构成要件是：

（1）本罪的主体是一般主体。根据《刑法》第17条的规定，已满14周岁不满16周岁的人犯投毒罪应当承担刑事责任。所以，本罪的主体是年满14周岁的自然人。

（2）本罪在主观方面是故意。即行为人明知自己投放危险物质的行为会发生危害不特定的多数人的生命、健康或者重大财产的损害，并且希望或放任这种结果发生。至于犯罪动机如何不影响本罪的成立。根据2003年5月13日最高人民法院、最高人民检察院通过的《关于办理妨害预防、控制突发传染病疫情等灾害的刑事案件具体应用法律若干问题的解释》第1条规定，患有突发传染病或者疑似突发传染病而拒绝接受检疫、强制隔离或者接受治疗，过失造成传染病传播，情节严重，危害公共安全的，按照过失以危险方法危害公共安全罪定罪处罚。

（3）本罪在客观方面表现为犯罪人实施了投放危险物质的行为。本罪的犯罪工具应该是毒害性、放射性和传染病病原体等有害物质，日本刑法还特别强调包括对人体健康有害的"细菌"。[1] 所谓毒害性物质，是指基于化学作用，能够导致有机体死亡或者伤害的有机物或者无机物的总称，如砒霜、氯化钾、剧毒农药等有毒物质。所谓放射性物质，是指能发出

---

〔1〕 参见［日］大谷实：《刑法各论的重要问题》（下），立花书房1985年版，第38页。

射线的物质，人、畜或者植物受大剂量照射后，引起放射性损伤，直至死亡的物质，这类物质大体包括低比活度放射性物质、表面污染物体、可裂变物质、特殊形式放射性物质和其他形式放射性物质。所谓这些物质既包括气体，也包括液体和固体物质。所谓传染病病原体（也可称之为“病原物”或者“病原生物”），是指能够引起疾病的微生物和寄生虫的统称，因为这类微生物或者寄生虫具有传播范围的广泛性和易感染性，故将投放这类物质统称为传染病病原体。此外，对传染病病原体的理解还应参考《传染病防治法》规定的甲类传染病、乙类传染病和丙类传染病所界定的病原体范围。所谓投放，①将危险物质投放于供不特定或多数人饮食的食品或饮料中；②将危险物质投放于供人、畜等使用的河流、池塘、水井等人员或者财产集中的场所；③释放危险物质，如将沙林、传染病病原体释放于一定场所。此外，投放危险物质必须出现危害公共安全的结果，或者足以危及公共安全。至于危险物质的来源，无论是盗窃、抢夺、抢劫，还是自行配制均不影响本罪的成立，但为了获得危险物质而实施其他行为构成犯罪的，应按其所实施的具体犯罪与本罪数罪并罚。但是，故意使用危险物质杀害特定个人或特定牲畜的，不构成本罪。

（4）本罪的客体是公共安全。本罪的犯罪对象在《刑法修正案（三）》出台后，删除了具体的犯罪对象，泛指不特定的或者多数人的生命、健康，以及数量较大的牲畜、家禽、人工养殖的水产等。投放危险物质的场所包括群众的生活区、劳动区、河流、水源、农场、谷场和牧场等人群或者公私财产集中的场所。

2. 投放危险物质罪的相关界限。

（1）本罪与非罪的界限。本罪与非罪的界限主要是考察投放危险性物质的行为是否危及公共安全。如果投放的危险物质不可能危害公共安全，就属于一般的违法行为，如农村村民为防止自己的农作物遭到盗窃或者动物毁坏，在农作物上喷洒农药等刑法规定的危险物质，由于行为人的主观恶性轻，虽然导致一定危害结果发生，但尚未危及公共安全的情况，不应视为犯罪，但需要对投放危险物质的农民进行教育或者相应的民事、行政处罚。但是，由于投放危险物质罪属于危险犯而不是结果犯，因此，即使行为人过失实施投放危险物质行为，且发生危害公共安全的后果或者危及公共安全的，应认定其行为构成本罪。

（2）本罪与危险物品肇事罪的界限。本罪，是指违反爆炸性、易燃性、放射性、毒害性、腐蚀性物品的管理规定，在生产、储存、运输、使用中发生重大事故，造成严重后果的行为。两罪的危害结果方面虽有较大的雷同，但是二者在主观心态和客观行为方面均有明显不同：①在主观上，危险物品肇事罪只能由过失构成，而本罪只能是故意；②在客观方面，危险物品肇事罪是在生产、储存、运输、使用危险物品过程中，由于违反危险物品的管理规定而发生的重大事故，而本罪没有任何条件的限制；③危险物品肇事罪的主体是特殊主体；而本罪的主体是一般主体。

（3）本罪与投放虚假危险物质罪的界限。投放虚假危险物质罪，是指投放爆炸性、放射性、毒害性、传染病病原体等物质，严重扰乱社会秩序的行为。该罪是根据《刑法修正案（三）》第8条的规定新增的罪名。两罪的犯罪对象虽然都涉及爆炸性、放射性、毒害性和传染病病原体等物质，但两者明显的区别是，投放虚假危险物质罪所投放的是虚假的物质，在相对于本罪来讲属于工具不能犯，因而该罪并不能在真正意义上危害公共安全，而是扰乱社会秩序，因而该罪侵犯的客体是国家对社会的管理活动和社会管理秩序。

（4）本罪与重大环境污染事故罪的界限。重大环境污染事故罪，是指违反国家规定，向土地、水体、大气排放、倾倒或者处置有放射性的废物、含传染病病原体的废物、有毒物质或者其他危险废物，造成重大环境污染事故，致使公私财产遭受重大损失或者人身伤亡的严重后果的行为。在司法实践中，一些单位和个人违反《环境保护法》的规定，任意向土地、水体、大气排放、倾倒或者处置有放射性的废物、含传染病病原体的废物、有毒物质或者其他危险废物等超过国家规定标准的有害物质，造成的污染环境严重后果的同时也危及不特定多数公民的生命、健康和公私财产的安全，其危害后果往往与本罪相同。但两罪仍有较为明显的区别是：首先，在主观方面，本罪主观上是故意，而重大环境污染事故罪则是过失；其次，在客观方面，本罪是将危险物质投放到用于食用或饮用的特定物品中的行为，而且只要足以危害公共安全，就构成犯罪既遂，而重大环境污染事故罪，是违反国家规定，有意排放超过国家规定标准的有害物质，严重污染环境的行为，而且构成该罪还要求发生严重后果的客观事实。此外，根据2000年11月27日最高人民法院《关于审理破坏野生动物资源刑事案件具体应用法律若干问题的解释》第7条的规定，使用爆炸、投毒、设置电网等危险方法破坏野生动物资源，构成非法猎捕、杀害珍贵、濒危野生动物罪，同时构成《刑法》第114条或者第115条规定之罪的，依照处罚较重的规定定罪处罚。

3. 投放危险物质罪的刑事责任。对本罪的处罚，依照《刑法》第114、115条和《刑法修正案（三）》的规定，尚未造成严重后果的，处3年以上10年以下有期徒刑；致人重伤、死亡或者使公共财产遭受重大损失的，处10年以上有期徒刑、无期徒刑或者死刑。

（二）疑难问题

1. 投放危险物质罪与其他犯罪在何种情况下发生竞合？本罪通常与诸如故意杀人罪、破坏生产经营罪、故意毁坏财物罪等犯罪发生竞合或者数罪的关系，并对司法实践中界定一罪还是数罪提出了挑战。如果行为人采取投放危险物质方法杀人，从而形式上触犯本罪和故意杀人罪的情形，由于行为人主观上是出于杀害特定的个人或者少数人的故意，客观上只实施了一个投放危险物质行为，且犯罪结果没有危及公共安全的，应以故意杀人罪一罪处罚；如果导致危害公共安全的结果发生或者危及公共安全的，则依照想象竞合犯的处断原则，以本罪处罚。如果行为人采取投放危险物质方式残害耕畜，无论持有何种犯罪目的，其行为触犯投放危险物质罪和破坏生产经营罪情形时，如果行为人行为的对象仅仅是耕畜等生产经营活动工具，没有危及公共安全的，则认定为破坏生产经营罪，否则就依照想象竞合犯的处断原则定本罪。如果行为人故意毁坏公私财物，并采取对特定的人或者财物投放危险物质的方法，其行为不足以危害公共安全的，则按照故意毁坏公私财物罪认定，如果其针对特定对象的行为导致危害公共安全结果发生或者危及公共安全的，则构成本罪。

2. 投放危险物质罪与相关犯罪是否存在牵连关系？在司法实践中，本罪常常与生产、销售伪劣商品类罪中的一些犯罪诸如生产、销售假药、劣药罪，生产、销售有毒、有害食品罪等罪，这类犯罪中，行为人往往采取掺杂、掺假或者生产、销售有毒、有害的食品来达到其牟利的目的，不仅破坏了社会主义市场经济秩序，还危害或者危及了不特定多数人的身体健康和生命安全。对于上述情形，无论行为人出于何种目的，凡符合投放危险物质罪构成要件的，均依照牵连犯按“从一重处断”的精神，认定本罪；反之认定为具体实施的犯罪。

3. 如何理解投放危险物质罪的停止形态？由于本罪是危险犯，且不以实际上发生实害性结果作为犯罪成立的要件，即只要行为人实施了投放危险物质的行为并且足以危害公共安全的，即可构成本罪，且属于犯罪完成形态，如果造成严重后果的，则属于结果加重犯。但是，如果行为人已经着手投放危险物质，却由于意志以外的原因未能完成其行为，尚未危及公共安全的则属于未遂。理论上说，危险犯不存在犯罪中止，但是，在实践中，如果行为人在投放危险物质后，采取积极有效的措施消除已存的危险状态，对于本罪本身来讲，其行为已经符合完整的犯罪构成要件，至于其积极消除危险状态的行为可以视为消除犯罪危害结果的悔罪表现；但是如果虽然投放了危险物质，在尚未进入危险状态前，行为人采取积极有效措施消除危险，属于投放危险物质罪中止。为本罪的实施准备工具、创造条件的，属于投放危险物质的预备，在犯罪的预备阶段，由于行为人意志以外的原因未着手实施投放危险物质行为的，属于犯罪预备，基于自己的意志而未着手投放危险物质行为的，则属于预备阶段的中止。

四、破坏交通工具罪

（一）基本法理

1．破坏交通工具罪的概念和构成要件。破坏交通工具罪，是指破坏火车、汽车、电车、船只、航空器，足以使火车、汽车、电车、船只、航空器发生倾覆、毁坏危险，尚未造成严重后果或者已经造成严重后果的行为。

本罪的构成要件是：

（1）本罪的主体是一般主体。即年满16周岁、具有刑事责任能力的自然人。

（2）本罪在主观方面是故意。既可以是直接故意，也可以是间接故意，即行为人明知自己破坏的是正在使用中的交通工具，足以使其发生倾覆、毁坏危险，并且希望或者放任这种结果发生的主观心态。至于行为人出于何种犯罪动机，如泄愤报复、嫁祸于人、贪财图利等均不影响本罪的成立。

（3）本罪在客观方面表现为破坏正在使用中的交通工具，已经或者足以使交通工具发生倾覆或者毁坏危险的行为。所谓倾覆，是指车辆倾倒、颠覆，船只翻沉，航空器坠毁；所谓毁坏，是指烧毁、炸毁、坠毁等完全报废或受到严重破坏的情况。所谓正在使用，既指正在行驶、航行或者飞行过程中的交通工具，而且包括已经交付使用，停放在车库、码头、机场上的车辆、船只和飞机等随时准备从事交通运输任务的交通工具。至于破坏交通工具后是否出现足以发生倾覆、毁坏的危险的情形，主要从两个方面入手：①看被破坏的交通工具是否正在使用期间，只有破坏正在使用中的交通工具，才可能危害到公共安全。如果破坏的是尚未检验出厂或待修、待售及保管之中的交通工具不构成本罪。②看破坏的方法和部位，破坏交通工具的方法多种多样，破坏的部位也可能各不相同，但一般来说，只有那些对交通工具的重要装置或部件进行破坏时，才能构成本罪。如果破坏的只是交通工具的一般性辅助设施，如破坏了汽车的门窗、座椅或者其他不影响汽车正常行驶的辅助部件，不影响行驶安全，不构成本罪。

（4）本罪侵犯的客体是交通运输安全。本罪侵犯的对象，只限于火车、汽车、电车、船只和航空器等大型交通工具。破坏简单的陆用交通工具，如马车、自行车、三轮车、手推车、农用拖拉机等，一般不会造成危害公共安全的严重后果。但如果破坏的对象是用作交通运输的大型拖拉机，足以危害公共安全的，应视为本罪的对象，并以本罪论处。

2．破坏交通工具罪的相关界限。

（1）本罪与非罪的界限。在司法实践中，区分本罪与非罪的关键首先是看行为人主观上是否存在破坏交通工具的故意，这里强调是破坏行为的故意，而非致使交通工具发生倾覆、坠毁等故意，对于危害结果的发生的，行为人是明知并希望或者放任的心里态度。其次是行为人的破坏行为是否指向几种具体交通工具，应该说刑法以列举的方式确定了破坏交通工具罪的犯罪对象，但在司法实践中尚不能仅仅限于刑法规定的交通工具作为定罪的依据，特别是在有些地区，拖拉机还作为主要的交通工具，对拖拉机等农用交通工具的破坏同样会导致不特定多数人的生命、健康和公私财产受到危害。此外，破坏交通工具的行为足以使交通工具发生倾覆、毁坏的危险，危害公共安全的，亦构成本罪。

（2）本罪与放火罪、爆炸罪的界限。本罪与放火罪、爆炸罪同属危害公共安全的犯罪，破坏交通工具罪与放火罪、爆炸罪突出的区别在于犯罪对象的特定性和广泛性。本罪的对象是特定的交通工具，而放火罪、爆炸罪的对象可以是任何物质或者物体，其中涵盖了交通工具。此外，在客观方面，破坏交通工具罪通常以拆卸、打砸、放火或者爆炸等破坏性的行为，如果行为人采取放火或者爆炸的方法实施破坏行为则与放火罪、爆炸罪在客观方面发生想象竞合，按照从一重罪处罚的原则，应认定放火罪或者爆炸罪。

（3）本罪与盗窃罪、故意毁坏财物罪的界限。仅从本罪和盗窃罪、故意毁坏财物罪的构成要件上看，在司法实践中通常易于区分两罪。但是，如果行为人出于占有的目的，盗窃正在使用中的交通工具上的一些重要零部件，或者无论动机如何而毁坏交通工具的，足以使交通工具发生倾覆、毁坏危险，危害公共安全的，此时的秘密窃取行为和毁坏行为便与本罪的客观方面的行为表现发生竞合。在这种情况下，应依照想象竞合犯的“从一重处断”原则，认定其行为构成罪。如果行为人盗窃或者毁坏的是非正在使用中的交通工具上的部件，或者是正在使用中的交通工具上的非重要部件，不足以危害交通运输安全的，则不构成本罪，符合盗窃罪或者故意毁坏财物罪的构成要件的，应以盗窃罪或者故意毁坏财物罪论处。

3. 破坏交通工具罪的刑事责任。对本罪的处罚，根据《刑法》第116条的规定，犯本罪，足以使交通工具发生倾覆、毁坏危险，尚未造成严重后果的，处3年以上10年以下有期徒刑。根据《刑法》第119条的规定，破坏交通工具，造成严重后果的，处10年以上有期徒刑、无期徒刑或者死刑。

（二）疑难问题

1. 破坏刑法规定以外的交通工具的行为能否认定为本罪？从我国《刑法》第116条对交通工具罪中交通工具的明确限制可见，刑法关注的焦点是现代化的大型交通工具，这些交通工具遭到破坏，通常造成难以预料的不特定多数人的伤亡或者公私财产的重大损失，即使仅仅导致危险状态的存在，也足以构成刑法规定的本罪。但是，在司法实践中的交通工具的范围似乎远远宽于刑法规定的范围，如拖拉机、轨道车、汽艇、飞艇、热气球以及港口使用的起重机、公路用的养路筑路机、厂矿用的索道车，上述这些即便用于生产的交通工具如果遭到破坏，同样也会危及不特定多数人的生命和健康以及公私财产的重大损失。如果严格坚持罪刑法定原则，那么破坏正在使用中的刑法规定以外的交通工具的行为，不构成本罪，其行为构成盗窃、故意毁坏财物罪或者其他犯罪的，依照刑法相关条文处罚。但是，从我国城乡差别等多种社会因素角度分析，上述交通工具，特别是大型拖拉机，在某些地区不仅扮演着重要交通工具的角色，而且在速度等功能性方面与刑法规定的交通工具如汽车等并无明显区别，对这种交通工具的破坏，无论从主观上还是客观行为上都符合本罪的构成要件。因此，对破坏刑法规定以外的交通工具应具体问题具体分析，完全符合本罪的，应以本罪处罚，反之，认定为相关的犯罪。

2. 如何区分破坏交通工具罪的预备、未遂和既遂？本罪属于危险犯，不要求实害结果的发生即可构成本罪。即只要行为人实施破坏行为，且该行为足以使交通工具发生倾覆、毁坏的危险，便构成本罪的既遂。如果行为人正要实施破坏行为或者刚刚着手，由于意志以外的原因未实施完毕，应认定为本罪的未遂。

在司法实践中，凡是行为人准备工具、制造条件以实施破坏交通工具的行为，且由于行为人意志之外的原因而未着手实行犯罪的，构成本罪的预备犯；凡是行为人已经着手实施破坏交通工具的行为，只是由于行为人意志以外的原因而使犯罪被迫停止的，则构成本罪的未遂犯；凡行为人已经着手实施破坏交通工具的行为，且已经导致或者足以危害不特定多数人生命、健康，以及公私财产遭受重大损失的行为，构成本罪的既遂。

3. 如何认定破坏交通工具罪的一罪与数罪？在司法实践中，犯罪行为人出于盗窃目的，偷拆交通工具上的零部件的行为往往与本罪在客观方面的表现较为一致。在这种情况下，如果行为人出于非法占有公私财物的目的，秘密窃取库存的或者废置不用的交通工具的重要零部件，则构成盗窃罪一罪；如果行为人出于非法占有公私财物的目的，秘密拆卸正在使用中的交通工具上的主要零部件，破坏交通工具，足以危害公共安全的，属于想象竞合犯，依照本罪处罚而不实行数罪并罚。

五、组织、领导、参加恐怖活动组织罪

（一）基本法理

1. 组织、领导、参加恐怖活动组织罪的概念和构成要件。组织、领导、参加恐怖活动组织罪，是指组织、领导、参加恐怖活动组织的行为。

本罪的构成要件是：

（1）本罪的主体为一般主体。即年满16周岁、具有刑事责任能力的自然人。应该强调的是，由于我国是众多联合国反恐公约的缔约国，为了履行缔约国行使管辖权的义务，本罪属于普遍管辖权管辖范围内的犯罪，因此，本罪的犯罪主体与刑法其他犯罪的主体要件所不同的是，本罪的犯罪主体不仅包括我国公民，而且包括外国人。

（2）本罪在主观方面是故意。即明知是恐怖组织而故意组织、领导、参加。至于行为人是否出于某种特定的动机或者基于追求某种特定的目的，并不影响本罪的成立。恐怖主义行为最初多数确是出于政治目的，但后来的恐怖主义犯罪的实践发展表明，出于非政治目的的恐怖主义犯罪大量发生，如有的出于宗教、民族或种族、社会、经济原因，还有的是出于哲学、意识形态的原因。因此，犯罪目的和动机如何均不影响本罪的成立。如果行为人因不明真相，被骗入了恐怖组织，一旦了解真相即行退出，没有参与实施恐怖行为的，因缺乏主观上的故意而不视为构成本罪。

（3）本罪在客观方面表现为组织、领导、参加恐怖活动组织的行为。所谓组织，是指召集多人为首发起或者实施鼓动、召集、招募、雇佣、拉拢、成立恐怖组织的行为。所谓领导，是指对恐怖组织的成立及其恐怖活动实施策划、指挥和布置的行为，如制订活动计划、布置活动方案、选择犯罪时间、地点和对象，以及人员的安排等使恐怖活动有组织、有计划地进行的行为。所谓参加，是指明知是恐怖组织，仍选择加入的行为。其中“参加”行为，既包括积极参加，也包括其他参加的行为。由于两种参加行为在对恐怖组织和恐怖活动的认识程度、参加行为的主观态度和参与具体活动的程度上有所不同，因而刑法也为其规定了不同的量刑幅度。但是组织、领导、积极参加和其他参加行为选择性的行为，行为人实施上述行为之一的，即可构成本罪；同时实施两种或两种以上行为，仍然构成本罪。

（4）本罪侵犯的客体为公共安全。由于组织、领导和参加恐怖活动组织是以实施恐怖犯罪活动为目的的，且恐怖活动大多以杀人、伤害、爆炸、绑架等暴力恐怖活动方式实施，以达到引起社会恐慌、民众恐惧，从而造成直接或者间接威胁不特定多数人的生命、健康和公私财产的重大损失，严重影响社会的公共安全。

2. 组织、领导、参加恐怖活动组织罪的相关界限。

（1）本罪与组织、领导、参加黑社会性质组织罪的界限。组织、领导、参加黑社会性质组织罪，是指组织、领导和参加以暴力、威胁或其他手段，有组织地进行违法犯罪活动，称霸一方，为非作歹，欺压、残害群众，严重破坏经济、社会生活秩序的黑社会性质组织的行为。本罪与组织、领导、参加黑社会性质组织罪最明显的区别是两个罪所涉及的“组织”的性质不同。本罪中的"组织"是"恐怖活动组织"，而组织、领导、参加黑社会性质组织罪中的"组织"，是黑社会性质的组织，根据根据最高人民法院《关于审理黑社会性质组织犯罪的案件具体应用法律若干问题的解释》的规定，黑社会性质的组织，一般具备以下特征：①组织结构比较紧密，人数较多，有比较明确的组织者、领导者，骨干成员基本固定，有较为严格的组织纪律；②通过违法犯罪活动或者其他经济手段获取经济利益，具有一定的经济实力；③通过贿赂、威胁手段，引诱、逼迫国家工作人员参加黑社会性质的组织活动，或者为其提供非法保护；④在一定区域或者行业范围内，以暴力、威胁、滋扰等手段，大肆进行敲诈勒索、欺行霸市、聚众斗殴、寻衅滋事、故意伤害等违法犯罪活动，严重破坏经济、社会生活秩序。此外，两罪侵犯的客体亦显然不同，本罪侵犯的客体是公共安全，而组织、领导、参加黑社会性质组织罪侵犯的客体是社会治安管理秩序。

（2）本罪与其他犯罪的界限。在司法实践中，本罪通常与其他采取暴力性的有组织犯罪发生混淆，如组织、领导他人实施杀人、绑架或者爆炸犯罪易于与组织、领导和参加恐怖活动组织，并从事杀人、绑架和爆炸犯罪在客观方面的行为方式上相近。如果行为人并非出于制造恐慌、危及公共安全的目的，即便是有共同或者有组织地实施杀人、绑架或者爆炸行为，应根据其行为所触犯的具体刑法条款予以处罚，而不应认定组织、领导、参加恐怖活动罪。

3. 组织、领导、参加恐怖活动组织罪的刑事责任。对本罪的处罚，《刑法》根据不同情况，采取了区别对待的政策。《刑法》第120条明确规定，组织、领导恐怖活动组织的，处3年以上10年以下有期徒刑；积极参加的，处3年以上10年以下有期徒刑；其他参加的，处3年以下有期徒刑、拘役或者管制。该条第2款又规定，犯组织、领导和参加恐怖组织罪并实施杀人、爆炸、绑架等犯罪的，依照数罪并罚的规定处罚。

（二）疑难问题

1. 如何认定恐怖组织？根据国际恐怖组织和我国国内恐怖组织的发展特点及趋势，从维护国家安全、社会稳定的大局出发，在界定恐怖组织时，应注意充分考虑恐怖组织的发展趋势，既要反映本国的实际情况，又要有利于国际反恐合作，同时还要坚持简洁明晰、便于社会了解的原则。在界定恐怖组织时，应考虑以下因素：①人数应至少在3人以上。在人数上必须超过一定的数量才可能称为组织。如果人数为1人自不构成组织；人数为2人的，根据我国国情，也不应当成为组织，否则就会造成一般的共同犯罪与组织犯罪的混淆。事实上，现实生活中的犯罪组织组成人员构成相当复杂，人数的众寡差异很大，一般的犯罪集团人数远远超过了3人这个最低下限，少则几个，多则几十人、上百人乃至万人以上数以千万计，在人数上并没有上限。根据有关材料可知，国外某些具有政治背景的恐怖组织，其人员确实有成千上万的规模。②实施恐怖犯罪活动的目的，是为了恐吓、要挟社会。③客观方面表现为通过实施各种恐怖犯罪活动或者与恐怖犯罪活动相关的行为，制造社会恐怖气氛，危害公共安全、扰乱社会秩序。此外，在界定恐怖组织过程中，不应包括在行为中偶尔使用恐怖手段的组织包括在内。因而，恐怖组织应指由三人或者三人以上组成，以恐吓、要挟社会为目的，实施各种恐怖活动或者资助恐怖活动，制造社会恐怖气氛，危害公共安全的犯罪组织。

2. 如何界定恐怖活动？在司法实践中，在界定本罪，除了界定恐怖组织外，还要明确何为恐怖活动。综观世界各国的立法，对恐怖活动的界定存在两种主要类型：一种以俄罗斯为代表，其恐怖活动含义较宽，以列举的形式涵盖了恐怖活动的各种情况；另一种则以韩国、南非的反恐怖法草案为代表，将恐怖活动与恐怖行为的含义混同。活动是外延非常广阔的一个概念，可以认为是诸多行为的集合体。恐怖活动具体应包括以下内容：①组织、策划、实施恐怖行为的，即恐怖活动不仅仅包含直接实施的危害行为，还包括组织他人直接实施和策划直接实施的行为；②教唆、胁迫、强制、欺骗他人实施恐怖行为的，具体包括行为人通过各种方式唆使他人实施某种恐怖行为，行为人以某种损害相威胁迫使他人实施恐怖行为，行为人依靠力量使他人丧失意志自由的情况下实施恐怖行为，行为人采用虚构事实或隐瞒真相的方法使他人在不知情的情况下实施恐怖行为；③预备实施恐怖行为的，包括为实施恐怖行为准备工具、创造条件等，例如为实施恐怖行为而制造、买卖、运输、储存危险物质等；④明知是恐怖组织、实施恐怖活动的个人而予以资助或提供其他形式帮助的，例如为恐怖组织提供资金，为恐怖活动犯罪收益隐瞒收入来源等；⑤散布恐怖主义观点的，在当前国际形势下，将该行为列为恐怖活动尤其具有现实意义，一些组织或个人披着民族、宗教的外衣，表面上宣传宗教教义，实质则宣传极端思想、暴力思想；⑥组织、领导、参加恐怖组织的，该行为已被规定为犯罪，而且能够同恐怖组织的认定相衔接起来；⑦招募、武装、训练和使用恐怖分子的，该行为虽未直接侵害人身、财产，但本质上具有严重的危害性，属于恐怖活动的一种。

3. 如何界定组织、领导、参加恐怖活动组织罪与共同犯罪和犯罪集团的界限？共同犯罪是指二人以上共同故意犯罪。共同犯罪中既包括聚合性共同犯罪，如武装叛乱、暴乱罪，聚众扰乱社会秩序罪，也包括集团性共同犯罪，即3人以上为共同实施犯罪而组成的较为固定的犯罪组织，这类较为固定的组织的成员之间也有领导与被领导的关系，即有组织者、领导者和参加者，也有较为严密的组织结构。最高人民法院、最高人民检察院和公安部《关于当前办理集团犯罪案件中具体应用法律的若干问题的解答》中分析得知，集团犯罪特征是：①犯罪人数众多，重要成员固定或基本固定；②经常纠集在一起进行一种或数种严重的犯罪活动；③有明显的首要分子；④有计划、有预谋地实施犯罪；⑤社会危害性与危险性严重。当这类组织实施暴力恐怖犯罪时，易于与组织、领导、参加恐怖活动组织罪相混淆。在司法实践中区分的重点是：从组织结构上看，组织、领导、参加恐怖活动组织罪是共同犯罪或者集团犯罪更高形式的有组织犯罪。从组织成员实施的犯罪行为上看，组织、领导、参加恐怖活动组织罪的犯罪行为人或者组织通常出于恐怖主义的目的实施以下犯罪行为，诸如放火、爆炸、决水；投放危险物质、投放虚假危险物质；破坏交通设施、交通工具；劫持航空器、汽车、船只；绑架人质；谋害国务活动家、社会活动家，民族、宗教领袖以及外国、国际组织的代表；编造、故意传播虚假恐怖信息；危害航空器飞行安全、船舶航行安全；破坏大陆架固定平台；非法侵入、破坏计算机信息系统；破坏广播电视设施、公用电信设施。其他致人重伤或者死亡、造成重大财产损失或者以此相威胁的行为。从侵犯的客体上看，组织、领导、参加恐怖活动组织罪侵犯的是公共安全，危及到一个国家的安全和社会的稳定，以及国家的经济发展；而共同犯罪或者集团犯罪侵犯的客体范围要广于组织、领导、参加恐怖活动组织罪，且通常不具有政治目的或者宗教等意识形态方面因素。

六、劫持航空器罪

（一）基本法理

1. 劫持航空器罪的概念和构成要件。劫持航空器罪，是指以暴力、胁迫或者其他方法劫持航空器，危害公共安全的行为。

本罪的构成要件是：

（1）本罪的主体为一般主体。即年满16周岁、具有刑事责任能力的自然人。刑法关于军人违反职责罪在第430条第2款规定：驾驶航空器、舰船叛逃的，或者有其他特别严重情节的，构成军人叛逃罪。至于军人等特殊主体如果不是“驾驶”而是“劫持”航空器叛逃，亦应依照劫持航空器罪认定。

（2）本罪的主观方面是故意，而且必须是直接故意。犯罪目的是强行控制和支配航空器的飞行目的地，而不具有非法占有的目的。至于犯罪的动机多样，如逃避法律制裁，追求境外生活方式等。但犯罪的动机如何不影响本罪的成立。

（3）本罪在客观方面表现为以暴力、胁迫或者其他方法劫持航空器，危害航空运输安全的行为。所谓“暴力”，是指对驾驶员、操作人员、乘务员或者航空器上其他人员实施杀伤、殴打、捆绑、禁闭等强制手段使其不能反抗，被迫服从行为人指挥，或者由行为人亲自驾驶、控制航空器的行为。所谓“胁迫”，是指犯罪分子以毁坏飞机，杀害人质等手段要挟和进行精神恐吓，使航空器上的不敢反抗，而控制航空器的行为。所谓“其他方法”，是指暴力、威胁方法以外的任何其他方法，如使用麻醉药物使机组人员不能抗拒或不知抗拒等方法。所谓“劫持”，是指行为人以暴力、胁迫或其他方法控制航空器的行为。如果行为人没有采用上述劫持手段，而是偷偷地将某航空器开走，则不能以本罪论处。关于被劫持的航空器是否必须正处于飞行中或使用中，各国刑法规定不尽相同。如加拿大 1971 年《刑法》第 76 条（1）规定：“非法地以武力恐吓或其他胁迫之方式，扣押或控制航空器，企图达到下列目的的，为公诉罪，处无期徒刑：A. 违反航空器上人员之意志对其实施拘留或拘禁；B. 迫使航空器上人员非自愿地降落于非预定降落地；C. 以勒索或强迫服务为目的，扣押航空器上的人员；D. 迫使航空器变更其航行计划。”法国刑法典、奥地利刑法典以及英国 1971 年的《反劫机法》和 1973 年的《保护飞机法》，均作了与之相类似的规定。韩国《航空运输安全法》第 8 法规定：“以暴力或威胁手段或以其他方法劫持飞行中之航空器者，处 7 年以上有期徒刑或无期徒刑，因而致人死伤者，处死刑或无期徒刑。”

（4）本罪侵犯的客体为旅客及航空器的安全，即不特定多数人的生命、健康、公私财产以及航空运输的公共安全。

首先，本罪的犯罪对象是航空器，其中主要指飞机。行为人劫持何种用途的航空器，劫持处于何种状态下的航空器才构成本罪，《刑法》未作具体规定。然而，此类犯罪必然发生于特定空间，即航空器内。认定劫持航空器行为是否成立，首先，应明确什么是航空器。根据《芝加哥公约》附件二“空中规则”规定：凡是能够从空气的反作用，而不是从空气对地面的反作用，在大气中获得支持的任何器械，叫作航空器。诸如气球、纸鸢、飞艇、滑翔机和各种飞机等均属于航空器的范畴。事实上，《刑法》中所指的航空器系指民用航空器，且主要是就飞机而言的。因此考虑到国际公约相互衔接以及国内立法发展的趋势，使用航空器的概念更为科学和精确。《刑法》中明确使用“航空器”这一概念，来替代原有的“飞机”的概念，从概念的内涵上作了扩大的解释。其次，劫持何种用途的航空器才构成本罪。根据《关于制止危害民用航空器安全的非法行为的公约》（以下简称《蒙特利尔公约》）的规定，航空器分为民用航空器和国家航空器，凡用于军事、海关或者警察部门的航空器，是国家航空器，国家航空器以外的航空器为民用航空器。同时，根据《关于在航空器内的犯罪和其他某些行为的公约》（以下简称《东京公约》）、《关于制止非法劫持航空器的公约》（以下简称《海牙公约》）和《蒙特利尔公约》三个国际公约的规定，劫持航空器罪不适用于供军事、海关或者警用航空器。虽然劫持国家航空器同样具有严重危害性，但不构成劫持航空器罪。根据 1995 年 10 月 30 日全国人大常委会通过并公布的《中华人民共和国民用航空法》第 5 条的规定，民国航空器，是指除用于执行军事、海关、警察飞行任务外的航空器。目前，我国公共航空运输企业用于运输旅客、行李或者货物的航空器；以及用于从事工业、农业、林业、渔业和建筑业的作业飞机或者从事医疗卫生、抢险救灾、气象探测、海洋监测、科学实验、教育训练、文化体育等方面通用航空的飞行活动的航空器，均为民用航空器的范畴。只有劫持民用航空器的行为，才以劫持航空器罪论，这与立法本意以及我国加入的三个反劫机公约的精神相符合。所以，在司法实践中对此问题更应细加甄别。对于劫持特种用途航空器的行为，则不能以劫持航空器罪论。

其次，本罪的犯罪对象是"飞行中"的航空器。《蒙特利尔公约》第2条将劫持航空器的对象界定为使用中的航空器；《东京公约》第1条第3款界定的是"飞行中"的航空器；《海牙公约》第3条第1款也将劫持航空器的对象界定为"飞行中"的航空器。我国刑法对此无限制。"飞行中"和"使用中"的航空器，应理解为航空器所处的状态相同。根据《东京公约》第1条第3款的规定，所谓"飞行中"是指"从航空器为起飞而启动时起，到着陆滑跑完毕时止。"为了扩大保护范围，《海牙公约》和《蒙特利尔公约》都对"飞行中"的涵义作了扩张解释。《海牙公约》第3条第1款规定，非法劫持航空器行为是在飞行中的航空器上实施的。所谓"飞行中"，是指航空器强迫降落时，在主管当局接管该航空器及其所载人员和财产的责任前。但在现实中，劫持航空器行为，不仅仅是针对飞行中的航空器，而且常常是针对停在地面上的航空器。1971年的《蒙特利尔公约》在《海牙公约》规定的基础上，延展了对危害民用航空安全犯罪行为的适用范围，该公约第2条不仅规定了飞行中的航空器内所犯的罪行，还规定了在使用中的航空器内所犯的罪行应受处罚。所谓"使用中"的航空器，是指从地面或机组为某一特定飞行而对航空器进行飞行前的准备时起，直至降落后24小时止。这样在任何情况下，使用的期间都应包括航空器在飞行中的整个时间。但这里的使用中并非指航空器制成交付使用，或者是在机场、机库待用，而是指一种特定的使用，即用于某一特定飞行使用的航空器。此外，该公约还对一切破坏、损坏航空器和航空设备以及其他危害民用航空器的非法行为作了详细的规定。我国已正式加入这三个国际公约，因而在认定本罪时，应参考国际公约的相关规定，以便更有利地打击此类犯罪。

2. 劫持航空器罪的相关界限。

(1) 本罪与破坏交通工具罪的界限。破坏交通工具罪，是指故意破坏火车、汽车、电车、船只、航空器，足以使其发生倾覆、毁坏危险的行为。两罪侵犯的同类客体相同，直接客体不同。本罪的客体为民用航空运输安全，而破坏交通工具罪的客体是交通运输安全。两者于犯罪主体和主观方面都是相同的，但在犯罪客观方面存有一些差异：①犯罪对象不同。本罪的犯罪对象较破坏交通工具罪的对象在外延上相对狭窄，前者仅于航空器，后者指包括航空器在内的以及火车、汽车、船只等交通工具。《刑法》第116条所列举的交通工具，一般都是大型的、现代化的和承担着大量运输人员、物资任务的交通工具。其交通工具所处的状态，不管是处于运动状态的载人、载物或空载，抑或是静止状态的，对构成该罪毫无影响。而劫持航空器行为大多是发生在处于运动状态的航空器中，至于静止状态的航空器，只有作为特定飞行前准备的航空器，即使用中的航空器，才属于劫持的对象，针对其他静止状态的航空器而实施的行为，不应以本罪论。②犯罪行为的方式不同。法律明确规定劫持航空器行为，必须是以暴力、胁迫或其他方法进行。尽管这些行为手段中隐含有破坏的方法，但该方法是依附于劫持行为的，而不具有独立性。即使造成航空器的毁坏或发生坠落、毁坏的危险，也不构成破坏交通工具罪，仍应以本罪论处。破坏交通工具的方法是多种多样的，但构成该罪，须具备的一个重要条件是，这种破坏行为必须是已经或足以使交通工具发生倾覆或毁坏的危险之方法。③犯罪行为的动机和目的不同。劫持航空器的动机是多种多样的，但其目的是控制航空器的飞行，以实现其最终目的。破坏交通工具是以破坏为动机，并希望使交通工具倾覆、毁损。

（2）本罪与破坏交通设施罪的界限。破坏交通设施罪，是指故意破坏轨道、桥梁、隧道、公路、机场、航道、灯塔、标志或者进行其他破坏活动，已经或者足以使火车、汽车、电车、船只、航空器发生倾覆、毁坏危险的行为。本罪与破坏交通设施罪都是故意犯罪，而且都存在导致或者足以使航空器倾覆、毁坏的后果或者危险，但两罪有明显的区别：首先是犯罪对象不同。破坏交通设施的犯罪对象除了包括航空器外，还包括轨道、桥梁、隧道、公路、机场、航道、灯塔、标志等，而破坏交通设施中的航空器，也应理解为非使用中或者飞行中的航空器，而本罪的犯罪对象是"飞行中"和"使用中"的航空器。其次，两罪在犯罪主观方面的表现也不尽相同。破坏交通设施罪的行为人是想通过破坏交通设施而使航空器等交通工具倾覆、毁坏，而本罪的行为人是希望夺取或控制航空器，却并不希望航空器坠毁。

（3）本罪与暴力危及飞行安全罪的界限。暴力危害飞行安全罪，是指行为人对飞行中的航空器上的人员使用暴力，危及飞行安全的行为。本罪与暴力危及飞行安全罪的突出界限是主观目的上不同。本罪实施暴力、胁迫或其他方法是为了劫持航空器，其中亦包括对航空器上的人员使用暴力，而暴力危及飞行安全罪之暴力方法主要针对航空器上之人员，行为人虽无劫持航空器的目的，但其行为则危及到飞行安全。暴力危及飞行安全罪的行为的具体方式只限于使用暴力，不包括使用其他方法。另外，劫持航空器罪是行为犯，暴力危及飞行安全罪是危险犯。

3. 劫持航空器罪的刑事责任。对于本罪的处罚，根据《刑法》第121条的规定，犯本罪的，处10年以上有期徒刑或者无期徒刑；致人重伤、死亡或者使航空器遭受严重破坏的，处死刑。

（二）疑难问题

1. 如何确定劫持航空器罪的刑事管辖权？本罪是一种国际性犯罪，对于这种犯罪应适用世界多数国家所承认或默许适用普遍管辖原则，即对于某些各国公民公认的普遍地危害国际和平与安全，破坏国际社会良好秩序及危害全人类利益的犯罪，不论罪行发生在哪里，也不论犯罪人具有何国国籍或者没有国籍，各国均有权依据内国刑法对罪犯进行刑事审判和处罚。在我国《刑法》确认普遍管辖原则以前，惩治劫持航空器犯罪行为的法律依据，主要是1987年全国人大常委会作出的《关于对中华人民共和国缔结或者参加的国际条约所规定的罪行行使管辖权的决定》，以及我国已经加入的关于劫持航空器的《东京公约》、《海牙公约》和《蒙特利尔公约》。1997年《刑法》将上述内容予以吸收，并明确规定，对于中华人民共和国缔结或者参加的国际条约所规定的罪行，中华人民共和国在所承担条约义务范围内行使刑事管辖权的，适用本法。只要犯罪人在我国境内，就可以对行为人行使刑事管辖权，并依照我国法律予以惩治。根据《东京公约》、《海牙公约》和《蒙特利尔公约》的规定，以下国家或地区对劫持航空器犯罪均有管辖权：①犯罪地国。《东京公约》规定"罪行在该国领土上具有后果"（第4条），换言之，是以结果发生地国作为犯罪地国。不过，在其后的《蒙特利尔公约》中又规定，"罪行是在该国领土内发生的"（第5条）即具有刑事管辖权。这表明，《蒙特利尔公约》取消了《东京公约》中以犯罪结果发生地国作为犯罪地国标准的做法，而采目前国际上通行的行为发生地、结果发生地及行为影响地国作为犯罪地国。②航空器登记国。《东京公约》第4条与《海牙公约》第5条均规定，如果劫持航空器的"罪行是在该国登记的航空器内发生的"，登记国可以实施管辖权；《蒙特利尔公约》进一步指出，登记国有权对所登记的航空器行使一贯的管辖权，无论是在飞行中还是使用过程中，也无论飞临或降落于何地，登记国始终拥有管辖权（第4条）。③航空器及嫌犯降落地国。《蒙特利尔公约》第5条规定，如发生了犯罪行为的航空器在该国降落时被指称的罪犯仍在航空器内，则嫌疑犯降落地国有权对劫机行为实施管辖。④出现地国或航空器承租人主要营业地国。《海牙公约》第4条与《蒙特利尔公约》第5条均规定，如果劫机罪行是在租来时不带机组的航空器内发生的，而承租人的主要营业地，或如承租人没有这种营业地，则其永久居所地，对劫机行为具有刑事管辖权。⑤普遍管辖原则。从上述规定可见，对劫持航空器犯罪行使管辖权过程中，易于出现管辖权的冲突问题，对此，仍应本着属地优先原则、机籍国次之，积极属人和消极属人，以及普遍管辖的顺序考虑刑事管辖权的有效行使。

2. 如何区分劫持航空器罪的既遂与未遂？解决本罪既遂与未遂问题，应根据刑法基本原理按照犯罪构成的要件来论定。刑法学界对此问题曾一度产生争论。①持目的说者认为，行为人在着手实施劫持行为后，将航空器劫持到其预定的降落地，即为既遂；如未能把航空器劫持到目的地，则为未遂。②主张离境说者提出，行为人实施劫持行为后，所劫航空器已飞离了本国领域，驶入他国领空，则构成既遂；反之，构成未遂。③坚持着手说者主张，只要行为人开始着手实施劫持行为，不论时间长短，不论将航空器劫往何处，均构成既遂；只有在特别情况下，因行为人主观意志以外之原因有得逞的，才属未遂。④控制航空器说者认为，行为人着手实施劫持行为后，已经实际控制了该航空器的，为既遂；未能控制航空器的，视为未遂。[1] 作者赞同着手说的观点。鉴于劫持航空器的行为是一种性质特别严重的危害公共安全犯罪，故应属行为犯，即只要行为人着手实施劫持航空器的行为，就构成该罪的既遂，而不要求具有一定的结果发生。这是当前刑法学界和司法界普遍取得共识的。

首先，本罪是以法定的客观危险状态是否具备作为既遂与未遂区分标志的，属于危险犯之列。《海牙公约》第1条规定："凡在飞行中的航空器内的任何人，用暴力或用暴力威胁，或用任何其他恐吓方式，非法劫持或控制该航空器，或企图从事任何这种行为……即是犯有罪行。"国际公约是以行为人是否实施劫持行为作为区分本罪既遂与未遂标准，并不是以犯罪分子的犯罪目的是否达到或被劫持之航空器是否飞离国境线来衡量本罪是否成立。《刑法》明确规定以暴力胁迫或其他方法劫持航空器的，构成本罪。因此，行为人一旦着手实施劫持行为，犯罪构成全部要件均已齐备。应视为犯罪既遂。如果因行为人意志以外的原因使其未能实施劫持航空器行为的，则应以犯罪未遂论。

其次，就本罪本身而言，采用着手说作为划分既遂与未遂的标准，更能反映其本质特征。行为人实施了劫持行为，就已对公共安全造成实际威胁，这正是本罪的本质特征。故而，以行为人是否着手实施劫持行为作为划分标准是合适的。至于其他诸种说法，因其不符合立法宗旨与本罪的特征，皆不足取法。

3. 如何区分劫持航空器罪的一罪与数罪？行为人在劫持航空器过程中实施了杀人、伤害或破坏航空器的行为，应如何论处？根据《刑法》第121条的规定，应以本罪论。因为，行为人劫持航空器过程中，即使发生致使他人重伤、死亡或使航空器严重毁坏的结果，仍未超出劫持航空器罪的暴力范围，属于劫持行为的一部分，只是造成后果较为严重，应属结果加重犯之列，诸如《刑法》第234条第2款关于伤害罪的规定："犯前款罪，致人重伤的，处3年以上10年以下有期徒刑；致人死亡或者以特别残忍手段致人重伤造成严重残疾的，处10年以上有期徒刑、无期徒刑或死刑。"《刑法》第263条关于抢劫罪的规定，抢劫致人重伤、死亡的，处10年以上有期徒刑、无期徒刑或死刑，上述刑法两个条文的规定与劫持

---

〔1〕 参见李恩慈主编：《特别刑法论》，中国人民公安大学出版社1993年版，第55~56页。

航空器罪中的规定于立法精神上是一致的，即只能作为从重量刑的法定情节，而不应以数罪论。对于发生在航空器内的其他犯罪行为，如行为人主观上不具有劫持航空器的犯意，而是针对器载人员或物资实施的犯罪行为，应根据《刑法》的规定，针对不同的情形定罪量刑；同时应考虑在航空器这一特定空间实施的犯罪行为，一般都会危及或影响民用航空运输安全，于量刑时可作为犯罪情节予以考虑，这种情况实践中应结合具体案情，决定对行为人是采用数罪并罚，还是作为量刑情节按一罪从重处罚。

七、非法制造、买卖、运输、邮寄、储存枪支、弹药、爆炸物罪

（一）基本法理

1. 非法制造、买卖、运输、邮寄、储存枪支、弹药、爆炸物罪的概念和构成要件。非法制造、买卖、运输、邮寄、储存枪支、弹药、爆炸物罪，是指违反法律规定，私自制造、买卖、运输、邮寄、储存枪支、弹药、爆炸物的行为。

本罪的构成要件是：

（1）本罪的主体是一般主体。即已满16周岁、具有刑事责任能力的自然人，另根据《刑法》第125条的规定，单位也可以成为本罪的主体。

（2）本罪在主观方面必须出自故意，即明知是枪支、弹药和爆炸物而非法制造、买卖、运输、邮寄或储存。如果受他人蒙骗、利用，不知是枪支、弹药、爆炸物而实施了上述行为，不能构成本罪。

（3）本罪在客观方面表现为非法制造、买卖、运输、邮寄、储存枪支、弹药、爆炸物的行为。所谓“非法制造”，是指违反国家规定，未经国家有关部门批准，私自制造枪支、弹药或者爆炸物的行为。其中既包括用机器成批生产，也包括用手工制作；既包括新加工，也包括对旧有的修理使用，因而制造的具体行为包括制作、组装、修理、改装或者拼装等行为。所谓“非法买卖”，是指违反国家规定，未经国家有关部门批准，以金钱或实物作价，私自购买或者销售枪支、弹药、爆炸物的行为，其中具备购买或者销售行为之一，即符合本罪客观方面的要件。所谓“非法运输”，是指违反国家规定，未经国家有关部门批准，非法转送枪支、弹药、爆炸物的行为，至于是陆运、水运还是空运，抑或是自身携带均不影响本罪成立。所谓“非法邮寄”，是指违反国家邮电部门的规定，以邮寄包裹形式夹带或者单独邮运枪支、弹药、爆炸物的行为。所谓“非法储存”，是指违反国家规定，未经国家有关部门批准，私自储藏、存放、保留枪支、弹药或者爆炸物的行为，至于行为人具体储存的场所，并不影响本罪的成立。

本罪为选择性罪名。行为人只要实施了非法制造、买卖、运输、邮寄、储存枪支、弹药、爆炸物的行为之一，即可构成本罪；如果行为人同时实施了其中两种以上的行为，也只构成一罪。

（4）本罪侵犯的客体是公共安全和国家对枪支、弹药、爆炸物的管理制度。犯罪对象是枪支、弹药、爆炸物。枪支，通常指《枪支管理办法》中规定的以火药或者压缩气体等为动力，利用管状器具发射金属弹丸或者其他物质，足以致人伤亡或者丧失知觉的各种枪支。弹药，是指上述枪支所用的弹药。爆炸物，是指《民用爆炸物管理条例》中规定的各类炸药、雷管、导火索、导爆索、非电导爆系统、起爆药、爆破剂等。非法制造、买卖、运输、邮寄、储存烟花爆竹等娱乐性物品，不能以本罪论处。

2. 非法制造、买卖、运输、邮寄、储存枪支、弹药、爆炸物罪的相关界限。

（1）本罪与非罪的界限。根据2001年9月17日最高人民法院对执行《关于审理非法制造、买卖、运输枪支、弹药、爆炸物等刑事案件具体应用法律若干问题的解释》有关问题的通知，对于该解释施行前，行为人因生产、生活所需非法制造、买卖、运输枪支、弹药、爆炸物没有造成严重社会危害，经教育确有悔改表现的，可以依照《刑法》第 13 条的规定，不作为犯罪处理。

（2）本罪与盗窃、抢夺、抢劫枪支、弹药、爆炸物罪的界限。本罪与盗窃、抢夺、抢劫枪支、弹药、爆炸物罪的主要区别在于犯罪客观方面不同。如果是违反国家有关枪支、弹药、爆炸物的管理规定。擅自制造、买卖、运输、邮寄、储存上述物品的，则构成本罪；如果行为人以非法占有为目的，秘密窃取枪支、弹药、爆炸物的，则构成盗窃枪支、弹药、爆炸物罪；如果行为人以非法占有为目的，趁人不备，公然夺取枪支、弹药、爆炸物的，则构成抢夺枪支、弹药、爆炸物罪；如果行为人以非法占有为目的，以暴力、胁迫或其他方法强行劫取枪支、弹药、爆炸物的，则构成抢劫枪支、弹药、爆炸物罪。

（3）本罪与走私武器、弹药罪的界限。走私武器、弹药罪，是指违反海关法规，逃避海关监管，非法运输、携带、邮寄武器、弹药进出国（边）境的行为。两者在客观行为方式及行为对象上有相似之处，但区别明显：①侵犯的客体不同。本罪侵犯的客体是公共安全和国家对枪支、弹药、爆炸物的管理制度，而走私武器、弹药罪侵犯的客体是国家过武器、弹药的对外贸易制度。②客观方面不同。本罪表现为非法制造、买卖、运输、邮寄、储存枪支、弹药、爆炸物的行为，其中的买卖、运输、邮寄必须是在境内非法买卖、运输、邮寄上述物品，而走私武器、弹药罪在客观方面表现为违反海关法规，逃避海关监管，运输、携带、邮寄武器、弹药进出国（边）境的行为。③犯罪对象不尽相同。本罪的犯罪对象是枪支、弹药、爆炸物，而走私武器、弹药罪的犯罪对象是武器、弹药。

3. 非法制造、买卖、运输、邮寄、储存枪支、弹药、爆炸物罪的刑事责任。对本罪的处罚，根据《刑法》第 125 条的规定，处 3 年以上 10 年以下有期徒刑；情节严重的，处 10 年以上有期徒刑、无期徒刑或者死刑。在刑法规定的两个量刑幅度中，根据 2001 年 5 月 10 日最高人民法院《关于审理非法制造、买卖、运输枪支、弹药、爆炸物等刑事案件具体应用法律若干问题的解释》（以下简称《枪支、弹药、爆炸物刑案解释》）的起刑点分别为：①非法制造、买卖、运输、邮寄、储存军用枪支 1 支以上的；②非法制造、买卖、运输、邮寄、储存以火药为动力发射枪弹的非军用枪支 1 支以上或者以压缩气体等为动力的其他非军用枪支 2 支以上的；③非法制造、买卖、运输、邮寄、储存军用子弹 10 发以上、气枪铅弹 500 发以上或者其他非军用子弹 100 发以上的；④非法制造、买卖、运输、邮寄、储存手榴弹 1 枚以上的；⑤非法制造、买卖、运输、邮寄、储存爆炸装置的；⑥非法制造、买卖、运输、邮寄、储存炸药、发射药、黑火药 1000 克以上或者烟火药 3000 克以上、雷管 30 枚以上或者导火索、导爆索 30 米以上的；⑦具有生产爆炸物品资格的单位不按照规定的品种制造，或者具有销售、使用爆炸物品资格的单位超过限额买卖炸药、发射药、黑火药 10 000 克以上或者烟火药 30 000 克以上、雷管 300 枚以上或者导火索、导爆索 300 米以上的；⑧多次非法制造、买卖、运输、邮寄、储存弹药、爆炸物的；⑨虽未达到上述最低数量标准，但具有造成严重后果等其他恶劣情节的。介绍买卖枪支、弹药、爆炸物的，以买卖枪支、弹药、爆炸物罪的共犯论处。关于“情节严重”则包括以下四个方面：①非法制造、买卖、运输、邮寄、储存枪支、弹药、爆炸物的数量达到《枪支、弹药、爆炸物刑案解释》第 1 条第 1、2、3、6、7 项规定的最低数量标准 5 倍以上的；②非法制造、买卖、运输、邮寄、储存手榴弹 3 枚以上的；③非法制造、买卖、运输、邮寄、储存爆炸装置，危害严重的；④达到本《枪支、弹药、爆炸物刑案解释》第 1 条规定的最低数量标准，并具有造成严重后果等其他恶劣情节的。单位犯本罪的，对单位判处罚金，同时对直接负责的主管人员和其他直接责任人员，依照前述规定处罚。根据2001年9月17日最高人民法院对执行《枪支、弹药、爆炸物刑案解释》有关问题的通知，对于《枪支、弹药、爆炸物刑案解释》施行后发生的非法制造、买卖、运输枪支、弹药、爆炸物等行为，构成犯罪的，依照刑法和《枪支、弹药、爆炸物刑案解释》的有关规定定罪处罚。行为人确因生产、生活所需而非法制造、买卖、运输枪支、弹药、爆炸物，没有造成严重社会危害，经教育确有悔改表现的，可以依法免除或者从轻处罚。

（二）疑难问题

1. 如何认定非法制造、买卖、运输、邮寄、储存枪支、弹药、爆炸物罪的共同犯罪？非法制造、买卖、运输、邮寄、储存枪支、弹药、爆炸物的犯罪经常与其他不法行为或者犯罪行为联系在一起，如非法制造、买卖、运输、邮寄枪支、弹药爆炸物的行为往往有纵深发展的关系网，且常常与介绍买卖枪支、弹药的行为联系在一起，也经常与出售或提供制造枪支、弹药原材料的行为相关联。在这种情况下，如果行为人非法制造出枪支、弹药、爆炸物准备出售以后，为其寻找买家，在制造者、出售者与购买者之间进行撮合，介绍买卖枪支、弹药的，属于非法买卖枪支、弹药罪的帮助犯，应当按照共同犯罪的有关规定，以非法买卖枪支、弹药罪论处。如果行为人明知他人购买或者索取有关原材料是为了非法制造枪支、弹药、爆炸物而仍然向其出售或者提供的，属于非法制造枪支、弹药、爆炸物罪的帮助犯，应按照共同犯罪的规定，以非法制造枪支、弹药、爆炸物罪论处。如果行为人确实不知购买、索取者是用于非法制造枪支、弹药、爆炸物，则不能对其提供原材料的行为以犯罪论处。

2. 如何认定非法制造、买卖、运输、邮寄、储存枪支、弹药、爆炸物罪的一罪与数罪？在司法实践中，行为人为了伤害、杀害他人或者制造爆炸事件而制造、买卖枪支、弹药、爆炸物的，其非法制造、买卖枪支、弹药、爆炸物的行为既构成本罪，又属于故意伤害罪、故意杀人罪或者爆炸罪的预备行为。如果有关犯罪行为尚未着手实施便由于主客观原因停止下来，则又触犯了故意伤害罪、故意杀人罪或者爆炸罪，属于这些犯罪的预备或者中止形态，这种情形属于想象竞合犯，应当从一重处断，即以非法制造、买卖枪支、弹药、爆炸物罪论处。如果有关故意伤害罪、故意杀人罪或者爆炸罪已经实施，则非法制造、买卖枪支、弹药、爆炸物罪成为这些犯罪的手段行为，属于牵连犯，在法律没有规定应当并罚的情况下，通常也应当择一重罪处断。具体而言，如果行为人实施的是故意杀人罪或者爆炸罪，应当以这两个罪论处；如果实施的是故意伤害罪，则要看是重伤害还是轻伤害，如果是重伤害，应当以故意伤害罪论处，如果是轻伤害，则应当以非法制造、买卖枪支、弹药、爆炸物罪论处。为资助恐怖组织或者黑社会性质组织实施非法制造、买卖、运输、邮寄、储存枪支、弹药、爆炸物罪的，有关行为既构成本罪，同时又属于资助恐怖活动组织和黑社会性质组织的行为。资助恐怖组织的行为同时构成资助恐怖活动罪，成为想象竞合犯，应当从一重处断，即以本罪论处。至于资助黑社会性质组织的行为，根据现有法律规定并不构成犯罪，也只能以本罪论处。但是，如果行为人是在参加恐怖组织或者黑社会性质组织之后，再帮助恐怖组织、黑社会性质组织非法制造、买卖、运输、邮寄、储存枪支、弹药、爆炸物，根据《刑法》第120条第2款以及第294条第3款规定的精神，应当以本罪和参加恐怖组织罪或者参加黑社会性质罪并罚。

八、非法持有、私藏枪支、弹药罪

（一）基本法理

1. 非法持有、私藏枪支、弹药罪的概念和构成要件。非法持有、私藏枪支、弹药罪，是指违反枪支管理规定，非法持有、私藏枪支、弹药的行为。

本罪的构成要件是：

（1）本罪的主体为一般主体。即已满16周岁、具有刑事责任能力的自然人，单位也可以成为本罪的主体。

（2）本罪的主观方面是直接故意。即明知是枪支、弹药而故意持有或者私藏。

（3）本罪在客观方面表现为违反枪支管理规定，非法持有、私藏枪支、弹药的行为。根据2001年5月10日《枪支、弹药、爆炸物刑案解释》的规定，所谓“非法持有”，是指不符合配备、配置枪支、弹药条件的人员，违反枪支管理法律、法规的规定，擅自持有枪支、弹药的行为。所谓“私藏”，是指依法配备、配置枪支、弹药的人员，在配备、配置枪支、弹药的条件消除后，违反枪支管理法律、法规的规定，私自藏匿所配备、配置的枪支、弹药且拒不交出的行为。《枪支、弹药、爆炸物刑案解释》第7条还规定，非法持有、私藏、携带成套枪支散件的，以相应数量的枪支计；非成套枪支散件以每30件为一成套枪支散件计。

（4）本罪侵害的客体是公共安全和国家对枪支、弹药的管理制度。本罪对象是枪支、弹药，包括各种公务用枪、民用枪支及其弹药。

2．非法持有、私藏枪支、弹药罪的相关界限。

（1）本罪与非罪的界限。在司法实践中，本罪与非罪的界限，首先看行为人对所持有、私藏的枪支、弹药是否具备主观上的故意，如果行为人对其所持有或者私藏的物品的性质不知道是枪支、弹药，则不构成本罪。其次，看行为人所持有的对象是否为法律所禁止的枪支、弹药，如果不是法律所禁止的枪支、弹药则不构成犯罪。最后，看行为人所持有、私藏的枪支、弹药是否具有合法根据，即是否属于依法配备或者配置，如果行为人持有、私藏的枪支、弹药并非依法配备或者配置，且主观上具有明知，则构成本罪。

（2）本罪与非法制造、买卖、运输、邮寄、储存枪支、弹药、爆炸物罪的界限。在司法实践中，当行为人非法持有、私藏枪支、弹药时容易与非法制造、买卖、运输、邮寄、储存枪支、弹药、爆炸物罪选择式罪名中的非法储存枪支、弹药、爆炸物罪相混淆。区分两罪的关键是看：首先，两罪的犯罪对象不同。本罪的犯罪对象只能是枪支或弹药，而非法制造、买卖、运输、邮寄、储存枪支、弹药、爆炸物罪的犯罪对象除了枪支、弹药外，还可以是爆炸物。其次，两罪的主体不同。本罪的主体只能是个人，而非法制造、买卖、运输、邮寄、储存枪支、弹药、爆炸物罪的主体除自然人外，单位也可以构成本罪。最后，两罪的严重程度也不同。本罪往往是指违反枪支管理规定，不具备配枪、用枪资格而持有、私藏枪支、弹药，一般数量很小，或违反枪支使用管理规定，将专门区域、场所使用的枪支、弹药携带出该区域、场所，社会危害性相对较小，而非法储存枪支、弹药、爆炸物，通常是保留、存放枪支、弹药的数量多，危害大。

3．非法持有、私藏枪支、弹药罪的刑事责任。对本罪的处罚，依照《刑法》第128条第1款的规定，犯本罪的，处3年以下有期徒刑、拘役或者管制；同时根据2001年5月10日《枪支、弹药、爆炸物刑案解释》第5条第1款的规定，具有下列情形之一的，依照《刑法》第128条第1款的规定，以非法持有、私藏枪支、弹药罪定罪处罚：①非法持有、私藏军用枪支1支的；②非法持有、私藏以火药为动力发射枪弹的非军用枪支1支或者以压缩气体等为动力的其他非军用枪支2支以上的；③非法持有、私藏军用子弹20发以上，气枪铅弹1000发以上或者其他非军用子弹200发以上的；④非法持有、私藏手榴弹1枚以上的；⑤非法持有、私藏的弹药造成人员伤亡、财产损失的。情节严重的，处3年以上7年以下有期徒刑。根据《枪支、弹药、爆炸物刑案解释》第5条第2款的规定，“情节严重”，是指以下情形：①非法持有、私藏军用枪支2支以上的；②非法持有、私藏以火药为动力发射枪弹的非军用枪支2支以上或者以压缩气体等为动力的其他非军用枪支5支以上的；③非法持有、私藏军用子弹100发以上，气枪铅弹5000发以上或者其他非军用子弹1000发以上的；④非法持有、私藏手榴弹3枚以上的；⑤达到本条第1款规定的最低数量标准，并具有造成严重后果等其他恶劣情节的。

（二）疑难问题

1. 如何认定非法持有、私藏枪支、弹药罪的既遂与未遂？在司法实践中，如果行为人已经着手对枪支、弹药予以非法控制或支配，并且已经在事实上形成了一定时间内持有或者私藏枪支、弹药的行为，即构成本罪的既遂。如果行为人刚刚开始持有或者私藏枪支、弹药，在尚未经过一定时间表示其实际上已经支配或者控制着枪支、弹药的情况下，由于意志以外的原因其持有或者私藏行为发生中断，则属于本罪的未遂。此外，由于行为人认识上的错误，误将假枪弹药当作真枪真弹药而持有，属于对象不能犯的未遂。

2. 非法持有、私藏枪支、弹药罪在何种情况下存在共犯情形？如果行为人将自己所非法持有的枪支、弹药委托他人携带、保管、寄存或藏匿，而受委托人在明知接受的委托物是枪支、弹药的，其接受委托并予以非法携带、保管、寄存或藏匿枪支、弹药的行为，只要符合本罪的构成要件的，即应当对委托人和受委托人以本罪的共犯论处。反之，则不符合共犯的构成要件。

3. 如何认定非法持有、私藏枪支、弹药罪的一罪与数罪？在司法实践中，如果行为人非法制造、买卖枪支、弹药或者盗窃、抢夺、抢劫枪支、弹药以后又非法持有、私藏枪支、弹药的，则与非法持有、私藏枪支、弹药的行为，属于事后不可罚的行为，以一罪论处。如果行为人盗窃、抢夺或者抢夺的枪支、弹药或者爆炸物是在行为之后才知道上述物品的性质，因行为人主观上不符合构成相关犯罪的主观故意要件，而依照普通盗窃、抢夺和抢劫枪支、弹药罪。在此前提下，如果行为人发现上述物品性质后并未采取积极措施消除犯罪影响，反而在发现是枪支、弹药之后，予以持有或者藏匿的，其行为违反了国家对枪支、弹药的管理制度。因此，应以非法持有、私藏枪支、弹药罪和具体实施的盗窃、抢夺或者抢劫枪支、弹药罪实行数罪并罚。如果行为人把枪支、弹药作为其实施其他犯罪的犯罪工具而持有或者私藏的，如果行为人临时持有或者短期私藏枪支、弹药，其目的只是为了实施诸如杀人、抢劫等犯罪的，那么持有或者私藏的行为则是手段行为，并与其他犯罪之间是手段行为与目的行为的牵连关系，因而，从一重罪处罚，而不数罪并罚。

九、交通肇事罪

（一）基本法理

1. 交通肇事罪的概念和构成要件。交通肇事罪，是指违反交通运输管理法规，因而发生重大事故，致人重伤、死亡或者使公私财产遭受重大损失的行为。

本罪的构成要件是：

（1）本罪的主体为一般主体。即年满16周岁，具有刑事责任能力的自然人。在司法实践中，主要是从事交通运输的人员。所谓交通运输人员，是指具体从事公路交通运输和水路交通运输业务人员。根据2000年11月10日最高人民法院《关于审理交通肇事刑事案件具体应用法律若干问题的解释》（以下简称《交通肇事刑案解释》）第1条的规定，非交通运输人员在违反交通运输管理法规发生重大交通事故的情况下，亦可成为本罪的主体。如汽车和船舶的驾驶员，以及与保障交通安全有直接关系的人员，如调度员、引航员和交通警察等。《交通肇事刑案解释》第7条还规定，单位主管人员、机动车辆所有人或者机动车辆承包人指使、强令他人违章驾驶造成重大交通事故，具有本解释第2条规定情形之一的，以交通肇事罪定罪处罚。

（2）本罪的主观方面是过失，既可以是疏忽大意的过失，也可以是过于自信的过失。本罪的过失是针对危害结果而言，而行为人违反交通管理则可以是故意，有可能是“明知故犯”。

（3）本罪在客观方面表现为违反交通运输法规，发生重大事故，致人重伤、死亡或者使公私财产遭受重大损失。首先，行为人违反了交通运输管理法规。所谓违反交通运输法规，是指国家交通运输主管部门为了保障交通运输的安全而作出的各种行政法规、规定，其中包括诸如《城市交通法规》、《机动车管理办法》、《内河避碰规则》、《渡口守则》、《道路交通管理条例》，等等。其次，行为人违反交通运输法规的行为还必须造成重大事故，导致重伤、死亡或者公私财产重大损失的严重后果。即行为人的违章行为与所发生的严重后果之间具有因果关系。如果后果不严重，或者虽有违反交通运输法规的行为，但没造成任何后果，不构成本罪。最后，本罪在客观方面既可以表现为作为，如酒后驾车，超速、超宽和超载等，也可以表现为不作为，如岔路口不减速、夜间航行不开照明灯等。此外，根据1992年《最高人民检察院关于在厂（矿）区内机动车造成伤亡事故的犯罪案件如何定性处理问题的批复》指出，在厂（矿）区内机动车作业期间发生的伤亡事故案件，应当根据不同情况，区别对待：在公共交通管理范围内，因违反交通运输规章制度，发生重大事故，应按《刑法》第113条的规定处理；违反安全生产规章制度，发生重大伤亡事故，造成严重后果的，应按《刑法》第114条规定处理；在公共交通管理范围外发生的，应定重大责任事故罪。

（4）本罪侵犯的客体是交通运输安全。由于刑法已经将铁路和航空运输中因违反规章制度发生重大安全事故的行为分别规定了重大飞行事故罪和铁路运营安全事故罪，所以本罪所指的交通运输，是指航空、铁路运输以外的公路交通运输和水路交通运输。至于交通运输安全，则是指交通运输工具、交通设施的安全以及不特定或者多数人的生命、健康和重大公私财产的安全。至于本罪的交通工具，原则上是指机动性的，大中型的交通运输工具。但是，考虑到我国地区间和城乡间的差距，使用非机动性的交通运输工具从事交通运输活动，违反交通运输管理法规，直接造成人员伤亡、财产损失的，应具体案件具体分析。如《中华人民共和国内河交通安全管理条例》第2条规定，本条例适用于中华人民共和国内河通航水域航行、停泊、作业的一切船舶、排筏、设施和人员，以及船舶、排筏、设施的所有人和经营人。由此可见，交通工具并非仅限于机动性的大型交通运输工具，人力船舶等非大型机动型交通运输工具亦可符合本罪交通运输工具的范围。

2. 交通肇事罪的相关界限。

（1）本罪与非罪的界限。本罪与非罪的界限，主要是区别本罪与一般交通事故，而两者区分的关键是看是否发生重大事故。对于虽然违反规章制度，但未造成重大事故的，不以本罪论处，反之，则构成本罪。根据《交通肇事刑案解释》第2条的规定，重大事故，是指本罪具有下列情形之一：①死亡1人或者重伤3人以上，负事故全部或者主要责任的；②死亡3人以上，负事故同等责任的；③造成公共财产或者他人财产直接损失，负事故全部或者主要责任，无能力赔偿数额在30万元以上的。此外，本罪与交通事故中意外事件的区别体现为，行为人对造成重大事故，在主观上是否存在过失，如果不是因行为人的过失，而是由于不能预见的原因造成的重大事故，属于交通事故中的意外事件，不构成本罪。

（2）本罪与破坏交通工具罪的界限。在司法实践中，本罪与破坏交通工具罪的区别主要表现在：首先，两者的主观方面的内容不同。本罪的主观方面表现为过失，而破坏交通工具罪的主观方面则是故意。其次，两罪侵犯的客体在客观方面的表现不同。本罪在客观方面表现为违反交通管理法规发生重大交通事故，致使人员伤亡或者使公私财产遭受重大损失的行为，而破坏交通工具罪在客观方面则表现为实施破坏火车、汽车、电车、船只、航空器，足以使火车、汽车、电车、船只、航空器，发生倾覆、毁坏危险，危害公共安全的行为。

(3) 本罪与重大飞行事故罪、铁路运营安全事故罪的界限。在司法实践中，区分本罪与重大飞行事故罪、铁路运营安全事故罪的关键是看：首先，主体不同。本罪的主体是为一般主体，而重大飞行事故罪和铁路运营安全事故罪的主体则是特殊主体，即分别为航空人员和铁路职工。其次，犯罪发生的场所不同。本罪发生在公路、水路交通运输过程中，而重大飞行事故罪和铁路运营安全事故罪则分别发生在航空运输和铁路运输领域。最后，违反的义务不同。本罪的行为人违反了交通运输领域的注意义务，这种义务既可以是公路和水路的特定义务，也可以是一般的注意义务，而重大飞行事故罪和铁路运营安全事故罪则只限于从事航空运输、铁路运输领域内的特定注意义务。

(4) 本罪与以危险方法危害公共安全罪的界限。在司法实践中，本罪与以危险方法危害公共安全罪的界限主要体现在：本罪的主观方面表现为在从事交通运输过程中，由于过失导致危害结果的发生，而以危险方法危害公共安全罪则并非在交通运输过程中，如行为人利用其所驾驶的交通工具，在公路或者其他公共场所冲撞人群，主观上希望或者放任死伤结果的发生，即故意以驾车撞人的危险方法危害公共安全。

(5) 本罪与故意杀人、伤害罪的界限。在司法实践中，如果行为人利用交通工具，驾车撞特定的人，故意剥夺他人的生命或者健康，则构成故意杀人罪或者故意伤害罪。此外，在司法实践中还可根据行为人肇事后的表现区分本罪和故意杀人或者伤害罪，如果行为人在肇事后积极抢救，只是因为受害人伤势过重、抢救不及等原因，未能避免死亡结果的，应定本罪。如果行为人肇事后，畏罪驾车逃跑，以致延误抢救时机，引起被害人死亡，或者在仓皇潜逃中又撞死、撞伤他人的，仍应定本罪，但应从重处罚。但是，如果行为人肇事后，为了逃避罪责、毁灭罪证，故意将被害人移至丛林、沟壑、涵洞等难以发现的地方，使其失去被抢救的机会，引起死亡，或者在驾车夺路逃跑时，则应定故意杀人罪。根据《交通肇事刑案解释》第6条的规定，行为人在交通肇事后为逃避法律追究，将被害人带离事故现场后隐藏或者遗弃，致使被害人无法得到救助而死亡或者严重残疾的，应当分别依照《刑法》第232条、第234条第2款的规定，以故意杀人罪或者故意伤害罪定罪处罚。

3. 交通肇事罪的刑事责任。对本罪的处罚，根据《刑法》第133条和《交通肇事刑案解释》第2条和第4条的规定，对交通肇事罪规定了三个量刑档次：第一个量刑档次是犯交通肇事罪情节一般的，处3年以下有期徒刑或者拘役。所谓“情节一般”，是指：①死亡1人或者重伤3人以上，负事故全部或者主要责任的；②死亡3人以上，负事故同等责任的；③造成公共财产或者他人财产直接损失，负事故全部或者主要责任，无能力赔偿数额在30万元以上的。交通肇事致1人以上重伤，负事故全部或者主要责任，并具有下列情形之一的，以交通肇事罪定罪处罚：①酒后、吸食毒品后驾驶机动车辆的；②无驾驶资格驾驶机动车辆的；③明知是安全装置不全或者安全机件失灵的机动车辆而驾驶的；④明知是无牌证或者已报废的机动车辆而驾驶的；⑤严重超载驾驶的；⑥为逃避法律追究逃离事故现场的。第二个量刑档次，交通肇事后逃逸或者有其他特别恶劣情节的，处3年以上7年以下有期徒刑。交通肇事后逃逸是情节特别恶劣的首要标志。“其他特别恶劣情节”，是指：①死亡2人以上或者重伤5人以上，负事故全部或者主要责任的；②死亡6人以上，负事故同等责任的；③造成公共财产或者他人财产直接损失，负事故全部或者主要责任，无能力赔偿数额在60万元以上的。第三个量刑档次，因逃逸致人死亡的，处7年以上有期徒刑。

（二）疑难问题

1．如何理解交通肇事后逃逸？根据2004年《交通事故处理程序规定》第74条第1款的规定，交通肇事逃逸，是指发生交通事故后，交通事故当事人为逃避法律追究，驾驶车辆或者遗弃车辆逃离交通事故现场的行为。《交通肇事刑案解释》第3条：“‘交通运输肇事后逃逸’，是指行为人具有本解释第2条第1款规定和第2款第1至5项规定的情形之一，在发生交通事故后，为逃避法律追究而逃跑的行为。”行为人主观上对交通肇事及其逃逸行为有所认识，但是由于行为人肇事时的个人状态不同对事故本身和责任的认识程度有所不同，但认识程度不影响对交通肇事后逃逸行为的加重处罚。因为，虽然行为人无论出于何种原因引发的交通事故是过失，但在交通肇事后的逃逸行为却是故意的。尽管交通肇事前后行为人主观上发生一定的变化，但对交通肇事后的逃逸行为仍视为交通肇事罪的结果加重犯，按一罪加重处罚。

2．如何理解“因逃逸致人死亡”的规定？根据《交通肇事刑案解释》第5条第1款的规定，“因逃逸致人死亡”，是指行为人在交通肇事后为逃避法律追究而逃跑，致使被害人因得不到救助而死亡的情形。由于肇事者的逃逸行为导致被害人的死亡，形式上看，是肇事者的第二次肇事行为，肇事者主观方面的特点仍是过失，这一点也是对“致人死亡”的非追求或者希望死亡结果发生的解释，即行为人在发生交通肇事后，因惊慌、害怕等原因，置被害人于不顾，逃离现场，使被害人因未能得到及时救助而死亡。但是，根据《交通肇事刑案解释》第6条的规定，如果行为人在交通肇事后明知将被害人遗弃不管可能会发生死亡的危害结果，为逃避法律追究，将被害人带离事故现场后隐藏或者遗弃，致使被害人无法得到救助而死亡或者严重残疾的，构成故意杀人罪或者故意伤害罪。

3．如何认定交通肇事罪中其他人员的共犯问题？根据《交通肇事刑案解释》第5条第2款的规定，交通肇事后，单位主管人员、机动车辆所有人、承包人或者乘车人指使肇事人逃逸，致使被害人因得不到救助而死亡的，以本罪的共犯论处。《交通肇事刑案解释》第7条规定，单位主管人员、机动车辆所有人或者机动车辆承包人指使、强令他人违章驾驶造成重大交通事故，具有本解释第2条规定情形之一的，以本罪定罪处罚。由此可见，《解释》第5条和第7条分别规定了单位主管人员、机动车辆所有人或者机动车辆承包人或者乘车人在交通肇事构成犯罪之前或者之后的行为构成交通肇事罪的情形，一方面，是因为同行为人一样，这类人员也违背了共同注意的义务。所谓共同的注意义务，具体而言，是指各行为人都认识到自己和他人都是行为有机共同体中的一分子，各自的行为都有发生社会危害结果的危险性，各人不可分离，都不得懈怠义务，即不仅有防止自己行为产生危害结果的注意义务，而且负有督促其他与自己的活动有关且负有相同注意义务的其他人注意防止发生危害社会的结果的义务。另一方面，由于单位主管人员、机动车辆所有人、承包人或者乘车人教唆、指使肇事人逃逸的，与行为人一道共同实施逃逸的行为，致使被害人重伤、死亡的危害结果发生，上述人员与肇事者具有共同的故意和共同的逃逸行为，因此，二者以交通肇事罪的共犯论处。

十、重大责任事故罪

（一）基本法理

1．重大责任事故罪的概念和构成要件。重大责任事故罪，是指在生产、作业中违反有关安全管理的规定，或者强令他人违章冒险作业，因而发生重大伤亡事故或者造成其他严重后果的行为。[1]

本罪的构成要件是：

（1）本罪的主体为特殊主体。即实际从事生产活动的人员。这里所指的“实际从事生产活动的人员”既包括国有、集体性质的企业、事业单位的人员，也包括私营企业人员；既包括从事具体生产活动的人员，也包括科研和生产指挥的人员，如生产工人、工程师、技术员、化验员、施工员、设计师、主管生产的厂长、矿长、坑长、车间主任、队长等。从事非生产、作业性的一般党政工作人员由于官僚主义或玩忽职守造成重大损失的，不构成本罪，而构成玩忽职守罪。此外，根据1989年最高人民检察院《关于在押犯能否构成重大责任事故罪主体的批复》中指出，关于重大责任事故罪的主体，既包括国营、集体的工厂、矿山、林场、建筑业或者其他企业、事业单位的职工，也包括群众合作经营组织或者个体经营户的从业人员，上述规定适用于劳改企业。在押犯是劳改企业中的直接从事生产的人员，因此劳改企业中直接从事生产的在押犯、无照施工经营者在施工过程中强令从业人员违章作业，造成重大伤亡事故的，也可以成为本罪的主体。

（2）本罪主观方面只能是过失。既可以是过于自信的过失，也可以是疏忽大意的过失。这种过失是针对行为人对自己的行为所引起的重大事故后果的心理态度而言，即行为人应当预见自己的行为可能产生重大责任事故的后果因为疏忽大意而没有预见或者已经预见而轻信可以避免。至于不服管理、违反规章制度或者强令工人违章冒险作业，则可能是明知故犯。

（3）本罪在客观方面表现为生产作业过程中违反有关安全管理的规定，因而发生重大伤亡事故或者造成其他严重后果的行为。本罪的客观方面具体表现为：①行为人的行为必须违反了安全管理的规定。这里的安全管理规定主要是指与保障生产、作业安全管理有关的制度，如劳动纪律、保安规程、技术操作规则和劳动保护法等。所谓违反安全管理规定，是指从事生产和作业的人员违反国家颁布的各种与安全生产、作业有关的法律、法规和企业、事业单位及其上级管理机关制定的反映安全生产规律的规章制度。至于本罪客观方面的行为方式，既可以是作为，也可以表现为不作为。如冒险蛮干、操作，或者擅离职务，遇有险情不采取相应措施等。②违反安全管理规定的行为必须发生在生产、作业过程中。如果事故的发生与生产、作业没有关系，不构成本罪。③违反安全管理规定的行为造成了重大伤亡事故或者造成其他严重后果。虽有违章行为，但未造成重大伤亡事故或者造成其他严重后果，不构成本罪。

此外，本罪在客观方面还因事故发生的场域不同，而构成不同的犯罪。根据《交通肇事刑案解释》第8条规定，在公共交通管理的范围外，驾驶机动车辆或者使用其他交通工具致人伤亡或者致使公共财产或者他人财产遭受重大损失，构成犯罪的，分别依照刑法第134、135、233条等规定定罪处罚。根据1992年最高人民检察院《关于在厂（矿）区内机动车造成伤亡事故的犯罪案件如何定性处理问题的批复》指出，在公共交通管理范围内，因违反交通运输规章制度，发生重大事故，应按《刑法》第113条的规定处理，违反安全生产规章制度，发生重大伤亡事故，造成严重后果的，应按《刑法》第114条的规定处理；在公共交通管理范围外发生的，应当定重大责任事故罪。

（4）本罪的客体是生产、作业安全。由于工业、建筑业、矿业等行业现代化程度不断提高，各个生产、作业之间相互联系紧密，如果某个环节违反了操作规程、不服从管理，或者

[1]《刑法修正案（六）》第1条修改的罪状。

强令从事生产、作业，将会危及不特定多数人生命、健康和公私财产的重大损失。

2. 重大责任事故罪的相关界限。

（1）本罪与非罪的界限。在司法实践中，在从事生产、作业过程中所发生的事故往往易与自然事故、技术事故相混淆。所谓自然事故，是指由于不能预见和不能抗拒的自然条件所引起的事故。所谓技术事故，是指由于技术条件或设备条件的限制而发生的无法避免的事故。上述两种事故与本罪的区别主要是看行为人主观上是否存在过失以及是否有违反规章制度，本罪属于业务过失类犯罪。[1] 所谓的业务上过失致死伤罪，即是指从事业务的人员，违反业务上的注意义务，造成他人死伤的行为。因此，如果事故的发生是由违反规章制度所引起，行为人主观上具有过失，则成立本罪，否则要视为自然事故、技术事故或科研失败，不构成犯罪。此外，本罪是结果犯。行为人虽然实施了违反相关安全规章制度，或者强令他人违章冒险作业的行为，但如果没有发生重大伤亡事故或者没有造成其他严重后果的，只属于一般责任事故，不构成犯罪。

（2）本罪与失火罪、过失爆炸罪及过失投放危险物质罪的界限。在司法实践中，本罪的危害结果往往与失火罪、过失爆炸罪及过失投放危险物质罪所产生的火灾、爆炸、中毒等结果相同。但本罪与失火罪、过失爆炸罪及过失投放危险物质罪的明显不同是，本罪的主体是特殊主体，而且行为人是在生产、作业活动中，违反规章制度而发生重大伤亡事故或其他严重后果，而失火罪、过失爆炸罪及过失投放危险物质罪一般是在日常生产中由于忽视安全，行为不慎而发生火灾、爆炸、中毒事故。

（3）本罪与违反危险物品管理规定肇事罪的界限。在司法实践中，本罪与违反危险物品管理规定肇事罪都是过失犯罪，在客观上都因违反有关规定或制度而导致严重后果。两罪的明显区别是：①犯罪主体不同。本罪的主体泛指从事生产、作业的人员，而违反危险物品管理规定肇事罪的主体只能是从事生产、储存、运输、使用危险物品工作的人员。②行为人实施犯罪的期间不相同。本罪是发生在生产、作业过程中，而违反危险品管理规定肇事罪则发生在生产、储存、运输、使用危险物品的过程中。

3. 重大责任事故罪的刑事责任。对本罪的处罚，根据《刑法》第135条的规定，构成本罪的，处3年以下有期徒刑或者拘役；情节特别恶劣的，处3年以上7年以下有期徒刑。所谓情节特别恶劣，一般是指造成重大人身伤亡和巨大经济损失的；经常违反规章制度、屡教不改，造成重大责任事故的；事故发生后，不积极抢救，使危害后果蔓延、扩大的；在事故发生后逃避罪责，陷害他人，或者对检举人进行打击报复的；等等。

（二）疑难问题

何谓安全管理的规定？根据最高人民检察院的解释，安全管理的规定可以理解为，国家颁发的各种法规性文件，企业、事业单位及其上级管理机关制定的反映安全生产客观规律的各种规章制度，包括工艺技术、生产操作、技术监督、劳动保护、安全管理等方面的规程、规则、章程、条例、办法和制度等，他们都具有不同的约束力和法律效力。同时包括那些群众所公认的行之有效的正确的操作习惯与惯例。

十一、不报、谎报安全事故罪

（一）基本法理

1. 不报、谎报安全事故罪的概念和构成要件。不报、谎报安全事故罪，是指在安全事

---

[1] 陈兴良："重大责任事故罪研究"，载高铭暄、赵秉志主编：《过失犯罪的基础理论》，法律出版社2002年版，第102页。

故发生后，负有报告职责的人员不报或者谎报事故情况，贻误事故抢救，情节严重的行为。本罪是《刑法修正案（六）》第4条在《刑法》第139条后增加的罪名。

本罪的构成要件如下：

（1）本罪的主体是特殊主体，即安全事故发生后，负有报告职责的人员。最高人民法院、最高人民检察院2007年2月28日《关于办理危害矿山生产安全刑事案件具体应用法律若干问题的解释》（以下简称《矿山安全刑案解释》）第5条明确规定："刑法第139条之一规定的'负有报告职责的人员'，是指矿山生产经营单位的负责人、实际控制人、负责生产经营管理的投资人以及其他负有报告职责的人员。"本罪的负有报告职责的人员范围是指对安全生产负有组织、监督、管理职责的人员及因主观过错而造成安全事故的直接行为人等。具体而言，指生产（经营）单位的负责人、实际控制人、负责生产（经营）管理的投资人以及安全事故肇事者等其他负有报告职责的人员。

（2）本罪的主观方面是既可以是故意，大多数情况下应为间接故意。在"不报、谎报安全事故罪"中，责任主体明知自己的不报、谎报行为会发生导致妨害政府对安全事故监管失效的危害结果，并且希望或者放任这种危害结果的发生。无论行为人是为逃避事故责任，不报、谎报安全事故，还是为了封锁消息，防止上级监管机关知悉等何种动机，都不影响本罪的认定。

（3）本罪在客观方面表现在安全事故发生后，负有报告职责的人员不报或者谎报事故情况，贻误事故抢救，情节严重的行为。行为人不报、谎报安全事故行为性质较为恶劣，社会危害性较大，只要贻误了事故抢救，致使事故抢救不能及时有效开展就构成犯罪。因此，本罪的前提是必须有安全事故发生，所谓"安全事故"是指致使不特定或多数人的生命、健康、财产遭受不法侵害与威胁的意外变故或灾祸。所谓"不报"，是指在安全事故发生后，负有报告义务的人员在有条件报告的情况下，不按相关法律、法规的规定，故意隐瞒安全事故不向有关部门报告的行为。所谓"谎报"，是指安全事故发生后，报告义务人虽然向有关部门报告了安全事故，但故意忽略或扭曲安全事故的关键性事实，如少报伤亡、失踪、被困的人数或者对事故原因作不实的说明等行为。所谓"情节严重"和"情节特别严重"，本罪没有予以界定，参照《矿山安全刑案解释》第6条的规定，将不报、谎报矿山生产安全事故的"情节严重"界定为以下情形之一：①导致事故后果扩大，增加死亡1人以上，或者增加重伤3人以上，或者增加直接经济损失100万元以上的。②实施下列行为之一，致使不能及时有效开展事故抢救的：决定不报、谎报事故情况或者指使、串通有关人员不报、谎报事故情况的；在事故抢救期间擅离职守或者逃匿的；伪造、破坏事故现场，或者转移、藏匿、毁灭遇难人员尸体，或者转移、藏匿受伤人员的；毁灭、伪造、隐匿与事故有关的图纸、记录、计算机数据等资料以及其他证据的。③其他严重的情节。将"情节特别严重"界定为以下情形之一：①导致事故后果扩大，增加死亡3人以上，或者增加重伤10人以上，或者增加直接经济损失300万元以上的；②采用暴力、胁迫、命令等方式阻止他人报告事故情况导致事故后果扩大的；③其他特别严重的情节。

不报、谎报安全事故罪既可以是作为，也可以是不作为。行为人以不作为的方式不报、谎报安全事故罪是行为人对已经发生的安全事故负有法定的报告义务，能够履行该义务，而拒绝履行或拒绝依法履行。

（4）本罪的客体是社会公共安全和安全事故报告处理制度。安全事故报告制度是国家安全管理体系的重要组成部分，安全事故报告制度与安全责任制度、安全检查制度、安全事故报告、处理等制度共同确定了安全管理秩序。《安全生产法》、《煤矿安全监察条例》、《国务院关于特大安全事故行政责任追究的规定》、《生产安全事故报告和调查处理条例》和《安全生产领域违法违纪行为政纪处分暂行规定》等法律、法规不仅明确规定了安全生产的一系列规则，而且还对事故的处理等有关问题作了明确的规定。因此，违反上述法律、法规和刑法的规定，不仅直接侵害了安全管理秩序，贻误了救援时间，还严重危及和危害了不特定多数人的生命、健康和公私财产。

2. 不报、谎报安全事故罪的相关界限。

（1）本罪与非罪的界限。本罪是结果犯，要求行为人不报、谎报安全事故的行为贻误事故抢救，并且情节严重的行为才构成本罪，否则不构成犯罪。至于事故发生后，行为漏报、错报安全事故的行为的认定，在一定意义上说也属于不报或者谎报行为方式之一，也可能贻误事故抢救并带来严重的后果。但是，如果行为人对所发生的安全事故不明知，或者明知但由于其他原因如信息统计错误、信息传送等而导致安全事故没能或没有准确报告，致使安全事故没有或没有准确地向有关主管部门或主管人员报告。即使这种"错报、漏报"在实际上造成有关主管部门或主管人员无法准确掌握信息，但由于行为人对这一结果的形成缺乏主观上的过错而不构成犯罪。相反，"不报、谎报"安全事故是指行为人已经掌握安全事故发生的状况而有意掩盖、隐瞒，意图使主管部门或主管人员不能够或无法准确掌握安全事故的信息。如果行为人的行为贻误事故抢救，情节严重的，则构成本罪。

（2）本罪与玩忽职守罪的界限。在司法实践中，有关地方人民政府、负有安全生产监督管理职责的部门的国家机关工作人员等，在事故发生后，如果负有报告义务，但却不报或者谎报事故情况，贻误事故抢救，情节严重的，既触犯了本罪的规定，也触犯了玩忽职守罪的规定。两罪的区别表现为：①主体不同。本罪的主体既可以是生产、经营单位的负责人，也可以是对安全生产负有直接责任的人员，而玩忽职守罪的主体只能是国家机关工作人员。②犯罪客观方面不同。本罪在客观方面表现为在安全事故发生后，负有报告职责的人员不报或谎报事故情况，贻误事故抢救，情节严重的行为，而玩忽职守罪的客观方面表现为严重不负责任，不履行或正确履行自己的职责，致使公共财产、国家和人民利益遭受重大损失的行为。③两罪侵犯的客体不同。本罪的客体是公共安全，即不特定或者多数人的生命、健康或重大公私财产安全，而玩忽职守罪的客体是国家机关正常的管理活动。

3. 不报、谎报安全事故罪的刑事责任。对本罪的处罚，根据《刑法》第139条之一的规定，犯本罪的，处3年以下有期徒刑或者拘役；情节特别严重的，处3年以上7年以下有期徒刑。

（二）疑难问题

1. 如何区分"不报、谎报"与"拖延不报"？从《安全生产法》第70、71、91条和第92条的规定可见，安全生产法中使用的是"不报"、"谎报"和"拖延不报"三个术语。从刑法规定上看，刑法在规定本罪时使用的是"不报"、"谎报"，并未使用"拖延不报"。所谓"拖延不报"，是指在时间上推迟或者延迟报告事故，但最终还会报告。《安全生产法》中使用的"不报、谎报"与"拖延不报"相当于刑法中"不报、谎报"与"贻误事故抢救时机"的规定。由于行为人的"拖延不报"，导致"贻误事故抢救时机"，造成重大损失的结果。因而，虽然从部门法间术语使用上看缺乏协调的关系，但所体现的本质内容相同。

2. 如何认定不报、谎报安全事故罪的共同犯罪？在司法实践中，如果单位的主管人员、相关主管部门或者地方政府的主要负责人，在安全事故发生后，为避免承担责任，而指使、教唆有关人员不报、瞒报、谎报安全事故的，最终贻误事故抢救，并发生了严重的情节，属于共同犯罪。

3. 如何认定不报、谎报安全事故罪的一罪与罪数？在司法实践中，发生责任事故是行为人实施不报、谎报安全事故罪的前提，当该先前事故或者在构成犯罪的前提下称之为“上游犯罪”之间便存在着罪数的认定问题。即当有关人员的行为首先构成重大责任事故罪，其后，该人或者在主管人员的指使或者教唆下本罪的行为的，由于行为人主观上具备两种心理活动，客观上的行为侵犯了两个客体，因而应视为数罪。此外，如果在安全事故发生后，特别是重大事故发生后，行为人不报或者谎报安全事故，贻误事故抢救，并引发严重情节的，同时，该国家机关工作人员严重不负责任，不履行或者正确履行自己的工作职责，致使公共财产、国家和人民利益遭受了重大损失，也构成了玩忽职守罪。由于行为人的一个行为侵害了两个客体，即公共安全和国家机关正常的管理活动，同时触犯两个罪名——玩忽职守罪和本罪，因而属于想象竞合犯，根据从一重处的原则，依本罪处罚。

四、其他犯罪

（一）决水罪

决水罪，是指故意破坏水利设施，制造水患，危害公共安全的行为。

根据《刑法》第114条和第115条的规定，犯本罪，尚未造成严重后果的，处3年以上10年以下有期徒刑；致人重伤、死亡或者使公私财产遭受重大损失的，处10年以上有期徒刑、无期徒刑或者死刑。

（二）爆炸罪

爆炸罪，是指故意引发爆炸物，杀伤不特定多数人或者破坏公私财物，危害公共安全的行为。

根据《刑法》第114条和第115条的规定，犯本罪，尚未造成严重后果的，处3年以上10年以下有期徒刑；致人重伤、死亡或者使公私财产遭受重大损失的，处10年以上有期徒刑、无期徒刑或者死刑。

（三）以危险方法危害公共安全罪

以危险方法危害公共安全罪，是指使用与放火、决水、爆炸、投毒等危险方法相当的其他危险方法，严重危害公共安全的行为。

根据《刑法》第114条和第115条的规定，以其他危险方法故意危害公共安全，尚未造成严重后果的，处3年以上10年以下有期徒刑；致人重伤、死亡或者使公私财产遭受重大损失的，处10年以上有期徒刑、无期徒刑或者死刑。

（四）过失决水罪

过失决水罪，是指过失破坏水利设施，引起水灾，致人重伤、死亡或者使公私财产遭受重大损失的行为。

根据《刑法》第115条第2款的规定，犯本罪的，处3年以上7年以下有期徒刑；情节较轻的，处3年以下有期徒刑或者拘役。

（五）过失爆炸罪

过失爆炸罪，是指过失引起爆炸，致人重伤、死亡或者使公私财产遭受重大损失的行为。

根据《刑法》第115条第2款的规定，犯本罪的，处3年以上7年以下有期徒刑；情节较轻的，处3年以下有期徒刑或者拘役。

（六）过失投放危险物质罪

过失投放危险物质罪，是指过失投放毒害性、放射性、传染病病原体等物质，致人重伤、死亡或者使公私财产遭受重大损失的行为。

根据《刑法》第115条第2款的规定，犯本罪的，处3年以上7年以下有期徒刑；情节较轻的，处3年以下有期徒刑或者拘役。

（七）过失以危险方法危害公共安全罪

过失以危险方法危害公共安全罪，是指行为人过失地以与决水、爆炸等危害性相当的其他危险方法，导致重伤、死亡或公私财产的重大损失的行为。

根据《刑法》第115条第2款的规定，犯本罪的，处3年以上7年以下有期徒刑；情节较轻的，处3年以下有期徒刑或者拘役。

（八）破坏交通设施罪

破坏交通设施罪，是指故意破坏轨道、桥梁、隧道、公路、机场、灯塔、标志或者进行其他破坏活动，足以使火车、汽车、电车、船只、航空器发生倾覆、毁坏危险，或已经造成严重后果的行为。

根据《刑法》第117条和第119条的规定，犯本罪，尚未造成严重后果的，处3年以上10年以下有期徒刑；造成严重后果的，处10年以上有期徒刑、无期徒刑或者死刑。

（九）破坏电力设备罪

破坏电力设备罪，是指故意破坏电力设备，危害公共安全的行为。

根据《刑法》第118条和119条第1款的规定，犯本罪，尚未造成严重后果的，处3年以上10年以下有期徒刑；已经造成严重后果的，处10年以上有期徒刑、无期徒刑或者死刑。

（十）破坏易燃易爆设备罪

破坏易燃易爆设备罪，是指故意破坏燃气或者其他易燃易爆设备，危害公共安全的行为。

根据《刑法》第118条和119条第1款的规定，犯本罪，尚未造成严重后果的，处3年以上10年以下有期徒刑；已经造成严重后果的，处10年以上有期徒刑、无期徒刑或者死刑。

（十一）过失损坏交通工具罪

过失损坏交通工具罪，是指过失毁坏火车、汽车、电车、船只、航空器，已经造成严重后果的行为。

根据《刑法》第119条第2款的规定，犯本罪的，处3年以上7年以下有期徒刑；情节较轻的，处3年以下有期徒刑或者拘役。

（十二）过失损坏交通设施罪

过失损坏交通设施罪，是指过失毁坏轨道、桥梁、公路、机场、航道、灯塔、标志等交通设施，已经造成严重后果的行为。

根据《刑法》第119条第2款的规定，犯本罪的，处3年以上7年以下有期徒刑；情节较轻的，处3年以下有期徒刑或者拘役。

（十三）过失损坏电力设备罪

过失损坏电力设备罪，是指过失毁坏电力设备，已经造成严重后果的行为。

根据《刑法》第119条第2款的规定，犯本罪的，处3年以上7年以下有期徒刑；情节较轻的，处3年以下有期徒刑或者拘役。

（十四）过失损坏易燃易爆设备罪

过失损坏易燃易爆设备罪，是指过失毁坏燃气或者其他易燃易爆设备，已经造成严重后果的行为。

根据《刑法》第119条第2款的规定，犯本罪的，处3年以上7年以下有期徒刑；情节较轻的，处3年以下有期徒刑或者拘役。

（十五）资助恐怖活动罪

资助恐怖活动罪，是指资助恐怖活动组织或者实施恐怖活动的个人的行为。

根据《刑法》第120条之一的规定，犯本罪的，处5年以下有期徒刑、拘役、管制或者剥夺政治权利，并处罚金；情节严重的，处5年以上有期徒刑，并处罚金或者没收财产。单位犯前款罪的，对单位判处罚金，并对其直接负责的主管人员和其他直接责任人员，依照前款的规定处罚。

（十六）劫持船只、汽车罪

劫持船只、汽车罪，是指以暴力、胁迫或者其他方法劫持船只、汽车的行为。

根据《刑法》第122条的规定，犯劫持船只、汽车罪的，处5年以上10年以下有期徒刑；造成严重后果的，处10年以上有期徒刑或者无期徒刑。

（十七）暴力危及飞行安全罪

暴力危及飞行安全罪，是指对飞行中的航空器上的人员使用暴力，危及飞行安全，尚未造成严重后果或已经造成严重后果的行为。

根据《刑法》第123条的规定，犯本罪，尚未造成严重后果的，处5年以下有期徒刑或者拘役；造成严重后果的，处5年以上有期徒刑。

（十八）破坏广播电视设施、公用电信设施罪

破坏广播电视设施、公用电信设施罪，是指故意破坏广播电视设施、公用电信设施，足以危害公共安全的行为。

根据《刑法》第124条第1款的规定，犯本罪的，处3年以上7年以下有期徒刑；造成严重后果的，处7年以上有期徒刑。

（十九）过失损坏广播电视设施、公用电信设施罪

过失损坏广播电视设施、公用电信设施罪，是指过失毁坏广播电视设施、公用电信设施，已经造成严重后果的行为。

根据《刑法》第124条第2款的规定，犯本罪的，处3年以上7年以下有期徒刑；情节较轻的，处3年以下有期徒刑或者拘役。

（二十）非法制造、买卖、运输、储存危险物质罪

非法制造、买卖、运输、储存危险物质罪，是指非法制造、买卖、运输、储存毒害性、放射性、传染病病原体等物质，危害公共安全的行为。

根据《刑法》第125条的规定，犯本罪的，处3年以上10年以下有期徒刑；情节严重的，处10年以上有期徒刑、无期徒刑或者死刑。单位犯本罪的，对单位判处罚金，并对其直接负责的主管人员和其他直接责任人员，依照前述规定处罚。

（二十一）违规制造、销售枪支罪

违规制造、销售枪支罪，是指依法被指定、确定的枪支制造企业、销售企业，违反枪支管理规定，非法销售枪支危害公共安全的行为。

根据《刑法》第126条的规定，犯本罪的，对单位判处罚金，并对其直接负责的主管人员和其他直接责任人员，处5年以下有期徒刑；情节严重的，处5年以上10年以下有期徒刑；情节特别严重的，处10年以上有期徒刑或者无期徒刑。

（二十二）盗窃、抢夺枪支、弹药、爆炸物、危险物质罪

盗窃、抢夺枪支、弹药、爆炸物、危险物质罪，是指盗窃、抢夺枪支、弹药、爆炸物的，或者盗窃、抢夺毒害性、放射性、传染病病原体等物质，危害公共安全的行为。

根据《刑法》第127条的规定，犯本罪的，处3年以上10年以下有期徒刑；情节严重

的，处10年以上有期徒刑、无期徒刑或者死刑。

（二十三）抢劫枪支、弹药、爆炸物、危险物质罪

抢劫枪支、弹药、爆炸物、危险物质罪，是指抢劫枪支、弹药、爆炸物的，或者抢劫毒害性、放射性、传染病病原体等物质，危害公共安全的行为。

根据《刑法》第127条的规定，犯本罪的，处10年以上有期徒刑、无期徒刑或者死刑。

（二十四）非法出租、出借枪支罪

非法出租、出借枪支罪，是指依法配备公务用枪的人员，非法出租、出借枪支的行为或者依法配置枪支的人员，非法出租、出借枪支，造成严重后果的行为。

根据《刑法》第128条的规定，犯非法出租、出借枪支罪，处3年以下有期徒刑、拘役或者管制；情节严重的，处3年以上7年以下有期徒刑；单位犯罪的，对单位判处罚金，并对其直接负责的主管人员和其他直接责任人员，按上述规定处罚。

（二十五）丢失枪支不报罪

丢失枪支不报罪，是指依法配备公务用枪的人员，丢失枪支不及时报告，造成严重后果的行为。

根据《刑法》第129条的规定，犯本罪，处3年以下有期徒刑或者拘役。

（二十六）非法携带枪支、弹药、管制刀具、危险物品危及公共安全罪

非法携带枪支、弹药、管制刀具、危险物品危及公共安全罪，是指违反有关规定，私自携带枪支、弹药、管制刀具或者爆炸性、易燃性、放射性、毒害性、腐蚀性物品，进入公共场所或者公共交通工具，危及公共安全，情节严重的行为。

根据《刑法》第130条的规定，犯本罪的，处3年以下有期徒刑、拘役或者管制。

（二十七）重大飞行事故罪

重大飞行事故罪，是指航空人员违反规章制度，致使发生重大飞行事故，造成严重后果的行为。

根据《刑法》第131条的规定，犯本罪的，处3年以下有期徒刑或者拘役；造成飞机坠毁或者人员伤亡的，处3年以上7年以下有期徒刑。

（二十八）铁路运营安全事故罪

铁路运营安全事故罪，是指铁路职工违反规章制度，造成铁路运营事故，情节严重的行为。

根据《刑法》第132条规定，犯本罪的，处3年以下有期徒刑或者拘役；造成特别严重后果的，处3年以上7年以下有期徒刑。

（二十九）重大劳动安全事故罪

重大劳动安全事故罪，是指安全生产设施或者安全生产条件不符合国家规定，因而发生重大伤亡事故或者造成其他严重后果的行为。

根据《刑法》第135条的规定，犯本罪的，对直接负责的主管人员和其他直接责任人员，处3年以下有期徒刑或者拘役；情节特别恶劣的，处3年以上7年以下有期徒刑。

（三十）举办大型群众性活动肇事罪

举办大型群众性活动肇事罪，是指举办大型群众性活动违反安全管理规定，因而发生重大伤亡事故或者造成其他严重后果的行为。

根据《刑法》第135条之一的规定，犯本罪的，对直接负责的主管人员和其他直接责任人员，处3年以下有期徒刑或者拘役；情节特别恶劣的，处3年以上7年以下有期徒刑。

(三十一) 危险物品肇事罪

危险物品肇事罪，是指违反爆炸性、易燃性、放射性、毒害性、腐蚀性物品的管理规定，在生产、储存、运输、使用中发生重大事故，造成了严重后果的行为。

根据《刑法》第136条的规定，犯本罪的，处3年以下有期徒刑或者拘役；后果特别严重的，处3年以上7年以下有期徒刑。

(三十二) 工程重大安全事故罪

工程重大安全事故罪，是指建设单位、设计单位、施工单位、工程监理单位违反国家规定，降低工程质量标准，造成重大安全事故的行为。

根据《刑法》第137条的规定，犯本罪的，对直接责任人员，处5年以下有期徒刑或者拘役，并处罚金；后果特别严重的，处5年以上10年以下有期徒刑，并处罚金。

(三十三) 教育设施重大安全事故罪

教育设施重大安全事故罪，是指学校及其他教育机构的直接责任人员，明知校舍或教育教学设施有危险，而不采取措施或不及时报告，致使发生重大伤亡事故的行为。

根据《刑法》第138条的规定，犯本罪的，对直接责任人员，处3年以下有期徒刑或者拘役；后果特别严重的，处3年以上7年以下有期徒刑。

(三十四) 消防责任事故罪

消防责任事故罪，是指违反消防管理法规，经消防监督机构通知采取改正措施而拒绝执行，造成严重后果的行为。

根据《刑法》第139条的规定，犯本罪的，对直接责任人员，处3年以下有期徒刑或者拘役；后果特别严重的，处3年以上7年以下有期徒刑。

【思考题】

1. 简述破坏交通工具罪的概念和构成要件。
2. 简述资助恐怖主义罪的构成要件。
3. 简述非法制造、买卖、运输、邮寄、储存枪支、弹药、爆炸物罪的概念和构成要件。
4. 简述劫持航空器罪客观方面的特征。
5. 试述交通肇事逃逸行为的司法认定。
6. 试述重大责任事故罪的构成要件及认定中的疑难问题。

【参考文献】

1. 高铭暄、赵秉志主编:《过失犯罪的基础理论》，法律出版社2002年版。
2. 李恩慈主编:《特别刑法论》，中国人民公安大学出版社1993年版。

第二十七章 破坏社会主义市场经济秩序罪

【导语】《刑法》分则第三章规定了105种破坏社会主义市场经济秩序的具体犯罪。本章在论述破坏社会主义市场经济秩序犯罪的概念和一般构成要件的基础上，对生产、销售伪劣产品罪，生产、销售假药罪，走私假币罪，走私普通货物、物品罪，非国家工作人员受贿罪，签订、履行合同失职被骗罪，伪造货币罪，非法吸收公众存款罪，内幕交易、泄露内幕信息罪，操纵证券、期货市场罪，洗钱罪，贷款诈骗罪，信用卡诈骗罪，保险诈骗罪，逃避缴纳税款罪，虚开增值税专用发票、用于骗取出口退税、抵扣税款发票罪，假冒注册商标罪，侵犯著作权罪，侵犯商业秘密罪，合同诈骗罪，非法经营罪等21种具体犯罪的概念、构成及认定进行了较为详细的论述。

本章的疑难问题主要有：①生产、销售伪劣产品罪的主观方面是直接故意还是也包括间接故意？是否要求行为人主观上具有牟利的目的？②伪劣产品的范围是否包括《刑法》第141～148条规定的特定种类的伪劣产品？③如何认定生产、销售伪劣产品罪犯罪未遂形态？④如何理解生产、销售假药罪的故意形式？⑤如何认定走私假币案件的单位犯罪？⑥依照走私普通货物、物品罪定罪处罚的准走私的行为对象是否包括国家禁止进出口的货物、物品？⑦认定走私普通货物、物品罪的罪数，应当注意哪些问题？⑧如何理解“为他人谋取利益”的要件性质？⑨如何划分非国家工作人员受贿罪既遂与未遂的界限？⑩签订、履行合同失职被骗罪的成立是否要以合同相对方构成诈骗犯罪为前提条件？⑪伪造货币罪是否属于目的犯？⑫伪造货币罪是否存在犯罪的未遂形态？如何划分本罪既遂与未遂的界限？⑬具备金融业务资格的单位能否成为非法吸收公众存款罪的主体？⑭如何理解非法吸收公众存款罪的主观方面？⑮如何理解非法吸收公众存款罪的客体？如何理解内幕交易、泄露内幕信息罪的主观罪过形式？⑯非内幕人员获取内幕信息后又泄露给他人的，是否构成内幕交易、泄露内幕信息罪？⑰操纵证券、期货市场罪的成立是否要求行为人具有特定的目的？⑱如何认定连续买卖行为？⑲洗钱罪的主体是否包括上游犯罪的行为人？⑳如何理解洗钱罪主观特征的“明知”？㉑事后故意的贷款欺诈行为是否构成贷款诈骗罪？㉒“拆东墙补西墙”的行为如何定性？㉓信用卡诈骗罪应否要求行为人具有“非法占有的目的”？㉔对“盗划信用卡”的行为如何定性？㉕保险诈骗罪是否存在犯罪未遂形态？㉖与保险公司工作人员相勾结骗取保险金如何定罪？㉗无证经营者能否成为逃避缴纳税款罪的主体？㉘非法经营者能否成为逃避缴纳税款罪的主体？㉙虚开增值税专用发票、用于骗取出口退税、抵扣税款发票之后，又骗取国家税款的，如何定罪？㉚如何认定在生产、销售的伪劣产品上假冒他人注册商标的行为性质？㉛如何认定侵犯著作权罪共同犯罪？㉜与非法贸易有关的经营信息，能否认定为本罪对象的商业秘密？㉝如何理解合同诈骗罪的犯罪对象？㉞合同诈骗罪的主观方面是否包括间接故意？㉟如何认定构成非法经营罪的传销或变相传销？㊱如何认定构成非法经营罪的罪数问题?

■第一节 破坏社会主义市场经济秩序罪概述

一、破坏社会主义市场经济秩序罪的概念

破坏社会主义市场经济秩序罪，是指违反国家经济管理法规，在市场经济运行或经济管理活动中实施的、严重破坏社会主义市场经济秩序的行为。随着社会主义市场经济体制的逐步确立，市场主体利益诉求的日渐多元化，破坏社会主义市场经济秩序的犯罪也日趋严重。为了维护社会主义经济体制的健康发展和完善，规范一切市场经济行为，修订后的刑法典在对1979年刑法作较大修改和补充的基础上，在现行《刑法》分则第三章规定了破坏社会主义市场经济秩序罪。新刑法颁行后，全国人大常委会又对本章之罪作了一系列的修改和补充。1998年12月29日，立法机关颁布了《关于惩治骗购外汇、逃汇和非法买卖外汇犯罪的决定》。此后，在立法机关颁布的六个刑法修正案中，有四个修正案涉及《刑法》分则第三章规定之罪。立法机关适时修改刑法，是刑法立法与社会形势发展变化同步的必然要求。

二、破坏社会主义市场经济秩序罪的构成

(一) 犯罪主体

这类罪的主体，有的既可以是自然人，也可以是单位，有的只能是自然人。

1. 自然人主体。大多数犯罪是一般主体，有少数犯罪系特殊主体。本类犯罪的一般主体必须是年满16周岁具有刑事责任能力的自然人。本类犯罪特殊主体的成立，除要求行为人具备刑事责任能力外，还必须具有一定的身份，如不具有该种特殊身份，就不可能单独构成该种犯罪。

2. 单位。根据《刑法》第30条规定，单位指公司、企业、事业单位、机关、团体。在本章中，规定单位作为主体的犯罪有80种，包括两种情况：①法律仅仅规定主体为单位，而没有具体列举什么单位。本章的单位犯罪，大部分属于这种情形。②法律明文规定主体为何种单位，如“公司”、“公司、企业”等。例如，2006年6月29日全国人大常委会通过的《刑法修正案（六)》新增设的违法运用资金罪，其主体是社会保障基金管理机构、住房公积金管理机构等公众基金管理机构，以及保险公司、保险资产管理公司、证券投资基金管理公司。如果不是这类单位，不可能构成该种犯罪。

(二) 犯罪主观方面

对于绝大多数具体犯罪来说，其主观方面要求出于故意，即行为人明知自己的行为会发生破坏社会主义市场经济秩序的结果，希望或放任这一危害社会的结果发生。有些犯罪的成立，还要求行为人具有特定的目的，如高利转贷罪，刑法规定行为人必须具有“转贷牟利的目的”。再如，金融诈骗犯罪，刑法规定行为人必须具有“非法占有的目的”等。个别犯罪则只能由过失构成，如签订、履行合同失职被骗罪，国有公司、企业、事业单位人员失职罪等，在主观方面要求出于过失。

(三) 犯罪客观方面

这类犯罪的客观方面，表现为违反国家经济管理法规，在市场经济运行或经济管理活动中实施的、严重破坏社会主义市场经济秩序的行为。具体而言，包括如下三个方面的内容：

1. 行为人实施的行为违反国家经济管理法规，这是构成本章之罪的前提。所谓国家经济管理法规，主要包括：有关市场主体组织形式和地位的法律规范，关于市场主体交易行为的法律规范，维护市场公平竞争秩序的法律规范，确认市场体系的法律规范，关于政府对市

场实施宏观调控的法律规范，以及对劳动者提供社会保障的法律规范等。破坏社会主义市场经济秩序罪是法定犯，这类犯罪行为总是以违反国家一定的经济管理法规为前提，如生产、销售伪劣产品罪违反《产品质量法》、《药品管理法》以及《食品卫生法》等，走私犯罪违反《海关法》等。

2. 行为发生在市场经济运行或经济管理活动中。破坏社会主义市场经济秩序罪都是在市场经济运行或经济管理活动中发生的，例如，生产、销售伪劣商品罪发生在商品的生产、流通过程中；虚假出资罪发生在公司的组建过程中；虚报注册资本罪发生在公司的登记过程中；签订、履行合同失职被骗罪发生在签订、履行经济合同过程中。

3. 严重破坏社会主义市场经济秩序，这是破坏社会主义市场经济秩序罪与一般违法行为相区别的量的规定性。一种行为虽然是违反国家经济管理法规的违法行为，如果没有严重破坏社会主义市场经济秩序，就不构成犯罪；只有某种非法经济活动造成严重破坏社会主义市场经济秩序的后果时，才可能构成犯罪。根据我国刑法的规定，衡量非法经济行为社会危害程度的情节主要有："数额较大"、"数额巨大"、"造成严重后果"以及"情节严重"等。

（四）犯罪客体

这类犯罪的客体，是我国社会主义市场经济秩序。社会主义市场经济秩序这一客体受到侵害，是本章犯罪的共同特征，也是本章犯罪区别于其他章涉及财产犯罪的根本特征。

三、破坏社会主义市场经济秩序罪的种类

《刑法》分则第三章破坏社会主义市场经济秩序罪，分为8节，规定了105个具体罪名。具体如下：

（一）生产、销售伪劣商品罪

本类罪包括9种具体犯罪，即生产、销售伪劣产品罪，生产、销售假药罪，生产、销售劣药罪，生产、销售不符合卫生标准的食品罪，生产、销售有毒、有害食品罪，生产、销售不符合标准的医用器材罪，生产、销售不符合安全标准的产品罪，生产、销售伪劣农药、兽药、化肥、种子罪，生产、销售不符合卫生标准的化妆品罪。

（二）走私罪

本类罪包括10种具体犯罪，即走私武器、弹药罪，走私核材料罪，走私假币罪，走私文物罪，走私贵重金属罪，走私珍贵动物、珍贵动物制品罪，走私国家禁止进出口的其他货物、物品罪，走私淫秽物品罪，走私废物罪，走私普通货物、物品罪。

（三）妨害对公司、企业的管理秩序罪

本类罪包括16种具体犯罪，即虚报注册资本罪，虚假出资、抽逃出资罪，欺诈发行股票、债券罪，违规披露、不披露重要信息罪，妨害清算罪，隐匿、故意销毁会计凭证、会计账簿、财务会计报告罪，虚假破产罪，非国家工作人员受贿罪，对非国家工作人员行贿罪，非法经营同类营业罪，为亲友非法牟利罪，签订、履行合同失职被骗罪，国有公司、企业、事业单位人员失职罪，国有公司、企业、事业单位人员滥用职权罪，徇私舞弊低价折股、出售国有资产罪，背信损害上市公司利益罪。

（四）破坏金融管理秩序罪

本类罪包括30种具体犯罪，即伪造货币罪，出售、购买、运输假币罪，金融工作人员购买假币、以假币换取货币罪，持有、使用假币罪，变造货币罪，擅自设立金融机构罪，伪造、变造、转让金融机构经营许可证、批准文件罪，高利转贷罪，骗取贷款、票据承兑、金融票证罪，非法吸收公众存款罪，伪造、变造金融票证罪，妨害信用卡管理罪，窃取、收买、非法提供信用卡信息罪，伪造、变造国家有价证券罪，伪造、变造股票、公司、企业债券罪，擅自发行股票、公司、企业债券罪，内幕交易、泄露内幕信息罪，背信从事证券、期货交易罪，编造并传播证券、期货交易虚假信息罪，诱骗投资者买卖证券、期货合约罪，操纵证券、期货市场罪，背信运用受托财产罪，违法运用资金罪，违法发放贷款罪，吸收客户资金不入账罪，违规出具金融票证罪，对违法票据承兑、付款、保证罪，骗购外汇罪，逃汇罪，洗钱罪。

（五）金融诈骗罪

本类罪包括8种具体犯罪，即集资诈骗罪，贷款诈骗罪，票据诈骗罪，金融凭证诈骗罪，信用证诈骗罪，信用卡诈骗罪，有价证券诈骗罪，保险诈骗罪。

（六）危害税收征管罪

本类罪包括12种具体犯罪，即逃避缴纳税款罪，抗税罪，逃避追缴欠税罪，骗取出口退税罪，虚开增值税专用发票、用于骗取出口退税、抵扣税款发票罪，伪造、出售伪造的增值税专用发票罪，非法出售增值税专用发票罪，非法购买增值税专用发票、购买伪造的增值税专用发票罪，非法制造、出售非法制造的用于骗取出口退税、抵扣税款发票罪，非法制造、出售非法制造的发票罪，非法出售用于骗取出口退税、抵扣税款发票罪，非法出售发票罪。

（七）侵犯知识产权罪

本类罪包括7种具体犯罪，即假冒注册商标罪，销售假冒注册商标的商品罪，非法制造、销售非法制造的注册商标标识罪，假冒专利罪，侵犯著作权罪，销售侵权复制品罪，侵犯商业秘密罪。

（八）扰乱市场秩序罪

本类罪包括13种具体犯罪，即损害商业信誉、商品声誉罪，虚假广告罪，串通投标罪，合同诈骗罪，非法经营罪，组织、领导传销活动罪，强迫交易罪，伪造、倒卖伪造的有价票证罪，倒卖车票、船票罪，非法转让、倒卖土地使用权罪，提供虚假证明文件罪，出具证明文件重大失实罪，逃避商检罪。

■第二节　破坏社会主义市场经济秩序罪分述

一、生产、销售伪劣产品罪

（一）基本法理

1．生产、销售伪劣产品罪的概念和构成要件。生产、销售伪劣产品罪，是指生产者、销售者在产品中掺杂、掺假，以假充真，以次充好或者以不合格产品冒充合格产品，销售金额5万元以上的行为。本罪属选择性罪名，在司法实践中，应根据犯罪行为的具体情况分别定为生产伪劣产品罪、销售伪劣产品罪或者生产、销售伪劣产品罪。

本罪的构成要件是：

（1）本罪的主体，是从事生产、销售伪劣产品的生产者、销售者，包括自然人和单位。本罪的主体性质究竟是一般主体还是特殊主体，我国刑法学界的意见并不一致。特殊主体说认为，本罪的主体既然是生产者、销售者，“生产者”和“销售者”即为特定的身份，故此本罪主体属于特殊主体。[1] 我们认为，作为特殊主体中的特定身份，应该仅指行为人在实

〔1〕 参见黄京平主编：《破坏市场经济秩序罪研究》，中国人民大学出版社1999年版，第91页。

施危害行为之前便已存在的身份，不能包括行为人实施危害行为以后所形成的身份。[1] 对于本罪主体，所谓“生产者”和“销售者”并不是行为人自身所固有的身份，而是通过其实施生产或销售伪劣产品的行为而形成的身份，所以，本罪的主体应该是一般主体，即凡是达到法定年龄、具有责任能力的自然人，都可构成本罪。

（2）本罪的主观方面，只能是故意，即行为人明知生产、销售的是伪劣产品而仍然予以生产或者销售。

（3）本罪的客观方面，表现为生产、销售伪劣产品，销售金额5万元以上的行为。根据刑法规定，本罪的行为表现有以下四种形式：

第一，在产品中掺杂、掺假。根据“两高”2001年4月10日施行的《关于办理生产、销售伪劣商品刑事案件具体应用法律若干问题的解释》（以下简称《伪劣商品刑案解释》）的规定，“掺杂、掺假”是指“在产品中掺入杂质或者异物，致使产品质量不符合国家法律、法规或者产品明示质量标准规定的质量要求，降低、失去应有使用性能的行为”。例如，在磷肥中掺泥土，在面粉中掺滑石粉，在煤炭中掺矸石等。

第二，以假充真。根据《伪劣商品刑案解释》的规定，“以假充真”是指“以不具有某种使用性能的产品冒充具有该种使用性能的产品的行为。”这是从产品的使用性能上来界定“假”与“真”的。例如，以不具有治疗功能的电子器具冒充具有治疗功能的频谱仪，以自来水冒充矿泉水等。

第三，以次充好，根据《伪劣商品刑案解释》的规定，是指“以低等级、低档次产品冒充高等级、高档次产品，或者以残次、废旧零配件组合、拼装后冒充正品或者新产品的行为。”据此，“以次充好”包括三种情况：以低档次产品冒充高档次产品；以残次配件组装品冒充正品；以旧品冒充新品。

第四，以不合格产品冒充合格产品，指以不符合产品质量标准的产品冒充符合产品质量标准的产品。根据《伪劣商品刑案解释》的规定，“不合格产品”是指“不符合《中华人民共和国产品质量法》第26条第2款规定的质量要求的产品。”《产品质量法》第26条第2款规定：“产品质量应符合下列要求：①不存在危及人身、财产安全的不合理的危险，有保障人体健康和人身、财产安全的国家标准、行业标准的，应当符合该标准；②具备产品应当具备的使用性能，但是，对产品存在使用性能的瑕疵作出说明的除外；③符合在产品或者其包装上注明采用的产品标准，符合以产品说明、实物样品等方式表明的质量状况。”不符合上述规定要求的产品，就属于不合格产品。

同时，本罪的客观方面，还要求伪劣产品的销售金额在5万元以上。如果销售金额没有达到5万元，且情节显著轻微危害不大的，则不构成本罪。所谓销售金额，根据《伪劣商品刑案解释》的规定，是指“生产者、销售者出售伪劣产品后所得和应得的全部违法收入”。关于货值金额的计算，该司法解释指出：以违法生产、销售的伪劣产品的标价计算；没有标价的，按照同类合格产品的市场中间价格计算。货值金额难以确定的，按照国家计划委员会、最高人民法院、最高人民检察院、公安部1997年4月22日联合发布的《扣押、追缴、没收物品估价管理办法》的规定，委托指定的估价机构确定。多次实施生产、销售伪劣产品行为，未经处理的，伪劣产品的销售金额或货值金额累计计算。

（4）本罪的客体，是复杂客体，即国家对产品质量的监督管理秩序、市场管理制度和广

---

〔1〕参见马克昌主编：《犯罪通论》，武汉大学出版社1995年版，第272页。

大用户、消费者的合法权益。

本罪中生产、销售的对象是伪劣产品。根据《刑法》第140条的规定，伪劣产品包括：掺杂、掺假的产品，以假充真的产品，以次充好的产品和以不合格冒充合格的产品。

2. 生产、销售伪劣产品罪的相关界限。

（1）本罪与非罪的界限。以下两种情形不构成本罪：①生产、销售伪劣产品的销售金额不满5万元，且情节显著轻微危害不大的，不构成本罪，而属于一般违法行为，由工商行政管理部门依法给予行政处罚；②如果行为人由于疏忽大意而使产品中掺入杂或假的东西或错把残次的、不合格的产品当作合格的产品销售的，不构成本罪。

（2）本罪与生产、销售特定种类伪劣商品犯罪之间的界限。《刑法》典第141～148条把生产、销售假药、劣药、有毒有害食品、不符合卫生标准的食品、不符合安全标准的产品、不符合卫生标准的化妆品以及伪劣农药、兽药、种子、化肥等特定种类伪劣商品的行为规定为犯罪，相对于《刑法》第140条的规定，这些法条属于特别法，而本罪法条属于普通法。当一行为同时符合本罪以及特定种类伪劣商品犯罪的构成要件时，属于法条竞合，根据《刑法》第149条第2款的规定，依照处罚较重的犯罪定罪处罚。根据刑法典第149条第1款的规定，生产、销售特定种类的伪劣商品不构成《刑法》第141～148条规定之罪，但如果销售金额在5万元以上的，按照《刑法》第140条规定即生产、销售伪劣产品罪定罪处罚。

（3）本罪共同犯罪的认定。本罪完全可能由两人以上共同实施，对于本罪的共同犯罪，应当根据我国刑法总则关于共同犯罪的成立条件以及本罪的构成要件加以认定。根据《伪劣商品刑案解释》第9条的规定："知道或应当知道他人实施生产、销售伪劣商品犯罪，而为其提供贷款、资金、账号、发票、证明、许可证件，或者为其提供生产、经营场所或者运输、仓储、保管、邮寄等便利条件，或者提供制假生产技术的，以生产、销售伪劣商品犯罪的共犯论处。"据此可知，成立本罪的共犯，必须具备以下两个条件：①客观方面表现为行为人实施了生产、销售伪劣产品罪的帮助行为，即行为人为他人提供了贷款、资金、账号、发票、证明、许可证件，或者为其提供生产、经营场所或者运输、仓储、保管、邮寄等便利条件，或者提供制假生产技术；②在主观方面，行为人知道或者应当知道他人实施生产、销售伪劣商品犯罪。对于本罪共犯的成立，以上两个条件缺一不可。

3. 生产、销售伪劣产品罪的刑事责任。根据《刑法》第140条和第150条的规定，犯本罪的，处2年以下有期徒刑或者拘役，并处或者单处销售金额50%以上2倍以下罚金；销售金额20万以上不满50万元的，处2年以上7年以下有期徒刑，并处销售金额50%以上2倍以下罚金；销售金额50万元以上不满200万元的，处7年以上有期徒刑，并处销售金额50%以上2倍以下罚金；销售金额200万元以上的，处15年有期徒刑或者无期徒刑，并处销售金额50%以上2倍以下罚金或者没收财产。单位犯本罪的，对单位判处罚金，并对其直接负责的主管人员和其他直接责任人员，依照上述规定处罚。

同时，根据《伪劣商品刑案解释》第12条的规定，国家机关工作人员参与生产、销售伪劣产品犯罪的，从重处罚。2003年5月"两高"《关于办理妨害预防、控制突发传染病疫情等灾害的刑事案件具体应用法律若干问题的解释》第2条规定，在预防、控制突发传染病疫情等灾害期间，生产、销售伪劣的防治、防护产品、物资，构成犯罪的，依照《刑法》第140条的规定，以生产、销售伪劣产品罪依法从重处罚。

（二）疑难问题

1. 本罪的主观方面是直接故意还是也包括间接故意？是否要求行为人主观上具有牟利的目的？对此，学者间的认识并不一致。第一种观点认为，本罪的主观方面只限于间接故意，不包括直接故意，即"行为人故意违反国家对产品质量监督管理的法律法规，明知生产、销售伪劣商品会发生危害人体健康和人身、财产安全，损害用户、消费者的结果，为了牟利而放任这种危害结果的发生"。[1] 第二种观点认为，本罪的主观方面既包括直接故意，也包括间接故意，并具有获取非法利润的目的。持此观点的学者指出，行为人明知自己在生产、销售的产品中掺杂、掺假，以假充真，以次充好或以不合格产品冒充合格产品的行为会发生破坏社会主义市场经济秩序，侵害用户、消费者合法权益的危害结果，并且希望或者放任这种结果发生。不仅如此，行为人主观上还出于获取非法利润的目的。从法律规定的表面上看，获取非法利润的目的并不是本罪的主观要件，但刑法规定以销售金额较大为要件；销售金额较大是一个客观要件，与此相对应的主观要件就是出于获得非法利润的目的。[2] 第三种观点认为，本罪主观方面是直接故意，以牟取非法利润为目的的，并认为"目的犯"不能与间接故意共存。[3] 第四种观点认为，本罪主观方面是故意，但不要求行为人具有牟利的目的。[4]

我们认为，对刑法分则罪名构成要件的分析，不能抛开刑法对该种犯罪的具体规定。特定的犯罪目的是否属于某种犯罪的构成要件，判断的依据就在于刑法对该种犯罪的具体规定。只有特定的犯罪目的被明确或隐含规定在某一刑法规范中，该犯罪目的才能成为这一犯罪的构成要件。否则，即使从实际情况看行为人实施某种犯罪必然要具有某种目的，也不能将这一目的解释为此罪的构成要件。就本罪而言，从《刑法》第140条的规定看，在刑法法条中并没有明确或隐含规定"以非法牟利为目的"这一要件，因此就不能把"非法牟利的目的"作为生产、销售伪劣产品罪的构成要件。换言之，本罪的成立不要求行为人具有非法牟利的目的。

关于本罪的故意形式，我们认为，作为一种经济犯罪，行为人实施本罪的目的一般是追逐非法的经济利益，由此决定着本罪主观方面的常态应该是直接故意。当然，也不能排除行为人出于间接故意而实施本罪。这是因为，直接故意和间接故意的主要区别在于行为人对自己实施的行为所造成的危害社会结果的意志态度。放任这种结果发生的，为间接故意；希望这种结果发生的，是直接故意。就本罪而言，立法者设立本条的目的在于维护社会主义市场经济秩序，保护消费者的合法权益，而这正是犯罪行为所侵犯的我国刑法所保护的客体。换而言之，生产、销售伪劣产品的犯罪行为所造成的危害社会的结果是破坏社会主义市场经济秩序，侵犯消费者的合法权益。既然如此，就不能排除行为人为了追求非法利益的目的，而放任破坏社会主义市场经济秩序、侵犯消费者合法权益这一结果发生的情况。故此，本罪主观方面不能完全排除间接故意的存在。

2. 伪劣产品的范围是否包括《刑法》第141~148条规定的特定种类的伪劣产品？对此，有种观点认为，本罪的犯罪对象是指加工、生产供市场销售的、《刑法》第141~148条规定的产品以外的各种伪劣产品，包括生产资料和生活资料。[5] 有种观点甚至归纳出了本罪中伪劣产品的基本特征，认为，本罪中生产、销售的伪劣产品具有两个基本特征：①伪劣产品的范围广、种类多；②生产、销售的伪劣产品经过用户、消费者使用不具有危害人身、

〔1〕 参见高西江主编：《中华人民共和国刑法的修订与适用》，中国方正出版社1997年版，第399页。

〔2〕 参见张明楷：《刑法学》（下），法律出版社1997年版，第597页。

〔3〕 参见黄京平主编：《破坏市场经济秩序罪研究》，中国人民大学出版社1999年版，第113页。

〔4〕 参见王作富主编：《刑法分则实务研究》（上），中国方正出版社2007年版，第251页。

〔5〕 参见王作富主编：《刑法》，中国人民大学出版社1999年版，第282页。

财产安全的性质。如果这些伪劣产品具有危害用户、消费者人身、财产安全的性质，那么生产、销售这类伪劣产品的犯罪行为不适用本罪之规定，而要视具体情况适用有关规定。[1] 我们认为，这种理解是不妥当的。因为，根据《刑法》第149条规定："生产、销售第141条至第148条所列产品，不构成各该条规定的犯罪，但是销售金额在5万以上的，依照本节第140条的规定定罪处罚。""生产、销售本节第141条至第148条所列产品，同时又构成本节第140条规定之罪的，依照处罚较重的规定定罪处罚。"显然，如果认为本罪的对象不包括刑法典第141～148条规定的特定种类的伪劣产品，就无法对《刑法》第149条的规定作出合理解释。故不宜将特定种类的伪劣产品排除在本罪的对象范围之外。

3．如何认定生产、销售伪劣产品罪犯罪未遂形态？本罪是否存在犯罪的未遂形态，我国刑法学界存在争议。否定说认为，生产、销售伪劣产品罪是以一定的数额作为构成要件的数额犯。数额犯通常被认为是情节犯的一种，而情节犯是不存在未遂形态的，因为法定的情节要件既是构成这类犯罪的必备要件，同时也是其构成要件齐备的标志。[2] 肯定说认为，只要经营额在5万元以上的，均应以生产、销售伪劣产品罪的未遂论处，而不能认为不构成犯罪。[3] 我们赞成肯定说，因为，根据刑法理论的通行观点，我国刑法分则规范是以单个人犯罪并且达到犯罪的既遂为标本设立的。本罪罪状的确立亦不例外。既然如此，《刑法》第140条规定中的"销售金额"就不是犯罪成立的要件，而应当是犯罪既遂的要件。当行为人实施的行为没有达到法定数额时，虽然不能认定为该罪的既遂，但如果行为的社会危害达到犯罪的程度时，毫无疑问就应当认定为犯罪的未完成形态。事实上，肯定说也得到了有关司法解释的支持。根据《伪劣商品刑案解释》的规定，伪劣产品尚未销售，货值金额达到《刑法》第140条规定的销售金额3倍以上的，以生产、销售伪劣产品罪（未遂）定罪处罚。2003年12月23日最高人民法院、最高人民检察院、公安部、国家烟草专卖局《关于办理假冒伪劣烟草制品等刑事案件适用法律问题座谈会纪要》也指出："伪劣烟草制品的销售金额不满5万元，但与尚未销售的伪劣烟草制品的货值金额达到15万元以上的，以生产、销售伪劣产品罪（未遂）定罪处罚。""生产伪劣烟草制品尚未销售，无法计算货值金额，有下列情形之一的，以生产、销售伪劣产品罪（未遂）定罪处罚：①生产伪劣烟用烟丝数量在1000公斤以上的；②生产伪劣烟用的烟叶数量在1500公斤以上的。"由上可见，本罪犯罪未遂否定说既不符合我国的刑法理论，也与我国的司法实践不相符，故不足取。

二、生产、销售假药罪

（一）基本法理

1．生产、销售假药罪的概念和构成要件。生产、销售假药罪，是指生产、销售假药，足以严重危害人体健康的行为。[4]

---

〔1〕 参见马克昌主编：《经济犯罪新论——破坏社会主义经济秩序罪研究》，武汉大学出版社1998年版，第66页；许发民、翟中东主编：《伪劣商品犯罪及相近易混淆犯罪认定处理》，中国方正出版社1999年版，第36页。

〔2〕 参见黄京平主编：《破坏市场经济秩序罪研究》，中国人民大学出版社1999年版，第113～114页。

〔3〕 参见曲新久："生产、销售伪劣产品罪的既遂、未遂与预备形态"，载《人民检察》1998年第10期。

〔4〕 关于本罪的概念，我国刑法学界较为通行的界定是在《刑法》第141条规定的基础上，增加"违反药品管理法规"的表述。参见王作富主编：《刑法分则实务研究》（上），中国方正出版社2007年版，第265页；孙国祥、魏昌东：《经济刑法研究》，法律出版社2005年版，第190页；马克昌主编：《经济犯罪新论——破坏社会主义经济秩序罪研究》，武汉大学出版社1998年版，第71页；等等。我们认为，生产、销售假药肯定是我国药品管理法规所不允许的，在本罪的概念中加入"违反药品管理法规"的内容，有叠床架屋之嫌。况且，我国《刑法》第141条中并没有把它作为本罪罪状的一部分，故这种界定也没有刑法依据，实不足取。

本罪的构成要件是：

（1）本罪的主体是一般主体，个人和单位都可成为本罪的主体。其中，单位既可以是有药品生产、销售资格的单位，也可以是无药品生产、销售资格的单位。

（2）本罪的主观方面是故意，即行为人明知自己生产、销售的是假药，仍然加以生产、销售。如果由于过失而生产出假药，或者不知是假药而加以销售的，不构成本罪。

（3）本罪客观方面表现为生产、销售假药，足以严重危害人体健康的行为。关于本罪的客观方面，必须把握以下两点：①行为人实施了生产、销售假药的行为。所谓生产假药，是指加工、配制假药的行为；所谓销售假药，是指将本人或他人生产的假药批发或零售的行为。本罪系选择性罪状，实施生产或者销售假药行为之一的，按照生产假药罪或者销售假药罪定罪处罚；既实施生产行为，又实施销售行为的，也不构成数罪，以生产、销售假药罪定罪处罚。②生产、销售假药必须足以严重危害人体健康。如果生产、销售的假药不足以严重危害人体健康的，则不能构成本罪的既遂。实际造成危害人体健康结果的，是本罪法定刑升格的条件。

（4）本罪侵犯的客体是复杂客体，即国家对药品生产、销售的管理秩序和不特定多数人的生命权和健康权。其中，前者为主要客体，后者为次要客体。本罪的犯罪对象是假药，并且只限于专用于人的药品，不包括兽药。所谓假药，是指依照《药品管理法》的规定属于假药和按假药处理的药品、非药品。具体包括以下几种：①药品所含成分的名称与国家药品标准或者省、自治区、直辖市药品标准规定不符；②以非药品冒充药品的；③以他种药品冒充此种药品的；④国务院卫生行政部门规定禁止使用的药品；⑤未取得批准文号的药品；⑥变质不能用的药品；⑦被污染不能药用的药品。

2. 生产、销售假药罪的相关界限。

（1）本罪与非罪的界限。对本罪与非罪的认定，需要综合考虑以下三个方面的因素：①要看生产、销售的是否属于假药，对此需要根据国家药品管理法规以及有关司法解释加以判断；②要看行为人主观上是否存在故意，如果行为人因过失而生产、销售假药的，不构成本罪；③要看行为的情节，如果情节显著轻微危害不大的，不构成犯罪。有些论著把是否“足以严重危害人体健康”作为划分本罪与非罪的标准之一，认为，如果不“足以严重危害人体健康”，即便是假药也不能构成犯罪。[1] 我们认为，按照我国刑法理论通说，刑法分则中的具体犯罪规范一般是以单个人犯罪且达到既遂为标准设置法定刑的。如此一来，是否“足以严重危害人体健康”，就成了本罪既遂形态与未完成形态相区别的标志，而不是区别罪与非罪的标志。事实上，即使生产、销售假药，不足以危害人体健康，但有其他严重情节，行为的社会危害性达到了应受刑罚处罚程度的，也应认定为本罪。因此，不能把是否“足以严重危害人体健康”作为区分本罪与非罪的标准。

（2）本罪与他罪的界限。

第一，本罪与生产、销售劣药罪的界限。根据《刑法》第142条规定，所谓生产、销售劣药罪，是指生产、销售劣药，对人体健康造成严重危害的行为。生产、销售假药罪与生产、销售劣药罪在犯罪主体、犯罪客体以及行为方式上基本相同，主要区别在于：①犯罪对象不同。本罪的对象是假药，而生产、销售劣药罪的犯罪对象是劣药。确定是假药还是劣药，必须根据国家药品管理法规以及有关司法解释的规定加以判断。②两罪基本构成的条件

---

〔1〕 参见王作富主编：《刑法分则实务研究》（上），中国方正出版社2007年版，第271页；高铭暄、马克昌主编：《刑法学》，北京大学出版社、高等教育出版社2007年版，第420页。

不同。本罪是危险犯，以“足以严重危害人体健康”作为基本构成要件，而生产、销售劣药罪系结果犯，以“对人体健康造成严重危害”为犯罪的基本构成要件。③刑事责任不同。本罪法定刑有三个档次，最高刑为死刑，而生产、销售劣药罪的法定刑有两个档次，即生产、销售劣药，对人体健康造成严重危害的，处3年以上10年以下有期徒刑，并处销售金额50%以上2倍以下罚金；后果特别严重的，处10年以上有期徒刑或者无期徒刑，并处销售金额50%以上2倍以下罚金或者没收财产。可见，生产、销售劣药罪的法定刑较本罪为轻。

第二，本罪与以危险方法危害公共安全罪的界限。本罪为复杂客体，次要客体是不特定多数人的身体健康、生命安全，由此可见，就其本质而言，生产、销售假药的犯罪行为具有危害公共安全的性质。如此一来，就会产生本罪与以危险方法危害公共安全罪的界限问题。其主要区别在于：①犯罪客体不同。本罪的主要客体是破坏社会主义市场经济秩序，次要客体为不特定多数人的身体健康、生命安全；而以危险方法危害公共安全罪的客体为单一客体，即公共安全。②犯罪客观方面不同。本罪的客观方面表现为行为人实施了生产、销售假药，足以严重危害人体健康的行为；而以危险方法危害公共安全罪的客观方面表现为采取放火、决水、爆炸、投放危险物质以外的其他危险方法危害公共安全的行为。③犯罪主体不同。本罪的主体包括自然人和单位，而以危险方法危害公共安全罪的主体为自然人，单位不能构成该罪。

关于两罪的区别，有一种观点认为，生产、销售假药罪，行为人主观上一般以牟利为目的，即为了牟取暴利，明知其生产、销售的是假药而予以生产、销售，至于是否给人体健康、生产安全造成严重危害后果则不在行为人所追求的直接故意范围之内，或属过失心理，或属间接故意心理。如果行为人生产、销售假药，目的就是对他人的生命、健康、财产安全造成损害进而危害公共安全的，应认定为以危险方法危害公共安全罪。[1] 之所以产生这种认识，症结在于两种犯罪的法定刑悬殊较大。生产、销售假药的法定刑有三个档次：足以严重危害人体健康的，处3年以下有期徒刑或者拘役，并处或者单处销售金额50%以上2倍以下罚金；对人体健康造成严重危害的，处3年以上10年以下有期徒刑，并处销售金额50%以上2倍以下罚金；致人死亡或者对人体健康造成特别严重危害的，处10年以上有期徒刑、无期徒刑或者死刑，并处销售金额50%以上2倍以下罚金或者没收财产。而以危险方法危害公共安全罪的法定刑有两个档次：以其他危险方法危害公共安全，尚未造成严重后果的，处3年以上10年以下有期徒刑；致人重伤、死亡或者使公私财产遭受重大损失的，处10年以上有期徒刑、无期徒刑或者死刑。对比两罪的法定刑，不难发现，在危害行为造成他人重伤的情况下，按照前罪，最高可以判处10年有期徒刑；而按照后罪，最低为10年有期徒刑，最高则为死刑。为了解决两罪法定刑失衡问题，于是就产生了上述观点，认为，生产、销售假药的行为人如果对严重危害人体健康结果的发生是持积极追求心理的，不构成生产、销售假药罪，而应当按照以危险方法危害公共安全罪定罪。

我们认为，这种解释的良好动机是不容置疑的，但没有抓住事物的矛盾。实际上，一个行为同时符合生产、销售假药罪和以危险方法危害公共安全罪的构成要件时，属于我们理论上常说的法条竞合，可以按照法条竞合的处理原则解决这一矛盾，而不能通过对个罪主观方面的内容不顾刑法法理进行解释的方法来解决。对于法条竞合，原则上要按照特别法优于普通法的原则处理，只有当按照特别法处理不能满足罪责刑相适应原则要求的情况下，才适用

〔1〕 高铭暄、马克昌主编：《中国刑法解释》（上卷），中国社会科学出版社2005年版，第1112页。

普通法，即“重法优于轻法”。这样一来，就可以很好地解决在两罪成立法条竞合的情况下法定刑失衡的问题。例如，生产、销售假药致多人重伤的，同时符合本罪和以危险方法危害公共安全罪的构成要件，但如果按照本罪定罪，只能在3年以上10年以下有期徒刑幅度内选择适用刑罚，而这与以危险方法危害公共安全罪的加重法定刑有些失衡，显然不能满足罪责刑相适应原则的要求，故此，在生产、销售假药造成多人重伤的情况下，就应当按照以危险方法危害公共安全罪定罪处罚。

3. 生产、销售假药罪的刑事责任。根据《刑法》第141、150条的规定，生产、销售假药罪的法定刑有以下三个档次：①生产、销售假药，足以严重危害人体健康的，处3年以下有期徒刑或者拘役，并处或者单处销售金额50%以上2倍以下罚金。②对人体健康造成严重危害的，处3年以上10年以下有期徒刑，并处销售金额50%以上2倍以下罚金。根据《伪劣商品刑案解释》第3条的规定，所谓“对人体健康造成严重危害”，是指生产、销售的假药被使用后，造成轻伤、重伤或者其他严重后果。③致人死亡或者对人体健康造成特别严重危害的，处10年以上有期徒刑、无期徒刑或者死刑，并处销售金额50%以上2倍以下罚金或者没收财产。根据《伪劣商品刑案解释》的规定，生产、销售的假药被使用后，致人严重残疾、3人以上重伤、10人以上轻伤或者造成其他特别严重后果的，应认定为“对人体健康造成特别严重危害”。单位犯本罪的，对单位判处罚金，并对其直接负责的主管人员和其他直接责任人员，依照上述规定处罚。按照《伪劣商品刑案解释》的规定，国家机关工作人员参与生产、销售假药罪的，应从重处罚。

第二十七章

（二）疑难问题

1. 如何理解生产、销售假药罪的故意形式？关于本罪的故意形式，我国刑法学界的分歧较大。概而言之，主要有以下3种观点：第一种观点认为，生产、销售假药罪的主观方面是直接故意，即行为人明知自己生产、销售的是假药，必然危及人身健康，仍进行生产和销售；[1] 第二种观点认为，本罪的主观方面是故意，包括直接故意和间接故意，即明知自己生产、销售假药的行为会破坏市场经济秩序、会发生侵害人体健康的危险，并且希望或者放任这种结果发生。[2] 第三种观点认为，本罪的主观方面只能是间接故意，即行为人明知生产、销售假药侵犯药品的生产、销售管理制度，侵犯不特定多人的生命权和健康权，为牟取非法利润而放任结果的发生。[3]

我们认为，从实践中看，行为人实施本罪的目的一般在于牟利，为了这一目的而放任严重危害人体健康的危险发生的，即属间接故意。在特殊情况下，由于生产、销售假药的行为本身就蕴含着危害人体健康的危险，如生产、销售缺乏有效成分的急救药品等，行为人对自己的行为性质明知时，也就意味着其明知危害人体健康的危险之存在。在这种情况下，依然实施生产、销售假药的行为，即属对危害人体健康的危险这一结果持追求态度的直接故意。因此，不能完全排除本罪直接故意的存在。

2. 如何理解“足以严重危害人体健康”？对此，我国刑法学界存在不同认识，分歧的焦点主要在于：

（1）关于“足以严重危害人体健康”的判断标准。有的学者认为，衡量“足以严重危

---

〔1〕参见刘家琛主编：《新刑法条文释义》（上），人民法院出版社1997年版，第565页。

〔2〕参见张明楷：《刑法学》，法律出版社2003年版，第584页。

〔3〕参见熊选国主编：《生产销售伪劣商品罪》，中国人民公安大学出版社2003年版，第70页。

害人体健康”应采用客观标准，即经有关部门科学鉴定，不能靠主观加以认定。[1] 对于客观判断，需要从以下两个方面进行：①医学科学判断，即以行为人所生产、销售的假药的性质、成份、效用等事实为判断基础，以医学科学为判断标准，来分析这种假药是否具有严重危害人体健康的危险；②一般人的判断，即以行为人所生产、销售的假药的性质、成份、效用等事实为判断基础，以一般人的认识为判断标准，来分析这种假药是否具有严重危害人体健康的危险。[2] 有的学者则认为，对是否“足以严重危害人体健康”要采取全面的观点，既要考虑一般情况，也要考虑特殊情况，不应把特殊体质的人排除在法律保护之外。[3]

（2）认定“足以严重危害人体健康”，应否考虑假药在生产、流通过程中所处的阶段。对此，有的学者持肯定态度，认为，如果所生产的假药已经出厂并投放市场，或所销售的假药已为消费者所购买，就可能危及人体健康。如果尚在加工制作之中，还未形成成品；或虽已制作完毕，但仍存于车间、仓库，还未投放市场的，都不可能对人体健康构成实际威胁。故不认为是“足以严重危害人体健康”。[4] 也有的学者对此持否定态度，认为，生产、销售假药罪中“足以严重危害人体健康”是针对药效而言的，就假药对人体健康的威胁而言，假药销售给患者与放在库房是同等的，只是假药销售给患者后，假药对人体健康的威胁由不特定人转变为特定人。生产、销售假药的行为程度不影响“足以严重危害人体健康”性质的认定。[5] 从“两高”《伪劣商品刑案解释》看，实际上是坚持了“客观标准说”，并且把判断的基础放在假药的药效上。该解释第3条规定，经省级以上药品监督管理部门设置或者确定的药品检验机构鉴定，生产、销售的假药具有下列情形之一的，应认定为《刑法》第141条规定的“足以严重危害人体健康”：①含有超标准的有毒有害物质的；②不含所标明的有效成分，可能贻误诊治的；③所标明的适应症或者功能主治超出规定范围，可能造成贻误诊治的；④缺乏所标明的急救必需的有效成分的。对生产、销售假药是否具有“足以严重危害人体健康”的判断，只能以上述司法解释的规定为准。

三、走私假币罪

（一）基本法理

1. 走私假币罪的概念和构成要件。走私假币罪，是指违反海关法规，逃避海关监管，运输、携带、邮寄伪造的货币进出国（边）境的行为。

本罪的构成要件是：

（1）本罪的主体是一般主体，包括已满16周岁具有刑事责任能力的自然人和单位。

（2）本罪在主观方面表现为故意，即明知是伪造的货币而走私。如果行为人主观上误将伪造的货币当作真币而运输、携带或邮寄出入国（边）境的，不构成本罪。从实践中看，行为人一般具有营利的目的，但营利的目的并不是本罪的构成要件，因此，行为人是否具有这一目的，不影响本罪的成立。

（3）本罪在客观方面表现为行为人违反海关法规，逃避海关监管，运输、携带、邮寄伪造的货币进出国（边）境的行为。对于本罪的客观方面，需要从以下三个方面加以把握：①本罪的成立要以行为违反海关法规为前提。所谓违反海关法规，是指违反《海关法》及其

---

〔1〕 参见周道鸾：《中国刑法分则适用新论》，人民法院出版社1997年版，第139页。

〔2〕 参见张明楷：《刑法学》（下），法律出版社1997年版，第601页。

〔3〕 参见黄京平主编：《破坏市场经济秩序罪研究》，中国人民大学出版社1999年版，第127页。

〔4〕 参见马克昌主编：《经济犯罪新论》，武汉大学出版社1998年版，第74页。

〔5〕 参见王作富主编：《刑法分则实务研究》（上），中国方正出版社2007年版，第268页。

他关于海关监管的法规。②逃避海关监管。所谓逃避海关监管，是指违反海关法关于进出口货物应当接受海关监管、查验的规定，采取藏匿、伪装、假报等手段，使伪造的货币进出国（边）境。③行为人运输、携带、邮寄伪造的货币进出国（边）境。所谓运输，是指使用交通运输工具将伪造的货币运出或者运进国（边）境。“携带”是指随身携带伪造的货币进出国（边）境。“邮寄”是指通过邮递途径将伪造的货币寄往境外或者寄入境内。此外，根据《刑法》第155条的规定，直接向走私人非法收购国家禁止进口的假币的；在内海、领海、界河、界湖运输、收购、贩卖国家禁止进出口的假币的，以走私假币罪论处。

（4）本罪侵犯的客体是复杂客体，既侵犯了国家禁止假币进出口的制度，又侵犯了国家的货币管理制度。本罪的犯罪对象是伪造的货币，即仿照真币的形状、特征、色彩制造的假币。这里的货币是指可在国内市场流通或者兑换的人民币、境外货币。

2. 走私假币罪的相关界限。

（1）本罪与非罪的界限。对于本罪与非罪的认定，关键要考察行为人主观上对行为对象的性质是否明知。如果行为人明知是伪造的货币而携带、运输或邮寄进出国（边）境，且行为的社会危害性达到应受刑罚处罚程度时，则构成走私假币罪；如果行为人不知道是伪造的货币而替他人携带、运输或邮寄进出国（边）境的，则不构成本罪。

（2）本罪与运输假币罪的界限。所谓运输假币罪，根据《刑法》第171条的规定，是指明知是伪造的货币而运输，数额较大的行为。走私假币罪与运输假币罪有相同之处。运输假币进出国（边）境是走私假币犯罪行为的一种常见形式，两罪的犯罪对象都是假币。二者也有明显的区别：①犯罪客体不同。本罪的客体为复杂客体，即国家禁止假币进出口的制度和国家的货币管理制度；运输假币罪的客体是简单客体，即侵犯了国家的货币管理制度。②犯罪客观方面不尽相同。本罪的客观方面表现为违反国家的海关法规，逃避海关监管，携带、运输、邮寄伪造的货币进出国（边）境的行为。可见，本罪的既遂要求行为在特定的空间中实施，而运输假币罪则没有限定行为发生的特定空间条件。③犯罪主体不尽相同。本罪的主体包括自然人和单位，而运输假币罪的主体只能是自然人。

（3）本罪与持有假币罪的界限。根据《刑法》第172条的规定，所谓持有假币罪，是指明知是伪造的货币而持有，数额较大的行为。走私假币罪与持有假币罪有相似之处。从客观方面看，携带伪造的货币进出国（边）境是走私假币罪的常见表现形式；两罪的对象均为伪造的货币；从犯罪客体上看，两罪都侵犯了国家的货币管理制度。但也有明显的区别，主要表现在：①犯罪客体不尽相同。本罪的客体为复杂客体，即国家禁止假币进出口的制度和国家的货币管理制度；持有假币罪的客体是简单客体，即侵犯了国家的货币管理制度。②犯罪客观方面不尽相同。本罪的客观方面表现为违反国家的海关法规，逃避海关监管，携带、运输、邮寄伪造的货币进出国（边）境的行为。可见，本罪的既遂要求行为在特定的空间中实施，而持有假币罪则没有限定行为发生的特定空间条件。③犯罪主体不尽相同。本罪的主体包括自然人和单位，而持有假币罪的主体只能是自然人。

（4）本罪共同犯罪的认定。对于本罪共同犯罪的认定，必须根据我国刑法总则关于共同犯罪的规定进行。除此之外，我国《刑法》第156条也对走私罪的共犯问题作了强调，即：与走私罪犯通谋，为其提供贷款、资金、账号、发票、证明，或者为其提供运输、保管、邮寄或者其他方便的，以走私罪的共犯论处。根据“两高”和海关总署2002年联合发布的《关于办理走私刑事案件适用法律若干问题的意见》（以下简称《走私刑案意见》）第15条的规定：“通谋是指犯罪行为人之间事先或者事中形成的共同的走私故意。下列情形可以认定为通谋：①对明知他人从事走私活动而同意为其提供贷款、资金、账号、发票、证明、海关单证，提供运输、保管、邮寄或者其他方便的；②多次为同一走私犯罪分子的走私行为提供前项帮助的。”

（5）本罪的罪数形态的认定。对于这类案件罪数形态的认定，应该注意区分以下两种情形：①牵连犯的认定，即行为人走私假币后，又在境内出售或者运输同一宗假币的，属于牵连犯，依照从一重罪处罚的原则处理。②数罪的认定。根据《刑法》第157条第2款的规定，以暴力、威胁方法抗拒缉私的，应当以走私假币罪和妨害公务罪并罚。

3. 走私假币罪的刑事责任。根据《刑法》第151条第1、4、5款，第157条第1款的规定，走私假币罪的法定刑分为三个档次：其一，情节一般的，处7年以上有期徒刑，并处罚金或者没收财产。根据有关司法解释的规定，具有下列情节之一的，适用这一档次的法定刑：①走私伪造的货币，总面额2万元以上不足20万元或者币量2000张（枚）以上不足2万张（枚）的；②走私伪造的货币并流入市场，总面额2000元以上不足2万元或者币量200张（枚）以上不足2000张（枚）。其二，情节较轻的，处3年以上7年以下有期徒刑，并处罚金。根据有关司法解释的规定，情节较轻，是指走私伪造的货币，总面额2000元以上不足2万元或者币量200张（枚）以上不足2000张（枚）。其三，情节特别严重的，处无期徒刑或者死刑，并处没收财产。根据有关司法解释的规定，具有下列情节之一的，属于“情节特别严重”：①走私伪造的货币，总面额20万元以上或者币量2万张（枚）以上的；②走私伪造的货币并流入市场，面额达到上述“情节一般”第①个量刑档次适用的数量标准的；③走私伪造的货币达到上述数量标准，并具有是犯罪集团的首要分子或者使用特种车进行走私等严重情节的。单位犯本罪的，对单位判处罚金，并对其直接负责的主管人员和其他直接责任人员依照本罪的法定刑处罚。武装掩护走私假币的，从重处罚。

（二）疑难问题

如何认定走私假币案件的单位犯罪？根据《走私刑案意见》，具备下列特征的，可以认定为单位走私犯罪：①以单位的名义实施走私犯罪，即由单位集体研究决定，或者由单位的负责人或者被授权的其他人员决定、同意；②为单位谋取不正当利益或者违法所得大部分归单位所有。但是，个人为进行违法犯罪活动而设立的公司、企业、事业单位实施犯罪的，或者个人设立公司、企业、事业单位后，以实施犯罪为主要活动的，不以单位犯罪论处。单位是否以实施犯罪为主要活动，应根据单位实施走私行为的次数、频度、持续时间、单位进行合法经营的状况等因素综合考虑认定。关于单位中有关责任人员的认定，《走私刑案意见》第18条指出，根据单位人员在单位走私犯罪活动中所发挥的不同作用，对其直接负责的主管人员和其他直接责任人员，可以确定为一人或者数人。对于受单位领导指派而积极参与实施走私犯罪行为的人员，如果其行为在走私犯罪的主要环节起重要作用的，可以认定为单位犯罪的直接责任人员。

四、走私普通货物、物品罪

（一）基本法理

1. 走私普通货物、物品罪的概念和构成要件。走私普通货物、物品罪，是指违反海关法规，逃避海关监管，运输、携带、邮寄普通货物、物品进出国（边）境，偷逃应缴税额较大的行为。

本罪的构成要件是：

（1）本罪的主体，是一般主体，包括自然人和单位。

（2）本罪的主观方面是故意，过失不构成本罪。根据《走私刑案意见》第5条的规定，行为人明知自己的行为违反国家法律法规，逃避海关监管，偷逃进出境货物、物品的应缴税额，并且希望或者放任危害结果发生的，应认定为具有走私普通货物、物品的主观故意。所谓明知，是指行为人知道或者应当知道所从事的行为是走私行为。具有下列情形之一的，可以认定为“明知”，但有证据证明确属被蒙骗的除外：①逃避海关监管，运输、携带、邮寄国家禁止进出境的普通货物、物品的；②用特制的设备或者运输工具走私普通货物、物品的；③未经海关同意，在非设关的码头、海（河）岸、陆路边境等地点，运输（驳载）、收购或者贩卖非法进出境普通货物、物品的；④提供虚假的合同、发票、证明等商业单证委托他人办理通关手续的；⑤以明显低于货物正常进（出）口的应缴税额委托他人代理进（出）口业务的；⑥曾因同一种走私行为受过刑事处罚或者行政处罚的；⑦其他有证据证明的情形。

从实践中看，行为人实施走私普通货物、物品一般具有牟取非法利益的目的，但由于刑法并未把牟利的目的规定为本罪的构成要件，因而在认定本罪时，不要求查证行为人是否具有牟利的目的。

(3) 本罪的客观方面表现为违反海关法规，逃避海关监管，运输、携带、邮寄普通货物、物品进出国（边）境，偷逃应缴税额较大的行为。

首先，违反海关法规是构成走私普通货物、物品罪的前提条件。所谓违反海关法规，指违反我国《海关法》、《进出口关税条例》及其他有关的法律、法规。

其次，逃避海关监管。从实践中看，逃避海关监管主要有以下四种方式：

第一，蒙混过关，即采用藏匿、隐瞒、伪报等方式，运输、携带、邮寄国家禁止或限制进出境的普通货物、物品进出国（边）境。

第二，绕关走私，即从不设关的国（边）境上进出绕关，躲避海关监督、管理和检查，运输、携带、邮寄国家禁止或限制进出境的普通货物、物品进出国（边）境。

第三，擅自在境内销售保税、减免税货物、物品。根据《刑法》第154条的规定，这种情况构成走私普通货物、物品罪，需要具备以下条件：①行为对象是保税、特定减免税货物、物品。所谓保税货物，根据2000年制发的最高人民法院《关于审理走私刑事案件具体应用法律若干问题的解释》（以下简称《走私刑案解释》）的规定，是指经海关批准，未办理纳税手续进境，在境内储存、加工、装配后应予复运出境的货物。保税货物包括通过加工贸易、补偿贸易等方式进口的货物，以及在保税仓库、保税工厂、保税区或者免税商店内等储存、加工、寄售的货物。根据《海关法》第57条第1款的规定，特定地区、特定企业或者有特定用途的进出口货物，可以减征或免征关税。特定减税或者免税的范围和办法由国务院规定。②未经海关许可擅自在境内销售牟利。如何理解这里的“牟利”？对此，我国刑法学界存在不同的认识。一种观点认为，“牟利”是构成犯罪的必备条件，如果行为人实施了销售有关货物、物品的行为，但并未牟利，则不能构成犯罪。[1] 另一种观点认为，“牟利”是一个主观要件，只要行为人主观上具有牟利的目的，不管销售行为是否实际牟利，就具备了后续走私的主观要件。[2]《走私刑案意见》第13条显然是支持了主观说，认为，这里的“销售牟利”，是指行为人主观上牟取非法利益而擅自销售海关监管的保税货物、特定减免税货物。实际获利与否或者获利多少并不影响其定罪。③没有补缴应缴税额。根据《走私刑案意见》的规定，偷逃的应缴税额达到《刑法》第153条及相关司法解释规定的数额标准时，依法追究其走私普通货物、物品罪的刑事责任。

---

〔1〕 李希慧主编：《刑法各论》，中国人民大学出版社2007年版，第130页。

〔2〕 莫林光：“试论后续走私犯罪的认定”，载《湛江师范学院学报》2004年第4期。

第四，准走私。准走私行为虽然不是直接的走私行为，但是这些行为却同样危害我国的对外贸易管制，破坏我国的社会主义市场经济秩序。因此，有必要在刑法中对此作出规定。根据我国《刑法》第155条并结合《走私刑案解释》的规定，准走私有以下两种情形：①直接收购走私品，即直接向走私人非法收购走私进口的非国家禁止进口的货物、物品，数额较大的。根据《走私刑案解释》的规定，这种情形构成走私普通货物、物品罪，要求行为人明知是走私行为人而向其非法收购走私进口的货物、物品，应缴税额为5万元以上。②在特定区域运输、收购、贩卖走私品，即在内海、领海、界河、界湖运输、收购、贩卖国家限制进出口的货物、物品，数额较大，没有合法证明的。

最后，偷逃应缴税额5万元以上。所谓应缴税额，根据《走私刑案解释》的规定，是指进出口货物、物品应当缴纳的进出口关税和进口环节海关代征税的税额。走私货物、物品所偷逃的应缴税额，应当以走私行为案发时所适用的税则、税率、汇率和海关审定的完税价格计算，并以海关出具的证明为准。

（4）本罪的客体，是国家对外贸易管制中关于普通货物、物品进出口的监管制度和征收关税制度。本罪的对象是普通货物、物品。所谓普通货物、物品，是指除武器、弹药、核材料、伪造的货币、文物、黄金、白银和其他贵重金属、珍贵动物及其制品、珍稀植物及其制品、淫秽物品、毒品以外的其他货物、物品。其范围包括国家禁止进出口的货物、物品和国家非禁止进出口的货物、物品。

2. 走私普通货物、物品罪的相关界限。

（1）本罪与非罪的界限。对于本罪与非罪的界限，应该综合考虑如下两个因素：①偷逃的应缴税额。偷逃应缴税额不足5万元，且情节显著轻微危害不大，不构成本罪，而是一般违法行为。②行为人主观上是否出于故意。本罪的成立，要求行为人明知运输、携带、邮寄普通货物、物品进出国（边）境的行为违反了国家海关法，侵犯了国家对外贸易管制，而故意实施。过失实施上述行为的，则不构成本罪。

（2）本罪与他罪的界限。

第一，本罪与走私特定物品犯罪的界限。区别二罪的关键在于走私的对象不同。走私特定物品犯罪的对象分别是国家禁止进出口的武器、弹药、核材料、假币、珍贵动物及其制品、珍稀植物及其制品、淫秽物品、国家禁止出境的文物、金银和其他贵重金属以及毒品。而本罪的对象则是上述特定货物、物品以外的其他国家禁止进出境和国家允许进出境的货物、物品。走私普通货物罪与走私特定物品犯罪之间不是法条竞合的关系，同时实施两种行为构成犯罪的，应当实行数罪并罚。

第二，本罪与放纵走私罪的界限。根据《刑法》第411条的规定，所谓放纵走私罪，是指海关工作人员徇私舞弊，放纵走私，情节严重的行为。两罪的区别主要表现在：①犯罪客体不同。本罪的客体是国家对外贸易管制中关于普通货物、物品进出口的监管制度和征收关税制度，而放纵走私罪的客体是国家海关对进出口业务的监管职能。②犯罪客观方面不同。本罪的客观方面表现为行为人违反海关法规，逃避海关监督，携带、运输、邮寄数额较大的普通货物、物品进出国（边）境的行为，而放纵走私罪的客观方面表现为行为人徇私舞弊，对走私行为予以放纵。③犯罪主体不同。本罪的主体为一般主体，包括自然人和单位，而放纵走私罪的主体是海关工作人员，为特殊主体。

（3）本罪的共同犯罪。对本罪共同犯罪的认定，必须根据刑法有关共同犯罪的规定和本罪的构成要件进行。为了准确认定走私普通货物、物品案件的共同犯罪，我国《刑法》第156条对此作了强调性规定，即：与走私普通货物、物品的犯罪分子通谋，为其提供贷款、资金、账号、发票、证明，或者为其提供运输、保管、邮寄或者其他方便的，以走私普通货物、物品罪的共犯论处。如何理解这里的“与走私罪犯通谋”？有学者认为，是指事前与走私罪犯就走私活动与分工等进行谋议。[1] 我们认为，将通谋的时间限定在事前是违背共同犯罪的基本原理的。所谓通谋，实际上是行为人之间形成了共同的犯罪故意，在这种故意的支配下，行为人共同实施了犯罪行为。这完全具备成立共同犯罪的主客观要件，因此，无论是事前通谋还是事中通谋，都可以成立共同犯罪，故不能将通谋的时间限定在事前。有鉴于此，《走私刑案意见》认为，通谋是指犯罪行为人之间事先或者事中形成的共同走私故意。《走私刑案意见》同时指出，下列情形可以认定为通谋：①对明知他人从事走私活动而同意为其提供贷款、资金、账号、发票、证明、海关单证，提供运输、保管、邮寄或者其他方便的；②多次为同一走私犯罪分子的走私行为提供前项帮助的。

3. 走私普通货物、物品罪的刑事责任。依照《刑法》第153条的规定，自然人犯本罪的，根据情节轻重，分别依照下列规定处罚：①走私货物、物品偷逃应缴税额在50万元以上的，处10年以下有期徒刑或者无期徒刑，并处偷逃应缴税额1倍以上5倍以下罚金或者没收财产；情节特别严重的，处无期徒刑或者死刑，并处没收财产。②走私货物、物品偷逃应缴税额15万元以上不50万元的，处3年以上10年以下有期徒刑，并处偷逃应缴税额1倍以上5倍以下罚金；情节特别严重的，处10年以上有期徒刑或者无期徒刑，并处偷逃应缴税额1倍以上5倍以下罚金或者没收财产。③走私货物、物品偷逃应缴税额在5万元以上不满15万元的，处3年以下有期徒刑或者拘役，并处偷逃应缴税额1倍以上5倍以下罚金。根据《刑法》第153条第2款的规定，单位犯本罪的，对单位判处罚金，并对其直接负责的主管人员和其他直接责任人员，处3年以下有期徒刑或者拘役；情节严重的，处3年以上10年以下有期徒刑；情节特别严重的，处10年以上有期徒刑。根据《走私刑案解释》第10条的规定，单位犯走私普通货物、物品罪，偷逃应缴税额在25万元以上不满75万元的，对单位判处罚金，并对其直接负责的主管人员和其他直接责任人员，处3年以下有期徒刑或者拘役；偷逃应缴税额在75万元以上不满250万元的，属于情节严重；偷逃应缴税额在250万元以上的，属于情节特别严重。

（二）疑难问题

1. 依照走私普通货物、物品罪定罪处罚的准走私的行为对象是否包括国家禁止进出口的货物、物品？根据《刑法》第155条的规定，并没有明确把国家禁止进出口的货物、物品排除在走私普通货物、物品罪对象范围之外。而上述《走私刑案解释》明确规定，依照走私普通货物、物品罪定罪处罚的准走私的对象不包括国家禁止进出口的货物、物品。问题的关键在于走私普通货物、物品罪对象的范围。如果本罪的对象包括国家禁止进出口的货物、物品，把这类货物、物品排除在依本罪定罪处罚的准走私之行为对象之外是不合理的；反之，准走私的行为对象不包括国家禁止进出口的货物、物品。从《刑法》第153条的规定看，走私普通货物、物品罪的对象系《刑法》第151、152条以及第347条规定以外的其他货物、物品，根据《走私刑案意见》的规定，《刑法》第151、152条以及第347条规定的货物、物品以外的，已被国家明令禁止进出口的货物、物品，如旧汽车，切割车，侵犯知识产权的货物、物品，来自疫区的动植物及其产品等，应当依照《刑法》第153条的规定，以走私普通货物、物品罪追究刑事责任。据此，《刑法》第153条规定的普通货物、物品的范围就应当

[1] 参见高铭暄、马克昌主编：《刑法学》，北京大学出版社、高等教育出版社2007年版，第433页。

包括国家明令禁止进出口的货物、物品。由此，依照走私普通货物、物品罪定罪处罚的准走私的行为对象自然而然应当包括国家禁止进出口的货物、物品。

2. 认定走私普通货物、物品罪的罪数，应当注意哪些问题？关于这类案件的罪数认定问题，需要注意以下四个问题：①武装掩护走私普通货物、物品问题。根据《刑法》第157条第1款的规定，武装掩护走私的，依照第151条第1、4款的规定从重处罚。对此，应该注意：该规定不是一个独立罪名，而是走私普通货物、物品罪的从重处罚情节。对于武装掩护走私普通货物、物品的，适用《刑法》第151条第1、4款规定的法定刑，并从重处罚。②有关数罪并罚规定的适用。根据《刑法》第157条第2款的规定，走私普通货、物品的行为人以暴力、威胁方法抗拒缉私的，构成走私普通货物、物品罪和妨害公务罪，依照数罪并罚的规定处罚。③在走私的普通货物、物品中藏匿特定物品的案件的处理。根据最高人民法院2006年7月《关于审理走私刑事案件具体应用法律若干问题的解释（二)》（以下简称《走私刑案解释（二)》）第5条的规定，对在走私的普通货物、物品或者废物中藏匿《刑法》第151、152、347、350条规定的货物、物品，构成犯罪的，以实际走私的货物、物品定罪处罚；构成数罪的，实行数罪并罚。④走私普通货物、物品罪与走私废物罪的想象竞合问题。根据《走私刑案解释（二)》的规定，经许可进口国家限制进口的可用作原料的废物时，偷逃应缴税额，构成犯罪的，应当依照《刑法》第153条规定，以走私普通货物罪定罪处罚；既未经许可，又偷逃应缴税额，同时构成走私废物罪和走私普通货物罪的，应当按照刑法处罚较重的规定定罪处罚。虽经许可，但超过许可数量进口国家限制进口的可用作原料的废物，超过部分以未经许可论。这一规定意味着，走私超过许可数量进口国家限制进口的可用作原料的废物的，同时触犯了走私普通货物、物品罪和走私废物罪，系一行为同时触犯两个不同罪名的想象竞合犯，按照想象竞合犯的处理原则，以刑法处罚较重的规定定罪处罚。

五、非国家工作人员受贿罪

（一）基本法理

1. 非国家工作人员受贿罪的概念和构成要件。非国家工作人员受贿罪原为公司、企业人员受贿罪，因2006年6月颁行《刑法修正案（六)》对《刑法》第163条进行了修正，增补“其他单位”工作人员为本罪的主体，从而形成了新的罪名。非国家工作人员受贿罪，是指公司、企业或者其他单位的工作人员利用职务上的便利，索取他人财物或者非法收受他人财物，为他人谋取利益，数额较大的行为。

本罪的构成要件是：

（1）本罪的主体是特殊主体，即公司、企业或者其他单位的工作人员。具体是指公司的董事、监事经理、会计和职工，以及其他单位的工作人员；根据2008年11月20日“两高”《关于办理商业贿赂刑事案件适用法律若干问题的意见》，还包括国有公司、企业以及其他国有单位中的非国家工作人员。“其他单位”范围较广，既包括事业单位、社会团体、村民委员会、居民委员会、村民小组等常设性的组织，也包括为组织体育赛事、文艺演出或者其他正当活动而成立的组委会、筹委会、工程承包队等非常设性的组织。根据《刑法》第163条第3款的规定，国有公司、企业或者其他国有单位中从事公务的人员和国有公司、企业或者其他国有单位委派到非国有公司、企业以及其他单位从事公务的人员实施受贿犯罪行为的，依照《刑法》第385、386条规定的受贿罪定罪处罚。

（2）本罪的主观方面只能是故意，即明知自己的索取或收受贿赂的行为会侵害公司、企业或者其他单位人员职务行为的廉洁性，并希望或者放任这种结果发生。

(3) 本罪的客观方面，表现为公司、企业或者其他单位的工作人员利用职务上的便利，索取或者非法收受他人财物，为他人谋取利益，数额较大的行为。本罪的客观方面需要把握如下四个方面的要素：

首先，本罪的成立，要求行为人“利用职务上的便利”，这是本罪特定的犯罪方法。“利用职务上的便利”，是指行为人利用本人职务范围内的权利，即利用自己主管、负责或者承办某项事务的职权及其形成的便利条件。如果行为人没有利用职权或职务上的便利条件，不构成本罪。

其次，行为人实施了索取或者非法收受他人财物的行为。所谓索取，是指行为人主动索要。既包括强索硬取，也包括明示或暗示的索要。所谓非法收受，是指违反法律规定被动地接受他人给付的财物，即在他人有所求而主动给予财物时，按规定不能收受，而行为人却基于为他人谋取利益的目的予以接受。

再次，本罪的成立，要求行为人“为他人谋取利益”。所谓为他人谋取利益，是指行为人索要或收受他人财物，利用职务之便为他人或允诺为他人实现某种利益。这种利益，既包括合法的、正当的利益，也包括非法的、不正当的利益；既包括物质利益，也包括非物质利益；既包括实际谋取到的利益，也包括允诺为他人谋取但实际并未取得的利益。

最后，索取或非法收受他人财物，必须达到“数额较大”，这是本罪基本构成所要求的特定危害结果要件。所谓数额较大，根据最高人民检察院、公安部 2001 年 4 月 18 日发布的《关于经济犯罪案件追诉标准的规定》（以下简称《经济案件追诉标准》）第 8 条规定，是指公司、企业的工作人员利用职务上的便利，索取他人财物或者非法收受他人财物，为他人谋取利益，或者在经济往来中，违反国家规定，收受各种名义的回扣、手续费，归个人所有，数额在 5000 元以上的情形。

(4) 本罪的客体是复杂客体，即公司、企业或者其他单位的正常管理制度和公司、企业或者其他单位工作人员职务行为的廉洁性。本罪的对象是财物，从表现形态上看，“财物”的范围主要包括货币资产、物质财产和其他财产性利益。非物质性利益不能成为本罪的对象。根据《刑法》第 163 条第 2 款的规定，公司、企业或者其他单位的工作人员在经济往来中，利用职务上的便利，违反国家规定，收受各种名义的回扣、手续费，归个人所有的，也构成非国家工作人员受贿罪，故回扣、手续费也是本罪的犯罪对象。

2. 非国家工作人员受贿罪的相关界限。

(1) 本罪与非罪的界限。本罪与非罪界限的认定，必须从如下几个方面入手：首先，要看行为人索取或者收受他人的财物是否达到“数额较大”，如果行为人利用职务上的便利收受数额低于前述司法解释确定标准的少量财物的，不构成本罪，可以由公司、企业或者其他单位给予纪律处分，或者党纪、政纪处分。其次，要考察行为人索取或者收受他人财物是否利用了职务上的便利，如果行为人没有利用职务上的便利，即使其索取或者收受他人的财物达到了“数额较大”的标准，也不能构成本罪。最后，要考察行为人收受的财物是否属于正当合法的报酬或者馈赠，正当合法的报酬和馈赠是法律和政策所允许的，不是受贿行为。

(2) 收受回扣、手续费构成本罪的认定。根据《刑法》第 163 条第 2 款的规定，公司、企业或者其他单位的工作人员在经济往来中，利用职务上的便利，违反国家规定，收受各种名义的回扣、手续费，归个人所有的，依照非国家工作人员受贿罪处罚。据此，收受回扣、手续费构成本罪必须具备如下条件：

第一，必须发生在经济往来中。所谓经济往来，是指平等民事主体之间的经济交往，而不包括行为人代表国家或单位所进行的经济管理活动，凡行为人在履行经济行政管理中受贿索贿的，不算经济往来而属经济管理。[1]

第二，行为人必须利用职务上的便利。1997《刑法》第163条第2款对经济往来中违反国家规定收受回扣、手续费以本罪定罪处罚的行为，是否必须“利用职务上的便利”，没有作出明确的规定，从而导致司法实践中产生了一些认识上的分歧。为此，《刑法修正案(六)》第7条第2款专门在罪状中增加规定了“利用职务上的便利”的要件。这意味着，如果行为人收受回扣、手续费而没有利用职务上的便利时，不构成本罪。

第三，收受回扣、手续费违反了国家规定。根据《刑法》第96条规定，所谓违反国家规定，是指违反全国人民代表大会及其常务委员会制定的法律和决定，国务院制定的行政法规、规定的行政措施、发布的决定和命令。根据《反不正当竞争法》第8条第1款规定，经营者不得采用财物或者其他手段进行贿赂以销售或者购买商品。在帐外暗中给予对方单位或者个人回扣的，以行贿论处；对方单位或者个人在帐外暗中收受回扣的，以受贿论处。可见，如果公开给予或收受回扣并在会计账簿中如实记载，就没有违反国家的规定，不构成本罪。

第四，收受回扣、手续费归个人所有。在经济交往中，回扣和手续费具有两面性，既有其积极的一面，也有其消极的一面。正是因为如此，我国法律和政策并没有完全禁止回扣和手续费的收取。根据刑法的规定，只有收受的回扣、手续费归个人所有时，才是不允许的，如果数额较大的，就要构成犯罪。因此，收受回扣和手续费是否归个人所有，是区分非国家工作人员受贿罪与非罪的关键。

3. 非国家工作人员受贿罪的刑事责任。根据《刑法》第163条规定，犯本罪的，处5年以下有期徒刑或者拘役；受贿数额巨大的，处5年以上有期徒刑，可以并处没收财产。所谓数额巨大，最高人民检察院、公安部2001年4月18日发布的《经济案件追诉标准》的规定，是指索取或者非法收受财物10万元以上。

(二) 疑难问题

1. 如何理解“为他人谋取利益”的要件性质？在我国刑法学界，对“为他人谋取利益”这一要件性质的理解分歧主要集中在以下两个方面：

(1) 利用职务上的便利，索取他人财物的，是否要求“为他人谋取利益”这一要件？对此，有学者认为，不管是索取他人财物还是收受他人财物，都必须为他人谋取利益。[2]也有学者认为，索取他人财物的，不论是否为他人谋取利益，均可以构成本罪。非法收受他人财物的，必须同时具备“为他人谋取利益”这个要件，才能构成本罪。[3] 我们认为，从《刑法》第163条第1款规定的逻辑结构及其与《刑法》第385条规定的对比看，第一种理解符合立法原意。首先，《刑法》第163条第1款规定的罪状部分使用了四个逗号，将“利用职务上的便利”、“索取他人财物或者非法收受他人财物”、“为他人谋取利益”以及“数额较大”隔开。可见，被逗号分隔开的部分从逻辑结构上分析应该是并列关系。这意味着，对于索取他人财物的情形，只有在行为人为他人谋取利益时，才构成本罪。其次，《刑法》第385条第1款规定：“国家工作人员利用职务上的便利，索取他人财物的，或者非法收受他人财物，为他人谋取利益的，是受贿罪。”显然，该条在“或者”之前使用了逗号，并在“索取他人财物”和“为他人谋取利益”之后使用了带有明显结尾意义的“的”字，这表

---

[1] 参见杨兴国主编：《贪污贿赂罪法律与司法解释应用问题解疑》，中国检察出版社2002年版，第216页。
[2] 参见张明楷：《刑法学》(下)，法律出版社1997年版，第619页。
[3] 参见王作富主编：《刑法分则实务研究》，中国方正出版社2007年版，第393页。

明，以“或者”为标志，法条将“索取他人财物”和“非法收受他人财物，为他人谋取利益”并列起来。这意味着，对于受贿罪的成立，索取他人财物的，不要求行为人为他人谋取利益，而非法收受他人财物的，则要求这一要件。因此，将《刑法》第 385 条第 1 款的这一规定与《刑法》第 163 条第 1 款的规定相对比，更能印证我们的主张。

(2)“为他人谋取利益”是主观要件还是客观要件？对此，我国刑法学界存在着不同认识。主观要件说认为，为他人谋取利益是主观要件的内容，是行贿人与受贿人之间货币与权力相互交换达成的默契，是主观要件中的犯罪动机。[1] 客观要件说认为，为他人谋取利益应该是犯罪构成客观要件的内容，是对犯罪行为的规定，而不是犯罪主观要件的内容。[2] 关于为他人谋取利益的内容，客观要件说认为，只要有了为他人谋取利益的承诺，就认为具备了为他人谋取利益的法定条件。[3]

我们认为，从立法的用语上看，应该说，“为他人谋取利益”似乎应该属于非国家工作人员受贿罪的客观要件。因为很显然，“为他人谋取利益”描述的是一种行为。但是，如果将“为他人谋取利益”定位为本罪的客观要件，其弊端又是明显的。因为在这种情况下，非国家工作人员受贿罪必然具有双重的行为构造，即利用职务上的便利收受他人财物的行为和为他人谋取利益的行为。 匕一来，要认定非国家工作人员受贿罪的既遂就必然要求这两个行为都具备，否则就不能说已经构成了犯罪的既遂。例如，行为人利用职务上的便利，收受了他人的财物，也具有为他人谋取利益的主观意图，但由于某种原因而没有实施为他人谋取利益的行为的，对于这种情况，司法机关似乎只能以本罪的未遂或者预备形态来处理，而这于情于理都是不合适的。事实上，收受他人财物而为他人谋取利益在客观上可表现为事前谋利、事中谋利、事后谋利等复杂情况。有的收受财物的时间与为他人谋取利益的时间甚至相隔甚远，而要认定这种情况成立犯罪既遂，更是难上加难。所以，客观要件说不仅会给非国家工作人员受贿罪既遂与未遂的认定带来困难，而且也有可能放纵一些受贿犯罪。为了克服客观要件说的这一弊端，主观要件说应运而生。“从刑法解释的角度来讲，客观要件说是文理解释，而主观要件说则是论理解释。在文理解释与论理解释相冲突的情况下，应取论理解释之结论。”[4] 因此，我们赞成主观要件说。

2. 如何划分非国家工作人员受贿罪既遂与未遂的界限？关于非国家工作人员受贿罪的既遂与未遂的界限问题，我国刑法学界主要有三种观点：承诺说认为，本罪的既遂应从受贿人作出承诺时算起。行为人一旦作出承诺为他人谋取利益，即构成本罪的既遂；反之，构成本罪的未遂。谋利说认为，本罪的既遂应以受贿人是否为行贿人谋取利益为标准。如果行为人已为行贿人谋取了利益，行为人即构成本罪的既遂；反之，如果行为人只是承诺为他人谋取利益但尚未实际实施具体行为，或者未能实际为他人谋取利益，就被司法机关查处的，构成本罪的未遂。收受说认为，本罪的既遂与未遂应当取决于受贿人是否实际收受了财物。行为人只有在已经实际收受了行贿人数额较大的财物的情况下，才能构成本罪的既遂；如果行为人只是承诺为他人谋取利益或者虽已为他人谋取了利益，但并未实际取得行贿人事先所答应给予的财物的，构成本罪的未遂。[5]

---

[1] 参见陈兴良主编：《刑事法判解》(第 3 卷)，法律出版社 2000 年版，第 39～41 页。

[2] 参见高铭暄、马克昌主编：《中国刑法解释》，中国社会科学出版社 2005 年版，第 1195 页。

[3] 参见高铭暄、马克昌主编：《中国刑法解释》，中国社会科学出版社 2005 年版，第 1193 页。

[4] 赵秉志主编：《刑法争议问题研究》(下)，河南人民出版社 1996 年版，第 621 页。

[5] 转引自赵秉志主编：《犯罪停止形态适用中的疑难问题研究》，吉林人民出版社 2001 年版，第 317 页。

我们认为，就承诺说而言，承诺利用职务便利为他人谋利益，只是非国家工作人员受贿罪构成要件内容之一，此时行为人往往是刚开始实施受贿犯罪，并没有齐备本罪的构成要件。从实质方面考察，受贿人以利用职务便利为他人谋利作为交换条件，其目的在于索取或收受到他人的钱财，没有获得钱财，单位工作人员的职务廉洁性要求还没有遭到完全的侵害。以承诺之时作为非国家工作人员受贿罪的既遂标准，则本罪几乎不存在未遂和中止的余地，对犯罪人失之过严，也不符合惩治非国家工作人员受贿罪的刑事政策。就受贿行为来说，虽然法律规定受贿的客观方面表现为利用职务上的便利索取或收受他人财物，但并不是说仅有索取或收受他人财物的行为即为犯罪的既遂。

谋利说也是不正确的，因为，该说实际上是把为他人谋利益作为客观方面的要件，我们认为，如果将为他人谋取利益当作客观方面的构成要件会产生一些自身难以克服的问题。因此，前提的缺陷决定了谋利说这一结论的不合理性。退而言之，即便认为为他人谋利益是客观方面的要件，将是否为他人谋取利益作为既遂、未遂的区分标准也是不恰当的。因为这样的理解一是无法回答“先谋后收型”受贿犯罪的既遂与未遂区分问题，二是就一般的受贿来讲，在行为人收受或索取了贿赂，犯罪客体已遭侵害，行为人目的已达到的情况下，还不足以认定为既遂，这样就使犯罪完成的时点过于推迟，不仅违背了认定既遂与未遂的一般原理，也宽纵了罪犯。

收受说立足于既遂与未遂的犯罪构成标准说，对非国家工作人员受贿罪的既遂与未遂区分作了正确的提示，这可以从刑法的规定上得到说明。根据《刑法》第 163 条第 1 款的规定，非国家工作人员受贿罪是指公司、企业或者其他单位的工作人员利用职务上的便利，索取他人财物或者收受他人财物，为他人谋取利益，数额较大的行为。据此，我们可以看出，不论是索取他人财物，还是收受他人财物，其行为都蕴含着对受贿罪结果的要求，故非国家工作人员受贿罪属于结果犯，而不是行为犯。也正因为如此，本罪既遂与未遂的区分关键就在于结果的发生即是否收受了他人财物。所以，我们赞成收受说。

六、签订、履行合同失职被骗罪

（一）基本法理

1. 签订、履行合同失职被骗罪的概念和构成要件。签订、履行合同失职被骗罪，是指国有公司、企业、事业单位直接负责的主管人员，在签订、履行合同过程中，因严重不负责任被诈骗，或者金融机构、从事对外贸易经营活动的公司、企业的工作人员严重不负责任，造成大量外汇被骗购或者逃汇，致使国家利益遭受重大损失的行为。

本罪的构成要件是：

（1）本罪的主体是特殊主体，这类主体有两类：①根据《刑法》第 167 条的规定，本罪的主体是国有公司、企业、事业单位直接负责的主管人员；②根据全国人大常委会 1998 年 12 月 29 日通过的《关于惩治骗购外汇、逃汇和非法买卖外汇犯罪的决定》（以下简称《惩治外汇犯罪的决定》）第 7 条规定，金融机构、从事对外贸易经营活动的公司、企业的工作人员也可以成为本罪的主体。应当注意的是，《惩治外汇犯罪的决定》并没有限定金融机构、外贸公司、企业的所有制性质，也没有限定这些单位的工作人员必须是直接负责的主管人员，因此，无论这些单位是否为国有，也无论这些工作人员是否是直接负责的主管人员，均可以成为本罪的主体。

（2）本罪的主观方面是过失，既可以是疏忽大意的过失，也可以是过于自信的过失。如果行为人已经预见到自己的行为会导致国家利益遭受重大损失的结果，而放任这种结果发生的，不构成本罪。根据情况，可按照其他犯罪处理。

(3) 本罪的客观方面表现为以下两种情况：

第一，在签订、履行合同过程中，因严重不负责任被诈骗，致使国家利益遭受重大损失。主要包含以下三个要素：

首先，失职被骗行为必须发生在签订、履行合同的过程中。这是本罪行为发生的时间要求，若发生在其他时间，就不构成本罪。

其次，必须是因为行为人严重不负责任而被诈骗，所谓"被骗"，是指合同当事方故意以欺诈的手段签订或者履行合同，从而导致国有公司、企业、事业单位被骗。所谓"严重不负责任"，是指行为人不履行或者不正确履行自己的职责。例如，在签订、履行合同的过程中，不认真审查合同相对方的主体资格、资信情况、履约能力、货源、合同标的质量、数量等情况，致使被诈骗。

最后，严重不负责任被诈骗，必须造成国家利益遭受重大损失。根据最高人民检察院、公安部2001年4月18日发布的《经济案件追诉标准》的规定，所谓重大损失，是指国有公司、企业、事业单位直接负责的主管人员，在签订、履行合同过程中，因严重不负责任被诈骗，造成国家直接经济损失数额在50万元以上，或者直接经济损失占注册资本30%以上的。所谓直接经济损失，根据最高人民检察院1999年通过的《关于人民检察院直接受理立案侦查案件立案标准的规定（试行）》"附则"之三规定，是指"与行为有直接因果关系而造成的财产损毁、减少的实际价值"。

第二，金融机构、从事对外贸易经营活动的公司、企业的工作人员，严重不负责任，造成国家外汇被骗购或者逃汇，致使国家利益遭受重大损失的行为。这是《惩治外汇犯罪的决定》对《刑法》第163条之罪罪状的补充。根据前述《经济案件追诉标准》的规定，被骗购或者逃汇的数额在100万美元以上的，应予追诉。

(4) 本罪的客体是复杂客体，即国家对国有公司、企业、事业单位的管理制度和国家利益。

2. 签订、履行合同失职被骗罪的相关界限。

(1) 本罪与非罪的界限。对于本罪与非罪的界限，主要应该把握以下两个方面：一是国家利益受到损失大小，是否达到有关司法解释确定的数额；二是要考察行为人在签订、履行合同的过程中是否严重不负责任。从司法实践看，行为人严重不负责任主要有以下的表现：①不问对方资信，盲目将大量资金付给对方、借给对方，或者擅自作经济担保的；②未向主管单位或有关单位了解情况，盲目同无资金或无货源的另一方进行购销等贸易活动的；③对供应销售的不符合质量要求、质次价高的货物，应该检查而不检查，擅自同意发货，又不坚持按合同验收的；④不问外商资信情况，盲目与其成交或盲目吸收投资而被诈骗的；⑤无视规章制度和工作纪律，擅自越权，签订或者履行经济合同的；⑥被诈骗后，对质次货劣的商品，不及时采取补救措施，延误索赔期或擅自决定不索赔的；⑦发现出口商品的质量、数量不符合规定要求而不及时采取措施，致使外方向我索赔，造成重大经济损失或严重影响外贸信誉的；⑧在经办人员提出违反法律法规规定的做法和主张时，对其默许或同意，或者当经办人员提出本单位合同签订、履行中可能被骗的事实根据时，未予重视等。[1]

(2) 本罪与国家机关工作人员签订、履行合同失职被骗罪的界限。根据《刑法》第406条的规定，国家机关工作人员签订、履行合同失职被骗罪，是指国家机关工作人员在签订、

---

〔1〕 参见黄京平主编：《破坏市场经济秩序罪研究》，中国人民大学出版社1999年版，第290页。

履行合同过程中，因严重不负责任被诈骗，致使国家利益遭受重大损失的行为。这两种犯罪的主要区别有二：①犯罪主体不同。本罪的主体是国有公司、企业、事业单位直接负责的主管人员，以及金融机构、从事对外贸易经营活动的公司、企业的工作人员。而后罪的主体只能是国家机关工作人员，所谓国家机关，包括国家权力机关、行政机关、审判机关、检察机关和军事机关。②犯罪客体不同。本罪的犯罪客体是国家对公司、企业、事业单位的管理制度和国家利益，而后罪侵犯的客体是国家机关的正常管理活动和国家利益。

2. 签订、履行合同失职被骗罪的刑事责任。根据《刑法》第167条的规定，犯本罪的，处3年以下有期徒刑或者拘役；致使国家利益遭受特别重大损失的，处3年以上7年以下有期徒刑。

（二）疑难问题

1. 如何理解签订、履行合同失职被骗罪的客体？有著述认为，本罪的设定，其保护客体固然应该包括国有公司、企业、事业单位的各种管理秩序，也应该保护国家的利益，但由于国家对国有公司、企业、事业单位的管理秩序与国家的利益具有同质而不同层次的关系，即设定制度、形成秩序的最终目的是为了保护具体的利益，具体到本罪中就是保护国家的经济利益不受侵害。由于本条规定以国家利益受到重大损失作为犯罪成立的必要条件，因而以国家利益而不是以国家对国有公司、企业、事业单位的管理秩序作为本罪的客体是合适的，即本罪的客体是简单客体。[1]

我们认为，从立法对本罪罪状的设定来看，既然立法要求本罪的成立以行为造成国家利益遭受重大损失为条件，那么保护国家的利益毫无疑问也就成了本罪立法所关注的重点。从这一意义上讲，上述观点似乎有一定的道理。但同时也应该看到，维护国家的利益不受犯罪侵犯是刑法中许多犯罪的立法目的之所在，并非本罪立法所独有的，因此，将本罪的直接客体单单归结为国家的利益似有不妥。事实上，从本罪法条在刑法分则体系中的位置看，这种犯罪实际上也侵犯了国家对公司、企业、事业单位的管理秩序，故此，我们认为，签订、履行合同失职被骗罪的犯罪客体应该是国家对公司、企业、事业单位的管理秩序和国家的利益，是复杂客体而非简单客体。

2. 签订、履行合同失职被骗罪的成立是否要以合同相对方构成诈骗犯罪为前提条件？对此，最高人民法院刑二庭审判长会议《关于签订、履行合同失职被骗犯罪是否以对方当事人的行为构成诈骗犯罪为要件的意见》指出，认定本罪，应当以对方当事人涉嫌诈骗，行为构成犯罪为前提。但司法机关在办理或者审判行为人被指控犯有本罪的案件的过程中，不能以对方当事人已经被人民法院判决构成诈骗犯罪作为认定本案当事人构成签订、履行合同失职被骗罪的前提。也就是说，司法机关在办理案件过程中，只要认定对方当事人的行为已经涉嫌构成诈骗犯罪，就可依法认定行为人构成签订、履行合同失职被骗罪，而不需要搁置或者中止审理，直至对方当事人被人民法院审理并判决构成诈骗犯罪。我们认为，这一分析是合理的，因为，如果本罪的成立以合同相对方被判诈骗犯罪为必要，那么，在合同相对方逃匿的情况下，因无法对诈骗犯罪结案而影响本罪的认定，从而必然会损害刑事诉讼效率价值的要求。因此，本罪的认定虽然要以合同相对方涉嫌诈骗犯罪为前提，但不以对其判决构成诈骗犯罪为必要。

---

〔1〕 参见高铭暄、马克昌主编：《中国刑法解释》，中国社会科学出版社2005年版，第1209页。

七、伪造货币罪

(一) 基本法理

1. 伪造货币罪的概念和构成要件。伪造货币罪，是指仿照货币的式样、票面、图案、颜色、质地和防伪标记等特征，采用机制、手工等方法，非法制造假货币，并意图使之进入流通的行为。

本罪的构成要件是：

(1) 本罪的主体是一般主体，即凡年满16周岁且具有刑事责任能力的自然人，包括中国人和外国人，均能成为本罪的主体。单位不能构成本罪。

(2) 本罪的主观方面表现为直接故意，并且具有使伪造的货币进入流通的意图。一般地说，伪造货币罪的目的是为了牟取非法利益，但是本罪条文并未将此目的作为本罪的构成要件，因此，无论行为人主观上是否出于非法牟利的目的，只要其具有使伪造的货币进入流通领域的意图，即可以构成本罪。

(3) 本罪的客观方面表现为仿照货币的式样、票面、图案、颜色、质地和防伪标记等特征，采用机制、手工等方法，伪造货币的行为。所谓伪造货币，是指非法制造货币。如果从画册上剪下货币图片然后冒充真货币或者将与货币大小相同的纸片夹入一叠货币中冒充真货币的，不能认定为是伪造货币。伪造货币的方法是多种多样的，既可以手工绘制，也可采用机制的手段，不论行为人采用何种方法伪造货币，只要伪造的货币在外观和形式上能够达到与真币基本相似的程度，足以使一般人误认为是真货币，即可视为实施了伪造货币的行为。如果行为人伪造根本不存在的币种或者面额，或者行为人制作出来的物品普通人并不认为是货币，则不构成本罪。

(4) 本罪的客体是国家的货币管理制度，具体是指侵犯了货币的公共信用和国家的货币发行权。国家的货币管理制度既包括国家对本国货币的管理制度，也包括国家对在本国外流通的外国货币的管理制度。本罪的对象是可在国内市场流通或者兑换的人民币和境外货币。根据2000年9月14日起施行的最高人民法院《关于审理伪造货币等案件具体应用法律若干问题的解释》(以下简称《伪造货币案解释》) 的规定，行为人制造货币版样或者与他人事前通谋，为他人伪造货币提供版样的，依照本罪定罪处罚。

2. 伪造货币罪的相关界限。

(1) 本罪与非罪的界限。《刑法》第170条对本罪只作了定性规定，而没有作定量性规定。但不能认为只要行为人实施了伪造货币的行为，无论数量多少，就都构成本罪。根据《刑法》第13条的规定，情节显著轻微，危害不大的，不认为是犯罪。因此，如果行为人的涉案金额或者数量不大，危害不大的，就不能认定为本罪。关于本罪的定量性界定，根据《伪造货币案解释》第1条的规定，伪造货币的总面额在2000元以上不满3万元或者币量200张（枚）以上不足3000张（枚）的，处3年以上10年以下有期徒刑，并处5万元以上50万元以下罚金。最高人民检察院、公安部2001年4月18日发布的《经济案件追诉标准》第16条也规定：伪造货币，总面额在2000元以上或者币量200张（枚）以上的，应予追诉。据此可知，如果伪造货币尚未达到上述司法解释确定的犯罪数额的，一般不以犯罪论处。

(2) 本罪与变造货币罪的界限。变造货币罪是指对真货币进行各种方式的加工、改造，使其改变为面值、含量不同的货币，数额较大的行为。本罪与变造货币罪的主要区别表现在：本罪是以真币为模拟对象，以假充真，由无到有；而变造是在真币的基础上进行的加工、改造，是由少变多，使被加工的货币增值。

(3) 本罪的共同犯罪。在司法实践中，贩卖假币的犯罪分子可能直接从伪造货币的犯罪人手中购买假币，对此，就有必要区分伪造货币共同犯罪与非共同犯罪的界限问题。购买者与伪造者事先有通谋的，依照本罪的共同犯罪处理；双方事先没有通谋的，分别定罪处罚，即对伪造者按本罪定罪处罚；对购买者按购买假币罪定罪处罚。此外，根据前述《伪造货币案解释》第1条的规定，与他人事前通谋，为他人伪造货币提供版样的，以本罪的共犯论处。同样，与他人通谋，为其提供伪造货币的机器、专用纸张、油墨等的，也构成本罪的共犯。

3. 伪造货币罪的刑事责任。根据《刑法》第170条的规定，犯本罪的，处3年以上10年以下有期徒刑，并处5万元以上50万元以下罚金。根据《伪造货币案解释》的规定，伪造货币的总面额在2000元以上不满30 000元或者币量在200张（枚）以上不足3000张（枚）的，适用本档。伪造货币集团的首要分子、伪造货币数额特别巨大或者有其他特别严重情节的，处10年以上有期徒刑、无期徒刑或者死刑，并处5万元以上50万元以下罚金或者没收财产。根据《伪造货币案解释》的规定，所谓伪造货币数额特别巨大，是指伪造货币的总面额在3万元以上的情形。货币面额应当以人民币计算，其他币种以案发时国家外汇管理机关公布的外汇牌价折算成人民币。

（二）疑难问题

1. 伪造货币罪是否属于目的犯？本罪只能由故意构成，即行为人明知自己伪造货币的行为侵害国家货币发行权、制造权，而执意为之。这一点在我国刑法学界没有争议，但对本罪主观方面是否具有特定目的，则分歧较大。

否定说认为，本罪不是目的犯，不应将特定的犯罪目的作为犯罪的构成要件之一。因为，我国《刑法》第170条的规定并未将特定的犯罪目的作为本罪的构成要件之一；不管出于什么目的，只要有伪造货币的行为，都必然会对国家的货币管理制度造成侵犯，并且会为其他货币犯罪提供前提条件。[1] 而且，如果以行为人具有特定的目的为本罪的构成要件，就会使一些犯罪分子以自己所实施的伪造行为不具有该种目的为借口而逃避刑事制裁，不利于犯罪的惩治。[2] 所以，伪造货币罪在主观方面只需出于故意即可，而不必要求有特定的目的。

肯定说认为，本罪是目的犯，其中，根据目的的内容不同，具体又可分为两种观点。营利目的说认为，伪造货币罪的主观方面是直接故意，并且必须以营利为目的。[3] 流通目的说认为，本罪在主观上必须要有犯罪的直接故意，并且具有使伪造的货币进入流通的目的。[4] 持肯定说的主要理由是，将本罪理解为目的犯，有利于对本罪的犯罪构成作实质性的限定，缩小刑法的打击面。而且从国外的立法来看，大多数国家的刑法典都明确规定本罪是目的犯，例如，《德国刑法典》（2002年修订）第146条规定的"意图供流通之用"，《日本刑法典》（1995年修订）第212条规定的"以行使为目的"，《俄罗斯联邦刑法典》（2003年修订）第186条规定的"以销售为目的"。[5]

---

〔1〕 参见高铭暄、马克昌：《刑法学》（下编），中国法制出版社1999年版，第715页。

〔2〕 参见张明楷：《刑法学》（下），法律出版社1997年版，第626页；杨春洗、高格：《我国当前经济犯罪研究》，北京大学出版社1997年版，第626页。

〔3〕 参见高铭暄主编：《中国刑法学》，中国人民大学出版社1989年版，第427页。

〔4〕 参见陈兴良主编：《经济刑法学（各论）》，中国社会科学出版社1990年版，第165页。

〔5〕 张军主编：《破坏金融管理秩序罪》，中国人民公安大学出版社2003年版，第64页。

我们认为，伪造货币犯罪行为侵犯了国家的货币信用和国家的货币发行权，从本罪的这一犯罪客体来看，只要行为人基于流通的意图而实施伪造货币行为，无论客观上是否实际将所伪造的货币投入流通，即对国家的货币信用和国家的货币发行权构成侵犯，即构成本罪。因此，只有将本罪界定为目的犯，并将这种目的的内容限定为意图流通，才能将那些不具有这种目的并且不具有处罚合理性的伪造行为，例如，有的行为人伪造货币是为了作为学校的教材或者陈列标本，有的行为人是为了将伪造的货币作为演出道具等，从本罪的归罪范围中排除出来。

2. 伪造货币罪是否存在犯罪的未遂形态？如何划分本罪既遂与未遂的界限？本罪是否存在犯罪未遂，否定说认为，本罪虽然是行为犯，但行为犯又有举动犯和程度犯之分。举动犯或者单纯行为犯，是指行为人只要着手实施刑法分则规定的行为就构成犯罪既遂的情形，因而在举动犯的情况下不存在犯罪的未完成形态。程度犯又称过程犯，是指行为人在着手实施刑法分则规定的构成要件的行为以后，虽然不要求发生某种危害结果，但要求将行为实施到一定程度，才构成犯罪既遂的情形。因此在程度犯的情况下，存在犯罪的未完成形态。从本罪的规定看，本罪属于举动犯，只要实施了伪造货币的行为，无论是否将货币伪造出来，就构成犯罪的既遂。易言之，本罪不存在未遂形态。[1] 多数学者持肯定说，只是对本罪既遂与未遂的标准有不同的认识。第一种观点认为，应以行为人是否将货币伪造出来为标准。行为人只有伪造出货币，才构成犯罪的既遂，如果行为人已经着手实行伪造货币的行为，但由于其意志以外的原因，未能伪造出货币，就属于犯罪未遂。[2] 第二种观点认为，区分本罪既遂与未遂的标准是行为人是否伪造出了足以乱真的假货币。行为人如果已经伪造出了足以乱真的假货币，构成犯罪既遂；如果已经着手实行伪造货币的行为，但由于其意志以外的原因，未能伪造出货币或者伪造出的假币不足以乱真，那就属于犯罪未遂。[3] 第三种观点主张以货币是否进入流通领域为标准来判断犯罪是否既遂。[4]

我们认为，否定本罪未遂形态存在的观点是不成立的，因为，从本罪的实际发生情况看，绝对不是一着手实施伪造行为，本罪即告完成，而是表现为一个由不同环节组成的过程，例如，临摹或照相翻拍、制版（铸模）、印刷（铸造）、裁剪等。在这一过程中，由于行为人意志以外的原因而致伪造行为没有完成的，即成立本罪的未遂。因此，我们认为，无论从理论还是从实践中看，伪造货币罪的未遂形态都是存在的。

关于本罪既遂与未遂的标准，我们认为，第三种观点是错误的。因为，我国刑法理论的通说认为，判断犯罪是否既遂，应以行为是否齐备某种犯罪的全部构成要件为标准，而不能以行为人的主观目的是否达到为标准。就本罪而言，从本罪的主观方面看，使伪造的货币进入流通领域只是伪造犯罪分子的主观目的。因此，以意图流通这一犯罪目的是否达到为标准来判断犯罪既遂，与我国刑法通说是相违背的。另外，这一观点也过分推迟了犯罪既遂的时点，从而导致相当一部分案件只能以犯罪未遂来处理，有轻纵犯罪分子之嫌。例如，行为人将足以乱真的货币伪造出来，未及进入流通领域即案发。对于这种情况，按照此观点，即属于犯罪未遂，显然是不合理的。在我们看来，前两种观点并没有实质的对立，只不过第一种

---

〔1〕参见孙国祥、魏昌东：《经济刑法研究》，法律出版社 2005 年版，第 304 页。

〔2〕参见马克昌主编：《经济犯罪新论——破坏社会主义经济秩序罪研究》，武汉大学出版社 1998 年版，第 237 页。

〔3〕参见张军主编：《破坏金融管理秩序罪》，中国人民公安大学出版社 2003 年版，第 69 ~ 71 页。

〔4〕参见张军主编：《破坏金融管理秩序罪》，中国人民公安大学出版社 2003 年版，第 68 页。

观点提出的判断标准较为原则，而第二种观点提出的标准更为具体。我们知道，从本罪的犯罪构成上分析，伪造货币罪显然属于行为犯，对于行为犯的既遂，应以法定的犯罪实行行为是否完成为标准，而伪造货币罪行为的完成则以货币被伪造出来为标志。因此，第一种观点以货币是否被伪造出来为准来判断犯罪是否既遂应当说是有刑法原理根据的。当然，从司法实务操作的角度看，这种观点所确立的标准过于原则，不能为司法提供一个可供操作的具体标准。而第二种观点在第一种观点主张的标准之上对假币作了程度的限制，既消除了后者因过于原则而带来的模糊性，也合情合理，因而是可取的。

八、非法吸收公众存款罪

（一）基本法理

1．非法吸收公众存款罪的概念和构成要件。非法吸收公众存款罪，是指非法吸收公众存款或者变相吸收公众存款，扰乱金融秩序的行为。

本罪的构成要件是：

（1）本罪的主体是一般主体，自然人和单位均可成为本罪的主体。就自然人主体而言，凡已满16周岁具有刑事责任能力的人都能构成。关于本罪的单位主体的范围，通行的观点认为，既可以是一般单位，也可以是银行和其他金融机构。

（2）本罪的主观方面是故意，即行为人明知其吸收公众存款或者变相吸收公众存款的行为为国家法律法规所不允许，扰乱了金融秩序，仍执意为之。

（3）本罪在客观方面表现为非法吸收公众存款或者变相吸收公众存款，扰乱金融秩序的行为。对此，需要把握以下两个要素：

第一，行为人实施了非法吸收公众存款或者变相非法吸收公众存款的行为。根据国务院1998年7月13日发布的《非法金融机构和非法金融业务活动取缔办法》（以下简称《取缔办法》）第4条第2款的规定，所谓非法吸收公众存款，是指未经中国人民银行批准，向社会不特定对象吸收资金，出具凭证，承诺在一定期限内还本付息的活动。据此可知，非法吸收公众存款具有以下三个特征：①行为的非法性特征，即吸收公众存款的行为未经中国人民银行批准；②吸收资金，出具凭证，并承诺在一定期限内还本付息，这是对吸收存款行为内涵的界定；③对象的限定性，即非法吸收存款的对象只能是社会不特定的对象，如果吸收存款的对象是特定的少数人，如向亲友、人数有限的单位等非法吸收存款或者变相吸收存款的，则不构成本罪。所谓变相吸收公众存款，根据前述《取缔办法》的规定，是指未经中国人民银行批准，不以吸收公众存款的名义，向社会不特定对象吸收资金，但承诺履行的义务与吸收公众存款性质相同的活动，如违反国家规定，以各种基金会、投资、集资等方式吸收公众资金，但不按正常的投资分配股息、红利，而是按照存款的形式支付利息等，即名为集资，实为吸储。变相吸收公款存款与非法吸收公款存款的实质一样，其目的均在于吸收公众存款。因此，行为人只要实施上述两种行为形式之一，即可能成立本罪。

第二，非法吸收公众存款或者变相吸收公众存款的行为扰乱了金融秩序。我国刑法虽然没有为本罪规定数额标准，但并非只要实施该行为就构成犯罪。如果行为人非法吸收的公众存款较少或者具有其他显著轻微情节的，则不构成本罪。参照上述《经济案件追诉标准》第24条的规定，符合下述三种情形之一的，应当追诉：①个人非法吸收或者变相吸收公众存款，数额在20万元以上的，单位非法吸收或者变相吸收公众存款，数额在100万元以上的；②个人非法吸收或者变相吸收公众存款30户以上的，单位非法吸收或者变相吸收公众存款150户以上的；③个人非法吸收或者变相吸收公众存款，给存款人造成直接经济损失数额在10万元以上的，单位非法吸收或者变相吸收公众存款，给存款人造成直接经济损失数额50

万元以上的。

（4）本罪侵犯的客体是国家对存款的管理秩序。

2. 非法吸收公众存款罪的相关界限。

（1）本罪与非罪的界限。划分本罪与非罪的界限，主要应该考虑以下三个方面的因素：①看行为人是否实施了非法吸收或变相吸收公众存款的行为。对此，应该结合前述《取缔办法》的有关界定来判断。②要考虑非法吸收公众存款的数量。如果非法吸收或者变相吸收的公众存款数量较小，不至于扰乱金融管理秩序的，即属情节显著轻微危害不大的情形，不以犯罪论处。对此，应该依照前述《经济案件追诉标准》的有关规定加以判断。③行为人是否面向社会上的不特定对象吸收存款。如果是少数人相互之间进行的一种互助性的集资行为，如其吸收存款仅限于本单位内部，并没有扩展到社会，对此不应以本罪追究刑事责任。

（2）本罪与他罪的界限。

第一，本罪与集资诈骗罪的界限。所谓集资诈骗罪，是指以非法占有为目的，使用诈骗方法集资，数额较大的行为。由于这两种犯罪面向的均为社会上不特定对象的资金，因此，实践中极易混淆，应该加以区分。本罪与集资诈骗罪的根本区别在于主观方面。两罪尽管都是出于故意，但本罪行为人的主观目的是非法占有他人存款目的以外的其他任何目的；而集资诈骗罪的行为人在主观上则是基于非法占有的目的，是为了永久性地无偿占有他人的资金。

第二，本罪与擅自发行股票、公司、企业债券罪的界限。擅自发行股票、公司、企业债券罪，是指未经国家有关主管部门批准，擅自发行股票、公司、企业债券，数额巨大、后果严重或有其他严重情节的行为。本罪与擅自发行股票、公司、企业债券罪在客观方面都有可能表现为一种集资行为；在主观方面都出于故意。故此，应当注意划清两罪的界限。两罪的区别主要表现在：①犯罪主体不同。本罪的主体既可以是单位，也可以是自然人，所用的名义不限；而擅自发行股票、公司、企业债券罪则只能以公司、企业的名义进行。如果公司、企业以发行债券的方式非法吸收公众存款，则属于牵连犯，从一重罪处断。②犯罪客观方面不同。本罪是通过非法吸收或者变相吸收公众存款的方式进行的，行为人承诺在一定期限内还本付息；而擅自发行股票、公司、企业债券罪是通过发行股票或者债券的形式实施的，对购买股票或者债券者来说，所进行的是一种投资活动，如果发行人不是按股分红而是许诺在一定期限内还本付息的，应按本罪追究刑事责任。③犯罪客体不同。本罪侵犯的客体是国家对存款活动的正常管理秩序；而擅自发行股票、公司、企业债券罪侵犯的客体则是国家对股票、债券的管理秩序。

（3）本罪中的罪数问题。从司法实践看，非法吸收公众存款罪的罪数问题主要有两种情况：①本罪与擅自设立金融机构罪形成牵连犯的认定。如果行为人先非法设立金融机构，然后再以非法设立的金融机构之名义吸收公众存款，对此，行为人的行为既触犯了擅自设立金融机构罪，也构成本罪，从而形成牵连犯，应按从一重处断的原则处理。当然，如果行为人非法设立金融机构的目的在于证券买卖、融资租赁等金融业务，后来出于某种考虑开始从事吸收存款的业务，对于此种情况，由于两行为之间缺少必要的牵连关系，是两个独立的行为，如都构成犯罪，应以数罪并罚论处。[1]②非法吸收公众存款牵连触犯行贿犯罪的认定。从实践中看，行为人为了达到向一些公司、企业、事业单位非法吸收存款的目的，通常会给

〔1〕参见张军主编：《破坏金融管理秩序罪》，中国人民公安大学出版社2003年版，第185页。

这些单位的主管负责人一定比例的回扣，而这些单位的有关负责人通常会以存款为条件索要好处费。在这种情况下，向有关人员行贿的行为是非法吸收公众存款的手段，并触犯了行贿罪或向非国家工作人员行贿罪，由此，行贿犯罪与非法吸收公众存款罪形成牵连关系，按照牵连犯的处理原则，从一重处断。

3. 非法吸收公众存款罪的刑事责任。根据《刑法》第176条的规定，自然人犯本罪的，处3年以下有期徒刑或者拘役，并处或者单处2万元以上20万元以下罚金；数额巨大或者有其他严重情节的，处3年以上10年以下有期徒刑，并处5万元以上50万元以下罚金。根据2001年1月21日《全国法院审理金融犯罪案件工作座谈会纪要》的精神，所谓数额巨大，是指个人非法吸收或者变相吸收公众存款100万元以上，单位非法吸收或者变相吸收公众存款500万元以上。单位犯本罪的，对单位判处罚金，并对其直接负责的主管人员和直接责任人员，依照自然人犯本罪的刑罚规定处罚。

（二）疑难问题

1. 具备金融业务资格的单位能否成为本罪的主体？对此，我国刑法学界有不同见解。有学者认为，是否具有从事金融业务资格并不影响本罪的成立。[1] 因此，本罪的主体既包括商业银行或其他金融机构等有权吸收公众存款的单位，也包括无权吸收公众存款的单位。[2] 也有学者主张对本罪主体中的单位作限制性解释，限定为非金融单位和无权经营存款业务的金融机构。[3]

如何看待上述分歧呢？根据我国有关金融机构管理法律法规的规定，在我国，金融机构可以分为银行金融机构和非银行金融机构。非银行金融机构是指未冠以“银行”名称，经营各种金融业务的金融机构，包括城乡信用合作社、保险公司、财务公司、信托投资公司、金融租赁公司、投资资金管理公司、证券公司、典当行等。在这些非银行金融机构中，有的不具备面向社会上不特定对象经营存款业务，例如，财务公司、证券公司、典当行等，对于这些金融机构，未经中国人民银行批准，吸收公众存款或者变相吸收公众存款的，当然可以本罪来追究刑事责任。

问题在于，有吸收存款资格的金融机构违规吸收公众存款，如以提高利率或者变相提高利率的方式吸收存款，对此可否以本罪定罪处罚？我国刑法学界有两种不同看法。肯定说认为，行为人虽然具有吸收公众存款的法定主体资格，但采取非法的方法吸收公众存款，如有些商业银行和信用合作社，为了争揽客户，以擅自提高利率或者在存款时先支付利息等手段吸收公众存款。这是非法吸收公众存款罪的一种行为表现。[4] 否定说认为，具有吸收公众存款资格的金融机构不能成为本罪的主体。因为这些主体本身具有吸收公众存款的资格，它之所以能够取得这种资格，往往是具备了严格的法定条件，其经济实力雄厚，账目健全，资金流向受人民银行监管，因此，尽管在吸收存款中有抬高利率等不正当竞争的行为，也不会造成严重的后果，不能以本罪论处。[5]

我们赞成否定说，主要理由是：①有吸收存款资格的金融机构违规吸收公众存款的行为并不具有本罪的社会危害性。我们知道，刑法之所以设立非法吸收公众存款罪，是为了维护

---

〔1〕 参见冯亚东、刘凤科：“非法吸收公众存款罪的本质及立法失误”，载《人民检察》2001年第7期。

〔2〕 参见高铭暄、马克昌主编：《刑法学》，中国法制出版社2007年版，第475页。

〔3〕 参见李希慧：“论非法吸收公众存款罪的几个问题”，载《中国刑事法杂志》2001年第4期。

〔4〕 参见高铭暄、马克昌主编：《刑法学》，北京大学出版社、高等教育出版社2007年版，第448页。

〔5〕 参见王作富主编：《刑法分则实务研究》，中国方正出版社2001年版，第422页。

国家的金融安全，维护国家对存款的管理秩序，具备吸收公众存款资格的金融机构由于受政策银行的严格的监控，即使在办理存款业务中有诸如擅自提高利率等违规行为，其对国家的金融安全所带来的不利影响也是有限的，所以，由于这种行为的社会危害性没有达到本罪所要求的程度，故对这类行为不宜以本罪追究刑事责任。②根据《取缔办法》关于非法吸收公众存款行为的界定，“非法吸收公众存款”，是指未经中国人民银行批准，向社会不特定对象吸收资金，出具凭证，承诺在一定期限内还本付息的活动。“变相吸收公众存款”，是指未经中国人民银行批准，不以吸收公众存款的名义，向社会不特定对象吸收资金，但承诺履行的义务与吸收公众存款性质相同的活动。《取缔办法》规制的重点在于擅自非法向社会公众吸收存款的行为，而具有吸收存款资格的金融机构吸收公众存款的行为事先经过中国人民银行批准，是其正常的业务，因此，擅自提高利率吸收存款并不在本罪构成所要求的“非法”之内涵的范围，不符合前述《取缔办法》的界定。③有关法律法规也没有将擅自提高利率的行为当作非法吸收公众存款罪的行为。例如，根据现行《商业银行法》第74条规定，违反规定提高或者降低利率以及采取其他不正当手段，吸收存款，发放贷款的，由国务院银行业监督管理机构责令改正，有违法所得的，没收违法所得，违法所得50万元以上的，并处违法所得1倍以上5倍以下罚款；没有违法所得或者违法所得不足50万元的，处50万元以上200万元以下罚款；情节特别严重或者逾期不改正的，可以责令停业整顿或者吊销其经营许可证；构成犯罪的，依法追究刑事责任。该法第81条规定，未经国务院银行业监督管理机构批准，擅自设立商业银行，或者非法吸收公众存款、变相吸收公众存款，构成犯罪的依法追究刑事责任；并由国务院银行业监督管理机构予以取缔。可见，从法条的逻辑关系上看，擅自提高利率吸收存款与非法吸收公众存款这两种情况并列规定即意味着前者并不属于非法吸收公众存款的行为。综上所述，我们认为，有吸收存款资格的金融机构采取违法的方法吸收公众存款的，不能以本罪追究刑事责任。

2. 如何理解本罪的主观方面？在我国刑法学界，关于本罪主观方面的理解，主要分歧集中在以下两个问题上：

（1）关于本罪的罪过形式。我国刑法学界有种观点认为，过失也能构成本罪，即行为人本应预见非法吸收公众存款可能发生扰乱金融秩序的结果而没有预见，或者已经预见而轻信能够避免，以致扰乱金融秩序的后果，应当追究刑事责任。[1] 我们认为，从本罪的构成要件上分析，吸收公众存款行为的非法性与扰乱金融秩序之间系规范与事实的关系，正因为行为扰乱国家的金融秩序，立法者才把这种行为宣布为非法的行为。因此，只要行为人认识到自己所实施的吸收公众存款的行为是法律所不允许的，就必然对自己的行为会发生扰乱金融秩序的这一结果有所认识，不存在行为人认识到自己行为的非法性而对扰乱金融秩序这一结果的发生没有认识或轻信能够避免的情况。所以，本罪的主观方面只能出于故意。

（2）本罪的成立，是否要求行为人具有特定的目的。对此，我国刑法学界有不同的认识。根据主观目的的内容不同，肯定说有两种不同的说法：①非法牟利的目的；②从吸收存款的行为来看，行为人应是将吸收存款用于信贷目的，否则不构成本罪。[2] 否定说认为，不管是出于将所吸收存款用于信贷的目的，还是出于其他目的，只要行为人没有非法占有的目的，都可构成本罪。[3] 我们赞成否定说，因为，无论行为人是出于牟利的目的，还是出

---

〔1〕 参见舒慧明主编：《中国金融刑法学》，中国人民公安大学出版社1997年版，第246页。

〔2〕 参见张明楷：《刑法学》（下），法律出版社1997年版，第634页。

〔3〕 参见李希慧：“论非法吸收公众存款罪的几个问题”，载《中国刑事法杂志》2001年第4期。

于信贷的目的，都不决定其行为对本罪直接客体即国家对存款的管理秩序的侵害性，因此，在认定本罪时，只要查明行为人不具有非法占有的目的即可，无需进一步认定行为人主观目的的内容。

3. 如何理解本罪的客体？关于本罪的客体，在我国刑法学界存在着不同理解。概而言之，主要有以下四种见解：第一种观点认为，本罪侵犯的客体是国家金融管理制度和金融秩序。[1] 第二种观点认为，本罪的客体是国家的金融管理中的融资管理制度。[2] 第三种观点认为，本罪侵犯的客体是国家的金融信贷秩序。[3] 第四种观点认为，本罪的客体是国家的存款管理秩序。[4] 我们认为，制度是要求大家共同遵守的办事规程或行动准则。如果将犯罪客体理解为刑法所保护而为犯罪行为所侵犯的社会关系，那么，对制度的侵害就应该是对制度本身的改变，而任何犯罪均是对制度的违反而没有造成制度本身的改变，因而制度不应该是客体，只有制度被遵守后所形成的秩序才是犯罪的客体。[5] 从这一意义上说，前两种观点将本罪的客体完全或部分限定为国家金融的管理制度是不可取的。就后两种观点而言，显然其所理解的客体的外延有所区别，即国家的金融信贷秩序的外延大于国家的管理存款秩序，但从我国刑法对本罪罪状的界定来看，将本罪的客体理解为国家的存款管理秩序更符合本罪的行为本质，更能体现行为的社会危害性之所在，故我们赞成第四种见解。

九、内幕交易、泄露内幕信息罪

（一）基本法理

1. 内幕交易、泄露内幕信息罪的概念和构成要件。内幕交易、泄露内幕信息罪，是指证券、期货交易内幕信息的知情人员或者非法获取证券、期货交易内幕信息的人员，在涉及证券的发行，证券、期货交易或者其他对证券、期货交易价格有重大影响的信息尚未公开前，买入或者卖出该证券，或者从事与该内幕信息有关的期货交易，或者泄露该信息，或者明示、暗示他人从事上述交易活动，情节严重的行为。本罪是选择性罪名，应根据具体案情，选择适用或并合适用。

本罪的构成要件是：

(1) 本罪的主体既包括自然人，也包括单位。具体是指证券、期货交易内幕信息的知情人员和非法获取证券、期货交易内幕信息的其他人员。“证券、期货交易内幕信息的知情人员”，根据《证券法》第74条的规定，主要包括下列7种人员：①发行人的董事、监事、高级管理人员；②持有公司5%以上股份的股东及其董事、监事、高级管理人员，公司的实际控制人及其董事、监事、高级管理人员；③发行人控股的公司及其董事、监事、高级管理人员；④由于所任公司职务可以获取公司有关内幕信息的人员；⑤证券监督管理机构工作人员以及由于法定职责对证券的发行、交易进行管理的其他人员，如证监会、交易所的工作人员，发行人的主管部门和审批机关的工作人员以及工商、税务等有关经济管理机关的工作人员等；⑥保荐人、承销的证券公司、证券交易所、证券登记结算机构、证券服务机构的有关人员，如注册会计师、律师、执业审计师、资产评估师、证券咨询人员等；⑦国务院证券监督管理机构规定的其他人员。如由于工作联系，有可能接触或者获得内幕信息的新闻记者、

---

〔1〕 参见冯亚东、刘凤科：“非法吸收公众存款罪的本质及立法失误”，载《人民检察》2001年第7期。

〔2〕 参见赵长青主编：《新编刑法学》，西南师范大学出版社1997年版，第516页。

〔3〕 参见高铭暄、马克昌主编：《刑法学》，中国法制出版社2007年版，第474页。

〔4〕 参见王作富主编：《刑法分则实务研究》，中国方正出版社2007年版，第401页。

〔5〕 参见高铭暄、马克昌主编：《中国刑法解释》，中国社会科学出版社2005年版，第1166页。

报刊编辑、电台主持人以及编排印刷人员等。根据《期货交易管理条例》第85条第12项的规定，期货内幕信息的知情人员，是指由于其管理地位、监督地位或者职业地位，或者作为雇员、专业顾问履行职务，能够接触或者获得内幕信息的人员，包括：期货交易所的管理人员以及其他由于任职可获取内幕信息的从业人员，国务院期货监督管理机构和其他有关部门的工作人员以及国务院期货监督管理机构规定的其他人员，"非法获取证券、期货交易内幕信息的其他人员"，是指内幕信息知情人员以外的，以骗取、套取、监听、私下交易、行贿、窃取等非法的、甚至是犯罪的方法获取证券、期货交易内幕信息的人员。

（2）本罪的主观方面是出于故意，即行为人明知证券、期货交易内幕信息尚未公开而买入或者卖出有关证券，或者从事与该内幕信息有关的期货交易，或者明知是证券、期货交易内幕信息而泄漏。一般而言，行为人进行内幕交易或者泄漏内幕信息具有牟利或者避免损失的目的，但刑法并没有规定该目的为本罪的主观要件。

（3）本罪的客观方面表现为内幕交易或者泄露内幕信息，情节严重的行为。首先，进行内幕交易，即掌握内幕信息的人员，在该信息公开之前买入或者卖出该证券，或者从事与该内幕信息有关的期货交易的行为。据此可知，内幕交易具体表现为以下两种行为：①在内幕信息尚未公开前，买入或者卖出有关证券。这里的买入或者卖出，既包括行为人自己买入或者卖出有关证券，也包括行为人明示或暗示他人买入或者卖出；既可以是行为人为自己买卖，也可以是为他人买卖。②在内幕信息公开前，从事与该内幕信息有关的期货交易。其次，泄露内幕信息，即知悉内幕信息的人员，在内幕信息公开前，以明示或者暗示的方式，公开该信息或者将其透露给不应知悉之人。最后，行为人实施上述两种行为之一，情节严重的，才构成本罪。所谓情节严重，根据2008年3月5日最高人民检察院和公安部联合下发的《关于经济犯罪案件追诉标准的补充规定》（以下简称《追诉标准补充规定》）的规定，具备下列情形之一的，即属"情节严重"，应予追诉：①买入或者卖出证券，或者泄露内幕信息使他人买入或者卖出证券，成交额累计在50万元以上的；②买入或者卖出期货合约，或者泄露内幕信息使他人买入或者卖出期货合约，占用保证金数额累计在30万元以上的；③获利或者避免损失数额累计在15万元以上的；④多次进行内幕交易、泄露内幕信息的；⑤有其他严重情节的。

（4）本罪侵犯的客体是复杂客体，即国家对证券、期货交易的正常管理秩序和投资者的合法权益。本罪的对象是有关证券、期货交易的内幕信息。所谓内幕信息，是指在证券交易活动中，涉及公司的经营、财务或者对该公司证券的市场价格有重大影响的尚未公开的信息，以及可能对期货市场价格产生重大影响的、尚未公开的信息。其具体范围需要根据有关法律法规来确定。具体而言，根据我国现行《证券法》第75条的规定，下列信息属内幕信息：①本法第67条第2款所列重大事件；②公司分配股利或者增资的计划；③公司股权结构的重大变化；④公司债务担保的重大变更；⑤公司营业用主要资产的抵押、出售或者报废一次超过该资产的30%；⑥公司的董事、监事、高级管理人员的行为可能依法承担重大损害赔偿责任；⑦上市公司收购的有关方案；⑧国务院证券监督管理机构认定的对证券交易价格有显著影响的其他重要信息。《证券法》第67条第2款规定的重大事件具体是指下列情况：①公司的经营方针和经营范围的重大变化；②公司的重大投资行为和重大的购置财产的决定；③公司订立重要合同，可能对公司的资产、负债、权益和经营成果产生重要影响；④公司发生重大债务和未能清偿到期重大债务的违约情况；⑤公司发生重大亏损或者重大损失；⑥公司生产经营的外部条件发生的重大变化；⑦公司的董事、1/3以上的监事或者经理发生变动；⑧持有公司5%以上股份的股东或者实际控制人，其持有股份或者控制公司的情况发生较大变化；⑨公司减资、合并、分立、解散及申请破产的决定；⑩涉及公司的重大诉讼，股东大会、董事会决议被依法撤销或者宣告无效；⑪公司涉嫌犯罪被司法机关立案调查，公司董事、监事、高级管理人员涉嫌犯罪被司法机关采取强制措施；⑫国务院证券监督管理机构规定的其他事项。根据《期货交易管理条例》第85条第11项规定，所谓期货交易内幕信息，是指可能对期货交易价格产生重大影响的尚未公开的信息，包括：国务院期货监督管理机构以及其他相关部门制定的对期货交易价格可能发生重大影响的政策，期货交易所作出的可能对期货交易价格发生重大影响的决定，期货交易所会员、客户的资金和交易动向以及国务院期货监督管理机构认定的对期货交易价格有显著影响的其他重要信息。

2. 内幕交易、泄露内幕信息罪的相关界限。

（1）要注意区分本罪与非罪的界限。要综合考虑以下四点因素：①是否为内幕信息？这需要结合有关法律法规的规定来判断。②信息是否已经公开？已经公开的信息就不再是内幕信息，在信息公开之后，基于自己对上市公司发展前景预期的判断买入卖出该股票的，不构成本罪。因此，确定信息公开的具体时间，对于本罪的认定特别重要。③行为人是否属于知情人员？是否属于非法获取内幕信息的人员？根据刑法的规定，只有证券、期货交易内幕信息的知情人员和非法获取证券、期货交易内幕信息的其他人员，才有可能构成本罪。④情节是否严重？对情节是否严重的判断，需要根据前述《追诉标准补充规定》的有关规定进行。如果情节尚未达到严重程度，应当根据《证券法》第202条规定，没收违法所得，并处以一定的罚款。

（2）本罪与他罪的界限。

第一，本罪与故意泄露国家秘密罪的界限。根据《刑法》第398条的规定，故意泄露国家秘密罪，是指国家机关工作人员或者非国家机关工作人员违反保守国家秘密法的规定，故意泄露国家秘密，情节严重的行为。内幕交易、泄露内幕信息罪与故意泄露国家秘密罪在一些方面有相似之处，如在犯罪客观方面都可以表现为泄密；在犯罪对象上，内幕信息也有可能是国家秘密。因此，有必要划清二罪的界限。其主要区别表现在：首先，主体不同。本罪的主体既包括自然人，也包括单位；而后罪的主体只能是自然人。其次，客观方面不同。本罪在客观方面表现为进行内幕交易、泄露内幕信息，情节严重的行为；而后者则表现为违反保守国家秘密法的规定，泄露国家秘密，情节严重的行为。再次，犯罪客体不同。本罪的客体是复杂客体，即国家对证券、期货交易的正常管理秩序和投资者的合法权益；而后者的客体是简单客体，即这种行为侵犯了国家的保密制度。最后，犯罪对象不尽相同。本罪的对象是内幕信息，其范围需要根据有关的法律法规的规定来判断；而后者的对象是国家的秘密，其范围涉及国防、外交、立法、司法、经济等多方面。

第二，本罪与编造并传播证券、期货交易虚假信息罪的界限。根据《刑法》第181条第1款的规定，编造并传播证券、期货交易虚假信息罪，是指编造并传播影响证券、期货交易的虚假信息，扰乱证券、期货交易市场，造成严重后果的行为。本罪与编造并传播证券、期货交易虚假信息罪的主要区别表现在：首先，犯罪主体不尽相同。从实践中看，实施内幕交易、泄露内幕信息罪的主体往往都是知情人员；而后罪的主体则是一般主体，无论是普通投资者，还是证券经营或服务机构的工作人员，均可构成。其次，犯罪客观方面的表现不同。本罪客观方面表现为行为人实施了内幕交易或者泄露内幕信息，情节严重的行为；而后罪的客观方面则表现为编造并传播证券、期货交易的虚假信息，扰乱证券、期货市场，造成严重后果的行为。

第三，本罪与诱骗投资者买卖证券、期货合约罪界限。根据《刑法》第181条第2款的规定，诱骗投资者买卖证券、期货合约罪，是指证券交易所、期货交易所、证券公司、期货经纪公司的从业人员，证券业协会、期货业协会或者证券期货监督管理部门的工作人员，故意提供虚假信息或者伪造、变造、销毁交易记录，诱骗投资者买卖证券、期货合约，造成严重后果的行为。两罪的主要区别表现在：首先，犯罪主体不同。本罪的主体主要是内幕信息的知情人员，同时，非法获取内幕信息者也能成立本罪；而后罪的主体是特殊主体，即只有证券交易所、期货交易所、证券公司、期货经纪公司的从业人员，以及证券业协会、期货业协会或者证券期货监管部门的工作人员，才能成立。其次，犯罪客观方面的表现不同。本罪在客观方面表现为进行内幕交易或者泄露内幕信息，情节严重的行为；而后罪在客观方面表现为通过欺诈的手段，诱骗投资者买卖证券、期货合约，造成严重后果的行为。

（3）本罪中的罪数问题。从实践中看，与本罪有关的罪数问题主要有两种情况：①行为人利用行贿的手段，获取内幕信息，进行内幕交易的，或者在受贿以后，泄露内幕信息，进行内幕交易的，如何处理？这种情况就涉及本罪与行贿犯罪或受贿犯罪之间罪数关系的认定问题。我们认为，在这种情况下，由于行贿与内幕交易行为之间其实是一种手段和目的的牵连关系，受贿与泄露内幕信息之间也存在着原因和结果之间的牵连关系，因此，行贿犯罪或受贿犯罪与内幕交易、泄露内幕信息罪形成牵连犯，对此应按其中的重罪从重论处。②如果内幕信息恰好也是国家的保密法规依法予以保护的国家秘密，对这种内幕信息予以泄露，必然涉及本罪与故意泄露国家秘密罪之间的罪数关系认定问题。关于二罪之间罪数关系的法理性质，在我国刑法学界存在着不同认识。一种观点认为，当国家工作人员泄露影响证券发行、证券、期货交易的国家经济秘密，则该秘密既属于国家秘密，同时又属于内幕信息，行为人的行为同时触犯了泄露内幕信息罪和故意泄露国家秘密罪。这说明两罪存在着一定程度的交叉，属于法条竞合中包含竞合情况，应按照“重法优于轻法”的原则，选择适用法定刑较重的罪名定罪量刑。[1] 另一种观点则认为，这种情况属于想象竞合犯，即行为人主观上出于一个故意，客观上实施了一个危害行为，同时触犯了刑法所规定的内幕交易、泄露内幕信息罪和故意泄露国家秘密罪，根据从一重罪处断的原则，应对行为人以内幕交易、泄露内幕信息罪定罪量刑。[2] 我们赞成第二种见解。

3．内幕交易、泄露内幕信息罪的刑事责任。根据《刑法》第180条第1、2款的规定，犯本罪的，处5年以下有期徒刑或者拘役，并处或者单处违法所得1倍以上5倍以下罚金；情节特别严重的，处5年以上10年以下有期徒刑，并处违法所得1倍以上5倍以下罚金。单位犯本罪的，对单位判处罚金，并对其直接负责的主管人员和其他直接责任人员，处5年以下有期徒刑或者拘役。

（二）疑难问题

1．如何理解本罪的主观罪过形式？关于本罪的主观罪过形式，我国刑法学界存在着以下四种不同的观点：第一种观点认为，本罪在主观方面是出于直接故意，并且具有获取非法利润或减少损失的目的。[3] 第二种观点认为，本罪在主观上是出于故意，即行为人明知自己进行内幕交易的行为或向他人泄露内幕信息的行为侵犯国家对证券交易市场的管理秩序并

---

〔1〕参见孙国祥、魏昌东：《经济刑法研究》，法律出版社2005年版，第349页。

〔2〕参见张军主编：《破坏金融管理秩序罪》，中国人民公安大学出版社2003年版，第272页。

〔3〕参见舒慧明主编：《中国金融刑法学》，中国人民公安大学出版社1997年版，第310页；张军、赵玉亮、李黎明、胡云腾主编：《中国刑法罪名大全》，群众出版社1997年版，第267页；王新：《金融刑法导论》，北京大学出版社1998年版，第201页。

侵犯证券投资者的合法权益，并且希望或者放任这一结果的发生。[1] 第三种观点则主张，内幕交易罪的主观方面是故意，并且是以为自己或者他人牟取非法利益为目的。泄露内幕信息罪的主观方面可以是故意，也可以是过失。[2] 因为新刑法并没有用“故意”来限定“泄露”行为，因而，新刑法实际上没有排除过失泄露的可能，内幕人员过失泄露内幕信息的，不影响内幕交易罪的成立。[3] 第四种观点认为，内幕交易罪在主观方面只能表现为直接故意，即明知内幕信息而根据该信息买卖证券或者进行期货交易，并且具有为自己或者他人牟取非法利益的目的。泄露内幕信息罪在主观方面表现为故意，既可以直接故意，也可以是间接故意。[4]

上述四种观点，第一种观点限定过严，结果使一部分内幕交易、泄露内幕信息的行为，尽管其社会危害程度已经达到犯罪的程度，也不能以犯罪论处，从而会放纵犯罪，不利于维护证券市场的正常秩序。第三种观点虽然照顾到了司法实践中的具体情况，但不符合立法原意。因为，根据《刑法》第15条第2款的规定：“过失犯罪，法律有规定的才负刑事责任。”对于泄露内幕信息罪，《刑法》第180条并没有规定过失泄露内幕信息的行为。此外，从我国刑法的规定以及刑法学界的通说来看，某种犯罪不可能既是过失犯罪，也是故意犯罪。即使刑法典在某一个条文中同时规定了故意和过失犯罪，如《刑法》第398条故意泄露国家秘密罪、过失泄露国家秘密罪的规定，但这也只是两种不同的犯罪。因此，认为泄露内幕信息罪在主观方面可以出于过失，既不符合立法原意，也不符合法理。第二种观点与第四种观点相比，似乎不够准确。因为，从《刑法》第180条的规定看，行为人利用内幕信息买入卖出证券或者进行期货交易的目的只能是牟取非法利益或者减少损失。因此，由这一目的所限定，内幕交易罪的主观方面只能是直接故意。故我们赞成第四种见解。

2. 非内幕人员获取内幕信息后又泄露给他人的，是否构成本罪？对此，在我国刑法学界存在着很大的争议。第一种观点认为，非内幕人员获取信息后再泄密的，应当分别情况、区别对待。如果非内幕人员对内幕信息的获取是自己积极、主动行为的结果，不论行为人采取的具体手段是自己盗取，还是积极地设法从内幕人员那里探听到，都一律按内幕交易认定。如果证实非内幕人员是被动的信息接受者，由于非内幕人员是消极的内幕信息的获取者，不存在承担保密义务的问题，因而即使根据该信息进行了交易，也不能认定为内幕交易。[5] 第二种观点认为，非内幕人员获取内幕信息后再泄密的，不应作为犯罪处理，因为，根据有关行政法规的规定，非内幕人员只能构成内幕交易罪的主体，不能成为泄露内幕信息罪的主体，即使其行为有一定的社会危害性，根据罪刑法定原则，也不应用刑罚加以制裁。[6] 第三种观点认为，这种情况能否构成犯罪，关键是看获取内幕信息的手段是否属于“非法获取”，如果是非法获取信息后加以泄密的，应当构成泄露内幕信息罪；反之，则不能构成犯罪。而所谓非法获取，主要是指通过盗窃、欺骗、行贿等手段获取。[7]

---

〔1〕 参见高西江主编：《中华人民共和国刑法的修订与适用》，中国方正出版社1997年版，第463页；高铭暄、马克昌主编：《刑法学》（下），中国法制出版社1999年版，第729页；张明楷：《刑法学》，法律出版社2003年版，第619页。

〔2〕 参见周道鸾等主编：《刑法的修改与适用》，人民法院出版社1997年版，第397页。

〔3〕 参见丁慕英等主编：《刑法实施中的重点难点问题研究》，法律出版社1998年版，第696页。

〔4〕 参见高铭暄、马克昌主编：《刑法学》，北京大学出版社、高等教育出版社2007年版，第456页。

〔5〕 参见张军主编：《破坏金融秩序罪》，中国人民公安大学出版社2003年版，第251～252页。

〔6〕 参见薛瑞麟主编：《金融犯罪研究》，中国政法大学出版社2000年版，第269页。

〔7〕 参见刘宪权、卢勤忠：《金融犯罪理论专题研究》，复旦大学出版社2002年版，第450页。

我们认为，虽然有关的行政法规没有将这种情况界定为泄露内幕信息行为，但根据我国刑法的规定，无论是内幕信息的知情人员，还是非法获取内幕信息的人员，只要实施了内幕交易或泄露内幕信息行为，并且情节严重的，就都构成内幕交易、泄露内幕信息罪。因此，对于非法获取内幕信息的人再泄密的，如果不以本罪追究刑事责任，反倒是违反罪刑法定原则的。故第二种观点是错误的。第一种和第三种观点之间的区别在于非内幕人员获取内幕信息的手段。按照第一种观点，只要行为人积极、主动获取了内幕信息，其再泄密行为就构成本罪；否则，便不构成犯罪。而第三种观点则认为，再泄密行为是否构成犯罪，其关键在于行为人获取内幕信息的手段是否是非法的，如果行为人非法获取了内幕信息，其再泄密行为就应当按照本罪追究刑事责任；否则，不能以犯罪论处。相对而言，第三种观点更为可取，因为，根据《刑法》第180条的规定，在本罪的罪状表述中，明显使用的是"非法获取证券、期货交易内幕信息的人员"，这意味着，只要行为人采取了非法手段获取内幕信息，无论其是否是积极主动的，都不影响犯罪的成立。因此，我们认为，第三种观点更符合立法原意，是可取的。

十、操纵证券、期货市场罪

（一）基本法理

1．操纵证券、期货市场罪的概念和构成要件。操纵证券、期货市场罪，是指操纵证券、期货市场，情节严重的行为。

本罪的构成要件是：

（1）本罪的主体是一般主体，自然人和单位均可构成。从实践中看，单个的自然人由于缺乏操控证券、期货市场的物质条件，犯本罪的情况不大常见，单位实施这种犯罪的情况倒是比较常见，而且大多是证券公司、期货经纪公司或者其他机构投资者。

（2）本罪的主观方面是直接故意，即行为人明知其所实施的操纵证券、期货市场的行为会破坏证券、期货的正常交易管理秩序以及其他投资者的合法权益，而决意实施操纵行为。

（3）本罪客观方面表现为操纵证券、期货市场，情节严重的行为。

首先，要求行为人实施了操纵证券、期货市场行为。根据刑法的规定，操纵行为具体表现为下列情形：

第一，单独或者合谋，集中资金优势、持股或者持仓优势或者利用信息优势联合或者连续买卖，操纵证券、期货交易价格或者证券、期货交易量。据此可知，从主体上看，操纵市场的行为既可以由一人实施，也可以由多人合谋实施。所谓利用资金、持股或持仓优势，是一个相对的概念，需要根据案件的具体情况加以判断，如资金优势，要操纵市场，一般不需要一个绝对恒定的资金量，只要行为人可支配的资金量相对而言具有优势即可；再如持股优势，在有些案件中，由于股权集中在少数大股东手中，即使行为人持有40%以上的流通股份，也未必能算得上具有持股优势；而在股权极为分散的情况下，即使行为人持有10%以下的股份，也可能足以影响和操纵股价。从实践中看，单纯利用信息优势操纵市场的情况较少见，但它可以作为行为人操纵市场的一个辅助性的手段。"联合买卖或者连续买卖"是行为人操纵证券、期货市场的方法。所谓联合买卖，是指两个以上的行为人，集中各自的优势，共同买卖某种证券、期货合约；所谓连续买卖，是指同一行为人连续多次买卖某种证券、期货合约。联合买卖和连续买卖会抬高或者压低股票或者期货合约的价格，诱使投资者错误地跟进、杀出，行为人则可以在高位派发或者低位买进，从而使其他投资者遭受巨大的损失，自己从中牟取暴利。所谓操纵证券、期货交易价格或者证券、期货交易量是一个主观要件还是一个客观要件，需要进一步研究。我们倾向于认为这是行为人联合或者连续买卖的行为目的，即主观要件。这意味着，只要行为人以操纵证券、期货交易价格或者证券、期货交易量为目的而实施联合或者连续买卖行为的，即可认定其构成操纵市场的行为。

第二，与他人串通，以事先约定的时间、价格和方式相互进行证券、期货交易，影响证券、期货交易价格或证券、期货交易量，在学说上一般称这种情况为“相对委托”。例如，甲、乙二人事先串通，甲在约定的时间以约定的价格将某一股票卖出，而乙则在相同的时间以约定的价格买进。如此反复，股价则像来回踢皮球一样，从而促使股价逐步抬高。可见，相对委托行为的实施，必然抬高或者压低某种证券、期货合约的价格，从而造成虚假声势，误导其他投资者追进、杀出，行为人则伺机将该种证券、期货合约抛出或买入，从中牟取暴利，使其他投资者遭受损失。

第三，在自己实际控制的账户之间进行证券交易，或者以自己为交易对象，自买自卖期货合约，影响证券、期货交易价格或者证券、期货交易量。本项描述的操纵行为其实质是买主和卖主为同一人，这种情况在学说上被称为“冲洗买卖”。这主要表现为行为人开立多个证券、期货交易户头，自己卖出某种证券、期货合约的同时，自己再买入，从而给其他投资者造成该种证券、期货交易活跃的假象。例如，甲首先委托A证券公司在证券交易所以某一价格卖出某股票10万股，同时又委托B证券公司将这些股票买回来。这样，就会给投资者造成一次交易完成的假象。

第四，以其他方法操纵证券、期货市场，即上述三种操纵市场行为以外的其他操纵行为。立法上作此概括性规定，可以适应复杂多变的实际情况，以利于严厉打击各种市场操纵行为。

其次，本罪的客观方面要求行为达到“情节严重”的程度。根据《追诉标准补充规定》的规定，操纵证券、期货市场，涉嫌下列情形之一的，应予追诉：①单独或者合谋，持有或者实际控制证券的流通股份数达到该证券的实际流通股份总量30%以上，且在该证券连续20个交易日内联合或者连续买卖股份数累计达到该证券同期总成交量30%以上的；②单独或者合谋，持有或者实际控制期货合约的数量超过期货交易所业务规则限定的持仓量50%以上，且在该期货合约连续20个交易日内联合或者连续买卖期货合约数累计达到该期货合约同期总成交量30%以上的；③与他人串通，以事先约定的时间、价格和方式相互进行证券或者期货合约交易，且在该证券或者期货合约连续20个交易日内成交量累计达到该证券或者期货合约同期总成交量20%以上的；④在自己实际控制的账户之间进行证券交易，或者以自己为交易对象，自买自卖期货合约，且在该证券或者期货合约连续20个交易日内成交量累计达到该证券或者期货合约同期总成交量20%以上的；⑤单独或者合谋，当日连续申报买入或者卖出同一证券、期货合约并在成交前撤回申报，撤回申报量占当日该种股票总申报量或者该种期货合约总申报量50%以上的；⑥上市公司及其董事、监事、高级管理人员、实际控制人、控股股东或者其他关联人单独或者合谋，利用信息优势，操纵该公司证券交易价格或者证券交易量的；⑦有其他严重情节的。

（4）本罪侵犯的客体是国家对证券、期货交易的正常监管秩序和投资者的合法权益。其中，国家对证券、期货交易的正常监管秩序为主要客体，投资者的合法权益为次要客体。

2. 操纵证券、期货市场罪的相关界限。

（1）本罪与非罪的界限。从立法上看，并非任何操纵证券、期货市场的行为都构成犯罪。只有操纵市场的行为达到情节严重的程度，才能以本罪来追究刑事责任。如何衡量“情节严重”，学理上提出了一些衡量因素。但根据《追诉标准补充规定》的规定，需要考虑行为人持有或者实际控制的股份数、实际成交与同期总交易量之比、撤回申报量与同期总撤回申报量之比，以及行为人的特定身份等因素。

（2）本罪与编造并传播证券、期货交易虚假信息罪的界限。两罪的区别主要表现在：①客观方面有所不同：本罪的客观方面表现为行为人实施了刑法所规定的操纵证券、期货市场，情节严重的行为；而后罪的客观方面表现为行为人实施了编造并传播证券、期货交易虚假信息，扰乱证券、期货市场，造成严重后果的行为。②主观方面不尽相同。本罪的主观方面只能出于直接故意；而后罪主观方面不限于此，还包括间接故意。③犯罪的成立标准不同。本罪的成立要求行为达到情节严重的程度，即属于情节犯；而后罪的成立，要求行为造成严重后果，即属于结果犯。

3. 操纵证券、期货市场罪的刑事责任。依照《刑法》第182条的规定，犯本罪的，处5年以下有期徒刑或者拘役，并处或者单处罚金；情节特别严重的，处5年以上10年以下有期徒刑，并处罚金。单位犯本罪的，对单位判处罚金，并对其直接负责的主管人员和其他直接责任人员，依照前述的规定处罚。

（二）疑难问题

1. 本罪的成立是否要求行为人具有特定的目的？在1997年刑法典中，将“获取不正当利益或者转嫁风险”作为本罪成立所必需的构成要素规定在第182条关于本罪的罪状中。关于这一要素的性质，无论是证券法学界还是刑法学界，均存在着不同的认识。一种观点认为，从字面上看，应指操纵市场必须产生的结果，即操纵市场必须产生“获取不正当利益或者转嫁风险”的结果，否则就不构成本罪。也就是说，操纵市场失败，获利不成或者转嫁风险失败，就不成为操纵市场了，进而不构成犯罪。[1] 另一种观点则认为，“获取不正当利益或者转嫁风险”是一种目的要求，而非结果要求。主要理由是：①从文义上看，《证券法》第71条[2]规定：“禁止任何人以下列手段获取不正当利益或者转嫁风险……”在逻辑关系上，“手段”对应的是“目的”，法律禁止任何人以市场操纵的手段获取不正当利益或者转嫁风险的目的，而不是实现上述结果；②在《证券法》之前的诸多证券、期货规章中，提及操纵市场的“不正当利益”时，都是用“以获取不正当利益为目的”、“以获取利益和减少损失为目的”、“为了获取不正当利益”这样的目的性措辞，《证券法》与上述证券规章具有一脉相承的关系，不可能在理解上出现根本性的歧异；③从实践效果而言，将“获取不正当利益或者转嫁风险”解释为目的，要比将其解释为结果更有利于惩治市场操纵行为。[3]

我们倾向于认为“获取不正当利益或者转嫁风险”是对行为人主观目的的规定，因此，按照《刑法》第182条原来的规定，如果司法认定中无法证明行为人具有这一目的，就无法认定其构成本罪。2005年，全国人大常委会修订了证券法，为了便利对操纵市场行为的认定和处理，在《证券法》第203条关于操纵证券市场的规定中，取消了“获取不正当利益或者转嫁风险”的表述。于是，为与证券法的这一规定相照应，2006年《刑法修正案（六）》在《刑法》第182条规定中也相应取消了这一主观目的要件的要求。从立法的这一变化过程可知，按照修正后的规定，对本罪的认定，就无需查证行为人是否具有获取不正当利益或者转嫁风险这一目的。

那么，这是否就意味着本罪的成立不再需要行为人具有特定的目的了？我们认为，这涉及对第182条第1款第1~3项规定中“操纵（影响）证券、期货交易价格或者证券、期货

---

〔1〕 参见中国证监会上海稽查局编：《证券违法违规案例评析》，上海人民出版社2002年版，第174页。

〔2〕 此为1998年《证券法》的规定。

〔3〕 参见蔡奕：“解读《证券法》关于市场操纵的法律规范”，载《证券市场导报》2005年第5期。

交易量”的性质的认识问题。这一规定究竟是主观要件的规定，还是客观要件的规定？我们赞成主观要件说，主要理由是：①从文义上讲，《刑法》第182条第1款第1～3项的各项规定均可以大致划分为手段和目的两部分，例如，第1项中的联合或者连续买卖是操纵市场的具体手段，而操纵证券、期货交易价格或者证券、期货交易量则是联合或者连续买卖的目的。再如，第3项规定的自买自卖行为是行为人操纵市场的具体手段，而影响证券、期货交易价格或者证券、期货交易量则是其实施自买自卖行为的目的。②将其理解为主观要件，有利于划清合法行为与犯罪行为的界限。例如，投资者为了获取某一上市公司的控制权，就需要依照证券法的有关规定，通过证券市场收购该公司的股票。投资者对上市公司股票的收购就可以通过单独或者与他人联合连续买入该上市公司的股票来实现。基于供求规律的影响，投资者以收购为目的连续买入某上市公司股票的行为很有可能导致股价上涨。从客观方面看，如果不考虑行为的目的，上述上市公司收购行为完全符合《刑法》第182条第1款第1项的规定。而如果将“操纵证券、期货交易价格或者证券、期货交易量”作为主观要件，就可以划清上市公司收购行为与本罪的界限。③将“操纵（影响）证券、期货交易价格或交易量”作为主观要件，既反映了联合或连续买卖、相互委托以及自买自卖行为的危害性质，也有利于对操纵市场的行为进行认定和处理。

综上所述，虽然刑法修正案取消了本罪关于“获取不正当利益或者转嫁风险”的规定，但从法条规定、行为的危害本质以及便利于司法认定的角度看，本罪的成立，要求行为人必须具备操纵市场的目的。否则，极有可能混淆罪与非罪行为的界限。

2. 如何认定连续买卖行为？“连续买卖”是指操纵市场者以影响市场行情为目的，单独或者合谋，滥用其资源优势，在一定时间内连续买入或者卖出某种证券、期货合约，造成市场交易活跃的假象，诱使其他投资者跟进的操纵市场行为。关于连续买卖行为的认定，涉及以下三个问题：

（1）连续买卖行为是仅限于实际的成交，还是也包括连续买卖但并没有实际成交结果的情况？我们认为，本罪客观方面所要求的连续买卖行为之目的在于抬高或者压低证券或者期货合约交易价格，而只要行为人实施连续买入或者卖出某种证券，由于市场心理的作用，即使没有实际成交，也能对证券交易价格造成影响。因为，只要“操纵者委托证券商向交易所市场进行买入或卖出的报价后，该报价记录即出现在交易所的计算机显示屏上，即使证券买卖尚未成交，透过交易所的即时公告系统，一般投资人也将误认买卖报价的真实存在，而愿意以该即时报价的价格买进或卖出某一特征证券”。[1] 故连续买卖行为不能仅限于实际的成交，即使没有实际成交，只要客观上实施了连续买入或者卖出的行为，亦可认定为连续买卖。

（2）多少次买卖才可认定为连续买卖？对此，我国的证券法规并没有明确规定，但从国外的立法和理论看，这里的连续买卖是指至少有两次或者两次以上的买卖交易，只要社会的一般观念认为该交易是为了完成操纵市场的目的而进行的，并且客观上具有连续性即可，至于是否有第三人的交易行为介入，以及是否为同一营业日的交易，则在所不问。[2]

（3）连续买卖是否限于同向的连续买入或者卖出？对此，我国学界一般认为，这里连续

---

〔1〕 参见陈建旭：“现阶段金融环境下之证券市场操纵犯罪”，载《哈尔滨商业大学学报》（社会科学版）2008年第1期。

〔2〕 参见陈建旭：“现阶段金融环境下之证券市场操纵犯罪”，载《哈尔滨商业大学学报》（社会科学版）2008年第1期。

买卖是指两次以上同方向的买进或者卖出。[1] 因为只有在这种情况下，才能对证券、期货交易价格予以操纵。如果行为人先买进后卖出或者相反，对证券、期货交易价格难以实施操控。故此，这里的连续买卖应该限于行为人连续实施两次以上的买入或者卖出。

十一、洗钱罪

（一）基本法理

1. 洗钱罪的概念和构成要件。洗钱罪，是指明知是毒品犯罪、黑社会性质的组织犯罪、恐怖活动犯罪、走私犯罪、贪污贿赂犯罪、破坏金融管理秩序犯罪、金融诈骗犯罪的所得及其产生的收益，为掩饰、隐瞒其来源和性质，而以各种方法掩饰、隐瞒犯罪所得及其收益的性质和来源的行为。本罪的构成要件是：

（1）本罪的主体是一般主体，自然人和单位均可构成。实践中，本罪的单位主体通常是银行或其他金融机构以及公司、企业等。

（2）本罪的主观方面表现为故意，即明知是毒品犯罪、黑社会性质的组织犯罪、恐怖活动犯罪、走私犯罪、贪污贿赂犯罪、破坏金融管理秩序犯罪、金融诈骗犯罪的所得及其产生的收益，而故意掩饰、隐瞒其性质和来源。如果行为人确实不知道是上述犯罪的所得及其产生的收益，而实施了提供资金账户、转账等帮助行为，不构成本罪。

（3）本罪的客观方面表现为行为人以五种法定的方法实施了掩饰、隐瞒毒品犯罪、黑社会性质的组织犯罪、恐怖活动犯罪、走私犯罪、贪污贿赂犯罪、破坏金融管理秩序犯罪、金融诈骗犯罪的违法所得及其产生的收益的来源和性质的行为。关于本罪的客观方面，需要把握以下三个方面的要素：

首先，“上游犯罪”的范围。根据刑法的规定，本罪“上游犯罪”包括《刑法》分则第六章第七节规定的走私、贩卖、运输、制造毒品犯罪，第294条规定的组织、领导、参加黑社会性质组织罪，入境发展黑社会组织罪以及包庇、纵容黑社会性质组织罪，分则第二章和第六章规定的恐怖活动犯罪，《刑法》分则第三章第二节规定的走私犯罪，分则第八章规定的贪污贿赂犯罪，分则第三章第四节规定的破坏金融管理秩序犯罪，以及分则第三章第五节规定的金融诈骗犯罪。

其次，根据刑法的规定，洗钱罪五种法定的行为表现为：①提供资金账户。提供资金账户的行为包括两种情况：一是行为人将自己拥有的合法账户，提供给前述七类犯罪的犯罪人；二是行为人为前述的其中犯罪分子在金融机构开立账户，从而使其将犯罪所得及其产生的收益存入金融机构，以取得合法形式。②协助将财产转换为现金、金融票据、有价证券，是指行为人采取各种方法，协助前述七类“上游犯罪”的犯罪分子将犯罪所得及其收益变卖，使其转换为现金、本票、汇票、支票等金融票据或者有价证券，以掩饰、隐瞒犯罪所得财产的真实来源和性质。③通过转账或者其他结算方式协助资金转移，指行为人协助前述七类“上游犯罪”的犯罪分子，将犯罪所得及其产生的收益，通过转账或者承兑、委托付款、电子资金划拨等其他结算方式，将赃款转为合法资金，以掩饰、隐瞒犯罪所得及其收益的真实来源和性质。④协助将资金汇往境外。指行为人通过自己在银行或其他金融机构开设的账号，协助前述七种犯罪的犯罪人，将犯罪所得及其产生的收益汇往境外。⑤以其他方法掩饰、隐瞒犯罪的所得及其收益的来源和性质。从实践中看，洗钱的行为方法各种各样，不限于上述具体论述的四种。为此，立法者特设此兜底性规定，以全面有效地打击各种洗钱行

---

〔1〕 参见马松建：《证券期货犯罪研究》，郑州大学出版社2003年版，第232页。

为。就目前而言，这里的其他方法，有各种各样的表现，如将犯罪所得及其产生的收益藏匿在交通工具中带出国境；以国外亲属的名义存入国外银行；投资经营，如酒吧、饭店、旅店、超级市场、夜总会、舞厅等，使巨额非法收入披上合法外衣；用现金购买货物、物品和不动产然后变卖出去；等等。

最后，本罪是行为犯，只要行为人实施了上述五种洗钱行为之一，不论是否达到掩饰、隐瞒违法所得及其收益的性质和来源的目的，都构成犯罪的既遂。

（4）本罪的客体是复杂客体，即国家的金融管理秩序和司法机关的正常活动。其中，国家的金融管理秩序为主要客体，司法机关的正常活动为次要客体。本罪的对象是指法定的七类犯罪的所得及其产生的收益。如果行为对象不属于这七类犯罪的所得及其产生的收益，不构成本罪，但可能构成其他犯罪。所谓犯罪的所得及其产生的收益，是指犯罪分子从前述七类犯罪所获取的非法利益以及利用犯罪所得的非法利益所产生的孳息或者进行经营活动所产生的经济利益。

2. 洗钱罪的相关界限。

（1）本罪与非罪的界限。关于本罪与非罪的认定，可以从以下三个方面加以考察：①要考察行为是否属于法定的七类"上游犯罪"的犯罪人。如果洗钱者同时也是上述七类犯罪的犯罪人，其所实施的洗钱行为属于不可罚的事后行为，不以本罪定罪处罚。②要考察行为人主观上是否故意实施了掩饰、隐瞒法定的七类犯罪的所得及其收益的行为。洗钱罪的构成，要求行为人故意实施洗钱行为为必要，如果行为人过失地或无意地实施了掩饰、隐瞒行为，不构成洗钱罪。③看洗钱的数额。虽然刑法没有明确规定洗钱罪的构成要求涉案的数额达到较大的标准，但根据《刑法》第 13 条的规定，如果行为人洗钱的数额较小，情节显著轻微，危害不大的，则不能按犯罪处理。

（2）本罪与他罪的界限。

第一，本罪与掩饰、隐瞒犯罪所得、犯罪所得收益罪的界限。根据《刑法》第 312 条的规定，掩饰、隐瞒犯罪所得、犯罪所得收益罪，是指明知是犯罪所得及其产生的收益而予以窝藏、转移、收购、代为销售或者以其他方法掩饰、隐瞒的行为。两罪在外观上有许多相似之处，但也有明显的区别：①犯罪客体不尽相同。本罪侵犯的是国家的金融管理制度和司法机关的正常活动；而后者侵犯的只是司法机关的正常活动。②犯罪对象不同。本罪的对象只能是毒品犯罪、黑社会性质的组织犯罪、恐怖活动犯罪、走私犯罪、贪污贿赂犯罪、破坏金融管理秩序犯罪、金融诈骗犯罪的所得及其产生的收益，而后者的行为对象则泛指通过实施犯罪所获得的一切赃物。③犯罪客观方面不尽相同。本罪在客观上表现为掩饰、隐瞒毒品犯罪、黑社会性质的组织犯罪、恐怖活动犯罪、走私犯罪、贪污贿赂犯罪、破坏金融管理秩序犯罪、金融诈骗犯罪的所得及其产生的收益的来源和性质的法定的五种洗钱行为；而后者则表现为对犯罪所得及其产生的收益予以窝藏、转移、收购、代为销售或者以其他方法掩饰、隐瞒的行为。④犯罪主观方面不尽相同。本罪在主观上不仅要求行为人明知是法定的七类犯罪的赃款赃物，而且要求其具有掩饰、隐瞒其来源和性质的目的，而后者只要求明知是犯罪的赃款、赃物，至于是何种犯罪的赃款赃物，立法并没有限定。

第二，本罪与窝藏、转移、隐瞒毒品、毒赃罪的界限。根据《刑法》第 349 条的规定，窝藏、转移、隐瞒毒品、毒赃罪，是指为走私、贩卖、运输、制造毒品的犯罪分子窝藏、转移、隐瞒毒品或者犯罪所得财物的行为。两罪的主要区别表现在：①犯罪客体不尽相同。本罪除了破坏国家的金融管理秩序外，还妨害司法机关的正常活动；而后罪侵犯的只是司法机关的正常活动。②犯罪对象不同。本罪的对象只能限于法定的七类特定犯罪的所得及其产生的收益；而后者的行为对象则是毒品、毒赃。③犯罪客观方面不同。本罪在客观上表现为对七类特定犯罪的所得及其产生收益予以掩饰、隐瞒的行为；而后者则表现为窝藏、转移、隐瞒毒品、毒赃的行为。④犯罪主体不尽相同。本罪的主体可以是个人也可以是单位；而后者的主体只能是自然人。⑤主观方面不尽相同。本罪在主观上不仅要求行为人明知是法定的七类犯罪的所得及其收益，而且要求行为人具有掩饰、隐瞒其来源和性质的目的；而后者只要求明知是毒品、毒赃。

（3）本罪的罪数。如果行为人参与实施了毒品犯罪、黑社会性质的组织犯罪、恐怖活动犯罪或走私犯罪等法定的七类犯罪，又对这些犯罪的所得及其收益予以掩饰、隐瞒的，由于洗钱行为是这些犯罪的事后不可罚行为，其实施的洗钱行为不单独构成洗钱罪，根据其行为性质，只追究毒品犯罪、黑社会性质的组织犯罪、恐怖活动犯罪或者走私犯罪等的刑事责任。如果行为人既实施了毒品犯罪、黑社会性质的组织犯罪、破坏金融管理秩序等犯罪，又对其他人实施的法定的七类犯罪的所得及其收益的性质和来源予以掩饰、隐瞒，只要与其他人不构成这些犯罪的共同犯罪，就应该按数罪并罚处理。

3. 洗钱罪的刑事责任。根据《刑法》第191条规定，犯本罪的，没收实施毒品犯罪、黑社会性质的组织犯罪、恐怖活动犯罪、走私犯罪、贪污贿赂犯罪、破坏金融管理秩序犯罪、金融诈骗犯罪的所得及其产生的收益，处5年以下有期徒刑或者拘役，并处或者单处洗钱数额5%以上20%以下罚金；情节严重的，处5年以上10年以下有期徒刑，并处洗钱数额5%以上20%以下罚金。单位犯本罪的，对单位判处罚金，并对直接负责的主管人员和其他直接责任人员，处5年以下有期徒刑或者拘役；情节严重的，处5年以上10年以下有期徒刑。

（二）疑难问题

1. 洗钱罪的主体是否包括上游犯罪的行为人？对于这一问题，我国刑法学界的认识并不一致。肯定论者认为，洗钱罪的主体可以是从事毒品犯罪、黑社会性质的有组织犯罪、走私犯罪的行为人。[1] 因为上下游犯罪是两个独立行为，存在两个犯罪故意，故应构成两个犯罪。[2]

否定论者认为：①从新刑法典对洗钱罪的立法本意而言，其主体是相对于实施了毒品犯罪、黑社会性质的组织犯罪、走私犯罪等“上游犯罪”的主体而言的。从立法技术而言，洗钱罪的主体不应是“上游犯罪”的实行犯或其共犯，即它只能是“上游犯罪”行为以外的，与之没有共犯关系的自然人或单位。因为从逻辑上讲，犯罪分子实施犯罪获得财产以后，自然要对之进行清洗，使之成为合法财产，这种“不可罚的事后行为”，从本质上讲具有阻却责任的性质，自然不能独立成罪。[3] ②从刑法条文的表述分析看，立法者的原意是不主张上游犯罪的行为人成为洗钱罪的主体的。《刑法》第191条在列举四种具体的洗钱方式时，都分别使用的是“提供”、“协助”，这些用语只能是针对第三者而言，而不可能是针对自身，如果是为自己洗钱，就谈不上“提供”或“协助”了。虽然条文第1款第5项内容没有加“协助”之类的词，但作为堵截式条款，其行为性质应与上述四种行为相当，即也只能是

---

〔1〕参见邵沙平：“新刑法与我国对洗钱的法律控制”，载《法学前沿》（第1辑），法律出版社1997年版，第23页。

〔2〕参见姜志伟：“洗钱罪比较研究”，载《现代法学》1999年第1期。

〔3〕参见钊作俊：“洗钱犯罪研究”，载《法律科学》1997年第5期。

帮助他人掩饰、隐瞒犯罪的违法所得及其收益的性质和来源，而不能认为是为自己洗钱。[1]③《刑法》第191条所说“明知”显然是针对他人而言的，只有他人才对财产是否是上游犯罪的违法所得及其产生的收益存在着明知和不明知的问题，若上游犯罪分子本人的行为构成洗钱罪的话，那么法律条文的“明知”也就没有什么意义了。并且上游犯罪分子的洗钱行为是上游犯罪后果的必然延伸，前一行为与洗钱行为存在着吸收关系，只能按前种犯罪行为定罪处罚。[2]

我们认为，从刑法条款的用语及内在逻辑上分析，法定洗钱方法中的“提供”、“协助”表明本罪的实行行为从本质上讲是一种帮助行为，如果认为“上游犯罪”的行为人本人也可构成洗钱罪，则与本罪客观方面所规定的这种帮助行为的性质在逻辑上有说不通之处。而且，从本罪罪状关于“明知”的用语看，“上游犯罪”的行为人对自己实施的犯罪之具体情况自然十分清楚，不存在明知与不明知的问题。故此，从立法规定的情况看，我们赞成否定论的见解。

2. 如何理解洗钱罪主观特征的“明知”？《刑法》第191条明确规定洗钱罪的行为人在主观方面须“明知”。如何理解“明知”？我国刑法学界存在认识上的分歧，主要集中在“明知”的内容与“明知”的程度上。

关于“明知”的内容，学界存在两种不同的观点：一种观点认为，只要行为人具有认识其所经手的资产是犯罪所得这种可能性，或者有足够的理由认为可能是犯罪所得就足以成立“明知”。这种观点不要求其“明知”的内容限为特定种类犯罪，只要行为人“明知”的是犯罪所得就足够了。[3] 另一种观点则认为，“明知”的内容仅限为毒品犯罪、黑社会性质的组织犯罪、走私犯罪等上游犯罪的违法所得及其产生的收益，若行为人只明知财物系犯罪所得，并不明知系上述特定犯罪所得而予以窝藏或代为销售，则应构成窝赃、销赃罪（即修订后的掩饰、隐瞒犯罪所得、犯罪所得收益罪），不构成洗钱罪。这种观点认为“明知”的内容不应是犯罪所得，而应是特定犯罪所得。[4]

我们认为，上述第一种观点不符合我国《刑法》第191条的规定。因为，从该条的规定看，洗钱罪的成立，要求行为人明知是毒品犯罪、黑社会性质的组织犯罪、恐怖活动犯罪、走私犯罪、贪污贿赂犯罪、破坏金融管理秩序犯罪、金融诈骗犯罪的所得及其产生的收益，故第一种观点认为“明知”的内容不应限定为特定种类的犯罪所得及其收益，是不正确的。

关于“明知”的程度，我国学界有以下几种观点：①确定说。该说认为行为人明确知道是上述七种特定犯罪的违法所得及其产生的收益，在法律含义上只能表现为行为人的确定性认识，而不能是不确定认识。[5] ②可能说。该说强调不要求确知，即不要求确切地、确实地知道是犯罪所得及其收益，只要有这种认识的可能性足可成为本罪的“明知”。[6] ③知道和应当知道说。该说认为，所谓明知，是指知道或应当知道是他人从事毒品犯罪、黑社会性质的组织犯罪、走私犯罪等上游犯罪的违法所得及其产生的收益而予以洗钱，并进一步指出，“知道”是“确切、明白知道之意”，“应当知道”则指有充足的理由和根据怀疑是犯罪

---

〔1〕 参见王作富主编：《刑法分则实务研究》（上），中国方正出版社2007年版，第586页。
〔2〕 参见李希慧：“论洗钱罪的几个问题”，载《法商研究》1998年第2期。
〔3〕 转引自王作富主编：《刑法分则实务研究》（上），中国方正出版社2001年版，第586页。
〔4〕 参见鲜铁可：《金融犯罪的定罪与量刑》，人民法院出版社1999年版，第402页。
〔5〕 参见陈明华：“洗钱罪的认定与处罚”，载《法律科学》1997年第6期。
〔6〕 参见钊作俊：“洗钱犯罪研究”，载《法律科学》1997年第5期。

所得。[1] ④充足理由怀疑说。该说认为所谓明知，“只要有充足理由怀疑就可以构成”。[2]

我们认为，第一种观点把“明知”等同于确知，理解过于狭隘，也不符合我国刑法学界关于犯罪故意认识因素的通行理解，因为，在行为人明知可能是法定的七类犯罪的所得及其产生的收益的情况下，仍然实施了掩饰或者隐瞒的行为，这完全符合洗钱犯罪故意的内涵。第三种观点把“应当知道”也当作“明知”，显然是不妥当的，因为“应当知道”本身即意味着行为人实际上并不知道，这与《刑法》第191条明确要求行为人“明知”的规定是相违背的。我们赞成第二种观点，即只要行为人明知可能是法定的七类犯罪的所得及其收益即可。而第四种观点则可以作为判断和确定行为人是否明知可能的具体标准，即只要行为人有充足的理由怀疑是特定的犯罪所得及其收益，而依然实施掩饰、隐瞒其性质和来源的，就可以成立本罪的犯罪故意。

十二、贷款诈骗罪

（一）基本法理

1. 贷款诈骗罪的概念和构成要件。贷款诈骗罪，是指以非法占有为目的，诈骗银行或者其他金融机构的贷款，数额较大的行为。

本罪的构成要件是：

（1）本罪的主体是一般主体，凡年满16周岁，具有刑事责任能力的自然人，均可构成本罪。根据最高人民法院《全国法院审理金融犯罪案件工作座谈会纪要》（以下简称《金融犯罪座谈会纪要》）的要求，对于单位实施的贷款诈骗行为，不能以贷款诈骗罪定罪处罚，也不能以贷款诈骗罪追究直接负责的主管人员和其他直接责任人员的刑事责任。但是，在司法实践中，对于单位十分明显地以非法占有为目的，利用签订、履行借款合同诈骗银行或其他金融机构贷款符合《刑法》第224条规定的合同诈骗罪构成要件的，应当以合同诈骗罪定罪处罚。

（2）本罪的主观方面必须出于故意，并且具有非法占有银行或者其他金融机构贷款的目的。

（3）本罪的客观方面表现为使用虚构事实、隐瞒真相的方法，骗取银行或者其他金融机构的贷款，数额较大的行为。

首先，行为人实施了下列一种或几种贷款诈骗行为：①编造引进资金、项目等虚假理由。这是采用虚构事实的方法进行贷款诈骗的。例如，虚构根本不存在的投资项目等虚假理由，或者以引进外资需要配套资金为由，向银行或者其他金融机构骗取贷款。②使用虚假的经济合同，如使用伪造、变造的合同。所谓虚假的经济合同，既可以是全部虚假的经济合同，也可以是部分虚假的经济合同。前者是指合同的全部内容为虚构，是根本不存在的；后者是指行为人变造合同的条款。③使用虚假的证明文件。所谓“虚假的证明文件”，通常是指虚假的银行存单、保函、资产负债表、划款证明以及会计报表等。④使用虚假的产权证明作担保或者超出抵押物价值重复担保。所谓产权证明，是指能够证明行为人对房屋、土地等不动产或者汽车、货币、可即时兑付的票据等动产享有所有权的书面文件，骗取贷款。从实践中看，贷款人在向金融机构申请抵押贷款时，必须提供相应的财产作为获得贷款的担保。而行为人为了诈骗银行的贷款，通常采用对证明其对特定的财产享有财产权利的产权证明进行伪造或者变造的方法，向金融机构提供虚假的证明，待取得贷款后，即非法将其占有。所

---

〔1〕 参见曹子丹、侯国云主编：《中华人民共和国刑法精解》，中国政法大学出版社1997年版，第174页。

〔2〕 参见胡云腾：“论金融犯罪”，载《法学前沿》（第1辑），法律出版社1997年版，第87页。

谓超出抵押物的价值重复担保，是指将同一项财产抵押给数个债权人，从而取得的贷款超出了抵押物的价值。从本质上看，重复担保属于虚构财产的行为。⑤以其他方法诈骗贷款的。所谓其他方法，是指上述四种方法以外的方法，如伪造单位公章、印鉴骗取贷款，伪造国家机关公文骗取贷款，等等。

其次，骗取的贷款必须数额较大。所谓数额较大，根据最高人民检察院、公安部《经济案件追诉标准》第42条规定，其起点是1万元。

（4）本罪的客体是复杂客体，即国家对金融机构的贷款管理秩序和金融机构对信贷资金的所有权。犯罪的对象是银行或其他金融机构的贷款。

2. 贷款诈骗罪的相关界限。

（1）本罪与无力偿还贷款引起的借贷纠纷的界限。不能把贷款到期不还简单地认定为贷款诈骗罪。贷款到期不还的原因有很多，既有可能是因为经营不善，致使企业严重亏损，无力偿还；也有可能是因为市场行情发生意外变化，致使他人所欠债务不能偿还，自己又缺乏偿还能力；还有可能是贷款诈骗。因此，必须准确区分本罪与借贷纠纷的界限。根据最高人民法院发布的《金融犯罪座谈会纪要》的精神："对于合法取得贷款后，没有按规定的用途使用贷款，到期没有归还贷款的，不能以贷款诈骗罪定罪处罚；对于确有证据证明行为人不具有非法占有的目的，因不具备贷款的条件而采取了欺骗手段获取贷款，案发时有能力履行还贷义务，或者案发时不能归还贷款是因为意志以外的原因，如因经营不善、被骗、市场风险等，不应以贷款诈骗罪定罪处罚。"据此，对于采用欺骗手段骗取贷款的行为，应否按贷款诈骗罪定罪处罚，关键要考察行为人主观上是否具有非法占有的目的。如果行为人主观上具有非法占有的目的，应认定为贷款诈骗罪，而不能按借贷纠纷处理。根据上述纪要的精神，具有下列情形之一的，可以认定行为人具有非法占有的目的：①明知没有归还能力而大量骗贷的；②骗取贷款后逃跑的；③肆意挥霍骗取的贷款的；④使用骗取的贷款进行违法犯罪活动的；⑤骗取贷款后抽逃、转移资金、隐匿财产，以逃避偿还贷款的；⑥隐匿、销毁账目，或者搞假破产、假倒闭，以逃避返还贷款的。

（2）本罪与诈骗罪的界限。诈骗罪是指以非法占有为目的，以虚构事实或者隐瞒真相的方法，骗取数额较大的公私财物的行为。本罪与诈骗罪的区别在于：①侵犯的客体不同。本罪的客体是国家对金融机构的贷款管理秩序和金融机构对信贷资金的所有权，而后者侵犯的客体则是公私财产的所有权。②犯罪对象不同。本罪的对象只能是银行等金融机构的贷款，而后者的对象既可以是资金，也可以是其他财物。③两者的犯罪行为表现有所不同。本罪只能是通过金融机构的信贷业务实施诈骗，而后者则可以用各种各样的行为实施。

3. 贷款诈骗罪的刑事责任。根据《刑法》第193条规定，犯本罪的，处5年以下有期徒刑或者拘役，并处2万元以上20万元以下罚金；数额巨大或者有其他严重情节的，处5年以上10年以下有期徒刑，并处5万元以上50万元以下罚金；数额特别巨大或者有其他特别严重情节的，处10年以上有期徒刑或者无期徒刑，并处5万元以上50万元以下罚金或者没收财产。根据1996年12月24日最高人民法院《关于审理诈骗案件具体应用法律的若干问题的解释》（以下简称《诈骗案解释》）规定，个人进行贷款诈骗在5万元以上的，属数额巨大；个人进行贷款诈骗数额在20万元以上的，属数额特别巨大。"其他严重情节"是指：①为骗取贷款，向银行或者金融机构的工作人员行贿，数额较大的；②挥霍贷款，或者用贷款进行违法活动，致使贷款到期无法偿还的；③隐匿贷款去向，贷款期限届满后，拒不偿还的；④提供虚假的担保申请贷款，贷款期限届满后，拒不偿还的；⑤假冒他人名义申请贷款，贷款期限届满后，拒不偿还的。"其他特别严重情节"是指：①为骗取贷款，向银行或者金融机构的工作人员行贿，数额巨大的；②携贷款逃跑的；③使用贷款进行犯罪活动的。根据上述纪要的精神，对于金融诈骗犯罪的数额，在无新的司法解释时，可参照上述关于诈骗罪的司法解释的规定执行。在具体认定金融诈骗犯罪的数额时，应当以行为人实际骗取的数额计算。对于行为人实施金融诈骗活动而支付的中介费、手续费、回扣等，或者用于行贿、赠与等费用，均应计入金融诈骗的犯罪数额，但应当将案发前已归还的数额扣除。

（二）疑难问题

1. 事后故意的贷款欺诈行为是否构成贷款诈骗罪？贷款诈骗罪的成立，往往要求诈骗故意与贷款诈骗行为具有同时性，也就是说，行为人签订贷款合同、取得贷款之前就已经具有骗取贷款的犯罪故意和目的，在非法占有贷款的犯罪目的支配下，行为人完成了合同的签订，并取得了金融机构的贷款。但是，在一些情况下，在签订贷款合同、取得金融机构贷款之前，行为人并没有非法占有的目的，而是在取得金融机构的贷款后，由于主客观情况的变化，行为人才萌发非法占有金融机构贷款的目的和故意。对于这种事后故意的贷款欺诈行为，应否以贷款诈骗罪定罪呢？对此，司法实务中有两种观点：一种观点认为，事后故意虽然产生在取得贷款以后，但行为人仍具备“非法占有金融机构贷款”的主观目的。另外，行为人客观行为方式符合《刑法》第193条第5项规定的“以其他方法诈骗贷款”的情况，事后故意行为符合贷款诈骗罪的主客观构成要件，应以贷款诈骗罪处理。另一种观点则认为，事后故意的贷款欺诈行为虽具有相当大的社会危害性，其行为直接威胁到银行贷款的安全，但本罪的客观方面行为应当是先采用虚构事实、隐瞒真相等方法欺骗银行等金融机构，使其信以为真，从而骗取贷款。如果行为人在贷款到手后才使用欺骗手段非法占有贷款，不符合贷款诈骗罪的主观特征，而且国家立法机关和“两高”也没有对《刑法》第193条第5项“以其他方法诈骗贷款”的含义作出明确司法解释，因而，事后故意的贷款欺诈行为不构成贷款诈骗罪。[1]

我们认为，事后故意的提法在理论上是不科学的。从《刑法》第14条的规定看，所谓犯罪故意，是指行为人明知自己的行为会发生危害社会的结果，希望或者放任这种结果发生的心理态度。就贷款诈骗罪的犯罪故意而言，其认识因素是行为人明知自己实施的贷款诈骗的行为会发生危害社会的结果，在意志因素上，行为人希望这种结果发生。由此可见，贷款诈骗罪犯罪故意的产生，应该与自己所实施的贷款诈骗的行为具有同时性。换而言之，行为人实施的贷款诈骗的行为正是在其主观上具有非法占有的目的支配之下才实施的。故此，事后故意不符合贷款诈骗罪的主观特征，这一提法不宜提倡。

2. “拆东墙补西墙”的行为如何定性？在实践中，有时会发生“拆东墙补西墙”的情况，即行为人在一段时间内，向一家金融机构多次申请贷款，或向几家金融机构申请贷款，以之后获取的资金偿还之前的贷款。

有学者认为，对于该种情形也应以贷款诈骗罪的犯罪构成特征衡量，而不能一概认为骗借而认定无罪，也不能一概认为构成本罪，关键是看行为人是否有非法占有的目的。对于行为人有偿还能力，其采取此行为只是为了满足生产需要而通过正常贷款程序又有较大难度的，而且无法证明其有非法占有目的或无法否定存在的证据疑点的，即不能以本罪论处。行为人确有非法占有目的的，应当以本罪论处。[2]

我们认为，对于“拆东墙补西墙”的行为，是否构成贷款诈骗罪，需要从行为是否符合

---

〔1〕 参见赵秉志主编：《新千年刑法热点问题研究与适用》（下），中国检察出版社2001年版，第1174～1175页。

〔2〕 参见赵秉志主编：《金融诈骗罪新论》，人民法院出版社2001年版，第187页。

本罪的构成要件来考察。关键是考察行为人在贷款时是否具有非法占有的目的，如果具有这种非法的目的，则可认定为贷款诈骗罪；否则，不能认定为本罪。只是在计算数额时，不应该把案发前已经归还的数额计算在内。

十三、信用卡诈骗罪

（一）基本法理

1. 信用卡诈骗罪的概念和构成要件。信用卡诈骗罪，是指以非法占有为目的，利用信用卡进行诈骗活动，数额较大的行为。

本罪的构成要件是：

（1）本罪的主体是一般主体，即年满16周岁且具有刑事责任能力的人。单位不能构成本罪。

（2）本罪的主观方面只能是直接故意，并且具有非法占有的目的。过失不构成本罪。

（3）本罪的客观方面，表现为利用信用卡进行诈骗活动，数额较大的行为。本罪客观方面必须具备以下两个要素：

首先，利用信用卡实施诈骗行为。具体表现为下列四种情形：①使用伪造的信用卡，或者使用以虚假的身份证明骗领的信用卡的。“使用伪造的信用卡”，是指使用伪造的信用卡在特约商户购物或者接受有偿服务，或者使用伪造的信用卡在银行或者自动柜员机上支取现金。“伪造的信用卡”，是指仿照真实有效的信用卡，使用各种方法制作的假信用卡，包括自己伪造然后又使用和明知是他人伪造的而自己使用。“使用以虚假的身份证明骗领的信用卡”，是指行为人持有、使用的信用卡是由发卡银行发行的，并非伪造的，但是行为人在领取该信用卡时，使用了虚假的居民身份证、军官证或者境外居民护照等身份证明，以欺骗手段领取信用卡。②使用作废的信用卡。“使用作废的信用卡”，是指使用因法定原因失去效用的信用卡。根据规定，作废的信用卡主要有三种情形：一是信用卡超过有效使用期限而自动失效；二是信用卡持卡人如果在信用卡有效期间内停止使用，应办理退卡手续并将该信用卡退回发卡机构，此时该信用卡虽未过有效期，但已办理退卡手续，故属作废的信用卡；三是因挂失而使信用卡失效。以非法占有为目的，使用上述任何一种失效信用卡的，均可构成信用卡诈骗罪。③冒用他人的信用卡，指非持卡人以持卡人的名义非法使用其信用卡骗取财物或服务。例如，使用拾得的信用卡，未经持卡人同意使用代他人（包括个人和单位）保管的信用卡进行消费或者接受服务，或者使用骗取的信用卡等。如果持卡人将本人信用卡借给亲朋好友使用，这是经持卡人同意的，虽然也是一种违规行为，但不构成本罪。④恶意透支。信用卡的透支有善意透支和恶意透支之分。善意透支是指持卡人在其发卡银行信用卡账户上资金不足或已无资金的情况下，按信用卡章程、协议约定，持卡人可以在一定额度内使用信用卡进行消费，但须在约定时间补充资金并支付一定利息。根据我国刑法的规定，恶意透支是指持卡人以非法占有为目的，超过规定限额与期限透支，经发卡机构催还后仍不归还的行为。从实践中看，恶意透支主要有两种表现形式：一是持卡人恶意透支，即以非法占有为目的，在一定时间内频繁使用、取现，积少成多，造成大量透支，使金融机构无法追回透支。二是使用虚假的身份证明骗领信用卡，然后进行大量透支。“超过规定限额”，是指超过信用卡章程和领用信用卡协议明确规定的透支限额。所谓透支期限，如果在限额以内透支的，期限为60日，超过期限，银行就会催收。如果在限额以外透支的，透支行为一经实施就是非法的，银行会立即催收。

其次，本罪是结果犯，只有实施上述行为，骗取的财物达到数额较大的，才构成本罪的既遂。参照最高人民检察院、公安部《经济案件追诉标准》第46条的规定，使用伪造的信用卡，或者使用作废的信用卡，或者冒用他人信用卡，进行诈骗活动，数额在5000元以上，或者恶意透支，数额在5000元以上的，属于数额较大，应予追诉。

（4）本罪的客体是复杂客体，即国家对信用卡的管理秩序和他人的财产所有权。本罪的对象是信用卡。根据2004年12月29日全国人大常委会《关于〈中华人民共和国刑法〉有关信用卡规定的解释》，刑法规定的"信用卡"，是指由商业银行或者其他金融机构发行的具有消费支付、信用贷款、转账结算、存取现金等全部功能或者部分功能的电子支付卡。

2. 信用卡诈骗罪的相关界限。

（1）本罪与非罪的界限。把握本罪与非罪的界限，需要从以下两个方面加以考察：①诈骗的数额。本罪的成立，要求数额较大；数额没有达到较大的，则属于一般诈骗违法行为。②行为人的主观目的。本罪的主观方面要求行为人具有非法占有的目的，主观上缺少这种目的，就不能认定为信用卡诈骗罪。善意透支行为由于不具有非法占有的目的，因而不构成本罪。行为人是否具有非法占有的目的，则应当结合持卡人的客观行为及其他主客观因素综合加以认定。

（2）本罪与他罪的界限。

第一，本罪与伪造金融票证罪的界限。根据《刑法》第177条的规定，伪造金融票证罪，是指伪造汇票，本票，支票，委托收款凭证，汇款凭证，银行存单，信用证或者附随的单据、文件，以及信用卡等金融票证的行为。两罪的主要区别表现在：①犯罪客体不同。本罪为复杂客体，信用卡诈骗行为既侵犯了国家对信用卡的管理秩序，也侵犯了他人的财产所有权；后罪的客体为简单客体，即国家对金融的管理秩序。②犯罪既遂的标准不同。本罪为数额犯，只有骗得数额较大的财物时，才构成信用卡诈骗罪；后罪的基本犯是行为犯，只要实施了伪造信用卡的行为，无论是否发生危害结果都构成伪造金融票证罪。③犯罪主体的范围不同。本罪的主体限于自然人，单位不能构成；后罪的主体包括自然人和单位。值得注意的是，行为人先伪造信用卡，然后使用的，如何定性？如果诈骗数额达到较大的标准，手段行为构成了伪造金融票证罪，目的行为构成信用卡诈骗罪，二罪成立牵连犯，按照从一重处断的原则处理。如果诈骗数额尚未达到较大的要求，仅以伪造金融票证罪定罪处罚。

第二，本罪与妨害信用卡管理罪的界限。妨害信用卡管理罪是《刑法修正案（五）》新增的一种犯罪，根据修正后的《刑法》第177条之一规定，是指明知是伪造的信用卡、伪造的空白信用卡而持有、运输，数量较大，或者非法持有他人信用卡，数量较大，或者使用虚假的身份证明骗领的信用卡，或者出售、购买、为他人提供伪造的信用卡或者以虚假的身份证明骗领的信用卡的行为。二罪的主要区别是：①犯罪客体不同。本罪为复杂客体，信用卡诈骗行为既侵犯了国家对信用卡的管理秩序，也侵犯了他人的财产所有权；后罪的客体为简单客体，即国家对信用卡的管理秩序。②犯罪的客观方面不同。本罪的客观方面表现为利用信用卡进行诈骗，数额较大的行为；而后罪的客观方面则表现为行为人实施了法定的妨害信用卡管理的行为。③犯罪的主观方面不尽相同。本罪的成立，要求行为人具有非法占有的目的；而后罪的成立，则不要求行为人具有这种目的。值得注意的是，如果行为人先使用虚假的身份证明骗领信用卡，然后用该信用卡进行诈骗的，如何处理？我们认为，使用虚假的身份证明骗领信用卡的，构成妨害信用卡管理罪，系手段之罪；使用骗领的信用卡进行诈骗，且数额较大的，构成信用卡诈骗罪，系目的之罪。二罪构成牵连犯，应按牵连犯择一重处断的原则处理。

3. 信用卡诈骗罪的刑事责任。根据《刑法》第196条规定，犯本罪的，处5年以下有期徒刑或拘役，并处2万元以上20万元以下罚金；数额巨大或者有其他严重情节的，处5年以上10年以下有期徒刑，并处5万元以上50万元以下罚金；数额特别巨大或者有其他特别严重情节的，处10年以上有期徒刑或无期徒刑，并处5万元以上50万以下罚金或者没收财产。根据1996年12月16日最高人民法院《诈骗案解释》规定，使用伪造的信用卡、使用作废的信用卡和冒用他人信用卡诈骗数额在5000元以上的，属于数额较大；诈骗数额在5万元以上的，属于数额巨大；诈骗数额在20万元以上的，属于数额特别巨大。恶意透支在5000元以上的，属于数额较大；恶意透支在5万元以上的，属于数额巨大；恶意透支在20万元以上的，属于数额特别巨大。持卡人在银行交纳保证金的，其恶意透支数额以超出保证金的数额计算。在无新的司法解释时，仍应参照这一司法解释执行。

（二）疑难问题

1. 信用卡诈骗罪应否要求行为人具有“非法占有的目的”？根据《刑法》第196条关于“恶意透支”的界定，这种情况的行为人构成信用卡诈骗罪，必须具备非法占有的目的。然而，该条第1款前3项的规定是否也要求这种目的，我国刑法学界则存在着不同的认识。

否定论者的主要理由是：①只有法律明确规定以“非法占有目的”为要件的犯罪，该特定目的才是特定犯罪的构成要件，除此之外的其他金融诈骗罪并不以此为要件。②有利于打击犯罪。刑法上的“非法占有目的”指向的是他人的财产所有权。而票据诈骗罪等金融诈骗罪的行为人的非法占有目的表现得不充分，有的行为人是在骗取财物之后才产生非法占有他人财物的故意，而有的行为人是以获取占有他人财物带来的利益为目的，骗取财物后周转一下，占用一段时间后准备归还。对于这些行为，如果在行为人实施了诈骗行为之后，还要求查明其具有非法占有的目的，显然不利于打击犯罪。③从金融诈骗罪的客体来看，刑法保护的重点是金融管理秩序，而非单纯的财产关系。因此，从刑法对金融管理秩序的特殊保护出发，不应要求以非法占有为目的。[1]

我们认为，信用卡诈骗罪的成立，要求行为人在主观上必须具备非法占有的目的。主要理由是：①金融诈骗罪从传统诈骗罪中分离而来，兼具金融犯罪与财产犯罪的双重属性，其侵犯的客体是复杂客体，一方面侵犯了金融管理秩序，另一方面侵犯了公私财产所有权。而侵犯财产所有权的犯罪是以非法占有为其行为特征的，主观上非法占有目的正是该种犯罪的题中应有之义。[2] ②从《刑法》第196条第1款前3项的规定看，行为的客观表现本身即蕴含着对行为人非法占有目的的内在要求。例如，故意使用作废、伪造的信用卡或者冒用他人的信用卡，如果认为行为人没有非法占有的目的，就无法合理而符合逻辑地解释在自己明知信用卡系伪造或者作废的情况下为什么还予以使用。③基于系统解释论的要求，对刑法没有明文规定非法占有目的的犯罪，附加非法占有目的的要求，并不违背罪刑法定原则。例如，我国刑法关于抢劫罪、盗窃罪、诈骗罪和抢夺罪法条中虽然并没有将非法占有的目的规定为这些犯罪的主观要件，但并没有人否认这些犯罪的成立要求行为人具有非法占有的目的。信用卡诈骗罪的成立，要求行为人具有非法占有目的这一主观要素，亦同此理。

2. 对“盗划信用卡”的行为如何定性？盗划信用卡，是指特约商户从业人员利用工作

---

〔1〕 参见邢志人：“票据诈骗罪探究”，载《吉林大学社会科学学报》1996年第4期；顾晓宁：“简析票据诈骗罪的主观要件”，载《中国刑事法杂志》1998年第1期；党日红、李群英：“票据诈骗罪的几个问题”，载单长宗等主编：《新刑法研究与适用》，人民法院出版社2000年版，第406页。

〔2〕 参见陈兴良：“论金融诈骗罪主观目的的认定”，载姜伟主编：《刑事司法指南》（总第1辑），法律出版社2000年版，第61页。

之便，在顾客使用信用卡消费结算时，私下重复刷卡，侵吞信用卡资金的行为。[1]

对盗划信用卡行为，应如何定性，我国刑法学界有不同认识。第一种观点主张定盗窃罪，因为行为人实际是以隐蔽方式直接窃取持卡人或发卡行的财产，符合盗窃罪的特征。[2] 第二种观点主张定贪污罪或职务侵占罪。理由是：特约商户从业人员利用收银之便盗划信用卡，符合贪污或职务侵占罪中具有经手保管财物之便的条件；他人信用卡的资金是特约商户从业人员直接截留的，属于典型的侵吞行为，至于重复刷卡和模仿签名的行为只是其侵占行为的掩饰手法，这与冒用他人信用卡以假冒签名骗取财物的欺诈手法不同。[3] 第三种观点认为，应定信用卡诈骗罪，因为，从行为特征上看，盗划信用卡是将他人的信用卡重复刷卡，并要模仿持卡人的笔迹签名，填写签购单，其行为符合冒用他人信用卡的特征。[4]

我们认为，盗划信用卡的行为不能被认定为贪污罪或者职务侵占罪，因为这两种犯罪的对象只能是本单位的财物或者公共财物，而盗划信用卡的行为侵犯的是持卡人或者金融机构的财产权利，因此不符合贪污罪或职务侵占罪的构成特征。盗划信用卡的行为符合信用卡诈骗罪的构成特征，从利用信用卡进行结算的整个过程看，实际上可以分为两个阶段：①行为人欺骗持卡人输入信用卡密码，然后资金从持卡人的账户扣出；②持卡人结算后，行为人模仿持卡人的签名填写签购单。可见，从这一结算过程看，行为人显然是冒用了持卡人的信用卡，因而应当以信用卡诈骗罪定罪处罚。

十四、保险诈骗罪

（一）基本法理

1. 保险诈骗罪的概念和构成要件。保险诈骗罪，是指投保人、被保险人或者受益人以非法占有为目的，采取虚构事实、隐瞒真相的方法，骗取保险金，数额较大的行为。

本罪的构成要件是：

（1）本罪的主体是特殊主体，即投保人、被保险人或者受益人，包括自然人和单位。“投保人”，是指与保险公司订立保险合同，并根据保险合同负支付保险费义务的人。“被保险人”，是指在保险事故发生或者约定的保险期间届满时，依据保险合同有权向保险人请求补偿损失或者领取保险金的人。“受益人”，是指由保险合同明确指定的或者依照法律规定有权取得保险金的人。其他人不能单独构成本罪，但可以与投保人、被保险人或者受益人一起构成本罪的共同犯罪。

（2）本罪的主观方面只能是直接故意，并且具有非法占有保险金的目的。

（3）本罪的客观方面表现为采取各种方法，骗取保险金，数额较大的行为。成立本罪，在客观方面必须具备以下两个要素：

首先，行为人实施了保险诈骗的行为。具体表现为：①投保人故意虚构保险标的，骗取保险金。“保险标的”，是指作为保险对象的财产及其有关利益或者人的寿命和身体。“虚构保险标的”，是指行为人违背签订合同应遵循的诚实信用原则，以骗取保险金为目的，故意虚构一个根本不存在的保险对象而与保险人订立保险合同。②投保人、被保险人或者受益人

---

[1] 参见侯放、柯葛壮主编：《信用证信用卡外汇违法犯罪的防范与处罚》，中国检察出版社 1999 年版，第 301 页；刘华：“信用卡犯罪中若干疑难问题探讨”，载《法学》1996 年第 9 期。

[2] 参见于英君：“银行信用卡犯罪的类型及定性研究”，载《法学》1995 年第 6 期。

[3] 参见刘华：“信用卡犯罪中若干疑难问题探讨”，载《法学》1996 年第 9 期；阿不都热依木·卡得尔、张国吉：“信用卡透支问题初探”，载《中外法学》1995 年第 3 期。

[4] 参见赵秉志主编：《金融诈骗罪新论》，人民法院出版社 2001 年版，第 510 页。

对发生的保险事故编造虚假的原因或者夸大损失的程度，骗取保险金。“编造虚假的原因”，是指保险标的引保险责任范围以外的原因发生事故，但投保人、被保险人或者受益人谎称是保险责任范围内的原因所致，向保险人骗取保险金。“夸大损失的程度”，是指投保人、被保险人或受益人在保险事故发生后，故意夸大保险标的的损失程度，从而骗取超过其应得赔付的保险金。损害补偿原则是保险法的基本原则，其基本的要求是赔偿的数额应当以保险标的的实际损失为限。故意夸大保险标的的损失程度，即意味着行为人可以得到超出其应得赔付限额的保险金，由此而具有非法性。③投保人、被保险人或者受益人编造未曾发生的保险事故，骗取保险金，是指投保人、被保险人或者受益人为了达到骗取保险金的目的，在根本没有发生保险责任内的任何事故的情况下，虚构事实，伪造证据，谎称发生了保险事故，如汽车投保后，本没有被盗抢，但投保人却谎称汽车被盗抢，要求保险公司理赔。④投保人、被保险人故意造成财产损失的保险事故，骗取保险金。从实践看，这种情况有两种表现：一是在财产保险合同中、投保人、被保险人在保险合同有效期内，在本来没有发生保险事故的情况下，为骗取保险金，故意制造财产损失的保险事故。如行为人将自己的房屋投保后故意烧毁，从而要求保险公司赔偿等。二是在保险事故发生时，以骗取保险金为目的，故意扩大财产的损失程度。⑤投保人、受益人故意造成被保险人死亡、伤残或者疾病，骗取保险金。这种情况发生在人身保险中，是指投保人、受益人以骗取保险金为目的，采取杀害、伤害、虐待、遗弃、传播疾病等方法故意制造保险事故，致使被保险人死亡、伤残或者疾病，从而向保险公司索赔，实施保险诈骗，如子女为父母投了人身保险后，将父母虐待致死。

其次，诈骗保险金必须数额较大。根据最高人民检察院、公安部《经济案件追诉标准》第48条规定，个人进行保险诈骗，以1万元为数额较大的起点；单位进行保险诈骗，以5万元为数额较大的起点。

（4）本罪的客体是复杂客体，即国家的保险管理秩序和保险公司的财产所有权。本罪的对象是保险金。

2. 保险诈骗的相关界限。

（1）本罪与非罪的界限。对于本罪与非罪的界限，需要着重考察以下两个因素：①要考察行为人有无骗取保险金的目的，这是区分保险诈骗罪与非罪的关键标志。②要考察行为人骗取财物的数额是否达到了较大的标准。数额达到较大的，构成本罪；数额尚未达到较大的，则属于保险诈骗的一般违法行为。

（2）本罪的共同犯罪问题。《刑法》第198条第4款规定：“保险事故的鉴定人、证明人、财产评估人故意提供虚假的证明文件，为他人诈骗提供条件的，以保险诈骗的共犯论处。”本款规定系提示性规定。据此规定，以上人员成立保险诈骗罪的共犯，需要具备以下两个条件：①从客观方面看，行为人为他人实行保险诈骗罪提供了虚假的证明文件，方便了后者实行犯罪；②从主观方面看，行为人明知他人实行保险诈骗罪而故意提供帮助。这两个条件，对于共同犯罪的成立，缺一不可。应当注意的是，如果上述人员与保险诈骗罪的行为人不构成共犯，但这类人员向保险公司故意提供虚假的证明文件，情节严重时，应以《刑法》第229条规定的提供虚假证明文件罪定罪处罚。

（3）本罪的罪数问题。根据《刑法》第198条第2款的规定，对下列情形应按数罪实行并罚：①为了骗取保险金，投保人、被保险人故意造成财产损失的保险事故，同时构成其他犯罪的，实行数罪并罚；②为骗取保险金，投保人、受益人故意造成被保险人死亡、伤残或者疾病，同时构成其他犯罪的，实行数罪并罚。以上两种情形属于刑法理论上的牵连犯，故意制造保险事故而构成犯罪的行为系手段行为，保险诈骗则是行为人的目的行为，二者形成牵连关系。一般来说，对于牵连犯，刑法没有特殊规定的，依照“从一重罪处断”处理。但根据《刑法》第198条第2款的规定，对这种情形应当依照数罪并罚的规定处罚。此外，如果行为人为骗取保险金，伪造有关公文、证件、印章，并实施了保险诈骗罪的，也属于牵连犯，由于刑法没有特别规定，只能按照“从一重罪”进行处断。

3. 保险诈骗罪的刑事责任。依照《刑法》第198条规定，犯本罪的，处5年以下有期徒刑或者拘役，并处1万元以上10万元以下罚金；数额巨大或者有其他严重情节的，处5年以上10年以下有期徒刑，并处2万元以上20万以下罚金；数额特别巨大或者有其他特别严重情节的，处10年以上有期徒刑，并处2万元以上20万元以下罚金或者没收财产；单位犯本罪的，对单位判处罚金，并对其直接负责的主管人员和其他直接责任人员，处5年以下有期徒刑或者拘役；数额巨大或者有其他严重情节的，处5年以上10年以下有期徒刑；数额特别巨大或者有其他特别严重情节的，处10年以上有期徒刑。根据最高人民法院《诈骗案解释》的规定，个人进行保险诈骗数额在5万元以上的，属于数额巨大；个人进行保险诈骗数额在20万元以上的，属于数额特别巨大；单位进行保险诈骗数额在25万元以上的，属于数额巨大；单位进行保险诈骗数额在100万元以上的，属于数额特别巨大。

（二）疑难问题

1. 保险诈骗罪是否存在犯罪未遂形态？保险诈骗罪是否存在犯罪未遂形态？对此，我国刑法学界有不同认识：否定说根据刑法对保险诈骗罪的立法表述，认为我国刑法中的保险诈骗罪实质上仅存在既遂形态的犯罪，也就是只存在犯罪是否成立，而不存在既遂与未遂的问题。[1] 肯定说认为，从犯罪构成来看，行为人必须出于故意对保险公司实施了欺诈行为并非法获取了保险赔偿金，给保险公司造成了实际损失的情况下才构成保险欺诈犯罪。因此，是否取得保险金只是保险欺诈罪与非罪的界限，而不是保险欺诈行为成立与否的条件。[2]

我们赞成肯定说，主要理由是：①保险诈骗罪是刑法理论上的数额犯，按照学界通说，数额犯也有犯罪的未遂形态。②在《刑法》第198条规定的五种情形中都规定了“骗取保险金”这一要素，基于一般理解，“骗取”有通过欺骗的手段获取之意，按照刑法学界关于具体犯罪的基本构成以犯罪既遂为标本来设定法定刑的通行理解，保险诈骗罪的既遂以行为人实际取得保险金为必要。已经着手实施保险诈骗，但由于意志以外的原因而未取得保险金的，只要其社会危害达到了犯罪的程度，即可按本罪的未遂追究刑事责任。③从有关的司法解释看，保险诈骗罪的未遂形态也是客观存在的。例如，最高人民法院《诈骗案解释》曾明确规定：“已经着手实行诈骗行为，只是由于行为人意志以外的原因而未获取财物的，是诈骗未遂。诈骗未遂，情节严重的，也应当定罪并依法处罚。”1998年11月27日最高人民检察院法律政策研究室《关于保险诈骗未遂能否按犯罪处理问题的答复》更是明确地指出：“行为人已经着手实施保险诈骗行为，但由于意志以外的原因未能获得保险赔偿的，是诈骗未遂，情节严重的，应依法追究刑事责任。”

综上，我们认为，如果行为人已经着手实施保险诈骗行为，因意志以外的原因而未实际骗取保险金的，只要行为的社会危害性达到了犯罪的程度，就应以本罪的犯罪未遂追究其保险诈骗罪的刑事责任。

2. 与保险公司工作人员相勾结骗取保险金如何定罪？对于这一问题，我国刑法学界主

〔1〕参见郎胜主编：《〈关于惩治破坏金融秩序犯罪的决定〉释义》，中国计划出版社1995年版，第158页。
〔2〕见李玉泉主编：《保险欺诈及其法律对策》，人民法院出版社1999年版，第24页。

要有以下几种观点：第一种观点是作用说，即定贪污罪、职务侵占罪还是保险诈骗罪，应根据双方在共同犯罪中的作用来确定。[1] 第二种观点认为，这种情况应该按照保险诈骗罪的共犯处理。[2] 第三种观点是区别对待说，根据“区别”的标准不同，这种观点又可分为两种见解：一是职务便利说，即要考察是否利用了保险公司工作人员的职务便利，如果利用了这种便利，则按贪污罪或者职务侵占罪定罪处罚；否则，应按保险诈骗罪的共同犯罪处理。[3] 二是综合衡量说，即应以实行犯的行为性质决定共同犯罪的性质，除此之外，还要考虑各行为人的行为所触犯的罪名，考察共同犯罪中的核心角色从而确定共同犯罪的性质，再比较法定刑的轻重，进而决定是否分别定罪。[4]

我们认为，相比而言，综合衡量说在实务操作中更为可行，更符合法理，故此更可取，我们赞成此说。具体而言，当投保人为了骗取保险金而与保险公司的工作人员相勾结时（投保人为核心角色），首先在保险诈骗罪的范围内成立共犯；在此限度内，投保人是实行犯，保险公司的工作人员是帮助犯；但由于保险公司的工作人员另触犯了职务侵占罪或贪污罪，故需要比较法定刑的轻重；如果保险公司的工作人员只触犯职务侵占罪，而保险诈骗罪的法定刑重于职务侵占罪，在此情形下，对保险公司的工作人员以保险诈骗罪的共犯论处较为合适；如果保险公司的工作人员触犯的是贪污罪，而贪污罪的法定刑重于保险诈骗罪的法定刑，在此情形下，对保险公司的工作人员以贪污罪论处较为合适。反过来也可以得出相似结论。保险公司的工作人员为了骗取本单位的财产而与投保人相勾结时（保险公司的工作人员为核心角色），首先在职务侵占罪或贪污罪的范围内成立共犯；在此限度内，保险公司的工作人员是实行犯，投保人是帮助犯；但由于投保人另触犯了保险诈骗罪，故需要比较法定刑的轻重；如果保险公司的工作人员只触犯职务侵占罪，而保险诈骗罪的法定刑重于职务侵占罪，在此情形下，对投保人以保险诈骗罪论处较为合适；如果保险公司的工作人员触犯的是贪污罪，而贪污罪的法定刑重于保险诈骗罪的法定刑，在此情形下，对保险公司的工作人员以贪污罪的共犯论处较为合适。[5]

十五、逃避缴纳税款罪

（一）基本法理

1. 逃避缴纳税款罪的概念和构成要件。逃避缴纳税款罪，是指纳税人、扣缴义务人采取欺骗、隐瞒手段进行虚假纳税申报或者不申报，逃避缴纳税款，情节严重的行为。

本罪的构成要件是：

（1）本罪的主体是纳税人和扣缴义务人，包括自然人和单位。“纳税人”，是指依法应当向国家缴纳税款的个人或者单位。“扣缴义务人”，是指负有代扣代缴义务的单位或个人。

（2）本罪的主观方面，表现为直接故意，并且具有逃避缴纳应缴税款的目的。如果行为人出于过失导致不缴或少缴税款，或者因财物管理混乱而漏缴税款的，不构成本罪。

（3）本罪的客观方面表现为采取欺骗、隐瞒手段，进行虚假纳税申报或者不申报，逃避缴纳税款，情节严重的行为。成立本罪，必须具备以下两个要素：

---

〔1〕 参见李忠诚：“论保险诈骗罪”，载《现代法学》1996年第3期；张冬霞：“保险诈骗罪若干问题研究”，载《新刑法研究与适用》，人民法院出版社2000年版，第431页。

〔2〕 参见马克昌主编：《经济犯罪新论——破坏社会主义经济秩序罪研究》，武汉大学出版社1998年版，第392页；鲜铁可：《金融犯罪的定罪与量刑》，人民法院出版社1999年版，第471页。

〔3〕 参见赵秉志主编：《新千年刑法热点问题研究与适用》，中国检察出版社2001年版，第1448~1449页。

〔4〕 参见张明楷：“保险诈骗罪的基本问题研究”，载《刑事法学》2001年第4期。

〔5〕 参见张明楷：“保险诈骗罪的基本问题研究”，载《刑事法学》2001年第4期。

首先，行为人采取各种虚假的手段逃税。从实践中看，逃税的手段具体表现为：伪造、变造、隐匿、擅自销毁账簿、记账凭证；在账簿上多列支出或者不列、少列收入；向税务机关报送虚假的纳税申报表、财务报表、代扣代缴、代收代缴税款报告表或者其他纳税申报资料等。此外，根据《刑法》第204条第2款的规定，行为人缴纳税款后，以假报出口或者其他欺骗手段，骗取所缴纳的税款的，也应当按照本罪定罪处罚。根据最高人民法院《关于审理骗取出口退税刑事案件具体应用法律若干问题的解释》（以下简称《偷税抗税刑案解释》）之规定，“假报出口”，是指以虚构已税货物出口事实为目的，具有下列情形之一的行为：①伪造或者签订虚假的买卖合同；②以伪造、变造或者其他非法手段取得出口货物报关单、出口收汇核销单、出口货物专用缴款书等有关出口退税的发票；③虚开、伪造、非法购买增值税专用发票或者其他可以用于出口退税的发票；④其他虚构已税货物出口事实的行为。“其他欺骗手段”，是指：①骗取出口货物退税资格；②将未纳税或者免税货物作为已税货物出口；③虽有货物出口，但虚构该出口货物的品名、数量、单价等要素，骗取未实际纳税部分出口退税款；④以其他手段骗取出口退税款。

其次，逃税行为必须达到情节严重的程度。所谓“情节严重”，是指逃税数额较大并且占应纳税额10%以上。此外，根据《刑法》第201条第4款的规定，实施逃税行为，经税务机关依法下达追缴通知后，补缴应纳税款，缴纳滞纳金，已受行政处罚的，不予追究刑事责任；但是，5年内因逃避缴纳税款受过刑事处罚或者被税务机关给予二次以上行政处罚的除外。

关于逃税数额的认定，根据《偷税抗税刑案解释》的规定，应当注意以下问题：①所谓“逃税数额”，是指在确定的纳税期间，不缴或者少缴各税种税款的总额。逃税数额占应纳税额的百分比，是指一个纳税年度中的各税种偷税总额与该纳税年度应纳税总额的比例。不按纳税年度确定纳税期的其他纳税人，逃税数额占应纳税额的百分比，按照行为人最后一次逃税行为发生之日前一年中各税种逃税总额与该年纳税总额的比例确定。纳税义务存续期间不足一个纳税年度的，逃税数额占应纳税额的百分比，按照各税种逃税总额与实际发生纳税义务期间应当缴纳税款总额的比例确定。②逃税行为跨越若干个纳税年度，只要其中一个纳税年度的逃税数额及百分比达到《刑法》第201条第1款规定的标准，即构成逃避缴纳税款罪。各纳税年度的逃税数额应当累计计算，逃税百分比应当按照最高的百分比确定。③对多次犯有逃税行为和不缴或者少缴已扣、已收税款行为未经处理的，根据《刑法》第201条第3款的规定，其犯罪数额按照累计数额计算。所谓“未经处理”，是指纳税人或者扣缴义务人在5年内多次实施逃税行为，但每次逃税数额均未达到《刑法》第201条规定的构成犯罪的数额标准，且未受行政处罚的情形。

（4）本罪的客体是国家的税收管理秩序。

2. 逃避缴纳税款罪的相关界限。

（1）区分逃税与漏税的界限。漏税，是指纳税人因过失或无意识而漏缴或少缴税款的行为，如由于不了解、不熟悉税法规定和财务制度或因工作粗心大意，错用税率、漏报应税项目，不计应税数量、销售金额和经营利润等。从客观上看，逃税与漏税都出现了未缴或少缴应纳税款的后果，但两者是有本质的区别的：首先，从主观上看，逃税是一种故意行为，并且具有不缴、少缴税款的目的，而漏税则是过失或者无意识的行为，行为人在主观上并不具有非法占有应纳税款的目的。其次，从客观方面看，逃税行为是以行为人采取各种虚假的手段不缴或少缴应纳或已扣税款为表现，而漏税则是行为人由于不熟悉税收法律法规和财经制度等造成的。

（2）区分逃税与欠税的界限。欠税，是指在法定的纳税期限内，纳税人因无力缴纳税款而拖欠税款的行为。从客观上看，逃税与欠税都出现了未缴或少缴应纳税款的后果，但两者有本质的区别：从主观方面看，逃税行为是以积极追求不缴或少缴应纳税款这一结果发生为意志努力的直接故意行为，而欠税行为人则不具有故意和不缴、少缴税款的目的。

（3）区分逃税与避税的界限。避税，是指纳税人通过个人或企业事务的人为安排，利用税法的漏洞、特例和缺陷，规避或者减轻纳税义务的行为。[1] 避税和逃税虽然都是不缴、少缴税款的行为，但两者具有本质区别：①从法律性质上看，法律并没有明确禁止避税行为，而法律则明确禁止逃税行为。②从手段上看，逃税往往表现为采取各种虚假的手段不缴或者少缴应纳或者已扣税款，而避税则是通过利用国家减免税收的优惠政策，或者根据税收法律法规的缺陷或者不明确进行有利于自己的纳税选择，从而减轻或者免除纳税的负担。③逃税是以行为人具有纳税义务为前提，而避税则是行为人避免产生纳税义务，为使自己不负担纳税义务，行为人往往采取各种有利于自己的纳税选择。

3. 逃避缴纳税款罪的刑事责任。根据《刑法》第201条、第204条第2款、第211条和第212条的规定，犯本罪的，处3年以下有期徒刑或者拘役，并处罚金；逃税数额巨大并且占应纳税额的30%以上的，处3年以上7年以下有期徒刑，并处罚金。单位犯本罪的，对单位判处罚金，并对其直接负责的主管人员和其他直接责任人员，依照上述规定处罚。判处罚金刑的，在执行前，应当先由税务机关追缴税款，即实行“先追缴后处罚”原则。

（二）疑难问题

1. 无证经营者能否成为本罪的主体？对此，我国刑法学界有不同的看法：否定说认为，无证经营者因没有进行税务登记，因而不属于税法上的合法主体，确认无证经营者的纳税主体地位，无疑承认了其经营行为的合法性。肯定说认为，承认无证经营能构成逃避缴纳税款罪的主体，是符合立法原意的。纳税人资格成立的惟一根据是其行为的法定性，无证经营者从事了税法中列举的经济活动，符合某种单行税法有关纳税人的规定，应该是纳税人，只不过是违法的纳税人。[2]

我们认为，无证经营者可以成为逃避缴纳税款罪的主体，是有法律依据的。根据我国《税收征收管理法》第37条规定，对未按照规定办理税务登记的从事生产、经营的纳税人以及临时从事经营的纳税人，由税务机关核定应纳税额，责令缴纳。既然无证经营者也有纳税的义务，因此，对于这类人采取各种虚假的手段，不缴、少缴应纳税款，达到犯罪程度的，应以本罪追究刑事责任。

2. 非法经营者能否成为本罪的主体？我们认为，非法经营者不应成为逃避缴纳税款罪的主体。主要理由是：①对非法经营者征税没有法律依据。不像无证经营者，我国《税收征收管理法》并没有为非法经营者规定纳税义务。既然非法经营者不是纳税人，自然也就不能成为本罪的主体。②税法规范的是合法的经营行为，因此，如果承认非法经营者负有纳税义务，就等于承认其合法性。这在逻辑上是说不通的。③对非法经营者征税，不具有可行性。因为，对于非法经营者，许多法律法规都作了处罚规定，大都有“没收非法所得”的规定，既然已没收了“非法所得”，那么也就没有对其征税的基础和可行性。④税收的目的是满足社会的公共需要，是国家作为政治权力分配主体与具有独立经济利益的缴纳主体分割剩余产品价值而形成的分配关系，它以特定社会主体的剩余产品价值为分配对象，以承认该主体获

---

〔1〕 参见程永昌主编：《国际税收学》，中国税务出版社1998年版，第142页。

〔2〕 参见赵秉志主编：《疑难刑事问题司法对策》（第2册），中国人民公安大学出版社1999年版，第125页。

得剩余产品的部分分配权为基础。分配活动的前提是剩余产品生产活动的稳定性，分配活动的结果是从事特定剩余产品生产的主体经营活动的延续性。而对于非法经营活动而言，因活动本身为法律所禁止，一旦被发现就意味着该活动的终结，非法所得被国家全部没收，因而，根本不存在对这种经营活动分配剩余产品的问题。[1]

十六、虚开增值税专用发票、用于骗取出口退税、抵扣税款发票罪

（一）基本法理

1．虚开增值税专用发票、用于骗取出口退税、抵扣税款发票罪的概念和构成要件。虚开增值税专用发票、用于骗取出口退税、抵扣税款发票罪，是指违反发票管理法规，虚开增值税专用发票、用于骗取出口退税、抵扣税款发票的行为。

本罪的构成要件是：

（1）本罪主体包括个人和单位。在实践中，实施本罪的人既可以是增值税专用发票和其他可用于骗取出口退税、抵扣税款发票的合法持有人，也包括以其他非法手段获取增值税专用发票的单位和个人。

（2）本罪的主观方面表现为直接故意，并且一般都具有获取非法经济利益、骗取出口退税、抵扣税款的目的。

（3）本罪的客观方面表现为实施了虚开增值税专用发票或者其他可用于出口退税、抵扣税款的发票的行为。所谓虚开，主要包括以下两种情形：①没有货物购销或者没有提供或接受应税劳务，而为他人、为自己、让他人为自己、介绍他人开具专用发票；②有货物购销或者提供或接受了应税劳务，但为他人、为自己、让他人为自己、介绍他人开具数量或金额不实的专用发票。根据刑法的规定，虚开的行为包括以下四种：①为他人虚开，包括两种情形：一是明知对方没有货物销售或提供应税劳务，而为其开具增值税专用发票；二是为有经营活动的人开具内容不实的增值税专用发票。②为自己虚开。从实践中看，这里的“虚开”亦包括两种情形：一是本身没有货物销售或没有提供应税劳务而为自己虚开增值税专用发票；二是本身虽然有实际的进、销项经营活动，但却利用自己合法拥有的发票或者非法获取的发票为自己开具内容不实的增值税专用发票。③让他人为自己虚开，即没有货物销售或者提供应税劳务的单位或者个人让他人为自己开具增值税专用发票，或者虽有实际的经营活动，但要求他人为自己开具内容不真实的增值税专用发票。④介绍他人虚开，即在增值税专用发票的拥有人和要求虚开增值税专用发票的单位或个人之间牵线搭桥、撮合沟通。根据刑法的规定，只要行为人实施其中一种行为，即可构成本罪。

（4）本罪的客体是国家对增值税专用发票以及可用于出口退税、抵扣税款的其他发票的管理秩序。犯罪对象是增值税专用发票以及其他可用于出口退税、抵扣税款的发票。所谓增值税专用发票，是指以产品的增值额为征税对象，并具有直接抵扣税款功能的专门用于增值税的收付款凭证。所谓用于骗取出口退税、抵扣税款的其他发票，是指除增值税专用发票以外的其他发票中，具有与增值税专用发票相同功能，可以用于骗取出口退税、抵扣税款的发票。

2．虚开增值税专用发票、用于骗取出口退税、抵扣税款发票罪的相关界限。

（1）本罪与非罪的界限。根据刑法对本罪的规定，并没有对虚开增值税等专用发票的数额作出要求。但这并不是说，只要实施了虚开专用发票的行为，即可以认定为本罪。如果虚

[1] 参见孙国祥、魏昌东：《经济刑法研究》，法律出版社2005年版，第447页。

开数额很小，情节显著轻微危害不大的，不能认为是犯罪。对此，最高人民检察院、公安部《经济案件追诉标准》第53条也作了明确：虚开增值税专用发票或者虚开用于骗取出口退税、抵扣税款的其他发票，虚开的税款数额在1万元以上或者致使国家税款被骗数额在5000元以上的，应予追诉。

（2）区分虚开用于出口退税的发票罪与骗取出口退税罪的界限。根据《刑法》第204条的规定，骗取出口退税罪，是指以假报出口或者其他欺骗手段，骗取国家出口退税，数额较大的行为。这两种犯罪的主要区别表现在客观方面，即：本罪的客观方面表现为违反发票管理法规，虚开用于骗取出口退税发票的行为；而后罪的客观方面则表现为通过欺骗的手段，骗取国家的出口退税，数额较大的行为。

3. 虚开增值税专用发票、用于骗取出口退税、抵扣税款发票罪的刑事责任。依照《刑法》第205条规定，犯本罪的，处3年以下有期徒刑或者拘役，并处2万元以上20万元以下罚金；虚开的税款数额较大或者有其他严重情节的，处3年以上10年以下有期徒刑，并处5万元以上50万元以下罚金；虚开的税款数额巨大或者有其他特别严重情节的，处10年以上有期徒刑或者无期徒刑，并处5万元以上50万元以下罚金或者没收财产。有前述行为骗取国家税款，数额特别巨大，情节特别严重，给国家利益造成特别重大损失的，处无期徒刑或者死刑，并处没收财产。单位犯本条规定之罪的，对单位判处罚金，并对其直接负责的主管人员和其他直接责任人员，处3年以下有期徒刑或者拘役；虚开的税款数额较大或者有其严重情节的，处3年以上10年以下有期徒刑；虚开的税款数额巨大或者有其他特别严重情节的，处10年以上有期徒刑或者无期徒刑。

1996年10月17日最高人民法院《关于适用〈全国人大常委会关于惩治虚开、伪造和非法出售增值税专用发票犯罪的决定〉的若干问题的解释》的规定，虚开税款数额10万元以上的，属于“虚开的税款数额较大”。具有下列情形之一的，属于“有其他严重情节”：①因虚开增值税专用发票致使国家税款被骗取5万元以上的；②曾因虚开增值税专用发票受过刑事处罚的；③具有其他严重情节的。

虚开税款数额50万元以上的，属于“虚开的税款数额巨大”。具有下列情形之一的，属于“有其他特别严重情节”：①因虚开增值税专用发票致使国家税款被骗取30万元以上的；②虚开的税款数额接近巨大并有其他严重情节的；③具有其他特别严重情节的。

利用虚开的增值税专用发票实际抵扣税款或者骗取出口退税100万元以上的，属于“骗取国家税款数额特别巨大”；造成国家税款损失50万元以上并且在侦查终结前仍无法追回的，属于“给国家利益造成特别重大损失”。利用虚开的增值税专用发票骗取国家税款数额特别巨大、给国家利益造成特别重大损失，为“情节特别严重”的基本内容。

（二）疑难问题

虚开增值税专用发票、用于骗取出口退税、抵扣税款发票之后，又骗取国家税款的，如何定罪？《刑法》第205条规定了虚开增值税专用发票、用于骗取出口退税、抵扣税款发票罪，第2款规定：“有前款行为骗取国家税款，数额特别巨大，情节特别严重，给国家利益造成特别重大损失的，处无期徒刑或者死刑，并处没收财产。”由于该款的规定，就产生了虚开增值税专用发票、用于骗取出口退税、抵扣税款发票之后，又骗取国家税款的如何定罪的问题。对此，我国刑法学界有不同的理解：

第一种观点认为，这种情况存在着行为同时适用本罪、逃避缴纳税款罪或骗取出口退税罪的可能性，属犯一罪同时触犯数法条的法条竞合，适用特别法（第205条）优于普通法

（第201、204条）的原则，应以第205条的犯罪论处。[1] 第二种观点认为，虚开增值税专用发票、用于骗取出口退税、抵扣税款发票的行为应当视为骗取出口退税、抵扣税款的行为的手段行为，按照牵连犯的原则处罚。此又复分为两种意见：一种意见认为，应以其中一个重罪即虚开增值税专用发票、用于骗取出口退税、抵扣税款发票罪定罪处罚；[2] 另一种意见认为，对于《刑法》第205条第2款的情形，由于该款规定的法定刑比诈骗罪、骗取出口退税罪的法定刑重，因而应定虚开增值税专用发票、用于骗取出口退税、抵扣税款发票罪；但对于虚开增值税专用发票又骗取国家税款不具备《刑法》第205条第2款所规定情节的情况，就应对适用各罪法定刑进行比较，按“从一重罪处断”的原则，有时定虚开增值税专用发票、用于骗取出口退税、抵扣税款发票罪，有时定诈骗罪或骗取国家出口退税罪。[3]

我们认为，法条竞合说存在着不能自圆其说的问题。因为，撇开《刑法》第205条第2款的规定不论，在行为人首先虚开专用发票，之后又骗取国家税款的情况下，行为人实施的是两个在刑法中具有独立评价意义的行为，这不符合作为法条竞合存在前提的一个行为这一条件的要求。再者，对于这种情况，如何区分普通法和特别法，区分的依据是什么，这一观点都无法得出合理的分析和结论。如果采用第二种观点，就没有不能自圆其说之处，故此我们倾向于赞同牵连犯说。即：如果行为人以骗取国家税款为目的，而虚开增值税专用发票、其他用于出口退税、抵扣税款的发票的，虚开行为系手段行为，而骗取国家税款的行为系目的行为，二者形成牵连关系，应按牵连犯从一重处断的原则处理。具体而言，如果虚开专用发票，骗取国家税款，数额特别巨大，情节特别严重，给国家利益造成特别重大损失的，应以本罪定罪处罚；如果未达到“数额特别巨大，情节特别严重，给国家利益造成特别重大损失”的，则以一重罪定罪处罚。

第二十七章

十七、假冒注册商标罪

（一）基本法理

1. 假冒注册商标罪的概念和构成要件。假冒注册商标罪，是指未经注册商标所有人许可，在同一种商品上使用与其注册商标相同的商标，情节严重的行为。

本罪的构成要件是：

（1）本罪的主体是一般主体，包括自然人和单位。

（2）本罪的主观方面，只能是故意。从认识因素看，行为人明知自己未经注册商标人许可而在同一种商品上使用与他人注册商标相同的商标；从意志因素上看，行为人实施此行为希望或者放任侵犯他人注册商标所有人商标专用权这一结果的发生。假冒商标者通常出于营利或者谋取非法利益的目的，但不以此种目的为犯罪成立要件。

（3）本罪的客观方面表现为未经注册商标所有人许可，在同一种商品上使用与其注册商标相同的商标，情节严重的行为。

首先，行为人在同一种商品上使用了与他人注册商标相同的商标。“同一种商品”是商标法律术语，按照我国《商品分类（组别）表》的规定，同种商品就是同一种目下所列举的商品。根据2004年12月8日最高人民法院、最高人民检察院发布的《关于办理侵犯知识产权刑事案件具体应用法律若干问题的解释》（以下简称《知识产权刑案解释》）第8条的规定，所谓与他人注册商标相同的商标，是指与被假冒的注册商标完全相同，或者与被假冒

---

〔1〕参见赵秉志主编：《新刑法全书》，中国人民公安大学出版社1997年版，第772页。

〔2〕参见张旭主编：《涉税犯罪的认定处理及案例分析》，中国人民公安大学出版社1999年版，第193页。

〔3〕参见曹康、黄河主编：《危害税收征管罪》，中国人民公安大学出版社1999年版，第131页。

的注册商标在视觉上基本无差别、足以对公众产生误导的商标。所谓使用，根据上述《知识产权刑案解释》第8条的规定，是指将注册商标或者假冒的注册商标用于商品、商品包装或者容器以及产品说明书、商品交易文书，或者将注册商标或者假冒的注册商标用于广告宣传、展览以及其他商业活动等行为。

其次，在同一种商品上使用与他人注册商标相同的商标必须是未经注册商标所有人许可。“注册商标所有人”，是指取得商标注册的企业、事业单位、个体工商业者、外国人或者外国企业。“未经许可”，是指没有取得注册商标所有人的授权或者同意。根据我国《商标法》的规定，商标注册人可以通过签订商标使用许可合同的方式，许可他人使用其注册商标。如果行为人与商标所有人签订商标使用许可合同，经商标所有人许可使用其注册商标的，就是合法的行为。

最后，假冒他人注册商标的行为须达到情节严重的程度。所谓情节严重，根据上述《知识产权刑案解释》第1条的规定，是指个人实施上述行为，具有下列情形之一：①非法经营数额在5万元以上或者违法所得数额在3万元以上；②假冒两种以上注册商标，非法经营数额在3万元以上或者违法所得数额在2万元以上；③其他情节严重的情形。根据《知识产权刑案解释》第15条的规定，单位实施上述行为的，按照个人犯罪的定罪量刑标准的3倍定罪量刑。根据《知识产权刑案解释》第12条的规定，“非法经营数额”是指行为人在实施侵犯知识产权行为过程中，制造、储存、运输、销售侵权产品的价值。已销售的侵权产品的价值，按照实际销售的价格计算。制造、储存、运输和未销售的侵权产品的价值，按照标价或者已经查清的侵权产品的实际销售平均价格计算。侵权产品没有标价或者无法查清其实际销售价格的，按照被侵权产品的市场中间价格计算。多次实施侵犯知识产权行为，未经行政处理或者刑事处罚的，非法经营数额、违法所得数额或者销售金额累计计算。

（4）本罪的客体是复杂客体，即假冒注册商标的犯罪行为不仅扰乱了国家对商标的管理秩序，也侵犯了他人的商标专用权。商标专用权，指经商标局核准注册的商标，商标注册人即商标所有者享有的排他的、独立的使用该项商标的权利。本罪的犯罪对象是他人已经注册的商标。

2. 假冒注册商标罪的相关界限。

（1）本罪与商标侵权行为的界限。根据刑法和商标法的有关规定，以下情形属于商标侵权行为，不构成本罪：①未经商标所有人许可，在同一种商品上使用了与他人注册商标相近似的商标的行为；②未经商标所有人许可，在类似的商品上使用了与他人注册商标相同的商标的行为；③未经商标所有人许可，在类似的商品上使用了与他人注册商标近似的商标的行为；④假冒他人注册商标的行为未达到情节严重的程度。上述四种情形均属于商标侵权行为。

（2）本罪的共同犯罪的认定。根据上述《知识产权刑案解释》第16条的规定，明知他人实施侵犯知识产权犯罪，而为其提供贷款、资金、账号、发票、证明、许可证件，或者提供生产、经营场所或者运输、储存、代理进出口等便利条件、帮助的，以侵犯知识产权犯罪的共犯论处。

3. 假冒注册商标罪的刑事责任。根据《刑法》第213条和第220条的规定，犯本罪的，处3年以下有期徒刑或者拘役，并处或者单处罚金；情节特别严重的，处3年以上7年以下有期徒刑，并处罚金。所谓情节特别严重，根据《知识产权刑案解释》第1条第2款规定，是指具有下列情形之一：①非法经营数额在25万元以上或者违法所得数额在15万元以上的；②假冒两种以上注册商标，非法经营数额在15万元以上或者违法所得数额在10万元以上的；③其他情节特别严重的情形。根据上述《知识产权刑案解释》第15条规定，单位犯本罪的，按个人犯本罪认定标准的3倍认定犯罪和判处罚金，并对其直接负责的主管人员和其他直接责任人员，依照个人犯罪本罪的规定处罚。根据《知识产权刑案解释》第12条规定，多次实施侵犯知识产权行为，未经行政处理或者刑事处罚的，非法经营数额、违法所得数额或者销售金额累计计算。

（二）疑难问题

如何认定在生产、销售的伪劣产品上假冒他人注册商标的行为性质？生产、销售伪劣产品罪是指生产者、销售者故意在产品中掺杂、掺假，以假充真，以次充好或者以不合格产品冒充合格产品，销售金额5万元以上的行为。一般情况下，本罪与生产、销售伪劣产品罪的界限容易区分。从二罪的犯罪构成上分析，区别主要表现在：首先，犯罪客体不同。生产、销售伪劣产品罪侵犯的客体是复杂客体，即国家对产品质量的监督管理和市场管理秩序以及广大用户、消费者的合法权益；而假冒注册商标罪侵犯的客体是国家对商标的管理秩序和注册商标所有人的注册商标专用权。其次，客观方面的表现不同。生产、销售伪劣产品罪在客观方面表现为在生产、销售的产品中掺杂、掺假，以假充真，以次充好或者以不合格产品冒充合格产品，销售金额5万元以上的行为；而假冒注册商标罪在客观方面则表现为，未经注册商标所有人许可，在同一种商品上使用与其注册商标相同的商标的行为。

问题在于，如果行为人在生产、销售的伪劣产品上又假冒了他人的注册商标的，应当如何处理？对此，我国刑法学界存在着分歧。第一种观点认为，应该实行数罪并罚。因为从犯罪构成来看，行为人主观上既有假冒注册商标的故意，又有生产、销售伪劣产品犯罪的故意；客观上既实施了假冒注册商标的行为，又实施了生产、销售伪劣产品的行为；既侵犯了国家商标管理制度，又侵犯了国家产品质量管理制度，故符合两个独立的犯罪构成要件。另外，刑事法律并未把假冒注册商标纳入生产、销售伪劣产品犯罪的范畴，可见二者不是种属关系，而是并列关系。所以，应该分别定罪并实行数罪并罚。[1]

第二种观点认为，只能按一罪处罚，不应实行数罪并罚。这是我国刑法学界的主流观点，此种观点又可分为三种意见：①法条竞合说认为，这种情况属于一行为既触犯假冒他人注册商标罪的法条，同时又触犯生产、销售伪劣产品罪的法条的法条竞合问题，应按重法条优于轻法条的原则处断，即应按生产、销售伪劣产品罪处罚。[2] ②想象竞合犯说认为，因为行为人采取假冒注册商标的方法生产、销售伪劣产品时，实际上是一个以假充真的行为，只是由于这里的“以假充真”包含了在商标上以假充真和在产品质量上以假充真，所以使其行为符合两个犯罪的构成要件。故对这种行为应该按想象竞合犯从一重处断。[3] ③牵连犯说认为，在实践中，有的假冒注册商标的行为成为生产、销售伪劣产品罪的一种手段，因而形成手段行为与目的行为同时触犯两个罪名。这两种行为存在着紧密的牵连关系，属于牵连犯，只能择一重罪处罚，不实行数罪并罚。具体说，应分别以下情况处理：一是生产、销售的伪劣产品，不能构成生产、销售伪劣产品罪，但其假冒注册商标情节严重的，应以假冒注册商标罪论处；二是生产、销售伪劣产品行为具备构成生产、销售伪劣产品罪的条件，而其假冒注册商标行为情节严重的，应以生产、销售伪劣产品罪论处。[4]

---

〔1〕 参见朱孝清：“略论惩治假冒商标犯罪的几个问题”，载《法学》1994年第2期。

〔2〕 参见赵秉志主编：《中国刑法特论》，中国人民公安大学出版社1997年版，第348页。

〔3〕 参见张明楷：《市场经济下的经济犯罪与对策》，中国检察出版社1995年版，第34页。

〔4〕 参见王作富主编：《刑法》，中国人民大学出版社1999年版，第333页。

我们认为，首先，法条竞合说和想象竞合犯说这两种见解不符合法理，因为行为人在这种情况下，实际上是实施了两个行为：一种是生产、销售伪劣产品的行为；一种是假冒他人注册商标的行为。而法条竞合和想象竞合犯的成立，均要求行为人实施了一个行为，这是其前提条件。因此，上述两种见解缺少成立的前提条件。

其次，如上所述，行为人在这种情况下，实际上是实施了生产、销售伪劣产品和假冒他人注册商标两种行为，其中，生产、销售伪劣产品行为是目的行为，直接体现犯罪目的；而假冒注册商标的行为则是方法行为，两者均受一个牟取暴利这一共同目的的支配，服务于这一目的，因此，二者形成牵连关系，对此应按牵连犯择一重处断的原则处理。不仅如此，我们的这种见解也有司法解释的依据。根据最高人民法院、最高人民检察院 2001 年 4 月 10 日施行的《伪劣商品刑案解释》第 10 条规定，实施生产、销售伪劣商品犯罪，同时构成侵犯知识产权、非法经营等其他犯罪的，依照处罚较重的规定定罪处罚。可见，司法解释的这一规定与牵连犯择一重处断的原则是相吻合的。综上，我们赞成牵连犯说，对此情形只能按一罪处理，不能实行数罪并罚。

十八、侵犯著作权罪

（一）基本法理

1. 侵犯著作权罪的概念和构成要件。侵犯著作权罪，是指以营利为目的，侵犯他人的著作权，违法所得数额较大或者有其他严重情节的行为。

本罪的构成要件是：

（1）本罪的主体是一般主体，包括个人和单位。

（2）本罪的主观方面，必须出于直接故意，并且具有营利的目的。

（3）本罪的客观方面表现为侵犯他人的著作权，违法所得数额较大或者有其他严重情节的行为。

首先，实施了下列侵犯著作权的行为之一：①未经著作权人许可，复制发行其文字作品、音乐、电影、电视、录像作品、计算机软件及其他作品。符合以下情形之一的，即属于“未经著作权人许可”：行为人在任何时间都没有得到著作权人的许可，这种情形在司法实践中最为常见；许可使用合同期限届满的，届满之后的行为属于“未经许可”；行为方式和数量等超出授权许可范围的；伪造、涂改权利人的授权许可文件。应当指出的是，未经著作权人许可而使用其作品的，一般情况下即构成侵权行为甚至犯罪。但由于 2001 年修订后的《著作权法》第 22 条规定了著作权合理使用的 12 种情况，在这些情况下，使用他人的作品，除应当指明作者的姓名、作品名称，并且不得侵犯著作权人依法享有的其他权利外，可以不经其许可，不向其支付报酬。②出版他人享有专有出版权的图书。这是侵犯图书出版者邻接权和专有出版权的行为。所谓图书专有出版权，指图书出版者根据与著作权人签订的图书出版专有合同，对著作权人交付出版的作品在合同指定的时间和地区内通过原版、修订版方式以图书形式出版的独占权利。③未经录音录像制作者的许可，复制发行其制作的录音录像。这里的“录音、录像制品”与第一种情形中所指的“录像作品”不同。后者是指著作权人享有的作品，是智力创作的成果；而此处所说的“录音、录像制品”则仅是一种物化的载体，制作者享有的仅仅是该录音、录像作品的邻接权。根据 2005 年 10 月 18 日最高人民法院、最高人民检察院《关于办理侵犯著作权刑事案件中涉及录音录像制品有关问题的批复》之规定，未经录音录像制作者许可，通过信息网络传播其制作的录音录像制品的行为，应当视为“复制发行”。④制作、出售假冒他人署名的美术作品。所谓美术作品，既指绘画，也包括书法、雕塑、建筑、工艺美术等艺术作品。

其次，侵犯著作权的行为必须发生在著作权的有效保护期限内。这是构成本罪的特定时间要求。如果行为发生在著作权保护期以后，不构成本犯罪。根据我国《著作权法》规定：①作者的署名权、修改权、保护作品完整权的保护期不受限制。②公民的作品，其发表权、使用权和获得报酬权的保护期为作者终身及其死亡后50年，截止于作者死亡后第50年的12月31日；如果是合作作品，截止于最后死亡的作者死亡后第50年的12月31日。③法人或者非法人单位的作品、著作权（署名权除外）由法人或者非法人单位享有的职务作品，其发表权、使用权和获得报酬权的保护期为50年，截止于作品首次发表后第50年的12月31日，但其作品自创作完成后50年内未发表的，著作权法不再保护。④电影、电视、录像和摄影作品的发表权、使用权和获得报酬权的保护期为50年，截止于作品首次发表后第50年的12月31日，但作品自创作完成后50年内未发表的，著作权法不再保护。

最后，侵犯著作权侵权行为必须违法所得数额较大或者有其他严重情节。根据《知识产权刑案解释》第5条第1款规定，"违法所得数额较大"以3万元为起点。所谓有其他严重情节，是指具有下列情形之一：①非法经营数额在5万元以上的；②未经著作权人许可，复制发行其文字作品、音乐、电影、电视、录像作品、计算机软件及其他作品，复制品数量合计在1000张（份）以上的；③其他严重情节的情形。

（4）本罪的客体是他人的著作权和与著作权相关的权益。所谓著作权，指公民依法对文学、艺术和科学作品所享有的各种权利的总称，包括著作人身权和著作财产权。人身权指作者对其作品依法享有的发表权、署名权、修改权和保护作品完整权；著作财产权主要指使用作品的权利和获得报酬的权利以及许可他人使用作品，并由此获得报酬的权利。所谓与著作权相关的权益，指传播作品的人对他赋予作品的传播形式所享有的权利，也即著作邻接权，包括出版者、表演者、电台、电视台和录音录像者的权利。本罪的犯罪对象是他人依法享有著作权的作品。

2．侵犯著作权罪的相关界限。

（1）本罪与非罪的界限。对于本罪与非罪的界限，需要从以下三个方面加以考察：①要看侵权行为方式是否属于《刑法》第217条明确规定的，凡不在规定的四种行为之列的，不得以犯罪追究刑事责任。②要看行为人的主观目的，凡是不以营利为目的的，即使实施了《刑法》第217条所列的四种行为，也不构成本罪。③要看违法所得是否数额较大或者有无其他严重情节。如果数额不是较大或者情节并不严重的，仍属于一般民事侵权行为，不能以本罪论处。

（2）本罪的罪数问题。从司法实践看，侵犯著作权行为的实施有时也会同时触犯其他犯罪，如诈骗罪、假冒注册商标罪或销售侵权复制品罪等，在行为人的行为同时触犯两种以上犯罪的场合，是按一罪处理，还是要数罪并罚，这涉及本罪的罪数问题。

第一，本罪与假冒注册商标罪的罪数关系。在市场经济条件下，随着市场主体商标权意识的增强，商品的生产者往往都要对自己的产品进行商标注册，以更为切实地保护自己的合法权益。对于图书的出版者、音像制品的制作者以及计算机软件的开发者等而言也不例外。为了将自己出版的图书、制作的音像制品或者开发的软件与其他的相区别，他们往往将所注册的商标标识用在这些商品上。于是，在盗版者实施侵犯著作权行为时，就有可能同时侵犯他人的商标专用权。例如，微软的"Office"办公系统，在该办公系统中，其任何一个办公组件如"Word"、"Excle"等都内嵌了微软的商标标识。软件盗版者以营利为目的擅自完整刻录该软件时，其行为就不仅侵犯了微软的著作权，也侵犯了其商标专用权。行为人实施一个盗版行为，同时触犯了本罪和假冒注册商标罪两个犯罪，这种情况就属于刑法理论上的想象竞合犯，对此应择一重处断。鉴于两罪的法定刑相同，且侵犯著作权的行为更直接地反映了其行为的社会危害程度，故此一般应按本罪定罪处罚。

第二，本罪与诈骗罪的罪数关系。出售假冒他人署名的美术作品并骗取他人大量财物的，如何定罪？对此，我国有学者认为，这种情况既触犯了本罪又触犯了诈骗罪，属于想象竞合犯，应按“从一重处罚”的原则处理。[1]

我们认为，仅仅向购买人出售假冒他人署名的美术作品而没有对其虚构事实或隐瞒真相的，是不构成诈骗罪的；只有同时对购买人予以欺骗时，才可能触犯诈骗罪的法条。可见，在采用虚构事实或隐瞒真相的方法向他人出售假冒他人署名的美术作品情况下，行为人事实上实施了两种行为——欺骗和出售假冒他人署名的美术作品，这两种行为分别侵犯了两种不同的社会关系，分别构成本罪和诈骗罪，显然，这与以实施一个行为为关键特征的想象竞合犯有着本质不同。那么，是否可以把这种情况认定为牵连犯？我们认为，不能一概而论。众所周知，牵连犯的关键性条件在于行为人实施的两种以上的犯罪行为之间必须具备牵连关系。对于牵连关系的认定，我国刑法学界通说认为，应该从主客观两方面加以考察，即行为人在主观上具有牵连的意思，在客观上具有通常的方法或结果关系，只有在这种情况下，才能认定有牵连关系。[2] 由此可见，对于出售假冒他人署名的美术作品骗取大量钱财的行为，不能一概认定为牵连犯，需区分以下两种情况加以认定：①行为人主观上没有使“出售”和“骗财”这两种行为相牵连的意思时，不成立牵连犯，对其应当按照本罪和诈骗罪两罪并罚。②行为人主观上具有使“出售”和“骗财”这两种行为相牵连的意思时，成立牵连犯，按照“从一重处断”的原则处理。

第三，本罪与销售侵权复制品罪的罪数关系。对于这两种犯罪之间的罪数关系，先后有两个司法解释有所涉及。按照1998年12月23日施行的最高人民法院《关于审理非法出版物刑事案件具体应用法律若干问题的解释》（以下简称《非法出版物刑案解释》）之精神，实施《刑法》第217条规定的侵犯著作权行为，又销售该侵权复制品，违法所得数额巨大的，只定本罪，不实行数罪并罚。实施《刑法》第217条规定侵犯著作权的犯罪行为，又明知是他人的侵权复制品而予以销售，构成犯罪的，应当实行数罪并罚。2004年的《知识产权刑案解释》除了用语和措词比上述解释更规范外，在处理上结果上并不会产生差异。

根据上述解释，在司法实践中，对于同时实施侵犯著作权和销售侵权复制品两种行为的，应视以下两种情况予以区别对待：①如果行为人实施了侵犯著作权的犯罪行为，又销售其所制作、复制的侵权产品的，大多数情况属于刑法理论上的牵连犯，按照牵连犯“从一重处断”的原则进行处理。[3] 由于侵犯著作权罪的法定刑重于销售侵权复制品罪的法定刑，故应按照本罪定罪处罚。②如果行为人销售的侵权复制品不是自己实施侵犯著作权行为所产生的，而是由其他人的侵权行为所产生，在这两种行为都构成犯罪时，应当认定行为人构成本罪和销售侵权复制品罪，实行数罪并罚。[4]

3. 侵犯著作权罪的刑事责任。根据《刑法》第217条和第220条的规定，犯本罪的，

[1] 参见王作富主编：《刑法分则实务研究》（上），中国方正出版社2001年版，第746页以下。

[2] 参见高铭暄、马克昌主编：《刑法学》，北京大学出版社、高等教育出版社2005年版，第209页。

[3] 有些情况就不属于牵连犯，如制作假冒他人署名的美术作品并将其出售的，制作行为与出售行为同为本罪的实行行为，故即使行为人同时实施了这两种行为，也只应定侵犯著作权罪。

[4] 我们认为，司法解释的这一界定是存在问题的。因为，在制售美术赝品的场合，制作和出售系本罪客观方面可以选择的实行行为，这种罪状其实是选择式罪状。这意味着，即使行为人既制作了A赝品，又销售了他人制作的B赝品，也只应定侵犯著作权罪，不应再数罪并罚。

处3年以下有期徒刑或者拘役，并处或者单处罚金；违法所得数额巨大或者有其他特别严重情节的，处3年以上7年以下有期徒刑，并处罚金。根据《知识产权刑案解释》第5条第2款规定，所谓违法所得数额巨大，是指违法所得数额在15万元以上的情节；所谓有其他特别严重情节，是指具有下列情形之一：①非法经营数额在25万元以上的；②未经著作权人许可，复制发行其文字作品、音乐、电影、电视、录像作品、计算机软件及其他作品，复制品数量合计在5000张（份）以上的；③其他特别严重情节的情形。根据《知识产权刑案解释》第15条规定，单位犯本罪的，按个人犯本罪认定标准的3倍认定犯罪和判处罚金，并对其直接负责的主管人员和其他直接责任人员，依照个人犯本罪的规定处罚。

（二）疑难问题

1. 怎样理解"复制"？关于"复制"的含义，我国刑法学界大多借用有关著作权法律法规的规定加以界定。例如，有的论著认为："复制，是指以印刷、复印、临摹、拓印、录音、录像、翻拍等方式将作品制作一份或多份的行为。"[1] 这一界定其实是我国1991年《著作权法实施条例》第5条第1项的规定。[2] 2001年我国通过了修订的《著作权法》，该法以1991年《著作权法实施条例》对"复制"的规定为基础，重新界定了"复制权"的含义。在这一界定中删去了"临摹"这一方式。由此产生的问题是，这是否就意味着采用"临摹"的方式就不再属于"复制"呢？我们认为，除非临摹含有二次创新性，否则，这种理解是不恰当的。因为，新的《著作权法》对"复制权"的界定采用的是例示的方式，从该定义中立法者所使用的明显具有列举未穷尽意义的"等"字来看，"复制"的方式绝不限于明确列举出来的几种，故删去"临摹"并不意味着立法缩小了"复制"方式的范围。此外，"临摹"他人享有著作权的作品，在不属于合理使用的范围时，也会不合理地损害原作作者的利益，因此，从保护原作作者的合法权益的角度出发，将"临摹"视为"复制"的一种方式是必要的。

所谓复制，顾名思义就是把某种事物通过一定的方式再现出来。那么，"复制"是否要求复制品与被复制品完全一样，毫无差别？我们认为，不能作这种机械的理解。因为，对于有些作品，即使复制品与原作品在外形、版式等方面不尽一致，同样也能构成对原作品作者权利的侵犯。因此，用某种物质形式将作品一模一样地再现出来固然属于"复制"，但基本上一模一样的，也应视为"复制"。

"复制"是否限于同样的载体？例如，将他人享有著作权的图书转换成数字形式的电子图书。在数字化的背景下，随着科技的发展，人们可以很方便地将纸质形式的作品以数字的形式再现出来，从切实保护著作权人的权利出发，我们认为，只要这种转换最终能使原来形式的作品得以再现，就应当认为是"复制"。

2. 如何认定"发行"？关于"发行"的含义，有的论著认为："是指为满足公众的合理需求，通过出售、出租等方式向公众提供一定数量的作品复制件的行为。"[3] 显然，这种解释借用了1991年《著作权法实施条例》对"发行"的界定。而2001年修订的《著作权法》关于"发行权"规定实际上已对上述"发行"的含义作了相当的修正：修改了"发行"的方式，将其方式限于"出售"和"赠与"，删除了"出租"的方式；扩大了对象范围，按照

〔1〕马克昌主编：《经济犯罪新论——破坏社会主义经济秩序罪研究》，武汉大学出版社1998年版，第529页；王作富主编：《刑法分则实务研究》（上），中国方正出版社2001年版，第737页以下。

〔2〕该条例已为2002年的《著作权实施条例》所替代。

〔3〕王作富主编：《刑法分则实务研究》（上），中国方正出版社2001年版，第738页以下。

新的《著作权法》的规定，不仅出售或赠与复制件属于“发行”，而且出售或赠与原件的也属于“发行”。

这里有以下两个问题值得研究：

首先，未经著作权人许可，实施出租其音乐、电影、计算机软件等行为的，如何处理？我们认为，既然新修订的《著作权法》已经将“出租”从“发行”的定义中予以抽出，并将其规定为一种独立的权利，这意味着，“出租”不再是“发行”的一种表现形式，按照罪刑法定原则的要求，对于未经权利人许可出租其作品的行为不宜以本罪处理。

其次，信息网络传播行为是否属于“发行”？对此，有的国家和地区持肯定态度。例如，美国法院和学术界就普遍接受通过网络公开传播作品构成“发行”的观点。在Napster案中，美国第九巡回上诉法院认为：P2P软件用户未经许可将MP3音乐文件置于“共享区”供其他用户检索和下载的行为构成“发行”行为，侵犯了版权人的“发行权”。美国最高法院在对“Tasini诉纽约时报案”的判决中再次确认：未经许可将作者的文章置于网络数据库中，使公众能够在线浏览或下载的行为构成了对作品的“发行”。〔1〕我国香港特区某地法院在陈乃明案〔2〕中也认为，被告通过信息网络技术传播电影的行为是对电影的“发行”，构成了刑事犯罪。

与以上的立场不同，我国新修订的《著作权法》则将“网络传播权”规定为一种独立的权利，这意味着，根据该法的规定，“发行”与“网络传播”是两个互不包容的独立行为。然而，《著作权法》的这一立场又与《知识产权刑案解释》的立场不同。根据该司法解释的精神，通过信息网络向公众传播他人文字作品、音乐、电影、电视、录像作品、计算机软件及其他作品的行为，应当视为《刑法》第217条规定的“复制发行”。〔3〕

事实上，单纯就语词的含义而言，“发行”作品其实也是在传播作品，这两种行为的结果均为使受众获得作品的复制件，可见，“发行”似乎可以包容“网络传播”。或许正是从这个角度理解，该司法解释不无道理。然而，不可否认的是，这一司法解释对传统的“发行”的概念作了一定程度的扩张，当然，这是一种权宜之计。我们认为，待时机成熟后，似应对立法予以改进为佳。

3. 成立犯罪是否要求行为人既复制又发行？对此，有学者认为：“复制与发行必须同时具备才能构成侵犯著作权罪的既遂。如果只有复制行为而无发行行为或只有发行行为而无复制行为均不构成本罪之既遂。”〔4〕还有学者指出：“复制行为与发行行为是紧密联系在一起的。发行行为是复制的后继行为。复制行为与发行行为必须同时具备才符合本罪复制发行他人作品这一类型的行为典型特征。”〔5〕由于刑法并未将“复制”与“发行”隔开，故这种

---

〔1〕参见王迁：“论著作权法中‘发行’行为的界定——兼评‘全球首宗BT刑事犯罪案’”，载《华东政法学院学报》2006年第3期。

〔2〕2005年1月10日、11日，香港市民陈乃明先后3次在网上利用BT点对点技术发布电影。香港海关发现后，1月12日将其拘捕。10月24日，香港屯门裁判法院认为被告违反了香港《版权条例》的规定，以分发侵权物品、损害版权持有人的罪名判处被告陈乃明3个月监禁。11月7日，香港特区法院终审判决陈乃明3个月监禁。参见魏小毛：“网络并非刑罚的真空地带——详解‘全球首宗BT侵权案’”，载《中国知识产权报》2005年11月18日。

〔3〕如果单纯复制他人的作品，而不向社会公众传播，就与通过信息网络传播他人作品的行为有明显的区别。因此，通过网络传播的行为无论如何都不属于“复制”。“两高”的这一解释似有可商榷之处。

〔4〕聂洪勇：《知识产权的刑法保护》，中国方正出版社2000年版，第122页。

〔5〕姜伟主编：《知识产权刑事保护研究》，法律出版社2004年版，第239~242页。

理解或许坚守了语词的字面意义，但我们认为，这可能不是立法的原意。因为，《著作权法》第47条规定，未经著作权人许可，复制、发行、表演、放映、广播、汇编、通过信息网络向公众传播其作品的……这里只有“复制、发行”而没有“复制发行”，可见，这两个用语之间系并列关系而非结合关系。基于这种认识，所谓复制发行，实际上应该包含三种情况：①复制行为；②发行行为；③既复制又发行的行为。[1] 只要行为人以营利为目的，实施上述三种行为之一的，就可能构成侵犯著作权罪。

4. 如何把握“以营利为目的”？侵犯著作权罪的成立，必须要求行为人具备“营利的目的”，如果行为人出于教学科研的目的而复制他人享有著作权的作品的，就不构成本罪，因此，行为人主观上具有营利的目的是谴责并追究其刑事责任的主观根据。

从犯罪发生的实际情况看，行为人既可以为自己营利，也可以为他人营利，无论可能的受益对象是谁，均不影响本罪营利目的要件的成立。

所谓营利，有直接营利和间接营利之分。《知识产权刑案解释》对此也作了确认，该司法解释认为，“以刊登收费广告等方式直接或者间接收取费用的情形，属于《刑法》第217条规定的‘以营利为目的’”。从实践中看，认定行为人是否具有营利的目的，比较困难的是发生在信息网络领域的侵犯著作权罪。我们认为，在这种场合，可以分为以下两种情况来认定：

（1）设立网站或网页，并收取信息服务费的，可以认定行为人主观上具有营利的目的。这类行为往往表现为行为人首先将他人享有著作权的文字作品、音乐、电影、电视、录像作品、计算机软件及其他作品上载到特定的网站上，网络用户只有支付一定的费用，才能下载这些文件，当然用户所支付的费用要比购买正版的便宜很多。由于这种情况的行为人直接从网络用户的下载行为中获取了利益，自然应当认定其实施著作权侵权行为的主观目的在于营利。例如，在我国首例被告因网上侵犯音乐作品著作权而被定罪的案件中，被告人在主观上就具有营利的目的。经查，2004年9月，被告人黄某建立音乐网站 www.987t.com，并请来陈某负责网站维护。两人未经著作权人同意，从百度等网站上下载大量音乐作品，向自己的会员提供搜索网址、音乐在线收听、下载等服务，并制定每月5元、半年30元、一年50元、永久会员200元的收费标准。截至2005年10月25日被查获时，两人经营网站共收入57 095元。据此，法院认定，此音乐网站以营利为目的，非法提供大量歌曲供人下载或试听，情节严重，其行为构成了侵犯著作权罪。[2] 在本案中，被告人黄某和陈某在主观上就具有直接营利的目的。

（2）设立网站或个人主页，向网络用户提供免费的下载服务，通过增加访问量来赚取广告费的，亦可认定行为人具有营利的目的。从实践中看，这类行为往往表现为行为人将数字形式的侵权复制品上载到特定的网站或个人主页上，供网络用户或会员免费下载，以此来增加网站或网页的访问量，进而获取高额的广告赞助费。对于这种间接获取利益的情况，我们认为也应当认定行为人主观上具有营利的目的。

5. 如何认定侵犯著作权罪共同犯罪？首先是共同实行犯的认定。所谓共同实行犯，是指二人以上共同故意实行某一具体犯罪客观要件的行为。[3] 按照共同犯罪的立法及理论，侵犯著作权罪共同实行犯的成立，需要具备以下条件：

---

〔1〕 1998年12月制发的最高人民法院《非法出版物刑案解释》第3条也坚持了这一立场。

〔2〕 http：//www.fj.xinhuanet.com/fzpd/2006－10/13/content_ 8251658.htm.

〔3〕 高铭暄、马克昌主编：《刑法学》，北京大学出版社、高等教育出版社2005年版，第180页。

（1）从客观方面看，表现为二人以上共同实施侵犯著作权罪的实行行为。所谓实行行为，就本罪而言，是指：①未经著作权人许可，复制发行其文字作品、音乐、电影、电视、录像作品、计算机软件及其他作品；②出版他人享有专有出版权的图书；③未经录音录像制作者许可，复制发行其制作的录音录像；④制作、出售假冒他人署名的美术作品。由于本罪的实行行为不是单一而是并列的可选择的数种行为，因此，共同的实行行为既可以是共同实施一种行为，例如，甲和乙共同实施出售假冒他人署名的美术作品的行为；也可以是各共同实行犯之间存在一定的分工，他们分别实施本罪成立所要求的可选择的数种行为，例如，甲制作假冒他人署名的美术作品，乙负责出售，尽管二人实施了不同的行为，但这两种行为均为本罪的实行行为，不影响认定二人具备共同实行犯的客观要件。再如，甲复制发行他人的计算机软件，乙根据分工复制发行他人的录音录像制品，在这种情况下，也可以认定甲和乙具备共同实行犯的客观要件。

（2）从主观方面看，各参与实施侵犯著作权犯罪者必须具有共同的犯罪故意。根据《刑法》第217条规定，本罪的成立要求行为人在主观上具有营利的目的，由此，在共同实行犯罪的场合，各共犯在主观上均具有营利的目的时，当然可以成立共同犯罪。但问题在于，当一个实行者在主观上具有营利的目的，而另一实行者则不具有此目的时，二人是否还能成立共同实行犯，值得研究。对此，我们初步考虑，即使某一实行者在主观上不具有营利的目的，但如其明知或者通过本罪客观方面行为的实行而推知另一方具有此目的时，不影响共同实行犯的成立。这是因为，“一方行为人既然明知对方具有目的犯的目的，那么，就意味着他认识到对方所实施的犯罪行为的性质以及可能造成的后果，在这种情况下仍然与其共同实施危害行为，足以表明此行为人与对方在主客观方面都趋同一致”。[1] 根据主客观相统一的定罪原则，双方行为人应该构成构成共同实行犯。

其次是帮助犯的认定。侵犯著作权罪的帮助犯是指在共同实施侵犯著作权罪中对实行者提供帮助的人。据此，本罪帮助犯的成立，必须具备以下条件：

（1）从客观方面看，行为人对直接实施侵犯著作权罪实行行为的人提供了帮助。帮助行为的实质在于行为人的行为方便了被帮助者犯罪的实行。从帮助的时间上看，既可以在本罪实行前提供帮助，也可以在行为实施中提供帮助，或者事先通谋而在实施后予以帮助；关于帮助行为的表现形式，《知识产权刑解释》第16条作了例示：明知他人实施侵犯知识产权犯罪而为其提供贷款、资金、账号、发票、证明、许可证件，或者提供生产、经营场所或者运输、储存、代理进出口等便利条件、帮助的，以侵犯知识产权犯罪的共犯论处。由这一解释使用的“等”字可知，所列举之项并未穷尽。故只要行为人所实施的帮助行为方便了被帮助者实施本罪，即使其所实施的帮助行为不在上述解释例示之列，亦可认定帮助行为的成立。

（2）构成侵犯著作权罪的共犯，在主观上必须是明知他人实施侵犯著作权罪。按照该司法解释的精神，只要行为人主观上明知被帮助者实施侵犯著作权罪，即可认定主观要件的具备，至于提供帮助者在主观上是否具有营利的目的，并不影响帮助犯的成立。

以上两个条件，对于侵犯著作权罪帮助犯的成立必不可少，缺一不可。

十九、侵犯商业秘密罪

（一）基本法理

1. 侵犯商业秘密罪的概念和构成要件。侵犯商业秘密罪，是指侵犯他人商业秘密，给

---

〔1〕 李希慧、王彦：“目的犯的犯罪形态研究”，载《现代法学》2000年第6期。

商业秘密权利人造成重大损失的行为。

本罪的构成要件是：

（1）本罪的主体是自然人和单位。从司法实践看，本罪的主体既可以是掌握商业秘密的单位内部人员，也可以是其他外部人员，如商业秘密权利人的竞争对手等。

（2）本罪的主观方面一般表现为故意，包括直接故意和间接故意，即明知是权利人已采取保密措施加以保护的商业秘密，而故意实施侵犯商业秘密的行为。无论行为人出于何种动机、目的，均不影响本罪的认定。根据《刑法》第 219 条第 2 款的规定，明知或者应知第 1 款所列的前三项侵犯商业秘密行为，获取、使用或者披露他人的商业秘密的，以侵犯商业秘密罪论。对于这种间接侵犯他人商业秘密的情况，行为人可出于过失。

（3）本罪的客观方面表现为侵犯他人的商业秘密，给权利造成重大损失的行为。

首先，实施了侵犯他人商业秘密的行为。这种危害行为表现为下列四种形式，只要实施了其中一种行为的，即构成本罪：①非法获取行为，即以盗窃、利诱、胁迫或者其他不正当手段获取权利人的商业秘密。商业秘密权利人，是指商业秘密的所有人和经商业秘密所有人许可的商业秘密使用人。“盗窃”，是指行为人通过秘密窃取的手段获取。“利诱”，是指以一定的物质或其他好处为条件，诱使知情人透露所掌握的商业秘密。“胁迫”，是指对知情人以涉及生命、健康、荣誉、名誉、财产、业务等相威胁，以达到精神上的强制，迫使其交出商业秘密。“其他不正当手段”，是指除盗窃、利诱、胁迫手段以外，违背知情人的意愿，以获取商业秘密的其他任何违法的手段。②披露、使用或者允许他人使用以前项手段获取的权利人的商业秘密，即行为人通过盗窃、利诱、胁迫或者其他不正当手段获取权利人的商业秘密，又披露、使用或者允许他人使用这些商业秘密。“披露”，是指通过口头、书面或者其他方法，将他人的商业秘密告知权利人以外的第三人，或者将商业秘密的内容公布于众，从而使有关的技术信息和经营信息不再处于秘密状态。“使用”，是指将非法获取的商业秘密应用于其所适用的、特定的生产、经营或管理领域。“允许他人使用”，是指行为人将其以不正当手段获取的商业秘密非法许可给他人使用。非法许可使用既可以是有偿的，也可以是无偿的。③违反约定或者违反权利人有关保守商业秘密的要求，披露、使用或者允许他人使用其所掌握的商业秘密。这种情况的行为人，因为工作或者业务的关系，获取商业秘密的途径和手段是正当的，但由于其对商业秘密所有人或合法使用人负有保密的义务，因此不得披露、使用或者允许他人使用。如果违反了这种保密义务，非法披露、使用或者允许他人使用自己所掌握的商业秘密的，即构成犯罪行为。④明知或者应知是别人通过前述三种行为非法获取的商业秘密，行为人仍然予以获取、使用或者披露给他人的，以侵犯商业秘密罪论处。本种行为的主体是第三人。第一人是指商业秘密的权利人，第二人是指直接侵犯商业秘密的行为人即《刑法》第 219 条第 1 款规定的三项行为的主体，第三人则是直接获得权利人的商业秘密的行为人以外的人。第三人尽管没有直接侵犯第一人的商业秘密，但在明知或者应知第二人的行为违法的情况下，仍然获取、使用或者披露第一人的商业秘密，根据刑法的规定，应当以侵犯商业秘密罪追究刑事责任。

其次，侵犯商业秘密的行为必须给权利人造成重大损失。如果行为人虽然实施了侵犯他人商业秘密的行为，但并没有给权利人造成重大损失，不构成侵犯商业秘密罪。所谓给商业秘密的权利人造成重大损失，根据最高人民法院、最高人民检察院《知识产权刑案解释》（2004 年 12 月 8 日）第 7 条第 1 款规定，是指给商业秘密的权利人造成损失数额在 50 万元以上的情形。根据该解释第 15 条的规定，单位实施侵犯商业秘密犯罪行为的，按照相应个人犯罪的定罪量刑标准的 3 倍定罪量刑。

(4) 本罪的客体是商业秘密的专用权。本罪的对象是商业秘密。根据《刑法》第219条第3款的规定，“商业秘密，是指不为公众所知悉，能为权利人带来经济利益，具有实用性并经权利人采取保密措施的技术信息和经营信息”。它具有以下特征：①商业秘密的内容是技术信息和经营信息。“技术信息”，通常指技术配方、技术诀窍、工艺流程等。“经营信息”，一般指有关经营的重大决策以及与自己有业务往来的客户名单、进货渠道、销售网络等情况。②商业秘密不为公众所知悉。如果某些信息已为大家所知悉，不具有秘密性质，或者权利人没有采取保密措施而使他人通过正常渠道了解到该信息，就不属于商业秘密。③商业秘密能为权利人带来经济利益，即这些信息能为权利人带来现实或者可预期的经济利益或竞争优势。④具有实用性，即这些信息具有确实的可利用性，而不是脱离实际的抽象观念。

2. 侵犯商业秘密罪的相关界限。

(1) 本罪与非罪的界限。本罪的成立，要求行为人侵犯他人商业秘密的行为给权利人造成了重大的损失，因此，侵犯商业秘密的行为是否给权利人造成重大损失也就成为区分侵犯商业秘密罪与非罪的一个重要标准。如果行为人的行为没有使权利人造成重大损失，即使其行为具备了侵犯商业秘密罪的其他构成要件，也不能以侵犯商业秘密罪追究行为人的刑事责任，而只能作为一般的民事侵权行为或不正当竞争行为处理。

(2) 本罪与他罪的界限。

第一，本罪与为境外窃取、刺探、收买、非法提供国家秘密、情报罪的界限。为境外窃取、刺探、收买、非法提供国家秘密、情报罪，是指为境外的机构、组织、人员窃取、刺探、收买、非法提供国家秘密、情报的行为。两罪的不同之处主要在于：①犯罪客体不同。本罪的客体是商业秘密的专有权；而后罪侵犯的客体则是国家的安全和利益。②犯罪对象不同。本罪的对象是商业秘密；而后罪的对象则是国家的秘密或者情报。③犯罪既遂的标准不同。本罪要求必须给商业秘密的权利人造成重大损失；而后罪则不以“情节严重”作为犯罪基本构成的必备要件。④犯罪主体不同。本罪的主体既可以是自然人，也可以是单位；而后罪的主体只能是自然人，单位不能成为该罪的主体。

第二，本罪与假冒专利罪的界限。假冒专利罪是指假冒他人专利，情节严重的行为。两罪的主要区别表现在：①犯罪客体不同。本罪侵犯的直接客体是商业秘密权利人商业秘密的专用权；而后罪侵犯的客体则是专利权人对专利所享有的合法权益。②犯罪对象不同。本罪的对象是商业秘密；而后罪的对象是专利。③犯罪客观方面的表现形式不同。本罪在客观方面表现为，侵犯他人商业秘密，给商业秘密的权利人造成重大损失的行为；而后罪在客观方面则表现为假冒他人专利，情节严重的行为。

第三，本罪与故意泄露国家秘密罪的界限。故意泄露国家秘密罪，是指违反保守国家秘密法的规定，故意泄露国家秘密，情节严重的行为。两罪的区别主要表现在：①侵犯的客体不同。本罪侵犯的是权利人对商业秘密的专有权；而后罪侵犯的是国家秘密的管理秩序。②犯罪的对象不同。本罪侵犯的对象是权利人的商业秘密；后罪侵犯的是国家秘密。③客观方面不同。本罪在客观方面表现为种种侵犯他人商业秘密，给权利人造成重大损失的行为；而后罪在客观方面则表现为泄露国家秘密，情节严重的行为。④犯罪主体不同。本罪的主体是一般主体，包括自然人和单位，而后罪的主体是特殊主体，一般是国家机关工作人员，但根据刑法规定，非国家机关工作人员实施本罪行为的，依照本罪定罪并酌情处罚。

(3) 本罪的共犯问题。根据《知识产权刑案解释》第16条的规定，明知他人实施侵犯知识产权犯罪，而为其提供贷款、资金、账号、发票、证明、许可证件，或者提供生产、经营场所或者运输、储存、代理进出口等便利条件、帮助的，以侵犯知识产权犯罪的共犯论处。

3. 侵犯商业秘密罪的刑事责任。依照《刑法》第219条和第220条的规定，犯本罪的，处3年以下有期徒刑或者拘役，并处或者单处罚金；造成特别严重后果的，处3年以上7年以下有期徒刑，并处罚金。单位犯本罪，对单位判处罚金，并对其直接负责的主管人员和其他直接责任人员，依照上述规定处罚。根据上述《知识产权刑案解释》第7条的规定，给商业秘密的权利人造成损失数额在250万元以上的，属于“造成特别严重后果”。根据该解释第15条的规定，单位实施本罪，按照相应个人犯罪的定罪量刑标准的3倍定罪量刑。该解释第12条第2款规定，多次实施侵犯知识产权行为，未经行政处理或者刑事处罚的，非法经营数额、违法所得数额或者销售金额累计计算。

（二）疑难问题

与非法贸易有关的经营信息，能否认定为本罪对象的商业秘密？从实践中看，发生了违反保密协议，披露与非法贸易有关的经营信息，例如，被告人张某利用在A公司任职，能掌握该公司大量经营信息的便利条件，在同公司签订了《保密协议》的情况下，未经公司同意，将本公司的一水氢氧化钡、碎玻璃（CRT）等业务的客户信息及价格信息披露给被告人李某、胡某二人，并从中获取非法利益，被告人张某先后收取被告人李某现金16万余元。被告人李某、胡某利用非法获取的经营信息，与A公司的韩国、美国、马来西亚和巴西等国际业务客户开展经营业务。由此，给A公司造成了巨额的直接经济损失。公诉人认为，被告人张某违反权利人有关保守商业秘密的要求，为获取非法利益，披露其所掌握的商业秘密，被告人李某以不正当手段获取权利人的商业秘密，被告人胡某使用以不正当的手段获取的权利人的商业秘密，其行为已触犯《刑法》第219条的规定，犯罪事实清楚，证据确实充分，应当以侵犯商业秘密罪追究其刑事责任。公诉人的指控是否妥当，值得研究。

我们认为，从我国环境法规的有关规定看，CRT碎玻璃作为危险的固体废物，是被明令禁止擅自进口和转口的。本案中，A公司的贸易经营违反了我国有关法律法规的规定，系非法的贸易。与这种非法的贸易有关的经营信息同侵犯商业秘密罪所保护的对象存在着本质的区别，也即这种经营信息不是《刑法》第219条所保护的对象。因为，我国刑法之所以将侵犯他人商业秘密且危害严重的行为规定为犯罪，其主旨在于保护商业秘密权利人的合法权益，维护市场经济中公平竞争的经济秩序，促进科学技术的发展和进步。换言之，侵犯商业秘密罪所保护的对象应该是与他人合法经营相关的商业秘密，保护的是他人的合法的经营行为，而不是与他人非法经营相关的经营信息，不是他人从事的非法的经营行为。因此，如果将这种非法的经营相关的信息也作为商业秘密加以保护，就违背了我国刑法关于侵犯商业秘密罪的立法宗旨，而且也无异于鼓励这种非法的行为，这是我国的环境法规所不容许的。所以，非法贸易的经营信息不是我国刑法关于侵犯商业秘密罪的保护对象，披露或使用他人非法贸易的经营信息的，不构成侵犯商业秘密罪。故此，本案中被告人张某的行为没有侵犯A公司的商业秘密，不能认定其构成本罪。

二十、合同诈骗罪

（一）基本法理

1. 合同诈骗罪的概念和构成要件。合同诈骗罪，是指以非法占有为目的，在签订、履行合同的过程中，采取虚构事实、隐瞒真相的方法，骗取对方当事人的财物，数额较大的行为。

本罪的构成要件是：

（1）本罪的主体是一般主体，凡已满16周岁具有刑事责任能力的人均能成为本罪的主体，单位也可成为本罪的主体。

（2）本罪主观方面只能是直接故意，并且具有非法占有的目的。如果行为人没有这种目的，就不构成本罪。

（3）本罪的客观方面表现为在签订、履行合同过程中，以虚构事实或者隐瞒真相的方法，骗取对方当事人财物，数额较大的行为。

首先，本罪行为发生在合同的签订、履行过程中，这是本罪成立的特定时间条件。“签订合同”，是指订约当事人之间就合同条款进行协商，双方意思表示一致而达成协议。“履行合同”，是指在合同生效后，合同双方当事人按照合同规定的条款履行自己的义务。行为人在签订、履行合同的过程中骗取对方当事人的财物，是构成本罪的前提条件。如果行为不是发生在这一过程中，就不能构成本罪。

其次，行为人采取了虚构事实、隐瞒真相的方法，骗取对方当事人的财物。根据刑法的规定，行为人所采取的欺诈的行为，具体表现为以下五种形式：①以虚构的单位或者冒用他人的名义签订合同。这种行为是指行为人杜撰客观上根本不存在的单位，或者未经许可，擅自以其他单位或个人的名义签订合同，以骗取合同当事人的财物。②以伪造、变造、作废的票据或者其他虚假的产权证明作担保。合同的担保，是促使合同债务人履行其债务，保障合同债权人的债权得以实现的法律措施。“票据”，是指票据法所规定的汇票、本票和支票。所谓其他产权证明，是指金融票据之外的用于证明行为人对某项动产或不动产具有所有权的各种有效证明文件，包括土地使用证、房屋所有权证明、银行存单、提货单、仓单、可转让的股份等。③没有实际履行能力，以先履行小额合同或者部分履行合同的方法，诱骗对方当事人继续签订和履行合同。“没有实际履行能力”，是指没有履行大额合同或者全部合同的能力。行为人在欠缺合同履行能力的情况下，为给对方当事人造成履行能力和履行诚意方面的虚假印象，先与对方签订小额合同并积极履行，或者先履行某一合同的部分义务，在骗取对方当事人的信任，其与行为人签订、履行了大额合同或者履行了全部合同后，行为人就将对方当事人的财物非法据为已有。④收受对方当事人给付的货物、货款、预付款或者担保财产后逃匿，即行为人收受合同对方当事人的货物、货款或者用于担保合同履行的财物后，携款物逃跑或藏匿，致使对方当事人无法追还。收受当事人给付的货物、货款、预付款或者担保财产，无论是逃往别处还是在原地藏匿，均不影响本罪的成立。⑤以其他方法骗取对方当事人财物。“其他方法”，是指以上所列的四种方法以外的虚构事实、隐瞒真相、骗取对方当事人财物的一切方法。

最后，诈骗对方当事人财物必须数额较大。所谓数额较大，根据最高人民检察院、公安部《经济案件追诉标准》第69条的规定，是指下列情形之一：①个人诈骗公私财物，数额在5000元至2万元以上的；②单位直接负责的主管人员和其他直接责任人员以单位名义实施诈骗，诈骗所得归单位所有的，数额在5万至20万元以上的。

（4）本罪的客体是复杂客体，即市场的交易秩序和公私财产所有权。本罪的对象是公私财物。

2. 合同诈骗罪的相关界限。

（1）本罪与非罪的界限。关于本罪与非罪的界限，首先，要准确认定骗取对方当事人财物的数额。本罪的成立，要求行为人骗取合同当事人数额较大的财物。如果骗取的数额没有达到较大的程度，就不能认定其构成本罪，而是一般的合同欺诈行为。其次，要划清本罪与合同纠纷的界限。合同纠纷是指行为人在具备或者基本具备履行能力，且有履行诚意的情况下，由于客观原因导致合同内容无法全部或部分履行的情况。本罪与经济合同纠纷的区别主要在于：①签订合同的目的不同。前者不以履行合同为目的，其签订合同的目的是非法占有对方当事人的财物；而后者的目的是为了履行合同，以获得合同的预期收益。②签订、履行合同过程中的行为表现不同。本罪的行为人在签订、履行合同的过程中，采取了虚构事实、隐瞒真相的方法；而后者签订合同则有一定的事实根据，具备一定的物质基础，不存在虚构事实的情况。③履行合同的能力不同。本罪的行为人根本没有完全履行合同的能力，也不想完全履行合同；而后者则具有履行的能力。④未能履行合同的原因不同。本罪的行为人根本不想履行合同；而合同纠纷则是因行为人意志以外的原因导致合同未能履行。⑤合同所涉款物的去向不同。合同诈骗的行为人往往将骗得的钱财大肆挥霍；而后者则用于正常的生产经营。⑥对合同未能履行的主观态度不同。合同诈骗的行为一般拒绝任何履行行为；而后者的当事人一般要采取积极的措施进行补救或者承担违约责任。

（2）本罪与金融诈骗罪的界限。本罪与金融诈骗罪都属于诈骗犯罪的范畴，二者在主观上都具有非法占有他人财物的目的，客观上都实施了骗取他人财物的行为。但二者也存在明显区别：①侵犯的主要客体不同。本罪主要侵犯了市场交易秩序；而金融诈骗罪主要侵犯了金融管理秩序。②犯罪对象不同。本罪的犯罪对象则是各种财物，包括货款、货物等，而本罪的犯罪对象是货币、资金及有价证券等。③客观方面的表现不同。本罪主要发生在签订、履行合同的过程中，利用经济合同而诈骗对方当事人的财物；而金融诈骗罪则发生在信贷、使用票据、保险等金融相关业务活动过程中。

应当注意的是，要正确认定本罪与金融诈骗罪之间存在的竞合关系，如本罪和保险诈骗罪。由于保险诈骗罪的行为人是通过保险合同实施诈骗行为的，因此，本罪与保险诈骗罪就存在着法条竞合关系。再如，本罪与票据诈骗罪、集资诈骗罪等，当票据诈骗罪属于明知是伪造、变造的汇票、本票、支票而使用的情形时，或者集资诈骗罪是以签订、履行合同的方式实施时，本罪就与票据诈骗罪、集资诈骗罪等形成法条竞合关系。相对而言，本罪系普通法，而金融诈骗罪系特别法，当行为人通过签订、履行合同的方式实施诈骗，同时又触犯了金融诈骗罪的法条时，根据特别法优于普通法的原则，这种行为就应当认定为金融诈骗罪。

3. 合同诈骗罪的刑事责任。根据《刑法》第224条和第231条的规定，犯本罪的，处3年以下有期徒刑或者拘役，并处或者单处罚金；数额巨大或者有其他严重情节的，处3年以上10年以下有期徒刑，并处罚金；数额特别巨大或者有其他特别严重情节的，处10年以上有期徒刑或者无期徒刑，并处罚金或者没收财产。单位犯本罪的，对单位判处罚金，并对其直接负责的主管人员和其他直接责任人员，依照上述规定处罚。

（二）疑难问题

1. 如何理解合同诈骗罪的犯罪对象？关于本罪的犯罪对象，我国刑法学界有两种不同的认识：一种观点认为，本罪的对象是各类受法律保护的经济合同，包括购销合同、借款合同、加工承揽合同、建设工程承包合同、运输合同、技术合同等。不属于经济合同的一般的民事合同，就不属于本罪对象范围。[1] 另一种观点则认为，合同仅仅是诈骗采用的手段形式，并非受犯罪行为侵害的具体对象。本罪的对象应当是财物。财物包括公私财物，公私财物又称公私财产，是公私财物所有权的物质表现，它包括公共财产和私人所有的财产。[2]

我们赞成第二种观点，一方面，保护合同当事人财产的所有权不受非法侵犯是本罪法条所保护客体的重要方面，而合同当事人的财产则是其财产所有权的实体表现，合同诈骗犯罪

---

〔1〕参见李文胜、钱舫等：《扰乱市场秩序罪的认定与处理》，中国检察出版社1998年版，第137页。

〔2〕参见王作富主编：《刑法分则实务研究》，中国方正出版社2007年版，第798页。

行为正是通过非法占有合同当事人财产的形式来侵犯其财产所有权的。因此，合同当事人的财产就是合同诈骗犯罪行为所直接作用的具体物。另一方面，从《刑法》第224条的表述看，"骗取对方当事人财物，数额较大"即意味着对方当事人的财物是合同诈骗行为所指向的具体对象，这与我国刑法学界关于犯罪对象是犯罪行为所指向的具体人或具体物这一通行的见解是相一致的。故本罪的对象只能是当事人的财物，而不是各种经济合同。

2. 如何理解合同诈骗罪的"合同"？关于本罪合同的范围，在我国刑法学界存在着认识上分歧。第一种观点认为，本罪中的合同应仅限于经济合同，这与本罪发生的领域、主体及其经济犯罪的属性都是一致的。[1] 第二种观点认为，单纯将经济合同作为本罪中的合同，人为地缩小了本罪的适用范围，应当将合同法规定的全部合同都纳入本罪合同的范围。第三种观点认为，本罪的合同应该指所有的合同。因为在司法实践中，尽管利用经济合同进行诈骗的行为居多，但利用劳务合同、行政合同等进行诈骗的也屡见不鲜，如果仅限于经济合同，则不利于惩罚犯罪。[2] 第四种观点认为，本罪中合同的确定应依刑法所保护的本罪客体的内容而决定，本罪属于扰乱市场秩序的犯罪，因而，合同须以能够体现市场秩序本质为必须。故本罪合同应当包括所有书面形式的经济合同和民事合同。[3]

我们认为，第一种观点过于狭窄，人为地缩小了本罪法条适用的范围，不足取；第三种观点又过于宽泛，把一些不涉及市场交易秩序的行政合同也纳入其中，与我国刑法设立本罪法条主要系维护公平诚信的市场交易秩序的宗旨相违背。第二种和第四种观点虽然形式上有异但实质上并不对立。因为无论是刑法关于本罪的规定，还是合同法关于合同的签订、履行行为的规制，其立法宗旨和功能都是为了建立和维护公平诚信的交易秩序，立法宗旨和功能的同一性，决定着合同所指的同一性，即合同法所规制的"合同"也是本罪中的"合同"。我们倾向于赞成这种观点。

口头合同能否纳入本罪"合同"的范围？对此，我国刑法学界存在着肯定和否定两种见解。否定说认为：①将口头合同排除在本罪的"合同"之外，正是出于合同的客观性考虑，可以避免本罪的条款架空诈骗罪条款情况的发生；②将口头合同排除在本罪的"合同"之外，并不等于"口头合同"没有被纳入国家对合同的管理制度范围之内，只是表明利用"口头合同"进行诈骗的行为被归属于普通诈骗罪更为妥当；③将这种情况归属于普通诈骗罪，不会因为诈骗罪的主体不包括单位而造成放纵单位利用"口头合同"诈骗的犯罪行为。[4] 肯定说认为：①根据《民法通则》第56条和《合同法》第10条的规定，合同可以采取书面、口头或其他形式。既然口头或其他形式是法定的合同缔结方式，就不能排除口头形式可以符合本罪"合同"的要求。[5] ②口头和其他形式的合同与书面形式的合同一样，都是当事人之间意思表示一致的表现形式，都是反映当事人要约、承诺和权利、义务内容的载体，不能以刑事诉讼程序中难以找到非书面形式合同内容的证据为由而将口头形式和其他形式的合同排除在本罪的合同范围之外，也不能因为《刑法》第224条使用了"签订"一词，就理

---

〔1〕 参见徐武生：《经济犯罪与经济纠纷》，法律出版社1998年版，第175页。

〔2〕 参见陶阳、徐继超："论合同诈骗罪与合同纠纷及民事欺诈行为的界限"，载《河南省政法管理干部学院学报》2004年第4期。

〔3〕 参见肖中华："论合同诈骗罪认定中的若干问题"，载《政法论丛》2002年第2期。

〔4〕 参见喻贵英："《合同法》与本罪之'合同'"，载《河北法学》2004年第6期。

〔5〕 参见邱福军、王德育："合同诈骗罪若干问题浅析"，载赵长青主编：《新世纪刑法新观念研究》，人民法院出版社2001年版，第394页。

解为本罪的合同应限于书面形式的合同。[1]

我们赞成肯定说，并对该说的理由作如下的补充：首先，对本罪承认口头形式的合同与利用证据对口头合同的内容进行证明是两个层次的问题，不能仅仅因为口头合同从证据的角度考量难以证明，就否认利用口头合同实施诈骗的行为认定为本罪的合理性。退而言之，即便应当按照普通诈骗罪定罪处罚，难道对普通诈骗罪的认定，就不需要用证据来证明口头合同的内容了吗？其次，将利用口头合同实施诈骗的行为认定为普通诈骗罪缺乏法理依据。按照我国刑法学界的通说，本罪与诈骗罪是特别法与普通法的关系，明明利用口头合同实施诈骗的行为符合了本罪的构成要件，为什么偏偏要认定为作为普通法的诈骗罪？其法理依据似嫌不足。最后，普通诈骗罪难以恰当地适用于单位利用口头合同实施诈骗的情况，按照刑法的规定，单位并不能构成诈骗罪。有的学者可能会辩解说，对于单位利用口头合同实施的情况，可以按自然人犯罪追究有关直接责任人员的刑事责任。我们认为，这样处理并不能反映诈骗行为的本质，因此，将口头形式的合同诈骗认定为普通的诈骗罪是人为地制造刑法的漏洞，实不足取。

3．合同诈骗罪的主观方面是否包括间接故意？间接故意能否成立本罪，在我国刑法学界存在肯定和否定两种见解。肯定说认为，行为人在签订合同时，对自己是否有履行合同的能力尚无把握，而把履行合同的能力寄托在将来的时运上。合同签订后，先将对方的定金、预付货款据为己有，而对履行合同抱着漠不关心、听之任之的态度，有办法履行就履行，没有办法履行就不履行。如果实际上最后没有履行合同，而是把已得到手的财物非法占有，这种行为人的主观心理态度应属间接故意。[2] 否定说认为，本罪的主观方面是故意，并必须具有非法占有他人财物的目的，这是我国刑法理论界的通说。[3] 还有学者更进一步指出，本罪作为目的型犯罪，行为人主观上有非法占有的目的，客观上在该目的的支配下积极选择合同这一手段，使相对人陷入错误而交出财物，从而达到其非法占有的目的。行为人犯罪的全过程均是围绕非法占有这一目的而展开的，它表现为行为人有意识、有目的地积极选择的过程，对于诈骗的结果不可能是放任的态度。[4]

上述分歧的症结在于，对犯罪故意定义中的“危害社会结果”的理解不同。如果把合同没有履行理解为本罪故意内容中的危害社会结果，那么，从实践中看，有相当一些行为人在签订、履行合同的过程中，对合同是否能履行以及如何履行是抱着漠不关心、听之任之的态度的。如果把行为人骗取数额较大的财物理解为本罪故意内容的中危害社会结果，那么行为人都是围绕着积极追求这一结果的发生而展开诈骗犯罪的全过程的，因此，对于这一结果的发生，行为人不可能是漠不关心、听之任之的态度。显然，根据刑法的规定，本罪以数额较大为基本犯罪构成的必备要素，系刑法理论中的数额犯，而数额犯一般均为结果犯，因此骗取数额较大的财物也就是本罪的特定危害结果，就本罪故意的成立而言，必然要求行为人对这一结果的发生有认识并持积极追求的态度。故此，本罪的行为人在主观上只能出于直接故意，间接故意说误把合同不履行的心理状态当作本罪的主观罪过，是错误的。

---

〔1〕 参见沙君俊：《合同诈骗罪研究》，人民法院出版社2004年版，第74页。

〔2〕 参见夏朝晖：“试论本罪”，载《法商研究》1997年第4期。

〔3〕 参见高铭暄、马克昌主编：《刑法学》（下编），中国法制出版社1999年版，第796页；赵秉志主编：《刑法新教程》，中国人民大学出版社2001年版，第608页，；黄京平主编：《破坏市场经济秩序罪研究》，中国人民大学出版社1999年版，第664页；马克昌主编：《经济犯罪新论——破坏社会主义市场经济罪研究》，武汉大学出版社1998年版，第584页。

〔4〕 参见梁华仁、张先中：“略论合同诈骗罪的几个问题”，载《政法论坛》1999年第1期。

二十一、非法经营罪

（一）基本法理

1．非法经营罪的概念和构成要件。非法经营罪，是指违反国家规定，从事非法经营活动，扰乱市场秩序，情节严重的行为。

本罪的构成要件是：

（1）本罪的主体包括自然人和单位。

（2）本罪的主观方面表现为故意，过失不构成本罪。

（3）本罪的客观方面表现为违反国家规定，从事非法经营活动，扰乱市场秩序，情节严重的行为。

首先，违反国家规定。根据《刑法》第96条规定，违反国家规定，是指违反全国人民代表大会及其常务委员会制定的法律和决定，国务院制定的行政法规、规定的行政措施、发布的决定和命令。就本罪来说，主要是指违反国家关于专营、专卖物品或者其他限制买卖的物品的一系列法律、法规。这是构成本罪的前提条件。

其次，从事非法经营活动。根据刑法的规定，“非法经营活动”具体包括以下行为：

第一，未经许可经营法律、行政法规规定的专营、专卖物品或者其他限制买卖的物品。“未经许可”，指未经国家有关主管部门批准取得经营许可证和相关批准文件；“专营、专卖物品”，指国家法律、行政法规明确规定必须由特定的单位和机构专营、专卖的物品，如食盐、烟草、药品等。“其他限制买卖的物品”，是指国家根据经济发展和维护国家、社会和人民群众利益的需要，规定在一定时期实行限制性经营的物品，如化肥、农药等。这些物品的范围并不是固定不变的，随着社会经济发展，也会有所调整。根据2002年8月23日施行的最高人民法院、最高人民检察院《关于办理非法生产、销售、使用禁止在饲料和动物饮用水中使用的药品等刑事案件具体应用法律若干问题的解释》（以下简称《药品刑案解释》）第1条规定未取得药品生产、经营许可证件和批准文号，非法生产、销售盐酸克伦特罗等禁止在饲料和动物饮用水中使用的药品，扰乱药品市场秩序，情节严重的，依照《刑法》第225条第1项的规定，以非法经营罪追究刑事责任。根据2002年9月13日起施行的最高人民检察院《关于办理非法经营食盐刑事案件具体应用法律若干问题的解释》（以下简称《食盐刑案解释》）第1条规定，违反国家有关盐业管理规定，非法生产、储运、销售食盐，扰乱市场秩序，情节严重的，应当依照《刑法》第225条的规定，以非法经营罪追究刑事责任。根据2003年12月23日最高人民法院、最高人民检察院、公安部、国家烟草专卖局《关于办理假冒伪劣烟草制品等刑事案件适用法律问题座谈会纪要》（以下简称《烟草制品刑案座谈会纪要》）的精神，未经烟草专卖行政主管部门许可，无生产许可证、批发许可证、零售许可证，而生产、批发、零售烟草制品，情节严重的，以非法经营罪追究刑事责任。

第二，买卖进出口许可证、进出口原产地证明以及其他法律、行政法规规定的经营许可证或者批准文件。“进出口许可证”，是指国家许可对外贸易经营者从事进出口业务的证明文件。“进出口原产地证明”，是指在国际贸易活动中，对某一特定产品的原产地进行确认的证明文件。“其他法律、行政法规规定的经营许可证或者批准文件”，是指法律法规规定从事某些生产经营活动者必须具备的经营许可证或者批准文件，如森林采伐、矿产开采、野生动物狩猎、重要农用生产资料等许可证。

第三，未经国家有关主管部门批准，非法经营证券、期货、保险业务或者非法从事资金支付结算业务的行为。这是1999年12月25日全国人大常委会通过的《刑法修正案》第8条对本罪增加的内容（原第3项变更为第4项）。证券、期货以及保险业务中的非法经营行为，同样以违反各自领域中的法律法规并达到情节严重程度为构成要件。

第四，在国家规定的交易场所以外非法买卖外汇。这是1998年12月29日第九届全国人民代表大会常务委员会《关于惩治骗购外汇、逃汇和非法买卖外汇犯罪的决定》第4条规定对本罪增加的内容，根据该条规定，非法买卖外汇构成本罪也要以情节严重为构成要件。

第五，其他严重扰乱市场管理秩序的非法经营行为。是指除前四种以外的其他破坏市场管理秩序的非法经营行为。根据1998年12月17日发布的最高人民法院《关于审理非法出版物刑事案件具体应用法律若干问题的解释》（以下简称《非法出版物刑案解释》）第11条规定，出版、发行、复制发行除具有反动性政治内容出版物、侵权复制品、淫秽物品以外的严重危害社会秩序和市场秩序的非法出版物，情节严重的，属于《刑法》第225条第4项规定的其他严重扰乱市场秩序的非法经营行为。根据该解释第15条的规定，非法从事出版物的出版、印刷、复制发行业务，严重危害社会秩序和市场秩序，情节特别严重，构成犯罪的，可以依照《刑法》第225条第4项的规定，以非法经营罪定罪处罚。根据2001年4月10日最高人民法院《关于情节严重的传销或者变相传销行为如何定性问题的批复》（以下简称《传销批复》），对于1998年4月18日国务院《关于禁止传销经营活动的通知》发布以后，仍然从事传销或者变相传销活动，扰乱市场秩序，情节严重的，以本罪定罪处罚。根据2002年2月6日最高人民检察院《关于非法经营国际或港澳台地区电信业务行为法律适用问题的批复》，违反《中华人民共和国电信条例》规定，采取租用电信国际专线、私设转接设备或者其他方法，擅自经营国际或者香港特别行政区、澳门特别行政区和台湾地区电信业务进行营利活动，扰乱电信市场管理秩序，情节严重的，以本罪定罪处罚。根据2000年5月24日最高人民法院施行的《关于审理扰乱电信市场管理秩序案件具体应用法律若干问题的解释》（以下简称《电信市场案解释》）第1、4条的规定，单位或者自然人违反国家规定，采取租用国际专线、私设转接设备或者其他方法，擅自经营国际电信业务或者涉港澳台电信业务进行营利活动，扰乱电信市场管理秩序，情节严重的，依照《刑法》第225条第4项的规定，以非法经营罪定罪处罚。最高人民法院、最高人民检察院发布并于2003年5月15日起施行的《关于办理妨害预防、控制突发传染病疫情等灾害的刑事案件具体应用法律若干问题的解释》第6条规定，违反国家在预防、控制突发传染病疫情等灾害期间有关市场经营、价格管理等规定，哄抬物价、牟取暴利，严重扰乱市场秩序，违法所得数额较大或者有其他严重情节的，依照《刑法》第225条第4项的规定，以非法经营罪定罪，依法从重处罚。根据“两高”《药品刑案解释》第2条规定，在生产、销售的饲料中添加盐酸克伦特罗等禁止在饲料和动物饮用水中使用的药品，或者销售明知是添加有该类药品的饲料，情节严重的，依照《刑法》第225条第4项的规定，以非法经营罪追究刑事责任。2005年5月13日施行的最高人民法院、最高人民检察院《关于办理赌博刑事案件具体应用法律若干问题的解释》第6条规定，未经国家批准擅自发行、销售彩票，构成犯罪，依照《刑法》第225条第4项的规定，以非法经营罪定罪处罚。

最后，成立本罪，要求非法经营行为必须达到情节严重的程度。情节严重的具体标准，需要根据有关司法解释对于不同非法经营行为所作的具体规定把握。

（4）本罪侵犯的客体是市场管理秩序。本罪的犯罪对象是未经许可经营的专营、专卖物品或其他限制买卖的货物、物品、外汇和进出口许可证、进出口原产地证明以及其他法律、法规规定的经营许可证或者批准文件。

2. 非法经营罪的相关界限。

（1）本罪与非罪的界限。非法经营行为是否构成犯罪，关键在于非法经营行为是否情节严重，这是立法对非法经营行为罪与非罪的区分在量上的界定，据此，即使行为人实施了非法经营的行为，但情节尚未达到严重的程度时，不能认定为非法经营罪。何谓情节严重，需要根据有关的司法解释加以确定。

（2）本罪与他罪的界限。

第一，本罪与侵犯著作权罪的界限。侵犯著作权罪，是指以营利为目的，违反著作权法规定，未经著作权人许可，复制、发行其作品，出版他人享有专有出版权的图书，复制发行其制作的音像制品，或者制作销售假冒他人署名的美术作品，违法所得数额较大或者有其他严重情节的行为。本罪与侵犯著作权罪的区别主要表现：①犯罪客体不同。本罪侵犯的客体是市场的管理秩序；而后罪侵犯的客体则是他人的著作权。②犯罪对象不同。本罪的对象是未经许可经营的专营、专卖物品或其他限制买卖的货物、物品、外汇和进出口许可证、进出口原产地证明以及其他法律、法规规定的经营许可证或者批准文件；后罪的对象是他人享有著作权的作品。③客观方面的表现不同。本罪客观方面表现为非法的经营行为；后罪则表现为法定的侵犯他人著作权的行为。

第二，本罪与生产、销售伪劣商品罪的界限。生产、销售伪劣商品罪是《刑法》分则第三章第一节规定的一类犯罪。本罪与生产、销售伪劣商品罪的主体均包括自然人和单位；犯罪主观方面均为直接故意，二者有相似之处，但也有明显的不同：①犯罪客体不同。本罪侵犯的客体是市场的管理秩序；而生产、销售伪劣商品罪的客体为复杂客体，即不仅侵犯了国家对产品质量的管理秩序，也侵犯了消费者的合法权益。②行为对象不同。本罪的对象是未经许可经营的专营、专卖物品或其他限制买卖的货物、物品、外汇和进出口许可证、进出口原产地证明以及其他法律、法规规定的经营许可证或者批准文件；而后罪的犯罪对象是伪劣商品。③客观方面不同。本罪的客观方面表现为违反国家规定，从事非法经营，扰乱市场秩序，情节严重的行为；而后罪的客观方面则表现为生产或者销售伪劣商品的行为。

3. 非法经营罪的刑事责任。根据《刑法》第225、231条的规定，实施非法经营行为，情节严重的，处5年以下有期徒刑或者拘役，并处或者单处违法所得1倍以上5倍以下的罚金；情节特别严重的，处5年以上有期徒刑，并处违法所得1倍以上5倍以下的罚金或者没收财产。单位犯本罪，对单位判处罚金，并对其直接负责的主管人员和其他直接责任人员，依照上述规定处罚。不同非法经营行为的“情节严重”、“情节特别严重”的具体标准，应按照以下有关司法解释的具体规定来确定。

（1）根据《食盐刑案解释》第2条的规定，非法经营食盐数量在20吨以上，或者曾因非法经营食盐行为受过2次以上行政处罚又非法经营食盐，数量在10吨以上的，属于情节严重，应当依法追究刑事责任。非法经营食盐行为未经处理的，其非法经营的数量累计计算；行为人非法经营行为是否盈利，不影响犯罪的构成。

（2）根据《烟草制品刑案座谈会纪要》的精神，未经烟草专卖行政主管部门许可，无生产许可证、批发许可证、零售许可证，而生产、批发、零售烟草制品，具有下列情形之一的，以非法经营罪定罪处罚：①个人非法经营数额在5万元以上的，或者违法所得数额在1万元以上的；②单位非法经营数额在50万元以上的，或者违法所得数额在10万元以上的；③曾因非法经营烟草制品行为受过二次以上行政处罚又非法经营的，非法经营数额在2万元以上的。

（3）根据《非法出版物刑案解释》第12、13条的规定，个人实施非法出版方面的非法经营行为，具有下列情形之一的，属于非法经营行为“情节严重”：①经营数额在5万元至10万元以上的；②违法所得数额在2万元至3万元以上的；③经营报纸5000份或者期刊

5000本或者图书2000册或者音像制品、电子出版物500张（盒）以上的。单位实施上述行为，具有下列情形之一的，属于非法经营行为“情节严重”：①经营数额在15万元至30万元以上的；②违法所得数额在5万元至10万元以上的；③经营报纸15 000份或者期刊15 000本或者图书5000册或者音像制品、电子出版物1500张（盒）以上的。根据该解释第14条的规定，经营数额、违法所得数额或者经营数量接近非法经营行为“情节严重”，并具有下列情形之一的，可以认定为非法经营行为“情节严重”：①两年内因出版、印刷、复制、发行非法出版物受过行政处罚两次以上的；②因出版、印刷、复制、发行非法出版物造成恶劣社会影响或者其他严重后果的。根据该解释第17条的规定，“经营数额”，是指以非法出版物的定价数额乘以行为人经营的非法出版物数量所得的数额。“违法所得数额”，是指获利数额。非法出版物没有定价或者以境外货币定价的，其单价数额应当按照行为人实际出售的价格认定。

（3）根据《电信市场案解释》第2、3条的规定，具有下列情形之一的，属于非法经营行为“情节严重”：①经营去话业务数额在100万元以上的；②经营来话业务造成电信资费损失数额在100万元以上的。经营数额或者造成电信资费损失数额接近非法经营行为“情节严重”的数额起点标准，并具有下列情形之一的，可以认定为非法经营行为“情节严重”：①两年内因非法经营国际电信业务或者涉港澳台电信业务行为受过行政处罚两次以上的；②因非法经营国际电信业务或者涉港澳台电信业务行为造成其他严重后果的。根据本解释第10条的规定，“经营去话业务数额”，是指以行为人非法经营国际电信业务或者涉港澳台电信业务的总时长（分钟数）乘以行为人每分钟收取的用户使用费所得的数额。“电信资费损失数额”，是指以行为人非法经营国际电信业务或者涉港澳台电信业务的总时长（分钟数）乘以在合法电信业务中我国应当得到的每分钟国际结算价格所得的数额。

（4）根据最高人民检察院、公安部《经济案件追诉标准》之精神，非法经营外汇，涉嫌下列情形之一的，应予追诉：①在外汇指定银行和中国外汇交易中心及其分中心以外买卖外汇，数额在20万美元以上的，或者违法所得数额在5万元人民币以上的；②公司、企业或者其他单位违反有关外贸代理业务的规定，采用非法手段，或者明知是伪造、变造的凭证、商业单据，为他人向外汇指定银行骗购外汇，数额在500万美元以上的，或者违法所得数额在50万元人民币以上的；③居间介绍骗购外汇，数额在100万美元以上或者违法所得数额在10万元人民币以上的。未经国家有关主管部门批准，非法经营证券、期货或者保险业务，非法经营数额在30万元以上，或者违法所得数额在5万元以上的，应予追诉。从事其他非法经营活动，涉嫌下列情形之一的，应予追诉：①个人非法经营数额在5万元以上，或者违法所得数额在1万元以上的；②单位非法经营数额在50万元以上，或者违法所得数额在10万元以上的。

（二）疑难问题

如何认定非法经营罪的罪数问题？本罪涉及的犯罪对象十分广泛，其中的部分对象又是刑法规定的其他犯罪的对象，如此一来，就很可能会产生针对一个犯罪对象实施危害行为而触犯多个罪名的问题。对此，我国有关的司法解释也有所涉及，例如，根据《电信市场案解释》第5条的规定，违反国家规定，擅自设置、使用无线电台（站），或者擅自占用频率，非法经营国际电信业务或者涉港澳台电信业务进行营利活动，同时构成本罪和《刑法》第288条规定的扰乱无线电通讯管理秩序罪的，依照处罚较重的规定定罪处罚。根据“两高”《药品刑案解释》第5条的规定，实施本解释规定的行为，同时触犯刑法规定的两种以上犯罪的，依照处罚较重的规定追究刑事责任。《食盐刑案解释》第4条规定，以非碘盐充当碘盐或者以工业用盐等非食盐充当食盐进行非法经营，同时构成本罪和生产、销售伪劣产品罪，生产、销售不符合卫生标准的食品罪，生产、销售有毒、有害食品罪等其他犯罪的，依照处罚较重的规定追究刑事责任。以上司法解释的规定，在司法实践中必须遵照执行。

二十二、其他犯罪

（一）生产、销售劣药罪

生产、销售劣药罪，是指生产、销售劣药，对人体健康造成严重危害的行为。

根据《刑法》第142、150条的规定，犯本罪的，处3年以上10年以下有期徒刑，并处销售金额50%以上2倍以下罚金；后果特别严重的，处10年以上有期徒刑或者无期徒刑，并处销售金额50%以上2倍以下罚金或者没收财产。单位犯本罪的，对单位判处罚金，并对其直接负责的主管人员和其他责任人员，依照上述规定处罚。

（二）生产、销售不符合卫生标准的食品罪

生产、销售不符合卫生标准的食品罪，是指生产、销售不符合卫生标准的食品，足以造成严重食物中毒事故或者其他食源性疾患的行为。

根据《刑法》第143条的规定，犯本罪的，处3年以下有期徒刑或者拘役，并处或者单处销售金额50%以上2倍以下罚金；对人体健康造成严重危害的，处3年以上7年以下有期徒刑，并处销售金额50%以上2倍以下罚金；后果特别严重的，处7年以上有期徒刑或者无期徒刑，并处销售金额50%以上2倍以下罚金或者没收财产。根据《刑法》第150条的规定，单位犯本罪的，对单位判处罚金，并对其直接负责的主管人员和其他直接责任人员，依照上述规定处罚。

（三）生产、销售有毒有害食品罪

生产、销售有毒、有害食品罪，是指在生产、销售的食品中掺入有毒、有害的非食品原料的，或者销售明知掺有有毒、有害的非食品原料的食品的行为。

根据《刑法》第144条的规定，犯本罪的，处5年以下有期徒刑或者拘役，并处或者单处销售金额50%以上2倍以下的罚金；造成严重食物中毒事故或者其他严重食源性疾患，对人体健康造成严重危害的，处5年以上10年以下有期徒刑，并处销售金额5%以上2倍以下罚金；致人死亡或者人体健康造成特别严重危害的，根据《刑法》第141条的规定，处10年以上有期徒刑、无期徒刑或者死刑，并处销售金额50%以上2倍以下罚金或者没收财产。根据《刑法》第150条的规定，单位犯本罪的，对单位判处罚金，并对直接负责的主管人员和其他直接责任人员，依照上述规定处罚。

（四）生产、销售不符合标准的医用器材罪

生产、销售不符合标准的医用器材罪，是指生产不符合保障人体健康的国家标准、行业标准的医疗器械、医用卫生材料，或者销售明知是不符合保障人体健康的国家标准、行业标准的医疗器械、医用卫生材料，足以严重危害人体健康的行为。

根据《刑法》第145条的规定，犯本罪的，处3年以下有期徒刑或者拘役，并处销售金额50%以上2倍以下罚金；对人体造成严重危害的，处3年以上10年以下有期徒刑，并处销售金额50%以上2倍以下罚金；后果特别严重的，处10年以上有期徒刑或者无期徒刑，并处销售金额50%以上2倍以下罚金或者没收财产。根据《刑法》第150条的规定，单位犯本罪的，对单位判处罚金，并对其直接负责的主管人员和其他直接责任人员，依照上述规定处罚。

（五）生产、销售不符合安全标准的产品罪

生产、销售不符合安全标准的产品罪，是指生产不符合保障人身、财产安全的国家标准、行业标准的电器、压力容器、易燃易爆产品或者其他不符合保障人身、财产安全的国家标准、行业标准的产品，或者销售明知是以上不符合保障人身、财产安全的国家标准、行业标准的产品，造成严重后果的行为。

根据《刑法》第146条的规定，犯本罪的，处5年以下有期徒刑，并处销售金额50%以上2倍以下罚金；后果特别严重的，处5年以上有期徒刑，并处销售金额50%以上2倍以下罚金。根据《刑法》第150条的规定，单位犯本罪的，对单位判处罚金，并对其直接负责的主管人员和其他直接责任人员，依照上述规定处罚。

（六）生产、销售伪劣农药、兽药、化肥、种子罪

生产、销售伪劣农药、兽药、化肥、种子罪，是指生产假农药、假兽药、假化肥，销售明知是假的或者失去使用效能的农药、兽药、化肥、种子，或者生产者、销售者以不合格的农药、兽药、化肥、种子冒充合格的农药、兽药、化肥、种子，使生产遭受较大损失的行为。

根据《刑法》第147条的规定，犯本罪的，处3年以下有期徒刑或者拘役，并处或者单处销售金额50%以上2倍以下罚金；使生产遭受重大损失的，处3年以上7年以下有期徒刑，并处销售金额50%以上2倍以下罚金；使生产遭受特别重大损失的，处7年以上有期徒刑或者无期徒刑，并处销售金额50%以上2倍以下罚金或者没收财产。

根据《刑法》第150条的规定，单位犯本罪的，对单位判处罚金，并对其直接负责的主管人员和其他直接责任人员，依照上述规定处罚。

（七）生产、销售不符合卫生标准的化妆品罪

生产、销售不符合卫生标准的化妆品罪，是指生产不符合卫生标准的化妆品，或者销售明知是不符合卫生标准的化妆品，造成严重后果的行为。

根据《刑法》第148条的规定，犯本罪的，处3年以下有期徒刑或者拘役，并处或者单处销售金额50%以上2倍以下罚金。根据《刑法》第150条的规定，单位犯本罪的，对单位判处罚金，并对其直接负责的主管人员和其他直接责任人员，依照上述规定处罚。

（八）走私武器、弹药罪

走私武器、弹药罪，是指违反海关法规，逃避海关监管，运输、携带、邮寄武器、弹药进出国（边）境的行为。

根据《刑法》第151条第1、4、5款，第157条的规定，犯本罪的，处7年以上有期徒刑，并处罚金或者没收财产；情节较轻的，处3年以上7年以下有期徒刑，并处罚金；情节特别严重的，处无期徒刑或者死刑，并处没收财产。单位犯本罪的，对单位判处罚金，并对其直接负责的主管人员和其他直接责任人员，依照上述规定处罚。武装掩护走私武器、弹药的，从重处罚。以暴力、威胁方法抗拒缉查走私武器、弹药的，以本罪与妨害公务罪实行数罪并罚。

（九）走私核材料罪

走私核材料，是指违反海关法规，逃避海关监管，运输、携带、邮寄核材料进出国（边）境的行为。

根据《刑法》第151条第1、4、5款，第157条之规定，犯本罪的，处7年以上有期徒刑，并处罚金或者没收财产；情节较轻的，处3年以上7年以下有期徒刑，并处罚金；情节特别严重的，处无期徒刑或者死刑，并处没收财产。单位犯本罪的，对单位判处罚金，并对其直接负责的主管人员和其他直接责任人员，依照上述规定处罚。武装掩护走私核材料的，从重处罚。以暴力、威胁方法抗拒缉查走私核材料的，以本罪与妨害公务罪实行数罪并罚。

(十) 走私文物罪

走私文物罪，是指违反海关法规，逃避海关监管，运输、携带、邮寄国家禁止出口的文物出境的行为。

根据《刑法》第151条第2、4、5款，第157条的规定，犯本罪的，处5年以上有期徒刑，并处罚金；情节较轻的，处5年以下有期徒刑，并处罚金；情节特别严重的，处无期徒刑或者死刑，并处没收财产。单位犯本罪的，对单位判处罚金，并对其直接负责的主管人员和其他直接责任人员，依照上述规定处罚。武装掩护走私文物的，从重处罚。以暴力、威胁方法抗拒缉查走私文物的，以本罪与妨害公务罪实行数罪并罚。

(十一) 走私贵重金属罪

走私贵重金属罪，是指违反海关法规，逃避海关监管，运输、携带、邮寄国家禁止出口的黄金、白银和其他贵重金属出境的行为。

根据《刑法》第151条第2、4、5款和第157条的规定，犯本罪的，处5年以上有期徒刑，并处罚金；情节较轻的，处5年以下有期徒刑，并处罚金；情节特别严重的，处无期徒刑或者死刑，并处没收财产。单位犯本罪的，对单位判处罚金，并对其直接负责的主管人员和其他直接责任人员，依照上述规定处罚。武装掩护走私贵重金属的，从重处罚。以暴力、威胁方法抗拒缉查走私贵重金属的，以本罪和妨害公务罪实行数罪并罚。

(十二) 走私珍贵动物、珍贵动物制品罪

走私珍贵动物、珍贵动物制品罪，是指违反海关法规，逃避海关监管，运输、携带、邮寄国家禁止进出口的珍贵动物、珍贵动物制品进出国（边）境的行为。

根据《刑法》第151条第2、4、5款和第157条的规定，犯本罪的，处5年以上有期徒刑，并处罚金；情节较轻的，处5年以下有期徒刑，并处罚金；情节特别严重的，处无期徒刑或者死刑，并处没收财产。单位犯本罪的，对单位判处罚金，并对其直接负责的主管人员和其他直接责任人员，依照上述规定处罚。武装掩护走私珍贵动物、珍贵动物制品的，从重处罚。以暴力或者威胁方法抗拒缉查走私珍贵动物、珍贵动物制品的，按本罪和妨害公务罪实行数罪并罚。

(十三) 走私国家禁止进出口的其他货物、物品罪

走私国家禁止进出口的其他货物、物品罪，是指违反海关法规，逃避海关监管，非法运输、携带、邮寄珍稀植物及其制品等国家禁止进出口的其他货物、物品的行为。

根据《刑法》第151条第3、5款和第157条的规定，犯本罪的，处五年以下有期徒刑或者拘役，并处或者单处罚金；情节严重的，处五年以上有期徒刑，并处罚金。单位犯本罪的，对单位判处罚金，并对直接负责的主管人员和其他直接责任人员，按照上述规定处罚。武装掩护走私珍稀植物、珍稀植物制品等国家禁止进出口的其他货物、物品的，按照《刑法》第151条第1、4款的规定从重处罚。以暴力、威胁方法抗拒缉私的，以本罪和妨害公务罪实行数罪并罚。

(十四) 走私淫秽物品罪

走私淫秽物品罪，是指违反海关法规，逃避海关监管，以牟利或者传播为目的，非法运输、携带、邮寄淫秽的影片、录像带、录音带、图片、书刊或者其他淫秽物品进出国（边）境的行为。

根据《刑法》第152条第1、3款和第157条的规定，犯本罪的，处3年以上10年以下有期徒刑，并处罚金；情节较轻的，处3年以下有期徒刑、拘役或者管制，并处罚金；情节严重的，处10年以上有期徒刑或者无期徒刑，并处罚金或者没收财产。单位犯本罪的，对

单位判处罚金，并对其直接负责的主管人员和其他直接责任人员，依照个人犯本罪的规定处罚。武装掩护走私淫秽物品的，按照《刑法》第151条第1、4款的规定从重处罚。以暴力、威胁方法抗拒缉私的，以本罪和妨害公务罪实行数罪并罚。

（十五）走私废物罪

走私废物罪，是指违反海关法规，逃避海关监管，将境外的固体废物、液态废物、气态废物运输进境，情节严重的行为。

根据《刑法》第339条第3款的规定，以原料利用为名，进口不能用作原料的固体废物、液态废物、气态废物的，以本罪定罪处罚。根据《刑法》第152条第2、3款的规定，犯本罪的，处5年以下有期徒刑，并处或者单处罚金；情节特别严重的，处5年以上有期徒刑，并处罚金。单位犯本罪的，对单位判处罚金，并对其直接负责的主管人员和其他直接责任人员，依照上述规定处罚。武装掩护走私废物的，依《刑法》第151条第1、4款的规定从重处罚。以暴力、威胁方法抗拒缉私的，以本罪和妨害公务罪实行数罪并罚。

（十六）虚报注册资本罪

虚报注册资本罪，是指申请公司登记使用虚假证明文件或者采取其他欺诈手段虚报注册资本，欺骗公司登记主管部门，取得公司登记，虚报注册资本数额巨大、后果严重或者有其他严重情节的行为。

根据《刑法》第158条的规定，犯本罪的，处3年以下有期徒刑或者拘役，并处或者单处虚报注册资本金额1%以上5%以下罚金。单位犯本罪的，对单位判处罚金，并对其直接负责的主管人员和其他直接责任人员，处3年以下有期徒刑或者拘役。

（十七）虚假出资、抽逃出资罪

虚假出资、抽逃出资罪，是指公司发起人、股东违反公司法的规定未交付货币、实物或者未转移财产权，虚假出资，或者在公司成立后又抽逃其出资，数额巨大、后果严重或者有其他严重情节的行为。

根据《刑法》第159条的规定，犯本罪的，处5年以下有期徒刑或者拘役，并处或者单处虚假出资金额或者抽逃出资金额2%以上10%以下罚金。单位犯本罪的，对单位判处罚金，并对其直接负责的主管人员和其他直接责任人员，处5年以下有期徒刑或者拘役。

（十八）欺诈发行股票、债券罪

欺诈发行股票、债券罪，是指违反公司法或企业法的规定，在招股说明书、认股书、公司、企业债券募集办法中隐瞒重要事实或者编造重大虚假内容，发行股票或者公司、企业债券，数额巨大、后果严重或者有其他严重情节的行为。

根据《刑法》第160条的规定，犯本罪的，处5年以下有期徒刑或者拘役，并处或者单处非法募集资金金额1%以上5%以下罚金。单位犯本罪的，对单位判处罚金，并对其负责的主管人员和其他直接责任人员，处5年以下有期徒刑或者拘役。

（十九）违规披露、不披露重要信息罪

违规披露、不披露重要信息罪，是指依法负有信息披露义务的公司、企业向股东和社会公众提供虚假的或者隐瞒重要事实的财务会计报告或者对依法应当披露的其他重要信息不按照规定披露，严重损害股东或者其他人利益，或者有其他严重情节的行为。

根据《刑法》第161条的规定，犯本罪的，对公司的直接负责的主管人员和其他直接责任人员，处3年以下有期徒刑或者拘役，并处或者单处2万元以上20万元以下罚金。

（二十）妨害清算罪

妨害清算罪，是指公司、企业进行清算时，隐匿财产，对资产负债表或者财产清单作虚伪记载或者在未清偿债务前分配公司、企业的财产，严重损害债权人或者其他人利益的行为。

根据《刑法》第162条的规定，犯本罪的，对公司、企业的直接负责的主管人员和其他直接责任人员，处5年以下有期徒刑或者拘役，单处或者并处2万元以上20万元以下罚金。

(二十一) 隐匿、销毁会计凭证、会计账簿、财务会计报告罪

隐匿、故意销毁会计凭证、会计账簿、财务会计报告罪，是指隐匿或者故意销毁依法应当保存的会计凭证、会计账簿、财务会计报告，情节严重的行为。

根据《刑法》第162条之一的规定，犯本罪的，处5年以下有期徒刑或者拘役，并处或单处2万元以上20万元以下罚金；单位犯本罪的，对单位判处罚金，并对其直接负责的主管人员和其他直接责任人员依照上述规定处罚。

(二十二) 虚假破产罪

虚假破产罪，是指公司、企业通过隐匿财产、承担虚构的债务或者以其他方法转移、处分财产，实施虚假破产，严重损害债权人或者其他人利益的行为。

根据《刑法》第162条之二的规定，犯本罪的，对其直接负责的主管人员和其他直接责任人员，处5年以下有期徒刑或者拘役，并处或者单处2万元以上20万元以下罚金。

(二十三) 对非国家工作人员行贿罪

对非国家工作人员行贿罪，是指为谋取不正当利益，给予公司、企业或者其他单位的工作人员以财物，数额较大的行为。

根据《刑法》第164条的规定，犯本罪的，处3年以下有期徒刑或者拘役；数额巨大的，处3年以上10年以下有期徒刑，并处罚金。单位犯本罪的，对单位判处罚金，并对其直接负责的主管人员和其他直接责任人员，依照上述规定处罚。行贿人在被追诉前主动交待行贿行为的，可以减轻或者免除处罚。

(二十四) 非法经营同类营业罪

非法经营同类营业罪，是指国有公司、企业的董事、经理利用职务便利，自己经营或者为他人经营与其所任职公司、企业同类的营业，获取非法利益，数额巨大的行为。

根据《刑法》第165条的规定，犯本罪的，处3年以下有期徒刑或者拘役，并处或者单处罚金；数额特别巨大的，处3年以上7年以下有期徒刑，并处罚金。

(二十五) 为亲友非法牟利罪

为亲友非法牟利罪，是指国有公司、企业、事业单位的工作人员，利用职务便利，将本单位的盈利业务交由自己的亲友进行经营，或者以明显高于市场的价格向自己的亲友经营管理的单位采购商品或者以明显低于市场的价格向自己亲友经营管理的单位销售商品，或者向自己的亲友经营管理的单位采购不合格的商品，使国家利益遭受重大损失的行为。

根据《刑法》第166条的规定，犯本罪的，处3年以下有期徒刑或者拘役，并处或者单处罚金；致使国家利益遭受特别重大损失的，处3年以上7年以下有期徒刑，并处罚金。

(二十六) 国有公司、企业、事业单位人员失职罪

国有公司、企业、事业单位人员失职罪，是指国有公司、企业、事业单位的工作人员，由于严重不负责任，造成国有公司、企业破产或者严重损失，或者造成国有事业单位严重损失，致使国家利益遭受重大损失的行为。

根据《刑法》第168条的规定，犯本罪的，处3年以下有期徒刑或者拘役；致使国家利益遭受特别重大损失的，处3年以上7年以下有期徒刑。国有公司、企业、事业单位工作人员徇私舞弊，犯本罪的，从重处罚。

（二十七）国有公司、企业、事业单位人员滥用职权罪

国有公司、企业、事业单位人员滥用职权罪，是指国有公司、企业、事业单位的工作人员，由于滥用职权，造成国有公司、企业破产或者严重损失，或者造成国有事业单位严重损失，致使国家利益遭受重大损失的行为。

根据《刑法》第168条的规定，犯本罪的，处3年以下有期徒刑或者拘役；致使国家利益遭受特别重大损失的，处3年以上7年以下有期徒刑。国有公司、企业、事业单位工作人员，徇私舞弊，犯本罪的，从重处罚。

（二十八）徇私舞弊低价折股、出售国有资产罪

徇私舞弊低价折股、出售国有资产罪，是指国有公司、企业或者其上级主管部门直接负责的主管人员，徇私舞弊，将国有资产低价折股或者低价出售，致使国家利益遭受重大损失的行为。

根据《刑法》第169条的规定，犯本罪的，处3年以下有期徒刑或者拘役；使国家利益遭受特别重大损失的，处3年以上7年以下有期徒刑。

（二十九）背信损害上市公司利益罪

背信损害上市公司利益罪，是指上市公司的董事、监事、高级管理人员、控股股东或者实际控制人违背对公司的忠实义务，利用职务便利，操纵上市公司实施法定的行为，致使上市公司利益遭受重大损失的行为。根据刑法的规定，所谓法定的行为，是指操纵上市公司实施下列行为之一的情形：①无偿向其他单位或者个人提供资金、商品、服务或者其他资产的；②以明显不公平的条件，提供或者接受资金、商品、服务或者其他资产的；③向明显不具有清偿能力的单位或者个人提供资金、商品、服务或者其他资产的；④为明显不具有清偿能力的单位或者个人提供担保，或者无正当理由为其他单位或者个人提供担保的；⑤无正当理由放弃债权、承担债务的；⑥采取其他方式损害上市公司利益的。

根据《刑法》第169条之一的规定，犯本罪的，处3年以下有期徒刑或者拘役，并处或者单处罚金；致使上市公司利益遭受特别重大损失的，处3年以上7年以下有期徒刑，并处罚金。上市公司的控股股东或者实际控制人，指使上市公司董事、监事、高级管理人员实施本罪行为的，依照上述规定处罚。犯本罪的上市公司的控股股东或者实际控制人是单位的，对单位判处罚金，并对其直接负责的主管人员和其他直接责任人员，依照上述规定处罚。

（三十）出售、购买、运输假币罪

出售、购买、运输假币罪，是指出售、购买伪造的货币或者明知是伪造的货币而运输，数额较大的行为。

根据《刑法》第171条第1、3款的规定，犯本罪的，处3年以下有期徒刑或者拘役，并处2万元以上20万元以下罚金；数额巨大的，处3年以上10年以下有期徒刑，并处5万元以上50万元以下罚金；数额特别巨大的，处10年以上有期徒刑或者无期徒刑，并处5万元以上50万元以下罚金或者没收财产。伪造货币并出售或者运输伪造的货币的，按照本罪定罪并从重处罚。

（三十一）金融工作人员购买假币、以假币换取货币罪

金融工作人员购买假币、以假币换取货币罪，是指银行或者其他金融机构的工作人员购买伪造的货币或者利用职务上的便利，以伪造的货币换取货币的行为。

根据《刑法》第171条第2款的规定，犯本罪的，处3年以上10年以下有期徒刑，并处2万元以上20万元以下罚金；数额巨大或者有其他严重情节的，处10年以上有期徒刑或者无期徒刑，并处2万元以上20万元以下罚金或者没收财产；情节较轻的，处3年以下有期徒

刑或者拘役，并处或者单处 1 万元以上 10 万元以下罚金。

（三十二）持有、使用假币罪

持有、使用假币罪，是指明知是伪造的货币而持有、使用，数额较大的行为。根据《刑法》第 172 条的规定，犯本罪的，处 3 年以下有期徒刑或者拘役，并处或者单处 1 万元以上 10 万元以下的罚金；数额巨大的，处 3 年以上 10 年以下有期徒刑，并处 2 万元以上 20 万元以下罚金；数额特别巨大的，处 10 年以上有期徒刑，并处 5 万元以上 50 万元以下罚金或者没收财产。

（三十三）变造货币罪

变造货币罪，是指采用修改、拼接、挖补、剪贴等方法改制真货币，致使货币面值增加或数量增多，数额较大的行为。

根据《刑法》第 173 条的规定，犯本罪的，处 3 年以下有期徒刑或者拘役，并处或者单处 1 万元以上 10 万元以下罚金；数额巨大的，处 3 年以上 10 年以下有期徒刑，并处 2 万元以上 20 万元以下罚金。

（三十四）擅自设立金融机构罪

擅自设立金融机构罪，是指未经国家有关主管部门批准，设立商业银行、证券交易所、期货交易所、证券公司、期货经纪公司、保险公司或者其他金融机构的行为。

根据《刑法》第 174 条第 1、3 款的规定，犯本罪的，处 3 年以下有期徒刑或者拘役，并处或者单处 2 万元以上 20 万元以下罚金；情节严重的，处 3 年以上 10 年以下有期徒刑，并处 5 万元以上 50 万元以下罚金。单位犯本罪的，对单位判处罚金，并对其直接负责的主管人员和其他直接责任人员，依照上述规定处罚。

（三十五）伪造、变造、转让金融机构经营许可证、批准文件罪

伪造、变造、转让金融机构经营许可证、批准文件罪，是指违反国家金融管理法规，伪造、变造、转让商业银行、证券交易所、期货交易所、证券公司、期货经纪公司、保险公司或者其他金融机构经营许可证或者批准文件的行为。

根据《刑法》第 174 条第 2、3 款的规定，犯本罪的，处 3 年以下有期徒刑或者拘役，并处或者单处 2 万元以上 20 万元以下罚金；情节严重的，处 3 年以上 10 年以下有期徒刑，并处 5 万元以上 50 万元以下罚金。单位犯本罪的，对单位判处罚金，并对其直接负责的主管人员和其他直接责任人员，依照上述规定处罚。

（三十六）高利转贷罪

高利转贷罪，是指以转贷牟利为目的，套取金融机构信贷资金高利转贷他人，违法所得数额较大的行为。

根据《刑法》第 175 条的规定，犯本罪的，处 3 年以下有期徒刑或者拘役，并处违法所得 1 倍以上 5 倍以下罚金；数额巨大的，处 3 年以上 7 年以下有期徒刑，并处违法所得 1 倍以上 5 倍以下罚金。数额巨大的标准，有待于司法解释确定。单位犯本罪的，对单位判处罚金，并对其直接负责的主管人员和其他直接责任人员，处 3 年以下有期徒刑或者拘役。

（三十七）骗取贷款、票据承兑、金融票证罪

骗取贷款、票据承兑、金融票证罪，是指以欺骗手段取得银行或者其他金融机构贷款、票据承兑、信用证、保函等，给银行或者其他金融机构造成重大损失或者有其他严重情节的行为。

根据《刑法》第 175 条之一的规定，犯本罪的，处 3 年以下有期徒刑或者拘役，并处或者单处罚金；给银行或者其他金融机构造成特别重大损失或者有其他特别严重情节的，处 3

年以上7年以下有期徒刑，并处罚金。单位犯本罪的，对单位判处罚金，并对其直接负责的主管人员和其他直接责任人员，依照上述规定处罚。

（三十八）伪造、变造金融票证罪

伪造、变造金融票证罪，是指伪造、变造汇票、本票、支票等票据、委托收款凭证、汇款凭证、银行存单等其他银行结算凭证、信用证或者附随的单据、文件，或者伪造信用卡的行为。

根据《刑法》第177条的规定，犯本罪的，处5年以下有期徒刑或者拘役，并处或者单处2万元以上20万元以下罚金；情节严重的，处5年以上10年以下有期徒刑，并处5万元以上50万元以下罚金；情节特别严重的，处10年以上有期徒刑或者无期徒刑，并处5万元以上50万元以下罚金或者没收财产。单位犯本罪的，对单位判处罚金，并对其直接负责的主管人员和其他直接责任人员，依照上述规定处罚。

（三十九）妨害信用卡管理罪

妨害信用卡管理罪，是指明知是伪造的信用卡而持有、运输的，或者明知是伪造的空白信用卡而持有、运输，数量较大，或者非法持有他人信用卡，数量较大，或者使用虚假的身份证明骗领信用卡，或者出售、购买、为他人提供伪造的信用卡或者以虚假的身份证明骗领信用卡，或者窃取、收买或者非法提供他人信用卡信息资料，妨害信用卡管理秩序的行为。

根据《刑法》第177条之一第1款的规定，犯本罪的，处3年以下有期徒刑或者拘役，并处或者单处1万元以上10万元以下罚金；数量巨大或者有其他严重情节的，处3年以上10年以下有期徒刑，并处2万元以上20万元以下罚金。

（四十）窃取、收买、非法提供信用卡信息罪

窃取、收买、非法提供信用卡信息罪，是指窃取、收买、非法提供他人信用卡信息资料的行为。

根据《刑法》第177条之一第2、3款的规定，犯本罪的，处3年以下有期徒刑或者拘役，并处或者单处1万元以上10万元以下罚金；数量巨大或者有其他严重情节的，处3年以上10年以下有期徒刑，并处2万元以上20万元以下罚金。银行或者其他金融机构的工作人员利用职务上的便利，犯本罪的，从重处罚。

（四十一）伪造、变造国家有价证券罪

伪造、变造国家有价证券罪，是指伪造、变造国库券或者国家发行的其他有价证券，数额较大的行为。

根据《刑法》第178条第1款的规定，犯本罪的，处3年以下有期徒刑或者拘役，并处或者单处2万元以上20万元以下罚金；数额巨大的，处3年以上10年以下有期徒刑，并处5万元以上50万元以下罚金；数额特别巨大的，处10年以上有期徒刑或者无期徒刑，并处5万元以上50万元以下罚金或者没收财产。上述数额巨大、特别巨大的标准，有待于司法解释确定。根据该条第3款的规定，单位犯本罪的，对单位判处罚金，并对其直接负责的主管人员和其他直接责任人员，依照上述规定处罚。

（四十二）伪造、变造股票、公司、企业债券罪

伪造、变造股票、公司、企业债券罪，是指伪造、变造股票、公司、企业债券，数额较大的行为。

根据《刑法》第178条第2款的规定，犯本罪的，处3年以下有期徒刑或者拘役，并处或者单处1万元以上10万元以下罚金；数额巨大的，处3年以上10年以下有期徒刑，并处2万元以上20万元以下罚金。根据该条第3款的规定，单位犯本罪的，对单位判处罚金，并对

其直接负责的主管人员和其他直接责任人员，依照上述规定处罚。

（四十三）擅自发行股票、公司、企业债券罪

擅自发行股票、公司、企业债券罪，是指未经国家有关主管部门批准，擅自发行股票或者公司、企业债券，数额巨大、后果严重或者具有其他严重情节的行为。

根据《刑法》第179条的规定，犯本罪的，处5年以下有期徒刑或者拘役，并处或者单处非法募集资金金额1%以上5%以下的罚金。单位犯本罪的，对单位判处罚金，并对其直接负责的主管人员和其他直接责任人员，处5年以下有期徒刑或者拘役。

（四十四）背信从事证券、期货交易罪

背信从事证券、期货交易罪，是指证券交易所、期货交易所、证券公司、期货经纪公司、基金管理公司、商业银行、保险公司等金融机构的从业人员以及有关监管部门或者行业协会的工作人员，利用因职务便利获取的内幕信息以外的其他未公开的信息，违反规定，从事与该信息相关的证券、期货交易活动，或者明示、暗示他人从事相关交易活动，情节严重的行为。

根据《刑法》第181条第4款的规定，犯本罪的，处5年以下有期徒刑或者拘役，并处或者单处违法所得1倍以上5倍以下罚金；情节特别严重的，处5年以上10年以下有期徒刑，并处违法所得1倍以上5倍以下罚金。

（四十五）编造并传播证券、期货交易虚假信息罪

编造并传播证券、期货交易虚假信息罪，是指编造并传播影响证券、期货交易的虚假信息，扰乱证券、期货交易市场，造成严重后果的行为。

根据《刑法》第181条第1、3款的规定，犯本罪的，处5年以下有期徒刑或者拘役，并处或者单处1万元以上10万元以下罚金。单位犯本罪的，对单位判处罚金，并对直接负责的主管人员和其他直接责任人员，处5年以下有期徒刑或者拘役。

（四十六）诱骗投资者买卖证券、期货合约罪

诱骗投资者买卖证券、期货合约罪，是指证券交易所、证券公司、期货交易所和期货经纪公司等证券、期货业的从业人员、证券业协会、期货业协会或者证券、期货监督管理部门的工作人员，故意提供虚假信息、伪造、变造或者销毁交易记录，诱骗投资者买卖证券或者期货合约，造成严重后果的行为。

根据《刑法》第181条第2、3款的规定，犯本罪的，处5年以下有期徒刑或者拘役，并处或者单处1万元以上10万元以下罚金；情节特别恶劣的，处5年以上10年以下有期徒刑，并处2万元以上20万元以下罚金。单位犯本罪的，对单位判处罚金，并对其直接负责的主管人员和其他直接责任人员，处5年以下有期徒刑或者拘役。

（四十七）背信运用受托财产罪

背信运用受托财产罪，是指商业银行、证券交易所、期货交易所、证券公司、期货经纪公司、保险公司或者其他金融机构，违背受托义务，擅自运用客户资金或者其他委托、信托的财产，情节严重的行为。

根据《刑法》第185条之一第1款的规定，犯本罪的，对单位判处罚金，并对其直接负责的主管人员和其他直接责任人员，处3年以下有期徒刑或者拘役，并处3万元以上30万元以下罚金；情节特别严重的，处3年以上10年以下有期徒刑，并处5万元以上50万元以下罚金。

（四十八）违法运用资金罪

违法运用资金罪，是指社会保障基金管理机构、住房公积金管理机构等公众资金管理机

构，以及保险公司、保险资产管理公司、证券投资基金管理公司，违反国家规定运用资金的行为。

根据《刑法》第185条之一第2款的规定，犯本罪的，对其直接负责的主管人员和其他直接责任人员，处3年以下有期徒刑或者拘役，并处3万元以上30万元以下罚金；情节特别严重的，处3年以上10年以下有期徒刑，并处5万元以上50万元以下罚金。

（四十九）违法发放贷款罪

违规发放贷款罪，是指银行或者其他金融机构的工作人员违反国家规定发放贷款，数额巨大或者造成重大损失的行为。

根据《刑法》第186条第1、2、3款的规定，犯本罪的，处5年以下有期徒刑或者拘役，并处1万元以上10万元以下罚金；数额特别巨大或者造成特别重大损失的，处5年以上有期徒刑，并处2万元以上20万元以下罚金。银行或者其他金融机构的工作人员违反国家规定，向关系人发放贷款的，依照上述规定从重处罚。单位犯本罪的，对单位判处罚金，并对其直接负责的主管人员和其他直接责任人员，依照上述规定处罚。

（五十）吸收客户资金不入账罪

吸收客户资金不入账罪，是指银行或者其他金融机构及其工作人员吸收客户资金不入账，数额巨大或者造成重大损失的行为。

根据《刑法》第187条的规定，犯本罪的，处5年以下有期徒刑或者拘役，并处2万元以上20万元以下罚金；造成特别重大损失的，处5年以上有期徒刑，并处5万元以上50万元以下罚金。单位犯本罪的，对单位判处罚金，并对其直接负责的主管人员和其他直接责任人员，依照上述规定处罚。

（五十一）违规出具金融票证罪

违规出具金融票证罪，是指银行或者其他金融机构的工作人员违反规定，为他人出具信用证或者其他保函、票据、存单、资信证明，情节严重的行为。根据《刑法》第188条的规定，犯本罪的，处5年以下有期徒刑或者拘役；情节特别严重的，处5年以上有期徒刑。单位犯本罪的，对单位判处罚金，并对其直接负责的主管人员和其他直接责任人员，依照上述规定处罚。

（五十二）对违法票据承兑、付款、保证罪

对违法票据承兑、付款、保证罪，是指银行或者其他金融机构的工作人员在票据业务中，对违反票据法规定的票据予以承兑、付款或者保证，造成重大损失的行为。

根据《刑法》第189条的规定，犯本罪的，处5年以下有期徒刑或者拘役；造成特别重大损失的，处5年以上有期徒刑。单位犯本罪的，对单位判处罚金，并对其直接负责的主管人员和其他直接责任人员依照上述规定处罚。

（五十三）骗购外汇罪

骗购外汇罪，是指以使用伪造、变造的海关签发的报关单、进口证明、外汇管理部门核准文件和单据或者重复使用海关签发的报关单、进口证明、外汇管理核准文件等凭证和单据或者其他方式，骗购外汇，数额较大的行为。

根据《全国人大常委会关于惩治骗购外汇、逃汇和非法买卖外汇犯罪的决定》第1条的规定，犯本罪的，处5年以下有期徒刑或者拘役，并处骗购外汇数额5%以上30%以下罚金；数额巨大或者有其他严重情节的，处5年以上10年以下有期徒刑，并处骗购外汇数额5%以上30%以下罚金；数额特别巨大或者有其他特别严重情节的，处10年以上有期徒刑或者无期徒刑，并处骗取外汇数额5%以上30%以下罚金或者没收财产。伪造、变造海关签发的报送单、进口证明、外汇管理部门核准等凭证和单据，并用于骗取外汇的，依照上述规定从重处罚。单位犯本罪的，依照上述规定对单位判处罚金，并对其直接负责的主管人员和其他直接责任人员依照上述规定处罚。

（五十四）逃汇罪

逃汇罪，是指公司、企业或者其他单位，违反国家规定，擅自将外汇存放在境外或者将境内的外汇非法转移到境外，数额较大的行为。

根据上述决定第3条、《刑法》第190条的规定，犯本罪的，对单位判处逃汇数额5%以上30%以下罚金，并对直接负责的主管人员和其他直接责任人员处5年以下有期徒刑或者拘役；数额巨大或者有其他严重情节的，对单位判处逃汇数额5%以上30%以下的罚金，并对其直接负责的主管人员和其他直接责任人员处5年以上有期徒刑。

（五十五）集资诈骗罪

集资诈骗罪，是指以非法占有为目的，使用诈骗方法非法集资，数额较大的行为。根据《刑法》第192条的规定，犯本罪的，处5年以下有期徒刑或者拘役，并处2万元以上20万元以下罚金；数额巨大或者有其他严重情节的，处5年以上10年以下有期徒刑，并处5万元以上50万元以下罚金。数额特别巨大或者有其他特别严重情节的，处10年以上有期徒刑，并处5万元以上50万元以下罚金或者没收财产。

根据《刑法》第199条的规定，集资诈骗数额特别巨大并且给国家和人民利益造成特别重大损失的，处无期徒刑或者死刑，并处没收财产。根据《刑法》第200条的规定，单位犯本罪的，对单位判处罚金，并对其直接负责的主管人员和其他直接责任人员处5年以下有期徒刑或者拘役；数额巨大或者有其他严重情节的，处5年以上10年以下有期徒刑；数额特别巨大或者有其他特别严重情节的，处10年以上有期徒刑或者无期徒刑。

（五十六）票据诈骗罪

票据诈骗罪，是指以非法占有为目的，在票据使用过程中隐瞒与票据有关的事实真相，骗取他人财物，数额较大的行为。根据刑法的规定，票据诈骗的行为表现以下几种形式：①明知是伪造、变造的汇票、本票、支票而使用的；②明知是作废的汇票、本票、支票而使用的；③冒用他人的汇票、本票、支票的；④签发空头支票或者与其预留印鉴不符的支票，骗取财物的；⑤汇票、本票的出票人签发无资金保证的汇票、本票或者在出票时作虚假记载，骗取财物的。

根据《刑法》第194条第1款、第199条、第200条的规定，犯本罪的，处5年以下有期徒刑或者拘役，并处2万元以上20万元以下罚金；数额巨大或者有其他严重情节的，处5年以上10年以下有期徒刑，并处5万元以上50万元以下罚金；数额特别巨大并且给国家和人民利益造成特别重大损失的，处无期徒刑或者死刑，并处没收财产。单位犯本罪的，对单位判处罚金，并对其直接负责的主管人员和其他直接责任人员，处5年以下有期徒刑或者拘役；数额特别巨大或者有其他严重情节的，处5年以上10年以下有期徒刑；数额特别巨大或者有其他特别严重情节的，处10年以上有期徒刑或者无期徒刑。

（五十七）金融凭证诈骗罪

金融凭证诈骗罪，是指以非法占有为目的，使用伪造、变造的委托收款凭证、汇款凭证、银行存单等其他银行结算凭证，骗取数额较大的公私财物的行为。

根据《刑法》第194条第2款、第199条、第200条的规定，犯本罪的，处5年以下有期徒刑或者拘役，并处2万元以上20万元以下罚金；数额巨大或者有其他严重情节的，处5年以上10年以下有期徒刑，并处5万元以上50万元以下罚金；数额特别巨大并且给国家和人民利益造成特别重大损失的，处无期徒刑或者死刑，并处没收财产。单位犯本罪的，对单位判处罚金，并对其直接负责的主管人员和其他直接责任人员，处5年以下有期徒刑或者拘役；数额特别巨大或者有其他严重情节的，处5年以上10年以下有期徒刑；数额特别巨大或者有其他特别严重情节的，处10年以上有期徒刑或者无期徒刑。

（五十八）信用证诈骗罪

信用证诈骗罪，是指以非法占有为目的，利用信用证进行诈骗活动的行为。根据刑法规定，利用信用证进行诈骗的具体表现形式是：①使用伪造、变造的信用证或者附随的单据、文件；②使用作废的信用证；③骗取信用证；④以其他方法进行信用证诈骗活动。

根据《刑法》第195、199条和第200条的规定，犯本罪的，处5年以下有期徒刑或者拘役，并处2万元以上20万元以下罚金；数额巨大或者有其他严重情节的，处5年以上10年以下有期徒刑，并处5万元以上50万元以下罚金；数额特别巨大的或者有其他特别严重情节的，处10年以上有期徒刑或者无期徒刑，并处5万元以上50万元以下罚金或者没收财产；数额特别巨大并且给国家和人民利益造成特别重大损失的，处无期徒刑或者死刑，并处没收财产。单位犯本罪的，对单位判处罚金，并对其直接负责的主管人员和其他直接责任人员，处5年以下有期徒刑或者拘役；数额巨大或者有其他严重情节的，处5年以上10年以下有期徒刑；数额特别巨大或者有其他特别严重情节的，处10年以上有期徒刑或者无期徒刑。

（五十九）有价证券诈骗罪

有价证券诈骗罪，是指以非法占有为目的，使用伪造、变造的国库券或者国家发行的其他有价证券，进行诈骗活动，数额较大的行为。

根据《刑法》第197条的规定，犯本罪的，处5年以下有期徒刑或者拘役，并处2万元以上20万元以下罚金；数额巨大或者有其他严重情节的，处5年以上10年以下有期徒刑，并处5万元以上50万元以下罚金；数额特别巨大或者有其他特别严重情节，处10年以上有期徒刑或者无期徒刑，并处5万元以上50万元以下罚金或者没收财产。

（六十）抗税罪

抗税罪，是指以暴力、威胁方法拒不缴纳应缴税款的行为。

根据《刑法》第202条的规定，犯本罪的，处3年以下有期徒刑或者拘役，并处拒缴税款的1倍以上5倍以下罚金；情节严重的，处3年以上7年以下有期徒刑，并处拒不缴纳税款1倍以上5倍以下罚金。

（六十一）逃避追缴欠税罪

逃避追缴欠税罪，是指纳税人欠缴应缴税款，采取转移或者隐匿资产的手段，致使税务机关无法追缴欠缴的税款，数额较大的行为。

根据《刑法》第203条的规定，犯本罪的，处3年以下有期徒刑或者拘役，并处或者单处欠缴税款1倍以上5倍以下罚金；数额在10万元以上的，处3年以上7年以下有期徒刑，并处欠缴税款1倍以上5倍以下罚金。根据《刑法》第211条的规定，单位犯本罪的，对单位判处罚金，并对其直接负责的主管人员和其他直接责任人员，依照上述规定处罚。

（六十二）骗取出口退税罪

骗取出口退税罪，是指以假报出口或者其他欺骗手段，骗取国家出口退税款，数额较大的行为。

根据《刑法》第204条的规定，犯本罪的，处5年以下有期徒刑或者拘役，并处骗取税款1倍以上5倍以下罚金；数额巨大或者有其他严重情节的，处5年以上10年以下有期徒刑，并处骗取税款1倍以上5倍以下罚金；数额特别巨大或者有其他特别严重情节的，处10

年以上有期徒刑或者无期徒刑，并处骗取税款1倍以上5倍以下罚金或者没收财产。根据《刑法》第211条的规定，单位犯本罪的，对单位判处罚金，并对其直接负责的主管人员和其他直接责任人员，依照上述规定处罚。

（六十三）伪造、出售伪造的增值税专用发票罪

伪造、出售伪造的增值税专用发票罪，是指仿照增值税专用发票的式样，非法印制假增值税专用发票或者出售非法印制的假增值税专用发票的行为。

根据《刑法》第206条的规定，犯本罪的，处3年以下有期徒刑、拘役或者管制，并处2万元以上20万元以下罚金；数量较大的或者有其他严重情节的，处3年以上10年以下有期徒刑，并处5万元以上50万元以下罚金；数量巨大或者有其他特别严重情节的，处10年以上有期徒刑或者无期徒刑，并处5万元以上50万元以下罚金或者没收财产。伪造并出售伪造的增值税专用发票，数量特别巨大，情节特别严重，严重破坏经济秩序的，处无期徒刑或者死刑，并处没收财产。单位犯本罪的，对单位判处罚金，并对其直接负责的主管人员和其他直接责任人员，处3年以下有期徒刑、拘役或者管制；数量较大或者有其他严重情节的，处3年以上10年以下有期徒刑；数量巨大或者有其他特别严重情节的，处10年以上有期徒刑或者无期徒刑。

（六十四）非法出售增值税专用发票罪

非法出售增值税专用发票罪，是指违反国家发票管理法规，出售增值税专用发票的行为。

根据《刑法》第207、211条的规定，犯本罪的，处3年以下有期徒刑、拘役或者管制，并处2万元以上20万元以下的罚金；数量较大的，处3年以上10年以下有期徒刑，并处5万元以上50万元以下罚金或者没收财产。单位犯本罪的，对单位判处罚金，并对其负责的主管人员和其他直接责任人员，依照上述规定处罚。

（六十五）非法购买增值税专用发票、购买伪造的增值税专用发票罪

非法购买增值税专用发票、购买伪造的增值税专用发票罪，是指违反国家发票管理法规，非法购买增值税专用发票或者购买伪造的增值税专用发票的行为。

根据《刑法》第208、211条的规定，犯本罪的，处5年以下有期徒刑或者拘役，并处或者单处2万元以上20万元以下罚金。单位犯本罪的，对单位判处罚金，并对其直接负责的主管人员和其他直接责任人员，依照上述规定处罚。非法购买增值税专用发票、购买伪造的增值税专用发票又虚开或者出售的，应分别依照《刑法》第205条规定的虚开增值税专用发票罪，第206条规定的伪造、出售伪造的增值税专用发票罪，第207条规定的非法出售增值税专用发票罪定罪处罚。

（六十六）非法制造、出售非法制造的用于骗取出口退税、抵扣税款发票罪

非法制造、出售非法制造的用于骗取出口退税、抵扣税款的发票罪，是指违反国家发票管理法规，伪造、擅自制造或者出售伪造、擅自制造的用于骗取出口退税、抵扣税款的非增值税专用发票的行为。

根据《刑法》第209条第1款、第211条的规定，犯本罪的，处3年以下有期徒刑、拘役或者管制，并处2万元以上20万元以下罚金；数量巨大的，处3年以上7年以下有期徒刑，并处5万元以上50万元以下罚金或者没收财产；数量特别巨大的，处7年以上有期徒刑，并处5万元以上50万元以下罚金或者没收财产。单位犯本罪的，对单位判处罚金，并对其直接负责的主管人员和其他直接责任人员，依照上述规定处罚。

（六十七）非法制造、出售非法制造的发票罪

非法制造、出售非法制造的发票罪，是指违反国家发票管理法规，伪造、擅自制造或者出售伪造、擅自制造的不能用于骗取出口退税、抵扣税款的增值税专用发票以外的发票的行为。

根据《刑法》第209条第2款、第211条的规定，犯本罪的，处2年以下有期徒刑、拘役或者管制，并处或者单处1万元以上5万元以下罚金；情节严重的，处2年以上7年以下有期徒刑，并处5万元以上50万元以下罚金。单位犯本罪的，对单位判处罚金，并对其直接负责的主管人员和其他直接责任人员，依照上述规定处罚。

（六十八）非法出售用于骗取出口退税、抵扣税款发票罪

非法出售用于骗取出口退税、抵扣税款发票罪，是指违反国家发票管理法规，出售可以用于骗取出口退税、抵扣税款的增值税专用发票以外的发票的行为。

根据《刑法》第209条第3款、第211条的规定，犯本罪的，处3年以下有期徒刑、拘役或者管制，并处2万元以上20万元以下罚金；数量巨大的，处3年以上7年以下有期徒刑，并处5万元以上50万元以下罚金或者没收财产；数量特别巨大的，处7年以上有期徒刑，并处5万元以上50万元以下罚金或者没收财产。单位犯本罪的，对单位判处罚金，并对其直接负责的主管人员和其他直接责任人员，依照上述规定处罚。

（六十九）非法出售发票罪

非法出售发票罪，是指违反国家发票管理法规，非法出售除增值税专用发票、可以用于骗取出口退税、抵扣税款的非增值税专用发票以外的普通发票的行为。

根据《刑法》第209条第4款和第211条的规定，犯本罪的，处2年以下有期徒刑、拘役或者管制，并处或者单处1万元以上5万元以下罚金；情节严重的，处2年以上7年以下有期徒刑，并处5万元以上50万元以下罚金。单位犯本罪的，对单位判处罚金，并对其直接负责的主管人员和其他直接责任人员，依照上述规定处罚。

（七十）销售假冒注册商标的商品罪

销售假冒注册商标的商品罪，是指销售明知是假冒注册商标的商品，销售金额较大的行为。

根据《刑法》第214条的规定，犯本罪的，处3年以下有期徒刑或者拘役，并处或者单处罚金；销售金额数额巨大的，处3年以上7年以下有期徒刑，并处罚金。

（七十一）非法制造、销售非法制造的注册商标标识罪

非法制造、销售非法制造的注册商标标识罪，是指违反国家商标管理法规，伪造、擅自制造他人注册商标标识或者销售伪造、擅自制造的注册商标标识，情节严重的行为。

根据《刑法》第215、220条的规定，犯本罪的，处3年以下有期徒刑、拘役或者管制，并处或者单处罚金；情节特别严重的，处3年以上7年以下有期徒刑，并处罚金。单位犯本罪的，对单位判处罚金，并对其直接负责的主管人员和其他直接责任人员，依照上述规定处罚。

（七十二）假冒专利罪

假冒专利罪，是指违反国家专利管理法规，假冒他人专利，情节严重的行为。

根据《刑法》第216、220条的规定，犯本罪的，处3年以下有期徒刑或者拘役，并处或者单处罚金。单位犯本罪的，对单位判处罚金，并对其直接负责的主管人员和其他直接责任人员，依照上述规定处罚。

（七十三）销售侵权复制品罪

销售侵权复制品罪，是指以营利为目的，销售明知是侵犯他人著作权的复制品，违法所得数额巨大的行为。

根据《刑法》第218、220条的规定，犯本罪的，处3年以下有期徒刑或者拘役，并处罚金或者单处罚金。单位犯本罪的，对单位判处罚金，并对其直接负责的主管人员和其他直接责任人员，依照上述规定处罚。

（七十四）损害商业信誉、商品声誉罪

损害商业信誉、商品声誉罪，是指捏造并散布虚伪事实，损害他人的商业信誉、商品声誉，给他人造成重大损失或者有其他严重情节的行为。

根据《刑法》第221、231条的规定，犯本罪的，处3年以下有期徒刑或者拘役，并处或者单处罚金。单位犯本罪的，对单位判处罚金，并对其直接负责的主管人员和其他直接责任人员，依照上述规定处罚。

（七十五）虚假广告罪

虚假广告罪，是指广告主、广告经营者、广告发布者违反国家规定，利用广告对商品或者服务作虚假宣传，情节严重的行为。

根据《刑法》第222、231条的规定，犯本罪的，处2年以下有期徒刑或者拘役，单处或者并处罚金。单位犯本罪的，对单位判处罚金，并对其直接负责的主管人员和其他直接责任人员依照上述规定处罚。

（七十六）串通投标罪

串通投标罪，是指投标人相互串通投标报价，损害招标人或者其他投标人的利益，情节严重的行为，或者投标人与招标人串通投标，损害国家、集体、公民合法利益的行为。

根据《刑法》第223、231条的规定，犯本罪的，处3年以下有期徒刑或者拘役，并处或者单处罚金。单位犯本罪的，对单位判处罚金，并对其直接负责的主管人员和其他直接责任人员，依照上述规定处罚。

（七十七）组织、领导传销活动罪

组织、领导传销活动罪，是指组织、领导以推销商品、提供服务等经营活动为名，要求参加者以缴纳费用或者购买商品、服务等方式获得加入资格，并按照一定顺序组成层级，直接或者间接以发展人员的数量作为计酬或者返利依据，引诱、胁迫参加者继续发展他人参加，骗取财物，扰乱经济社会秩序的传销活动的行为。

根据《刑法》第224条之一的规定，犯本罪的，处5年以下有期徒刑或者拘役，并处罚金；情节严重的，处5年以上有期徒刑，并处罚金。

（七十八）强迫交易罪

强迫交易罪，是指以暴力、威胁手段强买强卖商品、强迫他人提供服务或者强迫他人接受服务，情节严重的行为。

根据《刑法》第226、231条的规定，犯本罪的，处3年以下有期徒刑或者拘役，并处或者单处罚金。单位犯本罪的，对单位处罚金，并对其直接负责的主管人员和其他直接责任人员，依照上述规定处罚。

（七十九）伪造、倒卖伪造的有价票证罪

伪造、倒卖伪造的有价票证罪，是指伪造或者倒卖伪造的车票、船票、邮票或者其他有价票证，数额较大的行为。

根据《刑法》第227条第1款、第231条的规定，犯本罪的，处2年以下有期徒刑、拘役或者管制，并处或者单处票证价额1倍以上5倍以下罚金；数额巨大的，处2年以上7年以下有期徒刑，并处票证价额1倍以上5倍以下罚金。单位犯本罪的，对单位判处罚金，并对其直接负责的主管人员和其他直接责任人员，依照上述规定处罚。

（八十）倒卖车票、船票罪

倒卖车票、船票罪，是指倒卖车票、船票，情节严重的行为。

根据《刑法》第227条第2款、第231条的规定，犯本罪的，处3年以下有期徒刑、拘役或者管制，并处或者单处票证价额1倍以上5倍以下罚金。单位犯本罪的，对单位判处罚金，并对其直接负责的主管人员和其他直接责任人员，依照上述规定处罚。

（八十一）非法转让、倒卖土地使用权罪

非法转让、倒卖土地使用权罪，是指以牟利为目的，违反土地法规，转让、倒卖土地使用权，情节严重的行为。

根据《刑法》第228、231条的规定，犯本罪的，处3年以下有期徒刑或者拘役，并处或者单处非法转让、倒卖土地使用权价额5%以上20%以下罚金；情节特别严重的，处3年以上7年以下有期徒刑，并处非法转让、倒卖土地使用价额5%以上20%以下罚金。单位犯本罪的，对单位判处罚金，并对其直接负责的主管人员和其他直接责任人员，依照上述规定处罚。

（八十二）提供虚假证明文件罪

提供虚假证明文件罪，是指承担资产评估、验资、验证、会计、审计、法律报服务等职责的中介组织的人员故意提供虚假证明文件，情节严重的行为。

根据《刑法》第229条第1款的规定，犯本罪的，处5年以下有期徒刑或者拘役，并处罚金。根据该条第2款的规定，前款人员索取他人财物或者非法收受他人财物，犯前款罪的，处5年以上10年以下有期徒刑，并处罚金。根据《刑法》第231条的规定，单位犯本罪的，对单位判处罚金，并对其直接负责的主管人员和其他直接责任人员，依照上述规定处罚。

（八十三）出具证明文件重大失实罪

出具证明文件重大失实罪，是指承担资产评估、验资、会计、审计、法律服务等职责的中介组织的人员，严重不负责任，出具的证明文件有重大失实，造成严重后果的行为。

根据《刑法》第229条第3款、第231条的规定，犯本罪的，处3年以下有期徒刑或者拘役，并处或者单处罚金。单位犯本罪的，对单位判处罚金，并对其直接负责的主管人员和其他直接责任人员，依照上述规定处罚。

（八十四）逃避商检罪

逃避商检罪，是指违反进出口商品检验法的规定，逃避商品检验，将必须经商检机构检验的进口商品未报经检验而擅自销售、使用，或者将必须经商检机构检验的出口商品未报经检验合格而擅自出口，情节严重的行为。

根据《刑法》第230、231条的规定，犯本罪的，处3年以下有期徒刑或者拘役，并处或者单处罚金。单位犯本罪的，对单位判处罚金，并对其直接负责的主管人员和其他直接责任人员，依照上述规定处罚。

【思考题】

1. 简述生产、销售伪劣产品罪的概念和构成。认定该罪时应注意哪些问题?
2. 简述生产、销售假药罪的概念和构成。认定该罪时应注意哪些问题?
3. 简述走私假币罪的概念和构成。
4. 简述走私普通货物、物品罪的概念和构成。认定该罪时应注意哪些问题?
5. 简述非国家工作人员受贿罪的概念和构成。认定该罪时应注意哪些问题?
6. 简述签订、履行合同失职被骗罪的概念和构成。
7. 简述伪造货币罪的概念和构成。
8. 简述非法吸收公众存款罪的概念和构成。本罪与集资诈骗罪的区别。
9. 简述内幕交易、泄露内幕信息罪的概念和构成。认定该罪时应注意哪些问题?
10. 简述操纵证券、期货市场罪的概念和构成。
11. 简述洗钱罪的概念和构成。认定该罪时应注意哪些问题?
12. 简述贷款诈骗罪的概念和构成。
13. 简述信用卡诈骗罪的概念和构成。
14. 简述保险诈骗罪的概念和构成。认定该罪时应注意哪些问题?
15. 简述逃避缴纳税款罪的概念和构成。
16. 简述虚开增值税专用发票、用于骗取出口退税、抵扣税款发票罪的概念和构成。
17. 简述假冒注册商标罪的概念和构成。认定该罪时应注意哪些问题?
18. 简述侵犯著作权罪的概念和构成。认定该罪时应注意哪些问题?
19. 简述侵犯商业秘密罪的概念和构成。
20. 简述合同诈骗罪的概念和构成。认定该罪时应注意哪些问题?
21. 简述非法经营罪的概念和构成。

【参考文献】

1. 马克昌主编:《经济犯罪新论——破坏社会主义经济秩序罪研究》,武汉大学出版社 1998 年版。
2. 黄京平主编:《破坏市场经济秩序罪研究》,中国人民大学出版社 1999 年版。
3. 高铭暄主编:《新型经济犯罪研究》,中国方正出版社 2000 年版。
4. 赵秉志主编:《金融诈骗罪新论》,人民法院出版社 2001 年版。
5. 赵秉志主编:《刑法新教程》,中国人民大学出版社 2001 年版。
6. 张军主编:《破坏金融管理秩序罪》,中国人民公安大学出版社 2003 年版。
7. 高铭暄、马克昌主编:《中国刑法解释》,中国社会科学出版社 2005 年版。
8. 孙国祥、魏昌东:《经济刑法研究》,法律出版社 2005 年版。
9. 高铭暄、马克昌主编:《刑法学》,北京大学出版社、高等教育出版社 2007 年版。
10. 王作富主编:《刑法分则实务研究》,中国方正出版社 2007 年版。

第二十八章
侵犯公民人身权利、民主权利罪

【导语】侵犯公民人身权利、民主权利罪，是指故意或者过失地侵犯公民的人身权利、民主权利，以及与人身有关的其他权利的犯罪行为。《刑法》分则第四章共规定了41种侵犯公民人身权利、民主权利的具体犯罪。本章在论述侵犯公民人身权利、民主权利罪的概念和一般构成要件的基础上，重点对其中的故意杀人罪，过失致人死亡罪，故意伤害罪，强奸罪，强制猥亵妇女、儿童罪，非法拘禁罪，绑架罪，拐卖妇女、儿童罪，诬告陷害罪，刑讯逼供罪，侮辱罪，报复陷害罪，破坏选举罪，重婚罪，虐待罪等15种具体犯罪的概念、构成要件、认定和处罚进行了较为详细的阐述。对其他侵犯公民人身权利、民主权利的具体犯罪则简单地介绍了其概念、构成要件与处罚。

本章疑难问题有：①如何处理各种自杀行为？②如何定性与处理安乐死行为？③如何区分过失致人死亡罪与故意伤害（致死）罪的界限？④如何区分轻罪与重罪的界限？⑤故意伤害未遂应否处罚？⑥如何区分故意伤害罪与故意杀人罪？⑦如何处理婚内强奸问题？⑧如何区分强制猥亵、侮辱妇女罪与一般猥亵、侮辱妇女行为？⑨利用妇女无法抗拒的状态进行猥亵的行为如何定性？⑩如何认定利用职权、教养关系、从属关系实施的强制猥亵妇女罪？⑪非法拘禁罪可否由间接故意构成？⑫非法限制他人人身自由的行为能否构成本罪？⑬如何认定非法拘禁罪的对象？⑭已满14周岁不满16周岁的人绑架并杀害被绑架人的案件如何处理？⑮如何认定绑架罪的既遂标准？⑯在司法实践中，如何界定拐卖妇女、儿童罪既遂与未遂的标准呢？⑰司法实践中，如何认定诬告陷害罪与诽谤罪的界限？⑱如何区分侮辱罪与强制猥亵、侮辱妇女罪？⑲如何认定侮辱罪中一罪与数罪的界限？⑳如何区分刑讯逼供罪与非法拘禁罪的界限？㉑刑讯逼供致人伤残、死亡的，如何定性与处理？㉒如何区分报复陷害罪与诬告陷害罪的界限？㉓控告、申诉、举报失实的人能否成为本罪对象？㉔破坏村民委员会的选举能否构成破坏选举罪？㉕如何区分破坏选举罪和妨害公务罪？㉖事实婚能否构成重婚罪？㉗如何区分重婚罪与破坏军婚罪？㉘如何区分虐待罪与故意伤害罪、故意杀人罪？㉙如何区分虐待罪与暴力干涉婚姻自由罪？

■第一节　侵犯公民人身权利、民主权利罪概述

一、侵犯公民人身权利、民主权利罪的概念

侵犯公民人身权利、民主权利罪，是指故意或者过失地侵犯公民的人身权利、民主权利，以及与人身有关的其他权利的犯罪行为。

二、侵犯公民人身权利、民主权利罪的构成要件

（一）犯罪主体

本类犯罪的主体，绝大多数是一般主体，任何具有刑事责任能力的自然人均可成为其犯罪主体，也有少数犯罪是特殊主体，比如，强奸罪的主体只能是男性，刑讯逼供罪、暴力取

证罪的主体只能是司法工作人员，打击报复会计、统计人员罪的主体只能是公司、企业、事业单位、机关、团体的领导人，等等。从刑事责任年龄来看，本类犯罪主体的刑事责任年龄一般要求为已满16周岁，但是，故意杀人、故意伤害致人重伤或者死亡、强奸的，已满14周岁即可构成。本类犯罪的主体绝大多数是自然人，也有少数可由单位构成，如强迫职工劳动罪。本类犯罪中的极少数犯罪属于必要共同犯罪，如聚众阻碍解救被收买的妇女、儿童罪。

（二）犯罪主观方面

本类犯罪的主观方面，除了过失致人死亡罪和过失致人重伤罪由过失构成外，其他罪均由故意构成，其中，大多数只能由直接故意构成，也有的犯罪既可由直接故意构成，又可由间接故意构成，如故意杀人罪、故意伤害罪。

（三）犯罪客观方面

本类犯罪在客观方面表现为非法侵犯他人人身权利、民主权利，以及与人身有关的其他权利的行为。就行为的表现形式而言，绝大多数犯罪只能以作为的方式实施，如强奸罪、绑架罪等；有的犯罪，如遗弃罪，只能以不作为的方式实施；还有的犯罪既可以以作为的方式实施，也可以以不作为的方式实施，如故意杀人罪等。本类罪中，有的犯罪是结果犯，特定危害结果的发生是犯罪既遂或者犯罪成立的必备要件，如故意杀人罪、故意伤害罪、过失致人死亡罪等；有的犯罪是行为犯，法定的危害行为是否实施终了是其犯罪既遂、未遂的区分标志，如强奸罪、诬告陷害罪等；有的犯罪是举动犯，特定的危害行为一经实施即构成犯罪既遂，如煽动民族仇恨、民族歧视罪。

（四）犯罪客体

本类犯罪侵害的客体是公民的人身权利、民主权利，以及与人身有关的其他权利。所谓人身权利，是指法律赋予公民的人身不受非法侵犯的权利，主要包括生命权、健康权、性的自由权、人身自由权、人格权、名誉权、住宅不受侵犯权等。所谓民主权利，是指法律赋予公民的参与国家管理、社会活动的权利，以及其他民主权利，主要包括选举权与被选举权、批评权、控告权、申诉权、宗教信仰自由权、保持民族风俗习惯权等。所谓与人身有关的其他权利，是指婚姻家庭权，亦即公民在婚姻、家庭关系方面依法享有的与人身紧密相连、不具有经济内容的权利，此处主要包括婚姻自由权、受抚养权、一夫一妻制、儿童的受监护权等。严格说来，婚姻家庭权并不属于人身权利的范畴，但是，婚姻家庭权亦具有专属一身的特性，因而也可以将其纳入广义上的人身权利的范围。正是因此，同时也是出于立法技术上的考虑（为了分则体系结构的协调），1997年刑法典才将1979年《刑法》分则第七章“妨害婚姻、家庭罪”全部并入“侵犯公民人身权利、民主权利罪”一章，从而使本类犯罪的客体不再是单纯的人身权利、民主权利，还包括“与人身有关的其他权利”。本类犯罪中，有些犯罪侵犯的是双重客体，如聚众阻碍解救被收买的妇女、儿童罪既侵犯了妇女、儿童的人身权利，又侵犯了国家机关的正常活动；诬告陷害罪、刑讯逼供罪、暴力取证罪既侵犯了公民的人身权利，又侵犯了司法机关的正常活动，等等，但这些犯罪均以侵犯公民的人身权利为其主要内容，因此刑法典将它们划入本类犯罪中。

本类犯罪的对象，一般可以是任何一个自然人，但对有的犯罪而言，其犯罪对象则是特定的，例如，强奸罪，强制猥亵、侮辱妇女罪的对象，只能是妇女；拐卖妇女、儿童罪，收买被拐卖的妇女、儿童罪，聚众阻碍解救被收买的妇女、儿童罪的对象，只能是妇女、儿童；打击报复会计、统计人员罪的对象，只能是会计、统计人员；等等。

三、侵犯公民人身权利、民主权利罪的种类

刑法典分则侵犯公民人身权利、民主权利罪一章共规定了41种具体的侵犯公民人身权利、民主权利犯罪。根据各罪的直接客体的性质和其他特点，可以将它们归纳为下列六类：

第一，侵犯生命、健康权利的犯罪，包括故意杀人罪、过失致人死亡罪、故意伤害罪、过失致人重伤罪。

第二，侵犯妇女、儿童身心健康的犯罪，包括强奸罪，强制猥亵，侮辱妇女罪，猥亵儿童罪。

第三，侵犯人身自由的犯罪，包括非法拘禁罪，绑架罪，拐卖妇女、儿童罪，收买被拐卖的妇女、儿童罪，聚众阻碍解救被收买的妇女、儿童罪，强迫职工劳动罪，雇用童工从事危重劳动罪，非法搜查罪，非法侵入住宅罪，刑讯逼供罪，暴力取证罪，虐待被监管人罪。

第四，侵犯名誉、人格权利的犯罪，包括侮辱罪，诽谤罪，煽动民族仇恨，民族歧视罪，出版歧视，侮辱少数民族作品罪。

第五，侵犯民主权利的犯罪，包括非法剥夺公民宗教信仰自由罪，侵犯少数民族风俗习惯罪，侵犯通信自由罪，私自开拆、隐匿、毁弃邮件、电报罪，出售、非法提供公民个人信息罪，非法获取公民个人信息罪，报复陷害罪，打击报复会计、统计人员罪和破坏选举罪。

第六，侵犯婚姻家庭权利的犯罪，包括暴力干涉婚姻自由罪，重婚罪，破坏军婚罪，虐待罪，遗弃罪，拐骗儿童罪和组织未成年人进行违反治安管理活动罪，组织残疾人、儿童乞讨罪。

第二十八章

■第二节　侵犯公民人身权利、民主权利罪分述

一、故意杀人罪

（一）基本法理

1. 故意杀人罪的概念和构成要件。故意杀人罪，是指故意非法剥夺他人生命的行为。

本罪的构成要件是：

（1）本罪的主体为一般主体，凡年满14周岁的具有刑事责任能力的自然人即可构成。

（2）本罪在主观方面出于故意，既可以是直接故意，也可以是间接故意。具体表现为行为人明知自己的行为会导致他人死亡的结果发生，并且希望或者放任这种结果发生。犯罪动机可能是多种多样，如图财、报复、义愤等均无不可，具体如何，对本罪的构成没有影响，但应作为量刑情节考虑。

（3）本罪在客观方面表现为非法剥夺他人生命的行为。首先，必须有剥夺他人生命的行为，即杀人行为。剥夺他人生命行为的方式，既可表现为作为，也可以表现为不作为。剥夺他人生命的手段多种多样，利用各种工具，利用自然力，利用本人的身体，均无不可；暴力或者非暴力也在所不问，但是，以放火、爆炸、投放危险物质等危险方法杀人的，且行为人明知或应知其行为会造成危害公共安全的结果的，则构成本罪与相关的危害公共安全罪的想象竞合犯。其次，剥夺他人生命的行为必须是非法的。合法的剥夺生命的行为，如因实行正当防卫而致不法侵害人死亡、法警依法对罪犯执行死刑等，不构成犯罪。需要注意的是，剥夺他人生命行为的合法与非法，只能依有关法律的规定判断，而不能以行为人的主观认识或以“民意”为准。详言之，对一些所谓的“大义灭亲”、“为民除害”的行为，除其符合正当防卫等排除犯罪性行为的构成要件外，一律应以故意杀人罪论处。本罪是结果犯，死亡结果的发生是本罪既遂的必备要件。如果虽有杀人行为，但并未发生死亡的结果，或者虽有他

人死亡的事实，但其与行为人的杀人行为之间并无刑法上的因果关系的，则只能以本罪未遂论处。

（4）本罪侵犯的客体是他人的生命权利。犯罪对象是有生命的自然人。人死亡后的尸体、尚未出生的胎儿以及动、植物均不是本罪的对象。若行为人因认识错误，将尸体或动、植物当做人加以“杀害”的，应以本罪未遂论处。人的生命始于出生，终于死亡。对于人的出生、死亡的标志，包括我国在内的世界各国的刑法一般未作明文规定。在刑法理论上，关于这两个问题则存在各种各样的学说。关于人的出生标志，有阵痛说、一部露出说、全部露出说、断带说、发声说、独立呼吸说。其中，独立呼吸说，亦即以胎儿脱离母体，并能独立呼吸作为人生命开始的标志，现为我国多数刑法学者所主张。但目前这一通说的合理性受到了一定的质疑。[1] 这的确是一个值得进一步思索的问题。关于人的死亡标志，大致有心死说和脑死说。传统的观点是心死说，即将心脏停止跳动，呼吸或脉搏停止作为认定人死亡的标志。随着医学科学技术的发展，主张以人的大脑功能完全地、不可逆转地丧失作为认定人死亡标志的脑死说获得了越来越多的认同。目前已有十多个国家明确宣布采取脑死说。在我国，脑死说虽尚未上升为法律，但在个别判决中已得到体现。[2]

2. 故意杀人罪的相关界限。

（1）关于转化型故意杀人罪的问题。根据《刑法》第238、247、248、289、292条的规定，对非法拘禁使用暴力致人死亡的，刑讯逼供或暴力取证致人死亡的，虐待被监管人致人死亡的，聚众“打砸抢”致人死亡的，聚众斗殴致人死亡的，应以本罪论处，这在理论上称为“转化犯”。但是，对于这些条文中的“致人死亡”是应当限制解释为故意致人死亡，还是既包括故意致死也包括过失致死，还是一个亟待研究和解决的问题。我们认为，应作限制性解释。

（2）本罪与组织、利用会道门、邪教组织、利用迷信致人死亡罪，使用极端愚昧、根本不可能造成他人死亡的迷信方法“杀人”行为之间的界限。根据最高人民法院、最高人民检察院《关于办理组织和利用邪教组织犯罪案件具体应用法律若干问题的解释》（以下简称《邪教组织犯罪解释》）第3、4条的有关规定，组织和利用邪教组织制造、散布迷信邪说，蒙骗其成员或其他人实施绝食、自残、自虐等行为，或者阻止病人进行正常治疗，致人死亡的，应以组织、利用会道门、邪教组织、利用迷信致人死亡罪论处。组织和利用邪教组织制造、散布迷信邪说，指使、胁迫其成员或者其他人实施自杀行为的，应以本罪论处。

使用极端愚昧的迷信方法，如画符念咒、针扎纸人等“杀人”的，在刑法理论上称为“迷信犯”。这种行为，由于其根本不存在造成任何危害结果的可能性，因而既不同于利用迷信致人死亡罪，也不同于本罪，对之不能定罪量刑，但可给予批评教育。

3. 故意杀人罪的刑事责任。根据《刑法》第232条的规定，犯本罪的，处死刑、无期徒刑或者10年以上有期徒刑；情节较轻的，处3年以上10年以下有期徒刑。其中，情节严重的故意杀人，主要包括动机卑鄙的故意杀人；手段残忍的故意杀人；后果严重的故意杀人；等等。情节较轻的故意杀人，主要包括当场基于义愤杀人；受被害人嘱托杀人；受被害人长期迫害或者虐待而激愤杀人；“大义灭亲”杀人；父母为掩饰羞耻或因家庭困难而溺婴的；等等。

---

〔1〕 参见高铭暄主编：《新编中国刑法学》（下册），中国人民大学出版社1998年版，第682～683页。

〔2〕 参见最高人民法院中国应用法学研究所编：《人民法院案例选（刑事卷）》（1992～1996年合订本），人民法院出版社1997年版，第314～318页。

（二）疑难问题

1．如何处理各种自杀行为？自杀，是自行结束自己生命的行为。对于自杀者来说，这是一种非罪行为，我国刑法也未规定自杀罪。自杀行为有时是在他人的逼迫、诱骗、教唆、帮助下实施的，此时，则要考虑该逼迫者、诱骗者、教唆者、帮助者的行为是否构成故意杀人罪的问题。

（1）逼迫他人自杀。逼迫他人自杀，是指出于致他人死亡的故意，故意以暴力、威胁等强制手段促使他人自杀。这实质是一种借刀杀人行为，行为人主观上有剥夺他人生命的故意，客观上有非法剥夺他人生命的行为，只不过这种行为是假借他人之手实施的，这就完全符合本罪的构成要件，应当以本罪论处。

（2）诱骗他人自杀。诱骗他人自杀，是指出于故意杀人的目的，采取虚构实事实或隐瞒真相的欺骗手段，促使他人自杀。我们认为，同逼迫他人自杀一样，诱骗他人自杀也是一种借刀杀人行为，对诱骗者应以本罪论处。至于组织、利用会道门、邪教组织、利用封建迷信诱骗他人自杀的，也是一种诱人自杀行为，应当以本罪论处。需要注意的是，“两高”《邪教组织犯罪解释》并未对这种行为的定性作出明确的规定（该解释第3条只是规定了组织和利用邪教组织蒙骗他人实施绝食、自残、自虐等行为，或者阻止病人进行正常治疗，致人死亡的，以组织、利用邪教组织致人死亡罪论处，未规定蒙骗他人自杀的，应如何处理），因而上述观点并不违背现行司法解释的规定。[1]

（3）教唆自杀。教唆自杀，是指行为人用怂恿、请求、命令、挑拨、刺激、引诱、指使等方式，唆使他人产生自杀意图，实施自杀行为。我们认为，教唆自杀行为，根据其性质和处理结果的不同，可以作一定的分类：根据教唆的具体方式不同，可以分为含逼迫、诱骗因素的教唆自杀与不含逼迫、诱骗因素的教唆自杀。前一类教唆自杀，实质也是逼迫自杀或诱人自杀，应当以本罪论处；后一类教唆自杀，则可根据教唆对象的不同，再分为教唆无责任能力人自杀与教唆有责任能力人自杀。前者即教唆未满14周岁人自杀或教唆精神病人自杀，因被教唆者对自己的自杀行为的性质和后果尚欠缺辨识能力，故而对教唆者而言，其行为实质与诱骗他人自杀无异，应以本罪论处；对于后者，因这里的教唆与共同犯罪中的教唆有本质差异，且被教唆者具有认识和控制自己自杀行为的能力，死亡结果的发生在更大程度上是由其自己造成的，故而一般情况下宜不作为犯罪处理。

（4）帮助自杀。帮助自杀，是指他人已有自杀意图，行为人对其在精神上加以鼓励，使其坚定自杀的意图，或者在物质上加以帮助，使他人得以实现其自杀意图。对于帮助自杀，如果是帮助者直接帮他人结束自己生命行为的，则完全符合本罪的构成要件，应以本罪论处；如果只是提供精神帮助，或者只是为自杀者提供自杀工具等便利条件的，则应区分被帮助者责任能力的有无，判定是否构成本罪。具体说来，被帮助者是未满14周岁的未成年人或者精神病人的，应以本罪论处；被帮助者是有责任能力人的，因帮助行为对自杀者死亡结果的原因力很小，危害也不大，不应以犯罪论处。

2．如何定性与处理安乐死行为？“安乐死”的英语名称是euthanasia，源于希腊语，由安逸（eu）和死（thanatos）两个词素构成，其原意是“无痛地、仁慈地处死”，后来更宽泛地指“无痛地、安乐地死去”，即“好死”或“善终”。进言之，所谓安乐死，是指罹患不治之症且濒临死亡的患者，为消除其肉体上难以忍受的痛苦，基于患者自愿而由医生采取的

[1] 参见赵秉志主编：《刑法争议问题研究》（下卷），河南人民出版社1996年版，第229页。

人道的、使其无痛苦死亡的措施。安乐死通常有积极安乐死与消极安乐死之分。积极安乐死，也称为杀害型安乐死，是指为消除、缓和罹患不治之症的患者肉体上的巨大痛苦，基于患者同意由医生以人道无痛苦的方式直接积极地结束其生命的安乐死。消极安乐死，也称为不作为安乐死，是指为不增加罹患不治之症且濒临死亡的患者肉体上的巨大痛苦，依患者意愿不采取延长其生命的积极措施，从而导致患者因病症而自然死亡的情况。

在安乐死类型中，消极安乐死是否构成犯罪，并非问题。但是，对于积极安乐死是否构成犯罪，则存有相当激烈的争议。因为积极安乐死以提前患者死期为直接目的，并实施了结束患者生命的行为，这从形式上已完全符合了本罪的犯罪构成。那么，这种行为是否具有实质的违法性？

肯定论者认为，积极安乐死构成犯罪。其主要理由有：①根据“人类生命神圣性”原理，人的生命绝对不可侵犯，不得在任何情况下予以剥夺；②准许安乐死，等于主张自杀与杀人的念头，毫不符合人性的道理；③如果准许安乐死，就很容易造成医生、家属或者其他相关人士的权利滥用，导致种种弊端而不可收拾，譬如以经济困难的理由去逼迫绝症患者同意实施安乐死等；④实践中难以避免误诊的情况，如果医生将患者罹患的疾病误诊为绝症并实施了安乐死，或者新技术、新药的出现使绝症不再成为绝症，将造成无法挽回的生命损失。

否定论者认为，积极安乐死不构成犯罪。其基本依据主要有三点：①每一个人都应该有自由选择生或死的权利，绝症患者自愿早死的选择，既是其基本人权，又不损害他人，法律不应干涉才对；②医药科技的高速发展，能延长绝症患者的生命，但对于患者本人来说却是一种痛苦，反而剥夺了其生活品质，同时也加重了周遭人们的经济负担与精神负担，人的尊严因而损失；③有些绝症患者的病痛极难忍受，也非患者的家属所能承受，不让患者有选择安乐死的权利，未免太过残酷，不合情理。

对于安乐死，有些国家曾尝试从立法上予以合法化，但以失败告终，如英国、美国、澳大利亚等；还有些国家虽然在立法上未将安乐死合法化，但已通过判例的方式有限度地接受了安乐死，如日本；而荷兰和比利时则已经成功地将安乐死合法化。

在我国，从安乐死的合理性角度看，大多数学者持肯定意见，主张以专门立法的方式允许严格限制下的安乐死的存在。其主要理由是：安乐死体现了正确对待死亡的唯物主义态度，社会应当尊重患者选择无痛苦死亡的权利；安乐死既可使无生还希望的患者极早解除痛苦，又可减轻社会及其家属在物质上和精神上的沉重负担，减少人力物力的无谓浪费；对实施安乐死的医护人员处以刑罚，也不符合刑罚的根本目的。为保证安乐死不被滥用，他们还设计了安乐死的适用条件。也有的学者对安乐死提出了异议。其主要理由是：安乐死违反人道主义，在伦理上令人难以接受；所谓绝症的标准不好确定，对难以治愈的疾病就定为绝症而实施安乐死，也不利于医学的发展；安乐死的实施，可能给患者亲属及医护人员谋取私利造成方便条件；等等。就目前安乐死的合法性问题而言，因我国法律尚未明确排除安乐死行为的犯罪性，且无论是立法者、司法者还是普通民众，均未做好将安乐死合法化的知识积累和经验、情感准备，安乐死合法化的条件尚不具备，绝大多数学者认为，对其一般还应以本罪定性，但是在量刑时可根据具体情况免除或者减轻处罚。[1]

---

〔1〕 参见高铭暄主编：《新编中国刑法学》（下册），中国人民大学出版社1998年版，第687页。

二、过失致人死亡罪

（一）基本法理

1. 过失致人死亡罪的概念和构成要件。过失致人死亡罪，是指由于自己的过失而致他人死亡的行为。本罪的构成要件是：

（1）本罪的主体为一般主体，凡年满16周岁、具有刑事责任能力的自然人，均可成为本罪主体。

（2）本罪在主观方面表现为过失，包括疏忽大意的过失和过于自信的过失。前者表现为行为人应当预见自己的行为可能导致他人死亡的结果，却因疏忽大意没有预见到以致发生了他人死亡的结果；后者表现为行为人已经预见到自己的生为可能导致他人死亡，但却轻信能够避免以致发生了他人死亡的结果。司法实践中应当注意，决定是否过失致人死亡，并不在于行为人是否有意识地实施了行为，关键在于行为人对他人死亡的结果抱的是什么态度、有没有过失。

（3）本罪在客观方面表现为致人死亡的行为。受害人死亡是本罪的必备要件。在实践中应当注意，行为人的行为一定要与被害人死亡的结果之间具有因果关系；没有因果关系的，决不能让行为人负过失致人死亡罪的罪责。此处需要注意的是，实践中由于行为人的过失行为造成他人死亡结果的犯罪很多，但并不是一律定本罪。《刑法》第233条对过失致人死亡行为的定性，在确立过失致人死亡罪的罪刑规范时，同时规定，“本法另有规定的，依照规定”。据此，刑法分则中对过失致人死亡的行为有特别规定的，应按其规定来定罪。例如，失火致人死亡的定失火罪，交通肇事致人死亡的应定交通肇事罪，抢劫中过失致被害人死亡的，定抢劫罪，被害人死亡的结果视为一个情节，等等。

（4）本罪侵犯的客体为他人的生命权利。生命权利是公民人身权利中最基本的权利，是其他权利的基础。刑法不仅惩治故意杀人这种故意剥夺他人生命权利的行为，而且也惩处过失地导致他人死亡、侵犯他人生命权利的行为。

2. 过失致人死亡罪的相关界限。

（1）本罪与失火、过失投放危险物质、过失爆炸或者过失以危险方法危害公共安全的区别。区别的关键在于把握失火、过失投放危险物质等罪的客观方面的本质特征，即这些罪在客观上都危害了不特定多数人的生命健康和重大公私财产的安全。有些情况下，行为人虽然有失火、过失爆炸等行为，也造成了他人死亡的结果，但如果从当时案件发生的时间、地点、侵害的对象等客观因素来判定，实际上不足以危害公共安全的，则不应以上述罪名论处，而应认定构成本罪。

（2）本罪与交通肇事罪的界限。交通运输同广大人民群众的生命安全和公私财产的安全有紧密联系。交通肇事常常发生致人死亡的结果。因为交通肇事所侵犯的客体，该罪的客观方面和主观方面都有不同于过失致人死亡罪的特殊构成要件，所以，致人死亡的交通肇事均须按“特别法优于普通法”的原则定为交通肇事罪。当前，有些情况，如自行车肇事致人死亡的，我们认为仍宜以本罪论处为妥，因为自行车肇事一般不可能造成不特定多数人生命、健康的损害。

3. 过失致人死亡罪的刑事责任。根据《刑法》第233条的规定，犯本罪的，处3年以上7年以下有期徒刑；情节较轻的，处3年以下有期徒刑。

（二）疑难问题

如何区分本罪与故意伤害（致死）罪的界限？过失致人死亡与故意伤害致人死亡有相同之处，即客观上都造成了被害人死亡的结果，主观上对该死亡结果又都持过失心态。不过，它们又是两种不同性质的犯罪，需要严格加以区分。

对于两者的界限，刑法理论与实务界存在如下几种不同的观点：第一种观点认为，它们的区别主要看行为人作案前有无犯罪的动机。对于故意伤害罪而言，故意的动机产生于作案之前，本罪发案前则没有致他人死亡的动机。〔1〕第二种观点认为，两罪的区分关键是有无犯罪目的，本罪的主观上完全是过失的心态，不具有任何致他人死亡乃至伤害他人身体的目的，而故意伤害致死行为人则以故意损害他人健康为目的，因此，是否具有损害他人身体健康的目的，是区分两者的主要标志。〔2〕第三种观点认为，在故意伤害致死与过失致人死亡难以区分的情况下，应以法医鉴定为准。法医鉴定是因轻伤而致人死亡的，按照过失致人死亡处理；重伤致人死亡的，则构成故意伤害致死。这种观点主要是司法实践部门一些人的主张，并没有得到理论上的论证。第四种观点认为，两者的根本区就在于有无伤害的故意，故意伤害致死的行为人有伤害的故意，而过失致人死亡的行为人却不存在这种伤害的故意。〔3〕

我们认为上述前三种观点都不同程度地存在片面性。前两种观点把有无犯罪动机或者目的作为两罪区别的标志是错误的。诚然，在直接故意伤害致死的情况下，行为人有故意损害他人身体健康的目的、动机，可以与本罪相区别。但在间接故意伤害的情况下，行为人并无直接追求损害他人身体健康的目的、动机，如果认为只有具有损害他人身体健康的目的和动机才能构成故意伤害致死，那就无疑否定有间接故意伤害（致死），从而把这种时常发生的伤害案件归于本罪中，而这显然是不科学的。第三种观点也是不正确的。故意伤害致死，虽然大部分情况下是造成重伤后引起死亡的，但也不排除那种故意伤害未造成重伤却引起他人死亡的情况。即有时候，从鉴定的伤害情况看，并没有造成重伤，但被害人却死亡了。同样，过失致死并非完全是轻伤致死，有很多情况是在造成过失重伤的情况下，伤势恶化或者抢救不及时造成的。可见，以法医鉴定确定罪名实际上是用一种简单的客观标志来替代行为人的主观罪过，多有不妥。而以有无伤害故意作为区分故意伤害致死与过失致人死亡的标准的第四种观点是目前的通说。我们也赞成此一观点。因为这种标准找到了两者的根本区别之所在，即如果有伤害的故意并由伤害行为造成他人死亡的，都应以故意伤害（致死）罪定性；如果完全是由于过失而导致他人死亡，行为人没有任何犯罪的故意的，则构成本罪。有必要特别指出的是，行为人可能有一般殴打或轻微伤害他人的故意，但这并不是犯罪故意。如果因此而导致他人死亡，且该死亡结果与行为人的殴打或者轻微伤害行为有刑法上因果关系的，仍应以本罪论处。

三、故意伤害罪

（一）基本法理

1. 故意伤害罪的概念和构成要件。故意伤害罪，是指故意非法损害他人身体健康的行为。

本罪的构成要件是：

（1）本罪的主体是一般主体。其中，对于故意伤害致人重伤或者死亡者，要求是已满14周岁、具有刑事责任能力的自然人；对于故意伤害致人轻伤者，要求是已满16周岁、具有刑事责任能力的自然人。

---

〔1〕 参见张才辉："法院如何区别'故意'和'过失'"，载《法律咨询》1986年第6期。

〔2〕 参见李光灿主编：《中华人民共和国刑法论》（下），吉林人民出版社1984年版，第386页。

〔3〕 参见赵秉志主编：《海峡两岸刑法各论比较研究》（上卷），中国人民大学出版社2000年版，第575页。

(2) 本罪在主观方面是出自故意，具体表现为，明知自己的行为会造成他人身体伤害的结果，并且希望或者放任该种结果的发生。在故意伤害致死中，行为人对他人死亡的结果，必须是出自过失。在通常情况下，行为人对自己的行为会给被害人造成何种程度的伤害，往往没有明确的认识和追求，对此，一般应按实际伤害的轻重决定构成轻伤害还是重伤害。这样处理并不违反主客观相统一的原则，因为在这种情况下，无论造成轻伤还是重伤，都是行为人所放任发生的结果。

(3) 本罪在客观方面表现为非法损害他人身体健康的行为，亦即非法伤害行为。伤害行为，就其行为方式来说，多表现为作为，但有时也表现为不作为；就其手段来说，多具有暴力性，但也不排除非暴力的伤害，如装神弄鬼，吓唬他人，致人精神失常。伤害行为必须是非法的，如因正当防卫、紧急避险、正当医疗行为、符合规则的竞技行为等正当行为而伤害他人的，不构成犯罪。故意伤害罪是结果犯，只有给他人身体造成伤害结果的，才构成本罪既遂。伤害结果包括轻伤、重伤、伤害致死，但不含轻微伤。

(4) 本罪侵犯的客体是他人的身体健康权利。他人必须是有生命的自然人。伤害胎儿的，因其生命还未开始，显然不能构成对他的故意伤害；但是，如果是为了伤害胎儿而伤害了母体，结果造成流产或使胎儿出生后残疾的，可构成对母亲的故意伤害罪。[1] 伤害无生命的尸体的，不构成本罪；因认识错误将尸体当做人加以伤害的，成立本罪未遂。侵犯他人身体健康权利，包括两种情形：①对人体组织完整性的破坏，如割掉耳鼻、砍去手足、打断骨骼等；②对人体器官正常机能的损坏，如导致精神失常、打聋耳朵、打瞎眼睛等。损坏他人非身体的有机组成部分，如毁损假肢、打掉假牙等，不能构成本罪；强行剪去他人毛发、指甲，谈不上对人体组织完整性的破坏，也谈不上对人体器官正常机能的损坏，也不能成立本罪。[2]

2. 故意伤害罪的相关界限。

(1) 本罪与包含伤害内容的其他犯罪的界限。《刑法》第 234 条第 2 款规定，对故意伤害行为，"本法另有规定的，依照规定"。据此，凡在实施其他犯罪中伤害他人，刑法（上述"本法"应作扩大解释，即不仅是指刑法典，还应包括特别刑法）另有规定的，应按有关条文定罪量刑，如犯绑架、抢劫、放火、爆炸等罪致人伤害的，应分别根据《刑法》第 239、263、114、115 条的规定定罪量刑。

(2) 转化型故意伤害罪的问题。根据刑法典有关条文的规定，有些犯罪，在一定条件下可以转化为本罪，如刑讯逼供、暴力取证以及虐待被监管人致人伤残，或者聚众斗殴致人重伤的，应以本罪定罪处罚；非法组织卖血、强迫卖血对他人造成伤害的，亦以本罪定罪处罚。

(3) 本罪与轻微伤害行为的界限。正确区分本罪与轻微伤害行为，首先，要求科学地划定轻伤害与轻微伤害之间的界限。1990 年 4 月 29 日，最高人民法院、最高人民检察院、公安部、司法部联合颁布了《人体轻伤鉴定标准（试行）》。该法律文件指出，轻伤是指物理、化学及生物等各种外界因素作用于人体，造成组织、器官结构的一定程度的损害或部分功能

---

〔1〕国外刑法理论对伤害胎儿，导致其出生后残疾的行为的定性，有三种意见：一是认定为对出生后的"人"的伤害罪，二是认定为对母亲的伤害罪，三是认定为无罪。参见［日］早稻田司法考试研究室：《刑法各论》，早稻田经营出版 1990 年版，第 25~26 页；转引自张明楷：《刑法学》（下），法律出版社 1997 年版，第 699 页。

〔2〕参见肖中华：《侵犯公民人身权利罪》，中国人民公安大学出版社 1998 年版，第 80 页。

第二十八章

障碍，尚未构成重伤又不属于轻微伤害的损伤。该法律文件还对轻伤的具体标准作了较为全面的规定，为司法实践区分轻伤害与轻微伤害提供了法律依据。除此之外，还必须掌握轻伤害与轻微伤害的原则界限：轻微伤害仅仅引起肌体暂时和轻微的反应，基本不影响器官机能，一般不需要专门的手术治疗，人体通过自身的代偿功能便能使其复原，或者仅采取简单的医护手段即可使伤势很快痊愈；而轻伤害则会造成人体组织的部分缺损或器官机能的轻度障碍，在通常情况下都必须进行专门的治疗，有时还需要特别护理，否则伤势就有可能恶化、感染或引起其他严重的并发症和后遗症。[1] 其次，应当注意克服客观归罪的危险倾向和错误做法。申言之，不能仅根据伤害的后果确定行为的性质。本罪与轻微伤害行为的关键区别不只在于甚至主要不在于伤害后果的轻重程度，而是行为人的心理态度：出于轻伤或重伤故意伤害他人的，即使只造成轻微伤害的结果，原则上也已构成本罪，只不过是成立犯罪未遂（当然对于轻伤未遂的，可以作“情节显著轻微，危害不大，不认为是犯罪”处理）；出于轻微伤害他人的故意伤害他人的，即使意外造成他人轻伤甚至重伤的，也不构成本罪（如果行为人对他人的重伤结果有过失，则应当论以过失致人重伤罪）。

3. 故意伤害罪的刑事责任。根照《刑法》第234条的规定，犯本罪的，处3年以下有期徒刑、拘役或者管制。故意伤害致人重伤的，处3年以上10年以下有期徒刑；致人死亡或者以特别残忍的手段致人重伤造成严重残疾的，处10年以上有期徒刑、无期徒刑或者死刑。

第二十八章

（二）疑难问题

1. 如何区分轻伤与重伤的界限？正确地划清两者之间的界限，对本罪量刑有重要意义，有时甚至关系到罪与非罪的区分，必须深入研究。

何为轻伤，前文已作说明。何为重伤？《刑法》第95条作了原则性规定。所谓重伤，“是指具有下列情形之一的伤害：①使人肢体残废或者毁人面貌的；②使人丧失听觉、视觉或者其他器官机能的；③其他对于人体健康有重大伤害的。”1990年3月29日最高人民法院、最高人民检察院、公安部颁布的《人体重伤鉴定标准》还对重伤的具体认定标准作了详细规定。在确定伤害程度时，必须遵守这些法律的规定。

某些损伤，从受伤当时到治疗后，伤情往往有一个发展变化的过程。这便引起了应依何时的伤情确定伤害程度的问题。对此，许多学者提出，应当将伤害当时的伤情与治疗后的情况结合起来，综合评定。[2] 这无疑是正确的，但比较笼统。我们认为，确定伤害程度，应当区别伤害形态分别考察：①对破坏人体组织完整性的伤害，如剁人手指、毁人面貌等，应以伤害当时的伤情认定是属重伤还是轻伤。即使经过再植、整容等手术治疗，健康得以全部或部分恢复的，亦是如此。②对破坏人体器官正常机能的伤害，伤害当时出现重伤征象，如视力、听力严重降低，但经短期休息或治疗即痊愈而且没有后遗症的，一般不应以重伤论处；伤害当时未显示出重伤后果，如殴打致内伤，但一段时间以后显示出重伤征象，只要证明伤情恶化是伤害当时的原发性变化自然发展的直接结果的，应当认定为重伤，但如伤情恶化是由医疗失误、医疗事故等其他原因引起的，则不能以恶化后的伤情判断伤害的程度。

此外，还有一个问题是，对下述两类特殊的伤害案件的性质应当有正确的认识：①出于明确的轻伤故意而过失致人重伤；②出于明确的重伤故意但因意志以外的原因只致他人轻伤。对于前一类案件，应当作为重伤案件处理。理由在于，故意伤害致人轻伤或重伤，都属于故意伤害；《刑法》第234条第2款中的“重伤”并未明确限定必须是故意致人重伤。对

〔1〕 参见甘雨沛等主编：《犯罪与刑罚新论》，北京大学出版社1991年版，第594页。

〔2〕 参见何秉松主编：《刑法教科书》，中国法制出版社1997年版，第778页。

于后一类案件的性质，理论上有不同认识。有些学者认为，应作轻伤案件处理；有的学者认为，应作重伤（未遂）处理。[1] 这实质关系到《刑法》第234条第2款规定的致人重伤的伤害犯罪有无未遂的问题。在此问题上，我们倾向于赞同后一种观点。理由在于，非此不足以体现罪责刑相适应的刑法基本原则的精神，易生轻纵犯罪的流弊。但是，毋庸讳言，这样处理，从犯罪构成的角度看，尚有难以完全说通之处：我国刑法并无故意重伤罪这一罪名，对上述案件，在判决书中，不可能出现"故意重伤罪（未遂）"的字样，而只能写上"故意伤害罪（未遂）"，这样就显然不能清楚反映案件的性质，因为在这类案件中，虽无重伤结果，但仍然存在着轻伤的结果，而轻伤与重伤同是伤害，又何来未遂呢？我们认为，这一矛盾在很大程度上是由现行立法本身的缺陷造成的，若能分设故意轻伤罪与故意重伤罪两个罪名，则不必要的理论争论和司法实践困惑，自可迎刃而解。

2. 故意伤害未遂应否处罚？我国现行刑法对于未遂犯的处罚规定于总则当中，刑法分则中哪些罪应当处罚未遂犯，并无明文规定。但由于对本罪刑法规定只有造成一定的伤害程度的，才能作为犯罪处罚，因而在司法实践中，对伤害未遂的，往往不予定罪处罚。我们认为，这种做法值得商榷。首先，刑法总则既然有处罚未遂犯的规定，从法理上说当然也适用于分则各罪，如认为对伤害未遂一概不能定罪处罚，是缺乏法理根据的。其次，外国立法例也有规定处罚伤害未遂的，有的则以重伤未遂者为限。最后，从案件的实际情况来看，确有一些行为人是使用刀、枪、棍棒等危险性凶器伤害他人的，而且来势凶猛，只因为对方闪避或采取了防卫措施，才未被击中或只造成较轻程度的伤害。对于此类情况，如因未造成伤害后果而不予处罚，显然不足以制止和预防这类行为的发生。因此，不应排除对故意伤害未遂犯的处罚，但宜以处罚重伤未遂为限。对一般情况的伤害未遂，因为情节显著轻微危害程度不大，可以不认为是犯罪，只予批评教育或行政处罚，以资惩戒。

3. 如何区分故意伤害罪与故意杀人罪？主要是要划清故意伤害致死与故意杀人、故意伤害与故意杀人未遂的界限。对此，关键是要准确地揭示、查证行为人的主观心理态度，即凡只具有伤害故意的，无论是否造成死亡结果，都应认定为本罪；凡具有直接的杀人故意的，无论是否造成死亡结果，都应认定为故意杀人罪；凡具有间接的杀人故意的，造成什么结果，就定什么罪。在认定行为人主观心理态度时，应当按照主观见诸客观、客观反映主观的唯物论原理，通过缜密分析案件的起因、被告人与被害人平素关系、犯罪工具、打击部位与强度、侵害有无节制、犯罪后的表现等各种事实情节，作出判断。不能否认，由于人的认识能力有限、犯罪查证过于延迟等主客观原因，有些案件往往还难以准确认定犯罪人的主观心理态度。对这类疑案，应当本着慎重精神，按较轻的犯罪处理。

不难看出，在本罪与故意杀人罪界限的划分上，我们采取的是故意说的立场。故意说也是刑法理论界的通说。在此问题上，还存在目的说（认为上述二罪的关键区别在于犯罪目的的不同）和客观事实说（主张以犯罪工具、打击部位等客观事实为标准区分上述二罪）两种不同观点。[2] 这两种观点都有其合理之处，但也都存在明显缺陷，表现在：用目的说区分直接故意杀人与故意伤害，无疑能得出正确的结论，但该观点不具有普遍适用性，易言之，用之无法区分间接故意杀人与故意伤害的界限，因为间接故意杀人是无所谓犯罪目的的；客观事实说蕴涵着主观见诸客观的唯物论原理，是其合理之处，但该观点未能认识到事物的复杂性，否认了并不存在绝对的致命的犯罪工具和打击部位这样一个事实，违背了犯罪构成原

〔1〕 参见张明楷：《刑法学》（下），法律出版社1997年版，第700页。

〔2〕 转引自高铭暄主编：《新中国刑法学研究综述》，河南人民出版社1986年版，第581~582页。

理，则是其不足所在。

四、强奸罪

（一）基本法理

1. 强奸罪的概念和构成要件。强奸罪，是指以暴力、胁迫或者其他方法，违背妇女意志，强行与妇女发生性交或者与不满 14 周岁的幼女发生性关系的行为。

本罪的构成要件是：

（1）本罪的主体是已满 14 周岁、具有刑事责任能力的男性。妇女不能单独构成本罪，但可成为本罪的教唆犯、帮助犯或间接正犯。

（2）本罪的主观方面，通说认为是出于直接故意，并且行为人具有强行奸淫妇女或者与幼女性交的目的。

（3）本罪在客观方面表现为，以暴力、胁迫或者其他方法，违背妇女意志，与妇女发生性交或者与幼女性交的行为。强奸，首先是指男女之间的性交行为。性交以外的其他行为，如猥亵、侮辱行为，不构成本罪。以妇女为对象的强奸，行为人必须是以暴力、胁迫或者其他方法实施。这些方法的共同特征是使妇女处于不能反抗、不敢反抗、不知反抗的境地，或者是利用妇女处于不能反抗、不知反抗的状态。具体说来，所谓暴力，是指对妇女的身体实行有形的打击或强制，使妇女不能反抗或不敢反抗，如殴打、捆绑、强拉硬拽等。所谓胁迫，是指对妇女采取威胁、恫吓等精神上的强制，使妇女不敢反抗，如以杀害、伤害、散播隐私、毁坏名誉、加害亲属等相威胁；利用迷信进行恐吓、欺骗；利用与妇女之间的从属关系、教养关系以及妇女孤立无援的环境条件进行挟制和迫害，等等。所谓其他方法，是指暴力、胁迫以外的其他致使或者利用妇女处于不能反抗、不知反抗的状态的方法，如用酒将妇女灌醉、用药物麻醉；利用妇女患重病、熟睡之机进行奸淫；利用或假冒治病进行奸淫；冒充妇女的丈夫、未婚夫、男友或情人进行奸淫；等等。强奸还必须是违背妇女意志的，亦即是在妇女不同意性交的情况下，强行与之性交。性交是否违背妇女意志，是强奸与通奸、婚前性行为等其他不正当性行为的原则界限。是否违背妇女意志，不能仅从表面上看行为人有无使用“暴力”、“胁迫”等方法，也不能仅从表面上看妇女有无反抗、拒绝等表示，关键要看妇女是否准备反抗以及是否能够反抗、是否敢于反抗、是否知道反抗等情况。以幼女为对象的强奸，无论行为人是采取暴力、胁迫或者其他强制手段，还是采取非强制手段，只要其与幼女发生的性交，都可以构成本罪。本罪是行为犯，关于以妇女为对象的本犯罪的既遂标准理论上有结合说（或曰插入说）、接触说、射精说几种不同的观点。目前，结合说，即主张以男女生殖器官的结合作为以妇女为对象的本罪的既遂标准，是我国刑法理论界通说，也为我国司法实践所接受。关于以幼女为对象的强奸罪的既遂标准，一般认为应采接触说，即只要行为人的生殖器接触了幼女的生殖器，就认定为犯罪既遂，其主要根据是要对弱小的幼女进行特殊的保护。

（4）本罪侵犯的客体是妇女的性的自由权利或者幼女的身心健康。具体说来，妇女的性的自由权利，是指妇女按照自己的意志决定正当性行为的权利。由于幼女的身心尚未发育成熟，因此，奸淫幼女的行为必然对幼女的身心健康造成损害。本罪的犯罪对象是任何女性，既包括已满 14 周岁的少女和成年妇女，也包括不满 14 周岁的幼女。

2. 强奸罪的相关界限。

（1）强奸与通奸、自愿的婚前性行为的界限。通奸，是双方或一方有配偶的男女自愿发生的不正当性行为。自愿的婚前性行为，是指在合法婚姻缔结前，男女双方自愿发生的不正当性行为。在我国，这两种行为，都是纯粹的道德问题，不构成犯罪。从理论上讲，强奸与通奸、婚前性行为并不难区分。但是，有的女性在与人通奸或自愿发生婚前性行为后，出于种种原因，会将通奸、自愿的婚前性行为说成“强奸”；还有的女性会错误地将求奸未成当作“强奸未遂”，甚至向有关机关“告发”。对此，必须深入挖掘案件事实，搞清真相，切不可武断地以本罪论处。

但是，在女方明确地表示要与男方断绝通奸关系或者不愿与之发生婚前性行为的情况下，男方继续纠缠不休，并以暴力、胁迫等强制方法强行与女方发生性交的，应以本罪论处。

（2）强奸性质的转化问题。在有的案件中，第一次性交是在男方违背女方意志的情况下，以强制方法实施的，但事后女方非但未告发，反而又多次自愿与该男发生性交，甚至建立恋爱、家庭关系。对这类案件，应当认为随着事物的发展变化，其原有的社会危害性已经消失，从稳定现实社会关系的角度出发，基于刑事政策的考虑，一般不宜以本罪论处（对此，有的学者有不同意见。他们认为，第一次本罪既已构成，就应当追究刑事责任，不能因为后来女方感情的变化而否定过去的强奸事实；[1] 对这类行为，可以免除或减轻处罚，但不能否认强奸的性质。[2] 从形式的犯罪构成要件理论上看，上述不同意见无疑有其根据；但从犯罪的本质特征——行为的社会危害性角度考察，其立论和理由则有明显的形而上学的机械性）。但是，如果第一次强奸女方以后，又采取种种手段挟制女方，使其不敢抗拒，不得已继续忍辱从奸的，则应以本罪论处。

（3）和与自己有从属关系、教养关系的女性发生性行为的定性。对这类行为应分别情形，具体定性，不可一概而论。详言之，如果行为人利用职务、业务、家庭等方面的优势地位，以解除工作、断绝生活来源等相要挟，胁迫女方，使其不敢反抗，忍辱从奸的，应以强奸罪论处。如果行为人虽在从属关系、教养关系中占优势地位，但并未利用这一条件胁迫女方，而是用入党、提干、分房等利益相诱惑，女方为利所趋，不惜以身相许的，则不能认定为本罪。

（4）与患精神病或严重痴呆的妇女发生性行为的定性。患精神病或严重痴呆的妇女，缺乏对性行为的认知（同意）能力或控制能力。从保护这些妇女的合法权益出发，如果行为人明知女方是正处于发病期的精神病患者或严重痴呆者而与其发生性交的，不论使用何种手段，也不论该妇女是否“同意”，均应以本罪论处。需要注意的是，间歇性精神病人在精神正常时期，具有完全的辨认和控制自己行为的能力，其自愿与他人性交的，对男方不能以强奸罪论处；行为人确实不知对方是正处于发病期精神病患者或严重痴呆者，也未采用暴力、胁迫等强制方法，甚至经女方“同意”，而与其发生性交的，也不能以本罪论处。

3. 强奸罪的刑事责任。根据《刑法》第236条的规定，犯本罪的，处3年以上10以下有期徒刑。奸淫不满14周岁的幼女的，从重处罚。有下列情形之一的，处10年以上有期徒刑、无期徒刑或者死刑：①强奸妇女、奸淫幼女情节恶劣的；②强奸妇女、奸淫幼女多人的；③在公共场所当众强奸妇女的；④二人以上轮奸的；⑤致使被害人重伤、死亡或者造成其他严重后果的。

（二）疑难问题

1. 如何处理婚内强奸问题？丈夫教唆、帮助他人强奸自己的妻子，或者丈夫误将自己的妻子当作其他妇女予以强奸的，应当构成本罪。对此，理论界的认识比较一致。问题在

---

〔1〕 转引自高铭暄主编：《中国刑法学》，中国人民大学出版社1989年版，第464页。

〔2〕 参见徐杰等主编：《强奸罪研究》，中国人民公安大学出版社1991年版，第167页。

于，丈夫明知是自己的妻子而强行奸淫她的行为，即婚内强奸行为，是否构成本罪呢？这在理论界和实践中都存在着不同看法。在理论界，大多数学者对之持否定意见，他们认为，合法婚姻关系的成立意味着妻子已概括性地同意与丈夫性交，亦即一旦合法婚姻关系成立，在任何时候，都可以认为不存在丈夫违背妻子意志与其性交的问题；将婚内强奸当作本罪处理，查证困难，有违社会传统观念，不利于家庭和社会的稳定；如果丈夫为满足性要求，不顾妻子意愿，强行与之性交，构成其他犯罪的（如虐待、伤害、侮辱、暴力干涉婚姻自由等），则另当别论，构成什么罪，就以什么罪处理。[1] 也有学者认为，合法婚姻关系的成立是否就意味着妻子在任何情况下都必须同意与丈夫性交还是一个值得进一步探讨的问题，[2] 这些学者认为，主张夫妻关系中包含着的性交权利和义务的观点是缺乏明确的法律依据的。还有一些学者认为，婚内强奸原则上不能构成本罪，但是在夫妻感情确已破裂，婚姻关系名存实亡的特殊情况下，应以本罪论处。[3] 从我国的刑事司法实践看，多倾向于否定婚内强奸应论以本罪，[4] 但也曾有个别判决持相反立场。[5] 在此问题上，我们倾向于赞同通行的观点，即对婚内强奸应以本罪论持否定意见；同时认为，上述持肯定观、折衷观的理由也值得重视，尤其应当看到，因为认识上的分歧，已经导致了司法不统一的异常局面，这就意味着我们必须寻求一定的立法对策，对婚内强奸的定性作出明确规定。

2. 奸淫幼女型强奸罪是否应以行为人明知性行为对象为幼女为必要要件？一位貌似成人的幼女通过网上交友，先后与9个青少年发生性关系。在此案中，是否应以行为人明知性行为的对象为幼女作为认定奸淫幼女犯罪的必要要件呢？2003年1月23日，最高人民法院就辽宁省高级人民法院所请示的这一案件，发布了《关于行为人不明知是不满十四周岁的幼女双方自愿发生性关系是否构成强奸罪问题的批复》（以下简称《强奸罪认定批复》）的司法解释，其主要内容为："行为人明知是不满14周岁的幼女而与其发生性关系，不论幼女是否自愿，均应依照刑法第236条第2款的规定，以强奸罪定罪处罚；行为人确实不知对方是不满14周岁的幼女，双方自愿发生性关系，未造成严重后果，情节显著轻微的，不认为是犯罪。"这本是一个甚为寻常的司法解释，但由于有关方面的关注以及学者的评说在社会上引起了轩然大波，竟致批判之风日盛，甚至导致该《强奸罪认定批复》被停止适用。

其实，奸淫幼女型强奸罪是否应以"明知"为要件，这是一个由来已久的问题。多年以来围绕奸淫幼女型强奸罪主观方面的争论主要有以下三种观点：第一种观点是否定说，认为奸淫幼女型强奸罪不需要以"明知"为要件，不要求行为人认识到与其发生性行为者为幼女，即在此问题上实行严格责任。其主要理由在于：①刑法分则条文对奸淫幼女的犯罪根本就没有规定主观认识；②幼女是特殊保护对象，而特殊保护就表现为在立法上采取严格责任，如果附加"明知"，则会放纵罪犯，不能有效惩罚犯罪，不能对幼女给予特殊保护；③世界上大多数国家刑法对奸淫幼女犯罪都采取严格责任，强调对幼女给以特殊保护。第二种观点为肯定说，认为行为人确实不知对方是幼女，而在双方自愿的情况下发生性关系的，不构成犯罪。主要理由是：①故意犯罪要求"明知"。因本罪是以特殊对象为犯罪构成要件的，行为人既然不知犯罪对象，就不可能产生侵害该对象的故意。②坚持定罪的主观与客观

---

〔1〕 参见高铭暄主编：《新编中国刑法学》（下册），中国人民大学出版社1998年版，第696页。

〔2〕 参见赵秉志主编：《刑法争议问题研究》（下卷），河南人民出版社1996年版，第251页。

〔3〕 参见陈兴良等：《刑法案例教程》（下卷），中国政法大学出版社1994年版，第212页。

〔4〕 参见路安仁等主编：《强奸罪、奸淫幼女罪》，中国检察出版社1991年版，第151～158页。

〔5〕 参见肖中华：《侵犯公民人身权利罪》，中国人民公安大学出版社1998年版，第151～152页。

相统一原则的要求。如果根本不考虑主观，而只根据客观的危害就予以定罪，则是客观归罪。第三种为折衷说，认为奸淫幼女的犯罪要求主观上具有“明知”，但是所谓“明知”不能仅理解为确知，也包括明知可能是幼女，甚至还包括应当知道是幼女。如果有足够证据证明确实不知道对方是幼女，而双方自愿发生性关系的，那就不能定罪。[1]

而最高人民法院的《强奸罪认定批复》更接近于上述第三种观点，这一解释既强调“明知”，又没有绝对化，总体上是可取的。如果说可挑剔的话，那就是该司法解释没有对“明知”进一步加以细化，这可能也是引起争议的原因之一。事实上，幼女是奸淫幼女型强奸罪得以成立的法定对象，属于犯罪构成的客观事实。如果有证据证明行为人确实不知对方是幼女，当然就不具有奸淫幼女的犯罪故意，就不能认定为奸淫幼女型强奸罪。进言之，此处所谓“明知”不仅包括确实知道，也包括明知可能的情况。对“明知”作这样的扩大解释，有利于对幼女的特殊保护。

五、强制猥亵、侮辱妇女罪

（一）基本法理

1. 强制猥亵、侮辱妇女罪的概念和构成要件。强制猥亵、侮辱妇女罪，是指违背妇女意志，以暴力、胁迫或者其他方法强制猥亵、侮辱妇女的行为。

本罪的构成要件是：

（1）本罪的主体为一般主体，即凡年满16周岁、具备刑事责任能力的人，均可成为本罪的主体。从司法实践来看，本罪的行为人绝大多数情况下是男子。丈夫对妻子强制猥亵、侮辱，能否成立本罪？我们认为，如同在强奸罪中合法婚姻关系中的丈夫不能成为强奸妻子的主体一样，合法婚姻关系中的丈夫原则上对其妻子亦不能成为本罪的主体。例如，行为人强迫其妻子与之口交，事实上是一种强制猥亵行为，但从有利于社会秩序和家庭稳定的角度出发，对这种下流低级的性行为，不以犯罪论为宜；造成严重后果，符合其他犯罪构成要件的，以其他罪论处。

（2）本罪在主观上出于故意，即具有猥亵、侮辱妇女的直接故意。间接故意和过失不构成本罪。本罪的行为人在动机上通常表现出刺激或满足行为人的或者第三人的性欲的倾向。本罪行为人在主观上是否完全排除具有奸淫妇女的目的呢？我们认为，实施强制猥亵、侮辱妇女的行为人有时也具有奸淫妇女的目的，但不具有强行奸淫的目的及强行奸淫的行为。对此，本书第五章关于强奸罪（未遂）与本罪的界限的论述中已作详述，兹不复赘。

（3）本罪在客观方面表现为行为人实施了违背妇女意志，以暴力、胁迫或者其他方法强制猥亵、侮辱妇女的行为。首先，行为人猥亵、侮辱妇女具有违背妇女意志的本质特征。违背妇女意志，即缺乏妇女的真实同意。如果妇女对于行为人的猥亵行为表示同意，不能成立本罪。妇女同意行为人所进行的各种淫秽下流的动作，如采用下流的语言调戏的，自然也谈不上侮辱妇女的行为。其次，行为人采用暴力、胁迫或者其他方法实施了强制猥亵、侮辱妇女的行为。所谓暴力，是指犯罪分子直接对被害妇女施以伤害、殴打等危害妇女人身安全和人身自由，使妇女不能抗拒的方法，这里的“胁迫”，是指对被害妇女施以威胁、恫吓，进行精神上的强制，以迫使妇女就范，使妇女不敢抗拒的方法，如以杀害被害人、加害被害人的亲属相威胁的，利用职权、教养关系、从属关系以及妇女孤立无援的环境相威胁的，等等。“其他方法”，是指犯罪分子使用暴力、胁迫以外的，使被害妇女不知抗拒、无法抗拒的

---

〔1〕参见阴建峰：“主客观相统一原则岂能动摇——有关‘奸淫幼女犯罪’司法解释专题研讨会纪要”，载《法学》2003年第10期。

强制方法，如将妇女用酒灌醉，用药物麻醉后对妇女进行猥亵、侮辱等。何为“猥亵”、“侮辱”？我们认为，猥亵妇女，是针对妇女实施的，能够刺激、兴奋、满足行为人或第三人性欲，损害善良风俗，违反良好性道德观念，且不属于奸淫的行为。侮辱妇女，则是指以各种淫秽下流的语言或动作伤害妇女性羞耻心且不属于奸淫的行为。猥亵与侮辱一般都具有刺激或满足色欲需要的内容，二者并无本质的区别。有些行为既是猥亵行为又具有侮辱妇女的性质，如向妇女显露生殖器，用生殖器顶擦妇女身体等。但是，许多侮辱妇女行为不具有猥亵性质，如以下流的语言辱骂、调戏妇女；向妇女泼洒腐蚀物、涂抹污物等。猥亵妇女与侮辱妇女行为在客观表现上的区别在于：猥亵具有更为明显的性内容，是一种非自然的行为，只能通过身体动作实施，而侮辱一般不直接表现为性行为（猥亵行为兼具侮辱行为性质者除外），且既可以身体动作实施，也可以语言进行。最后需要指出，强制猥亵妇女罪的对象仅限于已满14周岁的少女和成年妇女。强制猥亵不满14周岁的幼女的，应认定为本罪。

（4）本罪侵犯的是妇女的身心健康权利。由于妇女具有特殊的生理、身体特征，其身心健康权利需要法律的特殊保护。强制猥亵、侮辱妇女罪以暴力、胁迫等方法对妇女进行猥亵、侮辱，是对妇女身心健康的严重侵犯。

2. 强制猥亵、侮辱妇女罪的刑事责任。根据《刑法》第237条的规定，犯本罪的，处5年以下有期徒刑或者拘役；聚众或者在公共场所当众犯本罪的，处5年以上有期徒刑。

（二）疑难问题

1. 如何区分强制猥亵、侮辱妇女罪与一般猥亵、侮辱妇女行为？首先，要将强制猥亵、侮辱妇女行为与非强制性猥亵、侮辱妇女行为区分开来。刑法只惩罚以强制方法猥亵、侮辱妇女的行为，对于非强制性的猥亵、侮辱妇女行为不能视作犯罪。其次，并非任何强制猥亵、侮辱妇女的行为都构成本罪。《刑法》第237条对本罪的构成虽然未规定“情节严重”之要件，但不能将情节显著轻微、危害不大的强制猥亵、侮辱妇女行为也视为犯罪。

2. 利用妇女无法抗拒的状态进行猥亵行为如何定性？强制猥亵妇女一般都是利用暴力手段使妇女不能抗拒，或者对妇女采取胁迫，即精神上的强制，使妇女不敢抗拒的手段来实施的。那么，利用妇女患重病、醉酒、熟睡、昏迷等状态而实施的猥亵行为，能否认定为强制猥亵妇女罪呢？我们认为，这种猥亵妇女行为在本质上是违背妇女意志的，其猥亵手段可视为“暴力”、“胁迫”以外的“其他手段”，因此，应认定为本罪。

3. 如何认定利用职权、教养关系、从属关系实施的强制猥亵妇女罪？我们认为，正确认定利用职权、教养关系、从属关系实施的强制猥亵妇女罪，关键是查明行为人是否利用了特定的关系对妇女进行胁迫。这一点，与在强奸罪认定中区分利用特定关系强奸与双方基于互相利用而通奸的界限是一样的。在强制猥亵罪的认定中，不能把有教养关系、从属关系和利用职权猥亵妇女的行为都视为强制猥亵。行为人利用职权引诱女方，女方基于互相利用而容忍行为人对其猥亵的，不能认定为本罪。

六、非法拘禁罪

（一）基本法理

1. 非法拘禁罪的概念和构成要件。非法拘禁罪，是指以非法扣押、关押、绑架或者其他方法剥夺他人人身自由的行为。

本罪的构成要件是：

（1）本罪的主体为一般主体，凡年满16周岁、具备刑事责任能力的人，均可构成本罪。已满14周岁不满16周岁的人对他人非法拘禁，情节一般的，不负刑事责任。但是，使用暴力致人伤残、死亡的，构成由非法拘禁罪转化而成的故意伤害（重伤）罪、故意杀人罪，根据《刑法》第17条第2款的规定，应负刑事责任。从司法实践来看，构成本罪的主体中有相当一部分是国家工作人员尤其是司法工作人员。由于他们利用职权所实施的非法拘禁行为既侵犯了公民的人身自由，也侵犯了国家机关的正常活动，应予更严厉的惩治，因此，我国《刑法》第238条第5款明确规定应“从重处罚”。

（2）本罪在主观方面表现为故意，即行为人明知自己的行为会使他人丧失人身自由而希望这种结果发生。动机如何不影响本罪的构成。此外，《刑法》第238条第4款明确规定，为索取债务非法扣押、拘禁他人的，应以本罪论处。

（3）本罪在客观方面表现为以非法拘禁或者以其他方法非法剥夺他人人身自由的行为。不过，从国外立法来看，有许多国家都将逮捕明确规定为本罪的行为方式，从而将本罪的客观行为限定为“非法逮捕、拘禁”或者“其他方法”，比如日本刑法典。当然，也有类似于我国的立法例，如德国刑法典。在此种立法例中，尽管“逮捕”未被明确列举，但无疑应涵括在“其他方法”之中的。具体而言，所谓拘禁，原指把逮捕的人关押起来，其侧重于对被害人的关押、扣押。具体来讲，是指使将被害人关押于一定的场所，从而剥夺其行动自由。此处一定的场所，通常是指如房屋般被区划、包围了的处所。此处的拘禁并不只限于有形的、物理的强制方法，采取无形的、心理的方法，诸如胁迫被害人、利用其恐怖心理或者利用被害人的羞耻心理，使其不敢逃亡的，同样亦属于拘禁行为。从行为样态来看，拘禁行为大多表现为积极作为的方式，如捆绑、扣押等，但也可以不作为的方式实施。所谓其他方法，是指非法拘禁之外的方法，诸如逮捕、绑架、办所谓封闭式的“学习班”以及所谓“隔离审查”、“监护审查”等。我们认为，从纯客观行为意义上来讲，绑架仍可作为非法拘禁罪的行为方式。例如，为索取债务而捆绑债务人的，也应构成本罪。

（4）本罪侵犯的客体是他人的人身自由。人身自由指的是人的行动自由。严格地讲，是意志自由与行动自由的统一，即他人依法享有的按照自己的意思决定自己的行动的自由。非法拘禁罪侵犯的是个人意志下的行动自由，而不是单纯的意志自由。人身自由既是公民人身权利的重要内容，也是公民行使其他权利的基本前提。没有人身自由，其他权利都将无从实现。因此，公民的人身自由能否得到充分保障，也就成为衡量一个国家、一个社会法治状况的重要标志。许多国家都明确将此以国家的根本大法——宪法予以规定。我国现行《宪法》第37条也明确规定：“中华人民共和国公民的人身自由不受侵犯。任何公民，非经人民检察院批准或者决定或者人民法院决定，并由公安机关执行，不受逮捕。禁止非法拘禁和以其他方法非法剥夺或者限制公民的人身自由。”而我国《刑法》第238条关于本罪的规定，无疑为贯彻上述宪法精神提供了最有力的法律武器。

2. 非法拘禁罪的相关界限。

（1）关于拘禁行为的前提条件。本罪的客观行为必须以非法性为前提。如果行为人所实施的拘禁或者其他行为有合法依据的，则阻却其行为的违法性，从而不能构成本罪。至于行为的非法性，则属于法律评价的范畴。它涉及非法性的评价标准、阻却情形等诸多问题。通常认为，拘禁行为是否非法，应主要参照宪法、民法、刑事诉讼法等法律来判定。这些法律从不同方面为认定行为的非法性提供依据。根据司法实践经验，阻却行为人剥夺他人自由行为的违法性的事由主要包括：实施正当行为而拘禁他人的行为；合法扭送、拘留、逮捕行为；基于被害人的承诺的行为。

（2）关于拘禁行为持续时间的限定。本罪是一种典型的持续犯，其行为应在一定的时间内处于继续状态，从而使他人在一定时间内失去行动自由。那么，本罪的客观行为是否有持续时间的要求呢？我们认为，其客观行为是否有持续时间的要求，应该从基本构成时间和从重或加重构成时间两个层次来把握：

一方面，须从有无持续时间的要求的基本构成时间角度出发予以剖析。就此而论，我们认为，作为典型的持续犯，本罪应当具备持续犯的基本特征。这就是理论中通常所谓的基本构成时间，即行为人所实施的犯罪行为自着手之时直至其构成既遂的一定时间，是该行为构成犯罪所必需的时间条件。具体而言，本罪的客观行为及其所造成的被害人行动自由被剥夺的不法状态，必须持续一定的时间，否则，便不能构成犯罪。因此，客观行为持续时间的长短当然会影响到犯罪的成立。至于基本构成时间持续的长短，尽管刑法分则条文并未能作明确的规定，但这并不意味着在任何情况下一经实施非法剥夺他人人身自由的行为就构成本罪，而应根据具体犯罪的动机、手段、后果和危害程度等因素综合分析确定。

另一方面，须从从重或加重构成时间的角度来分析。持续犯之所谓从重或加重构成时间，是指犯罪构成既遂之后直至犯罪行为终了的一定时间，是作为量刑情节予以考虑的时间因素。可见，从重或加重构成时间是建立在基本构成时间的基础之上的，是危害行为及其不法状态在持续一定的时间因而构成犯罪之后所持续的时间。具体到本罪而言，如果其客观行为在持续一定时间构成犯罪之后依然持续的，持续时间的长短是影响量刑的重要因素。只有从这一角度来理解，上述认为持续时间长短只影响量刑的观点才具有其合理性。

3. 非法拘禁罪的刑事责任。根据《刑法》第 238 条的规定，犯本罪的，处 3 年以下有期徒刑、拘役、管制或者剥夺政治权利；具有殴打、侮辱情节的，从重处罚。犯本罪致人重伤的，处 3 年以上 10 年以下有期徒刑；致人死亡的，处 10 年以上有期徒刑；使用暴力致人伤残、死亡的，依照本法第 234、232 条的规定定罪处罚。为索取债务非法扣押、拘禁他人的，依照前两款规定处罚。国家机关工作人员利用职权犯本罪的，应当从重处罚。

（二）疑难问题

1. 非法拘禁罪可否由间接故意构成？本罪是故意犯罪，对此刑法学界并无分歧。但对于本罪可否由间接故意构成，刑法理论中则有不同的看法：一种观点认为，本罪的主观方面是故意，包括直接故意和间接故意，如仓库保管员下班锁门后发现有人误入仓库，却放任不管，径直离去，致使他人被关押多时。从意志因素考虑，行为人与被拘禁者素不相识，很难说是“希望”这种结果发生，即应属于间接故意的本罪。另一种观点则认为，本罪在主观上是出于故意，并且具有非法剥夺他人人身自由的目的。这也即意味着本罪只能由直接故意构成，而不能出于间接故意。

我们同意第二种观点，本罪在主观上只能表现为直接故意，具有非法剥夺他人人身自由的目的。在第一种观点所举的例子中，既然行为人明知自己的行为必然使他人人身自由受到剥夺，而仍径直离去，其实质就是积极追求他人人身自由被剥夺的结果，完全系出于希望的心态。事实上，刑法学界之通说即认为，如果明知行为必然发生危害结果而决意为之，就超出了间接故意认识因素的范畴，应属于直接故意。这种情况下根本不可能存在放任不管的意志因素。因而上例并不足证明本罪可以由间接故意构成。

2. 非法限制他人人身自由的行为能否构成非法拘禁罪？我国 1979 年刑法在以第 143 条规定本罪的情况下，还以第 144 条专门规定了非法管制罪。但我国 1997 年刑法则取消了此一罪名。那么，在 1997 年刑法施行后，对于非法管制他人的行为应如何处理呢？我们认为，在必要时完全可以本罪定罪处罚。理由如下：首先，“限制”与“剥夺”并没有截然不同的界限，难以作出恰当的区分。“限制”实际上也是一种剥夺，至少是部分剥夺。其次，从目前理论中的通说来看，已不再将本罪仅局限于使被害人“完全”失去自由行动的可能，而将限制他人自由的行为也纳入其中了。再次，通过刑法解释将“限制”纳入“剥夺”的范畴，并不违背罪刑法定原则。一则，这一解释符合立法原意与立法初衷。刑法中设立本罪的目的，便在于保障公民的人身自由不受侵犯。而非法限制他人人身自由的行为也是对他人人身自由的侵犯，当其具有相当社会危害程度时，也有给予刑法规制的必要。二则，通过解释将“限制”纳入“剥夺”之范畴只是一种不违背罪刑法定原则的扩大解释，而并非类推解释。复次，对非法限制人身自由的行为论以本罪是有立法与司法依据的。我国1997年《刑法》第241条第3款明确规定，收买被拐卖的妇女、儿童，非法限制其人身自由的，依照本法的有关规定定罪处罚。而最高人民法院《关于执行〈中华人民共和国刑法〉确定罪名的规定》则进一步将该行为解释为本罪。最后，从外国刑法理论来看，通常也将非法限制他人人身自由的行为论以本罪。

3. 如何认定非法拘禁罪的对象？本罪的对象，即被非法拘禁的被害人。对此，法律上未作任何限制，可以是依法享有人身自由的任何公民。值得研究的是，精神病患者或者婴儿能否成为本罪的犯罪对象呢？基于公民人身自由所具有的绝对性与相对性之特征，我们认为，此一问题不能一概而论。

一方面，人身自由指在不违反法律规定的情况下，任何人都享有依照自己的意志实施行动的自由，而不为其他任何人所剥夺。这是宪法所赋予一切公民的权利，即便是精神病患者或者婴儿，亦莫能外。在这个意义上，人身自由是一种无条件的自由。当然，对于精神病患者和婴儿来讲，他们由于自身的病理或者生理原因，丧失了或者没有自由支配自己行动的能力，但是，他们仍有权获得其监护人或者亲友的帮助，从而具有在一定的空间活动的自由。而对精神病患者、婴儿实施非法拘禁，无疑剥夺了他们享有上述自由的可能，实质上也就是剥夺了他们的人身自由。因此，也应该予以刑法评价。

另一方面，人身自由又直接受个人意志能力所制约，意志能力的强弱影响着行动自由的程度和范围。意志能力越强，则获得的自由相对而言就越宽泛；相反，对于精神病患者和婴儿而言，由于不具备这种意志能力，因此他们的人身自由只能借助其监护人或者亲友的行为来实现。而这种实现本身就意味着在一定程度上对其人身自由的限制甚至在某一场合下的剥夺。从这个意义上讲，人身自由又是相对的。因此，在肯定精神病患者、痴呆者和婴儿能够成为本罪对象，以保障他们应有的人身自由的同时，也要注意保障他们的监护人的监护权。若监护人为保护精神病患者的安全或者为防止其行为危害社会而将其暂时禁闭，则不构成非法拘禁；但如果在危害已经排除的情况下，仍对之继续加以捆绑或关押，则属于非法拘禁行为无疑。当然，是否构成犯罪，还需结合其他情节综合考虑。

此外，我们认为，本罪行为的成立并不需要作为本罪对象的被害人意识到自由被束缚，亦即并不需要被害人具有感知能力。只要被害人可能的自由被剥夺，即是对其人身自由的侵犯，而无须再探究其现实意识如何。就此而论，熟睡或酣醉者也能成为本罪的对象。如果行为人将酣醉者、昏迷者或熟睡之人反锁屋中，尽管在其醒来之前就打开了锁，仍属拘禁行为，也不影响该行为的性质。

七、绑架罪

（一）基本法理

1. 绑架罪的概念和构成要件。绑架罪，是指以勒索财物为目的绑架他人或者绑架他人作人质的行为。

本罪的构成要件是：

（1）本罪的主体是一般主体，即任何已满16周岁、具有刑事责任能力的自然人均可构成本罪。

（2）本罪在主观方面出自直接故意，并且行为人具有向被害人的亲友或其他人勒索财物或者其他不法利益的目的。行为人是否具有勒索财物或者获取其他不法利益的目的，是区别本罪与非法拘禁罪、抢劫罪的关键；至于这一目的是否实现，不影响本罪既遂的成立。

（3）本罪在客观方面表现为绑架他人的行为。所谓绑架，是指以暴力、胁迫、麻醉或者其他方法非法剥夺他人的人身自由，使他人处于自己的实力支配之下。绑架的方法多表现为暴力、胁迫、麻醉以及其他一切足以使被害人丧失行动自由的方法。偷盗婴幼儿亦是一种特殊的绑架行为。绑架多是将被害人劫往他人不易发觉、营救的异地，但不以此为必要，也存在一些就地绑架他人作人质的案件，因此，不能把将被害人掳离原地作为绑架的基本特征。

（4）本罪侵害的客体是复杂客体，即不仅侵犯他人的人身权利，同时还侵犯他人的财产权利或人身、财产以外的其他权益。

2. 绑架罪的相关界限。

（1）本罪与非法拘禁罪的界限。本罪与非法拘禁罪之间存在着特殊与一般的关系。本罪区别于非法拘禁罪的特殊之处在于，其构成不仅要有非法剥夺他人人身自由的行为，而且要求行为人主观上必须有勒索财物或者获取其他不法利益的目的。

本罪与非法拘禁罪区分的主要问题是对于索取债务而绑架、扣押人质的行为如何处理？对此，《刑法》第238条明确规定，为索取债务非法扣押、拘禁他人的以非法拘禁罪论处。根据最高人民法院的有关司法解释，为索取高利贷、赌债等法律不予保护的债务而扣押、拘禁他人的，也应以非法拘禁罪定罪处罚。[1]

（2）绑架勒索犯罪与抢劫罪的界限。两者的关键区别在于：①前者勒索财物的指向是被绑架人以外的第三人，不能是被绑架人本人；后者行为人所要挟的人与劫财行为的指向通常具有同一性。②前者获取财物的时间一般不可能是绑架行为实施当时，地点一般不可能是在绑架行为实施地；后者通常具有当时、当场非法占有公私财物的特点。

3. 绑架罪的刑事责任。根据《刑法》第239条的规定，犯本罪的，处10年以上有期徒刑或者无期徒刑，并处罚金或者没收财产；情节较轻的，处5年以上10年以下有期徒刑，并处罚金。犯本罪致使被绑架人死亡或者杀害被绑架人的，处死刑，并处没收财产。

（二）疑难问题

1. 已满14周岁不满16周岁的人绑架并杀害被绑架人的案件如何处理？对此，刑法理论与实务界有不同的看法。根据2002年7月24日全国人大常委会法工委《关于已满十四周岁不满十六周岁的人承担刑事责任范围问题的答复意见》之规定，《刑法》第17条第2款规定的八种犯罪，是指具体犯罪行为而不是具体罪名。《刑法》第17条中规定的“犯故意杀人、故意伤害致人重伤或者死亡”，是指只要故意实施了杀人、伤害行为并且造成了被害人重伤、死亡后果的，都应负刑事责任。而不是指只有犯故意杀人罪、故意伤害罪的才负刑事责任，绑架撕票的不负刑事责任。因此，对司法实践中出现的已满14周岁不满16周岁的人绑架人质后杀害被绑架人的行为，应依据刑法典追究刑事责任。至于以什么罪名追究刑事责任，该意见则未能涉及。我们认为，这一问题的存在完全是由于现行刑法典自身的不合理规定所造成的。对于已满14周岁不满16周岁的人绑架并杀害被绑架人的行为，可以根据上述意见之规定以故意杀人罪论处。

2. 如何认定绑架罪的既遂标准？这是本罪认定中最为复杂、争论最为激烈的问题。对

---

〔1〕 2000年7月13日最高人民法院《关于对为索取法律不予保护的债务非法拘禁他人行为如何定罪问题的解释》。

此，理论界存在目的达到说、勒索或提出不法要求已足说以及绑架行为完成说等三种不同主张。我们认为，《刑法》第239条只是将勒索财物或提出其他不法要求作为本罪的犯罪目的予以规定的，本罪的客观行为只有"绑架他人"和"偷盗婴幼儿"两种。以目的达到说和勒索或提出不法要求已足说来区分本罪的既遂与未遂，没有法律依据。当行为人以勒索财物为或者其他不法要求为目的，将绑架他人或者偷盗婴幼儿的行为实施完毕，就构成本罪的既遂；如果在绑架过程中由于犯罪分子意志以外的原因没有控制被害人的人身，或者说被害人还未丧失其人身自由，应认定为未遂。行为人在绑架他人或者偷盗婴幼儿后是否实施勒索财物或者提出其他不法要求，或者是否勒索到财物或其他不法要求是否得到满足，均不影响本罪既遂的成立。

八、拐卖妇女、儿童罪

（一）基本法理

1．拐卖妇女、儿童罪的概念和构成要件。拐卖妇女、儿童罪，是指以出卖为目的，拐骗、绑架、收买、贩卖、接送、中转妇女、儿童的行为。

本罪的构成要件是：

（1）本罪的主体是一般主体，凡已满16周岁、具有刑事责任能力的自然人，均可成为本罪主体。与被拐卖妇女、儿童有血亲等密切关系的人，同样可以构成本罪。

（2）本罪在主观方面表现为直接故意，并且行为人有出卖妇女、儿童的目的。出卖目的是本罪区别与非法拘禁罪、绑架罪、拐骗儿童罪等其他犯罪的一个关键特点。但出卖目的是否实现，即是否已将被害人卖出，不影响本罪的构成。

（3）本罪在客观方面表现为拐骗、绑架、收买、贩卖、接送、中转妇女、儿童或者偷盗婴幼儿的行为。拐骗，是指以欺骗、利诱等非暴力方法将妇女、儿童拐走并置于自己的控制之下。绑架，是指以暴力、胁迫或者麻醉方法劫持、控制妇女、儿童。收买，是指以金钱或其他财物作价购买妇女、儿童。贩卖，是指将妇女、儿童当作商品出售。接送，是指为拐卖妇女、儿童的罪犯接收、运送妇女、儿童。中转，是指为拐卖妇女、儿童的罪犯提供中转场所或者机会。偷盗婴幼儿，是指秘密窃取不满6周岁的儿童。行为人只要实施拐骗、绑架、收买、贩卖、接送、中转妇女、儿童或者偷盗婴幼儿行为之一的，即构成本罪，同时实施其中两种或两种以上行为的，仍应以一罪论。

（4）本罪侵害的客体是妇女、儿童的人身自由权利和人格尊严。犯罪对象是妇女、儿童。妇女，是已满14周岁的少女和成年妇女。儿童，显然应作广义理解，即既包括狭义的已满6周岁不满14周岁的儿童，也包括已满1周岁不满6周岁的幼儿和不满1周岁的婴儿。儿童的性别不限。妇女、儿童是本罪选择性的犯罪对象，在具体确定犯罪人的罪名时，应视其拐卖对象而定。拐卖妇女的，即定拐卖妇女罪；拐卖儿童的，即定拐卖儿童罪；既拐卖妇女又拐卖儿童的，定拐卖妇女、儿童罪。已满14周岁的男性不能成为本罪的对象，拐卖这类人的，视案情可论以非法拘禁罪。

2．拐卖妇女、儿童罪的刑事责任。依照《刑法》第240条的规定，犯本罪的，处5年以上10年以下有期徒刑，并处罚金；有下列情形之一的，处10年以上有期徒刑或者无期徒刑，并处罚金或者没收财产；情节特别严重的，处死刑，并处没收财产：①拐卖妇女、儿童集团的首要分子；②拐卖妇女、儿童3人以上的；③诱骗、强迫被拐卖的妇女卖淫或者将被拐卖的妇女卖给他人迫使其卖淫的；④奸淫被拐卖妇女的；⑤以出卖为目的，使用暴力、胁迫或者麻醉方法绑架妇女、儿童的；⑥以出卖为目的，偷盗婴幼儿的；⑦造成被拐卖的妇女、儿童或者其亲属重伤、死亡或者其他严重后果的；⑧将妇女、儿童卖往境外的。其中的

④是指犯罪分子在拐卖过程中，与被害妇女发生性关系的行为。不论犯罪分子是否使用了暴力或者胁迫手段，也不论被害妇女是否有反抗行为，都包括在内，[1] 但是不违背已满14周岁的被拐卖妇女意志的奸淫行为，不宜包括在内。[2] 其中的⑦，是指由于拐卖妇女、儿童的行为，直接或间接造成被拐卖妇女、儿童或者其亲属重伤、死亡或者其他严重后果，如由于犯罪分子虐待，使被害人重伤或死亡；由于犯罪分子的拐卖行为或者侮辱、殴打等行为引起被害人或其亲属自杀、精神失常或者其他严重后果。但是不包括故意杀人或故意伤害，如对被害人进行故意杀害、重伤，应成立故意杀人罪或故意伤害罪与拐卖妇女、儿童罪二罪，实行并罚。[3]

（二）疑难问题

如何界定拐卖妇女、儿童罪既遂与未遂的标准？对此，在理论界存在较大争议。我们认为，《刑法》第240条第2款对拐卖一词作出解释，仅是为了帮助人们认识拐卖这一复杂行为的典型环节，并不意味着任何一个拐卖妇女、儿童的犯罪都必须具有这些环节；从拐卖一词本身来看，“拐”和“卖”二者应该是任何一个完整的拐卖行为所不可或缺的要素，因而也不能认为上述规定意味着实施这些行为中的任何一个都应成立犯罪既遂，而只能认为实施其中任何一种行为都可以构成拐卖妇女、儿童罪，但究竟是犯罪既遂还是未遂，应以是否将妇女、儿童卖出为区分标准，至于犯罪分子是否实际获取财物，则在所不问。

九、诬告陷害罪

（一）基本法理

1. 诬告陷害罪的概念和构成要件。诬告陷害罪，是指捏造事实诬告陷害他人，意图使他人受到刑事追究，情节严重的行为。

本罪的构成要件是：

（1）本罪的主体是一般主体，即已满16周岁、具有刑事责任能力的自然人。

（2）本罪在主观方面只能表现为直接故意，并且行为人具有使他人受到刑事追究的目的。所谓刑事追究，是指公安、检察、审判机关按照法律规定的程序，对某人的犯罪事实进行侦查、起诉、审理、判决等活动。行为人的目的是否实现，对本罪成立没有影响。

（3）本罪在客观方面表现为捏造他人犯罪事实，向有关机关、单位告发的行为。首先，必须有捏造他人犯罪事实的行为。捏造即无中生有、凭空杜撰。没有捏造，而是据实报告、检举、控告的，不构成犯罪。其次，必须有将捏造的事实向司法机关或其他有关单位告发的行为。如果虽捏造了他人的犯罪事实，但未告发，即“只诬不告”的，不能构成本罪。至于告发的方式方法，则包括口头的、书面的；署名的、匿名的；直接的、间接的；本人亲自实施的、通过他人实施的；等等，一切足以引起司法机关注意的方式方法均无不可。最后，诬告的对象必须是特定的。如果没有特定的具体的对象而只是告知有犯罪发生，尽管有可能妨害司法机关的正常活动，但不致引起司法机关对特定的人追究刑事责任，不会侵犯到公民的人身权利和民主权利，因而不能构成本罪。需要指出，诬告需要有特定的具体的对象，并不要求指名道姓，而只要从诬告的内容中能推测出或明显地暗示了是谁即可。被诬告的对象的

---

〔1〕 参见1992年12月24日最高人民法院、最高人民检察院《关于执行〈全国人民代表大会常务委员会关于严惩拐卖、绑架妇女、儿童的犯罪分子的决定〉的若干问题的解答》。

〔2〕 参见肖中华：《侵犯公民人身权利罪》，中国人民公安大学出版社1998年版，第253～254页。

〔3〕 1992年12月24日参见最高人民法院、最高人民检察院《关于执行〈全国人民代表大会常务委员会关于严惩拐卖、绑架妇女、儿童的犯罪分子的决定〉的若干问题的解答》。

身份也没有限制，既可以是一般公民，也可以是犯有罪行的人。

（4）本罪侵害的客体是复杂客体，既侵害了公民的人身权利、民主权利，也侵害了司法机关的正常活动。

2. 诬告陷害罪的相关界限。在司法实践中认定本罪应注意本罪与错告、检举失实的界限。二者在客观表现形式上有相同之处，即都是向国家机关或有关单位进行告发，告发的事实都与客观实际情况不相符合。但二者亦有着质的区别：前者是应受国家法律制裁的犯罪行为；后者则是一般的错误行为，不应追究刑事责任。二者的具体界限主要体现在：①前者的犯罪事实完全是行为人故意捏造的；而后者告发的犯罪事实与实际情况不符，其原因可能是行为人对看到或听到某些事实，认识不清，判断不准，误认为是犯罪的事实。②前者是出于意图使他人受刑事追究的目的，向国家机关作虚假的告发；而错告、检举失实是由于对情况不了解或思想方法上的片面性，主观上没有陷害他人的目的，而且往往是为了伸张正义，同犯罪分子作斗争，向有关方面进行检举、揭发。

3. 诬告陷害罪的刑事责任。根据《刑法》第243条的规定，犯本罪的，处3年以下有期徒刑、拘役或者管制；造成严重后果的，处3年以上10年以下有期徒刑。国家机关工作人员犯本罪的，从重处罚。不是有意诬陷，而是错告，或者检举失实的，不适用本条的规定。此处所谓造成严重后果，主要指因为诬告陷害而使被害人被错误地定罪并被判处较重的刑罚；被害人因受到刺激而导致精神失常甚或自杀伤亡；等等。

（二）疑难问题

如何区分诬告陷害罪与诽谤罪的界限？二者都有捏造事实的行为，而且诽谤罪也可能是捏造犯罪事实。因此，二者容易产生混淆。它们的主要区别是：①犯罪目的不同。前者的目的是使他人受刑事追究；后者的目的是破坏他人名誉。②犯罪的客观方面表现不同。前者表现为捏造他人的犯罪事实，并向司法机关告发；后者则是捏造有损他人名誉事实，散布于第三者或更多的人，但不向司法机关告发。如果行为人虽然捏造他人犯罪的事实，但并不告发，而是私下散布，旨在损害他人名誉的，应以后者论。③犯罪客体不同。前者侵犯的是公民的人身权利和司法机关的正常活动；后者侵犯的是公民的名誉权。

十、侮辱罪

（一）基本法理

1. 侮辱罪的概念和构成要件。侮辱罪，是指以暴力或者其他方法，公然贬低他人人格，破坏他人名誉，情节严重的行为。本罪具有如下构成要件：

（1）本罪的主体为一般主体。

（2）本罪在主观上只能出于直接故意，即行为人明知自己的侮辱行为会造成贬低他人人格，破坏他人名誉的危害结果，并且希望这种结果发生。行为人的目的也在于败坏他人名誉。如果是行为人出于开玩笑或恶作剧造成他人难堪，或者无意识地造成他人人格、名誉受损，不能以本罪论处。例如，同学好友之间出于开玩笑的目的往他人身上泼洒污物或戏弄的行为，不应论以本罪。

（3）本罪在客观方面表现为以暴力或者其他方法，公然贬低他人人格，破坏他人名誉的行为。所谓暴力，是指为使他人人格尊严及名誉受到损害而采取的强制手段，而不是指对被害人人身进行的殴打、伤害，如强行扒光妇女衣裤、撩开衣裙当众羞辱，强行给被害人浇灌粪便，强迫被害人与尸体接吻，强迫被害人做难堪的动作（如学狗走路）等。如果行为人直接造成对被害人身体的伤害，则应以故意伤害罪论处。所谓其他方法，是以文字、图画或语言的方式损害他人人格、名誉，如采取张贴、传阅大字报、小字报、传单的形式损害他人名誉，以漫画的形式讽刺、挖苦别人，或者对他人进行口头上的戏弄、挖苦、辱骂、嘲笑等。同时，侮辱的行为，必须是行为人公然实施的。所谓公然，是指在第三者能看到或听到（如让第三人通过电话听）的场合，或者用能够使第三人看到或听到的方法进行侮辱（虽然当时可能无第三人看到或听到）。至于被害人是否在场，不影响本罪的成立。如果行为人是在第三者不知晓且不可能使第三人知晓的情况下对被害人进行侮辱，则不能认为是侮辱罪。例如，行为人在第三者不知晓的情况下向他人写信进行侮辱，并不能以侮辱罪定罪处罚。此外，侮辱行为必须是情节严重的才能构成犯罪。所谓情节严重，主要是指侮辱行为手段恶劣，动机卑鄙，后果严重，或影响很坏的情况。

（4）本罪侵犯的是他人的人格、名誉。我国《宪法》第38条规定："中华人民共和国公民的人格尊严不受侵犯。禁止用任何方法对公民进行侮辱、诽谤和诬告陷害。"实施侮辱罪的行为人对被害人公然进行人格上的贬低和名誉上的破坏，应受刑罚处罚。侮辱罪侵犯的对象只能是特定的个人。特定的个人既可以是一人，也可以是数人，但是必须是具体的、明确的、有生命的人。任何机关、团体、法人组织，均不能成为本罪的侵犯对象。对它们进行诋毁、损害其名誉，构成犯罪的，以其他犯罪处理，但不能以侮辱罪论处。不以特定个人为目标的谩骂、攻击，也不能构成侮辱罪。尸体不能成为本罪的对象，但侮辱尸体可以构成侮辱尸体罪。不过，如果行为人表面上侮辱尸体，实际上是通过尸体的损害侮辱死者的亲属的，应以侮辱罪论处。因为此种情况下，行为人侵犯的对象实为死者的亲属。

2. 侮辱罪的刑事责任。根据《刑法》第246条的规定，犯本罪的，处3年以下有期徒刑、拘役、管制或者剥夺政治权利。该条同时规定，犯侮辱罪"告诉的才处理，但是严重危害社会秩序和国家利益的除外"。所谓告诉才处理，根据《刑法》第98条的规定，是指被害人告诉才处理。如果被害人因受强制、威吓无法告诉的，人民检察院和被害人的近亲属也可以告诉。

（二）疑难问题

1. 如何区分侮辱罪与强制猥亵、侮辱妇女罪？强制猥亵、侮辱妇女罪是修订后的刑法从1979年刑法规定的流氓罪中分离出来的一个罪。当行为人采用公然强行扒妇女的衣服、对妇女身体进行某些动作性猥亵、侮辱时，对行为人是定本罪还是强制猥亵、侮辱妇女罪，容易发生混淆。我们认为，区别两者的关键在于行为人的主观目的和动机。本罪中的侮辱妇女，行为人目的在于败坏妇女的名誉，贬低其人格，动机多出于私愤报复、发泄不满，这一点与侮辱其他人（男性）、其他侮辱行为（如以大字报进行侮辱）没有什么区别；而猥亵、侮辱妇女行为，行为人目的在于寻求下流无耻的精神刺激，满足行为人的性欲。另外，侮辱妇女罪在有些场合，行为人侮辱的对象即妇女具有不特定性，而本罪的对象只能是特定的。

2. 如何认定侮辱罪中一罪与数罪的界限？本罪可以以暴力方法实施，但是应当注意，这里的暴力仅仅是指行为人为使他人人格尊严及名誉受到损害而采取的强制手段，不包括对被害人的故意杀伤行为。因此，有的学者径直将之解释为"强力"，[1] 是有道理的。实践中应当注意，如果行为人在侮辱他人过程中故意伤害被害人甚至杀害被害人的，应以故意伤害罪或故意杀人罪对行为人定罪处罚，不应对行为人以本罪和故意伤害罪、故意杀人罪实行数罪并罚。但如果是行为人在侮辱他人过程中，第三人予以阻止，行为人为排除阻碍而将第三人伤害或杀害的，则应对行为人实行数罪并罚。

---

〔1〕 参见张明楷：《刑法学》（下），法律出版社1997年版，第727页。

十一、刑讯逼供罪

（一）基本法理

1. 刑讯逼供罪的概念和构成要件。刑讯逼供罪，是指司法工作人员对犯罪嫌疑人、被告人使用肉刑或者变相肉刑逼取口供的行为。

本罪的构成要件是：

（1）本罪的主体是特殊主体，即司法工作人员，也即有侦查、检察、审判、监管职责的工作人员。非司法工作人员，如其他国家机关工作人员、联防队员、企业事业单位的安全保卫人员、群众性自治组织的治保干部等，私设公堂，对他人施以肉刑或者变相肉刑的，可以构成非法拘禁罪或故意伤害罪等罪，但不构成本罪。

（2）本罪在主观方面出于直接故意，且行为人具有逼取口供的目的。如果行为人出于其他目的对犯罪嫌疑人、被告人使用肉刑或者变相肉刑的，不能以本罪论。行为人的目的是否实现，即有未逼到口供，以及犯罪嫌疑人、被告人的口供是真是假，均不影响本罪的构成。犯罪动机如何，非本罪构成所问，“为公”（如为迅速结案）、“为私”（如出于挟嫌报复），均可以本罪论。

（3）本罪在客观方面表现为对犯罪嫌疑人、被告人使用肉刑或者变相肉刑，逼取口供的行为。肉刑，主要是指对被害人身体实行暴力打击、残害，为其制造难以忍受的皮肉之苦。例如，殴打、吊打、夹手指等。变相肉刑，主要是指不直接对被害人的身体实施暴力打击、残害，但用其他方法给被害人造成难以忍受的肉体痛苦。例如，长时间不许睡觉（俗称“熬鹰”）、不准坐卧、日晒、冷冻等折磨身体的方法。只有用肉刑或者变相肉刑逼取口供，才能构成本罪。用其他违法方法，如欺骗、引诱等，获取口供的，不构成本罪。

（4）本罪侵害的客体是公民的人身权利和司法机关的正常活动。本罪的对象是犯罪嫌疑人和被告人。犯罪嫌疑人，是指在公诉案件中，在侦查起诉阶段，被追诉的、被怀疑犯有某种罪行的人。被告人，是指在自诉案件中被公民个人指控犯有某种罪行的人，以及在公诉案件中被检察机关起诉到法院的人。正在服刑的罪犯，因涉嫌其他犯罪又被立案侦查、起诉和审判的，是再次处于犯罪嫌疑人、被告人的地位，也可以成为本罪的对象。

2. 刑讯逼供罪的相关界限。在司法实践中认定本罪时应注意区分其与一般刑讯逼供行为的界限。虽然刑法并未规定刑讯逼供情节严重的才构成犯罪，但是不可误认为，一切刑讯逼供行为，不论情节轻重，均应以本罪论处。在司法实践中，认定某一刑讯逼供行为是否构成犯罪，应当注意执行最高人民检察院《关于人民检察院直接受理立案侦查案件立案标准的规定（试行）》的相关规定。该解释规定，刑讯逼供涉嫌下列情形之一，应予立案：①手段残忍、影响恶劣的；②致人自杀或者精神失常的；③造成冤、假、错案的；④3 次以上或者对 3 人以上进行刑讯逼供的；⑤授意、指使、强迫他人刑讯逼供的。依此，如经查证，行为人虽有刑讯逼供行为，但没有上述任何一种情节的，宜作为一般违法违纪行为处理。

3. 刑讯逼供罪的刑事责任。根据《刑法》第 247 条的规定，犯本罪的，处 3 年以下有期徒刑或者拘役。致人伤残、死亡的，依照本法第 234、232 条的规定定罪从重处罚。

（二）疑难问题

1. 如何区分刑讯逼供罪与非法拘禁罪的界限？本罪与非法拘禁罪的区别主要表现在以下几个方面：①犯罪主体不同。本罪的主体是司法工作人员，为特殊主体；非法拘禁罪的主体为一般主体。②犯罪对象不同。本罪的对象是犯罪嫌疑人、被告人；非法拘禁罪的对象为任何依法享有人身自由的公民。③犯罪手段不同。本罪表现为使用肉刑或者变相肉刑逼取他人口供的行为；非法拘禁罪表现为非法剥夺他人自由的行为。④犯罪客体不完全相同。本罪侵犯的客体是公民的人身权利和司法机关的正常活动，为复杂客体；非法拘禁罪侵犯的客体为公民的人身自由权利。如果司法工作人员为刑讯逼供而非法剥夺犯罪嫌疑人、被告人的人身自由的，应以本罪一罪定罪处罚，而不实行数罪并罚。非司法工作人员剥夺他人人身自由并采取肉刑或者变相肉刑逼取“口供”的，根据不同情况可以认定为非法拘禁罪、故意伤害罪、故意杀人罪。

2. 刑讯逼供致人伤残、死亡的，如何定性与处理？根据《刑法》第 247 条的规定，刑讯逼供致人伤残、死亡的，应分别按故意伤害罪、故意杀人罪定罪，并从重处罚。司法实践中，应如何适用这一规定，存在观点上的分歧。刑法学界主要有以下几种代表性的观点：

第一种观点认为，刑讯逼供致人伤残或者死亡，以故意伤害罪或故意杀人罪定罪，不是没有条件的，必须在符合故意伤害罪和故意杀人罪规定的基本构成条件的情况下，才以故意伤害罪或故意杀人罪定罪并从重处罚，即以行为人对被逼供人的伤残、死亡主观上至少存在放任的意志态度为必要；如果是出于过失致人重伤或死亡的，似应以本罪的结果加重犯处理为宜。

第二种观点则认为，对《刑法》第 247 条的上述规定的理解涉及是注意规定还是特别规定的问题。如果属于注意规定，只有当行为人实施刑讯逼供行为时具有伤害故意并造成伤残结果，才能认定为故意伤害罪；如果认为属于特别规定，则只要刑讯逼供行为造成了他人伤残的结果，就应认定为故意伤害罪，而无论行为人对他人伤残的结果是出于故意还是过失。本罪不仅具有多发性，而且具有严重性，刑法对该罪规定的法定刑却较轻，为有效保护公民人身权利，避免对侵犯人身权利的犯罪处罚过轻，对行为人实施刑讯逼供造成他人伤残的，即使没有伤害故意也应认定为故意伤害罪。因而应将上述规定理解为特别规定。

第三种观点在比较了转化犯与结果加重犯区别的基础上，认为《刑法》第 247 条规定的情形属于转化犯。但同时认为，刑法将本罪规定为转化犯并不合理，并建议将其规定为结果加重犯或情节加重犯更为妥当。理由主要是：①将刑讯逼供过程中致人伤残、死亡的情况转化为故意伤害罪或杀人罪，实际上使本罪形同虚设。②将本罪规定为转化犯并不符合转化犯的构成要件。行为人在实施某个犯罪过程中只有故意内容发生了变化才有转化的必要。而刑讯逼供过程中致人伤残或死亡的情况，行为人的故意内容和逼取口供的目的并未发生变化，将之视为转化犯的主观条件并不存在。③一旦因刑讯逼供导致他人死亡就以故意杀人罪论处，漠视了刑讯逼供者的主观内容，如果刑讯逼供者失手将被害人打死，也定为故意杀人罪，显然与致人死亡的伤害罪的规定不相协调。

目前第一种观点为多数人所采，我们认为该种观点是比较妥当的。下面对此作进一步的分析：

首先，需要指出，我国刑法中规定的“致人死亡”的条款中，是仅包括过失致人死亡，还是包括间接故意乃至直接故意杀人，情况比较复杂，不可一概而论。有的只能是过失，如重大责任事故罪，失火、过失爆炸等致人死亡的情形；有的只能是故意，而更多的则是既可能是故意也可能是过失的情况，如抢劫罪、强奸罪等致人死亡的情形。把握上述不同情形的最根本标准就是坚持罪责刑相适应原则。从司法实践发生的刑讯逼供致人伤残、死亡结果的实际情形来看，既包括行为人对他人重伤、死亡具有过失心理的情况，也包括行为人对被逼供人的重伤、死亡结果具有间接故意乃至直接故意的情况。从法理上讲，如果是第一种情况则完全符合结果加重犯的特征。如果是第二种情况则符合转化犯的构成条件。《刑法》第 247 条的上述规定实际上仅就第二种情形作了规定，而对于结果加重犯的情形没有作出明确规定。我们认为，从罪责刑相适应的角度考虑，结果加重犯的情形既不能以故意杀人罪、故意伤害罪的法定刑幅度从重处罚，也不能按本罪的基本法定刑加以处罚，其法定刑幅度应介乎二者之间，只有这样才符合罪责刑相适应的原则。从这个角度讲，《刑法》第247条后半段的规定不能不说存在着一定的缺陷。但从法理上可将这种本应规定为结果加重犯的情形理解为本罪与过失致人死亡、过失致人重伤罪的想象竞合，根据想象竞合犯的处罚原则，当本罪与过失致人死亡罪竞合时，按过失致人死亡罪定罪，并在“3年以上7年以下有期徒刑”的刑罚幅度内予以处罚；当本罪与过失致人重伤罪竞合时，由于二罪的法定刑幅度完全一致，不妨仍以本罪定罪处罚。

有的论者担心若按想象竞合犯处理，有可能出现重罪的法定最低刑轻于轻罪的法定最低刑的现象，即本来是从一重罪处罚，实际上却可能判处比轻罪更轻的刑罚。笔者认为，由于法定刑配置的复杂性、多层次性，两种被竞合的犯罪的确可能出现其中一罪的法定最高刑比另一罪要高，而其法定最低刑却比另一罪的最低刑为低的现象，但并不能因此而否认二者存在想象竞合的关系，即使这种现象在刑讯逼供致人伤残、死亡的情形因《刑法》第247条的规定而可以避免，发生在其他犯罪想象竞合的情形也完全可能存在上述现象，而后者又当如何避免呢？因此，以可能出现重罪法定最低刑轻于轻罪法定最低刑的现象来否认按想象竞合犯处理的解决方式，是没有充分说服力的。更何况，从司法实践来看，只要司法人员严格贯彻罪责刑相适应的原则，充分把握想象竞合犯从一重罪处罚的精神，这种现象出现的几率是相当低的，而且是可以完全避免的。

其次，一般认为转化犯的构成特征主要包括：①在转化犯形态的生成中，存在前后两个不同罪质的故意犯罪行为，而且只存在轻罪向重罪的转化；②转化犯中两个不同罪质的犯罪行为，虽然罪质各异，本罪的构成要件要素可以被转化罪的构成要件要素覆盖、本罪的构成要件要素在客观上可以发展为转化罪的构成要件要素；③犯罪性质发生变化，是在本罪的行为实施的同时，或者本罪造成的不法状态持续期间；④犯罪性质发生变化，是基于行为人实施了特定的行为，特定的行为表现为后一犯罪的部分构成要件要素事实，而这些事实与本罪的构成要件要素一起，正好足以填充转化罪的构成要件。根据转化犯成立的这些条件，我们认为当刑讯逼供过程中行为人对他人的伤残、死亡持故意的心理时，完全符合转化犯的构成特征。因为这种情况下的刑讯逼供致人伤残或者死亡，已经超出了本罪自身的构成范围，存在轻罪向重罪转化的时空条件。在这里，关键是要把握本罪中行为人采用肉刑或变相肉刑的行为对犯罪嫌疑人、被告人造成的身体伤害程度。我们认为，行为人采用肉刑或变相肉刑给犯罪嫌疑人、被害人造成的身体伤害，在本罪的范围内只限于“轻伤”，而不包括重伤和重伤致人死亡。只有这样理解才能保证本罪与故意伤害罪的罪刑协调性。而当本罪向故意伤害罪、故意杀人罪转化时，行为人的主观故意内容也必然是发生变化的，尽管行为人的最终目的仍然是为了逼取口供。因此，上述第三种观点认为刑讯逼供致人伤残、死亡不符合转化犯条件的理由是不足取的。另外，该观点强调的其他三点理由也没有说服力。

最后，结合《刑法》第247条的规定，我们可将司法实践中发生的种种因刑讯逼供致人伤残、死亡的情形，分别以下几种情况加以处理：①刑讯逼供过程中，行为人对犯罪嫌疑人、被告人被刑讯致残或死亡结果具有放任或希望的犯罪心理的，应定故意伤害罪或故意杀人罪，并从重处罚；②刑讯逼供过程中，行为人对犯罪嫌疑人、被告人身体受到重伤害具有希望或放任心理，但被害人出乎意料地因伤重而导致当场死亡或经抢救无效死亡，应定故意伤害罪（致人死亡），而不应定故意杀人罪；③刑讯逼供过程中，被害人自杀身亡的，行为人对此一般都是过失或意外，不能认定为故意杀人罪，一般仍应认定为本罪；④刑讯逼供过程中，行为人对犯罪嫌疑人、被告人的伤残或死亡具有过失心理的，属于本罪结果加重的情形，但由于刑法没有规定本罪的结果加重犯，对此可以按照想象竞合犯的处理原则进行处断；⑤行为人对刑讯逼供致人死亡具有故意心理的案件中，并非一律对行为人只定故意杀人罪一罪，也存在对行为人以本罪和故意杀人罪实行数罪并罚的可能。这种情况不具有刑讯逼供向故意杀人罪转化的"重合性和延展性"特征，完全是两个犯意，实施两个独立的行为。当然按这种情形处理的案件极少。[1]

十二、报复陷害罪

（一）基本法理

1. 报复陷害罪的概念与构成要件。报复陷害罪，是指国家机关工作人员滥用职权、假公济私，对控告人、申诉人、批评人、举报人实行报复陷害的行为。

本罪的构成要件是：

（1）本罪的主体是特殊主体，即国家机关工作人员。非国家机关工作人员虽然不能成为本罪主体，但可以与国家机关工作人员一起成为本罪的共犯。

（2）本罪的主观方面是直接故意，并且具有报复陷害被害人的目的。故意的内容具体表现为行为人明知自己的行为会发生陷害他人、侵犯公民民主权利以及妨害国家机关的正常管理活动的结果，并且希望这种结果发生。如果由于业务水平低下、工作方法简单等原因过失侵害控告人、申诉人、批评人、举报人合法权益的，不构成本罪。

（3）本罪的客观方面表现为行为人实施了滥用职权、假公济私，对控告人、申诉人、批评人、举报人实行报复陷害的行为。包括以下内容：①报复陷害是行为人采取滥用职权、假公济私的形式实施，即行为人必须利用其职权对被害人进行报复陷害，才能构成本罪。假公济私，虽然通常情况下是指行为人为自己谋一己之私利，但为小集体、本单位的利益报复陷害被害人的，同样也可以成立本罪。②报复陷害的行为方式可以有多种表现形式，如制造种种"理由"和"借口"，非法克扣、停发工资、奖金或其他福利；调动工作、降职降薪甚至免除职务、开除公职；压制提职晋级和学术、技术职称的评定；栽赃陷害、小题大做，歪曲事实、欺骗有关人员，使被害人受到行政或者刑事处罚；等等。

（4）本罪的客体是公民的民主权利，即公民的控告权、申诉权、批评权和举报权，以及国家机关的正常活动。我国宪法赋予了公民对国家机关及其工作人员的批评、申诉、控告或检举的权利，而国家机关工作人员违反法律规定，滥用职权、假公济私，对控告人、申诉人、批评人、举报人实行报复陷害的行为，不仅侵犯公民的民主权利，也同时妨碍了国家机关的正常活动。诬告陷害罪的犯罪对象是特定的人，即控告人、申诉人、批评人、举报人。控告人，是指向司法机关或者其他有关部门告发国家工作人员违法失职的人，既可以是一般公民，也可以是国家工作人员。申诉人，是指对自己或者他人所受到的行政或者纪律处分不服，向原处理机关或者其上级机关或者其他有关机关提出自己的申诉意见，请求改变或者撤销处分的人。也包括司法机关已经发生法律效力的判决、裁定或者决定，向办理案件原司法机关或者上级司法机关提出申诉，请求再审或复核的人。批评人是指国家机关及其工作人员工作上的缺点和不足提出批评建议的人。举报人，是指向司法机关或者其他有关部门检举、揭发违法犯罪行为的人。

2. 报复陷害罪的相关界限。

（1）报复陷害与国家机关工作人员正常履行职责的行为的界限。国家机关工作人员依照

---

〔1〕 参见赵秉志主编：《酷刑遏制论》，中国人民公安大学出版社2003年版，第178页。

法律和规章制度对控告人、申诉人、批评人、举报人的错误、缺点的批评教育，以及对其违法乱纪行为的制裁、处罚，属于其正常的工作职责，与滥用职权、假公济私的报复陷害存在本质的不同。在实践中应特别注意国家机关工作人员在正常履行职务过程中，因工作方法简单粗暴、政策观念不强等错误，引起有关控告人、申诉人、批评人、举报人误解的情况与报复陷害区别开来。

（2）本罪与一般报复行为的界限。本罪并不以情节严重为其构成要件，但是，一般的报复行为由于其社会危害性不大，属于一般的违法、违纪问题，不宜作为犯罪处理。根据最高人民检察院的有关司法解释，国家工作人员滥用职权、假公济私，对控告人、申诉人、批评人、举报人实行报复陷害，具有下列情形之一的，应予立案：①报复陷害，致使他人的人身权利、民主权利或者其他合法权利受到严重的损害的；②报复陷害，致人精神失常或者自杀的；③手段恶劣、后果严重的。[1]

3. 报复陷害罪的刑事责任。根据《刑法》第254条的规定，犯本罪的，处2年以下有期徒刑或者拘役；情节严重的，处2年以上7年以下有期徒刑。

（二）疑难问题

1. 如何区分报复陷害罪与诬告陷害罪的界限？本罪与诬告陷害罪在主观上都具有陷害他人的目的，客观上都可以通过捏造事实的方式对他人进行陷害。两者的主要区别表现在：①犯罪主体不同。本罪的主体是特殊主体，即国家机关工作人员；诬告陷害罪的主体则是一般主体。②犯罪目的不同。本罪行为人是出于一般的报复陷害的目的；而诬告陷害罪行为人的目的在于使他人受到刑事追究。③犯罪手段不同。本罪行为人采取利用自己职权，假公济私的手段，对被害人进行政治、经济、物质等方面的压制迫害；诬告陷害罪行为人则是采取捏造他人犯罪事实并向司法机关或者其他单位告发的手段，诬陷被害人。④犯罪对象不同。本罪的对象限于控告人、申诉人、批评人、举报人；诬告陷害罪对象则没有任何限制，可以是任何人。

2. 控告、申诉、举报失实的人能否成为报复陷害罪的对象？控告、申诉或者举报失实，原因复杂，国家机关工作人员利用职权对控告、申诉或者举报失实的人报复陷害的，能否构成本罪，应具体分析认定。如果控告人、申诉人或者举报人明知自己所控告、申诉或者举报的内容是不真实的，出于陷害国家工作人员的故意而进行虚假的控告、申诉或者举报，而国家机关工作人员利用职权对其进行报复陷害的，不能认定为本罪。因为在这种情况下，实施控告、申诉或者举报行为的有关人员，并不是依法行使自己的民主权利，而是在进行违法犯罪活动，国家机关工作人员对其实施的打击报复行为，也就不具有侵犯公民民主权利的报复陷害行为的性质。

当控告人、申诉人或者举报人不了解事实真相，误认为是真实情况而检举、申诉、举报，国家工作人员利用职权对其实施报复陷害的，应如何处理？我们认为，只要控告人、申诉人或者举报人不是故意利用虚假事实采取控告、申诉或者举报的形式诬陷国家工作人员的，此种情形仍应以本罪论。因为公民是根据自己所掌握的有关国家机关工作人员的错误或违法犯罪的情况行使民主监督权，如果要求其控告、申诉或者举报的内容必须与事实真相具有一致性，必然会对公民的这种民主权利造成极大的限制。故只要不是有意诬告，而是由于自己过失控告、申诉或者举报不实或者不完全属实，国家机关工作人员利用职权、假公济

---

〔1〕 参见1999年9月16日最高人民检察院《关于人民检察院直接受理立案侦查案件立案标准的规定（试行）》。

私，对有关公民实施报复陷害行为的，由于事实上也侵犯了公民的民主监督权，侵害了国家机关的正常活动，可以成立诬告陷害罪。

十三、破坏选举罪

（一）基本法理

1. 破坏选举罪的概念和构成要件。破坏选举罪，是指在选举各级人民代表大会代表和国家机关领导人员时，以暴力、威胁、欺骗、贿赂、伪造选举文件、虚报选举票数等手段破坏选举或者妨害选民和代表自由行使选举权和被选举权，情节严重的行为。

本罪的构成要件是：

（1）本罪的主体是一般主体，即已满16周岁、具有刑事责任能力的自然人。既可以是有选举权的人，也可以是没有或被剥夺选举权的人；既可以是一般公民，也可以是选举工作人员。

（2）本罪在主观方面是出于故意，且只能表现为直接故意，具体表现为明知自己的行为会对选举工作造成破坏，仍有意为之。过失行为，如误计选票等，不能论以本罪。也不存在所谓的间接故意的破坏选举罪。有些学者认为，本罪可以出于间接故意，但从其所举的"间接故意的破坏选举罪"案例看，实质仍是直接故意犯罪。[1]

（3）本罪的客观方面表现为在选举各级人民代表大会和国家机关领导人员时，以暴力、威胁、欺骗、贿赂、伪造选举文件、虚报选举票数等手段破举或者妨害选民和代表自由行使选举权和被选举权，情节严重的行为。对此，可以从以下几方面来理解：

首先，本罪只能发生在特定的时期，即选举各级人民代表大会代表和国家机关领导人员的时候。这里的选举各级人民代表大会的代表，根据我国的《选举法》，包括选举全国人民代表大会的代表，省、自治区、直辖市、设区的市、自治州的人民代表大会的代表，不设区的市、市辖区、县、自治县、乡、民族乡、镇的人民代表大会的代表等三种选举。其中前两级人民代表大会的代表由下一级人民代表大会选举产生，不设区的市、市辖区、县、自治县、乡、民族乡、镇的人民代表大会的代表，由选民直接选举产生。

其次，本罪的客观行为通常表现为以下几种形式：①用暴力、威胁、欺骗、贿赂等非法手段妨害选民和代表自由行使选举权和被选举权的。我国宪法规定公民依法享有选举权，公民有权按照自己的意愿选举人民代表，有被选举为人民代表和有关国家机关人员的权利，也有权依照法定程序罢免不称职的人民代表及国家机关人员。妨害选民和代表自由行使选举权和被选举权就是指对他们上述自由权利的妨害。其中，所谓暴力，是指对选民、各级人民代表大会代表、候选人等进行殴打、捆绑等人身打击或者强制；所谓威胁，是指以杀害、伤害、破坏名誉等手段进行要挟，迫使有关选民或代表放弃其权利、被选举的机会以及按照威胁人的意愿进行选举等；所谓欺骗，是指行为人捏造事实、颠倒是非、以虚假的事实使选民和代表产生错误认识，从而按行为人的意愿进行选举；所谓贿赂，是指行为人用金钱或者其他物质利益收买选民和代表，以实现其操纵、破坏选举或者进行其他舞弊活动的目的。②以暴力、胁迫、欺骗、贿赂等手段破坏选举，致使选举工作无法正常进行或者无效的。这里，行为人采用上述破坏手段并不是直接针对个别选民或代表，使其不能自由行使选举权和被选举权，而是直接针对整个选举活动，使整个选举活动无法正常进行或选举结果归于无效。③用伪造选举文件、虚报选举票数等手段弄虚作假，进行舞弊，致使选举活动无法正常进行

[1] 参见苏长青、阴建峰主编：《侵犯公民民主权利罪和妨害婚姻家庭罪》，中国人民公安大学出版社2003年版，第274页。

或者归于无效的。这类犯罪行为，通常只有选举工作人员才能实施，但也有例外。这里的"伪造选举文件"，是指行为人采用伪造选民证、选票、选民名单、候选人名单、代表资格审查报告等选举文件的方法破坏选举的行为；所谓虚报选举票数，是指选举工作人员对于统计出来的选票数、赞成和反对票数等进行虚假汇报的行为，这里的"选举工作人员"包括选举委员会的工作人员、主持选举工作的人民代表大会主席团成员，以及投票结束后，由选民或者代表推选出的监票、唱票人员等。④以其他手段破坏选举或者妨害选民和代表自由行使选举权和被选举权，情节严重的。这里的"其他手段"，是指行为人以暴力、威胁、欺骗、贿赂、伪造选举文件、虚报选举票数以外的手段破坏选举。如果其造成的社会危害严重，达到犯罪程度的，也应以破坏选举罪追究行为人的刑事责任。在此值得一提的是，行为人只要实施了暴力、威胁、欺骗、伪造选举文件、虚报选举票数等行为方式之一，破举选举或者妨害选民和代表自由行使选举权和被选举权，情节严重的，就可构成破坏选举罪，而并不要求其实施全部上述危害行为。不过，即使行为人同时实施了上述行为中之两种或两种以上行为的，构成犯罪的，仍只能定一个破坏选举罪，不能数罪并罚。

最后，行为人的犯罪情节达到了严重程度。何谓"情节严重"，刑法典未作明确规定。而2006年7月颁行的最高人民检察院《关于渎职侵权犯罪案件立案标准的规定》，则对于国家机关工作人员利用职权破坏选举的行为规定了具体的立案标准，这对于我们理解何谓"情节严重"具有非常重要的参考意义。根据该司法解释之精神，国家机关工作人员利用职权破坏选举，涉嫌下列情形之一的，应予立案：①以暴力、威胁、欺骗、贿赂等手段，妨害选民、各级人民代表大会代表自由行使选举权和被选举权，致使选举无法正常进行，或者选举无效，或者选举结果不真实的；②以暴力破坏选举场所或者选举设备，致使选举无法正常进行的；③伪造选民证、选票等选举文件，虚报选举票数，产生不真实的选举结果或者强行宣布合法选举无效、非法选举有效的；④聚众冲击选举场所或者故意扰乱选举场所秩序，使选举工作无法进行的；⑤其他情节严重的情形。

(4) 本罪侵犯的客体是公民的选举权和被选举权以及被选民选出的代表自由行使选举权和被选举权的民主权利，同时也侵犯了国家的选举制度。选举权和被选举权是我国宪法所确立的我国公民享有的最基本的民主政治权利。选举权是指我国公民依法享有的选举和被选举为国家权力机关代表的权利；其具体内容包括：①公民有权按照自己的意愿选举人民代表；②公民有被选举为人民代表的权利；③公民有权依照法定程序罢免那些不称职的人民代表。选举权和被选举权是我国公民参加国家管理，参与当家作主的一项最基本、最重要的政治权利。它直接体现了公民是国家主人的地位。除了依照法律规定被剥夺政治权利的人不能享有选举权和被选举权以外，任何人、任何机关、团体或组织都不能剥夺、限制公民的选举权，否则就是对公民选举权的破坏。破坏选举的犯罪行为，不仅直接侵害了公民和代表的选举权和被选举权，同时也违背了我国选举制度的上述民主原则，妨害了选举活动的正常进行，因此，也构成了对我国选举制度的侵害。

2. 破坏选举罪的相关界限。

(1) 要把正常的反映意见、申诉等行为与故意利用、挑起事端，制造混乱破坏选举的行为区分开来。

首先，实践中，有些选民和代表对候选人有意见，或者对介绍候选人的材料有看法，在选举小组讨论上提出批评或自己的看法，是行使其选举权的正当行为，即使其提出了批评、反对意见，并且言词过激、态度不好，也是合法行使自己选举权的行为。不能与破坏选举的行为混淆。

其次，选民或者代表依法行使申诉权的行为，不能认为是破坏选举的行为。根据《全国人民代表大会和地方各级人民代表大会选举法》的相关规定，公民对选举委员公布的选民名单不服而申诉的及被罢免的代表在有关会议上的申诉都是其合法权利，即使因此而增加选举工作负担，或延缓了选举的进程，都不能认为是对选举工作的破坏。

最后，行为人故意利用选举工作中的个别疏漏或失误之处，煽风点火，借机闹事的，应视其行为的目的、情节及其对选举工作实际造成的危害，分别予以批评教育、行政处分，构成犯罪的，可以以本罪或其他犯罪处理。

（2）要把违反选举法的错误行为与本罪区别开来。实践中，有些选举工作人员，特别有关领导选举工作的人员，由于法制观念不强，对选举工作没有给予高度的重视，在组织选举工作时，常常会犯有违背选举法的错误，应注意这些违法错误行为与本罪的本质区别。例如，我国《全国人民代表大会和地方各级人民代表大会选举法》第30条规定："全国和地方各级人民代表大会代表候选人的名额，应多于应选代表的名额。由选民直接选举的代表候选人名额，应多于应选代表名额1/3至1倍；由地方各级人民代表大会选举上一级人民代表大会代表候选人的名额，应多于应选代表名额的1/5至1/2。"但不少地方存在着为省事而提出代表候选人的名额没有达到法律规定的应超过应选代表的比例，甚至有个别地方还存在着"等额选举"的错误；再如有的地方还发生过违反选举法规定的程序，在选举前20日不公布选民名单或在选举前5日不公布候选人名单的违法行为。这些违反选举法的行为，侵害了选民或者代表的选举权，但其是由于有关选举工作人员法制观念不强，工作失误所致，其主观上并没有故意破坏选举或者妨害选民和代表自由行使选举权和被选举权的意图，不符合本罪的主观要件，不能认定为本罪。

（3）要把破坏选举和妨害选民和代表自由行使选举权和被选举权的违法行为与本罪区别开来。《刑法》第256条规定，破坏选举和妨害选民、代表自由行使选举权和被选举权的行为，情节严重的，才构成本罪。而对于那些虽然实施了以暴力、威胁、欺骗、贿赂、伪造选举文件、虚报选举票数等破坏选举和妨害选民、代表自由行使选举权和被选举权的危害行为，但综观其情节，不属于情节严重的，则不能追究其本罪的刑事责任。对于何谓"情节严重"，应结合司法解释的规定来理解。

3. 破坏选举罪的刑事责任。依照《刑法》第256条的规定，犯本罪的，除3年以下有期徒刑、拘役或者剥夺政治权利。

（二）疑难问题

1. 破坏村民委员会的选举能否构成破坏选举罪？在1997年《刑法》颁行以后，关于行为人破坏村民委员会的行为能否构成本罪，一直存在着争论。我们认为，根据1997年《刑法》第256条的规定，上述行为不能构成破坏选举罪，其理由如下：

（1）村民委员会成员不是各级人民代表大会的代表，村民委员会不属于国家机关，其成员也不属于国家机关领导人员。根据《村民委员会组织法》的相关规定，可以肯定选举村民委员会的组成人员也是村民依法享有的选举权和被选举权的重要内容之一。但是，该法第2条同时规定："村民委员会是村民自我管理、自我教育、自我服务的基层群众性自治组织……办理本村的公共事务和公益事业，调解民间纠纷，协助维护社会治安，向人民政府反映村民的意见、要求和提出建议。"这说明村民委员会既不属于我国的一级由人民代表组成的权力机关，也不属于国家行政机关。所以，其组成人员既不属于人民代表大会的代表，也不是国家机关的领导人员。而本罪的客观要件则要求破坏行为发生在选举各级人民代表大会代表和国家机关领导人员时，破坏村民委员会选举的行为不符合这一客观要件，因此，不能认定为构成本罪。

（2）虽然破坏村民委员会的选举也侵犯了公民的选举权和被选举权，侵害了我国的选举制度，但我们也不能比照《刑法》第256条定罪量刑。1997年《刑法》废除了1979年刑法典中的类推制度，并且在第3条明确规定了罪刑法定的原则。而《刑法》第256条没有明定破坏除选举各级人民代表大会代表和国家机关领导人员以外的选举也能构成本罪，也没有其他单行刑法或附属刑法规定破坏村民委员会的选举可以构成本罪。因此，不能对破坏村民委员会选举的行为按本罪定罪量刑。

（3）对破坏村民委员会选举，情节严重的行为，需要作为犯罪处罚的，虽然不能按本罪定罪量刑，但可根据行为的实际特征，分别按《刑法》第291条聚众扰乱公共场所秩序罪、第293条寻衅滋事罪等追究其刑事责任。

2．如何区分破坏选举罪和妨害公务罪？《刑法》第277条第2款规定："以暴力、威胁方法阻碍全国人民代表大会和地方各级人民代表大会代表依法执行职务的，依照前款的规定处罚。"据此，上述妨害代表执行职务的行为构成妨害公务罪。司法实践中，上述犯罪常常会与以暴力、威胁方法妨害代表自由行使选举权和被选举权构成本罪的情形产生混淆。我们认为，二者存在以下主要区别：①两罪的客观方面不同。以暴力、威胁的方法阻碍代表依法执行职务构成妨害公务罪，其中的代表职务，是指全国人民代表大会和地方各级人民代表大会组织法规定的人民代表在其所在的各级人民代表大会中的职务，如保守国家秘密，在自己参加的生产、工作和社会活动中协助宪法和法律的实施，列席原选举单位的人民代表大会会议，听取和反映人民的意见和要求，出席人民代表大会会议，向本级人民代表大会及其常务委员会提出对各方面工作的建议、批评和意见，对于确定的候选人参加投票选举，宣传法律和政策，协助本级人民政府推行工作，并且向人民代表大会及其常务委员会、人民政府反映群众的意见和要求，等等。只要行为人以暴力、威胁方法阻碍人民代表行使其上述代表职务的，就构成妨害公务罪，并且没有"情节严重"的要件限制。以暴力、威胁的手段妨害代表自由行使选举权和被选举权构成本罪的仅限于在选举各级人民代表大会代表和国家机关领导人员时，侵害代表依法享有的选举权的情形，不包括对代表依法享有的其他职权的侵害。当然，从广义上看，侵害代表的选举权是妨害其公务行为的一种，这里存在着法条竞合的关系，相对于妨害代表执行公务的犯罪来说，妨害代表自由行使选举权和被选举权的本罪则属于特别法。②从犯罪客体上看，妨害代表执行公务的犯罪侵犯的是各级人大代表依法享有的各种职权，同时也侵害了国家的人民代表大会的根本制度。本罪中妨害代表自由行使选举权和被选举权的侵害客体仅限于代表的选举权和国家的选举制度。

十四、重婚罪

（一）基本法理

1．重婚罪的概念与构成要件重婚罪，是指有配偶而又与他人结婚，或者明知他人有配偶而与之结婚的行为。

本罪的构成要件是：

（1）本罪的主体是一般主体，即任何已有配偶或者没有配偶且具有刑事责任能力的人均能成为本罪的主体。

（2）本罪在主观上是直接故意，具体表现为行为人已有配偶又故意与他人结婚或者明知对方有配偶而与之结婚。如果无配偶的一方确实不知对方已有配偶而与之结婚，即没有法律所规定的"明知"，则无配偶一方不构成重婚罪，而只能由有配偶一方构成。

(3) 本罪在客观方面表现为有配偶而重婚，或者明知他人有配偶而与之结婚的行为。前一种情况是名副其实的重婚；而后一种情况，本人无配偶而与他人结婚，对本人来说并不构成重婚，但因明知他人有配偶而与之结婚，就成为本罪之共犯。没有他（或她）与有配偶的人相婚，重婚行为就不能成立，因此相婚者也要以本罪论处。当然，相婚者也可能不知对方有配偶，而是在对方欺骗之下与之结婚，这种情况就不构成重婚罪。所以，重婚案件当事人可能是男、女中的一方，也可能是男女双方。所谓有配偶，是指已经建立婚姻关系的情况而言，简而言之即男人有妻，女人有夫。

(4) 本罪侵犯的客体是我国婚姻法所规定的一夫一妻制的婚姻关系。一夫一妻制是我国婚姻法的一项基本原则，它要求任何已成年的人在同一时间只能有一个配偶，不允许一夫多妻或一妻多夫的现象存在。重婚行为则破坏了一夫一妻的原则，势必会给合法婚姻关系的另一方带来不幸和痛苦，影响幸福美满的家庭关系，败坏社会主义道德风尚。

2. 重婚罪的相关界限。

(1) 本罪与一般重婚行为的界限。处理重婚案件，要结合我国的历史情况和案件的具体情节予以综合考虑，认真把握重婚罪与一般重婚行为的界限。根据司法实务，以下行为通常只认为是一般重婚行为，而不宜以本罪定罪处罚：有配偶的妇女被拐卖后重婚的；因自然灾害生活难以维持，被迫外流，为谋生而与他人重婚的；因反抗包办买卖婚姻而外逃，在包办的婚姻关系解除前，又与他人重婚的；因受到严重虐待被迫逃往外地而重婚的；因配偶长期外出，生死下落不明，家庭生活发生严重困难而重婚。

(2) 重婚与通奸的界限。通奸，是指男女双方或一方已有配偶，而自愿发生两性关系的行为。通奸行为与事实婚姻的重婚行为，往往容易混淆。其实两者的性质不同。通奸，仅是男女双方自愿为满足性生活而乱搞两性关系的违法行为，一般没有共同的经济生活，不以夫妻相称，且是秘密进行。通奸在我国古代的法律中又称“和奸”，被规定为犯罪，如唐律规定：“和奸者，男女各徒刑一年半”；明律规定：“凡和奸，杖八十，男女同罪”。外国刑法中，也有通奸罪的规定。但是，我国刑法典则未将其规定为犯罪，它仍属道德调整范畴，因而要严格区分它与事实重婚行为之界限。如前所述，事实重婚是指有配偶的人又与他人以夫妻关系共同生活，或者明知他人有配偶而以夫妻关系共同生活的情形。男女双方不仅公开同居，而且还有共同的经济生活，是一种事实上的非法夫妻关系。

(3) 本罪的共犯形态。本罪通常属于必要共犯。所谓必要共犯，是必要的共同犯罪的简称，指刑法分则规定的只能由二人以上构成的犯罪形态。必要共犯的特征在于，这类犯罪只能由二人以上实施，一个人是不可能单独构成的。也就是说，二人以上共同实行为必要的犯罪构成要件。必要共犯可以分为三类，即聚合犯、对合犯和集团犯。本罪一般便具有对合犯的性质。所谓对合犯，是指由二人的相互行为构成的一种犯罪，在主体上一般限于二人之间，在行为上特指相互对应，或者完全一致。[1] 具体到本罪而言，它便是由男女双方有其他婚姻行为，又共同结婚的行为构成的犯罪。当然，本罪只是一般情况下的必要共犯，或者说是理论上的必要共犯。在特殊条件下，即一方行为人（相婚者）不知他人有配偶而与之结婚时，因为欠缺犯罪故意而不负刑事责任，此种情况下，构成犯罪的只是重婚者一人。

3. 重婚罪的刑事责任。根据《刑法》第258条的规定，犯本罪的，处2年以下有期徒刑或者拘役。

---

〔1〕 参见姜伟：《犯罪形态通论》，法律出版社1994年版，第227~228页。

（二）疑难问题

1. 事实婚能否构成重婚罪？所谓事实婚，目前理论界有三种不同的解释：①认为事实婚是指那些没有配偶的男女，符合结婚条件而未进行结婚登记便以夫妻关系公开同居生活；②认为事实婚是指没有配偶的男女未进行结婚登记而以夫妻名义公开同居生活；③认为凡是男女违反结婚程序而以夫妻名义公开同居生活，群众也公认他们是夫妻的，都应认为是事实婚。我们认为，前两种意见是不正确的，因为照此观点，根本不会出现事实上的重婚罪的情况。上述第三种观点是恰当的，也为多数学者所接受。

关于事实婚能否构成本罪，目前刑法学界有不同认识。有学者认为，事实重婚罪仅限于前婚是法律婚，后婚为事实婚的情形，而否认了先后两个事实婚，或先婚为事实婚，后婚为法律婚的重婚，构成本罪。其理由有二：①“在前婚为事实婚时，其属于违法婚姻，法律原则上不承认其效力，不予以保护，故无论后婚是法律婚，还是事实婚，都未侵犯法律保护的一夫一妻制婚姻关系，不具备本罪的客体”；②在前婚是事实婚时，当事人没有合法配偶身份关系，不具备重婚罪的主体。所以，在前婚为事实婚时，既缺乏犯罪主体，又缺乏犯罪客体，无论后婚是事实婚或法律婚，均不构成本罪。[1]

但也有些学者对上述观点进行了驳斥，认为事实本罪既指前婚是法律婚，后婚是事实婚的重婚，也包括前婚是事实婚，后婚是法律婚或事实婚的重婚。它们只是重婚形式上的差异，但都构成本罪。其主要理由是：首先，重婚实质上是婚姻关系的重合，即在前一婚姻关系尚未合法解除时，又缔结新的婚姻关系，从而形成一夫多妻或一妻多夫的事实。而事实婚仍不失为一种婚姻关系，若事实婚姻关系未经合法解除尚在存续之中，当事人又与第三人形成新的婚姻关系（法律婚或事实婚），这自然侵犯本罪的客体——一夫一妻的婚姻关系。所以那种认为“前婚是事实婚时，后婚无论是事实婚或法律婚，都不侵犯本罪客体”的理由是不能成立的。其次，法条规定的“有配偶”并非仅指有合法配偶，在此所谓有配偶既指法律上的配偶，也包括事实上的配偶，泛指婚姻关系中的相对方。那种认为“前婚是事实婚时，当事人没有合法配偶身份关系，不具备本罪的主体”的观点，把事实重婚罪的主体仅理解为法律上的配偶，显然有违立法的本意，缩小了重婚罪的范围，客观上不利于法律对一夫一妻制婚姻关系的保护。[2]

我们基本同意上述第二种观点，即前婚是法律婚，后婚是事实婚的固然可以成立本罪；前婚是事实婚，后婚是法律婚或事实婚的，也可以成立本罪。但是，必须指出的是，可以成立不等于必然成立，我们认为，由于我国对事实婚采取的是限制承认主义，即有条件地承认事实重婚的法律效力，所以只有事实婚具有法律效力时，才能成立事实重婚罪。1989 年 11 月 21 日最高人民法院颁布的《关于人民法院审理未办结婚登记而以夫妻名义同居生活案件的若干意见》规定：①1986 年 3 月 15 日《婚姻登记办法》施行以前，未办结婚登记手续即以夫妻名义同居生活，群众也认为是夫妻关系的，一方向人民法院起诉“离婚”，如起诉时双方均符合结婚的法定条件，可认定为事实婚姻关系；如起诉时一方或双方不符合结婚的法定条件，应认定为非法同居关系。②1986 年 3 月 15 日《婚姻登记办法》施行之后，未办结婚登记手续即以夫妻名义同居生活，群众也认为是夫妻关系的，一方向人民法院起诉“离婚”，如同居双方均符合结婚的法定条件，可认定为事实婚姻关系；如同居时一方或双方不符合结婚的法定条件，应认定为非法同居关系。③自民政部新的婚姻登记管理条例施行之日

〔1〕 参见陈苇：“简析事实重婚罪的构成”，载《现代法学》1991 年第 1 期。
〔2〕 参见何恩光等：“也谈事实重婚罪”，载《江西法学》1991 年第 3 期。

起，未办结婚登记即以夫妻名义同居生活，按非法同居关系对待。现在民政部新的婚姻登记管理条例已经公布施行，由于最高人民法院的司法解释以时间为界限对事实婚的法律效力采取了限制承认主义。因此，《婚姻登记管理条例》施行后，所有的事实婚都将被认定为非法同居关系，不存在“重婚”的问题。据此，事实婚只有被承认有法律效力时，才被确认为一种婚姻关系，也才谈得上与其他婚姻关系的重合，从而构成本罪。若事实婚不具有法律效力而被认定为非法同居关系，则当事人所谓的“夫妻关系”不但得不到法律的确认，反而会受到法律的制裁，因而所谓“重婚”也就无从谈起了。

2. 如何区分重婚罪与破坏军婚罪？两者行为方式上存在相同之处，容易引起混淆，如与现役军人的配偶结婚实际上也是一种重婚行为，但不能以重婚罪论处，这是为了强调对军人婚姻的特殊保护。两者的区别主要体现在以下方面：①犯罪的直接客体不同。破坏军婚罪侵犯的是现役军人的婚姻关系；而本罪侵犯的则是一般公民的婚姻关系。②行为表现有所不同。破坏军婚罪的客观方面，不仅指与现役军人配偶结婚的行为，也指虽未结婚但与之同居的行为；而本罪的犯罪行为必须是有配偶的人与他人结婚的行为或者本人虽无配偶但明知对方已有配偶又与之结婚的行为，而不包括与他人同居的行为。③行为对象不同，破坏军婚罪的行为对象只能是现役军人的配偶；而本罪的行为对象则是现役军人配偶外的其他人。④构成犯罪者的范围一般不同。通常认为，现役军人的配偶一般不构成破坏军婚罪，甚至不构成犯罪；而重婚行为人的对方只要符合构成要件的，就构成本罪。

十五、虐待罪

（一）基本法理

1. 虐待罪的概念和构成要件。虐待罪，是指对共同生活的家庭成员，经常以打骂、冻饿、禁闭、有病不给医治或强迫做过度体力劳动等方法，从肉体上和精神上进行摧残迫害，情节恶劣的行为。

本罪的构成要件是：

（1）本罪的主体是特殊主体，必须是与被害人具有一定的血亲关系、婚姻关系或收养关系，并在一个家庭中共同生活的成员，包括祖父母、外祖父母、父母子女、兄弟姐妹等，也包括自愿承担扶养义务的与其共同生活的其他亲友等。犯罪分子通常是利用其在家庭中经济上或亲属关系上的特殊地位来实施虐待行为的。非家庭成员不能构成本罪的主体。

（2）本罪在主观方面是出于故意，且为直接故意，具体表现为行为人已经预见到其行为会造成共同生活的家庭成员肉体或精神上的痛苦，但仍希望其发生。

（3）本罪在客观方面表现为经常以打骂、冻饿、侮辱、谩骂、有饭不给吃、有病不给医、强迫做超体力劳动、随意禁闭等方法，对共同生活的家庭成员从肉体上、精神上进行折磨、摧残，情节恶劣的行为。这可以从以下几个方面加以把握：①行为的持续性、一贯性。无论是肉体虐待，还是精神虐待，这种虐待行为都是经常的，具有持续性、一贯性，这是其显著特征。如果不具有持续性、一贯性，而是偶尔发生的打骂等行为，就不是虐待行为。②手段的多样性。虐待行为的手段可能是多种多样的，但概括起来不外乎以下两类：一类是肉体上的折磨，如殴打、冻饿、强迫超负荷劳作、不给吃饱饭、不让穿暖、有病不给医治、随意禁闭等。另一类是精神上的折磨，如侮辱、讽刺、谩骂、限制人身行动自由（限制上学或工作等）、不让参加社会活动，等等。③行为类型的复杂性。虐待行为，根据司法实践，常见的一般有以下五类：一是丈夫虐待妻子。二是公婆虐待儿媳，岳父母虐待女婿。这类行为在司法实践中多发生于农村，现已愈来愈少见。三是父母虐待子女，尤其是继父母虐待继子女，养父母虐待养子女的，为司法实践中较为常见。四是子女虐待父母，包括继子女虐待继父或继母，在司法实践中，这类虐待行为已日益突出。五是儿媳虐待公婆，女婿虐待岳父母。④情节的恶劣性。根据《刑法》第260条之规定，虐待家庭成员，情节恶劣的才构成犯罪。所以，本罪属于情节犯。根据司法实践，诸如虐待手段残酷，持续时间长，犯罪动机和目的卑鄙，受害人系年幼、年老、体弱、残疾者，虐待孕妇致流产等，都属于情节恶劣。

（4）本罪侵犯的客体，是共同生活的家庭成员在家庭生活中的合法权益，如男女平等的权利、妇女、儿童和老人的合法利益等。此外，本罪还往往同时侵犯了共同生活的家庭成员的身心健康。

2. 虐待罪的相关界限。

（1）一般家庭纠纷与本罪的界限。虐待行为是经常给共同生活的家庭成员造成肉体上或精神上的痛苦的行为，具有持续性、一贯性的特征。而家庭中的纠纷则是在某些特定条件下发生的偶然行为。有的诉讼人由于一时气愤，将一般家庭纠纷以虐待提起诉讼，如不注意划清上述区别，就会混淆罪与非罪的界限。例如，张某控告其继子顾某虐待其夫（顾的生父）致死一案，就不构成虐待罪。因死者生前与儿子儿媳在生活习惯上有矛盾，曾责令儿子搬走，儿媳对此以推桌碗等动作表示反抗，父子关系日趋恶化。后张某夫妇借迁居之机，将儿子的住房改为客厅，儿子又自行将客厅家具搬出，仍作为自己住室。张某之夫极为气愤，去司法机关控告途中心脏病突发死亡。在该案的处理过程中，有人要求司法机关对顾某按本罪追究刑事责任。人民法院审理时认为，顾某对其父并无虐待行为，其父的死亡是由于心脏病发作，顾的行为与其父死亡的结果之间没有刑法上的因果关系，不应追究刑事责任。[1] 我们认为，人民法院的判决，划清了一般家庭纠纷同本罪的界限，是完全正确的。

（2）一般的虐待行为与本罪的界限。家庭成员之间的犯罪与社会上的一般犯罪相比，有它自身的特殊性。就本罪而言，情节是否恶劣，是认定属于一般虐待行为还是本罪的根本标准。因此，正确认识和理解“情节恶劣”至关重要。在司法实践中，往往从以下几个方面来考察：①虐待行为持续的时间长。虐待时间的长短对被害人身心健康的损害关系极大。虐待摧残持续的时间长，往往会给被害人的身心健康造成严重的损害，对此应以“情节恶劣”论。例如，秦某虐待养女李某案，虐待时间长达10余年，当然可谓情节恶劣。如果行为人只是因家庭琐事，出于一时气愤而对家庭成员实施了短时间的虐待行为，一般不会造成什么严重后果的，就不能论之以“情节恶劣”。②虐待次数频繁。有的行为人虐待家庭成员虽然时间不长，但行为次数频繁的，也可以以“情节恶劣”论。③虐待动机卑劣。实践中，有的因妻子生了女婴，不能“传宗接代”，便恣意虐待摧残，以造成“感情确已破裂”的假象，逼迫女方离婚；也有的是有妇之夫与其他女子勾搭成奸后，便千方百计虐待妻子，以迫使其同意离婚，以达到与第三者结婚的目的，等等，这些都可归入情节恶劣范畴。④虐待手段凶残。有的行为人对被害人用针扎、火烧、开水烫、皮带抽等，有的冬天将女方衣服扒光，推出门外受冻；还有的进行惨无人道的性摧残。使用这些手段，极易造成被害人伤残和死亡，自应以情节恶劣论。⑤虐待特定的对象。所谓特定的对象，是指病残无行为能力、年幼、年老无独立生活能力、处于特殊时期的人如怀孕期、哺乳期的妇女等。对那些虐待老人、婴幼儿、生理有缺陷的人和其他病人的行为，必须以情节恶劣论处。⑥后果严重。虐待行为一般都会不同程度地给被害人造成肉体上和精神上的痛苦和损害，其中有的后果还相当严重，如有人由于长期受到虐待而患了精神分裂症；有的身体瘫痪；有的肢体伤残，有的甚至被虐待

〔1〕 参见李光灿主编：《中华人民共和国刑法论》（下册），吉林人民出版社1984年版，第742~743页。

致死；有的不堪忍受痛苦而自杀，等等。凡发生上述严重后果的，都应以情节恶劣论处。

3. 虐待罪的刑事责任。根据《刑法》第260条的规定，犯本罪的，处2年以下有期徒刑、拘役或者管制。犯本罪致使被害人重伤、死亡的，处2年以上7年以下有期徒刑。犯本罪的，告诉的才处理。

（二）疑难问题

1. 如何区分虐待罪与故意伤害罪、故意杀人罪？由于本罪在客观上往往给被害人的健康乃至生命造成严重的损害，因此在实践中，本罪极易和故意伤害罪、故意杀人罪发生混淆。对此，我们应从以下几个方面加以区分：

（1）主观故意的内容不同。实施故意伤害、故意杀人罪的行为人，在主观上是有意识地造成被害人身体的伤害或死亡。本罪中的“致使被害人重伤、死亡”，主要是指由于被害人长期或经常受虐待，健康逐渐被损害的结果，或者是被害人因不堪忍受虐待之痛苦而自杀。如果行为人在虐待过程中，狠下毒手，故意将被害人杀死或者故意重伤被害人的，那就不能只构成本罪，而应另外构成故意杀人罪和故意伤害罪。例如，邓某杀妻子案：邓某，男，1975年10月与死者肖某成婚，感情很好，这年年底邓应征入伍。后邓某复员被安排到县城工厂当了工人，并与女青年李某勾搭成奸。邓寻到新欢，便嫌妻子“土气”，年龄也大，对之经常打骂，还借口工作忙，久不回家，企图抛弃。1989年9月的一天，肖得知丈夫不良行为后，带儿子前去工厂规劝他。邓不准进门，甚至见7岁儿子喝了他的水，竟把茶杯摔得粉碎，逼迫妻子离开。其后，邓见长时间抛弃妻子不成，决意杀妻。1989年12月，他以毒狗为名，从一位医生手里骗到“氢化钾”毒药三粒，为蒙蔽视听，他一反常态，虚情假意与妻子“好”起来。1990年3月5日他带着毒药回家，晚上他甜言蜜语对妻子说：“我花了三元多钱给你买了治风湿关节痛的特效药，你临睡前吃，有些反应，过会就好。”第二天早上他把毒药给了妻子，急忙溜回厂里。当晚9点左右，肖某吃了丈夫留下的“特效药”，立即死亡。本案中，被告人邓某先有虐待妻子的行为，后又决意杀妻，欺骗其妻服毒身亡，因而其行为除构成本罪之外，还应构成故意杀人罪。

（2）从客观上讲，实施虐待行为的手段有时和伤害、故意杀人行为相似。例如，甲想伤害乙，每天用强烈的噪音刺激乙，最后终于使乙听力大大减退，听觉器官受损。这里，甲虽然使用了连续性的行为，和本罪较为相似，但从其主观故意和客观行为分析，仍应是伤害罪，不能定本罪，否则就会重罪轻判，宽纵了罪犯。

（3）从犯罪主体与犯罪对象的关系上看，本罪只能发生在家庭成员之间，而故意伤害罪与故意杀人罪不局限与家庭成员之间，它可以发生在任何人之间。

2. 如何区分虐待罪与暴力干涉婚姻自由罪？在实际生活中，有的人为了达到离婚目的而对妻子进行肉体和精神摧残的，这种情况只要达到“情节恶劣”程度，一般均以本罪定罪。如果丈夫为迫使妻子不与自己离婚，而对妻子进行肉体和精神折磨的，虽然他对被害人所施加的暴力行为在客观上已经侵犯了被害人的婚姻自由权，但是，二者之间毕竟已存在婚姻关系。在这种情况下，对丈夫定暴力干涉婚姻自由罪似不够妥当，情节恶劣的，仍应对其以本罪处罚。

十六、其他犯罪

（一）过失致人重伤罪

过失致人重伤罪，是指过失伤害他人身体，致人重伤的行为。本罪为一般主体；在主观方面表现为过失，包括疏忽大意的过失和过于自信的过失；本罪在客观方面表现为，行为人的行为造成了他人重伤的结果，行为与重伤结果之间具有因果关系；本罪侵犯的客体是他人的身体健康权利。

根据《刑法》第235条的规定，犯本罪的，处3年以下有期徒刑或者拘役。

（二）猥亵儿童罪

猥亵儿童罪，是指猥亵不满14周岁的儿童的行为。本罪为一般主体；在主观方面表现为直接故意，行为人具有对儿童进行猥亵的目的，以刺激或满足性欲；在客观上表现为以强制或非强制方法猥亵不满14周岁的儿童的行为；本罪侵犯的客体是儿童的身心健康权利，侵犯的对象则为不满14周岁的男、女儿童。

根据《刑法》第237条第3款的规定，犯本罪的，依照强制猥亵、侮辱妇女罪的法定刑从重处罚，即在5年以下有期徒刑或者拘役的幅度内从重处罚；对聚众或在公共场所当众猥亵儿童的，在5年以上有期徒刑的幅度内从重处罚。

（三）收买被拐卖的妇女、儿童罪

收买被拐卖的妇女、儿童罪，是指不以出卖的目的，收买被拐卖的妇女、儿童的行为。本罪的主体为一般主体；主观方面是故意；客观方面表现为收买被拐卖的妇女、儿童的行为；客体是被收买的妇女、儿童的人身权利，其侵犯的对象只能是被拐卖的妇女和儿童以及被偷盗的婴幼儿。

根据《刑法》第241条第1款的规定，犯本罪的，处3年以下有期徒刑、拘役或者管制。

（四）聚众阻碍解救被拐卖的妇女、儿童罪

聚众阻碍解救被拐卖的妇女、儿童罪，是指聚集多人阻碍国家机关工作人员解救被收买的妇女、儿童的行为。本罪的主体是一般主体，但根据《刑法》第242条的规定，本罪只处罚聚众阻碍解救被收买的妇女、儿童的首要分子。[1] 本罪主观上只能出于故意。本罪的客观方面，表现为聚众阻碍国家机关工作人员执行解救被收买的妇女、儿童的行为。本罪的客体，是国家机关工作人员依法解救被收买的妇女、儿童的职务活动和妇女、儿童的人身自由权利。

根据《刑法》第242条的规定，犯本罪的，处5年以下有期徒刑或者拘役。

（五）强迫职工劳动罪

强迫职工劳动罪，是指用人单位违反劳动管理法规，以限制人身自由方法强迫职工劳动，情节严重的行为。本罪的主体为“用人单位”，属于单位犯罪；本罪的主观方面表现为故意；在客观方面表现为行为人实施了违反劳动管理法规，以限制人身自由的方法强迫职工劳动，且情节严重的行为；侵犯的是职工的人身自由权和劳动权。

根据《刑法》第244条的规定，犯本罪的，对用人单位的直接责任人员处3年以下有期徒刑或者拘役，并处或者单处罚金。

（六）雇用童工从事危重劳动罪

这是2002年12月18日通过的《刑法修正案（四）》所确立的新罪名。根据该修正案第4条之规定，所谓雇用童工从事危重劳动罪，是指用人单位违反劳动管理法规，雇用未满16周岁的未成年人从事超强度体力劳动，或者从事高空、井下作业，或者在爆炸性、易燃性、

---

〔1〕 有人认为只处罚“首要分子”的犯罪，其主体为特殊主体，即“首要分子”。这是在我国刑法理论中较为普遍地存在的一种对犯罪主体特殊身份的误解。实际上，犯罪主体的特殊身份，只能是指行为人在实施犯罪以前就具备的某种条件、资格或状态，因实行犯罪而形成的身份，如首要分子、累犯等，不是犯罪主体特殊身份。

第二十八章

放射性、毒害性等危险环境下从事劳动，情节严重的行为。本罪的主体是特殊主体，即用人单位；在主观方面要求用人单位必须是出于故意；在客观方面表现为违反劳动管理法规，雇用未满16周岁的未成年人从事超强度体力劳动，或者从事高空、井下作业，或者在爆炸性、易燃性、放射性、毒害性等危险环境下从事劳动，情节严重的行为；侵犯的客体是我国的劳动管理制度和童工的身心健康。本罪的对象仅限于童工，即未满16周岁的未成年人。

根据《刑法》第244条之一（即《刑法修正案（四）》第4条）的规定，犯本罪的，对直接责任人员，处3年以下有期徒刑或者拘役，并处罚金；情节特别严重的，处3年以上7年以下有期徒刑，并处罚金；有该行为，造成事故，又构成其他犯罪的，依照数罪并罚的规定处罚。

（七）非法搜查罪

非法搜查罪，是指无权搜查的人擅自非法对他人的身体或住宅进行搜查，妨害他人人身自由或住宅安全的行为。本罪的主体是一般主体；在主观上表现为直接故意；在客观方面表现为非法对他人的身体或住宅进行搜查的行为；侵犯的是公民人身自由权利和居住安全的权利，侵犯的对象限于人的身体和住宅。

根据《刑法》第245条规定，犯本罪的，处3年以下有期徒刑或者拘役。司法工作人员滥用职权犯本罪的，从重处罚。这里的司法工作人员，不仅仅指有侦查权的侦查人员，也包括有检察、审判、监管职责的工作人员。

（八）非法侵入住宅罪

非法侵入住宅罪，是指未经住宅主人同意，非法强行侵入他人住宅，或者经住宅主人要求退出而仍拒不退出，妨害他人正常生活和居住安全的行为。本罪为一般主体；主观方面表现为故意；在客观方面表现为实施了非法侵入他人住宅的行为；侵犯的是他人的居住安全权利。

根据《刑法》第245条规定，犯本罪的，处3年以下有期徒刑或者拘役。司法工作人员滥用职权犯本罪的，从重处罚。

（九）诽谤罪

诽谤罪，是指捏造并散布某种事实，足以败坏他人名誉，情节严重的行为。本罪为一般主体；在主观方面表现为直接故意，行为人目的在于败坏他人名誉；在客观方面表现为捏造事实诽谤他人，情节严重的行为；侵犯的客体是公民的人格和名誉。

根据《刑法》第246条的规定，犯本罪的，处3年以下有期徒刑、拘役、管制或者剥夺政治权利。除严重危害社会秩序和国家利益的外，诽谤罪告诉的才处理。

（十）暴力取证罪

暴力取证罪，是指司法工作人员使用暴力逼取证人证言的行为。本罪的主体仅限于司法工作人员；主观方面只限于故意，以逼取证人证言为目的；在客观方面表现为使用暴力逼取证言的行为；侵犯的是证人的人身权利和司法机关的正常活动。

根据《刑法》第247条的规定，犯本罪的，处3年以下有期徒刑或者拘役。如果暴力取证致人伤残、死亡的，依故意伤害罪、故意杀人罪定罪从重处罚。

（十一）虐待被监管人罪

虐待被监管人罪，是指监狱、拘留所、看守所等监管机构的监管人员对被监管人进行殴打或者体罚虐待，或者指使被监管人殴打或体罚虐待其他被监管人，情节严重的行为。本罪的主体为监狱、拘留所、看守所等监管机构的监管人员，包括劳教场所工作的干警；本罪的主观方面仅限于直接故意；在客观方面表现为，行为人实施了直接对被监管人进行殴打或体罚虐待，或者指使被监管人殴打或体罚虐待其他被监管人，情节严重的行为；侵犯的是复杂客体，即既侵犯了被监管人的人身权利，也侵犯了国家监管机关的正常活动。

根据《刑法》第248条的规定，犯本罪的，处3年以下有期徒刑或者拘役；情节特别严重的，处3年以上10年以下有期徒刑。致人伤残、死亡的，依故意伤害罪、故意杀人罪定罪从重处罚。

（十二）煽动民族仇恨、民族歧视罪

煽动民族仇恨、民族歧视罪，是指故意用语言、文字或者其他方式煽动民族仇恨、民族歧视，情节严重的行为。本罪为一般主体；在主观方面是故意；在客观方面表现为用文字、语言以及其他方式，煽动各民族之间的仇恨，宣传民族歧视，造成不良后果，情节严重的行为；侵犯的客体是我国各民族平等、团结、互助的关系。

根据《刑法》第249条的规定，犯本罪的，处3年以下有期徒刑、拘役、管制或者剥夺政治权利；情节特别严重的，处3年以上10年以下有期徒刑。

（十三）出版歧视、侮辱少数民族作品罪

出版歧视、侮辱少数民族作品罪，是指在出版物中刊载歧视、侮辱少数民族的内容，情节恶劣，造成严重后果的行为。本罪是一般主体；在主观主面表现为故意，包括直接故意和间接故意；在客观方面表现为在出版物中刊载歧视、侮辱少数民族的内容，情节恶劣，造成严重后果的行为；侵犯的客体是我国少数民族的合法权利，主要是保持或者改革本民族风俗习惯的权利。

根据《刑法》第250条之规定，犯本罪的，对直接责任人员，处3年以下有期徒刑、拘役或者管制。

（十四）非法剥夺公民宗教信仰自由罪

非法剥夺公民宗教信仰自由罪，是指国家机关工作人员非法剥夺公民的宗教信仰自由和侵犯少数民族风俗习惯，情节严重的行为。本罪的主体是特殊主体，即必须是具有国家机关工作人员身份的才能构成；在主观方面只能是故意；在客观方面表现为具有非法剥夺公民的宗教信仰自由，且情节严重的行为；侵犯的是公民的宗教信仰自由。

根据《刑法》第251条规定，犯本罪的，处2年以下有期徒刑或者拘役。

（十五）侵犯少数民族风俗习惯罪

侵犯少数民族风俗习惯罪，是指国家机关工作人员以强制手段，非法干涉、破坏少数民族风俗习惯或者强迫少数民族改革本民族风俗习惯，情节严重的行为。本罪的主体为特殊主体，即只有国家机关工作人员才能构成；主观要件为故意；在客观方面表现为侵犯少数民族风俗习惯，情节严重的行为；侵犯的客体是少数民族保持或者改革本民族风俗习惯的自由权利。

根据《刑法》第251条的规定，犯本罪的，处2年以下有期徒刑或拘役。

（十六）侵犯通信自由罪

侵犯通信自由罪，是指隐匿、毁弃或者非法开拆他人信件，侵犯公民通信自由权利，情节严重的行为。本罪的主体为一般主体；在主观方面只能由故意构成，包括直接故意和间接故意；客观方面表现为行为人实施隐匿、毁弃或者非法开拆他人信件的行为；侵害的客体是公民的通信自由。

根据《刑法》第252条的规定，犯本罪的，处1年以下有期或者拘役。

（十七）私自开拆、隐匿、毁弃邮件、电报罪

私自开拆、隐匿、毁弃邮件、电报罪，是指邮政工作人员私自开拆或者隐匿、毁弃邮

件、电报的行为。本罪的主体只能是邮政工作人员；在主观方面表现为故意；在客观方面表现为邮政工作人员利用从事邮政工作的便利条件，非法地私自开拆或者隐匿、毁弃他人的邮件、电报的行为；侵犯的客体是复杂客体，即不仅侵害了公民的通信自由和通信秘密权，也侵害了国家邮电部门的正常活动及信誉，其侵犯对象是他人投递的邮件、电报。

根据《刑法》第253条第1款之规定，犯本罪的，处2年以下有期徒刑或拘投。此外，根据该条第2款的规定，犯本罪而窃取财物的，依照《刑法》第264条的规定定罪从重处罚。

（十八）出售、非法提供公民个人信息罪

出售、非法提供公民个人信息罪，是指国家机关或者金融、电信、交通、教育、医疗等单位的工作人员，违反国家规定，将本单位在履行职责或者提供服务过程中获得的公民个人信息，出售或者非法提供给他人，情节严重的行为。这是《刑法修正案（七）》第7条所增设的一个罪名。本罪的主体是国家机关或者金融、电信、交通、教育、医疗等单位的工作人员；在主观方面表现为故意；在客观方面表现为违反国家规定，将本单位在履行职责或者提供服务过程中获得的公民个人信息，出售或者非法提供给他人，情节严重的行为；侵犯的客体是公民的隐私权和私生活的安宁。

根据《刑法》第253条之一（即《刑法修正案（七）》第7条）第1款的规定，犯本罪的，处3年以下有期徒刑或者拘役，并处或者单处罚金。

（十九）非法获取公民个人信息罪

非法获取公民个人信息罪，是指窃取或者以其他方法非法获取公民个人信息，情节严重的行为。这是《刑法修正案（七）》第7条所增设的一个罪名。本罪的主体是一般主体；在主观方面表现为故意；在客观方面表现为窃取或者以其他方法非法获取公民个人信息，情节严重的行为；侵犯的客体是公民的隐私权和私生活的安宁。

根据《刑法》第253条之一（即《刑法修正案（七）》第7条）第2款的规定，犯本罪的，处3年以下有期徒刑或者拘役，并处或者单处罚金。

（二十）打击报复会计、统计人员罪

打击报复会计、统计人员罪，是指公司、企业、事业单位、机关、团体的领导人员，对依法履行职责，抵制违反会计法、统计法行为的会计、统计人员实行打击报复，情节恶劣的行为。本罪的主体是特殊主体，即公司、企业、事业单位、机关、团体的领导人员；在主观方面是出于故意，而且是直接故意；在客观方面表现为对依法履行职责，抵制违反会计法、统计法行为的会计、统计人员实行打击报复，情节恶劣的行为；侵犯的客体是公民的人身权利和国家的会计、统计制度。

根据《刑法》第255条的规定，犯本罪的，处3年以下有期徒刑或者拘役。

（二十一）暴力干涉婚姻自由罪

暴力干涉婚姻自由罪，是指以暴力方法干涉他人婚姻自由的行为。本罪为一般主体；主观方面是出于故意，且为直接故意，其目的是为了干涉他人的结婚自由或离婚姻自由，使被害人按照行为人的意志解决婚姻问题；在客观方面表现为使用暴力手段干涉他人婚姻自由的行为；侵犯的客体是公民的婚姻自由权利。

根据《刑法》第257条的规定，犯本罪的，处2年以下有期徒刑或者拘役。致使被害人死亡的，处2年以上7年以下有期徒刑。本罪属于告诉才处理的犯罪。

（二十二）破坏军婚罪

破坏军婚罪，是指明知是现役军人的配偶而与之同居或者结婚的行为。本罪的主体是一般主体；在主观方面表现为故意，即明知对方是现役军人的配偶而与之结婚或同居；在客观方面表现为与现役军人的配偶同居或者结婚的行为；侵犯的客体，是我国一夫一妻制婚姻关系中现役军人的婚姻关系。

根据《刑法》第259条第1款之规定，犯本罪的，处3年以下有期徒刑或者拘役。该条第2款规定，利用职权、从属关系，以胁迫的手段奸淫现役军人的妻子的，依照《刑法》第236条之强奸罪定罪处罚。

（二十三）遗弃罪

遗弃罪，是指对于年老、年幼、患病或者其他没有独立生活能力的人，负有扶养义务而拒绝扶养，情节恶劣的行为。本罪的主体是特殊主体，只能由对被遗弃者负有扶养义务而且有履行能力的人构成；在主观方面只能是出于故意；在客观方面表现为对于年老、年幼、患病或者其他没有独立生活能力的人，负有扶养义务而拒绝扶养，情节恶劣的行为；侵犯的客体是家庭成员之间互相扶养的权利义务关系。

根据《刑法》第261条的规定，犯本罪的，处5年以下有期徒刑、拘役或管制。

（二十四）拐骗儿童罪

拐骗儿童罪，是指采用蒙骗、利诱或其他方法，使不满14周岁的未成年人脱离其家庭或者监护人的行为。本罪的主体是一般主体；在主观上是故意，即行为人具有拐骗儿童使之脱离其家庭或者监护人之故意；客观方面表现为拐骗不满14周岁的未成年人脱离家庭或者监护人的行为；侵犯的客体是复杂客体，即不仅侵害了他人的家庭关系，而且侵犯了未成年人的合法权益。

根据《刑法》262条的规定，犯本罪的，处5年以下有期徒刑或拘役。

（二十五）组织残疾人、儿童乞讨罪

组织残疾人、儿童乞讨罪，是指故意以暴力、胁迫手段组织残疾人或者不满14周岁的未成年人乞讨的行为。这是2006年6月29日通过的《刑法修正案（六）》第17条所增设的一个罪名。本罪的主体是一般主体；在主观方面表现为故意；在客观方面表现为以暴力、胁迫手段组织残疾人或者不满14周岁的未成年人乞讨的行为；侵犯的客体是残疾人或者儿童的人身权利，侵犯的对象只能是残疾人和不满14周岁的未成年人。

根据《刑法》第262条之一（即《刑法修正案（六）》第17条）的规定，犯本罪的，处3年以下有期徒刑或者拘役，并处罚金；情节严重的，处3年以上7年以下有期徒刑，并处罚金。

（二十六）组织未成年人进行违反治安管理活动罪

组织未成年人进行违反治安管理活动罪，是指组织未成年人进行盗窃、诈骗、抢夺、敲诈勒索等违反治安管理活动的行为。这是《刑法修正案（七）》第8条所增设的一个罪名。本罪的主体是一般主体；在主观方面表现为故意；在客观方面表现为组织未成年人进行盗窃、诈骗、抢夺、敲诈勒索等违反治安管理活动的行为；侵犯的客体是未成年人的合法权益和正常的社会治安管理秩序。

根据《刑法》第262条之二（即《刑法修正案（七）》第8条）的规定，犯本罪的，处3年以下有期徒刑或者拘役，并处罚金；情节严重的，处3年以上7年以下有期徒刑，并处罚金。

【思考题】

1. 简述故意杀人罪的构成要件。认定故意杀人罪应注意哪些问题?
2. 简述如何区分故意伤害罪与故意杀人罪?
3. 简述强奸罪与强制猥亵、侮辱妇女罪的区别。
4. 简述非法拘禁罪与绑架罪的区别。
5. 简述报复陷害罪与打击报复会计、统计人员罪的区别。
6. 简述侵犯通信自由罪与私自开拆、隐匿、毁弃邮件、电报罪的区别。
7. 简述破坏选举罪的构成要件。

【参考文献】

1. 陈兴良等:《刑法案例教程》(下卷),中国政法大学出版社 1994 年版。
2. 高铭暄主编:《新编中国刑法学》(下册),中国人民大学出版社 1998 年版。
3. 高铭暄主编:《新中国刑法学研究综述》,河南人民出版社 1986 年版。
4. 甘雨沛等主编:《犯罪与刑罚新论》,北京大学出版社 1991 年版。
5. 何秉松主编:《刑法教科书》,中国法制出版社 1997 年版,第 778 页。
6. 姜伟:《犯罪形态通论》,法律出版社 1994 年版。
7. 李光灿主编:《中华人民共和国刑法论》(下册),吉林人民出版社 1984 年版。
8. 路安仁等主编:《强奸罪、奸淫幼女罪》,中国检察出版社 1991 年版。
9. 苏长青、阴建峰主编:《侵犯公民民主权利罪和妨害婚姻家庭罪》,中国人民公安大学出版社 2003 年版。
10. 肖中华:《侵犯公民人身权利罪》,中国人民公安大学出版社 1998 年版。
11. 徐杰等主编:《强奸罪研究》,中国人民公安大学出版社 1991 年版。
12. 赵秉志主编:《海峡两岸刑法各论比较研究》(上卷),中国人民大学出版社 2000 年版。
13. 赵秉志主编:《酷刑遏制论》,中国人民公安大学出版社 2003 年版。
14. 赵秉志主编:《刑法争议问题研究》(下卷),河南人民出版社 1996 年版。
15. 张明楷:《刑法学》(下),法律出版社 1997 年版。
16. 张才辉:"法院如何区别'故意'和'过失'",载《法律咨询》1986 年第 6 期。
17. 陈苇:"简析事实重婚罪的构成",载《现代法学》1991 年第 1 期。
18. 何恩光等:"也谈事实重婚罪",载《江西法学》1991 年第 3 期。
19. 阴建峰:"主客观相统一原则岂能动摇——有关'奸淫幼女犯罪'司法解释专题研讨会纪要",载《法学》2003 年第 10 期。

第二十九章　侵犯财产罪

【导语】《刑法》分则第五章规定了12种具体的侵犯财产的犯罪。本章在论述侵犯财产罪的概念和一般构成要件的基础上，重点对抢劫罪、盗窃罪、诈骗罪、侵占罪、职务侵占罪这5种犯罪的概念、构成、认定等问题进行了比较详细的论述，对其他侵犯财产的具体犯罪则简单地介绍了其概念、构成与处罚。

本章的疑难问题有：①抢劫罪中的暴力行为是否包括故意杀人？②如何理解《刑法》第269条有关转化抢劫罪的规定？③如何确定抢劫罪既遂与未遂的区分标准？④如何理解盗窃罪中“数额较大”的意义？⑤如何确定盗窃罪既遂的认定标准？⑥如何确定诈骗数额？⑦如何理解侵占罪中“代为保管”的含义？如何认定拒不退还或交出要件具备的时间？⑧如何理解利用职务上的便利的含义？⑨如何理解职务侵占罪的手段？⑩如何处理职务侵占罪的共同犯罪？

■第一节　侵犯财产罪概述

一、侵犯财产罪的概念要件

侵犯财产罪，是指故意非法占有、挪用、毁坏公私财物或者以毁坏公私财物等方法破坏生产经营的行为。

二、侵犯财产罪的构成要件

（一）犯罪主体

本类犯罪的主体只限于自然人，单位不能成为本类罪的主体，即任何已满16周岁并具有刑事责任能力的人都可以成为本类罪的主体。但根据《刑法》第17条第2款的规定，已满14周岁不满16周岁的人也可以成为抢劫罪的主体。此外，本类罪中的少数犯罪，要求必须具有一定身份的人才能构成，如职务侵占罪的主体要求必须是公司、企业或其他单位中不具有国家工作人员身份的人员；挪用特定款物罪的主体要求必须是主管、管理、经手用于救灾、抢险、防汛、优抚、扶贫、移民、救济款物的人员。

（二）犯罪主观方面

本类犯罪在主观方面只能是故意，过失不能构成本罪。而且，特定的犯罪目的是任何具体侵犯财产犯罪构成所必须具备的主观要素。当然不同犯罪的目的是不同的，具体可以分为三类：①非法占有的目的，属于这些犯罪的有抢劫罪、盗窃罪、诈骗罪、抢夺罪、聚众哄抢罪、侵占罪、职务侵占罪和敲诈勒索罪；②非法挪用的目的，属于这些犯罪的有挪用资金罪和挪用特定款物罪；③毁坏财物的目的，属于这些犯罪的有故意毁坏财物罪和破坏生产经营罪。

（三）犯罪客观方面

本类犯罪在客观方面表现为行为人采用一定的方法实施非法占有、挪用、毁坏公私财物或者破坏生产经营的行为。从本类罪行为的特点来看，大体上有两种情况：一种是采用各种公开的或秘密的方法、暴力或非暴力的方法非法占有公私财物的行为，如抢劫罪、盗窃罪、诈骗罪等罪即是；另一种是出于各种动机实施的损毁公私财物的行为，如故意毁坏财物罪、破坏生产经营罪即是。由于财物具有可以具体测量其价值的特性，及被犯罪行为侵犯的财物的价值数额大小是决定侵犯财产罪危害社会程度轻重大小的一个极为重要的因素，因此，刑法把犯罪分子非法占有、挪用或毁坏的公私财物的数额明确规定为决定除抢劫罪和破坏生产经营罪之外的其他侵犯财产罪与非罪行为界限的重要标准，即把数额规定为这些侵犯财产罪的一个重要构成要素。这就意味着，如果行为人侵犯的财物数额较小，情节显著轻微危害不大的，就不认为是犯罪。

（四）犯罪客体

本类犯罪侵犯的客体是公私财产的所有权。财产所有权是指所有人依法对自己的财产享有占有、使用、收益和处分的权利。对财产的占有、使用、收益和处分是所有权的四项权能，构成了所有权的整体，其中，财产的处分权是所有权的核心内容。侵犯任何一种权能的行为，都是对财产所有权的侵害。就侵犯财产罪而言，绝大多数犯罪表现为对公私财物所有权的所有权能的侵害，即完全地、永久地剥夺所有人对自己的财产所享有的所有权，如抢劫罪、抢夺罪、盗窃罪等即是，但也有少数犯罪只是对公私财物所有权的部分权能的侵害，而不是从根本上剥夺所有权的所有权能，如挪用资金罪和挪用特定款物罪即是。

本类犯罪的对象为财物，即指任何具有经济价值并能够为人类所控制的物。既包括动产，也包括不动产；既包括公共财物，也包括私有财物；既包括特定物，也包括不特定物或种类物；既包括有形物，也包括无形物；既包括他人合法占有的财物，也包括他人非法占有的财物；等等。当然，说上述财物可以成为侵犯财产罪的对象，是就该类犯罪的整体而言的，并非上述所有种类的财物都可以成为任何具体的侵犯财产罪的对象。事实上，由于为某种具体侵犯财产犯罪的特点或某种财物的特性所决定，或由于某项法律条文的规定，有些财物不能够成为某些侵犯财产犯罪的对象，如不动产不可能采用公然夺取的方式取得从而成为抢夺罪的对象，属于无形物的技术秘密不能成为盗窃罪的对象，[1] 枪支、弹药、爆炸物不能成为抢劫、抢夺、盗窃犯罪的对象，等等。至于已经被所有人抛弃之物，当然不属于侵犯财产罪的对象。

三、侵犯财产罪的种类

对于本类犯罪，可以按照不同的标准进行分类，如按照犯罪目的的不同，可以分为以非法占有为目的的犯罪、以非法挪用为目的的犯罪和以非法损坏为目的的犯罪；按照犯罪行为或者手段的不同，可以分为暴力、胁迫型财产犯罪，窃取、骗取型财产犯罪，侵占、挪用型财产犯罪和毁坏、破坏型财产犯罪。本书采用第二种分类标准。

第一，暴力、胁迫型财产犯罪，具体包括抢劫罪、抢夺罪、聚众哄抢罪和敲诈勒索罪。

第二，窃取、骗取型财产犯罪，具体包括盗窃罪和诈骗罪。

第三，侵占、挪用型财产犯罪，具体包括侵占罪、职务侵占罪、挪用资金罪和挪用特定款物罪。

第四，毁坏、破坏型财产犯罪，具体包括故意毁坏财物罪和破坏生产经营罪。

---

〔1〕 1997年11月4日发布、1998年3月17日起施行的最高人民法院《关于审理盗窃案件具体适用法律问题的解释》第12条明确规定盗窃技术秘密或技术成果的，应以侵犯商业秘密罪定罪处罚。

■第二节　侵犯财产罪分述

一、抢劫罪

（一）基本法理

1. 抢劫罪的概念和构成要件。抢劫罪，是指以非法占有为目的，当场对财物的所有人、占有人或其他有关人员采用暴力、胁迫或者其他方法，迫使其当场交出财物或当场夺走其财物的行为。

本罪的构成要件是：

（1）本罪的主体是一般主体，即任何已满 14 周岁并具有刑事责任能力的自然人，均可以成为本罪的主体。

（2）本罪在主观上只能是故意，并具有非法占有的目的。

（3）本罪在客观上表现为行为人对财物的所有人或占有人当场采用暴力、胁迫或者其他方法，迫使其当场交出财物或者当场夺走其财物。所谓暴力，是指为了排除财物被害人的反抗而对其身体实行打击或强制。本罪在暴力的程度上没有限制，无论是杀害、重伤还是造成轻伤或轻微伤，对构成本罪没有影响。所谓胁迫，是指以将对被害人实施暴力打击相威胁，对其实行精神强制，使其因恐惧、不敢反抗而交出财物或不敢阻止行为人夺走其财物的行为。所谓其他方法，是指对被害人采用暴力和胁迫之外的如用酒灌醉、用药物麻醉等方法，使被害人处于不知反抗或失去反抗能力的状态。暴力、胁迫或者其他方法，都必须是在行为人取得他人财物的当场实施，才能构成本罪。

（4）本罪侵犯的客体是公私财物的所有权。犯罪的对象是不为行为人所有或占有的公私财物和暴力、胁迫或者其他方法所指向的人。所谓公私财物，是指具有一定的经济价值并能够为人类所控制的物。一般而言，只要具有该种性质的物，就可以成为抢劫罪的对象，但也有例外，如不动产即由于其不可移动的特性而不能成为以移动财物为必要的抢劫罪的对象（当然，不动产的某些组成部分如房屋上的门窗，也可以成为抢劫罪的对象）。所谓人，不仅包括财物的所有人、占有人，也包括与所有人、占有人有关的其他人员。至于行为人抢劫的是他人合法占有的财物还是非法占有的财物，对于构成本罪没有影响。

2. 抢劫罪的相关界限。

（1）本罪与非罪行为的界限。由于抢劫罪是危害比较严重的一种犯罪，因此，刑法没有在本罪的构成上作任何数额和情节方面的限制。这意味着，一般情况下，只要行为人采用暴力、胁迫或者其他方法强行取得了他人财物，就构成本罪。但根据《刑法》第 13 条“情节显著轻微、危害不大的，不认为是犯罪”的规定，对于抢劫行为的情节轻微，得财数额又非常小的情况，应当不认为是犯罪，可作为一般违法行为处理。此外，在区分本罪与非罪行为的时候，还要正确对待在民事纠纷中出现的采用强制手段强行拿回借款、欠物等行为，这类情况中，由于行为人主观上不具有非法占有他人财物的目的，因此，一般不宜认定为犯罪。如果行为人的暴力等行为造成人员伤亡等后果的，可按故意杀人、故意伤害等犯罪处理。

（2）本罪与绑架罪的界限。本罪与以勒索财物为目的绑架罪具有较多的相似或相同之处，但又有严格的区别：①侵犯的主要客体不同。前者侵犯的主要客体是财产所有权；后者侵犯的主要客体是人身权利。②犯罪对象不尽相同。前者的对象只限于动产；而后者的对象可以是动产或不动产，也可以是财产性利益。③取财的方式不同。前者是使用暴力、威胁或其他方法，直接将被害人的财物抢走；而后者则是采用暴力等方法将被害人绑架，以杀害、伤害被害人为要挟，强迫被害人的家属或亲友交纳赎金。

（3）本罪与抢夺罪的界限。本罪与抢夺罪在犯罪主体、主观方面、犯罪对象及侵犯的客体上都具有相同或相似之处，但也有严格的区别：①侵犯的客体不同。前者侵犯的客体是他人财物的所有权和他人的人身权利；而后者侵犯的客体是他人财物的所有权。②犯罪的客观表现不同。前者必须是行为人有意识地采用暴力、胁迫或其他方法，使被害人处于不能、不敢、不知或无法反抗的状态，从而取走其财物；而后者虽然也具有强行取走他人财物的特点，但其强力针对的是行为人要取走的财物本身，且行为人并未有意识地采用使被害人处于不能、不敢、不知或无法反抗的状态，从而取走其财物。③犯罪主体有所不同。前者的主体已满 14 周岁并具有刑事责任能力的自然人；而后者的主体是已满 16 周岁并具有刑事责任能力的自然人。

此外，在区分本罪与抢夺罪的界限时，应注意对《刑法》第 267 条第 2 款规定的正确理解。根据 2000 年 11 月 28 日起施行的最高人民法院《关于审理抢劫案件具体应用法律若干问题的解释》（以下简称《抢劫案解释》）的规定，该款规定的“携带凶器抢夺”，是指行为人随身携带枪支、爆炸物、管制刀具等国家禁止个人携带的器械进行抢夺，或者为了实施犯罪而携带其他器械进行抢夺的行为。

（4）本罪与敲诈勒索罪的界限。本罪与敲诈勒索罪在犯罪的主体、主观方面、客观方面、对象及侵犯的客体上都具有一定的相同或相似之处，但具有明显的区别：①犯罪的对象有所不同。前者的对象则只能是动产，而后者的对象既可以是动产，也可以是不动产。②威胁的内容不同。前者威胁的内容只能是采用暴力手段杀害、伤害等，而后者威胁的内容既可以是以暴力手段杀害、伤害被害人或毁坏其财产，也可以是以非暴力手段损害被害人的人格、名誉等利益。③威胁发出的方式不同。前者的威胁只能当着被害人的面发出，而后者的威胁可以当着被害人的面发出，也可以通过第三者或者利用书信、电话等方式发出。④将威胁的内容付诸实施的时间不同。前者则是要将威胁的内容当场实施，而后者既可以将威胁的内容当场实施，也可以是在将来某个时间实施。⑤犯罪的主体有所不同。前者的主体可以是已满 14 周岁的人，而后者的主体只能是已满 16 周岁的人。

3. 抢劫罪的刑事责任。根据《刑法》第 263 条的规定，犯本罪的，处 3 年以上 10 年以下有期徒刑，并处罚金；有下列情形之一的，处 10 年以上有期徒刑、无期徒刑或者死刑，并处罚金或者没收财产：①入户抢劫的；②在公共交通工具上抢劫的；③抢劫银行或者其他金融机构的；④多次抢劫或者抢劫数额巨大的；⑤抢劫致人重伤、死亡的；⑥冒充军警人员抢劫的；⑦持枪抢劫的；⑧抢劫军用物资或者抢险、救灾、救济物资的。

2000 年 11 月 28 日起施行的最高人民法院《抢劫案解释》对上述一些量刑情节的含义作了明确的规定。所谓入户抢劫，是指为实施抢劫行为而进入他人生活的、与外界相对隔离的住所，包括封闭的院落、牧民的帐篷、渔民作为家庭生活场所的渔船、为生活租用的房屋等进行抢劫的行为。对于入户盗窃，因被发现而当场使用暴力或者以暴力相威胁的行为，应当认定为入户抢劫。所谓在公共交通工具上抢劫，既包括在从事旅客运输的各种公共汽车，大、中型出租车，火车，船只，飞机等正在运营中的机动公共交通工具上对旅客、司售、乘务人员实施的抢劫，也包括对运行途中的机动公共交通工具加以拦截后，对公共交通工具上的人员实施的抢劫。所谓抢劫银行或者其他金融机构，是指抢劫银行或者其他金融机构的经营资金、有价证券和客户的资金等。抢劫正在使用中的银行或者其他金融机构的运钞车的，视为“抢劫银行或者其他金融机构”。所谓多次抢劫，是指抢劫 3 次以上；“抢劫数额巨大”的认定标准，参照各地确定的盗窃罪数额巨大的认定标准执行。所谓持枪抢劫，是指行为人使用枪支或者向被害人显示持有、佩带的枪支进行抢劫的行为。

（二）疑难问题

1. 抢劫罪中的暴力行为是否包括故意杀人？该问题实际就是如何理解本罪中的“致人死亡”是否包括故意杀人的问题。对此，刑法理论界有三种观点：〔1〕第一种观点认为，本罪中的“致人死亡”不包括故意杀人。如果故意致人死亡，应另定故意杀人罪。第二种观点认为，本罪中的“致人死亡”包括过失或间接故意造成死亡，但不包括直接故意杀人。如果故意杀人，应另定故意杀人罪。第三种观点认为，本罪中的“致人死亡”既包括过失或间接故意造成死亡，也包括直接故意造成死亡。我们认为，第三种观点是正确的：①暴力等手段行为与取财行为的结合形成了本罪完整的实行行为，假如说把因暴力的行使而故意造成被害人死亡行为另定一个故意杀人罪，那么剩下的取财行为就不能构成本罪，因此在这种情况下对行为人以故意杀人罪和本罪实行数罪并罚就与认定数罪的原理相悖。②由于《刑法》第263条并未规定本罪中的“致人死亡”不包括故意杀人的情况，因此，将无论是出于间接还是直接故意杀人的情况包括于本罪的加重结果，与《刑法》第263条的规定并不相违背。而且，由于刑法对本罪规定的最高刑和故意杀人罪一样都是死刑，因此即便将行为人出于故意而杀死被害人的情况视为本罪中的“致人死亡”，也不会产生处罚过轻而放纵犯罪的弊端。

2. 如何理解《刑法》第269条有关转化抢劫罪的规定？《刑法》第269条规定，犯盗窃、诈骗、抢夺罪，为窝藏赃物、抗拒抓捕或者毁灭罪证而当场使用暴力或者以暴力相威胁的，依照《刑法》第263条的规定定罪处罚。这是刑法对盗窃、诈骗、抢夺行为在特定情况下转化为本罪的特殊规定。认定此种情况下构成的本罪，必须同时具备如下几个条件：①行为人必须先实行了盗窃、诈骗、抢夺行为。对于《刑法》第269条所规定的“盗窃、诈骗、抢夺罪”的理解，尽管在理论上有不同认识，但有关司法解释规定，盗窃、诈骗、抢夺行为虽未构成犯罪，但为窝藏赃物、抗拒抓捕或者毁灭罪证而当场使用暴力或者以暴力相威胁，情节严重的，可以按照本罪处罚；如果使用暴力或者以暴力相威胁情节不严重、危害不大的，不认为是犯罪。②行为人必须当场使用了暴力或者以暴力相威胁。所谓使用暴力或者以暴力相威胁，是指对阻止窝藏赃物、毁灭罪证或者抓捕犯罪嫌疑人的人员实行暴力打击、强制或者以将要立即实行暴力相威胁。一般来说，此处的暴力应当达到一定的强度。所谓当场，是指实施盗窃、诈骗、抢夺行为的现场。犯罪嫌疑人在离开现场时被追捕的，在追捕的过程中使用暴力或者以暴力相威胁的，也应视为当场使用暴力或者以暴力相威胁。③行为人使用暴力或者以暴力相威胁的目的，是为了窝藏赃物、抗拒抓捕或者毁灭罪证。所谓窝藏赃物，是指防护已到手的赃物使其不被追回。所谓抗拒抓捕，是指抗拒公安机关对犯罪嫌疑人实行的强制措施或者任何公民的扭送。所谓毁灭罪证，是指消灭自己作案时在现场留下的痕迹、物品等可以证明犯罪的材料。

3. 如何确定抢劫罪既遂与未遂的区分标准？我国刑法理论界对本罪既遂与未遂的区分标准问题很有争议，主要有五种观点：第一种观点认为，应以行为人是否非法占有他人财物作为区分本罪既遂与未遂的标准。第二种观点认为，应以行为人是否侵犯他人人身权利作为区分本罪既遂与未遂的标准。第三种观点认为，应以是否属于结合犯而对既遂与未遂的区分掌握不同的标准。本罪前半段的轻伤和后半段的致人重伤、死亡的情况是结合犯，其他则不是结合犯。对属于结合犯的本罪，抢夺行为本身有可能未得逞，但不论是否抢夺到财物，只

〔1〕 转引自赵秉志主编：《侵犯财产罪研究》，中国法制出版社1998年版，第64～65页。

要侵犯人身的行为构成了独立的罪名，均应以本罪既遂论；对不属于结合犯的本罪，应以是否取得财物为既遂与未遂区别的标准。第四种观点认为，应当分别解决本罪的既遂与未遂问题。前半段是基本构成，夺取财物即是犯罪分子的目的，也是法律所包含的结果，因此应以是否取得财物作为既遂与未遂的区别标准；后半段则是结果加重犯，或者说是结果加重犯与结合犯的重合交叉，只要发生了重伤或死亡的结果，即完全具备了该罪的构成要件，不论财物是否到手，都应视为本罪既遂，即不存在未遂问题。第五种观点认为，本罪前半段以是否取得财物为区分既遂与未遂的标准，后半段则由于属于结果加重犯或情节加重犯而不存在既遂与未遂的区分问题。

我们认为，对于区分本罪既遂与未遂的标准，应以抢劫行为是否完全具备《刑法》第263条对本罪规定的全部构成要件或要素为标准。《刑法》第263条对抢劫行为同时规定了暴力、胁迫或其他方法的手段行为和取财行为这样两个行为，这就意味着行为人只有将手段行为和取财行为都实施完毕，即通过手段行为的实施使行为人取得了被害人的财物，才能认为其已将抢劫行为实施完毕而构成既遂。因此，行为人是否已取得了被害人的财物就成了区分本罪既遂与未遂的标准。上述那些认为应以被害人的人身权利是否受到损害作为判断本罪是否既遂的唯一标准或标准之一的观点，显然与通行的刑法理论相违背，而且还存在着忽视本罪主要侵犯财产所有权的性质和过于扩大本罪既遂成立范围的弊病，因而不可取。至于有学者认为本罪的后半段属于结果加重犯或情节加重犯，只有构成与否的问题，而不存在既遂与未遂的区分的观点，我们认为，对于结果加重犯和情节加重犯而言，只要某种犯罪行为具备了刑法对其规定的加重处罚的结果或情节，结果加重犯或情节加重犯就已经成立，即使作为基本构成的犯罪行为未达既遂也对其不产生影响。而且，结果加重犯和情节加重犯是决定对本罪是否适用加重量刑幅度的问题，而既遂与未遂的区分是影响对行为人在与其罪行相适应的量刑幅度内或罪行单位内是否从轻或减轻处罚的问题，两者是两码事，不可混为一谈。因此，应当承认，在成立结果加重犯或情节加重犯时，本罪也应有既遂与未遂的区分问题。将既遂与未遂的区分问题贯彻到《刑法》第263条前段和后段规定的本罪中，既可以充分考虑在抢劫行为处于未遂时对行为人从宽处罚的问题，又不会影响在行为具有后段规定的八种情形之一时对行为人适用加重的量刑幅度追究刑事责任。如果否认在《刑法》第263条后段存在未遂的情况，既缺乏法律根据，又会出现对分别处于前段和后段规定的抢劫行为未遂，前者从宽处罚而后者不从宽处罚的不合理现象。

二、盗窃罪

（一）基本法理

1. 盗窃罪的概念和构成要件。盗窃罪，是指以非法占有为目的，秘密窃取他人数额较大的财物或者多次盗窃的行为。

本罪的构成要件是：

（1）本罪的主体为一般主体，即任何已满16周岁并具有刑事责任能力的自然人均可以成为本罪的主体。对于实践中发生的单位盗窃他人财物的行为，不能认为刑法未规定单位可以成为盗窃罪的主体，而放弃对单位中参与盗窃的自然人以本罪追究刑事责任。

（2）本罪在主观上只能是故意，并具有非法占有的目的。

（3）本罪在客观上表现为行为人实施了采用秘密方法窃取他人数额较大的财物或者多次盗窃他人财物的行为。首先，行为人实行的必须是秘密取得他人财物的行为。所谓秘密，是指行为人采用自认为不为财物的所有人或占有人知晓的方法窃取其财物，至于行为人窃取财物的行为是否为其他的第三人知晓，对构成本罪没有影响。其次，必须盗窃的他人财物数额较大或者虽未达到较大的要求，但多次盗窃。对于数额较大的标准，有关司法解释规定，以窃取财物价值500元～2000元为起点，但发生在铁路运输中的盗窃，以窃取财物价值1000元为起点。所谓多次盗窃，是指行为人在一年之内入户盗窃或者在公共场所扒窃3次以上的情况。

（4）本罪侵犯的客体是他人财物的所有权。犯罪的对象是不为行为人所有或占有的他人财物。一般而言，只要是具有一定的经济价值并能够为人类所控制的物都可以成为本罪的对象。但对于某些财物是否可以成为本罪的对象，仍应作具体分析，如不动产一般不能成为以移动为必要的本罪的对象，但行为人采用秘密方法将能从不动产上分离出来的物品取走，可以构成本罪；电力、煤气、天然气等无形财产可以成为本罪的对象，但技术秘密或技术成果却不能成为本罪的对象。〔1〕此外，根据《刑法》第265条的规定，以牟利为目的，盗接他人通信线路，复制他人电信码号或者明知是盗接、复制的电信设备、设施而使用的行为，按本罪定罪处罚。根据《刑法》第196条第3款的规定，盗窃信用卡并使用的，依照本罪定罪处罚。

2. 盗窃罪的相关界限。

（1）本罪与非罪行为的界限。区分本罪与非罪行为的界限，关键是把握两个方面：①准确认定行为人主观上是否具有非法占有的目的。如果没有该目的，即使取得他人所有或保管的财物时采用了秘密的方法，也不能构成本罪。②窃取的财物数额是否达到较大或者是否属于多次盗窃。根据有关司法解释的规定，在不具备多次盗窃的情况下，数额较大虽是成立犯罪的主要条件，但不是唯一条件，还要考虑其他情节。根据1998年3月17日起施行的最高人民法院《关于审理盗窃案件具体应用法律若干问题的解释》（以下简称《盗窃案解释》）第6条的规定：盗窃他人财物接近"数额较大"的起点，具有下列情节之一的，可以追究刑事责任：以破坏性手段盗窃造成公私财产损失的；盗窃残疾人、孤寡老人或者丧失劳动能力的人的财物的；造成严重后果或者具有其他恶劣情节的。盗窃他人财物虽已达到"数额较大"的起点，但情节轻微，并具有下列情节之一的，可不作为犯罪处理：已满16周岁不满18周岁的未成年人作案的；全部退赃、退赔的；主动投案的；被胁迫参加盗窃活动，没有分赃或者获赃较少的；其他情节轻微、危害不大的。

（2）本罪与其他犯罪的界限。①盗窃广播电视设施、公用电信设施价值数额不大，但是构成危害公共安全犯罪的，以破坏广播电视设施、公用电信设施罪定罪处罚；盗窃广播电视设施、公用电信设施同时构成本罪和破坏广播电视设施、公用电信设施罪的，择一重罪处罚。②盗窃使用中的电力设备，同时构成本罪和破坏电力设备罪的，择一重罪处罚。③为盗窃其他财物，盗窃机动车辆当犯罪工具使用的，被盗机动车辆的价值计入盗窃数额；为实施其他犯罪盗窃机动车辆的，以本罪和所实施的其他犯罪实行数罪并罚。为实施其他犯罪，偷开机动车辆当犯罪工具使用后，将偷开的机动车辆送回原处或者停放到原处附近，车辆未丢失的，按照其所实施的犯罪从重处罚。④为练习开车、游乐等目的，多次偷开机动车辆，并将机动车辆丢失的，以本罪定罪处罚；在偷开机动车辆过程中发生交通肇事构成犯罪，又构成其他罪的，应当以交通肇事罪和其他罪实行数罪并罚；偷开机动车辆造成车辆损坏的，以故意毁坏财物罪定罪处罚。⑤实施盗窃犯罪，造成公私财物损毁的，以本罪从重处罚；又构成其他犯罪的，择一重罪从重处罚；盗窃公私财物未构成盗窃罪，但因采用破坏性手段造成

---

〔1〕1998年3月17日起施行的最高人民法院《关于审理盗窃案件具体应用法律若干问题的解释》第12条第6项已经明确规定："盗窃技术成果等商业秘密的，按照刑法第219条的规定定罪处罚。"

公私财物损毁数额较大的，以故意毁坏财物罪定罪处罚。盗窃后，为掩盖盗窃罪行或者报复等，故意破坏公私财物构成犯罪的，应当以本罪和构成的其他罪实行数罪并罚。⑥盗窃技术成果等商业秘密的，以侵犯商业秘密罪定罪处罚。

3. 盗窃罪的刑事责任。根据《刑法》第264条的规定，犯本罪的，处3年以下有期徒刑、拘役或者管制，并处或者单处罚金；数额巨大或者有其他严重情节的，处3年以上10年以下有期徒刑，并处罚金；数额特别巨大或者有其他特别严重情节的，处10年以上有期徒刑或者无期徒刑，并处罚金或者没收财产；有下列情形之一的，处无期徒刑或者死刑，并处没收财产：①盗窃金融机构，数额特别巨大的；②盗窃珍贵文物，情节严重的。

根据最高人民法院发布并于1998年3月17日起施行的《盗窃案解释》第8、9条的规定，"盗窃金融机构"，是指盗窃金融机构的经营资金、有价证券和客户的资金等，如储户的存款、债券、其他款物，企业的结算资金、股票，不包括盗窃金融机构的办公用品、交通工具等财物的行为。"盗窃珍贵文物，情节严重"，主要是指盗窃国家一级文物后造成损毁、流失，无法追回；盗窃国家二级文物3件以上或者盗窃国家一级文物1件以上，并具有下列情形之一的行为：犯罪集团的首要分子或者共同犯罪中情节严重的主犯；流窜作案危害严重的；累犯；造成其他重大损失的。

（二）疑难问题

1. 如何理解本罪中"数额较大"的意义？《刑法》第264条将本罪的罪状规定为"盗窃公私财物，数额较大或者多次盗窃的"。对于该规定中"数额较大"影响量刑的意义，目前我国刑法理论界基本上意见一致，只是对于它在定罪中的意义或作用，学者们有不同的看法：一种观点认为，"数额较大"是影响本罪是否构成的重要标准，但不是绝对的标准，虽然行为人盗窃的财物数额较大，但具有其他轻微情节的，可不认为是犯罪；反之，虽然行为人盗窃的财物数额未达到较大，但具有其他严重情节的，也应当作为犯罪追究行为人的刑事责任。[1] 该观点是目前我国刑法理论界的通说，而且得到了最高司法机关发布的有关司法解释的支持。另一种观点认为，"数额较大"是本罪犯罪构成的必备要件之一，是决定罪与非罪的一个绝对的标准。如果盗窃数额未达到较大，不管是否具备其他情节均不构成本罪。[2] 我们认为，行为对社会的危害程度是否严重是我们决定是否将其作为犯罪追究刑事责任的总标准，这正是我国《刑法》第13条后段"但书"规定的合理的理论根据。从理论和实践相结合的角度来看，影响行为危害社会严重程度的因素有很多种，包括行为侵害的社会关系的重要程度，行为对象的情况，行为的手段、实施的时间、地点，危害结果的大小，行为人的主观恶性、人身危险性的大小，行为的目的、动机，行为人责任能力的程度等因素。就盗窃行为而言，虽然盗窃他人财物数额的大小即危害结果的严重程度是影响盗窃行为危害社会程度的一个重要因素，但决不能排斥其他因素对盗窃行为的危害社会程度的影响，仅仅根据前者而决定盗窃行为是否构成本罪是片面的。因此刑法典将"数额较大"规定为决定本罪与非罪行为的绝对标准，既不符合实际，也与《刑法》第13条后段"但书"的规定相抵触。为此，在1997年修改1979年刑法典的研讨中就有相当多的学者提出将"其他严重情节"与"数额较大"并列规定为认定本罪的标准。现行刑法典虽然在本罪罪状的规定中将"多次盗窃"与"数额较大"并列规定为认定本罪的标准，但并未完全吸收学者们的合理建议。这也正是最高司法机关在1992年就1979年刑法典关于本罪规定的缺陷作出弥补性的解

---

〔1〕参见高铭暄等主编：《新中国刑法的理论与实践》，河北人民出版社1988年版，第594～598页。
〔2〕参见金凯主编：《侵犯财产罪新论》，知识出版社1988年版，第158～159页。

释规定之后，又于1998年对1997年刑法典关于本罪规定再次作出类似解释规定的重要原因。我们认为，虽然最高司法机关的解释完全符合《刑法》第13条后段“但书”规定的精神并且极具合理性，但就《刑法》第264条的规定来看，该解释毕竟有与罪刑法定原则不相一致的缺憾。因此，唯有将来通过刑法修改的方式才能最终合理解决这一问题。目前的解释只能认为是为了实现刑法的实质合理性而迫不得已而为。

2. 如何确定盗窃罪既遂的认定标准？我国刑法理论界对本罪既遂的认定标准问题存在着较大的争议，主要有四种观点：第一种观点为控制说，主张应以行为人是否已获得对被盗财物的实际控制为标准；第二种观点为失控说，认为应以财物的所有人或保管人是否丧失对财物的控制为标准；第三种观点为失控＋控制说，认为应以财物是否脱离所有人或保管人的控制并且实际置于行为人控制之下为标准；第四种观点为损失说，认为应以盗窃行为是否造成他人财物损失为标准。上述几种观点主张的认定本罪既遂的标准虽然不同，但均是以盗窃行为是否完全具备我国刑法对本罪规定的构成要件为其最终理论根据的。我们认为，根据《刑法》第264条规定的精神及刑法理论界的一致见解，本罪为结果犯，即只有产生法定的结果才能认为构成了本罪的既遂。而构成本罪既遂的法定的结果，既可以说是发生行为人非法占有了他人财物的结果，也可以说是财物所有人或保管人对其财物失去了控制或者财物所有人或保管人的财物遭受了损失。这两种情形下的结果并不是互相排斥，而是同一的。从这个意义上来看待认定本罪既遂标志的结果，应当坚持失控＋控制说的标准。坚持这一标准应当注意两点：①行为人在财物所有人或保管人对财物的控制范围内对财物的“控制”，如在自选商场内将商品藏在身上，不是作为本罪既遂认定标准中的“控制”；②在行为人将财物移出财物所有人或保管人对财物的控制范围即认为行为人已实际控制了他人财物，而不管行为人对他人财物控制的时间是多么的短暂，即使行为人一将他人财物移出他人的控制范围即失去控制，也应认为行为人已控制了财物并且非法占有他人财物的目的已经实现，即本罪既遂。

三、诈骗罪

（一）基本法理

1. 诈骗罪的概念和构成要件。诈骗罪，是指行为人以非法占有为目的，采用虚构事实或者隐瞒真相的欺骗方法，使财物的所有人或保管人陷于认识错误，从而骗取其数额较大的财物的行为。

本罪的构成要件是：

（1）本罪的主体为一般主体，即任何已满16周岁并具有刑事责任能力的自然人，都可以成为本罪的主体。

（2）本罪在主观上只能出于故意，并具有非法占有的目的。

（3）本罪在客观上表现为行为人采用欺骗方法取得了他人数额较大财物的行为。首先，行为人必须以欺骗方法取得了他人财物。欺骗，包括虚构事实和隐瞒真相两种情况。所谓虚构事实，是指无中生有，编造假情况，由此骗取被害人的信任，使其仿佛“自愿”地交出财物。所谓隐瞒真相，是指掩盖客观存在的事实，使被害人陷于错误而受骗上当。行为人采用的欺骗方法，必须使被害人陷于认识错误，从而将其财物交给行为人，是本罪的主要特点。其次，取得的财物的价值必须达到数额较大。

（4）本罪侵害的客体是他人财物的所有权。至于犯罪的对象，由于是被害人受骗而向行为人交付的财物，因此，只要是被害人所有或占有的财物，不管是动产还是不动产，也不管是有形物还是无形物等，均可以成为本罪的对象。但是应注意，在法律有特别规定的情况下，有的财物就不能成为本罪的对象，如属于商业秘密的技术秘密或技术成果，由于《刑法》第219条第1款第1项规定“以盗窃、利诱、胁迫或者其他不正当手段获取权利人的商业秘密”中的“商业秘密”已将其包括，同时欺骗方法也为“其他不正当手段”所包容，因此，行为人以欺骗的方法骗取他人的技术秘密或技术成果的，应以侵犯商业秘密罪论处，而不能以本罪定罪量刑。

2. 诈骗罪的相关界限。

（1）本罪与非罪行为的界限。区分本罪与非罪行为的界限，关键应当把握两点：①诈骗的财物数额是否达到较大的程度。如果行为人骗取的财物数额未达到较大的程度，就不能构成犯罪。②行为人取得他人财物时是否具有非法占有的目的。如果不能认定行为人具有非法占有的目的，即便其采用了欺骗的方法取得他人财物，也不能构成本罪。在此，应当把正常的借贷行为、代人购物拖欠货款的行为同以借贷或代购物品为名，行诈骗之实的犯罪行为区别开来。

（2）本罪与金融诈骗犯罪、合同诈骗罪的界限。除了刑法分则侵犯财产罪一章中规定的诈骗罪外，刑法分则破坏社会主义市场经济秩序罪一章中还规定了八种金融诈骗罪以及合同诈骗罪。本罪与这些犯罪是一般与特殊的关系。如果某种诈骗行为既符合这些特殊诈骗罪的构成特征，又符合本罪的构成特征的，应以特殊诈骗罪定罪处罚。在实践中，区分本罪与特殊诈骗罪的界限，关键要把握它们在客观方面表现的不同。前者可以表现为虚构任何事实或隐瞒真相，以骗取财物；而后者的欺骗只是发生在集资、贷款、保险等特定的活动范围，或者是信用卡、信用证、有价证券等特定物的使用活动中，或者是合同的签订、履行过程中，因而其诈骗手段都有其在特定范围内的特殊性。

（3）本罪与盗窃罪的界限。本罪和盗窃罪虽然侵犯的客体、犯罪的主体、犯罪的主观方面都相同，但犯罪的方法或手段有较大的差异，因此一般情况下不容易混淆。但是，当行为人以非法占有的目的，客观上采用的手段既有欺骗手段，又有盗窃手段的时候，在定性上就容易出现困难。对此，关键是认定行为人非法占有财物的主要方式是骗取还是盗窃，如盗窃空白发货票或没有盖章的空白支票，用自填金额和伪造公章的方法骗取财物的，或者盗窃公章、伪造证明，骗取财物的，非法取得财物的主要方式是蒙蔽他人，其盗窃行为并不直接获得所要非法占有的财物，而只是为实现诈骗创造条件，因此，对这些情形应认定为诈骗罪。如果行为人盗窃能立即兑现的有价证券或票证，如印鉴齐全的支票，不留储户印鉴的活期储蓄存折，然后冒名骗领、骗购财物的，则对行为人应以盗窃罪论处。因为行为人窃取了这些有价证券或有价票证，实际上就取得了支配财物的能力，欺骗在占有过程中不起主要作用。再如，使用“调虎离山计”把被害人支开，乘机窃取其财物的，行为人虽然使用的是欺骗手段，但它只是为盗窃创造条件。

3. 诈骗罪的刑事责任。根据《刑法》第266条的规定，犯本罪的，处3年以下有期徒刑、拘役或者管制，并处或者单处罚金；数额巨大或者有其他严重情节的，处3年以上10年以下有期徒刑，并处罚金；数额特别巨大或者有其他特别严重情节的，处10年以上有期徒刑或者无期徒刑，并处罚金或者没收财产。

（二）疑难问题

如何确定诈骗数额？认定本罪，应当注意诈骗数额的确定问题。目前我国刑法理论界对本罪中数额的确定问题，主要有六种观点：第一种观点认为，在诈骗既遂的情况下诈骗的数额是被害人实际交付的财物数额，在诈骗的未完成形态的情况下，诈骗数额是行为人主观上希望骗到的财物数额；[1] 第二种观点认为，诈骗数额是指行为人通过实施诈骗行为而实际得到的财物数额；[2] 第三种观点认为，诈骗数额是被害人由于受骗而实际交付的财物数额；[3] 第四种观点认为，诈骗罪的数额就是诈骗犯罪所指向的公私财物的总数额，即行为人主观上希望骗得的数额；[4] 第五种观点认为，诈骗数额是诈骗行为直接侵害的实际价值额；[5] 第六种观点认为，在诈骗既遂的情况下诈骗的数额是指行为人通过实施诈骗行为而实际得到的财物数额，在诈骗的未完成形态的情况下，诈骗数额是行为人主观上希望骗到的财物数额。[6]

我们认为，合理界定本罪中的数额问题，首先应当确立这样的观念，即应在诈骗行为构成犯罪既遂的情况下来考虑诈骗罪的数额问题，这是坚持主客观相统一的定罪原则的要求。那么，只要行为人主观上出于非法占有的目的，客观上通过欺骗方法实际非法占有了他人的数额较大的财物，其诈骗行为就构成犯罪并且既遂。因此，应当认为本罪中的数额是指行为人实际取得的财物数额，当然同时也是被害人由于行为人的诈骗行为而直接遭受财产损失的实际数额。那么，能否将被害人实际交付的财物数额作为本罪中的数额呢？我们认为完全可以，但要避免这样的错误认识，即把诈骗案所涉及的一切财物数额都当作诈骗的数额，如行为人以非法占有的目的，实施了数个连续的诈骗行为，以后次诈骗行为的所得部分或全部偿还前次诈骗行为所欠的财物。在这种情况中，不应把各次诈骗行为中的被害人最初交付的财物的总和作为本罪中的数额，而仅应把被害人交付的最终为行为人非法占有的那部分财物作为本罪中的数额。此外，由于根据刑法的精神，对某些情节严重的诈骗行为也应作为犯罪追究刑事责任，那么这种情形下的本罪的数额就只能是行为人意图骗取的财物数额，只是这里的数额应和其他情节一起作为衡量诈骗行为危害社会的严重程度进而是否作为犯罪追究行为人刑事责任的因素考虑。

四、侵占罪

（一）基本法理

1. 侵占罪的概念和构成要件。侵占罪，是指以非法占有为目的，将代为保管的他人财物或者他人遗忘物、埋藏物非法占为己有，数额较大，拒不退还或交出的行为。

本罪的构成要件是：

（1）本罪的主体为一般主体，即任何已满16周岁并具有刑事责任能力的自然人均可成为本罪的主体。

（2）本罪在主观上只能出自故意，而且必须具有非法占有的目的。

（3）本罪在客观上表现为行为人实施了将自己代为保管的他人财物或者遗忘物、埋藏物非法占为己有，数额较大，拒不退还或交出的行为。首先，行为人必须实行了将代为保管的他人财物或者遗忘物、埋藏物非法占为己有的行为。所谓非法占为己有，是指行为人将自己持有的他人财物非法转变为自己所有的主观意图在客观上的表现，也就是说，凡是行为人实施的在客观上足以表明其将自己持有的他人财物非法转变为自己所有的主观意图的行为，都

---

〔1〕 参见甘雨沛等主编：《犯罪与刑法新论》，北京大学出版社1991年版，第680页。

〔2〕 参见金凯主编：《侵犯财产罪新论》，知识出版社1988年版，第229页。

〔3〕 参见金凯主编：《侵犯财产罪新论》，知识出版社1988年版，第229页。

〔4〕 参见金凯主编：《侵犯财产罪新论》，知识出版社1988年版，第229页。

〔5〕 参见刘明祥："论我国刑法中诈骗犯罪的几个问题"，载赵秉志等编：《全国刑法硕士论文荟萃》，中国人民公安大学出版社1989年版，第698页。

〔6〕 参见赵秉志主编：《侵犯财产罪研究》，中国法制出版社1998年版，第254~256页。

属于非法占为己有的行为。其次，行为人非法占有的财物数额较大。最后，行为人拒不退还或交出为自己非法占有的他人财物。所谓拒不退还或交出，是指在财物的所有人、占有人或者他们委托的其他人员与机关向行为人索要财物时，行为人拒绝将财物退还或交出。只有以上三个条件同时具备，才可能构成本罪。

（4）本罪侵犯的客体是他人财物的所有权。犯罪对象包括三种：①代为保管的他人财物。代为保管，既包括他人主动委托行为人保管的财物，也包括未经他人委托而行为人自行为他人保管的财物，如基于无因管理而对财物的占有即是。②他人的遗忘物。遗忘物是指所有人或占有人有意识地将所持财物放在某处，因疏忽而忘记拿走的财物。③他人的埋藏物。埋藏物是指埋藏于地下、水中或其他物体之中，难以为人所发现的财物，包括为私人所有的财物和为国家、集体所有的财物。上述三种财物，既可以是动产，也可以是不动产；既可以是公共财物，也可以是私有财物；既可以是特定物，也可以是种类物；既可以是有形物，也可以是无形物。

2. 侵占罪的相关界限。

（1）本罪与非罪行为的界限。区分本罪与非罪行为的界限，应注意从以下两个方面进行：①区分本罪与一般侵占行为的界限。关键是要把握侵占财物的数额是否达到较大的程度、行为人是否拒不退还或交出自己已经非法占有的他人财物。②区分本罪与民事纠纷等非侵占行为的界限。关键是要把握行为人是否具有非法占有的目的、行为人在纠纷发生之前对纠纷涉及财物的占有是否是拥有所有权情况下的占有。前者如行为人借他人的汽车使用，后以归还汽车为条件向他人索要欠款的情况；后者如行为人借用他人的金钱使用，到期不归还的情况，这些都不宜作为犯罪处理。

（2）本罪与盗窃罪的界限。本罪与盗窃罪都以他人财物为对象，都侵犯了他人财物的所有权，主观上都出自故意，并以非法占有为目的，但二者有明显的区别：①犯罪对象不同。前者的对象只能是行为人在犯罪前已经持有的他人财物；而后者的对象则只能是行为人在犯罪前尚未持有的他人财物。②犯罪的客观方面不同。前者的手段既可以是秘密的，也可以是公开或半公开的，而且必须是拒不退还或交出他人财物的，才构成犯罪；而后者的手段只能是秘密的手段，而且即使窃取他人财物之后又主动退还的，也已构成犯罪。③犯罪故意的内容和产生时间不同。前者行为人认识到自己是以非暴力的手段非法占有自己业已持有的他人财物，且犯罪故意只能产生于持有他人财物之后；后者行为人认识到自己是以不为财物所有人或占有人知道的秘密方法非法获取他人财物，且犯罪故意只能产生于获取他人财物之前。

（3）本罪与诈骗罪的界限。本罪和诈骗罪，都是以他人财物为对象，都侵犯了公私财物的所有权，主观上都出自故意，且以非法占有他人财物为目的，因而二者有着较多的共同之处。但是二者的区别也是很明显的：①犯罪故意的内容和产生的时间不同。前者行为人认识到自己是以非暴力手段将自己业已持有的他人财物非法占为己有，犯罪故意只能产生于持有他人财物之后；后者行为人认识到自己是以欺骗手段将自己并不持有的他人财物从他人手中骗取过来，犯罪故意只能产生于持有他人财物之前。②犯罪客观方面不同。前者非法占有他人财物的方法并不限于欺骗，且只有拒不退还或交出他人财物的才构成犯罪；而后者非法占有他人财物的方法只能是欺骗方法，而且即使将他人财物骗到手后又主动退还给他人，也已构成了犯罪。③犯罪对象不同。前者的对象只能是行为人实施犯罪之前自己业已持有的他人财物；后者的对象则只能是行为人实施犯罪之前自己并不持有的他人财物。因此，本罪和诈骗罪一般比较容易区分。需要注意的是，如果他人向行为人表达了委托其保管财物的意思时，行为人即产生了将他人财物非法占有的目的，应以诈骗罪论处。因为虽然不是行为人主动以欺骗手段取得他人财物，但是，在他人表达要将财物委托其保管的意思时，行为人的应允事实上也是一种欺骗，目的是使他人相信自己，从而将财物交于自己。

3. 侵占罪的刑事责任。根据《刑法》第 270 条的规定，犯本罪的，处 2 年以下有期徒刑、拘役或者罚金；数额巨大或者有其他严重情节的，处 2 年以上 5 年以下有期徒刑，并处罚金。犯本罪的，告诉才处理。

（二）疑难问题

1. 如何理解侵占罪中“代为保管”的含义？由于“代为保管”的含义如何直接决定着本罪对象的认定，因而为我国刑法理论界所重视。但学者间对“代为保管”的含义的理解分歧较大。概括起来，主要有两种观点：第一种观点认为代为保管是指接受他人委托或者根据事实上的管理而成立的对他人财物的持有、管理。[1] 第二种观点认为“代为保管是指受他人委托暂时代其保管”。[2] 这两种观点的分歧即在于“代为保管”是仅限于财物所有人或占有人主动委托行为人保管，还是同时也包括行为人未经委托而自行保管他人财物？我们认为，后种见解应当得到赞同，即不管行为人是否经财物所有人或占有人主动委托而保管他人财物，均应视为《刑法》第 270 条第 1 款中所说的“代为保管”。主要理由在于：①从“代为保管”本来的语义上看。该词语实际上既指行为人未经他人委托而基于某种事实自行代替他人保管，也指他人主动委托行为人代替他保管。由于《刑法》第 270 条第 1 款仅规定为“代为保管”，而未明确其实际内涵，那么对其作上述理解就不能认为是违反刑法规定的精神。②从加强财产所有权刑法保护的必要性上看。犯罪是行为人的主观恶性和客观危害的统一，只要行为人的行为基于主观恶性或罪过心理并在客观上对社会造成了严重危害，情节严重的，就应当以犯罪论处。对于将基于某种事实而持有的他人财物非法占为己有，数额较大又拒不退还的行为，和将基于他人委托而持有的他人财物非法占为己有，数额较大又拒不退还的行为，两者客观上都造成了对他人财物所有权剥夺的结果，主观上都具有剥夺他人财物所有权的故意，如果只惩罚后者而放纵前者，显然不利于对两种情形下他人财产所有权的平等保护。而且这种不平等保护还会在相当程度上纵容甚至鼓励了这种情况下侵犯他人财物所有权行为的实施。这显然与刑法保护国家、集体和公民合法财产不受侵犯的目的相背离。因此，从加强对财物所有权刑法保护的必要性上看，也不应该对“代为保管”的范围作任何不当的限制。

2. 如何认定拒不退还或交出要件具备的时间？拒不退还或交出是侵占行为构成犯罪的一个必要条件，目前我国刑法理论界通行持肯定的见解。那么，对于本罪中拒不退还或交出的要件的具备有没有一个时间上的最后限制呢？这一点从立法者将拒不退还或交出规定为本罪一个独立的构成要件的意图上就可以得到肯定的结论，对此刑法理论界也有一致的看法，即认为须为最终不退还或不交出。但是，对于何为最终不退还或不交出，刑法理论界和司法实务界则有不同的看法：有的学者认为，本罪的成立必须有行为人出于非法永久占有他人财物的目的而在法院正式立案之日或者公安机关展开侦查行为查清事实真相之日拒不交出或者拒不退还的行为；[3] 有的学者认为，被告人的归还或者退还以超过 3 个月或法院受理立案

[1] 参见高铭暄主编：《新编中国刑法学》（下册），中国人民大学出版社 1999 年版，第 790 页；赵秉志主编：《新刑法教程》，中国人民大学出版社 1997 年版，第 649 页。

[2] 见刘家琛主编：《新刑法条文释义》（下），人民法院出版社 1997 年版，第 1197 页。

[3] 参见张振芝：“侵占罪适用问题探析”，载《东北大学学报》（社会科学版）2004 年第 7 期。

之前为限;[1] 有的学者认为，在司法机关立案后，实体审理以前仍不退还或交出的，为最终不退还或交出;[2] 有的学者认为，在一审判决以前仍不退还或交出的，为最终不退还或交出;[3] 有的学者认为，在二审终审以前仍不返还的，为最终不退还或交出;[4] 有的学者认为，本罪的诉讼形式既可以是公诉，也可以是自诉，自诉形式的本罪中的拒不退还的时间界限应在第一审判决以前，公诉形式的本罪中的拒不退还的时间界限应在检察机关提起公诉之前;[5] 有的学者认为，本罪是自诉案件，自诉案件的受理条件是犯罪事实清楚，证据充分，因此，在进入诉讼程序之前，就要认定行为构成犯罪（是否构成犯罪，还有待法庭进一步审查），据此，认定拒不返还或拒不交出的时间不能以诉讼过程中的时点为参照，如果行为人是公然性地不返还或不交出，则在其作出这种意思表示时，本罪就已构成；如果是隐性地不返还或不交出，则从其实施的可以推定出拒不返还或拒不交出意思的行为时起，就可认定为本罪。[6]

上述几种观点虽然充分考虑到本罪独具的特点而具有一定的合理性，但存在着对侵占行为人过于宽纵或过于严厉，以及易造成浪费大量司法资源、削弱司法权威的弊端。我们认为，既然刑法将拒不退还或交出规定为本罪构成的一个要件，同时又将本罪规定为“告诉才处理”的犯罪，综合考虑刑法的这种规定及其立法意图，把拒不退还或交出的最后时间限制界定为行为人在财物的所有人或占有人最终告诉之前仍然拒不退还或交出这一点上，是比较合理的。但是，这样做对于那些需要由公安机关专门侦查才能破获的侵占案件来说就不是很妥当。一方面，这样做无疑抹煞了拒不退还或交出作为本罪构成的一个独立要件的意义或作用，同时也否定了立法者规定该要件的立法意图；另一方面，这样做对于这些案件中的行为人来说是不太公平的。对于那些不需要侦查的侵占案件中的行为人来说，单纯表示出非法占有的意图还不足以构成犯罪，在财物的所有人或占有人控告之前不管行为人表示了多少次拒不退还或交出的意思，只要其最终退还或交出了非法占有的财物，就不作为犯罪追究刑事责任；而对于那些需要侦查的侵占案件中的行为人，却只要一表示出非法占有的意思就作为犯罪追究刑事责任，这显然是对行为人过于苛刻了。为了避免这种弊端，不妨以案件是否需要侦查来决定拒不退还或交出的最后时间限制：对于需要侦查的案件，以侦查人员抓获行为人时其是否拒不退还或交出财物为最后时间限制；对于不需要侦查的案件，以财物的所有人或占有人向人民法院告诉时行为人是否拒不退还或交出财物为最后时间限制。

五、职务侵占罪

（一）基本法理

1. 职务侵占罪的概念和构成要件。职务侵占罪，是指公司、企业或者其他单位的人员，以非法占有为目的，利用职务上的便利，将本单位数额较大的财物非法占为己有的行为。

本罪的构成要件是：

(1) 本罪的主体是特殊主体，即只能是公司、企业或者其他单位的人员。至于行为人是单位中从事管理活动的人员，还是从事劳务活动的人员，对构成本罪没有影响。根据《刑

---

〔1〕 参见杨斌、王冰：“对用拾得的储蓄卡在自动柜员机上取款的行为定性”，载《法律适用》2004年第9期。
〔2〕 参见王钧柏：“侵占罪主要争议问题研究”，载《人民检察》1999年第4期。
〔3〕 参见王钧柏：“侵占罪主要争议问题研究”，载《人民检察》1999年第4期。
〔4〕 参见王钧柏：“侵占罪主要争议问题研究”，载《人民检察》1999年第4期。
〔5〕 参见田明海等：“如何认定侵占罪中的‘拒不退还’”，载《河北法学》2000年第2期。
〔6〕 参见郑丽萍：“侵占行为构成要件研究”，载《华东政法学院学报》2004年第3期。

法》第271条第2款的规定，国有公司、企业或者其他国有单位中从事公务的人员和国有公司、企业或者其他国有单位委派到非国有公司、企业以及其他单位从事公务的人员，不能成为本罪的主体。如果这部分人员利用职务上的便利，非法占有本单位财物，数额较大的，应依照《刑法》第382、383条的规定，以贪污罪定罪处罚。

（2）本罪在主观上只能出自故意，并具有非法占有的目的。

（3）本罪在客观上表现为行为人实施了利用职务上的便利，将本单位数额较大的财物非法占为己有的行为。首先，行为人实行了将本单位财物非法占为己有的行为。非法占有的手段包括侵吞、窃取、骗取等其他多种手段。其次，行为人实行的非法占为己有行为必须是利用了自己职务上的便利。所谓利用职务上的便利，是指公司、企业或其他单位的人员利用工作上拥有的主管、管理、经手本单位财物的权利，不管是从事公务活动的便利还是从事劳务活动的便利均包括在内。最后，非法占有本单位财物的数额必须达到较大的程度。只有同时具备上述三个条件，才可能构成本罪。

（4）本罪侵犯的客体是公司、企业或者其他单位的财物所有权。犯罪对象既可以是动产，也可以是不动产；既可以是公共财物，也可以是私有财物；既可以是特定物，也可以是种类物；既可以是有形物，也可以是无形物。

2. 职务侵占罪的相关界限。

（1）本罪与侵占罪的界限。本罪和侵占罪都是以财物为对象的犯罪，都侵犯了他人财物的所有权，主观上都具有非法占有的目的，客观上都具有非法占有自己原本已经持有的他人财物的特点。但二者有严格的区别：①犯罪对象不同。前者的对象只能是行为人主管、管理、经手的本单位的财物；而后者的对象则是代为保管的他人财物或他人的遗忘物、埋藏物。②犯罪的客观表现有所不同。前者是利用主管、管理、经手本单位财物的职务上的便利，将本单位数额较大的财物非法占为己有的行为，而且，只要行为人实施了非法占为己有的行为即可构成犯罪，不以拒不退还或交出为必要；而后者表现为将数额较大的他人财物非法占为己有，拒不退还或交出的行为，而且拒不退还或交出是犯罪成立的必要条件。③犯罪主体不同。前者的主体为特殊主体，即只能是公司、企业或其他单位中主管、管理、经手本单位财物的人员；而后者的主体则是一般主体。

（2）本罪与挪用资金罪的界限。本罪与挪用资金罪，都以本单位的财物为对象，都侵犯了本单位财物所有权，客观上都利用了职务上的便利，主观上都出自故意，犯罪的主体都是公司、企业或其他单位的人员。但是二者有着重大的区别：①犯罪对象有所不同。前者的对象既包括资金，又包括物；后者的对象仅指本单位的资金。②犯罪的客观表现有所差异。前者在客观上表现为利用职务上的便利，采用侵吞、盗窃、诈骗等其他非法手段非法占有本单位数额较大的财物的行为；而后者在客观上则表现为利用职务上的便利，挪用本单位资金归个人使用或者借贷给他人使用，数额较大、超过3个月未还的，或虽未超过3个月，但数额较大、进行营利活动的，或者进行非法活动的行为。③犯罪目的完全不同。前者是出于非法占有的目的，而后者仅出于挪用的目的，而且在挪用后，即使又出于非法占有的目的，不退还挪用的本单位资金的，也不能以本罪论处，而仍以挪用资金罪处理。

3. 职务侵占罪的刑事责任。根据《刑法典》第271条第1款的规定，犯本罪的，处5年以下有期徒刑或者拘役；数额巨大的，处10年以上有期徒刑，可以并处没收财产。

（二）疑难问题

1. 如何理解利用职务上的便利的含义？对于本罪中“利用职务上的便利”的含义，刑法理论界主要有两种不同的观点：第一种观点认为，利用职务上的便利就是指行为人利用自己在管理本单位经营、生产过程中所进行的领导、指挥、监督的职权。[1] 第二种观点认为，利用职务上的便利是指利用自己主管、管理、经营、经手单位财物的便利条件。[2] 第一种观点将职务等同于公务，即只有从事公务活动中持有的单位财物，才是职务上持有的单位财物。而第二种观点则并未强调职务仅限于管理性的活动，因此可以理解为不管是从事公务活动持有的单位财物，还是从事劳务活动持有的单位财物，都是职务上持有的单位财物。我们基本赞同第二种观点。从语言学上讲，职务是指"工作中所担任的事情"，[3] "或职位所规定应该担任的工作"。[4] 而所谓工作，包括体力和脑力的活动。因此，无论是公务还是劳务，都属于职务的范畴。对于刑法中规定的利用职务上的便利，需要根据刑法对该罪主体身份的规定进行分析。从刑法上看，凡是规定利用职务上的便利实施的犯罪，无不同时对其主体予以明确规定，如《刑法》第382条规定的贪污罪、第385条规定的受贿罪，刑法将其主体规定为国家工作人员，这就意味着这些犯罪的实施是国家工作人员利用了从事公务活动的便利；再如《刑法》第165条规定的非法经营同类营业罪，刑法将其主体规定为国有公司、企业的董事、经理，这就意味着该罪的实施是董事、经理利用了从事公务活动的便利。因此，只有根据刑法规定的主体情况，才能正确认定利用职务上的便利究竟是否包括利用从事劳务活动的便利。否则，仅凭主观的想象任意对利用职务上的便利之含义作出解释，就缺乏可靠的根据。《刑法》第271条第1款对本罪的主体仅规定为公司、企业或其他单位的人员，而未明确是仅包括从事公务的人员如董事、经理、领导等，那么就应当认为刑法对本罪规定的主体同时包括管理人员和劳务人员，由此，该条中规定的利用职务上的便利也应认为同时包括利用从事劳务活动的便利。而且，公司、企业或者其他单位的工作人员无论是利用从事公务活动之便还是利用从事劳务活动之便侵占本单位财物，对这些公司、企业等单位所造成的危害后果都是相同的，没有理由将二者仅因利用不同的职务便利而作不同的处理。因而应当认为，本罪中的利用职务上的便利，是指公司、企业或其他单位的人员利用工作上拥有的主管、管理、经手本单位财物的权利。

2. 如何理解职务侵占罪的手段？对于本罪的手段行为具体包括哪些，学者间主要有以下两种观点：第一种观点为少数学者的观点，认为本罪的手段只有侵占即"侵吞"一种，不应包括盗窃、诈骗及其他非法方法。[5] 其理由主要是：①《刑法》第271条在本罪的罪状中只规定了非法占有行为即侵占，而未规定其他行为，将盗窃、诈骗或其他非法方法也作为本罪的客观行为，没有法律根据。②本罪与盗窃罪、诈骗罪的法定刑轻重不同。如果认为本罪的手段也包括盗窃、诈骗，显然有违罪责刑相适应的原则。第二种观点为多数学者的观点，认为本罪的手段除侵吞外，还同时包括盗窃、诈骗等其他非法手段。[6] 其主要理由为：①之所以设立本罪，不仅仅是因为对于侵占私有企业财产缺乏刑法规定，还因为过去属于贪污的部分行为，有必要从贪污罪中分离出去，归入本罪。因此，贪污罪的手段也必然会成为侵占罪的手段。②如果说贪污的手段包括盗窃、骗取等多种手段，而侵占罪同样是利用职务

---

[1] 参见张翔飞："论职务侵占罪的几个问题"，载《现代法学》1997年第4期。

[2] 参见张明楷：《刑法学》（下），法律出版社1997年版，第785页；高西江主编：《中华人民共和国刑法的修订与适用》，中国方正出版社1997年版，第612页。

[3] 见《现代汉语词典》，商务印书馆1989年版，第1483页。

[4] 见《现代汉语词典》，商务印书馆1996年版，第1616页。

[5] 参见张翔飞："论职务侵占罪的几个问题"，载《现代法学》1997年第4期；邓又天主编：《中华人民共和国刑法释义与司法适用》，中国人民公安大学出版社1997年版，第510页。

[6] 参见王作富等："论侵占罪"，载《法律科学》1996年第3期。

之便，其手段仅限于侵占一种，那么就会出现对公司、企业中的国家工作人员来说，采用不同手段定罪一样，而对其中的非国家工作人员来说，却因利用上述几种不同手段而分别定不同罪名，显然有违定罪原则的一致性。我们认为，比较来看，第二种观点更为科学，我们赞同这种观点。可从以下几个方面进行说明：

（1）从维持侵占犯罪的定型性上看。变持有为非法占有，乃包括我国在内的世界各国和地区的刑法及其理论公认的侵占犯罪的定型性。这就意味着，不管行为人采用什么样的手段，只要将其业已持有的他人财物非法占为己有，都是侵占犯罪的行为。对于本罪来说，即使是采用秘密的“窃取”手段、隐瞒事实真相或虚构事实的“骗取”手段，也都是将原为自己业已持有的本单位财物转变为自己非法占有，因而都属于侵占行为的范畴，而与将自己原本并不持有的他人财物而非法占有的盗窃、诈骗行为有异。当然，对于本罪中将原本不为行为人持有的单位财物而利用职务上经手单位财物的便利将其骗取的行为来说，似乎与侵占犯罪的定型性不符。但是，这种骗取与一般的骗取存在着实质性的区别，即实施这种骗取行为的人始终拥有着经手单位财物的职务上的权利，将这种权利视为对单位财物的一种类似于拥有像存单这些载有财产权利的凭证中对财物的持有，应当说并无质的不同。自此一点看来，将这种骗取行为视为将持有转变为非法占有，应该说是妥当的。

（2）从贪污罪与本罪的立法演进过程看。1979 年刑法典中只规定了贪污罪，而未规定其他侵占犯罪，且贪污罪的主体仅限于国家工作人员。但是随着社会经济诸方面的发展变化，原本较少发生且侵占财物数额不大的像非法占有集体组织中的财产等侵占行为逐渐增多，且危害性愈来愈大。由于 1979 年刑法典对其他侵占犯罪规定的尚付阙如，因而刑法对这些行为就显得手足无措。基于保护集体财产和惩治侵占财产行为的客观要求，立法者采取了扩大贪污罪主体范围的权宜之计，即 1988 年 1 月 21 日全国人大常委会颁行的《关于惩治贪污罪贿赂罪的补充规定》（现已失效）中将贪污罪的主体范围由原为国家工作人员扩大到集体经济组织工作人员和其他经手、管理公共财物的人员。但是这种做法的一个不利后果是，将集体经济组织工作人员和其他经手、管理公共财物的人员解释为国家工作人员既显得牵强，也淡化了党和政府一贯倡导并贯彻执行的从严治吏的刑事政策的影响。同时，对于公司、企业或其他单位的人员利用职务上的便利非法占有本单位财物的行为，仍然无法有效而合理地处置，这就不利于保障社会主义市场经济的健康发展。因此，1995 年 2 月 28 日全国人大常委会基于在更大范围内保护包括非公有制公司、企业在内的公司、企业的合法权益，满足社会主义市场经济秩序的迫切需要，又颁行了《关于惩治违反公司法的犯罪的决定》（现已失效），其中通过设立公司、企业人员侵占罪，将集体经济组织工作人员，受企业委托从事公务的人员，全民所有制企业、集体所有制企业的承包经营者等人员的贪污行为从贪污罪中分化出来，为公司、企业人员侵占罪所包容。现行刑法典又通过设立本罪，进一步将基层群众性自治组织中经手、管理公共财物的人员等人员的贪污行为从贪污罪中分离出来，而为本罪所包容。至此，贪污罪中只剩下了国家工作人员和受国家机关、国有公司、企业、事业单位、人民团体委托管理、经营国有财产的人员的贪污行为。从贪污罪与本罪这一立法演进过程看，在刑法中，立法者已将相当一部分原为贪污罪的行为划归为职务侵占罪的范围之内，并且对这些行为的方式未加任何限制，就应当认为其行为方式仍包括盗窃、侵吞、骗取等非法手段。而且从对公司、企业人员侵占罪的行为方式的理解上看，最高司法机关的司法解释及刑法理论的通行解释也持此种见解。

（3）从科学定罪的要求上看。如果认为本罪的行为方式除了侵吞外，不包括盗窃、诈骗等非法手段，那么对采用盗窃、骗取等非法手段非法占有公司、企业或其他单位财物的，势必以盗窃罪、诈骗罪等犯罪定罪处罚。但是，由于《刑法》第271条第2款规定了对国有公司、企业或其他国有单位中从事公务的人员和国有公司、企业或其他国有单位委派到非国有公司、企业和其他非国有单位中从事公务的人员利用职务上的便利非法占有本单位财物的应以贪污罪定罪，这就意味着，同是采用侵吞、盗窃、骗取等非法手段非法占有本单位财物，对这部分人员定贪污罪，而对其他公司、企业或其他单位的人员却分别定职务侵占罪、盗窃罪、诈骗罪等，显然不符合科学定罪的要求。

（4）从本罪与盗窃、诈骗等罪的法定刑轻重上看。诚然，前者的法定刑确实轻于后者，但这并不能说明就应该将利用职务便利实施的盗窃、诈骗等非法占有本单位财物的行为作为盗窃、诈骗等罪处理。我们认为，这正是刑法对本罪的法定刑规定的不合理之处。一般来说，虽然侵占罪的危害社会严重程度轻于盗窃、诈骗等罪，但由于本罪与侵占罪相比，还存在着行为人亵渎职务的一面，因而其危害社会程度要重于侵占罪，而与盗窃、诈骗等罪的危害社会程度几于接近。那么根据罪责刑相适应的基本原则，立法者就应该使本罪的法定刑与盗窃、诈骗等罪的法定刑相协调。可事实是，《刑法》第271条第1款对本罪规定的法定刑远轻于盗窃、诈骗等罪。可以设想一下，如果仅因两者的法定刑轻重相差较大，即将利用职务便利盗窃、诈骗本单位财物的行为作为盗窃、诈骗等罪处理的话，结果势必使侵占犯罪的变持有为非法占有的定型性受到损害，进而使侵占犯罪与盗窃、诈骗等罪的界限变得模糊不清，这样，不仅易引起刑法理论上的混乱，也势必严重影响司法实践中对这些犯罪的科学定罪和量刑。

3．如何处理职务侵占罪的共同犯罪？对于公司、企业或其他单位中国家工作人员与非国家工作人员共同侵占本单位财物的，如何定罪处罚，刑法理论界存在着相当大的争议。有的认为应根据主体的不同身份分别定罪；有的认为应以主犯的身份来确定共同犯罪的罪名；有的认为应根据实行犯的犯罪性质来确定共犯的犯罪性质；有的认为如果共同犯罪行为的实施是利用国家工作人员的职务之便的，应定贪污罪，如果共同犯罪行为仅仅是利用非国家工作人员的职务之便的，应定本罪；等等。最高人民法院发布并于2000年7月8日起施行的《关于审理贪污、职务侵占案件如何认定共同犯罪几个问题的解释》第3条规定，公司、企业或者其他单位中，不具有国家工作人员身份的人与国家工作人员勾结，分别利用各自的职务便利，共同将本单位财物非法占为己有的，按照主犯的犯罪性质定罪。我们认为，公司、企业或其他单位中国家工作人员和非国家工作人员共同侵占本单位财物，如果犯罪的实施是利用国家工作人员的职务上的便利，应认定为贪污罪，如果犯罪的实施是利用非国家工作人员的职务上的便利，则应认定为本罪。对于共同犯罪的实施既利用了国家工作人员的职务便利，也利用了非国家工作人员的职务便利的情况，应以贪污罪定罪处罚，同时对非国家工作人员，在其与国家工作人员同为主犯的情况下，处以较国家工作人员较轻的刑罚，在国家工作人员为主犯而非国家工作人员为从犯的情况下，处以更轻一些的刑罚。因为，从整个共同犯罪的性质来看，其间既包含着贪污罪的性质，也包含着本罪的性质，将其认定为贪污罪，不违背整个共同犯罪的性质，同时也体现了严惩国家工作人员渎职犯罪的立法意旨。如果将这种共同犯罪以职务侵占罪追究国家工作人员的刑事责任，由于职务侵占罪的法定刑过轻，尚不足以根据罪责刑相适应的原则严惩那些罪行严重的国家工作人员。

九、其他犯罪

（一）抢夺罪

抢夺罪，是指以非法占有为目的，公然夺取他人数额较大的财物的行为。

本罪的构成要件是：①本罪的主体为一般主体，即任何已满16周岁具有刑事责任能力的自然人。②本罪在主观上只能出自故意，并且具有非法占有他人财物的目的。③本罪在客观上表现为行为人实行了公然夺取他人数额较大的财物的行为。首先，行为人必须实行了公然夺取他人财物的行为。所谓公然，是指在财物的所有人或者保管人在场的情况下，公开、强行将其财物取走。其次，行为人夺取的他人财物的数额必须达到较大的程度。如果行为人夺取的他人财物数额较小，应根据《刑法》第13条“但书”的规定，不认为是犯罪。④本罪侵犯的客体是他人财物的所有权。犯罪的对象只能是动产，而不能是不动产。但如果行为人从他人的不动产上面公然取走具有经济价值的部分，应作为抢夺动产对待。

根据《刑法》第267条的规定，犯本罪的，处3年以下有期徒刑、拘役或者管制，并处或者单处罚金；数额巨大或者有其他严重情节的，处3年以上10年以下有期徒刑，并处罚金；数额特别巨大或者有其他特别严重情节的，处10年以上有期徒刑或者无期徒刑，并处罚金或者没收财产。

（二）聚众哄抢罪

聚众哄抢罪，是指以非法占有为目的，聚集多人公然夺取公私财物，数额较大或者情节严重的行为。

本罪的构成要件是：①本罪的主体为一般主体，具体是聚众哄抢活动中首要分子和积极参加者。②本罪在主观方面只能出自故意，并具有非法占有公私财物的目的。③本罪在客观方面表现为聚众哄抢，公然夺取公私财物，数额较大情节严重的行为。所谓聚众，是指纠集多人，一般为3人以上。所谓哄抢，是指蜂拥而上，抢夺占有。所谓情节严重，一般是指参与哄抢的人数较多；哄抢较重要的物资；哄抢行为造成恶劣社会影响；多次进行哄抢等情形。④本罪侵犯的客体是公私财产所有权，侵犯的对象是公私财物。

根据《刑法》第268条的规定，犯本罪，对首要分子和积极参加的，处3年以下有期徒刑、拘役或者管制，并处罚金；数额巨大或者有其他特别严重情节的，处3年以上10年以下有期徒刑，并处罚金。

（三）挪用资金罪

挪用资金罪，是指公司、企业或者其他单位的工作人员，利用职务上的便利，挪用本单位资金归个人使用或者借贷给他人，数额较大、超过3个月未还的，或者虽未超过3个月，但数额较大、进行营利活动的，或者进行非法活动的行为。

本罪的构成要件是：①本罪的主体是特殊主体，即只能是公司、企业或者其他单位的工作人员，既包括从事管理活动的人员，也包括从事劳务活动的人员。根据《刑法》第272条第2款的规定，国有公司、企业或者其他单位中从事公务的人员和国有公司、企业或者其他国有单位委派到非国有公司、企业以及其他单位从事公务的人员，利用职务上的便利，挪用本单位资金，构成犯罪的，应以挪用公款罪定罪处罚。②本罪在主观上只能出自故意，且犯罪目的只能是暂时挪用本单位资金。③本罪在客观上表现为利用职务上的便利，挪用本单位资金归个人使用或者借贷给他人，数额较大、超过3个月未还的，或者虽未超过3个月，但数额较大、进行营利活动的，或者进行非法活动的行为。首先，行为人必须实行了挪用本单位资金的行为。所谓挪用，是指行为人未经合法批准，擅自改变本单位资金的原来用途，作其他用途。理解本罪的挪用行为时，须注意以下几个方面：本罪的行为方式有三种，且不同行为方式在构成本罪时具有不同的要求：其一，挪用本单位资金归个人使用或者借贷给他人，用作营利或非法活动之外的其他用途，构成犯罪时，要求挪用资金的数额必须达到较大的程度，挪用的时间必须超过3个月且尚未归还；其二，挪用本单位资金，用于进行营利活动，构成犯罪时，要求挪用资金的数额必须到达较大的程度，但在挪用的时间上不作任何限制；其三，挪用本单位资金，用于进行非法活动，构成犯罪时，在挪用资金的数额、挪用的时间上不作任何限制。“挪用本单位资金归个人使用或者借贷给他人使用”，是上述三种行为方式在构成本罪时都必须具备的条件。其次，行为人挪用本单位资金必须是利用职务上的便利。所谓职务上的便利，是指利用工作上拥有的主管、管理、经手本单位资金的权利。④本罪侵犯的客体是复杂客体，主要侵犯了公司、企业或者其他单位的财产所有权，另外还侵犯了公司、企业或者其他单位的财经管理制度。犯罪的对象只能是公司、企业或者其他单位的资金，而不能是资金之外的其他财物。

根据《刑法》第272条的规定，犯本罪的，处3年以下有期徒刑或者拘役；挪用本单位资金数额巨大的，或者数额较大不退还的，处3年以上10年以下有期徒刑。

（四）挪用特定款物罪

挪用特定款物罪，是指违反财经管理制度，挪用用于救灾、抢险、防汛、优抚、扶贫、移民、救济款物，情节严重，致使国家和人民群众利益遭受重大损失的行为。

本罪的构成要件是：①本罪的主体为特殊主体，即掌管、经手救灾、抢险、防汛、优抚、扶贫、移民、救济款物的直接责任人员。②本罪主观方面是故意。因过失动用上述款物的，不构成本罪。③本罪在客观方面表现为违反财经管理制度，挪用特定款物，情节严重，致使国家和人民群众利益遭受重大损害的行为。“挪用”，是指不经合法批准，擅自将自己经管或支配的救灾、抢险、防汛、优抚、扶贫、移民、救济款物调拨、使用到其他方面。挪用特定款物情节严重，致使国家和人民群众利益遭受重大损害，是构成本罪的必要条件。如果只有挪用特定款物的行为，但没有达到情节严重，致使国家和人民群众利益遭受重大损害的程度，不构成犯罪。此外，构成本罪还要求是将特定款物挪作公用。如果挪用特定款物归个人使用，则应以挪用公款罪论处。④本罪侵害的客体是复杂客体，其中首先是公私财产的所有权，其次为财经管理制度。犯罪对象只限于救灾、抢险、防汛、优抚、扶贫、移民、救济款物。挪用其他款物的，不构成本罪。

根据《刑法》第273条的规定，犯本罪的，对直接责任人员处3年以下有期徒刑或者拘役；情节特别严重的，处3年以上7年以下有期徒刑。

（五）敲诈勒索罪

敲诈勒索罪，是指以非法占有为目的，对他人实施威胁或者要挟的方法，强行要求他人交付数额较大的财物的行为。

本罪的构成要件是：①本罪的主体为一般主体，即任何已满16周岁并具有刑事责任能力的自然人，都可以成为本罪的主体。②本罪在主观上只能出自故意，并且具有非法占有的目的。③本罪在客观上表现为采用威胁或要挟的方法，强行要求他人交付数额较大的财物的行为。首先，行为人以威胁或要挟的方法，强行要求他人交付财物。威胁或者要挟，是指以将要损害他人某种利益的方式，对他人实行精神强制。威胁或要挟的内容，既可以是危害生命、健康、自由，也可以是损害人格、名誉或毁坏财产；威胁或要挟的通知，既可以面对被害人发出，也可以通过第三者或用书信等形式发出；威胁或要挟指向的人既可以是财产的所有人、保管人本人，也可以是他的亲友，既可以是个人，也可以是单位；威胁或要挟内容的实现不具有当场性，而是扬言如不满足其要求，将于以后某个时间将威胁的内容付诸实施；威胁或要挟的内容只要在一般人看来，将会起到对被害人产生一定精神强制的效果即可，不要求被害人本人必须产生心理恐惧。行为人要求他人交付财物的时间既可以是当场，也可以是以后的某个时间。其次，行为人强行要求他人交付的财物数额必须达到较大的程度。如果要求他人交付的财物数额较小，就不应以犯罪论处。④本罪侵犯的客体主要是他人财物的所有权，此外，还有他人的人身权利。犯罪对象是他人的财物。

根据《刑法》第274条的规定，犯本罪的，处3年以下有期徒刑、拘役或者管制；数额巨大或者有其他严重情节的，处3年以上10以下有期徒刑。

（六）故意毁坏财物罪

故意毁坏财物罪，是指故意毁灭或者损坏公私财物，数额较大或者情节严重的行为。

本罪的构成要件是：①本罪的主体为一般主体，即任何已满16周岁，具有刑事责任能力的自然人。②本罪在主观方面表现为故意，犯罪目的只是毁坏公私财物，使其丧失价值，而不是为非法占有。③本罪在客观方面表现为故意毁坏公私财物，数额较大或者有其他严重情节的行为。所谓毁坏，是指毁灭、损坏，也就是使财物的价值或使用价值全部丧失或使物品受到破坏而部分地丧失价值或使用价值。毁坏的方法各种各样，但如果使用放火、爆炸等危险方法毁坏公私财物，而且足以危害公共安全的，则应以放火罪、爆炸罪等危害公共安全罪论处。同时，故意毁坏公私财物必须达到数额较大或情节严重的程度。如果数额较小或情节轻微，不构成犯罪。④本罪侵犯的客体是公私财物所有权，侵犯的对象是各种公私财物。但是破坏某些特定的公私财物，侵犯了其他客体，如故意毁坏使用中的交通工具、通讯设备等，不构成本罪，依法按其他犯罪处理。

根据《刑法》第275条的规定，犯本罪的，处3年以下有期徒刑、拘役或者罚金；数额巨大或者有其他特别严重情节的，处3年以上7年以下有期徒刑。

（七）破坏生产经营罪

破坏生产经营罪，是指由于泄愤报复或者其他个人目的，毁坏机器设备、残害耕畜或者以其他方法破坏生产经营的行为。

本罪的构成要件是：①本罪的主体为一般主体，即任何已满16周岁，具有刑事责任能力的自然人。②本罪在主观方面只能出自故意，并且具有泄愤报复或者其他个人目的。③本罪在客观方面表现为毁坏机器设备、残害耕畜或者以其他方法破坏生产经营的行为。这里的“其他方法”，指除本条所列举的方法以外的任何其他方法。④本罪侵犯的客体是生产经营活动。本罪侵犯的对象为生产经营中正在使用的设备和用具。

根据《刑法》第276条的规定，犯本罪的，处3年以下有期徒刑、拘役或者管制；情节严重的，处3年以上7年以下有期徒刑。

【思考题】

1. 简述侵犯财产罪的概念和构成要件。
2. 如何理解“财物”？
3. 如何理解抢劫罪中的暴力？
4. 如何理解转化型抢劫罪的构成要件？
5. 如何理解抢劫罪与绑架罪、抢夺罪、敲诈勒索罪的界限？
6. 如何理解盗窃罪的客观方面？
7. 如何理解诈骗罪的客观方面？
8. 简述侵占罪的构成要件有哪些。
9. 简述职务侵占罪的构成要件有哪些。

【参考文献】

1. 邓又天主编:《中华人民共和国刑法释义与司法适用》，中国人民公安大学出版社1997年版。
2. 高铭暄等主编:《新中国刑法的理论与实践》，河北人民出版社1988年版。
3. 高铭暄主编:《新编中国刑法学》(下册)，中国人民大学出版社1999年版。
4. 高西江主编:《中华人民共和国刑法的修订与适用》，中国方正出版社1997年版。
5. 甘雨沛等主编:《犯罪与刑法新论》，北京大学出版社1991年版。
6. 金凯主编:《侵犯财产罪新论》，知识出版社1988年版。
7. 刘家琛主编:《新刑法条文释义》(下)，人民法院出版社1997年版。
8. 赵秉志主编:《侵犯财产罪研究》，中国法制出版社1998年版。
9. 赵秉志主编:《新刑法教程》，中国人民大学出版社1997年版。
10. 张明楷:《刑法学》(下)，法律出版社1997年版。
11. 刘明祥:“论我国刑法中诈骗犯罪的几个问题”，载赵秉志等编:《全国刑法硕士论文荟萃》，中国人民公安大学出版社1989年版，第698页。
12. 田明海等:“如何认定侵占罪中的‘拒不退还’”，载《河北法学》2000年第2期。
13. 王作富等:“论侵占罪”，载《法律科学》1996年第3期。
14. 王钧柏:“侵占罪主要争议问题研究”，载《人民检察》1999年第4期。
15. 杨斌、王冰:“对用拾得的储蓄卡在自动柜员机上取款的行为定性”，载《法律适用》2004年第9期。
16. 郑丽萍:“侵占行为构成要件研究”，载《华东政法学院学报》2004年第3期。
17. 张振芝:“侵占罪适用问题探析”，载《东北大学学报》(社会科学版)2004年第7期。
18. 张翔飞:“论职务侵占罪的几个问题”，载《现代法学》1997年第4期。

第三十章

妨害社会管理秩序罪

【导语】 妨害社会管理秩序罪，是指故意妨害国家机关对社会的管理活动，破坏社会秩序，情节严重，依法应当受刑罚处罚的行为。《刑法》分则第六章规定了妨害社会管理秩序罪，是我国刑法中罪名最多，涉及面较广的类罪，包括125个具体罪名。本章的重点知识是妨害社会管理秩序罪概念、特征和种类，及其重点罪名的概念、构成特征和认定，应当理解认定有关妨害社会管理秩序犯罪时应当区别的各种界限和应当注意的问题。本章的重点罪名有：妨害公务罪，寻衅滋事罪，组织、领导、参加黑社会性质组织罪，赌博罪，伪证罪，窝藏、包庇罪，拒不执行判决、裁定罪，脱逃罪，组织他人偷越国（边）境罪，倒卖文物罪，医疗事故罪，非法行医罪，重大环境污染事故罪，制作、贩卖、传播淫秽物品罪等。对妨害社会管理秩序罪的其他罪名则简单地介绍了其概念和处罚。

本罪的疑难问题：①妨害公务行为人对公务人员公务行为的合法性存在认识错误时是否构成犯罪？②妨害公务罪的认定中对公务活动本身的合法性如何判断？③国家机关工作人员、人大代表、红十字会工作人员以外的其他人员能否成为妨害公务罪侵害的对象？④如何处理妨害公务罪的数罪的问题？⑤如何理解寻衅滋事罪“无事生非”的动机？⑥如何理解寻衅滋事罪与出于寻衅滋事动机的其他犯罪的关系？⑦如何判定黑社会性质组织的属性？⑧如何理解组织、领导、参加黑社会性质组织罪的停止形态？⑨如何区分组织、领导、参加黑社会性质组织罪与入境发展黑社会组织罪？⑩如何认定赌博骗局的犯罪性质？⑪如何认定在境外参与、经营赌博的行为？⑫被害人能否成为伪证罪犯罪主体？⑬如何判断伪证行为中的“虚假”的含义？⑭窝藏、包庇罪的对象中“犯罪的人”是指什么？⑮如何处理包庇罪与帮助毁灭、伪造证据罪的关系？⑯如何区分窝藏、包庇罪与事前有通谋的共同犯罪？⑰拒不执行判决、裁定过程中的暴力行为是否构成其他犯罪？⑱支付令、调解书等其他法律文书是否可以成为拒不执行判决、裁定罪的犯罪对象？⑲被看守人员私放而脱管的在押人员是否构成脱逃罪？⑳被依法关押但事实上无罪的人脱逃是否构成脱逃罪？㉑如何正确区分脱逃罪的既遂与未遂？㉒如何认定组织他人偷越国（边）境罪的既遂与未遂？㉓如何认定组织他人偷越国（边）境罪的共同犯罪？㉔什么是国家禁止经营的文物？㉕什么是文物的倒卖行为？㉖如何理解倒卖文物罪与非法经营罪的关系？㉗如何判断医疗责任事故中责任人员的责任程度？㉘如何判断医疗责任事故损害后果的严重程度？㉙如何判断医疗事故罪的因果关系？㉚具有医师资格但没有取得相应医疗执业许可证的人可否成为非法行医罪的主体？㉛具有医疗执业许可证的人超出业务范围行医是否构成非法行医罪？㉜如何理解重大环境污染事故罪与非法处置进口的固体废物罪的关系？㉝重大环境污染事故罪能否采用严格责任？㉞毒品的数量如何累计与计算？㉟认识错误对走私、贩卖、运输、制造毒品罪定罪有何影响？㊱如何认定走私、贩卖、运输、制造毒品罪的既遂与未遂？㊲如何认定走私、贩卖、运输、制造毒品罪中的共同犯罪？㊳非法持有毒品罪中持有行为的含义是什么？㊴对吸毒者非法持有毒品的数量如何计算？㊵如何区分运输毒品罪与非法持有毒品罪？㊶如何理解组织卖淫罪与强迫卖淫罪的关系？㊷组织嫖娼行为如何定性？㊸如何界定与鉴别淫秽物品？

■第一节　妨害社会管理秩序罪概述

一、妨害社会管理秩序罪的概念

妨害社会管理秩序罪，是指故意妨害国家机关对社会的管理活动，破坏社会秩序，情节严重，依法应当受到刑罚处罚的行为。

为了维护社会管理秩序，刑法规定了妨害社会管理秩序罪，并且本类犯罪在我国现行刑法中所处地位是比较重要的。一方面其条款和罪名数量占的比重比较大，其所涵盖的范围比较广，另一方面许多罪名的法定刑相对也比较重。从立法体例来看，规定妨害社会管理秩序罪的《刑法》分则第六章共有9节共125个罪名，比第三章破坏社会主义市场经济秩序罪的罪名还要多，是我国刑法中规模最大的类罪名。其中，1997年颁布的《刑法》规定了119个罪名，《刑法修正案（三)》增加了2个，《刑法修正案（四)》增加了1个，《刑法修正案（六)》增加了1个，《刑法修正案（七)》增加了2个。

社会管理秩序，是指国家根据社会生活所必须遵守的行为准则进行的管理活动所建立起来的社会模式、结构体系和社会关系。社会管理秩序具有有序性、稳定性与连续性，其本身是社会秩序的核心概念。良好的社会秩序是国家对社会生活进行管理的目标，是国家的各种管理活动得以顺利进行的保证，同时也是国家赖以存在和发展的基础和条件，因此我国历来注重用刑法同妨害社会管理秩序的犯罪行为作斗争。与公共安全等社会生存的最低需求标准相比，社会管理秩序代表着社会的文明、进步与发展方向。人类并不仅仅满足于能够生存下去的状态，相反具有从混乱走向秩序的倾向。社会管理秩序与社会秩序是近义语，但是社会管理秩序的概念更主要的内涵体现在国家在其他社会机构的参与下对社会秩序的管理活动方面。秩序的形成与维护需要规范，一定的社会秩序总是与一定的行为准则相联系；秩序的形成与维护也需要管理，一定的社会秩序总是依赖于一定的管理活动。公民遵守行为准则，国家依法从事必要的管理活动，是维护社会秩序的基本条件。同时，社会管理秩序是外延极为广泛的概念，这也是我国刑法中妨害社会管理秩序罪一章内容如此丰富，涵盖面如此之广的原因。从广义的社会管理秩序概念理解，刑法规定的任何犯罪都从不同角度破坏了社会管理秩序，而本章犯罪所侵犯的社会管理秩序，是指除政治秩序、公共安全、经济秩序、公民权利、财产关系、职务行为的廉洁性、国防利益、国家机关正常活动、军事利益以外的其他社会管理秩序，因而是一种狭义的社会管理秩序，或称日常的社会管理秩序。

妨害社会管理秩序罪规定在刑法分则第六章，共分9节，分别是：①扰乱公共秩序罪；②妨害司法罪；③妨害国（边）境管理罪；④妨害文物管理罪；⑤危害公共卫生罪；⑥破坏环境资源保护罪；⑦走私、贩卖、运输、制造毒品罪；⑧组织、强迫、引诱、容留、介绍卖淫罪；⑨制作、贩卖、传播淫秽物品罪。

二、妨害社会管理秩序罪的构成要件

（一）犯罪主体

本类犯罪中的多数犯罪的主体是自然人，但单位也可以成为部分犯罪的主体，还有个别犯罪的主体仅限于单位。就自然人犯罪主体而言，多数是一般主体，除贩卖毒品罪的主体可以是已满14周岁，具有辨认控制能力的自然人以外，其他自然人犯罪主体必须是已满16周岁，具有辨认控制能力的自然人。自然人犯罪主体中，也有少数犯罪要求行为人具有特殊身份，是特殊主体，如脱逃罪的主体只能是依法被关押的罪犯、被告人和犯罪嫌疑人，医疗事

故罪的主体只能是医务人员。本章也有不少犯罪可以由单位构成，存在单位犯罪主体，如破坏环境资源保护罪中的所有犯罪，制作、贩卖、传播淫秽物品罪中的全部犯罪，以及其他某些节中的部分犯罪。在单位犯罪中，多数犯罪为一般主体，也有个别犯罪要求是特殊单位，如非法出售、私赠文物藏品罪的主体只能是国有博物馆、图书馆等特定单位。所以，单位犯罪主体中也有特殊主体。非法出售、私赠文物藏品罪等同时还是仅限于单位主体的犯罪。

（二）犯罪主观方面

本类罪的犯罪主观方面多数由故意构成，即明知自己的行为会发生妨害社会管理秩序的危害结果，并且希望或者放任这种结果发生。其中，有少数犯罪要求行为人出于特定目的。例如，赌博罪要求以营利为目的，制作、复制、出版、贩卖、传播淫秽物品牟利罪要求以牟利为目的。

（三）犯罪客观方面

犯罪客观方面表现为违反国家的秩序管理法规，妨害国家对社会的管理活动，破坏社会管理秩序，情节严重的行为。

由于国家对社会的管理活动多种多样，社会管理秩序的范围广泛，因此，妨害社会管理秩序的犯罪行为的具体内容与表现形式也是多种多样，这是本章犯罪的重要特点。根据立法的分类，本章罪的行为可以分为九种：①扰乱公共秩序行为；②妨害司法行为；③妨害国（边）境管理行为；④妨害文物管理行为；⑤危害公共卫生行为；⑥破坏环境资源保护行为；⑦走私、贩卖、运输、制造毒品行为；⑧组织、强迫、引诱、容留、介绍卖淫行为；⑨制作、贩卖、传播淫秽物品行为。

从犯罪的行为类型来看，本章犯罪都表现为妨害国家对社会的管理活动，破坏社会秩序，并且情节严重，因此，大多犯罪的行为属于积极的作为，少数表现为不作为。

从犯罪违法类型来看，由于社会管理秩序主要体现为国家的管理秩序，所以本章所规定的犯罪大多以违反行政性的秩序管理法规为前提。本章犯罪除了少数犯罪如妨害社会风尚的犯罪具有伦理可责性外，多为法定犯，即行为没有直接、明显地违反社会伦理，但出于行政取缔的目的而根据法律被认为是犯罪，犯罪的构成以违反国家机关对各种社会关系进行管理所依据的法律、法规为前提。这里的法律、法规，主要是指具有较强的行业或部门针对性的社会管理性规范文件，包括由国家立法机关制定的法律，由国务院颁布的行政法规以及经国务院批准的各国家行政主管部门制定的实施办法、细则等，如《公民出境入境管理法》、《环境保护法》等。一般而言，违反国家对社会生活的管理法规就必然会妨害国家机关对社会生活的管理活动，但并非所有违法的行为都构成犯罪，而只有那些妨害国家机关对社会生活的管理活动情节严重或者造成严重危害后果的，才构成犯罪。

（四）犯罪客体

本类犯罪侵犯的客体是社会管理秩序，即国家机关依法对社会进行管理而形成的正常的社会秩序。社会管理秩序是一个含义非常广泛的概念，前文已对此进行了论述。社会管理秩序包括社会秩序、生产秩序、工作秩序、教学科研秩序和人民群众的生活秩序。从本质上讲，一切犯罪都是对社会管理秩序的侵害。但是，由于刑法对侵害或者破坏国家安全、社会公共安全、市场经济、人身权利、家庭婚姻、公私财产、国防与军事利益以及国家机关正常活动等社会秩序的行为列入了刑法分则的其他章节，故本章所规定的犯罪所侵犯的同类客体是国家对社会的日常管理活动和秩序，换言之，是刑法分则其他各章规定之罪所侵犯的同类客体以外的国家对社会的日常管理活动与秩序。

三、妨害社会管理秩序罪的种类

根据《刑法》分则第六章的规定，妨害社会管理秩序罪从立法上分为以下九类：

（一）扰乱公共秩序罪

具体罪名包括：妨害公务罪，煽动暴力抗拒法律实施罪，招摇撞骗罪，伪造、变造、买卖国家机关公文、证件、印章罪，盗窃、抢夺、毁灭国家机关公文、证件、印章罪，伪造公司、企业、事业单位、人民团体印章罪，伪造、变造居民身份证罪，非法生产、买卖警用装备罪，非法获取国家秘密罪，非法持有国家绝密、机密文件、资料、物品罪，非法生产、销售间谍专用器材罪，非法使用窃听、窃照专用器材罪，非法侵入计算机信息系统罪，侵入、非法控制计算机信息系统罪，提供侵入、非法控制计算机信息系统程序、工具罪，破坏计算机信息系统罪，扰乱无线电通讯管理秩序罪，聚众扰乱社会秩序罪，聚众冲击国家机关罪，聚众扰乱公共场所秩序、交通秩序罪，投放虚假危险物质罪，编造、故意传播虚假恐怖信息罪，聚众斗殴罪，寻衅滋事罪，组织、领导、参加黑社会性质组织罪，入境发展黑社会组织罪，包庇、纵容黑社会性质组织罪，传授犯罪方法罪，非法集会、游行、示威罪，非法携带武器、管制刀具、爆炸物参加集会、游行、示威罪，破坏集会、游行、示威罪，侮辱国旗、国徽罪，组织、利用会道门、邪教组织、利用迷信破坏法律实施罪，组织、利用会道门、邪教组织、利用迷信致人死亡罪，聚众淫乱罪，引诱未成年人聚众淫乱罪，盗窃、侮辱尸体罪，赌博罪，开设赌场罪，故意延误投递邮件罪。

（二）妨害司法罪

具体罪名包括：伪证罪，辩护人、诉讼代理人毁灭证据、伪造证据、妨害作证罪，妨害作证罪，帮助毁灭、伪造证据罪，打击报复证人罪，扰乱法庭秩序罪，窝藏、包庇罪，拒绝提供间谍犯罪证据罪，掩饰、隐瞒犯罪所得、犯罪所得收益罪，拒不执行判决、裁定罪，非法处置查封、扣押、冻结的财产罪，破坏监管秩序罪，脱逃罪，劫夺被押解人员罪，组织越狱罪，暴动越狱罪，持械劫狱罪。

（三）妨害国（边）境管理罪

具体罪名包括：组织他人偷越国（边）境罪，骗取出境证件罪，提供伪造、变造的出入境证件罪，出售出入境证件罪，运送他人偷越国（边）境罪，偷越国（边）境罪，破坏界碑、界桩罪，破坏永久性测量标志罪。

（四）妨害文物管理罪

具体罪名包括：故意损毁文物罪，故意损毁名胜古迹罪，过失损毁文物罪，非法向外国人出售、赠送珍贵文物罪，倒卖文物罪，非法出售、私赠文物藏品罪，盗掘古文化遗址、古墓葬罪，盗掘古人类化石、古脊椎动物化石罪，抢夺、窃取国有档案罪，擅自出卖、转让国有档案罪。

（五）危害公共卫生罪

具体罪名包括：妨害传染病防治罪，传染病菌种、毒种扩散罪，妨害国境卫生检疫罪，非法组织卖血罪，强迫卖血罪，非法采集、供应血液、制作、供应血液制品罪，采集、供应血液、制作、供应血液制品事故罪，医疗事故罪，非法行医罪，非法进行节育手术罪，妨害动植物防疫、检疫罪。

（六）破坏环境资源保护罪

具体罪名包括：重大环境污染事故罪，非法处置进口的固体废物罪，擅自进口固体废物罪，非法捕捞水产品罪，非法猎捕、杀害珍贵、濒危野生动物罪，非法收购、运输、出售珍贵、濒危野生动物、珍贵、濒危野生动物制品罪，非法狩猎罪，非法占有农用地罪，非法采矿罪，破坏性采矿罪，非法采伐、毁坏国家重点保护植物罪，非法收购、运输、加工、出售国家重点保护植物、国家重点保护植物制品罪，盗伐林木罪，滥伐林木罪，非法收购、运输盗伐、滥伐的林木罪。

（七）走私、贩卖、运输、制造毒品罪

具体罪名包括：走私、贩卖、运输、制造毒品罪，非法持有毒品罪，包庇毒品犯罪分子罪，窝藏、转移、隐瞒毒品、毒赃罪，走私制毒物品罪，非法买卖制毒物品罪，非法种植毒品原植物罪，非法买卖、运输、携带、持有毒品原植物种子、幼苗罪，引诱、教唆、欺骗他人吸毒罪，强迫他人吸毒罪，容留他人吸毒罪，非法提供麻醉药品、精神药品罪。

（八）组织、强迫、引诱、容留、介绍卖淫罪

具体罪名包括：组织卖淫罪，强迫卖淫罪，协助组织卖淫罪，引诱、容留、介绍卖淫罪，引诱幼女卖淫罪，传播性病罪，嫖宿幼女罪。

（九）制作、贩卖、传播淫秽物品罪

具体罪名包括：制作、复制、出版、贩卖、传播淫秽物品牟利罪，为他人提供书号出版淫秽书刊罪，传播淫秽物品罪，组织播放淫秽音像制品罪，组织淫秽表演罪。

■第二节　妨害社会管理秩序罪分述

一、妨害公务罪

（一）基本法理

1. 妨害公务罪的概念和构成要件。妨害公务罪是指以暴力、威胁的方法，阻碍国家机关工作人员、人大代表、红十字会工作人员依法执行职务、履行职责；或者故意阻碍国家安全机关、公安机关依法执行国家安全工作任务，未使用暴力、威胁方法，造成严重后果的行为。

根据《刑法》第277条规定的这一概念，本罪包括了两种不同构成：①以暴力、威胁方法阻碍国家机关工作人员依法执行职务，阻碍人大代表依法执行代表职务，阻碍红十字会工作人员依法履行职责的行为；②未使用暴力、威胁方法，故意阻碍国家安全机关、公安机关依法执行国家安全工作任务，造成严重后果的行为。其中第一种构成中又根据所妨害的公务对象不同，分为阻碍国家机关工作人员、人大代表执行职务和特殊时期阻碍红十字会工作人员履行职责三种情况；第二种构成的特殊性在于妨害的公务对象要件以及妨害公务行为方法、要件都有所不同，妨害国家安全机关、公安机关公务的犯罪构成不以暴力、威胁方法为构成要件，且造成严重后果的，体现了对国家安全工作的特别保障。

本罪的构成要件是：

（1）本罪的犯罪主体为一般主体，必须是已满16周岁，具有刑事责任能力的自然人，至于行为人与国家机关工作人员的职务行为有无特定关系，则在所不问。国家机关工作人员也可以成为本罪主体。

（2）本罪的主观方面是故意。本罪只能为故意犯罪，即行为人明知国家机关工作人员、人大代表、红十字会工作人员正在依法执行职务，而故意以暴力、威胁方法予以阻碍；或明知国家安全机关、公安机关依法执行国家安全工作任务而故意阻碍。这里的故意，是指明知是妨害公务行为而有意实施的主观心理状态。引起决意进行阻碍的动机不影响本罪的成立。

（3）本罪的客观方面表现为行为人以暴力、威胁的方法阻碍国家机关工作人员、人大代表依法执行职务，或者在自然灾害、突发事件中以暴力、威胁的方法阻碍红十字会工作人员

依法履行职责，或者虽未使用暴力、威胁的方法，但故意以任何手段阻碍国家安全机关与公安机关工作人员依法执行的国家安全工作职务，且造成严重后果。

鉴于本罪客观方面构成方式的多样性，应当注意：①从行为的方法要件方面来看，本罪的客观方面有两种构成方式，即阻碍国家机关工作人员、人大代表、红十字会工作人员的公务活动以暴力、威胁的方法为要件；而阻碍国家安全公务活动不以暴力、威胁的方法为要件，而要求造成严重后果。②从行为的对象要件来看，构成要件根据国家机关工作人员、人大代表、红十字会工作人员身份不同也有所区别，如以暴力、威胁方法妨害红十字会工作人员依法履行职责的，必须是发生在自然灾害或突发事件期间。这样就形成了本罪的四种构成类型。

第一种类型，阻碍国家机关工作人员依法执行职务，是本罪的典型类型。其客观要件的基本特征如下：①行为对象为国家机关工作人员，即在各级立法机关、行政机关、司法机关中从事公务的人员。不包括在部队中从事公务的人员与外国公务员。阻碍军人执行职务的，构成《刑法》第368条规定的阻碍军人执行职务罪，而不成立本罪。阻碍外国公务员在中国境内执行职务的，不成立本罪。②使用暴力、威胁的方法。这里的暴力，是指对正在依法执行职务、履行职责的国家机关工作人员、人大代表、红十字会工作人员进行外力的攻击或者强制，如捆绑、殴打、伤害、阻挡等。在这里对暴力的概念应采取广义的理解，包括对国家机关工作人员不法施加的所有强制的外力，不限于直接针对国家机关工作人员的身体伤害。既可以通过针对与国家机关工作人员执行职务具有密不可分关系的辅助者实施暴力，以阻碍国家机关工作人员执行职务，也可以是通过对物施加有形力，从而给国家机关工作人员的身体以物理影响的间接暴力，以阻碍国家机关工作人员执行职务。这里的威胁，是指以对国家机关工作人员进行心理的强制为目的，以恶害相胁迫，迫使国家机关工作人员不得不放弃职务行为或者使其无法正确执行职务行为。恶害的内容、性质、通告方法没有限制。暴力、威胁行为只要足以阻碍国家机关工作人员执行职务即可，不要求客观上已经阻碍了国家机关工作人员执行职务或者对其造成了实际的伤害。③国家机关工作人员正在依法执行职务，即必须在国家机关工作人员执行职务的过程中实施阻碍行为。从保护依法执行职务的角度来考虑，正在执行职务不仅包括已经开始执行职务的具体行动过程，而且包括将要开始执行职务的准备过程，以及与执行职务密切联系的待命状态。就一体性或连续性的职务行为而言，不能将其行为分割、分段考虑进而分别判断其职务行为的开始与终了，而应从整体上认定其职务行为的开始与终了，暂时的中断或偶尔停止期间也应认为是在职务的执行过程中。

第二种类型，阻碍人大代表依法执行代表职务，即以暴力、威胁方法阻碍全国人民代表大会和地方各级人民代表大会代表依法执行代表职务的行为。人大代表依法在本级人民代表大会会议期间的工作和在本级人民代表大会闭会期间的活动，都是执行代表职务。

第三种类型，阻碍红十字会工作人员依法履行职责，即在自然灾害和突发事件中，以暴力、威胁方法阻碍红十字会工作人员依法履行职责的行为。根据《红十字会法》第12条的规定，红十字会在自然灾害和突发事件中的工作职责是对伤病人员和其他受害者进行救助。

第四种类型，阻碍国家安全机关、公安机关依法执行国家安全工作任务，即故意阻碍国家安全机关、公安机关依法执行国家安全工作任务，未使用暴力、威胁方法，造成严重后果的行为。与前三种类型不同，阻碍执行国家安全工作任务的行为，不要求使用暴力、胁迫方法，但要求造成严重后果。这里的严重后果，是指国家安全机关、公安机关执行国家安全工作任务受到严重妨害，如犯罪嫌疑人逃跑，侦查线索中断，犯罪证据灭失，赃款赃物转移，严重妨害对危害国家安全犯罪案件的侦破，或者造成严重的政治影响等。行为人以暴力、胁迫方法阻碍国家安全机关、公安机关依法执行国家安全任务，没有造成严重后果的，应认定为阻碍国家机关工作人员依法执行职务，适用《刑法》第277条第1款。

（4）本罪的危害的客体为公务活动秩序。公务活动的范围包括国家机关工作人员依法执行的职务，人民代表大会代表依法执行的代表职务，红十字会工作人员依法履行的职责，国家安全机关、公安机关依法执行的国家安全工作任务。妨害公务罪的客体是公务秩序，因此，在犯罪的构成要件中要求上述人员必须是正在依法执行职务、执行代表职务、履行职责，阻碍其非公务行为或者非法活动，不构成本罪。根据刑法规定，本罪所妨害的公务行为的属性有以下四种：①国家机关工作人员依法执行职务的公务行为；②全国人民代表大会和地方各级人民代表大会代表依法执行的代表职务；③在自然灾害和突发事件中，红十字会工作人员依法履行的职责；④国家安全机关、公安机关工作人员依法执行的国家安全工作任务。其中第四种情况也可以理解为第一种类型即国家机关工作人员公务活动中的一种。

《刑法》第277条第2款在国家机关工作人员之外将人大代表的代表职务列举为本罪的客体，是基于人大代表的特殊身份及其代表职务在公务活动中的特殊性。所谓代表职务，是指全国人民代表大会和地方各级人民代表大会组织法规定的，人民代表在各所在的各级人民代表大会有权执行的职务，如协助宪法和法律的实施；列席人民代表大会会议；听取和反映人民的意见和要求；向本级人民代表大会及其常务委员会提出对各方面工作的建议、批评和意见；对于确定的候选人参加投票选举；协助本级人民政府推行工作；向人民代表大会及其常务委员会、人民政府反映群众的意见和要求；依法与选民联系；检查、考察、视察工作等。

红十字会是国家支持和资助的从事人道主义工作的社会救助团体，其工作属性为国家支持的公益事务。根据《红十字会法》第12条的规定，红十字会的工作职责是：①开展救灾的准备工作；在自然灾害和突发事件中，对伤病人员和其他受害者进行救助；②普及卫生救护和防病知识，进行初级卫生救护培训，组织群众参加现场救护；参与输血、献血工作，推动无偿献血；开展其他人道主义活动；③开展红十字青少年活动；④参加国际人道主义救援工作；⑤宣传国际红十字会和红新月运动的基本原则和日内瓦公约及其附加议定书；⑥依照国际红十字会和红新月的基本原则，完成人民政府委托事宜；⑦依照日内瓦公约及其附加议定书的有关规定开展工作。其中第1项"在自然灾害和突发事件中，对伤病人员和其他受害者进行救助"的工作职责，具有特殊的公益性和急迫性，因此，刑法特别将其纳入公务秩序的保障之列，规定在自然灾害和突发事件中以暴力、威胁方法阻碍红十字会工作人员依法履行职责的，成立本罪。

2. 妨害公务罪的相关界限。

（1）本罪与非罪的界限。对国家机关工作人员的非法活动进行抗争的行为，不能认定为本罪。对于人民群众因合理要求没有得到满足而与国家机关工作人员发生轻微冲突的行为，应当正确疏导，不宜认定为本罪。对于使用了轻微暴力、胁迫手段，但客观上不足以阻碍国家机关工作人员依法执行职务的行为，应当批评教育，不宜认定为犯罪。另外，实践中依法执行公务的被执行方及其关系人实施的非攻击性暴力和语言威胁行为，如被逮捕人的挣脱、逃跑、辱骂等行为也不应认定为妨害公务罪。

（2）本罪与其他近似犯罪的界限。由于本罪的犯罪客体是国家机关依法执行的公务活动，我国刑法对妨碍某些职务活动的行为作出专门规定，因此妨害公务犯罪与某些其他的扰乱公共秩序罪之间可能会出现法条竞合的情形，相对于暴力抗拒法律实施罪，拒不执行判决、裁定罪，扰乱法庭秩序罪，聚众阻碍解救被收买的妇女、儿童罪，暴力抗税罪等犯罪。

后者显然是刑法予以的特殊保护，应按照特别法优于普通法的原则处理。

3. 妨害公务罪的刑事责任。根据《刑法》第277条第1款的规定，犯本罪的，处3年以下有期徒刑、拘役、管制或者罚金。从其法定刑来看，我国刑法为妨害公务罪配置的刑事责任较为轻缓，说明了本罪中的暴力行为不包括致人重伤、死亡的严重行为，后者应当以相关犯罪论处。

（二）疑难问题

1. 行为人对公务人员公务行为的合法性存在认识错误时是否构成犯罪？在实践中，行为人可能对国家机关工作人员的职务行为的合法性产生认识错误，而发生妨害公务行为的客观行为，即国家机关工作人员合法执行职务时，行为人误认为该职务行为是非法的，而基于制止不法的目的，以暴力、胁迫手段进行阻碍。在这种情况下是否构成犯罪，理论上存在多种认识，其主要的分歧在于，这种认识错误是法律的认识错误还是事实的认识错误。

法律认识错误说认为，对公务行为合法性的认识错误属于法律上的认识错误，不影响故意的成立，因而不影响本罪的成立。事实认识错误说认为，这种认识错误属于对事实的认识错误，影响故意的成立，因而不成立本罪。对此也有折衷的观点，认为这种认识错误应视具体情况而定，应当具体区分行为人的认识错误是对作为合法性基础的客观事实，还是合法性评价本身。对前者的认识错误属于事实认识错误，影响本罪的成立；对后者的认识错误属于法律认识错误，不影响本罪成立。还有一种观点认为，执行职务的合法性，只是客观处罚条件，故不要求对之有认识。

我们认为，应当根据具体的事实区分其对公务行为合法性认识的错误是事实错误还是法律错误。国家机关工作人员执行职务行为的合法性，属于本罪的客观要件方面的要素，对其产生认识错误一般情况下属于事实认识错误，但也不能排除法律认识错误的可能性。对公务行为合法性的判断，实践中确实面要一定的客观事实基础，因此，这种对公务行为合法性的判断，表面上属于法律判断，实际上也有可能是一种事实判断，例如，当警察人员对犯罪嫌疑人采取抓捕措施时，如果行为人基于亲属关系等理由认为自己有权利为犯罪嫌疑人提供庇护，是属于法律认识错误；而如果其基于不了解警察人员的身份而误以为是非法绑架，则应当属于事实认识错误。当然，我们也应当注意到，行为人主观上是否存在认识错误、存在何种认识错误，要根据当时的具体情况进行判断，不能仅凭行为人的陈述来决定。

第三十章

2. 对公务活动本身的合法性如何判断？妨害公务罪的直接客体是公务活动秩序，这种秩序具体表现为国家机关工作人员依法执行职务的公务活动秩序。那么，除了上述基于行为人的认识错误而发生公务行为合法性判断问题之外，公务活动本身的合法性也是认定本罪时应当注意的关键问题。对国家机关工作人员的违法行为予以阻碍的，当然不成立本罪。根据法治的基本原理，依法执行公务的条件有两个方面：①公务人员所实施的行为，属于该工作人员的一般职务权限和具体职务权限。②公务人员的职务行为必须符合法律上的重要条件、方式与程序。前后是保证职务行为实质上或内容上合法的条件，后者是保证职务行为形式上合法的条件，这两个条件作为认定公务行为合法性的法理标准，在学界的认识是比较一致的。

但是，对于判断职务行为的合法性的认识标准，刑法理论则存在三种不同观点：①客观说认为，合法性是基于客观事实产生的，应当由法院通过对法律、法规进行解释，做出客观判断。②主观说认为，应当根据该国家机关工作人员是否确信自己的行为合法进行判断，如果该国家机关工作人员确信自己的行为合法，则是依法执行职务。③一般标准说认为，应当以一般标准，即社会一般人的见解作为判断合法性的标准。

我们认为，主观说导致公务行为合法性的判断实际上没有标准，因而是任意的标准。一般标准说实际上为合法性的判断增加了难度，使问题复杂化而不是明确化了。客观说在法律原理和实践操作中更具有合理性。在采取客观说并引入法律裁判机制的情况下，有利于解决合法性判断的争议问题。同时，由于引入了法院裁判机制，当存在行为时和裁判时标准的争议时，还有利于针对具体公务行为的法律性质和客观事实，根据其实体标准和形式标准，判断行为时公务行为的合法性。

3. 国家机关工作人员、人大代表、红十字会工作人员以外的其他人员能否成为妨害公务罪侵害的对象？对于这个问题，司法实践中存在较大的争议，集中表现在身份说与公务说之争。身份说认为本罪侵害的对象必须是具有国家机关工作人员、人大代表、红十字会工作人员身份的人员，除此之外的其他人员不能成为本罪的侵害对象，否则有悖“罪刑法定”原则的规定。而公务说认为，根据本罪犯罪客体的属性，应当以其依法从事的公务活动的性质决定是否可以成为本罪的犯罪对象。由于国家机关工作人员编制有限，加之干部人事制度改革尚未完全到位，实践中普遍存在这样两种情况：①有的行政执法单位本身属于事业编制，法律、法规赋予其行政执法权力；②同一国家机关中，有一部分从事行政执法活动的人员属于事业编制。他们在依法进行行政执法活动时受到暴力、威胁方法的阻碍，危害了国家公务活动秩序，应当以本罪追究侵害人的刑事责任。对此，2000 年 4 月 24 日最高人民检察院《关于以暴力、威胁方法阻碍事业编制人员依法执行行政执法职务是否可对侵害人以妨害公务罪论处的批复》作出了规定，下述两种人也可以成为本罪的客体：①正在依照法律、行政法规的规定执行行政执法职务的国有事业单位人员；②正在执行行政执法职务的国家机关中受委托从事行政执法活动的事业编制人员。

4. 如何处理妨害公务罪的数罪的问题？妨害公务的行为，可能成为其他犯罪的手段，在这种情况下，原则上应从一重罪论处，但刑法有特别规定的，应当依照刑法的特别规定处理。例如，《刑法》第 157 条第 2 款规定，以暴力、胁迫方法抗拒缉私的，应以走私罪和本罪实行数罪并罚；第 318 条组织他人偷越国（边）境罪中规定的第 5 项，在运送他人偷越国（边）境中以暴力、威胁方法抗拒检查的，仅为该罪的加重法定刑情节之一，而对检查人员有杀害、伤害等犯罪行为的，依照数罪并罚的规定处理，即以组织他人偷越国（边）境罪与故意杀人、故意伤害罪数罪并罚。此外，本罪的暴力行为如果触犯了其他罪名，如暴力行为致人重伤、抢夺依法执行职务的司法工作人员的枪支等，原则上应从一重罪论处。

二、寻衅滋事罪

（一）基本法理

1. 寻衅滋事罪的概念和构成要件。寻衅滋事罪，是指无事生非，起哄闹事，肆意挑衅，随意骚扰，破坏社会秩序的行为。其具体表现为在公共场所无事生非，起哄闹事，随意殴打、追逐、拦截、辱骂他人，强夺硬要，任意损毁、占用公私财物，破坏公共秩序，情节恶劣或者情节严重、后果严重的行为。本罪是从 1979 年刑法典规定的流氓罪中分离出来的罪名之一。

本罪的构成要件是：

（1）本罪的犯罪主体为一般主体，即已满 16 周岁，具有刑事责任能力的自然人。

（2）本罪主观方面的罪过形式为故意。寻衅滋事的含义是无事生非，所以主观上的具有流氓动机和寻求精神刺激的目的是本罪的基本特征之一，也是本罪与故意伤害罪、抢劫罪、敲诈勒索罪、故意毁坏财物罪的关键区别。故意造成他人伤害的，以暴力、胁迫手段取得财物的行为达到抢劫、敲诈勒索罪程度的，以及故意毁坏公私财物数额较大或者情节严重，应分别认定为相应的犯罪，不宜认定为本罪。寻衅滋事致人死亡的，应视客观行为性质与主观心理状态，认定为故意杀人罪或者过失致人死亡罪。

(3) 本罪的客观方面表现为行为人寻衅滋事，破坏社会秩序的行为。《刑法》第293条对本罪的罪状描述为下列四种情形：①随意殴打他人，情节恶劣的；②追逐、拦截、辱骂他人，情节恶劣的；③强拿硬要或者任意损毁、占用公私财物，情节严重的；④在公共场所起哄闹事，造成公共场所秩序严重混乱的。

在寻衅滋事过程中，情节恶劣、情节严重、造成公共场所秩序严重混乱是构成犯罪的危害程度标准。本罪的情节严重程度要求是：①随意殴打他人，情节恶劣，是指随意殴打他人的手段残忍，次数较多，致人一定程度的伤害等；②追逐、拦截、辱骂他人，情节恶劣，是指公然挑衅，言词恶毒，造成恶劣影响的等；③强夺硬要或者任意损毁、占用公私财物，情节严重，是指强夺硬要或者任意损毁、占用公私财物数量大、次数多，造成恶劣影响，或者造成公私财物重大损失的等；④在公共场所起哄闹事，造成公共场所秩序严重混乱，是指公共场所正常的秩序受到破坏，引起群众惊慌等混乱局面。

(4) 本罪的危害客体为复杂客体，既妨害了公共秩序，同时也侵犯了他人的人身权利、公私财产权利等。公共秩序包括公共场所秩序和生活中人们应当遵守的共同准则。寻衅滋事犯罪大多发生在公共场所，即使发生在偏僻隐蔽的地方，也都大多是针对不特定对象或公共对象，常常给公民的人身、人格或公私财产造成损害。但是本罪所侵犯的并不只是特定的人身、人格或公私财产本身，其实质主要是指向公共秩序，向整个社会挑战，蔑视社会主义道德和法制。

2. 寻衅滋事罪的相关界限。

(1) 本罪与非罪的界限。根据本条的规定，必须是行为情节恶劣、情节严重或者造成公共场所秩序严重混乱的寻衅滋事行为，才构成犯罪。对于情节轻微、危害不大的寻衅滋事行为，只能以一般治安违法行为论处。判断行为人的行为是否属于情节严重应该综合以下几个方面因素进行分析：首先，行为的方式和手段方面，应当考察其是否恶劣，是否采用了公开或者组织的方式等。其次，行为的直接危害结果和间接不良后果，是否造成的人身伤害，是否引起公私财产重大损失，是否造成公共场所秩序严重混乱等。再次，行为的时间和地点，其社会影响是否恶劣。最后，行为人的一贯表现，是否多次寻衅滋事、屡教不改等。

(2) 本罪与抢劫罪的界限。首先，主观方面的犯罪目的和动机不同。本罪是以满足不正常的精神刺激或其他不健康的心理需要为动因，以破坏社会秩序为目的；而抢劫罪是以非法占有公私财物为目的，犯罪动机主要是非法获得财物，虽然抢劫罪也不以获取财物数额作为构成犯罪的客观要件，但毕竟其非法占有财物的目的与动机是犯罪构成的关键要件之一。其次，客观方面表现不同。本罪表现为强拿硬要或者任意损毁、占用公私财物，情节严重的行为，其重点在于从暴力、威胁过程中寻求满足；而抢劫罪的暴力、胁迫或者其他方法是非法获得公私财物的行为手段，其重点在于非法占有的行为结果。最后，客体不同。本罪侵犯的客体是社会公共秩序；而抢劫罪侵犯的客体是公私财物的所有权和人身权利。

(3) 本罪与敲诈勒索罪的界限。本罪的行为中包括强拿硬要以及当面敲诈勒索等，两者的区别在于：寻衅滋事行为人勒索的动机是为了满足精神上的刺激，故意炫耀，因此犯罪往往是当面地、直截了当地进行，而且其犯罪对象的财产价值往往不是犯罪的真正目标；而敲诈勒索行为人索取财物是主要目的，不追求对敲诈过程的享受，因此为了逃避法律追究常常以间接的或当面暗示的方法进行，往往采取隐秘的方法，持着不愿让人觉察的态度。

(4) 本罪与聚众扰乱社会秩序罪、聚众扰乱公共场所秩序罪的界限。①犯罪目的与动机不同。本罪是为了满足寻求刺激的心理需要；后二者的犯罪动机是为了实现个人的某种不合理要求，用聚众闹事的形式，扰乱机关、团体、单位的正常秩序，或者扰乱公共场所秩序或交通秩序，对有关单位、机关、团体乃至政府施加压力。②犯罪客观方面不同。本罪不要求聚众，后二者必须是多人以上以聚众形式出现。本罪在客观方面表现为随意寻衅，起哄闹事，造成公共场所秩序严重混乱的行为；后二者在客观方面表现出特定的行为方向，即聚众冲击国家机关、企事业单位、人民团体或者扰乱公共场所秩序、交通秩序，情节严重的行为。③犯罪主体不同。本罪的所有参与者都要以本罪追究刑事责任；后两者只追究首要分子和积极参加者的刑事责任。

3. 寻衅滋事罪的刑事责任。根据《刑法》第293条的规定，犯本罪的，处5年以下有期徒刑、拘役或者管制。

（二）疑难问题

1. 如何理解寻衅滋事罪“无事生非”的动机？关于本罪的犯罪动机即“起因”问题需要进行全面的分析。对本罪通常的描述是“无事生非”，因此行为人的挑衅与侵犯性行为是否“事出有因”，对认定本罪有关键的影响。但仅以“无事生非”还是“事出有因”来判断是不够的，关于起因是否“合理”或者合乎“正常逻辑”的问题，也是一个常常令人困惑的问题。有的人认为，凡是有起因的，均是“事出有因”，就不是寻衅滋事行为。有的人认为，虽然“事出有因”，但不合理，只要做了违反社会正常生活交往规则的行为，就是寻衅滋事。应当说这两种看法都是片面的，而且无法用来最终区分罪与非罪或者本罪与他罪。寻衅滋事行为的产生和其他犯罪一样，都是存在着某种原因和借口的，而且也是不合正常伦理与逻辑的。在一个比较典型的案例中，某晚，王某等三人在某公路上游荡。一辆摩托车驶来，三人以其车灯太亮为由，拦住车将驾车人拉下并殴打，致其轻伤。随后要其给钱买香烟，对方见势只好从装有近800元钱的上衣口袋里，掏出50元给他们。本案表面上似乎与故意伤害罪或者抢劫罪有一点接近，但对于构成本罪实践中没有争议，原因在于行为人主客观上具有了本罪的特征。一个思维健全的人，绝对不会认为车灯太亮可以是拦车并伤害他人的理由；而一个“合乎逻辑”的抢劫者，不会在有800元的情况下只要50元。本案中的行为人根本无视社会交往规则，公然藐视他人在社会生活中应受尊重的权利，肆意挑衅、侵犯他人，而且将对方视为发泄的对象，完全符合本罪的主客观特征，故构成本罪。因此，在判断起因问题时应当注意，关键是需要全面分析这种产生寻衅滋事的原因，是否合乎正常的伦理和思维逻辑。起因的合理性与逻辑性问题，不但事关罪与非罪，也决定着本罪与他罪的关系。

2. 如何理解寻衅滋事罪与出于寻衅滋事动机的其他犯罪的关系？在实践中存在着不少出于确实是寻衅滋事动机的流氓滋扰行为，其结果却发展到故意杀人、故意伤害等严重程度，也存在为了寻求刺激而故意抢劫大量财物的犯罪行为等。对于这种现象，单纯在犯罪动机方面区别本罪与故意杀人罪、故意伤害罪、抢劫罪等，就会发生一定的困难。甚至以犯罪客体来衡量彼此的区别也不完全清晰，作为本罪客体的社会公共秩序和公民个人的人身和财产权利之间到底是什么样的关系？一般认为，对于出于流氓动机或寻衅滋事故意的故意伤害行为、故意杀人行为和抢劫行为，应当分别以故意伤害罪、故意杀人罪和抢劫罪论处。从罪刑相适应的角度来看，本罪的法定刑决定了它在客观方面不能包容重伤、死亡的危害结果。与聚众斗殴致人重伤死亡时该行为侵犯的客体由公共秩序转化为公民的人身权的道理一样，在行为人寻衅滋事而随意殴打致人重伤、死亡的情况下，行为人的行为对公民人身权利的侵犯同样也超过了对公共秩序的侵犯。对于本罪不能包含足以构成其他罪名的故意伤害、故意杀人和抢劫、敲诈勒索等危害行为的现象，有人认为本罪是“堵截性罪名（或堵截性条款）”。在法律适用上，堵截性罪名或堵截性条款与其他特别条款的关系是：凡是符合特别条款规定之罪的犯罪构成的，就按特别条款规定之罪定罪处罚；只有在达不到特别条款规定之罪的犯罪标准但是又应当受到刑罚处罚的，才按照堵截性罪名或堵截性条款定罪处罚。所谓堵截性条款，也就是一个“兜底”的条款，这和本罪出自1979年刑法典中的著名“口袋罪”之一“流氓罪”的来历是有一定的渊源关系的。对于出于流氓动机或寻衅滋事的故意而实施的故意伤害、故意杀人、故意毁坏财物和强行取得财物、敲诈勒索财物等犯罪行为，如果达到了故意伤害罪、故意杀人罪、故意毁坏财物罪、抢劫罪和敲诈勒索罪的犯罪标准，就按各该罪定罪处罚。此种情形下，流氓动机和寻衅滋事的故意不影响定罪，只是在量刑时予以考虑。如果出于流氓动机或寻衅滋事的故意的上述行为尚未达到上述各个特别犯罪的犯罪标准，但是情节恶劣或严重破坏社会秩序因而应当受到刑罚处罚的，才按照本罪定罪处罚。

三、组织、领导、参加黑社会性质组织罪

（一）基本法理

1. 组织、领导、参加黑社会性质组织罪的概念和构成要件。组织、领导、参加黑社会性质组织罪，是组织、领导、参加以暴力、威胁或者其他手段，有组织地进行违法犯罪活动，称霸一方，为非作恶，欺压、残害群众，严重破坏经济、社会生活秩序的黑社会性质组织的行为。

本罪的构成要件是：

（1）本罪的犯罪主体为一般主体，即已满16周岁，具有刑事责任能力的自然人。

（2）本罪的主观方面为直接故意，即行为人怀着明确的意图组织或者领导黑社会性质组织，或者明知是黑社会性质组织而有意参加的主观心理状态。因此，行为人在受蒙蔽欺骗，不明知组织性质的情况下加入了黑社会性质组织，不构成犯罪。但在加入后得知该组织性质后仍不退出的，应当构成本罪。本罪的成立不要求特定的犯罪动机。

（3）本罪的客观方面是组织、领导、参加黑社会性质的组织的行为。这里的黑社会性质组织，是指以暴力、威胁或者其他手段，有组织地进行违法犯罪活动，称霸一方，为非作恶，欺压、残害群众，严重破坏经济、社会生活秩序的黑社会性质组织。这里的组织行为，是指倡导、发起、策划、安排、建立黑社会性质组织。领导行为，是指在黑社会性质组织中处于领导、指挥、控制与负责的地位，对该组织的活动进行策划、决策、指挥、协调。参加行为，是指加入黑社会性质组织，成为其成员，并参加其活动。

在《刑法》第294条第1款的规定中，积极参加和参加是参加黑社会性质组织行为的两种方式，应予区分。其区别在于行为人主观心理态度和客观行为表现的差别。积极参加者不仅对于加入黑社会性质组织的态度是积极主动的，而且在参加其组织的违法犯罪活动时，其态度也是积极主动的。这种积极主动的态度可以通过其加入黑社会性质组织和参加该组织活动的行为表现体现出来。从该款规定的法定刑幅度判断，积极参加者应当相当于在犯罪集团中首要分子即犯罪集团的组织者、领导者以外的在集团犯罪中起主要作用的主犯。因此，积极参加者不仅应当以积极的态度加入黑社会性质组织，而且应当在黑社会性质组织的犯罪活动中起主要作用，即应当是黑社会性质组织所实施的具体犯罪的主犯。而一般参加者是黑社会性质组织中的一般成员，不仅在加入黑社会性质组织时的态度不是积极主动的，而且在参加黑社会性质组织的犯罪活动时，也只是起次要或者辅助作用的从犯。

（4）本罪的犯罪客体是复杂客体，既妨害了社会管理秩序，也破坏了社会主义市场经济秩序并且侵犯了公民的人身权利和公私财产权利。黑社会性质组织对国家、社会和公民的危

害是多方面的。我国刑法中规定的黑社会性质组织是一个比较特殊的概念，有别于国外所称的有组织犯罪，以及我国刑法所称的境外的黑社会组织。

2. 组织、领导、参加黑社会性质组织罪的相关界限。

（1）本罪与普通的集团犯罪的界限。一般认为，黑社会组织或者黑社会性质组织是犯罪集团的一种类型，是犯罪集团的最高组织形式。黑社会性质组织与犯罪集团之间的相同点是两者都由3人以上所组成，都具有组织性质的稳定性、犯罪目的明确性和社会危害的严重性。二者的区别是：①组织、领导、参加黑社会性质组织是一个罪名；而犯罪集团是刑法总则规定的一种共同犯罪的特殊组织形式。②黑社会性质组织通常是以获取非法的经济利益为目的，通过非法经济利益的获取而具备相对长期的生存能力；而犯罪集团作为共同犯罪的组织形式，不限于特定的犯罪目的。③组织严密程度、纪律约束有所不同。黑社会性质组织的组织性更加严密，纪律更加森严；而犯罪集团只要求达到相对固定的组织结构即可。④组织规模上也有所不同。虽然理论上作为最低要求对黑社会性质组织也通常定义为3人以上的规模即可，但实践中其规模往往更大，因此刑法对于其具体的人数要求未予直接规定；而犯罪集团概念在规模上主要是与2人以上的普通共同犯罪加以区分，因此刑法直接规定为3人以上。

（2）本罪一罪与数罪的界限。

首先，本罪为选择性罪名，行为人具备组织、领导、参加黑社会性质组织的行为之一即可构成犯罪，只以相应的罪名论处。同时具备或者具备方式互相转换的，应按一罪处理。在司法实践中，行为人在黑社会性质组织中角色定位并不是一成不变的，往往存在着互相转换的问题。由于《刑法》第294条第1款规定的组织、领导、积极参加黑社会性质组织的法定刑幅度与一般参加黑社会性质组织的法定刑幅度不同，在涉及一般参加行为与组织、领导、积极参加行为互相转换的情况下，应择重定罪量刑。

其次，根据刑法的规定，组织、领导、参加黑社会性质的组织本身便是犯罪行为，如果行为人组织、领导、参加黑社会性质的组织，又实施了其他犯罪的，应当依照数罪并罚的规定处罚。例如，参加黑社会性质的组织，并实施故意杀人罪、贩卖毒品罪的，应认定为参加黑社会性质组织罪与故意杀人罪、贩卖毒品罪，实行数罪并罚。在适用刑法的实践中应当注意的是，如果一般参加者仅仅加入了黑社会性质组织，但并未实施其他违法犯罪活动的，按照最高人民法院《关于审理黑社会性质组织犯罪的案件具体应用法律若干问题的解释》（以下简称《黑社会性质组织犯罪解释》）第3条第2款的规定，可不以犯罪论处。

3. 组织、领导、参加黑社会性质组织罪的刑事责任。根据《刑法》第294条第1款的规定，犯本罪的，处3年以上10年以下有期徒刑；其他参加的，处3年以下有期徒刑、拘役、管制或者剥夺政治权利。在量刑时，应正确区分积极参加者与其他参加者。

对于黑社会性质组织的组织者、领导者，应当按照其所组织、领导的黑社会性质组织所犯的全部罪行处罚；对于黑社会性质组织的参加者，应当按照其所参与的犯罪处罚。

根据最高人民法院《黑社会性质组织犯罪解释》第3条第2款规定："对于参加黑社会性质的组织，没有实施其他违法犯罪活动的，或者受蒙蔽、胁迫参加黑社会性质的组织，情节轻微的，可以不作为犯罪处理。"第4条规定："国家机关工作人员组织、领导、参加黑社会性质组织的，从重处罚。"第7条规定："对黑社会性质组织和组织、领导、参加黑社会性质组织的犯罪分子聚敛的财物及其收益，以及用于犯罪的工具等，应当依法追缴、没收。"

（二）疑难问题

1. 如何判定黑社会性质组织属性？黑社会性质组织的属性判断，在国内外的刑法理论与实践中都有一定的难度。2000 年 12 月 4 日最高人民法院《黑社会性质组织犯罪解释》第 1 条的解释认为，黑社会性质组织一般应具备以下特征：①组织结构比较紧密，人数较多，有比较明确的组织者、领导者，骨干成员基本固定，有较为严格的组织纪律；②通过违法犯罪活动或者其他手段获取经济利益，具有一定的经济实力；③通过贿赂、威胁等手段，引诱、逼迫国家工作人员参加黑社会性质组织活动，或者为其提供非法保护；④在一定区域或者行业范围内，以暴力、威胁、滋扰等手段，大肆进行敲诈勒索、欺行霸市、聚众斗殴、寻衅滋事、故意伤害等违法犯罪活动，严重破坏经济、社会生活秩序。此解释受到不少的质疑，主要是其中第 3 项关于国家工作人员的参加和非法保护是否作为黑社会性质组织成立条件，即所谓俗称“保护伞”问题。2002 年 4 月 28 日，全国人大常委会《关于〈中华人民共和国刑法〉第二百九十四条第一款的解释》对黑社会性质组织的构成特征，另行作出了立法解释，对司法解释的规定予以某种程序的修正。其中的第 4 项规定为：通过实施违法犯罪活动，或者利用国家工作人员的包庇或者纵容，称霸一方，在一定区域或者行业内，形成非法控制或者重大影响，严重破坏经济、社会生活秩序。其变化主要是将“保护伞”规定为或然性条件，没有“保护伞”同样可以构成黑社会性质组织。

在这一问题上，赞成以“保护伞”为成立黑社会性质组织的要件的理由主要是从实践经验出发，并认为这样可以限制黑社会性质组织的认定范围，有利于集中打击。但大部分人认为这样的解释没有充分的根据和现实必要。根据立法解释与司法解释效力的不同，在立法解释颁布以后，应当根据立法解释认定黑社会性质组织。

我们认为，认定黑社会性质组织，关键是要把握其本质特征，即其犯罪集团组织性、非法性和社区性。其社区性包含黑社会性质组织的一个重要特征，即其生存能力。黑社会要与主流社会长期并存，就必然具有逃避主流社会控制与法律制裁的防护体系与措施。它们通常采取的措施有：以外表上合法的经济实体作掩护，如以公司、企业的形式出现；采取其他极为隐蔽的方式实施违法犯罪行为；对其成员规定极为严格的、防止组织被发现的纪律，如不准退出组织、被司法机关发现后必须始终沉默；寻求国家机关或者其工作人员的保护；寻求境外黑势力或有关组织的保护等。显然，具有“保护伞”，只是黑社会可能采取的一个措施，而不是必然具有的一个特征。

因此，在认定本罪时，不仅应当关注那些地方街头和乡镇恶势力所发展形成的黑社会性质组织，还更应当特别注意那种以公司、企业形式出现的黑社会性质组织，这种黑社会性质组织以公司、企业为依托，以经济活动掩饰犯罪活动与犯罪所得来源，以获取的经济利益作为黑社会性质组织生存和发展的经济能力与基础，以贿赂等手段腐蚀国家机关工作人员，以求得政治上的保护，具有严密与稳定的组织结构，因而具有极为严重的社会危害性与危险性。

2. 如何理解组织、领导、参加黑社会性质组织罪的停止形态？本罪为组织犯，属于行为犯范畴，存在犯罪既遂和未遂形态的区分。根据刑法的规定，只有黑社会性质组织的组织性特征和行为特征兼备，黑社会性质组织才能成立。鉴于实践中黑社会性质组织的形成的过程性，在这一过程中行为人的行为从性质上可以分为两个部分：①形成犯罪组织的过程中的组织、发起行为，这一部分主要是黑社会性质组织的组织性特征的形成和强化部分；②犯罪组织形成过程中或者形成之后，通过实施各种违法犯罪活动，达到在一定的区域或者行业范围内形成一定的势力，这一部分主要是黑社会性质组织的行为特征的形成和强化部分。只有组织性和行为特征都达到黑社会性质组织的要求，黑社会性质组织才告成立，而黑社会性质组织成立，本罪的犯罪构成要件才是齐备的。按照我国刑法的犯罪构成要件齐备说的犯罪既遂的通说，此时本罪才达到犯罪既遂形态。如果在黑社会性质组织形成之前，行为人试图组织、领导、参加黑社会性质组织的行为即停止下来，则是本罪的未完成形态，即犯罪中止或者未遂。

3. 如何区分组织、领导、参加黑社会性质组织罪与入境发展黑社会组织罪？入境发展黑社会组织罪是指境外的黑社会组织的人员到中华人民共和国境内发展组织成员的行为。首先，其主体要求不同，后者必须是境外的人员，包括我国港澳台地区的人员；其次，客观方面对犯罪组织的概念定义不同，后者直接使用了黑社会组织的概念，而非黑社会性质组织，在其组织的形式方面有所区别。国内的黑社会性质组织的概念，重点是实质判断标准；而对于境外的黑社会组织，除了实质判断以外，还要求其具备一定的形式条件。关于“境外黑社会组织”的判定在理论上有不同的见解：一是认为其组织性质应当是经过境外国家或地区确认，二是认为基于我国的司法主权应当由我国司法机关予以确认。我们认为，那种关于以境外国家与地区的确认为标准会导致我国司法主权丧失的担忧是没有根据的，不符合国际（区际）司法合作的基本理念。为了明确区分两种犯罪，对境外黑社会组织的认定，应以境外国家或地区相应部门的正式法律确认为标准。这样，如果没有境外的正式确认而我国司法机关认为其属于实质上的黑社会性质组织，对于境外人员在我国境内组织、发展黑社会性质组织的行为，则可以按照属地管辖原则以本罪论处。

四、赌博罪

（一）基本法理

1. 赌博罪的概念和构成要件。赌博罪，是指以营利为目的，聚众赌博或者以赌博为业的行为。在1997年《刑法》第303条的规定中，赌博罪是指以营利为目的，聚众赌博、开设赌场或者以赌博为业的行为。2006年《刑法修正案（六）》第18条增加了《刑法》第303条第2款，将开设赌场独立设置为罪名，故开设赌场的行为已经从赌博罪中分离出去。

本罪的构成要件是：

（1）本罪的犯罪主体为一般主体，即已满16周岁，具有刑事责任能力的自然人。

（2）本罪犯罪主观方面的罪过形式是故意，并且以营利为目的。这里的故意，是指明知是赌博行为而有意实施的主观心理状态。赌博罪必须以营利为目的，是法定的目的犯。这里的营利，是指通过赌博获取经营性非法利益。以营利为目的是为了获取钱财收入，而不是为了消遣娱乐。包括两种情况：①通过赌博获胜取得高于其所投注的赌本的钱财，不管有没有达到营利的客观后果，都不影响具备营利的主观要件；②以庄家抽头或者收取回扣、介绍费、手续费、入场费等方式营利。是否以营利为目的是区别赌博罪与非罪的关键。

（3）本罪的客观方面是聚众赌博或者以赌博为业的行为。“聚众赌博”指聚集多人进行赌博，主要是聚赌的人数和次数达到一定量的规模。比较复杂的是“以赌博为业”，是指以参与赌博或者提供赌博服务为非法职业，靠赌博活动取利，并作为相对稳定的或长期的收入来源。按照我国刑法学界和实务界通常的理解，这里的以赌博为业还包括赌博的常习者，即嗜赌成性的人。以赌博为业是将赌博行为作为非法职业或者兼业，以获取相对稳定的收入，作为主要生活来源或者腐化生活来源，或者一贯参加赌博的行为。最高人民法院、最高人民检察院2005年公布的《关于办理赌博刑事案件具体应用法律若干问题的解释》认为，以营利为目的，有下列情形之一的，属于刑法规定的“聚众赌博”：组织3人以上赌博，抽头渔利数额累计达到5000元以上的；组织3人以上赌博，赌资数额累计达到5万元以上的；组织3人以上赌博，参赌人数累计达到20人以上的；组织中华人民共和国公民10人以上赴境外赌博，从中收取回扣、介绍费的。

（4）本罪的客体是社会公共管理秩序。赌博行为在本质上危害了多方面的社会秩序，有人认为赌博罪所侵犯的是社会的善良风俗和勤奋劳动的国民生活方式；有人指出赌博罪的本质是导致嗜赌者“二次犯罪”的危险；也有主张认为赌博罪的本质是赌博过程中导致他人的财产危险等。应当说，营业性赌博在世界各国绝大部分地区被禁止，和分析的其以上危害都有相应的关系。我国刑法将赌博罪规定在扰乱公共秩序罪中，反映了对赌博危害客体的复杂性的认识。同时，规定聚众赌博、以赌博为业才构成犯罪，是对其社会危害程度进行罪量控制的选择。

2. 赌博罪的相关界限。

（1）本罪与非罪的界限。判断本罪的罪与非罪界限，主要根据是其主客观方面要件，而难点在于赌博行为客观方面严重性程度的判断问题。实践中，在日常生活娱乐中附加赌博性活动的现象比较常见，而国家许可的部分抽奖彩票业务也带有一定的赌博性质，因此区分罪与非罪非常重要。区分的标准，主要是依照刑法规定对本罪的主客观要件进行严格的把握。首先，构成本罪必须具有营利的目的；其次，必须是聚众赌博或者以赌博为业；最后，也要注意博彩行为的合法性问题。由于抽奖彩票业务也具有一定的赌博性质，应当注意区分合法博彩行为与赌博犯罪的区别。在境内经营国家许可的彩票业务或者购买合法彩票，虽有营利目的，也不构成本罪。

（2）本罪与开设赌场罪的界限。“开设赌场”，是指开办、提供赌博场所，组织、招引他人参加赌博，从中渔利。开设赌场者也可以说是“以赌博为业”的一种情形，而在1997年《刑法》第303条中规定为赌博罪的一种特别构成情形。然而《刑法修正案（六）》增加第303条第2款，独立设置开设赌场罪及其法定刑，将后者从赌博罪中分离出去后，本罪的“以赌博为业”应该不包含开设赌场的行为。开设赌场与一般的以赌博为业的主要区别是：①开设赌场意味着开办并经营赌场，作为经营者通过抽头、收取相关费用、直接参与投注等多种手段营利；②开设赌场者必须提供相对固定的赌博场所，提供赌博的相关设施和环境条件，包括赌博网站。

3. 赌博罪的刑事责任。根据《刑法》第303条第1款的规定，犯本罪的，处3年以下有期徒刑、拘役或者管制，并处罚金。

（二）疑难问题

1. 如何认定赌博骗局的犯罪性质？关于赌博和诈骗行为的区别，是应当予以注意的问题。在实践中，有开设赌场、参与赌博者通过“出千”作弊，违反原设定的博彩博戏规则以保证获胜或加大获胜概率，甚至根本是设置骗局骗取对方参与者的钱财的行为。对于这种行为应根据情况区别其构成本罪或者诈骗罪。从本义上说，赌博是指基于偶然的概率预测不确定的结果，并以财物押注输赢，进行风险赌事或者博戏的行为。赌博的输赢结果取决于不确定的偶然因素，且这种偶然因素对当事人而言也具有不确定性，至于客观上是否已经确定则无关紧要。即使当事人的能力、赌技对结果产生一定影响，但只要结果有部分取决于偶然性，就是赌博。如果对于一方当事人而言，胜败的结果已经确定，则不能称为赌博。设置圈套诱骗他人以获取其钱财，胜负并不取决于偶然的输赢，不符合赌博的特征，相反完全符合诈骗罪的构成要件。如果该行为人的其他赌博行为已构成本罪，则应将本罪与诈骗罪实行并罚。尽管最高人民法院曾在1991年的一次电话答复和1995年的一次正式批复中认为设置圈套诱骗他人参与赌博获取钱财的，应以赌博罪论处，对于以赌博为名骗取他人钱财的，其定性仍然值得研究。我们认为，在此类案件中，被诱骗参与者的行为如果符合聚众赌博或者以赌博为业的要件，虽其有事实上的认识错误，也应以本罪论处；而诱骗者则根据其虚构事实的程度，达到诈骗罪构成要求的，以诈骗罪论处为宜。其道理近似于打麻将故意输局，在默契中借机向对方送钱财行贿，则应定性为行贿，而不是消遣娱乐或者赌博行为。

2. 如何认定在境外参与、经营赌博的行为？在本罪的认定中，行为的合法性是一项重要的判断标准，涉及境外赌博行为时更应当注意这一点。我们认为，如果非国家工作人员没有违反相关法律纪律，在境外就职于合法赌业甚至经营合法赌场，参与甚至一贯参与境外合法赌博的，也不构成本罪。而国家工作人员在境外参与赌博的行为，如果其行为违反相应的纪律规范应当按照违纪处理外，对于其行为是否构成犯罪也应当根据所参与的赌博在当场是否合法等情况进行认真的分析。在前述最高人民法院、最高人民检察院《关于办理赌博刑事案件具体应用法律若干问题的解释》中，将"组织中华人民共和国公民10人以上赴境外赌博，从中收取回扣、介绍费的"解释为属于刑法规定的"聚众赌博"一种情形，我们的理解是指其在境内组织赌客群体，收取境外赌场回扣、介绍费的行为，将境外的赌博业务直接延伸到了境内，理应属于非法的行为。

五、伪证罪

（一）基本法理

1. 伪证罪的概念和构成要件。伪证罪，是指在刑事诉讼中，证人、鉴定人、记录人、翻译人对与案件有重要关系的情节，故意作虚假证明、鉴定、记录、翻译，意图陷害他人或者隐匿罪证的行为。

本罪的构成要件是：

（1）本罪的犯罪主体为特殊主体，必须是证人、鉴定人、记录人、翻译人。这里的证人，是指知道案件情况，并向司法机关作出陈述的人。未满16周岁的人可能成为证人，但不能成为本罪主体。鉴定人，是指根据司法机关的指定，对案件中的某些专门性问题进行鉴定，并作出鉴定结论的人。记录人，是指在司法机关对案件进行侦查、起诉和审判的过程，为调查、搜查、询问证人、被害人或者审讯被告人担任文字记录的人。翻译人，是指在刑事诉讼中，受司法机关指派或者聘请担任外国语、民族语或者哑语翻译的人。

（2）本罪的犯罪主观方面只能是直接故意，具有陷害他人或者隐匿罪证的意图。行为人明知自己的行为会发生妨害司法客观公正进而陷害他人或者开脱罪责的结果，并且希望这种结果的发生。本罪的故意内容具有以下两种情形：①陷害他人的目的，即对与案件有重要关系的情节，作虚假证明、鉴定、记录、翻译，意图陷害他人。这里的陷害，既包括证无罪为有罪，也包括证轻罪为重罪。②隐匿罪证，进行包庇的故意。这里的包庇，既包括证有罪为无罪，也包括证重罪为轻罪。

（3）本罪的犯罪客观方面表现为在刑事诉讼中，对与案件有重要关系的情节，作虚假证明、鉴定、记录、翻译的行为。本罪是行为犯，只要实施了上述伪证行为即可构成本罪。①作虚假的证明、鉴定、记录、翻译。"虚假"一般包括两种情况：一是无中生有，捏造或者夸大事实以陷人入罪；二是掩盖真相，隐瞒或者缩小事实以开脱罪责。伪证行为的方式没有限制，如在口头陈述中作虚假陈述，在文字鉴定中作虚假鉴定，不记录或者擅自增添重要事实，删除录音录像中记录的重要事实，在笔译或者口译中作虚假翻译等。②对与案件有重要关系的情节作虚假的证明、鉴定、记录、翻译。这里的案件只限于刑事案件，在民事案件中作伪证的，不成立本罪。与案件有重要关系的情节，是指对案件结论有影响的情节，即对是否构成犯罪、犯罪的性质、罪行的轻重、量刑的轻重具有重要关系的情节。伪证行为只要足以影响案件结论即可，不要求实际上影响了案件结论。③在刑事诉讼中作虚假的证明、鉴定、记录、翻译，即在立案侦查后、审判终结前的过程中作伪证。在诉讼前作假证明包庇犯罪人的，成立包庇罪；在诉讼前作虚假告发，意图使他人受刑事追究的，成立诬告陷害罪。

（4）本罪侵犯的客体是国家的正常司法秩序与公民的人身权利，是复杂客体。由于我国刑法将本罪的范围限制为“在刑事诉讼中”，这里的正常司法秩序，仅指刑事诉讼活动秩序，不包括民事诉讼和行政诉讼活动。根据刑事诉讼活动的特征，并不是所有的伪证犯罪都必然侵犯公民的人身权利，如隐匿罪证的伪证犯罪行为就不侵犯公民的人身权利。因此在本罪侵犯的复杂客体中，主要是国家的正常司法秩序。本罪的危害主要是使刑事司法活动无法查明事实，进而使刑事诉讼失去正常功能，有可能使无罪的犯罪嫌疑人、被告人面临不应承担的诉讼强制措施和刑罚，或者使有罪的犯罪嫌疑人、被告人逃避刑事责任。

2．伪证罪的相关界限。

（1）本罪与非罪的界限。首先，本罪的罪过形式必须为故意，所以应当划清伪证与误证的界限。因为认识能力以及情绪态度而失误导致误证的，不具备伪证的主观故意，不构成本罪。证人因记忆或认识错误问题作了与事实不相符合的证明，鉴定人因技术不高作了错误鉴定结论，记录人因粗心或仓促错记、漏记，翻译人因水平较低而错译、漏译的，均不成立本罪。其次，对于虽有伪证行为，但不是对与案件有重要关系的情节作伪证，没有严重影响到案件办理，情节显著轻微，危害不大的，不应认定为犯罪。

（2）本罪与诬告陷害罪的区别。进行有罪伪证，意图陷害他人的伪证行为与诬告陷害行为有相似之处，在认定本罪和诬告陷害罪时应注意区分：①本罪的主体是证人、鉴定人、记录人、翻译人；诬告陷害罪的主体是一般主体。②本罪的行为发生在刑事诉讼的过程中，即司法调查与法庭审理期间；诬告陷害罪的行为发生在立案侦查之前，为主动告发。③本罪是对与刑事案件有重要关系的情节作虚假的证明、鉴定、记录、翻译；诬告陷害罪是完全捏造犯罪事实。④伪证的目的可能是陷害他人，也可以是包庇罪犯；诬告陷害的目的只能是陷害他人，使无罪者受到刑事处分。行为人诬告他人犯罪，引起了司法机关的追诉活动后，在刑事诉讼中又作伪证的，原则上宜从一重罪处罚。

3．伪证罪的刑事责任。根据《刑法》第305条的规定，犯本罪的，处3年以下有期徒刑或者拘役；情节严重的，处3年以上7年以下有期徒刑。犯本罪而情节严重的，是本罪的加重处罚事由。这里的情节严重，是指因伪证导致被害人被无辜定罪或者轻罪重判；或者使有罪的人被无罪释放或者重罪轻判。

（二）疑难问题

1．被害人能否成为伪证罪犯罪主体？作为本罪主体的证人是否包括被害人，是一个值得研究的问题。由于我国刑事诉讼法明确区分了证人证言与被害人陈述两个概念，对于这个问题存在着不同的理解。我们认为，刑法理论并非只能按照刑事诉讼法的规定解释刑法概念，被害人所进行的陈述对刑事案件的诉讼趁着重要的证明作用，可以被理解为作证的一种。在刑事诉讼法中，对证人与被害人的诉讼参与人地位的区分并不意味着被害人可以豁免其陈述内容的法律责任。在刑法中没有单独对被害人规定虚假陈述的刑事责任，应当被理解为其责任被视同证人。被害人陈述与证人证言都属于证据，被害人完全可能作虚假陈述，事实上也不乏其例，这种行为也具有妨害司法客观公正的危险性。因此，本罪主体的证人应当包括被害人。

2．如何判断伪证行为中的“虚假”的含义？我国刑法将伪证罪的犯罪行为具体规定为“虚假证明、鉴定、记录、翻译”。对于虚假的判断依据，在刑法理论上存在客观说和主观说的争论。客观说以陈述的内容是否符合客观真实性为标准，认为本罪的设立在于保障司法活动的正确性，陈述的内容与客观事实有出人，那么陈述就是虚假的。即使陈述人主观上故意作虚假陈述，但只要不违反客观真实性，没有实际危害结果，陈述就是真实的。主观说则认为判断陈述内容是否虚假，并不取决于陈述内容是否符合客观事实，而决定于陈述者主观上是否将他所认识和经历的事实作准确无误的陈述，如果是则认为陈述是真实的，即使与客观事实不符，也是真实的。反之，如果陈述是违反其所认识和经历的事实的，即使陈述内容符合客观事实，也是虚假的。

比较分析这两种观点，主观说和客观说分别以主观主义和客观主义的刑法基本理念作为根据来进行判断，而我国刑法理论一向强调主客观主义相结合的基本立场，所以单采其中任何一种学说都不完全符合我国刑法的基本精神。将客观真实性作为唯一的标准不符合犯罪主观要件的要求。当陈述人的陈述与客观真实并不一致，但是确属其所经历、了解的情况与本身理解的真实反映时，在这种情况下陈述人没有作虚假陈述的故意，不可能构成本罪的。而以主观说的理解为唯一标准的问题是，在陈述人意图违反其经历和认识的事实进行陈述，其陈述内容却客观上与事实相一致时，其陈述虽然主观上也是虚假的，其行为在客观上却不可能妨害正常的司法秩序，不具有社会危害性，也就不具有可惩罚性。因此，判断伪证行为虚假，应该坚持主客观相统一的原则，即行为人主观上有虚假的故意，客观上也进行了虚假的陈述，只有这样才能认定行为人的行为属于伪证，应当负刑事责任。

六、窝藏、包庇罪

（一）基本法理

1. 窝藏、包庇罪的概念和构成要件。窝藏、包庇罪是指明知是犯罪的人而为其提供隐藏处所、财物，帮助其逃匿或者作假证明包庇的行为。本罪为选择罪名，包含窝藏罪与包庇罪。窝藏罪，是指明知是犯罪的人而为其提供隐藏处所、财物，帮助其逃匿的行为；包庇罪，是指明知是犯罪的人而作假证明使其逃避刑事责任的行为。

本罪的构成要件是：

（1）本罪的犯罪主体为一般主体，即已满16周岁，具有刑事责任能力的自然人。

（2）本罪的主观方面必须出于故意，即明知是犯罪的人而实施窝藏、包庇行为。明知，是指认识到自己窝藏、包庇的是犯罪的人。在开始实施窝藏、包庇行为时明知是犯罪人的，当然成立本罪；在开始实施窝藏、包庇行为时不明知是犯罪人，但发现对方是犯罪人后仍然继续实施窝藏、包庇行为的，也成立本罪。

（3）本罪的客观方面表现为实施窝藏或包庇犯罪的人的行为。窝藏，是指为犯罪的人提供隐藏处所、财物，帮助其逃匿的行为。窝藏行为是针对犯罪的人的人身活动而言，提供隐藏处所、财物，主要是为犯罪的人提供特定的栖身之所，不被发现；帮助其逃匿，主要是协助其出逃、隐匿以躲避追诉。窝藏行为的后果是使司法机关不能或者难以发现犯罪的人，因此，除提供隐藏处所、财物、帮助其外逃躲避外，在向犯罪的人通报侦查或追捕的动静以助其避开搜捕、帮助犯罪的人化装整容以掩盖身份等，也属于窝藏的行为。在司法实践中，在犯罪的人面临司法追究时出于某种特殊原因而冒名顶罪，为使犯罪人逃匿，而自己冒充犯罪的人向司法机关投案或者实施其他使司法机关误认为自己为原犯罪人的行为的，也应认定为本罪。

包庇，是指为犯罪的人作假证明的行为。包庇行为是针对作证问题，这里的“作假证明”是指在调查、追诉犯罪人的过程中，向调查犯罪的司法机关提供虚假证明掩盖犯罪人。

被窝藏、包庇的犯罪的人，是指已经实施犯罪行为的人，包括刑事诉讼程序中的犯罪嫌疑人和被告人，以及服刑期间脱逃的已决罪犯。

根据《刑法》第362条的规定，旅馆业、饮食服务业、文化娱乐业、出租汽车业等单位的人员，在公安机关查处卖淫、嫖娼活动时，为违法犯罪分子通风报信，情节严重的，以本罪论处。

（4）本罪所侵害的客体是司法机关正常的刑事诉讼活动。犯罪对象是各种依照刑法规定构成犯罪的人。

2. 窝藏、包庇罪的相关界限。

（1）本罪与非罪的界限。明知发生犯罪事实或者明知犯罪人的去向，而不主动向公安、司法机关举报的行为，属于单纯的知情不举行为，不成立本罪。知道犯罪事实，在公安、司法机关调查取证时，单纯不提供证言的，也不构成本罪；但如果提供虚假证明包庇犯罪人，则成立包庇罪或伪证罪。简单地说，沉默不构成犯罪，而说谎掩盖事实则属于包庇行为，可能构成犯罪。当然，如果拒不提供间谍犯罪证据，则根据《刑法》第311条成立拒不提供间谍犯罪证据罪。

（2）包庇罪与伪证罪的界限。伪证罪中的故意作虚假证明为犯罪人隐匿罪证的行为，与包庇罪有相似之处。二者都是作虚假证明，为犯罪分子隐匿罪证以使其逃避刑事责任，在有的情况下也可能存在竞合的关系，应予区别。二者的主要区别在于：①本罪为一般主体；而伪证罪是特殊主体，只限于证人、鉴定人、记录人与翻译人。②本罪发生的时间没有限制，可以在犯罪分子被逮捕、关押前实施，也可以在被逮捕、判刑之后实施；而伪证罪必须发生在刑事诉讼中，只能在侦查起诉、审判阶段实施。③本罪是通过使犯罪人逃匿或者采取其他庇护方法，使其逃避刑事制裁；伪证罪只限于作伪证掩盖与案件有重要关系的犯罪情节。④包庇罪的对象既可以是犯罪嫌疑人、被告人，也可以是受有罪宣告的犯罪人；而伪证罪所包庇的对象只能是侦查起诉、审判中的犯罪嫌疑人、被告人。

（3）包庇罪与包庇毒品犯罪分子罪的界限。根据《刑法》第349条第1款的规定，包庇毒品犯罪分子罪是指，明知是走私、贩卖、运输、制造毒品的犯罪分子，而予以包庇的行为。规定包庇罪与包庇毒品犯罪分子罪的法条之间存在着包容的法条竞合关系，根据特别法优于普通法的原则，在行为人包庇走私、贩卖、运输、制造毒品的犯罪分子时，应以包庇毒品犯罪分子罪论处。但是应当注意，二者明知的具体内容不同。构成包庇罪，只知道他人是“犯罪的人”的即可；构成包庇毒品犯罪分子罪，要求行为人明知对方是“走私、贩卖、运输、制造毒品的犯罪分子”。因此在司法实践中，当行为人并不明知或者没有足够证据证明他所包庇的具体对象是“走私、贩卖、运输、制造毒品的犯罪分子”，而只知道是“犯罪的人”的，就只能以包庇罪论处。

3. 窝藏、包庇罪的刑事责任。根据《刑法》第310条规定，犯本罪的，处3年以下有期徒刑、拘役或者管制；情节严重的，处3年以上10年以下有期徒刑。这里的情节严重，是指窝藏、包庇的客体是危害严重的犯罪分子；窝藏、包庇犯罪分子的人数较多的；窝藏、包庇犯罪分子的时间较长，致使犯罪分子长期逍遥法外的；多次窝藏、包庇犯罪分子的等。

（二）疑难问题

1. 窝藏、包庇罪的对象中“犯罪的人”是指什么?、根据刑法的规定，窝藏、包庇的对象必须是“犯罪的人”。关于“犯罪的人”的含义，存在不同的理解，窝藏、包庇罪的犯罪对象的范围也就存在一定的争议。简言之，争议的主要问题在于，被窝藏、包庇的人是否必须最终被法院判决有罪，窝藏、包庇行为才构成犯罪。也就是说，这里的“犯罪的人”是指司法意义上的“罪犯”还是也包括犯罪嫌疑人，以及实施了社会危害行为的人。实际上是关于本罪的行为对象到底是“犯罪的人”还是“被刑事追诉的人”的区别。基于保障国家正常的刑事司法活动的需要，任何对犯罪嫌疑人，包括尚未归案的在逃犯罪嫌疑人的窝藏、包庇行为都妨碍了刑事追诉活动，都应该视为妨害司法的行为而予以惩处，因而有不少学者坚持认为，本罪中所谓犯罪的人应该包括所有正在被追究刑事责任的犯罪嫌疑人、被告人。也就是说，行为人只要窝藏、包庇了受侦查、追诉的犯罪嫌疑人、被告人，不管法院最后宣告其是否有罪，行为人都构成本罪。但在实践中比较普遍的做法是，一旦犯罪嫌疑人、被告人被宣告无罪，或者在侦查起诉阶段作不起诉处理，对其窝藏、包庇者也就随之宣告无罪或者不再追诉了。理由是，如果被窝藏、包庇的人本来不构成犯罪，也就没有追究本罪的依据和必要。对这一问题的争论实际上起因于对本罪的犯罪客体的不同理解，也涉及行为无价值还是结果无价值的基本原理问题。从本罪的犯罪客体分析，无论犯罪嫌疑人、被告人是否最终被判决有罪，窝藏、包庇的行为都已经干扰了刑事司法，应当被追究刑事责任；而从本罪的直接社会危害结果来说，如果被窝藏、包庇的人最终没有刑事责任的话，其窝藏、包庇也就最终没有给社会和刑事司法带来实质的妨碍，也就不应当再追究其刑事责任。我们认为，这一问题不宜一概而论，应当根据具体情况来判断。一般的，无论犯罪嫌疑人、被告人是否最终审判结果如何，窝藏、包庇行为确实已经妨碍了刑事司法，因而依法可以追究其刑事责任；而当被窝藏、包庇者已经被认定不构成犯罪时，应当根据其窝藏、包庇行为的严重性来具体地考查追究其刑事责任是否必要。

2. 如何处理包庇罪与帮助毁灭、伪造证据罪的关系？帮助湮灭罪迹和毁灭罪证的行为，在1997年刑法典之前曾被刑法理论和实践界理解为包庇罪的包庇行为之一。但是1997年《刑法》第307条将帮助毁灭、伪造证据的行为规定为独立的犯罪之后，就不能继续将这种行为解释为包庇罪的表现形式，否则就不可能区分这两种犯罪。因此，包庇罪应仅限于作假证明包庇犯罪的人，而不包括帮助犯罪人毁灭或者伪造证据的行为。不过，包庇罪的法定刑比帮助毁灭、伪造证据罪明显更重，有人主张其应择重罪处罚，即以包庇罪论处。于是，关于如何合理处理二者的关系成了一个不小的难题。我们认为，刑法将帮助毁灭、伪造证据单独设置为罪名并设定了比包庇罪更轻的法定刑，用意是使法网更加严密，行为定性更为准确，使未在犯罪调查过程中作假证明而在此之外帮助毁灭、伪造证据的行为得到惩处，所以二者并不发生根本的矛盾。也就是说，只有帮助毁灭、伪造证据行为，而没有在犯罪调查过程中作虚假证明的，应以帮助毁灭、伪造证据罪论处；既帮助毁灭、伪造证据又作假证明包庇犯罪的人的，则应以包庇罪论处。

3. 如何区分窝藏、包庇罪与事前有通谋的共同犯罪？窝藏、包庇行为是在被窝藏、包庇的人犯罪后实施的，其犯罪故意也是在他人犯罪后产生的。只有在与犯罪人事前没有通谋的情况下，实施窝藏、包庇行为的，才成立本罪。如果行为人事前与犯罪人通谋，商定待犯罪人实行犯罪后予以窝藏、包庇的，则成立共同犯罪。因此，基于共同犯罪的基本原理，《刑法》第310条第2款规定，犯本罪，事前通谋的，以共同犯罪论处。在这种情况下，即使共同犯罪所犯之罪的法定刑低于本罪的法定刑，也应以共同犯罪论处。但是应当注意，这里的事前通谋，是在犯罪活动之前，就针对其具体的犯罪行为谋划或合谋，答应犯罪分子作案后给以窝藏或者包庇。如果只是知道作案人员要去实施犯罪而未予报案揭发，事后予以窝藏、包庇的，则不应以共同犯罪论处，而单独构成本罪。因此，通谋与明知是有所不同的，通谋具有谋划或合谋的内容，唯有如此，才构成共同犯罪。

七、拒不执行判决、裁定罪

（一）基本法理

1. 拒不执行判决、裁定罪的概念和构成要件。拒不执行判决、裁定罪，是指对人民法院的判决、裁定有能力执行而拒不执行，情节严重的行为。

本罪的构成要件是：

（1）本罪的犯罪主体是有义务执行人民法院的判决、裁定的自然人。由于法条没有规定对单位进行处罚，单位不能成为本罪主体。根据1998年4月25日施行的最高人民法院《关于审理拒不执行判决、裁定案件具体应用法律若干问题的解释》第4条的规定，负有执行人民法院判决、裁定义务的单位直接负责的主管人员和其他直接责任人员，为了本单位的利益严重抗拒执行、造成特别严重后果的，应以自然人身份依照本罪定罪处罚。

（2）本罪的主观方面只能由故意构成，即明知是人民法院的判决、裁定，且自己有执行的义务和能力，而故意不执行。

（3）本罪的客观方面表现为对人民法院的判决、裁定有能力执行而拒不执行，且情节严重。

第一，必须是有能力执行。所谓有能力执行，根据上述司法解释，是指根据人民法院查实的证据证明负有执行人民法院判决、裁定义务的人有可供执行的财产或者具有履行特定行为义务的能力。倘若没有能力履行判决、裁定所确定的义务，则属于不能执行，而不是拒不执行。但如果行为人在人民法院的判决、裁定生效后，为逃避义务，采取隐藏、转移、变卖、赠送、毁损自己财物而造成判决、裁定无法执行的，仍应属于有能力执行。

第二，必须有拒绝执行的行为。拒绝执行的行为，既可以采取积极的作为方式，如使用暴力、威胁方法妨碍法院执行或抗拒执行，积极转移、隐藏可供执行的财产等，又可以是采取消极的不作为方式，如对人民法院的执行通知置之不理或者躲藏、逃避法院执行等；既可以是采取暴力的方式，又可以是采取非暴力的方式；既可以是公开抗拒执行，又可以是暗地里进行抗拒执行的“软抵抗”。不论采取何种方式，只要其具有拒不执行法院生效判决、裁定的行为即可。

第三，必须是拒不执行情节严重的行为。根据2002年8月29日全国人大常委会《关于〈中华人民共和国刑法〉第三百一十三条的解释》，所谓情节严重，是指下列情形：①被执行人隐藏、转移、故意毁损财产或者无偿转让财产、以明显不合理的低价转让财产，致使判决、裁定无法执行的；②担保人或者被执行人隐藏、转移、故意毁损或者转让已向人民法院提供担保的财产，致使判决、裁定无法执行的；③协助执行义务人接到人民法院协助执行通知书后，拒不协助执行，致使判决、裁定无法执行的；④被执行人、担保人、协助执行义务人与国家机关工作人员通谋，利用国家机关工作人员的职权妨害执行，致使判决、裁定无法执行的；⑤其他有能力执行而拒不执行，情节严重的情形。

（4）本罪的犯罪客体是国家的审判制度。本罪的犯罪对象是人民法院的判决、裁定，是指人民法院依法作出的具有执行内容并已发生法律效力的判决、裁定；既包括刑事判决与裁定，也包括民事、经济、行政等方面的判决与裁定。人民法院为依法执行支付令、生效的调解书、仲裁裁决、公证债权文书等所作的裁定属于该条规定的裁定。

2. 拒不执行判决、裁定罪的相关界限。

（1）本罪与妨害公务罪的界限。首先，犯罪对象不同。妨害公务罪的犯罪对象是依法执行职务的公务人员，该罪的构成要件主要关注的是行为人对公务人员的暴力、威胁行为以及其他方法对公务人员的人身阻碍和强制；而本罪的犯罪对象是已生效的判决、裁定，其构成要件关注的主要内容是判决、裁定的执行结果。其次，客观方面不同。妨害公务罪通常以暴力、威胁方法为要件；而本罪客观方面不以使用暴力、威胁方法为要件。对于需要现场执行的判决、裁定，如果发生了对执法的公务人员使用暴力、威胁的方法阻碍执行的，则发生二罪的想象竞合。

（2）本罪与非法处置查封、扣押、冻结的财产罪的界限。首先，犯罪对象不同。本罪指向的对象是人民法院已生效的具有执行内容的判决、裁定；非法处置查封、扣押、冻结的财产罪指向的对象是已被司法机关查封、扣押、冻结的财产。其次，客观方面不同。本罪客观方面可以由作为和不作为构成；非法处置查封、扣押、冻结的财产罪本罪在客观方面表现为隐藏、转移、变卖、故意毁损已被司法机关查封、扣押、冻结的财产的行为，只能由作为构成。对于以非法处置查封、扣押、冻结的财产的方式拒绝执行人民法院的判决、裁定，造成无法执行的，应以本罪论处。

3．拒不执行判决、裁定罪的刑事责任。根据《刑法》第313条的规定，犯本罪的，处3年以下有期徒刑、拘役或者罚金。

（二）疑难问题

1．拒不执行判决、裁定过程中的暴力行为是否构成其他犯罪？本罪与相关暴力犯罪的关系，是值得进一步研究的问题。当行为人以暴力阻止司法工作人员执行判决、裁定时，如果其行为造成执行人员人身伤亡，或者造成财产损失时，应该定拒不执行判决、裁定罪，还是相关犯罪，还是数罪并罚？我们认为，对此应根据不同具体情况来认定。如果行为人以暴力、威胁或者毁坏财物等方法妨害或者抗拒执行判决、裁定，并造成执行人员轻微人身伤害或者财产损失的，仍应按照本罪处理。但是，从本罪构成要件及法定刑的幅度来分析，其暴力程度应以造成轻微人身伤害和财产损失为限度。如果行为人在抗拒判决、裁定执行过程中使用暴力致执行人员或协助执行人员重伤甚至死亡，或者造成重大财产损失，构成故意伤害、故意杀人、故意毁坏财物罪的，则属想象竞合，应从一重罪按故意伤害罪、故意杀人罪或者故意毁坏财物罪处理。

2．支付令、调解书等其他法律文书是否可以成为拒不执行判决、裁定罪的犯罪对象？关于本罪的犯罪对象，在理论与实践中存在着对其范围大小不同的理解。一般认为，本罪法条中所指的人民法院的判决、裁定，不是仅包括形式的判决与裁定，更不是仅指判决书和裁定书所载明的判决与裁定，而是指包括判决、裁定在内的人民法院的各种决定。也有人指出，人民法院所作出的决定中也并不是每一种都包含着可执行意义的内容，所以也并非人民法院所有的判决、裁定都能成为本罪的犯罪对象。因此，本罪的犯罪对象应当是指人民法院在经过司法程序针对争讼内容所作出的有关法律关系的变更或确认，并交付执行的法律决定。那么，本罪的犯罪对象就应当包括人民法院交付执行的判决书、裁定书，以及为依法执行支付令、生效的调解书、仲裁裁决、公证债权文书等所作的裁定与决定。

从司法权的意义上，人民法院的生效决定、通知和命令，均是体现法院审判权的重要法律文书。人民法院所作出的某些决定，具有即时执行的法律效力。无论是判决、裁定，抑或是人民法院的其他法律文书，均是司法权的有形的载体，其作出和执行，均对当事人有约束力和强制力，对社会公众有指引、评价、教育和预测的规范作用。无论是拒不执行哪种生效的法律文书，均是对司法权的藐视。2002年8月全国人大常委会所作的有关立法解释，已将人民法院的“协助执行通知书”作为本罪的犯罪对象明确下来，按照这个精神，对其他法律文书作同样对待，应在情理之中。

八、脱逃罪

（一）基本法理

1．脱逃罪的概念和构成要件。脱逃罪，是指依法被关押的罪犯、被告人、犯罪嫌疑人从关押状态中非法脱离、逃逸的行为。

本罪的构成要件是：

（1）本罪的犯罪主体是特殊主体，限于被依法关押的罪犯、被告人、犯罪嫌疑人。受行政拘留处分的人，不能构成本罪；未被关押的罪犯、被告人与犯罪嫌疑人，被司法机关采取监视居住、取保候审等非羁押性强制措施的人，不是本罪主体，不能构成本罪。未被依法关押的他人如果教唆、帮助上述人员脱逃的，成立本罪的共犯。被非法关押的人不是本罪主体，不能构成本罪。

（2）本罪的主观方面只能是故意。这里的故意，是指明知是脱逃行为而有意实施的主观心理状态，且出于逃避监管机关的监管的目的。如果没有这种目的，由于某种紧急情况等特殊原因，短暂离开关押场所，特殊原因消失后立即主动回到关押场所的，一般不宜认定为本罪。但是，这并不意味着逃避监管机关的监管的目的，只能是永久性或长期性逃避监管，出于任何无正当化理由的目的而短时期脱逃的，原则上也成立本罪。

（3）本罪的客观方面表现为从关押场所逃逸，脱离被监管状态。脱逃的具体表现是逃离关押场所的行为，其实质核心是脱离监管机关的实力支配。所谓关押的场所，应作广义的理解，包括临时的关押场所、押解的途中押解人员所有效控制的范围等。脱逃的方式没有限制，在司法实践中，脱逃行为可以分为以下两种情形：①暴力性脱逃。这里的暴力性脱逃，是指使用暴力或者以暴力相威胁实施的脱逃，如对监管人员使用暴力、威胁手段，使之失去监管能力而逃离关押场所，打破门窗或毁损械具后逃离关押场所等。②非暴力性脱逃。这里的非暴力性脱逃，是指未使用暴力或者以暴力相威胁，而是乘人不备而秘密脱逃或者采取其他方法脱逃，如乘监管人员疏忽而逃离关押场所，采取蒙骗手段逃离关押场所，乘外出劳动等机会逃离关押场所，以及因保外就医等事由经监狱等监管机构许可临时离开监管单位后，故意不在规定时间返回监狱，采取逃往外地等方式逃避入狱等。

（4）本罪的客体是国家司法机关对罪犯、被告人、犯罪嫌疑人的正常监管秩序。这里的监管秩序包括国家刑罚执行部门和刑事诉讼机关的强制措施执行部门的监管秩序，不包括行政执法中的强制执行制度，因此从行政拘留、劳动教养、强制戒毒等措施的状态下逃逸的行为不在本罪之列。

2. 脱逃罪的相关界限。

（1）本罪与非罪的关系。本罪的主客观方面表现为被关押的罪犯、犯罪嫌疑人、被告人故意逃逸而脱离监管的行为，并非其一旦形成客观上的脱管状态即构成本罪。也就是说，这种脱管状态必须是被关押的罪犯、犯罪嫌疑人、被告人自己的故意行为所导致的，不包括看守人员玩忽职守或其他客观原因而造成的临时脱管。所谓脱管，在司法实践中是指被关押的罪犯、犯罪嫌疑人和被告人客观上处于看守人员监管之外的状态。如果因看守人员玩忽职守或其他客观原因而造成脱管，只有被关押的罪犯、犯罪嫌疑人和被告人借机故意逃逸，使监管部门无法恢复监管的，才应当构成本罪。

（2）本罪与组织越狱罪的界限。本罪与组织越狱罪在主体上都是纯正身份犯，在客观方面都表现为在押的犯罪分子逃离监管、羁押场所的行为。脱逃与越狱在用语上不同，但后者也并非仅限于监狱的囚犯，因为其主体的法律规定为“在押人员”，大部分人认为其范围应当包括在看守所关押的犯罪嫌疑人和被告人。那么两者最大的区别是后者属于组织犯，两者的区别集中在是否有组织的行为。本罪是指在押者个人的脱管与逃逸行为，而组织越狱罪的主要行为是组织他人脱逃，甚至包括行为人自身并不脱逃的情况。另外应当注意，对于组织越狱行为中参与越狱的被组织、指挥者，可能因为其不具备组织行为而不构成组织越狱罪，而是构成本罪。

3. 脱逃罪的刑事责任。根据《刑法》第 316 条第 1 款的规定，犯本罪的，处 5 年以下有期徒刑或者拘役。

（二）疑难问题

1. 被看守人员私放而脱管的在押人员是否构成脱逃罪？在发生看守人员私放在押人员的情况时，脱逃者与私放者之间的刑事责任关系是什么？双方属于同一罪的共犯关系吗？如果看守人员故意私放在押人员，而其借机脱逃的，被私放者是私放在押人员罪的共犯还是另行构成本罪？抑或是看守人员单方的刑事责任，被私放的关押人员不构成犯罪？有人认为，在这种情况下看守人员构成私放在押人员罪，被私放者同时构成本罪。我们认为这种观点不完全妥当，因为这种情况实际上还可以细分为两种不同的情形，即被私放的在押人员是否与私放行为有关的问题。如果看守人员私放的过程是由于在押人员的授意、劝说、动员、贿赂所引起的，则在押人员的种种主动教唆行为是脱逃行为的一种特殊形式，从而可以认定其构成本罪。如果看守人员的私放行为是自行决定，或者起因于在押人员以外的其他人的教唆、贿赂，而被私放者完全是被动的，那么所谓私放并非被私放者的行为，而是其看守人员的行为导致了被关押者的脱管。或者说，是看守人员主动放弃了监管，被私放者只是在不被监管的情况下自行离开。而且，在此情况下要求被关押者拒不脱逃也没有期待可能性，根据期待可能性的理论也不应认定为本罪。

2. 被依法关押但事实上无罪的人脱逃是否构成本罪？本罪的主体范围在认定上也有一定的难度。本罪的主体是被依法关押的罪犯、被告人、犯罪嫌疑人，加上“依法关押”的限制，因此被非法关押的人不能成为本罪主体，这一点是没有疑问的。然而，对于这里的“依法关押”的含义，在理解上也有一定的争议，应予注意。问题是，虽然决定进行羁押、关押时程序合法，但事实上无罪的人，或者说最终被宣告无罪的人，能否成为本罪主体？有人认为，只要是被司法机关依法关押的罪犯、被告人或犯罪嫌疑人，即使实际上无罪，也能成为本罪主体。也有人认为，实际上无罪的人，即使被司法机关依法关押，也不能成为本罪主体。从实质上说，两种观点涉及是优先保护国家利益，还是优先保护个人利益的问题；从法律上说，两种观点涉及如何理解“依法”二字，即只要形式上或者程序上合法即可，还是必须程序上与实体上或实质上都合法。我们认为，刑法既然将犯罪嫌疑人、被告人列为本罪主体，就说明刑事立法认为，即使最终有可能无罪的“未决犯”，也可以构成本罪。所以，本条所称的“依法”主要是指刑事程序法，原则上只要司法机关在关押的当时符合法定的程序与实体条件，就应认为是依法关押，被关押的罪犯、被告人、犯罪嫌疑人就可以成为本罪主体。同时也要注意，在行为人原本无罪，完全由于司法机关的错误导致其被关押的情况下，如果行为人只是单纯脱逃，而没有使用暴力、胁迫、毁坏监管设施等方式造成实际损害，将其认定为犯罪也不尽合理。

3. 如何正确区分脱逃罪的既遂与未遂？关于本罪的既遂与未遂的区分标准，理论上有不同观点。有人认为，应以行为人是否脱离监管场所这一特定空间范围为标准；有人认为，应以行为人是否脱离监管机关与人员的控制范围为标准；有人认为，应以行为是否达到逃离羁押、关押的程度为标准；还有人认为，应同时以是否逃出了关押场所和摆脱监管人员的控制为标准，只有既逃出了关押场所，又摆脱了监管人员的控制时，才是既遂。我们认为，行为人摆脱了监管机关与监管人员的实际控制，就应认定为本罪的既遂。本罪的本质是脱离监管机关的实际控制，脱逃者的主观目的也是如此。如果行为人仍处于关押场所内，则不可能摆脱监管机关与监管人员的实际控制；但逃出关押场所的并不都摆脱了监管机关与人员的实际控制。因此，没有必要同时要求逃出关押场所与摆脱监管人员的控制。基于这一标准，行为人逃出关押场所后，在没有成功摆脱现场看守人员的追捕之前就又被抓获的，就应认定为脱逃未遂。

九、组织他人偷越国（边）境罪

（一）基本法理

1. 组织他人偷越国（边）境罪的概念和构成要件。组织他人偷越国（边）境罪，是指违反国（边）境管理法规，组织他人偷越国（边）境的行为。

本罪的构成要件是：

（1）本罪的犯罪主体为一般主体，即已满16周岁，具有刑事责任能力的自然人，既可以是一人组织，也可以多人共同组织。单位不能成为组织他人偷越国（边）境罪的主体。本罪主体没有国别及居住地的限制，不论是中国公民（包括台、港、澳地区居民）还是外国人，均可构成本罪。

（2）本罪主观方面必须出于故意。实践中本罪通常具有营利的目的，但刑法没有将营利目的规定为本罪的主观要件，不能排除不以营利为目的而实施的组织他人偷越国（边）境的行为，如以危害国家安全活动为目的，而实施组织他人偷越国（边）境的行为。

（3）本罪客观方面表现为违反出入境管理法规，非法组织他人偷越国（边）境的行为。所谓组织，是指采取煽动、串连、介绍、拉拢、引诱、欺骗、强迫等手段，策划联络安排他人偷越国（边）境的行为。实践中包括为意图非法偷越国（边）境的人提供介绍、帮助而组织多人偷越活动的行为。根据2002年1月28日最高人民法院《关于审理组织、运送他人偷越国（边）境等刑事案件适用法律若干问题的解释》，领导、策划、指挥他人偷越国（边）境或者在首要分子指挥下，实施拉拢、引诱、介绍他人偷越国（边）境等行为的，也属于“组织他人偷越国（边）境”。组织者既可以只是组织他人偷越国（边）境而自己并不偷越，也可以组织他人与自己共同偷越国（边）境。例如，安排他人偷越国（边）境的交通运输工作；为他人偷越国（边）境出谋划策，拟订偷越国（边）境的具体行动计划；确定偷越国（边）境的时间、路线，指示偷越国（边）境的具体地点等。行为人通常兼而实施上述一系列组织他人偷越国（边）境行为方式的全部，但也有的只实施其中的一种或几种。至于组织偷越的地点，可以是边境口岸，也可以是非边境口岸，具体地点如何，不影响犯罪的成立。

（4）本罪的客体是国家的国（边）境出入管理制度。所谓国（边）境出入管理制度，是指我国和外国公民出入我国国境的管理制度，以及我国大陆居民与台、港、澳地区居民往来于大陆与台、港、澳地区边境的管理制度。国家对国（边）境管理的正常秩序，维系着国家主权、领土完整和国（边）境的安全以及社会秩序的稳定。为此，我国制定了《边防检查条例》、《外国人入境出境管理法》和《公民出境入境管理法》等一系列法规。这些法规明确规定，任何人出入我国的国（边）境，包括往来于台、港、澳边境地区，必须依照法律规定，履行必要的申办手续，经有关部门签发出入国（边）境的证件，在规定的时间、地点出入。现实中一些不法分子利用某些人向往、追求外国及港、澳、地区的生活，出境谋生的思想，组织他们偷越国（边）境而从中大发不义之财。这种行为无疑严重破坏了国家对国（边）境的管理秩序，影响了我国社会秩序的稳定，在国际上给我国形象造成了恶劣影响。

2. 组织他人偷越国（边）境罪的相关界限。

（1）本罪与运送他人偷越国（边）境罪的界限。本罪在客观方面表现为通过拉拢、串连、诱使、煽动等方式，有组织、有计划地安排他人偷越国（边）境的行为。而运送他人偷越国（边）境罪在客观方面则表现为，行为人采用步行的方式陪伴偷渡者或者用车辆、船只、航空器等交通运输工具将偷渡者带出或者送入国（边）境的行为。因而，如果行为人组织了一批人偷越国（边）境后，又运送另一批人偷越国（边）境的，则具备了两种犯罪的构成要件，应以本罪和运送他人偷越国（边）境罪两个罪名，实行数罪并罚。但如果行为人既组织、又运送同一批人偷越国（边）境的，则属刑法理论中的牵连行为，根据牵连犯“从一重罪处断”的原则，以组织他人偷越国（边）境罪论处；对于直接参与组织他人偷越国（边）境而分工负责运送的，亦应以本罪定罪量刑。

（2）本罪与偷越国（边）境罪的界限。两罪在主观方面、犯罪客体等方面非常相似，在1994年3月5日全国人大常委会通过的《关于严惩组织、运送他人偷越国（边）境犯罪的补充规定》之前，对于不以营利为目的组织他人偷越国（边）境的行为，理论上和司法实践中都认为应以偷越国（边）境罪的共同犯罪论处。在该补充规定颁布实施之后，因组织他人偷越国（边）境罪不再把“以营利为目的”作为构成要件，上述行为才以组织他人偷越国（边）境罪处理。根据现行刑法的规定，两罪的主要界限表现在是否存在组织行为方面。本罪为组织犯，必须是通过各种方式以一定规模组织“他人”偷越国（边）境的行为，而后者则表现为“本人”或者个别共犯协助他人偷越国（边）境的行为。

（3）本罪一罪与数罪的界限。在犯本罪的过程中，造成被组织人重伤、死亡的，成立本罪的结果加重犯，而不以数罪论处，因此对行为人仍应定本罪，适用《刑法》第318条第1款关于加重处罚的规定。如果在犯本罪的过程中，对被组织人有杀害、伤害、强奸、拐卖等犯罪行为，或者对检查人员有杀害、伤害等犯罪行为的，则应以数罪论，依照数罪并罚的规定进行处罚。

3. 组织他人偷越国（边）境罪的刑事责任。根据《刑法》第318条第1款的规定，犯本罪的，处2年以上7年以下有期徒刑，并处罚金；有下列情形之一的，处7年以上有期徒刑或者无期徒刑，并处罚金或者没收财产：①组织他人偷越国（边）境集团的首要分子。这里的首要分子，是指策划、领导、指挥、组织他人偷越国（边）境集团的犯罪分子。②多次组织他人偷越国（边）境或者组织他人偷越国（边）境人数众多的。这里的多次，一般是指3次以上。人数众多，是指10人以上。③造成被组织人重伤、死亡的。这里的造成被组织人重伤、死亡，是指在组织偷越国（边）境过程中，由于运输工具出现故障等原因导致被组织人重伤、死亡或者导致被组织人自杀等。④剥夺或者限制被组织者人身自由的。这里的剥夺或者限制被组织者人身自由，是指出于偷越国（边）境的需要，采取强制方法对被组织人人身自由进行剥夺或者限制。⑤以暴力、威胁方法抗拒检查的。这里的抗拒检查，是指对边防、海关等依法执行检查任务的人员实施殴打等暴力行为或者以暴力相威胁，抗拒检查。⑥违法所得数额巨大的。这里的违法所得数额巨大，是指以牟利为目的，组织他人偷越国（边）境，获取的财物数额巨大。⑦有其他特别严重情节的。这里的其他特别严重情节，是指除上述六种情形以外，具有其他后果特别严重、手段特别残忍、影响特别恶劣等情节。

第2款规定，犯前款罪，对被组织人有杀害、伤害、强奸、拐卖等犯罪行为，或者对检查人员有杀害、伤害等犯罪行为的，依照数罪并罚的规定处罚。

（二）疑难问题

1. 如何认定组织他人偷越国（边）境罪的既遂与未遂？对于本罪的犯罪形态，主要是既遂与未遂的区分问题，理论与实践中意见尚不一致。主要存在以下观点：①偷越成功说，认为本罪的构成必须以被组织者成功实施了偷越国（边）境的行为，即必须是实施了偷越国（边）境的行为，且成功地脱离了我国（边）境管理机关的控制，才能构成既遂。②组织完毕说，认为应以组织他人偷越国（边）境的组织行为是否完成作为既遂的标准。③分段说，认为应当分别解决本罪前后两段的既遂、未遂问题。在《刑法》第318条第1款规定的组织他人偷越国（边）境的基本犯罪构成情况下应以被组织者在组织者安排下成功偷越国（边）

境为既遂，而在《刑法》第318条第1款后半段规定的加重构成的情况下，则应当以组织者的组织行为实施完毕为既遂。对于这一问题，目前法学理论界尚存在争论，又无具有法律效力的司法解释。

我们认为，从犯罪客体的危害实质角度看，对于组织他人偷越国（边）境的行为危害而言，本罪的要害在于“组织”而不在于偷越。其组织行为一旦完成，对国（边）境的管理秩序已经形成妨害，而并非在意于是否真正有人成功偷越了国（边）境，因此组织他人偷越国（边）境罪在性质上属于行为犯而不是结果犯或者危险犯。如果以偷越国边境成功为既遂的标准，不利于对犯罪的打击，而且由于没有看到组织行为的危害而过于关注是否有人成功偷越国（边）境的结果，有舍本逐末之嫌。况且本罪的加重构成有诸多要素的规定都是针对组织行为过程而言，并非针对偷越国（边）境后造成的后果。因此，我们同意组织完毕说。

2. 如何认定组织他人偷越国（边）境罪的共同犯罪？偷越国（边）境罪，是指违反国（边）境管理法规，偷越国（边）境，情节严重的行为。由于刑法将本罪这种原本是偷越国（边）境罪的组织犯罪的形式独立规定为一种犯罪，因此，如果数个行为人共谋集体偷越国（边）境，或者在他人决定偷越同（边）境后，为其提供各种物质条件予以帮助的，只能按偷越国（边）境罪的共同犯罪处理。但是，如果他人原本没有偷越国（边）境的意图，而行为人通过劝说、动员、串联、拉拢、策划、指挥等手段使他人偷越国（边）境，应以本罪论处。

十、倒卖文物罪

（一）基本法理

1. 倒卖文物罪的概念和构成要件。倒卖文物罪，是指以牟利为目的，倒卖国家禁止经营的文物，情节严重的行为。

本罪的构成要件是：

（1）本罪的犯罪主体为一般主体，即已满16周岁，具有刑事责任能力的自然人，单位也可以成为本罪主体。

（2）本罪的主观方面只能出于故意，即明知是国家禁止经营的文物而故意倒卖，行为人必须具有牟利目的。这里的故意，是指明知是国家禁止经营的文物而进行倒卖的主观心理状态。要求具有牟利的目的，对于定义倒卖的行为是很重要的限制，排除了为了收藏、欣赏目的而单纯买进文物的行为。

（3）本罪客观方面表现为倒卖国家禁止经营的文物。①必须有倒卖文物的行为。这里的倒卖，是指违反国家文物保护法规，为牟利收购并贩卖文物，低价买进高价卖出或者转手贩卖文物。倒卖，包括收购、贩运、转手卖出等行为。②行为人所倒卖的文物，必须是国家禁止经营的文物，其具体范围由国家文物主管部门确定。③成立本罪，还要求情节严重，这需要根据行为人倒卖文物的数量、等级、次数、获利数额等事实进行综合判断。

（4）本罪侵犯的客体是国家的文物保护管理制度。国家的文物保护管理制度，主要是以《文物保护法》为核心的一系列有关文物保护的法规。根据法律、法规的规定，中华人民共和国境内地下、内水和领海中遗存的一切文物，属于国家所有。古文化遗址、古墓葬、石窟等属于国家所有。国家机关、部队、全民所有制企业、事业组织收藏的文物，属于国家所有。国家并非全面禁止文物买卖，而是建立严格的管理制度，禁止非法倒卖。但是应当注意，本罪的犯罪客体并非文物经营市场秩序的管理制度，而是基于文物保护制度的管理制度。

2. 倒卖文物罪的相关界限。

（1）本罪与走私文物罪的界限。二者的区别主要在于：①侵犯的客体不完全相同。本罪侵犯的是国家对文物的保护管理活动；走私文物罪侵犯的客体是双重客体，即国家海关对货物、物品进出境的监管活动和国家对文物的保护管理活动。②行为方式不同。本罪表现为境内非法倒卖；走私文物罪则表现为非法将国家禁止出口的文物贩卖、运输到境外。③犯罪目的不完全相同。本罪的成立必须具有牟利的目的；走私文物罪则不要求以牟利目的为必备要件。④犯罪对象的范围不同。本罪的对象是国家禁止经营的文物；走私文物罪的对象是国家禁止出口的文物。

(2) 本罪与非法向外国人出售珍贵文物罪的界限。二者的区别是：①客观行为内容不同。本罪表现为倒卖国家禁止经营的文物，而非法向外国人出售珍贵文物是仅指出售的行为，出售的对象是外国人。这是国家为了制止珍贵文物流失国外的特殊制度的体现。②犯罪对象不同。本罪的犯罪对象是国家禁止买卖的一切文物，包括珍贵文物，而后者的犯罪对象是单位和个人收藏的国家禁止出口的珍贵文物。③犯罪的故意内容不同。本罪的成立，行为人必须有牟利的目的，而后者的成立不以特定目的为要件。④犯罪主体不同。本罪为一般主体，包括自然人和单位，而且不限于中国公民和国内单位，而后罪限于合法收藏文物的单位或个人，而且理论上应该指中国公民和国内单位。应当注意，如果行为人倒卖国家禁止买卖的文物，且出售对象又是外国人，则应择一重罪处断。

3. 倒卖文物罪的刑事责任。根据《刑法》第326条的规定，犯本罪的，处5年以下有期徒刑或者拘役，并处罚金；情节特别严重的，处5年以上10年以下有期徒刑，并处罚金。单位犯本罪的，对单位判处罚金，并对其直接负责的主管人员和其他直接责任人员，依照上述规定处罚。

(二) 疑难问题

1. 什么是国家禁止经营的文物？一般认为，国家禁止经营的文物是指未经国家许可不得买卖的文物。根据《文物保护法》及其实施细则等有关文物管理法规的规定，禁止一切非法买卖文物的行为：国有博物馆、图书馆和其他单位的文物藏品禁止买卖；只有国家文物行政管理部门指定的单位可以收购私人收藏的文物，其他任何单位不得经营文物收购业务；私人收藏的文物，可以卖给国家文物局或者国家文物行政管理部门指定的国有文物收藏单位和文物收购单位，严禁倒卖牟利等。根据规定，经营文物的单位应当经国家文物局或者省、自治区、直辖市人民政府文物行政管理部门批准，并经工商行政管理部门办理登记手续；经营文物对外销售业务，应经国家文物局批准；未经许可不得经营一、二、三级珍贵文物，以及其他受国家保护并由有关主管部门核定公布禁止自由买卖的文物。

关于禁止经营的文物有没有文物级别的区分，存在不同的见解。有学者认为，国家禁止经营的文物是指珍贵文物。按照其历史、艺术、科学价值的大小，文物可分为珍贵文物和一般文物。珍贵文物是国家禁止经营的文物，一般文物是国家允许经营但须由国家专营的，所以国家禁止经营的文物即珍贵文物。并以此为根据建议将本罪的罪名修改为“倒卖珍贵文物罪”。然而，依照2002年修订后的《文物保护法》第51条的规定，公民、法人和其他组织不得买卖下列文物：①国有文物，但是国家允许的除外；②非国有馆藏珍贵文物；③国有不可移动文物中的壁画、雕塑、建筑构件等，但是依法拆除的国有不可移动文物中的壁画、雕塑、建筑构件等不属于本法第20条第4款规定的应由文物收藏单位收藏的除外；④来源不符合本法第50条规定的文物。显然，不得买卖的文物不限于珍贵文物，还包括一般文物，如本条所说的“国有文物”、“来源不合法”的文物。

2. 什么是文物的倒卖行为？按常识性理解，“倒卖”即倒手转卖，指为了赚取差价而以低价买进，以高价卖出。而本罪中所谓的倒卖行为，实为营利性“经营”购销的行为，而非单向的购买或出售行为。2002 年修订后的《文物保护法》对民间收藏文物放宽了管制的程度。根据其第 50 条的规定，文物收藏单位以外的公民、法人和其他组织可以收藏通过下列方式取得的文物：依法继承或者接受赠与；从文物商店购买；从经营文物拍卖的拍卖企业购买；公民个人合法所有的文物相互交换或者依法转让；国家规定的其他合法方式。对于通过上述方式取得的文物可以依法流通，也就是说可以出卖。因此，公民合法拥有的珍贵文物，出卖给其他公民的，是合法的。如果出卖给或者捐赠给文物收藏单位，更是国家允许和鼓励的。作为例外的是，如果将国家禁止出口的珍贵文物出卖给外国人，就构成非法向外国人出售珍贵文物罪。比较复杂的问题是，根据倒卖的概念，为了高价出售而低价买进，或者低价买进后高价售出，都属于倒卖。而文物本身具有保值与升值的价值，在个人与单位进行所谓收藏时，除了欣赏的目的外，同时附带甚至主要是为了升值投资的目的是在所难免的。如果仅仅通过对文物买卖的规模和频度来进行控制，以界定合法购买、转让与非法倒卖的区别，在理论与实践上都存在着相当大的难度。因此我们认为，根据现行《文物保护法》的精神，对于合法取得的文物进行转卖的，即使从中赚取了差价，也不应以倒卖论处。本罪中所指的倒卖行为，应以业务经营性营利倒卖为限。

3. 如何理解倒卖文物罪与非法经营罪的关系？非法经营罪是《刑法》第 225 条规定的犯罪，是指违反国家规定，擅自经营法律、法规规定的国家专营、专卖物品或者其他限制买卖的物品等严重扰乱市场秩序的行为。非法经营罪与本罪有许多相似或相同的地方，二者主要是在犯罪客体和犯罪对象方面有着本质的区别：①本罪的客体是国家的文物保护的管理制度，体现国家对文物进行保护的严格管制制度；非法经营罪的客体是市场管理秩序，具体而言是国家对专营、专卖或者限制买卖物品等的市场管理制度。②本罪的犯罪对象是国家禁止经营的文物，对于没有取得经营授权的个人和单位来说完全是禁止的业务；而非法经营罪的犯罪对象是国家限制买卖或国家专营、专卖的物品。但是，二者的关系却不易把握。有人认为如果把历史文物也理解为国家限制买卖的物品，从法理上二者就存在法条竞合的关系。对此，我们赞成区分具体情形分别定性的观点。如果行为人非法经营的是国家允许买卖的文物，应按非法经营罪处理，因为此类行为不符合本罪要求的“倒卖国家禁止经营的文物”这个构成要件。如果行为人非法经营的是国家禁止经营的文物，就应以本罪论处。此类倒卖文物的行为并不符合非法经营罪的构成要件，因为非法经营罪要求的非法经营的商品是国家允许但限制买卖的商品，经营国家不允许买卖的文物自然只能构成倒卖文物罪。而且，非法经营国家允许买卖的文物的行为危害的客体是国家对文物交易的管理秩序，属于危害市场管理秩序的问题；而经营国家禁止买卖的文物的行为则侵犯的是国家对文物的特别保护制度，危害的是文物保护的管理秩序。

十一、医疗事故罪

（一）基本法理

1. 医疗事故罪的概念和构成要件。医疗事故罪，是指医务人员由于严重不负责任，造成就诊人死亡或者严重损害就诊人身体健康的行为。

本罪的构成要件是：

（1）本罪的犯罪主体必须是医务人员，即直接从事诊疗护理事务的人员，包括国家、集体医疗单位的医治人员、护理人员、药剂人员和其他医疗防疫相关专业人员。医疗责任事故，应是在诊疗护理工作中，因医务人员诊疗护理过失而造成的事故。由于诊疗护理工作是群体性的活动，构成医疗事故的行为人，还应包括从事医疗管理、后勤服务等人员。

（2）本罪的主观方面只能出于过失，即应当预见自己的行为可能发生就诊人死亡或者严重损害就诊人身体健康的结果，因为疏忽大意而没有预见或者已经预见而轻信能够避免。疏忽大意的过失常常具体表现为，在医疗事故的发生中，根据行为人相应职称和岗位责任制要求，应当预见到和可以预见到自己的行为可能造成对病员的危害结果，因为疏忽大意而未能预见到，或对于危害病员生命、健康的不当做法，应当做到有效地防范，因为疏忽大意而未能做到，致使危害结果发生。过于自信过失一般表现为，行为人虽然预见到自己的行为可能给病员导致危害结果，但是轻信借助自己的技术、经验或有利的客观条件能够避免，因而导致了判断上和行为上的失误，导致发生危害结果。在医疗过程中故意致人死亡的，包括直接故意和间接故意，根据其性质与情节可以成立故意杀人罪。

（3）本罪的客观方面表现为严重不负责任，造成就诊人死亡或者严重损害就诊人身体健康。

第一，“严重不负责任”，是构成本罪的必要条件之一。严重不负责任包括主客观两方面的含义，从客观方面而言，医务人员的严重不负责任，是指在诊疗护理工作中违反规章制度和诊疗护理常规。如果未违反规章制度和诊疗护理常规，就不能构成医疗事故，不构成医疗事故，就当然不构成医疗事故罪。医务人员在诊疗护理过程中严重不负责任的行为，既可以是作为，也可以是不作为，前者如护理人员打错针、发错药，后者如值班医生擅离职守。

第二，行为造成就诊人死亡或者严重损害就诊人身体健康的，才成立本罪。关于“严重损害”的具体判断详见下文，此处不赘。

（4）本罪的犯罪客体为复杂客体，侵犯的是国家正常的医疗秩序和就诊人员的生命和健康权。到医疗单位接受治疗、体检的就诊人员则是本罪直接的侵害对象。医务人员负有救死扶伤的神圣使命，国家对从医的主体、职业活动都制定了许多法律、法规以确保医疗队伍的整体素质和工作水平，以保证广大就诊人员的身体健康和生命安全；如果他们在工作中严重不负责任，轻则可能造成就诊人员伤病不能及时救治，重则可能严重损害就诊人员身体健康甚至致人死亡，并严重破坏国家正常的医疗工作秩序。医疗秩序的一个重要方面体现在规章制度、诊疗护理常规之中，这些规章制度和常规规范可以是成文的，也可以是约定俗成在实践中应当遵循的。

2. 医疗事故罪的相关界限。

（1）本罪与非罪的界限。

首先，本罪与医疗技术事故、医疗意外事故的不同。这里所说的技术事故一般是指医务人员因技术水平不高、缺乏临床经验等技术上的失误所导致的事故，而不是因为严重不负责任所导致的事故；医疗意外事故，亦称医疗风险事故，是指由于医务人员不能预见或者不可抗拒的原因而导致就诊人死亡或者严重损害就诊人身体健康的事故。在这种情况下，由于医务人员主观上没有过失，故不能认定为本罪。

其次，应当正确区分本罪与就诊人或其亲属造成的事故。在有些情况下，就诊人的死亡或者其他严重后果，是由于就诊人或者其亲属不配合治疗或者擅自采用其他药物等造成的；如果医务人员采取了有效的防范，则不能认定为本罪。

最后，应当正确区分本罪与一般医疗事故。这里的一般医疗事故，亦即一般医疗责任事故，或称一般医疗过错，是指医务人员虽然有不负责任的行为，也造成了一定的危害结果，但没有造成刑法所规定的致人死亡或严重损害人身健康的情况。一般医疗事故因为不符合医疗事故罪的结果要件，故不成立犯罪。此外，虽然医务人员严重不负责任，事实上也发生了刑法所规定的严重结果，但如果医务人员严重不负责任的行为与结果之间没有因果关系，也不能认定医务人员的行为构成本罪。

（2）本罪与医疗部门其他责任事故犯罪的界限。医疗事故是指在医疗部门对病患者进行诊断与医治的过程中发生的事故，而实践中医疗部门也可能从事其他医学研究、防疫等与公共卫生健康相关的活动，在此过程中发生的事故，也可能造成与卫生医疗相关的社会危害事件，构成相关犯罪。因此本罪应与传染病菌种、毒种扩散罪，非法采集、供应血液、制作、供应血液制品罪，采集、供应血液、制作、供应血液制品事故罪等相关罪名的界限。上述犯罪与本罪的重要区别是，本罪所指的事故是医疗部门直接面对具体病患者的临床诊断与医治过程中发生的，而不是在其他管理环节。医疗责任事故直接损害了具体病患者的生命健康安全，而上述相关责任事故犯罪则造成了涉及卫生医疗部门管理机制的公共灾难，是对社会公共卫生安全的威胁。

3. 医疗事故罪的刑事责任。根据《刑法》第335条的规定，犯本罪的，处3年以下有期徒刑或者拘役。

（二）疑难问题

1. 如何判断医疗责任事故中责任人员的责任程度？医疗事故的发生机制往往比较复杂，在属于责任事故的情况下，区分一般责任与刑事责任，直接责任与间接责任有相当的难度。①要区分直接责任人员与间接责任人员：前者是指责任人的行为与病员的不良结果之间有直接的因果关系，是对不良后果起决定作用的人员；后者是指责任人的行为与病员的不良后果之间有着间接的联系，是造成不良结果的条件，不是起决定作用的人员。②在复合原因造成的结果中，要分清主要责任人员和次要责任人员，分别根据他们在造成不良结果过程中所起的作用，确定其所负责任的大小。③要区分具体实施人员的直接责任与指导人员的直接责任。如果是具体实施人员受命于指导人员实施的行为，或在实施中实施人员提出过纠正意见，未被指导人员采纳而造成不良结果的，由指导人员负直接责任。如果实施人员没有向指导人员如实反映病人情况或拒绝执行指导人员的正确意见造成不良后果，实施人员负直接责任。如果是具体实施人员提出了违反有关法规（含规章制度）的主张、做法，由于指导人员轻信，同意实施或者具体实施人员明知受命于指导人员所实施的行为违反有关规章制度，但不向指导者反映，仍然继续实施而造成不良后果的，则具体实施人员和指导人员都要负直接责任。④要分清职责范围与直接责任的关系。如果事故责任不属责任人法定职责或特定义务范围，责任人对其不良后果不负直接责任。如果分工不清、职责不明，又无具体制度规定，则以其实际工作范围和公认的职责作为认定责任的依据。如无特殊需要责任人无故擅自超越职责范围，造成事故的，也应追究责任。⑤如果在非职责范围和职责岗位，包括业余或离退休人员，无偿为人民群众进行诊疗护理活动，或于紧急情况下抢救危重病员而发生失误造成不良后果的，一般不应追究责任。

2. 如何判断医疗责任事故损害后果的严重程度？目前，在医疗事故罪损害后果的认定上，有《医疗事故处理条例》、《医疗事故分级标准（试行）》确定的标准和《人体重伤鉴定标准》确定的标准。司法实践中，对医务人员严重不负责任的行为所造成怎样的损害结果的严重程度判断的问题，还存在一定的不同认识。有的学者认为，“严重损害”应理解为《医疗事故处理条例》四级以上医疗事故。有的学者认为，作这样的理解过于宽泛，应当限定在三级以上医疗事故。还有的学者认为，一般是指按人体伤害标准，经鉴定属于轻伤害以上结果的。当然也有学者认为，本罪的损害结构至少要达到重伤。造成这一问题的原因是现行刑法的医疗事故罪直接来源于国务院《医疗事故处理条例》，而《医疗事故处理条例》在事故的等级认定上采用的是卫生部门制定的标准，而根本未采用刑法上的伤害等级标准。这与当时解决医疗事故案件以民事赔偿为原则，以刑事处罚为例外的指导思想有着相当重要的关系。在刑法中规定“造成就诊人死亡或严重损害就诊人身体健康”这一表述，考虑到了医疗事故与故意伤害等行为的区别，却造成了医疗事故罪损害后果的刑事责任等级界限问题。而从刑法角度出发，对致人身体伤害的等级划定表述为轻微伤、轻伤、重伤，这些是法律术语，是刑法学上具有重要意义的概念，它是故意伤害罪重罪与轻罪的界限，是过失造成伤害行为罪与非罪的界限，也是其他一些可能给人体造成伤害的案件重罪与轻罪的界限或罪与非罪的界限。人体“重伤”的标准，不仅在刑法上有明确的概念，而且司法部、公安部、最高人民法院、最高人民检察院还在总结长期实践经验的基础上，于1990年制定并颁布了《人体重伤鉴定标准》。因此，我们认为，在司法实践中应当将《医疗事故分级标准（试行）》与现行《刑法》第95条重伤的概念加以比较。刑法所称重伤，是指有下列情形之一的伤害：使人肢体残废或者毁人容貌的，使人丧失听觉、视觉或其他器官机能的以及其他对人身体健康有重大伤害的。显然，患者的残废、功能障碍都属于重伤范畴。

3. 如何判断医疗事故罪的因果关系？刑法的罪责自负原则要求，一个人只能对自己的危害行为及其造成的危害结果承担刑事责任。因此，当危害结果发生时，要使某人对该结果负责任，就必须查明他所实施的危害行为与该结果之间具有因果关系。这种因果关系，是在危害结果发生时使行为人负刑事责任的必要条件。要特别注意的是，由于医疗事故的发生往往掺杂有许多偶合因素，如原发疾病的参与。因此，在判断损害是否严重时，还必须考量在医疗事故中，医务人员的诊疗行为责任程度。医务人员对医疗事故的发生负完全责任或主要责任时，才能构成本罪。如果是次要责任，一般不宜追究医务人员的刑事责任。

十二、非法行医罪

（一）基本法理

1. 非法行医罪的概念和构成要件。非法行医罪，是指未取得医生执业资格的人非法行医，情节严重的行为。

本罪的构成要件：

（1）本罪主体必须是未取得医生执业资格的人。没有取得医生执业资格的人，即使医术高明，也可以成为本罪主体。而已经取得医生执业资格的人行医的，即使没有办理其他手续，也不成立本罪。

（2）本罪主观方面是故意。这里的故意，是指明知自己没有取得医生执业资格而非法行医的主观心理状态。非法行医一般是以开业牟利为目的，但刑法没有予以规定，故不限于以营利为目的。另外，这里的故意，是指行医行为而言，其对于刑法规定的造成严重后果而言则必须是过失，但非法行医本身不可能是过失犯罪。非法行医行为造成就诊人身体健康的严重损害乃至死亡的，是结果加重犯，行为人对加重结果有过失，但对加重结果的过失不等于对基本犯罪也是过失。有人认为，行为人对病人伤亡结果存在间接故意的罪过而不是业务过失的罪过。理由是在认识因素上，行为人既对自己缺乏行医技能和控制病情发展的能力是明知的，又对病人在得不到有效及时治疗时会伤残直至死亡是明知的，所以不是疏忽大意的过失；在意志因素上，对病人的伤残、死亡采取了漠然视之，听之任之的放纵态度。我们认为，从本罪的法定刑规定来看，不应当包括故意的刑事责任。

（3）本罪的客观方面表现为非法行医，即非法开业从事诊断、治疗、医务护理工作，情节严重的行为。

首先，从事了医疗行为。一般来说，医疗行为有广义与狭义之分。广义的医疗行为，是指出于医疗目的所实施的行为，包括疾病的治疗与预防、生育的处置、按摩、针灸等符合医疗目的的行为；狭义的医疗行为则是指广义的医疗行为中，只能由医师根据医学知识与技能实施，否则便可能对人体产生危险的行为。广义的医疗业务中包含了不会对人体产生危险的行为。由于本罪的首要性质是危害公共卫生，因此，本罪中的行医行为应是指狭义的医疗行为，即医疗、预防、保健业务中，只能由医师根据医学知识与技能实施、否则便对人体产生危险的行为。医师业务行为的中心是诊疗。诊疗又可以进一步分为诊断和治疗：诊断是指就患者的伤病、身体的现状等进行诊察，判断伤病的原因、选择治疗方法的活动；治疗是指以恢复患者的伤病、增进健康为目的且应由医生实施的行为。

其次，非法开业行医，即以实施医疗行为为业的活动。行医是一种职业活动，是医疗执业者将医疗、预防、保健作为一种业务实施的。而本罪是危害公共卫生的犯罪，具体而言，是危害不特定患者或者多数患者生命、健康的犯罪，而不是单纯违反医疗机构管理的行为。如果行为人只是针对特定的个人从事医疗、预防、保健等活动，就不可能危害公共卫生。只有当行为人将行医作为一种业务活动而实施时，才可能危害公共卫生。根据2008年5月9日最高人民法院《关于审理非法行医刑事案件具体应用法律若干问题的解释》的规定，“未取得医生执业资格的人非法行医”是指：①未取得或者以非法手段取得医师资格从事医疗活动的；②个人未取得《医疗机构执业许可证》开办医疗机构的；③被依法吊销医师执业证书期间从事医疗活动的；④未取得乡村医生执业证书，从事乡村医疗活动的；⑤家庭接生员实施家庭接生以外的医疗行为的。

最后，非法行医情节严重。根据上述司法解释，“情节严重”是指：①造成就诊人轻度残疾、器官组织损伤导致一般功能障碍的；②造成甲类传染病传播、流行或者有传播、流行危险的；③使用假药、劣药或不符合国家规定标准的卫生材料、医疗器械，足以严重危害人体健康的；④非法行医被卫生行政部门行政处罚两次以后，再次非法行医的；⑤其他情节严重的情形。

（4）本罪的客体是复杂客体，妨害国家的医务管理制度，并危害就诊人的生命安全和健康权利。行医是关系到人民生命健康的特殊职业，因此，国家对这一行业的管理极为严格。不仅对行医者的资格加以严格限制，要求行医者除要有良好的政治思想条件外，还要具备一定的技术资格，以保证医疗质量，保障人民的生命健康安全。而且还对行医活动，制定了一整套管理工作规范及制度，以促进我国医疗卫生事业的健康发展。非法行医，不仅扰乱了业已建立的良好的医疗卫生工作管理秩序，而且往往由于非法行医者不具备执业的资格和条件，医疗服务质量差，同时也侵犯了就诊人的身体健康和生命安全。

2. 非法行医罪的相关界限。

（1）本罪与非罪的界限。非法行医是一种职业行为，在认定是否行医即行为人是否将医疗、预防、保健作为业务时，应当根据行为人的行为方式、样态、时间、场所等进行判断。特别应注意的是以下几点：①只要性质上是要反复、继续实施的，或者只要行为人以反复、继续实施的意思从事医疗、预防、保健活动，其一旦开业就属于业务活动。在首次诊疗活动中被查获的，也属于非法行医，如果情节严重即构成本罪。②行医虽然是一种业务行为，但并不要求行为人将行医作为惟一职业，行为人在具有其他职业的同时，将行医作为副业、兼业的，也属于非法行医。③行医行为不要求具有不间断性，只要行为是反复实施的，即使具有间断性质，也不影响对业务性质的认定。④不能因为行为人在偶然一次特定的医疗等活动中收取了报酬，就认定为非法行医。收取报酬只是认定是否业务行为的根据之一，而非唯一根据。不具有医生执业资格的人，没有反复、继续实施的意思，偶然为特定人医治疾病的，不成立本罪。

（2）本罪与“江湖骗子”行为的界限。这里所提到的“江湖骗子”，指在社会上四处游走，以非正规医术或偏方、草药假药骗取钱财的人。江湖骗子的手段往往不符合行医特征，其游医行为与固定开业的医生不同，其行为对公众认同的医疗业不形成破坏，因此不属于行医，不成立非法行医罪，应视性质与情节认定为其他犯罪。例如，行为人采用巫术等方法为他人治病的，采用迷信乃至邪教方法致人死亡，应适用《刑法》第300条以利用迷信致人死亡罪论处。声称自己的“药品”能够治好某种疾病，使他人信以为真而购买，或者以行医为名采取非法手段取得他人财物的，也不是非法行医，只能视性质与情节认定为诈骗罪，生产、销售假药、劣药等罪。

（3）本罪与医疗事故罪的界限。二者在客观上都可能造成就诊人死亡或严重损害就诊人身体健康的后果，它们的区别主要在于：①主体不同。本罪的主体是不具有医师执业资格的人；而后罪的主体是医务人员。②主观方面不同。本罪为故意犯罪，明知自己没有行医的执业资格而行医；而后者只能是过失。③客观方面不同。本罪以非法行医情节严重为构成犯罪的条件，而加重情节中造成就诊人死亡或身体健康严重后果的原因既可以表现为医疗责任事故，也可以是医疗技术事故；而后罪则仅限于责任事故，技术事故不构成犯罪。

3. 非法行医罪的刑事责任。根据《刑法》第336条第1款的规定，犯本罪的，处3年以下有期徒刑、拘役或者管制，并处或者单处罚金；严重损害就诊人身体健康的，处3年以上10年以下有期徒刑，并处罚金；造成就诊人死亡的，处10年以上有期徒刑，并处罚金。犯非法行医罪而严重损害就诊人身体健康的，是本罪的加重处罚事由。这里的严重损害就诊人身体健康，根据前述司法解释，是指：①造成就诊人中度以上残疾、器官组织损伤导致严重功能障碍的；②造成3名以上就诊人轻度残疾、器官组织损伤导致一般功能障碍的。

（二）疑难问题

1. 具有医师资格但没有取得相应医疗执业许可证的人可否成为本罪主体？根据《执业医师法》以及相关法规的规定，只有通过了医师资格考试，取得了医师资格，并且经医师注册取得执业证书后，方可从事医师执业活动。问题是，《刑法》第336条中的“未取得医生执业资格”是仅指未取得执业医师资格，还是既包括未取得执业医师资格、也包括取得了执业医生资格但没有取得执业证书？如果是前者，只有未取得执业医师资格的人才能成为非法行医罪的主体；如果是后者，未取得执业医师资格的人以及虽然取得该资格但没有取得执业证书的人，都能成为非法行医罪的主体。从法条的表述上看，“医生执业资格”显然并不等同于“医师资格”或“执业医师资格”，而是“医师资格”与“执业资格”的统一，即只有同时具有医师资格和取得执业证书，才属于取得了“医生执业资格”。从实质上看，本罪首先侵犯的是公共卫生，其次是医疗管理秩序，取得医师资格但没有取得执业证书的人行医，侵犯了上述两种法益。因为行医并不是只要求有医学知识与技能，还要求必要的设备与条件，否则也会危害公共卫生。基于同样的理由，以往同时具有上述两种资格的人，由于某种原因被有关机关取消其中一种或两种资格后，仍然可以成为本罪的主体。

2. 具有医疗执业许可证的人超出业务范围行医是否构成本罪？根据有关规定，在具有执业资格的医疗机构中行医的人员，擅自从事个体行医的，或者超出执业地点、类别或范围行医的人也可以构成本罪。根据《执业医师法》第19条的规定，并非医疗、预防、保健机构的正式医生都可以从事个体行医。从行医特点来看，集体行医与个体行医对于患者的安全保障并不相同。因此，在具有集体执业资格的医院行医的人，如果没有取得个人行医执业许可证而从事个体行医的，仍然可能成立本罪。

另根据《执业医师法》规定，医师经注册后，只能按照注册的执业地点、执业类别、执业范围，从事相应的医疗、预防、保健业务。那么，对于违反该规定的行为应否认定为非法行医罪呢？例如，某甲经注册后取得的是A类别的行医执业证书，但因为从事B类别的行医，导致他人死亡。该行为是医疗事故罪还是非法行医罪？从《刑法》第336条的规定来看，它只要求主体是未取得医生执业资格的人，对此作反对解释得出的结论便是，只要是取得了医生执业资格的人，不管取得的是何种类别的执业证书，都不符合第336条规定的主体。从处罚的合理性来看，即使否认某甲的行为构成非法行医罪，也完全可以将其行为认定为医疗事故罪；而且由于某甲毕竟是取得医生执业资格的人，故从整体上看，其行为的危害当然轻于本罪，故处罚相对轻一些也是完全合适的。

十三、重大环境污染事故罪

（一）基本法理

1. 重大环境污染事故罪的概念和构成要件。重大环境污染事故罪重大环境污染事故罪，是指违反国家规定，向土地、水体、大气排放、倾倒或者处置有放射性的废物、含传染病病原体的废物、有毒物质或者其他危险废物，造成重大环境污染事故，致使公私财产遭受重大损失或者人身伤亡的严重后果的行为。

本罪的构成要件是：

（1）本罪主体为一般主体，既可以是自然人，也可以是单位。

（2）本罪的主观方面的罪过形式是过失。这里的过失，是指应当预见自己违反国家规定，向土地、水体、大气排放、倾倒或者处置有放射性的废物，含传染病病原体的废物、有毒物质或者其他危险物质可能发生重大环境污染事故，致使公私财产遭受重大损失或者人身伤亡的严重后果，因为疏忽大意而没有预见，或者已经预见而轻信能够避免，以致发生这种结果的主观心理状态。行为人对危害结果的发生持过失的心理态度，但对非法排放、倾倒、处置危险废物的行为则一般持故意的心理态度。

（3）本罪客观方面具有三个特征：①违反国家规定，这主要是指违反《大气污染防治法》、《固体废物污染环境防治法》、《水污染防治法》、《海洋环境保护法》、《环境保护法》等法律以及国务院颁布的有关实施细则。②向土地、水体、大气排放、倾倒或者处置有放射性的废物、含传染病病原体的废物、有毒物质或者其他危险废物。危险废物，是指列入国家危险废物名录或者根据国家规定的危险废物鉴别标准和鉴别方法认定的具有危险特性的废物。这里的排放，是指将废物排入水体，包括泵出、溢出、泄出、喷出等；这里的倾倒，是指通过船舶、航空器、平台或者其他运载工具向水体处置危险废物；这里的处置，是指焚烧、填埋等方式处置危险废物。上述行为造成重大环境污染事故的，才构成本罪。③造成重大环境污染事故，致使公私财产遭受重大损失或者人身伤亡的严重后果的行为。这里的重大环境污染事故，是指土地、水体、大气等自然环境诸要素由于受到人类生产、生活过程中产生的有毒、有害物质的损害和破坏，引起环境质量下降，危害人体健康，严重影响生物的生存发展。

（4）犯罪客体：本罪侵犯的客体是国家对环境保护和污染防治的管理活动。人类的生存和发展都离不开环境，为了保护环境，我国通过《环境保护法》、《大气污染防治法》、《水污染防治法》、《海洋环境保护法》等一系列法律、法规。向土地、水体、大气排放、倾倒或者处置有放射性的废物、含传染病病原体的废物、有毒物质或者其他危险废物，均是对我国环境保护和污染防治活动的破坏。本罪的犯罪对象是土地、大气、水体等自然环境。

2. 重大环境污染事故罪的相关界限。

（1）本罪与投放危险物质罪的界限。二者的主要区别是：①本罪行为是通过污染环境进而造成公私财产的重大损失与人身伤亡结果，而投放危险物质罪的行为是直接造成公私财产的重大损失与人身伤亡的结果；②本罪是向土地、水体、大气排放、倾倒或者处置有放射性的废物、含传染病病原体的废物、有毒物质或者其他危险废物，而投放危险物质罪一般是将毒害性、放射性、传染病病原体等物质，投放于供不特定或者多数人饮食的食品或者饮料中，供人、畜等使用的河流、池塘、水井中或者不特定人、多数人通行的场所；③本罪应是排放、倾倒或者处置因产品的生产、加工等而产生的危险废物，而投放危险物质罪则并无此要求；④本罪的行为人主观上出于过失，不具有危害公共安全的故意，而投放危险物质罪有两个罪名，即投放危险物质罪和过失投放危险物质罪，主观方面分别是危害公共安全的故意和过失。

（2）本罪与重大责任事故罪的界限。本罪与重大责任事故罪均为过失犯罪，客观上都造成重大事故且后果严重。主要区别在于：①犯罪的客体不同。重大责任事故罪所侵犯的客体是生产、作业活动的生产安全，而本罪所侵犯的客体是国家对环境保护和污染防治的管理制度及国家、单位和公民的环境权。②犯罪的客观方面不同。本罪在客观方面表现为行为人在生产作业过程中不服管理、违反规章制度或强令工人违章冒险作业，因而发生重大伤亡事故或造成其他严重后果的行为，而本罪在客观方面表现为违反国家规定，排放、倾倒、处置各种危险废物，造成重大环境污染事故，致使公私财产遭受重大损失或人身伤亡的严重后果的行为。

3. 重大环境污染事故罪的刑事责任。根据《刑法》第338条与第346条的规定，犯本罪的，处3年以下有期徒刑或者拘役，并处或者单处罚金；后果特别严重的，处3年以上7年以下有期徒刑，并处罚金。单位犯本罪的，对单位判处罚金，并对其直接负责的主管人员和其他直接责任人员，依照上述规定处罚。犯重大环境污染事故罪而后果特别严重的，是本罪的加重处罚事由。这里的后果特别严重，是指环境污染事故造成多人伤亡，造成特别重大的经济损失等。

（二）疑难问题

1. 如何理解重大环境污染事故罪与非法处置进口的固体废物罪的关系？由于二者的相似与相近关系，这是理论与实践上一个比较重要的问题。本罪与非法处置进口的固体废物罪侵犯的是同一类客体，客观上都造成重大环境污染事故。主要区别在于：①犯罪的客观方面不同。非法处置进口的固体废物罪在客观方面表现为违反国家规定，使中国境外的固体废物进入境内倾倒、堆放、处置的行为，犯罪行为对象仅限于进口的固体废物，属于危险犯，即构成该罪无须危害结果的发生，只需非法处置进口固体废物将使环境受到威胁的危险状态就已足够；而本罪在客观方面则表现为违反国家规定，向土地、水体、大气排放、倾倒或者处置固体废物，造成重大污染事故的行为，属于结果犯，必须有公私财产遭受重大损失或者人身伤亡的严重后果发生。②犯罪的主观方面不同。非法处置进口的固体废物罪在主观方面表现为故意，即行为人明知将境外的固体废物进境倾倒、堆放、处置违反国家规定，并可能污染环境而故意为之；而本罪的主观方面表现为过失。

2. 重大环境污染事故罪能否采用严格责任？本罪是一种技术含量较高的犯罪，对其主观方面的认定与证明存在着相当的难度，因此我国刑法学界和司法实践部门对于在重大环境污染事故罪中是否能够引入外国刑法中的严格责任理论，采用严格责任存在着不同的意见，形成肯定说和否定说两种对立的观点。肯定说的主要理论观点有：①参考借鉴西方国家的立法，将严格责任引入重大环境污染事故犯罪中，有助于加强危害环境者的责任感，有助于司法机关及时办案，并且也符合刑罚的目的，符合罪责刑相适用原则；②中国目前面临的重大环境污染事故危机要求建立刑事严格责任制度，是时代的要求，是预防犯罪的需要，也是当代福利社会的要求，有利于被害人利益的保障；③在重大环境污染事故案件中一般的控诉机关很难对其主观过错进行认定，如果按传统的过错责任归责制度严格要求犯罪主体应具有罪过，不利于保护环境和人民生命财产的安全；④本罪采用严格责任原则体现出了对人的生命、健康及子孙后代生存权、环境权的重视等。

归纳起来，肯定说的主要根据主要是两点，一是重大环境污染罪的严重性，二是严格责任在司法追究实践中的实用性。这两点当然都是事实，然而我们认为，在目前我国刑法理论与实践尚未全面接受严格责任理念的情况下，对本罪采用严格责任的方式是没有充分根据的。①采用严格责任与我国的犯罪构成理论不相适应。我国的犯罪构成理论仍然是重视主观方面的罪过责任基础的，司法机关在追究犯罪时不仅要证明行为人有犯罪行为，而且要证明这种犯罪行为是在其故意或过失的心理状态支配下进行的。②采用严格责任违背了我国刑法主客观相统一原则和罪责刑相适应原则。我国刑法坚持主客观相一致的原则，反对客观归罪。本罪与其他犯罪相比虽有其特殊性，但在主观方面必须以故意或过失为主观要件，条件是相同的。③为了诉讼效率和社会需要而对本罪实行严格责任有悖刑法的公正性。刑法的根本价值在于追求公正，如果以强调诉讼效率为名，实行严格责任，尤其是对个别犯罪实行严格责任，实际上是本末倒置。

十四、走私、贩卖、运输、制造毒品罪

（一）基本法理

1. 走私、贩卖、运输、制造毒品罪的概念和构成要件。走私、贩卖、运输、制造毒品罪，是指违反毒品管理法规，走私、贩卖、运输、制造毒品的行为。应当注意，罪名与本节标题的类罪名虽然相同，但范围并不相同，本节标题的罪名实际上包括了所有的毒品犯罪。本罪名为选择性罪名，应根据行为人的具体行为选择适用，而在司法实践中，走私、贩卖、运输、制造这四种行为往往包含在一个整体的犯罪行为中。有的犯罪分子在制造毒品后，又实施贩卖、走私、运输毒品的行为，几种行为相互联系，形成一个整体的犯罪过程。

本罪的构成要件是：

（1）本罪的犯罪主体既可以是自然人，也可以是单位。在自然人主体中，已满 14 周岁不满 16 周岁，具有辨认、控制能力的人，可以成为贩卖毒品罪的主体；走私、运输、制造毒品罪的主体必须是已满 16 周岁，具有辨认、控制能力的人。

（2）本罪在主观方面表现为故意，即明知自己是在实施走私、贩卖、运输、制造毒品的行为而故意实施。如果行为人不知是毒品而误带、误运、误售的，不构成本罪。本罪在主观方面要求行为人认识到自己的行为是非法走私、贩卖、运输、制造毒品的行为，至于所走私、贩卖、运输、制造的是否确实是毒品，不影响本罪的构成。

（3）本罪客观方面表现为行为人走私、贩卖、运输、制造毒品的行为。

第一，走私毒品。走私毒品是指非法运输、携带、邮寄毒品进出国（边）境的行为。根据刑法对走私罪的规定，对在领海、内海运输、收购、贩卖国家禁止进出口的毒品，以及直接向走私毒品的犯罪人购买毒品的，应视为走私毒品。根据刑法的规定，影响走私毒品行为的危害程度的因素，主要是走私毒品的数量、是否首要分子、是否参与国际贩毒组织、是否武装掩护等。

第二，贩卖毒品。贩卖毒品是指有偿转让毒品或者以贩卖为目的而非法收购毒品。有偿转让毒品，即行为人将毒品交付给对方，并从对方获取物质利益。贩卖是有偿转让，如果是无偿转让毒品，如赠与等，则不属于贩卖毒品。毒品的来源既可能是自己制造的毒品，也可

能是自己所购买的毒品，还可能是通过其他方法取得的毒品。贩卖的对方没有限制，即不问对方是否达到法定年龄，是否具有辨认、控制能力，是否与贩卖人具有某种关系。出于贩卖目的而非法收买毒品的，也应认定为贩卖毒品。

第三，运输毒品。运输毒品是指采用携带、邮寄、利用他人或者使用交通工具等方法在我国领域内转移毒品。运输毒品必须限制在国内，而且不是在领海、内海运输国家禁止进出口的毒品，否则便是走私毒品。运输毒品具体表现为转移毒品的所在地，如将毒品从甲地运往乙地。

第四，制造毒品。制造毒品是指使用毒品原植物或其他原材料而制作成毒品。根据刑法的精神和实践中掌握，这里的制造应以广义理解，除了将毒品以外的制毒物品物作为原材料，提取或制作成毒品外，还包括毒品的精制、提纯，毒品品种的变化，毒品保存状态与物理状态的变化，毒品的调制与配伍等情况。

(4) 本罪侵犯的客体是国家对毒品的管制制度。本罪的犯罪对象是毒品。根据《刑法》第357条的规定，所谓毒品，是指鸦片、海洛因、甲基苯丙胺（冰毒）、吗啡、大麻、可卡因以及国家规定的其他能够使人形成瘾癖的麻醉药品和精神药品。非经国家指定的部门按照规定的程序审批进行外，任何单位或个人都不能进行麻醉药品和精神药品的生产、运输、供应。行为人走私、贩卖、运输、制造毒品，违反了国家的有关规定，严重侵犯了国家对毒品的管理制度。应当注意，如果行为人出于医疗、科研或教学目的，根据法律规定，在取得国家卫生行政主管部门批准或者特许后，进口、生产、运输、或者销售麻醉药品、精神药品的，不成立本罪。

2. 走私、贩卖、运输、制造毒品罪的相关界限。

(1) 本罪与非罪行为的界限。根据刑法的规定，走私、贩卖、运输、制造毒品的种类和数量是衡量其危害程度的主要依据，也是量刑的重要参照根据。但是应当注意，毒品的种类和数量并非区分罪与非罪的根据。只要行为人实施了走私、贩卖、运输、制造毒品行为的，不论毒品的数量多少，一律构成犯罪。但如果行为人出于医疗、科研或教学目的，根据法律规定，在取得国家卫生行政主管部门批准或者特许后，进口、生产、运输、或者销售麻醉药品、精神药品的，不成立本罪。

(2) 走私毒品罪与走私罪的界限。走私毒品犯罪行为也是一种走私行为。但两罪的主要区别在于犯罪的对象不同。走私毒品罪的犯罪对象仅限于毒品，而走私罪的犯罪对象是毒品以外的国家禁止或者限制进出口的物品。如果行为人在走私活动中，既走私毒品，又走私其他货物、物品的，则应按走私毒品罪和构成的其他走私罪，实行数罪并罚。需要注意的是，非法运输、携带制毒物品进出境的，构成走私制毒物品罪。

(3) 走私、贩卖毒品罪与非法提供麻醉药品、精神药品罪的界限。在《刑法》第355条中规定，“依法从事生产、运输、管理、使用国家管制的麻醉药品、精神药品的人员，违反国家规定，向吸食、注射毒品的人提供国家规定管制的能够使人形成瘾癖的麻醉药品、精神药品的”，构成非法提供麻醉药品、精神药品罪。同时该条也规定：“向走私、贩卖毒品的犯罪分子或者以牟利为目的，向吸食、注射毒品的人提供国家规定管制的能够使人形成瘾癖的麻醉药品、精神药品的，依照本法第347条的规定定罪处罚。”根据这一规定，区分两罪的界限体现为两个方面，一是提供的对象，二是牟利目的。也就是说，依法持有者仅直接向吸食、注射毒品的人提供管制的麻醉药品与精神药品，且没有牟利目的的，为非法提供麻醉药品、精神药品罪；如果其提供对象是走私、贩卖毒品的犯罪分子，或者虽为直接向吸食、注射毒品的人提供，却是以牟利为目的的，即以走私、贩卖毒品罪论处。

3. 走私、贩卖、运输、制造毒品罪的刑事责任。根据《刑法》第347条的规定，本罪的法定刑分为以下几种情况：

（1）走私、贩卖、运输、制造鸦片不满200克、海洛因或者甲基苯丙胺不满10克或者其他少量毒品的，处3年以下有期徒刑、拘役或者管制，并处罚金；情节严重的，处3年以上7年以下有期徒刑，并处罚金。毒品的数量以查证属实的走私、贩卖、运输、制造的数量计算，不以纯度折算；对多次走私、贩卖、运输、制造毒品，未经处理的，毒品数量累计计算。

（2）走私、贩卖、运输、制造鸦片200克以上不满1000克、海洛因或者甲基苯丙胺10克以上不满50克或者其他毒品数量较大的，处7年以上有期徒刑，并处罚金。这一规定只是以毒品的数量来决定法定刑升格。

（3）走私、贩卖、运输、制造毒品，有下列情形之一的，处15年有期徒刑、无期徒刑或者死刑，并处没收财产：①走私、贩卖、运输、制造鸦片1000克以上、海洛因或者甲基苯丙胺50克以上或者其他毒品数量大的；②走私、贩卖、运输、制造毒品集团的首要分子；③武装掩护走私、贩卖、运输、制造毒品的；④以暴力抗拒检查、拘留、逮捕、情节严重的；⑤参与有组织的国际贩毒活动的。可见，决定上升到这一档法定刑的因素，除了毒品数量外，还有其他严重情节。因此，走私、贩卖、运输、制造毒品的行为即使没有达到上述数量，但如果具有其他法定情节的，也应依照该法定刑处罚。

根据2000年4月20日最高人民法院《关于审理毒品案件定罪量刑标准有关问题的解释》，走私、贩卖、运输、制造下列毒品，应当认定为《刑法》第347条第2款第1项的“其他毒品数量大”：①苯丙胺类毒品（甲基苯丙胺除外）100克以上；②大麻油5千克、大麻脂10千克、大麻叶及大麻烟150千克以上；③可卡因50克以上；④吗啡100克以上；⑤度冷丁（杜冷丁）250克以上（针剂100mg/规格的2500支以上，50mg/规格的5000支以上；片剂25mg/规格的1万片以上，50mg/规格的5000片以上）；⑥盐酸二氢埃托啡10毫克以上（针剂或者片剂20μg/支、片规格的500支、片以上）；⑦咖啡因200千克以上；⑧罂粟壳200千克以上；⑨上述毒品以外的其他毒品数量大的。

走私、贩卖、运输、制造下列毒品，应当认定为《刑法》第347条第3款的“其他毒品数量较大”：①苯丙胺类毒品（甲基苯丙胺除外）20克以上不满100克；②大麻油1千克以上不满5千克，大麻脂2千克以上不满10千克，大麻叶及大麻烟30千克以上不满150千克；③可卡因10克以上不满50克；④吗啡20克以上不满100克；⑤度冷丁（杜冷丁）50克以上不满250克（针剂100mg/支规格的500支以上不满2500支，50mg/支规格的1000支以上不满5000支；片剂25mg/片规格的2000片以上不满1万片，50mg/片规格的1000片以上不满5000片）；⑥盐酸二氢埃托啡2毫克以上不满10毫克（针剂或者片剂20μg/支、片规格的100支、片以上不满500支、片）；⑦咖啡因50千克以上不满200千克；⑧罂粟壳50千克以上不满200千克；⑨上述毒品以外的其他毒品数量较大的。

具有下列情形之一的，可以认定为《刑法》第347条第4款规定的“情节严重”：①走私、贩卖、运输、制造鸦片140克以上不满200克、海洛因或者甲基苯丙胺7克以上不满10克或者其他数量相当毒品的；②国家工作人员走私、制造、运输、贩卖毒品；③在戒毒监管场所贩卖毒品的；④向多人贩毒或者多次贩毒的；⑤其他情节严重的行为。

毒品犯罪数量对毒品犯罪的定罪，特别是量刑具有重要作用。但毒品数量只是依法惩处毒品犯罪的一个重要情节而不是全部情节。因此，执行量刑的数量标准不能简单化。特别是对被告人可能判处死刑的案件，确定刑罚必须综合考虑被告人的犯罪情节、危害后果、主观恶性等多种因素。对于毒品数量刚刚达到实际掌握判处死刑的标准，但综观全案，危害后果不是特别严重，或者被告人的主观恶性不是特别大，或者具有可酌情从轻处罚等情节的，可不判处死刑立即执行。对于被告人被公安机关查获的毒品数量不够判处死刑的标准，但加上坦白交待的毒品数量，超过了判处死刑的数量标准的，一般应予从轻处罚，可不判处死刑立即执行。

根据刑法的规定，具有下列情节的应当从重处罚：

（1）利用、教唆未成年人走私、贩卖、运输、制造毒品或者向未成年人出售毒品的，从重处罚。这里的未成年人是指未满18周岁的人。其中的利用，是指利用没有达到刑事法定年龄的人走私、贩卖、运输、制造毒品，由于被利用者是不负刑事责任的人，因此，利用者属于间接正犯，他与被利用者不构成共犯，而是独立地承担刑事责任。其中的教唆，是指教唆达到法定年龄的未成年人走私、贩卖、运输、制造毒品。根据刑法理论，对间接正犯与直接正犯一样处罚，而不从重处罚。但刑法考虑到上述犯罪的危害特别严重，规定从重处罚。对教唆不满18周岁的人犯罪，《刑法》第29条已经规定了应当从重处罚，而《刑法》第347条又特别规定了对上述情况从重处罚。这不意味着教唆不满18周岁的人走私、贩卖、运输、制造毒品的犯罪分子具有两个从重处罚的情节，即上述规定只是对《刑法》第29条的重申，而不是说在《刑法》第29条从重处罚的基础上再根据该规定从重处罚。因为利用没有达到法定年龄的人犯罪与教唆达到法定年龄的未成年人犯罪相比，前者的危害大于后者，但如果认为教唆达到法定年龄的未成年人犯罪有两个从重处罚的情节，则利用没有达到法定年龄的人犯罪只具有一个从重处罚的情节，这就导致刑罚不均衡。

（2）因走私、贩卖、运输、制造、非法持有毒品被判过刑，又犯走私、贩卖、运输、制造毒品罪的，从重处罚。这是关于再犯从重处罚的规定。不论前罪何时受处罚，不论判处何种刑罚，不论处刑轻重，对新罪一律从重处罚。这也是鉴于毒品犯罪的特殊危害所作的特殊规定。需要研究的问题是：对其中符合累犯条件的，是仅适用刑法总则关于累犯的规定，还是仅适用本规定，抑或同时适用累犯规定与本规定。最高人民法院2000年4月4日印发的《全国法院审理毒品犯罪案件工作座谈会纪要》（以下简称《毒品犯罪座谈会纪要》）指出："关于同时构成再犯和累犯的被告人适用法律和量刑的问题。对依法同时构成再犯和累犯的被告人，今后一律适用刑法第356条规定的再犯条款从重处罚，不再援引刑法关于累犯的条款。"但这一观点存在疑问。本来，《刑法》第356条是鉴于毒品犯罪的严重性才作出再犯规定的，如果对符合累犯条件的也仅适用该再犯规定，则意味着对符合累犯条件的毒品犯罪人可以适用缓刑、假释，而其他犯罪的累犯则不得适用缓刑与假释，这显然有失公允。因此，应当认为，对于符合累犯条件的，必须适用总则关于累犯的条款，而不再适用《刑法》第356条。易言之，《刑法》第356条应仅适用于不符合累犯条件的再犯。

根据《刑法》第347条的规定，单位犯走私、贩卖、运输、制造毒品罪的，对单位判处罚金，并对其直接负责的主管人员和其他直接责任人员，依照前述规定处罚。

（二）疑难问题

1．毒品的数量如何累计与计算？

（1）多次走私、贩卖、运输、制造毒品的数量如何累计？《刑法》第347条第7款规定："对多次走私、贩卖、运输、制造毒品，未经处理的，毒品数量累计计算"。毒品数量之所以应当累计计算，是因为对毒品犯罪是以毒品数量行为定罪量刑标准的，只有累计计算才能对毒品犯罪正确地定罪量刑。但是，对已经被依法处理过的毒品数量不应当再累计计算；超过时效规定不应追诉的，毒品数量也不应当累计计算。

(2) 涉案毒品纯度是否可以折算?《刑法》第357条第2款规定:“毒品的数量以查证属实的走私、贩卖、运输、制造、非法持有毒品的数量计算,不以纯度折算。”按照这一规定,对查获的毒品进行定性分析,而不进行定量分析。即从被查获的毒品的实际数量计算,对查获的掺入非毒成份的毒品不做提纯计算。但根据2000年4月4日《毒品犯罪座谈会纪要》的规定,根据刑法的规定,对于毒品的数量不以纯度折算。但对于查获的毒品有证据证明大量掺假,经鉴定查明毒品含量极少,确有大量掺假成分的,在处刑时应酌情考虑。特别是掺假之后毒品的数量才达到判处死刑的标准的,对被告人可不判处死刑立即执行。为掩护运输而将毒品融入其他物品中,不应将其他物品计入毒品的数量。

2. 认识错误对走私、贩卖、运输、制造毒品罪定罪有何影响?本罪在主观方面要求行为人认识到自己的行为是非法走私、贩卖、运输、制造毒品的行为,至于所走私、贩卖、运输、制造的是否确实是毒品,不影响本罪的构成。如果行为人出于走私、贩卖、运输、制造毒品的认识和故意而走私、贩卖、运输、制造了主观上认为是毒品的药品,但客观上不是毒品,或者如果行为人明知不是毒品却冒充毒品向他人贩卖,骗取钱财的,应根据最高人民法院1994年12月20日《关于适用〈全国人民代表大会常务委员会关于禁毒的决定〉的若干问题的解释》第17条的规定处理,即“明知是假毒品而冒充毒品贩卖的,以诈骗罪定罪处罚。不知道是假毒品而当作毒品走私、贩卖、运输、窝藏的,应当以走私、贩卖、运输、窝藏毒品罪(未遂)定罪处罚”。

本罪不要求以营利为目的,故行为人不以营利为目的而实施本罪行为的,也构成本罪。例如,为了赠与而制造毒品,为了自己吸食而走私毒品,单纯受他人委托运输毒品等,都构成犯罪。贩卖通常是以营利为目的,但也不尽然。例如,某甲为了吸食而买进大量毒品,后由于种种原因而戒毒,戒毒后低价将剩余毒品出卖。显然难以认定某甲具有营利目的,但其行为仍然构成贩卖毒品罪。

对毒品种类产生错误认识的,不影响刑事责任的构成。毒品的种类不同危害便不同,因此刑法对不同的毒品作了区别规定。但根据刑法规定,毒品种类及其数量仅影响量刑,并不影响犯罪的成立,故行为人对毒品种类的认识产生错误时,实际上是对自己的行为在量刑上有不正确的认识,依据我国的刑法理论,这种认识错误不影响刑事责任。退一步讲,即使认为这种情况属于对象错误,也不影响刑事责任。因为行为人只是对毒品的种类产生认识错误,而各种不同种类的毒品都危害公众健康,没有理由对刑事责任产生影响。

3. 如何认定走私、贩卖、运输、制造毒品罪的既遂与未遂?本罪有四种行为方式,其既遂与未遂的标准因行为方式而异。

(1) 走私毒品罪的既遂与未遂。在走私毒品罪的既遂与未遂标准上,存在不同的观点。我们认为,根据走私的概念和我国刑法理论中对既遂与未遂的一般理解,走私毒品罪应当以行为人所携带、运输的毒品越过目的地国陆上边境,或者到达目的地国的领海领域或航空港口岸为既遂。

(2) 贩卖毒品罪的既遂与未遂。贩卖以毒品实际上转移给买方为既遂,转移毒品后行为人是否已经获取了利益,则并不影响既遂的成立。毒品实际上没有转移时,即使已经达成转移的协议,或者行为人已经获得了利益,也不宜认定为既遂。

(3) 运输毒品罪的既遂与未遂。行为人为了运输而开始搬运毒品时,是运输毒品罪的着手,由于行为人意志以外的原因不能或没有进入正式的运输状态时为未遂;否则即为既遂。例如,行为人以邮寄方式运输毒品时,在邮件包装过程中被查获的,属于未遂;如果已将装有毒品的邮件交付给邮局,则为既遂。再如,使用交通工具运输毒品的,当毒品置入交通工具内，交通工具已经进入行驶状态时，即为既遂。

（4）制造毒品罪的既遂与未遂。制造毒品罪应以实际上制造出毒品为既遂标准，至于所制造出来的毒品数量多少、纯度高低等，都不影响既遂的成立。着手制造毒品后，没有实际上制造出毒品的，则是制造毒品未遂。

4. 如何认定本罪中的共同犯罪？走私、贩卖、运输、制造毒品等犯罪行为，常常以共同犯罪的形式出现。审理毒品共同犯罪案件，应当注意以下几个方面的问题：

（1）正确区分主犯和从犯。在共同犯罪中起意贩毒、为主出资、毒品所有者以及其他起主要作用的是主犯；在共同犯罪中起次要或者辅助作用的是从犯。对于确有证据证明在共同犯罪中起次要或者辅助作用的，不能因为其他共同犯罪人未归案而不认定为从犯，甚至将其认定为主犯或按主犯处罚。只要认定了从犯，无论主犯是否到案，均应依照并援引刑法关于从犯的规定从轻、减轻或者免除处罚。

（2）正确认定共同犯罪案件中主犯和从犯的毒品犯罪数量。对于毒品犯罪集团的首要分子，应当按集团毒品犯罪的总数量处罚；对于一般共同犯罪的主犯，应当按其组织、指挥的毒品犯罪数量处罚；对于从犯，应当按其个人直接参与实施的毒品犯罪数量处罚。

（3）根据行为人在共同犯罪中作用和罪责的大小确定刑罚。不同案件不能简单地类比，这一案件的从犯参与毒品犯罪的数量可能比另一案件的主犯参与毒品犯罪的数量大，但对这一案件从犯的处罚不是必然重于另一案件的主犯。共同犯罪中能分清主从犯的，不能因为涉案的毒品数量特别巨大，就一律将被告人认定为主犯并判处重刑甚至死刑。受雇于他人实施毒品犯罪的，应根据其在犯罪中的作用具体认定为主犯或从犯。受他人指使实施毒品犯罪并在犯罪中起次要作用的，一般应认定为从犯。

（4）根据《刑法》第349条第3款的规定，犯包庇毒品犯罪分子罪与窝藏、转移、隐瞒毒品、毒赃罪而事先通谋，以走私、贩卖、运输、制造毒品罪的共犯论处。

（5）根据《刑法》第350条第2款的规定，明知他人制造毒品而为其提供制毒物品的，对行为人应以制造毒品罪的共犯论处。

十五、非法持有毒品罪

（一）基本法理

1. 非法持有毒品罪的概念和构成要件。非法持有毒品罪，是指明知是鸦片、海洛因、甲基苯丙胺或者其他毒品而非法持有，数量较大的行为。本罪是持有型犯罪。相对于走私、贩卖、运输、制造毒品罪等高度犯罪来说，是低度犯罪。因此，在高度犯罪不能认定的情况下，应以本罪论处。在我国吸食毒品本身并不构成犯罪，但吸毒者持有毒品数量较大的，应以本罪论处。

本罪的构成要件是：

（1）本罪的主体是一般主体，即年满16周岁且具有刑事责任能力的自然人均可成为本罪主体。

（2）本罪的主观方面是故意，即行为人明知是毒品而非法持有。就本罪而言，是否明知是毒品是一个关键因素，行为人对此必须有认识。只有明知自己所持有的是毒品时，才能认识到自己行为的危害结果，才能进一步希望或者放任危害结果的发生。对于没有认识到是毒品而持有的，不能认定为本罪。行为人将假毒品误认为是真毒品而加以收藏、保存的，属于对象认识错误，不影响定罪。

（3）本罪的客观方面表现为非法持有数量较大的毒品。这里的持有，是指对毒品实际占有、携带、藏有或者以其他方法持有。首先，其持有是非法的，即没有合法的根据。或者说，行为人持有毒品，不是基于法律、法令、法规的规定或允许。如果行为人合法持有管制药品，则不构成犯罪，换言之，依法生产、使用、研究管制药品的人持有管制药品的，是正当行为，不构成犯罪。其次，必须有持有毒品的行为。持有是一种事实上的支配状态，行为人与物之间存在一种事实上的支配与被支配的关系。所谓持有毒品，也就是行为人对毒品的事实上的支配。最后，非法持有毒品达到一定数量才构成犯罪。即非法持有鸦片200克以上、海洛因或者甲基苯丙胺10克以上或者其他毒品数量较大的，才成立本罪。关于“其他毒品数量较大”的标准，参照前述司法解释就走私、贩卖、运输、制造毒品所规定的“其他毒品数量较大”的标准。

（4）本罪的客体是国家对毒品的管制和他人的身体健康。国家禁止任何人非法持有毒品，为此颁布了一系列的法律、法规。我国先后颁布了《药品管理法》、《麻醉药品》和《精神药品管理条例》。这些法规对毒品的种植、制造、运输、使用、管理都作了明确、严格的规定，禁止任何人非法持有，任何单位和个人未经主管部门批准或许可，持有、保存毒品的行为均违反了国家对毒品管理的规定，而且行为人非法持有的毒品，随时可能流入社会，危害他人的健康。为了维护国家对毒品的管制，保护人民群众的身体健康，对非法持有毒品的行为，必须予以惩处。本罪的对象为毒品，即《刑法》第357条所规定的鸦片、海洛因、甲基苯丙胺（冰毒）、吗啡、大麻、可卡因以及国务院规定管制的其他能够使人形成瘾癖的麻醉药品和精神药品。

2. 非法持有毒品罪的相关界限。

（1）本罪与非罪的界限。对于吸毒者实施的毒品犯罪，在认定犯罪事实和确定罪名上一定要慎重。根据最高人民法院《毒品犯罪座谈会纪要》的精神，吸毒者在购买、运输、存储毒品过程中被抓获的，如没有证据证明被告人实施了其他毒品犯罪行为的，一般不应定罪处罚，但查获的毒品数量大的，应当以本罪定罪；毒品数量未超过本罪的数量最低标准的，不定罪处罚。有证据证明行为人不是以营利为目的，而是为他人代买仅用于吸食的毒品，毒品数量超过本罪的数量最低标准，构成犯罪的，托购者、代购者均构成本罪。

（2）本罪与走私、贩卖、运输、制造毒品罪的界限。走私、贩卖、运输、制造毒品的犯罪人，都必然非法持有毒品，因此，如果行为人是因为走私、贩卖、运输、制造毒品而非法持有毒品的，不能认定为本罪，而应认定为走私、贩卖、运输、制造毒品罪，也不能将该罪与本罪实行并罚。在走私、贩卖、运输、制造毒品的情况下，非法持有毒品是其行为的当然结果或者必经阶段，因而属于吸收犯。

3. 非法持有毒品罪的刑事责任。根据《刑法》第348条的规定，非法持有鸦片1000克以上、海洛因或者甲基苯丙胺50克以上或者其他毒品数量大的，处7年以上有期徒刑或者无期徒刑，并处罚金；非法持有鸦片200克以上不满1000克、海洛因或者甲基苯丙胺10克以上不满50克或者其他毒品数量较大的，处3年以下有期徒刑、拘役或者管制，并处罚金；情节严重的，处3年以上7年以下有期徒刑，并处罚金。

量刑时，应注意适用《刑法》第356条关于再犯从重处罚的规定。

这里的其他毒品数量大的，根据《关于审理毒品案件定罪量刑标准有关问题的解释》第1条的规定，是指非法持有下列毒品：①苯丙胺类毒品（甲基苯丙胺除外）100克以上；②大麻油5千克、大麻脂10千克、大麻叶及大麻烟150千克以上；③可卡因50克以上；④吗啡100克以上；⑤度冷丁（杜冷丁）250克以上（针剂100mg/支规格的2500支以上，50mg/克规格的5000支以上；片剂25mg/片规格的1万片以上，50mg/片规格的5000片以上）；⑥盐酸二氢埃托啡10毫克以上（针剂或者片剂20mg/支、片规格的500支、片以上）；

⑦咖啡因200千克以上；⑧罂粟壳200千克以上；⑨上述毒品以外的其他毒品数量大的。

（二）疑难问题

1. 非法持有毒品罪中持有行为的含义是什么？持有是刑法上比较特殊的一种行为方式，值得研究。在实践中需要很好地把握其内涵和不同的表现形态。①持有的核心内涵是实际的支配，具体表现为直接占有、携有、藏有或者以其他方法支配毒品；②持有不限于携带和保存行为，不要求行为人随时持于手中或者携带在身边，只要行为人能够对之进行相对他人的排他性的支配，就是持有；③持有不是法律上合法的占有，也并不要求行为人是毒品的所有人或占有人，所以属于他人所有、占有的毒品，只要事实上置于行为人支配之下时，行为人即持有毒品；④持有不要求单独持有，二人以上共同持有毒品的，也成立本罪；⑤持有是一种持续行为，只有当毒品在一定时间内由行为人支配时，才构成持有；至于时间的长短，则并不影响持有的成立，只是一种量刑情节，但如果时间过短，不足以说明行为人事实上支配着毒品时，则不能认为是持有。

2. 对吸毒者非法持有毒品的数量如何计算？通常情况下，吸毒者手中必定或多或少持有一定量的毒品。一般认为，如果行为人持有毒品是为了供自己注射、吸食的，且持有数量不大，不构成犯罪；持有数量较大的，超过法律规定的数量，即使是为了供自己注射、吸食，也应以本罪论处。因为毒品是一种危害严重的物品，国家必须严加管制，禁止任何人非法持有。

这里牵涉到一个问题，《刑法》第347条规定，对多次走私、贩卖、运输、制造毒品，未经处理的，毒品数量累计计算。那么，对吸毒者多次少量个别购买毒品，随买随吸，同期持有量从未达到标准的，能否将每次购买的毒品量累计起来，以此衡量是否达到本罪的数量标准？我们认为，刑法对本罪没有规定累计的规定，是有道理的，所谓非法持有的数量，是指当时而言。首先，虽然多次少量非法持有毒品，累计起来也可能达到数量较大的标准，但如果对这种持有进行累计计算，就会导致打击面的盲目扩大，从而使得那些吸食、注射毒品已有瘾癖的人大都能以本罪处理，这显然与立法原意是不符的。其次，走私、贩卖、运输、制造毒品与非法持有毒品的性质不同。前者的犯罪行为本身，没有规定构成犯罪的数量起点，无论犯罪数量多少，已经对社会造成了现实的危害，因而累计数量是对其危害程度的准确计算，多次走私、贩卖、运输、制造毒品数量累计起来反映出行为社会危害性的大小。而后者是毒品持有的状态，其危害在于大量毒品流向社会的可能性，如果同时持有量不到一定程度，则对社会的潜在威胁不大。因此，已经被吸食、注射了的毒品不应累计计入非法持有毒品的数量。

3. 如何区分运输毒品罪与非法持有毒品罪？这是一个在实践中比较有难度的问题。运输毒品的行为同时也表现为非法持有毒品，持有包括携带行为，而在旅行中携带便可能表现为运输。我们认为，在这种情况下，不能将所有异地携带毒品的转移行为都认定为运输毒品罪。根据我国刑法规定走私、贩卖、运输、制造毒品罪的选择性罪名的立法方式，可以看到，运输毒品罪的运输行为，是和走私、贩卖、制造毒品罪的危害程度相当的，也就是说，只有直接导致毒品在社会上流动、散播的运输毒品行为，才适合与其他3个选择性罪名相提并论。因此，只有与走私、贩卖、制造有关联的运输行为，才宜认定为运输毒品罪。也就是说，所谓运输毒品，是作为非法流通意义上的运输毒品行为，为个人吸食而个人异地携带的行为，不足以构成运输毒品罪。最高人民法院《毒品犯罪座谈会纪要》也予以明确规定："吸毒者在购买、运输、存储毒品过程中被抓获的，如没有证据证明被告人实施了其他毒品犯罪行为的，一般不应定罪处罚，但查获的毒品数量大的，应当以非法持有毒品罪定罪。"

例如，行为人居住在甲地，在乙地出差期间购买了毒品，然后将毒品带回甲地。如果是为了吸食，数量大的，可认定为本罪；如果是为了贩卖，则应认定为贩卖、运输毒品罪。

十六、组织卖淫罪

（一）基本法理

1. 组织卖淫罪的概念和构成要件。组织卖淫罪，是指以招募、雇佣、强迫、引诱、容留等手段，控制他人从事卖淫活动的行为。

本罪的构成要件：

（1）本罪为一般主体，即已满16周岁且具有刑事责任能力的自然人。组织者既可以是一人，也可以是多人。旅馆业、饮食服务业、文化娱乐业、出租汽车业等单位的人员或者负责人，利用本单位的条件，组织他人卖淫的，应认定为本罪。

（2）本罪主观上只能出于故意，虽然卖淫以营利为目的，组织卖淫者通常也以营利为目的，但刑法并没有将营利目的规定为主观要件要素。从理论上说，卖淫具有营利目的，不等于组织者必然具有营利目的。

（3）本罪的客观方面表现为组织他人卖淫的行为。组织，是指以招募、雇佣、强迫、引诱、容留等手段，控制他人从事卖淫活动的行为。这里的招募，是指在社会上物色、网罗、招收、聚集他人卖淫；雇佣，是指用金钱收买他人从事卖淫活动；强迫，是指违背他人意志，用精神威胁、肉体折磨、摧残等方法，迫使他人卖淫；引诱，是指用欺骗和诱惑、勾引的方法，促使他人卖淫；容留，是指为他人卖淫提供场所。控制多人从事卖淫活动，是指控制3人以上，设置卖淫场所或者没有固定场所而通过控制卖淫人员有组织地进行卖淫活动。组织卖淫行为一般表现为两种情况：①设置卖淫场所或者变相卖淫场所，控制卖淫者，招揽嫖娼者，如以办旅馆为名，行开妓院之实；②没有固定的卖淫场所，通过控制的卖淫人员，有组织地进行卖淫活动，如服务业的负责人员，组织本单位的服务人员向顾客卖淫。他人，不是指一个人，而是指多人，既包括女性，也包括男性。卖淫，是指以营利为目的，满足不特定对方的性欲的行为，包括与不特定的对方发生性交和从事其他猥亵活动。之所以认为卖淫包括从事性交以外的其他猥亵活动，是基于以下两点理由：首先，以营利为目的与不特定的对方从事性交之外的猥亵活动的行为，与以营利为目的与不特定对方发生性交一样，都是为了获得金钱与财物而出卖肉体，都是毒害社会风气、败坏社会风尚的行为，都有传播性病的可能性，因而二者没有本质的区别。其次，从外国刑事立法的规定来看，凡规定了有关卖淫的犯罪的，一般都不将行为方式限定为性交，而是包括性交之外的猥亵行为。

（4）本罪侵犯的客体是社会治安管理秩序。卖淫、嫖娼是旧社会遗留下来的丑恶现象，我国法律一贯予以禁止。组织他人卖淫的犯罪行为比一般的犯罪行为具有更为严重的社会危害性，它直接促使卖淫、嫖娼活动的蔓延，严重损害或威胁人们的身心健康，败坏社会风气，严重破坏社会主义精神文明建设，危害社会治安管理秩序。

2. 组织卖淫罪的相关界限。

（1）本罪与非罪的界限。根据刑法规定，本罪只处罚组织者，对于一般参与卖淫者则不以犯罪论处，而通常按照违反治安管理行为来处理。如果数个卖淫者为了赚取更多钱财，结伙卖淫，相互传递信息、互相提供方便，互为掩护，共同从事卖淫活动，由于她们都是卖淫者，没有主从之分，也没有较为固定的组织策划者，因此对其一般不应以犯罪论处，而应处以治安管理处罚。但是，如果行为人既自己参与卖淫，又组织他人卖淫的，则构成本罪。

（2）本罪中的组织行为与犯罪集团共犯形式的界限。刑法虽然规定本罪为组织犯，但应当注意本罪与刑法总则关于犯罪集团的规定的关系。在组织他人卖淫的犯罪活动中，组织者与被组织者合在一起，通常组成一个相对稳定的团体，这一点与犯罪集团比较相似，但两者有本质的区别：①犯罪集团是共同犯罪的一种形式，不是罪名，只是量刑的一个情节；本罪是一个独立的罪名，不是犯罪情节。②在组织他人卖淫的活动中，只有组织者、协助组织者构成犯罪，被组织者不构成犯罪；而犯罪集团的成员，无论是组织犯、实行犯、帮助犯还是教唆犯，只要实施共同犯罪的行为，都构成犯罪。③犯罪集团一般有固定的组织形式，并长期或多次进行一种或多种犯罪活动；而本罪不以具有固定的组织形式及犯罪活动的时间、次数为构成要件。

3. 组织卖淫罪的刑事责任。根据《刑法》第358条的规定，组织他人卖淫的，处5年以上10年以下有期徒刑，并处罚金。

有下列情形之一的，处10年以上有期徒刑或者无期徒刑，并处罚金或者没收财产：①组织他人卖淫，情节严重的；②强迫不满14周岁的幼女卖淫的；③强迫多人卖淫或者多次强迫他人卖淫的；④强奸后迫使卖淫的；⑤造成被强迫卖淫的人重伤、死亡或者其他严重后果的。

有上述情形之一，情节特别严重的，处无期徒刑或者死刑，并处没收财产。“强奸后迫使卖淫”，是指将强奸行为作为强迫他人卖淫的手段，强奸妇女或者奸淫幼女后，迫使其卖淫。如果强奸妇女或者奸淫幼女时并无迫使其卖淫的故意，后来产生强迫其卖淫的故意，进而迫使其卖淫的，则应实行数罪并罚。根据相关司法解释，“情节特别严重”，主要是指组织他人卖淫的首要分子情节特别严重的，组织他人卖淫手段特别恶劣的，对被组织卖淫者造成特别严重后果的，组织多人多次卖淫具有极大的社会危害性的，等等。

根据《刑法》第361条的规定，旅馆业、饮食服务业、文化娱乐业、出租汽车业等单位的主要负责人，利用本单位的条件组织他人卖淫的，从重处罚。

（二）疑难问题

1. 如何理解本罪与强迫卖淫罪的关系？本罪与强迫卖淫罪在刑法中是同一条款规定的两罪，几乎可以将其视为一个选择性罪名，即组织、强迫卖淫罪，因而应注意两罪的界限。两罪之间存在着部分法条竞合的交叉关系，同时又互为特别法（条款）。根据1992年最高人民法院、最高人民检察院《关于执行〈全国人民代表大会常务委员会关于严禁卖淫嫖娼的决定〉的若干问题的解答》第2条第1款的解释，组织卖淫罪的手段之一即为强迫，所以在一般情况下，组织卖淫优于强迫卖淫，两罪发生重合时，优先适用本罪。但根据《刑法》第358条第1款的规定，强迫卖淫罪有5个法定加重处罚的情节，当行为具备这些量刑情节时，就要优先认定为强迫卖淫罪了。概括地说，在适用基准档法定刑时，优先认定为本罪；在适用加重档法定刑时，优先认定为强迫卖淫罪。

那么组织卖淫活动中涉及的强迫卖淫行为是否构成数罪？我们认为，在组织他人卖淫的活动中，对被组织者实施强迫行为的，只认定为本罪；但如果分别强迫与组织不同的对象，则应将本罪与强迫卖淫罪分别定罪，实行数罪并罚。本罪的行为人在组织他人卖淫的过程中通常采用招募、雇佣、强迫、引诱、容留等手段，因此在触犯本罪的同时，又可能触犯强迫卖淫罪和引诱、容留、介绍卖淫罪。根据前述“两高”的解答第2条的规定：“在组织他人卖淫的犯罪活动中，对被组织卖淫的人有强迫、引诱、容留、介绍卖淫行为的，应当作为组织他人卖淫罪的量刑情节予以考虑，不实行数罪并罚。如果这些行为是对被组织者以外的其他人实施的，仍应当分别定罪，实行数罪并罚。”在组织他人卖淫过程中故意重伤害被组织人，则单独构成了故意伤害罪，应当按本罪与故意伤害罪实行数罪并罚。

2. 组织嫖娼行为如何定性？卖淫与嫖娼是性交易双方应付的关系，又同为非罪行为。

组织卖淫与组织嫖娼同是交易的规模化，但是组织卖淫被犯罪化后，组织嫖娼却仍没有被规定为犯罪。那么，对于与交易对方紧密相关联的组织嫖娼行为可否按本罪论处呢？有观点认为，对组织嫖娼行为不能孤立看待，而应视为组织他人卖淫的一个有机组成部分。我们认为，尽管组织嫖娼行为确实是为有组织的卖淫活动提供了组织前提的一个方面，但是规模的变化并不能改变单纯组织嫖娼的行为仍然是嫖娼而不是卖淫。也就是说其仍然是性服务的接受方而不是提供方，因此，单纯组织嫖娼不能按组织卖淫论处。然而在现实中具体的组织卖淫嫖娼活动的情况可能比较复杂，必须予以注意。对于组织嫖娼与组织卖淫确实发生直接关联的，则可以具体分析其行为性质是否已发生了转变，而构成组织卖淫等犯罪行为。具体地说，以下情况可以考虑其构成犯罪：①既组织嫖娼又组织卖淫；②受组织卖淫者之托而为其组织嫖娼者；③在有组织嫖娼的过程中处于中介的地位，实际起到介绍卖淫的作用。前两种情况应构成本罪，最后一种情况可构成介绍卖淫罪。

十七、制作、复制、出版、贩卖、传播淫秽物品牟利罪

（一）基本法理

1. 制作、复制、出版、贩卖、传播淫秽物品牟利罪的概念和构成要件。制作、复制、出版、贩卖、传播淫秽物品牟利罪，是指以牟利为目的，制作、复制、出版、贩卖、传播淫秽物品的行为。

本罪的构成要件是：

（1）本罪主体必须是已满16周岁且具有刑事责任能力的自然人以及单位。

（2）本罪的主观方面必须出于故意，并具有牟利目的。本罪的故意要求行为人认识到自己制作、复制、出版、贩卖、传播的是淫秽物品，还必须具有牟利目的。是否具有牟利目的，要从行为人制作、复制、出版、贩卖淫秽物品的数量、向他人传播淫秽物品的人次与组织播放的次数、获利的数额等方面进行判断。

（3）本罪的客观方面表现为制作、复制、出版、贩卖、传播淫秽物品的行为。制作，是指生产、录制、编写、绘画、印刷等创造、产生淫秽物品的行为。复制，是指通过翻印、翻拍、复印、转录等方式将原已存在的淫秽物品制作一份或多份的行为。出版，是指将淫秽作品编辑加工后，经过复制向公众发行的行为。贩卖，通常是指为了牟利以低价购进再高价卖出的行为，但也应包括单纯的有偿转让淫秽物品的行为。也有观点认为，单纯出卖淫秽物品的，不属于贩卖，只能认定为传播淫秽物品牟利罪。严格来说，贩卖应是先买进再卖出的行为。但根据刑法中使用"贩卖"一词的情况，在一些条文中，"贩卖"仍然包括单纯出卖的行为。例如，行为人将捡来的数量较大的毒品予以出卖时，理当认定为贩卖毒品罪。传播，是指通过播放、陈列、在互联网上建立淫秽网站、网页、通过声讯台服务等方式使淫秽物品让不特定的人或者多数人感知以及通过出借、赠送等方式散布、流传淫秽物品的行为。

本罪为选择性罪名，在定罪时应根据行为人实施的具体行为来确定罪名。实施制作、复制、出版、贩卖、传播行为之一的，即可成立本罪；同时实施上述行为的，也只认定为一罪，不实行数罪并罚。

（4）本罪的客体是社会道德风尚和国家文化市场管理制度。由于淫秽物品低级下流的属性，扰乱社会正常健康的性意识和性文化，而为社会主流文化所不容，所以世界绝大部分国家都将其与一般的性产品和色情物品进行区分，进行不同程度的限制，将其排除在充分的言论出版自由之外。我国目前对性产品、色情物品与淫秽物品没有系统的分级管理制度，对淫秽物品采取全面取缔和禁止的政策，在文化市场的管理法规中，规定禁止生产、经营淫秽物品。但是从法律上，对于淫秽物品和不被完全禁止的涉性产品与色情物品仍需要予以区分，

因此刑法专门对淫秽物品进行了定义。《刑法》第367条第1款规定：“本法所称淫秽物品，是指具体描绘性行为或者露骨宣扬色情的诲淫性书刊、影片、录像带、录音带、图片及其他淫秽物品。”为了加以区分，该条第2款和第3款还对此定义加以限制：“有关人体生理、医学知识的科学著作不是淫秽物品。”“包含有色情内容的有艺术价值的文学、艺术作品不视为淫秽物品。”应当注意的是，淫秽物品不限于淫秽出版物。

2. 制作、复制、出版、贩卖、传播淫秽物品牟利罪的相关界限。

（1）本罪与非罪的界限。①要正确认定淫秽物品。淫秽物品是指具体描绘性行为或者露骨宣扬色情的诲淫性的书刊、影片、录像带、录音带、图片及其他淫秽物品。注意淫秽物品与科学艺术作品的区别。有关人体生理、医学知识的科学著作，或包含有色情内容的有艺术价值的文学、艺术作品不视为淫秽物品。②要正确把握制作、复制、出版、贩卖、传播淫秽物品牟利行为构成犯罪的数量与数额标准。

根据自1998年12月23日起施行的最高人民法院《关于审理非法出版物刑事案件具体应用法律若干问题的解释》（以下简称《非法出版物刑案解释》）第8条的规定，以牟利为目的，实施制作、复制、出版、贩卖、传播淫秽物品的行为，具有下列情形之一的，以本罪论处：①制作、复制、出版淫秽影碟、软件、录像带50至100张（盒）以上，淫秽音碟、录音带100至200张（盒）以上，淫秽扑克、书刊、画册100至200副（册）以上，淫秽照片、画片500至1000张以上的；②贩卖淫秽影碟、软件、录像带100至200张（盒）以上，淫秽音碟、录音带200至400张（盒）以上，淫秽扑克、书刊、画册200至400副（册）以上，淫秽照片、画片1000至2000张以上的；③向他人传播淫秽物品达200至500人次以上，或者组织播放淫秽影、像达10至20场次以上的；④制作、复制、出版、贩卖、传播淫秽物品，获利5000至1万元以上的。

根据自2004年9月6日起施行的最高人民法院、最高人民检察院《关于办理利用互联网、移动通讯终端、声讯台制作、复制、出版、贩卖、传播淫秽电子信息刑事案件具体应用法律若干问题的解释》第1条第1款的规定，以牟利为目的，利用互联网、移动通讯终端制作、复制、出版、贩卖、传播淫秽电子信息，具有下列情形之一的，依照《刑法》第363条第1款的规定，以制作、复制、出版、贩卖、传播淫秽物品牟利罪定罪处罚：①制作、复制、出版、贩卖、传播淫秽电影、表演、动画等视频文件20个以上的；②制作、复制、出版、贩卖、传播淫秽音频文件100个以上的；③制作、复制、出版、贩卖、传播淫秽电子刊物、图片、文章、短信息等200件以上的；④制作、复制、出版、贩卖、传播的淫秽电子信息，实际被点击数达到1万次以上的；⑤以会员制方式出版、贩卖、传播淫秽电子信息，注册会员达200人以上的；⑥利用淫秽电子信息收取广告费、会员注册费或者其他费用，违法所得1万元以上的；⑦数量或者数额虽未达到第①～⑥项规定标准，但分别达到其中两项以上标准一半以上的；⑧造成严重后果的。

（2）传播淫秽物品牟利罪与传播淫秽物品罪、组织播放淫秽音像制品罪的界限。①虽然均为故意犯罪，但传播淫秽物品牟利罪必须以牟利为目的；后两罪则并无此要求。②组织播放淫秽音像制品罪的犯罪对象仅限于淫秽音像制品；其他两罪则无此限制。③根据司法解释，各罪构成情节标准不同。传播淫秽物品罪以“情节严重”为构成要件之一；其他两罪则无此限制。根据最高人民法院《非法出版物刑案解释》第10条的规定，向他人传播淫秽的书刊、影片、音像图片等出版物达300至600人次以上或者造成恶劣社会影响的，属于“情节严重”，依照《刑法》第364条第1款的规定，以传播淫秽物品罪定罪处罚。组织播放淫秽的电影、录像等音像制品达15至30场次以上或者造成恶劣社会影响的，依照《刑法》第

364 条第 2 款的规定，以组织播放淫秽音像制品罪定罪处罚。根据《非法出版物刑案解释》第 8 条的规定，以牟利为目的，向他人传播淫秽物品达 200 至 500 人次以上，传播淫秽物品获利 5000 至 1 万元以上的，以传播淫秽物品牟利罪定罪处罚。

3. 制作、复制、出版、贩卖、传播淫秽物品牟利罪的刑事责任。根据《刑法》第 363 条第 1 款和第 366 条的规定，犯本罪的，处 3 年以下有期徒刑、拘役或者管制，并处罚金；情节严重的，处 3 年以上 10 年以下有期徒刑，并处罚金；情节特别严重的，处 10 年以上有期徒刑或者无期徒刑，并处罚金或者没收财产。单位犯本罪的，对单位判处罚金，并对其直接负责的主管人员和其他直接责任人员，依照上述规定处罚。

根据最高人民法院《非法出版物刑案解释》第 8 条第 2 款的规定，具有下列情形之一的，应当认定为"情节严重"：①制作、复制、出版淫秽影碟、软件、录像带 250 至 500 张（盒）以上，淫秽音碟、录音带 500 至 1000 张（盒）以上，淫秽扑克、书刊、画册 500 至 1000 副（册）以上，淫秽照片、画片 2500 至 5000 张以上的；②贩卖淫秽影碟、软件、录像带 500 至 1000 张（盒）以上，淫秽音碟、录音带 1000 至 2000 张（盒）以上，淫秽扑克、书刊、画册 1000 至 2000 副（册）以上，淫秽照片、画片 5000 至 1 万张以上的；③向他人传播淫秽物品达 1000 至 2000 人次以上，或者组织播放淫秽影、像达 50 至 100 场次以上的；④制作、复制、出版、贩卖、传播淫秽物品，获利 3 万至 5 万元以上的。

犯本罪"情节特别严重"的，是本罪的特别加重处罚事由。这里的"情节特别严重"，根据上述司法解释第 8 条第 3 款的规定，是指以牟利为目的，实施本罪行为，其数量（数额）达到上述数量（数额）5 倍以上的。

根据最高人民法院、最高人民检察院《关于办理利用互联网、移动通讯终端、声讯台制作、复制、出版、贩卖、传播淫秽电子信息刑事案件具体应用法律若干问题的解释》第 2 条第 1 款的规定，数量或者数额达到第 1 条第 1 款第①项至第⑥项规定标准 5 倍以上的，应当认定为《刑法》第 363 条第 1 款规定的"情节严重"；达到规定标准 25 倍以上的，应当认定为"情节特别严重"。

(二) 疑难问题

如何界定与鉴别淫秽物品？尽管《刑法》第 367 条已经对淫秽物品的定义专门进行了规定，但其本质属性与鉴别原则，仍是理论和实践中需要研究的问题。

分析本罪的犯罪客体可以得知，国家对淫秽物品进行取缔的原因是其低级下流的属性，扰乱社会正常健康的性意识和性文化，造成社会文化秩序和性秩序的混乱，引发性越轨和性侵犯的人格倾向等。但在一些国家，囿于对言论出版自由的顾忌，多采取对性产品和色情物品进行分级的制度，只取缔其中的核心部分，对其他部分则采取不同程度的限制政策。我国目前对于性产品、色情物品与淫秽物品没有系统的分级管理制度，对于淫秽物品，虽然采取全面取缔和禁止的政策，在文化市场的管理法规中规定禁止生产、经营，但是由于行政分级制度的缺乏，在适用刑法时必须直接对淫秽物品的属性进行鉴别。这也是刑法直接规定淫秽物品定义的原因。这就要求我们对淫秽物品的本质属性与鉴别原则有深入的认识。

在汉语中，淫秽的词源指明了其性行为泛滥失节和性意识低级肮脏的属性，为中华文明的主流性文化所排斥。在全世界，淫秽一词的含义都有此内涵，但准确地界定其外延不是一件容易的事。在西方一些国家的法律制度中，色情作品本身不违法，是淫秽触犯了法律。在英国 1868 年的希克林案中，法官将淫秽定义为一种腐化堕落的倾向。这个判例准则宣布：如果一个作品有可能导致读者发生堕落和腐化的危险，那么它就是淫秽的。美国法院在适用这条规则时进而认定：只要一本书、剧本、杂志或其他作品的一部分是淫秽的，那么整个作品就是淫秽性的。可以这样说，淫秽就意味着激发有害的性行为，并且超出了公开场合得到认可的礼教习俗的范围。无论在哪个国家，淫秽一词代表的不仅仅是性或色情，还是下流低级和肮脏、无价值的概念。因此，从本质属性上来看，淫秽物品的危害来源于其刺激不受约束的性欲的属性带来的堕落与放纵对社会性道德和性风尚的挑战和侵犯。

淫秽物品的具体内容，只能是淫秽物品的实质属性的具体化。淫秽物品的内容是：淫亵性地具体描绘性行为或露骨宣扬为社会风尚所禁止的不恰当的性倾向。国家新闻出版署《关于认定淫秽及色情出版物的暂行规定》第2条规定，淫秽出版物的具体内容包括以下七个方面：①淫亵性地具体描写性行为、性交及其心理感受；②公然宣扬色情淫荡形象；③淫亵性地描述或传授性技巧；④具体描写乱伦、强奸或者其他性犯罪的手段、过程或者细节，足以诱发犯罪的；⑤具体描写少年儿童的性行为；⑥淫亵性地具体描写同性恋的性行为或者其他性变态行为，或者具体描写与性变态有关的暴力、虐待、侮辱行为；⑦其他令普通人不能容忍的对性行为的淫亵性描写。

刑法规定有关人体生理、医学知识的科学著作和包含有色情内容的有艺术价值的文学、艺术作品不视为淫秽物品。认定淫秽物品应注意其与科学艺术作品之间的区别。这里所说的科学艺术作品，主要包括两类，一类是性科学方面的作品，如有关人体解剖生理知识、生育知识、性疾病防治知识及其他性知识、性道德、性社会学方面的作品；另一类是艺术作品，如具有艺术价值的文艺作品、表现人体美的美术作品等。可以肯定的是，如果确实属于性科学作品与艺术作品，则不是淫秽物品。因为这些作品不具有淫秽物品的具体内容，也不具有淫秽物品的实质属性。

比较复杂的问题是，有些作品既有淫秽性描写，又具有科学与艺术价值时，应如何对待？对此，外国刑法理论上有不同的方法。一种方法是从整体性进行评价，分为两种观点，一种认为科学性、艺术性与淫秽性是完全不同的概念，不管作品的科学性与艺术性多高，只要其中存在淫秽的部分，就应当认为是淫秽物品。与此相反的观点则认为，既然作品客观上具有科学性与艺术性，那么，就不能认为是淫秽物品。这两种观点都是以一方的存在否认另一方的存在，因而存在缺陷。另一种方法是所谓的相对的淫秽物品概念与比较衡量说。前者认为，在判断作品的淫秽性时，不仅要判断作品自身的淫秽性，还要联系作品的特点、广告方法、销售方法、读者对象等进行相对判断。例如，将有关性交的论文刊登在普通报纸上，就属于传播淫秽物品；但在限定了读者范围的专业刊物上发表，则不属于传播淫秽物品。后者认为，在判断作品的淫秽性时，需要将作品的艺术性、科学性与淫秽性进行比较衡量。例如，将发表某部作品所侵害的法益，与发表该部作品给社会所带来的思想的、艺术的、科学的、学术的利益进行比较后，如果后者的利益大，则认为发表这部作品是正当行为。

根据我国不存在分级和限制制度的现状和传统观念，我们认为，相对的淫秽物品的概念不适合我国国情。对发表作品所侵害的法益与发表作品所带来的科学、艺术价值很难进行比较，结果还是从淫秽性描写在作品中所占的比重来衡量。而单纯从淫秽性描写在作品中所占的比重来认定是否是淫秽作品，具有一定的片面性。因此我们认为，应当客观地从作品的整体性、淫秽性描写与作品的关联性方面，从其内容倾向是否违反社会伦理风尚来判断是否属淫秽物品。①整体性判断，即判断一部作品是否淫秽物品时，必须就该作品的全体内容进行整体判断，不能只是就某一部分进行片面评价。②客观性判断，即在判断一部作品是否淫秽作品时，必须就该作品的内容，根据普通人的正常的性行为观念为基准进行客观判断，不能以行为人的主观认识为标准。③关联性判断，即要从作品中的有关性的描写与科学性、艺术性描写的关系上进行判断，要看性的描写在作品中所占的比重或比例，及其性的描写与作品所表现的思想、艺术的关系，是否为表现作品的思想、艺术所必需。④内容倾向性判断，即要判断作品的所谓艺术性方向是否与社会伦理、风尚相悖，其描写与传播的性意识是否有社会价值，是否传递和激发堕落、变态意识。

十八、本章其他犯罪

（一）扰乱公共秩序罪

1997年《刑法》分则第六章第一节共37个罪名，2006年《刑法修正案（六）》增设1个罪名，2009年《刑法修正案（七）》增设了2个罪名，故“扰乱公共秩序罪”共40个罪名。除了前文重点介绍的妨害公务罪，寻衅滋事罪，组织、领导、参加黑社会性质组织罪和赌博罪以外，还有以下36个罪名：

1. 煽动暴力抗拒法律实施罪。煽动暴力抗拒法律实施罪，是指煽动群众暴力抗拒国家法律、行政法规实施的行为。

根据《刑法》第278条的规定，犯本罪的，处3年以下有期徒刑、拘役、管制或者剥夺政治权利；造成严重后果的，处3年以上7年以下有期徒刑。

2. 招摇撞骗罪。招摇撞骗罪，是指冒充国家机关工作人员进行招摇撞骗活动，损害国家机关的形象、威信和正常活动，扰乱社会公共秩序的行为。

根据《刑法》第279条第1款的规定，犯本罪的，处3年以下有期徒刑、拘役、管制或者剥夺政治权利；情节严重的，处3年以上10年以下有期徒刑。第2款规定，冒充人民警察招摇撞骗的，从重处罚。

3. 伪造、变造、买卖国家机关公文、证件、印章罪。伪造、变造、买卖国家机关公文、证件、印章罪，是指伪造、变造、买卖国家机关公文、证件、印章的行为。

根据《刑法》第280条第1款的规定，犯本罪的，处3年以下有期徒刑、拘役、管制或者剥夺政治权利；情节严重的，处3年以上10年以下有期徒刑。

4. 盗窃、抢夺、毁灭国家机关公文、证件、印章罪。盗窃、抢夺、毁灭国家机关公文、证件、印章罪，是指盗窃、抢夺、毁灭国家机关公文、证件、印章的行为。

根据《刑法》第280条第1款的规定，犯本罪的，处3年以下有期徒刑、拘役、管制或者剥夺政治权利；情节严重的，处3年以上10年以下有期徒刑。

5. 伪造公司、企业、事业单位、人民团体印章罪。伪造公司、企业、事业单位、人民团体印章罪，是指伪造公司、企业、事业单位、人民团体印章的行为。

根据《刑法》第280条第2款的规定，犯本罪的，处3年以下有期徒刑、拘役、管制或者剥夺政治权利。

6. 伪造、变造居民身份证罪。伪造、变造居民身份证罪，是指伪造、变造居民身份证的行为。

根据《刑法》第280条第3款的规定，犯本罪的，处3年以下有期徒刑、拘役、管制或者剥夺政治权利；情节严重的，处3年以上7年以下有期徒刑。

7. 非法生产、买卖警用装备罪。非法生产、买卖警用装备罪，是指非法生产、买卖人民警察制式服装、车辆号牌等专用标志、警械，情节严重的行为。

根据《刑法》第281条第1款的规定，犯本罪的，处3年以下有期徒刑、拘役或者管制，并处或者单处罚金。第2款规定，单位犯本罪的，对单位判处罚金，并对其直接负责的主管人员和其他直接责任人员，依照第1款的规定处罚。

8. 非法获取国家秘密罪。非法获取国家秘密罪，是指以窃取、刺探、收买方法，非法获取国家秘密的行为。

根据《刑法》第282条第1款的规定，犯本罪的，处3年以下有期徒刑、拘役、管制或者剥夺政治权利；情节严重的，处3年以上7年以下有期徒刑。

9．非法持有国家绝密、机密文件、资料、物品罪。非法持有国家绝密、机密文件、资料、物品罪，是指非法持有属于国家绝密、机密的文件、资料或者其他物品，拒不说明来源与用途的行为。

根据《刑法》第282条第2款的规定，犯本罪的，处3年以下有期徒刑、拘役或者管制。

10．非法生产、销售间谍专用器材罪。非法生产、销售间谍专用器材罪，是指非法生产、销售窃听、窃照等专用间谍器材的行为。

根据《刑法》第283条的规定，犯本罪的，处3年以下有期徒刑、拘役或者管制。

11．非法使用窃听、窃照专用器材罪。非法使用窃听、窃照专用器材罪，是指非法使用窃听、窃照专用器材，造成严重后果的行为。

根据《刑法》第284条的规定，犯本罪的，处2年以下有期徒刑、拘役或者管制。

12．非法侵入计算机信息系统罪。非法侵入计算机信息系统罪，是指违反国家规定，侵入国家事务、国防建设、尖端科学技术领域的计算机信息系统的行为。

根据《刑法》第285条第1款之规定，犯本罪的，处3年以下有期徒刑或者拘役。

13．侵入、非法控制计算机信息系统罪。侵入、非法控制计算机信息系统罪，是指违反国家规定，侵入国家事务、国防建设、尖端科学技术领域以外的计算机信息系统，或者采取其他技术手段，获取该计算机信息系统中存储、处理或者传输的数据，或者对该计算机信息系统实施非法控制，情节严重的行为。

根据《刑法》第285条第2款（《刑法修正案（七）》第9条）之规定，犯本罪的，处3年以下有期徒刑或者拘役，并处或者单处罚金；情节特别严重的，处3年以上7年以下有期徒刑，并处罚金。

14．提供侵入、非法控制计算机信息系统程序、工具罪。提供侵入、非法控制计算机信息系统程序、工具罪，是指提供专门用于侵入、非法控制计算机信息系统的程序、工具，或者明知他人实施侵入、非法控制计算机系统的违法犯罪行为而为其提供程序、工具，情节严重的行为。

根据《刑法》第285条第3款（《刑法修正案（七）》第9条）之规定，犯本罪的，依照本条第2款的规定处罚，即处3年以下有期徒刑或者拘役，并处或者单处罚金；情节特别严重的，处3年以上7年以下有期徒刑，并处罚金。

15．破坏计算机信息系统罪。破坏计算机信息系统罪，是指违反国家规定，对计算机信息系统功能进行删除、修改、增加、干扰，造成计算机信息系统不能正常运行，或者对信息系统中存储、处理、传输的数据和应用程序进行删除、修改、增加的操作，或者故意制作、传播计算机病毒等破坏性程序，影响计算机系统正常运行，后果严重的行为。

根据《刑法》第286条的规定，犯本罪的，处5年以下有期徒刑或者拘役；后果特别严重的，处5年以上有期徒刑。

16．扰乱无线电通讯管理秩序罪。扰乱无线电通讯管理秩序罪，是指违反国家规定，擅自设置、使用无线电台（站），或者擅自占用频率，经责令停止使用后拒不停止使用，干扰无线电通讯正常运行，造成严重后果的行为。

根据《刑法》第288条第1款的规定，犯本罪的，处3年以下有期徒刑、拘役或者管制，并处或者单处罚金。第2款规定，单位犯本罪的，对单位判处罚金，并对其直接负责的主管人员和其他直接责任人员，依照个人犯罪的规定处罚。

17. 聚众扰乱社会秩序罪。聚众扰乱社会秩序罪，是指聚众扰乱社会秩序，情节严重，致使工作、生产、营业和教学、科研无法进行，造成严重损失的行为。

根据《刑法》第 290 条第 1 款的规定，犯本罪的，对首要分子处 3 年以上 7 年以下有期徒刑；对其他积极参加的，处 3 年以下有期徒刑、拘役、管制或者剥夺政治权利。

18. 聚众冲击国家机关罪。聚众冲击国家机关罪，是指聚众冲击国家机关，致使国家机关工作无法进行，造成严重损失的行为。

根据《刑法》第 290 条第 2 款的规定，犯本罪的，对首要分子，处 5 年以上 10 年以下有期徒刑；对其他积极参加的，处 5 年以下有期徒刑、拘役、管制或者剥夺政治权利。

19. 聚众扰乱公共场所秩序、交通秩序罪。聚众扰乱公共场所秩序、交通秩序罪，是指聚众扰乱车站、码头、民用航空站、商场、公园、影剧院、展览会、运动场或者其他公共场所秩序，聚众堵塞交通或者破坏交通秩序，抗拒、阻碍国家治安管理工作人员依法执行职务，情节严重的行为。

根据《刑法》第 291 条的规定，犯本罪的，对首要分子处 5 年以下有期徒刑、拘役或者管制。

20. 投放虚假危险物质罪。投放虚假危险物质罪，是指投放虚假的爆炸性、毒害性、放射性、传染病病原体等物质，严重扰乱社会秩序的行为。

根据《刑法》第 291 条之一（《刑法修正案（三）》第 8 条）的规定，犯本罪的，处 5 年以下有期徒刑、拘役或者管制；造成严重后果的，处 5 年以上有期徒刑。

21. 编造、故意传播虚假恐怖信息罪。编造、故意传播虚假恐怖信息罪，是指编造爆炸威胁、生物威胁、放射威胁等恐怖信息，或者明知是编造的恐怖信息而故意传播，严重扰乱社会秩序的行为。

根据《刑法》第 291 条之一（《刑法修正案（三）》第 8 条）的规定，犯本罪的，处 5 年以下有期徒刑、拘役或者管制；造成严重后果的，处 5 年以上有期徒刑。

22. 聚众斗殴罪。聚众斗殴罪，是指聚集多人进行斗殴的行为。

根据《刑法》第 292 条第 1 款的规定，犯本罪的，对首要分子和其他积极参加的，处 3 年以下有期徒刑、拘役或者管制。有下列情形之一的，对首要分子和其他积极参加的，处 3 年以上 10 年以下有期徒刑：①多次聚众斗殴的；②聚众斗殴人数多，规模大，社会影响恶劣的；③在公共场所或者交通要道聚众斗殴，造成社会秩序严重混乱的；④持械聚众斗殴的。第 2 款规定，聚众斗殴，致人重伤、死亡的，依照本法第 234、232 条的规定定罪处罚。

23. 入境发展黑社会组织罪。入境发展黑社会组织罪，是指境外的黑社会组织的人员到中华人民共和国境内发展组织成员的行为。

根据《刑法》第 294 条第 2 款的规定，犯本罪的，处 3 年以上 10 年以下有期徒刑。

24. 包庇、纵容黑社会性质组织罪。包庇、纵容黑社会性质组织罪，是指国家机关工作人员包庇黑社会性质的组织，或者纵容黑社会性质的组织进行违法犯罪活动的行为。

根据《刑法》第 294 条第 4 款的规定，犯本罪的，处 3 年以下有期徒刑、拘役或者剥夺政治权利，情节严重的，处 3 年以上 10 年以下有期徒刑。

25. 传授犯罪方法罪。传授犯罪方法罪，是指采用语言、文字、动作或者其他方法，将实施犯罪的方法传授给他人的行为。

根据《刑法》第 295 条的规定，犯本罪的，处 5 年以下有期徒刑、拘役或者管制；情节严重的，处 5 年以上有期徒刑；情节特别严重的，处无期徒刑或者死刑。

26. 非法集会、游行、示威罪。非法集会、游行、示威罪，是指举行集会、游行、示威，未依照法律规定申请或者申请未获许可，或者未按照主管机关许可的起止时间、地点、路线进行，又拒不服从解散命令，严重破坏社会秩序的行为。

根据《刑法》第296条的规定，犯本罪的，对集会、游行、示威的负责人和直接责任人员，处5年以下有期徒刑、拘役、管制或者剥夺政治权利。

27. 非法携带武器、管制刀具、爆炸物参加集会、游行、示威罪。非法携带武器、管制刀具、爆炸物参加集会、游行、示威罪，是指违反法律规定，携带武器、管制刀具或者爆炸物参加集会、游行、示威的行为。

根据《刑法》第297条的规定，犯本罪的，处3年以下有期徒刑、拘役、管制或者剥夺政治权利。

28. 破坏集会、游行、示威罪。破坏集会、游行、示威罪，是指扰乱、冲击或者以其他方法破坏依法举行的集会、游行、示威，造成公共秩序混乱的行为。

根据《刑法》第298条的规定，犯本罪的，处5年以下有期徒刑、拘役、管制或者剥夺政治权利。

29. 侮辱国旗、国徽罪。侮辱国旗、国徽罪，是指在公众场合故意以焚烧、毁损、涂划、玷污、践踏等方式，侮辱中华人民共和国国旗、国徽的行为。

根据《刑法》第299条的规定，犯本罪的，处3年以下有期徒刑、拘役、管制或者剥夺政治权利。

30. 组织、利用会道门、邪教组织、利用迷信破坏法律实施罪。组织、利用会道门、邪教组织、利用迷信破坏法律实施罪，是指组织、利用会道门、邪教组织或者利用迷信活动破坏国家法律、行政法规实施的行为。

根据《刑法》第300条第1款的规定，犯本罪的，处3年以上7年以下有期徒刑；情节特别严重的，处7年以上有期徒刑。

31. 组织、利用会道门、邪教组织、利用迷信致人死亡罪。组织、利用会道门、邪教组织、利用迷信致人死亡罪，是指组织、利用会道门、邪教组织或者利用迷信蒙骗他人，致人死亡的行为。

根据《刑法》第300条第2款的规定，犯本罪的，依照前款的规定处罚，即处3年以上7年以下有期徒刑；情节特别严重的，处7年以上有期徒刑。

32. 聚众淫乱罪。聚众淫乱罪，是指聚众进行淫乱活动的行为。

根据《刑法》第301条第1款的规定，犯本罪的，对首要分子或者多次参加的，处5年以下有期徒刑、拘役或者管制。

33. 引诱未成年人聚众淫乱罪。引诱未成年人聚众淫乱罪，是指引诱未成年人参加聚众淫乱活动的行为。

根据《刑法》第301条第2款的规定，犯本罪的，依照前款的聚众淫乱罪的规定从重处罚，即处5年以下有期徒刑、拘役或者管制，并从重处罚。

34. 盗窃、侮辱尸体罪。盗窃、侮辱尸体罪，是指盗窃、侮辱尸体的行为。

根据《刑法》第302条的规定，犯本罪的，处3年以下有期徒刑、拘役或者管制。

35. 开设赌场罪。开设赌场罪，是指开设经营性赌博场所，提供赌具、资金等赌博设施与环境条件，组织赌博，从中渔利的行为。

根据《刑法》第303条第2款（《刑法修正案（六）》第18条）的规定，犯本罪的，处3年以下有期徒刑、拘役或者管制，并处罚金；情节严重的，处3年以上10年以下有期徒刑，并处罚金。

36．故意延误投递邮件罪。故意延误投递邮件罪，是指邮政工作人员严重不负责任，故意延误投递邮件，致使公共财产、国家和人民利益遭受重大损失的行为。

根据《刑法》第304条的规定，犯本罪的，处2年以下有期徒刑或者拘役。

（二）妨害司法罪

妨害司法罪一节共17个罪名，除了前文重点介绍的伪证罪，窝藏、包庇罪，拒不执行判决、裁定罪和脱逃罪以外，还有以下13个罪名：

1．辩护人、诉讼代理人毁灭证据、伪造证据、妨害作证罪。辩护人、诉讼代理人毁灭证据、伪造证据、妨害作证罪，是指在刑事诉讼中，辩护人、诉讼代理人毁灭、伪造证据，帮助当事人毁灭、伪造证据，威胁、引诱证人违背事实、改变证言或者作伪证的行为。

根据《刑法》第306条第1款的规定，犯本罪的，处3年以下有期徒刑或者拘役；情节严重的，处3年以上7年以下有期徒刑。

2．妨害作证罪。妨害作证罪，是指以暴力、威胁、贿买等方法阻止证人作证，或者指使他人作伪证的行为。

根据《刑法》第307条第1款的规定，犯本罪的，处3年以下有期徒刑或者拘役；情节严重的，处3年以上7年以下有期徒刑。第3款规定，司法工作人员犯本罪的，从重处罚。

3．帮助毁灭、伪造证据罪。帮助毁灭、伪造证据罪，是指帮助当事人毁灭、伪造证据，情节严重的行为。

根据《刑法》第307条第2款的规定，犯本罪的，处3年以下有期徒刑或者拘役。第3款规定，司法工作人员犯本罪的，从重处罚。

4．打击报复证人罪。打击报复证人罪，是指对证人进行打击报复的行为。

根据《刑法》第308条的规定，犯本罪的，处3年以下有期徒刑或者拘役；情节严重的，处3年以上7年以下有期徒刑。

5．扰乱法庭秩序罪。扰乱法庭秩序罪，是指聚众哄闹、冲击法庭，或者殴打司法工作人员，严重扰乱法庭秩序的行为。

根据《刑法》第309条的规定，犯本罪的，处3年以下有期徒刑、拘役、管制或者罚金。

6．拒绝提供间谍犯罪证据罪。拒绝提供间谍犯罪证据罪，是指明知他人有间谍犯罪行为，在国家安全机关向其调查有关情况、收集有关证据时拒绝提供，情节严重的行为。

根据《刑法》第311条的规定，犯本罪的，处3年以下有期徒刑、拘役或者管制。

7．掩饰、隐瞒犯罪所得、犯罪所得收益罪。掩饰、隐瞒犯罪所得、犯罪所得收益罪，是指明知是犯罪所得及其产生的收益而予以窝藏、转移、收购或者以其他方法掩饰、隐瞒的行为。

根据《刑法》第312条第1款的规定，犯本罪的，处3年以下有期徒刑、拘役或者管制，并处或者单处罚金；情节严重的，处3年以上7年以下有期徒刑，并处罚金。该条第2款（《刑法修正案（七）》第10条）规定，单位犯前款罪的，对单位判处罚金，并对其直接负责的主管人员和其他直接责任人员，依照前款的规定处罚。

8．非法处置查封、扣押、冻结的财产罪。非法处置查封、扣押、冻结的财产罪，是指隐藏、转移、变卖、故意毁损已被司法机关查封、扣押、冻结的财产，情节严重的行为。

根据《刑法》第314条的规定，犯本罪的，处3年以下有期徒刑、拘役或者罚金。

9．破坏监管秩序罪。破坏监管秩序罪，是指被依法关押的罪犯，破坏监管秩序，情节严重的行为。

根据《刑法》第315条的规定，犯本罪的，处3年以下有期徒刑。

10. 劫夺被押解人员罪。劫夺被押解人员罪，是指劫夺押解途中的罪犯、被告人、犯罪嫌疑人的行为。

根据《刑法》第316条第2款的规定，犯本罪的，处3年以上7年以下有期徒刑；情节严重的，处7年以上有期徒刑。

11. 组织越狱罪。组织越狱罪，是指依法被关押的罪犯、被告人、犯罪嫌疑人有组织地从羁押场所逃跑的行为。

根据《刑法》第317条第1款的规定，犯本罪的，对首要分子和积极参加的，处5年以上有期徒刑；其他参加的，处5年以下有期徒刑或者拘役。

12. 暴动越狱罪。暴动越狱罪，是指依法被关押的罪犯、被告人、犯罪嫌疑人，在首要分子的组织、策划、指挥下，有组织、有计划地采用暴动方式从羁押场所逃跑的行为。

根据《刑法》第317条第2款的规定，犯本罪的，对首要分子和积极参加的，处10年以上有期徒刑或者无期徒刑；情节特别严重的，处死刑；其他参加的，处3年以上10年以下有期徒刑。

13. 聚众持械劫狱罪。聚众持械劫狱罪是指狱外的人聚众持械劫夺被依法关押在狱中的被监管人的行为。

根据《刑法》第317条第2款的规定，犯本罪的，对首要分子和积极参加的，处10年以上有期徒刑或者无期徒刑；情节特别严重的，处死刑；其他参加的，处3年以上10年以下有期徒刑。

（三）妨害国（边）境管理罪

妨害国（边）境管理罪一节共8个罪名，除了前文重点介绍的组织他人偷越国（边）境罪以外，还有以下7个罪名：

1. 骗取出境证件罪。骗取出境证件罪，是指以劳务输出、经贸往来或者其他名义，弄虚作假，骗取护照、签证等出境证件，为组织他人偷越国（边）境使用的行为。

根据《刑法》第319条第1款的规定，犯本罪的，处3年以下有期徒刑，并处罚金；情节严重的，处3年以上10年以下有期徒刑，并处罚金。第2款规定，单位犯本罪的，对单位判处罚金，并对直接负责的主管人员和其他直接责任人员，依照第1款的规定处罚。

2. 提供伪造、变造的出入境证件罪。提供伪造、变造的出入境证件罪，是指为他人提供伪造、变造的护照、签证等出入境证件的行为。

根据《刑法》第320条的规定，犯本罪的，处5年以下有期徒刑，并处罚金；情节严重的，处5年以上有期徒刑，并处罚金。

3. 出售出入境证件罪。出售出入境证件罪，是指以营利为目的，出售护照、签证等出入境证件的行为。

根据《刑法》第320条的规定，犯本罪的，处5年以下有期徒刑，并处罚金；情节严重的，处5年以上有期徒刑，并处罚金。

4. 运送他人偷越国（边）境罪。运送他人偷越国（边）境罪，是指非法运送他人偷越国（边）境的行为。

根据《刑法》第321条第1款的规定，犯本罪的，处5年以下有期徒刑、拘役或者管制，并处罚金；有下列情形之一的，处5年以上10年以下有期徒刑，并处罚金：①多次实施运送行为或者运送人数众多的；②所使用的船只、车辆等交通工具不具备必要的安全条件，足以造成严重后果的；③违法所得数额巨大的；④有其他特别严重情节的。第2款规定，在运送他人偷越国（边）境中造成被运送人重伤、死亡，或者以暴力、威胁方法抗拒检查的，处7年以上有期徒刑，并处罚金。第3款规定，犯前两款罪，对被运送人有杀害、伤害、强奸、拐卖等犯罪行为，或者对检查人员有杀害、伤害等犯罪行为的，依照数罪并罚的规定处罚。

5. 偷越国（边）境罪。偷越国（边）境罪，是指违反国（边）境管理法规，偷越国（边）境，情节严重的行为。

根据《刑法》第322条的规定，犯本罪的，处1年以下有期徒刑、拘役或者管制，并处罚金。

6. 破坏界碑、界桩罪。破坏界碑、界桩罪，是指明知是国家设立在边境上的界碑、界桩而故意加以破坏的行为。

根据《刑法》第323条的规定，犯本罪的，处3年以下有期徒刑或者拘役。

7. 破坏永久性测量标志罪。破坏永久性测量标志罪，是指故意破坏国家设立的永久性测量标志的行为。

根据《刑法》第323条的规定，犯本罪的，处3年以下有期徒刑或者拘役。

（四）妨害文物管理罪

妨害文物管理罪一节共有10个罪名，除了前文重点介绍的倒卖珍贵文物罪以外，还有以下9个罪名：

1. 故意损毁文物罪。故意损毁文物罪，是指故意损毁国家保护的珍贵文物或者被确定为全国重点文物保护单位、省级文物保护单位的文物的行为。

根据《刑法》第324条第1款的规定，犯本罪的，处3年以下有期徒刑或者拘役，并处或者单处罚金；情节严重的，处3年以上10年以下有期徒刑，并处罚金。

2. 故意损毁名胜古迹罪。故意损毁名胜古迹罪，是指故意损毁国家保护的名胜古迹，情节严重的行为。

根据《刑法》第324条第2款的规定，犯本罪的，处5年以下有期徒刑或者拘役，并处或者单处罚金。

3. 过失损毁文物罪。过失损毁文物罪，是指过失损毁国家保护的珍贵文物或者被确定为全国重点文物保护单位、省级文物保护单位的文物，造成严重后果的行为。

根据《刑法》第324条第3款的规定，犯本罪的，处3年以下有期徒刑或者拘役。

4. 非法向外国人出售、赠送珍贵文物罪。非法向外国人出售、赠送珍贵文物罪，是指违反文物保护法规，将收藏的国家禁止出口的珍贵文物私自出售或者私自赠送给外国人的行为。

根据《刑法》第325条第1款的规定，犯本罪的，处5年以下有期徒刑或者拘役，可以并处罚金。第2款规定，单位犯本罪的，对单位判处罚金，并对其直接负责的主管人员和其他直接责任人员，依照第1款的规定处罚。

5. 非法出售、私赠文物藏品罪。非法出售、私赠文物藏品罪，是指国有博物馆、图书馆等单位违反文物保护法规，将国家保护的文物藏品出售或者私自赠送给非国有单位或者个人的行为。

根据《刑法》第327条的规定，犯本罪的，对单位判处罚金，并对其直接负责的主管人员和其他直接责任人员，处3年以下有期徒刑或者拘役。

6. 盗掘古文化遗址、古墓葬罪。盗掘古文化遗址、古墓葬罪，是指盗掘具有历史、艺术、科学价值的古文化遗址、古墓葬的行为。

根据《刑法》第328条第1款的规定，犯本罪的，处3年以上10年以下有期徒刑，并处罚金；情节较轻的，处3年以下有期徒刑，拘役或者管制，并处罚金；有下列情形之一的，处10年以上有期徒刑、无期徒刑或者死刑，并处罚金或者没收财产：①盗掘确定为全国重点文物保护单位和省级文物保护单位的古文化遗址、古墓葬；②盗掘古文化遗址、古墓葬集团的首要分子；③多次盗掘古文化遗址、古墓葬的；④盗掘古文化遗址、古墓葬，并盗窃珍贵文物或者造成珍贵文物严重破坏的。

7. 盗掘古人类化石、古脊椎动物化石罪。盗掘古人类化石、古脊椎动物化石罪，是指盗掘国家保护的具有科学价值的古人类化石和古脊椎动物化石的行为。

根据《刑法》第328条第2款的规定，犯本罪的，处3年以上10年以下有期徒刑，并处罚金；情节较轻的，处3年以下有期徒刑、拘役或者管制，并处罚金；有下列情形之一的，处10年以上有期徒刑、无期徒刑或者死刑，并处罚金或者没收财产：①盗掘确定为全国重点文物保护单位和省级文物保护单位的古人类化石和古脊椎动物化石的；②盗掘古人类化石和古脊椎动物化石集团的首要分子；③多次盗掘古人类化石和古脊椎动物化石的；④盗掘并盗窃古人类化石和古脊椎动物化石或者造成古人类化石和古脊椎动物化石严重破坏的。

8. 抢夺、窃取国有档案罪。抢夺、窃取国有档案罪，是指抢夺、窃取国家所有的档案的行为。

根据《刑法》第329条第1款的规定，犯本罪的，处5年以下有期徒刑或者拘役。第3款规定，犯本罪，同时又构成其他犯罪的，依照处罚较重的规定定罪处罚。

9. 擅自出卖、转让国有档案罪。擅自出卖、转让国有档案罪，是指违反档案法的规定，擅自出卖、转让国家所有的档案，情节严重的行为。

根据《刑法》第329条第2款的规定，犯本罪的，处3年以下有期徒刑或者拘役。第3款规定，犯本罪，同时又构成其他犯罪的，依照处罚较重的规定定罪处罚。

（五）危害公共卫生罪

妨害公共卫生罪一节共11个罪名，除了前文重点介绍的医疗事故罪和非法行医罪以外，还有以下9个罪名：

1. 妨害传染病防治罪。妨害传染病防治罪，是指违反传染病防治法的规定，引起甲类传染病传播或者有传播严重危险的行为。

根据《刑法》第330条第1款的规定，犯本罪的，处3年以下有期徒刑或者拘役；后果特别严重的，处3年以上7年以下有期徒刑。第2款规定，单位犯本罪的，对单位判处罚金，并对其直接负责的主管人员和其他直接责任人员，依照第1款的规定处罚。

2. 传染病菌种、毒种扩散罪。传染病菌种、毒种扩散罪，是指从事实验、保藏、携带、运输传染病菌种、毒种的人员，违反国务院卫生行政部门的有关规定，造成传染病菌种、毒种扩散，后果严重的行为。

根据《刑法》第331条的规定，犯本罪的，处3年以下有期徒刑或者拘役；后果特别严重的，处3年以上7年以下有期徒刑。

3. 妨害国境卫生检疫罪。妨害国境卫生检疫罪，是指违反国境卫生检疫规定，引起检疫传染病传播或者有传播严重危险的行为。

根据《刑法》第332条第1款的规定，犯本罪的，处3年以下有期徒刑或者拘役，并处或者单处罚金。第2款规定，单位犯本罪的，对单位判处罚金，并对其直接负责的主管人员和其他直接责任人员，依照第1款的规定处罚。

4. 非法组织卖血罪。非法组织卖血罪，是指未经卫生行政主管部门批准，非法组织他人出卖血液的行为。

根据《刑法》第333条第1款的规定，犯本罪的，处5年以下有期徒刑，并处罚金。

5. 强迫卖血罪。强迫卖血罪，是指以暴力、威胁方法，强迫他人出卖血液的行为。

根据《刑法》第333条第1款的规定，犯本罪的，处5年以上10年以下有期徒刑，并处罚金。

6. 非法采集、供应血液、制作、供应血液制品罪。非法采集、供应血液、制作、供应血液制品罪，是指非法采集、供应血液或者制作、供应血液制品，不符合国家规定的标准，足以危害人体健康，或者对人体健康造成严重危害的行为。

根据《刑法》第334条第1款的规定，犯本罪的，处5年以下有期徒刑或者拘役，并处罚金；对人体健康造成严重危害的，处5年以上10年以下有期徒刑，并处罚金；造成特别严重后果的，处10年以上有期徒刑或者无期徒刑，并处罚金或者没收财产。

7. 采集、供应血液、制作、供应血液制品事故罪。采集、供应血液、制作、供应血液制品事故罪，是指经国家主管部门批准采集、供应血液或者制作、供应血液制品的部门，不依照规定进行检测或者违背其他操作规定，造成危害他人身体健康后果的行为。

根据《刑法》第334条第2款的规定，犯本罪的，对单位判处罚金，并对其直接负责的主管人员和其他直接责任人员，处5年以下有期徒刑或者拘役。

8. 非法进行节育手术罪。非法进行节育手术罪，是指未取得医生执业资格的人，擅自为他人进行节育复通手术、假节育手术、终止妊娠手术或者摘取宫内节育器，情节严重的行为。

根据《刑法》第336条第2款的规定，犯本罪的，处3年以下有期徒刑、拘役或者管制，并处或者单处罚金；严重损害就诊人身体健康的，处3年以上10年以下有期徒刑，并处罚金；造成就诊人死亡的，处10年以上有期徒刑，并处罚金。

9. 妨害动植物防疫、检疫罪。妨害动植物防疫、检疫罪，是指违反动植物防疫、检疫的国家规定，引起重大动植物疫情，或者有引起重大动植物疫情危险，情节严重的行为。

根据《刑法》第337条第1款（《刑法修正案（七）》第11条）的规定，犯本罪的，处3年以下有期徒刑或者拘役，并处或者单处罚金。该条第2款规定，单位犯本罪的，对单位判处罚金，并对其直接负责的主管人员和其他直接责任人员，处3年以下有期徒刑或者拘役，并处或者单处罚金。

（六）破坏环境资源保护罪

破坏环境资源保护罪一节共15个罪名，除了前文重点介绍的重大环境污染事故罪以外，还有以下14个罪名：

1. 非法处置进口的固体废物罪。非法处置进口的固体废物罪，是指违反国家规定，将境外的固体废物进境倾倒、堆放、处置的行为。

根据《刑法》第339条第1款的规定，犯本罪的，处5年以下有期徒刑或者拘役，并处罚金；造成重大环境污染事故，致使公私财产遭受重大损失或者严重危害人体健康的，处5年以上10年以下有期徒刑，并处罚金；后果特别严重的，处10年以上有期徒刑，并处罚金。《刑法》第346条规定，单位犯本罪的，对单位判处罚金，并对其直接负责的主管人员和其他直接责任人员，依照个人犯罪的规定处罚。

2. 擅自进口固体废物罪。擅自进口固体废物罪，是指未经国务院有关主管部门许可，擅自进口固体废物用作原料，造成重大环境污染事故，致使公私财产遭受重大损失或者严重危害人体健康的行为。

根据《刑法》第339条第2款的规定，犯本罪的，处5年以下有期徒刑或者拘役，并处罚金；后果特别严重的，处5年以上10年以下有期徒刑，并处罚金。《刑法》第346条规定，单位犯本罪的，对单位判处罚金，并对其直接负责的主管人员和其他直接责任人员，依照个人犯罪的规定处罚。

3. 非法捕捞水产品罪。非法捕捞水产品罪，是指违反保护水产资源法规，在禁渔区、禁渔期或者使用禁用的工具、方法捕捞水产品，情节严重的行为。

根据《刑法》第340条的规定，犯本罪的，处3年以下有期徒刑、拘役、管制或者罚金。《刑法》第346条规定，单位犯本罪的，对单位判处罚金，并对其直接负责的主管人员和其他直接责任人员，依照个人犯罪的规定处罚。

4. 非法猎捕、杀害珍贵、濒危野生动物罪。非法猎捕、杀害珍贵、濒危野生动物罪，是指违反国家有关野生动物保护法规，猎捕、杀害国家重点保护的珍贵、濒危野生动物的行为。

根据《刑法》第341条第1款的规定，犯本罪的，处5年以下有期徒刑或者拘役，并处罚金；情节严重的，处5年以上10年以下有期徒刑，并处罚金；情节特别严重的，处10年以上有期徒刑，并处罚金或者没收财产。《刑法》第346条规定，单位犯本罪的，对单位判处罚金，并对其直接负责的主管人员和其他直接责任人员，依照个人犯罪的规定处罚。

5. 非法收购、运输、出售珍贵、濒危野生动物、珍贵、濒危野生动物制品罪。非法收购、运输、出售珍贵、濒危野生动物、珍贵、濒危野生动物制品罪，是指违反国家有关野生动物保护法规，收购、运输、出售国家重点保护的珍贵、濒危野生动物及其制品的行为。

根据《刑法》第341条的规定，犯本罪的，处5年以下有期徒刑或者拘役，并处罚金；情节严重的，处5年以上10年以下有期徒刑，并处罚金；情节特别严重的，处10年以上有期徒刑，并处罚金或者没收财产。《刑法》第346条规定，单位犯本罪的，对单位判处罚金，并对其直接主管的责任人员和其他直接人员，依照个人犯罪的规定处罚。

6. 非法狩猎罪。非法狩猎罪，是指违反狩猎法规，在禁猎区、禁猎期或者使用禁用的工具、方法进行狩猎，破坏野生动物资源，情节严重的行为。

根据《刑法》第341条第2款的规定，犯本罪的，处3年以下有期徒刑、拘役、管制或者罚金。《刑法》第346条规定，单位犯本罪的，对单位判处罚金，并对其直接负责的主管人员和其他直接责任人员，依照个人犯罪的规定处罚。

7. 非法占有农用地罪。非法占用农用地罪，是指违反土地管理法规，非法占用耕地、林地等农用地，改变被占用土地用途，数量较大，造成耕地、林地等农用地大量毁坏的行为。

根据《刑法》第342条的规定，犯本罪的，处5年以下有期徒刑或者拘役，并处或者单处罚金。《刑法》第346条规定，单位犯本罪的，对单位判处罚金，并对其直接负责的主管人员和其他直接责任人员，依照个人犯罪的规定处罚。

8. 非法采矿罪。非法采矿罪，是指违反矿产资源法的规定，未取得采矿许可证而擅自采矿，擅自进入国家规划矿区、对国民经济具有重要价值的矿区和他人矿区范围采矿，或者擅自开采国家规定实行保护性开采的特定矿种，经责令停止开采后拒不停止开采，造成矿产资源破坏的行为。

根据《刑法》第343条第1款的规定，犯本罪的，处3年以下有期徒刑、拘役或者管制，并处或者单处罚金；造成矿产资源严重破坏的，处3年以上7年以下有期徒刑，并处罚金。《刑法》第346条规定，单位犯本罪的，对单位判处罚金，并对其直接负责的主管人员和其他直接责任人员，依照个人犯罪的规定处罚。

9. 破坏性采矿罪。破坏性采矿罪，是指违反矿产资源法的规定，采取破坏性的开采方法开采矿产资源，造成矿产资源严重破坏的行为。

根据《刑法》第343条第2款的规定，犯本罪的，处5年以下有期徒刑或者拘役，并处罚金。《刑法》第346条规定，单位犯本罪的，对单位判处罚金，并对其直接负责的主管人员和其他直接责任人员，依照个人犯罪的规定处罚。

10. 非法采伐、毁坏国家重点保护植物罪。非法采伐、毁坏珍贵树木、国家重点保护的其他植物罪，是指违反国家规定，非法采伐、毁坏珍贵树木，或者国家重点保护的其他植物的行为。

根据《刑法》第344条的规定，犯本罪的，处3年以下有期徒刑、拘役或者管制，并处罚金；情节严重的，处3年以上7年以下有期徒刑，并处罚金。《刑法》第346条规定，单位犯本罪的，对单位判处罚金，并对其直接负责的主管人员和其他直接责任人员，依照个人犯罪的规定处罚。

11. 非法收购、运输、加工、出售国家重点保护植物、国家重点保护植物制品罪。非法收购、运输、加工、出售国家重点保护植物、国家重点保护植物制品罪，是指违反国家规定，非法收购、运输、加工、出售珍贵树木、国家重点保护的其他植物及其制品的行为。

根据《刑法》第344条的规定，犯本罪的，处3年以下有期徒刑、拘役或者管制，并处罚金；情节严重的，处3年以上7年以下有期徒刑，并处罚金。《刑法》第346条规定，单位犯本罪的，对单位判处罚金，并对其直接负责的主管人员和其他直接责任人员，依照个人犯罪的规定处罚。

12. 盗伐林木罪。盗伐林木罪，是指以非法占有为目的，盗伐森林或者其他林木，数量较大的行为。

根据《刑法》345条第1款的规定，犯本罪的，处3年以下有期徒刑、拘役或者管制，并处或者单处罚金；数量巨大的，处3年以上7年以下有期徒刑，并处罚金；数量特别巨大的，处7年以上有期徒刑，并处罚金。

13. 滥伐林木罪。滥伐林木罪，是指违反森林法的规定，滥伐森林或者其他林木，数量较大的行为。

根据《刑法》第345条第2款的规定，犯本罪的，处3年以下有期徒刑、拘役或者管制，并处或者单处罚金；数量巨大的，处3年以上7年以下有期徒刑，并处罚金。《刑法》第346条规定，单位犯本罪的，对单位判处罚金，并对其直接负责的主管人员和其他直接负责人员，依照个人犯罪的规定处罚。

14. 非法收购、运输盗伐、滥伐的林木罪。非法收购、运输盗伐、滥伐的林木罪，是指非法收购、运输明知是盗伐、滥伐的林木，情节严重的行为。

根据《刑法》第345条第3款的规定，犯本罪的，处3年以下有期徒刑、拘役或者管制，并处或者单处罚金；情节特别严重的，处3年以上7年以下有期徒刑，并处罚金。《刑法》第346条规定，单位犯本罪的，对单位判处罚金，并对其直接负责的主管人员和其他直接人员，依照个人犯罪的规定处罚。

（七）走私、贩卖、运输、制造毒品罪

走私、贩卖、运输、制造毒品罪一节共12个罪名，除了前文重点介绍的走私、贩卖、运输、制造毒品罪和非法持有毒品罪以外，还有以下10个罪名：

1. 包庇毒品犯罪分子罪。包庇毒品犯罪分子罪，是指明知是走私、贩卖、运输、制造毒品的犯罪分子，而向司法机关作假证明，掩盖其罪行，或者帮助其湮灭罪证，以使其逃避法律制裁的行为。

根据《刑法》第349条第1款的规定，犯本罪的，处3年以下有期徒刑、拘役或者管制；情节严重的，处3年以上10年以下有期徒刑。第2款规定，缉毒人员或者其他国家机关工作人员掩护、包庇走私、贩卖、运输、制造毒品的犯罪分子的，依照前款的规定从重处罚。

2. 窝藏、转移、隐瞒毒品、毒赃罪。窝藏、转移、隐瞒毒品、毒赃罪，是指明知是毒品或者毒品犯罪所得财物而为犯罪分子窝藏、转移、隐瞒的行为。

根据《刑法》第349条第1款的规定，犯本罪的，处3年以下有期徒刑、拘役或者管制；情节严重的，处3年以上10年以下有期徒刑。

3. 走私制毒物品罪。走私制毒物品罪，是指违反国家规定，非法运输、携带醋酸酐、乙醚、三氯甲烷或者其他用于制造毒品的原料或者配剂，进出国（边）境的行为。

根据《刑法》第350条第1款的规定，犯本罪的，处3年以下有期徒刑、拘役或者管制，并处罚金；数量大的，处3年以上10年以下有期徒刑，并处罚金。第3款规定，单位犯本罪的，对单位判处罚金，并对其直接负责的主管人员和其他直接责任人员，依照个人犯罪的规定处罚。

4. 非法买卖制毒物品罪。非法买卖制毒物品罪，是指违反国家规定，在境内非法买卖醋酸酐、乙醚、三氯甲烷或者其他用于制造毒品的原料或者配剂的行为。

根据《刑法》第350条第1款的规定，犯本罪的，处3年以下有期徒刑、拘役或者管制，并处罚金；数量大的，处3年以上10年以下有期徒刑，并处罚金。第3款规定，单位犯本罪的，对单位判处罚金，并对直接负责的主管人员和其他直接责任人员，依照个人犯罪的规定处罚。

5. 非法种植毒品原植物罪。非法种植毒品原植物罪，是指明知是罂粟、大麻等毒品原植物而非法种植，数量较大，或者经公安机关处理后又种植，或者抗拒铲除的行为。

根据《刑法》第351条第1款的规定，犯本罪的，处5年以下有期徒刑、拘役或者管制，并处罚金。第2款规定，非法种植罂粟3000株以上或者其他毒品原植物数量大的，处5年以上有期徒刑，并处罚金或者没收财产。第3款规定，非法种植罂粟或者其他毒品原植物，在收获前自动铲除的，可以免除处罚。

6. 非法买卖、运输、携带、持有毒品原植物种子、幼苗罪。非法买卖、运输、携带、持有毒品原植物种子、幼苗罪，是指违反国家规定，非法买卖、运输、携带、持有未经灭活的罂粟等毒品原植物种子或者幼苗，数量较大的行为。

根据《刑法》第352条的规定，犯本罪的，处3年以下有期徒刑、拘役或者管制，并处或者单处罚金。

7. 引诱、教唆、欺骗他人吸毒罪。引诱、教唆、欺骗他人吸毒罪，是指以引诱、教唆、欺骗的方法，促使他人吸食、注射毒品的行为。

根据《刑法》第353条第1款的规定，犯本罪的，处3年以下有期徒刑、拘役或者管制，并处罚金；情节严重的，处3年以上7年以下有期徒刑，并处罚金。第3款规定，引诱、教唆、欺骗未成年人吸食、注射毒品的，从重处罚。

8. 强迫他人吸毒罪。强迫他人吸毒罪，是指违背他人意志，以暴力、威胁或者其他方法，迫使他人吸食、注射毒品的行为。

根据《刑法》第353条第2款的规定，犯本罪的，处3年以上10年以下有期徒刑，并处罚金。第3款规定，强迫未成年人吸食、注射毒品的，从重处罚。

9. 容留他人吸毒罪。容留他人吸毒罪，是指为他人吸食、注射毒品提供场所的行为。

根据《刑法》第354条的规定，犯本罪的，处3年以下有期徒刑、拘役或者管制，并处罚金。

10. 非法提供麻醉药品、精神药品罪。非法提供麻醉药品、精神药品罪，是指依法从事生产、运输、管理、使用国家管制的麻醉药品、精神药品的人员，违反国家规定，向吸食、注射毒品的人提供国家规定管制的能够使人形成瘾癖的麻醉药品、精神药品的行为。

根据《刑法》第355条第1款的规定，犯本罪的，处3年以下有期徒刑或者拘役，并处罚金；情节严重的，处3年以上7年以下有期徒刑，并处罚金。第2款规定，单位犯本罪的，对单位判处罚金，并对其直接负责的主管人员和其他直接责任人员，依照个人犯罪的规定处罚。

（八）组织、强迫、引诱、容留、介绍卖淫罪

组织、强迫、引诱、容留、介绍卖淫罪一节共7个罪名，除了前文重点介绍的组织卖淫罪以外，还有以下6个罪名：

1. 强迫卖淫罪。强迫卖淫罪，是指以暴力、胁迫或者其他方法，迫使他人卖淫的行为。

根据《刑法》第358条第1款的规定，犯本罪的，处5年以上10年以下有期徒刑，并处罚金；有下列情形之一的，处10年以上有期徒刑或者无期徒刑：①组织他人卖淫，情节严重的；②强迫不满14周岁的幼女卖淫的；③强迫多人卖淫或者多次强迫他人卖淫的；④强奸后迫使卖淫的；⑤造成被强迫卖淫的人重伤、死亡或者其他严重后果的。第2款规定，犯本罪，有前款所列情形之一，情节特别严重的，处无期徒刑或者死刑，并处没收财产。

2. 协助组织卖淫罪。协助组织卖淫罪，是指在组织他人卖淫的犯罪中进行协助活动的行为。

根据《刑法》第358条第3款的规定，犯本罪的，处5年以下有期徒刑，并处罚金；情节严重的，处5年以上10年以下有期徒刑，并处罚金。

3. 引诱、容留、介绍卖淫罪。引诱、容留、介绍卖淫罪，是指以金钱、物质或者其他利益为手段，诱使他人卖淫，或者为他人卖淫提供场所，或者为卖淫的人与嫖客牵线搭桥的行为。

根据《刑法》第359条第1款的规定，犯本罪的，处5年以下有期徒刑、拘役或者管制，并处罚金；情节严重的，处5年以上有期徒刑，并处罚金。

4. 引诱幼女卖淫罪。引诱幼女卖淫罪，是指引诱不满14周岁的幼女卖淫的行为。

根据《刑法》第359条第2款的规定，犯本罪的，处5年以上有期徒刑，并处罚金。

5. 传播性病罪。传播性病罪，是指明知自己患有梅毒、淋病等严重性病而卖淫、嫖娼的行为。

根据《刑法》第360条第1款的规定，犯本罪的，处5年以下有期徒刑、拘役或者管制，并处罚金。

6. 嫖宿幼女罪。嫖宿幼女罪，是指明知是不满14周岁的幼女而嫖宿的行为。

根据《刑法》第360条第2款的规定，犯本罪的，处5年以上有期徒刑，并处罚金。

（九）制作、贩卖、传播淫秽物品罪

制作、贩卖、传播淫秽物品罪一节共5个罪名，除了前文重点介绍的制作、复制、出版、贩卖、传播淫秽物品牟利罪以外，还有以下4个罪名：

1. 为他人提供书号出版淫秽书刊罪。为他人提供书号出版淫秽书刊罪，是指工作严重不负责任，向他人提供书号，致使淫秽书刊出版的行为。

根据《刑法》第363条第2款的规定，犯本罪的，处3年以下有期徒刑、拘役或者管制，并处或者单处罚金。《刑法》第366条规定，单位犯本罪的，对单位判处罚金，并对其直接负责的主管人员和其他直接责任人员，依照个人犯罪的规定处罚。

2. 传播淫秽物品罪。传播淫秽物品罪，是指不以牟利为目的，传播淫秽的书刊、影片、音像、图片或者其他淫秽物品，情节严重的行为。

根据《刑法》第364条第1款的规定，犯本罪的，处2年以下有期徒刑、拘役或者管制。《刑法》第366条规定，单位犯本罪的，对单位判处罚金，并对其直接负责的主管人员和其他直接责任人员，依照个人犯罪的规定处罚。

3. 组织播放淫秽音像制品罪。组织播放淫秽音像制品罪，是指不以牟利为目的，组织播放淫秽的电影、录像等音像制品的行为。

根据《刑法》第364条第2款的规定，犯本罪的，处3年以下有期徒刑、拘役或者管制，并处罚金；情节严重的，处3年以上10年以下有期徒刑，并处罚金。第3款规定，制作、复制淫秽的电影、录像等音像制品组织播放的，依照本罪的规定，从重处罚。第4款规定，向不满18周岁的未成年人传播淫秽物品的，从重处罚。《刑法》第366条规定，单位犯本罪的，对单位判处罚金，并对其直接负责的主管人员和其他直接责任人员，依照个人犯罪的规定处罚。

4. 组织淫秽表演罪。组织淫秽表演罪，是指组织进行淫秽性演出的行为。

根据《刑法》第365条的规定，犯本罪的，处3年以下有期徒刑、拘役或者管制，并处罚金；情节严重的，处3年以上10年以下有期徒刑，并处罚金。《刑法》第366条规定，单位犯本罪的，对单位判处罚金，并对其直接负责的主管人员和其他直接责任人员，依照个人犯罪的规定处罚。

【思考题】

1. 如何理解妨害社会管理秩序罪的一般构成特征？
2. 怎样把握妨害公务罪的构成要件？
3. 黑社会性质组织的特征有哪些？如何认定组织、领导、参加黑社会性质组织罪？
4. 怎样理解伪证罪的立法意义？伪证罪与包庇罪在构成上如何区分？
5. 脱逃罪的主体如何界定？
6. 如何把握医疗事故中罪与非罪的界限？
7. 简述重大环境污染事故罪的构成特征。
8. 走私、贩卖、运输、制造毒品罪的构成特征是什么？
9. 组织卖淫罪与引诱、容留、介绍卖淫罪有什么区别？
10. 试述制作、复制、出版、贩卖、传播淫秽物品牟利罪的构成特征？其与传播淫秽物品罪如何区分？

【参考文献】

1. 赵秉志主编：《毒品犯罪研究》，中国人民大学出版社1993年版。
2. 云南省高级人民法院编：《惩治毒品犯罪理论与实践》，中国政法大学出版社1993年版。
3. 崔庆森主编：《中外毒品犯罪透视》，社会科学文献出版社1993年版。
4. 赵秉志主编：《现代世界毒品犯罪的惩治与防范》，中国人民公安大学出版社1997年版。

5. 梁华仁：《医疗事故的认定与法律处理》，法律出版社 1998 年版。
6. 于志刚：《计算机犯罪研究》，中国检察出版社 1999 年版。
7. 刘广三：《计算机犯罪论》，中国人民大学出版社 1999 年版。
8. 谢望原主编：《妨害文物管理罪》，中国人民公安大学出版社 1999 年版。
9. 赵秉志主编：《妨害司法罪疑难问题司法对策》，吉林人民出版社 2000 年版。
10. 赵秉志、于志刚主编：《毒品犯罪疑难问题司法对策》，吉林人民出版社 2000 年版。
11. 苏彩霞、时延安：《妨害风化犯罪疑难问题司法对策》，吉林人民出版社 2001 年版。
12. 李希慧主编：《妨害社会管理秩序罪新论》，武汉大学出版社 2001 年版。
13. 何秉松：《有组织犯罪研究——中国大陆黑社会（性质）组织犯罪研究》（第一卷），中国法制出版社 2002 年版。
14. 薛瑞麟：《文物犯罪研究》，中国政法大学出版社 2002 年版。
15. 付立忠：《环境刑法学》，中国方正出版社 2002 年版。
16. 王作富主编：《刑法分则实务研究》（下册），中国方正出版社 2003 年版。
17. 赵秉志主编：《扰乱公共秩序罪》，中国人民公安大学出版社 2003 年版。
18. 赵秉志、于志刚：《毒品犯罪》，中国人民公安大学出版社 2003 年版。
19. 刘远主编：《危害公共卫生罪》，中国人民公安大学出版社 2003 年版。
20. 王秀梅、杜澎：《破坏环境资源保护罪》，中国人民公安大学出版社 2003 年版。
21. 鲍遂献主编：《妨害风化犯罪》，中国人民公安大学出版社 2003 年版。
22. 田宏杰：《妨害国（边）境管理罪》，中国人民公安大学出版社 2003 年版。

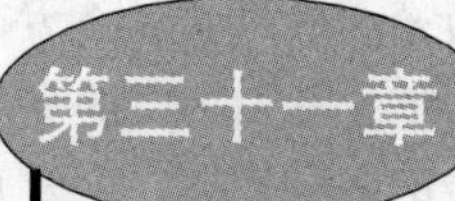

第三十一章 危害国防利益罪

【导语】危害国防利益罪是指违反国防法律，危害国防利益，依法应受刑罚处罚的行为。危害国防利益罪是我国《刑法》为维护国家的国防利益而在分则第七章予以规定的类罪名，共包括23种具体罪名。本章应熟练掌握的知识重点有危害国防利益罪的概念与构成特征，危害国防利益罪的主要类型，重点罪名的构成与认定等。本章的重点罪名有阻碍军人执行职务罪，破坏武器装备、军事设施、军事通信罪等。对危害国防利益罪的其他罪名则应基本掌握其概念和处罚。

本章的主要疑难问题有：①如何处理阻碍军人执行职务罪与阻碍执行军事职务罪的关系？②如何处理阻碍军人执行职务罪中的认识错误问题？③如何判断军人执行职务的合法性？④如何判断故意破坏武器装备、军事设施、军事通信罪的犯罪形态？⑤如何处理故意破坏武器装备、军事设施、军事通信罪的罪数问题？

■第一节　危害国防利益罪概述

一、危害国防利益罪的概念

危害国防利益罪是指违反国防法律，危害国防利益，依法应受刑罚处罚的行为。具体地说，危害国防利益罪是违反国防法律、法规所规定的国防义务，故意或者过失地危害国家的作战和军事行动，危害国防建设活动，妨害国防管理秩序，损害国家军队声誉，依照刑法应受刑罚处罚的行为。

在1997年《刑法》修订以前，我国《刑法》中没有明确的关于危害国防利益罪的规定，只是在相关的法律中有两个方面的规定，一方面是散见于全国人大及其常委会制定的一些法律中，对违反国防利益的法律责任做出的“比照”、“依照”刑法的规定追究刑事责任的原则性规定；另一方面是将军人违反职责的犯罪集中规定于《惩治军人违反职责罪暂行条例》中。在《刑法》分则中设置专章的危害国防利益罪，使各部门法的规定与刑法法典相衔接，这是维护刑法典体系的完整性和作用的权威性的需要，是制定统一、完备的具有中国特色刑法典的一个重要步骤。

规定危害国防利益罪，目的是为了保护国防利益，并保障《国防法》等国防法规的实施。根据我国《宪法》对国防与国家武装力量的任务的原则性规定，我国先后制定了《征兵工作条例》、《军事设施保护法》、《军工产品质量管理条例》、《预备役军官法》，特别是颁布了《国防法》，具体的法律法规对武装部队行使宪法、法律赋予的职权和履行的职责，均作了明确的规定。这些法律构成了系统的国防法律制度，为了保证这些法律的顺利实施，必须运用刑法的保障功能，依靠国家强制力予以保障。

国防是国家生存与发展的安全保障，是国家为了保卫国家主权、领土完整与安全，而采取的军事防务。国防利益包括国防物质基础、作战与军事行动秩序、国家武装力量建设、国防管理秩序等，是国家利益的重要组成部分。国防是一个国家的政治、经济和各个方面赖以存在的基本前提。没有坚强的国防作为后盾，国家的主权与安全都将失去实力的保障。因此，国防事业直接关系到国家和人民的根本利益，而危害国防利益的各种犯罪，就是直接危害国家利益和人民利益的一种性质非常严重的犯罪行为，必须予以惩处。

由于国防利益与国家利益的竞合关系，规定本类犯罪的许多条款与《刑法》的其他章节的条款便产生了法条竞合关系。例如，《刑法》分则第七章第368条（阻碍军人执行职务罪、阻碍军事行动罪）与第277条（妨害公务罪），第371条（聚众冲击军事禁区罪、聚众扰乱军事管理区秩序罪）与第290条（聚众扰乱社会秩序罪），第372条（冒充军人招摇撞骗罪）与第279条（招摇撞骗罪），第375条（伪造、变造、买卖武装部队公文、证件、印章罪）与第280条（伪造、变造、买卖国家机关公文、证件、印章罪），都具有特别法条与普通法条的关系。同时，值得注意的是，《刑法》分则第七章和第十章"军人违反职责罪"都是基于保护国家的国防利益的目的而规定的，而后者是专门针对国防利益中更加核心的军事利益，为军人这一特殊主体而立，本章则主要是针对负有国防义务的一般主体。

由于国防利益的重要性，危害国防利益罪是较为严重的犯罪，其法定最高刑为死刑，共有2个死刑罪名。其他罪名规定了无期徒刑、有期徒刑、拘役和管制，部分罪名规定了罚金。

二、危害国防利益罪的构成要件

（一）犯罪主体

本类犯罪的犯罪主体主要是一般主体，只有少数犯罪规定为特殊主体。以一般主体为主，体现了国防义务的普遍性。这一点使本章犯罪与《刑法》分则第十章即"军人违反职责罪"一章规定的犯罪区别开来。本章中的一般主体包括已满16周岁且具有刑事责任能力的自然人，其中包含我国公民和外国人、无国籍人；少数罪名的主体为特殊主体，如第368条第2款规定的阻碍军事行动罪，第374条规定的接送不合格兵员罪等。本章部分犯罪的主体包括自然人和单位，如第370条规定的故意提供不合格武器装备、军事设施罪等规定了单位刑事责任。

（二）犯罪主观方面

本类犯罪的犯罪主观方面主要是故意犯罪，即行为人明知自己的行为会对国防利益构成危害而故意实施。除第370条第2款规定的过失提供不合格武器装备、军事设施罪，《刑法修正案（五）》增加的第369条第2款规定的过失破坏武器装备、军事设施、军事通信罪以外，其他犯罪只能由故意构成。有的罪名还要求行为人具有营利的目的，如第375条第2款规定的非法生产、买卖军用标志罪。其他大部分的故意犯罪，都不要求有特定目的。

（三）犯罪客观方面

本类犯罪的犯罪客观方面表现为违反国防法规，危害国防利益的行为。由于军队直接承担国防任务，所以，本类犯罪的行为以阻碍军人执行职务、破坏装备与军事设施、妨害部队管理、扰乱军事区域秩序、逃避军事义务等内容为核心。

从危害行为的内容上来看，危害国防利益行为包括危害作战和军事行动，危害国防物质基础和国防建设活动，妨害国防管理秩序，拒绝或者逃避履行国防义务，损害部队声誉的行为。其中，所谓危害作战和军事行动，是指以暴力、威胁方法阻碍军人依法执行职务，战时故意向武装部队提供虚假敌情，战时造谣惑众扰乱军心，战时拒绝或者故意延误军事订货，战时拒绝军事征用等具有严重危害性的行为。所谓危害国防物质基础和国防建设活动，是指破坏武器装备、军事设施、军事通信，向武装部队提供不合格武器装备、军事设施伪造、买卖或者盗窃、抢夺武装部队公文、证件、印章以及非法生产、买卖武装部队制式服装、车辆牌照等专用标志等具有严重危害性的行为。所谓妨害国防管理秩序，是指聚众冲击军事禁区或扰乱军事管理区，煽动军人逃离部队，或者明知是逃离部队的军人而雇用，在征兵工作中徇私舞弊，接送不合格兵员等具有严重危害性的行为。所谓拒绝逃避履行国防义务，是指预备役人员战时拒绝、逃避征召或者军事训练以及公民战时拒绝、逃避服役等具有严重危害性的行为。所谓损害部队声誉，是指冒充军人招摇撞骗等行为。

从危害行为的表现形式上来看，有的犯罪只能是作为，有的犯罪则只能是不作为，有的犯罪既可以是作为也可以是不作为。

从犯罪的时间要素上来说，有一部分危害国防利益罪要求战时才能构成，即有的行为只有在战时实施才成立犯罪，有的行为不管是战时实施还是平时实施都成立犯罪。《刑法》第451条关于“战时”的规定虽然是就《刑法》分则第十章的军人违反职责罪而言，但从刑法的立法精神来看，对本章条文规定的“战时”，也应与军人违反职责罪的“战时”作相同理解，即战时是指国家宣布进入战争状态、部队受领作战任务或者遭敌突然袭击时；部队执行戒严任务或者处置突发性暴力事件时，以战时论。

（四）犯罪客体

本类犯罪侵害的客体是国防利益。所谓国防利益，是指国家为提高国防物质基础建设水平，加强国防管理，防备和抵御侵略与颠覆，捍卫国家主权、领土完整和安全，维护部队声誉而享有的进行军事及与军事有关的建设和斗争等活动的权利。具体包括作战利益与军事行动利益，国防自身安全，武装力量建设，国防物质基础，国防管理秩序，等等。任何人实施的破坏武器装备、军事设施行为，冲击军事禁区行为，拒绝、逃避服兵役行为，都会危及国防利益。为维护国家利益，国家对情节严重或造成重大后果的上述行为均作为犯罪，予以刑事处罚。本类犯罪的犯罪对象包括：武装部队，军人，军用武器装备，军事设施，军事通信，军事禁区和军事管理区，兵员，部队的公文、证件、印章，部队专用标志等。

三、危害国防利益罪的种类

危害国防利益罪规定在《刑法》分则第七章，从第368条至381条共14个条文，包括2005年2月《刑法修正案（五）》增加的1个罪名，2009年2月《刑法修正案（七）》修改、增加的2个罪名在内，共23个罪名。根据危害国防利益行为构成犯罪的时间是否限于战时，可将危害国防利益罪分为以下两类：

1. 不限于战时的本类犯罪，即平时和战时都能构成的本类犯罪。包括阻碍军人执行职务罪；阻碍军事行动罪；破坏武器装备、军事设施、军事通信罪；过失破坏武器装备、军事设施、军事通信罪；故意提供不合格武器装备、军事设施罪；过失提供不合格武器装备、军事设施罪；聚众冲击军事禁区罪；聚众扰乱军事管理区秩序罪；冒充军人招摇撞骗罪；煽动军人逃离部队罪；雇用逃离部队军人罪；接送不合格兵员罪；伪造、变造、买卖武装部队公文、证件、印章罪；盗窃、抢夺武装部队公文、证件、印章罪；非法生产、买卖武装部队制式服装罪；伪造、盗窃、买卖、非法提供、使用武装部队专用标志罪。

2. 限于战时的本类犯罪。包括战时拒绝、逃避征召、军事训练罪；战时拒绝、逃避服役罪；战时故意提供虚假敌情罪；战时拒绝、故意延误军事订货罪；战时拒绝军用征用罪。

■第二节 危害国防利益罪分述

一、阻碍军人执行职务罪

(一) 基本法理

1. 阻碍军人执行职务罪的概念和构成要件。阻碍军人执行职务罪，是指以暴力、威胁方法对军人依法进行的军事职务行为进行妨碍、阻挠的行为。阻碍军人依法执行职务的行为违反了《国防法》规定的国防义务，直接危害国防利益。本罪是危害国防利益罪中针对一般主体而保护特殊对象的独立于普通妨害公务罪的重要罪名。

本罪的构成要件是：

(1) 本罪的犯罪主体为一般主体，即已满 16 周岁且具有刑事责任能力的自然人均可构成本罪。本罪主体只能是自然人。

(2) 本罪的主观方面罪过形式是故意。这里的故意，是指明知是军人依法执行职务，而基于希望或者放任予以妨碍、阻挠的主观心理状态。过失不成立本罪；不明知是军人执行职务而阻碍的，不成立本罪；误以为军人实施非法行为而阻碍的，不成立本罪。

(3) 本罪的客观方面表现为使用暴力、威胁方法阻碍军人依法执行职务。首先，行为人必须使用了暴力、威胁方法。所谓暴力，是指对军人的人身不法实施强制或者打击的一切行为。但从法定刑来看，暴力行为致军人重伤或者死亡的，超出了本罪构成要件所预定的范围，应以伤害罪、杀人罪论处。所谓威胁，是指以恶害相通告，使依法执行职务的军人产生恐惧心理进而实现精神强制。其次，必须是针对军人本人而实施暴力、威胁行为，同时应当包括以加害他人对军人进行威胁、强制的行为。最后，必须阻碍军人依法执行职务，即导致军人无法或者难以正常地依法执行职务，包括使军人停止依法执行职务和使军人被迫改变依法应当执行的公务内容。如果行为人实施的暴力、威胁行为与军人执行职务没有关系，则不可能成立本罪。阻碍军人的非法行为的，不能以本罪论处。

(4) 本罪的犯罪客体是军人依法执行职务的权力与职能。本罪的犯罪对象必须是军人，即中国人民解放军的现役军官、文职干部、士兵以及具有军籍的学员和中国人民武装警察部队的现役警官、文职干部、士兵以及具有警籍的学员；执行军事任务的预备役人员和其他人员以军人论。这里应当特别强调军人的身份与职能，如果不是阻碍军人依法执行职务而是阻碍国家机关工作人员依法执行职务，则应属于妨害公务罪而不构成本罪。

2. 阻碍军人执行职务罪的相关界限。

(1) 本罪与非罪的界限。首先，本罪在主观方面要求为故意犯罪，因此对于基于认识错误不明知军人身份或者其执行职务行为的合法性的，不应认定为本罪；其次，本罪的客观要件要求以暴力或者威胁的方法阻碍军人依法执行职务，也就是说如果未采用暴力、威胁方法的，不构成本罪；最后，从犯罪客体的要求来看，对军人的非法行为予以制止的，以及对军人执行职务过程中的违法行为进行抵制的，都不构成本罪。

(2) 本罪与《刑法》第 277 条规定的妨害公务罪的界限。两者的关键区别在于犯罪客体和行为对象的差异：本罪是阻碍军人执行职务，后罪是阻碍除军人以外的国家机关工作人员等依法执行职务。行为对象的区别不仅仅是军人身份与国家机关工作人员身份的不同，其实质是军人所执行的职务是军事职务，和国家机关工作人员所执行的国家公务有紧迫性与敏感性的重要差别，因此不能混同。对阻碍军人执行职务的，应认定为本罪，而不应适用第 277 条的罪名。

(3) 本罪与《刑法》第426条规定的阻碍执行军事职务罪的界限。首先，犯罪主体不同。本罪的犯罪主体为一般主体（自然人）；后罪的犯罪主体为特殊主体，即军人。如果军人以军人的身份及其职务便利，以暴力或者威胁的方法阻碍其他军人依法执行军事职务的，应以本罪论处。其次，犯罪的行为对象不同。本罪的侵害对象为依法执行职务的军人，包括指挥人员和普通士兵；后罪的侵害对象是正在执行职务的军事指挥人员或者正在值班、值勤的军人。最后，犯罪客体不同。本罪侵犯的是一般的国防利益；后罪侵犯的是军事利益，主要体现在军事行动中。

3. 阻碍军人执行职务罪的刑事责任。根据《刑法》第368条第1款的规定，犯本罪的，处3年以下有期徒刑、拘役、管制或者罚金。

(二) 疑难问题

1. 如何处理阻碍军人执行职务罪与《刑法》第426条规定的阻碍执行军事职务罪的关系？有的观点认为，本罪侵害的对象是一般军人，不包括军事指挥人员、值班、执勤人员，理由是另有专设罪名。我们认为这种观点值得商榷，这是对《刑法》第426条规定的阻碍执行军事职务罪的误解。阻碍执行军事职务罪的对象确实是更为特定的军事指挥人员、值班、值勤人员，但必须注意到，阻碍执行军事职务罪的犯罪主体只限于军人，是军人违反职责罪中的罪名。如果军人以暴力、威胁方法阻碍指挥人员或者值班、执勤人员执行职务，构成阻碍执行军事职务罪而非本罪；但是如果非军人以暴力、威胁方法阻碍执行军事指挥人员、值班、值勤人员执行军事职务，并不能构成阻碍执行军事职务罪，而是构成本罪，即本罪的对象是全体军人，包括军事指挥人员、值班、值勤人员。只是当犯罪主体为军人时，鉴于《刑法》另有军人违反职责罪的特别规定，应当以阻碍执行军事职务罪论处。

比较复杂的情况是，军人是否可以构成本罪？有人认为，本罪的主体只能是除军人以外的自然人，其主要理由是军人的类似行为有《刑法》第426条规定的阻碍执行军事职务罪的规定，属于法条竞合，应适用特别法。我们认为，根据本罪的要件分析，如果现役军人以非军人的身份，阻碍其他军人依法执行职务，而且其并非阻碍第426条规定的军事指挥人员或者正在值班、值勤的军人所执行的军事职务，那么应当根据其具体情况考查，可以构成本罪。

2. 如何处理阻碍军人执行职务罪的认识错误问题？本罪的主观要件为故意，必须明知是军人依法执行职务，而基于希望或者放任予以妨碍、阻挠的主观心理状态。那么按照这一要件的要求，不明知是军人依法执行职务即不构成本罪。然而，对于认识错误的问题在理论和实践中的把握都并非简单一致，而需要认真分析。如果行为人的主观认识发生错误，把军人误认为是其他国家机关工作人员，或者把其他国家机关工作人员误认为是军人，我们认为需要根据抽象的事实认识错误的处理原则，在主客观相统一的范围内，认定犯罪性质。也就是说，对于确实把军人误认为是其他国家机关工作人员的情况，应当以妨害公务罪论处；对于把执行与国防利益相关的国家公务的其他国家机关工作人员误认为是军人而故意阻碍的情况，则根据情况可以构成本罪。这种看法主要是基于对本罪犯罪客体的理解，只有明确妨碍军人执行职务的行为，才是妨害国防利益罪所保护的社会关系的实质，基于误解的阻碍行为不是对军事秩序的正面挑战，不必以本罪论处，以妨害国家公务罪处理即能实现对维护社会秩序的目的；而将执行与国防利益相关的公务活动的非军人国家机关工作人员视为军人而阻碍的，其实质是妨害了国家的国防利益。

3. 如何判断军人执行职务是否合法？与认识错误问题相联系的问题是以什么根据判断、按谁的标准判断军人执行职务的行为是否合法。因为阻碍军人依法执行职务才构成犯罪，而如果军人的活动不合法，则不构成犯罪。

首先，关于判断的根据，外国刑法和我国台湾地区刑法理论中有不同的看法，主要有实质说、形式说、实质加形式说。①实质说认为只要执行职务行为在军人的抽象的职责之内，并且具备执行职务所需的一般形式，即可认为具备了适法性。一般认为，此观点淡化了对军人执行职务行为的合法性的要求，即使军人较轻微地违法，也不影响阻碍者的刑事责任。②形式说认为军人执行职务的合法性由军人活动是否具备形式的必备条件来决定。这种观点的问题是过于重视形式，对真正执行职务的军人要求甚高，却存在着保护冒充军人的不法之徒的风险。③实质加形式说认为军人执行职务的合法性应当是指形式与程序合法，且实体与实质也合法的职务行为。目前实质加形式说是日本和我国台湾地区刑法的通说，也得到了我国刑法学界的普遍赞同，我们认为应当支持这种观点。

其次，关于判断的标准，亦即由谁来判断的问题，也有主观说、客观说、普遍性标准说的差别。主观说即以军人是否确信自己的活动合法的标准来判断；客观说主张由法院通过对法律进行解释而客观判断；普遍性标准说认为应当以社会上一般人的标准来判断。主观说显然放任了军人的个人意志，其是否内心确信也不易掌握。普遍性标准说很有道理，却不太现实，因为在实际的诉讼中其所谓普遍性和一般人的定义标准把握确有难度。我们赞成客观说，即通过司法的确认，达到对军人活动的合法性的法律衡量，是比较理想和现实的做法。

二、破坏武器装备、军事设施、军事通信罪

（一）基本法理

1. 破坏武器装备、军事设施、军事通信罪的概念和构成要件。破坏武器装备、军事设施、军事通信罪，是指故意破坏武器装备、军事设施、军事通信，危害国防利益的行为。一般认为，本条为选择性罪名，包括破坏武器装备罪、破坏军事设施罪、破坏军事通信罪。也有人认为武器装备、军事设施、军事通信三者是相似的对象，其犯罪的行为方式又都是一样的，所以本条只能作为一个选择性罪名即以“破坏武器装备、军事设施、军事通信罪”论处。我们认为，所谓选择性罪名是强调数种行为的可选择性，只要实施数种行为之一即可构成犯罪且可以以其中一种称谓之。本条的三种对象实属不同类型，应以选择性罪名理解为妥，符合刑法中类似情况的处理习惯。

本罪为1997年《刑法》新设置的罪名，目的是保护国家的军事建设和武装力量的物质条件。2005年2月《刑法修正案（五）》又增加了第369条的第2款和第3款，分别为关于过失犯罪和战时犯罪的规定。

本罪的构成要件是：

（1）本罪的犯罪主体为一般主体，即已满16周岁且具有刑事责任能力的自然人均可构成本罪，包括中国公民和外国人、无国籍人、军人和非军人。本罪主体只能是自然人。

（2）本罪的主观方面只限于故意，即明知自己的行为会发生破坏武器装备、军事设施、军事通信的危害结果，并且希望或者放任这种结果的发生。《刑法修正案（五）》增加了“过失犯前款罪的”规定，增设了过失破坏武器装备、军事设施、军事通信罪，应为独立的罪名。

（3）本罪客观方面表现为破坏武器装备、军事设施、军事通信的行为。这里的破坏是指损毁武器装备、军事设施、军事通信的设施和设备，或者使武器装备、军事设施、军事通信失去其正常的功能，包括使武器装备、军事设施、军事通信的永久或阶段性的效用丧失或者减少的一切行为，并不限于物理上的毁损。比如，利用计算机病毒程序干扰、利用无线电等远程控制干扰等行为，都可以实现破坏。破坏的对象限于武器装备、军事设施与军事通信。

武器装备，是指武器及其配套的弹药、仪器、器材、备附件的统称，武器则是指直接用于杀伤敌人有生力量和破坏敌人作战设施的器械；军事设施，是指直接用于军事目的的建筑、场地与设备；军事通信，是指军队为实施指挥与武器控制等而进行信息传递的各种通信手段，包括无线电通信、有线电通信、光通信、运动通信和简易通信等。

（4）本罪的直接客体是武器装备、军事设施、军事通信的使用和管理。武器装备、军事设施、军事通信是保证武装部队战时与平时完成军事活动的基本手段，也是国防建设的重要物质保障。军事设施是一个国家组织军事活动的重要物质设备与基本建设基础。军事通信是军队指挥系统的组成部分，是军队战斗力的要素之一。任何对武器装备、军事设施、军事通信的肆意破坏的行为，都将给武装力量建设和国防建设带来损害。

2．破坏武器装备、军事设施、军事通信罪的相关界限。

（1）本罪与非罪的界限。破坏武器装备、军事设施、军事通信行为是对国防利益的直接侵犯，所以本罪对罪与非罪的界限的划分也是比较严格的。除了对犯罪主观要件的把握之外，区分本罪与非罪的界限主要在于对破坏程度与规模的理解，尤其是在《刑法修正案（五）》增加了过失破坏武器装备、军事设施、军事通信罪之后，罪与非罪行为的区分主要体现在客观要件方面。所谓破坏是指损毁而使其失去正常功能的行为，包括使武器装备、军事设施、军事通信的效用丧失或者减少的一切行为，并不限于物理上的毁损和永久的功能丧失。由于破坏武器装备、军事设施、军事通信的敏感性，对于故意破坏武器装备、军事设施、军事通信的犯罪应以从严为宜，而过失犯罪则应视行为的时间、国防形势背景与造成的危害结果来衡量。

（2）本罪与危害公共安全的破坏型犯罪的界限。本罪，与放火罪、爆炸罪、故意毁坏财物罪、破坏交通设施罪、破坏易燃易爆设备罪、破坏广播电视设施罪、公用电信设施罪等有相似之处，关键区别在于对象不同，因而所侵犯的法益性质不同。后者所列犯罪对象，均为普通民用设施，其所代表的犯罪客体为公共安全，或者财产权利。由于刑法对本罪的破坏行为没有任何限定，只是限定了破坏的对象，且法定最高刑为死刑，故不管使用什么方法，只要是破坏武器装备、军事设施、军事通信的，就应以本罪论处。

（3）本罪与盗窃罪的界限。在司法实践中，应当注意区别以盗窃固定在军事设施上的设备、器材为表现形式的故意破坏军事设施罪与以盗窃军事设施内的军用物资为表现形式的盗窃罪的界限。两罪在犯罪主体和犯罪手段上相似，而关键区别在于犯罪的主观方面以及犯罪危害客体。客观上，可以从所盗窃的设备、器材是否为军事设施上固定的不可缺少的部件为参考进行判断。如果是固定而且必不可少的，则移动窃取行为必然导致该设施的功能丧失或受损，应属破坏行为；如果只是存放的器材、物资，并非正在运转使用的其他设施系统的一部分，其移动窃取行为不会导致其他设施功能丧失或受损的，应为盗窃行为。

3．破坏武器装备、军事设施、军事通信罪的刑事责任。根据《刑法》第369条的规定，犯本罪的，处3年以下有期徒刑、拘役或者管制；破坏重要武器装备、军事设施、军事通信的，处3年以上10年以下有期徒刑；情节特别严重的，处10年以上有期徒刑、无期徒刑或者死刑。战时犯本罪的，从重处罚。

破坏重要武器装备、军事设施、军事通信的，是本罪的加重处罚事由。这里的重要武器装备，是指部队的主要武器装备和其他作战中急需或者必不可少的武器装备。重要军事设施，是指指挥中心、大型作战工程，各类通信、导航、观测枢纽，机场、港口、码头，大型仓库、输油管道、采用铁路线等对作战具有重要作用的设施。重要军事通信，是指军事首脑机关及重要指挥中心的通信，战时通信，军队抢险救灾中的通信，执行航行、重大科学实验和飞行训练等重要任务中的通信。

情节特别严重的，最高法定刑为死刑，说明本罪的刑事责任的严厉性。这里的情节特别严重，是指致使重要武器装备报废的；造成重要军事设施丧失使用效能的；战时破坏重要武器装备、军事设施、军事通信的；因破坏武器装备、军事设施、军事通信致使战斗、战役遭受重大损失的，造成伤亡多人或者重大经济损失的等。

根据刑法的规定，战时犯本罪的，应当从重处罚。

（二）疑难问题

1. 如何判断破坏武器装备、军事设施、军事通信罪的犯罪形态？本罪是行为犯，其犯罪行为是否既遂，应以是否完成对犯罪对象的破坏行为为标准。由于武器装备、军事设施、军事通信系统的现代化与科技化，对于本罪相当部分犯罪对象的破坏行为，其危害结果的发生与行为完成之间都有时间上的间隔，所以这一点相当重要。行为犯的未遂，是指行为人的行为尚未完成即由于意志以外的原因被制止的形态。同时，还应当注意中止与未遂的区分。如果行为人已经着手实施破坏武器装备、军事设施、军事通信的行为，但尚未完成即停止的，要根据其是自动放弃犯罪还是因意志以外的原因而未得逞，以确定是属于犯罪中止还是未遂。

2. 如何处理破坏武器装备、军事设施、军事通信罪的罪数问题？在司法实践中，对武器装备、军事设施、军事通信的破坏常伴随其他犯罪行为，出现与其他罪名的竞合。比如，以侵入国家重要计算机系统的破坏方式，为妨害军人执行职务而破坏武器装备、军事设施、军事通信，为实施盗窃行为而引起武器装备、军事设施、军事通信的破坏等。对于上述例举的情况都应该具体分析其罪名间的相互关系，分别按照罪数原理定罪。例如，涉及计算机系统与网络的情况下，如果通过侵入国家其他非军事与国防计算机重要网络而对军事目标进行网络攻击的，属非法侵入计算机信息系统罪与本罪的牵连犯；如果是直接侵入并破坏军事与国防计算机网络的，则属于破坏计算机系统罪和本罪的法条竞合犯。涉及军人依法执行职务的情况下，为妨害军人依法执行职务而进行破坏军人正在使用的武器装备、军事设施、军事通信的，属于妨害军人执行职务罪与本罪的牵连犯；为阻碍军人依法使用武器装备、军事设施、军事通信而破坏的，属于阻碍军事行动罪与本罪的想象竞合犯。涉及盗窃行为的情况下，明知其盗窃行为会引起破坏而盗窃武器装备、军事设施的，属于武器弹药罪或者盗窃罪与本罪的想象竞合犯；应当知道会导致破坏结果，出于对这种破坏结果的无知，为盗窃财物而引起破坏的，属于盗窃罪与本罪的牵连犯，等等。

三、其他犯罪

（一）阻碍军事行动罪

阻碍军事行动罪，是指故意阻碍武装部队军事行动，造成严重后果的行为。

根据《刑法》第 368 条第 2 款的规定，犯本罪的，处 5 年以下有期徒刑或者拘役。

（二）过失破坏武器装备、军事设施、军事通信罪

过失破坏武器装备、军事设施、军事通信罪，是指过失破坏部队的武器装备、军事设施、军事通信，造成严重后果的行为。

根据《刑法修正案（五）》增加的第 369 条第 2 款的规定，犯本罪的，处 3 年以下有期徒刑或者拘役；造成特别严重后果的，处 3 年以上 7 年以下有期徒刑。战时犯本罪的，从重处罚。

（三）故意提供不合格武器装备、军事设施罪

故意提供不合格武器装备、军事设施罪，是指明知是不合格的武器装备、军事设施而提

供给武装部队的行为。

根据《刑法》第370条第1款的规定，犯本罪的，处5年以下有期徒刑或者拘役；情节严重的，处5年以上10年以下有期徒刑；情节特别严重的，处10年以上有期徒刑、无期徒刑或者死刑。第3款规定，单位犯本罪的，对单位判处罚金，并对其直接负责的主管人员和其他直接责任人员，依照第1款的规定处罚。

（四）过失提供不合格武器装备、军事设施罪

过失提供不合格武器装备、军事设施罪，是指过失地将不合格的武器装备、军事设施提供给武装部队，造成严重后果的行为。

根据《刑法》第370条第2款的规定，犯本罪的，处3年以下有期徒刑或者拘役；造成特别严重后果的，处3年以上7年以下有期徒刑。

（五）聚众冲击军事禁区罪

聚众冲击军事禁区罪，是指故意纠集多人，冲击国家划定的军事禁区，严重扰乱军事禁区秩序的行为。

根据《刑法》第371条第1款的规定，犯本罪的，对首要分子，处5年以上10年以下有期徒刑；对其他积极参加的，处5年以下有期徒刑、拘役、管制或者剥夺政治权利。

（六）聚众扰乱军事管理区秩序罪

聚众扰乱军事管理区秩序罪，是指聚众扰乱国家划定的军事管理区秩序，情节严重，致使军事管理区工作无法进行，造成严重损失的行为。

根据《刑法》第371条第2款的规定，犯本罪的，对首要分子，处3年以上7年以下有期徒刑；对其他积极参加的，处3年以下有期徒刑、拘役、管制或者剥夺政治权利。

（七）冒充军人招摇撞骗罪

冒充军人招摇撞骗罪，是指冒充军人身份进行招摇撞骗，假冒军人名义骗取政治荣誉、职务待遇或者其他非法利益的行为。

根据《刑法》第372条的规定，犯本罪的，处3年以下有期徒刑、拘役、管制或者剥夺政治权利；情节严重的，处3年以上10年以下有期徒刑。

（八）煽动军人逃离部队罪

煽动军人逃离部队罪，是指煽动军人逃离部队，情节严重的行为。

根据《刑法》第373条的规定，犯本罪的，处3年以下有期徒刑、拘役或者管制。

（九）雇用逃离部队军人罪

雇用逃离部队军人罪，是指明知是逃离部队的军人而雇用，情节严重的行为。

根据《刑法》第373条的规定，犯本罪的，处3年以下有期徒刑、拘役或者管制。

（十）接送不合格兵员罪

接送不合格兵员罪，是指故意在征兵工作中徇私舞弊，接送不合格兵员，情节严重的行为。

根据《刑法》第374条的规定，犯本罪的，处3年以下有期徒刑或者拘役；造成特别严重后果的，处3年以上7年以下有期徒刑。

（十一）伪造、变造、买卖武装部队公文、证件、印章罪

伪造、变造、买卖武装部队公文、证件、印章罪，是指故意伪造、变造、买卖武装部队公文、证件、印章的行为。

根据《刑法》第375条第1款的规定，犯本罪的，处3年以下有期徒刑、拘役、管制或者剥夺政治权利；情节严重的，处3年以上10年以下有期徒刑。

（十二）盗窃、抢夺武装部队公文、证件、印章罪

盗窃、抢夺武装部队公文、证件、印章罪，是指盗窃、抢夺武装部队公文、证件、印章的行为。

根据《刑法》第375条第1款的规定，犯本罪的，处3年以下有期徒刑、拘役、管制或者剥夺政治权利；情节严重的，处3年以上10年以下有期徒刑。

（十三）非法生产、买卖武装部队制式服装罪

非法生产、买卖武装部队制式服装罪是指非法生产、买卖武装部队的制式服装，情节严重的行为。

根据《刑法》第375条第2款（《刑法修正案（七）》第12条第1款）的规定，犯本罪的，处3年以下有期徒刑、拘役或者管制，并处或者单处罚金。本条第4款（《刑法修正案（七）》第12条第3款）规定，单位犯第2款罪的，对单位判处罚金，并对其直接负责的主管人员和其他直接责任人员，依照该款的规定处罚。

（十四）伪造、盗窃、买卖、非法提供、使用武装部队专用标志罪

伪造、盗窃、买卖、非法提供、使用武装部队专用标志罪，是指伪造、盗窃、买卖或者非法提供、使用武装部队车辆号牌等专用标志，情节严重的行为。

根据《刑法》第375条第3款（《刑法修正案（七）》第12条第2款）的规定，犯本罪的，处3年以下有期徒刑、拘役或者管制，并处或者单处罚金；情节特别严重的，处3年以上7年以下有期徒刑，并处罚金。本条第4款（《刑法修正案（七）》第12条第3款）规定，单位犯第3款罪的，对单位判处罚金，并对其直接负责的主管人员和其他直接责任人员，依照该款的规定处罚。

（十五）战时拒绝、逃避征召、军事训练罪

战时拒绝、逃避征召、军事训练罪，是指预备役人员战时拒绝、逃避征召或者军事训练，情节严重的行为。

根据《刑法》第376条第1款的规定，犯本罪的，处3年以下有期徒刑或者拘役。

（十六）战时拒绝、逃避服役罪

战时拒绝、逃避服役罪，是指公民战时拒绝、逃避服役，情节严重的行为。

根据《刑法》第376条第2款的规定，犯本罪的，处2年以下有期徒刑或者拘役。

（十七）战时故意提供虚假敌情罪

战时故意提供虚假敌情罪，是指战时故意向武装部队提供虚假敌情，造成严重后果的行为。

根据《刑法》第377条的规定，犯本罪的，处3年以上10年以下有期徒刑；造成特别严重后果的，处10年以上有期徒刑或者无期徒刑。

（十八）战时造谣扰乱军心罪

战时造谣扰乱军心罪，是指战时故意编造谣言在部队中散布，造谣惑众，煽动怯战、厌战及恐怖情绪，扰乱军心的行为。

根据《刑法》第378条的规定，犯本罪的，处3年以下有期徒刑、拘役或者管制；情节严重的，处3年以上10年以下有期徒刑。

（十九）战时窝藏逃离部队军人罪

战时窝藏逃离部队军人罪，是指战时明知是逃离部队的军人而为其提供隐蔽处所、财物，情节严重的行为。

根据《刑法》第379条的规定，犯本罪的，处3年以下有期徒刑或者拘役。

（二十）战时拒绝、故意延误军事订货罪

战时拒绝、故意延误军事订货罪，是指科研、生产、销售单位战时拒绝或者故意延误军事订货，情节严重的行为。

根据《刑法》第380条的规定，犯本罪的，对单位判处罚金，并对其直接负责的主管人员和其他直接责任人员，处5年以下有期徒刑或者拘役；造成严重后果的，处5年以上有期徒刑。

（二十一）战时拒绝军事征用罪

战时拒绝军事征用罪，是指战时故意拒绝武装部队根据军事行动需要，依法使用其设施、交通工具和其他物资，情节严重的行为。

根据《刑法》第381条的规定，犯本罪的，处3年以下有期徒刑或者拘役。

【思考题】

1. 危害国防利益罪危害的客体是什么？包括哪些方面？
2. 危害国防利益罪的客观要件有什么特征？
3. 危害国防利益罪有哪些种类？
4. 阻碍军人执行职务罪与妨害公务罪是什么关系？二者有什么区别？
5. 破坏武器装备、军事设施、军事通信罪与危害公共安全罪中的相似犯罪有什么不同？

【参考文献】

1. 车震震、杨洲："论危害国防利益罪的设立"，载《当代法学》1998年第6期。
2. 曾志平："'危害国防利益罪'中的若干概念辨析"，载《西安政治学院学报》1999年第4期。
3. 王祥山、倪新枝："新刑法关于战时犯罪规定的不足及完善"，载《西安政治学院学报》2002年第4期。
4. 曹莹："军事刑事立法的现状与发展趋势"，载《西安政治学院学报》2002年第6期。
5. 夏勇、袁剑湘："危害国防利益罪适用中的竞合问题"，载《中南大学学报（社会科学版）》2003年第4期。
6. 田友方："军事刑法若干问题的理论探讨"，载《当代法学》2004年第9期。
7. 夏勇、汪保康：《军事法学》，黄河出版社1990年版。
8. 图们、许安标主编：《国防知识问答》，红旗出版社1997年版。
9. 夏勇、徐高：《中外军事刑法比较》，法律出版社1998年版。
10. 黄林异主编：《危害国防利益罪》，中国人民公安大学出版社1999年版。
11. 王作富主编：《刑法分则实务研究》（下册），中国方正出版社2003年版。
12. 钱寿根：《军事法理学》，国防大学出版社2004年版。
13. 赵秉志主编：《中国刑法案例与学理研究》（第二卷），法律出版社2004年版。
14. 薛刚凌、周健主编：《军事法学》，法律出版社2006年版。

第三十二章 贪污贿赂罪

【导语】《刑法》分则第八章共规定了13种具体的贪污贿赂犯罪。本章在论述贪污贿赂罪的概念和一般构成要件的基础上，重点对贪污罪、挪用公款罪、私分国有资产罪、私分罚没财物罪、受贿罪、私分国有资产罪等5种具体犯罪的概念、构成及认定等问题进行了比较详细的论述。对其他贪污贿赂犯罪则简要地介绍了其概念、构成与处罚。

本章的疑难问题有：①如何理解贪污罪的客体？②如何理解挪用公款进行非法活动中“非法活动”？③挪用公款罪是否存在着犯罪未遂形态？④如何区分受贿罪既遂与未遂的界限？⑤如何认定受贿罪的共同犯罪？⑥“为谋取不正当利益”是行贿罪的主观要件还是客观要件？⑦“为谋取不正当利益”仅是“典型行贿犯罪”的必备要件，还是也是“经济行贿犯罪”的必备要件？⑧如何区分行贿罪既遂与未遂的界限？⑨单位的分支机构能否成为私分国有资产罪的主体？⑩国家参股或国有公司、企业参股的公司财产，可否视为国有财产，能否成为本罪的对象？

■第一节　贪污贿赂罪概述

一、贪污贿赂罪的概念

贪污贿赂罪，是指国家工作人员利用职务上的便利贪污、受贿，或者拥有不能说明与合法收入差额巨大的财产或者支出的合法来源，或者私分国有资产或罚没财物，以及其他人员行贿、介绍贿赂的行为。

本类犯罪主要是国家工作人员实施的贪利性职务犯罪，这类犯罪不仅严重地损害国家工作人员的职务廉洁性，极大地败坏国家工作人员的声誉，损害党和政府在人民心目中的威信，而且通常还侵犯公共财产所有权，因而具有严重的社会危害性。我们国家历来重视对这类犯罪的惩治，近些年来，更是将打击这类犯罪作为廉政建设的重要任务。

二、贪污贿赂罪的构成

第一，本类犯罪的主体，绝大多数是特殊主体。如贪污罪、挪用公款罪、受贿罪、单位受贿罪、巨额财产来源不明罪、隐瞒境外存款罪、私分国有资产罪、私分罚没财物罪等，其主体都是特殊主体。少数几种犯罪是一般主体，如单位行贿罪、行贿罪、对单位行贿罪、介绍贿赂罪等即是。

第二，本类犯罪的主观方面均由故意构成，过失不能构成本类犯罪。

第三，本类犯罪的客观方面表现为国家工作人员利用职务上的便利贪污、受贿，或者拥有不能说明与合法收入差额巨大的财产或者支出的合法来源，或者私分国有资产或罚没财物，以及其他人员行贿、介绍贿赂的行为。本类犯罪客观方面行为的形式绝大多数是作为，只有巨额财产来源不明罪是不作为。

第四，本类犯罪的客体主要是国家工作人员的职务廉洁性。如贪污罪、挪用公款罪、受贿罪、巨额财产来源不明罪、隐瞒境外存款罪、私分国有资产罪、私分罚没财物罪等，都是国家工作人员违背法律、法规对其职务廉洁性要求的犯罪。当然这些犯罪中的某些犯罪也侵犯了公共财产所有权，如贪污罪、挪用公款罪、私分国有资产罪、私罚没财物罪等，在侵犯国家工作人员职务廉洁性的同时，还侵犯了公共财产所有权。本类犯罪中还有一些犯罪侵犯的是国家机关、国有公司、企业、事业单位、人民团体的正常活动，如单位受贿罪、行贿罪、对单位行贿罪、介绍贿赂罪等即是。

三、贪污贿赂罪的种类

根据《刑法》分则第八章的规定，本类犯罪共有13个具体罪名，即贪污罪、挪用公款罪、受贿罪、单位受贿罪、行贿罪、对单位行贿罪、介绍贿赂罪、单位行贿罪、巨额财产来源不明罪、隐瞒境外存款罪、私分国有资产罪、私分罚没财物罪。这13种犯罪根据行为主体的不同可分为以下两类：一类是贪污犯罪，这是广义上的贪污犯罪，是指国家工作人员利用职务上的便利，非法占有、使用公共财物或者巨额财产来源不明等犯罪行为。具体包括贪污罪、挪用公款罪、巨额财产来源不明罪、隐瞒境外存款罪、私分国有资产罪和私分罚没财物罪。另一类是贿赂犯罪，具体包括受贿罪、单位受贿罪、行贿罪、对单位行贿罪、介绍贿赂罪、单位行贿罪和国家工作人员特定关系人受贿罪。

■第二节　贪污贿赂犯罪分述

一、贪污罪

（一）基本法理

1. 贪污罪的概念和构成要件。贪污罪，是指国家工作人员利用职务上的便利，侵吞、窃取、骗取或者以其他手段非法占有所在单位的财物，或者受国家机关、国有公司、企业、事业单位、人民团体委托管理、经营国有财产的人员，利用职务上的便利，侵吞、窃取、骗取或者以其他手段非法占有国有财产的行为。

本罪的构成要件是：

（1）本罪的主体是特殊主体，具体包括两类人员，一类是国家工作人员；另一类是受国家机关、国有公司、企业、事业单位、人民团体委托管理、经营国有财产的人员。根据《刑法》第93条的规定，国家工作人员具体包括以下几种：①国家机关工作人员，即各级国家权力机关、行政机关、审判机关、检察机关、军事机关中从事公务的人员，中国共产党的各级机关、中国人民政治协商会议的各级机关中从事公务的人员，应当视为国家机关工作人员。②国有公司、企业、事业单位、人民团体中从事公务的人员。国有公司，是指公司财产完全属于国家所有的公司；国有企业，是指财产完全属于国家所有的从事生产、经营活动的经济组织；国有事业单位，是指国家投资兴办管理的科研、教育、文化、卫生、体育、新闻、广播、出版等单位；人民团体，是指各民主党派、各级工会、共青团、妇联等群众性组织。③国家机关、国有公司、企业、事业单位委派到非国有公司、企业、事业单位、社会团体从事公务的人员，即受国家机关、国有公司、企业、事业单位、人民团体委任、派遣，在非国有公司、企业、事业、社会团体中从事公务的人员。④其他依照法律从事公务的人员，即依照法律规定选举或者任命产生，从事某项公共事务管理的人员，如城镇居民委员会的组成人员。农村村民委员会的组成人员是否属于其他依照法律从事公务的人员不能一概而论。根据2004年4月29日全国人大常委会《关于〈中华人民共和国刑法〉第九十三条第二款的解释》的规定，村民委员会等村基层组织人员协助人民政府从事下列行政管理工作时，属于

《刑法》第93条第2款规定的“其他依照法律从事公务的人员”：救灾、抢险、防汛、优抚、扶贫、移民、救济款物的管理；社会捐助公益事业款物的管理；国有土地的经营和管理；土地征用补偿费用的管理；代征、代缴税款；有关计划生育、户籍、征兵工作；协助人民政府从事的其他行政管理工作。受国家机关、国有公司、企业、事业单位、人民团体委托管理、经营国有财产的人员，是指因承包、租赁、聘用等而管理、经营国有财产。[1]

(2) 本罪的主观方面是故意，并且以非法占有为目的。即行为人明知自己的行为会发生侵犯职务行为的廉洁性以及公共财产所有权的结果，并且希望上述结果发生。犯罪的动机是多种多样的：有的是为了个人挥霍享受；有的是将贪污的款项用于赌博；有的是为了炒股赚钱；有的则是供子女出国留学；等等。犯罪的动机如何，不影响本罪的构成。

(3) 本罪的客观方面表现为行为人利用职务上的便利，侵吞、窃取、骗取或者以其他手段非法占有公共财物或者特定情况下的非公共财物的行为。具体来讲，本罪的客观方面包括以下几点内容：①利用职务上的便利。所谓利用职务上的便利，是指利用职务上主管、管理、经手公共财物的权力和方便条件。[2] 所谓“主管”，是指不具体负责经手、管理、经营公共财物，但依其职权范围具有调拨、使用或者以其他方式支配公共财物的权力；所谓“管理”，是指具有监守或保管公共财物的职权；所谓“经手”，是指具有领取、支出等经办公共财物的权限，经手人虽然不负责公共财物的管理和处置，但具有基于职务产生的对公共财物的临时控制权。“利用职务上的便利”是构成本罪的基本前提条件，如果行为人不是利用本人职务上的便利，而是利用了因为工作关系熟悉作案环境，或是凭借工作人员身份较易接近作案目标或对象的方便，或因同学、同乡、亲属、战友、同事等关系而形成的便于作案的条件等，均不能认定为本罪中的“利用职务上的便利”。②本罪的手段包括侵吞、窃取、骗取以及其他手段。所谓侵吞，是指将自己主管、管理、经手的公共财物或者非公共财物非法据为己有。例如，将自己合法管理或者使用的公共财物或者非公共财物加以扣留，应交而隐匿不交，应支付而不支付，应入账而不入账，从而占为己有。窃取，是指采取秘密方式将自己合法管理的公共财物或者非公共财物占为己有。例如，保管员将自己合法管理的公共财物或者非公共财物秘密拿回家予以占有。所谓“骗取”，是指采用虚构事实或者隐瞒事实真相的方法非法占有公共财物或者非公共财物。例如，采购人员谎报出差或者多报出差费骗取公款。所谓“其他手段”，是指采用侵吞、窃取、骗取以外的方法，非法占有公共财物或者非公共财物。例如，单位领导层巧立名目私分大量公款、公物等。

另外，根据《刑法》第183条的规定，国有保险公司工作人员和国有保险公司委派到非国有保险公司从事公务的人员，利用职务上的便利，故意编造未曾发生的保险事故进行虚假理赔，骗取保险金归自己所有的，以本罪论处；根据《刑法》第394条的规定，国家工作人员在国内公务活动或对外交往中接受礼物，依照国家规定应当交公而不交公，数额较大的，以本罪论处。

总之，本罪的客观方面由“利用职务上的便利”和“侵吞、窃取、骗取以及其他手段”两个方面的内容组成，前者是本罪客观方面的前提，后者则是本罪客观方面的具体行为方式。二者缺一，就不具备本罪的客观方面的要件。

---

〔1〕 参见最高人民检察院发布的《关于人民检察院直接受理立案侦查案件立案标准的规定（试行）》第1条第1款第4项的规定。

〔2〕 参见最高人民检察院发布的《关于人民检察院直接受理立案侦查案件立案标准的规定（试行）》第1条的规定。

本罪客观方面的行为表现形式一般是作为，如侵吞、窃取、骗取乃至其他手段都是作为，但表现为不作为的贪污行为也是存在的，如根据《刑法》第394条的规定，国家工作人员在国内公务活动或者对外交往中接受礼物，依照国家规定应当交公而不交公，数额较大的，依照本法第382、383条的规定定罪处罚，即依照贪污罪定罪处罚。这就是表现为不作为方式的贪污行为。

（4）本罪的客体是国家工作人员职务行为的廉洁性和公共财物所有权。本罪的对象包括的两类是公共财物，根据《刑法》第91条的规定，在国家机关、国有公司、企业集体企业和人民团体管理、使用、运输中的私人财产，以公共财产论。作为本罪对象的"财物"，既包括有体物，也包括无体物；既包括动产，也包括不动产；既包括非禁品，也包括违禁品。上述物品中的有体物、无体物、动产、不动产、非禁品能够成为本罪的对象，一般不会存在异议，但将违禁品作为贪污罪的对象则会有不同看法。我们之所以认为违禁品可以成为贪污罪的对象，其理由是：①违禁品本身具有双重属性，即既具有对社会有害的一面，也具有对社会有用的一面。例如，毒品通常也是药品，枪支、弹药既可以是保卫国家、维护社会的武器，也可以成为犯罪的工具。当国家工作人员利用职务之便侵占自己合法管理的作为药品的毒品时，当然可以构成贪污罪；同理，当国家工作人员利用职务上的便利非法占有自己管理的枪支、弹药时，也可以构成贪污罪。②1997年11月4日发布的最高人民法院《关于审理盗窃案件具体应用法律若干问题的解释》已经明确指出违禁品可以成为盗窃罪的对象，那么，违禁品理所当然地可以成为贪污罪的对象，因为二者的对象都是财物，这两种犯罪中的财物不应该有任何的不同。

2．贪污罪的相关界限。

（1）本罪与非罪的界限。

首先，要注意区分本罪与错款、错账行为的界限。实践中因业务不熟练或者工作疏忽而导致的错款、错账的情况时有发生。这类情况下，由于行为人主观上不具有贪污犯罪的故意与目的，因而不构成本罪。

其次，要注意区分本罪与一般贪污违法行为的界限。区分二者的界限应从贪污的数额、情节入手。个人贪污5000元以上的，构成本罪；个人贪污虽未达到5000元，但情节较重的，也构成本罪。贪污数额既没有达到5000元，情节也没有达到较重的，则属于一般违法行为，不构成本罪。

（2）本罪与他罪的界限。

第一，本罪与职务侵占罪的界限。职务侵占罪，是指公司、企业或者其他单位的人员，利用职务上的便利，将本单位财物占为己有，数额较大的行为。本罪与职务侵占罪在主客观方面都存在着相同之处：首先，二者的犯罪主体都是特殊主体；其次，犯罪的客观方面均表现为利用职务上的便利非法占有单位财物的行为，二者的手段实际上也是相同的，只是刑法对本罪的手段予以了明确列举，而对职务侵占罪的手段没有明确列举而已；最后，二者的罪过形式都是故意，并且都以非法占有为目的。二者的区别表现在：首先，犯罪主体不同。本罪的主体是国家工作人员以及受国家机关、国有公司、企业、事业单位、人民团体委托管理、经营国有财产的人员，而职务侵占罪的犯罪主体只能是非国有公司、企业或者其他单位的人员。其次，犯罪客体不同。本罪的客体是复杂客体，即既侵犯国家工作人员和受委托管理、经营国有财产的人员的职务行为的廉洁性，同时侵犯单位财物所有权，而职务侵占罪的客体是简单客体，即只侵犯公司、企业或者其他单位的财产所有权。最后，犯罪对象不尽相同。本罪的对象通常是公共财物，而职务侵占罪的对象则一般是非公共财物。

第二，本罪与盗窃罪、诈骗罪、侵占罪的界限。本罪的客观方面包括窃取、骗取、侵吞等行为方式，这与盗窃罪、诈骗罪、侵占罪的行为方式存在着竞合。但是，本罪与上述三种犯罪毕竟是不同性质的犯罪。本罪与上述三种犯罪之间的区别表现在：①犯罪主体不同。本罪的主体是特殊主体即国家工作人员和受国家机关、国有公司、企业、事业单位、人民团体委托管理、经营国有财产的人员，而盗窃罪、诈骗罪、侵占罪的主体则是一般主体，即凡已满16周岁且具有刑事责任能力的人均能够成为其主体。值得研究的是，对于国有资本控股、参股的股份有限公司中从事管理工作的人员利用职务的便利非法占有本公司财物的行为应如何定罪。就此，有的认为应定本罪，有的认为应定职务侵占罪。[1] 最高人民法院2001年5月22日通过的《关于在国有资本控股、参股的股份有限公司中从事管理工作的人员利用职务便利非法占有本公司财物如何定罪问题的批复》指出：如果国有资本控股、参股的股份有限公司中从事管理工作的人员是受国家机关、国有公司、企业、事业单位委派从事公务的，利用职务上的便利非法占有本公司财物，符合贪污罪的其他条件，则认定为贪污罪；如果国有资本控股、参股的股份有限公司中从事管理工作的人员不是受国家机关、国有公司、企业、事业单位委派从事公务的，利用职务上的便利非法占有本公司财物，符合职务侵占罪的其他条件，则应当认定为职务侵占罪。②犯罪的客观方面不同。本罪的客观方面以利用职务上的便利为前提，而利用职务上的便利则不是盗窃罪、诈骗罪、侵占罪的客观方面的内容。③犯罪的客体和对象不同。本罪的客体是复杂客体，即既侵犯国家工作人员的职务廉洁性，也侵犯单位的财产所有权，而盗窃罪、诈骗罪、侵占罪的客体是简单客体，即只侵犯财产所有权。

3. 贪污罪的刑事责任。根据《刑法》第383条的规定，犯贪污罪的，根据情节轻重，分别按以下量刑幅度进行处罚：

（1）个人贪污数额在10万元以上的，处10年以上有期徒刑或者无期徒刑，可以并处没收财产；情节特别严重的，处死刑，并处没收财产。何谓情节特别严重，没有有权解释作出说明，实践中一般认为，具有下列情形之一的，属于情节特别严重：①贪污数额特别巨大，至少是数百万元的；②贪污集团的首要分子；③贪污救灾、救济、抢险、防汛、优抚、扶贫等特定款物，造成恶劣社会影响的；④因贪污犯罪行为造成严重后果的；等等。

（2）个人贪污数额在5万元以上不满10万元的，处5年以上有期徒刑，可以并处没收财产；情节特别严重的，处无期徒刑，并处没收财产。这里所讲的5万元以上不满10万元，实践中一般认为是接近10万元；情节特别严重，通常是指上述量刑幅度中所列的情节特别严重的情况。

（3）个人贪污数额在5000元以上不满5万元的，处1年以上7年以下有期徒刑；情节严重的，处7年以上10年以下有期徒刑。个人贪污数额在5000元以上不满1万元，犯罪后有悔改表现、积极退赃的，可以减轻处罚或者免予刑事处罚，由其所在单位或者上级主管部门给予行政处分。这里所讲的情节严重，一般理解为贪污数额接近5万元，且贪污数额大部分被挥霍的；为掩盖罪行而毁灭证据或者嫁祸他人造成一定社会影响的；因贪污造成其他较为严重社会后果的；等等。“可以减轻或者免予刑事处分”的适用必须同时具备以下条件：①个人贪污数额在5000元以上不满1万元；②有自首、立功或者悔改表现；③积极退赃。

（4）个人贪污数额不满5000元，情节较重的，处2年以下有期徒刑或者拘役；情节较

〔1〕 参见高铭暄、马克昌主编：《刑法学》（第三版），北京大学出版社、高等教育出版社2007年版，第705页。

轻的，由其所在单位或者上级主管部门酌情给予行政处分。这里所说的情节较重，通常是指个人贪污数额接近5000元，且具有下列情形之一：贪污手段恶劣；贪污特定款物且造成一定社会影响；贪污累犯；因贪污造成其他较为严重的社会后果的；等等。这里所说的情节较轻，通常是指：个人贪污数额显然少的；因家庭特殊困难而贪污的；具有自首、立功表现的；等等。

（5）对多次贪污未经处理的，按照累计贪污数额处罚。这里所讲的"多次贪污未经处理"，一般认为，是指贪污行为未被发现或虽已被发现，但未给予刑事处罚，也没有给予行政纪律处分。[1] 未给予刑事处罚属于"未经处理"没有疑问，但因贪污受过行政纪律处分而又实施贪污行为，前一贪污数额应否与后面贪污的数额一并计算，值得研究。我们认为，未经处理是指未经刑事处理，虽经行政处理而未经刑事处理且没有过追诉时效的，其贪污的数额仍然应该累计。

（6）本罪共同犯罪的处罚。一般认为，对贪污罪的共同犯罪应按以下原则处罚：对贪污集团的首要分子，按照集团贪污的总数额处罚；对其他主犯，按照其参与的或者组织、指挥的全部贪污犯罪数额处罚。根据1998年5月9日的最高人民法院《关于审理挪用公款案件具体应用法律若干问题的解释》第6条的规定，携带挪用公款潜逃的，按照贪污罪的规定定罪处罚。

（二）疑难问题

如何理解贪污罪的客体？本罪的客体是什么，刑法理论界一直存在意见分歧，主要有三种不同的观点：第一种观点认为是公共财物所有权；第二种观点认为是公共财产所有权、国家机关的正常活动和威信；第三种观点则认为是国家工作人员职务行为的廉洁性和公共财物的所有权。[2]

上述第一种观点将本罪的客体仅限于公共财物所有权，这是《刑法》修订前大多数教科书通行的表述，随着《刑法》的修订，本罪不再规定在侵犯财产罪中，而是规定在新设置的贪污贿赂罪这类犯罪中，因此，继续认为本罪的客体是公共财物所有权，显然与修订后的《刑法》关于本罪的归类不相符合，因而多数学者转向"复杂客体说"，但在表述上仍然存在着上述第二、第三两种不同的主张。我们认为，本罪从本质上讲是国家工作人员在职务活动中违背职责谋取私利的行为，国家工作人员的职务来源于国家权力或公众赋予的权力。恪尽职守、廉洁奉公是其职务行为的根本准则，因而本罪首先侵犯的是国家工作人员职务行为的廉洁性。同时，虽然本罪在修订后的《刑法》中不是规定在侵犯财产罪这类犯罪之中，但这种犯罪与财产有不可分割的联系，它必然要侵犯财产所有权，因而财产所有权必然是本罪客体的又一内容。但如何表述作为本罪的又一客体的财产所有权的内容，需要斟酌。刑法理论上一般将本罪的次要客体表述为公共财产所有权。[3] 我们认为，将本罪的次要客体表述为公共财产所有权并不十分恰当。因为虽然在通常情况下本罪侵犯的是公共财产所有权，但有时侵犯的是非公共财产所有权，因此，对公共财产所有权的侵犯并不适用于所有的贪污犯

---

〔1〕参见高铭暄、马克昌主编：《刑法学》（第三版），北京大学出版社、高等教育出版社2007年版，第707页；马克昌主编：《刑法》，高等教育出版社2007年版，第585页；张明楷：《刑法学》（第二版），法律出版社2003年版，第913页。

〔2〕参见陈正云、钱舫：《国家工作人员职务经济犯罪的定罪与量刑》，人民法院出版社2000年版，第176页。

〔3〕参见高铭暄、马克昌主编：《刑法学》，中国法制出版社2007年版，第752页；马克昌主编：《刑法》，高等教育出版社2007年版，第582页；高铭暄、马克昌主编：《刑法学》（第三版），北京大学出版社、高等教育出版社2007年版，第702页。

罪，所以，对本罪次要客体的准确表述应是单位的财产所有权。总之，本罪的客体为复杂客体，即本罪既侵犯了国家工作人员职务行为的廉洁性，也侵犯了单位财产的所有权。其中，国家工作人员职务行为的廉洁性是主要客体。

二、挪用公款罪

（一）基本法理

1. 挪用公款罪的概念和构成要件。挪用公款罪，是指国家工作人员利用职务上的便利，挪用公款归个人使用，进行非法活动，或者挪用公款数额较大、进行营利活动，或者挪用公款数额较大、超过3个月未还的行为。

本罪的构成要件是：

（1）本罪的主体是特殊主体，即只能由国家工作人员构成。受国家机关、国有公司、企业、事业单位、人民团体委托管理、经营国有财产的人员能否成为本罪的主体，理论上存在着不同的观点。通说认为，上述人员不能成为本罪的主体。因为根据《刑法》第382条的规定，国家工作人员与受国家机关、国有公司、企业、事业单位、人民团体委托管理、经营国有财产的人员，是一种并列关系，前者并不能包括后者，所以，后一类人员不能成为本罪的主体。

（2）本罪的主观方面是故意，即行为人明知是公款而违反有关规定而挪作个人使用，其目的是非法取得公款的使用权。

（3）本罪的客观方面表现为利用职务上的便利，挪用公款归个人使用，进行非法活动，或者挪用公款数额较大、进行营利活动，或者挪用公款数额较大、超过3个月未还的行为。具体来讲，本罪的客观方面包括以下三个方面的内容：

第一，行为人利用了职务上的便利。所谓职务上的便利，是指行为人利用主管、经手、管理公款的便利条件。既包括行为人直接经手、管理公款的便利条件，也包括行为人因其职务关系而具有的调拨、支配、使用公款的便利条件。

第二，挪用公款归个人使用。挪用公款归个人使用，包括挪用公款归本人使用或者给他人使用。对于挪用公款归本人使用不难理解，即挪用者自己使用，但对挪用公款归他人使用应作何种解释，则值得研究。对此，2001年10月26日最高人民法院《关于如何认定挪用公款归个人使用有关问题的解释》第1、2条曾作过解释。其第1条指出："国家工作人员利用职务上的便利，以个人名义将公款借给其他自然人或者不具有法人资格的私营独资企业、私营合伙企业等使用的，属于挪用公款归个人使用。"其2条指出："国家工作人员利用职务上的便利，为谋取个人利益，以个人名义将公款借给其他单位使用的，属于挪用公款归个人使用。"上述司法解释意味着以个人名义挪用公款借给其他单位使用属于挪用公款归个人使用。2002年4月28日全国人大常委会《关于〈中华人民共和国刑法〉第三百八十四条第一款的解释》规定："有下列情形之一的，属于挪用公款'归个人使用'：①将公款供本人、亲友或者其他自然人使用的；②以个人名义将公款供其他单位使用的；③个人决定以单位名义将公款供其他单位使用，谋取个人利益的。"这一立法解释在上述司法解释的基础上进一步扩大了挪用公款归个人使用的范围，即将"个人决定以单位的名义将公款供其他单位使用，谋取个人利益的"也纳入到挪用公款归个人使用的范围。

第三，挪用公款的行为方式具体有以下三种：①挪用公款进行非法活动。所谓非法活动，是指国家法律、法规所禁止的活动，包括一切犯罪活动和一般违法活动。例如，挪用公款进行走私、贩毒、赌博、非法经营，等等。这种挪用公款的行为，虽然从《刑法》第384条本身的规定来看，没有数额和时间的限制，但1998年4月6日最高人民法院《关于审理挪用公款案件具体应用法律若干问题的解释》第3条第2款规定：以挪用公款5000元至1万元作为追究刑事责任的起点。这一解释体现了《刑法》第13条但书的精神，即强调严重的社会危害性是犯罪的本质特征。也就是说，如果挪用的公款数额较小，其社会危害性没有达到通常构成犯罪所要求的严重程度，那就不能认为构成犯罪。但上述司法解释只对挪用公款进行非法活动的挪用数额进行了一定的限制，而对非法活动本身却没有进行一定的限制。我们认为，如果行为人挪用公款进行非法活动，但挪用的款额较小，从事的非法活动情节显著轻微，比如，挪用公款5000元进行赌博，只赌了1小时，1天后就归还了公款，这种情况也应属于社会危害性不大的情形，不宜按犯罪处理。②挪用公款归个人使用进行营利活动，数额较大。所谓营利活动，是指国家法律允许的牟利活动，例如，挪用公款存入银行吃利息、用于集资、购买股票、做合法的买卖等。营利活动即使实际上并未获利，甚至亏本，也不影响挪用公款进行营利活动行为的成立。这种挪用公款的行为构成犯罪，要求挪用数额较大，但不受挪用时间和是否归还的限制。挪用公款给他人使用，明知使用人用于营利活动的，应当认定为挪用公款进行营利活动。挪用公款进行营利活动数额较大的标准，根据最高人民法院的上述司法解释的规定，为1万元至3万元。③挪用公款归个人使用，数额较大且超过3个月未还。这是指挪用公款用于非法活动、营利活动以外的事情，如挪用公款购置家庭用品、买房、买个人使用的汽车，等等。根据最高人民法院的上述司法解释的规定，这里所讲的"数额较大"是指1万元至3万元。[1]"超过3个月未还"，是指案发前（被司法机关、主管部门或者有关单位发现前）未予归还。

（4）本罪的客体是复杂客体，即既侵犯国家工作人员的职务廉洁性，也侵犯公共财产的占有权、使用权和收益权。本罪的对象在绝大多数情况下是公款，但根据《刑法》第384条第2款的规定，挪用用于救灾、抢险、防汛、优抚、扶贫、救济款物归个人使用，从重处罚。这意味着本罪的对象在特定的情况下也可以是公物。公款，通常指货币，包括人民币和可以在我国大陆兑换的外币。但根据1997年10月13日最高人民检察院《关于挪用国库券如何定性问题的批复》和2003年1月28日最高人民检察院《关于挪用失业保险基金和下岗职工基本生活保障资金的行为适用法律问题的批复》的规定，国家工作人员利用职务上的便利，挪用公有或者本单位的国库券的行为或者挪用失业保险金和下岗职工基本生活保障资金归个人使用的行为以挪用公款论。这就意味着本罪的对象还可以是非货币的国库券。

2. 挪用公款罪的相关界限。

（1）本罪与非罪的界限。本罪与非罪的界限，包括本罪与合法借贷公款行为的界限和本罪与挪用公款一般违法行为的界限两个方面。区分这两个方面的界限，要根据不同类型的挪用公款的行为进行具体的分析。据上所述，挪用公款有3种行为方式：①挪用公款归个人使用，进行非法活动；②挪用公款归个人使用，数额较大、进行营利活动；③挪用公款归个人使用，数额较大、超过3个月未还。我们前面已经指出，上述第一种行为方式构成犯罪虽然没有挪用公款数额、时间的限制，但不能排除在司法实践中存在着符合《刑法》第13条但书规定的情形，对于挪用公款进行非法活动，数额较小，其他情节轻微的，应按挪用公款的一般违法行为处理，而不宜按犯罪处理。上述第二种行为方式，将"数额较大"作为构成犯罪的条件之一，这就意味着数额是否较大是区分本罪与挪用公款一般违法行为的界限的标准，达到数额较大标准的，构成本罪；尚未达到数额较大标准的，则按一般违法行为处理。

〔1〕参见高铭暄、马克昌主编：《刑法学》，北京大学出版社、高等教育出版社2007年版，第709页。

上述第三种行为方式既要求挪用公款的数额较大，也要求超过3个月未还。挪用公款没有同时具备上述两个条件，或者只具备了其中一个方面的条件，都只能作为一般挪用公款的违法行为处理，而不能按本罪定罪处罚。

（2）本罪与他罪的界限。

第一，本罪与贪污罪的界限。本罪与贪污罪的主体都可以是国家工作人员；在主观方面都是故意；犯罪的客体都是国家公职人员职务行为的廉洁性和公共财物所有权；客观方面都将利用职务上的便利作为其要素之一。二者的区别表现在：①主体的范围不同。本罪的主体是国家工作人员，而贪污罪的主体则是国家工作人员和受国有单位委托管理、经营国有财产的人员，即本罪的主体范围小于贪污罪的范围。②主观目的不同。本罪以使用公款为目的，而贪污罪则以非法占有公共财物为目的。③客观方面的行为不同。本罪的客观方面表现为利用职务上的便利挪用公款的行为，而贪污罪的客观方面则表现为利用职务上的便利非法占有公共财物的行为。④客体和对象具有一定的区别。具体表现在本罪对公共财物所有权的侵犯具体是对占有权、使用权、收益权的侵犯，而贪污罪对公共财物所有权的侵犯则包括对所有权的四项权能占有权、使用权、收益权和处分权的侵犯。从犯罪对象上讲，本罪的对象主要是公款，除公款之外，只有特定的用于救灾、抢险、防汛、优抚、扶贫、移民、救济的物质才能够成为本罪的对象，而贪污罪的对象则包括公款和所有的公物。

第二，本罪与挪用资金罪的界限。本罪与挪用资金罪在主客观要件上均具有相同之处：二者的主观方面的罪过形式都是故意，并且都以使用单位资金为目的；客观方面均表现为利用职务上的便利，挪用单位资金的行为，行为的表现形式也相同。二者的区别表现在：①犯罪主体不同。本罪的主体是国家工作人员，而挪用资金的主体则是非国有公司、企业的人员。②犯罪客体与对象不同。本罪的客体是复杂客体，同时侵犯国家工作人员职务的廉洁性和公共财物所有权，犯罪对象主要是公款，而挪用资金罪的客体是简单客体，即只侵犯单位资金的使用权、收益权，犯罪对象是非国有单位的资金。

第三，本罪与挪用特定款物罪的界限。本罪与挪用特定款物罪在主观上的罪过形式都是故意，且具有使用的目的；客观方面都表现为挪用行为；犯罪对象都可以是公款。当挪用对象同为救灾、救济、抢险、防汛等特定款物时，二者的区别表现在以下几个方面：①犯罪主体不同。本罪的主体是国家工作人员，而挪用特定款物罪的主体则是管理、支配、经手特定款物的直接责任人员，可能是国家工作人员，也可能不是国家工作人员。②挪用的用途不同。本罪一般是挪用公款归个人或他人使用，具有“公款私用”的属性，而挪用特定款物罪是将特定款物挪归单位用于其他事项，虽具公款公用的属性，但却是“专款不专用”。③犯罪客体有所不同。虽然本罪与挪用特定款物罪的客体都包括公共财物所有权的内容，但本罪的客体还包括国家工作人员职务廉洁性的内容；挪用特定款物罪的客体还包括国家的财经管理制度。

3. 挪用公款罪的刑事责任。根据《刑法》第384条第1款的规定，犯本罪的，处5年以下有期徒刑或者拘役；情节严重的，处5年以上有期徒刑。挪用公款数额巨大不退还的，处10年以上有期徒刑或者无期徒刑。情节严重，主要是指挪用公款数额巨大；或者数额虽未达到巨大，但挪用公款手段恶劣的；多次挪用公款的；因挪用公款严重影响生产、经营，造成严重损失等情形。关于数额巨大的标准，根据1998年4月6日最高人民法院《关于审理挪用公款案件具体应用法律若干问题的解释》的规定，营利活动型的和超期未还型的为15万元至20万元以上，非法活动型的为5万元至10万元以上。“挪用公款数额巨大不退还的”，是指挪用公款数额巨大，因客观原因在一审宣判前不能退还的。多次挪用公款不还，挪用数额累计计算；多次挪用公款，并以后次挪用的公款归还前次挪用的公款，挪用公款数额以案发时未还的实际数额认定。此外，因挪用公款索取、收受贿赂构成犯罪的，依照数罪并罚的规定处罚。携带挪用的公款潜逃的，依照《刑法》第382、383条的规定以贪污罪论处。

（二）疑难问题

1. 如何理解挪用公款进行非法活动中的“非法活动”？挪用公款进行非法活动，是行为形式之一。如何理解其中的“非法活动”，目前理论上有两种不同解释：一种将“非法活动”理解为仅指构成犯罪的违法行为；[1] 另一种将“非法活动”理解为不仅包括严重的违法活动即犯罪活动，而且还包括一般的违法活动。[2] 我们认为，上述第二种观点是可取的。首先，从文理解释的角度来讲，“非法活动”本身的含义就既包括犯罪活动，也包括一般违法活动，将其理解为仅指构成犯罪的违法行为，并不符合其字面含义。其次，从实质解释的角度来讲，挪用公款进行一般的违法活动本身表现出的社会危害性程度也是严重的，如果将挪用公款进行一般的违法活动排除在“非法活动”的范围之外，必将造成对犯罪的放纵。最后，如果将挪用公款进行一般违法活动排除在“非法活动”之外，那就意味着这种行为不能构成犯罪，从而也就意味着挪用公款进行营利活动或者进行日常开支也就当然地不能构成犯罪，因为挪用公款进行“非法活动”的社会危害程度显然大于后两种行为。总之，将“非法活动”理解为仅指犯罪活动是很不妥当的。

2. 挪用公款罪是否存在着犯罪未遂形态？对于本罪是否存在着未遂形态，刑法理论上存在着三种不同的主张。第一种主张认为，“挪用”即是挪+用。“挪”指移动，“用”指使用。由此可见，只有既挪又用公款的行为，才能叫做挪用公款，只挪未用的，不构成本罪。第二种主张认为，行为人挪的目的是用，只挪未用的，是挪用未遂，可按犯罪未遂的规定，从轻或者减轻处罚。第三种主张认为，上述第一种观点对一个词采取拆解的方法解释本罪的“挪用”一词必须是由挪和用两种行为构成，而不是运用犯罪构成的基本理论来分析“挪用”一词的应有法律含义，有望文生义之嫌，无助于对本罪的正确认定。因为，首先从挪用公款人的目的来看，一般是为了归本人或者他人使用，否则，他就不会冒着受法律或者行政处分的危险将公款挪到自己的控制之下。运用犯罪构成的理论来分析法律的规定，行为人的目的或目的行为没有实现，并不一定意味着某种犯罪不能成立。因此，以行为人将公款挪到自己的手中，案发时尚未使用就不构成本罪，是于法无据的。其次，从本罪的危害本质来看，该罪所侵犯的主要客体是单位对公款的占有权、使用权和收益权。刑法规定惩罚本罪的目的，也在于维护单位的上述权利不受侵犯，并且预防此种犯罪行为的发生。因此，只要行为人利用主管、经管或经手公款的职务之便，将本单位的公款擅自转移到自己的实际控制之下，使单位完全脱离了对该项公款的控制，对单位财产权利的危害结果已经产生，如果挪用公款的数额和时间等符合了立案标准，那么，行为人的行为就具备了本罪的全部构成要件，就视为本罪既遂。反之，如果行为人已经着手实施挪用公款的行为，但因其意志以外的原因，公款尚未控制到手，应当认定为本罪的未遂。[3] 我们认为上述第三种主张是可取的。

---

〔1〕 参见孙谦主编：《国家工作人员职务犯罪研究》，法律出版社1998年版，第135页。

〔2〕 参见高铭暄主编：《新编中国刑法学》（下册），中国人民大学出版社1998年版，第977页；张穹主编：《贪污贿赂渎职“侵权”犯罪案件立案标准解释》，中国检察出版社2000年版，第55页。

〔3〕 参见王作富主编：《刑法分则实务研究》，中国方正出版社2003年版，第1950～1951页。

三、受贿罪

(一) 基本法理

1. 受贿罪的概念和构成要件。受贿罪，是指国家工作人员利用职务上的便利，索取他人财物，或者非法收受他人财物，为他人谋取利益，或者利用本人职权或地位形成的便利条件，通过其他国家工作人员职务上的行为，为请托人谋取不正当利益，索取请托人财物或者收受请托人财物的行为。

本罪的构成要件是：

(1) 本罪的主体是国家工作人员，具体包括：国家机关中从事公务的人员；国有公司、企业、事业单位、人民团体中从事公务的人员；国家机关、国有公司、企业、事业单位委派到非国有公司、企业、事业单位、人民团体中从事公务的人员；以及其他依照法律从事公务的人员。

(2) 本罪的主观方面是故意，且只能是直接故意，即行为人明知自己利用职务上的便利，索取他人财物或者非法收受他人财物并为他人谋取利益的行为会发生损害国家工作人员的职务廉洁性的结果，并且希望这种结果发生。

(3) 本罪的客观方面表现为国家工作人员利用职务上的便利，索取他人财物或者非法收受他人财物为他人谋取利益；或者在经济往来中违反国家规定收受各种名义的回扣、手续费归个人所有；或者利用本人职权或者地位形成的便利条件，通过其他国家工作人员职务上的行为，为请托人谋取不正当利益，索取请托人财物或者收受请托人财物的行为。具体来讲，本罪的客观方面的行为方式可以分为普通受贿、经济受贿和斡旋受贿三种。

第一，普通受贿。普通受贿，是指国家工作人员利用职务上的便利，索取他人财物或者非法收受他人财物，为他人谋取利益的行为。这是最常见的一种受贿行为方式。这种受贿行为方式具体包括以下要素：

其一，利用职务上的便利。所谓利用职务上的便利，根据最高人民法院2003年11月13日公布施行的《全国法院审理经济犯罪案件工作座谈会纪要》的解释，既包括利用本人职务上主管、负责、承办某项公共事务的职权，也包括利用职务上有隶属、制约关系的其他国家工作人员的职权。担任单位领导职务的国家工作人员通过不属自己主管的下级部门的国家工作人员的职务为他人谋取利益的，应当认定为“利用职务上的便利”为他人谋取利益。这表明，利用职务上的便利包括3种情形：①利用本人职务上的权利。②利用其他国家工作人员职务上的权利，且行为人与被利用人之间存在着职务上的隶属或者制约关系。所谓“隶属”，是指行为人与被利用人之间在职务上具有上下级的关系；所谓“制约”，是指行为人与被利用人虽然在职务上没有上下级的关系，但彼此的工作相互联系、相互依存。这种“制约”既可以是同一单位不同部门之间的相互制约，也可以是不同单位之间的相互制约。③利用不属于自己主管的下级国家工作人员职务的权利。这种情况下的行为人必须是担任领导职务的国家工作人员。另外，根据最高人民法院2000年6月30日《关于国家工作人员利用职务上的便利为他人谋取利益离退休后收受财物行为如何处理问题的批复》的规定，国家工作人员利用职务上的便利为请托人谋取利益，并与请托人事先约定，在其离退休后收受请托人财物，构成犯罪的，以受贿罪定罪处罚。因为在这种情况下，行为人还是利用了担任国家工作人员时的职务便利而不是离退休人员的身份，而且行为人受贿约定是在担任国家工作人员期间而不是离退休后，因而应当按本罪处理。但利用职务上的便利不包括利用将来的职务之便。

其二，非法收受或索取财物。所谓非法收受财物，是指行为人对他人主动给付的财物予以收受。基本特征是给付财物行为的主动性、自愿性和收受财物行为的被动性。对于收受行为，应注意两个问题，一是收受财物的时间；二是财物的交付方式。一般情况下，受贿多体现为先收受他人财物，然后再为他人谋取利益。但在某些情况下，行为人先为他人谋取利益，然后再收受他人财物。从财物的交付方式上看，可以是行贿人本人或通过第三者直接交给国家工作人员本人，也可以是交给国家工作人员的家属。另外，国家工作人员利用职务上的便利，为他人谋取利益，收受物品，只付少量现金，也认为是非法收受财物。受贿金额以行贿人购买物品实际支付的金额扣除受贿人已付的现金额来计算。行贿人的物品未付款或无法计算行贿人支付金额的，应以受贿人收受物品当时当地的市场零售价格扣除受贿人已付现金额来计算。所谓索取财物，是指行为人主动向他人索要、勒索并收受财物。其基本特征是索要行为的主动性和交付财物行为的被动性。

其三，为他人谋取利益。为他人谋取利益，不能理解为仅指已经为他人谋取了利益，而应该理解为包括以下几种情况：①许诺为他人谋取利益，但尚未实际进行（许诺包括明示与默许）；②已经着手为他人谋取利益，但尚未谋取到利益；③为他人谋取了部分利益；④为他人谋取了全部利益。谋取的利益，既可以是正当利益，也可以是不正当利益。

第二，经济受贿。根据《刑法》第 385 条第 2 款的规定，经济受贿，是指国家工作人员在经济往来中，违反国家规定，收受各种名义的回扣、手续费归个人所有的行为。经济受贿与普通受贿相比，具有以下特征：①受贿行为发生在经济往来中。所谓经济往来，是指在经济上有来有往，是双向或多向的，是平等的民事主体之间的交往，而不包括单向的经济管理活动。最典型的经济往来就是商品的“购”与“销”。②违反国家规定，收受各种名义的回扣、手续费。所谓违反国家规定，是指违反全国人民代表大会及其常务委员会制定的法律、国务院制定的行政法规和行政措施、发布的决定和命令。例如，《反不正当竞争法》、国务院办公厅 1986 年发布的《关于严禁在社会经济活动中牟取非法利益的通知》等，对在经济往来中禁止收受回扣以及各种名义的手续费都作了规定。所谓回扣，是指在商品交易中，卖方从收取的价款中扣出一部分回送给买方或买方经办人的现金。应当注意的是，必须将回扣与折扣、佣金等区别开来。所谓折扣，是指商品买卖中，由卖方以明示和入账的方式给予买方价格上的一种优惠。佣金，是指买卖双方或一方因居间人或者经纪人为交易双方代买代卖商品、提供劳务、撮合交易、牵线搭桥而向居间人或者经纪人支付的一种劳务报酬。享受折扣和接受佣金都不能构成经济往来中的受贿。所谓手续费，是指单位或个人为了推销产品、购买原料、联系承包业务或者进行其他经济活动，给予对方单位或对方推销人员、采购人员、业务人员等作为“酬劳”的金钱，其具体的称呼多种多样，如“好处费”、“辛苦费”、“介绍费”、“酬劳费”、“活动费”、“信息费”，等等。③归个人所有。收受回扣、手续费后交给单位的，当然不构成本罪。

第三，斡旋受贿。所谓斡旋受贿，是指国家工作人员利用本人职权或地位形成的便利条件，通过其他国家工作人员职务上的行为，为请托人谋取不正当利益，索取请托人财物或者收受请托人财物的行为。斡旋受贿的成立必须具备以下条件：①利用本人职权或者地位形成的便利条件。根据最高人民法院 2003 年 11 月 13 日公布施行的《全国法院审理经济犯罪案件工作座谈会纪要》的解释，利用本人职权或者地位形成的便利条件，是指行为人与被其利用的国家工作人员之间在职务上虽然没有隶属、制约关系，但是行为人利用了本人职权或者地位产生的影响和一定的工作联系，如单位内不同部门的国家工作人员之间、上下级单位没有职务上隶属、制约关系的国家工作人员之间、有工作联系的不同单位的国家工作人员之间等。这一解释揭示了“利用职权或地位形成的便利条件”的两个方面的特征：一是行为人与被利用的国家工作人员之间在职务上没有隶属、制约关系，否则，就不是斡旋受贿，而是普通受贿；二是行为人利用了本人职权或者地位对被利用人产生的影响或者是利用了本人与被利用人之间的工作联系。所谓职权或者地位产生的影响，是指因为行为人具有重要的职权或者较高的社会地位，使被利用者对其所提出的要求不得不予以认真的考虑。②为请托人谋取不正当利益。根据1999年9月16日最高人民检察院发布的《关于人民检察院受理立案侦查案件立案标准的规定（试行）》的规定，所谓不正当利益，是指谋取违反法律、法规、国家政策和国务院各部门规章规定的利益，以及谋取违反法律、法规、国家政策和国务院各部门规章规定的帮助或者方便条件。③为请托人谋取不正当利益是通过其他国家工作人员的职务行为实现的。④索取或者收受了请托人的财物。

（4）本罪的客体。对于本罪的客体的具体内容是什么，刑法学界存在着较大的争议，大体上有以下几种不同的观点：第一种观点认为，本罪的客体是国家机关的正常活动，即正确执行国家机关对内对外职能任务的一种活动。这种对国家机关正常管理活动的侵犯，会带来侵蚀国家肌体、败坏国家机关的声誉、损害人民群众对国家机关及其工作人员的信赖，从而危害社会主义经济的发展的结果。[1] 第二种观点认为，本罪侵犯的是复杂客体，既侵犯了国家机关的正常活动，又侵犯了公私财产的所有权。侵犯公私财产所有权的理由在于：行为人利用职权或工作之便利索取、收受的财物以及其获得的财产利益是公私财产所有权的物质表现。从我国本罪立法的历史和司法的实际情况来看，本罪作为一种与财产有关的犯罪具有侵犯公私财产的一面。大量的案例材料也表明，本罪确实严重侵犯着公私财产的所有权。[2] 第三种观点认为，本罪既侵犯了国家机关的正常管理活动，又侵犯了国家经济管理的正常活动，理由是国家的管理活动是以建设为中心的，管理活动一旦受到干扰，势必阻碍经济的发展，甚至使经济活动偏离社会主义方向，侵犯社会主义经济的正常活动。[3] 第四种观点认为，本罪的客体是结构性客体，即由基本客体和选择客体组成的复杂客体。本罪的基本客体是国家工作人员职务行为的廉洁性，选择客体是国家经济管理的正常活动。基本客体是受贿犯罪肯定要侵犯的客体，选择客体则是在具体受贿犯罪中可能侵犯也可能不侵犯的客体。由于本罪主要发生在经济活动中，因此可能会侵犯国家的经济管理活动，对社会经济发展造成侵犯。[4] 第五种观点认为，本罪的客体是国家工作人员职务行为（或公务活动）的廉洁性。这种观点是我国刑法学界目前最有代表性的观点。[5] 这种观点认为，本罪是腐败行为的一种主要表现形式，禁止受贿是我国廉政建设的基本内容。受贿行为严重腐蚀国家机体，妨碍国家职能的正常履行。因而，将本罪的直接客体界定为国家工作人员的职务廉洁性更有利于把握本罪的本质。第六种观点认为，本罪的客体是国家工作人员职务行为的不可收买性。这种观点的主张者认为，将本罪的客体理解为职务行为的不可收买性，就表明本罪是一种以权换利的行为。这种表述不但准确地表明了本罪的本质，而且非常明确具体。[6] 还有的观点认为，本罪的客体应当是“国家工作人员职务行为的不可出卖性”，其理由是：本罪的本质是权力和财产利益的交易，国家工作人员收受他人财物，为他人谋取利益的行为，实质上是出卖权力的行为，以“国家工作人员职务行为的不可出卖性”作为本罪的客体，应该说是非

〔1〕 参见高铭暄主编：《中国刑法学》，中国人民大学出版社1989年版，第601页。
〔2〕 参见刘白笔、刘用生：《经济刑法学》，群众出版社1989年版，第504页。
〔3〕 参见张穹主编：《中国经济犯罪罪刑论》，大地出版社1989年版，第486页。
〔4〕 参见陈兴良主编：《刑法全书》，中国人民公安大学出版社1997年版，第1298页。
〔5〕 参见高铭暄、马克昌主编：《刑法学》，中国法制出版社1999年版；苏惠渔主编：《刑法学》，中国政法大学出版社1999年版；高铭暄、马克昌主编：《刑法学》，北京大学出版社、高等教育出版社2000年版。
〔6〕 参见张明楷：《刑法学》（下册），法律出版社1997年版，第919页。

常明确的。我们认为，将国家工作人员职务行为的廉洁性作为本罪的客体是恰当的。因为在我们国家，要求国家工作人员保持清正廉洁，不得昏浊腐败，而国家工作人员利用职务上的便利收受贿赂，使国家工作人员的职务行为蒙上贪腐的尘垢，不再廉洁，因此，本罪的客体是国家工作人员职务行为的廉洁性。

2. 受贿罪的相关界限。

(1) 本罪与非罪的界限。

第一，本罪与接受亲友馈赠财物的界限。具有国家工作人员身份的人接受亲友的财物的行为是构成本罪还是属于接受亲友的馈赠，关键要看行为人接受亲友的财物是否与其职务有着紧密的联系。如果亲友送给财物是因为行为人利用职务上的便利为其亲友谋取了利益，一般应按本罪处理；但如果行为人接受亲友的财物与其利用职务上的便利有一定的关系，但主要是因为行为人与其亲友之间长期有礼尚往来，而且接受的财物与经济交往的数额没有悬殊的差别，对这类情况不应认定为本罪。根据 2008 年 11 月 20 日最高人民法院、最高人民检察院《关于办理商业贿赂刑事案件适用法律若干问题的意见》第 10 条的规定，办理商业贿赂犯罪案件，要注意区分贿赂与馈赠的界限。主要应当结合以下因素全面分析、综合判断；①发生财物往来的背景，如双方是否存在亲友关系及历史上交往的情形和程度；②往来财物的价值；③财物往来的缘由、时机和方式，提供财物方对于接受方有无职务上的请托；④接受方是否利用职务上的便利为提供方谋取利益。

第二，本罪与取得合法报酬的界限。国家工作人员在法律、政策允许的范围内，利用自己所掌握的知识和技术，在业余时间为他人提供技术服务，按协议获取报酬，即属于取得合法报酬的行为，不能因为其具有国家工作人员的身份，就对其行为按本罪处理。但是，如果国家工作人员并没有付出劳动，却接受他人以辛苦费、劳务费等名义给予的与其职务有关的财物，达到构成本罪数额标准的，应按本罪处理。

第三，本罪与一般受贿行为的界限。区分二者的界限应从数额和情节两个方面把握。个人受贿，一般以 5000 元为构成犯罪的数额起点；受贿数额没有达到 5000 元，但情节严重的，也构成本罪。如果行为人收受的贿赂既没有达到 5000 元，也没有达到情节严重的程度的，则属于一般受贿违法行为，不构成犯罪。这里所讲的情节严重，一般是指：索取他人财物数额虽然不到 5000 元，但接近 5000 元的；收受他人财物并为他人谋取私利，造成国家和人民利益重大损失的；因受贿造成其他特别严重后果的；等等。

(2) 本罪与他罪的界限。

第一，本罪与敲诈勒索罪的界限。本罪与敲诈勒索罪在主客观方面都有相同之处：二者在主观方面的罪过形式都是故意；在客观方面受贿罪的行为方式也可以表现为勒索的形式。二者之间的不同之处在于：①主体不同。本罪的主体是特殊主体，即只能是国家工作人员；而敲诈勒索罪的主体则是一般主体，凡已满 16 周岁且具有刑事责任能力的人均能够成为该罪的主体。②二者的行为方式中的勒索有着本质的区别。本罪中的勒索，是行为人利用职务上的便利索要他人的财物，即以对方如果不给付财物就不实施职务行为给予对方应得的利益相威胁，或者以不正当地行使职权从而给对方造成损害相威胁；而敲诈勒索罪中的勒索则与职务没有任何联系，而是以杀害、伤害、绑架、揭发个人隐私等相威胁，索要公私财物。当国家工作人员不是利用职务上的便利勒索他人财物，而是采取与职务无关的手段勒索他人财物时，则构成敲诈勒索罪。③客体不同。本罪的客体是国家工作人员的职务廉洁性，而敲诈勒索罪的客体则是公私财物所有权。

第二，本罪与贪污罪的界限。本罪与贪污罪在主体上都是特殊主体，主观方面的罪过形式都是故意。二者的区别表现在：①主体的范围不同。本罪的主体仅限于国家工作人员，而贪污罪的主体除了国家工作人员之外，还包括不具有国家工作人员身份但受国有单位委托管理、经营国有财产的人员。②犯罪目的不同。本罪的目的在于获取他人的财物，而贪污罪的目的则是非法占有公共财物。③犯罪的客观方面表现形式不同。本罪的客观方面一般表现为行为人利用职务上的便利，索取他人财物，或者非法收受他人财物并为他人谋取利益的行为，而贪污罪的客观方面则表现为行为人利用职务上的便利，使用侵吞、窃取、骗取或者其他手段非法占有公共财物的行为。而且在利用职务上的便利的含义方面不尽相同。前者的职务范围广泛，既包括直接利用本人的职权，也包括利用与职务有关的便利条件；后者的职务范围较为狭窄，一般仅限于直接利用本人的职权。④犯罪客体和对象不完全相同。本罪的客体是简单客体，即国家工作人员职务行为的廉洁性，而贪污罪的客体则是复杂客体，即国家工作人员和受国有单位委托管理、经营国有财产的人员的职务廉洁性和公共财产所有权。本罪的对象是贿赂，即他人的财物，可以是私人所有的财物，也可以是公共财物，而贪污罪的对象则仅限于公共财物。

第三，本罪与非国家工作人员受贿罪的界限。二者在主客观方面都有相同之处：即主观方面的罪过形式都是故意；客观方面均表现为利用职务的便利索取或者非法收受他人财物的行为。二者的区别表现在：①犯罪主体不同。本罪的主体是国家工作人员，而非国家工作人员受贿罪的主体则是非国家工作人员。②客观方面不同。本罪的索贿不以为他人谋取利益为要件，只有收受贿赂的形式要求以为他人谋取利益为要件，而非国家工作人员则不论是索取贿赂还是收受贿赂，均以为他人谋取利益为必备要件。③犯罪客体不同。前者的客体是国家工作人员职务行为的廉洁性，而非国家工作人员的客体则是公司、企业以及其他单位人员的职务廉洁性和公司、企业单位以及其他单位的正常管理秩序。

3. 受贿罪的刑事责任。《刑法》第385条只对本罪的罪状进行了规定，但没有规定对本罪的处罚。《刑法》第386条规定："对犯受贿罪的，根据受贿所得数额及情节，依照本法第383条的规定处罚。索贿的从重处罚。"根据《刑法》第386条的规定，本罪的刑事责任与贪污罪的刑事责任完全相同。具体来讲，根据情节轻重，对本罪分别按照下列规定处罚：①个人受贿数额在10万元以上的，处10年以上有期徒刑或无期徒刑，可以并处没收财产；情节特别严重的，处死刑，并处没收财产。②个人受贿数额在5万元以上不满10万元的，处5年以上有期徒刑，可以并处没收财产；情节特别严重的，处无期徒刑，并处没收财产。③个人受贿数额在5000元以上不满5万元的，处1年以上7年以下有期徒刑；情节严重的，处7年以上10年以下有期徒刑。个人受贿数额在5000元以上不满1万元，犯罪后有悔改表现，积极退赃的，可以减轻处罚或者免予刑事处罚，由其所在单位或者上级主管机关给予行政处分。④个人受贿数额不满5000元，情节较重的，处2年以下有期徒刑或者拘役；情节较轻的，由其所在单位或者上级主管机关酌情给予行政处分。⑤对多次受贿未经处理的，按照累计受贿数额处罚。⑥索贿的，从重处罚。

（二）疑难问题

1. 如何区分受贿罪既遂与未遂的界限？本罪既遂与未遂的区分标准，理论上主要有两种不同的观点。一种观点认为，在一般情况下应以行为人是否收到贿赂为标准，已收受的为既遂，未收受的为未遂。但是，虽然未收到贿赂，行为人利用职务之便为行贿人谋利的行为已经给国家和人民的利益造成实际损失的，也应属于本罪的既遂。另外一种观点认为，应以是否收到贿赂作为本罪的既遂与未遂相区别的标志。[1] 我们认为，上述第二种观点是可取的。因为受贿罪的完成以行为人收受了贿赂为标志，体现了本罪的落脚点是获得他人的贿赂。如果行为人只是利用职务上的便利为他人谋取了利益，但由于意志以外的原因没有索要到或者收受到他人的财物，那就意味着本罪尚未完成，对此，只能按本罪的未遂处理。

2. 如何认定受贿罪的共同犯罪？两个以上的国家工作人员共同利用职务上的便利，为他人谋取利益，又出于共同的故意，索取或者非法收受了他人的财物，构成本罪的共同犯罪不存在着任何的疑问，而值得研究的有以下几种情况：

(1) 国家工作人员与非国家工作人员相互串通，由国家工作人员利用职务上的便利为请托人谋取利益，共同收受财物，是否构成本罪的共同犯罪的问题。根据2008年11月20日最高人民法院、最高人民检察院《关于办理商业贿赂刑事案件适用法律若干问题的意见》的规定，该种情形构成本罪的共同犯罪，以本罪追究刑事责任。

(2) 国家工作人员与非国家工作人员通谋，利用非国家工作人员的职务便利为他人谋取利益，共同收受他人财物构成共同犯罪的，依前述司法解释，以非国家工作人员受贿罪追究刑事责任。

(3) 国家工作人员与非国家工作人员通谋，共同收受他人财物，分别利用各自的职务便利为他人谋取利益，构成共同犯罪的，依前述司法解释，按主犯的犯罪性质追究刑事责任。不能分清主从犯的，可以本罪追究刑事责任。

四、行贿罪

(一) 基本法理

1. 行贿罪的概念和构成要件。行贿罪，是指自然人为谋取不正当利益，给予国家工作人员以财物，以及在经济往来中，违反国家规定，给予国家工作人员以财物，或者违反国家规定，给予国家工作人员以各种名义的回扣、手续费，且达到一定数额的行为。

本罪的构成要件是：

(1) 本罪的主体为一般主体，即任何达到刑事责任年龄且具有刑事责任能力的自然人均可构成。对于本罪主体的认定，有以下几个问题值得注意：

第一，本罪的主体是否包括外国人或无国籍人。关于本罪的主体，是否包括外国人或者无国籍人，理论界基本认识一致，即认为本罪的主体既包括我国公民，也包括外国公民或无国籍人。但也有少数学者虽然认为本罪的主体包括外国人或无国籍人，但同时认为外国人或无国籍人成为本罪的主体必须有更严格的条件，其理由是，《刑法》第6条规定："凡在中华人民共和国领域内犯罪的，除法律有特别规定的以外，都适用本法。"第8条规定："外国人在中华人民共和国领域外对中华人民共和国国家或者公民犯罪，而按本法规定的最低刑为3年以上有期徒刑的，可以适用本法，……。"而我国《刑法》第390条规定的本罪的最低法定刑是5年以下有期徒刑或者拘役。因此外国人或无国籍人在我国领域外向我国国家工作人员行贿的，不适用我国刑法。[2] 我们认为，这一观点值得商榷。首先，这种观点混淆了犯罪主体和刑法效力之间的关系，二者并不属于同一个范畴的问题。犯罪主体解决的是具备什么样条件的自然人或者单位才能构成犯罪的问题。刑法的效力解决的是刑法的适用范围问题，即自然人或者单位实施了犯罪，该刑法能否对其适用的问题。由此可见，二者是并不属于同一层面的问题。其次，按照我国《刑法》第8条和第390条的规定，外国人或无国籍人

---

[1] 参见赵秉志：《刑法各论问题研究》，中国法制出版社1996年版，第354页。

[2] 参见刘生荣、张相军、许道敏：《贪污贿赂罪》，中国人民公安大学出版社1999年版，第198页。

在我国领域外向我国国家工作人员行贿的，也可以适用我国刑法。事实上，外国人或者无国籍人在我国领域外向我国国家工作人员行贿的，根据其情节轻重，也可能应处3年以上有期徒刑。显然，此情形符合《刑法》第8条规定的“按本法规定的最低刑为3年以上有期徒刑的”这一条件，理应适用我国刑法。因此，外国人或者无国籍人完全属于本罪的主体范围，而且也可以适用我国刑法。

第二，对私营企业的行贿行为的定性。对私营企业的行贿行为，究竟应如何定罪，理论上曾存在着争议：有的人主张对私营企业的行贿行为应定本罪；也有的人主张私营企业行贿的，应将其认定为单位行贿罪。鉴于理论上的纷争以及司法实务中的混乱，1999年6月18日最高人民法院通过了《关于审理单位犯罪案件具体应用法律有关问题的解释》（以下简称《单位犯罪应用解释》），第1条指出：“刑法第30条规定的‘公司、企业、事业单位’，既包括国有、集体所有的公司、企业、事业单位，也包括依法设立的合资经营、合作经营企业和具有法人资格的独资、私营等公司、企业、事业单位。”根据该《单位犯罪应用解释》，私营企业行贿并不是一律以本罪论处，而是实行区别对待：有法人资格的独资、私营企业行贿构成单位行贿罪；没有法人资格的独资、私营企业行贿构成本罪。应当说该《单位犯罪应用解释》的规定是比较合理的，因为非法人型的私营企业，其个人利益与单位利益、个人行为与单位行为融为一体，自然人人格就是企业的人格，从民事责任的归责来看，也是由开办者个人承担无限责任的，因而，其犯罪符合自然人个人犯罪的特征。具有法人资格的私营公司、企业是一个具有拟制法律人格的社会组织，有着不同于自然人的法律地位，符合单位犯罪的特征。

综上所述，不具有法人资格的私营企业（包括个人合伙企业和个人独资企业）行贿的，属于本罪的主体范围，以本罪论处；具有法人资格的私营企业行贿的，以单位行贿罪论处。

（2）本罪主观方面的罪过形式只能是直接故意，即明知自己的行为是收买国家工作人员，以利用其职务上的便利为自己谋取不正当利益，而实施给予国家工作人员以财物的行为。

（3）本罪的客观方面表现为给予国家工作人员以财物或者在经济往来中，违反国家规定，给予国家工作人员以财物，数额较大的，或者违反国家规定，给予国家工作人员以各种名义的回扣、手续费的行为。这表明，本罪的客观方面具体表现形式有以下两种：①给予国家工作人员以财物。这种给予行为与经济往来无关，而是为了利用对方所具有的党政管理权力而给予财物。②在经济往来中，违反国家规定，给予国家工作人员以财物，数额较大的，或者违反国家规定，给予国家工作人员以各种名义的回扣、手续费。这种发生在经济往来中的行贿，与上述第一种类型的行贿的区别表现在第一种类型的行贿不以违反国家规定为前提，因为利用具有党政管理权力的人为自己谋利从而给予对方财物的行为，都是违反国家规定的。而在经济往来中，国家工作人员完全可能因为自己所付出的劳动而获取正当的报酬，或者获取合法的回扣、手续费，因此，给予国家工作人员财物或者回扣、手续费，则属于正当合法的行为。这里所讲的“违反国家规定”，是指违反全国人民代表大会及其常委会制定的法律和决定，国务院制定的行政法规、规章、发布的决定、命令等的规定。如《反不正当竞争法》、国务院办公厅1986年6月20日发布的《关于严禁在社会经济活动中牟取非法利益的通知》等。

（4）本罪的客体是国家工作人员的职务行为的廉洁性。

2. 行贿罪的相关界限。

（1）本罪与非罪的界限。关于本罪与非罪的界限，具体包括以下几个方面的内容：①本罪与一般行贿违法行为的界限；②本罪与馈赠的界限；③本罪与送礼不正之风的界限；④经济往来中行贿罪与非罪的界限；⑤因被勒索给予工作人员财物的行为罪与非罪的界限。

就本罪与一般行贿违法行为的界限而言，虽然《刑法》第389条第1款并没有规定构成行贿罪的数额或情节标准，但1999年9月16日发布的最高人民检察院《关于人民检察院直接受理立案侦查案件立案标准的规定》（以下简称《检察院立案标准》）却对本罪的构成规定了数额或情节标准。根据《检察院立案标准》，涉嫌下列情形之一的，应作为本罪立案：①行贿数额在1万元以上的；②行贿数额不满1万元，但具有下列情形之一的：为谋取非法利益而行贿的；向3人以上行贿的；向党政领导、司法工作人员、行政执法人员行贿的；致使国家或者社会利益遭受重大损失的。而其中的"不满"，是指接近该数额且已达到该数额的80%以上。具体就行贿罪中的"不满1万元"而言，就是指达到了8000元以上而又不满1万元。因此，在司法实践中，应严格遵循该立案标准的规定。只有符合上述情形的，才能以本罪论处，否则，只能以一般行贿违法行为论处。

就本罪与馈赠的界限而言，一般来说，并不难区分。因为馈赠是民事法律行为，对社会没有危害性，而行贿是违法犯罪行为，为法律所禁止，二者性质完全不同。但在实践中，犯罪分子为了逃避法律制裁，往往利用"馈赠"之形来掩盖其行贿之实。在此种情形下，馈赠与本罪的界限就不是很明晰，就需要认真地区分。具体来说，应从以下几方面来区分行贿罪与馈赠：①赠送财物数量的价值大小。馈赠一般所给付的财物价值相对较小，而行贿给予的财物价值一般较大。②赠送财物的方式，是公开还是秘密。馈赠一般是公开进行，而行贿往往是秘密进行。③赠送财物的对象情况，是否具有一定的职权。④赠送财物的原因。⑤赠送人与被赠送人之间的关系，是否属于亲属，或者平时是否交往密切，等等。⑥赠送财物前后，赠送人有无从被赠送人那里得到利益和好处。⑦赠送人在赠送时有无利益要求，该利益要求与对方职务有无联系。⑧接受财物的国家工作人员是否为行为人实施了谋取不正当利益的行为。在实践中，只有具体情况具体分析，结合全案的主客观各方面全面分析，才能正确区分行贿与馈赠。

区分本罪与送礼不正之风的界限，关键看行为人主观上是否具有利用收受财物者的职务行为以达到为自己谋取不正当利益的目的。如果行为人给予他人财物是为了利用对方的职务行为达到为自己谋取不正当利益的目的，就属于行贿的范畴，达到构成犯罪构成条件的，按本罪处理；反之，则属于送礼不正之风。

区分经济往来中的行贿罪与非罪的界限，关键看行为人给予国家工作人员回扣、手续费，是否违反国家规定，违反国家规定的，属于行贿，可以构成本罪；反之，则不属于行贿，不构成本罪。

此外，应当区分因被勒索给予国家工作人员财物的行为罪与非罪的界限。根据《刑法》第389条第3款的规定，因被勒索给予国家工作人员以财物，没有获得不正当利益的，不是行贿。因此，行贿人虽然出于谋取不正当利益的目的，在国家工作人员主动索要财物时给予了财物，但自己实际上并没获得不正当利益，则不能以本罪论处。

（2）本罪与他罪的界限。关于本罪与相关犯罪的界限，主要是注意本罪与向非国家工作人员行贿罪的界限。本罪与向非国家工作人员行贿罪的关键区别就是二者的犯罪对象不同：本罪的对象只能是国家工作人员；而向非国家工作人员行贿罪的犯罪对象则是公司、企业以及其他单位中的非国家工作人员。

3．行贿罪的刑事责任。根据《刑法》第390条的规定，犯本罪的，处5年以下有期徒刑或者拘役；因行贿谋取不正当利益、情节严重的，或者使国家利益遭受重大损失的，处5

年以上10年以下有期徒刑；情节特别严重的，处10年以上有期徒刑或者无期徒刑，可以并处没收财产。对“情节严重”、“情节特别严重”的认定，主要应该从行贿的数额、手段、次数、人数、后果、犯罪后的表现等多方面进行考察。“情节严重”，一般是指为谋取非法利益，行贿次数多，屡教不改的；为推销伪劣产品而行贿且造成严重后果的；为骗取国家出口退税而行贿的；用国家文物行贿或者用优抚、救济、扶贫、教育等专项特定款物行贿的；行贿数额巨大的；等等。“情节特别严重”，一般是指行贿数额特别巨大的；行贿致使国家利益遭受特别重大损失的等。

根据《刑法》第390条第2款的规定：“行贿人在被追诉前主动交代行贿行为的，可以减轻处罚或者免除处罚。”这里所讲的“被追诉前”，是指被检察机关立案侦查以前。“主动交待行贿行为”，是指在检察机关没有要求的情况下向检察机关交待行贿行为，如果在检察机关的要求之下交待了行贿行为，那就不能适用上述规定。另外，上述规定只适用于行贿人本人在被追诉前主动交待行贿行为，而不能由行贿人委托其亲友代为交待。值得研究的是，应该如何理解刑法的上述规定与自首的关系。我们认为，行贿人在被立案侦查以前，主动交待其行贿行为，完全符合自首的规定，成立自首。而对于具有这种自首的犯罪人，通过《刑法》分则作出了不同于通常情况下自首犯的处理规定，即通常情况下，对犯罪以后自首的，可以从轻或者减轻处罚，其中犯罪较轻的，可以免除处罚；而对于《刑法》第390条第2款所规定的自首犯，可以减轻或者免除处罚。可见，对《刑法》第390条第2款规定的自首犯比通常情况下的自首犯处理得更轻，立法上之所以这样规定，主要是鼓励行贿人在主动交待自己的行贿行为的同时，揭露受贿人的受贿行为，从而有利于对受贿犯罪进行查处。

（二）疑难问题

1.“为谋取不正当利益”是行贿罪的主观要件还是客观要件？在行为人主动给予国家工作人员财物的行贿犯罪中，“为谋取不正当利益”是本罪的主观要件，学者们对此认识一致。也就是说，行为人主观上为谋取不正当利益而主动给予国家工作人员以财物时，不管不正当利益是否客观实现，均可构成本罪。但在国家工作人员主动索贿的情况下，“为谋取不正当利益”是本罪的主观要件还是客观要件？对此，学者有两种截然相反的意见：持客观要件论者认为，根据《刑法》第389条第3款“因被勒索给予国家工作人员以财物，没有获得不正当利益的，不是行贿”的规定，可以得出这样两个结论：①即使因被勒索给予国家工作人员以财物，但如果获得了不正当利益的，也是行贿；②如果不是因为被勒索而给予国家工作人员以财物，即使最终没有获得不正当利益，也是行贿。因此认为在被勒索的情况下，“谋取不正当利益”是本罪的客观要件，如果没有获得不正当利益，则不构成本罪。[1] 持主观要件说的人则认为“谋取不正当利益”是本罪构成的主观方面的必要条件，行贿人为谋取不正当利益，主动给行贿对象财物的是本罪，因对方要求而被动提供财物的也是本罪。但是，《刑法》第389条第3款这一规定把有的人本来应当得到某种正当利益，而被勒索送财物的行为排除在行贿之外。[2]

第三十二章

我们倾向于第二种观点，即“为谋取不正当利益”是本罪的主观要件。无论是主动行贿，还是被动行贿，构成本罪都必须具备“为谋取不正当利益”这一主观要件。首先，就字面解释而言，在现代汉语中，“为”就是表示目的的意思，即“为谋取不正当利益”应当属于主观方面的意识。其次，就犯罪构成原理而言，每个犯罪只有一个犯罪构成。如果按照客

[1] 参见最高人民法院刑一庭编：《刑事审判参考》，法律出版社1999年版，第77页。

[2] 参见杨春洗、杨敦先主编：《中国刑法论》，北京大学出版社1998年版，第634～635页。

观要件论的观点，就会得出本罪有两个犯罪构成的不当结论，即在主动行贿中，“为谋取不正当利益”是主观要件，而在被勒索行贿中，“为谋取不正当利益”是客观要件。同一犯罪有不同犯罪构成，这是与犯罪构成理论不相符合的。最后，持客观要件论的学者是对《刑法》第389条第3款的误解。对《刑法》第389条第3款这一规定的正确理解应当是：行为人的主观目的是谋取不正当利益，只是实际上没有获得。刑法之所以不将其以本罪论处，是鉴于行为人行贿是在被勒索后而被动实施的，并且又没有实际获得不正当利益，因而社会危害性不大，故不必要以犯罪论处。如果按照客观要件论，则行为人事前虽然没有“谋取不正当利益”的主观目的，也确实被勒索，而事后也获得了不正当利益时，则必须以本罪论处。这种违反我国刑法主客观相统一的做法，显然有客观归罪之嫌。而立法者在规定《刑法》第389条第3款时，恐怕不会有这种客观归罪的立法意图。因此，只有将“谋取不正当利益”作为本罪的主观要件才符合刑事立法的原意。

2. “为谋取不正当利益”仅是“典型行贿犯罪”的必备要件，还是也是“经济行贿犯罪”的必备要件？“典型行贿犯罪”要以“为谋取不正当利益”为要件，对此学者们无异议。但《刑法》第389条第2款规定，在经济来往中，给予国家工作人员财物的，应该以行贿罪论处。由于这一款并没有规定以谋取不正当利益为条件，因而“经济行贿犯罪”是否也以“为谋取不正当利益”为要件，值得研究。对此有两种不同观点：有人认为，“适用本条款认定行贿罪不以‘为谋取不正当利益’为必要要件。不论行为人要谋取的利益是否正当，只要具备给被行贿人以数额较大的财物或者违反国家规定给被行贿人以回扣、手续费其中一种行为的，即构成本罪。”[1] 另一种观点认为，经济行贿是特定领域、特殊形式的一种行贿，本身还不具备完整的构成要件，故必须符合本罪的一般要件才构成犯罪。所谓“经济行贿是指在经济往来中，为谋取不正当利益而构成的行贿罪”。[2]

我们认为，上述第二种观点是可取的，即“经济行贿犯罪”同样应具备“为谋取不正当利益”这一要件。首先，将“为谋取不正当利益”作为“经济行贿犯罪”的要件符合刑事立法原理。经济行贿发生于经济活动中，一般不直接危害政权，而一般行贿常发生于政治和行政领域中，会直接危害政权，因此，经济行贿的危害性显然轻于一般行贿。一般行贿尚且必须以“为谋取不正当利益”为限制，而经济行贿反而不受此限制，这在法理上是难以说通的，立法也决不会出现这样的疏漏。从法律“举重以明轻”的逻辑解释来看，如果经济行贿无须以“为谋取不正当利益”为要件，就会造成社会危害性小的行为反而比社会危害性大的行为处理更严格的谬论。其次，将“为谋取不正当利益”作为“经济行贿犯罪”的要件也符合相关法律规定。1999年3月4日最高人民法院、最高人民检察院《关于各地在办理受贿犯罪大要案的同时严肃查处严重行贿犯罪分子的通知》第2条指出：“对于为谋取不正当利益而行贿，构成行贿罪……”；第3条第5项规定：“为非法获取工程、项目的开发、承包、经营权，向有关主管部门及其主管领导行贿，致使公共财产、国家和人民利益遭受重大损失的”，以本罪论处。这一解释明确了经济行贿也是以“为谋取不正当利益”为要件的。因此，将“为谋取不正当利益”作为“典型行贿犯罪”和“经济行贿犯罪”的共同必备要件，既符合法理也符合相关法律规定。

3. 如何区分行贿罪既遂与未遂的界限？关于本罪既遂与未遂的区分标准，刑法理论上

〔1〕 郑广宇：《贪污贿赂渎职侵权罪案定罪证据解析》，中国检察出版社2002年版，第103页。

〔2〕 参见肖扬主编：《贿赂犯罪研究》，法律出版社1994年版，第259页。

存在争议，主要有以下几种观点：[1] 第一种观点认为，应以行为人实施给付财物的行为作为既遂的标志，但不要求对方实际接受贿赂。即行为人只要是为了使特定对象为其谋取不正当利益，而将一定数额的财物送给该特定对象，就成立行贿既遂，而不论对方是否实际接受所送财物。第二种观点认为，应以受贿人实际为行贿人谋取不正当利益作为本罪既遂的标准。理由是：构成本罪的法定条件，一是给付受贿人财物；二是为谋取不正当利益。这里给付财物并非行贿人的最终目的，其目的是通过受贿人渎职为其谋取不正当利益，而使国家机关的正常活动受到侵害。因此，应以行贿人谋取不正当利益的目的是否达到作为区分本罪既遂与未遂的标准，达到目的的为既遂，反之为未遂。第三种观点主张区分本罪既遂与未遂时，应分不同情况来处理。对为今后获取不正当利益而预先给付财物的，以是否给付财物为既遂、未遂的区分标准；对先已获取不正当利益，然后给付财物的，以是否获取不正当利益为本罪既遂、未遂的区分标准。理由是，本罪侵犯的客体不仅仅是国家机关的正常活动，还包括社会风尚。先给付受贿人财物而尚未获得不正当利益的行为，侵犯的客体是社会风尚；而要求受贿人先为其谋取不正当利益，然后才给付财物的行为，在已获得不正当利益而尚未给付财物之前，侵犯的客体是国家机关的正常活动。总之，行为人不论是给付财物，还是获得不正当利益，都属于本罪的客观要求，都侵害本罪的客体，因而，只要其中一个行为实施完毕，就应视为既遂；因行为人意志以外的原因未得逞的，为未遂。第四种观点认为，应以行贿人实际给付财物，并请受贿人为其谋取不正当利益，作为本罪既遂的标准，但不要求谋取不正当利益的目的一定达到。理由是，本罪具有诱惑性和腐蚀性的特点，而国家工作人员职务上必须保持廉洁。行贿人以财物收买国家公职人员，使之丧失原则性，败坏党风和社会风气，客观上起到了破坏国家机关正常活动的作用。因此，即使行贿后尚未从中谋取不正当利益，仍应以本罪既遂来认定。

我们认为，对于本罪既遂与未遂的区分应当以我国刑法既遂与未遂的相关理论为依据。根据我国刑法理论的通说，犯罪既遂是指行为人所实施的行为具备了刑法分则所规定的某一犯罪的全部构成要件；犯罪未遂是指行为人已经着手实行犯罪，由于犯罪意志以外的原因而未得逞。其中"着手"，是指行为人已经开始实行刑法分则中规定某种犯罪构成的客观要件行为。根据《刑法》第389条的规定，本罪的客观要件行为是"给予国家工作人员以财物"。同时，"给予"在现代汉语中的意思就是"使别人得到"。因此，本罪中的"给予"不只是单纯交付的意思，而且必须使国家工作人员得到了财物。可见，只有行为人主观上有"为谋取不正当利益"的目的，客观上有"使国家工作人员得到财物"的行为，才能构成既遂。第一种观点认为本罪的既遂并不要求对方实际接受贿赂，人为地扩大了本罪既遂的范围，故不可取。第二种观点以受贿人实际为行贿人谋取不正当利益作为行贿罪既遂的标准，人为地限制了本罪既遂的范围，不利于打击行贿犯罪。如前所述，"为谋取不正当利益"只是主观要件，其自身是否实现并不影响本罪既遂的成立。故该观点也不可取。第三种观点认为同种犯罪有两种不同的既遂认定标准是不符合我国刑法的既遂与未遂理论的。即使对先已获取不正当利益，然后再给付财物的情形，也不应当以是否获取不正当利益为本罪既遂、未遂的区分标准。因为如果行为人还没有给予国家工作人员财物，那么侵犯国家工作人员职务行为的廉洁性从何谈起，故该观点也不科学。相对而言，第四种观点比较可取，即以行贿人实际给付财物，并请受贿人为其谋取不正当利益，作为本罪既遂的标准。需注意的是，这里的实际给

〔1〕 转引自刘佑生主编：《职务犯罪研究综述》，法律出版社1996年版，第104页。

付并不是单纯的交付行为，还要使国家工作人员得到财物。

五、私分国有资产罪

（一）基本法理

1. 私分国有资产罪的概念和构成要件。私分国有资产罪，是指国家机关、国有公司、企业、事业单位、人民团体违反国家规定，以单位名义将国有资产私分给个人，数额较大的行为。

本罪的构成要件是：

（1）本罪的主体是国家机关、国有公司、企业、事业单位、人民团体。

（2）本罪的主观方面为故意，即明知私分国有资产是违反国家规定的，而仍然以单位的名义私分给个人。

（3）本罪的客观方面表现为违反国家规定，将国有资产以单位名义集体私分给个人，数额较大的行为。具体包括以下几个方面的内容：首先，必须违反国家规定，这是构成本罪的前提条件。根据《刑法》第96条的规定，违反国家规定，是指违反全国人民代表大会及其常务委员会制定的（有关国有资产管理的）法律和决定，国务院制定的（有关国有资产管理的）行政法规、规定的行政措施、发布的决定和命令。其次，必须是以单位名义将国有资产集体私分给个人。所谓以单位名义是指由单位领导班子集体决策或由单位的主管人员决定并强调是单位分给职工的财物。分配的对象必须是本单位所有职工或大多数职工。分配的名义多种多样，有的是以发奖金为名，有的是以发加班费、辛劳费为名，还有的以发节日慰问费为名。最后，私分的国有资产数额较大。根据最高人民检察院1999年9月16日发布的《检察院立案标准》的规定，涉嫌私分国有资产，累计数额在10万元以上的，应予立案。

（4）本罪的客体是复杂客体，即本罪既侵犯了国有资产所有权，又侵犯了廉政建设制度。犯罪的对象是国有资产。根据国家国有资产管理局1993年12月21日发布的《国有资产产权界定和产权纠纷处理暂行办法》第2条的规定，国有资产系指国家依法取得和认定的，或者国家以各种形式对企业投资收益、国家向行政事业单位拨款等形成的资产。具体包括以下7个方面的资产：①国家事业单位、政党、人民团体占有使用由国家拨款形成的资产；②全民所有制企业中的有关财产；③集体企业中的部分财产；④供销、手工业、信用社中由国家拨款的资产；⑤集体企业和合作社无偿占有国有土地，集体和合作社改组为股份公司中的国有股；⑥中外合资经营企业中的国有资产；⑦股份制企业中的国有资产。国有资产有的具有可移动性、可分割性，有的则不具有可移动性，如草原、滩涂等资源性资产。作为本罪对象的主要是可移动性、可分割性的国有资产，但不排除不可移动性的国有资产也可以成为本罪的对象。

2. 私分国有资产罪的相关界限。

（1）本罪与非罪的界限。区分本罪与非罪的界限，应当从以下几个方面着手：首先，私分国有资产，必须达到数额较大时才构成犯罪，否则只能作为一般违法行为处理。其次，要划清单位完成国家上缴税金之后，对其所获利润而予以集体分配的行为与本罪的界限，前者是合法行为。公司、企业在完成国家上缴税金之后，有权支配其自有物资，如留存作为发展的基金，或者发给职工消费。再次，要划清国有公司、企事业单位的负责人擅自将单位通过不正当途径取得的收入私分给单位的全体职工的行为与本罪的界限。实际上单位对于前者获得的收入具有支配权，除其获得收入的途径违法构成其他犯罪以外，一般不作为犯罪行为处理。最后，要分清以发产品代替发工资的问题。近些年来，由于市场经济的发展，许多国有企业仍未摆脱计划经济的影响，现代企业制度尚未正式建立，国有企业大面积亏损现象时有发生，有时，单位难以发出工资。为了解决职工的临时困难，企业以发产品代替发工资，这是亏损企业一时应急之策，必须与单位私分国有资产罪区别开来。[1]

（2）本罪与他罪的界限。

第一，本罪与贪污罪的界限。两罪在犯罪的主体和主观方面都有相同之处，从主体上来讲，虽然本罪的主体是国家机关、国有公司、企业、事业单位、人民团体，但其直接负责的主管人员和其他直接责任人员即国家工作人员也要承担刑事责任；从主观方面来讲，二者的罪过形式都是故意，并且都具有将公共财物予以非法占有的目的。二者的区别表现在：①从形式来讲，本罪是以单位名义实施的，对单位内部来说，行为是公开的，有时甚至对外也是公开的；贪污罪则属于个人犯罪，即使是数人共同贪污，也是秘密进行的，隐瞒的目的是为了不让单位其他成员以及外界任何人知晓。国家机关、国有公司、企业、事业单位、人民团体的负责人利用职权，擅自将国有资产分给个人或者有关人员的，而不是按一定的分配方案分给单位所有职工或者大多数职工的，其行为构成贪污罪，而不是构成本罪。②从行为方式来看，本罪是违反国家规定，以单位名义集体私分国有资产，而贪污罪则表现为利用职务上的便利，侵吞、窃取、骗取或以其他手段非法占有公共财产。③从承担责任的主体来看，本罪只处罚直接负责的主管人员和其他直接责任人员，对于其他单位成员，即使分得了国有资产，也不能以犯罪论处；而在贪污罪中，凡是参与了共同贪污犯罪的行为人，都要依法承担刑事责任。

第二，本罪与职务侵占罪的界限。二者都是将本单位的财物非法占为己有，二者的区别在于：①犯罪客体不同。本罪的客体是单位职务行为的廉洁性和国家财产所有权；而职务侵占罪的客体是公司、企业或者其他单位的财物所有权。②犯罪的客观方面不同。本罪的客观方面表现为违反国家规定，以单位名义将国有资产集体私分给个人，数额较大的行为；而职务侵占罪的客观方面表现为利用职务上的便利，将单位财物非法占为己有，数额较大的行为。③犯罪主体不同。本罪的主体为单位，包括国家机关、国有公司、企业、事业单位、人民团体；而职务侵占罪的主体是公司、企业或其他单位的人员，即主体是特定的自然人。④主观方面不同。虽然两罪主观方面都是故意，但故意内容不同。本罪的主观方面表现为明知是国有资产，而故意违反规定，以单位名义将国有资产集体私分给个人，具有非法占有国有资产的目的；而职务侵占罪的主观方面表现为明知是本单位的财物，而非法占为己有。

第三，本罪与徇私舞弊低价折股、出售国有资产罪的界限。徇私舞弊低价折股、出售国有资产罪，是指国有公司、企业或者上级主管部门直接负责的主管人员徇私舞弊，将国有资产低价折股或者低价出售，致使国家利益遭受重大损失的行为。本罪与徇私舞弊低价折股、出售国有资产罪的主观方面都是故意，都侵犯了公共财产的所有权。二者的区别在于：①客体不同。本罪的客体是国家机关、国有公司、企业、事业单位及人民团体的正常管理活动和国有资产的所有权；而徇私舞弊低价折股、出售国有资产罪的客体是国有公司、企业的管理制度和国有财产的所有权。②客观方面不同。本罪在客观方面表现为行为人违反国家规定，以单位名义将国有资产集体私分给个人，数额较大的行为；而徇私舞弊低价折股、出售国有资产罪在客观方面则表现为行为人徇私舞弊，将国有资产低价折股或低价出售，致使国家利益遭受重大损失的行为。③犯罪主体不同。本罪的主体是国家机关、企业、事业单位和人民团体，属于单位犯罪，个人不能单独构成本罪的主体；而徇私舞弊低价折股、出售国有资产

[1] 参见沙君俊：《单位犯罪的定罪与量刑》，人民法院出版社 2002 年版，第 411 页。

罪的主体则是国有公司、企业或其上级主管部门直接负责的主管人员。

3. 私分国有资产罪的刑事责任。《刑法》第31条规定："单位犯罪的，对单位判处罚金，并对其直接负责的主管人员和其他直接责任人员判处刑罚。本法分则和其他法律另有规定的，依照规定。"而从《刑法》第396条第1款的规定来看，本罪为单位犯罪，是一种特殊的单位犯罪，仅仅处罚直接负责的主管人员和其他直接责任人员，因为他们的行为代表着单位的集体意志。

依照《刑法》第396条的规定，国家机关、国有公司、企业、事业单位、人民团体违反国家规定，以单位名义将国有资产集体私分给个人，数额较大的，对其直接负责的主管人员和其他直接责任人员，处3年以下有期徒刑或者拘役，并处或者单处罚金；数额巨大的，处3年以上7年以下有期徒刑，并处罚金。目前数额较大是以10万元为起点，数额巨大一般认为应为20万元以上。

（二）疑难问题

1. 单位的分支机构能否成为私分国有资产罪的主体？就独立承担刑事责任而言，本罪中的单位应依法成立并具有相对独立的财产、组织机构和名称，具有组织上的合法性、经济上的独立性和行动上的自主性而成为本罪主体的基本类型。在司法实践中单位的分支机构、下属部门、派出单位等的私分行为是很复杂的，因此很多学者持否定意见。如有的学者认为，单位犯罪中的"单位"原则上不包括下面的二级单位。如果二级单位符合单位犯罪，且是为了上级单位的利益，应认定为单位犯罪，归责于上级单位，否则就属于自然人犯罪。[1]也有其他学者认为，单位犯罪中的主体可以是二级单位。理由是分公司或其他分支机构具有独立的民事行为能力，独立承担民事责任。我们认为，二级单位能否单独作为本罪的主体，应根据二级单位的财产核算、经费状况和日常管理及运行来甄别其是否具有社会独立主体地位、是否是相对独立的单位。在实践中，单位的分支机构有自身独立的利益，以独立的名义进行民事活动和参加民事诉讼的情况是存在的，这样的二级单位就具有了相对的独立性。从另一个角度来讲，现行刑法并未对单位的层次加以限制。所以确定单位犯罪的主体范围必须从社会组织的实际本质上进行判断，而不能机械地看其是一级单位还是二级单位。因此，单位的二级机构在上级机构不知情的情况下私分国有资产的，应当由单位的二级机构承担刑事责任；反之，如果明知故纵，则上级单位应当成为本罪的主体。

2. 国家参股或国有公司、企业参股的公司财产，可否视为国有财产，能否成为私分国有资产罪的对象？对于这一问题的回答，理论上众说纷纭。肯定说中有的学者持国家控股说，认为所谓国有股份为基础的公司，是指国有财产股的股权代表可以在该股份制企业中对生产、经营活动起支配、决定作用，而无需考虑国有资产股所占股份的大小比例。以全民所有制和集体所有制企业为基础的股份制企业中，该企业的财物属于"公共财物"。国有资产未达到公司控股地位的财产，其中国有资产的认定只能按照出资股份的等额度认定。有的学者甚至提出了国有、集体控股（控股51%以上为绝对控股，51%以下35%以上为相对控股）或投资比例占多数的企业的财产，应全额认定为公共财产，不控股或投资比例占少数的企业的财产，一律不认定为公共财产。[2]公有资本存在说认为，在混合型经济体中，只要有公有资本存在，就应全额认定为公共财产。否定说认为，除国有独资公司的财产属于单一的公共财产外，有限责任公司、股份有限公司、外国公司的财产属于法人财产，法人财产是一种

〔1〕参见李邦友："论单位犯罪的定义"，载《刑法问题与争鸣》1999年第1辑，中国方正出版社1999年版。

〔2〕严恒："贪污罪、职务侵占罪之辨析"，载《中国刑事法杂志》2000年第1期。

不同于公民的私人财产和公共财产的新型财产所有形式。

我们认为，为了保护国有资产的安全，对于国家机关或其授权单位向股份制企业投资形成的股份或份额，包括现有已投入企业的国有资产折成的股份或份额，构成股份制企业中的国家股或份额，应当界定为国有资产；全民所有制企业向股份制企业投资形成的股份，构成国有法人股，应当界定为国有财产；股份制企业公积金、公益金中，全民单位按照投资应占有的份额，应当界定为国有财产；股份企业未分配利润中，全民单位按照投资比例所占的相应份额，应当界定为国有财产。总而言之，国有财物是国家享有所有权的财物，通常是指国家机关、国有公司、企业、事业单位人民团体所拥有的财物，以及股份制企业、中外合资企业中的属于国家所有的财产。

另外，从《国有资产产权界定和产权纠纷处理暂行办法》中我们可以看出，该办法强调了国有资产的来源的合法性，然而，对于这个规定的合理性是值得思考的，在司法实践中，有的国有单位通过滥收费、滥罚款以及走私、受贿等非法方式取得财产，然后集体予以私分的行为也时有发生。对于这种情况应当如何处罚是值得考虑的。如果坚持国有资产的来源必须合法，则对这类将非法取得的财产予以私分的行为则不能按照犯罪处理，这样必然造成对非法行为的放纵。所以，我们认为对于以滥收费、滥罚款等行为取得的财物应当视作国有资产。因为国有单位非法取得的财物，最终应当归还给财物所有人。但在非法取得后到返还给所有人之前这段时间内，国有单位应当是这些财物的所有者。所以，对其予以私分的，应当按照本罪处罚，同时对于那些单位走私、受贿行为应当予以追究。此外，对于国有公司参股的企业资产和国有资产投资到集体企业的资产是否属于国有资产的问题也有学者进行了相应的探讨。我们认为只要有国有资产存在，就应该将其统一认定为国有资产。

3. 如何确定私分国有资产罪刑事诉讼的参与人？根据《刑事诉讼法》第82条的规定，犯罪单位是不可能成为诉讼参与人的。但既然规定了单位可以成为犯罪主体，那么单位就应有参与诉讼的权利，享有独立的诉讼地位，和自然人一样具有相应的权利和义务。根据我国《民法通则》的有关规定，单位的主管人员应是其法人代表（自然人）及其他主要负责人。因此，当单位作为被告时，单位的法定代表人或者主要负责人应代表单位参与刑事诉讼，具体分为以下几种情形：①单位的法定代表人或者主要负责人因组织实施单位犯罪，将被以“直接负责的主管人员”追究其刑事责任，应当代表单位参与刑事诉讼。②单位法定代表人或主要负责人在组织实施单位犯罪的过程中，本人又实施了其他犯罪，同时被提起公诉，接受刑事审判，因追究刑事犯罪之需要，不宜再代表单位参与诉讼。③本案的证人不能代表单位出庭受审。此外，单位在不同的诉讼阶段应该有不同的称呼。在侦查阶段涉嫌犯罪的单位称“犯罪嫌疑单位”；在审判阶段称之为“被告单位”；如上诉，被称为“上诉单位”；如果引起再审，被称为“原审被告单位”；在执行阶段应称“犯罪单位”等。与之相应的法律文书应该协调一致，规范统一。

六、单位受贿罪

单位受贿罪，是指国有单位索取、收受他人财物，为他人谋取利益，情节严重，或者在经济往来中，在帐外暗中接受各种名义的回扣、手续费的行为。

根据《刑法》第387条的规定，犯单位受贿罪的，对单位判处罚金，并对其直接负责的主管人员和其他直接责任人员，处5年以下有期徒刑或者拘役。根据最高人民法院2000年9月30日《关于审理单位犯罪案件对其直接负责的主管人员和其他直接责任人员是否区分主犯、从犯问题的批复》和2001年1月21日印发的《全国法院审理金融犯罪案件工作座谈会纪要》的规定，单位犯罪的直接负责的主管人员，是在单位实施的犯罪中起决定、批准、授意、纵容、指挥等作用的人员，一般是单位的主管负责人，包括法定代表人。单位犯罪的其他直接责任人员，是在单位犯罪中具体实施犯罪并起较大作用的人员，既可以是单位的经营管理人员，也可以是单位的职工，包括聘任、雇佣的人员。在审理单位受贿犯罪案件时，对其直接负责的主管人员和其他直接责任人员，按照其在单位犯罪中所起的地位、作用和犯罪情节，分别处以相应的刑罚。主管人员是单位受贿犯罪的决策者，因此，在犯罪中起重要作用，其他直接责任人员一般比主管人员在犯罪中所起的作用小，但有时也起重要作用，所以，不能简单地以主管人员和其他直接责任人员为标准来确定主犯与从犯，而是要根据具体情况，有主犯与从犯之分的，按照刑法的关于处罚主犯与从犯的原则进行处罚；没有主犯与从犯之分的，按照刑法的相关规定处罚。

七、对单位行贿罪

对单位行贿罪，是指个人或单位为谋取不正当利益，给予国有单位以财物的，或者在经济往来中，违反国家规定，给予国有单位各种名义的回扣、手续费的行为。

根据《刑法》第 391 条第 1 款的规定，自然人犯本罪的，处 3 年以下有期徒刑或者拘役。根据《刑法》第 391 条第 2 款的规定，单位犯本罪的，对单位判处罚金，并对其直接负责的主管人员和其他直接责任人员，处 3 年以下有期徒刑或者拘役。另外，需注意的是，《刑法》第 390 条第 2 款关于“行贿人在被追诉前主动交待行贿行为的，可以减轻处罚或者免除处罚”的规定同样适用于本罪。

八、介绍贿赂罪

介绍贿赂罪，是指行为人在行贿人与国家工作人员之间进行沟通、撮合等中介活动，以使贿赂行为得以实现，情节严重的行为。

根据《刑法》第 392 条第 1 款的规定，犯本罪的，处 3 年以下有期徒刑或者拘役。根据《刑法》第 392 条第 2 款的规定，介绍贿赂人在被追诉前主动交待介绍贿赂行为的，可以减轻处罚或者免除处罚。

九、单位行贿罪

单位行贿罪，是指单位为谋取不正当利益而给予国家工作人员以财物，或者违反国家规定，给予国家工作人员以回扣、手续费，情节严重的行为。

根据《刑法》第 393 条的规定，犯本罪的，对单位判处罚金，并对其直接负责的主管人员和其他直接责任人员，处 5 年以下有期徒刑或者拘役。

十、巨额财产来源不明罪

巨额财产来源不明罪，是指国家工作人员的财产或者支出明显超过合法收入，且差额巨大，经责令说明来源，本人不能说明其合法来源的行为。

根据《刑法》第 395 条第 1 款（即《刑法修正案（七）》第 14 条）的规定，犯本罪的，处 5 年以下有期徒刑或者拘役；差额特别巨大的，处 5 年以上 10 年以下有期徒刑。财产的差额部分予以追缴。

十一、隐瞒境外存款罪

隐瞒境外存款罪，是指国家工作人员对于个人在境外的存款，应当依照国家规定申报而隐瞒不报，数额较大的行为。

根据《刑法》第 395 条第 2 款的规定，犯本罪的，处 2 年以下有期徒刑或者拘役；情节较轻的，由其所在单位或者上级主管机关酌情给予行政处分。

十二、私分罚没财物罪

私分罚没财物罪，是指司法机关、行政执法机关违反国家规定，将应当上缴国家的罚没财物，以单位名义集体私分给个人，数额较大的行为。

根据《刑法》第396条第1款的规定，犯本罪的，对单位直接负责的主管人员和其他直接责任人员，处3年以下有期徒刑或者拘役，并处或者单处罚金；数额较大的，处3年以上7年以下有期徒刑，并处罚金。

十三、国家工作人员特定关系人受贿罪

国家工作人员特定关系人受贿罪，是指国家工作人员的近亲属或者其他与该国家工作人员关系密切的人，通过该国家工作人员职务上的行为，或者利用该国家工作人员职权或者地位形成的便利条件，通过其他国家工作人员职务上的行为，为请托人谋取不正当利益，索取请托人财物或者收受请托人财物，数额较大或者有其他较重情节的行为。

根据《刑法》第388条之一第1款（《刑法修正案（七）》第13条第1款）的规定，犯国家工作人员特定关系人受贿罪的，处3年以下有期徒刑或者拘役，并处罚金；数额巨大或者有其他严重情节的，处3年以上7年以下有期徒刑，并处罚金；数额特别巨大或者有其他特别严重情节的，处7年以上有期徒刑，并处罚金或者没收财产。

根据《刑法》第388条之一第2款（《刑法修正案（七）》第13条第2款）的规定，离职的国家工作人员或者近亲属以及其他与其关系密切的人，利用该离职的国家工作人员原职权或者地位形成的便利条件的，依照前款的规定定罪处罚。

【思考题】

1. 什么是贪污罪？贪污罪具有哪些构成要件？如何区分其与职务侵占罪的界限？
2. 什么是挪用公款罪？挪用公款罪的成立需要具有哪些要件？如何区分其与贪污罪的界限？
3. 什么是受贿罪？受贿罪的构成要件是什么？如何区分受贿罪既遂与未遂的界限？
4. 什么是行贿罪？行贿罪的成立需要具备哪些要件？
5. 什么是私分国有资产罪？私分国有资产罪的构成要件是什么？如何区分其与贪污罪的界限？

【参考文献】

1. 陈正云、钱舫：《国家工作人员职务经济犯罪的定罪与量刑》，人民法院出版社2000年版。
2. 陈兴良主编：《刑法全书》，中国人民公安大学出版社1997年版，
3. 高铭暄主编：《新编中国刑法学》（下册），中国人民大学出版社1998年版。
4. 高铭暄、马克昌主编：《刑法学》（第三版），北京大学出版社、高等教育出版社2007年版。
5. 高铭暄主编：《中国刑法学》，中国人民大学出版社1989年版。
6. 刘生荣、张相军、许道敏：《贪污贿赂罪》，中国人民公安大学出版社1999年版。
7. 刘白笔、刘用生：《经济刑法学》，群众出版社1989年版。
8. 刘佑生主编：《职务犯罪研究综述》，法律出版社1996年版。
9. 沙君俊：《单位犯罪的定罪与量刑》人民法院出版社2002年版。
10. 孙谦主编：《国家工作人员职务犯罪研究》，法律出版社1998年版。
11. 王作富主编：《刑法分则实务研究》，中国方正出版社2003年版。
12. 肖扬主编：《贿赂犯罪研究》，法律出版社1994年版。
13. 杨春洗、杨敦先主编：《中国刑法论》，北京大学出版社1998年版。
14. 张明楷：《刑法学》（第二版），法律出版社2003年版。
15. 张穹主编：《贪污贿赂渎职“侵权”犯罪案件立案标准解释》，中国检察出版社2000年版。

16. 张穹主编：《中国经济犯罪罪刑论》，大地出版社 1989 年版。
17. 赵秉志：《刑法各论问题研究》，中国法制出版社 1996 年版。
18. 郑广宇：《贪污贿赂渎职侵权罪案定罪证据解析》，中国检察出版社 2002 年版。
19. 最高人民法院刑一庭编：《刑事审判参考》，法律出版社 1999 年版。
20. 李邦友："论单位犯罪的定义"，载《刑法问题与争鸣》1999 年第 1 辑，中国方正出版社 1999 年版。
21. 严恒："贪污罪、职务侵占罪之辨析"，载《中国刑事法杂志》2000 年第 1 期。

第三十三章 渎职罪

【导语】渎职罪，是指国家机关工作人员在履行职责或者行使职权过程中，滥用职权、玩忽职守或者徇私舞弊，妨害国家机关的正常活动，致使公共财产、国家与人民利益遭受重大损失的行为。滥用职权、玩忽职守、徇私舞弊是渎职罪的三种基本行为方式。《刑法》规定的渎职罪包括36种具体犯罪。本章详细阐述了滥用职权罪、玩忽职守罪、故意泄露国家秘密罪以及徇私枉法罪的基本法理和疑难问题。

本章的疑难问题有：①如何理解滥用职权罪的罪过形式？②如何理解滥用职权罪的行为方式？③如何理解玩忽职守罪的罪过形式？④玩忽职守而又徇私舞弊的，应如何认定？⑤对故意非法披露属于国家秘密的商业秘密的行为，应如何定性？⑥“酌情处罚”是否等同于从轻处罚？⑦如何理解和认定徇私枉法罪中的徇私、徇情？⑧如何理解“明知是有罪的人”？

■第一节　渎职罪概述

一、渎职罪的概念

渎职罪，是指国家机关工作人员在履行职责或者行使职权过程中，滥用职权、玩忽职守或者徇私舞弊，妨害国家机关的正常活动，致使公共财产、国家和人民利益遭受重大损失的行为。

1997年《刑法》对1979年《刑法》中的渎职罪一章进行了以下重大修改：将受贿罪、行贿罪、介绍贿赂罪归入“贪污贿赂罪”一章；将虐待被监管人罪和私自开拆、隐匿、毁弃邮件、电报罪纳入“侵犯公民人身权利、民主权利罪”一章；将本类犯罪的主体基本上限定为国家机关工作人员，而将国有公司、企业、事业单位人员的渎职性犯罪行为归入其他类罪；[1] 在立法的细密化方面有了很大的进展，这具体表现在将1979年《刑法》实施十几年来附属刑法规范中“依照”、“比照”玩忽职守罪、徇私舞弊罪追究刑事责任的条文改为《刑法》的具体条款，并针对现实经济生活中出现的国家机关工作人员滥用职权、严重不负责任，给国家和人民利益造成重大损失的新情况，增加规定了一些具体的渎职犯罪行为。

二、渎职罪的构成

（一）犯罪主体

本类犯罪的主体，除《刑法》第398条所规定的故意泄露国家秘密罪和过失泄露国家秘密罪可以由非国家机关工作人员构成、《刑法》第399条之一所规定的枉法仲裁罪由依法承担仲裁职责的人员构成外，均被限定为国家机关工作人员。之所以对本类犯罪的主体作出这

〔1〕 如在“破坏社会主义市场经济秩序罪”一章的“妨害公司、企业管理秩序罪”一节中具体规定了非法经营同类营业罪，为亲友非法牟利罪，签订履行合同失职被骗罪，国有公司、企业、事业单位人员失职罪，国有公司、企业、事业单位人员滥用职权罪，徇私舞弊低价折股、出售国有资产罪等罪名。

种限制，主要是考虑到国家机关工作人员行使着公权力，这些人员的渎职行为的社会危害性较大；为使这些人员正确行使权力，有必要对其实施的渎职行为单独作出规定。对于国家机关工作人员以外的国家工作人员的渎职犯罪，则规定在刑法其他有关章节中。

对于这里的“国家机关工作人员”的具体范围，理论上有不同的认识。从严格意义上来说，界定国家机关工作人员的范围，必须基于现有法律的明确规定，即必须具有法律根据。依照我国《宪法》第三章关于国家机构的规定，严格而言，我国的国家机关应当包括各级国家权力机关、行政机关、审判机关、检察机关以及军事机关，相应地，国家机关工作人员即为在这些机关中从事公务的人员。

不过，应当指出，这样严格地对国家机关工作人员的范围予以限定，与在司法实践中惩治渎职犯罪的需要之间存在一定程度的背离。近年来，在实践中出现了一些新情况：①法律授权某些非国家机关的组织，在某些领域行使国家管理职权、监督职权；②在机构改革中，有的地方将原来的一些国家机关调整为事业单位，但仍然保留其行使某些行政管理的职能；③有些国家机关将自己行使的职权依法委托给一些组织行使；④有的国家机关根据工作需要聘用了一部分国家机关以外的人员从事公务。上述这些情况中所涉及的工作人员虽然在形式上未被列入国家机关编制，严格地说，不属于国家机关工作人员，但实际上都在行使着国家机关工作人员的权力。按照上述对国家机关工作人员所作的严格理解，这些工作人员的渎职行为将在任何情况下也不可能以本类犯罪定罪处罚。

与此同时，在本类犯罪主体的认定问题上，理论界和司法实务界一直存在着“身份论（血统论）”与“职能论（公务论）”的分歧：前者认为国家机关工作人员必须具有人事制度上的干部身份，后者则主张以行为人具体行使的职能活动是否属于公共管理活动（是否从事公务）作为认定国家机关工作人员的依据。这种分歧导致对上述司法实践中出现的新问题难以解决，加之《刑法》第93条第1款的规定又颇有歧义，[1] 因此，迫切需要有权机关完善立法或者作出相关解释。最高司法机关和立法机关显然选择了后者。

关于本类犯罪主体的司法解释，大致上可分为三类：①对具有行政职能或管理职权的事业单位的工作人员依法从事公务时，以国家机关工作人员论的解释，如2000年4月30日最高人民检察院《对〈关于中国证监会主体认定的请示〉的答复函》、2000年5月4日最高人民检察院《关于镇财政所所长是否适用国家机关工作人员的批复》以及2000年10月31日最高人民检察院《关于属工人编制的乡（镇）工商所所长能否依照刑法第三百九十七条的规定追究刑事责任问题的批复》。②将经合法授权或受国家机关委托从事公务的人员视为国家机关工作人员的解释，如2000年9月19日最高人民法院《关于未被公安机关正式录用的人员、狱医能否构成失职致使在押人员脱逃罪主体问题的批复》、2000年10月9日最高人民检察院《关于合同制民警能否成为玩忽职守罪主体问题的批复》和2001年3月2日最高人民检察院《关于工人等非监管机关在编监管人员私放在押人员行为和失职致使在押人员脱逃行为适用法律问题的解释》。③关于在非国家机关内部设立的具有国家机关性质的机构中从事公务的人员如何定性的解释，如2002年4月29日最高人民检察院《关于企业事业单位的公安机构在机构改革过程中其工作人员能否构成渎职侵权犯罪主体问题的批复》。上述司法解

---

〔1〕《刑法》第93条第1款规定：“本法所称国家工作人员，是指国家机关中从事公务的人员。”从条文文字的逻辑性上分析，国家工作人员是指国家机关中从事公务的人员，而在国家机关中从事公务的人员就是国家机关工作人员，因此国家工作人员和国家机关工作人员似乎是同一概念。参见谢望远主编：《国家工作人员犯罪认定中疑点难点问题研究》，中国方正出版社2000年版，第6~7页。

释在一定程度上解决了司法实践中本类犯罪主体认定困难的问题，保证了运用刑法打击渎职犯罪的法律适用效果。但这些解释都是针对具体案件中的适用法律问题所作出的，因而不具有普遍适用的效力。

上述司法解释虽然从一定程度上满足了实践中惩治渎职罪的需要，但并未从根本上使渎职主体因素制约渎职罪查处力度的状况有所改观。为了便利于司法操作，针对司法解释“头痛医头、脚痛医脚”的弊端，2002年12月28日第九届全国人大常委会第三十一次会议通过了《关于〈中华人民共和国刑法〉第九章渎职罪主体适用问题的解释》。该解释规定：“在依照法律、法规规定行使国家行政管理职权的组织中从事公务的人员，或者在受国家机关委托代表国家机关行使职权的组织中从事公务的人员，或者虽未列入国家机关人员编制但在国家机关中从事公务的人员，在代表国家机关行使职权时，有渎职行为，构成犯罪的，依照刑法关于渎职罪的规定追究刑事责任。”显然，该解释将行为人是否履行国家机关的管理职能作为评判其渎职行为能否构成本类犯罪的决定性因素，从而在一定程度上解决了在本类犯罪主体的认定问题上所存在的“身份论”或“血统论”（身份是国家机关工作人员的构成要素）和“职责论”（履行国家机关的管理职能是认定国家机关工作人员的标准）的争议。

对于在中国共产党各级机关和中国人民政治协商会议中从事公务的人员是否属于国家机关工作人员，争议较大。2003年11月13日最高人民法院《全国法院审理经济犯罪案件工作座谈会纪要》指出：“在乡（镇）以上中国共产党机关、人民政协机关中从事公务的人员，司法实践中也应当视为国家机关工作人员。”这主要是考虑到：中国共产党在我国处于执政党的地位，政协机关具有参政议政的地位，担负着政治协商和民主监督的职能。在乡（镇）以上中国共产党机关、人民政协机关中从事公务的人员实际上履行着国家机关的管理职能；将这些人员视为国家机关工作人员，符合我国国情。基层党组织，如车间、班组、村党支部等，仅是党的一级组织，其所从事的工作同国家管理没有直接联系，因而，其工作人员不能视为国家机关工作人员。

（二）犯罪主观方面

本类犯罪的主观方面大多为故意。在《刑法》第九章规定的36个罪名中，有26种犯罪只能由故意构成，有10种犯罪只能由过失构成。如滥用职权罪、故意泄露国家秘密罪、徇私枉法罪、私放在押人员罪、非法提供出口退税凭证罪等，只能由故意构成。而玩忽职守罪、过失泄露国家秘密罪、失职致使在押人员脱逃罪、国家机关工作人员签订、履行合同失职被骗罪、商检失职罪等只能由过失构成。有些犯罪还以徇私动机作为犯罪主观方面的必备内容。[1]“凡是规定了徇私要件的渎职罪，其职责内容都是需要国家机关工作人员具有较高的法律素质、政策水平、技术能力的裁量事务；刑法之所以将徇私规定为主观的构成要件要素，显然是为了将国家机关工作人员因为法律素质、政策水平、技术能力不高而出现差错的情形排除在渎职罪之外。”[2]

（三）犯罪客观方面

本类犯罪的客观方面通常包括两个不可或缺的部分：①渎职行为，即滥用职权、玩忽职守、徇私舞弊行为；②公共财产、国家和人民利益遭受重大损失。滥用职权、玩忽职守、徇

---

〔1〕除了《刑法》第397条第2款将徇私舞弊规定为加重犯的加重事由外，《刑法》分则第九章的其他条文（第399条第1款、第401~405、410~414、418条）都将“徇私舞弊”、“徇私”或“徇私、徇情”规定为普通犯罪构成的构成要件要素。

〔2〕张明楷：“渎职罪中‘徇私’、‘舞弊’的性质与认定”，载《人民检察》2005年第23期。

私舞弊是本类犯罪客观方面行为最基本的表现形式。也就是说，本类犯罪中的各种具体犯罪行为，或者表现为滥用职权，或者表现为玩忽职守，或者表现为徇私舞弊。从立法规定来看，有的条文直接使用了"滥用职权"、"玩忽职守"的措辞，有的条文虽然没有明确使用这样的措辞，但其所描述的行为可以归入上述两种行为中的一种。如《刑法》第400条第1款虽然没有使用"滥用职权"的用语，但其所规定的"司法工作人员私放在押人员"的行为实际上就是司法工作人员滥用职权的行为；该条第2款虽然没有使用"玩忽职守"的用语，但其所规定的"司法工作人员由于严重不负责任，致使在押的犯罪嫌疑人、被告人或者罪犯脱逃"的行为实际上就是司法工作人员玩忽职守的行为。渎职行为既可以表现为作为形式，也可以表现为不作为形式。

构成本类犯罪，除渎职行为外，还通常要求渎职行为造成公共财产、国家和人民利益遭受重大损失。"重大损失"是指给国家和人民造成的重大物质损失和非物质损失。物质损失一般指重大经济损失和严重人身伤亡；非物质损失是指严重损害国家机关的正常活动，或严重损害国家声誉，或造成恶劣社会影响等情形。公共财产的重大损失，通常是指渎职行为已经造成的重大经济损失。这里的"经济损失"，既包括直接经济损失，也包括间接经济损失。直接经济损失，是指与行为有直接因果关系而造成的财产损毁、减少的实际价值；间接经济损失，是指由直接经济损失引起和牵连的其他损失，包括失去的在正常情况下可以获得的利益和为恢复正常的管理活动或者挽回所造成的损失所支付的各种开支、费用等。直接经济损失和间接经济损失，是立案时确已造成的经济损失。移送审查起诉前，犯罪嫌疑人及其亲友自行挽回的经济损失，以及由司法机关或者犯罪嫌疑人所在单位及其上级主管部门挽回的经济损失，不予扣减，但可作为对犯罪嫌疑人从轻处理的情节加以考虑。在司法实践中，有以下情形之一的，虽然公共财产作为债权存在，但已无法实现债权的，可以认定为行为人的渎职行为造成了经济损失：①债务人已经法定程序被宣告破产；②债务人潜逃，去向不明；③因行为人责任，致使超过诉讼时效；④有证据证明债权无法实现的其他情况。[1]

（四）犯罪客体

本类犯罪的客体是国家机关的正常管理活动，即国家机关依法行使国家管理职权、履行国家职能的活动。对国家机关正常管理活动的危害是本类犯罪的本质特点，也是本类犯罪区别于其他类别犯罪的主要标志。尽管在其他类别的犯罪中也存在一些国家机关工作人员的渎职性犯罪，如报复陷害罪等，但这些犯罪同时又侵犯了其他客体，而且这些客体与国家机关的正常管理活动相比，更为重要，因而立法者依据主要客体归类的原理，将这些犯罪规定在其他类别的犯罪中。

三、渎职罪的种类

根据《刑法》分则第九章的规定，依据犯罪主体的不同具体身份，本章中的36种犯罪大致可以分为以下几种类型：

1. 一般国家机关工作人员渎职罪。这是指所有的国家机关工作人员都可以实施的渎职罪。具体包括以下犯罪：滥用职权罪，玩忽职守罪，故意泄露国家秘密罪，过失泄露国家秘密罪。

2. 司法工作人员、仲裁人员渎职罪。这是指只有负有侦查、检察、审判、监管职责的工作人员、依法承担仲裁职责的人员才能实施的渎职罪。具体包括以下犯罪：徇私枉法罪，

---

〔1〕参见2003年11月13日最高人民法院《全国法院审理经济犯罪案件工作座谈会纪要》、2006年7月26日最高人民检察院《关于渎职侵权犯罪案件立案标准的规定》。

民事、行政枉法裁判罪，执行判决、裁定失职罪，执行判决、裁定滥用职权罪，私放在押人员罪，失职致使在押人员脱逃罪，徇私舞弊减刑、假释、暂予监外执行罪，枉法仲裁罪。

3. 特定国家机关工作人员渎职罪。这是指只有在特定部门、负有特定职责的国家机关工作人员才能实施的渎职罪。具体包括以下犯罪：徇私舞弊不移交刑事案件罪，滥用管理公司、证券职权罪，徇私舞弊不征、少征税款罪，徇私舞弊发售发票、抵扣税款、出口退税罪，非法提供出口退税凭证罪，国家机关工作人员签订、履行合同失职被骗罪，违法发放林木采伐许可证罪，环境监管失职罪，传染病防治失职罪，非法批准征用、占用土地罪，非法低价出让国有土地使用权罪，放纵走私罪，商检徇私舞弊罪，商检失职罪，动植物检疫徇私舞弊罪，动植物检疫失职罪，放纵制售伪劣商品犯罪行为罪，办理偷越国（边）境人员出入境证件罪，放行偷越国（边）境人员罪，不解救被拐卖、绑架妇女、儿童罪，阻碍解救被拐卖、绑架妇女、儿童罪，帮助犯罪分子逃避处罚罪，招收公务员、学生徇私舞弊罪，失职造成珍贵文物损毁、流失罪。

■第二节 渎职罪分述

一、滥用职权罪

（一）基本法理

1. 滥用职权罪的概念和构成要件。滥用职权罪，是指国家机关工作人员超越职权，违法决定、处理其无权决定、处理的事项，或者违反规定处理公务，致使公共财产、国家和人民利益遭受重大损失的行为。

本罪的构成要件是：

（1）本罪的主体是特殊主体，即国家机关工作人员。非国家机关工作人员滥用职权，致使公共财产、国家和人民利益遭受重大损失，构成其他犯罪的，按其他犯罪处理，而不成立本罪。

（2）本罪的主观方面是故意。从理论上来讲，本罪的主观方面既可以是直接故意，也可以是间接故意。但从司法实践情况来看，滥用职权者对危害结果出于间接故意的情况比较常见。至于行为人滥用职权是为了自己利益还是为了他人利益，或者出于其他目的，均在所不问。

（3）本罪的客观方面表现为滥用职权，致使公共财产、国家和人民利益遭受重大损失的行为。滥用职权，是指超越职权，违法决定、处理其无权决定、处理的事项，或者违反规定处理公务。也就是说，滥用职权在客观上有两种具体的表现形式：①超越职权，违法决定、处理其无权决定、处理的事项，即越权行为。在司法实践中，越权行为主要包括以下三种类型：一是横向越权，即行为人行使了属于其他国家机关的专有职权，或者说是不同性质的国家机关之间的越权。二是纵向越权，即具有上下级隶属关系的同一性质但不同级别国家机关之间的越权。这既包括上级对下级职责范围内的工作滥用指令，也包括下级对上级职权范围的侵犯。三是内部越权，即依照有关规定，某类问题应由该单位或机关通过内部民主讨论后形成决策，而行为人却独断专行，不倾听或不采纳别人的意见。[1] ②违反规定处理公务，即滥权行为。在滥权行为的场合，虽然行为未逾越行为人所享有的职权的范围，但行为人以

〔1〕 参见储槐植、杨书文："滥用职权罪的行为结构"，载《法学杂志》1999年第3期。

不正当目的或非法的方法行使自己的职权，对有关事项作出不符合法律、法规规定的处理或决定。如果行为人根本不享有实施某一公务行为的相应职权或者虽有相应职权但其行为客观上超越了职权范围，则属于逾越职权。

根据刑法规定，滥用职权行为，只有在造成公共财产、国家和人民利益的重大损失时，才能成立本罪。这里的"重大损失"既包括有形的损失，也包括无形的损失。根据2006年7月26日最高人民检察院《关于渎职侵权犯罪案件立案标准的规定》（本章以下简称《渎职犯罪立案标准》），滥用职权，涉嫌下列情形之一的，应予立案：①造成死亡1人以上，或者重伤2人以上，或者重伤1人、轻伤3人以上，或者轻伤5人以上的；②导致10人以上严重中毒的；③造成个人财产直接经济损失10万元以上，或者直接经济损失不满10万元，但间接经济损失50万元以上的；④造成公共财产或者法人、其他组织财产直接经济损失20万元以上，或者直接经济损失不满20万元，但间接经济损失100万元以上的；⑤虽未达到③、④两项数额标准，但③、④两项合计直接经济损失20万元以上，或者合计直接经济损失不满20万元，但合计间接经济损失100万元以上的；⑥造成公司、企业等单位停业、停产6个月以上，或者破产的；⑦弄虚作假，不报、缓报、谎报或者授意、指使、强令他人不报、缓报、谎报情况，导致重特大事故危害结果继续、扩大，或者致使抢救、调查、处理工作延误的；⑧严重损害国家声誉，或者造成恶劣社会影响的；⑨其他致使公共财产、国家和人民利益遭受重大损失的情形。

徇私舞弊而犯本罪的，[1] 应成立本罪的情节加重犯。根据《渎职犯罪立案标准》，"徇私舞弊"，是指国家机关工作人员为徇私情、私利，故意违背事实和法律，伪造材料，隐瞒情况，弄虚作假的行为。

（4）本罪的客体是国家机关的正常管理活动，即各级各类国家机关对社会生活各领域的管理活动，如各级政府机关、政府机关的各级职能部门对社会各方面的管理活动。国家机关的正常活动是通过国家机关工作人员依法行使其职权来体现的。国家机关工作人员正当地行使其职权，就会使国家机关的各项活动得以正常、有序地进行；反之，国家机关工作人员滥用其职权，就会使国家机关的正常活动受到破坏。

2. 滥用职权罪的相关界限。

（1）本罪与非罪的界限。在把握本罪与非罪的界限时，应注意将本罪与一般的滥用职权行为区分开来。二者的区别就在于滥用职权行为是否给公共财产、国家和人民利益造成重大损失。虽然存在滥用职权行为，但该行为并未造成公共财产、国家和人民利益重大损失的结果，则对行为人便不得以本罪论处。在此，尤其应注意将本罪与官僚主义区分开来。官僚主义是指脱离实际、脱离群众，只知发号施令而不进行调查研究的领导作风和工作作风。官僚主义的通常表现是：遇事推诿、互相扯皮；敷衍塞责、草率从事；主观臆断、盲目决策。官僚主义与本罪存在着十分紧密的关系。一般而言，官僚主义是本罪的温床，本罪是官僚主义发展的结果。尽管二者密切相关，但其性质毕竟有所不同：官僚主义一般是工作作风问题，属于党纪政纪的范畴；本罪是犯罪行为。二者的主要区别就在于危害后果的程度不同。从官僚主义到滥用职权犯罪行为，是一个由量变到质变的过程。官僚主义行为给公共财产、国家

---

〔1〕 对于国家机关工作人员徇私舞弊而滥用职权、玩忽职守的情形，1997年12月25日最高人民检察院《关于适用刑法分则规定的犯罪的罪名的意见》为其确立了独立的罪名，即国家机关工作人员徇私舞弊罪。但2002年3月15日最高人民法院、最高人民检察院《关于执行〈中华人民共和国刑法〉确定罪名的补充规定》取消了该罪名。

和人民利益造成重大损失，由此达到了构成犯罪的程度，原来的官僚主义就可能演变成本罪。

（2）本罪与其他滥用职权型犯罪的界限。规定本罪的法条属于普通法条；在《刑法》分则第九章以及其他章还有一些条文规定了特殊的滥用职权的犯罪，这些条文属于特别法条。国家机关工作人员滥用职权的行为在触犯特别法条时，也可能同时触犯普通法条。按照特别法优于普通法的原则，当行为人之行为同时触犯规定本罪的法条和其他法条时，应按照特别法优于普通法的原则，以其他法条即特别法条所规定的犯罪论处。例如，监狱、拘留所、看守所等监管机构的监管人员对被监管人进行殴打或体罚虐待，情节严重的行为，实际上也属于滥用职权的行为，但由于刑法对此作了特别规定，故对这种行为只能认定为虐待被监管人罪。只有对于国家机关工作人员所实施的无其他具体条文可依据的滥用职权犯罪行为，才认定为本罪。例如，林业主管部门在违法发放林木采伐许可证之外滥用职权导致森林遭到严重破坏的，应认定为本罪。〔1〕主体不符合《刑法》分则第九章所规定的特殊渎职罪的主体要件，但滥用职权涉嫌《渎职犯罪立案标准》所规定的本罪立案标准的情形之一的，应以本罪追究刑事责任。例如，税务机关以外的国家机关工作人员，滥用职权导致国家税收遭受重大损失的，成立本罪。

3. 滥用职权罪的刑事责任。根据《刑法》第397条的规定，犯本罪的，处3年以下有期徒刑或者拘役；情节特别严重的，处3年以上7年以下有期徒刑。徇私舞弊犯本罪的，处5年以下有期徒刑或者拘役；情节特别严重的，处5年以上10年以下有期徒刑。

（二）疑难问题

1. 如何理解滥用职权罪的罪过形式？关于本罪的罪过形式，理论上有很大的分歧。对此，大体存在三种观点：第一种观点认为，本罪的罪过形式是故意或过失。〔2〕其中，还有人认为本罪的主观方面是复合罪过。所谓复合罪过，是指同一罪名的犯罪心态既有故意（限于间接故意）也有过失的罪过形式。〔3〕第二种观点认为，本罪的罪过形式是故意。至于是否包括直接故意，则又有不同看法：一种看法认为，本罪的罪过形式只能是间接故意；〔4〕另一种看法则认为，本罪的故意既可以是间接故意，也可以是直接故意。〔5〕第三种观点认为，本罪的罪过形式只能表现为过失。〔6〕

我们认为，在1997年《刑法》以前，由于1979年《刑法》没有规定本罪，而仅仅规定了玩忽职守罪，该罪的罪过形式是过失。为了惩治日趋严重的滥用职权行为，立法机关在一些附属刑法中规定对滥用职权行为依照或比照玩忽职守罪进行处罚。但由于滥用职权与玩忽职守有明显区别，这种依照或比照的做法毕竟缺乏合理性，且由此使得玩忽职守罪的主观方面在司法实践中模糊不清、难以判断，该罪的适用范围越来越广泛，逐渐成为一个名副其实的“口袋罪”。在修订《刑法》的建议中，主张增设本罪便成为有影响力的观点，增设的理

---

〔1〕参见2007年5月16日最高人民检察院《关于对林业主管部门工作人员在发放林木采伐许可证之外滥用职权玩忽职守致使森林遭受严重破坏的行为适用法律问题的批复》。

〔2〕参见敬大力主编：《渎职罪》，中国人民公安大学出版社1999年版，第99页；李永鑫、吴步钦：“滥用职权罪散论”，载《人民检察》1998年第3期。

〔3〕参见蒋熙辉：“滥用职权罪相关问题之思考”，载《中国刑事法杂志》2000年第5期。

〔4〕参见周道鸾等主编：《刑法的修改与适用》，人民法院出版社1997年版，第804页。

〔5〕参见张明楷：《刑法学》（第3版），法律出版社2007年版，第897页。

〔6〕参见李洁：“论滥用职权罪的罪过形式”，载《法学家》1998年第4期。

由就在于滥用职权与玩忽职守在客观方面和主观方面都有明显不同。[1] 1997年修订《刑法》时，立法机关之所以将本罪从玩忽职守罪中分离出来，目的之一就在于还玩忽职守罪以过失犯罪的本来面目，使本罪和玩忽职守罪能够从主观方面区分开来。

上述第一种观点认为，本罪的罪过形式既可以是故意，也可以是过失。单从刑法增设本罪的立法背景的角度看，这种观点就不能成立。立足于中国的立法与理论，如果认为本罪既可以由过失构成，又可以由（间接）故意构成，则不仅违反刑法的基本原理，而且容易造成玩忽职守罪与本罪之间界限模糊，不利于司法实践操作。根据刑法基本理论，一种犯罪，要么是故意犯罪，要么是过失犯罪，除此之外在主观罪过上不可能有其他形式的犯罪。某种危害结果虽然既可能是基于故意造成的，也可能是出于过失造成的，但就所成立的犯罪而言，不应当是同一性质的犯罪。比如，泄露国家秘密且情节严重的行为，既可以基于故意，也可以基于过失，但二者分别成立故意泄露国家秘密罪和过失泄露国家秘密罪。况且，《刑法》第14、15条和第16条的规定也从立法上排除了故意和过失以外的第三种罪过形式的存在。此外，故意与过失在主观谴责程度上存在重大差异，将二者相提并论并不合适。

上述第三种观点认为本罪的罪过只能是过失，其所依据的核心理由是：认为本罪的心理状态为故意，进而认为行为人对"致使公共财产、国家和人民利益遭受重大损失"的结果持希望或放任的态度，要么不符合实际，要么对这种行为应当认定为危害公共安全等罪；[2]由本罪法定刑分析，其罪过形式只能是过失，否则便难以达到《刑法》分则各罪在罪刑关系上的协调。换个角度来说，若行为人明知自己的滥用职权行为会造成"重大损失"，并且希望或放任"重大损失"的发生，法律只规定其法定最高刑为7年有期徒刑，显然不符合立法精神。[3] 但是，以"致使公共财产、国家和人民利益遭受重大损失"的结果作为本罪主观罪过形式评价基准的结果，并不妥当。作为罪过评价意义上的危害结果应当是对国家机关正常管理活动之侵害结果。至于"重大损失"，更合理的解释是对本罪处罚范围进行限制的一种规定。[4] 法条中对滥用职权行为的描述，尚不能说明行为的社会危害程度达到了应受刑罚处罚的程度，尚无法本罪与一般的滥用职权行为区别开来，必须以造成了实际的"重大损失"进行限制，提高行为的违法性程度，才能区分罪与非罪。[5] 而且，认为本罪的罪过形式只能是过失，也不符合刑法将本罪作为与玩忽职守罪相对的故意犯罪加以规定的立法精神。实际上，规定本罪的《刑法》第397条与《刑法》第399、400条之间存在一般条款与特别条款的法条竞合关系。既然《刑法》第399、400条所规定的特殊的滥用职权犯罪明显是由故意构成的，作为一般犯罪的本罪当然也只能由故意构成。

而认为本罪的罪过形式只能是间接故意，则与实际情况有所不符，且在理论上难以成立。一方面，在司法实践中完全可能出现行为人对滥用职权的行为所造成的危害结果持直接故意态度的情形；另一方面，如果本罪的罪过形式仅限于间接故意，则对基于直接故意的滥用职权行为，只能认定为其他犯罪或无罪。但是，直接故意与间接故意之间的不同仅仅是犯罪故意的具体形式的差异，而并不会导致行为性质不同。

---

〔1〕 参见赵秉志主编：《刑法修改研究综述》，中国人民公安大学出版社1990年版，第405~408页。

〔2〕 参见张智辉："论滥用职权罪的罪过形式"，载赵秉志主编：《刑法评论》第1卷，法律出版社2002年版，第142页。

〔3〕 参见李洁："论滥用职权罪的罪过形式"，载《法学家》1998年第4期；阮齐林："论刑法第三百九十七条若干问题"，载《中央检察官管理学院学报》1997年第4期。

〔4〕 参见刘艳红："也论新刑法第397条的罪名与罪过"，载《法学评论》1999年第6期。

〔5〕 参见邓文莉："《刑法》第397条中的重大损失在滥用职权罪中的地位"，载《政治与法律》2006年第1期。

因此，本罪的主观方面表现为故意，这种故意既可以是直接故意，也可以是间接故意。其故意的具体内容是行为人明知自己滥用职权的行为会发生破坏国家机关的正常管理活动的危害结果，而希望或者放任这种结果发生。

2. 如何理解滥用职权罪的行为方式？对于滥用职权行为是否只能以作为的形式实施，理论上尚有争议。

一种观点认为，滥用职权只能是积极的作为，故意放弃职守的行为不属于滥用职权。理由是：①滥用职权与放弃职守具有不同的含义，前者是已经行使了职权，即作为，而后者则是未履行职责，即不作为。既然有职不守，有权不用，何来滥用之说？②从行政诉讼的角度来看，在滥用职权案件中，双方当事人争议的焦点是被诉具体行政行为是否合法或适当；在行政不作为（含放弃职守）案件中，双方当事人争议的焦点是被告是否具有相应的法定职责和是否存在不履行或拖延履行法定职责的事实。对于滥用职权的行为，人民法院应当判决撤销或者部分撤销，并可以判决被告重新作出具体行政行为，对于行政不作为人民法院应当判决被告在一定期限内履行。根据我国《行政诉讼法》的有关规定，将故意放弃职守的行为确认为滥用职权既不合法，也不科学。③从犯罪特征来看，故意放弃职守与过失放弃职守同属于玩忽职守的行为，不应将犯罪客观方面特征迥异的滥用职权行为与故意放弃职守的行为合二为一，硬性结合为一个罪名。[1]

另一种观点则认为，滥用职权行为不限于作为，不作为也可以构成本罪。理由是：①故意放弃职守本质上是一种滥用职权的行为。国家机关工作人员依法代表国家行使管理职能，因而其履行职责既是一种权力也是一种义务。如果行为人能够履行职责而故意放弃，实际上就是以不作为的方式运用了自己的职权，只不过这种职权的运用背离了国家机关工作人员职务行为的宗旨，因而构成滥用职权。滥用职权从本质上讲是对行为性质的描述，至于行为人采用何种方式滥用职权，是作为还是不作为，并不影响对其性质的认定。如对于负有解救职责的国家机关工作人员来说，在接到解救要求或其他人的举报后放弃自己解救职责的，应当认为这是行为人对自己职权的滥用。②虽然从行政诉讼的角度来看，滥用职权与行政不作为（含故意放弃职守）案件的争议焦点和司法审查结果完全不同，但这并不意味着在刑法中不能将故意放弃职守的行为看作是滥用职权。因为刑法与行政法是不同的法律部门，其立法目的、作用及法律责任并不相同，因此对于不同行为出现不同处理结果是很自然的事情。即使是对同一行为，不同的法律部门予以不同的对待也是正常的现象，因而不能以行政诉讼法中滥用职权行为与故意放弃职守的行为存在区别就否定刑法中故意放弃职守的行为不是滥用职权行为。③从犯罪特征上来看，虽然玩忽职守罪中也可以存在放弃职守的行为，但与本罪中故意放弃职守的行为并不相同。在前者之中，行为人故意放弃职守，而对危害结果是持否定态度的；而对后者，行为人故意放弃职守，对危害结果是持希望或放任态度的。二者在性质上并不相同，因而难以兼容于玩忽职守罪中，只有将之归入本罪才符合犯罪构成的基本要求。④认为滥用职权只能由作为构成，是不符合刑法规定的。渎职罪一章中，滥用职权与玩忽职守是两个基本的渎职类型。立法在细分滥用职权犯罪与玩忽职守犯罪之后，仍然保留了对这两种犯罪的一般性规定，因而在法条关系上形成了一般法与特别法的关系。除《刑法》第397条外，渎职罪一章中的其他各条皆为滥用职权与玩忽职守的特别规定（故意泄露国家秘密罪是个例外，其主体为一般主体，但从国家机关工作人员故意犯本罪的情况来看，仍不

---

〔1〕 参见李永鑫、吴步钦："滥用职权罪散论"，载《人民检察》1998年第3期。

失为滥用职权的特别规定)，《刑法》第404条规定的徇私舞弊不征、少征税款罪，第416条第1款规定的不解救被拐卖、绑架妇女、儿童罪等都是不作为滥用职权犯罪，因而说滥用职权只能由作为构成是没有法律依据的。[1]

我们赞同后一种观点。我们认为，行使职权与履行职责是统一的。不履行应当履行的职责，同样属于行使职权的一种表现。如果将不作为的形式排除出滥用职权的范围以外，就会不适当地缩小本罪的成立范围。从实践来看，滥用职权大多表现为行为人利用其职权积极实施其在职务上能够实施而不应当实施的行为，或者实施超越其职权的行为。但是，不可否认的是，行为人完全可能利用其职务对其他人或单位利益的制约，故意不履行职务，从而达到与以积极的方式实施滥用职权行为时同样的效果。行为人拒不履行正当职责所要求的义务，造成严重后果，符合犯罪构成要件时，便成立以不作为形式构成的本罪。如果在理论上不承认滥用职权可以不作为的方式构成，便会导致在实践中一些国家工作人员以拒不履行法律规定的正当义务的方式胡作非为、损害国家和人民利益的行为受不到法律的制裁。而且，《刑法》分则第九章的其他条款所规定的特殊的滥用职权犯罪明显可以不作为的方式构成。如放纵走私罪既可以表现为海关工作人员对走私犯罪“以罚代刑”，也可以表现为对一般的走私违法行为不予以查缉而放任不管。这就进一步说明，作为一般犯罪的本罪当然也可以由不作为构成。另外，从1997年《刑法》增设本罪的背景来看，也应当承认故意放弃职守的不作为属于滥用职权的表现。为了使罪名和罪状更加协调一致，更加恰当、直接地反映犯罪的性质和特点，在系统修订1979年《刑法》时，一些部门和专家建议根据行为人的主观特征和行为的客观表现，将玩忽职守罪分解为玩忽职守罪、滥用职权罪和放弃职守罪。玩忽职守严格限于过失，滥用职权和放弃职守限于故意。[2] 而在修订后的1997年《刑法》中，并未增设放弃职守罪。这样，对故意放弃职守的行为便只能纳入本罪之中进行处罚，否则，就会形成无法处罚该行为的局面。

二、玩忽职守罪

（一）基本法理

1. 玩忽职守罪的概念和构成要件。玩忽职守罪，是指国家机关工作人员严重不负责任，不履行或者不认真履行职责，致使公共财产、国家和人民利益遭受重大损失的行为。

本罪的构成要件是：

(1) 本罪的主体是特殊主体，即国家机关工作人员。根据全国人大常委会1998年12月29日《关于惩治骗购外汇、逃汇和非法买卖外汇犯罪的决定》的规定，海关、外汇管理部门的工作人员严重不负责任，造成大量外汇被骗购或者逃汇，致使国家利益遭受重大损失的，以本罪论处。

(2) 本罪的主观方面是过失，即应当预见到自己玩忽职守的行为可能发生使公共财产、国家和人民利益遭受重大损失的危害结果，因为疏忽大意而没有预见，或者已经预见而轻信能够避免。这里的过失，是针对造成严重后果而言的。在司法实践中，本罪的过失大多表现为监督过失，即行为人有义务监督直接责任人却没有实施监督行为，或者应当确立安全的管理体制而没有确立，以致危害结果发生。

(3) 本罪的客观方面表现为玩忽职守，致使公共财产、国家和人民利益遭受重大损失的行为。玩忽职守，是指行为人在工作中严重不负责任，不履行或不认真履行自己的职责。严

---

[1] 参见李希慧、逄锦温：“试论滥用职权罪的客观行为”，载《湘潭工学院学报》(社会科学版) 2001年第4期。
[2] 参见敬大力主编：《刑法修订要论》，法律出版社1997年版，第214页。

重不负责任是成立玩忽职守的前提，其反映的是国家机关工作人员对其职责的一种消极态度。责任是国家机关工作人员从其职权中产生的某种法律义务，主要表现为依据其职务应为一定的行为或不为一定的行为。不履行职责，即行为人有能力且有条件履行自己应尽的职责，而违背职责，完全没有履行。其包括两种基本的类型，即擅离职守和在岗不履行职责。擅离职守，是指行为人不遵守法律、法规、规章制度对职守的要求，在执行职务过程中擅自脱离工作岗位，因而未尽职责。在岗不履行职责，是指行为人虽未脱离岗位，但未履行法律和职务所规定的职责范围内的特定义务。在岗不履行职责可表现为以下三种情况：拒绝履行职责；放弃职责；未尽职责。不认真履行职责，是指行为人虽然形式上具有履行职责的行为，但并未完全按职责要求履行。不正确履行职责在实践中表现为以下几种情况：在职务活动中出现差错；在职务活动中决策失误；在职务活动中采取措施不及时、不得力。由此可见，玩忽职守既可以表现为不作为的方式，也可以表现为作为的方式。具体说来，不履行职责的行为属于不作为，不正确履行职责的行为属于作为。在不正确履行职责的场合，就行为人没有完全履行职责而言，可以说具有不作为的因素，但是，毕竟与完全不履行职责的情形有所不同。

根据刑法的规定，玩忽职守行为，只有在致使公共财产、国家和人民利益遭受重大损失的危害结果发生时，才能成立本罪。这里的“重大损失”既包括有形的损失，也包括无形的损失。根据《渎职犯罪立案标准》，玩忽职守，涉嫌下列情形之一的，应予立案：①造成死亡1人以上，或者重伤3人以上，或者重伤2人、轻伤4人以上，或者重伤1人、轻伤7人以上，或者轻伤10人以上的；②导致20人以上严重中毒的；③造成个人财产直接经济损失15万元以上，或者直接经济损失不满15万元，但间接经济损失75万元以上的；④造成公共财产或者法人、其他组织财产直接经济损失30万元以上，或者直接经济损失不满30万元，但间接经济损失150万元以上的；⑤虽未达到③、④两项数额标准，但③、④两项合计直接经济损失30万元以上，或者合计直接经济损失不满30万元，但合计间接经济损失150万元以上的；⑥造成公司、企业等单位停业、停产1年以上，或者破产的；⑦海关、外汇管理部门的工作人员严重不负责任，造成100万美元以上外汇被骗购或者逃汇1000万美元以上的；⑧严重损害国家声誉，或者造成恶劣社会影响的；⑨其他致使公共财产、国家和人民利益遭受重大损失的情形。

（4）本罪的客体是国家机关的正常管理活动。

2. 玩忽职守罪的相关界限。

（1）本罪与非罪的界限。在把握本罪与非罪的界限时，应注意将本罪与一般的玩忽职守行为区分开来。二者的区别就在于玩忽职守行为是否给公共财产、国家和人民利益造成重大损失。对于一般玩忽职守的行为人，不能以本罪追究刑事责任，而应作违反党纪、政纪处理。在此，还应特别注意区分本罪与工作失误的界限。工作失误，是指由于行为人业务水平和工作能力不足，从而决策失当，导致公共财产、国家和人民利益受到损失。二者区分的关键在于结合职责要求判断行为人主观上有无罪过、客观上有无玩忽职守的行为。其中的关键因素是看行为人是否遵从有关法律、法规、规章制度以及国家政策的规定认真履行相应的职责。对于行为人明知有关法律、法规、规章制度以及国家政策而在工作中严重不负责任而导致公共财产、国家和人民利益遭受重大损失的，不能错误地认定为工作失误；反过来说，虽然具有不正确履行职责的行为，但这并非是由于行为人严重不负责任而是基于其认识和处理问题上出现差错，则不能错误地认定为玩忽职守。

（2）本罪与特殊的玩忽职守犯罪的界限。特殊的玩忽职守犯罪是相对于一般玩忽职守犯罪即本罪而言的。特殊的玩忽职守犯罪的特别之处主要体现在两点：①主体身份特别。相对于本罪中的一般国家机关工作人员而言，特殊的玩忽职守犯罪的主体是各个具体国家机关中的工作人员。②职权特别。特殊的玩忽职守犯罪的主体都承担具体特定的职责。从立法演进的角度来看，特殊的玩忽职守犯罪的规定都是从本罪中分离出来的。本罪与特殊的玩忽职守犯罪之间存在着普通法条与特别法条的竞合关系。按照特别法优于普通法的原则，当某一行为同时触犯规定本罪的法条和规定特殊的玩忽职守犯罪的其他法条时，应以其他法条所规定的特殊的玩忽职守犯罪论处。只有在某一行为未触犯规定特殊的玩忽职守犯罪的其他法条而只触犯规定本罪的法条时，对该行为才能以本罪论处。由此可见，本罪具有一定的"兜底"功能。

(3) 本罪与滥用职权罪的界限。二者规定在同一条文中，且主体要件、客体要件是相同的，因而容易混淆。二者的区别在于：①主观方面不同。本罪的主观方面是过失；而后者的主观方面是故意。②客观方面的行为表现不一样。本罪客观方面的行为表现是在工作中严重不负责任，不履行或不认真履行自己的职责；而后者客观方面的行为表现是超越职权，违法决定、处理其无权决定、处理的事项，或者违反规定处理公务。本罪存在过失不履行职责与过失逾越职责两种情形；而后者存在故意逾越职权与故意不履行职责两种情形。因此，二者区分的关键在于主观方面不同：故意实施的违背职责的行为，可以构成滥用职权罪；而过失实施的违背职责的行为，则可以构成玩忽职守罪。单纯以行为方式属于作为还是不作为来区分本罪与滥用职权罪，并不妥当。此外，虽然二者在客观方面均要求"致使公共财产、国家和人民利益遭受重大损失"，但根据《渎职犯罪立案标准》，二者的重大损失的具体标准并不一致，本罪中重大损失的具体标准要比后者严格。

(4) 本罪与重大责任事故罪以及国有公司、企业、事业单位人员失职罪的区别。本罪与重大责任事故罪以及国有公司、企业、事业单位人员失职罪在主观方面都是过失，在客观方面都有失职行为，且都要求造成重大损失，因而容易混淆。其区别在于：①主体不同。本罪的主体是国家机关工作人员；重大责任事故罪的主体是生产、作业人员；国有公司、企业、事业单位人员失职罪的主体是国有公司、企业、事业单位的工作人员。②行为发生的场合不同。本罪发生在国家机关工作人员管理国家事务的职务活动中；重大责任事故罪发生在生产、作业过程中；国有公司、企业、事业单位人员失职罪发生在国有公司、企业、事业单位业务管理活动过程中。后两种场合具有明显的专业性、行业性。③客体不同。本罪的客体是国家机关的正常管理活动；重大责任事故罪的客体是生产、作业的安全；国有公司、企业、事业单位人员失职罪的客体是国有公司、企业、事业单位的正常管理活动。从所归属的类罪来看，本罪属于渎职罪；国有公司、企业、事业单位人员失职罪属于破坏社会主义市场经济秩序罪；重大责任事故罪属于危害公共安全罪。

需要注意的是，在有关重大责任事故犯罪案件中，既可能存在生产、作业人员的玩忽职守行为，也可能存在国家机关工作人员的玩忽职守行为。如果根据案件情况对生产、作业人员和国家机关工作人员都需要追究刑事责任，那么，对二者就应当按照重大责任事故罪和本罪分别定罪处罚。

3. 玩忽职守罪的刑事责任。根据《刑法》第397条的规定，犯本罪的，处3年以下有期徒刑或者拘役；情节特别严重的，处3年以上7年以下有期徒刑。徇私舞弊，犯本罪的，处5年以下有期徒刑或者拘役；情节特别严重的，处5年以上10年以下有期徒刑。

（二）疑难问题

1. 如何理解本罪的罪过形式？对于本罪的罪过形式，理论上存在不同看法：第一种观点认为，本罪的罪过形式为过失。[1] 第二种观点认为，本罪既可以由过失构成，也可以由间接故意构成，但主要由过失构成。[2] 第三种观点则认为，本罪的罪过属于复合罪过。[3] 所谓复合罪过，是指既包括故意又包括过失的罪过形式。

我们赞同第一种观点。理由是：①从本罪的立法演进过程看，本罪的罪过形式只能是过失。1979 年《刑法》将本罪作为过失犯罪加以规定。对此，参加《刑法》起草全过程的高铭暄教授在其专论刑法起草过程的专著中曾经指出，本罪是一种过失犯罪。如果有意造成重大损失，那就不是本罪的问题，而是构成其他犯罪。[4] 后来随着滥用职权行为的日益严重，立法机关在一些附属刑法中对某些滥用职权行为规定比照本罪定罪处罚，以解决司法实践中惩治滥用职权行为于法无据的难题。这样就使得本罪的主观方面既包括过失，也包括故意。在《刑法》修订过程中，许多学者和司法实务部门都极力主张分解原玩忽职守罪，增设滥用职权罪，以明确本罪的过失性。从最高人民检察院关于《刑法》修改的历次建议可以看出，滥用职权罪从一开始就被有关部门定位为故意犯罪。[5] 如最高人民检察院在 1996 年 11 月 15 日的《关于对中华人民共和国刑法（修改草案）（征求意见稿）的修改意见》中指出："从近几年的司法实践情况来看，玩忽职守罪出现一种值得注意的新的动向，就是由纯粹的故意罪向过失罪发展。适应司法实践出现的新的情况，失当分解玩忽职守罪，以使罪名与罪状能够更加恰当、直接地反映犯罪的行为和特点，非常必要。" 因此，1997 年《刑法》中的本罪已不再包括由故意的罪过形式所构成的犯罪，在新刑法典中增设滥用职权罪的目的之一就在于恢复本罪过失罪的本来面目。②从合理区分本罪与滥用职权罪界限的角度来看，有必要将本罪的罪过形式限定为过失。本罪与滥用职权罪均属于违背职责的犯罪。如果认为本罪的罪过形式包括故意，则对于故意违背职责而构成犯罪的行为，则既有可能认定为构成本罪，也有可能认定为构成滥用职权罪，这不利于区分二者的界限。③认为本罪的罪过包括故意，不符合刑法基本理论。在我国刑法中，故意和过失是两种独立的罪过形式，具有互斥性。一种犯罪的罪过形式是过失，便意味着该犯罪的罪过形式不可能是故意，更不可能同时包含过失和故意。认为过失与故意可以相提并论，甚至认为过失与故意可以融为一体，是违反刑法基本原理的。

2. 玩忽职守而又徇私舞弊的，应如何认定？《刑法》第 397 条第 2 款将徇私舞弊规定为玩忽职守罪的加重事由。对此，在理论上存在不同的理解：一种意见认为，这里的"徇私舞弊"，是指为私情、私利而严重不负责任，导致危害结果的发生，即徇私舞弊犯本罪。另一种意见认为，本罪中的徇私舞弊加重情形包括两种情况：①徇私舞弊、故意不履行职责的行为；②不履行或不认真履行职责以后，已经认识到自己玩忽职守行为可能致使公共财产、国家和人民利益遭受重大损失，但由于害怕承担责任而弄虚作假，掩盖自己的玩忽职守行为。[6]

我们认为，在将本罪的罪过形式限定为过失这一前提下，徇私舞弊不可能是玩忽职守的前置性的行为：一方面，徇私属于犯罪动机，而犯罪动机显然不可能存在于基于过失而实施

---

〔1〕 参见高铭暄主编：《刑法专论》（下编），高等教育出版社 2002 年版，第 903～906 页。
〔2〕 参见高西江主编：《中华人民共和国刑法的修订与适用》，中国方正出版社 1997 年版，第 874 页。
〔3〕 参见杨书文：《复合罪过形式论纲》，中国法制出版社 2004 年版，第 123 页。
〔4〕 参见高铭暄：《中华人民共和国刑法的孕育与诞生》，法律出版社 1981 年版，第 254 页。
〔5〕 参加敬大力主编：《刑法修订要论》，法律出版社 1997 年版，第 318 页。
〔6〕 参见陈斌等：《渎职犯罪的法律适用》，法律出版社 2006 年版，第 66 页。

的玩忽职守行为之中；另一方面，舞弊明显是基于故意而实施的行为，这与因严重不负责任而懈怠职守的行为也难以共存。因此，徇私舞弊行为不可能成为玩忽职守的动因。这一点也可以从《刑法》分则第九章关于特殊渎职罪的规定中得到印证。在《刑法》分则第九章关于特殊渎职罪的规定中，没有任何一个条文将徇私舞弊作为特殊玩忽职守犯罪的前置性行为加以规定。相反，一些关于特殊滥用职权犯罪的条文则将徇私舞弊规定为特殊滥用职权行为的前置性行为。而《刑法》第412、413条则将商检徇私舞弊罪与商检失职罪、动植物检疫徇私舞弊罪与动植物检疫失职罪分别在同一个条文中分两款单列。由此说明，徇私舞弊与滥用职权具有较强的兼容性，可以共存于同一犯罪行为之中；而徇私舞弊与玩忽职守则具有明显的互斥性，起码徇私舞弊不可能成为玩忽职守的前置性行为。

基于此，我们赞同以下结论：《刑法》第397条第2款中“徇私舞弊，犯前款罪的”规定，主要是指因徇私舞弊而滥用职权构成犯罪的情形。对于本罪中是否存在徇私舞弊的情况，则应作限制性理解，即主要是指“不履行或不认真履行职责以后，已经认识到自己玩忽职守行为可能致使公共财产、国家和人民利益遭受重大损失，但由于害怕承担责任而弄虚作假，掩盖自己的玩忽职守行为”的情况。至于“徇私舞弊、故意不履行职责”的情况，也就是出于徇私的动机、故意不履行职责，本质上就是对职权的滥用，其行为特征完全符合不作为形式的滥用职权罪。如果造成重大损失的，应当以因徇私舞弊而犯滥用职权罪的情形处罚。[1]

三、故意泄露国家秘密罪

（一）基本法理

1. 故意泄露国家秘密罪的概念和构成要件。故意泄露国家秘密罪，是指国家机关工作人员或者非国家机关工作人员违反保守国家秘密法的规定，故意泄露国家秘密，情节严重的行为。

本罪的构成要件是：

（1）本罪的主体主要是国家机关工作人员，但由于非国家机关工作人员也可能由于某种原因了解和掌握国家秘密，因而也可能泄露国家秘密。因此，非国家机关工作人员泄露国家秘密，情节严重的，也要按照本罪酌情处罚。

（2）本罪的主观方面是故意，即行为人明知自己泄露国家秘密的行为会发生破坏国家保密制度的结果，并且希望或者放任这种结果发生。但行为人不得以将国家秘密提供给境外机构、组织、人员为目的。如果行为人仅仅认识到其行为的对象是国家秘密，但对自己的行为造成国家秘密被泄露的后果没有预见或者已经预见到而轻信能够避免，则可能构成过失泄露国家秘密罪。

（3）本罪的客观方面表现为违反保守国家秘密法的规定，泄露国家秘密的行为。违反保守国家秘密法的规定，是指违反我国现行的《保守国家秘密法》、《保守国家秘密法实施办法》、《国家秘密技术出口审查暂行规定》、《科学技术保密规定》等含有保守国家秘密的内容的法律、法规的规定。如果没有违反国家有关保密法规，而是让应当知道的人知悉或依法公开，自然不可能构成犯罪。泄露国家秘密，是指使国家秘密被不应该知悉的人知悉，或者使国家秘密超出了限定的接触范围，而不能证明未被不应知悉者知悉。泄露行为可以是作为，也可以是不作为。至于泄露国家秘密的具体行为方式，可以是多种多样的，如以口头或

---

〔1〕参见陈斌等：《渎职犯罪的法律适用》，法律出版社2006年版，第67页。

者书面形式向他人告知国家秘密的内容，向他人直接提供国家秘密的原件或者原件的复制品，向他人提供属于国家秘密的设备或产品，为他人提供阅览、复制、摘抄原件的机会，在报刊、书籍、音像制品等大众传媒中披露国家秘密，将国家秘密通过互联网、局域网等渠道予以发布的，等等，都属于泄露国家秘密的行为。

成立本罪，还要求泄露国家秘密的行为达到情节严重的程度。根据《渎职犯罪立案标准》，情节严重，是指下列情形之一：①泄露绝密级国家秘密1项（件）以上的；②泄露机密级国家秘密2项（件）以上的；③泄露秘密级国家秘密3项（件）以上的；④向非境外机构、组织、人员泄露国家秘密，造成或者可能造成危害社会稳定、经济发展、国防安全或者其他严重危害后果的；⑤通过口头、书面或者网络等方式向公众散布、传播国家秘密的；⑥利用职权指使或者强迫他人违反国家保守秘密法的规定泄露国家秘密的；⑦以牟取私利为目的泄露国家秘密的；⑧其他情节严重的情形。

（4）本罪的客体是国家的保密制度。这里的“保密制度”，就是我国现行的保守国家秘密法律、法规所形成的有关保守秘密、防止泄露的制度。犯罪对象是国家秘密。根据我国《保守国家秘密法》第2条和第8条的规定，国家秘密是指“关系国家的安全和利益，依照法定程序确定，在一定时间内只限一定范围的人员知悉的事项”。该法第8条将下列事项规定为国家秘密：①国家事务的重大决策中的秘密事项；②国防建设和武装力量活动中的秘密事项；③外交和外事活动中的秘密事项；④国民经济和社会发展中的秘密事项；⑤科学技术中的秘密事项；⑥维护国家安全活动和追查刑事犯罪中的秘密事项；⑦其他经国家保密工作部门确定应当保守的国家秘密事项。根据该法第9条的规定，国家秘密分为绝密、机密和秘密三个等级。绝密是最重要的国家秘密，国家的最高级机密，只允许极少数人员知悉，一旦泄露会使国家的安全和利益遭受特别严重的损害；机密是重要的国家秘密，仅次于绝密的国家重要信息，只允许特定的专门工作人员知悉，一旦泄露会使国家的安全和利益遭受严重的损害；秘密是一般的国家秘密，不宜在社会上大范围传播而限于一定范围人员知悉的重要信息，一旦泄露会使国家的安全和利益遭受损害。本罪中的“国家秘密”，包括上述三级秘密。

2．故意泄露国家秘密罪的相关界限。

（1）本罪与非罪的界限。在区分本罪与非罪的界限时，主要应把握以下几点：①所泄露事项是否属于国家秘密。②行为人是否具有泄露国家秘密的故意。如果行为人没有认识到其行为的对象是国家秘密，则谈不上行为人具有泄露国家秘密的故意。③泄露国家秘密的行为是否达到情节严重的程度。如果行为人所泄露的材料、信息并非国家保密法规规定范围内的秘密，或者行为人不具有泄露国家秘密的故意，或者虽然泄露了国家秘密，但尚未达到情节严重的程度，则不能认定构成本罪。

（2）本罪与为境外非法提供国家秘密罪的界限。二者的主要区别如下：①犯罪故意的内容不同。本罪在主观上要求行为人明知自己实施的是泄露国家秘密的行为，而后者在主观上要求行为人明知自己实施的是为境外的机构、组织、人员非法提供国家秘密的行为。②对情节的要求不同。本罪要求泄露国家秘密的行为达到情节严重的程度，而后者无情节严重的要求，原则上而言，只要故意实施为境外非法提供国家秘密的行为，即构成犯罪。③犯罪客体不同。本罪的客体是国家的保密制度；后者的客体是国家安全。

在司法实践中，对于国家机关工作人员或非国家机关工作人员将其所知悉的国家秘密泄露给境外的机构、组织、人员的情形，应予以区别对待：如果行为人明知对方为境外的机构、组织、人员而向其泄露国家秘密的，应以为境外非法提供国家秘密罪论处；如果行为人不知道对方为境外的机构、组织、人员而向其泄露国家秘密，且情节严重的，应以本罪论处。

（3）本罪与间谍罪的界限。二者的主要区别如下：①犯罪主体不同。本罪尽管在主体上也可以是非国家机关工作人员，但主要还是由国家机关工作人员构成；而后者的主体是一般主体，中国公民、外国人和无国籍人均可成为该罪的主体。②犯罪客观方面不同。本罪的客观方面表现为泄露国家秘密的行为；而后者的客观方面则表现为参加间谍组织、接受间谍组织及其代理人的任务，或者为敌人指示轰击目标的行为。③犯罪客体不同。本罪的客体是国家的保密制度；而后者的客体是国家安全。

在司法实践中，在实施间谍罪时也会涉及泄露国家秘密的行为，但行为人必须是在参加间谍组织、接受间谍组织及其代理人的任务后向间谍组织提供国家秘密。而成立本罪，则要求行为人没有参加间谍组织、接受间谍组织及其代理人的任务。也就是说，成立本罪，是以行为人不具有间谍的特定身份为前提的。当然，不知道对方是间谍组织及其代理人而非法向其提供国家秘密的，则不构成间谍罪，而可构成本罪。

（4）本罪与侵犯商业秘密罪的界限。二者的主要区别如下：①犯罪主体不同。本罪的主体不包括单位，仅限于自然人，而后者的主体则既包括自然人，也包括单位。②犯罪客观方面不同。尽管本罪的具体行为方式是多种多样的，但作为犯罪行为的表现方式却只有一种，即泄露，而后者的犯罪行为表现方式是多种多样的，既包括以盗窃、利诱、胁迫或者其他不正当手段获取权利人的商业秘密的行为，也包括披露、使用或者允许他人使用以各种非法手段获取的权利人商业秘密的行为，还包括违反约定或者违反权利人有关保守商业秘密的要求，披露、使用或者允许他人使用其所掌握的商业秘密的行为，甚至还包括明知或者应知前述所列行为而获取、使用或者披露他人商业秘密的行为。③犯罪客体不同。本罪的客体是国家的保密制度，而后者的客体是国家对商业秘密的管理制度和商业秘密权。④犯罪对象不同。本罪的犯罪对象是国家秘密，而后者的犯罪对象是商业秘密。

（5）本罪与非法获取国家秘密罪的界限。二者区分的关键在于客观方面不同：本罪的客观方面表现为泄露国家秘密的行为，而后者的客观方面表现为以窃取、刺探、收买的方法非法获取国家秘密的行为。此外，二者对情节的要求不同：本罪要求泄露国家秘密的行为达到情节严重的程度，而后者则无情节严重的要求，原则上而言，只要实施以窃取、刺探、收买的方法非法获取国家秘密的行为，就构成犯罪。

在司法实践中，单纯非法获取国家秘密的，不可能成立本罪；如果行为人受泄露国家秘密的罪过心理的支配，先非法获取国家秘密，然后又实施泄露国家秘密的行为，且情节严重的，成立牵连犯，应从一重罪处断；如果行为人以盗窃的故意窃取属于国家秘密的财物后，又随意抛弃该财物，导致国家秘密被泄露，且情节严重的，应以盗窃罪和本罪并罚。

3. 泄露国家秘密罪的刑事责任。根据《刑法》第398条的规定，国家机关工作人员犯本罪的，处3年以下有期徒刑或者拘役；情节特别严重的，处3年以上7年以下有期徒刑。非国家机关工作人员犯本罪的，依照上述法定刑酌情处罚。

（二）疑难问题

1. 对故意非法披露属于国家秘密的商业秘密的行为，应如何定性？在司法实践中，对于故意非法披露商业秘密的行为，构成犯罪的，应以侵犯商业秘密罪论处。问题是，商业秘密与国家秘密存在交叉关系。也就是说，有些商业秘密如果是关系国家安全和利益，依照法定程序确定，在一定时间内只限一定范围的人员知悉的事项，那么，这些商业秘密也应当属于国家秘密。如果行为人所披露的是同时属于国家秘密的商业秘密，则应如何处理？对此，存在不同的看法。一种观点认为，这种情形属于本罪与侵犯商业秘密罪的想象竞合犯，应从一重罪论处；[1] 另一种观点则认为，对这种情况应按照法条竞合的相关原则定罪处罚。[2]

我们认为，上述不同观点涉及想象竞合与法条竞合的区分问题。想象竞合与法条竞合的区别之一是：想象竞合是一行为同时侵犯数个犯罪的客体，而法条竞合则是一行为实质上只侵犯一个犯罪的客体。因此，可以依据行为所侵犯的客体的数量把握二者的界限。在故意非法披露属于国家秘密的商业秘密行为的场合，犯罪对象所具有的双重属性使得其能够同时体现泄露国家秘密罪和侵犯商业秘密罪这两种犯罪的客体，这样，该行为就会使这两种犯罪的客体同时遭受侵犯。因此，在该行为给国家造成重大损失时，应按照想象竞合犯的处断原则处理。而侵犯商业秘密罪的法定刑总体上重于本罪，所以，应按侵犯商业秘密罪从重处罚。

2. “酌情处罚”是否等同于从轻处罚？根据《刑法》第398条第2款的规定，非国家机关工作人员犯本罪的，依照第1款的规定酌情处罚。对此，有人认为，由于非国家机关工作人员犯本罪不具有渎职性质，第2款才规定依照第1款的规定酌情处罚。所谓酌情处罚，是指在第1款规定的量刑幅度内，根据具体情节予以适当从轻处罚。[3]

我们认为，非国家机关工作人员犯本罪的情况在司法实践中是较为复杂的：有的非国家机关工作人员与国家机关工作人员一样，具有特定的保密职责，在其实施本罪时便应同等对待；有的非国家机关工作人员虽然不具有特定的保密职责，但其故意泄露国家秘密的行为达到了情节特别严重的程度；还有的非国家机关工作人员与国家机关工作人员形成共犯关系，并在共同犯罪中起主要作用，其行为的危害性并不亚于国家机关工作人员。因此，将《刑法》第398条第2款中的“酌情处罚”等同于从轻处罚，是不妥的，不利于罪责刑相适应原则的实现。这里的“酌情处罚”实际上是指根据犯罪情节和危害后果的情况进行处罚。

四、徇私枉法罪

（一）基本法理

1. 徇私枉法罪的概念和构成要件。徇私枉法罪，是指司法工作人员徇私枉法、徇情枉法，对明知是无罪的人而使他受追诉、对明知是有罪的人而故意包庇不使他受追诉，或者在刑事审判活动中故意违背事实和法律作枉法裁判的行为。

本罪的构成要件是：

（1）本罪的主体是特殊主体，即司法工作人员。司法工作人员，是指负有侦查、检察、审判、监管职责的工作人员。就本罪而言，本罪的主体只能是负有侦查、检察、审判职责的司法人员。监管人员以及其他参与司法活动的在司法机关工作的人员不能成为本罪的主体。监管活动中的枉法行为一般构成徇私舞弊减刑、假释、暂予监外执行罪或者虐待被监管人罪以及滥用职权罪等。不过，对于发生在监狱内的犯罪案件，负有侦查职责的监狱管理人员可能构成本罪。司法机关的书记员、内勤人员虽然在司法机关工作，但其不负有侦查、检察、审判、监管职责，不属于司法工作人员的范围。如果他们在参与刑事诉讼活动时有枉法行为，比如故意毁灭、伪造证据或者篡改证据等，应以帮助毁灭、伪造证据罪等其他犯罪定罪处罚。根据司法实践，司法机关专业技术人员也可以成为本罪的主体。[4] 人民陪审员虽然不是司法机关内部的人员，但其依法享有审判职责，可以成为本罪的主体。非司法工作人员与司法工作人员勾结，共同实施徇私枉法行为，构成犯罪的，应当以徇私枉法罪的共犯追究

---

〔1〕 参见张明楷：《刑法学》（第3版），法律出版社2007年版，第902页。

〔2〕 参见陈斌等：《渎职犯罪的法律适用》，法律出版社2006年版，第67页。

〔3〕 参见高铭暄、马克昌主编：《中国刑法解释》（下卷），中国社会科学出版社2006年版，第2795页。

〔4〕 参见1996年6月16日最高人民检察院《关于办理徇私舞弊犯罪案件适用法律若干问题的解释》。

刑事责任。[1]

（2）本罪的主观方面是直接故意，即明知他人无罪而故意使其受追诉，明知他人有罪而故意包庇使其不受追诉，或者明知裁判违背事实和法律而故意为之。犯罪动机是徇私或徇情。

（3）本罪的客观方面表现为使无罪的人受追诉、对有罪的人而加以包庇不使其受追诉或者在刑事审判活动中违背事实和法律作枉法裁判。枉法行为具体表现为：①使无罪的人受追诉。无罪的人，是指没有实施危害社会行为的人，或者根据《刑法》第13条的规定，其行为的情节显著轻微，危害不大，不认为是犯罪的人以及其他依照刑法规定不负刑事责任的人。受追诉，是指采取伪造、隐匿、毁灭证据或者其他隐瞒事实、违背法律的手段，以追究刑事责任为目的对无罪的人进行立案、侦查（含采取强制措施）、起诉、审判等追诉活动。进入上述任何一个环节，均可认定为受到了追诉。明知他人无罪而将其作为“逃犯”在网上通缉的，成立本罪。②对有罪的人而加以包庇不使其受追诉。有罪的人，是指有确凿证据证明有犯罪事实需要追究刑事责任的人。不受追诉，是指采取伪造、隐匿、毁灭证据或者其他隐瞒事实、违背法律的手段，使有罪的人不受立案、侦查（采取强制措施）、起诉或者审判。在立案后，故意违背事实和法律，应该采取强制措施而不采取强制措施，或者虽然采取强制措施，但无正当理由中断侦查或者超过法定期限不采取任何措施，实际放任不管，以及违法撤销、变更强制措施，致使犯罪嫌疑人、被告人实际脱离司法机关侦控的，也属于对明知是有罪的人而予以包庇不使其受追诉。行为人只要实施了上述行为之一的，就认为其实施了使有罪的人不受追诉的行为。③在刑事审判活动中违背事实和法律作枉法裁判。这种行为只能发生在人民法院的刑事审判过程中。枉法裁判表现为公开地不依据已经查清的案件事实、不按照法律的明文规定进行判决或裁定，或者歪曲客观事实和法律进行判决或裁定。枉法裁判的结果包括将有罪者判为无罪，将无罪者判为有罪，轻罪重判或者重罪轻判。

成立本罪，要求枉法行为的实施必须与行为人的职务有关。司法工作人员没有利用职务上的便利，诬陷、窝藏或者包庇他人的，可能构成诬告陷害罪、窝藏罪、包庇罪或者伪证罪，而不成立本罪。

根据《渎职犯罪立案标准》，徇私枉法、徇情枉法，涉嫌下列情形之一的，应予立案：①对明知是没有犯罪事实或者其他依法不应当追究刑事责任的人，采取伪造、隐匿、毁灭证据或者其他隐瞒事实、违反法律的手段，以追究刑事责任为目的立案、侦查、起诉、审判的；②对明知是有犯罪事实需要追究刑事责任的人，采取伪造、隐匿、毁灭证据或者其他隐瞒事实、违反法律的手段，故意包庇使其不受立案、侦查、起诉、审判的；③采取伪造、隐匿、毁灭证据或者其他隐瞒事实、违反法律的手段，故意使罪重的人受较轻的追诉，或者使罪轻的人受较重的追诉的；④在立案后，采取伪造、隐匿、毁灭证据或者其他隐瞒事实、违反法律的手段，应当采取强制措施而不采取强制措施，或者虽然采取强制措施，但中断侦查或者超过法定期限不采取任何措施，实际放任不管，以及违法撤销、变更强制措施，致使犯罪嫌疑人、被告人实际脱离司法机关侦控的；⑤在刑事审判活动中故意违背事实和法律，作出枉法判决、裁定，即有罪判无罪、无罪判有罪，或者重罪轻判、轻罪重判的；⑥其他徇私枉法应予追究刑事责任的情形。

（4）本罪的客体是司法机关刑事诉讼的正常活动和司法威信。

---

〔1〕 参见2003年4月16日最高人民检察院《关于非司法工作人员是否可以构成徇私枉法罪共犯问题的批复》。

2．徇私枉法罪的相关界限。

（1）本罪与非罪的界限。在把握本罪与非罪的界限时，应注意两点：①看行为人主观上是否具有徇私枉法的故意。如果行为人具有枉法的故意，但并非出于徇私的动机，则不构成本罪，不过不排除构成滥用职权罪的可能性。如果行为人不具有犯罪故意，而是因玩忽职守造成错捕、错判，同样不构成本罪，但不排除构成玩忽职守罪的可能性。②看行为人徇私枉法的情节。如果虽有徇私枉法行为，但情节显著轻微，危害不大的，不应认为构成犯罪。

（2）本罪与民事、行政枉法裁判罪的界限。二者都有故意违背事实和法律作枉法裁判的行为。二者的主要区别在于：①犯罪主体的范围不一致。本罪的主体除刑事审判人员外，还包括具有侦查、检察职责的人员，而后者的主体仅限于民事、行政审判人员。②犯罪动机对犯罪成立的意义不同。是否出于徇私、徇情的犯罪动机，影响本罪的成立，而犯罪动机对后者的成立则没有影响。③犯罪发生的场合不同。本罪发生在刑事诉讼的追诉、审判活动中，而后者发生在民事案件、行政案件的审判活动中。④行为方式不同。本罪的行为方式包括枉法追诉、枉法不追诉和枉法裁判，而后者的行为方式仅限于枉法裁判。⑤情节要求不同。情节严重是构成后罪的法定条件，而本罪不要求把情节严重作为犯罪构成的必备内容。

（3）本罪与徇私舞弊不移交刑事案件罪的界限。二者都属于徇私舞弊型的渎职犯罪，都包含利用职权对涉嫌犯罪的人故意予以包庇的行为，因而容易混淆。二者区别的关键在于行为人的身份属于行政执法人员还是刑事司法人员，以及行为是发生在行政管理活动中还是在刑事司法活动中。

（4）本罪与报复陷害罪的界限。二者的主要区别在于：①犯罪主体不同。本罪的主体是司法工作人员，而后者的主体是国家机关工作人员。②犯罪目的不尽相同。本罪的目的既可以是陷害他人，也可以是包庇他人，陷害的内容是使无罪的人受到刑事追究或使罪轻者受到重判；而后者的目的是报复，报复的内容不限于使被害人受到刑事追究，也包括使被害人在政治上、经济上、精神上、名誉上遭受损害。③犯罪动机对犯罪成立的意义不同。本罪的成立要求行为人主观上必须具备徇私的动机，而后者的犯罪动机则不影响犯罪的成立。④犯罪的客观方面不同。本罪的客观方面表现为在刑事案件的追诉、审判过程中实施枉法行为，其中有陷害、报复，也有包庇、偏袒，而后者的客观方面则表现为采用各种打击报复手段进行陷害。本罪发生在刑事案件的侦查、起诉、审判等刑事诉讼活动中，与行为人自己承办或主管案件的职务上的便利有关，而后者无上述时间上的限制，且行为的实施虽以利用职权为前提条件，但并不要求利用承办或主管案件的职务上的便利。⑤犯罪客体不同。本罪的客体是司法机关刑事诉讼的正常活动和司法威信，而后者的客体则是公民的控告权、申诉权、批评权、举报权等民主权利和国家机关的正常活动。⑥所针对的对象不同。本罪所针对的对象可以是无罪的人，也可以是有罪的人，比较宽泛，而后者所针对的对象则是特定的人，即控告人、申诉人、批评人、举报人。

在司法实践中，对于司法工作人员滥用职权、假公济私，对控告人、申诉人、批评人、举报人报复陷害的行为，应予以具体分析：如果这种报复陷害行为系行为人利用隶属关系所实施的有关政治、经济、肉体、精神上的迫害，则构成报复陷害罪；如果行为人为泄私愤，利用自己行使的司法职权对控告人、申诉人、批评人、举报人进行枉法追诉或裁判，则应以本罪论处。

（5）本罪与伪证罪的界限。二者的主要区别在于：①犯罪主体不同。本罪的主体是司法工作人员，而后者的主体是刑事诉讼中的证人、鉴定人、记录人和翻译人。②犯罪动机对犯罪成立的意义不同。本罪的成立要求行为人主观上必须具备徇私的动机，而后者的犯罪动机则不影响犯罪的成立。③犯罪客观方面不同。本罪的客观方面表现为使无罪的人受追诉，对有罪的人加以包庇而不使其受追诉，或者在刑事审判活动中违背事实和法律作枉法裁判，而后者的客观方面则表现为作虚假证明、鉴定、记录、翻译的行为。本罪与行为人的侦查、检控或者审判职责有关，而后者则与此无关。④犯罪客体不同。本罪的犯罪客体是司法机关刑事诉讼的正常活动和司法威信，而后者的犯罪客体仅仅是司法机关刑事诉讼的正常活动。

（6）本罪与包庇罪的界限。本罪和包庇罪均包含包庇有罪的人使其不受追诉的行为。二者的主要区别是：①犯罪主体不同。本罪的主体是特殊主体，即司法工作人员，而后者的主体是一般主体。②犯罪目的不同。本罪的目的是出入人罪，既可以是为了使他人受到不应有的刑事追诉或者受到冤判、错判，也可以是为了放纵犯罪分子，而后者的目的仅限于放纵犯罪分子。③犯罪动机对犯罪成立的意义不同。本罪的成立要求行为人主观上必须具备徇私的动机，而后者的犯罪动机则不影响犯罪的成立。④犯罪客观方面不同。本罪的客观方面表现为使无罪的人受追诉，对有罪的人加以包庇而不使其受追诉，或者在刑事审判活动中违背事实和法律作枉法裁判，而后者的客观方面则表现为作虚假证明，帮助犯罪的人逃避法律制裁。因此，本罪发生在刑事案件的追诉、审判等刑事诉讼活动中，系利用自己承办或主管案件的职务上的便利条件实施的，而后者无上述时间上的限制，且并非利用职务上的便利实施的。⑤犯罪客体不同。本罪的犯罪客体是司法机关刑事诉讼的正常活动和司法威信，而后者的犯罪客体仅仅是司法机关刑事诉讼的正常活动。⑥所针对的对象不同。本罪所针对的对象可以是无罪的人，也可以是有罪的人，在包庇有罪的人使其不受追诉时，被包庇的应是未决犯，而后者所针对的对象只能是犯罪的人，既可以是未决犯，也可以是已决犯。

3. 徇私枉法罪的刑事责任。根据《刑法》第399条第1款的规定，犯本罪的，处5年以下有期徒刑或者拘役；情节严重的，处5年以上10年以下有期徒刑；情节特别严重的，处10年以上有期徒刑。根据该条第4款的规定，司法工作人员犯本罪而又收受贿赂因而构成受贿罪的，依照处罚较重的规定定罪处罚。在此，对在本罪与受贿罪之间成立的牵连犯采取了从一重罪处断的原则。在实践中，不能简单地因受贿罪的最高刑高于本罪，就一律以受贿罪定罪处罚，而应根据徇私枉法的情节和受贿的数额、情节，在两罪的多个不同法定刑档次之间进行比较，从而根据具体案情确定在可能适用的法定刑档次和幅度中最高法定刑较重的罪。

（二）疑难问题

1. 如何理解和认定徇私枉法罪中的徇私、徇情？《刑法》第399条第1款将徇私枉法、徇情枉法并列地加以规定。徇私，是指徇私利，包括金钱、财物或其他物质性或非物质性利益。徇情，是指徇私情，包括亲情、友情、色情等。从广义而言，情从属于私；无论是徇私情还是徇私利，都属于徇私。而且，从司法实践来看，私情和私利也很难截然区分。[1]《刑法》第399条第1款之所以将徇情独立地加以规定，无非是为了强调徇情属于徇私的特殊表现形式。[2] 从性质上来看，徇私、徇情都属于犯罪动机，也即刺激行为人实施枉法行为的

---

〔1〕 基于此，在除徇私枉法罪以外的其他徇私舞弊型渎职犯罪的条文中，均没有出现"徇情"这一表述。但绝不能由此认为，其他徇私舞弊型渎职犯罪的条文中的"徇私"就不包括徇情，而应当认为，除徇私枉法罪以外的其他徇私舞弊型渎职罪中的"徇私"应包括徇情在内，而徇私枉法罪中的"徇私"则不包括"徇情"。这虽然有悖于刑法用语的同一性，但却使得相同的行为得到同样的处理，因而是妥当的。

〔2〕 在旧刑法时代的司法实践中，很多司法人员往往不自觉地在"徇私"与贪图钱财之间划上等号，从而将徇情枉法的行为排除在旧刑法中的"徇私舞弊"之外。

内心起因就是出于“徇私、徇情”。有人指出，徇私、徇情不宜规定为犯罪构成要件。[1] 如果仅从社会危害性的角度而言，任何颠倒黑白、枉法裁判的行为，都是影响司法机关的正常活动和人们对司法的信赖的危害行为，而不应当考虑行为人的主观动机如何。因此，就成立而言，“徇私、徇情”的规定纯属多余，也是不应该的。但是，在实践中，也不能将所有的错抓、错放或错判的行为都作为本罪处理。有些错案的发生，是由于司法工作人员业务水平不高或者对事实掌握不全造成的。现行立法考虑到这一点，一方面规定所有使无罪的人受到追诉、对有罪的人故意包庇而不使他受追诉，或者在刑事审判活动中故意违背事实和法律作枉法裁判的，原则上都要受到处罚；另一方面，又从主观动机的角度，考虑到有些错案的发生，确实是由承办人员的业务水平不高和对事实掌握不够导致的，因此不宜将其作为犯罪处理。因此，仅将本罪的处罚范围限定在“徇私、徇情”而故意枉法裁判的范围之内。这是有其道理的。[2] 另外，即使行为人并非出于“徇私、徇情”而在刑事追诉、审判活动中实施枉法行为，也不是都要作无罪处理，而是有可能以滥用职权罪论处。

关于本罪中“徇私”的认定，需要关注的问题是徇单位之私能否认定为“徇私”。对此，在理论和实践中都存在不同的看法。在理论上，一种观点认为，“徇私”应是指徇个人私情私利，而不应包括“徇单位之私”。司法工作人员为了本单位利益，实施了对明知是无罪的人而使他受追诉、对明知是有罪的人而故意包庇不使他受追诉，或者在刑事审判活动中故意违背事实和法律作枉法裁判的行为，构成犯罪的，应依照《刑法》第397条第1款的规定定罪处罚。理由在于：首先，从文义解释的角度界定，“徇私”应是指徇个人私情、私利。将“私”与单位相关联称为“单位之私”，应该说不符合刑法用语的逻辑性，而将“徇私”中的所谓“私情、私利”与“单位利益”相对应，正是把握“徇私”内涵的正确界限。其次，从体系解释的角度出发，“徇私”不应包括“徇单位之私”。如果可以将“徇私”理解为“徇单位之私”，那么《刑法》第169条规定的徇私舞弊低价折股、出售国有资产罪，逻辑上将无法说通（为国有公司、企业谋取单位利益与将国有资产低价折股和出售是矛盾的）。最后，为了本单位利益实施的枉法追诉、裁判行为，有相应的刑法罪名予以规制。对于司法工作人员无“徇私”情节的枉法追诉、裁判犯罪行为，可以滥用职权罪追究刑事责任。[3] 另一种观点则认为，徇私不仅包括徇个人之私，而且包括徇单位、集体之私。理由是：①从渎职罪的法益考虑，国家机关工作人员无论是徇个人之私实施渎职行为，还是徇单位、集体之私实施渎职行为，都侵害了国家机关公务的合法、公正、有效执行以及国民对此的信赖。不仅如此，徇单位、集体之私所造成的法益侵害，往往更为严重。②徇单位、集体之私同样可以成为推动行为人实施渎职行为的内心起因。③公与私总是相对的。在以徇私为要件的犯罪中，国家机关工作人员正常履行职责所实现的利益、刑法所要保护的法益就是“公”；非出于实现公的利益与保护公的法益的意图，便应评价为“私”。况且，“徇单位之私”的表述已为国民接受。[4]

在实践中，关于“徇单位之私”是否属于“徇私”的问题，最高人民检察院和最高人民法院的态度也截然相反。根据1996年6月4日最高人民检察院《关于办理徇私舞弊犯罪案

---

〔1〕 参见左国新：“徇私、徇情不宜作为犯罪构成要件”，载《检察日报》2004年2月8日。

〔2〕 参见黎宏：“论徇私枉法罪的若干问题”，载李希慧、刘宪权主编：《中国刑法学年会文集（2005年度）第2卷：实务问题研究（上册）》，中国人民公安大学出版社2005年版，第241～242页。

〔3〕 参见牛克乾、阎芳：“试论徇私枉法罪中‘徇私’的理解与认定”，载《政治与法律》2003年第3期。

〔4〕 参见张明楷：《刑法学》（第3版），法律出版社2007年版，第895页。

件适用法律若干问题的解释》第3条的规定，徇私舞弊中的“私”包括为牟取单位或小集体不正当利益。1999年8月6日最高人民检察院《关于人民检察院直接受理立案侦查案件立案标准的规定（试行）》第2条第10项在关于徇私舞弊不移交刑事案件罪的立案标准中规定：直接负责的主管人员和其他直接责任人员为牟取本单位私利而不移交刑事案件，情节严重的，应予立案侦查。这一规定在2006年7月26日最高人民检察院《渎职犯罪立案标准》中得到重申。而2003年11月13日最高人民法院《全国法院审理经济犯罪案件工作座谈会纪要》在关于“徇私”的理解问题上则规定：“徇私舞弊型渎职犯罪的‘徇私’应理解为徇个人私情、私利。国家机关工作人员为了本单位的利益，实施滥用职权、玩忽职守行为，构成犯罪的，依照刑法第397条第1款的规定定罪处罚。”

我们认为，从社会危害性的角度来看，徇单位之私而枉法比徇个人之私而枉法的危害有过之而无不及。为了单位的情与利而实施枉法行为，会对司法机关刑事诉讼的正常活动和司法威信造成更大的破坏。而且，“单位之私”相对于国家对刑事犯罪的追诉和审判活动而言，仍然属于私情、私利，而绝非“公情”、“公利”，只不过此时的“私”已不是某一个人的私情、私利，而是某些人的私情、私利。如果对徇单位之私而枉法的行为以非徇私型滥用职权罪论处，则能够判处的最高刑为7年有期徒刑。而如果对这种行为以本罪论处，则能够判处的最高刑为15年有期徒刑。显然，对这种行为以滥用职权罪论处，是背离罪责刑相适应原则的要求的。但以本罪论处，在理论上也并非不存在任何障碍。因为基于徇单位之私而枉法的行为在实践中一般都是经过集体研究、以单位名义实施的，这与那种司法工作人员为了个人私情、私利而故意枉法的行为相比毕竟还是有所区别的。这里的焦点是能否将单位行为与个人行为等而视之。如果忽略二者的差别，则当然可以追究直接负责的主管人员和其他直接责任人员的刑事责任。问题在于，单位犯罪是由单位作为犯罪主体所实施的《刑法》分则有明文规定的危害社会的行为，对单位中的直接负责的主管人员和其他直接责任人员判处刑罚体现的是对单位整体所应负的刑事责任的一种分担，而不是意味着该类人员也是单位犯罪的主体。这说明在单位实施某一行为的场合，要追究有关直接责任人员的刑事责任，须以单位所实施的行为已构成犯罪为前提。由此，在单位的行为不构成犯罪的情况下，对直接责任人员追究刑事责任，便会导致犯罪与刑事责任的必然联系出现割裂，造成在没有犯罪的情况下却存在刑事责任的不合理现象。而且，对于刑法没有明确规定单位能够实施某种犯罪行为而单位实施了该种行为的案件，以刑法针对自然人犯罪的法条来追究有关责任人员的刑事责任，其法律依据何在？应当看到，刑法中之所以规定单位犯罪，无非是体现对单位犯罪与自然人犯罪的区别对待，为追究单位及有关直接责任人员的刑事责任（双罚制的情况下）或为追究直接责任人员的刑事责任提供法律依据（单罚制的情况下）。这说明，要追究单位实施的危害行为的案件中直接责任人员的刑事责任，无论在任何情况下都要以刑法对该种行为有明文规定为前提；在刑法没有规定单位可以实施某种危害行为的情况下，对于单位实施的该种危害行为的案件中的直接责任人员以刑法中针对自然人犯罪规定的法条来追究刑事责任，确有违背罪刑法定原则之嫌。

由此看来，对于徇单位之私而枉法的行为应如何处理，尚有进一步讨论的余地。

2. 如何理解“明知是有罪的人”？《刑法》第399条第1款对本罪主观方面明知的内容作了具体规定，即“明知是无罪的人”和“明知是有罪的人”。对“明知是有罪的人”，分歧的焦点在于，这里的“有罪”是指法院宣判的有罪（以下简称“宣判有罪说”）还是仅要求具有客观的犯罪事实即可（以下简称“客观有罪说”）。持宣判有罪说的人认为，徇私枉法案件发生时，前案行为人是已经法院判决为有罪的人，否则就违反罪刑法定原则。持客观有罪说的人则认为，徇私枉法涉及的前案行为人的行为只要当时有证据能够证实其达到了法律规定的刑事案件的查处标准，即有证据证明犯罪事实客观地存在，就可以认定前案行为人属于“有罪的人”。[1]

我们认为，尽管根据《刑事诉讼法》第12条的规定，未经人民法院判决，对任何人都不得确定为有罪，但这仅仅是就刑事诉讼法意义上的有罪而言的，不应当与刑事实体法意义上的有罪同等对待。刑法并未将本罪中“有罪的人”限定为“经法院判决有罪的人”。上述“宣判有罪说”也不符合实际。在司法实践中，司法工作人员的徇私枉法行为都发生在（生效）裁判作出以前，所针对的对象都是尚未经司法机关（生效）裁判确定有罪的人。如果将“有罪的人”理解为已被法院裁判确定有罪的人，那么，实施徇私枉法行为的人还能够“故意包庇不使他受追诉”吗？而且，一旦由于某种特定事由（如犯罪嫌疑人潜逃或下落不明）使得法院迟迟无法判决，或者由于犯罪已过追诉时效而不可能出现法院判决，按照“宣判有罪说”，徇私枉法者就可以逍遥法外。因此，最高人民检察院在2006年《渎职犯罪立案标准》中将“明知是有罪的人”解释为“明知是有犯罪事实需要追究刑事责任的人”。所以，本罪中“有罪的人”只能是指有证据证明有犯罪事实，需要追究刑事责任的人。

五、其他犯罪

（一）过失泄露国家秘密罪

过失泄露国家秘密罪，是指国家机关工作人员或者非国家机关工作人员违反保守国家秘密法的规定，过失泄露国家秘密，情节严重的行为。

根据《刑法》第398条的规定，国家机关工作人员犯本罪的，处3年以下有期徒刑或者拘役；情节特别严重的，处3年以上7年以下有期徒刑。非国家机关工作人员犯本罪的，依照上述法定刑酌情处罚。

（二）民事、行政枉法裁判罪

民事、行政枉法裁判罪，是指在民事、行政审判活动中，故意违背事实和法律作枉法裁判，情节严重的行为。

根据《刑法》第399条第2款的规定，犯本罪的，处5年以下有期徒刑或者拘役；情节特别严重的，处5年以上10年以下有期徒刑。根据《刑法》第399条第4款的规定，司法工作人员犯本罪而又收受贿赂因而构成受贿罪的，依照处罚较重的规定定罪处罚。

（三）执行判决、裁定失职罪

执行判决、裁定失职罪，是指司法工作人员在执行判决、裁定活动中，严重不负责任，不依法采取诉讼保全措施、不履行法定执行职责，致使当事人或者其他人的利益遭受重大损失的行为。

根据《刑法》第399条第3款的规定，犯本罪的，处5年以下有期徒刑或者拘役；致使当事人或者其他人的利益遭受特别重大损失的，处5年以上10年以下有期徒刑。根据《刑法》第399条第4款的规定，司法工作人员犯本罪而又收受贿赂因而构成受贿罪的，依照处罚较重的规定定罪处罚。

（四）执行判决、裁定滥用职权罪

执行判决、裁定滥用职权罪，是指司法工作人员在执行判决、裁定活动中，滥用职权，违法采取诉讼保全措施、强制执行措施，致使当事人或者其他人的利益遭受重大损失的

[1] 参见吴学斌、俞娟：“徇私枉法罪的基本问题研究”，载《政治与法律》2005年第2期。

行为。

根据《刑法》第399条第3款的规定，犯本罪的，处5年以下有期徒刑或者拘役；致使当事人或者其他人的利益遭受特别重大损失的，处5年以上10年以下有期徒刑。根据《刑法》第399条第4款的规定，司法工作人员犯本罪而又收受贿赂因而构成受贿罪的，依照处罚较重的规定定罪处罚。

(五）枉法仲裁罪

枉法仲裁罪，是指依法承担仲裁职责的人员，在仲裁活动中故意违背事实和法律作枉法裁决，情节严重的行为。

根据《刑法》第399条之一的规定，犯本罪的，处3年以下有期徒刑或者拘役；情节特别严重的，处3年以上7年以下有期徒刑。

(六）私放在押人员罪

私放在押人员罪，是指司法工作人员私放在押的犯罪嫌疑人、被告人或者罪犯的行为。

根据《刑法》第400条第1款的规定，犯本罪的，处5年以下有期徒刑或者拘役；情节严重的，处5年以上10年以下有期徒刑；情节特别严重的，处10年以上有期徒刑。

(七）失职致使在押人员脱逃罪

失职致使在押人员脱逃罪，是指司法工作人员由于严重不负责任，致使在押的犯罪嫌疑人、被告人或者罪犯脱逃，造成严重后果的行为。

根据《刑法》第400条第2款的规定，犯本罪的，处3年以下有期徒刑或者拘役；造成特别严重后果的，处3年以上10年以下有期徒刑。

(八）徇私舞弊减刑、假释、暂予监外执行罪

徇私舞弊减刑、假释、暂予监外执行罪，是指司法工作人员徇私舞弊，对不符合减刑、假释、暂予监外执行条件的罪犯，予以减刑、假释、暂予监外执行的行为。

根据《刑法》第401条的规定，犯本罪的，处3年以下有期徒刑或者拘役；情节严重的，处3年以上7年以下有期徒刑。

(九）徇私舞弊不移交刑事案件罪

徇私舞弊不移交刑事案件罪，是指行政执法人员徇私舞弊，对依法应当移交司法机关追究刑事责任的案件故意不予移交，情节严重的行为。

根据《刑法》第402条的规定，犯本罪的，处3年以下有期徒刑或者拘役；造成严重后果的，处3年以上7年以下有期徒刑。

(十）滥用管理公司、证券职权罪

滥用管理公司、证券职权罪，是指国家有关主管部门的国家机关工作人员，徇私舞弊，滥用职权，对不符合法律规定条件的公司设立、登记申请或者股票、债券发行、上市申请，予以批准或者登记，致使公共财产、国家和人民利益遭受重大损失的行为。

根据《刑法》第403条第1款的规定，犯本罪的，处5年以下有期徒刑或者拘役。上级部门强令登记机关及其工作人员实施本罪的，对其直接负责的主管人员依照上述规定处罚。

(十一）徇私舞弊不征、少征税款罪

徇私舞弊不征、少征税款罪，是指税务机关的工作人员徇私舞弊，不征或者少征应征税款，致使国家税收遭受重大损失的行为。

根据《刑法》第404条的规定，犯本罪的，处5年以下有期徒刑或者拘役；造成特别重大损失的，处5年以上有期徒刑。

(十二) 徇私舞弊发售发票、抵扣税款、出口退税罪

徇私舞弊发售发票、抵扣税款、出口退税罪，是指税务机关的工作人员违反法律、行政法规的规定，在办理发售发票、抵扣税款、出口退税的工作中，徇私舞弊，致使国家利益遭受重大损失的行为。

根据《刑法》第405条第1款的规定，犯本罪的，处5年以下有期徒刑或者拘役；致使国家利益遭受特别重大损失的，处5年以上有期徒刑。

(十三) 违法提供出口退税凭证罪

违法提供出口退税凭证罪，是指税务机关工作人员以外的其他国家机关工作人员违反国家规定，在提供出口货物报关单、出口收汇核销单等出口退税凭证的工作中，徇私舞弊，致使国家利益遭受重大损失的行为。

根据《刑法》第405条第2款的规定，犯本罪的，处5年以下有期徒刑或者拘役；致使国家利益遭受特别重大损失的，处5年以上有期徒刑。

(十四) 国家机关工作人员签订、履行合同失职被骗罪

国家机关工作人员签订、履行合同失职被骗罪，是指国家机关工作人员在签订、履行合同的过程中，因严重不负责任而被诈骗，致使国家利益遭受重大损失的行为。

根据《刑法》第406条的规定，犯本罪的，处3年以下有期徒刑或者拘役；致使国家利益遭受特别重大损失的，处3年以上7年以下有期徒刑。

(十五) 违法发放林木采伐许可证罪

违法发放林木采伐许可证罪，是指林业主管部门的工作人员违反森林法的规定，超过批准的年采伐限额发放林木采伐许可证或者违反规定滥发林木采伐许可证，情节严重，致使森林遭受严重破坏的行为。

根据《刑法》第407条的规定，犯本罪的，处3年以下有期徒刑或者拘役。

(十六) 环境监管失职罪

环境监管失职罪，是指负有环境保护监督管理职责的国家机关工作人员严重不负责任，导致发生重大环境污染事故，致使公私财产遭受重大损失或者造成人身伤亡的严重后果的行为。

根据《刑法》第408条的规定，犯本罪的，处3年以下有期徒刑或者拘役。

(十七) 传染病防治失职罪

传染病防治失职罪，是指从事传染病防治的政府卫生行政部门的工作人员严重不负责任，导致传染病传播或者流行，情节严重的行为。

根据《刑法》第409条的规定，犯本罪的，处3年以下有期徒刑或者拘役。

(十八) 非法批准征用、占用土地罪

非法批准征用、占用土地罪，是指国家机关工作人员徇私舞弊，违反土地管理法规，滥用职权，非法批准征用、占用土地，情节严重的行为。

根据《刑法》第410条的规定，犯本罪的，处3年以下有期徒刑或者拘役；致使国家或者集体利益遭受特别重大损失的，处3年以上7年以下有期徒刑。

(十九) 非法低价出让国有土地使用权罪

非法低价出让国有土地使用权罪，是指国家机关工作人员徇私舞弊，违反土地管理法规，滥用职权，非法低价出让国有土地使用权，情节严重的行为。

根据《刑法》第410条的规定，犯本罪的，处3年以下有期徒刑或者拘役；致使国家或者集体利益遭受特别重大损失的，处3年以上7年以下有期徒刑。

（二十）放纵走私罪

放纵走私罪，是指海关工作人员徇私舞弊，放纵走私，情节严重的行为。负有特定监管义务的海关工作人员徇私舞弊，利用职权，放任、纵容走私犯罪行为，情节严重的，构成本罪。放纵走私行为，一般是不作为。海关工作人员与走私分子通谋，在放纵走私过程中以积极的行为配合走私分子逃避海关监管或者在放纵走私之后分得赃款的，应以本罪追究其刑事责任。海关工作人员收受贿赂又放纵走私的，应以受贿罪和本罪数罪并罚。[1]

根据《刑法》第411条的规定，犯本罪的，处5年以下有期徒刑或者拘役；情节特别严重的，处5年以上有期徒刑。

（二十一）商检徇私舞弊罪

商检徇私舞弊罪，是指国家商检部门、商检机构的工作人员徇私舞弊，伪造检验结果的行为。

根据《刑法》第412条第1款的规定，犯本罪的，处5年以下有期徒刑或者拘役；造成严重后果的，处5年以上10年以下有期徒刑。

（二十二）商检失职罪

商检失职罪，是指国家商检部门、商检机构的工作人员严重不负责任，对应当检验的物品不检验，或者延误检验出证、错误出证，致使国家利益遭受重大损失的行为。

根据《刑法》第412条第2款的规定，犯本罪的，处3年以下有期徒刑或者拘役。

（二十三）动植物检疫徇私舞弊罪

动植物检疫徇私舞弊罪，是指动植物检疫机关的检疫人员徇私舞弊，伪造检疫结果的行为。

根据《刑法》第413条第1款的规定，犯本罪的，处5年以下有期徒刑或者拘役；造成严重后果的，处5年以上10年以下有期徒刑。

（二十四）动植物检疫失职罪

动植物检疫失职罪，是指动植物检疫机关的检疫人员严重不负责任，对应当检疫的检疫物不检疫，或者延误检疫出证、错误出证，致使国家利益遭受重大损失的行为。

根据《刑法》第413条第2款的规定，犯本罪的，处3年以下有期徒刑或者拘役。

（二十五）放纵制售伪劣商品犯罪行为罪

放纵制售伪劣商品犯罪行为罪，是指对生产、销售伪劣商品犯罪行为负有追究责任的国家机关工作人员，徇私舞弊，不履行法律规定的追究职责，情节严重的行为。

根据《刑法》第414条的规定，犯本罪的，处5年以下有期徒刑或者拘役。

（二十六）办理偷越国（边）境人员出入境证件罪

办理偷越国（边）境人员出入境证件罪，是指负责办理护照、签证以及其他出入境证件的国家机关工作人员对明知是企图偷越国（边）境的人员，予以办理出入境证件的行为。

根据《刑法》第415条的规定，犯本罪的，处3年以下有期徒刑或者拘役；情节严重的，处3年以上7年以下有期徒刑。

（二十七）放行偷越国（边）境人员罪

放行偷越国（边）境人员罪，是指边防、海关等国家机关工作人员，对明知是偷越国（边）境的人员，予以放行的行为。

---

〔1〕参见2002年7月8日最高人民法院、最高人民检察院、海关总署《关于办理走私刑事案件适用法律若干问题的意见》第16条。

根据《刑法》第415条的规定，犯本罪的，处3年以下有期徒刑或者拘役；情节严重的，处3年以上7年以下有期徒刑。

(二十八) 不解救被拐卖、绑架妇女、儿童罪

不解救被拐卖、绑架妇女、儿童罪，是指对被拐卖、绑架的妇女、儿童负有解救职责的国家机关工作人员，接到被拐卖、绑架的妇女、儿童及其家属的解救要求或者其他人的举报，而对被拐卖、绑架的妇女、儿童不进行解救，造成严重后果的行为。

根据《刑法》第416条第1款的规定，犯本罪的，处5年以下有期徒刑或者拘役。

(二十九) 阻碍解救被拐卖、绑架妇女、儿童罪

阻碍解救被拐卖、绑架妇女、儿童罪，是指负有解救被拐卖、绑架的妇女、儿童职责的国家机关工作人员利用职务阻碍解救被拐卖、绑架的妇女、儿童的行为。

根据《刑法》第416条第2款的规定，犯本罪的，处2年以上7年以下有期徒刑；情节较轻的，处2年以下有期徒刑或者拘役。

(三十) 帮助犯罪分子逃避处罚罪

帮助犯罪分子逃避处罚罪，是指负有查禁犯罪活动职责的国家机关工作人员向犯罪分子通风报信、提供便利，帮助犯罪分子逃避处罚的行为。公安人员对盗窃、抢劫的机动车辆，非法提供机动车牌证或者为其取得机动车牌证提供便利，帮助犯罪分子逃避处罚的，以本罪论处。[1]

根据《刑法》第417条的规定，犯本罪的，处3年以下有期徒刑或者拘役；情节严重的，处3年以上10年以下有期徒刑。

(三十一) 招收公务员、学生徇私舞弊罪

招收公务员、学生徇私舞弊罪，是指国家机关工作人员在招收公务员、学生工作中徇私舞弊，情节严重的行为。

根据《刑法》第418条的规定，犯本罪的，处3年以下有期徒刑或者拘役。

(三十二) 失职造成珍贵文物损毁、流失罪

失职造成珍贵文物损毁、流失罪，是指国家机关工作人员严重不负责任，造成珍贵文物损毁或者流失，后果严重的行为。

根据《刑法》第419条的规定，犯本罪的，处3年以下有期徒刑或者拘役。

【思考题】

1. 如何理解渎职罪的犯罪主体?
2. 如何理解滥用职权罪的主观方面?
3. 如何理解滥用职权罪与玩忽职守罪的界限?
4. 如何理解故意泄露国家秘密罪与为境外机构、组织、人员窃取、刺探、收买、非法提供国家秘密、情报罪的界限?
5. 如何理解徇私枉法罪中的“徇私”、“徇情”?
6. 如何理解徇私枉法罪罪状的“明知是有罪的人”?
7. 如何理解徇私枉法罪与报复陷害罪、包庇罪的界限?

---

〔1〕参见1998年5月8日最高人民法院、最高人民检察院、公安部、国家工商行政管理局《关于依法查处盗窃、抢劫机动车案件的规定》第10条。

【参考文献】

1. 敬大力主编:《渎职罪》，中国人民公安大学出版社1999年版。
2. 蒋小燕:《渎职罪比较研究》，中国人民公安大学出版社2004年版。
3. 贾济东:《渎职罪构成研究》，知识产权出版社2005年版。
4. 缪树权:《渎职罪疑难问题研究》，中国检察出版社2006年版。
5. 高铭暄、马克昌主编:《中国刑法解释》(下卷)，中国社会科学出版社2006年版。
6. 陈斌等:《渎职犯罪的法律适用》，法律出版社2006年版。

第三十四章

军人违反职责罪

【导语】 军人违反职责罪，是指军人违反职责，危害国家军事利益，依照法律应当受刑罚处罚的行为。军人违反职责罪是适用于军人特殊主体的特别犯罪，是我国《刑法》分则第十章为维护国家的军事利益而予以规定的类罪名，其中包括31个具体罪名。本章应熟练掌握的罪名有军人叛逃罪、武器装备肇事罪等。对军人违反职责罪的其他罪名则应当掌握其基本概念和处罚。

本章的主要疑难问题有：①如何理解军人叛逃罪中的“履行公务期间”？②如何理解“擅离岗位，叛逃境外或在境外叛逃”？③如何处理军人叛逃罪的罪数问题？④如何处理武器装备肇事罪的法规竞合问题？⑤武器装备肇事过程中指挥人员的指挥行为是该罪的共同行为吗？

■第一节　军人违反职责罪概述

一、军人违反职责罪的概念

军人违反职责罪，是指军人违反职责，危害国家军事利益，依照法律应当受刑罚处罚的行为。我国《刑法》第420条规定：“军人违反职责，危害国家军事利益，依照法律应当受刑罚处罚的行为，是军人违反职责罪。”这一规定概括了本类犯罪的危害性质与基本特征，划分了本类犯罪与违反军纪、违反普通军事法规、条令等规范的界限，也划分了本类犯罪与其他普通刑事犯罪的界限。

在1997年《刑法》颁布之前，本类犯罪是以单行条例的形式，在全国人大常委会于1981年通过的《惩治军人违反职责罪暂行条例》中进行规定的，修订《刑法》时将其纳入了刑法典。在本类犯罪的危害客体与犯罪主体方面，本类犯罪是特殊主体违反特别法所实施的特定犯罪，故《刑法》分则第十章关于本类犯罪的规定，实质上属于特别刑法。根据法律适用原则，如果军人的同一行为既触犯了《刑法》分则第十章的条文，又触犯了《刑法》分则其他章的条文，就应严格根据特别法（条）优于普通法（条）的原则，适用《刑法》分则第十章的有关规定，而不能适用其他普通法条。

本类犯罪的法定最高刑是死刑，共有12个死刑罪名，说明了本类犯罪社会危害的严重性和刑法对其处罚的严厉性。其他罪名规定了无期徒刑、有期徒刑、拘役。

值得注意的是，作为实质上的特别刑法，《刑法》分则第十章还规定了特别的规则和制度，如第420条规定的军人违反职责罪概念，第449条规定的“战时缓刑”制度，第450条规定的本章罪名适用范围，以及第451条规定的“战时”的界定等。

根据《刑法》第449条的规定，战时缓刑是指在战时，对被判处3年以下有期徒刑没有现实危险宣告缓刑的犯罪军人，允许其戴罪立功，确有立功表现时，可以撤销原判刑罚，不以犯罪论处的制度。

根据《刑法》第450条的规定，本类犯罪适用于中国人民解放军的现役军官、文职干部、士兵及具有军籍的学员和中国人民武装警察部队的现役警官、文职干部、士兵及具有军籍的学员，以及执行军事任务的预备役人员和其他人员。

根据《刑法》第451条的规定，战时是指国家宣布进入战争状态、部队受领作战任务或者遭敌突然袭击时。部队执行戒严任务或者处置突发性暴力事件时，以战时论。

二、军人违反职责罪的构成

（一）犯罪主体

本类犯罪的犯罪主体是特殊主体，必须具有军人身份。只有具有军人身份的人才具有军人职责，因而才可能违反军人职责。具体地说，本类罪的主体是中国人民解放军的现役军官、文职干部、士兵及具有军籍的学员，中国人民武装警察部队的现役警官、文职干部、士兵及具有军籍的学员，以及执行军事任务的预备役人员和其他人员。由此，本类犯罪的犯罪主体可以分为两部分：①“现役军人”，以是否具有军籍为形式标准，包括中国人民解放军的现役军官、文职干部、士兵及具有军籍的学员，中国人民武装警察部队的现役警官、文职干部、士兵及具有军籍的学员；②特殊条件下的预备役人员和其他人员，所谓特殊条件即指执行军事任务的期间与场合。根据共同犯罪的原理，其他公民只能与军人构成本类犯罪的共犯，而不可能单独实施本类犯罪。

对于军人身份的理解，必须和军人的职务与履行职责的状态相结合。对于现役军人，只有在具有军人身份期间或者正在执行军事职务时实施有关行为，才能成为本类犯罪的主体。军职身份的开始、持续和结束对本罪主体的构成具有重要影响。在一般情况下，对于虽然暂时被撤销职务，不能履行由职务而产生的具体职责的，比如正在服刑或者被劳动教养的现役军人，由于其仍然具有军籍，是军人身份，所以仍需履行军人的一般职责，在具体罪名没有加以限制的情况下可以成为本罪的犯罪主体。比如，此时泄露军事秘密或者盗窃军事物资、武器装备的，以军职论。由部队管理的退休军人，虽然人事行政关系由部队负责管理，犯罪案件由军队司法机关管辖，但由于其已经不具备军人身份，不再履行具体的军人职责，不能构成本类犯罪的主体。对于特殊条件下的预备役人员和其他人员，必须在特殊条件下才能具备本类犯罪的主体身份。

从地域来上看，我国刑法规定的军人包括在港澳地区和境外执行军事任务的军人。但根据现行《刑法》的规定，不包括外国军人，即使其根据军事合作协议在中国境内执行职务。

（二）犯罪主观方面

本类犯罪的主观方面多数为故意，少数为过失。通常军事犯罪的主观方面是故意，即明知行为会造成危害国家军事利益的结果，而希望或放任该结果发生。如隐瞒、谎报军情罪、阻碍执行军事职务罪等。也有一少部分军事犯罪的主观方面为过失，如擅离、玩忽军事职守罪、过失泄露军事机密罪、武器装备肇事罪等。

本类某些故意犯罪以特定的动机为构成要件。如战时自伤罪是出于逃避军事义务的动机，投降罪是出于贪生怕死的动机等。

（三）犯罪客观方面

本类犯罪的客观方面表现为违反军人职责，危害国家军事利益的行为。军人职责可分为一般职责与具体职责。前者是任何军人都负有的职责，主要规定在《中国人民解放军内务条令》第三章中；后者是不同军人在执行不同任务时所负有的职责，规定在各种条例、条令中，如中国人民解放军战斗条令、舰艇条令、飞行条令、保守国家军事机密条例等。军人违反职责的行为既包括作为，也包括不作为，其中可以由不作为构成的犯罪较多，如战时违抗命令罪。这也是军法从严的体现。行为的时间、地点，对本类犯罪的定罪与量刑具有重要意义。

本类犯罪总体上可分为“战时”和平时两大类型，因此战时的概念比较重要。根据《刑法》第451条第1款的规定，所谓战时，是指国家宣布进入战争状态、部队受领作战任务或者遭敌突然袭击时。该条第2款规定，部队执行戒严任务或者处置突发性暴力事件时，以战时论。一方面，许多犯罪行为要求在“战时”、“临阵”、“在战场上”、“在军事行动地区”等时间与地点实施，以此为犯罪的构成要件；另一方面，对于非以战时为构成要件的军职罪来说，“战时”等特定时间往往是法定刑升格的条件或从重处罚的法定情节。

（四）犯罪客体

本类犯罪的客体是国家的军事利益。军事利益，是指国家武装力量在国防建设、作战行动、军队秩序、军队物质保障、军事机密、军事科学研究等方面的利益。军事利益直接关系着国家的安全与利益，理应受到特殊保护。危害国家军事利益，是本类犯罪区别于其他犯罪的本质特征。

应当特别注意的是，本类犯罪的犯罪客体是国家的军事利益，而不是国防利益。虽然国防利益与军事利益密切相关，概念相近，但所指有所不同。尤其是作为本类犯罪的同类客体的军事利益，是有其特定范围的。从国防和军事的内涵来看，军事是直接有关武装斗争的事项的统称，而国防是为保卫国家的主权、领土完整和安全，防御外来的武装侵略和颠覆所采取的一切措施。国防利益除了军事利益以外，还涵盖了与军事有关的政治、经济、外交、科技、教育等方面的利益。我国刑法规定的本类犯罪所侵犯的对象除了军人、军事行动就是武器装备、军事设施等，无一不是军事要素，并不能体现军事以外的有关政治、经济、外交、科技、教育等方面的利益，因此如果将国防利益作为本类犯罪侵犯的客体未免使其与危害国防利益罪产生混同，淡化了其作为特别犯罪的特性。从本类犯罪的保护内容上来看，最主要的集中体现在对军队战斗力的维护和提高方面，所以本类犯罪的客体也可以具体化为军队的战斗力。在本类犯罪的一些具体罪名中，体现了维护军事秩序的价值目标。其中战时残害居民、掠夺居民财物罪和虐待俘虏罪等罪名所保护的不只是国防利益，而且突出体现了军事秩序的特有价值。

三、军人违反职责罪的种类

《刑法》分则第十章专章规定了本类犯罪，从第420条至第451条共32个条文，规定了31个罪名。根据各种具体犯罪的直接客体，可将本类犯罪划分为如下几类：

第一，危害作战利益的犯罪：战时违抗命令罪，隐瞒、谎报军情罪，拒传、假传军令罪，投降罪，战时临阵脱逃罪，违令作战消极罪，拒不救援友邻部队罪，战时造谣惑众罪，战时自伤罪。

第二，违反部队管理制度的犯罪：擅离、玩忽军事职守罪，阻碍执行军事职守罪，指使部属违反职责罪，军人叛逃罪，逃离部队罪，私放俘虏罪。

第三，危害军事秘密的犯罪：非法获取军事秘密罪，为境外窃取、刺探、收买、非法提供军事秘密罪，故意泄露军事秘密罪，过失泄露军事秘密罪。

第四，危害部队物资保障的犯罪：武器装备肇事罪，擅自改变武器装备编配用途罪，盗窃、抢夺武器装备、军用物资罪，非法出卖、转让武器装备罪，遗弃武器装备罪，遗失武器装备罪，擅自出卖、转让军队房地产罪。

第五，侵犯部属、伤病军人、平民、战俘利益的犯罪：虐待部属罪，遗弃伤病军人罪，战时拒不救治伤病军人罪，战时残杀居民、掠夺居民财物罪，虐待俘虏罪。

■第二节　军人违反职责罪分述

一、军人叛逃罪

（一）基本法理

1. 军人叛逃罪的概念和构成要件。军人叛逃罪是指军人在履行国家、国防事务以及其他军事事务期间，擅离岗位，叛逃境外或者在境外叛逃，危害国家军事利益的行为。

本罪的构成要件是：

（1）本罪的犯罪主体是正在履行公务的军职人员。显然对于本罪而言，比本章其他罪名要求更为具体、严格，不但要求是具有军籍的军职人员，而且要求其正在履行公务期间。这样就排除了保留军籍而正在服刑、接受劳动教养，或者因其他事由而较长期停职、离职的军籍人员。

（2）本罪的罪过形式是故意。这里的故意，是指明知是叛逃行为而有意实施的主观心理状态。本罪对犯罪的动机没有特别要求。

（3）本罪的客观行为是擅离岗位，叛逃境外或者在境外叛逃。这里的叛逃境外，是指通过合法或者非法手段由境内叛逃至境外的行为。叛逃至外国驻华使馆、领馆的，应以叛逃境外论。在境外叛逃，是指在境外履行国家、国防事务以及其他军事事务期间，擅自离队或者与派出单位和有关部门脱离关系，并滞留不归的行为。叛逃的时间也是一项客观的要件，本罪构成的特定时间是在履行公务期间。如前所述，如果离职因私，合法出境后与派出单位和有关部门脱离关系，并滞留境外不归的，属于出走而不应认定为在境外叛逃。

（4）本罪的直接客体是危害国家军事利益、军人出境管理制度以及军人的忠诚义务。危害国家军事利益的严重性具体表现为下列情形：①因反对国家政权和社会主义制度而出逃的；②掌握、携带机密级以上军事秘密出境后滞留不归的；③出境后申请政治避难的；④出逃后公开发表叛国言论的；⑤出逃后投靠境外反动机构或者组织的；⑥出逃至交战对方区域的；⑦出逃后从事其他危害国家军事利益的。

2. 军人叛逃罪的相关界限。

（1）本罪与非罪的界限。本罪以履行公务期间为要件，那么行为人的叛逃行为必须是发生在履行公务期间的方可构成本罪。这也是区分罪与非罪的一个重要标准。如果行为人不是在履行公务期间叛逃的，如在出国探亲期间或者国内休假期间逃往境外的，不能构成本罪，情节严重的，可按照逃离部队罪的规定处罚。

（2）本罪与《刑法》第108条规定的投敌叛变罪的界限。①主体不同。本罪主体必须是正在履行职务的军职人员，而投敌叛变罪的主体还包括军职人员以外的国家机关工作人员以及掌握国家秘密的国家工作人员。②主观方面不同。本罪不要求明知逃往的国家、地区为敌对国家、地区，只要求明知为叛逃不归，拒绝履行军事职责即可；而投敌叛变罪必须明知是敌国或境、内外的敌对组织，具有危害国家安全的故意。③客观方面不同。本罪一旦擅离岗位，叛逃境外或者在境外叛逃，脱离国家与部队组织即可构成；而投敌叛变罪是必须投向敌国、境内外的敌对组织，而且表现为投靠敌方，为敌方服务，与我方为敌。而且后罪不要求以“逃”为要件，可以是被敌方逮捕、俘获后的变节行为。④犯罪客体不同。本罪危害的客体是军事利益、军人出境管理制度和军人的忠诚义务，而投敌叛变罪危害的客体是国家安全。

（3）本罪与《刑法》第109条规定的叛逃罪的界限。①主体不同。本罪主体必须是正在

第三十四章

履行公务的军职人员，而叛逃罪的主体为军职人员以外的国家机关工作人员以及掌握国家秘密的国家工作人员。②危害客体不同。本罪危害的客体是军事利益；而叛逃罪危害的客体是国家安全。

3．军人叛逃罪的刑事责任。根据《刑法》第430条的规定，犯本罪的，处5年以下有期徒刑或者拘役；情节严重的，处5年以上有期徒刑；驾驶航空器、舰船叛逃的，或者有其他特别严重情节的，处10年以上有期徒刑、无期徒刑或者死刑。

犯本罪而情节严重的，是本罪的加重处罚事由。这里的情节严重，是指指挥人员和其他担负重要职责的人员叛逃的；策动他人叛逃的；携带军事秘密叛逃的；战时叛逃的；等。

犯本罪而驾驶航空器、舰船叛逃的或者有其他特别严重情节的，是本罪的特别加重处罚事由。这里的特别严重情节，是指劫持航空器、舰船叛逃的；胁迫他人叛逃的；策动多人或者策动指挥人员和其他负有重要职责的人员叛逃的；携带重要或者大量军事秘密叛逃的；叛逃后积极从事危害国家安全和国防利益活动的；等等。

（二）疑难问题

1．如何理解“履行公务期间”？严格意义上的“履行公务期间”就是执行公共事务、处理公共事务期间，对于军人来说，则指执行军事事务期间。鉴于履行公务期间可以理解为正在执行、处理有关军事事务的过程中，而休息休假期间不属于公务时间，有人认为本罪规定“履行公务期间”的要件是不恰当的，认为行为人很多情况下是在下班后或休假期间叛逃的，其规定自相矛盾，应取消“履行公务期间”的要件。但是，“履行公务期间”的要件是体现军人叛逃罪的危害性和特殊性的重要要件，如果取消显然不符合立法精神。有人认为对此应进行扩大解释，可以将“履行公务期间”理解为军人在具有军人身份期间。我们认为，范围扩大解释到这种程度，就有类推解释之嫌，等于在实质上取消了“履行公务期间”的要件，不符合扩大解释的合法性、明确性原则。我们同意这样的观点，即履行公务既可以被理解为一种行为，也可以被理解为一种状态。履行公务作为一种行为，履行公务期间就是值班期间、出差期间或者执行任务期间；履行公务作为一种状态，是与行为人担任公职相联系的。履行公务期间是指军人担任军职期间的一种状态。这样，不仅行为人值班期间、出差期间、执行任务期间是履行公务期间，而且行为人实际上不履行职务期间，如长期离职学习的，都是履行公务期间。因此，军人在担任军职期间都属于“履行公务期间”，在此期间叛逃的，即构成本罪。但不在正常履行职责期间，如因健康原因长期病休在家而叛逃的，则不构成本罪。

2．如何理解“擅离岗位，叛逃境外或在境外叛逃”？有一种观点认为，擅离岗位是指未经主管部门批准，离开自己工作岗位或者工作的地方的行为。我们认为，对“岗位”如此理解似乎狭窄了些。所谓“岗位”原指军警守卫的地方，现泛指职位，所谓“擅离”指行为人自作主张离开。这样，“擅离岗位”应指未经批准自作主张离开所在的职位。实际上，叛逃行为与擅离岗位具有包含关系，叛逃必然要擅离岗位，擅离岗位行为是叛逃行为的一个组成部分。何为“叛逃”？我们理解的叛逃是“叛”与“逃”的结合，单纯的逃离行为不是叛逃，要区别本罪与逃离部队罪，叛逃是背叛我方，投奔敌方的行为。当然，也应当区分本罪与投敌叛变罪。刑法之所以要分解投敌叛变罪而单独设立本罪，是因为在和平时期敌我界限不易划分，对叛逃行为一律以投敌叛变罪定罪未必合适，而以本罪更合理。结合立法意图，我们认为，应将“叛逃”理解为背叛我方，投靠境外组织或机构。这里的境外组织或机构指敌我性质不明的组织或机构。如果行为人投靠的组织或机构是我敌对组织或机构，对行为人的行为应认定为投敌行为。“叛逃境外”指行为人通过非法途径出境投奔境外组织或机构。

“在境外叛逃”指行为人合法出境后在境外投奔境外组织或机构。如果行为人没有投奔境外组织或机构的行为，不能认定为叛逃行为。

3. 如何处理军人叛逃罪的罪数问题？如果军人叛逃前实施了其他犯罪，则应当按照数罪处理，这一点没有什么争议。主要的问题是行为人为叛逃而进行犯罪，以及叛逃后实施危害我国国家军事利益的犯罪，应定一罪还是数罪的问题。

首先，行为人为叛逃而犯罪的。如行为人为了取悦境外组织，以窃取、刺探、收买的方式获取军事秘密，或者故意泄露军事秘密，是定一罪，还是数罪？一种观点认为应定为一罪，因为本罪的成立以“危害国家军事利益”为要件。我们认为，本罪中“危害国家军事利益”的要件应认为是一种危险结果，而不宜理解为犯罪行为。为叛逃而进行的犯罪实质是既实施了本罪，又实施了其他罪，只是因为叛逃行为与行为人实施的其他行为存在牵连关系，因此，其犯罪形态是牵连犯，应当根据牵连犯的一般原理进行处理。行为人采取犯罪手段叛逃境外的，如果该手段为叛逃境外所必需，如伪造公文、证件、印章以蒙混出境的等等，则属于牵连犯，按择一重罪论处的原则以叛逃论。但是，叛逃行为不包含为叛逃而实施的诸如窃取、刺探、收买、非法提供国家秘密、情报行为。因此，如果行为人本不掌握军事秘密而采用非法手段获取军事秘密以投靠境外组织、机构的，其行为已经超出本罪范畴，应以本罪和为境外窃取、刺探、收买、非法提供军事秘密、情报罪实行并罚。如果行为人劫持航空器或者劫持船只、汽车叛逃的，则属于数罪，应予并罚。如果行为人为了向境外组织、机构邀功请赏而携带其掌握的军事秘密叛逃的，其行为仍然属于本罪的范畴，应按本罪一罪处理。

其次，行为人叛逃后实施危害国家军事利益的行为，如接受境外组织、机构的指使，窃取、刺探、收买国家秘密、情报，我们认为应认定为数罪。如果把本罪中的“危害国家军事利益”要件理解为是本罪的危险结果而不是行为要件，则行为人实施的危害国家军事利益的行为，应认定为本罪以外的犯罪构成行为为宜。

二、武器装备肇事罪

（一）基本法理

1. 武器装备肇事罪的概念和构成要件。武器装备肇事罪是指军人违反武器装备使用规定的操作规程，情节严重，因而发生责任事故，致人重伤、死亡或者造成其他严重后果的行为。

本罪的构成要件是：

（1）本罪的主体为军职人员，以及执行军事任务的预备役人员和其他人员。从主体的责任义务而言，本罪的主体往往是执行武器装备保管、使用职务的特定人员。

（2）本罪的主观方面只能是过失，包括疏忽大意的过失与过于自信的过失，指应当预见到违反武器装备使用规定可能发生责任事故，造成严重后果，因疏忽大意而没有预见，或者已经预见但轻信能够避免，以致发生这种结果的主观心理状态。如同其他事故型过失犯罪，其违反武器装备使用规定可以是故意的，所谓过失的主观心理状态是对其行为所导致的危害结果而言。

（3）本罪的客观方面行为是违反武器装备使用规定，情节严重。首先，行为人故意实施了违反武器装备使用规定，或者在使用过程中严重不负责任的行为，包括作为和不作为。其次，必须情节严重，必须造成严重后果。本罪是结果犯，其结果是发生责任事故，致人重伤、死亡或者造成其他严重后果。这里的责任事故，是指因违反规章制度的失职行为而造成的事故。其他严重后果，是指武器装备的毁损、重大财产损失，因武器装备肇事而引起爆炸、火灾、大面积污染或者其他重大损失。

根据有关司法解释，重大损失具体是指造成以下后果：影响作战、军事演习、戒严、抢险救灾、处置突发事件等重大任务完成的；造成死亡1人以上，或者重伤2人以上，或者轻伤3人以上的；造成武器装备损毁，直接经济损失30万元以上的；造成其他物资损毁，直接经济损失50万元以上的；严重损害国家和军队声誉，在军内外造成恶劣影响的；造成其他严重后果的。

(4) 本罪的客体是危害武器装备的管理和使用制度。武器装备是武器及其配套的弹药、仪器、器材、备附件的统称；武器则是指直接用于杀伤敌人或破坏敌方作战设施的器械。军队有关部门都分别制定了有关武器装备的使用规定与操作规程。中华人民共和国军事委员会通过的《中国人民解放军武器装备管理条例》，以及其他法规、条例和条令，共同构成武器装备的管理和使用制度。武器装备的安全性事关国家军事力量的战斗力，同时也更关系到部队和群众的生命财产安全，因此本罪与刑法中的其他责任事故类犯罪相比更具特殊性。

2. 武器装备肇事罪的相关界限。

(1) 本罪与非罪的界限。与其他责任事故类型的犯罪一样，本罪在认定中应当严格区分罪与非罪的界限。武器装备的事故中，不构成罪的行为包含意外事件的情况和一般违规违法行为。①本罪与意外事故相区别的关键，是看行为人主观上是否具有过失的心理态度。意外事故分为自然事故和技术事故，自然事故属于意外事故，它是由不能预见或不能控制的自然条件发生变化而引起的；技术事故是由于技术条件限制或者武器装备条件不良造成的。这两种事故都不属于责任事故，因而不具备本罪的犯罪构成要件。②本罪与一般违规违法行为相区别的关键，是看行为人违反武器装备使用规定是否情节严重，是否造成严重后果，如果情节尚未达到严重的程度，造成的后果也不严重的，则不成立本罪。作为过失犯罪，本罪必须造成严重后果才追究刑事责任，以犯罪论处。总之，行为虽然违反了武器装备使用规定，但情节不严重，没有造成重大事故的，不构成本罪；行为虽然造成了重大事故，但行为人主观上没有过失的，也不成立本罪。

(2) 本罪与危害公共安全罪中的部分责任事故类型的过失犯罪的界限。本罪与危害公共安全罪中的部分事故类型的过失犯罪有许多相似甚至竞合的关系。如失火罪、过失爆炸罪、过失破坏易燃易爆设备、交通工具、交通设备罪、交通肇事罪、重大责任事故罪及危险物品肇事罪等，应当注意加以区别。①犯罪主体不同。本罪为特殊主体，必须是军人，而危害公共安全罪多为一般主体，也可以根据其具体罪名要求分别是从事相应业务活动的非军人特殊主体。②犯罪客观方面不同。如果是违反了武器装备的使用规定而导致武器装备肇事的严重后果，就属于危害军事管理秩序的行为，应定本罪；而如果主要是违反了其他维护公共安全的法规和规章制度，就应根据不同的犯罪构成要件确定相应的罪名。③犯罪客体不同。本罪的危害客体是国家的军事利益，主要体现在武器装备的安全保管与使用上，其实质是国家军事装备的安全性。在把握上述区别时应当注意，即使是军人在使用武器装备的过程中导致了相关的事故，也并非必然都构成本罪。例如，军用车辆属于"武器装备"的范围之内，军职人员驾驶军用装备车辆，违反武器装备使用规定和操作规程，情节严重，因而发生重大责任事故，致人重伤、死亡或者造成其他严重后果的，即使同时违反交通运输规章制度，也应当以本罪论处。但是，如果仅因违反交通运输规章制度而在公共交通道路上发生重大事故，致人重伤、死亡或者使公私财产遭受重大损失的，则以交通肇事罪论处。

(3) 本罪与过失致人重伤、过失致人死亡罪的界限。从广义上说，枪支走火致人伤亡等武器装备肇事，属于过失致人死亡或者重伤，根据《刑法》第233条和第235条对过失致人死亡和过失致人重伤罪所规定的"本法另有规定的，依照规定"，武器装备肇事致人重伤、死亡的，应以本罪论处。凡违反枪支、弹药管理使用规定，私自携带枪支、弹药外出，因玩弄而造成走火或者爆炸，致人重伤、死亡或者使公私财产遭受重大损失的，分别以过失致人重伤罪、过失致人死亡罪或者过失爆炸罪论处。

（4）本罪与擅自改变武器装备编配用途罪的界限。本罪与擅自改变武器装备编配用途罪都与武器装备有关，行为人主观上都是过失，客观上也可能造成相似的严重后果，而且武器装备的使用和管理规定经常混在一起，使用中有管理要求，管理中有使用规定，因此在定罪时容易发生混淆。其主要区别有以下两点：①发生犯罪的时机不同。本罪一般发生在武器装备的日常维护保养和操作使用过程中而擅自改变武器装备编配用途罪主要是发生在武器装备的申请、补充、调整、动用、封存、保管、转级、退役、报废和技术革新等管理工作过程中。②行为人的身份不同。本罪的行为人主要是武器装备的操作使用人员；而擅自改变武器装备编配用途罪的行为人主要是武器装备的各类管理人员和指挥人员。但是武器装备的操作使用人员违反武器装备的管理规定，擅自改变武器装备的编配用途，造成严重后果的，也应以擅自改变武器装备编配用途罪论处，而不宜定本罪。

3. 武器装备肇事罪的刑事责任。根据《刑法》第436条的规定，犯本罪的，处3年以下有期徒刑；后果特别严重的，处3年以上7年以下有期徒刑。

本罪而后果特别严重的，是本罪的加重处罚事由。这里的后果特别严重，是指毁损重要武器装备的；造成多人伤亡的；致使国家财产遭受重大损失的；等等。

（二）疑难问题

1. 如何处理武器装备肇事罪的法规竞合问题？在前文分析本罪与危害公共安全罪中的事故型过失犯罪的界限时，指出二者可能有法规竞合的关系。例如，军用车辆肇事的情况，由于军用车辆属于武器装备，同时也是交通工具，而军用车辆在使用的过程中如果违反交通法规，则同时可能违反了武器装备使用的规定。这时就出现了既违反武器装备使用规定，也违反交通法规的法规竞合问题。那么既然有特别法优于普通法的适用原则，为什么实践传统上军队车辆的驾驶员因违反有关交通规则和操作规程而发生车祸造成严重后果的，不按本罪而按“交通肇事罪”论处呢？对此，在1981年《军人违反职责罪暂行条例》的起草说明中曾指出：“有的虽与军人职责有关，但刑法分则中已有规定的犯罪，如交通肇事、贪污、走私等未列入。”显然，从立法发展过程来看，本罪的定性范围在传统上并不包括军队车辆交通肇事的案件。因此，军用车辆的驾驶人员，违反有关交通规则等有关的规章制度而肇事的，一度一律按交通肇事罪处罚。但是随着军人违反职责罪统一在刑法典之内，本罪与其他危害公共安全罪之间就形成了内部的法条竞合关系，因此我们认为，如果使用军用车辆和其他武器装备，同时违反武器装备使用规定和交通法规等其他法规的，应当以本罪论处。只有单纯违反其他法规而不违反武器装备使用规定的情况下，才以其他犯罪处理。例如，对于一部分的部队车辆，虽属于武器装备的总体范围，但在武器装备使用规定中没有特别具体的使用规定，或者在其作为非军事用途时没有相应的特别军事法规，则对其肇事行为应当按照交通肇事罪论处。

2. 武器装备肇事过程中指挥人员的指挥行为是本罪的共同行为吗？在实践中，本罪除了直接实施危害行为导致武器装备的重大事故的情况外，常常还涉及指挥人员指挥下属违反武器使用规定而出现严重后果的情况。有观点认为对于指挥人员，一律应当以指使部属违反职责罪处理，而其下属人员则应根据其个人主客观要件以本罪处理。这种理解的前提是指挥人员与下属人员在武器肇事过程中承担不同性质的责任，不属于同罪的共犯关系，尤其是考虑到指挥人员的特殊主体身份因素，是有一定道理的。但是，从实践的情况来看，我们认为

第三十四章

应当根据指挥人员在案件中具体的行为属性来认定其行为性质。对于指挥人员以指挥身份正式命令下属实施违反武器使用规定行为的，应当认定其指使部属违反职责罪的行为属性；而如果指挥人员以非指挥、命令的身份而提议、建议或者直接参与他人实施违反规定的行为的，则可能构成非指挥的共同行为关系，应以本罪的共犯处理为宜。

三、本章的其他犯罪

（一）战时违抗命令罪

战时违抗命令罪，是指军人在战时故意违抗命令，对作战造成危害的行为。

根据《刑法》第421条的规定，犯本罪的，处3年以上10年以下有期徒刑；致使战斗、战役遭受重大损失的，处10年以上有期徒刑、无期徒刑或者死刑。

（二）隐瞒、谎报军情罪

隐瞒、谎报军情罪，是指军人故意掩盖军事情况，不报告或者报告不真实的军事情况，因而对作战造成危害的行为。本罪包括隐瞒、谎报军情两个选择性罪名。隐瞒军情是指将应当向首长、上级报告的军事情况隐瞒不报；谎报军情是指用编造或者篡改的军事情况欺骗首长、上级。

根据《刑法》第422条的规定，犯本罪的，处3年以上10年以下有期徒刑；致使战斗、战役遭受重大损失的，处10年以上有期徒刑、无期徒刑或者死刑。

（三）拒传、假传军令罪

拒传、假传军令罪，是指拒绝传递军令或者传递虚假的军令，对作战造成危害的行为。本罪包括拒传军令或者假传军令两个选择性罪名。拒传军令是指负有传递军令职责的军人，明知是与作战有关的命令、指示，而故意拒绝传递或者拖延传递，对作战造成危害的行为；假传军令是指军人故意伪造、篡改军令并予以传达或发布，对作战造成危害的行为。

根据《刑法》第422条的规定，犯本罪的，处3年以上10年以下有期徒刑；致使战斗、战役遭受重大损失的，处10年以上有期徒刑、无期徒刑或者死刑。

（四）投降罪

投降罪，是指军人在战场上，因畏惧战斗、贪生怕死而自动放下武器，投降敌人的行为。这里的自动放下武器，是指可以使用武器进行有效抵抗而自动放弃抵抗。

根据《刑法》第423条第1款的规定，犯本罪的，处3年以上10年以下有期徒刑；情节严重的，处10年以上有期徒刑或者无期徒刑。第2款规定，投降后为敌人效劳的，处10年以上有期徒刑、无期徒刑或者死刑。

（五）战时临阵脱逃罪

战时临阵脱逃罪，是指军人在战斗中或者在接受作战任务后，因畏惧战斗、贪生怕死而逃离战斗岗位的行为。

根据《刑法》第424条的规定，犯本罪的，处3年以下有期徒刑；情节严重的，处3年以上10年以下有期徒刑；致使战斗、战役遭受重大损失的，处10年以上有期徒刑、无期徒刑或者死刑。

（六）擅离、玩忽军事职守罪

擅离、玩忽军事职守罪，是指军事指挥人员和值班、值勤人员擅自离开正在履行职责的岗位，或者在履行职责的岗位上，严重不负责任，不履行或者不正确履行职责，造成严重后果的行为。本罪包括擅离军事职守罪和玩忽军事职守两个选择性罪名。擅离职守是指擅自离开正在履行职责的岗位；玩忽职守是指在履行职责的岗位上，严重不负责任，不履行或者不正确履行职责。

根据《刑法》第425条的规定，犯本罪的，处3年以下有期徒刑或者拘役；造成特别严重后果的，处3年以上7年以下有期徒刑。战时犯本罪的，处5年以上有期徒刑。

（七）阻碍执行军事职务罪

阻碍执行军事职务罪，是指军人以暴力、威胁等方法，故意阻挠或者妨碍指挥、值班、值勤人员以及其他军人执行职务的行为。

根据《刑法》第426条的规定，犯本罪的，处5年以下有期徒刑或者拘役；情节严重的，处5年以上有期徒刑；致人重伤、死亡的，或者有其他特别严重情节的，处无期徒刑或者死刑。战时从重处罚。

（八）指使部属违反职责罪

指使部属违反职责罪，是指军事指挥人员滥用职权，故意指使部属进行违反职责的活动，造成严重后果的行为。

根据《刑法》第427条的规定，犯本罪的，处5年以下有期徒刑或者拘役；情节特别严重的，处5年以上10年以下有期徒刑。

（九）违令作战消极罪

违令作战消极罪，是指军事指挥人员违抗命令，战时临阵畏缩，作战消极，造成严重后果的行为。

根据《刑法》第428条的规定，犯本罪的，处5年以下有期徒刑；致使战斗、战役遭受重大损失的，或者有其他特别严重情节的，处5年以上有期徒刑。

（十）拒不救援友邻部队罪

拒不救援友邻部队罪，是指军事指挥人员在战时，明知友邻部队处于紧急情况请求救援，能救援而不救援，致使友邻部队遭受重大损失的行为。

根据《刑法》第429条的规定，犯本罪的，处5年以下有期徒刑。

（十一）非法获取军事秘密罪

非法获取军事秘密罪，是指军人违反国家和军队的保密规定，采取窃取、刺探、收买方法，非法获取有关国家军事秘密、情报、载体的行为。

根据《刑法》第431条第1款的规定，犯本罪的，处5年以下有期徒刑；情节严重的，处5年以上10年以下有期徒刑；情节特别严重的，处10年以上有期徒刑。

（十二）为境外窃取、刺探、收买、非法提供军事秘密罪

为境外窃取、刺探、收买、非法提供军事秘密罪，是指军人违反国家和军队的保密规定，以非法手段，故意为境外机构、组织、人员窃取、刺探、收买、非法提供军事秘密的行为。

根据《刑法》第431条第2款的规定，犯本罪的，处10年以上有期徒刑、无期徒刑或者死刑。

（十三）故意泄露军事秘密罪

故意泄露军事秘密罪，是指军人违反国家和军队的保密规定，故意泄露军事秘密，情节严重的行为。

根据《刑法》第432条第1款的规定，犯本罪的，处5年以下有期徒刑或者拘役；情节特别严重的，处5年以上10年以下有期徒刑。第2款规定，战时犯本罪的，处5年以上10年以下有期徒刑；情节特别严重的，处10年以上有期徒刑或者无期徒刑。

（十四）过失泄露军事秘密罪

过失泄露军事秘密罪，是指违反国家和军队的保密规定，过失泄露军事秘密，情节严重

的行为。

根据《刑法》第432条第1款的规定，犯本罪的，处5年以下有期徒刑或者拘役；情节特别严重的，处5年以上10年以下有期徒刑。第2款规定，战时犯本罪的，处5年以上10年以上有期徒刑；情节严重的，处10年以上有期徒刑或者无期徒刑。

（十五）战时造谣惑众罪

战时造谣惑众罪，是指战时公开或者私下通过各种途径故意制造、散布谎言造谣惑众，煽动怯战、厌战或者恐怖情绪，动摇军心的行为。

根据《刑法》第433条第1款的规定，犯本罪的，处3年以下有期徒刑；情节严重的，处3年以上10年以下有期徒刑。第2款规定，勾结敌人造谣惑众，动摇军心的，处10年以上有期徒刑或者无期徒刑；情节特别严重的，可以判处死刑。

（十六）战时自伤罪

战时自伤罪，是指军人在战时为了逃避履行军事义务，故意伤害自己身体的行为。

根据《刑法》第434条的规定，犯本罪的，处3年以下有期徒刑；情节严重的，处3年以上7年以下有期徒刑。

（十七）逃离部队罪

逃离部队罪，是指军人违反兵役法规，故意为逃避服役而擅自离开部队或者逾期拒不归队，情节严重的行为。

根据《刑法》第435条第1款的规定，犯本罪的，处3年以下有期徒刑。第2款规定，战时犯本罪的，处3年以上7年以下有期徒刑。

（十八）擅自改变武器装备编配用途罪

擅自改变武器装备编配用途罪，是指军职人员违反武器装备管理规定，未经有权机关批准而自行将编配的武器装备改作其他用途，造成严重后果的行为。

根据《刑法》第437条的规定，犯本罪的，处3年以下有期徒刑；造成特别严重后果的，处3年以上7年以下有期徒刑。

（十九）盗窃、抢夺武器装备、军用物资罪

盗窃、抢夺武器装备、军用物资罪，是指军人采取盗窃或者抢夺的方法，非法占有我军或友军武器装备或者军用物资的行为。

根据《刑法》第438条第1款的规定，犯本罪的，处5年以下有期徒刑或者拘役；情节严重的，处5年以上10年以下有期徒刑；情节特别严重的，处10年以上有期徒刑、无期徒刑或者死刑。

（二十）非法出卖、转让武器装备罪

非法出卖、转让武器装备罪，是指军人非法将军队的武器装备出卖或者转让给他人的行为。

根据《刑法》第439条的规定，犯本罪的，处3年以上10年以下有期徒刑；出卖、转让大量武器装备的，或者有其他特别严重情节的，处10年以上有期徒刑、无期徒刑或者死刑。

（二十一）遗弃武器装备罪

遗弃武器装备罪，是指负有履行保管武器装备义务的军人违抗命令，故意遗弃武器装备的行为。

根据《刑法》第440条的规定，犯本罪的，处5年以下有期徒刑；遗弃重要或者大量武器装备的，或者有其他严重情节的，处5年以上有期徒刑。

（二十二）遗失武器装备罪

遗失武器装备罪，是指军人遗失武器装备，不及时报告或者有其他严重情节的行为。

根据《刑法》第441条的规定，犯本罪的，处3年以下有期徒刑或者拘役。

（二十三）擅自出卖、转让军队房地产罪

擅自出卖、转让军队房地产罪，是指负有直接责任的军人违反军队房地产管理和使用规定，未经有权机关审批，故意有偿或者无偿改变军队房地产的产权关系，情节严重的行为。

根据《刑法》第442条的规定，犯本罪的，对直接责任人员，处3年以下有期徒刑或者拘役；情节特别严重的，处3年以上10年以下有期徒刑。

（二十四）虐待部属罪

虐待部属罪，是指滥用职权，故意虐待部属，情节恶劣，致人重伤或者造成其他严重后果的行为。

根据《刑法》第443条的规定，犯本罪的，处5年以下有期徒刑或者拘役；致人死亡的，处5年以上有期徒刑。

（二十五）遗弃伤病军人罪

遗弃伤病军人罪，是指在战场上以不作为方式故意将我方有条件救护的伤病军人遗弃不顾，情节恶劣的行为。

根据《刑法》第444条的规定，犯本罪的，对直接责任人员，处5年以下有期徒刑。

（二十六）战时拒不救治伤病军人罪

战时拒不救治伤病军人罪，是指战时负有救护治疗职责的军事医护人员，有条件救治而拒不救治危重伤病军人的行为。

根据《刑法》第445条的规定，犯本罪的，处5年以下有期徒刑或者拘役；造成伤病军人重残、死亡或者有其他严重情节的，处5年以上有期徒刑。

（二十七）战时残害居民、掠夺居民财物罪

战时残害居民、掠夺居民财物罪，是指战时在军事行动地区残害无辜居民或者掠夺无辜居民财物的行为。

根据《刑法》第446条的规定，犯本罪的，处5年以下有期徒刑；情节严重的，处5年以上10年以下有期徒刑；情节特别严重的，处10年以上有期徒刑、无期徒刑或者死刑。

（二十八）私放俘虏罪

私放俘虏罪，是指未经批准，擅自故意释放在作战中被我方俘获的敌方武装人员及其他为敌方武装部队服务的人员的行为。

根据《刑法》第447条的规定，犯本罪的，处5年以下有期徒刑；私放重要俘虏、私放俘虏多人或者有其他严重情节的，处5年以上有期徒刑。

（二十九）虐待俘虏罪

虐待俘虏罪，是指故意对被我方俘虏的敌方人员，实施虐待，情节恶劣的行为。

根据《刑法》第448条的规定，犯本罪的，处3年以下有期徒刑。

【思考题】

1. 军人违反职责罪危害的客体是什么？
2. 军人违反职责罪的主体范围是什么？
3. 我国刑法规定的战时是指什么？有什么意义？

4. 战时缓刑制度与一般缓刑制度有什么不同？
5. 军人叛逃罪的构成要件是什么？与投敌叛变罪有什么不同？
6. 武器装备肇事罪与危害公共安全犯罪中的相似犯罪有什么不同？

【参考文献】

1. 任强："军职罪法条竞合适用问题的探讨"，载《法学杂志》1998年第6期。
2. 张建田："新刑法的施行与军事司法实践"，载《法学研究》1999年第2期。
3. 司风德、袁金明："试论对军职罪的处罚原则"，载《东南大学学报（哲学社会科学版）》2001年第4期。
4. 曹莹："军事刑事立法的现状与发展趋势"，载《西安政治学院学报》2002年第6期。
5. 田友方："军事刑法若干问题的理论探讨"，载《当代法学》2004年第9期。
6. 张春林："军人违反职责罪若干问题探析"，载《人民检察》2005年第8期。
7. 薛洪："军事法与军事伦理关系初探"，载《当代法学》2006年第9期。
8. 张建田：《军人违反职责罪》，群众出版社1985年版。
9. 王铁崖等：《战争法文献集》，法律出版社1986年版。
10. 张建田、仲伟钧、钱寿根：《中国军事法学》，国防大学出版社1988年版。
11. 唐培贤、杨九根：《中国人民解放军审判工作史概述》，人民法院出版社1989年版。
12. 夏勇、汪保康：《军事法学》，黄河出版社1990年版。
13. 杨福坤、朱阳明主编：《军事法学词典》，国防大学出版社1993年版。
14. 陈学会：《军事法学》，解放军出版社1994年版。
15. 黄林异、王小鸣：《军人违反职责罪》，中国人民大学出版社1998年版。
16. 夏勇、徐高：《中外军事刑法比较》，法律出版社1998年版。
17. 王作富主编：《刑法分则实务研究》（下册），中国方正出版社2003年版。
18. 钱寿根：《军事法理学》，国防大学出版社2004年版。
19. 赵秉志主编：《中国刑法案例与学理研究》（第二卷），法律出版社2004年版。
20. 薛刚凌、周健主编：《军事法学》，法律出版社2006年版。

图书在版编目（CIP）数据

当代刑法学/赵秉志主编.—北京：中国政法大学出版社，2009.3

普通高等教育“十一五”国家级规划教材

ISBN 978-7-5620-3355-4

Ⅰ.当--- Ⅱ.赵--- Ⅲ 刑法—法的理论—中国—高等学校—教材 Ⅳ. D924.01

中国版本图书馆CIP数据核字(2009)第036245号

出版发行　中国政法大学出版社

出 版 人　李传敢

丛书编辑　张越 彭江 刘海光 汤强

经　　销　全国各地新华书店

承　　印　固安华明印刷厂

787×1092　16开本　50.25印张　1300千字

2009年4月第1版　2009年4月第1次印刷

ISBN 978- 7-5620-3355-4/D・3315

定　价：59.00元

社　　址　北京市海淀区西土城路25号

电　　话　(010)58908325(发行部)　58908285(总编室)　58908334(邮购部)

通信地址　北京100088信箱8034分箱　邮政编码 100088

电子信箱　zf5620@263.net

网　　址　http://www.cuplpress.com　(网络实名：中国政法大学出版社)

本社法律顾问　北京地平线律师事务所